Wilhelm Zimmermann · Der große deutsche Bauernkrieg

Mit 115 Zeichnungen
von Hans Baltzer

Wilhelm
Zimmermann

DER GROSSE DEUTSCHE BAUERNKRIEG

Volksausgabe

Dietz Verlag Berlin 1989

Die vorliegende Ausgabe ist ein Nachdruck der von Wilhelm Blos herausgegebenen Volksausgabe, die 1891 (Neuauflage 1921) im Verlag von J. H. W. Dietz, Stuttgart, erschien. Jedoch sind zahlreiche Stellen der zweiten Auflage des Werks (1856) wieder aufgenommen worden, die Blos in seiner Volksausgabe gestrichen hatte.

Auch für die Illustrationen wurde auf eine neue Auswahl der Motive verzichtet, so daß der Zeichner auf die Aufgabe beschränkt war, die Bilder der Ausgabe von 1891 zeichnerisch neu zu gestalten.

Der Verlag

 ISBN 3-320-01261-4

Zimmermanns Buch, obwohl hie und da lückenhaft, ist immer noch die beste Zusammenstellung des Tatsächlichen. Dabei hatte der alte Zimmermann Freude an seinem Gegenstand. Derselbe revolutionäre Instinkt, der hier überall für die unterdrückte Klasse auftritt, machte ihn später zu einem der Besten auf der äußersten Linken in Frankfurt. Seitdem soll er freilich etwas gealtert haben.

Wenn dagegen der Zimmermannschen Darstellung der innere Zusammenhang fehlt; wenn es ihr nicht gelingt, die religiös-politischen Streitfragen jener Epoche als das Spiegelbild der gleichzeitigen Klassenkämpfe nachzuweisen; wenn sie in diesen Klassenkämpfen nur Unterdrücker und Unterdrückte, Böse und Gute und den schließlichen Sieg der Bösen sieht; wenn ihre Einsicht in die gesellschaftlichen Zustände, die sowohl den Ausbruch wie den Ausgang des Kampfes bedingten, höchst mangelhaft ist, so war dies der Fehler der Zeit, in der das Buch entstand. Im Gegenteil, für seine Zeit ist es, eine rühmliche Ausnahme unter den deutschen idealistischen Geschichtswerken, noch sehr realistisch gehalten.

Friedrich Engels

(„Der deutsche Bauernkrieg“)

Einleitung

Die Geschichte der Völker hat ihre Stürme und Gewitter wie die äußere Natur. Wie das Erdbeben und der Meeressturm spielen Völkerstürme mit Städten und Menschenleben, und man ist gewohnt, auf sie nur als auf ein blutiges Unheil hinzublicken, mit Widerwillen und Schauder. Anders sind sie im Auge des Geschichtskundigen. Ihn hebt die Wissenschaft und das eigene durch sie größer gewordene Herz über die Schrecken der Zeiten; er sieht dem Laufe der Weltbegebenheiten, den Bewegungen des Völkerlebens zu, mit ruhigem Blick, still messend und kombinierend, wie der Astronom dem Gange der Sterne. Er erkennt selbst in dem Zerstörenden auch wieder das Belebende, selbst da, wo nur rohe physische Kräfte zu walten scheinen, den Geist. Ihm sind Ländereroberungen und Völkerrevolutionen, die Donner des Kriegs und der Schlachten nur Symphonien in dem großen Weltgedicht, das Geschichte der Menschheit heißt. Die empörten Elemente müssen ihren höheren Zwecken dienen, und es muß auch aus dem Walten der bösen Kräfte, aus wilder Gärung das Gute hervorgehen.

Die Menschheit muß fort und fort sich neu schaffen, die Völker müssen zu höherer Befähigung sich durcharbeiten, ihr letztes Ziel durch Kampf sich erstreiten. Dieses Ziel aber ist Freiheit. Alle Hoheit und aller Glanz des Lebens ist nur in ihr möglich, in ihr nur die wahre Veredlung und Größe der Menschheit zu hoffen, sagt Schiller. Nur unter dem Schutz weiser Gesetze und freier Institutionen entfalten sich alle Blüten der Kultur kräftig, sagt Alexander von Humboldt. Für den Fortschritt der Menschheit in der Vervollkommnung ist politische Freiheit unumgänglich notwendig, sagt der Engländer Finlay. Aber diese Freiheit, so mild und sanft, wenn sie groß geworden, wird unter sauren Mühen von der Zeit unter dem Herzen getragen und muß meist bei der Geburt eine Geburt voll Schmerzen durchmachen. Und das geschieht, weil meist die, welche in der Gewalt sind, es unterlassen, Gerechtigkeit zu lernen oder zu üben, und mit Grausamkeit und Verachtung auch das Billige und Zeitgemäße dem Volke vorenthalten. Der Kampf um das Recht aber dauert oder erneuert sich so lange, bis das Recht festgestellt oder das, was im wahren Sinne des Wortes Volk heißt, in einem Lande vernichtet ist.

Wie lange ist nicht schon Freiheit des Kampfes Panier und Siegespreis zugleich? Und doch herrschte zu allen Zeiten der meiste Unverstand oder Mißverstand über dieses Wort wie über alles Einfache und Tiefe. Die Freiheit ist nicht an eine Gattungsart der Regierung gebunden; es gibt keine alleinseligmachende Staatsform. Wo des Regierens weder zuviel noch zuwenig ist, wo die Gesetze so weise sind, daß die Würde des Menschen in allem aufs höchste geachtet wird, da ist die meiste Freiheit.

Als eines der unheilvollsten Ereignisse, als ein Einbrechen blinder Naturkräfte in den deutschen Staat pflegt man die bewaffnete Erhebung des gemeinen Mannes zu betrachten, welche unter dem nicht ganz entsprechenden Namen des großen Bauernkrieges bekannt ist. Man ist gewohnt, darin nur die düstere Brand- und Todesfackel zu sehen, welche die rohe Faust der Empörung gegen das Herz des deutschen Vaterlandes geschwungen, indem man mehr an einzelne Erscheinungen und Taten als an den inneren Zusammenhang und an den Geist desselben sich hält.

Dreierlei hauptsächlich hat man meist nicht beachtet: einmal, daß so vieles, was man dem Bauernkrieg insbesondere zur Last legt, gewöhnlich im Gefolge des Krieges überhaupt, also jedes anderen Krieges in jener Zeit war; zweitens, daß die Herren es waren, welche das Volk dadurch, daß es das Äußerste von ihnen zu leiden hatte, und durch ihre Treulosigkeit im Fortgange des Kampfes zum Äußersten trieben; endlich, daß man behutsam lauschen muß, um die zarte Stimme der Wahrheit aus dem übertäubenden Geschrei der Sieger, des mönchischen und aristokratischen Fanatismus herauszuhören, ein Geschrei, in das nach der Niederlage selbst die besiegte Partei einstimmte, aus Not, um durch den Schein gleicher Gesinnung die Verfolgung von sich abzulenken. Wie anders würden die gleichzeitigen Berichte lauten, hätte das Volk gesiegt: sie sprächen wie die Geschichtsbücher der befreiten Schweizer, wie die des freien Englands. So aber, weil das Volk unterlag, ward die Bewegung vielfach verleumdet, das wirklich Großartige daran verschwiegen oder verketzert. Große Dinge und hohe Interessen der Menschheit waren es, welche der Bewegung zugrunde lagen und in ihr hervortraten.

Diese Bewegung hat man sinnig das prophetische Vorbereitungswerk der neueren Weltgeschichte genannt.* Sie ist die gewaltige Ouvertüre zu dem Schauspiele, das sich auf dem Boden der neueren Zeit abspielt und dem das Tragische nicht fehlt. Alle Erscheinungen der späteren sozialen Bewegungen in Europa liegen in der Bewegung von 1525 eingeschlossen: Sie ist nicht nur der Anfang der europäischen Revolutionen, sondern ihr

* Georg Karl Treitschke in seiner Geschichte Thomas Münzers, Leipzig 1811.

Inbegriff im kleinen. Alle die Erscheinungen, durch welche Staaten im Laufe der folgenden Jahrhunderte verändert wurden, sowie diejenigen, welche in unseren Tagen eine gesellschaftliche Umgestaltung vorbereiten, finden ihre Vorbilder in der Bewegung von 1525, sowohl was Individuen als was Ideen betrifft. Mit Recht nannte Treitschke den Geist Thomas Münzers einen Spiegel, der die Erscheinungen künftiger Zeiten in sich prophetisch dargestellt.

Der ganze Ideengang der folgenden Jahrhunderte und der neuesten Zeit, soweit er politisch und religiös ein revolutionärer ist, findet sich von Münzer teils angedeutet, teils klar ausgesprochen. Am hellsten trat, was in ihm nur unvollendet und aufblitzend war, in der englischen Revolution, ein starkes Jahrhundert nach Münzer, in ausgeprägten Erscheinungen hervor; und was im germanischen Mutterlande, in Thüringen, angefangen und mißlungen war, verwirklichte sich zuerst in den beiden angelsächsischen Weltreichen diesseits und jenseits des Atlantischen Ozeans, nämlich unter dem stammverwandten Volke auf dem Boden Englands und in Nordamerika.

Die große Bewegung von 1525 hat ihre schöne wie ihre düstere Seite; reine und edle Kräfte walten darin neben unreinen und finsteren. Der Geist, aus welchem der ganze Kampf hervorging, war der Geist der Freiheit und des Lichtes. Die einzelnen Erscheinungen, in welchen sich der Geist Bahn zu brechen sucht, mögen noch so getrübt sein, dieser bleibt dennoch der, der er ist. Dieser Geist muß zuletzt mit allem aussöhnen.

Die Bewegung war auch nichts plötzlich Hereinbrechendes und nichts Zufälliges; sie hatte sich seit lange vorbereitet und hatte ihren Grund in den Verhältnissen des gemeinen Mannes und in der Zeit. Daher ihre reißend schnelle Ausbreitung, der fast über ganz Europa hinlaufende Anteil daran. Die Anlage des Volkes dazu war so alt wie die Unterdrückung desselben. Auch an den Ketten schärft sich die Liebe zur Freiheit.

Die Geschichtschreibung ging lange an diesem großen Ereignisse entweder mit halb abgewandtem Gesicht vorüber, oder die es berührten, mißhandelten dasselbe aus Mangel eines unparteiischen, eines höheren Standpunktes. Selbst diejenigen Bearbeiter der Einzelpartien, die eine freiere Gesinnung hinzubrachten, behandelten ihren Gegenstand fast zaghaft, ohne das Wesen desselben, die großen Sünden der Herrschenden einer- und das aus tausend Wunden blutende Herz des zur Verzweiflung getriebenen Volkes andererseits, nackt aufzudecken.

Daß die folgende Darstellung niemand ein Anstoß sein werde, das wird nicht erwartet. Wer der Geschichte sich weiht, dem muß es um die Wahrheit zu tun sein und das Wohl der Menschheit, nicht um Gunst. Es ist schön, der Gegenwart zu gefallen; besser aber ist es, der Zukunft zu genügen.

Dr. Wilhelm Zimmermann

Erstes Buch

1

Des Paukers von Niklashausen Predigt von allgemeiner Gleichheit und Freiheit

Durch das ganze Mittelalter hin war von Zeit zu Zeit das Landvolk gegen adelige und geistliche Herren aufgestanden, teils zur Wahrung seiner alten, ursprünglichen Freiheit, teils zur Abwehr der Willkür, welche gewaltsam die Lasten der Unfreien schwerer, die Hörigen zu Leibeigenen machen wollte.

Dieser Kampf zeigt sich durch ganz Europa auf vielen Punkten. Die Bauern aber hatten zuletzt immer kein Waffenglück, teils weil sie auf weit entlegenen Punkten vereinzelt und nicht gleichzeitig, mit gesamter Kraft und im Zusammenhang auf einer weiten Strecke umher den Kampf versuchten, teils weil sie schlecht geführt oder verraten wurden, teils weil sie der Waffen entwöhnt waren.

Glücklich kämpften die Bauern in Niederdeutschland, die Dithmarschen und die Kennemarer; in Oberdeutschland die Schweizer. Jene wie diese unterstützte ihr Boden: dort Flüsse, Meer und Sümpfe; hier die Berge und Engen der Alpenwelt.

Seit die Schweizer siegreich waren und ihren Bund bis an den Bodensee und den Schwarzwald vorrückten, zuckte es durch ganz Schwaben und weiter bis ins Herz von Franken. Der Umlauf freierer und hellerer Gedanken einerseits, und andererseits die gesteigerte Genußsucht und Pracht der Herren und, um diese zu befriedigen, die Steigerung und Mehrung der Lasten wirkten zusammen, um den Drang nach einer Änderung der Zustände im Volke zu nähren. Die Erfindung der Buchdruckerkunst um die Mitte des fünfzehnten Jahrhunderts brachte manches fliegende Blatt auf das Land hinaus; es fand sich immer einer, welcher denen, die nicht lesen konnten, es las; und diese Flugblätter hatten sehr oft einen Inhalt, welcher den geistlichen oder den weltlichen Herren, meist beiden zugleich, feindselig war.

Teils nacheinander, teils an entfernten Orten gleichzeitig, kam es zu Versuchen oder Ausbrüchen dessen, was in der Tiefe der Massen arbeitete und kochte.

In Franken sehen wir einen ersten bedeutenden Ausbruch im Jahre 1476. Der eigentliche Grund dazu war Erbitterung über die immer höher gesteigerten Abgaben und Haß gegen die Geistlichkeit, deren gemeine und schmachvolle Verdorbenheit sie besonders hier zum Gegenstand des Spottes, allgemeiner Verachtung und allgemeinen Unwillens gemacht hatte. Die letzten Bischöfe zu Würzburg, die sich die Herzoge in Franken nannten, hatten einer wie der andere fast wie gewetteifert, das Material zu diesen Gesinnungen und zu einem Ausbruch aufzuhäufen. Die Hussitenkriege hatten die besten Kräfte des Landes verschlungen, der Bischof Johann Bruna lebte trotzdem wie ein Fürst des Morgenlandes in salomonischer Pracht und Verschwendung; während das Volk darbte und seufzte, rauschte es von Festen am Hofe, der ein Sammelplatz von Schmeichlern und Nepoten, von Maitressen und ihren Kindern war, an die er auf das leichtsinnigste die Einkünfte des Landes vergeudete. Sein Nachfolger, Johann von Grumbach, erschöpfte das geschwächte Volk noch mehr durch unglückliche Fehden mit dem Markgrafen Albrecht von Brandenburg, und der diesem auf den Bischofsstuhl folgende Siegmund, aus dem Herzogshause Sachsen, war von seinem Vater und seinen Brüdern dem geistlichen Stande darum gewidmet worden, „weil er in der Vernunft etwas irrig und ungeschickt war“. So waren Land und Leute „durch schlechte Regierung, durch vielfältige Steuer, Abgaben, Fehd, Feindschaft, Krieg, Brand, Mord, Gefängnis und dergleichen schon im Jahre 1443 in große Armut gekommen; niemand vermochte dessen, so ihm der Allmächtige bescheret, weder zu rechtem Wert und Nutzen selbst zu gebrauchen noch anderen sonst füglich etwas zuzuwenden. Und daß in der nächsten Folge die Dinge gut geworden wären, dazu fehlte es sehr weit. Denn kriegen, brennen, rauben, würgen, fangen, stöcken, pflöcken, schatzen viel und ärger, heftiger ward, denn vorhin gewesen.“ So schildert ein fast gleichzeitiges Manuskript in dem Würzburger Archiv die Lage des Landes.

Der dunkle Drang nach besserer geistiger Speise, nach einem würdigen religiösen Zustande, der sich seit lange im Volke regte, kam noch hinzu. Es war wesentlich ein politischer Umwälzungsversuch, aus politischen Ursachen, aber wie einst das Schwert unter Myrtenzweigen, so wurde hier die politische Tendenz unter religiöser Schwärmerei versteckt. Aber was von denen, welche die Volksbewegungen immer nur aus dem Protestantismus ableiten wollen, nicht zu übersehen ist, diese religiöse Schwärmerei hatte durchaus nichts Protestantisches an sich, sondern war in ihren Grundzügen und in ihrer ganzen Färbung rein katholisch.

Es war im Jahre 1476, zur Zeit da Rudolf von Scherenberg auf dem Bischofsstuhl zu Würzburg saß, als ein Hirte des Viehes zu Niklashausen im Frankenland sich unterfing, als Prediger und Prophet aufzutreten.

Das war ein Jüngling, Hans Böheim, insgemein Pauker oder Pfeiferhänslein genannt, weil er auf den Kirchweihen und Hochzeiten an der Tauber hin und wider zog und zu den Tänzen die kleine Pauke schlug und auf der Pfeife spielte. In diesen Gegenden hatte wenige Jahre zuvor ein Barfüßermönch, Capistranus, der von außen hergekommen, feurige Bußpredigten gehalten und die Sitten zu reformieren versucht, namentlich allenthalben die Karten und Brettspiele verbrannt. Ein ähnlicher Geist und Eifer, Buße zu predigen, kam über den Hirtenjüngling. Auch ihm erschien, was er bisher getrieben und gelebt, sündhaft, er verfiel in Träumereien und hatte darin Erscheinungen der Himmelskönigin Maria. Es war eben in der Mittfasten, da ergriff es ihn, er verbrannte vor vielem Volke seine Pauke zu Niklashausen an der Tauber und fing von Stunde an, dem gemeinen Mann zu predigen und ein neues Gottesreich zu verkündigen. Die hochgelobte Jungfrau Maria, sagte er, sei ihm erschienen und habe ihm befohlen, sein Instrument zu verbrennen, und wie er bisher dem Tanz und sündigen Freuden gedient, so solle er sich befleißigen, dem gemeinen Mann mit Predigen zu dienen. Jeder solle von Sünden abstehen, das sei der Jungfrau Maria Befehl, Geschmuck, Halsband, silberne und seidene Schnüre, spitzige Schuhe und allen eiteln Putz ablegen und nach Niklashausen wallen. Wer dahin käme und die Jungfrau Maria allda verehrte, der hätte Vergebung der Sünden.

Der Zulauf war bald groß zu dem neuen Propheten. Aber er blieb nicht bei der Buße stehen, sondern sprang auf einen weltlichen Text über.

Die Mutter Gottes, sagte er, habe ihm auch befohlen zu predigen, daß hinfür kein Kaiser, kein Fürst, kein Papst, keine weltliche und geistliche Obrigkeit mehr sein, sondern ganz abgetan werden, ein jeder des anderen Bruder sein, sein Brot mit eigenen Händen gewinnen und keiner mehr als der andere haben sollte. Alle Zinse, Gülten, Besthaupt, Handlohn, Zoll, Steuer, Bed, Zehent und andere Abgaben und Dienstleistungen sollen abgetan und Wälder, Wasser, Brunnen und Weiden allenthalben frei sein.

Die chiliastischen Ideen waren Zaubertöne für den gemeinen Mann. Noch begieriger als bisher schwärmte jetzt aus allen nahe liegenden Orten das Volk zu dem Propheten, aus den Flecken an der Tauber und aus dem Schüpfergrund, dann aus dem fernen Odenwald und Maintal, selbst vom Neckar und Kocher. Ja, das Gerücht von der neuen Predigt breitete sich so schnell und so weit aus, daß selbst vom Rhein, aus den fernen Landen, aus Schwaben und Bayern, zahlreiche Waller, Frauen und Männer, jung und alt, zu ihm strömten. Handwerksgesellen liefen aus den Werkstätten, Bauernknechte vom Pflug, Grasmägde mit den Sicheln vom Felde weg, ohne allen Urlaub ihrer Meister, Herren und Obrigkeiten, und wallfahrteten, angetan wie sie waren, als sie der Geist der Schwär-

Pfeiferhänslein predigt

merei oder Neugier ergriff, nach Niklashausen. Die meisten ohne Zehrung; die, welche wie sie an das neue Gottesreich glaubten und bei denen sie auf dem Wege einkehrten, versahen sie mit Speise und Trank; der Gruß unter ihnen war kein anderer als „Bruder und Schwester".

Monatelang predigte er so, der heilige Jüngling, Unserer Frauen Botschaft, wie sie ihn nannten. Die Sonn- und Feiertage und andere, an welchen sonst große Versammlungen des Volkes zu sein pflegten, wählte er zu seinen Predigten. Seine Kanzel war eine umgekehrte Kufe, er trug eine Zottelkappe und war selbst der Schrift unkundig. Der Pfarrer des Ortes war aber in beständigem Verkehr und vertrautem Verhältnis mit ihm, auch andere kluge Leute, welche ihre Interessen ihm unterschoben. Namentlich werden zwei Edle, Kunz von Thunfeld und sein Sohn, als besonders tätig genannt. Groß waren die Opfer, welche die Gläubigen nach Niklashausen brachten. Fast jede Frau und Magd ließ einen „Zopf" da, jede Stadt, jedes Dorf brachte eine große Wachskerze, und sonst fielen reiche Gaben an Geld, Kleinoden, Kleidern und anderen Stücken. Daß er allgemeine Freiheit über Wald, Wasser, Vögel und Fische, Freiheit von Zinsen, Renten, Steuern und Zehenten, Freiheit von jedem

Druck und jeder Herrschaft, brüderliche Gleichheit aller predigte, das klang dem armen Mann als ein wahres Evangelium, und er selbst, der Prediger, erschien darum dem Volke wie ein neuer Messias. Am Schlusse jeder Predigt lud er das Volk auf den nächsten Sonn- oder Feiertag ein und sagte voraus, daß auf denselben Tag doppelt soviel Volk zur Verehrung Marias da sein werde als jetzt. Und seine Voraussage traf immer ein. An 40 000 Menschen waren eines Tages um den Prediger versammelt. Es war in solchen Tagen nicht anders als in einem großen Heerlager, so hantierten Köche, Wirte, Krämer und Handwerksleute in Hunderten von Buden und Zelten. So weit ging die Schwärmerei, daß das Volk Tag und Nacht auf freiem Felde in Wiesen und Gärten an der Erde lag, viele die Knie vor ihm bogen und riefen: „O du Mann Gottes, von Gott vom Himmel gesendet, sei uns gnädig und erbarme dich unser!" Sie rissen ihm die Zotteln von seiner Zottelkappe, und wer ein Fäserchen davon zu bekommen so glücklich war, der fühlte sich, als hätte er ein köstlich Heiligtum.

Die Priester der anderen Orte bemühten sich, durch die ausgestreute Sage, als predige er auf des Teufels Veranstaltung, das Volk abwendig zu machen. Ein Schwarzkünstler und Teufelsbanner, sagten sie, sei dem neuen Propheten in einem weißen Kleid und in Gestalt der Jungfrau Maria erschienen und habe ihn beredet, solch Unkraut wider die göttlichen Stände, geistliche und weltliche, unter dem Namen und Samen des göttlichen Wortes durch seine Predigt auszustreuen. Sie gossen nur Öl ins Feuer. Schon unterhielt man sich von Wundern, die er verrichtet. Umsonst suchten die Priester diese als Betrügereien oder blinden Lärm darzustellen. Die Bischöfe zu Mainz und Würzburg und der Rat zu Nürnberg verboten den Ihrigen bei großer Strafe, nach Niklashausen zu wallen. Kein Verbot hatte die gewünschte Wirkung. Eine Zeitlang blieben die Untertanen dieser Gebiete weg, aber in kurzem fingen auch sie wieder an, nach Niklashausen zu wallen.

Indes schien dem Prediger oder seiner Partei das Volk so weit fanatisiert, um das in den Myrten versteckte Schwert zu entblößen und einen großen politischen Schlag zu tun. Es war am Sonntag vor St. Kilianstag, als Hans Böheim beim Schlusse seiner Predigt alle Gläubigen einlud, auf nächsten Samstag, als Margarethentag, gegen Abend wiederzukommen, aber nur die Männer, und zwar mit Wehr und Waffen, Weib und Kinder sollten daheim bleiben. Als das vor den Bischof kam, der bisher ohne einzugreifen diesen Dingen zugesehen hatte, beschloß er, der bedrohlichen Wendung, die sie zu nehmen im Begriffe waren, zuvorzukommen. Heimlich entsandte er vierunddreißig Reisige gen Niklashausen; diese fielen bei Nacht in das Haus, darinnen der heilige Jüngling schlafend lag, nahmen ihn heraus, banden ihn auf ein Pferd und enteilten mit ihm Würzburg zu.

Des Bischofs Marschall unterhandelt mit den Bauern

Schon waren gegen 4000 Waller in und bei Niklashausen angelangt, und auf die Kunde des Überfalles setzten sie den Reisigen nach, aber zu spät; schon erreichte ein Bauer den Reiterhaufen, schon stieß er nach dem Pferde eines aus demselben, daß es stürzte, aber glücklich entführten die Bischöflichen ihren Gefangenen in das Würzburger Schloß.

Bis zum Samstag, dem bestimmten Tag der Versammlung, kamen gegen 34 000 Bauern in Niklashausen zusammen. Die Wahrnahme von der Gefangenschaft ihres Propheten wirkte niederschlagend auf sie. Viele Tausende zogen wieder heim. Aber die im Haufen, die den politischen Plänen näherstanden, suchten die anderen zum Zug auf Würzburg zu vermögen. Einer darunter verkündete, wie ihm die Heilige Dreifaltigkeit erschienen und befohlen, den Brüdern zu sagen, daß sie mit ihren Wallkerzen und Wehren vor das Würzburger Schloß ziehen und ihren Propheten, den heiligen Jüngling, wieder befreien sollten, das Schloß würde vor ihnen sich auftun. Auf dieses erhoben sich bei 16 000 Brüder noch denselben Abend, zogen die Nacht durch und kamen des anderen Tages,

Sonntags früh, vor das Würzburger Schloß mit brennenden Kerzen und ihren schlechten Wehren. Ritter Kunz von Thunfeld und Michael, sein Sohn, waren oberste Hauptleute der Bauern, welche wieder etliche Bauern als Führer unter sich hatten.

Der Bischof schickte vom Schloßberg herab seinen Marschall Georg von Gebsattel und ließ sie fragen, warum sie daherkommen. Sie begehren den heiligen Jüngling, antworteten die Bauern; würde dieser ihnen gütlich freigegeben, so wäre es gut, wo nicht, werden sie ihn mit Gewalt befreien. Hienach solle sich der Bischof richten. Mehrere unter dem Haufen, von dem Marschall gereizt, griffen nach Steinen, und nur durch schnellen Rückzug entging dieser tätlichen Mißhandlungen. Nun ließ der Bischof auf die Bauern schießen und schickte dann Konrad von Hutten an sie hinaus, mit der Weisung, daß er die Sache ihres Predigers einer rechtlichen Untersuchung unterwerfen werde, alle aber, welche dem Domkapitel und des Stiftes Ritterschaft pflichtig wären, bei ihren Pflichten und Eiden von dannen wieder heimziehen sollten. Durch begütigende und bedrohende Worte gelang es auch dem von Hutten, die würzburgischen Bauern zu bereden, daß sie einhellig hinwegzogen. Auch die wertheimischen und die anderen Tauberbauern zogen darauf in einzelnen Häuflein ihrem Herde zu.

Sobald der Bischof sah, daß sich das Bauernheer getrennt hatte und die einzelnen Häuflein friedlich und arglos ihres Weges zogen, ließ er seine Reiter ihnen in den Rücken fallen, die Hauptleute niederzuhauen oder zu fangen. Aber die Bauern stellten sich zur Wehr, zwölf blieben auf dem Platz, viele entflohen verwundet, manche in die Kirche von Büttelbronn, wo sie, mit Feuer und Hunger bedroht, sich endlich gefangen gaben. Die Gefangenen wurden nach Würzburg geführt und in die Türme gelegt, nach einiger Zeit aber auf Urfehde wieder freigegeben, ausgenommen Hans Böheim, jener Bauer, der vorgegeben, die heilige Dreifaltigkeit sei ihm erschienen, und jener, der dem bischöflichen Reiter bei der Wegführung des Paukers das Pferd niedergestochen hatte. Von diesen dreien wurden die zwei letzteren am Freitag, dem 19. des Heumonds, vom Schloß herab auf den Schottenanger geführt und enthauptet, der heilige Jüngling aber, Hans Böheim, ebendaselbst zu Pulver verbrannt. Der oberste Hauptmann der Bauern, Kunz von Thunfeld, des Bischofs Lehensmann, war aus dem Lande geflohen, bis er auf Fürbitte seiner Brüder, Vettern, Oheime, Schwäger und Freunde von seinem Herrn unter der Bedingung, daß er seine Eigengüter dem Stift dahingab, wieder zu Gnaden angenommen wurde.

Die Wallfahrt nach Niklashausen dauerte noch einige Wochen; durch die strengen Verbote der Obrigkeiten ging sie nach einem halben Jahre ganz ab, nicht aber der Geist, aus dem sie entsprungen war.

2

Wie die freien Bauern zu Kempten um ihre Freiheit kamen

Die Urkunden der im Allgäu gelegenen Abtei Kempten und die landschaftlichen Akten legen anschaulich dar, wie diese Landleute nach und nach Stück für Stück um ihre Freiheit gebracht und mit ungerechten Lasten beschwert wurden.

Die schöne Landschaft Allgäu erhebt sich im Osten des Bodensees und senkt sich an der Nordseite des Tiroler Gebirges gegen den Lech ab, vorwärts schließt sie sich unmittelbar an die Alpen an. Seit alten Zeiten hatte sich hier eine zahlreiche freie Bauerschaft erhalten, „eine freie Gebürs", die teils zerstreut umher saß, teils eine zusammenhängende Reihe von Weilern und Höfen ausmachte. Ihre Personen und ihre Güter waren ursprünglich ganz frei wie die der Edelleute. Frei konnten sie sich einen Schirmherrn wählen, wo sie wollten, ziehen, wann und wohin sie mochten, und waren dem Schirmherrn bloß gerichtsbar und botmäßig. Nur wenig von ihnen unterschieden war eine gleichfalls zahlreiche Klasse, die Freizinser: Wie die ersteren frei für ihre Person, hatten sie das Recht, wie diese zu testieren, Intestat-Erbschaften zu machen, Verträge zu schließen, ganz selbständig über ihr Eigentum zu verfügen, ohne Schatzung mit Leib und Gut überallhin zu ziehen, und zahlten nichts als jährlich einen Zinspfennig auf den Altar und ein Schirmgeld dem Schirmherrn, den sie, wie es ihnen gut dünkte, wechseln konnten. Sie hatten weder Reisen (Kriegsdienste) noch Besthaupt, Erbteil, Tagdienste oder sonst etwas zu leisten. Nur beim Tode eines Freizinsers oder einer Freizinserin wurde das beste Gewand als Todfall gegeben. Nach und nach kamen sie in die Untertänigkeit ihrer Klöster, ihrer Freiherren, ihrer Städte. Bei der Landschaft Kempten ging es so:

Zuerst wurde im Laufe der Zeit außer dem rechten Todfall auch das Besthaupt genommen. Dann ging man daran, solche Freizinser, welche Güter des Gotteshauses zu Lehen nahmen oder trugen und welche darum dieselben Zinse, Gülten und Dienste wie andere Gotteshausleute schuldig waren, nach und nach wie diese letzteren anzusehen, sie mit diesen in eine Klasse zu werfen; und die, welche es sich gefallen ließen und nicht beizeiten die Rechte ihres freien Standes verwahrten, liefen nach Jahren in der Liste der Leibeigenen und wurden als solche behandelt. Da der größte Teil des Grundeigentums bald auf den früher beschriebenen Wegen im Besitz der Abtei war, so waren viele Freizinser zugleich Lehenträger des Klosters und eben darum bald auch viele aus freien Leuten Eigenleute geworden oder als solche behandelt. Das erste Stück, das man ihnen von ihrer Freiheit abzog, war das Recht, sich beliebig zu verheiraten. Die Abtei verbot den Freizinsern, welche zugleich Lehen von ihr trugen, die Heirat mit Leuten, die ganz frei waren oder unter einer anderen Herrschaft standen, weil nach alamannischem Gesetz Kinder, mit freien Frauen erzeugt, ganz frei waren; dagegen begünstigte die Abtei die Heirat freier Zinsbauern mit ihren Leibeigenen, weil so erzeugte Kinder Leibeigene des Gotteshauses waren.

In der Mitte des zwölften Jahrhunderts saßen urkundlich noch viele Bauern auf ihren Höfen völlig frei und unmittelbar unter kaiserlichem Schutze, zu nichts verpflichtet als zum Kriegsdienste. Natürlich wurden auch sie auf jede Weise dahin getrieben, sich unter den Schirm des Gotteshauses zu begeben und dadurch in eine Stellung, worin es dem Schirmherrn leicht wurde, sie nach und nach den Unfreien gleich zu behandeln und immer weiterzugreifen. Da die Ungunst der Zeiten manchen freien Mann dulden und die Rückforderung seiner Freiheit und seiner Rechte verschieben ließ, wurde das lange gegen ihn geübte Unrecht zuletzt zu einem verjährten Rechte gestempelt.

Das Gotteshaus ging dabei methodisch zu Werke. Ein Abt baute auf dem, was sein Vorgänger gebaut, um die Freiheit der Bauern zu beschränken, unter Benützung jedes günstigen Zeitverhältnisses weiter, bis man zuletzt von ihnen dieselben Leistungen verlangte wie von den Eigenleuten des Klosters. Die freien Bauern und Zinser wiesen, als die Anmaßungen so weit gingen, diese zurück. Der Abt griff jetzt zu grobem Betrug. Er ließ eine Urkunde schmieden und präsentierte sie als einen Stiftungsbrief Karls des Großen, worin die geforderten Leistungen als uralte Rechte des Gotteshauses enthalten waren. Die Bauern fühlten und wußten, daß ihnen gröblich Unrecht geschah, aber ein Dokument, ein altes Pergament sprach gegen ihr Gefühl und ihr Wissen. Den Betrug aufzudecken, waren sie außerstande; denn einmal waren sie zu der Zeit – es war zu Anfang des fünfzehnten Jahrhunderts – noch nicht aufgeklärt genug in diesen Landen, um einem so hochgestellten frommen Manne einen solchen Betrug zuzutrauen; dann auch fehlte es den Bauern an den nötigen wissenschaftlichen Kenntnissen, um die Urkunde als unecht und unterschoben nachweisen zu können, und Geistliche, die ihnen hätten hierin zur Hand gehen können, hätten in solchen Dingen niemals gegen Geistliche gearbeitet. In ihrer Not suchten die freien Zinsbauern sich dadurch zu helfen, daß sie Gebrauch von einem alten Rechte machten, von dem urkundlichen Rechte, falls sie durch Ungebühr bedrängt würden, einen anderen Schirm sich zu wählen. Sie stellten sich unter den Schutz des Grafen Wilhelm von Montfort-Tettnang. Der Abt schrie über Eingriffe in seine Rechte. Ein höheres Gericht, auf Befehl Herzogs Ludwig

Schwur des Abts von Kempten

von Bayern aus Edeln und Städtebürgern zusammengesetzt, sollte entscheiden. Der Landadel und die Städter aber entschieden gegen die Bauern: Es wurde dem Grafen abgesprochen, dieselben in Schirm zu nehmen.

Die Bauern wählten nun den Ritter von Freiberg, des Stiftes Vogt, der auf Wolkenberg saß, zu ihrem Schirmherrn und verteidigten mit den Waffen ihr altes gutes Recht wider das Kloster. Dieses wandte sich an den Papst Martin V., und unter Androhung des Bannes wurde dem Ritter von Freiberg geboten, die Leute des Gotteshauses nicht zu schützen und vor dem päpstlichen Delegaten zu Konstanz binnen vierzehn Tagen sich zu verantworten. Als er nicht erschien, wurde er mit seinen Dienern und Untertanen gebannt und auf der Feste Wolkenberg belagert. Die freien Zinsbauern selbst wurden mit dem Bann bedroht, wofern sie nicht dem Gotteshause die schuldigen Renten, Zehnten und Zinse zu leisten sich entschlössen oder sich binnen vierzehn Tagen zu Konstanz rechtfertigten. Ein Schiedsgericht, das den Edeln Berthold von Stein zum Obmann, den Ulmer Bürger Ulrich Löw und den Edeln Peter von Hoheneck zu Schiedsleuten hatte, forderte, da der Streit bis in den Frühling 1423 sich verzog, von dem Abt, einen Eid zu schwören, daß seine Vorfahren und er die Zinser des Gotteshauses mit Steuern, Zinsen, Diensten und aller Gewaltsame gleich den Eigenleuten, wie er vorgebe, besessen haben; und nach ihm sollten die zwei vornehmsten Konventherren des Stiftes schwören, daß des Abtes Eid rein und nicht unrein sei. Der Abt verlangte Bedenkzeit, Aufschub; die Bauern drangen auf augenblickliche Leistung des Eides. Der Aufschub wurde gewährt. Am 4. Juli 1423 schwur der Abt den Eid, und die Bauern kamen dadurch ins Unrecht. Glücklicher waren die freien Zinsbauern, die in der Stadt wohnten: Die Städte schützten sie, und, ein seltener Fall, selbst der Heilige Stuhl zu Rom, so sehr auch die Priester der oberen Lande einander wider die Bauern unterstützten.

Denn alle Stifter und Klöster sahen in der Streitsache der freien Zinsbauern und des Abtes zu Kempten ihre eigene Sache. Vierzig Prälaten verbanden sich zusammen, auf zwölf oder mehr Jahre, gemeinschaftlich den Streit wider die Bauern zu führen, die Geldkosten gemeinsam zu tragen und auf jede Art einander behilflich zu sein.

Um des Papstes Schutz den Angefochtenen zu entziehen, erlaubte der Abt sich in einem Schreiben an den Heiligen Stuhl die Lüge, daß die freien Zinser gleichsam wie Leibeigene seit unvordenklichen Zeiten Dienste geleistet haben, und diese Lüge unterstützten mehrere Prälaten mit ihrem Zeugnis und Siegel.

Die freien Zinsbauern aber schickten selbst eine Botschaft nach Rom, deckten die Unwahrheit des geistlichen Schreibens auf und brachten es dahin, daß der Abt die gütliche Vermittlung der Städte nachsuchte. Darauf ließen sie sich dahin vermögen, die Sache vor dem Heiligen Stuhle nicht weiterzutreiben.

Der Meineid, die Lüge, die schlechten Mittel jeder Art, welche sich der Abt in dem Streite mit den Bauern erlaubt hatte, fingen nachgerade an, ihn in seinem Gewissen zu beängstigen. Er wandte sich in der Gewissensangst an den Papst, und dieser sprach ihn, nachdem er dem Abte von Zwiefalten gebeichtet, von seinen Sünden los. Das Unrecht, womit er sich an Gott und Bauern versündigt, machte er nicht wieder gut. So wurden hier durch offenbaren Meineid und Betrug freie Bauern um ihre Freiheit und ihr altes Recht betrogen.

Wenige Jahre darauf wußte das Stift vom Kaiser sich auszuwirken, daß niemand des Gotteshauses Leibeigene, freie Zinsbauern oder Altarleute auf dem Lande wider den Abt und ohne dessen Willen in Schutz nehmen dürfte. So schnitt der Kaiser den freien Zinsbauern den letzten Weg ab, sich den Bedrückungen des Stiftes zu entziehen, und löschte so mit einem Federzug ihr uraltes Recht aus, wegzuziehen und das Zinserrecht aufzugeben, sobald man sie durch Ungebühr bedränge. Und die Bedrängungen gingen nicht nur fort, sondern nahmen zu. Die landschaftlichen Akten weisen nach, wie gleich derjenige Abt, der diese Vergunst vom Kaiser ausgewirkt, manchen freien Bauern zu völliger Leibeigenschaft gedrängt und wie noch mehr sein Neffe und Nachfolger von den freien Zinsbauern Dienste, Steuern, Todfälle und Leibhühner forderte und eintrieb wie von seinen Leibeigenen, denen er sie in allem gleich behandelte. Heiratete eine freie Jungfrau oder Frau einen Zinsbauern des Stifts, so wurde sie vom Abendmahl, ja von der Kirche überhaupt so lange ausgeschlossen, bis sie sich in die Zinserschaft des Gotteshauses ergab; heirateten freie Zinsleute Leibeigene, so wurde das gleiche gegen sie angewandt, bis sie sich selbst auch leibeigen dem Stift ergaben.

Wirkte der Zwang, den man dem Gewissen antat, in einem und dem anderen Falle nicht, so legte man den Ehemann ins Gefängnis, bis die neuvermählte Frau sich an das Stift ergab. Klagen, Berufungen auf ihre alten Freiheitsbriefe wurden mit dem Block oder Turm beantwortet. In solcher Not wagten sechsundzwanzig Familien freier Zinsbauern, dem letzten kaiserlichen Spruche zum Trotz, fremden Schirm zu suchen. Kaiser Siegmunds Spruch und Brief, sagten sie, finde auf sie keine Anwendung, indem solche ihren alten Briefen entgegen lauten und der Kaiser von dem wahren Stande der Sachen nicht unterrichtet gewesen sei. Einige Familien beriefen sich auf besondere Briefe, alle aber auf ein altes Buch und auf eine Urkunde darin vom Jahre 1144, worin unzweifelhaft verzeichnet war, daß die freien Zinsbauern nichts als den Zinspfennig und den Todfall schuldig seien und sonst keine Leistung. Diesem entgegen habe sie der Abt zu Kriegsdiensten (Reisen), Steuern und anderen Dingen gedrängt, zudem etliche von ihnen mit Turm und Block genötet, und so haben sie einen anderen Schirm gesucht, wie sie wohl laut ihrer Briefe tun dürfen.

Jetzt suchte das Stift alle Spruchbriefe, welche in früheren Streiten mit den Bauern gegen diese erlassen worden waren, als Rechtsbeweise wider sie geltend zu machen. Aber umsonst. Die späteren Papiere, welche das Unrecht in Rechtsform gebracht hatten, waren nicht haltbar den alten Originalurkunden gegenüber, welche die Bauern wieder aufgefunden hatten. Der Abt mußte die alten Briefe seiner Vorfahren und die Freizügigkeit der Zinsbauern anerkennen, und es blieb ihm nichts als die Dienstbarkeit derjenigen Zinsbauern, welche in diesen alten Briefen nicht begriffen waren, durch einen Eid zu erhärten. Er leistete ihn, und dieser Eid brachte diesen Teil der Zinsbauern nun für immer in die Lage, daß ihre Dienstbarkeit als eine gesetzliche Berechtigung des Gotteshauses galt.

3

Die Rechtswahrung der Kemptener am Ende des fünfzehnten Jahrhunderts

In der Folge standen die Bauern der Abtei Kempten wieder gegen ihren Landesherrn. Durch Auswanderung in die Schweiz hatten sich manche Bauern den Bedrückungen zu entziehen gesucht. Die zurückgebliebenen Bauern des Stiftes aber sahen sich trotzdem nach wie vor so behandelt, daß die Unzufriedenheit immer mehr zur Gärung, zuletzt zum allgemeinen Widerstand wurde. Durch den Trotz und Übermut der Stiftsherren waren viele Leute des Gotteshauses ins Verderben gestürzt worden.

Abt Johannes II., der zu Ende des Jahres 1481 den Hirten- und Fürstenstab übernahm, tat, als suche er, behutsam und klug, durch Milde die Wunden seines Volkes zu heilen. So hoffte wenigstens dasselbe in der ersten Zeit. Aber in kurzem „verwandelte sich", wie die Chronik des Stiftes sich ausdrückt, „das Schaf in einen Wolf". Alle Dienste und Steuern, früher schon ungerecht und drückend, wurden unter ihm noch gesteigert. Er trieb das Unterdrückungssystem in größerem Stil und Umfang, als wollte er den letzten freien Bauern in seinem Bereich zu seinem Zinsmann, die Zinsleute zu seinen Leibeigenen herabdrücken. Wer das sich nicht gefallen lassen wollte, wurde wochenlang vor dem geistlichen Gericht herumgezogen oder in Block und Turm gelegt, zur Bürgschaft genötigt oder von seinen Gütern vertrieben; die Länge und Vielheit der Plackereien machten wohl auch den Beharrlicheren und Stärkeren mürbe, daß er auf Urfehde gelobte, keinen fremden Schirm zu nehmen und mit Steuern, Reisen, Diensten, Fastnachtshühnern, Todfall und Hauptrecht gehorsam zu sein. Die freien Weiber und Kinder der Zinsbauern wurden ohne Ausnahme dem Gotteshause verwandt. Die gleichen Lasten wie die Zinsbauern mußten auch freie Leute übernehmen, wenn sie ein Gut des Gotteshauses pachteten. Die Leibeigenen mußten überdies für den Fall ihres Absterbens die Hälfte ihrer Verlassenschaft dem Abt verschreiben.

Vater- und mutterlose Waisen wurden ihres Erbes beraubt, Kinder unter Vormundschaft gezwungen, durch Verschreibungen sich als Leibeigene zu erklären. Die Ungehorsamen wurden mit Geldstrafen bestraft, bis auf hundert Gulden, ja bis auf den dritten Pfennig alles Vermögens, und diese Strafen wurden als ewige Zinse in die lehenfreien Güter geschlagen. Die Zinse aus den Gütern und die Steuern der Zinsleute, welche nur zwei Schillinge zu geben hatten, wurden nach dem Umfang ihrer Güter gewaltsam auf zwei, drei und vier Gulden erhöht. Mit Steuern und Reisegeldern Gemeinden doppelt zu belegen und den herkömmlichen Betrag der gerichtlichen Strafgelder zu steigern galt noch als das geringste, und den Klagen wurde entgegengehalten: „Nicht bloß die Bauern seien mit Steuern und anderem allzusehr belastet, auch Fürsten und Edle halten sich jetzt für beschwert, und selbst Kaiser und Könige seien zu dieser Zeit gegen ihren Willen zu manchem gezwungen, warum da mit den Bauern eine Ausnahme gemacht werden sollte?"

Ja, der Abt und seine Verteidiger führten geradezu für seine Rechtfertigung an, „er mache es nur wie andere Herren auch"!

Es ist ein fürchterliches Zeugnis, dieses Rechtfertigungswort des Abtes gegen den Herrenstand, und niemand widersprach ihm, niemand verwies es ihm. Die Wahrheit des Wortes mußte, wenn auch nicht für alle Herren, doch für den Stand im Durchschnitt treffen und passen. Es kam im Jahre 1489 jene große Teuerung, welche von den oberen Landen bis in die Niederlande sich erstreckte, so daß das Malter Roggen acht Pfund Heller an manchen Orten kostete; und ungeachtet dieselbe in den folgenden zwei Jahren bis zur Hungersnot stieg, legte der Abt eine neue Steuer auf die Untertanen um.

Zahlen konnten sie nicht, und doch wurde von ihnen gefordert. Am 15. November 1491 war die ganze Bauerschaft an der alten Malstatt zu Leubas beisammen, tagte und beriet über eine „Vereinigung, einander bei ihren alten Briefen und Rechten zu schützen". Sieben Tage darauf standen sie schon zusammen in einem Lager unweit Durrach und schwuren einander, keiner vom anderen zu lassen und vorerst die Herren und Städte des schwäbischen Bundes um Recht in ihrer Sache wider den Abt anzugehen. Sie wählten einen Hauptmann, Jörg Hug von Unterasried. Er war ihr Sprecher vor dem schwäbischen Bunde. Bedeutsam nannte der Fürstabt diesen Bauernhauptmann Hug „den Hus von Unterasried".

Die Herren und Städte* aber sahen in des Abtes Sache ihre eigene; denn die Aufregung pflanzte sich bereits auch über ihre Gebiete fort, und

* Die Städte waren ebenfalls Besitzer von Grund und Boden, auf dem zinspflichtige Bauern saßen. So waren die Städte daran interessiert, daß die Lasten der Bauern nicht aufgehoben wurden. Doch war das Interesse der Städtebürger nicht einheitlich. Die städtische Armut hatte gleiche Interessen mit den Bauern, und gerade in der Zeit des

schon war ihm bewaffneter Beistand zugesagt, die „meuterischen" Untertanen zur Pflicht zurückzurufen; nur die Stadt Nördlingen war dagegen und verlangte eine rechtliche Untersuchung der Klagen der Bauern. Auf dieses traten die Botschafter des Bundes auf dem Rathause zu Kempten zusammen unter dem Vorsitze des Ritters Hans von Frundsberg zu Mindelheim, dem Oheim des berühmten Georg.

Auf den Knien riefen hier die Abgeordneten der Bauern das Recht an: Wären sie im Irrtum, so solle man sie zurechtweisen; ja, fände sich, daß sie Unrecht begehrten, so wollen sie ihre Köpfe hingeben. In den Herren des Schwabenbundes fand aber die Stimme des Rechtes vor der Stimme des Eigennutzes kein Gehör. Das einzige, was sie taten, war, daß sie den Fürstabt von blutiger Rache an den Bauern abhielten. Auf dem Schlosse Liebenthann brachten sie eine Vermittlung zustande, ganz zugunsten des Abtes. Darum wollten die Bauern sich an den Spruch nicht kehren, wiewohl sie die Waffen niederlegten, und sandten ihre Klage nun unmittelbar an den Kaiser. Heinrich Schmid von Leubas wählten sie, um ihre Sache wegen ihrer Freiheitsbriefe vor diesem höchsten Haupte zu führen, das durch den Krönungseid verpflichtet war, die Freiheit und die Armen zu schützen. Der Abt aber ließ diesen Botschafter der Bauern, als er auf dem Wege zum Kaiserhof war, meuchlings niederwerfen; er kam nie mehr zum Vorschein.

Ein zweiter Botschafter des Landvolkes, Sebastian Becherer von Kempten, war glücklicher. Als man schon auch an seiner Wiederkehr verzweifelte, kam er und mit ihm die Nachricht, daß der Fürst vor den Kaiser werde vorgeladen werden, um auf die Klagen der freien Zinser und der armen Leute des Stifts sich zu verantworten.

Auf die Gewalttätigkeiten hin, welche sich der Abt gegen ihren Botschafter und gegen sie selbst in mancher Weise fortwährend erlaubte, hatten die Bauern sich aufs neue zusammengetan. Der Abt wandte sich abermals an den schwäbischen Bund um Hilfe gegen seine widersetzlichen Untertanen. Der Bund mahnte die Bauern drohend zur Waffenniederlegung und zum Gehorsam. Diese ließen sich noch einmal treuherzig machen, ihre Klagen vor einem Bundestag zu Eßlingen vorzubringen. Aber der Entscheid, den sie auch hier erhielten, war natürlich wieder derart, daß ihn die Bauern verwerfen mußten.

Jetzt beschloß der Bund, „weil bei längerer Nachsicht alle Ehrbarkeit und Obrigkeit in Gefahr wäre, die Bauern mit Gewalt zum Gehorsam zu zwingen, vorerst die Rädelsführer aufzuheben und zu strafen; würden

Bauernkrieges gingen heftige soziale Kämpfe in zahlreichen Städten vor sich. In einer Reihe von Fällen gelang es der städtischen Armut, den Plebejern, sich des Regiments in der Stadt zu bemächtigen, und sofort schlossen diese Städte dann ein Bündnis mit den aufständischen Bauern ab. Die Red.

die Bauern dann noch nicht ruhig und gefügig, diese mit Krieg zu überziehen".

Das Kriegsvolk des Bundes sammelte sich zu Günzburg, zu Mindelheim standen die Soldknechte des Abts. Doch wagten sie noch immer keine Gewalt. Wochen, Monate verstrichen. Die Bauern sollten sicher gemacht werden, und sie wurden es. Plötzlich, am Michaelisabend, sahen sie sich von den Kriegsknechten des Bundes zu Roß und zu Fuß in ihren Dörfern überfallen, verwundet, verstümmelt, viele auf den Tod, ihr Hab und Gut ausgeraubt, ihre Wohnungen in Flammen. Über dreißigtausend Gulden wurde der Schaden geschätzt. Die Rädelsführer, derer man habhaft wurde, wurden aufgehoben und ins Gefängnis weggeschleppt; einige Hundert Bauern wanderten aus in die Schweiz.

Jetzt, nach solchen Vorspielen, setzte der Bund der Bauerschaft einen neuen Tag zu Memmingen zu rechtlicher Verhandlung. Von derselben, die nicht nur ihrer Habe, sondern, was jetzt schwerer für sie war, ihrer Häupter, Führer und Sprecher sich beraubt fühlte, kamen zweihundertundzweiundfünfzig Zinser und Gotteshausleute aus zweiundzwanzig Ortschaften als deren Vertreter.

Da ward ihnen gesprochen: Sie, die Untertanen, haben dem Abte gehorsam, gerichtbar, dienstbar und botmäßig zu bleiben, wie sie ihm bei Anfang der Regierung geschworen; ihr Bündnis abzutun und kein neues zu machen; jährlich an Steuer, Zins, Gült, Teilfällen, Hauptrecht und anderem das zu leisten und zu reichen, was sie bisher haben leisten und reichen müssen, so lange, bis sie rechtlich beweisen, daß sie das eine oder andere ganz oder zum Teil nicht schuldig seien.

Der Fürst solle seine Klagen wider seine Untertanen, die Bauern ihre Klagen wider den Abt vor ein Schiedsgericht bringen, zu gütlichem Vertrag oder rechtlichem Spruch, namentlich auch den Streit über die Reise-(Kriegs-)steuern und anderes. Jeder solle in seine Heimat zurückkehren, und beide Teile sollen sich Vergessenheit des Geschehenen versprechen; die Gefangenen sollen nach Annahme des Vertrages ihrer Haft, die Gebannten des Bannes ledig, jeder der Ausgetretenen bis zu einer gewissen Zeit in den Vertrag eingeschlossen werden, jeder aber auch denselben nicht annehmen können. Gegen die, welche ihn nicht annehmen, soll es in allem stehen wie vor dem Vertrag, und das Gotteshaus alle seine Angehörigen bei ihrem Stande lassen.

Von den Ausgetretenen kehrten etliche in ihre Heimat zurück, stellten sich in dem Stift und schwuren, dem Vertrage nachkommen zu wollen. Ein großer Teil der Bauerschaft aber nahm den Vertrag nicht an: Sie hatten nicht ohne Grund das Vertrauen zu den rechtlichen Entscheidungen verloren. So kam es zu keiner Fortsetzung ihrer Klagen und Beschwerden; sie glaubten jetzt die Verhältnisse nicht günstig, ihre Sache

Wie die Bauern von Kempten zu ihrem Rechte kamen

fortzuführen. Es war eine Versöhnung zwischen dem Herrn und einem Teile der Untertanen äußerlich, ein Stillstand für den Augenblick; das Mißvergnügen blieb innerlich wie die Ursachen blieben, die es veranlaßten. Eine endliche Entscheidung über die Beschwerden der Bauern erfolgte nicht. Der Abt aber setzte seine Bedrückungen bald wieder fort.

In diese Zeit fällt die erste Nachricht vom „Bundschuh".

Daß die Bauern in der Landschaft Kempten einen „Bundschuh" in ihrem Lager aufgesteckt haben, davon findet sich bis jetzt nirgends etwas erwähnt. Wohl aber wird erzählt, daß währenddem der Bundschuh bereits als ein Zeichen des Aufstandes im Volke bekannt war. Dieses Zeichen geht weiter zurück, und man weiß nicht, wann und wo es zuerst gebraucht wurde. Während der Streitigkeiten der Bauern mit dem Fürstabte steckten Bürger in der Stadt bei einer Hochzeit, im Übermute des Weines, gegen zweihundert an der Zahl, an einer langen Stange einen

„Bundschuh" auf, im Wirtshause zur Glocke in der Vorstadt. Der gemeine Mann lief herzu und sah es gerne. Das Volk wünschte, es möchte einmal dazu kommen, „mit dem Abt abzurechnen".

Auf die Anzeige beim Rat, in der Vorstadt sei ein „Bundschuh" aufgerichtet, kam der Stadtammann mit den Knechten in die Herberge und trug vor, welch großes Ding es sei, einen Bundschuh aufzustecken. Auf seine Vermahnung wurde der Scherz abgetan. Das war im Jahre 1492.

Das Zeichen des Bundschuhs als Banner hatte seinen Ursprung daher: Der Ritter trug als besondere Auszeichnung Stiefel; der Bauer, wenigstens der unfreie, als Zeichen der Untertänigkeit und Unfreiheit Schuhe, gitterartig vom Knöchel an aufwärts mit Riemen gebunden. Dieser allgemein getragene Bauernschuh hieß von dieser Art des Bindens Bundschuh.

4

Der Bundschuh im Elsaß

In den Städten mußten während der Teuerung die Armen auf öffentliche Kosten gespeist werden. Das Landvolk aber hatte keinen Teil an dem wohlgekochten Mus, welches den Armen in der Stadt zur Notdurft ausgegeben wurde, und die Teuerung und die Not stiegen im zweiten Jahre noch höher.

Diese Not im Auge und die immer mehr gesteigerten Anforderungen der Landes- und Gutsherren, taten sich im Elsaß im Jahre 1493 Bürger und Bauern in eine Einung zusammen. In tiefes Geheimnis hüllte sich der Bund. Geheimnisvolle Zeichen und Gebräuche banden die Mitglieder zusammen. Unter eigentümlichen Zeremonien, mit schrecklichen Bedrohungen gegen Verräter, wurden die Neulinge in den Bund aufgenommen. Nachts, auf Seitenpfaden, schlichen sie zu dem Ort ihrer Zusammenkünfte, dem einsamen Hungerberge. Bald zählte der Bund Eingeweihte aus Schlettstadt, Sulz, Dambach, Epfig, Andlau, Stotzheim, Kestenholz, Tiefenthal, Scherweiler und anderen Orten der Umgegend. Es waren nicht nur Leute aus den niederen Volksklassen, Bauern und Handwerker, sondern es fanden sich Männer darunter, welche in städtischen Würden standen. Es waren zwar „viele verdorbene Leute, die sich zu heimlichen Anschlägen mit Eiden verpflichteten", wie die Berichte erzählen, jedoch Berichte, die ihre dem gemeinen Manne feindliche Stimmung unverdeckt an den Tag legen.

Die Grundsätze der Bundesverfassung waren zweierlei Art: Die einen waren darauf berechnet, den religiösen und politischen Zustand umzugestalten, die anderen, für diese Umgestaltung den gemeinen Mann anzulocken. Unter die letzteren gehörte die vorgeschlagene Plünderung beziehungsweise Ausrottung der Juden*, die Einführung eines Jubeljahres, wodurch alle Schulden abgetan sein sollten, die Aufhebung des Zolls, des Umgeldes und anderer Lasten. Unter die ersteren gehörte namentlich die beabsichtigte Beschränkung der Geistlichkeit, die Abschaffung des geistlichen und rottweilischen Gerichtes, das Recht der Steuerbewilligung und die Selbstverwaltung der Gemeinden nebst Geschworenengerichten.

„Welcher Pfaff“, hieß es in ihrem fünften Artikel, „mehr dann eine Pfründ hätte, dem sollten sie genommen und ihm weiter nicht, denn das Jahres fünfzig oder sechzig Gulden gegeben werden.“ Auch die Ohrenbeichte, eine Hauptstütze der geistlichen Herrschaft über die Menschen, sollte ganz und gar abgetan sein. In Zukunft sollte das Volk nicht anders als nach eigener freier Bewilligung steuern und jede Gemeinde sich selbst richten.

Um einen festen Punkt, worin sich die Verschworenen für den Anfang des Kampfes halten könnten, und bedeutende Geldmittel zu gewinnen, ward beschlossen, sich zuerst des festen Schlettstadts zu bemächtigen, sich der Stadtkassen und der dortigen Klosterkassen zu versichern und von da aus das ganze Elsaß an sich zu ziehen.

Als läge in einer Fahne eine geheimnisvolle Kraft, als gehörte das unumgänglich notwendig zur Sache, wurde besonders beraten und beschlossen, ein Banner aufzuwerfen und ein charakteristisches Bild in dasselbe zu malen, „damit der gemeine Mann zuliefe“. Es ward beschlossen, einen Bundschuh in das Banner zu malen. Sobald die Anzahl der Mitglieder des Bundes groß genug wäre, sollte losgeschlagen werden. Sie zweifelten nicht, daß der gemeine Mann in Städten und Dörfern umher sich ihnen anschlösse, und für den Fall, daß sie selbst nicht stark genug wären, die Sache des Volkes durchzufechten, sollten die schweizerischen Eidgenossen herbeigerufen werden.

Es dauerte nicht lange, und es hatte „eine große, merkliche Zahl“ in den Bund geschworen. Der Zeitpunkt, wo das Banner des Aufstandes

* Schon damals pflegte man die arme Bevölkerung auf die Juden zu hetzen, um von den eigenen Taten abzulenken. Die Juden waren die einzigen, die offiziell Zinsen für ausgeliehene Gelder nehmen durften. Die christliche Religion verbot das Zinsnehmen, doch verstanden wohlhabende Bürger und reiche Geistliche das Geschäft ganz ausgezeichnet, indem sie bei Krediten hohe Auslagen und Unkosten berechneten, die bei kurzfristigen Krediten manchmal 60 Prozent und mehr ausmachten. Außerdem liehen die Kaufleute meist nur größere Summen aus. So blieben den armen Leuten und den Bauern nur die Juden, wenn sie in Geldverlegenheit waren. Die Juden begnügten sich im allgemeinen mit 20 bis 25 Prozent Zinsen; auch das war ein ungeheuer hoher Preis für geliehenes Geld. So konnte die sorgsam geleitete Hetze einen lebhaften Widerhall finden. Siehe aber hierzu S. 457–459 u. 623/624. Die Red.

und der Freiheit aufgeworfen werden sollte, konnte festgesetzt werden. Es war die Karwoche. Zu Anfang dieser sollte der Schlag auf Schlettstadt geschehen.

Aber das Geheimnis wurde nicht bewahrt. Es war ein Fehler des Anschlages von vornherein, daß nicht Leute eines Standes, nur Bauern, in den Bund aufgenommen wurden, sondern allerlei Volk, Stadtmeister und Kleinbürger, Landleute und reisige Knechte; daß ferner nicht jeder, welchem von dem Bunde geoffenbart wurde, gezwungen war, zu dem Bunde zu schwören.*

Trotz der schärfsten Bedrohungen, die auf einen Verrat des Bundes gesetzt waren, wurde er doch verraten und auseinandergesprengt. Dahin und dorthin flohen die noch zur Zeit von der Entdeckung ihrer Anschläge Benachrichtigten. Viele Glieder aber wurden ahnungslos überfallen, angesehene Bürger von Schlettstadt auf der Flucht nach Basel ergriffen, der Teilnahme überwiesen und gevierteilt. Enthauptung, Landesverweisung, Verstümmelung an Händen und Fingern traf viele andere. Da und dort gelang es manchen, sich zu bergen und der allgemeinen Jagd, die auf die Verschworenen gemacht wurde, zu entgehen; aber wo die Regierungen eine Spur auffanden, ruhten sie nicht, bis der Flüchtling zur Strafe gebracht war. Schützen Ulrich von Andlau, ein reisiger Knecht, hatte sich unter den Schutz eines Edelmannes, David von Landek, der zu Ebnet bei Freiburg saß, begeben. Gastlich hatte der Edle den Flüchtling, den er kannte, in seinem Schlosse aufgenommen. Aber die Bürger Freiburgs, von Schlettstadt getrieben, verfolgten ihn bis in das herrschaftliche Schloß. Der Landvogt vereinigte seine Forderung der Auslieferung mit dem Drängen der Städte. Der von Landek war im Bürgerrecht zu Freiburg, und so von seinen Mitbürgern und vom Statthalter des Kaisers gedrängt, fand er in seinen Standesgenossen, dem Adel der Landschaft, seine einzigen Verteidiger seines Schützlings. Mehrere Landgerichte, die zahlreich vom Adel besucht waren und worauf die größte Aufregung herrschte, folgten in dieser Sache nacheinander. Aber die Städte setzten es zuletzt doch durch, daß dem Flüchtling die zwei Finger, welche er zum Bundesschwur aufgehoben, abgehauen wurden.

* Der Fehler bestand nicht darin, daß der Bund auf verschiedene Stände ausgedehnt wurde, sondern in der Unerfahrenheit, eine illegale Organisation so aufzuziehen, daß nur wenige einander kannten und somit von einem Verrat nur kleine Teile des Bundes betroffen werden konnten. Die Red.

5

Die Schweizer

Viele waren zu den Schweizern geflohen. Bei den Schweizern fanden sie Gastfreundschaft und Sympathie. Die Schweizer waren noch immer, ja immer mehr, den Herren aller Lande ein Dorn im Auge, und den Geist der Freiheit, „die Büberei", wie sie es nannten, nicht über den Rhein kommen zu lassen, hatten dieselben wiederholte Verbindungen geschlossen und selbst die wilden Raub- und Mordhorden der Armagnaken in die Schweiz gelockt; die Schweizer aber hatten diese „armen Gecken" wie die deutschen Herren, welche sie befehdeten, schimpflich heimgewiesen. Die Schweizer verachteten auch über alle Maßen die Herren als „mutwillige freche Gassenjunker, welche rauben und zehren und ganz verrucht huren, spielen und prassen, und das leben heißen, wie es in der Welt Brauch sei; und sie vermeinten, es werde von niemand getrauert, wenn sie solchen Junkern solche Ritterschläge geben, daß sie davon zu Tod geschlagen würden".

Die Herren aber verachteten noch mehr die Schweizer Bauern. Das zeigte sich in dem Schweizer- oder Schwabenkriege im Jahre 1499. Wären auch nicht besondere Streitigkeiten über Abgaben und Gebietsteile dazugetreten, der Krieg wäre zum Ausbruch gekommen, denn Herzen und Zungen der Schweizer und der schwäbischen Aristokratie lagen miteinander im Krieg, lange ehe dieser erklärt wurde. Der adelige Übermut gefiel sich in Äußerungen der aufreizendsten Art. „Wir wollen", sagten sie, „den Schweizern den Kuhschwanz im Busen suchen!" Oder auch: „Wir wollen in der Kuhmäuler Land dermaßen brennen, daß Gott auf dem Regenbogen vor Rauch und Hitze blinzeln und die Füße an sich ziehen soll!" Aber fast allenthalben zogen die Herren den kürzeren, ja eine Niederlage war immer schmählicher als die andere.

Von schweizerischem Geiste angesteckt, war ein großer Teil ihrer Leute und schon beim ersten Vordringen der Schweizer ins Hegau war der ganze Bregenzer Wald, der ganze Walgau ihnen zugefallen. Eine lange Reihe von Schlössern und Burgen, darunter Randeck, Steißlingen Homburg ob Stahringen, eines der am reichsten ausgestatteten Schlösser, Friedingen, Staufen, Oberstaad, Rosenek, Blumenfeld, Heilsberg, Mägdeberg, Worblingen, wurde von den Bauern zerstört. Hätten sie nur Burgen, des Adels Sitze, gebrochen und nicht auch die Dörfer der Untertanen verwüstet und zerstört, überall, wohin sie kamen, wäre der gemeine Mann ihnen zugefallen und hätte sie als Befreier empfangen. So aber brachten sie die Freiheit durch brennende Flecken und Dörfer, durch verwüstete

Felder ins Land herein und erbitterten den gemeinen Mann, der es im Herzen mit ihnen hielt und halten mußte, wider sie für den Augenblick, weil sie ihm Hütte und Brot raubten, ohne die ihm die Freiheit nicht schmecken konnte. Freilich reizte der Adel die Bauern dazu durch die grenzenlosen Grausamkeiten, die er sich erlaubte. Als Fürsten und Adel das Dorf Thayingen bei Schaffhausen verbrannten und was ihnen begegnete erstachen, warfen sich dreißig Bauern in die feste Kirche. Der Adel aber legte Feuer an den Turm und an die Kirche, daß die darin erstickten. Ein Bauer, sein Kind auf dem Arm, flüchtete zum Giebel des Turmes, und als die Flamme auch da hinaufstieg, warf er sich von dem Kranz hinab mit seinem Kinde. Die Ritter streckten ihre Spieße entgegen und spießten den Bauer, das Kind aber nahm keinen Schaden.

Unter die Bauern aller Grenzen umher waren durch diesen letzten großen Sieg schweizerischer Freiheit ein kecker Geist und verwogene Gedanken gekommen. Während am Frieden zu Basel gehandelt wurde, zog ein Bauer aus dem Leinetal, genannt Bitterle, der Untertan eines Edelmannes, durch die Stadt mit dem langen Mantel, den seidenen Schuhen und dem Federbusch des von den Schweizer Bauern in diesem Krieg erschlagenen Grafen von Fürstenberg, hinter sich eine Rotte Bauern als seine Trabanten. Auf die Frage des Bischofs von Worms, wer sie doch seien, antworteten sie: „Wir sind die Bauern, die den Adel strafen!"

Hätten die Schweizer Bauern ihren Sieg zu gebrauchen gewußt, so hätten sie Land und Leute ringsum gewonnen und die „Büberei" weithin über den Boden des Reiches getragen. Allenthalben schweizerte es in den Bauerschaften, und Grundsätze und Bestrebungen, wie die des Bundschuhs von Schlettstadt, wurzelten immer tiefer und verzweigten sich immer weiter. Es war kein Geist der Meuterei, es war das tiefe und allgemeine Gefühl der politischen Erlösungsbedürftigkeit, das die unermeßliche Mehrheit des Volkes, welche von einer Minderheit Bevorrechteter unterdrückt war, von den Quellen des Rheines bis zu seinen Mündungen, vom Bodensee und den Tiroler Alpen bis an die Küsten der Ostsee durchdrang. Es trieb und gärte politisch und religiös zugleich in der Masse. Schon waren für die Volksbefreiung einige gevierteilt, einige verbrannt, andere enthauptet oder eingekerkert, viele in Verbannung und auf der Flucht. Die Sache des gemeinen Mannes zählte schon ihre Märtyrer, und die, welche sich mit der Flucht gerettet, ließen sich weder durch das Mißlingen des ersten Planes noch durch die blutigen und grausamen Maßnahmen schrecken, im stillen fortzuarbeiten.

Als Maximilian ans Reich kam, hatte der gemeine Mann schöne Hoffnungen gefaßt, was dieses Haupt für das Volk zu tun entschlossen sei, und Max und seine Freunde hatten selbst Anlaß gegeben zu diesen im Volk umlaufenden Sagen, wie er jedem, auch dem Geringsten, Recht schaffen und der Unsicherheit und den Erpressungen ein Ende machen wolle. Von all dem aber war nichts eingetroffen, ja als das Reichsgerichtswesen neu geordnet wurde, war von dem Bauernstande gar nicht die Rede, und der arme Mann hatte nirgends einen Gerichtshof, vor welchem er gegen seine eigene Herrschaft hätte Recht finden können. Und doch hausten viele Herren, geistliche und weltliche, als ob keiner über ihnen wäre. Der arme Mann sah nicht aus, woher ihm Hilfe kommen sollte, wenn er sich nicht selbst helfe, und die gescheiteren Köpfe arbeiteten darum auch dahin, Verbrüderungen zu stiften und die vereinzelt unmächtigen Zornblitze des armen Mannes zu einem Gewitter zu sammeln.

6

Die Verfassungsurkunde von Ochsenhausen

Daß etwas aus dem deutschen Volke drohe, darauf wiesen warnende Stimmen aus den Reihen der Kirchenfürsten selbst hin, schon in der Mitte des fünfzehnten Jahrhunderts. „Diese Mißbräuche und Unordnungen", schrieb Kardinal Julian an Papst Eugen IV., „erregen den Haß des Volkes gegen den ganzen geistlichen Stand, und wenn man sie nicht abstellt, so ist zu besorgen, daß das Volk sich über die Geistlichen hermachen wird, nach dem Vorgange der Hussiten. Schon lassen sich offen solche Drohungen hören. Alle Gemüter sind in der gespannten Erwartung, was man tun wird, und es hat ganz das Ansehen, daß irgend etwas sehr Tragisches daraus entstehen wird. Der Gift, den sie gegen uns im Herzen tragen, zeigt sich schon offenbar, und bald werden sie glauben, Gott einen Dienst zu erzeigen, wenn sie die Geistlichen als Menschen, die Gott und Menschen gleich verhaßt sind, mißhandeln und ausplündern."

An den Mißbräuchen, welche viele Gotteshäuser in Deutschland gegen ihre Hintersassen und gegen freie Bauern sich erlaubten, waren nicht immer die Äbte und Bischöfe selbst, wie es bei den Äbten von Kempten sich zeigte, sondern oft nur und vorzüglich ihre Beamten schuld. Es lief sprichwörtlich unter den Bauern um: „Es ist kein Amt so klein, das nicht hängenswert wäre." Auf diese Beamten und auf ihre Rechtsanwälte, die Männer des römischen Rechtes, fällt die meiste Verantwortung.

Wie man nach neuen Einkünften von den Gotteshäusern aus suchte und habsüchtig nach Erbschaften griff, dafür sind neben dem, was in

Kempten geschah, besonders die Vorgänge in der geistlichen Herrschaft Ochsenhausen sehr merkwürdig; nicht bloß, weil die Beschwerden der Bauern in allen geistlichen Gebieten aus den gleichen oder aus ähnlichen Ursachen entsprungen zu sein scheinen, sondern auch weil das Zustandekommen einer Art von Verfassungsurkunde und auf deren Grundlage hin die Hebung der Beschwerden den tatsächlichen Beweis liefern, daß, wo die Beschwerden zeitig gehoben wurden, die Hintersassen ruhig blieben mitten im Brand und Sturm, der hart an ihnen und rings um sie her war. Merkwürdig endlich sind diese Vorgänge auch darum, weil sie bis in die kleinste Einzelheit, noch genauer als in der Landschaft Kempten, urkundlich uns erhalten sind.

Auch die reiche Abtei Ochsenhausen lag, wie die von Kempten, im Allgäu, an dem Flusse Roth, und auch ihr Abt war ein unmittelbarer Reichsstand.

Schon im Jahre 1466 war eine Verhandlung zwischen der Landschaft und dem Abt, weil der letztere kurz zuvor Landleute ihres väterlichen und mütterlichen Erbes und Gutes entsetzt hatte, mit Gewalt, ohne Recht.

Seit Jahrhunderten waren in dieser Bauerschaft, die nur wenige ganz freie Männer unter sich zählte, aber viele Freiheiten hatte, ihre alten Gerechtsame von Enkel zu Enkel überliefert, und zwar nicht bloß als Erinnerungen, sondern als wirklicher Besitz. Selbst die Leibeigenschaft war hier ein bloßer Name, ohne die meisten der Wirkungen, die sie anderswo nach sich zog. Aber Briefe über Rechte oder Pflichten hatte weder der Abt noch die Hintersassen: Alles ruhte einzig und allein auf dem seit Jahrhunderten überlieferten Herkommen.

Erst mit dem Anfange des fünfzehnten Jahrhunderts erlaubte sich das Gotteshaus Übergriffe. Einzelne Bauern betraten den Rechtsweg gegen dieselben, und da sie Recht fanden, freilich um teures Geld, so machte es sich das Gotteshaus zum Grundsatze, falls einer die Opfer an Geld und Zeit wieder wagen und den Rechtsweg gegen das Kloster betreten wolle, die Sache nicht mehr rechtlich austragen zu lassen, sondern stets gütliche Beilegung zu versuchen und auf eine Summe Geldes sich zu vergleichen. Dennoch ließ sich Georg Hahn nicht auf einen Vergleich ein, sondern betrat den Rechtsweg, als der Abt in die Erbschaft des Geldes und Gutes treten wollte, das Hahns Vater hinterlassen.

Die Äbte behaupteten nämlich, es sei der Erbschaft halber altes Herkommen: Wo zwei Eheleute beieinander auf einem Gute des Gotteshauses sitzen und eheliche Kinder haben, die vor dem Tode der Eltern sich verheiratet haben und ausgesteuert worden seien, so erben diese Kinder nach dem Tode des Vaters und der Mutter nicht mehr, sondern das Erbe falle dem Gotteshause heim. Wenn aber die Kinder nach der Eltern

Tode noch ledig seien, dann erbe nicht das Gotteshaus, sondern die Kinder, und dem jüngsten Kinde bleibe das Gut zu Lehen lebenslang.

Der Rechtsstreit fiel zugunsten Jörg Hahns aus: Der Abt mußte ihn in sein Erb und Gut einsetzen.

Die Beamten des Gotteshauses ließen nun die Sache eine Weile ruhen und suchten einzelne, die zerstreut da und dort hinter dem Gotteshause saßen, im stillen durch Einräumung von Vorteilen zu vermögen, daß sie sich die Ansicht des Gotteshauses über die Erbschaft gefallen ließen. So vergingen wieder Jahre und Jahrzehnte. Das Gotteshaus machte seine Erbansprüche endlich als ein allgemeines Herkommen geltend. Es hatte jetzt Zeugen aufzuweisen, daß es so gehalten worden sei. Die Zeugen waren die Söhne und Enkel, deren Väter sich auf obigem Wege die Sache hatten gefallen lassen.

Nach Bauernart ließen auch jetzt sich die einen die Sache gefallen, lieber, als daß sie den Rechtsweg betraten, für den die meisten ohnehin das Geld nicht hatten. Von denen, welche den Rechtsweg betraten, sah man bald den einen den Prozeß verlieren, bald den anderen gegen den Abt gewinnen. Manchmal kam es dazu, daß, wenn ein Gut zu fallen kam, einerseits der Abt, andererseits der, welcher Erbe zu sein vermeinte, „jeder, soviel er mochte, davon zu seinen Handen brachte". So dauerten die Irrungen und Späne über die Erbschaftsansprüche des Klosters eine Zeitlang. Als aber über ein halb Jahrhundert, ja bald ein Jahrhundert seit jenem Prozeß mit Jörg Hahn hingegangen war, gegen das Ende des fünfzehnten Jahrhunderts, machte das Gotteshaus es sich zum Grundsatz, seine vermeintlichen Ansprüche ohne weiteres mit Gewalt überall durchzusetzen; mit Gewalt ergriff es Besitz von den Erbschaften.

Da war einer, Heinz Dinkmuth von Ochsenhausen der Ältere. Dessen Schwieger ging vor seiner Hausfrau mit Tod ab und hinterließ „merklich Hab und Gut, namentlich auch eine merkliche Summe Geldes in einem Säcklein". Da kamen die Amtleute des Abts und nahmen die Hinterlassenschaft zu Handen des Abts und des Gotteshauses.

Dinkmuth, der seine Hausfrau als die rechte, natürliche Erbin ansah, rief das Schiedsgericht der nahen Reichsstadt Ulm an, und der Abt ließ sich darauf ein. Vor dem Bürgermeister und Rate dieser Stadt erschienen die Parteien, Heinz Dinkmuth als Kläger mit seinem Anwalt, dem Ulmer Ratsfreunde Martin Gregk, und der Abt als Beklagter mit seinem Anwalt, dem Ulmer Altbürgermeister Vital Owen. Das Zeugenverhör begann.

Nun zog sich ein schweres Gewölk über dem Abt und dem Gotteshause zusammen. Durch das Zeugenverhör deckte sich eine Reihe von Übergriffen und Mißbräuchen des Gotteshauses wider Recht und Herkommen auf. Der Abt wurde durch Zeugen, selbst durch die Mehrheit der zu seinen Gunsten aufgerufenen Zeugen, überwiesen, daß das Gotteshaus manches ansprach und bezog, „was bei ihres Vaters Lebzeiten noch nicht gewesen sei“. Darunter gehörte der Heuzehnte, eine Abgabe für Brenn- und Zimmerholz und für den Zutrieb. Alle beeidigten Zeugen, auch diejenigen, die im Punkte der Erbschaft ganz zugunsten des Abtes zeugten, sprachen in allen diesen Stücken gegen den Abt. Diese Gerechtigkeiten haben die armen Leute ohne Entgelt gehabt bis vor kurzen Jahren, da der jetzige Abt sie nicht mehr habe bei dem bleiben lassen, wie es von alters Herkommen sei, sondern sie mit Abgaben beschwert habe von Dingen, wovon niemals etwas gegeben worden sei. Selbst ein Greis, ein früherer Beamter des Klosters, sagte aus: Vor vierzig Jahren sei er vierundzwanzig Jahre lang des Gotteshauses Knecht gewesen. Nie habe man die Nutzungen, für die jetzt gezahlt werden müsse, den armen Leuten gewehrt, sondern sie seien ihnen „vergunnt gewesen, ohne Entgeld; ob sie es aber als Gerechtigkeit haben, wisse er nicht“.

Ja, der Abt wurde überführt, daß er „Männer, die seit fünfzig und mehr Jahren ihr vom Vater anerstorbenes Gut ohne des Gotteshauses oder irgend jemands Irrung geruhiglich besessen, seit etlicher Zeit mit Gebung und Gült beschwert, sogar von Egerten und alten Mädern, die schon für das Wässern beschwert waren, schwere neue Abgaben ihnen abgezwungen und sie nicht beim alten Herkommen habe bleiben lassen“.

Der Abt wurde überführt, daß selbst die Ansprüche des Klosters auf Beerbung keineswegs altes Herkommen waren, sondern daß nur die vier letzten Äbte das angesprochen haben; daß diese Ansprüche aber niemals in der Herrschaft als Herkommen anerkannt wurden, sondern des Gotteshauses arme Leute „darum allweg in Streit mit den Äbten standen“. Die Mehrheit der beeidigten Zeugen sagte aus, „sie haben nichts gehört noch gewußt, daß das mit der Erbschaft Herkommen des Gotteshauses sei. Solch vermeint Herkommen sei allweg in Irrung und Spänen gestanden.“

Selbst die Schiedsrichter und der Anwalt des Klägers erklärten, die Allgemeinheit des alten Herkommens und der tägliche Brauch in betreff der Erbschaft sei durch die Zeugen des Abtes verneint und nur bewiesen, daß für das Gotteshaus bei etlichen seiner armen Leute in den letzten fünfzig Jahren es im Brauch gewesen sei. Auch sei das ein ganz fremder Brauch; nach Form aller kaiserlichen, natürlichen, geistlichen, weltlichen Rechte wäre das mit der Erbschaft, selbst wenn es altes Herkommen wäre, wider die Form des Rechtes. Selbst diejenigen armen Leute, welche sich die Art, wie die Äbte die letzte Erbschaft behandelt haben, gefallen ließen, haben das, nach der Zeugen Aussage, „nicht gerne gehört noch gehabt“; und was den armen Leuten „in der Erbschaft beschwerlich, unerträglich und unleidlich sei, das sei auch gegen die Vernunft, gegen das Recht und gegen den gemeinen Landesbrauch".

Sogar der Verteidiger des Abtes widersprach dem nicht. Der Abt selbst aber ergriff die Berufung auf den Landesbrauch und sagte: Er habe einmal etliche treffliche, weise Leute von dem umgesessenen Adel, auch einige Räte von der Stadt Ulm und anderen Städten in Ochsenhausen um sich versammelt. Diese haben sich alle Mühe gegeben, die armen Leute des Gotteshauses zu bewegen, daß sie hinter dem Gotteshaus auf dessen Gütern wie andere Hintersassen nach Landesrecht sitzen möchten; dann wolle er, der Abt, ihnen das Herkommen mit der Erbschaft auch nachlassen. Das haben aber die Hintersassen des Gotteshauses abgeschlagen. Sie haben erklärt, sie wollen bei des Gotteshauses Herkommen bleiben, wie sie es seit zwei- bis dreihundert Jahren miteinander hergebracht haben. Das Herkommen mit den Gütern sei seines Gotteshauses Nutzen nicht, sondern sein Schaden. Wäre es, wie sonst des Landes Gewohnheit sei, auch in Ochsenhausen, so wäre sein Gotteshaus um mehr als tausend Pfund Heller jährlicher Gült reicher. Wollen und sollen die armen Leute in dieser Hinsicht das Herkommen des Gotteshauses genießen und bei den Lehenschaften und kleinen Gülten nach dem Herkommen des Gotteshauses bleiben, so sei billig, daß sein Gotteshaus auch im Punkte der Erbschaft bei dem Herkommen bleibe. Denn wer eines Gedings oder Handels an einem Ende wolle genießen, der müsse dessen auch an dem anderen entgelten. Dahin gehöre das alte Herkommen mit der Erbschaft. Solches Herkommen mit der Erbschaft sei nicht erdacht noch erdichtet, noch mit Gewalt vorgenommen, sondern seit zwei- bis dreihundert Jahren löblich hergebracht und darum nicht wider Recht, sondern Recht, da ja durch alle Rechte altes Herkommen bestätigt werde.

Damit legte er einige alte Register des Gotteshauses und auch Briefe, die dem Gotteshaus etliche Freiheiten zuschrieben, dem Gerichte vor. Über hundert Jahre, sagte er, haben die Äbte mit eigenen Händen diese Einträge in die alten Register geschrieben. Die Richter in den Gerichten pflegen nach solchen Registern und Rodeln zu richten, und Kaiser und Päpste haben des Gotteshauses Rechte und alte Gewohnheit bestätigt.

Auf das wurde dem Abt entgegnet: Diese Register seien ja unversiegelt, und es möchte jeder Abt so nach seinem Gefallen und Lust darein schreiben, was er wolle. Darum haben sie rechtlich keinen Wert. Niemand könne unrechtes Herkommen zu Recht bestätigen; weder Papst noch Kaiser haben Gewalt, Herkommen und Freiheiten zu bestätigen oder zu geben, welche wider das Recht wären. Bei jener Adelsversammlung habe der Abt wollen Schupflehen gemacht haben, und mit Recht haben die armen Leute seine Vorschläge abgewiesen; denn nach des Abtes eigenem Zugeständnis haben des Gotteshauses Leute nach dem Herkommen von einem Gut je nur ein Malter Roggen als Gült zu geben, und wenn sie auf das von dem Abte vorgeschlagene Landesrecht eingegangen wären, so hätten sie von demselben Gut wohl zehen Malter zu geben.

Im Eifer, seine Erbansprüche zu beweisen, hatte der Abt Artikel angezogen und vorgelegt, welche Äbte vor ihm niedergeschrieben hatten. Und gerade aus diesen Artikeln, aus seinem eigenen Vorbringen, wurde der Abt überwiesen, daß seine Ansprüche auf den Heuzehenten, auf Leistungen für Bau- und Brennholz aus den Klosterwäldern dem Herkommen und seinen eigenen angezogenen Artikeln entgegen waren; ebenso daß er nur mit Gewalt in verschiedene Erbschaften sich gesetzt hatte.

Das Gericht entschied zuletzt: Der Abt möge einen gelehrten Eid zu Gott und den Heiligen schwören, daß solches der Erbschaft halb des Gotteshauses Recht und Herkommen sei, und zwei seiner Amt- und Konventherren sollen nach ihm schwören, daß sein Eid „rein" und nicht „unrein" sei; dessen soll er genießen, und der Kläger Dinkmuth bei der Anklage nichts schuldig sein. Möge der Abt oder seine Amtherren nicht schwören, so solle geschehen, was Recht sei.

So ein Eid genügte, nach den Rechtsgrundsätzen der Zeit, zu Recht.

Der Abt erbot sich zum Eide. Dinkmuth aber und sein Anwalt, wohl im Hinblick auf den Eid des Fürstabts und der Seinen zu Kempten, erklärten sich mit diesem Urteile beschwert und legten Berufung ein. Sie ließen sich die Akten dieser Verhandlung ausfolgen, um den eigentlichen Rechtsweg zu betreten.

Die Verhandlung blieb nicht ohne Einfluß auf die Stellung der Gotteshausleute zu dem Abt. Sie blieben auf ihrem alten Herkommen und Recht. Sie leisteten nichts als das Althergebrachte und verweigerten das Neue, was sie nach ihrer Überzeugung nicht schuldig waren. Sie taten sich, wie der Abt beim schwäbischen Bunde klagte, hinter seinem Rücken und ohne seinen Willen, bei nächtlicher Weile zusammen und verpflichteten und vereinten sich miteinander dahin, dem Gotteshause die Dienste und andere Schuldigkeiten, welche doch ihm und den Prälaten vor ihm bisher getan worden seien, nicht mehr zu tun. Ja, sie haben, klagte der Abt, ihm entbieten lassen, wenn des Gotteshauses Vogt dawider handele, so werden sie im Harnisch und mit den Waffen, nach ihrem Vermögen, ihm Widerstand tun.

Als die Vögte des Gotteshauses die Ansprüche ihres Herrn indessen mit Gewalt eintreiben wollten, da und dort, so traten die Gotteshausleute mehrmals in die Waffen, alle für einen, und trieben sie ab. Sie haben sich freventlich und widerwillig gegen ihn gehalten und erzeigt, klagte der Abt und rief gegen die drohende, bewaffnete Vereinigung seiner Gotteshausleute die Hilfe des schwäbischen Bundes an, dessen

Mitglied er war; er ermahnte den Bund, kraft der Vereinigung, ihm wider seine armen Leute bewaffnete Hilfe zu leihen, um sie für ihren Abfall und Ungehorsam zu strafen und sie wieder zum Gehorsam zu bringen.

Der Bundeshauptmann Jörg von Freiberg bot die Bundesverwandten auf, und ein zahlreiches Kriegsvolk des Adels und der Prälaten zu Roß und zu Fuß zog dem Abte zu.

Wie aber die „fürsichtigen, ehrsamen und weisen Bürgermeister und Räte der Städte Ulm und Memmingen der Empörung und Handlung gewahr wurden, zeigten sie zu Verhütung ferneren Widerwillens, Aufruhrs und Unguts, das hieraus hätte entstehen und kommen mögen, sich geneigt", ihre gewandtesten und bei den Bauern beliebtesten Unterhändler zu den Parteien abzuordnen, mit dem Auftrage, allen möglichen Fleiß anzuwenden, um die Strafe und die Tat, die man wider die armen Leute vorzunehmen im Begriff sei, zu stillen, und die Parteien sonst gütlich zu vereinen und zu vertragen.

Es gelang diesen, die Bauern zu überzeugen, daß sie mit ihrer Gewalt der Gewalt des Bundes nicht gewachsen seien und daß, wenn sie den Rechtsweg ganz abwarten wollten, das mit viel Arbeit, Kosten und Schaden verbunden wäre und daß daraus auch Ungunst und Ungnade erwachsen müsse. Alle Irrungen zwischen den Bauern und dem Gotteshaus für immer abzuschneiden, sollen die Bauern nicht auf sich selber stehen wollen, sondern mit ihrem Abte einen Vertrag machen, welchem gemäß sechs ehrbare Männer als Schiedsrichter zu gütlicher Entscheidung gewählt werden sollen; deren Spruch solle ohne Berufung angenommen werden müssen, und die Obmannschaft bei diesem Schiedsgerichte sollen die drei Bundesrichter haben.

Den Bauern müssen diese Unterhändler die günstigsten Zusagen gemacht haben, denn sie nahmen diesen Vorschlag an. Dem Abt und seinem Konvent müssen sie sehr den Ernst gezeigt haben; denn auch der Abt ließ sich darauf ein, ungeachtet ihm die Ulmer rund erklärten: „Hinlegung der Irrung sei nur in Milderung der Beschwerden zu finden."

Das Schiedsgericht wurde gewählt. Der Abt ernannte darein einen seiner Konventsherren und zwei Vögte; die armen Leute wählten drei aus dem Volke, ehrbare Männer. Dieses Gericht tat seinen Spruch. Die Autorität zu retten, wurde den Bauern auferlegt: Alle Leute des Gotteshauses, welche abgefallen seien, sollen mit entblößten Häuptern und abgezogenen Schuhen, nachdem sie die Wehren abgelegt, ihrem Abte zu Füßen fallen, ihn um Verzeihung bitten für ihren Ungehorsam, ihm erklären, daß sie das Unrecht dieses Ungehorsams nicht verstanden haben, und ihn untertänig ansuchen, hinfort ihr gnädiger Herr zu sein.

Zum anderen sollen sie dem Abte neue Huldigung tun.

Zum dritten sollen sie 300 Gulden Kosten zahlen, alle Strafe aber für ihren Abfall ihnen vom Bund erlassen sein, und erst, wenn sie den Vertrag nicht annehmen, oder sich nicht darnach halten, so werde der Bund strafend einschreiten.

Zum vierten solle ihre Vereinigung, in welche sie sich verpflichtet hatten, aufgelöst sein, und sie sollen bei ihren Eiden in ewige Zeit weder eine Verschwörung oder Zusammenpflichtung wider Abt und Gotteshaus mehr machen noch wider dieselben tun in keinerlei Weise und Weg. Damit solle alle Ungnade, aller Unwille und alle Unfreundschaft zwischen beiden Parteien hingelegt, alles versöhnt und vertragen sein, und beide sollen die Vertragsurkunde beschwören und halten, in welcher die Schiedsrichter die Pflichten und Rechte beider „in neue Gestalt und Form zu bringen geflissen gewesen seien".

Der Abt, sein Konvent und seine Amtleute gaben darauf Handgelübde und Zusagen. Die abgefallenen Gotteshausleute taten, barfuß und barhaupt, ohne Wehr, den Fußfall vor dem Abte, alles in vorgeschriebener Weise. Der Abt sprach seine gnädige Verzeihung aus.

Soviel geschah zugunsten des Abtes. Der Sache nach gewannen die Gotteshausleute, und zwar in allen ihren Hauptbeschwerden. Der Abt verlor alles, was er bis jetzt angesprochen hatte wider das Herkommen, einen Punkt ausgenommen, die Einfuhr des Zehenten durch die Gotteshausleute. Diese blieb bestehen als verjährt. Das, worauf die klösterliche Politik seit hundert Jahren her Jagd und Ränke gemacht hatte, die Beerbung, verlor das Gotteshaus für immer.

7

Der Bundschuh im Bruchrain zu Untergrombach

Unter den Bistümern, deren Verwalter nicht alle evangelisch, deren viele sogar alle Tage wie der reiche Mann herrlich und in Freuden lebten, zeichnete sich besonders Speyer aus. Verteidiger des Priestertums haben es erzählt und beurkundet, wie der Speyerer Bischof Matthias mit den Bürgern der Stadt und mit kaiserlicher Majestät seinen fürstlichen Scherz zu treiben sich nicht scheute, und der Gegenstand dieses fürstlichen Scherzes war ein Menschenleben, das Leben eines schuldlosen, vom Kaiser empfohlenen, von den Bürgern als der Würdigste für die offene Domkapitularstelle bezeichneten Mannes. Hier, im Bistum Speyer, war es auch, wo unter dem Nachfolger des Matthias, Ludwig Helmstädt, die erste Spur der Fortpflanzung des Elsasser Geheimbundes offenbar wurde.

Im Bruchrain zu Untergrombach zunächst an Bruchsal, zum Gebiete des

Bischofs von Speyer gehörig, unternahmen es einige kühne Männer, ihre Mitbrüder vom Druck des Priestertums und des Adels zu befreien. Schon im Jahre 1502 hatte der Hof zu Speyer Spuren und Anzeigen von einer neuen, der Aristokratie gefährlichen Bewegung im gemeinen Manne. Die Aufmerksamkeit der Behörden aber machte die Verbindung vorsichtig, und die Fäden derselben gingen der Regierung wieder verloren.

Die Verschworenen aber arbeiteten im geheimen nur um so zuversichtlicher fort. Bald waren es über 7000 Männer, die zum Bunde geschworen hatten, und gegen 400 Weiber, welche des Bundes wissend waren. Über alle Gaue am Rhein hinauf und hinab, bis zur Mitte, am Main und am Neckar zogen sich die Fäden der Verschwörung hin. Es galt nicht eine teilweise, sondern weitkreisende Bewegung, in welche der gemeine Mann des ganzen Reiches nach und nach hineingezogen werden sollte: Der Zweck war Umsturz der geistlichen und weltlichen Aristokratie.

Deutlich sprach das schon die Losung aus, an welcher sie sich erkannten. „Loset" fragte der eine, „was ist nun für ein Wesen?" Und der dazugehörige Antwortsreim war: „Wir mögen vor Pfaffen und Adel nit genesen!" Ihre Hauptartikel waren: alles Joch der Leibeigenschaft von sich zu schütteln, mit dem Schwert sich selbst, wie die Schweizer, frei zu machen, die geistlichen Güter einzuziehen und unter das Volk zu verteilen, als Herrn und Haupt aber niemand anzuerkennen als den römischen König.

Die Aufnahme in den Bund geschah unter religiösen Zeremonien, der Eintretende mußte kniend fünf Vaterunser und fünf Ave Maria beten und alle Tage als Bundesglied das gleiche tun. Es war dies ein religiöser Anstrich, welcher politischen Bewegungen zu allen Zeiten so förderlich war, und zugleich den weit zerstreuten Bundesgliedern überall ein Erkennungszeichen, das niemand verdächtig auffallen konnte.

Jeder übernahm auch die Pflicht, den Bund nach Kräften zu mehren und unter seinen Umgebungen auszubreiten. Die Artikel, welche davon handelten, daß kein Zins oder Zehenten mehr gegeben werden sollte, weder an Fürsten noch Edle und Pfaffen, kein Zoll, keine Steuer mehr bezahlt, Jagd, Fischerei, Weide und Wald, wie sie Gott für alle erschaffen, für alle offen und frei sein, und die Klöster und Kirchengüter, eine kleine beizubehaltende Zahl von Klöstern ausgenommen, eingezogen und verteilt werden sollten, mußten den gemeinen Mann allerorten, der so über die Maßen beschwert war, daß die vierte Stunde der Arbeit nicht sein war, an sich ziehen.

Zuerst sollte die Stadt Bruchsal, wo mehr als die Hälfte der Bürger im Einverständnis war, überfallen und besetzt werden als vorläufiger Mittelpunkt der Bewegung. Der große Haufen aber sollte dann unverweilt in die Markgrafschaft Baden vorrücken und dann fort und immer fort wei-

Aufnahme in den Bundschuh

terziehen und an keinem Orte länger als vierundzwanzig Stunden verweilen, bis daß sie alle Lande in ihr Bündnis gebracht, die ursprüngliche Freiheit und damit die Gerechtigkeit Gottes auf Erden eingeführt hätten; alle Bürger und Bauern im Reich werden ihnen auch, hofften sie, ungezwungen, aus Liebe zur Freiheit, zufallen.

„Nichts denn die Gerechtigkeit Gottes!" war auch die Inschrift ihrer Bundesfahne. Diese war halb weiß, halb blau, in der Mitte das Bild des Gekreuzigten, wie er dem heiligen Georg erschienen war, vor dem Kreuz ein kniender Bauersmann und ein großer Bundschuh und ringsum die erwähnte Inschrift.

Klüglich hatten die Häupter nur die Dörfer, Weiler und kleinen Städte in den Bund gezogen, welchen ihre Sache als ihre eigene erscheinen mußte; und dennoch wurde der Plan vor seiner Ausführung verraten. Nicht ohne wohlberechnete Vorsicht hatte ein Artikel der Elsasser Verbindung die Beichte verboten. Diese war es, welche den Plan vereitelte. Einer der Verschworenen, Lukas Rapp, vertraute das Geheimnis in der Beichte einem Geistlichen, und der Geistliche verriet es den Regierungen. Geistliche und weltliche Fürsten und Herren, selbst der schwäbische Bund, welcher einen Zusammenhang der Bewegung mit den Schweizern fürchtete, eilten, ihre Maßregeln zu ergreifen.

Die bisherigen Grundlagen des deutschen Reiches und Thrones waren gewichen oder morsch: In der Freiheit des gemeinen Mannes und in der unvermittelten Einheit deutscher Nation boten sich die Grundlagen eines neuen und herrlicheren Kaisertums.

Aber Maximilian – der römische König, als geborener Habsburger, und durch die Vorgänge in seinen Niederlanden und der Schweiz jeder Volksbewegung im Innersten gram – vergaß jetzt, wo er Gelegenheit dazu gehabt hätte, es zu verwirklichen, daß er als Jüngling sich gewünscht hatte, ein König des Volkes zu werden. Statt des Volkes sich anzunehmen, den Beschwerden der Bauern abzuhelfen und auf ihre Liebe und auf ihre Arme seine Macht zu stützen, befahl er die grausamste Verfolgung und Bestrafung der verbundenen Bauern, sobald er die erste Kunde von ihren Plänen vernahm. Wer in den Bund geschworen und das gesetzliche Alter erreicht hätte, dessen Vermögen sollte eingezogen, hätte er Weib oder Kinder, so sollten diese aus dem Lande vertrieben, er selbst, wenn er ergriffen würde, lebendig gevierteilt, die Häupter und Unterhändler der Bewegung aber an den Schweif eines Pferdes gebunden zur Vierteilung geschleift werden.

Zu Schlettstadt traten Abgeordnete der Fürsten, Herren und Städte auf die erste Mitteilung der drohenden Bewegung des gemeinen Mannes zusammen; auf drei Tagsatzungen berieten sie die gemeinsamen Gegenanstalten; es waren dabei Räte kaiserlicher Majestät, Gesandte des Pfalzgrafen, des Bischofs und der Stadt Straßburg, des Herzogs zu Württemberg, der Grafen zu Hanau, Bitsch, Rappolstein, auch der Stadt Colmar und anderer Städte und Herren, in deren Gebiet die Bewegung Verzweigungen hatte oder welche Ursache hatten, solche zu fürchten.

Bis aber, den Beschlüssen gemäß, das Kriegsvolk der Fürsten und Herren in die Hauptsitze der bäurischen Verbindung einbrach, hatten die vorzüglichsten Beförderer derselben Zeit, zu entweichen. Bei der Unreife des Anschlages zu längerem Widerstande noch nicht gerüstet, war ein

Kampf fruchtlos. So retteten sich die meisten der bäurischen Häupter glücklich durch die Flucht. Nur im allgemeinen Beteiligte wurden in den Dörfern von dem Kriegsvolk aufgegriffen, auf die Folter gebracht und auf den Richtplatz. Doch war derer, welche hingerichtet wurden, eine kleine Zahl; Maximilians Blutbefehle waren unausführbar; wollten die Fürsten und Herren alle Teilnehmer nach ihnen bestrafen, so ruinierten sie sich selbst; denn in vielen Ortschaften hatten alle Bauern in den Bund geschworen. So wurden wenige verstümmelt, die anderen mit Geld bestraft. Die Verschwörung selbst aber war so gut angelegt, daß die geheimen Leiter, wie erzählt wird, teils unangefochten zurückblieben, teils, wenn sie flohen, sogar in den kaiserlichen Landen und im Gebiete der zu Schlettstadt zusammengetretenen Stände unerkannt und ungestört jahrelang Wohnsitz oder gar Anstellung fanden.

8

Der Bundschuh zu Lehen

Auf den Schlag, der den Bundschuh im Bruchrain auseinanderwarf, folgte eine Todesstille von mehreren Jahren unter den Bauern; aber nicht, weil die Bauern mutlos geworden waren oder an ihrer Sache verzweifelten, sondern weil sie die Herren sorglos machen wollten. Die Gesinnungen waren, wie die Verhältnisse, die alten geblieben. Die meisten Flüchtlinge hatten in die freie Schweiz, viele auf den Schwarzwald, in den Breisgau, in das Württembergische sich begeben. Sie hatten und fanden allenthalben Freunde. Wo sie hinkamen, fanden sie das gleiche Elend, dieselbe Sehnsucht nach Änderung. Tief ins Herz von Württemberg hinein hatte sich schon 1503 dieser Bruchrainer Bundschuh verzweigt: Im Jahre 1514 sagte ein Gefangener des „armen Konrad“ aus, ihre Verbrüderung im Lande habe schon vor elf Jahren begonnen und zuerst Bundschuh geheißen.

Und es waren manche darunter, deren Sache nicht Wortemachen und Klagen war, sondern die Tat; die, weil die ersten Entwürfe, ehe sie reiften, durch Verrat scheiterten, nicht gesonnen waren, das Ganze aufzugeben.

Unter diese gehörte Joß Fritz, geboren und seßhaft in Untergrombach und einer der „rechten Ursächer“ des dortigen Bundschuhs. Auch ihm war es gelungen, der Gefangennahme und dem gewissen und qualvollsten Tode, der ihn unter Henkershand erwartete, durch die Flucht sich zu entziehen. Jahrelang trieb er sich unerkannt in den oberen Landen um; aber auch in der Verbannung und auf der Flucht verlor er sein Ziel und seine Hoffnung nicht. Wer weiß, was er will, der hat etwas Unbezwingliches in sich, der legt, wenn es ihm zehnmal fehlgeschlagen, das elfte Mal in Mut und Hoffnung Hand an ein Geschäft. So trug auch Joß Fritz seinen ersten mißlungenen Anschlag immer lebendig in der Ferne mit sich herum; aber er wußte seine Gedanken in sich zu verschließen, bis er den rechten Augenblick und Ort und die rechten Leute vor sich zu haben glaubte.

Es war ihm von der Natur ein günstiges Äußeres gegeben, welches er durch eine gewählte Kleidung zu heben wußte. Er erschien bald in schwarzem französischem Rock und weißen Hosen, bald kleidete er sich rot und gelb, bald ziegelfarb und grün. Auch sein Auftreten und Benehmen zeichnete sich vor dem gemeinen Manne aus. Er hatte Feldzüge und Schlachten mitgemacht, und daher war ihm auch die äußere Haltung und Würde eines Kriegsmannes eigen. Er besaß überdies die Gabe der Überredung und der Verstellung und jenes Etwas, von welchem sich unwillkürlich die Menschen beherrschen lassen. Er verstand es, dem Ungläubigen Glauben und Hoffnung, dem Zaghaften Mut und Zuversicht einzuflößen, seine Rede dem Charakter eines jeden, zu dem er sprach, anzupassen und diesen von der materiellen, jenen von der religiösen Seite für seine Gedanken zu gewinnen. Nicht Wochen und Monate, Jahre ließ er sich nicht ermüden, um die abgerissenen Fäden seines Planes da und dort wieder anzuknüpfen zu einem neuen Gewebe.

Am See, zu Lenzkirch und Stockach, wo er sich mit Else Schmid verheiratete, auf dem Schwarzwald hin und her, zu Villingen, zu Horb nahm er abwechselnd längeren Sitz oder kürzeren Aufenthalt.

Um das Jahr 1512 etwa begab er sich in die Nähe von Freiburg im Breisgau und machte sich in dem eine Stunde von der letzten Stadt entfernten Dorfe Lehen seßhaft, welches dem Edeln Balthasar von Blumeneck zugehörte. Hier wußte er sich sogar die Stelle eines Bannwarts zu verschaffen. Der Boden schien ihm gut, die Zeit günstig.

Zuerst ließ er sich nur in allgemeinen Klagen über die sittliche und materielle Verschlechterung der Zeit vernehmen, wenn er in den Schenken oder vor ihren Hütten mit seinen Mitbürgern ins Gespräch kam. Wenn sie so beieinandersaßen, die armen Bauersleute, aufmerksam um ihn her, den neuen, viel und weit herumgekommenen Bannwart Joß Fritz, und seiner Rede lauschten, wußte er gar schön es vorzutragen, wie Rechtschaffenheit und Gottesfurcht immer mehr aus der Welt verschwinden und Gotteslästern, Wuchern, Ehebrechen, Zutrinken und Übeltaten aller Art so merklich überhandnehmen, ohne Einsehen und Strafe von seiten der Obrigkeiten. Dann ließ er vom Religiösen und Sittlichen aus den Faden seiner Rede in die Politik hineinlaufen und anfangs nur leise sich verlauten, wie der arme Mann doch gar so sehr von seiner Herrschaft beschwert wäre und wie es, wenn es so fortgehe, zuletzt ein schweres Ende nehmen und der arme Mann selbst dareinsehen müsse. Es war weit, das Feld der herrschaftlichen Sünden, auf dem er sich so ergehen konnte, und da er nur freimütig heraussagte, wovon jeder die bittere Wahrheit an sich selbst verspürte, und da sie fühlten und sahen, wie er nicht nur in dem, was er rügte und abgestellt wissen wollte, vollkommen recht hatte, sondern wie es ihm auch aus dem Herzen kam, hingen nicht nur ihre Augen, auch ihre Herzen sich an ihn. Er mußte Anklang finden bei allen, welche nicht mit dem Mute das Gefühl ihrer Lage verloren hatten.

Mit großer Klugheit wußte er das Gefährliche dessen, auf was er hinauswebte, im Hintergrunde zu halten. Lange und oft sprach er von nichts als nur von dem Drückenden ihrer Lage, von der Schlechtigkeit der Zeit. Erst als er den Boden sondiert, aufgelockert und bereitet hatte, säte er, ein Korn nach dem anderen, den Samen seiner Entwürfe vorsichtig darein. Als er das Bewußtsein ihres Elends und das Vertrauen in ihnen lebendig sah, rückte er heraus: Sofern sie ihm geloben zu schweigen, so wolle er ihnen etwas sagen, das ihnen zu Nutz und Gut kommen möchte.

Dann redete er einzeln mit jedem, so, wie er dessen Art und Weise kannte. War es einer mit ängstlicherem Gewissen, der ihn fragte, ob die Sache, die er zu verschweigen geloben solle, ehrlich sei, denn, sei sie unehrlich, so wolle er nichts davon hören: So redete er zu ihm „einfältiglich", „so süß, daß jeder meinte, von Stund an selig und reich zu werden", „wie aus argem Einsprechen des Teufels", wie die Untersuchungsakten sich ausdrücken. Das, sprach er, was er ihnen sagen wolle, sei eine ehrliche Sache, eine Sache, die für ihn und viele frommen Leute wäre; es handele sich um ein Vornehmen, welches göttlich, ziemlich und recht sei. Und wenn dann der Bauer das Stillschweigen gelobt hatte, so entwickelte er seine Gedanken zu einem Verein aller Gedrückten, und wie schon viele sich mit ihm vereint haben, und wenn sich der Angegangene noch nicht entschließen wollte, versicherte er ihn, sie wollen nichts anderes handeln, als was die Heilige Schrift enthalte und auch für sich selbst göttlich, billig und recht sei. Und mit dieser Rede ging er hinweg und überließ vorerst jeden sich selbst.

Da, wo die Straße von Lehen nach Mundenhof sich hinzieht, den Wald entlang jenseits der Dreisam, liegt ein einsamer Wiesengrund, die Hartmatte genannt. Hierher bestellte Joß die einzelnen zur geheimen Versammlung. Die Stunde, die er dazu wählte, war der Übergang der Abenddämmerung in Nacht. Hier sprach er nun davon, wie es, wenn es besser gehen solle, nötig sei, daß sie künftig keinen Grundherrn mehr haben, überhaupt keinen anderen Herrn als Gott, den Kaiser und den Papst, daß jeder an dem Ende, da er gesessen sei, um Schuld vor dem Richter vorgenommen werden sollte und nicht da und dort in weiter Ferne herum-

Joß Fritz redet zu den Verschworenen auf der Hartmatte

gezogen. Darum müssen die rottweilischen Gerichte abgetan und die geistlichen Gerichte allein auf geistliche Sachen beschränkt werden. Auch müsse dem Pfründenunwesen der Geistlichen gesteuert und jedem, der zwei oder drei Pfründen habe, nur eine gelassen und mit den anderen ein solcher, der keine habe, ausgestattet werden. Auch seien sie unbillig mit Steuern und Zöllen belastet, und die ewigen Fehden seien des Volkes Verderben; es müsse darum ein beständiger Frieden in der ganzen Christenheit aufgerichtet werden, jeder gemeine Mann aber seine alte ursprüngliche Freiheit wiedererlangen, und Wald, Weide, Wasser und Jagd allen gemein, von dem Überfluß der Klöster und Stifter aber der Armut aufgeholfen werden.

Das mißfiel den Versammelten nicht; es waren Arme, Leibeigene, Heruntergekommene oder Mißvergnügte, welche auf die Hartmatte kamen. Als er ihnen aber einen neuen Bundschuh als das einzige Mittel zur Verwirklichung dieser Gedanken vorschlug, wurde die Sache manchem bedenklich. Sie wandten sich an den Pfarrer ihres Ortes, den Pater Johannes, und befragten sich, was er von dem durch Joß vorgeschlagenen Bundschuh halte. Herr Johannes aber, längst im Einverständnis mit Joß, sagte seinen Beichtkindern: „Es sei ein göttlich Ding darum; denn die Gerechtigkeit werde dadurch einen Fortgang gewinnen; Gott wolle es; man habe es auch in der Heiligen Schrift gefunden, daß es einen Fortgang haben müsse." Die, welche sich unter den Bauern zu Lehen zuerst und eng an Joß anschlossen, waren Augustin Enderlin, Kilian Mayer, Hans Freuder, Hans und Karius Heitz, Peter Stüblin und Jakob Hauser, dazu namentlich Hans Hummel, ein Schneider, der aus Feuerbach bei Stuttgart im Württembergischen gebürtig war und sich seit vielen Jahren im Elsaß und Breisgau aufhielt. Diese seine ersten Anhänger warben in ihren Kreisen weiter für den Bund, wo sie mit ihresgleichen zusammenkamen, im Haus und auf dem Felde, in den Schenken und auf den Kirchweihen. Der aber zu Lehen für den Bundschuh am tätigsten und geschicktesten in Joß Fritz' Namen wirkte, war, wie Joß selbst, ein Fremder, Hieronymus, ein Bäckerknecht aus dem Etschlande, der in der Mühle zu Lehen im Dienste, in vielen Ländern herumgekommen und ein geschickter Sprecher war.

Diese Vertrauten verstanden auf ihre Weise ihre Bekannten für den Anschlag zu gewinnen. Sie bereiteten die Neugeworbenen im allgemeinen vor und wiesen sie dann an Joß, um von ihm tiefer in die Sache eingeweiht zu werden. Joß selbst erklärte ihnen dann, wie durch den Bundschuh der Gerechtigkeit ein Beistand getan und das heilige Grab gewonnen werden sollte. Er meinte aber das heilige Grab, darinnen die Freiheit des Volkes begraben lag. Zaghafteren wußten die Verschworenen dadurch Mut zu machen, daß sie ihnen von den großen Verzweigungen sprachen, welche der Bund bereits in allen Ständen und Gegenden habe, wie bereits Edle und Unedle, Pfaffen, Bürger und Bauern darin seien und er sich bis hinab nach Köln erstrecke.

Ganz ohne Grund war es nicht mit den Verzweigungen des Bundes. Ehe Joß Fritz in Lehen mit seinem Anschlag hervortrat, hatte er in den letzten Jahren zuvor weit umher auf beiden Ufern des Rheines, im Schwarzwald, in der Markgrafschaft Baden und im Württembergischen die alten Fäden der Speyerer Verschwörung wieder aufgenommen, neue angeknüpft.

Im engsten Verein mit ihm wob ein anderer leitender Oberer, welcher bald Veltlin, bald Stoffel von Freiburg genannt wird, an dem geheimen Gewebe. Dieser hielt sich meist zu Waldkirch im Wirtshause vor der Stadt, unweit der Propstei, auf. Er erschien wie ein Ritter im Äußeren, war reich an mancherlei Kleidern und Kopfbedeckungen, besonders aber zeichnete ihn ein weißer, mit schwarzem Sammet belegter Mantel aus, am Barett ein silberner Strahl, und ein weißes Roß, auf welchem er in den Landen umritt, am oberen Rhein, im Kinzigtal, im Schwarzwald, an der Donau hin bis Ehingen in Schwaben, in welch letzterer Stadt er namentlich häufig sich zeigte.

Und so gelang es nach und nach diesen beiden, weithin und -her sich einen Anhang zu machen, dessen Teilhaber untereinander so klug gegliedert zusammenhingen, daß jeder nur die in seinem nächsten Ring mit Namen kannte. In der Lage, in welcher sie sich befanden, verschmähten sie es nicht, sich selbst der gewerbsmäßigen Bettler und Landstreicher zu Hin- und Herträgern, Unterhändlern und Beihelfern zu bedienen, und für den Augenblick des Losschlagens dachten sie diesen noch eine besonders gefährliche Mitwirkung zu. Diese damals außerordentlich zahlreiche Volksklasse, welche ungehindert und gleichsam patentisiert die Lande durchzog und eine Art anerkannter Zunft war, hatte ihre besonderen Obern und Hauptleute, die sie sich selbst wählte. Mit diesen Hauptleuten der Bettler knüpften Joß und Stoffel Verbindungen an, und die Hauptleute stellten ihre Bettlerrotten zu ihrer Verfügung.

Zweitausend Gulden wurden den Hauptleuten insgesamt verheißen, wenn sie zur bestimmten Stunde in der Markgrafschaft, im Breisgau und im Elsaß Feuer einlegen und mit einer Zahl von wenigstens zweitausend der Ihrigen auf den Tag, da zu Elsaß-Zabern Jahrmarkt oder Kirchweih wäre, zu Rosen sich einfinden würden, um die Stadt einzunehmen. Der Wirt in der äußeren Stadt, Joß zum Fuhrmann, und sein Sohn und sein Knecht waren auch im Bunde; in der Stadt selbst Georg Schneider, der als Hauptmann der Krone Frankreich gedient, Wülflen Sälzer und Paul Springer. Unter dieser Befehle sollten sie sich auf jenen Tag stellen, und da das gemeine Volk auf diesen Tag sehr zahlreich in Zabern anwesend und viele Bürger ihrer zum voraus gewärtig wären, müsse es gelingen.

Die Bettler hatten jedoch nur eine sehr untergeordnete Rolle in dem Unternehmen. Ganz anders wirkten die von Gau zu Gau aufgestellten Gesellen der beiden Obern, die ihnen von Zeit zu Zeit Mitteilungen machten, wie es in ihren Bezirken stehe und wie viele Leute sie zum Bunde gebracht. Jedem versprachen sie für jedes neugeworbene Mitglied einen dicken Pfennig. Joß und Stoffel ritten hin und wider, um sich von den Arbeiten ihrer Gesellen zu überzeugen und die Mitglieder zu mustern. Die Musterung geschah meist zur Nacht. Vorzüglich waren es auch Wirte, welche in das Geheimnis gezogen wurden und deren Häuser zu Verbindungs- und Zusammenkunftspunkten dienten.

Auch Herren waren im Bunde; außer dem Pfarrer zu Lehen werden namentlich angeführt: Herr Jakob Begers zu Niederhinbergen, Thomas Wirth zu Egentzschweiler, der als Hauptmann in Frankreich gewesen, und Stefan, ein Edelmann bei Derdingen, nicht weit von Bretten, der in dem untersten Schlößlein saß und mit Joß von Bretten, dem pfälzischen Kriegsknecht, dem besonderen Vertrauten von Joß Fritz, zu Derdingen im Wirtshaus bei dem Kloster, dem Hause Klee-Veltens, zusammenkam.

Die Untersuchung stellte heraus, daß die Verbindung über den ganzen Elsaß, den Breisgau, die Markgrafschaft, den Schwarzwald, Oberschwaben, den oberen Kraichgau, wo Bretten, und den unteren Kraichgau oder Bruchrain, wo Bruchsal die Hauptstadt war, sich verbreitete und sich ohne Zweifel bis über den Mittelrhein hinab absenkte. Im Württembergischen hatte er seine Verbindungen vorzüglich im Zabergäu und im Remstal.

Von Zeit zu Zeit waren in den abgelegenen Wirtshäusern, oder in der Nähe derselben, nächtliche Zusammenkünfte, bald nur der Gesellen, bald ganzer Scharen von Angeworbenen, namentlich auch zu Mittelbergheim im Elsaß, auf dem Kniebis beim Klösterlein, im Walde ob Haslach. Auch die Kirchweihen und Märkte waren Versammlungstage für die einzelnen Gauen des Bundes.

Joß hatte ein eigenes Zeichen, woran sich die Seinen erkennen sollten; es hatte die Form eines lateinischen H; von schwarzem Tuch in einem roten tuchenen Schildchen trugen sie es alle vorn in die Brusttücher eingenäht; andere in den Bund Eingeweihte trugen dieses Zeichen nicht, dagegen auf dem rechten Arme drei Schnitte kreuzweis in den Kleidern. Auch ein geheimes Wortzeichen hatten sie, das sie, wenn einer zum andern kam, sprachen. In einer Versammlung auf der Hartmatte hatte Joß ihnen auseinandergesetzt, wie nötig ein solches sei. Es war dann davon die Rede, das in dem ersten Bundschuh im Speyerischen gebrauchte wieder aufzunehmen, mit Umsetzung weniger Worte, nämlich die Frage: „Gott grüß dich, Gesell, was hast du für ein Wesen?“ und darauf die Antwort: „Der arm' Mann in der Welt mag nit mehr genesen.“ Auch St. Jörg wurde als Losung vorgeschlagen. Aber es blieb bei beiden nicht. Joß erfand eine neue, die aber, wie es scheint, erst kurz vor dem Ausbruch allen mitgeteilt werden sollte und vorerst nur im kleineren Kreise und darum auch ganz geheim blieb und verlorenging. Selbst die Folter vermochte sie nicht den später Gefangengenommenen zu erpressen. Kilian Mayer gestand unter der Pein zu, daß sie ein Wortzeichen gehabt, blieb aber fest dabei, „was dasselbe Wortzeichen gewesen, sei ihm aus dem Gedächtnis gegangen und gänzlich vergessen“. Dadurch rettete er viele seiner Verbündeten. Denn die Losung war es, welche bei früheren Verfolgungen so vielen als Falle gestellt wurde.

Auf der Hartmatte kamen auch nach wiederholten Zusammenkünften und Beratungen bestimmte Bundesartikel zustande, in welchen, was früher Joß vorgetragen, kurz zusammengefaßt wurde:

„Erstens: solle niemand mehr einen anderen Herrn als Gott, den Kaiser und den Papst anerkennen; Zweitens: niemand anderswo, als an dem Ende, da er gesessen sei, vor Gericht stehen; das rottweilische Gericht soll ab, die geistlichen Gerichte sollen auf das Geistliche beschränkt sein; Drittens: alle Zinse, die so lange genossen wären, daß sie dem Kapital gleichkämen, sollen ab sein und die Zins- und Schuldbriefe vernichtet werden; Viertens: bei Zinsen, da ein Gulden Geld unter zwanzig Gulden Kapital stände, solle so gehandelt werden, wie das göttliche Recht anzeige und unterweise; Fünftens: Fisch- und Vogelfang, Holz, Wald und Weide solle frei, Armen und Reichen gemein sein; Sechstens: jeder Geistliche solle auf eine Pfründe beschränkt sein; Siebentens: die Klöster und Stifter sollen an Zahl beschränkt, ihre überflüssigen Güter zu Handen genommen und daraus eine Kriegskasse des Bundes gebildet werden; Achtens: alle unbilligen Steuern und Zölle sollen ab sein; Neuntens: in der ganzen Christenheit soll ein beständiger Friede gemacht, wer sich dawidersetze, totgestochen, wer aber durchaus kriegen wolle, mit Handgeld wider die Türken und Ungläubigen geschickt werden; Zehntens: wer dem Bund anhänge, solle seines Leibs und Guts gesichert sein; wer sich dawidersetze, gestraft werden; Elftens: solle eine gute Stadt oder Feste zu Handen des Bundes genommen werden als Mittelpunkt und Halt des Unternehmens; Zwölftens: jedes Bundesglied solle das Seinige zu den Mitteln der Ausführung beisteuern; Dreizehntens: sobald die Haufen des Bundes sich vereinigt haben, soll kaiserlicher Majestät das Vornehmen geschrieben, und Vierzehntens: wenn des Kaisers Majestät sie nicht annähme, die Eidgenossenschaft um Bündnis und Beistand angerufen werden."

Das waren die Artikel des Bundes; so ergeben sie sich aus den Aussagen verschiedener Zeugen.

Noch immer scheint es solche im Bunde gegeben zu haben, welchen die Artikel und das Unternehmen bedenklich vorkamen. Denn auf einer Versammlung auf der Hartmatte sah sich Joß Fritz veranlaßt, die Artikel zu verteidigen und sich zu erbieten, alles aus der Heiligen Schrift nachzuweisen und schriftlich aufzusetzen, um es dann ihnen vorzulesen, damit sie sehen, daß er nichts anderes vornehmen und handeln wolle, denn allein was göttlich, ziemlich und billig sei. Hieronymus, der Bäckerknecht, stand ihm hiebei geschickt und eifrig zur Seite. So gelobten endlich alle Versammelten in die Hand Kilian Mayers den Bundeseid und diesem gemäß, das Geheimnis heilig zu halten, beieinanderzubleiben und keiner von dem andern zu weichen.

Auch hier wieder wurde auf eine Bundesfahne überaus viel Gewicht gelegt. „Sie achteten", heißt es, „obgleich wohl am Anfang ihrer nicht viele wären, sobald sie das Fähnlein fliegen ließen, würden die Armen alle ihnen zufallen." Darum wurde nichts gescheut, eine solche bedeutsame Fahne herbeizuschaffen.

Die Teilnehmer des Bundes waren so arm, daß es Mühe kostete, das Geld zu der Bundesfahne zusammenzubringen. Sobald Joß das Geld beisammen hatte, eilte er, die Fahne zu bestellen, mit größter Vorsicht. Er wählte aus einer entfernten Gegend einen Bauern, der zum Bunde geschworen und den in Freiburg und der Umgegend niemand kannte, und ordnete ihn nach dieser Stadt ab, den Maler Friedrich anzugehen, ihm ein Fähnlein mit einem Bundschuh zu malen. Der Maler aber zeigte den Vorfall zur Stunde dem Rate der Stadt an. Da aber der Bauer verschwunden war und ihn niemand kannte, wer und woher er war, mithin auch die Gegend verborgen blieb, in der sich „solch bös Feuer" erheben wollte, wußte der Rat von Freiburg für jetzt nichts weiter zu tun, als daß er solches seinen Umsassen insgeheim zu wissen tat, um ein gutes Aufsehen hierin zu haben, und daß er seine Stadt in gute Hut und Sorg stellte, auch allenthalben hin geheime Befehle gab, diesem Handel nachzuspüren.

Nachdem der erste Versuch mit dem Fähnlein mißlungen war, machte Joß selbst einen zweiten Versuch. Es malte gerade ein anderer Freiburger Künstler, der Maler Theodosius, die Kirche zu Lehen. Zu diesem trat Joß eines Abends mit Hans Enderlin, dem Altvogt zu Lehen, und Kilian Mayer, und nachdem sie in Fröhlichkeit manches Glas Wein miteinander geleert, eröffnete Joß dem Maler, es sei ein fremder Gesell im Orte, der möchte sich gern ein Fähnlein malen lassen, und fragte ihn, was er dafür nehmen und deshalb machen wolle. Auf des Malers Begehr, ihm anzuzeigen, was er doch in solches Fähnlein malen müßte, sagten sie ihm: einen Bundschuh. Da erschrak der Maler und antwortete, daß er nicht um aller Welt Gut ihnen ein solches Fähnlein malen möchte. Joß mit den Seinen drang nicht weiter in ihn, aber er bedrohte ihn: Diese Rede, die sie hier miteinander geredet, soll niemand als der Luft und dem Erdreich geöffnet sein, und wo er solches ausschwatze, so müßt' es ihm zu schwer werden. Auch das Altvögtlein erinnerte ihn des Stillschweigens unter dem Eid, den er der Stadt geleistet. Der Maler, in Sorge und Furcht, es könnte ihm die Bezahlung, die er für seine Arbeiten in der Kirche zu fordern hatte, von denen zu Lehen unter diesem Vorwande vorenthalten werden, verschwieg den Handel.

Joß Fritz würdigte vollkommen das Gefährliche eines dritten Versuches, wenn er ihn so nahe der Gegend, von welcher die Bewegung ausgehen sollte, machen würde. Die Seide zu dem Fähnlein war schon gekauft und dasselbe auch genäht; es war blau und ein weißes Kreuz darin. Allen, die es sahen, war es eine Freude; doch meinten viele, man sollte das weiße Kreuz daraus tun und einen Adler darauf malen lassen. Es war ihnen nicht genug, eine Fahne zu haben, sie sollte gemalt sein, und zwar mit bedeutsamen Symbolen, denen sie eine magische Wirkung beilegten. Joß kannte wohl aus Erfahrung, mit welch religiöser Scheu und mit welch blindem Glauben der Kriegsknecht an dem Schutzheiligen in seiner Kriegsfahne hing, und er hoffte das gleiche für den gemeinen Mann von seiner Bundschuhfahne. Er unternahm ohnedies eben wieder eine Reise nach Schwaben. Auf dieser machte er einen neuen Versuch, der ihm glückte.

Joß Fritz beim Maler in Heilbronn

Es war zu Heilbronn am Neckar, in des Reiches Stadt, wo er einen Maler mit seinem Begehren anging. Treuherzig, in Schweizer Art und Sprache, dichtete er diesem vor, wie er in einer großen Schlacht gewesen und mitten in der Gefahr des Kampfes gelobt, wenn er glücklich daraus käme, eine Wallfahrt nach Aachen zu tun und dort Unserer lieben Frauen ein Fähnlein zu bringen. Er bat nun den Maler, ihm ein solches Fähnlein zu malen, darin ein Kruzifix und daneben Unserer lieben Frauen und St. Johannis des Täufers Bildnis wäre und darunter ein Bundschuh. An diesem Letzteren strauchelte auch der Heilbronner Maler und fragte, was er doch damit meine. Joß stellte sich ganz einfältiglich. Er sei eines Schuhmachers Sohn, sein Vater, sagte er, halte Wirtschaft zu Stein im Schweizerlande und führe, wie männiglich bekannt, einen Bundschuh in seinem Schilde; darum, damit man wissen möge, daß dieses Fähnlein von ihm sei, wollte er seines Vaters Zeichen darein stellen lassen. Diese treuherzige Rede täuschte den Maler. Er malte, was Joß darein haben wollte, und bald war das Fähnlein fertig.

Es war daran zu sehen das Leiden Christi und neben dem Kreuze Maria, die Mutter Gottes, und St. Johann der Täufer, desgleichen der Papst und der Kaiser und ein Bauersmann, unter dem Kreuze kniend, und ein Bundschuh neben ihm und rings durch das Fähnlein hin die Worte: „Herr, steh deiner göttlichen Gerechtigkeit bei!"

Mit Freuden trug Joß die Bundesfahne, um die er sich so lange und viel bemüht, unter dem Brusttuch verborgen hinweg und eilte den Weg nach Lehen herauf. Aber ehe er ankam, war der Bund verraten und zersprengt.

Ehe Joß auf die Reise gegangen war, hatte er noch alle Vorsorge getroffen, damit gleich nach seiner Rückkehr das Unternehmen zur Ausführung kommen könnte. Auf seinen Befehl zogen zwei von der Gesellschaft, darunter namentlich Gilg von Lehen, den Simonswald hinauf, um die Freunde für den Ausbruch zu bereiten und alte und neue zum Zuzug zu bieten. Die Kirchweihe zu Biengen, die auf den neunten Oktober fiel, hatte er zu einer großen Zusammenkunft bestimmt, wo man sich über die letzten Maßregeln entscheiden wollte, namentlich, welche Stadt zuerst überrumpelt werden sollte, Freiburg, Breisach oder Endingen. Die im Elsaß hatten Befehl, sobald es im Breisgau angehe, zu Burkheim über den Rhein zu gehen, an dessen Ufer die Bundesfahne wehen würde. Auch die Hauptleute der Bettler hatten neue bestimmte Weisungen. Fleißiger als je sollten die Bettler in den Städten spionieren, in den Wirtshäusern, auf den Türmen und Torwachen, und genaue Kunde über den Erfund nach Lehen bringen. Die Verschworenen zu Lehen selbst sollten dahinarbeiten, sich in Freiburg einen Anhang zu machen und von jeder Zunft einen oder zwei für sich zu gewinnen, damit diese dann in den Zünften ihren Anhang mehren. Selbst für den Fall, daß das Unternehmen im Ausbruch mißlänge oder vor dem Ausbruch auskäme und die Bundesglieder deshalb voneinander weichen müßten, hatte Joß gesorgt: In diesem Falle sollte die Bundesfahne bis auf günstigere Zeiten hinter dem Altvögtlein von Lehen niedergelegt werden, damit sie dort jeder am Tage, da sie erhoben werden könnte, zu finden wüßte. Aber wie Joß fort war, hatte der Bund den Kopf verloren.

Am ungeschicktesten betrieben sie die Werbung für den Bund, gleich als ob die Nähe des Losschlagens in ihren Augen alle Vorsicht überflüssig gemacht hätte. Auf offener Straße, kaum eine halbe Meile von Freiburg, sprachen drei Gesellen des Bundes einen Bauersmann an, der gerade in seinen Geschäften vorübergehen wollte, und begehrten, er solle ihnen einen Eid zu den Heiligen schwören, was sie mit ihm reden oder handeln würden, zu verschweigen. Als er darauf nicht gleich eingehen wollte, führten sie ihn vom Wege ab gegen den Wald und drangen unter Versicherung, daß es eine ehrliche Sache sei, wovon sich's handle, so heftig in ihn, daß er notgedrungen ihnen Stillschweigen zuschwor. Jetzt eröffneten sie ihm: Weil der gemeine Mann arm sei und Mangel und Hunger leiden müsse, seien ihrer etliche, als auf die sechs- oder siebenhundert, einig worden, den Bundschuh aufzuwerfen und über die Reichen, geistliche und weltliche, zu fallen und vorerst der Stadt Freiburg, wo sie alles, was ihnen mangele, zu finden hoffen, in wenigen Tagen sich zu bemächtigen, wozu auch er ihnen behilflich sein solle. Wie der Bauersmann stutzte und sich verlauten ließ, er wisse solche Handlung mit keinen Ehren zu verantworten, wollten die drei ihn überwältigen und niederstechen, als fernher auf der Straße Pferde gehört und sie dadurch bewogen wurden, ihn von der Hand zu lassen und sich in den Wald zu werfen. Der angefallene Bauer, kaum heimgekommen, beichtete seinem Pfarrer, was ihm den Tag begegnet und wie er zu einem unbilligen schweren Eide gedrungen worden sei; er wisse nicht, wessen er sich halten solle. Der Priester vertraute das Geheimnis dem Kommissarius zu Freiburg, Meister Johannes Cäsar. Dieser, ohne den Priester und Bauer nennen zu wollen, eröffnete es warnungsweise dem Rate der Stadt.

Der Rat, im höchsten Schrecken, wandte sich sogleich an den Markgrafen und beschwor ihn, den Meister Johannes Cäsar zu vermögen, den Bauersmann, dem solche Anmutung begegnet sei, ihnen anzuzeigen. Im Bunde selbst fanden sich indessen zwei Verräter. Der eine war Hans Manz von Wolfenweiler, der andere Michael Hauser von Schallstadt.

Der letztere war noch nicht lange im Bunde, darein eingeweiht von Matern Weinmann zu Mengen, einem der näheren Freunde von Joß Fritz. Michael Hauser jedoch kannte außer dem Unternehmen und dem, was in wenigen Tagen ausgeführt werden sollte, nur wenige Mitglieder des Bundes; aber was er wußte, verriet er an Markgraf Philipp von Baden. Zu gleicher Zeit wurde demselben von Hans Manz die ganze Anzettlung des Bundes mitgeteilt. Er war einer der Hauptgesellen und kannte einen großen Teil der Verzweigungen des Bundes, besonders im Elsaß und Schwarzwald.

Der Markgraf eilte, dem Rate von Freiburg seine Entdeckungen mitzuteilen sowie der kaiserlichen Regierung zu Ensisheim. Noch spät in der Nacht des 4. Oktober fuhren Hans von Schönau und Blikhardt Landschad über den Rhein, um die Botschaft nach Ensisheim zu tragen, und nach allen Nachbarstädten hin ritten aus Freiburg eilende Boten mit Warnungen und Weisungen. Markgraf Philipp riet, vor allem den zweien, welche den Schwarzwald hinaufgeschickt worden, Gilg und seinem Genossen, den Weg zu unterreiten und sich ihrer als kostbarer Gefäße zu versichern. Die bei der Verschwörung beteiligten Untertanen der Mark, soweit sie bis jetzt bekannt geworden, jetzt schon in Haft zu nehmen, schien ihm darum nicht rätlich, weil zu besorgen wäre, daß durch das Geräusch dieser Verhaftung viele andere flüchtig würden. Tags darauf erhielt der Rat von Neuenburg von Rötteln her, wo auf die Freiburger Mitteilung einer gefangengelegt worden war, die Anzeige, daß derselbe ausgesagt, wie sich eine große Versammlung von Bauern am nächsten Morgen, dem 6. Oktober, oder Freitag nachts, dem 7., zu Thüngen, Biengen oder Mengen, oder vielleicht in allen drei Orten, zusammentun werde, in der Absicht, loszubrechen.

Die Stadt Freiburg verstärkte die Wachen unter ihren Toren, auf den Türmen und Mauern und rief ihre Bürger in die Waffen. Zu den Verschworenen in Lehen kam zeitig ein Geschrei, daß die von Freiburg des Bundschuhs halb gewarnt worden seien. Noch immer war Joß der Hauptmann nicht zurück; auch Hieronymus der Tiroler, der Gescheiteste unter den Bundesgliedern, war nicht zugegen, sondern, wie der Hauptmann, auf der Reise in Bundeszwecken. Kilian Mayer versammelte zur Nacht alle Verschworenen zu Lehen auf der Hartmatte. Schrecken, Unentschiedenheit, Mutlosigkeit herrschten unter den Versammelten. Zuletzt wurden sie eins, gänzlich von ihrem Handel abzustehen und denselben zu unterdrücken. Kilian nahm allen Gegenwärtigen das Gelübde des tiefsten Stillschweigens ab über alles, was daselbst gehandelt und vor und nach von diesem Handel geredet worden.

Inzwischen gingen die Regierungen energisch zu Werke. Ehe die Haufen zusammenkamen, suchten sie die vornehmsten Verschworenen zu überfallen. Der Markgraf ergriff Matern Weinmann zu Mengen; von Freiburg aus fielen um Mitternacht zweihundert wohlbewaffnete Bürger in das Dorf Lehen, nahmen Hans Enderlin, das Altvögtlein, und seinen Sohn, Else, Joß Fritz' des Hauptmanns Hausfrau, und etliche andere gefangen und führten sie nach Freiburg. Am anderen Morgen wurde auch Marx Stüdlen aus der Kirche zu Munzingen von den Dienern der Regierung hervorgeholt und verhaftet. Die anderen Beteiligten suchten, sobald diese ihre Mitgesellen gefänglich eingezogen waren, durch die Flucht sich zu retten. Sie nahmen ihren Weg nach der Schweiz. Unter diesen waren namentlich Kilian Mayer, Jakob Hauser, Augustin Enderlin und fast alle bedeutenderen Teilnehmer des Bundes. Stoffel verschwindet ganz. Joß Fritz erscheint zum erstenmal wieder auf der Flucht, in Gesellschaft Hieronymus' des Tirolers. Er hatte auf der Rückkehr von seiner letzten, den Ausbruch vorbereitenden Reise den Verrat und die Sprengung des Bundes, woran er so lange gearbeitet, vernommen und war der Schweiz zugeeilt. Zu Seewen, oberhalb Basel, trafen Augustin Enderlin, Thomas Müller, Kilian Mayer und Jakob Hauser mit ihnen zusammen. Diese waren zuerst nach Baden geflohen und hatten in dieser Stadt vernommen, daß ihre Mitgesellen zu Seewen seien. Joß hatte die Bundesfahne bei sich, und hier sah sie Kilian Mayer zum erstenmal. Auch hier zeigte Joß, daß etwas Unbezwingliches in ihm war. Soeben war ihm das so lang und klug Berechnete vereitelt worden; aber er verzweifelte nicht. Noch immer glaubte er daran, dem Verhängnis den Sieg abnötigen zu können, und er legte das Fähnlein sorgfältig um seine Brust, als ein Unterpfand, daß noch nicht alles verloren sei. Und das Schicksal selbst schien diesen Glauben in ihm stärken zu wollen; sein Glück, das ihn bisher durch so viele Gefahren unverletzt hindurchgeführt, verließ ihn auch jetzt nicht; es wollte ihn nicht fallenlassen.

Zu Seewen wurde beschlossen, daß sie sich auf den Tag nach Zürich begeben wollen. Sie machten sich auf den Weg, aber auf dem Felde zwischen Seewen und Liestal wurden sie von den Streifen des Rats zu Basel ereilt, welche durch eine Botschaft der kaiserlichen Regierung zu Ensisheim aufgeboten waren. Kilian Mayer und Jakob Hauser der Fähndrich wurden gefangen, Joß entrann glücklich mit den anderen.

Die Regierungen verfuhren aufs strengste mit den Gefangenen, aber diese kannten teils nur wenige Mitverschworene, teils waren sie stark genug, daß alle Qualen der Folter ihnen die Namen derselben nicht entrissen. Matern Weinmann sagte nur, und zwar erst in der zweiten Folter, daß ihm Marx Stüdlen vertraut habe, wie der Vogt im Glottertal und Klevi Jäklein zu Munzingen und viele am Kaiserstuhl und in der Mark verwickelt seien, aber er blieb darauf, daß er keinen mit Namen nennen könne; von Marx Stüdlen wußte er, daß er zu Freiburg gefangen und rettungslos war. Während die Bundesglieder allenthalben teils entflohen, teils unbekannt waren und besonders die Freiburger und der Markgraf der Verschwörung nicht auf den Grund zu kommen vermochten, Hans Enderlin, der Altvogt, welcher von dem Maler Theodosius des Fähnleinmalens halb jetzt erst bei dem Rate zu Freiburg angegeben worden war, nichts gestand, kam aus Basel die Nachricht von der Ergreifung des Fähndrichs Jakob Hauser und Kilian Mayers. Aber auch diese beiden deckten nur den Plan und Gang des Bundes im allgemeinen auf und nannten keinen Namen als solche, welche sie im Ausland in Sicherheit oder gefangen und bereits geständig wußten, wie Konrad Braun und Zyriak Stüdlen. Johannes, der Pfarrer von Lehen, wurde von dem Bischof von Konstanz den Freiburgern abgefordert zur geistlichen Untersuchung und, wenn es die Notdurft erheischte, Bestrafung, weil es sein möchte, daß zuletzt etwas wider die Kirche gehandelt und gefrevelt worden wäre. So blieben der Rache der weltlichen Herren nur wenige zum Opfer. Um so schwerer mußten diese büßen. Man wollte schrecken; denn alle Ehrbarkeit in den Städten umher fühlte, „daß ihr Sorge zu haben not sei" vor ihren Bauern. Marx Stüdlen wurde noch im Oktober zu Badenweiler gevierteilt; Hans Enderlin, der Altvogt, und sein Sohn zu Freiburg; Konrad Braun und Zyriak Stüdlen von Betzenhausen erlitten das gleiche; Matern Weinmann und einige andere wurden enthauptet; Kilian Mayer und Jakob Hauser wurden in Basel zur Axt verurteilt; aber „auf ihr groß bittlich Ansuchen wurde ihnen Gnade bewiesen, daß sie mit dem Schwert gerichtet wurden". Anderen wurde das vordere Gelenk an den Schwurfingern abgehauen.

Im Elsaß war der Regierung die Verzweigung der Verschwörung bekannter, und es wurden dort so viele hingerichtet, daß eine Rede im Volke auskam, es sei des Blutes genug vergossen und kaiserliche Majestät habe befohlen, daß kein Bundschuher mehr eingezogen oder, wenn dies schon geschehen, an Leib oder Leben gestraft, sondern seine Sache vorerst vor des Kaisers Majestät gebracht werde. Aber die kaiserlichen Statthalter und Räte im Elsaß erklärten öffentlich dieses Gerücht für eine Erdichtung, welche die Anhänger des Bundes und der Verschworenen zu ihren Gunsten ausgebreitet, und machten bekannt, daß der kaiserlichen Majestät Wille und Meinung nicht anders sei, denn daß ein jeder dieser Übeltäter nach aller Strenge des Rechtes gestraft werde, da sie mit schändlicher Vertilgung ihrer Obrigkeiten und natürlichen Herren umgegangen, ohne alle redliche Ursache als nur, daß sie ihrer billigen Dienstbarkeit entladen sein und niemand das, wozu sie doch pflichtig, tun oder geben wollten. Wegen dieses mutwilligen und unrechten Vornehmens gebiete die kaiserliche Majestät aufs höchste und ernstlichste, in allen Herrschaften, Obrigkeiten, Gerichten und Gebieten, wo einer oder mehrere von dem Bundschuh betreten würden, dieselben gefangenzunehmen, peinlich zu fragen, dann vor Gericht zu stellen, öffentlich auf ihr Bekenntnis anzuklagen und nach aller Strenge des Rechtes an Leib oder Leben zu strafen und niemand, wer es auch sei, zu verschonen.

Die Jagd auf die geflüchteten Häupter ging mit neuem Eifer an. Der kaiserliche Rat, Rudolf von Blumeneck, und Gesandte der Stadt Freiburg begaben sich selbst in die Schweiz* mit den Namen und dem Signalement der Flüchtlinge, und am 22. Oktober wurden im Gebiete von Schaffhau-

* Daß einzelne Schweizer Kantone diesmal so bereitwillig, gegen ihre sonstige Art, den Regierungen bei der Verfolgung und Bestrafung der verbündeten Bauern die Hand boten, hatte seinen eigenen Grund. Auch unter den Bauern der Schweiz gärte es, und schon im nächsten Jahre, 1514, brach der Bauernaufstand in der Schweiz aus. Die Red.

sen Augustin Enderlin und Thomas Müller, welche signalisiert waren, gefänglich eingezogen und peinlich befragt. Auch hier rettete sein Stern Joß, den Hauptmann, vor gleichem Lose. Auf der Folter wegen seiner befragt, gaben die beiden zwar einige Anzeigen, und die Schaffhäuser taten alles, ihm auf die Fährte zu kommen, aber ohne Erfolg. Else, Joß' Hausfrau, welche jedes Mitwissen leugnete, war schon am 26. Oktober gegen Urfehde und Kostenersatz ihrer Haft wieder entlassen worden. Sie kam in den folgenden Jahren wieder in den Verdacht, daß Joß sich habe öfters bei ihr sehen lassen; aber seine Spur zeigte sich und verschwand wie der Blitz in der Nacht im Dunkel des Schwarzwaldes.

9

Der arme Konrad oder Konz

Das Land Württemberg, vielfach durchkreuzt von kleineren Herrschaften, zog sich an beiden Ufern des Neckars hinab wie ein schöner, mannigfaltiger Garten. Aber in diesem Garten der Natur war der gemeine Mann arm und gedrückt wie anderswo. Auf die glücklichen Jahre unter Eberhard im Bart folgte sein ungleichartiger Vetter, der jüngere Eberhard, welchen, wegen seines übeln Regiments, „weil er nur mit liederlichen, schlechten Buben haushielt" und solch Unwesen trieb, daß, wie Kaiser Max sich darüber ausdrückte, „davon zu reden erbärmlich wäre", schon nach zwei Jahren seine Landstände absetzten, daß er im Elend umkam. An seiner Statt kam dessen Verwandter, ein Kind, in dessen Namen sechs Jahre lang eine Handvoll Familien-Aristokraten regierte, welche den kurz dauernden Machtbesitz für sich und ihre Familien auszubeuten nicht versäumte.

Wider die Verträge, wider die Ordnung Eberhards im Bart, der noch zuletzt die Regierungsfähigkeit vom achtzehnten auf das zwanzigste Jahr hinaufgesetzt hatte, wurde Ulrich, ein sechzehnjähriger Knabe, vom Kaiser und der Landschaft für volljährig erklärt und in seine Hand das Ruder des Landes gelegt.

Seufzend gab ihm bald das Volk das Lob, daß er in Luxus und Glanz seinen Vorgänger weit hinter sich lasse. Bankettieren und Turnieren, Fastnachtspiele und Mummereien, Bärenjagen und Kriegszüge, Reisen ins Ausland und Lustbarkeiten jeder Art waren der Zirkel, in dem er sich bewegte. Es schmeichelte ihm, große Grafen und Herren in kostspieligem Sold und großer Zahl als seine Räte und Diener, mächtige Reichsfürsten als seine Gäste an seinem kleinen Herzogshofe zu sehen. Nicht minder kostspielig waren seine Sänger und Pfeifer, seine Jäger und Falkner, sein

Marstall und seine Hunde. Aus ganz Europa, namentlich aus Italien, Frankreich, Spanien und England, ließ er in diesen Artikeln das Ausgezeichnetste für sich erwerben. Wenn er an den Kaiserhof oder auf Reichstage ritt, glänzte er mit einem Gefolge von dreihundert Helmen und darüber, kostbarer gekleidet als die Diener aller anderen Fürsten, und oft blieb er über ein Vierteljahr lang mit seinem lustigen Troß an einem solchen Lustorte. Die Regierung ließ er ganz in den Händen der früheren Vormundschaft: Veruntreuung und Verschleuderung charakterisierten die Verwaltung, Ungerechtigkeit ohne Scheu und Mantel die Rechtspflege. Als Ulrich die Nichte des Kaisers, die Bayernfürstin Sabina, heimholte, im Jahre 1511, zählte man über 7000 vornehme Hochzeitsgäste, und die vierzehntägigen Festlichkeiten waren so außerordentlich prachtvoll, daß viele dafür hielten, „man sollte mit diesen unmenschlichen Kosten ein ganzes Land vertan haben". Aber dieser ungeheure Aufwand war nur der Anfang zu einem noch verschwenderischeren Hofleben, das einen Tag in den andern fortlärmte und praßte. Wer am erfindungsreichsten in Anordnung von Lustbarkeiten war, erhielt die einträglichsten Stellen, und die Geistlichen, die am besten musizieren konnten, die fettesten Pfründen; und ein großer Teil derer, die in weltliche und geistliche Stellen sich teilten, war nicht aus dem Lande gebürtig. Die Hofdiener, ja gar nicht zum Hofdienst Gehörige, hielten sich die schönsten Pferde auf herzogliche Kosten, und die herzoglichen Gestütemeister lebten und gastierten selbst wie kleine Herzoge. Die fremden und einheimischen Edeln, als die trauten Gesellen des Herzogs, spielten allenthalben die Herren und erlaubten sich jeden Mutwillen und jede Gewalttat gegen das Volk. Ungestraft wurde da und dort ein Bürger oder ein Bauer von ihnen verwundet oder totgeschlagen. Straßenraub und Notzucht wurden von ihnen als Belustigungen, als ein loser Spaß betrachtet und geübt: Wurden sie, was eine Ausnahme war, einmal von einem Richter zur Rechenschaft gezogen und des Landes verwiesen, so erlaubte ihnen der Herzog gleich darauf wieder die Rückkehr, und der Richter war seines Lebens nicht sicher.

Solchem Hof und solcher Regierung war das Volk preisgegeben. Alle Kosten mußte es allein tragen, die Hofdiener, Forstmeister und Forstknechte hatte der Herzog altem Herkommen und Vertrag zuwider von allen Steuern, Wachten und Fronen befreit, und zudem, daß das Volk alle Lasten allein trug, sah es sich täglich noch an seinem Eigentum und seiner Ehre mißhandelt. Feldeinwärts durchhetzten mit Rossen und Hunden die Reisigen und Waidleute die Äcker und Weinberge des Bürgers und des Bauern, welche schon unter der Unzahl des Wildes, besonders der wilden Schweine, empfindlich litten. Der Weingärtner, dessen Weingarten im Herbst von den Vögeln den größten Schaden litt, wurde, wenn er einen Vogel fing, ohne Nachsicht gestraft, unbarmherzig, wenn er ein schädliches Wild schoß. In Wald und Holz, in Weide und Fischwasser wurden den Gemeinden ihre alten Rechte verkümmert, und fürstliche Diener und Höflinge eigneten sich selbst zu, was an Nutzungen den Gemeinden gehörte. Die frommen Stiftungen für die Dürftigen zogen herzogliche Amtleute für sich ein. Selbst das Abholz, das von alters her den Armen gehörte, versteigerten die Forstmeister und zogen das Geld in ihre Beutel. In die Gemeindeämter, welche die Gemeinden selbst zu besetzen das Recht hatten, setzten, ohne sich um die Einsprache zu kümmern, die Höflinge oder die obersten Kanzleiherren ihre Diener oder solche, die es ihnen mit Geld zahlten, und alle Gemeindebeamte, vom Schultheiß und Ratsschreiber bis zum Büttel, Torwart und Mesner herab, wurden am Hof oder in der Kanzlei gemacht. Die herzoglichen Beamten aber betrachteten ihre Ämter bloß als Erwerbsquelle. Sie waren nicht nur bestechlich, sondern sie forderten Geschenke; sie waren unwissend und untauglich, aber sinn- und erfindungsreich in neuen Plackereien, um Geld für sich zu erpressen, und unverschämt und herrisch, hochfahrend und grausam hart gegen das Volk, besonders Forstmeister und Forstknechte. Manche Beamte zogen die Gehalte ihrer Ämter und ließen diese durch andere Subjekte versehen; manche derselben trieben neben ihrem Amt Wirtschaft, Frucht- und Weinhandel; andere bestritten ihren Aufwand aus den Amtskassen und nahmen Tausende daraus für sich. Rechnung legten sie keine ab. Wurde gegen sie von dem armen Mann bei der Kanzlei in Stuttgart geklagt, so hörte man die Klage nicht an oder erteilte keinen Bescheid darauf. Die Herren, die in der Regierung saßen, hatten anderes zu tun: Sie bauten sich und ihren Kindern schöne Häuser und brachten die Geldreichtümer, die sie sich zusammen machten, im Auslande in Sicherheit. Sie hatten sich ein ganz neues, eigentümliches Einkommen zu schaffen gewußt: Erlaubnisse, die von alters her je die nächste Behörde unentgeltlich den Untertanen erteilt hatte, mußten jetzt bei der Kanzlei in Stuttgart geholt und bezahlt werden: Ein Erlaubschein zur Geldaufnahme zum Beispiel kostete 1 fl. 15 kr. in die Kanzlei. Noch teurer und lästiger war das römische Recht, das um diese Zeit allenthalben eingeführt wurde: „Was zwölf Jahre zuvor mit zehn Pfennigen gerichtet ward, kostete jetzt im Wege Rechtens über zehn Gulden", ohne die Zeit und den Verdruß einzurechnen. Wo den Herren das römische Recht nicht bequem war, hielten sie sich an gar keines. Das geschah in einem Lande, das eine ständische Verfassung und durch sie die Garantie der schönsten Landesfreiheiten hatte. Der Herzog kümmerte sich nicht um den Gang der Dinge, solange ihm seine Räte Geld, seine Höflinge Belustigung verschafften. Unter ihnen aufgewachsen, hatte er sich zum hochmütigen Tyrannen verhärtet, herzlos, ohne Liebe, ohne Gefühl für sein Volk. An die Verfassung achtete er sich nicht gebunden. Die Rechte, welche darin sein edler und großer Vorfahr dem Volke eingeräumt, erschienen ihm als ein Raub an seiner fürstlichen Macht. Diejenigen Rechte vollends, mit welchen die Stände bei der Absetzung seines Vorgängers die verfassungsmäßigen Freiheiten gemehrt hatten, sah er als im Aufruhr, als in einer Zeit rechtloser Zustände geschaffen an und hielt sich für berechtigt, jetzt, da er rechtmäßiger Herr sei, sie als nicht vorhanden zu betrachten. Darum sprach er, sooft es ihn gelüstete, den Gesetzen und der Verfassung Hohn. Er wollte alles in allem sein, und das Land dünkte ihm nichts. Wagte einer von seinen eigenen oder von des Volkes Leuten zu ihm ein Wort zu sprechen, so stieg ihm das Blut in den Kopf, und er ballte drohend die Faust gegen den kühnen Belästiger.

Zwölf Jahre schon dauerte solches Treiben im Württemberger Lande. Alle Kassen waren geleert, alle öffentlichen Getreidekästen, alle Keller. Für einen Krieg oder eine Hungersnot wäre nichts mehr vorhanden gewesen. Und dazu hatte Ulrich noch eine bare Million Schulden gemacht. Unermeßlich für seine Zeit und sein Land! Die letzte gewöhnliche Einkommensquelle war ausgeschöpft, der Kredit dahin. Seine Günstlinge erfanden neue Steuern und Abgaben: Ehe er das geringste von seinem Aufwand sich abbräche, sollte lieber das Land ausgesaugt werden. Die Landschaft wie einzelne Ämter und Gemeinden wurden gezwungen, sich als Bürgen für die Gläubiger des Herzogs zu verschreiben oder Pfandschaften einzulegen; die Münzen wurden herabgesetzt und neue unter dem wahren Wert geschlagen, zudem daß schon im Anfange des Jahres 1512 das dürftige Feld des Landmanns mit neuen Beschwerden belegt wurde; der Weinzoll wurde erhöht, für jeden Eimer mußten fünf Schillinge, für den halben Eimer fünfzehn Pfennige Durchgangszoll gegeben werden. Das tat man in einem Lande, wo der Weinbau und Weinhandel ein Hauptnahrungs- und Handelszweig war.

Aber alles reichte nicht, und der Herzog, der so viele Jahre lang damit geglänzt hatte, daß er Fürsten und große Grafen in seinem Dienste hatte, mußte nun daran denken, sich nach Diensten und Dienstgeldern bei einem ausländischen Könige umzusehen. Währenddem ersannen seine Räte eine neue Vermögenssteuer: Auf zwölf Jahre sollte von einem Gulden Kapital jährlich ein Pfennig gezahlt werden. Mit Umgehung der dazu nötigen Zustimmung der Landschaft ließ sich Ulrich dieselbe von den Amtleuten, bei denen er herumritt, bewilligen. Da aber diese Quelle nicht sogleich und nicht bequem genug für die Wünsche und Bedürfnisse des Herzogs floß, wurde noch eine andere neue Schatzung erfunden. Man kam darauf, auf den täglichen Verbrauch von Fleisch, Mehl und Wein ein Umgeld zu legen. Also wurde Maß und Gewicht verringert, und die Metzger, Bäcker, Müller und Wirte sollten von jedem Zentner Fleisch drei Schillinge, von jedem Imi Wein die sechste Maß, ebenso vom Mehl ein Bestimmtes an die herzogliche Kasse abgeben. Diese neue Art der Schatzung ward am Hof als ein wahrer Glücksfund begrüßt.

Das Volk, welchem diese und andere Schatzungen aufgelegt wurden, pflegte von seinem ersten Herzog zu sagen, wenn Gott nicht Gott wäre, so müßte ihr Eberhard Herrgott sein; und seine Hingebung an seine Fürsten hatte dasselbe zur Zielscheibe des Witzes der Nachbarvölker gemacht. Aber selbst dieses Volk mußte in dieser Zeit erkalten, und der mißhandelte, verhöhnte und hungernde Bauernstand Württembergs mußte in diesen letzten sieben Jahren Ulrichs für Männer und Pläne, die sich mit der Aufregung und Befreiung dieses Standes beschäftigten, ein anziehender und empfänglicher Boden werden; waren doch ganze Strecken des Landes, wie das Zabergäu und das Remstal, schon mit den Bruchrainern in Verbindung.

Württemberg lag örtlich dem Bruchrain zu nahe, und die Polizei im Land war zu lax, als daß nicht gerade dahin nach dem Mißlingen der Untergrombacher Bewegung manche der Flüchtlinge sich gezogen fühlen mußten. Wo alle Verhältnisse so durcheinandergeworfen waren wie in Württemberg, wo man so sorglos mit dem Volke spielte wie hier, konnten Männer, wie die der Bruchsaler Verbindung, furchtlos und ungeniert ihre Pläne neu aufnehmen.

Wenn man von dem Hohenstaufen herniedersteigt, gelangt man in ein wildes, fast düsteres Tal, das die Rems durchfließt. Wenige Stunden weiter heben sich an seinen Ufern die freundlichsten Rebenhügel hin.

Hier im Remstale war es nun, wo sich seit dem Jahre 1503 eine geheime Verbrüderung der Bauern zu bilden angefangen hatte, ein Zweig des Bundschuhs von Untergrombach. Sie bestand fort unter der Maske eines Bauernscherzes.

Unter der Remstaler Verbrüderung war ein lustiger Geselle, der schon längst als ein Kopf von drolligen Einfällen zwischen seinem Taufnamen Konrad und seiner Lage eine komische Wechselbeziehung gefunden hatte, „weil kein Rat", oder nach der Aussprache des dortigen Landvolkes, „Koan-Rot bei ihm verfangen wolle". Das Wortspiel hatte gleich anfangs Beifall gefunden, und die Brüderschaft taufte sich nun diesem ihrem Gesellen nach „den armen Konrad".

Sie bildete unter diesem Namen eine stille Gemeinde, in welcher sich unter lustigen Schwänken und Possen die Bestrebungen der früheren Bauernverbindungen forterhielten und dem öffentlichen Auge entzogen.

Sie hatte, wie der Bundschuh zu Lehen, eine förmliche Organisation mit eigenen Chargen und Gesetzen, Versammlungsorten und Tagen. Ein Hauptmann stand an der Spitze, der im weißleinenen Bauernkittel und im grauen Filzhut stolz einherschritt. Er hielt über seine Gesellen ein eigenes Register und musterte die Untüchtigen von Zeit zu Zeit aus.

Denn nicht jeder wurde in den armen Konrad aufgenommen. Alle, die irgend noch wohlhabend waren, und ebenso Bettler, Landstreicher, Taugenichtse waren von der Brüderschaft zuerst, aber nur zuerst, ausgeschlossen. Nur Arbeiter wurden aufgenommen, die es sich von Tag zu Tag sauer werden ließen; Männer, die noch ein Gefühl dafür hatten, daß sie am Abend nach des Tages Arbeit keinen Lohn ihrer Mühe fanden als den Anblick ihrer Kinder, die nach Brot schrien, ihrer Weiber, die mit hohlem Auge sie anstarrten, und manchmal ihrer Herren, die mit Stolz und Hohn auf sie herabsahen. Durch einen Handschlag ließ der Hauptmann in die Verbrüderung angeloben und teilte unter die Mitglieder die Güter aus, welche dieselbe „im Monde besaß", Äcker und Weinberge „in der Fehlhalde", auf dem „Hungerberg", am „Bettelrain", zu „Nirgendsheim" und was dergleichen Witze mehr waren; dem ersten Anschein nach eitle Schwänke, in Wahrheit aber beißendes Salz in die offenen Wunden des armen Mannes. Auch ein Fähnlein hatte die Brüderschaft im Remstal wie die anderen Bauernverbindungen; in der Hauptsache nach Bild und Gedanke jenen ähnlich. Auf blauem Grunde war ein Kruzifix gemalt, vor demselben auf den Knien ein Bauer, mit der Umschrift „Der arme Konrad". Das Fähnlein aber wie ihre Losung und ihre Pläne waren geheime Artikel der Eingeweihtesten. Sie wuchs von Tag zu Tag an Zahl und breitete sich bald über mehrere Ämter aus.

Jahrelang nahm die Regierung keine Kunde von diesem Spiele, zu sehr mit anderem beschäftigt, um ein aufmerksameres Auge auf dasselbe zu richten. Und doch hörte man bereits weit umher nicht nur die Redensart: „Der ist auch mit uns im armen Konrad", sondern selbst Drohungen wie die: „Du mußt auch mit uns in den armen Konrad." In Übermut und Leichtsinn spielte der Despotismus fort, während in der Vermummung tollen Humors die Volksrache am Fuße seines Stuhles rüttelte.

Der Hauptsitz der Verbindung war Beutelsbach, die bedeutendsten Eingeweihten aber saßen zu Schorndorf. Wie an anderen Orten eine feste Stadt, so sollte den Remstalern diese als Stützpunkt ihrer Entwürfe dienen, wenn es an der Zeit wäre.

Als der Bundschuh zu Lehen zersprengt war, wurden allenthalben die Bauern verspottet statt erleichtert. Karikaturen wurden umgeboten, namentlich ein großer Holzschnitt, „das Narrenschiff vom Bundschuh". Ein Schiff war darauf abgebildet und in demselben eine Rotte Bauern mit Narrenkappen. Der Text dazu bewies, wie die Erznarren seien, welche ihre Herren totschlagen und neue Gesetze machen wollen; und sein Motto war: „Jetzund ist mein Begehr, ob jener einer vom Bundschuh wär'?" Der bitterste Spott aber waren die neuen Arten von Bedrückungen, welche folgten; die spöttischen Taten der Herren gingen tiefer als die spöttlichen Reden.

Als zu Anfang des Jahres 1514 die Kapitalsteuer in Württemberg ausgeschrieben und verkündet wurde, nahm der Hauptmann des armen Konrad in großer Versammlung auf freiem Felde eine Schaufel, zog damit einen großen Ring und rief, indem er sich dareinstellte:

„Der arm' Konrad heiß ich, bin ich, bleib' ich,
Wer nicht will geben den bösen Pfennig,
Der trete mit mir in diesen Ring!"

Und es traten an die zweitausend Bauern und Bürger nacheinander in den Ring, ein Beweis erstens dafür, daß die Mitglieder des armen Konrad nicht, wie lange einer dem andern nachschrieb, auch im Fortgang lauter ganz Besitzlose, Verarmte gewesen; denn solchen hätte die Kapitalsteuer wenig zu Herzen gehen können; zweitens dafür, daß nun auch Wohlhabendere an die Verbrüderung sich anschlossen, da es galt, eine ungerechte, verfassungswidrige Steuer zu verweigern. Das war der erste Schritt, worin sich der arme Konrad öffentlich als politischer Widerpart ankündigte. Ehe er aber die Maske ganz ablegte, zeigte er sich noch einmal in recht augenfälliger Weise in seiner angenommenen Rolle: in scheinbarer Torheit, im Kostüm des Volkswitzes.

Jener Hauptmann wohnte zu Beutelsbach, ein aufgeweckter Kopf, Vater von vier Kindern, der, wie seine Feinde ihm nachsagen, „eine sehr böse und aufrührerische Zunge hatte, auf seinen Gütern aber viele Schulden". Sein Familienname war Peter Geiß. Als darauf jene Blume der

Der Hauptmann des armen Konrad

Finanzkunst, die Verbrauchssteuer, welche man zuerst bei dem Fleische probieren wollte, in Flor treten sollte, schlug der Geißpeter in der Versammlung vor, mit dem verringerten Gewichte die Wasserprobe zu machen; „schwimme es oben, so solle der Herzog recht haben, sinke es unter, so haben sie recht". Der Vorschlag fand großen Anklang in dem versammelten armen Konrad. Es war gerade Samstag vor Ostern, am 15. April, in der Morgenstunde; an diesem Tage sollte das neue Gewicht zum erstenmal gebraucht werden. Einhellig zog der Haufen nach dem Rathause und holte die daselbst aufbewahrten Trommeln und Pfeifen. Von da ging es zur Metzig, der Geißpeter nahm daraus die neuen Gewichte und hing sie einem Paar seiner Gesellen um. Die Trommeln wurden geschlagen, die Pfeifen erklangen, so ging es hinaus an die Rems. Mit jedem Schritt schwoll der Haufen an. Am Flusse nahm der Geißpeter seinen Gesellen das Gewicht ab und warf es in das Wasser mit den Worten: „Haben die Bauern recht, so fall zu Boden; hat aber der Herzog recht, so schwimm empor!" Die Gewichtsteine sanken nach ihrer Art zu Boden, und alles Volk jubelte: „Wir haben gewonnen!" Noch jetzt heißt dieser Ort an der Rems die Waage.

Auf solchen Hof- und Finanzwitz gehörte ein solcher Volkswitz, dessen Sarkastisches man nicht übersehen darf über dem täuschenden Scheine des Drolligen. So ist der Humor des schwäbischen Volkes. Dieser scheinbar tolle Schwabenstreich war von den Verbündeten wohlberechnet, so sehr er wie ein Einfall des Augenblicks aussieht. Dafür spricht der Eklat, womit das ganze veranstaltet wurde, die Prozession nach dem Rathaus und die feierliche Abholung der Dorfmusik. Der ganze Auftritt sollte Aufsehen erregen; er sollte die Blume der Finanzweisheit zum Gespötte machen und zugleich ein erster Versuch sein, wieweit man auf das Landvolk im Tale rechnen könne. Unverweilt zogen auch in selber Stunde der Geißpeter und sein Anhang über die Rems hinüber nach Heppach und wiederholten mit gleichem Pompe das Schauspiel der Wasserprobe wie mit gleichem Erfolge bei den Bauern; und während er das Tal herabging, zog Schlechtlins-Klaus, ein anderer Eingeweihter der Verbindung, das Tal hinauf und tat dasselbe.

Mehrere Fehljahre waren nacheinander gewesen, nicht bloß im Weine, sondern auch im Getreide. Der Scheffel Dinkel war von dem gewöhnlichen Preis von 21 kr. 5 hl. bis auf 2 fl. 4 kr. 3 hl. gestiegen, und zudem waren gerade die Weinreben aufs neue erfroren. Jetzt sollte der Landmann noch von seinem Glas Wein, das selten an ihn kam, ein Fünftel sich abziehen lassen; am Brot und Fleisch, das er aß, weiter bezahlen, als er in Wirklichkeit erhielt.

Jetzt sprach der Geißpeter laut davon, wie man bewaffnet zusammenziehen müsse, und er könne sie versichern, wenn sie sich zusammentäten, werde sich bald viel Volks zu ihnen schlagen, besonders aus dem Gebiete der benachbarten Reichsstädte Gmünd und Eßlingen; denn Tausende leiden und fühlen wie sie, und nirgends mangle es an Gesellen, welche Güter im Hungerberg und in der Fehlhalde haben.

Am selben Abende noch zogen sie aus Heppach, Grunbach und Beutelsbach mit Wehr und Waffen nach der zwei Stunden entfernten Amtsstadt Schorndorf. Immer mehr Volk schloß sich unterwegs an; vor der Stadt waren es 3000, nach andern 5000 Bauern. Sie forderten die Stadt auf, sich ihnen anzuschließen, sie wollen die neuen Steuern abschaffen und ihre alte Freiheit sich wieder holen. In der Stadt aber waren Adelmann von Adelmannsfelden, der Statthalter, und Georg von Gaisberg, der Vogt, beide beim Landvolke sehr beliebt. Diese gingen zu den Bauern hinaus, sprachen freundlich mit ihnen, ließen ihnen Wein und Brot reichlich vor die Tore führen und sagten ihnen zu, daß sie ihre Beschwerden vor den Herzog bringen und die Abstellung bewirken wollen. Und nachdem sie gegessen und gut getrunken, zogen die Bauern gegen Nacht wieder in ihre Dörfer.

Ulrich war gerade auf einer seiner vielen Vergnügungsreisen, zu Besuch beim Landgrafen Philipp von Hessen. Die drei Hauptsünder in der Kanzlei zu Stuttgart erschraken über diese Kundgabe des Volkes und riefen eilig den Herzog zurück.

Das Remstal war windstill, als er am 2. Mai kam. Er sah darum in der Bewegung nur einen tollen Streich des Augenblicks, in welchem die Bauern ihre Pflichten gegen ihn, ihren Herrn, aus den Augen gesetzt. Er war überzeugt, daß seine Nähe, sein Anblick ihre vollkommenste Reue und alte Unterwürfigkeit zur Folge haben würde.

Er ritt darum mit nur achtzig Pferden, der kleinsten Zahl seines gewöhnlichen Gefolges, selbst nach Schorndorf, nachdem er zuvor an alle Ämter ausgeschrieben, daß er die neue Schatzung aufheben und die Beschwerden auf einem Landtage untersuchen lassen wolle. Er hatte wenigstens ein derartiges Versprechen für nötig gehalten, die üble Stimmung zu zerstreuen. In Schorndorf beschied er die Amtsangehörigen zu sich; es kam eine gewisse Zahl, ohne Wehr und Waffen, und er hielt eine Rede an sie, auf demselben Platze, auf welchem sie vor der Stadt am Ostersamstag sich gelagert hatten. Die Erschienenen entschuldigten sich, sie wissen nicht, wie und von wem sie in solche Bewegung hineingezogen worden, und baten um Verzeihung. Ulrich versprach ihnen, alle Strafe fallenzulassen, ritt heim und schrieb den benachbarten Reichsstädten, daß alles im Remstal „gestillt und getuscht" sei.

Schon am Tage des Zuges nach Schorndorf sehen wir die Absichten und die Häupter des armen Konrad aus dem Dunkel hervortreten. Neben den schon Genannten tritt als oberster Hauptmann Hans Vollmar von Beutels-

Der Geißpeter von Beutelsbach

bach auf, ein wohlhabender, kühner Mann, der gute äußere Verhältnisse und sein Leben aufs Spiel setzte. Er war es, den sie nötigten, als oberster Anführer den Haufen nach Schorndorf zu führen. In dem schnellen Erfolg ihres ersten Versuches, das Volk in Bewegung zu setzen, lag für die Verbündeten eine große Ermunterung, einen offenen Schlag jetzt zu wagen. Es ist genau zu unterscheiden zwischen den Verbündeten, das heißt dem armen Konrad, und zwischen der großen Masse, welche sich von den Eingeweihten bewegen und in ihre Bestrebungen hineinziehen läßt. Die ersteren waren weit entfernt, den Herzog um Verzeihung zu bitten, vielmehr entwickelten sie von jenem Ostersonnabend an die vielseitigste Tätigkeit, die Leidenschaften aufzuregen und das ganze Land in die Waffen zu bringen. Als das Hauptquartier der Verbündeten tritt jetzt das Haus Kaspar Pregizers hervor, des Bürgers und Messerschmieds in Schorndorf.

Man findet ausdrücklich bemerkt, daß nicht bloß gemeine Leute in dieser Stadt, sondern auch Männer in Amt und Ansehen beim Volke, reiche Bürger, mehrere Mitglieder des Rats dem geheimen Bunde angehörten, manche wohl aus selbstsüchtigen Beweggründen, viele gewiß ergriffen von den öffentlichen Zuständen und den neuen Ideen, die im Volke im Ausbrechen waren. Da die Beamten des Herzogs mit scharfem Auge die Stadt und jeden Schritt der Bürger hüteten, traten sie nur im Geheimnis der Nacht im Pregizerschen Hause zusammen, und während der Herzog, durch allerlei Vorspiegelungen und Vorschläge, welche auf seinen Befehl die beiden Gaisberge der Stadt und dem Amte gleichsam nur für sich machen mußten, die Unzufriedenen hinzuhalten wähnte, bis er fremdes Kriegsvolk zu ernstem Einschreiten ins Land gezogen hätte, waren die Verbündeten ununterbrochen geschäftig, Schreiben zu verfassen, Boten damit in alle Gaue des Landes auszusenden und alle Gleichgesinnten in Städten und Dörfern an sich zu ziehen.

Ulrich hatte so viele Jahre herein, der Verfassung und seinem Eide zum Hohn, keinen Landtag einberufen. Darum traute niemand besonders auf seine jetzige Zusage eines Landtages. Unvorsichtig genug hatte er seine Drohung mit fremden Kriegsvölkern laut werden lassen. Daran hielten sich die Mißvergnügten und forderten in ihren Schreiben alle Gemeinden auf, sich nicht wehrlos dem Schwerte der Fremden preiszugeben, sondern in die Waffen zu treten. Zugleich schrieben sie auf die Untertürkheimer Kirchweih eine allgemeine Versammlung aus, zu welcher unter dem Schein des Kirchweihbesuches jede Gemeinde ihre Abgeordneten senden sollte, um miteinander zu tagen und Abrede auf alle Fälle zu nehmen.

Das Pregizersche Haus hieß bei den Verbündeten „des armen Konrads Kanzlei"; ihr Sekretär war der Anwalt Ulrich Entenmaier; der verfaßte die Ausschreiben. Zu dem Schorndorfer Klub, der zahlreich war, gehörten auch Auswärtige und wohnten den Beratungen an. Dieser bildete in engster Verbindung mit den Beutelsbachern den leitenden Ausschuß der Bewegung, und dieser Ausschuß stand bald mit den Mißvergnügten in allen Teilen des Landes in lebhaftem Verkehr. Von ihm aus gingen Unterhändler, Kundschafter, Umtriebler nach allen Seiten hin, bei ihm liefen die Nachrichten ein, was hin und wider im Tale und an anderen Orten vorgefallen.

Am bestimmten Tage, dem 28. Mai, fanden sich wirklich viele Mißvergnügte von dem ganzen Lande her zu Untertürkheim am Neckar ein. Die Abgeordneten der Ämter Böblingen, Leonberg, Backnang, Winnenden, Marbach, Markgröningen, Urach usw. sagten den Remstalern Hilfe und Zuzug zu, wenn sie losschlagen. Selbst von der Rauhen Alb waren Boten da auf dem Tage. Konrad Griesinger von Bleichstetten unweit Münsingen und der Singerhans von Würtingen machten sich anheischig, alle Bauern auf dieser Seite der Alb in Gächingen zu sammeln und sich der beiden Städte Urach und Münsingen zu bemächtigen. Aus dem Ermstal war namentlich Bantelhans von Dettingen auf dem Tage und versprach die Hilfe seines und des Echaztales. So ward beschlossen, sich bewaffnet zu erheben.

Kaum heimgekehrt, ging er daran, es wahr zu machen. Bantelhans, der längere Zeit ein Kriegsmann in Ulrichs und anderen Diensten gewesen war, erscheint bei seinem Auftritt im armen Konrad als ein wohlhabender Bürger, der zu Dettingen unter Urach sitzt und weit umher in den Tälern der Erms, der Echaz, der Lauter, auf der ganzen Alb bis ins Tal der Blau wohlbekannt und befreundet ist. Er ist klug, beredt, angesehen unter seinesgleichen, hat Haus und Güter und zeigt sich stattlich zu Roß.

In Dettingen selbst waren Hans Brändlin und Thomas Bader diejenigen, welche neben und mit ihm arbeiteten. Auch diese beiden waren wohlhabende Männer. Der letztere „streckte all sein Vermögen dar, um der Sache des gemeinen Mannes zu dienen"; ja, er erklärte noch auf der Folter, daß er „bereit gewesen, wie es auch kommen möge, all das Seine und sein Leben daranzusetzen, sein und des Volkes Recht zu wahren, und daß es ihm noch so sei, und ob er darum sterben müßte".

Nicht die gleich edle Gesinnung war es, von der Brändlin getrieben und aufgeregt wurde. Der Schultheiß von Dettingen handelte in einem Sinne mit dem Vogte zu Urach, Schwikher von Gundelfingen und dem Forstmeister Stephan Weiler, auf dem die Flüche aller gemeinen Leute lasteten. Brändlin saß eines Tages im Wirtshaus des Klaus Haug zu Würtingen. Im Gespräch, das die neuen Dinge betraf, warf er vier Gulden auf den Tisch. Niklas, rief er, willst du unserem Schultheißen den Hals abstechen, sollst du die und mehr verdienen. Es blieb jedoch bei solchen Worten.

Kaum acht Tage nach der Türkheimer Kirchweih war Bantelhans schon so weit, daß er die ganze Gemeinde seines Wohnsitzes für sich hatte und am Pfingsttag Schultheiß und Gericht zwingen konnte, noch vierundzwanzig aus der Bauerschaft zu sich in den Rat zu wählen, und als das

Geschrei eines Überzuges fremden Kriegsvolkes auch in diesem Tale immer stärker wurde, wählte die Gemeinde ihn zu einem neuen Schultheiß, damit sie einen kundigen Kriegsobern hätten, wenn man sie mit den Waffen überfallen wollte.

Geschäftig ritt er hin und her, hinauf auf die Alb, nach Böhringen, Zainingen, Donnstetten, Feldstetten, Laichingen, hinab nach Gutenberg und ins Lenninger Tal, hinüber nach Eningen, Pfullingen, das Tal der Echaz hinauf. Wo er sich Hilfe versah, da warb er. Ununterbrochen stand er mit dem armen Konrad im Remstal in Verbindung. „Kam ein Brief aus des armen Konrads Kanzlei in das Tal, so fragte der Bote nach des Bantelhansen Haus." Und in der Nacht noch trug er die Nachrichten über den Fortgang des armen Konrad nach Metzingen hinunter, wo in Martin Metzgers Haus der Mittelpunkt der Verbündeten in diesen Gegenden war. Neben Martin Metzger wirkten in Metzingen Jörg Vögtlin, ein reicher und nach dem Zeugnis, das nach dem Aufstand sein von ihm angefeindeter Schultheiß und Rat ihm gab, ein in alle Weg guter und untadeliger Bürger, und andere Vermögliche. Die von Dettingen und Metzingen sandten ihre Beschwerden in einer Schrift an den Herzog, und es war wiederholt davon die Rede, ein Lager auf dem Floriansberg zu beziehen. Ihre Beschwerden waren gerecht und wohlbegründet. Die Bauern hatten mitten in ihrer Aufregung noch alles Vertrauen zu der Persönlichkeit des Herzogs, „ihres gnädigen Herrn". Alles Übel im Lande schrieben sie nur seinen Räten zu und hatten den Glauben, er wisse und wolle es nicht, und sobald er es erfahre, werde er abhelfen. Der Vorschlag eines Lagers auf dem Floriansberg ging aus dieser treuherzigen Zuversicht hervor. Würden seine Räte, meinten sie, ihre Beschwerdeschrift beseitigen, so werde ihr gnädiger Herr, wenn er höre, daß sie im Lager stehen, zu ihnen heraufreiten, wie er den Leonbergern getan, und ihnen, wie diesen, eine gute Antwort geben. Nur eine geringe Zahl setzte Mißtrauen in den Herzog. „Gibt er uns keine Antwort", sagte einer der Hauptleute, Heinz Mösch, „dann wollen wir hindurchgehen."

Die Eingeweihten des armen Konrad aber verfolgten auch hier eine ganz andere Richtung. Sie arbeiteten vorzüglich auf die Einnahme der beiden Städte Urach und Münsingen hin. Hand in Hand mit Bantelhans wirkte auf der Reutlinger und Münsinger Alb als Hauptmann und Unterhändler des armen Konrad Singerhans von Würtingen.

Dieser auf der Alb angesehene Bauer hielt seine Versammlungen zu Gächingen auf der Münsinger Alb. Die Losung, die hier die Bauern in Bewegung brachte, war: „Wald und Wild gemein." Ein Bäuerlein, Peter Klemens von Würtingen, scherzte gleich auf einer der ersten Zusammenkünfte mit dem „Bundschuh". Er fand einen alten Schuh auf dem

Wege, hob ihn auf und steckte ihn als Panier an seinen Stecken. Später, als der Bundschuh verwirklicht werden sollte, sagte er: „Hätte man mir gefolgt, so wäre schon längst der Bundschuh mit meinem aufgehobenen Schuh aufgerichtet worden!“ Einer aus Upfingen, Enderlin Amey, nannte sich hier „den armen Konrad“. Mancherlei wilde Reden fielen, von Totschlagen des Forstmeisters und dergleichen. Singerhans aber nahm sie in Pflichten, mit ihm Urach und Münsingen einzunehmen. In Urach selbst stand er mit mehreren unzufriedenen Bürgern in Verbindung, welche ihnen das Tor gegen den Tiergarten hin zu öffnen versprachen. Nach der Einnahme beider Städte wollte er sich mit den Seinen denen vom Ermstal, von Eningen und Pfullingen, von Mittelstadt und Pliezhausen am Neckar anschließen und hinabziehen zum armen Konrad in das Remstal. Schon war das Lager bestimmt, das sie vor Urach nehmen wollten; auf dem Gespach sollte es geschlagen werden.

Eben kehrte er mit Kuentlen (Konrad) Griesinger aus der Pfullinger Gegend, wo er die letzten Verabredungen genommen, über Metzingen das Tal herauf heim, als er auf freiem Felde von Stephan Weiler, der ihm mit seinen Reisigen auflauerte, überfallen wurde. Nach tapferer Gegenwehr entrann Konrad Griesinger, aber mit Wunden, daß man ihn mit den Sakramenten versehen mußte; Singerhans, gleichfalls auf den Tod geschlagen, wurde gefangen und ins Gefängnis nach Urach weggeschleppt, wo er den 21. Juni peinlich befragt wurde, ohne irgend etwas zu bekennen. Als die Kunde unter die Bauern kam, geriet die ganze Alb und das Uracher Tal in Bewegung. Bauernhaufen kamen mit gewehrter Hand vor die Stadt herab und forderten Rechenschaft. Die Stadt aber war wohlverwahrt. Der Uracher Rat klagte über das Verfahren Weilers in Stuttgart, und die Stuttgarter beschwerten sich höchlich bei dem Herzog: „Dürfe ein Forstmeister so fürgehen, so sei niemand mehr seines Lebens sicher.“ Der Herzog aber hörte das alles an und saß im Kirchheimer Schloß. Der Forstmeister behielt den Singerhans gefangen und in ihm eines der kühnsten Häupter der Bewegung auf der Alb. Seitdem hatte sie auf dieser Seite des Gebirges keinen Fortgang mehr.

Auch in anderen Gegenden des Landes war zu gleicher Zeit das Volk aufgestanden. Im Backnanger Amt kam es noch vor dem Tage zu Türkheim zu gewaltsamen Bewegungen. Schon am 25. Mai taten sie sich vor der Stadt zusammen. Die Gewißheit, daß der Herzog fremdes Kriegsvolk herbeirufe, hatte das Volk am meisten aufgebracht. Sie bemächtigten sich der Tore und Mauern und drangen dem Vogte die Schlüssel ab, um vor fremdem Überfall sicher zu sein. An der Spitze standen aus dem Amt Michael Schuhmacher von Kottweiler, aus der Stadt Georg Jäger. Der erstere war besonders geschickt, anzuzetteln und aufzurühren; er war seit langem viel hin und wider gelaufen, ins Remstal und in andere Gaue. Im Winnender Amt bewegte Kaspar Schmid von Oppelsbohm, in der Stadt Stoffel Schilling. Der letztere ging in den Pfingstfeiertagen auf die Dörfer hinaus und versprach ihnen, wenn sie den 5. Juni vor die Stadt mit gewehrter Hand kämen, wolle er und seine Freunde ihnen behilflich sein, daß sie der Stadt Meister würden. Ein Platzregen vereitelte an diesem Tage die Absicht der Bauern, später aber nahmen sie die Stadt doch ein, wobei sich die Bauern von Schwaikheim besonders hervortaten. Sie verwahrten Tore und Mauern und wählten sechzehn aus dem Amt und acht aus der Stadt ans Regiment.

In Markgröningen war es der Stadtpfarrer Reinhardt Gaißlin, der die Gemüter erhitzte oder wenigstens zur Erhitzung beitrug. Auch hier machten sich die Mißvergnügten zu Herren der Stadt. In Waiblingen zeigte sich schon zu Ende des Mai ein drohender Geist unter dem Landvolk. Zwei aus dem Amt, der Napp und der Bedenmichel, traten mit einer Zahl Gleichgesinnter auf dem Markt vor etliche des Gerichts und Rats und sagten ihnen unter die Augen: „Ihr müßt auch in den armen Konrad, es sei euch lieb oder leid, oder wir wollen euch bei den Haaren herzuziehen.“ Das Haupt der Mißvergnügten in der Stadt war Benedikt Breitenmüller. Doch waren ihrer zu wenige, um der Ehrbarkeit mächtig zu werden. In Vaihingen stachelten Hans Trümlin und Laux Rapp die Leidenschaften auf.

Im oberen Teile des Zabergäus, in welchen Joß Fritz und Veltlin früher ihre Kreise hineingezogen hatten, war mehr Schrecken vor fremdem Überfall als Aufruhr. Auf der Grenze, der Pfalz zu, stellten sie Wachen auf Höhen und Bäumen aus, wenn sie fremdes Kriegsvolk im Anzug sähen, mit einem Büchsenschuß ihnen Warnung zukommen zu lassen. In einer Nacht um 11 Uhr wurde ein Büchsenschuß gehört. Sogleich liefen die Bauern auf einen freien runden Berg bei Zaberfeld, die Burghalde, den sie mit einem Verhau umgeben hatten, zusammen, um sich und das Ihrige hier vor den Reitern zu sichern; die Glocken von Weiler, Zaberfeld, Pfaffenhofen stürmten zu gleicher Zeit, um die anderen zu warnen. Als der Vogt des Gaus, Wilhelm von Neipperg, seinen Untervogt Alberlin Schertlin zu ihnen schickte, sie abzumahnen, behielten sie ihn bei sich und zwangen auch andere, die in gleichem Sinne zu ihnen kamen, bei ihnen zu bleiben. Bis hinab nach Heidelberg schickten sie Kundschafter, und erst als sie gewiß waren, daß noch nirgends auf der Straße pfälzisches Kriegsvolk sich zeige, kehrten sie von der Burghalde wieder zu ihrem Herd. In Brackenheim jedoch, im unteren Zabergäu, zeigten frühe sich Mitglieder des armen Konrad und vielfache Teilnahme im Volke für denselben. Hier wurde schon am Abende des nämlichen Tages, an welchem zu Untertürkheim der arme Konrad seine geheimen Tagsatzungen hielt, die Sache desselben öffentlich ausgerufen. Die Sturmglocke wurde angezogen, und durch die Straßen ging der Ruf: Man solle auf den Markt kommen, mit Wehr und Waffen, der arme Konrad sei da! Und in der Versammlung offenbarte sich ganz der Remstaler Geist. „Es sei keine bessere Sache nie erdacht worden, hieß es, als diese, daß die Herren nicht mehr also Meister seien." „Der Herr ist kein Nutz, und der Marstall wird reich!" riefen andere. Ja, man hörte Stimmen: „Es müsse Gleichheit werden, und die reichen Schelme müssen mit den Armen teilen."

Zu Marbach war Stadt und Amt in gleicher Aufregung. Die Hauptrolle spielten hier Hans Schlosser, Andreas Rammenstein, genannt Muser, Hieronymus Welker und Hans Virlay. Diese bezeichneten den Bauern den Wasen bei dem Rennhaus zum Sammelplatz. Es erschienen aber nur zwanzig Mann aus Kirchberg, die ein gewisser Hemminger führte und die, als sie sonst niemand fanden, des andern Tags auch wieder heimzogen. Der kluge Obervogt in der Stadt, Eitel Hans von Plieningen, hatte diesmal die anderen noch zum Stillsitzen vermocht. Bald darauf, an der Marbacher Kirchweih, bemächtigten sich die Bauern dennoch der Stadt, mußten aber nach kurzem Aufenthalt wieder über die Mauern hinaus entrinnen. Zu Groß-Bottwar waren besonders Ludwig Dietrich, Michael Kranzer, Bartlin Uhlbächer und der Pfarrverweser Peter, genannt Gscheitlin, tätig. Mit fliegendem Fähnlein und Trommeln zog auch von da eine Schar Marbach zu, kehrte aber, wie die Kirchberger, wieder um. In Beilstein bearbeitete Meister Eberhardt die Bauern; es heißt von ihm, er sei „ein widriger, eigensinniger Mann gewesen, der Arznei zu treiben pflegte". Im Weinsberger Amt war Schwabbach der Sammelplatz. Hier zwangen sie die Vermöglichsten, die Hauptmannschaft anzunehmen und mit ihnen zu ziehen, und so zogen sie in die 500 aus dem Tale mit Trommeln und Pfeifen und fliegendem Fähnlein nach Affaltrach. Zu Neustadt bewegte der Bürger Melchior Forchtenberger. Neben ihm zeichnete sich Georg Metzger und Marx Pfeifer aus, und ihr Anhang wurde mit jedem Tag in den Dörfern größer.

Ebenso war an den entgegengesetzten Enden des Landes alles in Aufregung. In Blaubeuren, nur drei Stunden von Ulm, war auf die erste Nachricht von den Dingen im Remstal „ein groß Frohlocken, als ob die Bauern wohl gehandelt haben, sonders wann sie den Zoll auch abtäten; man sollte, hörte man sagen, jedem Bauern zwei Weiber geben, daß sie viel Bauern machten!' Selbst das Gericht versammelte sich einmal über das andere und ratschlagte Heimliches, und wenn der Vogt, der sah, daß sie etwas brüten, sie fragte, erhielt er die gleiche Antwort, sie haben Geschäfte des Spitals halb. Zuletzt forderten sie die Schlüssel zu den Toren ihrem Obervogt Andreas von Hoheneck ab. Auch hieher waren die Schreiben und Boten des armen Konrad gekommen. Sie wählten zu den Zwölfen vom Gerichte noch zwölf aus der Gemeinde, und später taten sie, um ihres Übergewichts in Gericht und Rat sicher zu sein, noch weitere zwölf aus ihrer Mitte hinzu.

Ebenso wie hier an der Absenkung der Alb, erregten auf den Höhen des Schwarzwaldes bis herunter vor die Tore Stuttgarts die Sendschreiben und Unterhändler des armen Konrad Städte und Flecken. Zu Neuenbürg unterschlug die Vogtei die aufgefangenen Briefe. Um Pfingsten aber erschienen eigene Abgesandte aus dem Remstal vom armen Konrad. Die Gemeinden verlangten mit Gewalt die Auslieferung der Schreiben, doch gelang es hier, von weiterem sie abzuhalten. In Dornhan nahmen sie ihrem Schultheiß Kaspar Schmid die Torschlüssel ab, um ihre Stadt selbst zu verwahren. In Calw lagerten sich 200 Bauern vor den Toren, drangen dem Vogt die Schlüssel zu Stadt und Schloß ab und besetzten alle Posten aus ihrer Mitte. Zu Herrenberg waren die Gemüter wie zu Calw schwierig. Zu Rosenfeld trat Hans Stefan auf, schilderte nackt und bündig, wie Amtleute und Gericht einzig und allein handeln, was ihnen selbst oder der Herrschaft nutz wäre, um die Gemeinde aber sich nichts kümmern; wer solches neben und mit ihm zu rächen begehre, der solle zu ihm treten. Da stand die ganze Gemeinde zu ihm und erwählte fünfzehn aus derselben, die er aussandte, Bergfelden, Vöhringen am Mühlbach und die anderen Nachbarorte zu bewegen. Es gelang auch hier, und die zu Vöhringen sandten Hans Frei aus ihrer Mitte nach Sulz, die dortige Gemeinde zum Anschluß zu bringen. Zu Hornberg zog der alte Stadtschreiber Lukas Straubinger im Amte hin und wider, um das Landvolk aufzuwiegeln. Zu Wildberg zeigte sich nur unter den Ärmsten der Geist des Aufstandes; die Ehrbarkeit blieb Meister. Je weiter jedoch der Schwarzwald gegen die Mitte des Landes sich absenkte, desto größer und ernsthafter war die Bewegung. Denn hier hatte dieselbe einen Mittelpunkt in Leonberg, wie die auf der anderen Seite des Landes den ihrigen in Schorndorf.

Zu Leonberg schien es ruhig, während schon über den größten Teil des Landes die Bewegung hinlief. Als die ersten Regungen sich auch hier zeigten, berief der Vogt Werner Keller auf den Rat des Gerichtes die ganze Gemeinde auf das Rathaus und hielt ihr vor, „wie der Herzog das verringerte Maß und Gewicht, was vielleicht zu den Unruhen im Remstal Anlaß gegeben, bereits abgestellt, und sie sich darum billig fremder Händel nicht annehmen, sondern in ihrer frommen Voreltern Fußtapfen treten sollen, die in alle Wege sich gegen die Herrschaft so verhalten haben, daß dieselbe dadurch veranlaßt worden, stets ein besonderes Aufsehen und gnädige Neigung zu ihnen zu haben, wie sie denn zu mehrmalen aus diesem Städtlein in großen Streiten Sieg erlangt haben; er setze in sie zwar kein Mißtrauen und habe sie während seines Amtes stets treu erfunden, aber es ziehen jetzt hin und wider Leute um, die weder der Herrschaft noch den Untertanen Gutes gönnen, sondern allein dahin trachten, daß sie die einfältigen Leute zum Aufstand bringen und in fremde unrichtige Händel brocken möchten. Darum wolle er sie treulich warnen, sich durch solche böse Leute nicht verführen oder zu einiger Ungebühr bewegen zu lassen, und sie und ihre Kinder werden solcher Treu von der Herrschaft künftig reichlich zu genießen haben, welcher sie ja ohnedies Gehorsam schuldig seien. Auch haben Stuttgart, Tübingen, Urach und andere Städte Leib, Gut und Blut bei Herzog Ulrich, als ihrem gnädigen Herrn und Landesfürsten, wider die Aufrührerischen zuzusetzen versprochen."

Diese Rede aber hatte so wenig Wirkung als die amtlichen Vermahnungen der Vögte an anderen Orten. Die Herzen der Gemeinden hatten sich längst geschlossen, und was der Vogt zu Leonberg bisher für Ruhe gehalten, war ein geheimnisvolles gefährliches Arbeiten im dunkeln gewesen. Längst bestand, wie in Schorndorf und Beutelsbach, ein Hauptklub des Bundes in Leonberg. Im Hause Georg Scheitlins waren bei nächtlicher Weile die Zusammenkünfte. Als der Vogt am Schluß seiner Rede die Gemeinde aufforderte, daß die, welche bei der Herrschaft halten und Gut und Blut bei ihr zusetzen wollen, zu der kleinen Türe des Ratssaales hinausgehen sollten, gingen nur die zwölf vom Gerichte, einige vom Rat und einige wenige von der Bürgerschaft da hinaus; die anderen stießen die Köpfe zusammen und murmelten dumpf durcheinander. Der Vogt, in der Meinung, sie haben ihn vielleicht nicht recht verstanden, wollte ihnen seine vorige Aufforderung wiederholen. Sie aber, ohne auf ihn zu hören, drangen haufenweise der großen Türe zu, und als der Vogt sie darüber zur Rede stellen wollte, rief Georg Scheitlin, „ob die große Türe nicht auch eine Türe sei".

Von nun an trat hier die Bewegung offen hervor. Mehrere Ratsglieder, wie Stephan Wortwein, Peter Schaff und Ludwig Dolmetsch, schlossen sich dem Klub heimlich an, und da derselbe durch sie alles erfuhr, was in dem Rat beschlossen wurde, konnten durch ihn alle Vorkehrungen und Anschläge des Rats hintertrieben oder wirkungslos gemacht werden. Das ganze Amt hielt sich an den Klub; die Sprecher im Klub beschieden durch Ausschreiben einen Flecken um den anderen nach Leonberg hinein und handelten offen mit ihnen. Sie rühmten sich ihrer Verbindungen in der Schweiz, in der Pfalz und in Baden. Ihr Hauptquartier nahmen sie bald darauf außerhalb der Stadt auf dem Engelberg und warfen hier ein Banner auf. Als zu ihnen ins Lager ein Abgesandter des Remstals kam, einer aus Grunbach, stattlich in grün und rot geteilten Hosen und Wams und Federhut, ward er mit Lebehochs empfangen und als „der arme Konrad" auf Spießen durch das Lager umhergetragen. Sie wollten der Zuzüge aus anderen Gegenden und der Antwort hier warten, die sie auf ihr Anbringen vom Herzog und dem Landtag erhalten würden. Sie hofften auf die

16 000 zu wachsen und durch ihre bewaffnete Stellung ihren Forderungen Achtung zu verschaffen.

Es hatte nämlich Ulrich, so sauer es ihn ankam, in seiner Not auf den 25. Juni endlich wirklich einen Landtag ausgeschrieben, zugleich aber wiederholt und dringender bei den benachbarten Fürsten und Reichsstädten „um bewaffnete Hilfe angesucht, nicht nur ihm, sondern jeder Obrigkeit zu Nutzen; denn wenn den Ungehorsamen nicht bald gewehrt werde, würden nicht nur alle Kurfürsten, Fürsten und Obrigkeiten, sondern auch die ganze Ehrbarkeit im Reiche untergehen". Er fühlte mit Schrecken den Boden unter seinen Füßen wanken. Was er zuerst nur für einen Unfug einiger Bauern, für eine gehaltlose Widerspenstigkeit gehalten, erschien jetzt seinem enttäuschten Auge als etwas, „das ein seltsam bundschühlich Ansehen habe".

Der neue Bundschuh war auch in dem armen Konrad nicht länger zu verkennen, und die markgräfliche Regierung hatte sogar schon in der Mitte des Februar 1514 amtliche Kunde von Umtrieben im Geiste des Bundschuhs auf ihren Grenzen. Am 14. Februar schrieb der Landvogt zu Hochberg, Ludwig Horneck von Hornberg, dem Rate der Stadt Freiburg im Breisgau, „wie er mit guter Wahrheit berichtet sei, daß eine neue Übung oder Praktik vorhanden, den Bundschuh wieder anzufahen, und es seien die, so es handeln, zu Roß und zu Fuß auf dem Umzug; bald zeigen sie sich als Priester, Stationierer und Heiligtumführer, bald erscheinen sie, das Antlitz mit Larven gemalt, mit Mummerei verdeckt, in viel seltsamer Gestalt des Bettelordens. Die Stadt möge ein treu Aufsehen auf solchen bösen Handel haben, damit weiterem vorgekommen werde."

Noch vor dem Zusammentritt des Landtags gaben sich Abgeordnete der Städte Stuttgart und Tübingen Mühe, die aufgeregten Leidenschaften des Landes dadurch zu besänftigen, daß sie von Amt zu Amt reisten und die Gemeinden baten, wenigstens die Erfolge des Landtages ruhig abzuwarten. Bei einem Teile gelang es ihnen, sowohl im Zabergäu als auf dem Schwarzwald, wiewohl die Landgemeinden über die Art, wie der Landtag ausgeschrieben wurde, sehr unzufrieden waren. Denn es waren zu demselben, wie früher, nur aus jeder Amtsstadt der Vogt und der Keller, einer aus dem Gericht und einer aus der Stadtgemeinde einberufen, niemand aus dem Amte. Die Bauern verlangten aber, auch aus ihrer Mitte Abgeordnete zum Landtage zu schicken. „Wenn der Landtag", sagten sie, „etwas helfen solle, so müssen auch Bauern dabei sein; die Pfaffen, Edeln und Herren aus den Städten würden sonst auf demselben nur für sich sorgen."

Diese Einrede zu beseitigen, ließen Stuttgart und Tübingen Ausschreiben ergehen, die Dörfer sollten ihre Beschwerden durch die Städte, oder wenn solche gegen diese selbst gerichtet wären, durch eigene Botschaft schriftlich an den Landtag gelangen lassen. Aber viele Ämter wollten nichts davon hören, und ihr Mißtrauen wurde von dem Erfolge gerechtfertigt. Zuerst scheiterten die Bemühungen der beiden Hauptstädte an dem Haufen des Leonberger Amtes, welcher sich jetzt auch Hauptleute, Weibel und Fähndriche gewählt hatte, und dessen Beispiel wirkte auch auf andere Ämter. Die in den Städten Böblingen und Sindelfingen, welche Leonberg zunächst lagen, erklärten zwar, daß sie die Ergebnisse des Landtages abwarten wollen; und die Stadtgemeinden gaben sich dadurch vorderhand zufrieden, daß Gericht und Rat zu Sindelfingen vierundzwanzig, zu Böblingen zwölf aus der Gemeinde in ihre Reihen aufnahmen. Die Bauern beider Ämter aber hielten eine Versammlung zu Dagersheim, und als sie da nicht einig werden konnten, tags darauf eine zweite zu Sindelfingen, zu der die Bauern von Holzgerlingen mit einem fliegenden weißen Fähnlein zogen, darin zwei schwarze Schwerter kreuzweis geschränkt zu sehen waren. Als diese durch Böblingen kamen und von der Ehrbarkeit daselbst abgemahnt wurden, verwiesen sie den Böblingern mit scharfen Worten, daß sie sich so leicht haben bewegen lassen, im Schweife der Stuttgarter und Tübinger zu sein. Und bald fürchteten die Böblinger und Sindelfinger sich vor dem Andrange der Bauern, daß sie um Hilfe nach Stuttgart schrieben, die ersteren, „weil sie nur zwölf", die letzteren, „weil sie nicht mehr als sechs Hakenbüchsen haben".

Womöglich noch aufgeregter war fortwährend das Remstal. Schon am 1. Juni hatte der Rat von Schorndorf an den Herzog berichtet, es scheine jetzt, als dürfte die Bürgerschaft, welche bei der ersten Bewegung im Tal sich so fromm gehalten, deswegen in Gefahr geraten, solche Treue zu entgelten, weil eine große Zahl unnützer Leute in der Stadt sei, die es mit den Aufrührern halten. Käme der Herzog nicht mit tapferer Hand zu ihnen, so werde ihnen ihre Treue zu Schaden an Leib und Gut gereichen; denn es sei eine neue Empörung zu befürchten, welcher zu widerstehen die Gehorsamen und Getreuen in der Stadt viel zu schwach seien.

Der Klub in Schorndorf ging jetzt damit um, durch einen Handstreich sich der Tore zu bemächtigen. Die im unteren Tale, die Beutelsbacher namentlich, drangen darauf; und am 6. Juni erschienen Bauernhaufen auch aus dem oberen Tale des Schorndorfer Amts und begehrten in die Stadt eingelassen zu werden, weil sie Nachricht haben, daß der Herzog sie überfallen wolle. Der Statthalter und der Vogt brachten sie aber, in Verbindung mit dem Rate, durch gütliche Übereinkunft dahin, daß sie wieder in ihre Dörfer zogen. Dennoch gelang es den Mitgliedern des armen Konrad in der Stadt, wenigstens den Schlüssel zu einer der drei Torpforten sich zu verschaffen. „Es erregten nämlich", so erzählt ein Bericht des Rates an Philipp von Nippenburg, den herzoglichen Haushofmeister, „gegen Abend ‚einige unnütze verdorbene Leute' trunkenerweise einen Tumult und forderten die Schlüssel zu den Toren, mit der Drohung, wenn man sie ihnen weigere, wollen sie mit einem Büchsenschuß ein Zeichen von der Mauer geben, daß das ganze Amt ihnen zuzöge. Priester und andere Personen vermittelten dahin, daß, weil die Tore drei Pforten haben, Vogt und Gericht von jedem Tore die äußersten und inneren Schlüssel, die Mißvergnügten aber die Schlüssel der mittleren Torpforte haben sollten."

Selbst zu Tübingen, der am meisten herzoglich gesinnten unter allen Städten, kam es in der ersten Woche des Juni zu einem Auflauf „von etlichen bösen Buben", und als Vogt und Gericht dieselben peinlich bestrafen wollten, verhinderten die Vierundzwanziger, der Ausschuß der Gemeinde, dieses, und die Angeschuldigten entflohen, als sie die Absicht des Gerichts vernahmen.

So sehr die Aufregung über das ganze Land verbreitet war, so waren die Triebfedern und Interessen doch sehr verschieden, welche an den einzelnen Orten tätig waren. Bei weitem der größte Teil wollte nur einzelnen Beschwerden, die oft nur Örtliches betrafen, abgeholfen wissen. Ein großer Teil stimmte in die Bewegung ein, aus Lust am Lärmen oder von den Unterhändlern des armen Konrad hineingezogen, ohne sich klar zu sein, was er wollte. Der arme Konrad war im Verhältnis zu der bewegten Masse nur eine kleine Zahl, und während er völlige Freiheit, allgemeine Gleichheit wollte, waren die meisten anderen schon in dem Gedanken glücklich, einige Rechte, einen nur etwas freien Zustand wiederzuerlangen. Sie dachten nur an verfassungsmäßigen Widerstand gegen verfassungswidrige Regierungsgewalt; jener ging auf eine Revolution. Ein Mann, der Talent und Kraft genug gehabt hätte, diese verschiedenen Interessen zu vereinen und die vereinzelten Kräfte des Landes auf einen Punkt hin zu richten, hätte der ganzen Bewegung eine andere, nicht für Württemberg, sondern für Deutschland folgereiche Wendung geben können. Aber ein solcher fehlte. Im armen Konrad fanden sich zwar viele Hände, die geschickt waren, einzufädeln und zu weben, viele Arme, kräftig genug zum Dreinschlagen, aber kein Kopf, der die Auszeichnung gehabt hätte, die dem Volksführer unentbehrlich ist. Das zeigte sich bald.

Schon am 18. Juni waren vierundzwanzig Abgeordnete des Landtags in Stuttgart zusammengetreten, und da die Bemühungen des Herzogs, das Kriegsvolk der benachbarten Herren wider sein eigenes Land zu führen, immer ruchbarer wurden, war es das erste dieser Abgeordneten, daß sie an alle Grenzorte schrieben, auf guter Hut zu sein und ihnen jede Bewegung auswärtiger Waffen eilends zu wissen zu tun. Ulrichs Absicht war nämlich, den von ihm gefürchteten Landtag zwischen die kaiserliche Majestät, von der er „auf alle Fälle Mandate und Achtsbriefe erbat", und zwischen die Waffen der ihm befreundeten Fürsten und Herren einzuzwängen und einzuschüchtern.

Zugleich mit den Abgeordneten der Städte fand sich eine große Menge Abgeordneter der Dörfer in Stuttgart ein, um die Beschwerden und Ansprüche des Bauernstandes geltend zu machen. Die Prälaten waren noch nicht erschienen, die Ritterschaft war nicht eingeladen worden und blieb darum ganz aus. Dagegen erschienen Gesandte vom Kaiser, von Pfalz, Würzburg und Baden, von den Eidgenossen und die Bischöfe von Straßburg und Konstanz in Person als Vermittler.

Der Herzog verlangte vor allen Dingen Geld zur Deckung seiner Schulden und Unterstützung vom Landtage wider die aufgestandenen Bauern. Der Landtag aber meinte, ehe man auf des Herzogs Begehren eingehen könne, müsse dessen unnützer Lebenswandel und seiner Räte böse Wirtschaft bereinigt werden. Die Beschwerden, welche hier vorgebracht wurden, sind zum Teil charakteristisch auch für die anderen Herrenlande. Die einen klagten, sie haben vertragsmäßig die Fronen mit Geld angekauft, und doch müssen sie jetzt nach wie vor fronen, ob sie gleich den Fronschilling redlich zahlen; andere, man halte es gar nicht mehr wie vor alters, Fronen und Schatzungen seien übermäßig, die Amtleute ungerecht und tyrannisch, sie pressen einzelnen Orten Hunderte über die vom Herzog angesetzte Schatzung ab; wieder andere, man habe ihnen ungerechte neue Steuern angesetzt, und als sie sich bei der Kanzlei wiederholt beschwert, haben sie vom Marschall jedesmal denselben Bescheid erhalten: „Ihr müßt eben zahlen!" Auch seien die Strafen teilweise, wie zum Beispiel der große Frevel unerträglich, um das Vierfache und mehr, erhöht worden, und ihren Hunden müssen sie Trempel anhängen, damit dieselben nicht das Wild im Abfressen ihrer Felder stören können. Die Sprache des Landtages war um so freier, da auch die Abgeordneten des Bauernstandes an den Sitzungen teilnahmen. Namentlich wurde der Vorschlag beschlossen: Da bisher doch Lamparter, Thumb und Lorcher, und zwar schlecht genug, regiert haben, so solle der Herzog leiden, daß von gemeiner Landschaft zwölf Personen, vier vom Adel, vier von den Städten und vier von den Dörfern, fürderhin mit ihm regieren. Er selbst solle zur Bestreitung aller Ausgaben für seine Person und seinen Hof jährlich eine bestimmte Summe Geldes (Zivilliste) nehmen, dazu sollen ihm sechzig Pferde gehalten, das übrige Einkommen des Kammergutes aber zur Schuldenzahlung verwendet, die Klöster und Stifter ziemlich abgetan und ihre überflüssigen Güter mit dem Kammergut vereinigt werden. Zugleich wurde laut die Bestrafung der vorhin genannten drei landbekannten Staatsverbrecher gefordert.

Dieser Gang des Landtages erschreckte den Herzog und seine Räte. Sie schrieben denselben der Nähe der nur drei und vier Stunden von dem Sitze des Landtages in Leonberg und im Remstal in drohender Stellung verharrenden Bauernhaufen sowie dem Einflusse eines Teils der Stuttgarter Bürgerschaft zu. Kaum hatten die Beratungen drei Tage gedauert, als der Herzog in der Nacht vom 20. auf den 21. Juni mit seinen Rittern und Räten plötzlich nach Tübingen ritt und von dort den Abgeordneten der Städte Befehl sandte, ihm dahin zu folgen.

Hier trafen die Prälaten bei ihm ein. Die Städteabgeordneten kamen mit den Abgeordneten der Dörfer in Streit, trennten ihre Sache von der Sache der Bauern und folgten dem Herzoge nach Tübingen. Zu Anfang des Juli schrieben die Abgeordneten der Bauern an den Herzog, er möchte doch, sobald die Tübinger Verhandlungen zu Ende wären, nach Stuttgart zurückkehren, wenigstens ihre Klagen anhören und ihnen mündlichen Bescheid geben; sie seien ausdrücklich beauftragt, mit ihm in eigener Person zu verhandeln; kämen sie ohne dieses nach Haus, so würden die Mißvergnügten in den Dörfern noch schwieriger werden.

Die Antwort muß keine günstige gewesen sein, denn es kam eine große Aufregung über Stuttgart; man befürchtete daselbst, der Herzog habe etwas Feindliches gegen die Stadt vor. Ein mißvergnügter Teil der Bürgerschaft machte in der St.-Ulrichs-Nacht (4. Juli) einen Auflauf, trat auf die Seite der Bauern und nahm dem Vogte, Hans von Gaisberg, und dem Gerichte die Schlüssel zu den Stadttoren ab. Man sprach davon, die Bauern des Amtes in die Stadt zu rufen, und alle Posten besetzte die Bürgerschaft. Doch erreichte die Bewegung am 6. Juli ihren Höhepunkt. Der kältere Teil der Bewohner war der größere, und die nächsten Tage waren ruhig.

Inzwischen vollendete der Landtag zu Tübingen schnell seine Arbeiten, deren Resultat der bekannte Tübinger Vertrag und Abschied, beide gegeben am St. Kilianstag (8. Juli), waren, und deren einzelnes ebenso bekannt als unserem Zwecke ferneliegend ist. Der Herzog hatte sich darin bedeutende Beschränkungen gefallen lassen, welche er nie einzuhalten im Sinne hatte und auch nicht einhielt. Die Städte hatten hauptsächlich nur für sich gesorgt. Und doch hatten an den 910 000 Gulden herzoglicher Schulden, welche der Landtag übernommen, die Leute auf dem Lande das meiste zu tragen. Denn „der Städter ließ sich nicht schätzen wie die gemeinen Personen auf dem Lande, und die ‚Ehrbarkeit‘ nicht wie die ‚Gemeinde‘“. Alles, was für den armen Mann und Bauer herausgeschlagen wurde, war das Versprechen, daß man die Fronen überall gleich und leidendlich, soviel möglich, machen, das Almosen den Armen wirklich geben, des Wildes nicht zuviel hegen, den Amtleuten das Wirtschaften und die Handelschaft, namentlich den Getreidewucher niederlegen, den Forstleuten das mutwillige Reiten durch die Felder zu verbieten, den Weingärtnern die Vögel aus ihren Weinbergen zu verjagen erlauben und künftighin, wenn der gemeine Mann in der Kanzlei Beschwerden anbringe, diese anhören und darauf Bescheid geben wolle.

Von den wesentlichen Forderungen der Bauern, von ihren dringendsten Bedürfnissen, von ihren Rechten war nicht das kleinste Wörtchen auf dem Landtage gesprochen worden. Auch sollte künftig kein Bauer auf demselben sitzen und ebensowenig ein von den Bauern gewählter Vertreter. Das Amt wurde wie bisher als Anhängsel der Herren in den Städten betrachtet.

Das, daß er so ganz zurückgesetzt, daß er verachtet wie bisher sein und bleiben, daß er auch nicht den kleinsten Teil einer Stimme, nicht einige der Rechte erlangen sollte, welche ihm die Natur und die bürgerliche Gesellschaft zusprachen, das mußte den Landmann erbittern, der schon darin eine Verachtung sah, daß der Herzog „Bauernabgeordnete für zu ring hielt", um in eigener Person ihre Wünsche zu hören und mit ihnen zu handeln. Es waren zwar die allgemeinen Vorteile des Tübinger Vertrages und Abschiedes teilweise auch zum Besten des Landmannes, und es gab selbst unter den Mißvergnügten viele, die damit zufrieden gewesen wären, hätten sie nur ein rechtes Vertrauen zu den papiernen Verheißungen zu haben vermocht.

In Tübingen aber hatten die Herren, die keineswegs Vollmacht hatten, den Vertrag anders als auf zuvor einzuholende Zustimmung ihrer Ämter abzuschließen, die Ergebnisse ihres Wirkens für so allgemein befriedigend angenommen, daß sie eine neue Huldigung auf denselben, die sogleich geleistet werden sollte, durchs ganze Land ausschrieben und, von jeder ferneren Widerspenstigkeit, der sich noch etwa der eine oder der andere hingeben möchte, abzuschrecken, an die Tübinger Vertragsurkunde ein Langes und Breites davon anhingen, wie jeder an Leib und Leben gestraft werden solle, der sich fortan widersetze.

Hier zeigte es sich nun deutlich, wie wenig Einheit des Sinnes und der Waffen, des Mutes und der Bestrebungen unter der Gesamtzahl der Landeseinwohner war und wie sich der arme Konrad keineswegs mit der Masse verschmolzen hatte. Bei weitem der größte Teil der Ämter ließ sich mit dem Gebotenen, so kümmerlich es war, abfinden. Am willigsten zeigten sich auf dem Schwarzwald Donnstetten, Dornhan, Sulz, Rosenfeld und die dazugehörigen Flecken.

Auch im Uracher Tale siegte die Mehrheit derer, welche ihren Frieden mit dem Herzog machen wollten, über die, welche bei dem armen Konrad zu halten vorzogen. Seit das Remstal wieder auf war, sah man auch Bantelhans wieder hin und her reiten. Es wurde in Metzingen beschlossen, dem armen Konrad entgegenzuziehen, von welchem man glaubte, daß er im Heraufzug begriffen sei.

Es war zur Zeit des Heuens, als Bantelhans hinauf gen Donnstetten auf die Alb ritt und vor der Schmiede des Burkhard Poll hielt. Es war still und leer im Dorfe, nur in der Schmiede glühte die Esse und hämmerte der Hammer. „Wo sind die Heimbürger?“ rief er in die Schmiede hinein. „Alles im Feld“, antwortete der Schmied heraustretend. „Nun wohlan“, fuhr Bantelhans fort, „so gedenk und sag den Heimbürgern und der ganzen Gemein, daß man unverzüglich morgen früh auf sei, und schick Botschaft gen Feldstetten und von Feldstetten weiter gen Laichingen, zusamt auf den Dettinger Schloßberg zu ziehen. Daselbst wird man sich versammeln und mit Macht und Gewalt hinwegziehen.“ Damit ritt er eilends von dannen, wie er sagte, dem Dettinger Schloßberg zu.

Er ritt hinab ins Lenninger Tal. In Gutenberg geht eben Hans Handel aus dem Bad ins Wirtshaus, er sieht Bantelhansen zu Roß halten im Gespräch mit einem Buben und ruft ihm zu: Steig ab, ich will dir ein Tränklein geben. – Nein, sagte Bantelhans, ich muß nötlich reiten, komm auf ein Wort zu mir. – Sie traten zusammen. Darum bin ich da, fuhr Bantelhans fort, ich muß deinen Rat haben; Dettingen, Metzingen, Pfullingen, Eningen sind auf mit 400 oder 500 und ziehen durch den Tiefenbach dem Dettinger Schloßberg zu. Sie haben mich hinaufgeschickt gen Böhringen, Zainingen, Donnstetten und Feldstetten, die sind auch auf und werden da abher ziehen. Meinst, daß sie sicher mögen abhin ziehen? Wir werden auf die Nacht beim Dettinger Schloßberg zusammenkommen. – Ich weiß nit, sagte der Gutenberger, ich höre noch nit viel in dem Tal. – Nach solchen und anderen Worten ritt Bantelhans hinweg und das Tal hinab.

Der Schmied zu Donnstetten rief an selbem Abend die Gemeinde zusammen, Boten eilten fort, am Morgen kamen die Feldstetter und wollten weiterziehen, hinter ihnen die Laichinger. Indem kam der Kornmesser von Urach, nahm etliche beiseite und machte den Zug rückgängig.

Auch der Zug von der anderen Seite, von Metzingen her, fand unbekannte Hindernisse und unterblieb. Bantelhans eilte hinab ins Remstal. Die Bauern in den obengenannten Tälern aber nahmen den Tübinger Vertrag an, die im Uracher Amt unter der Beschränkung, daß man ihnen erlaube, das Wild auf ihren Feldern zu schießen, Abhilfe ihrer Beschwerden und völlige Amnestie gewähre und namentlich den Singerhans freigebe. So leisteten sie die neue Huldigung.

Nur an einigen Punkten des Landes hatte die Opposition mehr Energie und Nachhalt. Die beiden Mittelpunkte des Widerstandes blieben Leonberg zur linken und Schorndorf zur rechten Seite der Hauptstadt. Alle Bauerschaften und mehrere Städte von Haiterbach bis auf die Höhen vor Stuttgart hielten sich ganz an das Beispiel Leonbergs und wollten nicht huldigen, ehe die von Leonberg gehuldigt hätten.

Wahrscheinlich war die Nachricht von dem Anrücken der auswärtigen Kriegsvölker, von welchen die Reisigen des Kurfürsten von der Pfalz schon am 26. Juli in Maulbronn eintrafen, ebensosehr als die Antwort des Herzogs entscheidend für die auf dem Engelberg, daß sie den Vertrag annahmen. Ihrem Vorgange folgten alle Nachbarn auf dieser Seite des Landes.

Während der Verhandlungen zu Tübingen hatten die im Remstal eine würdige, feste Haltung gezeigt; nirgends ein Tumult, keine Spur roher Tobsucht. Jede Bauerschaft hielt sich in ihrer Gemeinde, an ihrem Herd. Sie warteten, wie sich die Dinge zu Tübingen, die Stimmung im Lande gestalten würden.

Dem Herzoge lag vorzüglich am Herzen, diese ältesten Hintersassen seines Hauses zu beruhigen. Gleich nach Bestätigung des Vertrages ließ er ihnen denselben verkünden und dann allen Bauerschaften des Tales einen bestimmten Tag ansetzen, wo er ihnen in Person die Huldigung abnehmen wolle. Er beschied sie ohne Wehr und Waffen vor die Stadt Schorndorf. Er selbst ritt nur von seinem Hofgesinde begleitet mit etwa achtzig Pferden nach Schorndorf.

Auch die Bauern erschienen, an die siebentausend, aber alle bewehrt und bewaffnet mit Schwertern, Speeren, Schießgewehren und Harnischen, völlig zum Kampfe gerüstet. Ulrich war so weit gegangen, daß er die drei landverhaßten Sünder, den Kanzler, den Marschall und den Landschreiber, nicht nur in ihren Ämtern und Würden gelassen, sondern sie mit sich nach Schorndorf gebracht hatte. Ja, der Marschall war es, welcher den versammelten Bauern den Tübinger Vertrag vorlas.

Die Bauern standen ohne Bewegung, ohne Laut. Erst im Fortgang des Verlesens erhob sich ein Gemurmel, das immer weiter fortwogte. Es ließen sich scharfe Reden hören wider die Räte und Höflinge, man vernahm die Worte: „Verräter und Diebe, die sich vom Geld des Landes schöne Häuser bauen." Selbst des Herzogs wurde nicht geschont. Sein Schwelgen, schrien sie zusammen, sei Ursache, daß ihre Weiber und Kinder Hunger leiden; die vornehmen Müßiggänger, der Schwarm seiner Sänger und Pfeifer, die Erpressungen und Unterschleife der Beamten seien an allem Elend schuld.

Ulrich war in der Stadt zurückgeblieben und bei dem Verlesen nicht anwesend. Man meldete ihm die Vorgänge vor der Stadt. Mit heißem Kopf ritt er heraus, hinter ihm drein, was ihm in der Schnelle von seinen Rittern folgen konnte. Er war gewiß, der Anblick seines fürstlichen Angesichts, ja sein Federhut werde die Bauern zur Ordnung schrecken. Wie sie ihn ansichtig wurden, schlossen sie sich in Reihen, als stellten sie sich in Schlachtordnung. Er ritt aber dicht vor sie hin, strafte sie wegen ihrer Widerspenstigkeit und forderte sie auf, ruhig heimzugehen, ein jeder zu dem Seinigen, und ihre Güter fleißig und in Frieden zu bauen, dann wollte er ihnen alles, was bisher freventlicherweise mit Worten und Werken geschehen, verzeihen und vergessen. Aus dem Haufen aber wurde ihm zu-

Herzog Ulrich vor Schorndorf

gerufen, „mit solchen Redensarten ledige er seine Schuld nicht; er solle seine Finanzer, Sänger und Hofschmarotzer abschaffen, seine Jäger und Hunde, das tue not".

Da nahm der Marschall Thumb das Wort und rief, wer zum Herzog halten wolle, solle auf seine Seite treten. Auf das entstand ein großes Getümmel und Geschrei, und alles wich rückwärts, weit von Ulrich weg, auf die entgegengesetzte Seite. Er stand ganz allein mit seinen Hofleuten. Auf seinem Gesichte wechselte Glutröte und Todesblässe; sein irres Auge sprühte Vernichtung. Zum erstenmal hörte er die Flüche der Armen, des Elends und des Hungers laut und ungescheut um seine Ohren schwirren. Er hielt es für das rätlichste, sich schleunig zurückzuziehen.

Wie er das Pferd wandte, fiel ihm der Schlechtlins-Klaus in den Zaum. Ein anderer, Veit Bauer von Buoch, seßhaft zu Grunbach, stach mit dem Spieß nach dem Herzog. Aber sein gewaltiges Roß und seine Begleiter entrissen ihn den Fäusten und dem Todesstoß des einen wie des anderen. Da, als er sah, wie es seinen Gesellen mißlungen war, schrie Ruprecht von Beutelsbach, auch ein Eingeweihter des armen Konrad, mit schweren Flüchen dem Haufen zu: „Schießt auf den Schelm und laßt ihn nicht entreiten!" Schon legte einer Feuer auf die Büchse. Aber ehe etwas geschehen konnte, war der Herzog aus ihrem Bereich.

Zu gleicher Zeit hatten die Verschworenen in der Stadt gehandelt. Kaum hatte nämlich Ulrich dieselbe verlassen, um zu den Bauern hinauszureiten, als die darin zurückgebliebenen verschworenen Bürger die Tore besetzten und sperrten, so daß, was von Ulrichs Gefolge noch darin war, nicht heraus, und er, als er fliehend vor den Bauern der Stadt zusprengte, nicht mehr hineinzukommen vermochte. Als der Klub zu Schorndorf die Ergebnisse des Landtags sah, scheint er einen äußersten Entschluß gefaßt zu haben, den Herzog lebendig oder tot in seine Gewalt zu bekommen. Die drei obigen Verwegenen scheinen die Ausführung des Beschlusses übernommen und in dieser Absicht sich hart an Ulrichs Pferd gedrängt zu haben.

Ulrich ritt eilig nach Stuttgart und hinterließ oder schickte den Befehl an Stadt und Amt, ihren Entschluß, ob sie den Vertrag annehmen wollen oder nicht, ihm in die Residenz wissen zu lassen; er wolle ihnen drei bis vier Tage Bedenkzeit geben. Die Verschworenen, im Gefühl, daß sie nach dem, was geschehen war, nicht mehr zurück können, gingen nun rasch vorwärts. Sie kannten den Herzog zu gut, als daß sie nicht gewußt hätten, daß er die Bedenkzeit zu nichts anderem gebrauchen würde, als um eine bewaffnete Macht zusammenzuziehen, um über sie zu kommen. Als einige der tätigsten Volksmänner treten jetzt, neben Kaspar Pregizer und seinem Bruder Georg, Wagenhans, dessen Sohn Bernhard und ein gewiegter Kriegsmann, genannt Faulpelz, in der Stadt auf. Die heftigsten Umtriebe fanden von beiden Parteien statt, deren eine, die zahlreichere, den Vertrag annehmen, die andere die Fahne des Aufstandes fliegen lassen wollte. Um das Amt für sich zu gewinnen, schlug die erste Partei vor, jeder Flecken solle besonders in die Stadt kommen, um seine Meinung wegen des Vertrages abzugeben, wodurch sie Raum zur Bearbeitung der einzelnen in ihrem Sinne und die Stimmenmehrheit zu gewinnen hofften. Die Klubisten dagegen riefen den armen Konrad des Tales in die Stadt. Haufen von Bauern drangen herein, besetzten alle wichtigen Posten, vereinigten sich mit der Partei des Klubs, halfen dieser die Beamten, Gericht und Rat ihrer Ämter entsetzen und zogen dann wieder zu ihrem Herd, nachdem sie noch eine starke Besatzung aus ihrer Mitte in der Stadt zurückgelassen. Zugleich war beschlossen worden, jeder Flecken solle je nach seiner Größe vier bis acht Insassen als Bevollmächtigte nach Schorndorf schicken, und was diese handeln würden, dabei solle es bleiben. Auch sollen die Bauerschaft und die Bürgerschaft je zwei Hauptleute wählen. Der Vogt und die herzoglich Gesinnten gingen darauf ein. So verstrichen drei Tage Bedenkzeit unter Gelärm und Aufläufen. Am vierten Tage traten die erwählten Hauptleute und die Bevollmächtigten von Stadt und Amt auf dem Rathaus zu Schorndorf zusammen. Die Bauern hatten auch hier Hans Vollmar von Beutelsbach und Vollmar Braun von Urbach, die Stadt Heinrich Schertlin und Hans Hirschmann zu Hauptleuten gewählt.

Während diese sich berieten, ward unter dem Volke das Gerücht verbreitet, die Mehrheit der Herren auf dem Rathause wolle zur Annahme des Vertrages zwingen, und es gehe nicht richtig droben her. Pregizer und seine Freunde riefen durch Losungsschüsse, die sich von Dorf zu Dorf fortpflanzten, die Bauern des Amtes herbei, und von allen Seiten eilten diese der Stadt zu. In derselben war der Auflauf schon so stark, daß sie das Rathaus gestürmt und einen der städtischen Hauptleute, Heinrich Schertlin, die Rathaustreppe mehr hinabgeworfen als gezogen hatten.

Da die Bedenkzeit verstrichen war, holte die Ehrbarkeit eine neue Frist ein. Der Herzog gewährte sie, weil seine Hilfsvölker noch nicht beisammen waren. Bürgerschaft und Bauern in der Stadt vereinigten sich nun dahin, aus sich eine Zahl der Verständigsten zu wählen, welche, bis eine Antwort an den Herzog gefaßt wäre, in der Stadt bleiben und jede Unruhe in derselben mit bewaffneter Hand niederhalten oder zerstreuen sollten. Die Verbündeten in der Stadt aber hielten es jetzt für die rechte Zeit; sie hatten den Vogt längst zu Gelübden gedrungen, alle festen Punkte mit den Ihrigen besetzt und so an Schorndorf einen ziemlichen Stützpunkt. Diese Stadt wurde zwar erst vierundzwanzig Jahre später zu einer Festung ausgebaut, doch war sie schon vorher, für die damalige Zeit, ziemlich wohl befestigt: Außer den starken, mit Türmen versehenen Toren war die Stadtmauer mit achtzehn hohen Türmen geziert, die ihr auch den Namen Turmstadt erwarben.

Als nun die Hauptleute die Wahl derer, welchen die Hut der Ordnung vertraut werden sollte, vornahmen und Bürger und Bauern zur Musterung vor die Stadt hinaus auf den Wasen führten, mischten sich die Eingeweihten des armen Konrad auch darunter, erhitzten den Haufen und erregten das Geschrei, man solle weiterziehen durchs ganze Land und die Gleichgesinnten aller Ämter mit sich vereinigen; mit den Waffen müsse man es durchtreiben, wenn es gehen sollte. Die städtischen Hauptleute wollten Vorstellung machen; Heinrich Schertlin aber mußte, um sein Leben zu retten, in die nächste Kirche sich flüchten. Hans Hirschmann zwangen sie, sie weiterzuführen und das Fähnlein des armen Konrad zu tragen, das sie jetzt zum erstenmal fliegen ließen. Das Stadtvogteifähnlein flatterte neben dem Fähnlein des armen Konrad.

So zogen sie mit kriegerischem Spiel, gegen sechshundert Mann, von der Stadt hinweg, das Remstal hinab. Sie waren eben am Fuße der herrlichen Rebenhügel von Geradstetten, anderthalb Stunden von Schorndorf, angekommen und hatten hier, wie schon in Winterbach und Hebsack, die Angesehenen und Reichen genötigt, selbst mitzuziehen oder ihre Knechte herzugeben, als der herzogliche Haushofmeister Konrad von Nippenburg mit etlichen Reisigen, Hans von Gaisberg und einige Abgeordnete der Landschaft, die seit einigen Tagen zu Waiblingen lagen, um den Gang der Dinge zu beobachten, ihnen entgegentraten. Es war am Abend des 23. Juli. Diese erboten sich im Namen des Herzogs, gütlich mit ihnen zu unterhandeln. Die Bauern aber hörten, da sie sich zu verstärken eilten, darauf nicht, sondern gaben die kurze Antwort: Heute nacht werden sie zu Grunbach lagern; wer dann zu ihnen kommen wolle, werde sie da finden.

Sie scheinen besorgt zu haben, daß man sie hier durch Unterhandlungen hinhalten wolle, um sie in der Sorglosigkeit mit Kriegsvolk zu überfallen; daher die ausweichende und zugleich täuschende Antwort. Denn statt in Grunbach zu lagern, änderten sie ihre Route, verließen die Landstraße und wandten sich links in einen Seitenweg.

Gegenüber von Grunbach, an der Südseite der Rems, liegt der Marktflecken Beutelsbach, und östlich davon erhebt sich der Hügel, wo die alte Burg des gleichen Namens einst stand. Der Rebenhügel aber, auf dem einst die Burg stand, erhielt von einer Petri- und Pauls-Kapelle, welche an deren Stelle erbaut wurde, den Namen Kapellenberg, im Munde des Volkes Kappelberg.

In dieses Seitental des Remstales, auf dessen östlicher Wand sich die herrlichsten Weinhügel erheben, zog der Bauernhaufe hinein und nahm sein Lager auf dem Kappelberg. Seltsame Reden hörte man im Haufen. „Was wollt ihr denn?“ fragten einige in einem Dorfe die Durchziehenden. „Wir wollen“, war die Antwort, „den armen Konz auf den Kappelberg tragen und ihn da wieder vergraben. Die von Beutelsbach haben den armen Konz zehen Jahre gehabt; so ist er auch zu Beutelsbach aufgestanden; und so wollen wir ihn wieder da vergraben und darnach wieder heimziehen.“ Von dem Berge aus stellten sie, weil sie vernommen, daß der Herzog die Städte Tübingen, Stuttgart und Cannstatt wider sie aufgeboten habe, an Hans von Gaisberg die Anfrage, ob sie vor einem Angriff sicher seien. Dieser versprach ihnen Sicherheit, wenn sie wider die, welche den Vertrag beschworen, nichts vornehmen.

Noch in der Nacht und am anderen Morgen schlossen Scharen von Bauern aus anderen Ämtern denen auf dem Kappelberge sich an. Hans von Gaisberg mußte schon am 24. Juli an den Herzog berichten, es seien jetzt mehr als fünfzehnhundert Bauern auf dem Berge, ein wildes Volk, welches noch immer keine andere Antwort gebe, als daß es sich bedenken wolle. Die Ämter, aus denen sich die ersten Züge sammelten, waren zum

Teil vier bis sechs Stunden von dem Kappelberg entlegen, wie Marbach und Backnang; es müssen in diesen Leute gewesen sein, welche auf einen solchen Schritt vorbereitet und auf diesen Tag signalisiert waren. Selbst aus Schorndorf kamen noch viele auf den Berg nachgezogen. „Wir wollen", rief Hans Hummel unter dem Tore, „einmal die großen Köpfe stechen, daß ihnen die Kutteln an die Erde müssen fallen." Der das Sturmglöcklein zu Winnenden zum Zuzuge zog, war keiner aus dem Lande, sondern ein Elsässer, Seuferlin Schneider aus Kaisersberg.

Auf dem Kappelberg scheinen sich viele Flüchtlinge früherer Bundschuhe und der größere Teil des armen Konrad zusammengefunden zu haben. Zudem scheinen die entlegeneren Ämter Abgeordnete dahin gesendet zu haben. Selbst der amtliche Bericht sagt, die auf dem Berg haben „viele der herzoglichen Untertanen und anderer ihre Botschaft bei sich gehabt". Sie „hofften, das ganze Land werde ihnen zufallen", und sandten nicht nur in alle württembergischen Ämter, sondern auch in die Gebiete anderer Fürsten, Grafen und Herren, namentlich auch der nahen Reichsstädte, Boten und Briefe mit Bitte und Mahnung, ihnen mit Macht zuzuziehen und „der Gerechtigkeit und göttlichen Rechten einen Beistand zu tun".

Die vom armen Konrad hatten ihre Pläne längst in drei Artikel gefaßt.

Der erste ging darauf, nicht nur die Bauern und Kleinstädter im Herzogtum Württemberg, sondern auch alle umliegenden Landschaften von dem Joche der Fürsten, Bischöfe, Prälaten, der Burgherren und der Herren in den Reichsstädten zu erlösen, alle Steuern, Auflagen und Fronen ganz abzuschaffen und fortan frei zu leben. Der andere Artikel betraf die Zeit und die Mittel zur Ausführung. Der Bund solle mit allem Eifer sich zu stärken suchen, und erst wenn sie ihn auf zwanzig- bis dreißigtausend Streiter gebracht, der Kampf eröffnet werden gegen weltliche und geistliche Herren; die überreichen Güter der Klöster und größeren Landesherren aber sollten eingezogen und damit die armen Leute aufgebessert werden. Der dritte Artikel betraf den Herzog und seine Räte, nämlich das Verfahren gegen sie. Hierüber waren schon vor dem Angriff, der aus der Mitte der Bauern vor Schorndorf auf den Herzog gemacht wurde, die Ansichten der Verbündeten geteilt gewesen. Eine Minderheit hatte seinen und seiner Räte Tod gewollt, die Mehrheit nur seine Gefangennehmung. Dieser Umstand war es auch offenbar, was Ulrich damals vor Schorndorf das Leben rettete. Denn wäre sein Tod von der Masse beschlossen gewesen, erschießen hätten sie ihn leicht können, da er keine Ahnung von einem solchen Anschlag auf ihn hatte. Als aber, gestand einer nachher, seine Gefangennehmung mißlungen war, „reuete es viele, daß er nicht getötet worden". Auf dem Kappelberg kam nun dieser Artikel wieder zur Sprache, und es wurde beschlossen, den Herzog, wenn er sich nicht ihren Forderungen fügete und sich an sie anschlösse, entweder zu fangen oder zu töten. Einige sprachen auch davon, seinen Bruder an seiner Statt ans Herzogtum zu setzen.

Der gute Anfang des Unternehmens machte die Bauern guten Muts, der sich mitunter auch daran hielt, daß der Himmel selbst in „schrecklichen Wunderzeichen an Sonne und Mond“ eine große politische Veränderung angedeutet und ein Weib mit einem Wahrsagergeist prophezeit habe, der arme Konrad werde dreimal unterdrückt werden, das vierte Mal aber durchdringen. Aus den nahegelegenen Orten kamen ihnen, mit Willen oder aus Furcht, Lebensmittel, Wagen und andere Geräte. Bereits fingen sie aber an, vornehmlich auf Kosten der geistlichen Herren zu leben, die teils ihre Klostersitze, teils nur einige Güter in der Nähe hatten.

Zu gleicher Zeit erhob sich die Gegend jenseits des Hohenstaufen, das Filstal. Die dortige Bewegung begann in Geislingen, das zum Gebiet der freien Stadt Ulm gehörte. Vogt, Pfleger und Ehrbarkeit der Stadt Geislingen flohen mit Weib und Kind und Kleinodien vor der Volksbewegung. Auch oberhalb Tübingen, im Steinlachtal, stand ein Haufen von mehr als 500 Bauern unter den Waffen. Die Kunde vom Zug der Remstaler auf den Kappelberg, die Boten und Briefe, die zu Hunderten aus der Feder Utz Entenmaiers hervorgingen und die alle für die gemeine Freiheit zum Zuzug auf den Kappelberg riefen, brachten eine neue große Aufregung ins Land, welche, wenn sie benützt wurde, nicht zwanzig- bis dreißigtausend, wie der zweite Artikel der Verbündeten forderte, sondern durch ganz Schwaben hunderttausend Bauern unter die Fahne des armen Konrad sammeln mußte; aber sie mußten vorwärtsgehen und nicht, wie sie taten, auf dem Berge stilleliegen.

Nichts stand dem Weiterzuge, wenn er sogleich in den ersten Tagen vor sich ging, im Wege. Der Herzog hatte fast kein Kriegsvolk. Ohne Sold keine Söldner, und seine finanzielle Verlegenheit war ja landkundig. Mit größter Mühe warben seine Diener, da und dort, zwanzig oder dreißig Pferde zusammen. Alle seine Hoffnung beruhte auf den Zuzügen der treuen Landstädte und der ihm verbündeten Fürsten und Herren. Um das Waiblinger Amt zu decken, hatte er schon am 24. Juli zweihundert Mann aus Stadt und Amt Stuttgart aufgeboten; aber diese weigerten sich schon eine Stunde vor der letzteren Stadt, zu Cannstatt, weiterzuziehen, wenn sich nicht Verstärkungen aus anderen Ämtern an sie anschlössen.

Fast wäre die Hauptstadt den Bauern in die Hände gefallen. Ein Stuttgarter, Jörg Tiegel, dessen Mutter Legelin hieß und am Zwingertor wohnte, ging auf den Kappelberg und versprach den Bauern, Stuttgart zu überliefern. Auf das rückten an die tausend Bauern vor und lagerten sich auf der Nordwesthöhe Stuttgarts, auf dem Kriegsberg. Tiegel, genannt

Legelin-Jörg, verabredete mit vier städtischen Soldknechten, gegen Mitternacht den Bauern das Tor zu öffnen, an dem sie schildern. Gegen zweihundert Bürger waren es, auf die Tiegel in der Stadt rechnete. Ein paar Stunden vor der Ausführung wurden die fünf behorcht, durch Zufall, und verhaftet. Auf das Mißlingen des Anschlags zog der Bauernhaufen ab.

Es waren nicht wenige kriegskundige Männer auf dem Kappelberge, besonders aus dem oberen Remstal hatten viele ihre Jugend im Waffenhandwerk in auswärtigen Kriegsdiensten zugebracht. Aber der Masse gebrach es ganz an Klarheit, Entschlossenheit und Energie. Als nun Vollmar, der oberste Hauptmann, und die anderen Eingeweihten, aus welchen Sebastian, des Schwarzhansen Sohn, zum Weibel, der Krämerjörglen zum Fähndrich gewählt war, im Haufen darauf drangen, mit gewaltsamer Tat vorwärtszugehen, die Gleichgesinnten des Landes an sich zu ziehen und die Artikel auszuführen, da entstand ein großer Zwiespalt.

Da waren die, welche noch etwas zu verlieren hatten; andere erschraken vor einem Vorschlag, der zuletzt auf Totschlag der geistlichen und weltlichen Obrigkeiten hinausliefe. Täglich gingen Abgeordnete des Landtages, der sich wegen dieser gefährlichen Verwicklungen zu Stuttgart niedergesetzt hatte, auf dem Berge ab und zu, und unter dem Haufen der Bauern selbst schlichen Spione des Herzogs und solche um, welche dieselben im herzoglichen Interesse bearbeiteten und den Absichten des Klubs entgegenwirkten. In den Versammlungen stieg der Zwiespalt und die Erbitterung so hoch, daß sie untereinander handgemein wurden und Schwert und Speer gegen sich selbst wandten. Und als die Abgeordneten des Landtages ihnen zuletzt verhießen, daß alle Beschwerden, die sie angezeigt, erleichtert werden sollten: da schrie die überwiegende Zahl nach gütlicher Unterhandlung. Als das Geschrei, der Herzog wolle durch fremdes Kriegsvolk die Bauern zu Paaren treiben, ins Land auskam und alles sich und seine Habe hinter die Mauern der Städte zu flüchten eilte, um „den fremden Blut- und Raubhunden" zu entgehen, da hatten fürstliche Räte, die das Volk beruhigen sollten, an die Regierung geschrieben: „Es ist ein arm, erschrocken, ganz zaghaft, sorgfältig Volk!" Das zeigte sich jetzt erst recht in seiner Wahrheit.

Die Partei des armen Konrad sah, daß sie gegen die Masse nicht durchzudringen vermochte. Nachdem sie noch den Beschluß in der Versammlung durchgesetzt, daß alle eidlich gelobten, was einen angehe, solle den anderen auch angehen und keiner den anderen verlassen, gingen am Donnerstag nach St. Jakobstag, dem 27. Juli, im Namen des ganzen Haufens die Hauptleute Hans Vollmar, Hans Wagner von Schorndorf, genannt Wagenhans, Bernhard, dessen Sohn, Braun-Urban von Urbach, Hans Heerer von Urbach, Hans Fachendag von Plüderhausen, Hans Lindenschmied von Waldhausen, Veit Bauer von Grunbach, Gori Schneider von Grunbach und Jung Ulrich von Urbach den Berg hinab und unterhandelten im Wirtshaus zu Beutelsbach mit etlichen Abgeordneten des Landtages und mit Hans von Gaisberg, der im Namen des Herzogs sprach, dahin, daß sie sich wechselseitig Friede und sicheres Geleit verhießen, bis zu Ausgang des eben zu Stuttgart versammelten Landtages, der die Beschwerden der Bauern erledigen sollte; die Bauern sollten mit Frieden heimziehen, der Herzog aber sie zu dem Tübinger Vertrag nicht nötigen noch drängen, sondern alles zur Erkenntnis des Landtages gestellt sein, wie sie sich wegen der einzelnen Artikel des Tübinger Vertrages zu halten hätten.

Um den Mittag des 27. Juli ward dieser Vertrag zwischen den Bauernhauptleuten einer- und den herzoglichen und landschaftlichen Abgeordneten andererseits abgeschlossen. Die Fassung der Vertragsformel schon war perfid. Es ist offenbar, die gutmütigen Bauern, die nach den Reden der abgeordneten Herren das Beste von Landschaft und Herzog erwarteten, legten etwas anderes in die Worte des Vertrags als die Herren, die denselben absichtlich so zweideutig und unbestimmt gefaßt hatten. Die Perfidie aber, schon in der Unterhandlung unverkennbar, sollte sich erst recht entwickeln in den Taten.

Gleich nach Abschluß des Vertrages, an demselben Abend, verließen viele Bauern ihr Lager auf dem Kappelberg und zerstreuten sich friedlich, ein jeder in seine Hütte. Wenige Vorsichtigere, die nicht trauten, näherten sich den nicht weit entfernten Gebieten der freien Reichsstädte Eßlingen, Gmünd und Aalen.

Um Ulrich hatte sich inzwischen ein ziemliches Kriegsvolk versammelt. Nachdem die Landschaft seine Schuldenlast übernommen, war auch sein Kredit wieder gestiegen. Ludwig von Hutten allein, der als Gesandter des Bischofs von Würzburg persönlich bei dem Tübinger Vertrag mitwirkte, lieh ihm aus seinem Hausschatze zehntausend Gulden dar, womit er reisige Söldner anwerben konnte; auch zog ihm auf Huttens Betrieb ein starkes Hilfsvolk seines Herrn, des Bischofs, zu. Dieser Hutten war derselbe, dem Ulrich bald darauf zum Danke meuchlings seinen Sohn erstach.

Auch die Städte zeigten sich jetzt, da sie für sich, was sie wünschten, herausgeschlagen hatten, williger. Sympathie hatten die städtischen Herren nie für die Bauern und ihre Sache gefühlt. Schon zu Anfang der unruhigen Bewegungen waren aus vierzehn Städten Abgeordnete der Ehrbarkeit zu Marbach zusammengetreten und hatten sich beraten, „dem unnützen Volk der Bauern ihr töricht Fürnehmen mit ernsten Mitteln niederzulegen". Da sie jedoch Abstellung der Hauptbeschwerden für durchaus nötig erklärten, um die Bauern wieder zum Gehorsam zu bringen, hatte sie des Herzogs Rat, Philipp von Nippenburg, „empörende Buben“ gescholten, die es mit den Bauern halten. Das ehrbare Bürgertum war aber von jeher so egoistisch gegen die Bauerschaft als der Adel. Herrsch- und habsüchtig, stets bereit, ungebührliche Lasten auf das Landvolk umzulegen, hielten die Städter es nicht für gut, daß ein Bauer bei den Wahlen zum Landtage mitwirke oder gar neben den ehrbaren Herren Sitz und Stimme habe. Die Städter eilten, dem Herzoge zuzuziehen; die Tübinger allein schon sandten ihm ein Fähnlein von fünfhundert wohlgerüsteten Knechten unter dem Edeln Ernst von Fürst als Hauptmann. Mit diesen vereinigten sich die Fähnlein von Balingen, Stuttgart, Cannstatt und Kirchheim, welchen letzteren bei Untertürkheim von einem Haufen Bauern der Paß über den Neckar versperrt worden war. Das Hilfsvolk des Würzburgers, dreihundert Pferde, dabei siebenundsiebzig von Adel, lagerte am 29. Juli schon zu Lauffen am Neckar. Von dem Kurfürsten Ludwig von der Pfalz lief Nachricht ein, daß seine Reisigen zwischen dem 26. und 27. in Maulbronn anlangen werden, und von dem Markgrafen Philipp von Baden, daß seine Reiter am 27. früh Pforzheim verlassen haben. Auch des Bischofs von Konstanz Hilfsvolk war auf dem Marsche. An Söldnern und Lehensleuten hatten sich an die 1800 um Ulrich gesammelt. Der Truchseß Georg von Waldburg allein hatte ihm 100 Pferde, 600 Knechte und einiges grobes Geschütz zugeführt.

Die Fähnlein der Städte waren voraus auf Waiblingen gezogen. Am 28. Juli lief die Genehmigung des Vertrages vom Herzog ein, dazu, wie es scheint, eine geheime Instruktion für die Seinigen, wie der Vertrag zu halten sei; und auf dem Fuße folgten die 1800 Reisigen des Herzogs. Inzwischen verliefen sich auf die eingelaufene Genehmigung des Herzogs die letzten Bauernscharen von dem Berge, arglos vertrauend dem ihnen gelobten Frieden und sicheren Geleit; da sahen sich am 31. Juli morgens die sicheren Waiblinger plötzlich durch die Leute Ernsts von Fürst überfallen, und zwar, wie eine gleichzeitige, dem Herzog selbst zugeeignete Lobschrift ausdrücklich sagt, auf dessen Befehl, da Angeber aus Waiblingen selbst die Namen verdächtiger oder den Bauern verbündeter Mitbürger angezeigt hatten. Diese wurden gefangengenommen, ihr Eigentum geplündert, ihre Häuser verwüstet, ein Verfahren, das, wie derselbe sagt, nachher überall im Lande gegen die Angeschuldigten geübt wurde.

Darauf eilten er und die herzoglichen Räte das Remstal hinauf, überfielen den durch den Vertrag, welcher Frieden und sicheres Geleit zusagte, sicher gemachten obersten Hauptmann der Bauern, Hans Vollmar von Beutelsbach, seinen Weibel und seinen Fähndrich, banden sie ohne weiteres und führten sie in Ketten Schorndorf zu.

Nach Abschluß des Vertrages hatte sich ein Teil der bäurischen Besatzung auch aus dieser Stadt heimwärts getan. Nachmittags 3 Uhr erreichte Ernst von Fürst die Stadt. In der Verwirrung der Überraschung entwich denen, welche noch die Tore besetzt hielten, alle Besinnung, sie flohen da- und dorthin: Und ohne einen Schwertstreich besetzte Philipp von Nippenburg die verlassenen offenen Tore. Niemand wurde aus- und eingelassen, sobald das Kriegsvolk in der Stadt war. Dennoch retteten sich die meisten der Verbündeten durch die Flucht, viele über die Mauern hinab. Nur wenige der Beteiligten wurden noch in der Stadt betroffen. Der Herzog war mit seinen Reisigen gefolgt. Die Rache in der Brust verschlossen, war er an den Dörfern der aufgestandenen Bauern vorübergezogen, und die Schorndorfer nahmen ihn, wie es ihrem Herzog gebührte, auf. Kaum in der Stadt, gab er das Zeichen zur Plünderung. Das Kriegsvolk stürzte sich auf die Häuser der Verschworenen oder Angeschuldigten, schleppte die Eigentümer ins Gefängnis, plünderte und zerstörte Habe und Haus vor den Augen der jammernden und mißhandelten Weiber und Kinder. Das Versammlungshaus der Verschworenen, das Haus Pregizers, war das erste, das dem Boden gleichgemacht wurde; das des Wagenhansen und die von fünf anderen hatten das gleiche Schicksal; geplündert aber wurde überall, ohne Unterschied, besonders in den Häusern der Reicheren, die, völlig unschuldig, für ihr Geld und Gut nichts befürchtet hatten. Unter dem Plünderungswerk dämmerte der Abend heran. Alle Ausgänge blieben verschlossen, damit keine Kunde solchen Verfahrens in die Dörfer hinauskäme und der Masse der Bauern ein Warnungszeichen des ihnen bevorstehenden Schicksals, den Mitgliedern des armen Konrad ein Sporn zu schleuniger Flucht würde. Auf den 2. August ließ der Herzog alle Wehrhaften in der Vogtei Schorndorf, im Remstal und allen umliegenden Flecken auf dem Wasen vor der Stadt vorladen; es erschienen gegen dreitausendvierhundert; die anderen kamen nicht oder flüchteten sich in die Berge und Reichsstädte. Der angegebene Zweck der Vorladung war, ihnen den Entscheid des Landtages zu eröffnen. Zuerst ward ihnen befohlen, ihre Waffen abzulegen. Sie taten es, fast lauter Unschuldige, von dem fremden und einheimischen Kriegsheer des Herzogs von allen Seiten plötzlich in die Mitte genommen. Manche, als sie die Reitergeschwader hervorbrechen sahen, waren wie ein Taubenschwarm vor Adlern feldeinwärts geflohen, aber größtenteils von den Reisigen überholt und als „besonders verdächtig" in den Ring geschleppt worden. Jetzt las man ihnen das Erkenntnis des Landtages vor, welches also lautete:

„Nachdem unser gnädigster Fürst und Herr, und auch Stadt und Amt Schorndorf, der Landschaft das Erkenntnis anheimgestellt, daß, was diese sie heißen, des Tübinger Vertrags halb zu tun oder zu lassen, dabei es bleiben solle: So entscheiden und heißen auf diese Artikel hin die Berufenen von der Landschaft einhellig, daß die von Schorndorf, Stadt und Amt, den Tübinger Vertrag auch annehmen, die Huldigung deshalb tun, denselben halten und vollziehen sollen, wie sich das nach seinem Inhalt gebührt; zum andern, als nach gehaltenem Tübinger Landtag durch Stadt und Amt Schorndorf etliche Ungehorsame und Mißhandlungen begangen worden, über das, so ihnen zuvor gnädig verziehen worden, so erkennt die Landschaft, daß alle die, so mit solchen Mißhandlungen verwandt sind, es sei mit Worten, Werken, Raten oder Taten, strafbar und gefänglich anzunehmen seien und daß alsdann unser gnädigster Fürst und Herr gut Fug habe, gegen dieselben, und ihrer einen jeden besonders, mit Frag und Rechtfertigung vorgehen zu lassen, wie sich das vermöge seiner F. G. Regalien, auch des angenommenen Vertrags Handhabung und eines jeden Verschulden zu tun gebührt."

Jetzt bereuten die Wehrlosen ihre Leichtgläubigkeit, jetzt fühlten sie das Törichte, die Entscheidung ihres Schicksals der aristokratischen Partei anheimgestellt zu haben, welche beim Tübinger Vertrag ihre gegründetsten Beschwerden, ihren Nahrungsstand, den erhöhten Weinzoll, nicht einmal eines Wortes wert gehalten, der doch zu den hauptsächlichsten Quellen der Verarmung im Remstale gehörte; jetzt sahen sie mit Schrecken, daß sie eines Herrn und seiner Räte friedlichen Anträgen blindlings vertraut, die noch kürzlich erst gewohnt waren, Abgeordnete, welche ungesetzliche Steuern im Gesetzesweg verweigerten, festzuhalten, bis sie ja sagten, ihre Kommittenten mit Reitereinquartierung, ihren Bürgermeistern unter Flüchen drohten: „Wollt ihr nicht gutwillig, so müßt ihr; der Herr kann euch den Kopf vor die Füße legen!"

Ulrich ritt ihnen gegenüber, vom Kopf bis zu den Zehen gewappnet, selbst sein Pferd war mit Eisen überdeckt. Bei seinem Anblick entblößten die Bauern die Scheitel, kleinmütig und verzagt, ganz gebrochen. Auf seinen Wink stürzten sich seine Reisigen auf sie, und die, welche als besonders tätig bei der Bewegung bekannt oder als solche, wahr oder falsch, von den Angebern bezeichnet waren, wurden aus dem Haufen herausgezogen und gefangen hinweggeführt. Es waren derer nicht weniger als 1600, die als schuldig oder verdächtig eingezogen wurden. Es waren nicht genug Fesseln und Stricke zur Hand. Wie Hunde koppelte man sie zusammen. Alle Türme und Gefängnisse der Stadt waren vollgepfropft, die anderen Haufen im Ring der Reisigen nach der Stadt getrieben und dort ohne Speise und Trank in das Rathaus eingesperrt, das, so groß es war, für eine solche Menge nicht Raum hatte. Hier lagen sie aufeinandergepreßt; von Sitzen war keine Rede; die meisten konnten kaum bequem stehen. Hätten ihnen die Wachen nicht um Geld und gute Worte heimlich Brot und Wasser zukommen lassen, sie hätten verschmachten müssen.

So schwebten sie zwischen Furcht und Hoffnung, während die anderen auf der Folter verhört wurden. Gegen Mittag des anderen Tages wurde der große Haufe aus dem Rathaus hinausgeführt, hart an das Ufer der

Rems. Von Durst und Hunger gemartert, durften sie in das Wasser sehen, aber keiner sich bücken, um daraus zu trinken. Endlich fiel es jemand ein, dem unglücklichen Volke in Gefäßen Wasser zuzuschicken. Sie waren gegen sechsunddreißig Stunden ohne regelmäßige Speise und Trank gewesen. Noch lange mußten sie unter der brennenden Augustsonne am Ufer stehen, ehe der Herzog mit seinem Kriegsvolk zu Roß und zu Fuß erschien. Als sie ihn sahen, fielen sie, auf einen Wink, den man ihnen gab, auf die Knie, als bäten sie um Verzeihung ihres Fehls. Sie lagen wohl eine halbe Stunde so am Boden, ehe sie aufstehen durften. Die fremden und herzoglichen Räte berieten sich inzwischen mit dem Herzog. Dann erklärte ihnen Lamparter, der Kanzler, im Namen desselben, daß ihnen aus Gnaden das Leben geschenkt sei, doch um für die Zukunft vor der Versuchung, in einen Bürgerkrieg sich verwickeln zu lassen, bewahrt zu sein, sollen sie alle Wehr und Waffen ausliefern und außer Messern, halben Schwerten und Spießen künftig keine führen. Dann las er ihnen die Artikel des Tübinger Vertrages vor, auf welche der ganze Haufe schwören mußte, worauf jeder heimziehen konnte. Das geschah am Donnerstagabend, 3. August.

Inzwischen war bei den anderen, deren manche erst jetzt gefangen eingebracht wurden, mit dem peinlichen Verhör fortgefahren worden. Es war ein kurzer Prozeß. Schon am Samstag, am 5. August, also im Zeitraum von drei Tagen, war die Untersuchung geschlossen, so daß der öffentliche Rechtstag auf den 7. August festgesetzt werden konnte. Wäre nicht der Sonntag dazwischen gewesen, so wäre es wahrscheinlich noch schneller gegangen: Die einzigen Untersuchungsmittel waren sieben Angeber und die Folter. Durch diese wurde auf den Bundschuh hin inquiriert.

Am Montag, dem 7. August, wurden die Angeklagten auf den gewöhnlichen Platz geführt, wo unter freiem Himmel das Gericht gehalten wurde. Sechsundvierzig waren in Ketten, manche derselben halb nackt, wie sie aus ihren Verstecken hervorgezogen, in den Betten überfallen oder von den Reisigen ausgeplündert worden waren; der übrige Haufen war frei zugegen. Den Vorsitz des Gerichts führte Hans von Gaisberg, der Vogt von Stuttgart; den Ankläger machte Konrad Breuning, der Vogt von Tübingen; den Verteidiger Georg von Gaisberg, der Vogt von Schorndorf. Als Richter auf der Richterbank saßen die Abgeordneten der Landschaft. Als die in Ketten und Banden sahen, daß man die Klage gegen sie in zwei Teile trennen wollte, in solche, die nur im allgemeinen angeschuldigt, und in solche, denen besondere Anschuldigungen zur Last gelegt wurden, da begehrten sie, daß alle, wie sie sich allesamt des Aufstandes teilhaftig gemacht, so auch gleich behandelt und angeklagt werden sollten. Die anderen aber vergaßen des Eides, durch welchen sie sich auf dem Berge zusammengeschworen, Leib und Leben füreinander einzusetzen und gleiches Los zu teilen, und trennten ihr Schicksal von dem ihrer Brüder. Sie warfen sich vor dem Herzog auf die Knie und baten, sie nur mit dem Rechte zu verschonen, sie überlassen sich dem Herzog zu gnädiger Strafe. Dieser ließ darauf nach gehaltener Beratung durch seinen Kanzler Lamparter ihnen erklären, daß er zwar eher geneigt wäre, das strenge Recht über sie ergehen zu lassen, aber Gott zu Lob und auf ihre Bitten wolle er sie zu gnädiger Bestrafung annehmen; wenn sie dem, was er ihnen auflege, gehorsam nachkommen wollen, so sollen sie es mit einem feierlichen Ja bekräftigen. Da hoben die sechzehnthalb Hundert die Finger zum Himmel und sagten mit lauter Stimme ja. Sie wurden um Geld gestraft.

Die Gefesselten sollten schwererer Rache anheimfallen. Zwar waren außer den drei früher genannten, welche Ernst von Fürst überfiel, „die Anfänger und rechten Hauptsächer der boshaftigen Übeltat, darin in einem Schein eines Guten die giftige erbsüchtige Schlange, der Bundschuh, verborgen gelegen, und ihre Helfer, Anhänger, Mittäter und Verschuldeten" glücklich ins Ausland entkommen, und für die Zurückgebliebenen mußte eben dieses Bleiben ein Zeugnis abgeben, daß sie sich nur im allgemeinen wie der ganze Haufe beteiligt wußten. Aber der Herzog und die Aristokratie wollten Blut. Der Herzog wich keinen Finger breit von den Gerichtsschranken, um jedes Wort der Beklagten und der Richter zu überwachen.

Hans Vollmar, der oberste Hauptmann, sein Weibel und sein Fähndrich wurden dem Nachrichter in Hand und Band überantwortet, weil sie auf der Folter der gewalttätigen Bestrebungen des armen Konrad geständig waren, und sogleich nach Eröffnung des Urteils auf dem Wasen mit dem Schwert gerichtet. Die anderen Gefangenen wurden wieder in ihre Gefängnisse zurückgeführt, weil das Blutgericht für nötig achtete, „ihrethalben einen Bedacht zu nehmen". Des anderen Morgens wurden wieder sieben als Mitglieder des armen Konrad zum Tode verurteilt, Michael Schmid, Ludwig Fassold, Hans, der Messerschmiedin Tochtermann, Hans Weiß, Jakob Huet, Hans Kleesattel, diese von Schorndorf, Dautel Jakob von Schlechtbach. Auch dieses Urteil wurde unmittelbar darauf vollzogen, des letzteren Haupt auf das Mitteltor von Schorndorf gesteckt. Andere wurden mit Weib und Kind lebenslang des Landes verwiesen, teils mit Ruten ausgestrichen, wie Veit Kraut, Michael, Schultheiß von Reichenbach, und andere, teils an der Stirne gebrandmarkt oder sonst körperlich gestraft, alle aber mußten schwören, sich nie zu rächen. Verluste der bürgerlichen Ehren und große Geldstrafen waren das mildeste. Unter den Landesverwiesenen war einer der im Bundschuh zu Lehen Schwerstbeteiligten, Hans Hummel, der Schneider von Feuerbach. Nachdem er bei Joß

Fritz in Aarburg und an anderen Orten in der Schweiz gewesen, wagte er sich ins Gebiet von Freiburg zurück, wurde ergriffen und enthauptet.

Am 9. August hielt der Herzog einen dritten Bluttag zu Stuttgart auf offenem Markt. Hier wurden die, welche die Stadt hatten an die Bauern verraten wollen, die Soldknechte Hans Schmeck von Waldenbuch, Peter Wolf, dessen Sohn Bernhard, Schmid Kaspar, Peter Koch, alle aus der Glashütte, und Tiegel, genannt Legelin-Jörg, von Stuttgart, zum Tode verurteilt und sogleich auf dem Markte enthauptet, auch des ersteren Haupt als Rottmeisters, und Peter Wolfs Haupt, weil er seine eigenen Kinder verführt, auf zwei Tortürmen der Hauptstadt aufgesteckt. Die Leiber begrub man auf dem Schindanger; Tiegels Mutter flehte um ihres Sohnes Kopf. Als man den ihr weigerte, erhängte sie sich an dem Heilandbild am Ilgenzwinger. Sie ward hinausgeschleift, neben ihrem Sohne verscharrt und ihr Haus niedergerissen. Viele, die mit Tiegel zusammenhingen, wurden mit Gefängnis, Pranger und Rutenausstreichen bestraft.

Auf Freitag, den 11. August, waren die Entflohenen des armen Konrad zur Verantwortung nach Stuttgart vorgeladen worden, aber nur acht wagten zu erscheinen. Diese strafte der Herzog nach Gefallen, jedoch nicht am Leben. Die in der kurzen Frist von drei Tagen nicht Erschienenen wurden

Das Blutgericht zu Schorndorf

zum Tode verurteilt. Pregizer Vater und Söhne, Wagenhans und sein Sohn, Schlechtlins-Klaus, Veit Bauer, Geißpeter, Utz Entenmaier und andere Namen, die eine Rolle gespielt, werden unter den Flüchtigen genannt. Wo und wann sie in dem Herzogtum betreten würden, sollten sie in des Nachrichters Hand geliefert; und wer sie, wäre es auch Vater, Mutter, Bruder oder Schwester, Sohn oder Tochter, wissentlich beherbergete, der sollte an Leib und Gut gleich den Verurteilten gestraft und seine Behausung dem Erdboden gleichgemacht werden. Wie aus dem Remstal waren auch aus den anderen bewegten Ämtern die Mitglieder des armen Konrad ins Ausland entwichen, „etwan viel leichtfertige Personen". Aller dieserhalb ergingen Aufforderungen an alle Reichsstände und an die Eidgenossen, „dieselben, wovon nur wenige sehr reich seien, alle aber Feinde, Anfechter und gemeine Beschädiger des heiligen Glaubens und der christlichen Kirche, Verächter und Niederdrücker aller Obrigkeit und Ehrbarkeit, Ketzer und Irrer des Friedens, nicht zu dulden, sondern an Leib und Gut zu strafen als schändliche, verräterische, verurteilte Buben, deren Sinn die allerschädlichste Erbsucht, eine vergiftete Schlange sei, den heiligen Glauben und die Christenheit zu schmähen, zu verachten und abzutilgen, Kaisertum, Königreich, Herzog- und Fürstentum, Graf- und Herrschaften, Stadt und Dörfer zu vergiften, die Dienstbarkeit aufzuheben und alle Dinge gemein zu machen".

Der Kaiser erklärte die Ausgetretenen in die Acht und Aberacht, und der Papst wurde angegangen, sie in den Bann zu tun.

An alle Orte, wohin sich der arme Konrad und die Unruhe verzweigt und welchen man aller Arten Zugeständnisse gemacht hatte, bis sie ihre Sache von der der Remstaler trennten und den Tübinger Vertrag annahmen, gingen jetzt die Untersuchungsrichter ab, und es wurden auch in andern Ämtern schorndorfische Rechtsszenen aufgeführt. Überall war die Folter tätig, und Tausende von Namen derer, die um Geld gestraft wurden, füllen die Untersuchungsakten. Die Geldstrafen waren meist für jene Zeit sehr hoch, im Durchschnitt 24 fl. auf den Mann.

Auf der Folter wurde den einzelnen die Namensangabe vieler anderer erpreßt, um recht viele Strafgelder zusammenzubringen; manche machten auch von selbst die Angeber. Im Vertrauen, daß die Seinen ihn nicht verraten würden und daß er seine Rolle klug gespielt, kehrte Bantelhans, der anfangs ausgetreten war, auf das zugesicherte freie Geleit zurück. Er behauptete seine völlige Unschuld und ging sogar an den Hof des Herzogs. Hier aber erfuhr er, daß auch seine Schritte kund geworden. Als dem Heimgekehrten einer seiner Mitsassen, einer aus dem Gericht, zurief, sich zu ihm zu setzen, sagte er in Unmut: „Ich sitze zu keinem Verräter!" – „Der Teufel verrät dich und das höllische Feuer", versetzte jener. – „Nein", sagte Bantelhans, „die Teufel haben das nicht getan, Leut' haben's getan."

Zugleich ging ein Befehl ins Land aus, künftig aller bösen Reden sich zu enthalten, da man erfunden habe, daß zu der Empörung Eingang und Anfang die unnützen, ungehorsamen, vergifteten, schmählichen Worte Ursache und Förderung gegeben haben, welche von Priestern, von Mann und Weib, Knaben und Töchtern offen und ohne Scheu gebraucht worden seien. Wo jemand die künftig von anderen höre, solle er ohne Verzug bei Ehren und Eiden es an die Behörden bringen, damit die Geistlichen ihrer Obrigkeit überantwortet und sonst alle anderen an Leib, Ehre oder Gut nach Gestalt der Sache gestraft werden könnten. Alle Gemeinderäte und Richter, welche von den aufgestandenen Bürgern und Bauern eingesetzt worden, wurden wieder abgesetzt. Besonders aber wurde bei Strafe an Leib und Gut verboten, künftig eine Gemeinde zusammenzurufen oder eine Versammlung zu halten, oder eine Sturmglocke anzuschlagen, es sei denn mit Wissen und auf Befehl der Amtleute, selbst Gericht und Rat in den Städten sollen nicht zusammenkommen als des gemeinen Nutzens wegen, nie aber etwas reden, handeln und beschließen, das wider den Herzog und die Ehrbarkeit wäre. Zugleich wurde allenthalben das Landvolk entwaffnet, wo es unruhig gewesen war. Am 10. August wurde sogar das Remstal zum zweitenmal von herzoglichen Reisigen heimgesucht, Ort um Ort, um die Entwaffnung recht gründlich zu machen. Es blieb den meisten Bauern nichts als ein Messer, das Brot zu schneiden, wenn sie welches hatten.

Auch die anderen Herrschaften, deren Untertanen an dem armen Konrad teilgenommen, straften dieselben, doch viel milder. Die des Klosters Lorch mußten bloß schwören, nichts mehr gegen das Kloster vorzunehmen, ohne des Abtes Erlaubnis unter keine andere Herrschaft zu ziehen, ihren Leibzins richtig zu zahlen, keine Sturmglocke mehr zu läuten, keine Zusammenkünfte mehr zu halten und die ihnen angesetzte Geldstrafe zu entrichten.

Um das Geld war es Ulrich freilich vor allem zu tun. Sogleich wurden nicht nur die neuen Steuern noch auf dem Stuttgarter Landtag umgelegt, sondern auch die Vögte an den Grenzen angewiesen, mit den Ausgetretenen, worunter jedes Amt im Lande seine gute Zahl zählte, zu handeln und ihnen Rückkehr gegen gewisse Geldstrafen anzubieten. Hans von Karpfen, der neue Vogt zu Tuttlingen, berichtete, daß er den Flüchtigen, die zu Schaffhausen liegen und deren es hier allein über fünfzig seien*, gemäß dem Befehle, doch gleich als für sich selbst, zu wissen getan, sie sollten sich bei der Kanzlei in Stuttgart stellen, wo die Strafe also werde gemildert werden, daß die Reichen nur von jedem hundert Gulden acht

* Es ist hier nicht zu übersehen, daß die Stadt Schaffhausen, welche die Flüchtigen des Bundschuhs zu Lehen hinrichtete, die des armen Konrad gastlich schützte, infolge des Sieges des Landvolkes in der Schweiz und des Umschlags in der öffentlichen Meinung.

Gulden zur Strafe auf Zieler geben, die nichts haben, im Turm büßen sollten. Es haben sich auch wirklich viele in Tuttlingen eingefunden, in der Meinung, ihre Sachen würden auch hier vorgenommen und geschlichtet werden können; doch nach Stuttgart zu ziehen, haben sie viel Bedenken gezeigt, daher er auch der Herrschaft rate, zu Gnaden aufzunehmen, wer Gnade begehre, weil man ihrer in dem Lande viel besser mächtig sei und sie deshalb weniger Schaden tun könnten als draußen.

Dieser Rat hatte guten Grund. In wenigen Monaten entstanden durch Ulrichs Wirtschaft und Wesen neue bedenkliche Verwicklungen, und die Ausgetretenen und Verwiesenen sammelten sich da und dort an den Grenzen, schlichen sich zum Teil als Pilger und in anderen Verkleidungen selbst in das Land ein. Mit dem unruhigen, gemeinen Mann an etlichen Orten der Eidgenossen standen sie in Verbindung, mit den Flüchtlingen anderer Lande ohnedies. Die Regierung fürchtete einen bewaffneten Einfall und einen neuen Aufstand im Lande. Geheime Befehle gingen aus, Schlösser und Städte in bester Obhut zu halten und eine geheime Polizei zu organisieren, um an allen Orten und Enden gutes Aufsehen zu haben, ob jemand zusammenschlüpfe, rottiere mit Weis' oder Gebärde, Worten oder Werken und widerwärtig und gefährlich sich zeige oder in Pilgertracht und anderer Vermummung in den Ämtern durch- oder hinwegzöge, damit diese sogleich angehalten und eingezogen würden. Und der Herzog ließ wirklich auf mehreren Punkten Leute einziehen, sie so lange auf der Folter martern, bis sie aussagten, sie haben ihn ermorden und im Lande brennen wollen, und ließ sie dann hinrichten. Nach wenigen Jahren aber kehrten alle Flüchtigen und Verbannten wieder ins Land zurück, angeführt von dem Herzoge selbst, der, wie die Landschaft sich ausdrückte, einen neuen armen Konz anfangen wollte, um wieder in sein Land zu kommen, aus dem er selbst vertrieben und verbannt war.

Es ist klar, die Bauern im Remstal wurden durch zweierlei getäuscht, einmal durch das verführerische Vorspiegeln, der Stuttgarter Landtag werde ihre Beschwerden erledigen, dann durch das hinterlistige Übereinkommen, das im Sinn der Herren die Annahme des Tübinger Vertrages und mithin die Bestrafung implicite in sich schloß. Ehe der Entscheid des Landtages beiden Teilen öffentlich bekanntgemacht wurde, überfielen die Herzoglichen vertragsbrüchig die Bauern, und ehe der Tübinger Vertrag von den Bauern angenommen worden war, wurde ein Teil seiner Bestimmungen auf dieselben angewandt.

Nicht eine Stimme erhob sich in der Landschaft wider ein solches Rechtsverfahren, wohl aber schrieben die geflüchteten Hauptleute der Bauern schon unterm 9. August an Hans von Gaisberg und hielten ihm vor, was er mit ihnen zu Beutelsbach gehandelt, wie er ihnen Fried und Geleit verheißen, bis zu Ausgang des Landtages, und wie sie nichtsdestoweniger vor dem Ende desselben an ihren Gütern, an Weib und Kindern angegriffen worden. Auch öffentlich das ihnen angetane Unrecht im Reiche zu klagen, unterließen sie nicht; aber der Herzog und die Landschaft schrieben dagegen aus, niemand möge dem „unwahrhaftigen Erdichten und Gestiften“ der Bauern Glauben beimessen.

So endete auf dem Schafott oder im Kerker, in schweren Strafen an Geld, Ehre und Gut, in Brandmarkungen und Verbannungen der arme Konrad: Wieder eine Woge, die sich brach und zerstäubte, aber der Strom ging vorwärts.

Dem Fortgange dieses Stroms zu begegnen, trat der schwäbische Adel zu Urach zusammen und schloß einen neuen, innigeren Verein unter sich, welcher auf jede Verbrüderung der Bauern den Stempel der Empörung drückte. „Weil im Lande zu Schwaben“, erklärten sie, „und allenthalben im Reiche von den Untertanen und armen Leuten merkliche Aufruhr und Empörung mit Aufwerfung des Bundschuhs und in andere Wege unordentliche Bündnisse wider ihre rechten, natürlichen Herren und Obrigkeiten sich gezeigt und dieselben sich unterstanden haben, das Joch der Obrigkeit abzuwerfen und den Adel und alle Ehrbarkeit niederzudrükken und auszutilgen, und weil zu besorgen stehe, daß hinfür denen vom Adel und der Ritterschaft das auch begegnen möchte, was jetzt Fürsten, Geistliche und Städte erfahren haben, so wollen sie einander auf jede Weise wider solche Gesinnung und solches Unterfangen des gemeinen Mannes beistehen.“

10

Der arme Konrad in der Ortenau

Dem armen Konrad im Württembergischen ging der Gugel-Bastian zu Bühl in der Ortenau, der sich auch den armen Konrad nannte, zur Seite.

Es war zu Anfang des Sommers 1514, zur selben Zeit, als die Waffenbewegung des armen Konrad im Remstal ihren Anfang genommen hatte, als zu Bühl und in dem benachbarten Altschweier zwei arme Kuenze sich auftun wollten.

Der Bundschuh zu Lehen hatte auch in diesen Gegenden Anknüpfungen gehabt; Jakob, ein Gesell aus der Ortenau, hatte den geheimen Beratungen auf der Hartmatte mit angewohnt. Und die badische Landherrschaft, so sehr sie sich nachher ihres überaus milden Regierens rühmte, hatte die Unzufriedenheit des gemeinen Mannes durch neue Zölle für Frucht und Wein, durch eine neue Erbordnung, nach welcher ein Ehegemahl das andere nicht erben sollte, durch übermäßiges Fronen und Hegen des Wildes und manche andere das alte Herkommen angreifenden Ordnungen gereizt.

Unter den Fronpflichtigen war einer, der hieß Gugel-Bastian und war seßhaft zu Bühl. Der sammelte eine Zahl Gesellen und zog im Tal zu Altschweier und Kappel hin und wider. Im ersten Ort tat sich ein zweiter armer Kuenz auf in der Person eines gewissen Konrad, und Elsen-Bernhard daselbst machte auch einen Ring mit der Kreide und rief, wer den Blewelbach wolle mit fischen helfen und die neuen Rechte abtun und die alten wieder helfen handhaben, der möchte in den Ring stupfen. „Und ihrer haben viel gestupft", und alle diese schlossen sich an Bastian in Bühl an.

So kamen mittwochs (14. Juni) in der Frühe viele Bauern aus diesen Tälern in Bühl zusammen, teils aus Furcht, meist weil sie ihrer Beschwerden ledig werden wollten und an die Teilnahme anderer Ortschaften glaubten. Ohne Grund war dies auch nicht. Der Amtmann von Stollhofen hatte zugesagt, zu kommen, unter der Bedingung, daß man ihm auch zuziehe und helfe, daß den Stollhofern das Holz wieder würde, welches ihnen der Abt von Schwarzen genommen, und die von Achern hatten gleichfalls zugesagt, damit man ihnen die Mehlwaage auch helfe zerbrechen und abtun.

Wie Bastian die Bauern beisammen sah, ließ er ihre Beschwerden vorbringen. Sie waren höchst bescheiden. Wenn einem in seinem Weingarten vom Wildbret Schaden entstünde, sollte er das scheuchen, schießen, fahen oder sonst umbringen, solches selbst behalten und nach Belieben dem Vogt davon verehren dürfen, ohne damit zu freveln. Die neue Erbordnung, nach welcher ein Ehegatte das andere nicht erben sollte, wollten sie abgetan, den Zoll zu Steinbach und Bühl, der von fünf Pfennigen auf sechs Plappert vom Fuder gesteigert worden war, auf das frühere wieder gesetzt wissen, ebenso sollte der Futterhaber ermäßigt, beim Ruggericht keiner zur Angeberei wider den Nachbar genötigt, für das Fronen im Graben ihnen gegen den Zins, der jetzt davonfalle, die Weide darin überlassen werden und die Gültbriefe, welche so lang gestanden, daß die Zinse dem Hauptgut gleichkommen, ab und tot sein. Auch wünschten sie, daß einer von etwas Wein, das er in seinem Haus trinken wollte, keinen Zoll zu geben hätte und, wenn seine Hausfrau guter Hoffnung wäre, ungefrevelt ein Essen Fisch aus dem Bach fahen dürfte.

Sie wurden einig, wer bei der Handhabung ihrer alten Rechte wider sie wäre, gegen den Gewalt zu brauchen. Bastian dehnte seine Kreise weiter aus. Schon war eine Versammlung von mehr als achthundert Bauern aus markgräflichen und fremden Herrschaften auf einen bestimmten Tag angesagt, welche an dem Wald bei dem Dorfe Önsbach oberhalb

Achern statthaben sollte, als ein plötzlicher Überfall des Markgrafen Philipp, der von den Umtrieben Kunde erhalten hatte und das Bühler Tal mit seinen Reisigen überzog, die Versammlung vereitelte, einen Teil der Bauern gefangennahm, die anderen schreckte.

Gugel-Bastian selbst rettete sich durch die Flucht, wurde aber nach mehrwöchigem Umirren im Gebiete der Stadt Freiburg im Breisgau gefangen und, „weil er Auflauf und Konspiration gemacht", am 5. Oktober von der Stadt zur Enthauptung verurteilt, das Urteil aber erst vollzogen, als seine Hausfrau Kindes genesen war.

Sein Haupt fiel, die Beschwerden der Bauern blieben.

11

Erste Kämpfe der Bauern mit dem Adel in Ungarn, in Kärnten und in der windischen Mark

In demselben Jahre, in welchem im südlichen Deutschland der Bundschuh des Bruchrains sich auftat, nahm der Bauernbund in Windischland seinen Anfang, im Jahre 1503. Außer dem, was es von seinen Herren täglich zu leiden hatte, litt Krain seit lange durch immer wiederkehrende Einfälle der Türken und durch Steuern und Kriegszüge, welche dieser Feind hervorrief. In eben dem Jahre herrschte eine große Teuerung in diesen Bergen wie anderwärts und vermehrte die Not des durch so viele andere Plagen schon erbitterten Landvolkes. Es griff zu den Waffen wider seine geistlichen und weltlichen Herren, aber nicht mit Glück.

Die Herren fuhren fort, das Landvolk „mit täglicher Schätzung und Schinderei" zu bedrängen, und im Jahre 1513 erhoben sich die Bauern zu bewaffnetem Widerstand zum zweitenmal. Aber auch dieser zweite Aufstand blieb nur ein Versuch, es gelang den Herren, den Bauern bald wieder „ein Gebiß anzulegen", wie ein edler Herr, der dieses erzählt, sich ausdrückt. Im nächsten Jahre aber, 1514, zur selben Zeit, da in Schwaben der arme Konrad in den Waffen war, traten auch die Bauern im windischen Land wieder unter die Waffen und gaben den Herren viel zu schaffen. Durch das ganze Gebirge ging nur ein Geist, und sie reichten sich die Hand und das Schwert zur Wahrung ihrer alten Rechte durch Steiermark, Kärnten und Krain.

Als nämlich die Herren dem Bauern „das Gebiß" wieder fest angelegt glaubten, hatten sie, der einheimische Adel wie die kaiserlichen Amtleute, ihn mit neuen und schwereren Auflagen überladen. Namentlich wollten sie dem Volke unter dem Titel einer Landsteuer große Summen abnötigen, und zwar alles im Namen des Kaisers, als müßten sie solche Schatzung dem Kaiser zustellen.

Der Landmann aber vermochte nichts mehr zu zahlen, die neue Bürde erschien ihm so schwer und ungerecht, daß er nicht glauben konnte, daß sein gnädiger Herr und Kaiser davon sollte Wissen tragen.

Da besprachen sich in Mittelkrain die Gottscheer, fast lauter Deutsche und Deutschredende, zuerst unter sich allein, und bald traten Bauern aus allen Tälern des Gebirges bei dem Städtchen Rain haufenweise zusammen, da, wo die Gurk in den Saufluß fällt, und berieten sich, wie sie ihres Jammers sich entschlagen und wieder zu ihren alten Freiheiten gelangen möchten. Noch zur Stunde haben die Gottscheer, die sich mitten unter Slawen ihre deutsche Art bewahrten, den Ruhm der fleißigsten und gewerbsamsten Bewohner dieser Alpen. Sie beschlossen, auf dem Wege Rechtens ihr Recht zu suchen, und sandten an die kaiserlichen Amtleute und begehrten ihre „alte Gerechtigkeit" zurück.

Die kaiserlichen Amtleute, statt auf dieses Begehr einzugehen, wurden noch gewalttätiger. Sie nahmen einige der Bauern gefangen und ließen sie hinrichten. Da entbrannten die Gottscheer Bauern und erschlugen ihren Vogt, den Herrn Georg von Thurn, und Gregor Stersen, den Pfleger. Das frevelhaft vergossene Bauernblut schrie durch das ganze Gebirg um Rache, in wenigen Tagen waren überall die Bauern auf; es war erklärter Krieg zwischen ihnen, den Gemeinfreien, und dem Herrentum, und sie hießen diesen Krieg nach ihren Begehren stara prawa, daß heißt die alte Gerechtigkeit. In kurzem standen 80 000, nach anderen 90 000 Bauern in den Waffen, und mögen diese Zahlen auch weit übertrieben sein, soviel ist gewiß: wie gerade zwei Jahrhunderte vorher der Rütlibund der schweizerischen Eidgenossen, hundert Jahre zuvor der graue Bund in Rätien, so bildete sich jetzt schnell durch die Alpen von Windischland ein großer windischer Bund.

Das versammelte Bauernheer stellte nochmals die Frage an die kaiserlichen Amtleute, ob sie die armen Leute bei ihrem alten Herkommen wollten verbleiben lassen? Jetzt antworteten diese, daß man dieses ihr Begehren dem Kaiser hinterbringen müsse. Die Bauern ordneten ihre Boten mit Briefen an den Kaiser ab und legten darein ihre Klagen über die kaiserlichen Amtleute nieder, wie sie ihre Gewalt mißbrauchen und wie die armen Leute von ihnen, in seinem Namen, unleidlich geschätzt, beschwert und mißhandelt, „schier bis auf das Bein genagt worden", während sie sich doch versehen, daß dieses seine Majestät kein Wissen trüge, geschweige daß es aus dero Befehl und Geheiß geschehen sein sollte.

Aber auch die edeln Herren beschickten ihrerseits den Kaiser und riefen ihn „wider den Hochmut und den Frevel des aufrührerischen Bauernhaufens" an.

Kaiser Maximilian hielt sich gerade zu Augsburg auf. Eine Demütigung des selbstherrischen Adels dieser Lande sah er nicht ungern, sowohl wegen des Interesses der Krone als auch weil er wirklich dem gemeinen Manne wohlwollte. Er ließ beide, die Boten des Adels und der Bauern, miteinander vor sich. Er hörte mit Teilnahme, die er unverhohlen an den Tag legte, die Klagen der Bauern und redete die Gesandten des Adels in Gegenwart der Bauern auf das schärfste an. Sprach dann den Boten der letzteren freundlich zu und hieß sie wieder heimgehen und den Ihrigen sagen, wenn sie seinen Befehl mit Gehorsam ehren, aus dem Feldlager gehen und ein jeder zu dem Seinigen wiederkehren würde, so wolle er seinen Amtleuten bei hoher Strafe gebieten, männiglich bei der alten Gerechtigkeit verbleiben zu lassen und niemand mit Neuerungen zu beschweren. Wirklich soll der größte Teil der Bedrückungen hinter dem Rücken des Kaisers von seinen Beamten geschehen sein.

Als die Boten der Bauern heimkamen mit dieser Antwort ihres Kaisers, da entstand allgemein eine große Freude im Volke, sie gingen auseinander und gewarteten mit Vertrauen seiner gnädigen Abhilfe.

Die große Aufregung der Gemüter dauerte aber nichtsdestoweniger fort, und ungewöhnliche Naturerscheinungen erhitzten überdies die Einbildungskraft des Volkes: Denn am Himmel ließen sich drei Sonnen in drei Regenbogen wahrnehmen, und in den Nächten glaubte man feurige Kriegsheere in der Luft miteinander streiten zu sehen. Alles Volk erblickte darin Zeichen und Vorbedeutungen ungemeiner Dinge, die da bevorstehen, und um die ganze Wichtigkeit solcher natürlichen Erscheinungen für die Stimmung des gemeinen Mannes würdigen zu können, muß man nicht vergessen, daß Männer, die auf der Bildungshöhe jener Zeit standen, die gleiche Ansicht teilten und selbst ein Melanchthon im Geschrei dreier Krähen Todesanzeigen, in der Erscheinung von Kometen traurige Vorbedeutungen böser Zeiten sah, jedesmal darüber in Angst und Bekümmernis für die Zukunft geriet und Trost bei seinen Freunden suchte.

Die Herren aber glaubten jetzt, da das Volk friedlich sich auseinandergetan habe, die kurze Zeit, ehe der Kaiser selbst käme, zu ihrem Vorteil benutzen zu müssen. Diese neuen unerwarteten Plackereien riefen einen plötzlichen Ausbruch des Volkszornes hervor. Es müssen unerhörte Mißhandlungen von seiten der Herren stattgefunden haben, bis die Bauern so weit kamen; denn ihr bisheriger Widerstand schlug schnell in Wut um. Aber die Geschichte kennt diese Mißhandlungen nicht, weil Adel und Klerisei, die einzigen, von denen man die Berichte hat, geflissentlich davon schweigen.

Es kam eine Zeit für die Herren, wo, wie einer derselben sich ausdrückt, mancher lieber ein Bauer gewesen wäre, denn ein Edelmann. Vom

Nach der Erstürmung von Maichau

Frühlinge 1515 bis in den Herbst dauerte der Rachekrieg des Volkes. In den drei Landen Steiermark, Kärnten und Krain wurde der windische Bauernbund der Schrecken und das Verderben vieler Herrensitze. Doch bildeten die drei Lande nicht ein Heerlager, jedes hatte seinen besonderen Haufen, seine Feldobersten und Hauptleute, jedes zwei Viertelmeister, zwei Prokuratoren oder Redner und drei Beistände. Sie ließen, wie die Remstäler in Schwaben, aus ihrem Hauptquartier Schreiben an alle Orte ausgehen, worin sie erklärten, sie seien versammelt um der göttlichen Gerechtigkeit willen und wollen die neuen Fündlein samt allen Fährlichkeiten abgetan wissen. Die blutigste Rache aber übten die Krainer. In ihrem Lande ging die größte Zahl Schlösser in Flammen auf, selbst die ausgebrannten Ruinen wurden dem Boden gleichgemacht, damit jede Spur davon verschwände. Keine Festigkeit der Natur oder Kunst vermochte ihrem Zorn zu widerstehen, nur Klugheit und begütigende List wußte sich zu retten.

Unter denjenigen Herren, welche den Haß der Bauern besonders schwer auf sich geladen und die das Gericht Gottes durch seine Werkzeuge, die Bauern, für ihre vielen und langjährigen Sünden zuerst heimsuchte, waren die Herren von Mündorf, zwei Brüder, welche zu Maichau saßen. Dieses feste Schloß, auf einer hohen Bergspitze in Mittelkrain, hart an dem Uskoken-Gebirge gelegen, war mit starken Ringmauern und Türmen umgeben. Die beiden Herren, Balthasar von Mündorf und sein Bruder, eilten, als sie den rächerischen Geist im Volke gewahrten, sich hier in Sicherheit zu bringen; ihr Bewußtsein sagte ihnen, daß sie das erste Ziel desselben sein dürften. Noch siebzehn andere Edelleute warfen sich mit ihnen in das Bergschloß, den Mündorfern zur Hilfe oder der eigenen Sicherheit wegen. Es war am Himmelfahrtsfeste, als die Bauern den Berg hinanstiegen. Trotz des verzweifeltsten Widerstandes, den die Edelleute im Schloß leisteten, wurde es erstürmt, und alle Edeln darin wurden lebend gefangen.

Die Bauern hielten ein Gericht über die Herren. Die zwei Brüder von Mündorf waren die ersten, deren Häupter unter dem Schwerte fielen. Ihnen folgte Marx von Klissa, der letzte seines Namens und Stammes, und Herr Kaspar Werneckher und die fünfzehn anderen Edle. Ihre Leichname wurden über die Mauern hinausgeworfen.

Aber wie einst der Grimm des Adels im Appenzeller Land Weib und Kind erschlagen wollte, damit keine Zucht noch Samen mehr von den Bauern entspringe, so wollte jetzt im windischen Lande die Rache der Bauern keinen Sprößling des Adels übriglassen. Die beiden unmündigen Söhnlein des Balthasar Mündorf fielen als ihre Opfer. Mit einem kleinen Töchterchen entfloh glücklich seine Wärterin, ein altes Weib. Die Mutter aber, Martha, eine Edle von Pfaffoitsch, und zwei ihrer Töchter zwangen die Bauern, ihre schönen Kleider auszuziehen und Bauernkleider dafür anzulegen. Sie haben, riefen sie den weinenden Frauen zu, nun lange genug gut Leben gehabt, nunmehr sollen sie versuchen, was Bauernarbeit sei, und erkennen, ob die armen Leute ferner wider die alte Gerechtigkeit zu beschweren seien.

Wie Maichau fielen viele andere Schlösser durch die Bauern. Das schöne, aus herrlichen Obst- und Weingärten sich erhebende Schloß Arch in Unterkrain wurde ausgeplündert, in die Asche gelegt und der Erde gleichgemacht; ebenso Thurn am Hardt, ein Waldschloß; Sauenstein, eine Festung, groß und herrlich, auf einem jähen Bergfelsen über dem Saufluß; die starken, auf hohen Bergspitzen gelegenen, von den Alpen umschlossenen Burgen Ruckenstein, Rudolfseck und Bulliggratz, die letztern in Oberkrain, Nassenfuß, Neudeck, Zobelsberg und viele andere Schlösser. Fast alle diese lagen in gutem fruchtbarem Lande mit schönen Kornfeldern und lustigen Wiesengründen, mit Gärten köstlichen Obstes und

Höhen, noch köstlicheren Weines voll. Die Natur hatte alles getan, um auch den ärmsten ihrer Söhne hier glücklich und zufrieden leben zu lassen, nur die Herren hatten den Armen fast jeden Genuß verkümmert oder geraubt, und so kam es, daß die Bauern an manchem erstürmten Schlosse so wie in Maichau handelten: Über manche Zinne stürzte und zerschmetterte sich der edle Besitzer.

Drei Monate lang säuberten sie in dieser Art die Herrensitze ihrer Bedrücker im Lande umher; auch Klöster wurden nicht verschont. Unter den Herren, welche darunter litten, war auch Joseph von Lamberg. Dieser, ein tapferer Kriegsmann, der nachmals große Reisen durch ganz Europa machte, gehörte zu denen, welche ihre Bauern weniger hart hielten; die Künste und Wissenschaften, denen er befreundet war, hatten seine Sinnesart gemildert.

Als die Bauern sein Bergschloß Orteneg umlagerten, versuchte er zuerst, Gewalt mit Gewalt abzutreiben. Als er aber sah, daß längerer Widerstand ihm unmöglich wäre, fing er an, aufs freundlichste mit ihnen zu reden, und brachte es mit seinen glatten Worten dahin, daß die Bauern von seinem Schloß abzogen.

Ja, es gelang ihm, die Fortschritte der Bauern überhaupt zu hemmen, indem er sie mit begütigenden Verheißungen und Vorspiegelungen hinhielt, bis ein kleines Heer sich wider sie gesammelt hatte.

Der Adel gab sich alle Mühe, beizeiten von dem Adel der Nachbarlande Hilfe an sich zu ziehen. Der Adel in Kärnten, der weit weniger bedrängt war als der krainische, schickte auch hundert Pferde und vierhundert Fußknechte, und diese mit anderen deckten wenigstens die Hauptpunkte des Landes. Kaiser Maximilian sah bis ins Jahr 1516 untätig dem Gang der Dinge in diesen Bergen zu. Erst als die Bauern sich nicht damit begnügten, „die Schuldigen unter dem Adel zu strafen, sondern immer weiter griffen und ohne allen Schein der Gerechtigkeit Unschuldige angriffen und greulich gegen jedermann tyrannisierten", da ließ er in Kärnten zu Villach, Freisach und Klagenfurt Knechte werben, die Krainer Bauern zu überziehen. Diese führte Herr Sigmund von Dietrichstein, der Landeshauptmann in Steier, denn in Steier wie in Kärnten war der Aufstand bereits wieder gedämpft. Man hatte diese Haufen hinzuhalten, ihre Tätigkeit zu lähmen, zu trennen gewußt.

Doch ließ der Kaiser die Bauern, ehe er mit Gewalt gegen sie vorging, vor seine Kommissarien laden; aber sie erschienen nicht und verschmähten, weil sie die Täuschung der ihnen früher gemachten Vorspiegelungen einsahen, jetzt jede gütliche Weisung.

Sie lagen nicht mehr in Masse zu Felde; nur ein Haufe von einigen Tausenden zog noch umher, um Schlösser auszubrennen. Sie umlagerten gerade das Städtlein Rain, worin ein kaiserlicher Hauptmann, Kiß Marco, lag, der dem Kaiser in Italien und in anderen Kriegen gute Dienste geleistet hatte. Als er sich nicht länger halten konnte, legte er das Städtlein in Asche und entwich mit nur sechs Reitern in das Schloß. Die Bauern durchbrachen die erste, die zweite, die dritte Mauer des Schlosses. Da öffnete Marco das Tor, entschlossen, mit seinen sechs Reitern durch die Bauern durchzurennen und sich zu retten. Diese aber hatten die Brückenpfähle im Schloßgraben durchsägt, die Brücke brach ein, und der Hauptmann und seine Reiter stürzten mit ihr in den Graben, wo sie von den Bauern vollends mit Hecheln zu Tode geschlagen wurden.

Siegesfroh und sorglos blieben sie hier eine Weile im Lager liegen. Dietrichstein hatte ihre Sorglosigkeit erkundschaftet, ging schnell mit achthundertfünfzig Pferden und fünf Fähnlein Knechten und etlichen Stücken Geschütz bei Pettau über die Drau und überfiel die Bauern. Diese, nur mit Flitschbögen, Schwertern, Hecheln und kleinen Spießen bewehrt und ohne Harnisch, zudem größtenteils im Rufe, etwas furchtsam und keine guten Soldaten zu sein, wurden von den wohlgewappneten Reitern leicht getrennt, zersprengt und geschlagen. „Die Bauern", sagt ein Chronist jener Zeit, „mußten, da der Adel mehr denn genugsam gestraft war und sie als toller Pöbel bei diesem nicht bleiben wollten, sondern schwärmten und unsinnig wurden, als ausgenützt zu Trümmern gehen. Gott nahm dem Pöbel das Herz, daß sie eitel Schaf und Hasen wurden, flohen, zerstoben, zerstreut wie ein Schwarm oder eine Herd' Viehs, einer da hinaus, der andere dort."

Dieser Überfall geschah um Michaelis. Unter den Flüchtigen ward ein großes Blutbad angerichtet. „Da tat man nichts, denn in die Verjagten, Wehrlosen hauen und stechen, und war ein solcher Jammer, daß alles ermordet ward, das man ankam." Was entrann und man im Lande ergriff mit den Waffen, hatte ein noch schlimmeres Schicksal. Da wurde gevierteilt, gespießt, an die Bäume gehängt, je dutzendweise, „wie die Kluppen Vögel"; viele wurden mit Ruten ausgestrichen. Denen, die aus dem Lande entkamen, wurden die Häuser weggebrannt und alles genommen, was sie hatten. Alle Bauern wurden gebrandschatzt, jedes Haus um einen Gulden, eine Strafe, die zu ewigem Gedächtnis noch von den spätesten Enkeln fortgezahlt werden mußte. Die Rache des Adels ging so weit, daß er sich selbst schadete und das Land so verödete und verderbte, daß die Bauern in vielen Jahren es nicht überwinden konnten. Viel gemäßigter war in dem früher wieder beruhigten Steiermark und Kärnten gehandelt worden. Dort mußten die Untertanen zu ewigem Gedächtnis ihres Bauernbundes acht Pfennige geben, und diese neue Steuer wurde der Bundpfennig genannt. So scheiterte auch hier der Versuch der Bauern, ihre alten Rechte sich zu wahren und ihre Freiheit zu retten, an dem Mangel eines rechten Hauptes und daran, daß sie nicht eins in Waffen und Planen waren; daran, daß sie sich hinhalten, täuschen und überfallen ließen; daran, daß sie versäumten, über sich selbst zu wachen, nüchtern und maßvoll zu sein.

12

Georg Dózsa und die Bauern in Ungarn

Ehe wir die Verbrüderung der deutschen Bauerschaften in ihrem Fortgang weiter verfolgen und besonders dem gewaltig hervorbrechenden Quell der Reformation nahetreten, aus welchem der still arbeitende Geist der Freiheit neue jugendliche Kraft sich holte, müssen wir, aus Gründen, die sich in der Folge zeigen werden, Bewegungen berühren, die das Gepräge jener allgemeinen bäuerlichen Verbindung teilweise nicht an sich tragen und auch nicht mit derselben unmittelbar zusammenhängen. Der Schauplatz dieser Bewegungen ist teils auf den östlichen Grenzen des deutschen Reiches, teils in einem großen Nachbarlande, die Donau entlang. Die Zeit aber ist dasselbe Jahr, in welchem der Geist der Freiheit den Bundschuh in Schwaben bewaffnete.

Ein Meister aus Ungarn hatte dritthalb hundert Jahre zuvor im Westen Europas, in Frankreich, eine reinere Lehre gepredigt und unter der Gelegenheit eines Kreuzzuges das Volk wider das Herrentum geführt. Dasselbe wiederholte sich jetzt auf dem eigenen Boden Ungarns.

In den weit ausgedehnten Ebenen dieses Reiches fand die Freiheit des Volkes mehr und länger Raum als auf der deutschen Erde. Die Magyaren ließen bei der Eroberung des Landes die Einwohner desselben so, wie sie sie vorfanden. Wer bisher frei gewesen, blieb es, wenn er nicht kriegsgefangen war. Die letzteren nur wurden leibeigen; aber auch der Leibeigene führte die Waffen, focht an der Seite seines Herrn in der Schlacht und konnte sich Grundeigentum, Freiheit, ja den Adel erfechten. Diese Freiheit des Volkes wurde im Laufe der Jahrhunderte durch kräftig schützende Gesetze gesichert, jedem Freien war seine Person, sein Eigentum, sein Recht durch die Staatsverfassung verbürgt. In Erwägung, sprach ein Gesetz König Stefans des Heiligen zu Anfang des elften Jahrhunderts, daß es Gott zum Wohlgefallen und dem Menschen zum Heile sei, wenn jeder in der Freiheit seines Standes und im freien Genuß seines Fleißes bleibe, so soll kein Graf oder Ritter sich in Zukunft erfrechen, einen freien Mann zur Knechtschaft zu bringen, und wer es täte, dessen eigene Freiheit soll verwirkt und nur um schwere Buße an seinen Gütern Begnadigung möglich sein. Derselbe König gab jedem Knechte seine Freiheit zurück, der beweisen konnte, daß er früher frei gewesen. Faustrecht und Raubrittertum, die so häufig in Deutschland Hörigkeit oder Knechtschaft zur Folge hatten, konnten in Ungarn nicht um sich greifen, denn die königlichen Gesetze sprachen adelige Räuber und Unterdrücker nicht nur an den Galgen, sondern sie hingen sie auch daran. Raubschlösser, ohne königliche Erlaubnis erbaute Burgen, wie solche, deren Herren an Ländereien verarmt und darum möglicherweise in der Versuchung zum Raube waren, wurden niedergerissen. Auch kam es hier noch oft vor, daß Herren, um ein Liebeswerk noch vor dem Tode zu tun, allen ihren Knechten und Mägden die Freiheit schenkten. In den Kriegen mit äußeren Feinden, besonders mit den Mongolen, wurde das Land entvölkert, und um die Wüsten anzubauen, mußten vielen Hörigen und Leibeigenen Freizügigkeit, Eigentum und Freiheit unentgeltlich zugestanden werden. So wurden viele, welche auf den verödeten königlichen Ländereien sich ansiedelten, aus Hörigen und Leibeigenen des Adels und der Kirche freie Leute des Königs. Im dreizehnten Jahrhundert wurden ganze Landschaften zum Lohn ihrer Verdienste um König und Vaterland frei erklärt: Sie hatten in den Kämpfen bewiesen, daß Mut und Tapferkeit nicht an die Sporen gebunden seien.

Dennoch war die Zahl der Unfreien auch in Ungarn groß; denn die Kriegsgefangenen, sowohl die in ausländischen Kriegen, als die im Lande selbst es geworden waren, weil sie beim Einfall der Magyaren bewaffneten Widerstand versucht hatten, bildeten eine sehr beträchtliche Masse von Knechten. Dazu kam, daß auf viele Vergehen statt der Todesstrafe Verlust der Freiheit gesetzt war und also auch die Gesetzgebung insoweit die Zahl der Knechte vermehrte; besonders auch fiel in Knechtschaft, wer bei feierlichem Aufgebot des Heerbanns die Heerfolge nicht leistete.

Das Los der Leibeigenen war so hart als irgendwo; ob sie dem Adel oder der Kirche eigen waren. Die Hörigen hatten denselben Stand wie im deutschen Reiche.

So zog sich auch in Ungarn die Knechtschaft einer großen Masse durch die Jahrhunderte hin. Nach Feßler, dem trefflichen Geschichtsschreiber dieses Volkes, der es aus Urkunden beweist, mußten die wirklichen Knechte dem Herrn ein Pferd halten, ihn fahren, unterwegs bedienen, seine Zelte aufschlagen, zur Erntezeit durch drei, auch vier Tage in der Woche Getreide schneiden, Gras mähen, die Pferde des Herrn hüten, Gras herbeischaffen, Holz hauen und die Gemächer heizen. Bloße Hörige oder bedingt Freigelassene hatten einen großen Teil dieser Lasten und Dienste mit den wirklichen Knechten gemein, nur das Getreide schneiden, Gras mähen und Heizen nicht. Überdies mußten sie am Martinstag ihrem Herrn einen Zober Honig, ein Schaf, sechs Zober Malz, sechs Zober Weizen und sechs Fuder Heu liefern, vom Martinstag bis Samstag vor Ostern mit der Axt auf dem Herrenhof bleiben und zimmern und dem Herrn, wohin er wollte, Fuhren leisten. Doch durften sie ihre Töchter an Freie verheiraten und ihre Söhne mit freien Jungfrauen verehelichen, ohne daß diese dienstbar wurden.

Der tägliche Anblick der Freiheit um sich her, die großen Begünstigungen, deren sie die ins Land kommenden deutschen Ansiedler sich erfreuen sahen, und der unter dem Verfall der königlichen Macht und Gerechtigkeit auch hier wachsende Druck weckten und nährten den Haß gegen ihre Unterdrücker und den Drang nach Freiheit. Ihr Haß aber galt ebensosehr geistlichen als weltlichen Herren; denn mehr als irgendwo schwelgte hier die hohe Geistlichkeit in ihren Reichtümern und üppigen Genüssen, während der arme Mann auf dem Lande bei heißer Arbeit darbte und mit ihm sein Pfarrherr auf seiner kärglichen Pfarre, der darum auch des Landmanns Unmut mehr reizte als beschwichtigte.

Es war im Jahre 1514 am 16. April, dem Osterfeste, als von den Kanzeln des ganzen Landes ein neuer Kreuzzug wider die Türken gepredigt wurde. Die Hörigen und Leibeigenen stürmten in Scharen zur Kreuzesfahne herbei, denn der Bekreuzte fand nicht bloß Ablaß für seine Sünden, sondern als Lohn des heiligen Kampfes auch die Freiheit, im äußersten Falle den Tod, immer aber das Ende seiner Knechtschaft und seiner Leiden. Georg Dózsa stellte sich mit dem Willen des Hofes an die Spitze der Bekreuzten. Er war selbst aus dem Volke hervorgegangen, ein Szekler, aus den Bergen von Erdelli; Heldenmut und Geschicklichkeit hatten ihm neulich erst großen Ruhm unter seinem Volke, von seinem König den Adel erworben.

Binnen zwanzig Tagen sammelten sich gegen 60 000 Streiter unter die Fahne des Kreuzes, meist Bauern, hörig oder leibeigen. Zwei Pfarrherren, Laurentius und Barnabás, waren die eifrigsten Erreger des Volkes. Derselbe Hauch, welcher im Flugsand das Samenkorn fortträgt und in ferner Wüste daraus den Baum werden läßt, trug aus dem Lande Wycliffes oder Hussens den Keim der reineren Lehre in die Steppen Ungarns, und Laurentius trat in einem Geiste auf wie die Reformatoren jener Lande, nur mit dem Unterschiede, daß er auf das Gewaltsame, nicht sowohl auf eine Reform als auf eine Revolution hin arbeitete.

Der Adel sah nicht gut zu dem Abgang seiner Diensthörigen. Viele Herren jagten ihren ausgetretenen Leibeigenen nach, und wen sie unterwegs einholten, den zwangen sie, in Fesseln und Banden, unter grausamen Mißhandlungen zur Rückkehr. Von da und dort kam Kunde ins Lager des Kreuzheeres von dem Wüten einzelner Herren. Eine allgemeine Aufregung zeigte sich an, und Laurentius benutzte dieselbe für seine Zwecke. Der Adel, predigte er, sei die verdorbenste Menschenklasse, nichts sei vor ihrer Begier, nichts vor ihrer Barbarei sicher; zuvor sei doch nur der Leib der Willkür ihres grausamen Despotismus ausgesetzt gewesen: Jetzt mißgönnen sie den Seelen das ewige Heil und die ewige Seligkeit in ihrem Geiz und in ihrer Barbarei.

Es waren im Kreuzheere natürlich auch schlechte Elemente neben den guten, und der Bodensatz der Bevölkerung mischte sich mit denen, die es wohlmeinten. Jetzt war alles in trüber, wilder Aufrührung. Alles schrie nach Rache. Über Georg Dózsa selbst kam der Geist seines Volkes, er wollte nicht bloß sein Rächer, er wollte sein Retter und Befreier werden. Er war mit einemmal wie verwandelt. Er war entschlossen, das Kreuzheer gegen diejenigen zu führen, die ihn an die Spitze desselben gerufen, gegen den Hof, den hohen Adel und Klerus: In ihnen sah er seines Volkes ärgste Feinde, nicht in den Türken.

Die Vorstädte von Pest und Ofen, in deren Nähe Dózsa sein Lager hatte, wurden die ersten Schauplätze der Revolution; die Edelleute, welche hier in die Gewalt des Kreuzheeres fielen, wurden erschlagen, ihre Wohnungen dem Boden gleichgemacht. Ein Befehl vom Hof wollte mit Drohungen den Strom der Volksrache aufhalten. Georg Dózsa aber ordnete nur um so eifriger den Fortgang seiner Sache. Von Anfang an hatte er sein Heer täglich in den Waffen geübt; jetzt ging er daran, die unteren Klassen des Reiches zu revolutionieren und sich einen festen Waffenplatz zu erobern. Er teilte das Kreuzheer in fünf Heerhaufen. Den ersten stellte er unter Ambros Száleresi, einen Pester Bürger, mit dem Befehl, auf dem Rákoser Felde am linken Donauufer im bisherigen Lager stehenzubleiben und Pest und Ofen zu beobachten. Zwei andere Heerhaufen entsandte er durch das nördliche Land, um das Landvolk an sich zu ziehen; den vierten und fünften führte er selbst nebst seinem Bruder Gregor gegen die Feste Szegedin. Seine Aufrufe, die seine Boten durch alle Gespannschaften trugen, verkündeten den Untergang des Adels, zur Mitwirkung wurde alles Volk aufgerufen, jedem, der der allgemeinen Sache seinen Arm entzöge, der Tod gedroht. Der Brand der Herrenburgen, die in roten Säulen durch die Nächte hinleuchteten, war den bisherigen Bedrückern ringsum ein blutiges Zeichen, daß die rächerische Kraft im Volke erwacht war und der Sklave seine hundertjährigen Ketten zerrissen hatte. In kurzem fielen gegen 400 Edle dem Volke zur Sühne, selbst die Frauen und Töchter schonte die wilde Rache nicht. Es waren die Tage schrecklicher Vergeltung für die Frevel, welche adeliger Mutwillen an den Weibern und Kindern des Landmanns jahrhundertelang verübt hatte.

Schrecken fesselte die Großen des Reiches, ratlos saß der König in seinem Palaste zu Ofen. Johann Boremiszsza erweckte den gesunkenen Mut seiner Standesgenossen, auf seinen Rat wurde der Woiwode von Siebenbürgen, Johann Zápolya, zur Hilfe herbeigerufen, er selbst sammelte die Reisigen des nahen Adels und griff, in Verbindung mit den Bürgern

Pests und Ofens, das Lager der Bekreuzten auf dem Rákoser Felde an. Ambros Száleresi, der Führer dieses Haufens, wagte den Kampf nicht, er trat in Unterhandlung und ging zu dem Adel über, mit ihm noch mancher Bürger. Anders die Masse dieses Haufens. Mit wildem Jubel stürzte sich diese zum Kampf mit ihren adeligen Feinden, stundenlang schwankte er hin und her, ehe ihre Tapferkeit der besseren Rüstung und Führung des Adels erlag.

Die Sieger badeten ihre Hände im Blut der Gefangenen. Die, welche nicht unter der Hand des Henkers starben, wurden mit abgeschnittenen Nasen und Ohren nach Hause geschickt. Diese neue Barbarei des Adels war Öl in die Flammen des Aufstandes. Wie im Süden sanken im Norden durch das Volk brennende Burgen und Städte in Asche. Selbst Glieder des niederen Adels schlossen sich freiwillig an das Volk an, aus Haß gegen den höheren Adel und eigensüchtigen Zwecken, andere wurden vom Volke zum Beitritt gezwungen.

Georg Dózsa war vor Szegedin nicht glücklich. Ohne Hoffnung, die Feste schnell zu gewinnen, wandte er sich über die Theiß, um die Feste Csanád zu versuchen, und schlug in einer zweitägigen Schlacht den Bischof Csáky und István Bátori, den Grafen von Temesvár, welche die Stadt entsetzen wollten. Vor Dózsas Sensenträgern mußte der eiserne Adel fliehen, unter ihm der tapfere Bátori. Georg Dózsa glaubte Repressalien nötig, sein Heer forderte Sühneopfer für die auf dem Rákoser Felde hingemarterten Brüder: Der Bischof Csáky wurde gepfählt, der königliche Schatzmeister Teleki an der Scham an einen hohen Galgen gehängt und der Volkshaß, der auf ihm besonders schwer lastete, übte sich im Schießen nach ihm, bis er starb.

Nach diesem Sieg, dem die Einnahme von Csanád folgte, proklamierte Georg Dózsa die Republik und die Souveränität des Volkes; kein König, kein hoher Adel, keine Herren sollten mehr sein, keine Bischöfe außer einem; alle sollten gleich sein vor Gott und den Menschen. Er selbst nannte sich nur einen Mann des Volkes, einen Bruder der Brüder, ein Werkzeug, den Willen des Volkes zu vollstrecken. Während die anderen Heerhaufen im Norden in mehreren Schlachten, namentlich bei Erlau, durch die Macht des Adels geschwächt, fast vernichtet wurden, verstärkte sich sein Heer durch neue Zuwachse. Anton Hosszu führte ihm ein zweites Heer zu, darunter zahlreiche Reiterei, und Dózsa rückte nun vor Temesvár, wohin sich Bátori geworfen hatte. Das Stilleliegen vor Festungen aber war überall das Verderben der Volkssache. Nach zweimonatiger Belagerung war die Festung ihrem Falle nahe, Dózsa schon im Gedanken glücklich, in dieser starken Festung einen trefflichen, durch die Türkei im Rücken gedeckten Waffenplatz zu haben. Da, wenige Tage vor ihrer unvermeidlichen Übergabe, überraschte ihn das siebenbürgische Heer.

Die Sorglosigkeit seiner Wachtposten hatte ihn den Anzug der Feinde übersehen lassen, die ihren Marsch selbst auch klüglich zu verdecken wußten. So war es ihnen gelungen, ohne eine Spur von Widerstand zu finden, über den Temesfluß zu setzen, und erst im Angesicht des Dózsaischen Lagers wurde ihr Dasein bemerkt. Georg Dózsa saß beim Mahle, als ihm die nahe Gefahr gemeldet wurde. In einem Augenblick hatte er die Seinen in Schlachtordnung gestellt. Es war ein heißer, fürchterlicher Kampf, lange unentschieden. Aber die Überraschung hatte einen großen Teil in Dózsas Heer nicht die nötige Besonnenheit, nicht die kaltblütige Unerschrockenheit, noch die völlige Rüstung finden lassen. Auch fehlte es nicht an solchen darin, die, geborene Sklaven, es ewig bleiben. Nach mehrstündigem Kampfe begann die Flucht auf Dózsas Seite.

Ungebeugt, daß das Glück ihn verließ, verschmähte er die Flucht und suchte die Freiheit im Tode. Wie jener römische Catilina, stürzte er sich, hoch sein Schlachtschwert schwingend, in den dichtesten Haufen der Feinde. Sie sanken vor ihm wie die Ähren vor dem Schnitter, aber das Glück mißgönnte ihm den Tod in der Schlacht. Sein Schwert zersprang unter den gewaltigen Schlägen, die er führte. Wehrlos, ward er lebendig gefangen.

Mit dem Stolz der Helden des Altertums verachtete er das Geschick, ein echter Sohn der Freiheit. Mit ihm ward sein Bruder Gregor gefangen, eine sanfte, ganz von dem Willen seines gewaltigen Bruders gelenkte Natur. Diesen zu retten, ließ er sich zu Bitten an die Sieger herab, für sich selbst sprach er kein Wort. Johann Zápolya ließ zur Antwort den Bruder auf der Stelle enthaupten, Dózsas Adjutanten, seine nächsten Diener, im ganzen vierzig an der Zahl, in einen scheußlichen Kerker werfen. Jede Nahrung blieb ihnen entzogen. So schmachteten sie Tag für Tag dem Tod entgegen, am vierzehnten Tage lebten noch neun, die anderen waren verhungert. Jetzt ward ihr Kerker geöffnet, sie wurden herausgeführt vor Georg Dózsa, ihren Hauptmann. Diesen hatte teuflische Grausamkeit zu ausgedachter Qual aufgespart und erhalten.

Da stand er, um und um mit Ketten beladen, als seine Genossen vor ihn geführt wurden. Auf dem Platze stand ein eiserner Thron, Zápolya hatte ihn fertigen lassen. Vor Dózsas Augen ward er glühend gemacht, die Henker faßten ihn und setzten ihn darauf, drückten ihm eine glühende Krone auf das Haupt und legten ihm ein glühendes Zepter in den Arm.

Jetzt wurden mit Lanzenstößen und Schwerthieben seine neun ausgehungerten Gefährten auf ihn zugetrieben und ihnen zugeschrien, ihr Leben zu erkaufen dadurch, daß sie vom Fleisch ihres Hauptmanns fräßen. Drei waren nicht zu bewegen, sie wurden in Stücke gehauen; sechs machten sich an den fürchterlichen Fraß. „Hunde!" rief Dózsa, sonst kam

Dózsas grausame Hinrichtung

kein Wort, kein Schmerzenslaut über seine Lippen. Mit glühenden Zangen zerrissen, gab er seinen Geist auf.

Mit ihm fiel die Sache des Volkes. Diejenigen Bauern, die auf der Flucht gefangen worden waren, wurden zu Hunderten gehangen oder gepfählt. Laurentius und Hosszu sammelten zwar die flüchtigen Scharen wieder, aber das Volksheer wurde schon im August aufs neue geschlagen und zersprengt. Der Volksredner und Reformator entging glücklich dem Schicksal seines Hauptmanns, sei es, daß er den Tod in der Schlacht fand oder in einer sicheren Zufluchtsstätte sich barg. Ungarns Magnaten aber setzten in demselben Jahre noch auf dem Landtag zu Ofen fest, daß die Bauern, von welchen an die 60 000 in den Schlachten oder auf dem Blutgerüst umgekommen waren, fortan strenger gehalten werden sollten, Abgaben und Fronen wurden erhöht, die Leibeigenschaft als allgemeines und ewiges Schicksal der Bauern erklärt.

13

Ursachen des steigenden Drucks

Über den ganzen Süden des Reiches hin, von den Ufern des Rheins bis zu den Karpaten, hatten die Waffen des Herrentums den Widerstand des gemeinen Mannes besiegt. Die Ruhe schien allenthalben hergestellt.

Die auf das Herz des Fürsten gerichteten Geschosse der Bauern im Remstal, die mit adeligem Blute geröteten Ruinen so vieler Herrensitze in den windischen Alpen waren laute warnende Rufe an die Mächtigen, vom Unrecht zu lassen. Es gab wohl auch einige, die mit Furcht und Zittern in solchen Vorgängen den Finger Gottes erkannten und die sich durch die augenblickliche Ruhe nicht täuschen ließen: Der Sturm war von der Oberfläche verschwunden, aber sie hörten sein Sausen wohl, unterirdisch, unter ihren Füßen.

Wie wenig schon zu Ende des fünfzehnten Jahrhunderts infolge der Aufstände die Verständigeren unter den Herren das, was not tat, und die von dem Volke ihnen, wenn sie sich nicht mäßigen, augenscheinlich drohenden Gefahren mißkannten, dafür spricht eine Urkunde des schwäbischen Bundes vom Jahre 1492. Der König hatte den Ständen Schwabens zum Behuf einer Kriegsbeihilfe eine bedeutende Schatzung ihrer Untertanen angemutet. Sie aber entzogen sich diesem Anmuten. „Denn", sagten sie, „in dieser Art und im Land Schwaben haben die Dinge die Gestalt, daß die Untertanen ihren Herrschaften schon so mit Gütern und Zinsen verpflichtet sind, daß in derselben Vermögen nicht steht, einige fernere Schatzung oder Geld zu geben oder die Herrschaften müßten ihre jährlichen Zinse, Renten und Gülten verlieren; etliche Untertanen sind gefreit und ist gemeiniglich die Gewohnheit in Schwaben, daß es in der Obrigkeit Vermögen nicht steht, sie weiter als um die gewöhnlichen Renten, Gülten und Zinse anzulegen. Wollten die Bundesstände dieses dennoch tun, so würden sich die Ihrigen wider ihre Herrschaft setzen, abwerfen und bei anderen Rücken suchen."

Aber die Verständigeren auf dem Reichstage waren nicht die Mehrheit der Herren im Reiche. Deren Leichtsinn und Härte blieben sich nicht bloß gleich, sie steigerten sich.

Der vornehmste Grund zu den steigenden Bedrückungen des gemeinen Mannes lag neben der Lust, immer über mehr Herr sein zu wollen, hauptsächlich in dem Luxus, der in den letzten Zeiten sich weit verbreitet hatte und sehr schnell und sehr hoch gestiegen war.

Teilweise war dieser Luxus in den geistlichen Herrensitzen althergebracht, besonders soweit er Essen und Trinken, gut Leben betraf, und er wuchs nur und änderte sich mit der Zeit in seinen Gegenständen. In den Burgen und Schlössern des niederen und hohen Adels war er neu, bis zum letzten Drittel des vierzehnten Jahrhunderts wenig oder nicht gekannt.

Er kam von den Städten und von außen herein. Mit der steigenden Wohlhabenheit, der natürlichen Folge regen Handels und Gewerbes war auch der Luxus in den Städten gestiegen, und Märkte, Reichs- und Fürstentage brachten beides in dieselben, noch größeren Geldumlauf und Gelegenheit und Reiz, den bürgerlichen Reichtum zu zeigen. Nicht nur Ratsherren und Männer in anderen städtischen Würden, sondern die Bürger überhaupt trugen Perlen auf ihren Hüten, an ihren Wämsern, Hosen, Röcken und Mänteln, goldene Ringe an den Fingern, Gürtel, Messer und Schwerter mit Silber beschlagen; alle Arten von Kleidern, mit Silber, Gold oder Perlen gestickt, die Stoffe von Samt, Damast oder Atlas, seidene Hemden, zierlich gefältelt und goldene Borten darauf; Unterzug und Umschlag von Zobel, Hermelin und Marder an Hüten, Mänteln und Röcken. Natürlich war der Luxus des schönen Geschlechts noch viel größer. Frauen und Jungfrauen der Städte durchflochten ihre Zöpfe und Locken mit reinem Gold, umhingen sich mit Geschmeide und trugen Perlen, goldene Kronen oder gold- und perlengestickte Hauben auf ihrem Haupte. Ihre Gewande waren von den edelsten Stoffen, von Samt, Damast oder Atlas, mit Gold und Perlen gestickt oder eingewirkt, den Unterzug von Zobel oder Hermelin, und unter allem goldeingewirkte Hemden.

Wenn der Ritter von seiner Burg herab die städtischen Festlichkeiten als Gast besuchte, wenn die Edeldame bei den Turnieren auf den golddurchwirkten Teppichen saß, welche der bürgerliche Rat den edeln Zuschauerinnen unterbreitete, und sie die köstliche Garderobe der ehrbaren Frauen und Jungfrauen um sich her sah, welche diese oft drei- und viermal des Tages wechselten, so wollte sie nicht hinter denselben zurückbleiben, und so tat es, soweit es gehen wollte, Burgherr und Burgfrau den Ehrbaren in der Stadt nach oder noch darüber.

Der Bürger hatte Geld und Gut, der Adelige in der Regel nichts als Güter. Der größte Teil seines Vermögens bestand in liegenden Gütern, Häusern, Hofraithen oder berechtigten Bauplätzen, welche an Bauern verliehen waren, von denen er gewisse Zinse und Gülten bezog. Nun aber kostete ein gewöhnliches Frauenkleid 9 bis 10 fl., zu gleicher Zeit, da der Morgen Land um 2 bis 3 fl., 83 Morgen guter Boden, steuer- und zehentenfrei, um 400 fl. verkauft wurden. In solchem Mißverhältnisse waren die Preise der Luxusartikel und die Preise des Bodens und der Bodenerzeugnisse. Und doch war die Kleiderpracht nur ein Teil des allgemeinen Luxus. Es war die Zeit, wo der Handel die Genüsse und Stoffe aller Länder in das Reich hereinführte oder das Gewerbe und die Kunst der deutschen Städte selbst Erzeugnisse aller Art hervorbrachten.

Es hatte zudem seit Jahrhunderten manches zusammengewirkt, daß der Adel, der hohe wie der niedere, in seinen Vermögensumständen herabkam. Dahin gehören von manchem Hause die Schenkungen an die Kirche und andere Arten, auf welche sich die Klöster Güter weltlicher Herren zuzuwenden wußten. Es gehören dahin die Zerstücklung des adeligen Grundbesitzes und bei vielen die schlechte Bewirtschaftung desselben. Sie vernachlässigten aus Vorurteil die Landwirtschaft. Selbst große Güter warfen den Grundherren nur geringes Einkommen ab und dieses noch überdies höchst zerstückelt. Immer wiederkehrender Mangel an barem Geld war die notwendige Folge davon.

Bürgerliche Trachten

Ritterliche Trachten

Der Edle aber, der Geld bedurfte, fiel in schlimme Hände, gleich schlimm, ob es Juden, Klöster oder Städtebürger waren, bei denen er seine Anleihen machte. Zehn, fünfzehn, ja zwanzig Prozent mußte er leiden, trotz aller Sicherheit des Unterpfandes, bei jedem Gültverkauf, und konnte er den Termin des Rückkaufs nicht einhalten, so war die Gült oft ewig verloren. Ausstattungen von Töchtern, Ausrüstungen von Söhnen, Feldzüge und Turniere, festliche Gelegenheiten machten auch dem sparsameren edeln Hausvater größern Aufwand notwendig. Mancher aber rechnete Verschwendung zur Ehre des Adels.

Während aber selbst die einfacheren Bedürfnisse zunahmen oder sich verteuerten, jedenfalls also die Ausgaben stiegen, minderte sich oder versiegte manche Quelle, woraus der Adel bisher Einkünfte und Zuflüsse geschöpft hatte.

Das Schießpulver zehrte auf mancherlei Weise am Vermögen des Adels, indem es ihm Einnahmen abschnitt und schwere Kosten verursachte: Das letztere, indem jetzt eine Burg festere Mauern, kostspielige Geschütze und Büchsenmeister nötig hatte und zur Fehdezeit leicht ein Schloß durch die Kartaunen zusammengeschossen wurde, das früher für unbezwinglich galt; das erstere, indem dadurch die Art des Kriegswesens verändert wurde, denn es verschaffte dem Fußvolk, das schon vor der Erfindung des Pulvers als besonders tüchtig im Kampf sich erwiesen hatte, jetzt den entschiedenen Vorzug vor der Reiterei. Der Kriegsdienst um Sold war eine Hauptverdienstquelle des Adels gewesen. Das Fußvolk, aus Bauern geworben, der Landsknecht, diente weit wohlfeiler als der Ritter.

So floß diese Quelle nur noch schwach, und der Landfrieden, die Reichsgesetze schwächten auch eine zweite, sonst ergiebige Quelle, den kleinen Krieg, das heißt das Fehdewesen und das ritterliche Gewerbe, sich wegelagernd an reichen Städten zu erholen, das faustrechtliche Beutemachen. Die Fehden, eine vielhundertjährige Erwerbsquelle der ritterlichen Lehensmannen, nahmen seit langer Zeit ab, teils von selbst, teils dadurch, daß die strengen Landfriedensgesetze seit der Mitte des fünfzehnten Jahrhunderts oft sehr nachdrücklich vollzogen wurden, besonders durch den schwäbischen Bund. So warf der große und kleine Krieg dem Adel nicht mehr das ab, was früher; der Fürstendienst am Hofe kostete meist mehr, als er eintrug; nur zweierlei blieb zu ergreifen, um die Ausfälle redlich zu decken, die Landwirtschaft und die Wissenschaften, zu welchen beiden aber wenige sich wandten.

Wollten nämlich die Adeligen die Vogteien, die sie bisher innegehabt, ihre Sitze als Räte an den Fürstenhöfen und am Kaiserhof fortbehalten, so mußten sie studieren. Denn die Fürsten fingen teilweise an, die Doktoren, die wissenschaftlich Gebildeten bei der Wahl ihrer Räte vorzuziehen und nur solchen Gehalte zu geben. Und mitten unter dieses Versiegen alter Erwerbsquellen und das Hervorbrechen neuer Bedürfnisse und Ausgaben drang, alles mit sich fortreißend, jene Prachtliebe und Genußsucht herein, wie sie zuvor nie gekannt oder erhört war. Es war ein Taumel, ein böser Geist, der vom Kaiserhof bis herab zum Dienstmann alles im Nu besessen hatte.

Da konnte es nicht anders kommen, als daß man immer weiter und weiter hinabdrückte und erpreßte, nicht mehr um der Hab- und Herrschsucht, nur noch, um dem unmäßigen Aufwand genügen zu können.

Unheilvoll in so mancher Hinsicht, besonders aber auch in Hinsicht seiner Bedrückungen, war für den gemeinen Mann das Aufkommen des römischen Rechtes. Seit dem Ende des fünfzehnten Jahrhunderts entschieden Doktoren nach römischem Recht an den fürstlichen Hoflagern und Gerichtshöfen. Den Kopf voll von römischer Gesetzgebung und römischen Verhältnissen, unwissend im alten deutschen Recht und alten deutschen Zuständen, verwirrten und verwechselten diese Einheimisches und Fremdes und verwandelten durch ihre Sprüche den freien Zustand einzelner und ganzer Gemeinden in einen unfreien, wie durch Hunderte von Urkunden nachgewiesen werden kann und nachgewiesen worden ist, zum Beispiel von Arndt in bezug auf Pommern. Diese juristischen Neulinge waren die eifrigsten Handlanger für die Anmaßungen und Übergriffe der Herren, und Th. Murner sagt darüber in der „Schelmenzunft“:

Es ist ein Volk, das seyndt Juristen,
wie seyndt mir das so sölliche Christen!
Sie thunt das Recht so spitzig bügen
und könnens wo man will hinfügen –
Darnach wirt Recht fälschlich Ohnrecht;
das machet manchen armen Knecht.

Der wahre Sinn der alten deutschen Zustände wurde von ihnen entweder nicht begriffen oder absichtlich ignoriert und verdreht, und wo sie nur eine entfernte Ähnlichkeit zwischen deutschen und römischen Verhältnissen herausfanden, wurde der Paragraph des römischen Rechts darauf angewandt. Fand sich bei Zinsbauern irgendein Merkmal, das mit der eigentlichen Leibeigenschaft gleich war, zum Beispiel bei den Wachszinsigen der Sterbfall, so wurden sie ohne weiteres unter die Leibeigenen klassifiziert und das römische Rechtskapitel von der Knechtschaft auf sie angewandt. Ebenso wurden die römischen Paragraphen von Pachtungen bei Streitigkeiten über deutsche Bauerngüter zugrunde gelegt und so die Gesetze, die auf ganz grundverschiedene Verhältnisse gemacht waren, zur Verkehrung des Rechtes, zur Unterdrückung der Freiheit mißbraucht. So sprachen die Herren bald überall nur von Leibeigentum und Eigenhörigkeit, und bei jedem Streite legten sie die Analogie der Leibeigenschaft zugrunde. Sie fühlten sich und betrugen sich als Herren nicht nur auf ihren Gütern, wo sie das, was ihnen früher die Gemeinden nur auf ihr von den zugezogenen Hofschöppen unterstütztes Ansuchen bewilligt hatten, jetzt ohne weiteres für sich forderten, sondern auch auf den Landtagen, wo vorzüglich sie die Gesetze und Entscheidungen über bäuerliche Verhältnisse beraten und abfassen halfen, und mit ihnen die neurömischen Doktoren.

Es galt so wenig für Schimpf oder für Sünde, seine Untertanen zu drücken, daß derselbe christliche Biograph den Grafen Johann Truchseß zu Sonnenberg in einem Atemzuge einen seinen Untertanen sehr harten Mann, der sie mit Frondiensten erdrückte, und einen frommen Mann nennt, und andere Edelleute trugen ihren Bauerndespotismus so zur Schau, daß einer sich auf Urkunden mit besonderem Wohlgefallen „Bauernfeind" zu unterzeichnen pflegte.

Diese Steigerungen des Druckes waren am häufigsten im oberen Deutschland; häufig aber auch im mittleren.

14

Etwas von den Rechtszuständen in Deutschland zu Anfang des sechzehnten Jahrhunderts

In den Gerichtshöfen saßen Edle und Doktoren. Es ging überall her wie bei dem Rechtsstreit der Kemptner Bauern, nach dem Sprichwort: Keine Krähe hackt der andern ein Auge aus. Die Juristen wandten ihr römisches Recht, die adeligen Herren am Gericht wenigstens den Grundsatz gegen die Bauern an, daß man in zweifelhaften Fällen immer für den Grundherrn oder Gerichtsherrn und gegen den Bauer entscheiden müsse. Es war zwar am Ende des fünfzehnten Jahrhunderts mit viel Aufsehen einiges für gesetzliche Ordnung und regelmäßige Rechtspflege geschehen, aber weder das Reichskammergericht oder das Reichsregiment wurden für den gemeinen Mann wohltätig, man hatte auch ihn bei der neuen Gerichtsverfassung gar nicht im Auge gehabt, sondern nur die Herren des Reichs und die Städtebürger. Für die Rechtssicherheit des Bauern, für rechtliche Abhilfe bei Bedrückungen, welche dem gemeinen Mann von seinem Herrn zugefügt würden, war nicht gesorgt. Erst im Jahre 1498, auf dem Reichstage zu Freiburg, kam es zur Sprache, gesetzlich zu bestimmen, wie und wo ein Bauer einen Fürsten und Fürstenmäßigen rechtlich belangen könne. Aber man ließ es wieder fallen, und erst nach zwei Jahren, auf dem Reichstage zu Augsburg, wurde festgesetzt, daß auch Bauern das Recht gegen Fürsten und Fürstenmäßige üben dürfen, wie es die Stände des Reiches üben. Aber es handelte sich hier nicht von rechtlicher Belangung der eigenen Herrschaft, sondern nur von Klagen gegen solche Herren, welchen der klagende Bauer nicht untertan wäre. Daß der arme Mann auch gegen seine eigene Herrschaft rechtlich zu klagen befugt sei, darüber schwiegen die Herren, wenigstens wurde nirgends bestimmt, wie und vor welchem Gerichtshof der Bauer gegen Willkür und Druck seiner Herrschaft Recht suchen oder gar finden könnte.

Ja, wehe dem armen Manne, der auch nur mit einem Herrn, dem er nicht untertan war, in einen Rechtsstreit kam! Oft wußte er nicht, bei welcher Stelle er seine Klagen anzubringen habe, da die Gerichtsbarkeiten sich bunt durchkreuzten; jetzt wurde er vorgefordert, jetzt abgewiesen, da und dort herumgeschleppt, von Gericht und Juristen für die Kosten gepfändet, von dem edeln Herrn, mit dem er den Rechtsstreit hatte, oder von seinen Genossen auf dem Wege zum Gerichte niedergeworfen; die einfachste Sache zog so viele Kosten nach sich, ohne Zeitverlust und Bekümmernis zu rechnen, daß in der Regel der gemeine Mann den Rechtsweg gar nicht betreten konnte. Es war selbst für große Reichsstädte bedenklich, ihn zu betreten. Wie am kaiserlichen Hof alles um Geld feil war, so war in den Händen hoher und niederer Richter das Recht verkäuflich, die Parteien überlisteten einander, nur der gewann in der Regel, der am meisten und am längsten zahlte. „Im Ausschuß des kaiserlichen Hofgerichts", schrieb ein Abgeordneter des Regensburger Rats von Worms aus, „sitzen so gerechte Leute, daß Gott vor einem Jüngsten Gerichte dieser Art jeden Menschen behüten wolle!"

Seit einem Jahrhundert hatten vaterlandsliebende Männer die Notwendigkeit einer Reichsreform dargetan und Entwürfe dazu gemacht. Im Rate des Reiches wie in Stadt und Land gab sich das Verlangen nach einem geordneten Rechtszustand und, was diesem vorausgehen mußte, nach einer einheitlichen Verfassung für ganz Deutschland kund. Aber diese Bestrebungen scheiterten immer an der Selbstsucht der Reichsfürsten, an den widerstreitenden Interessen. Der Kaiser Maximilian konnte, wenn er sich auf die Reichsritterschaft, auf die Städte und zugleich auf die Bauerschaft des Reiches stützte, das zerrissene Deutschland zur politischen und nationalen Einheit umgestalten: Er konnte die Reichsfürsten zwingen zu einer mit diesen dreien vereinbarten Reichsverfassung. Aber dazu war Max weder Staatsmann noch überhaupt groß genug.

Gerade die mächtigsten Landesfürsten waren der Reichsreform am abgeneigtesten. Das Kaisertum war nur noch ein Schatten seines früheren Ansehens, der oberste Gerichtshof, das Reichskammergericht, der, den Gebrechen des öffentlichen Rechtszustandes abzuhelfen, geschaffen worden war, blieb ohne tiefere Wirksamkeit: Die Fürsten unterwarfen sich seinen Rechtssprüchen nicht oder nur, wenn es ihnen genehm war. Die Reichsritterschaft kümmerte sich auch wenig darum und nannte dieses Gericht eine Waffe für die Mächtigen gegen die Kleinen. Die Städte klagten über Parteilichkeit seiner Rechtssprüche. Der gemeine Mann hatte von diesem Gerichte gar keinen Nutzen, aber am meisten an den Kosten desselben zu tragen. Er hätte Vorteil davon gehabt, wenn dieser Gerichtshof seinen Rechtssprüchen gegen Landfriedensbrecher und Mißächter des kammergerichtlichen Bannes den Nachdruck des Strafvollzugs zu geben vermocht hätte. Aber dazu wurden ihm von den Herren die Mittel vorenthalten. Die Urteile blieben Urteile ohne Vollzug. Es war nicht Instinkt, es war Ergebnis langer täglicher Erfahrung, wenn der gemeine Mann in seinen Bundschuhentwürfen die Einheit Deutschlands und nur einen Herrn, den Kaiser, verlangte, und die Beseitigung aller anderen Herren, und wenn er glaubte, daß eine solche Reform nur auf dem Wege der Gewalt, von unten aus, durchzuführen sei.

Auch die Unterhaltung der Bündnisse, die zur Sicherung des Landfriedens errichtet wurden, hatte gehäufte Abgaben und Leistungen zur Folge, und im Jahre 1515 anerkannte es der schwäbische Bund selbst, daß die vielen Kriegsauszüge und Steuern, die den Untertanen durch den Bund veranlaßt werden, eine der Hauptursachen des Mißvergnügens unter dem gemeinen Manne seien.

15

Stimmung im Volke im Jahre 1517

Die Umwandlung, welche das Kriegswesen erlitten hatte, wurde für die Untertanen zunächst nur drückend, denn der Krieg kostete jetzt mehr. Die Reichsstände, die Bundesglieder legten die Kosten des reisigen Zeugs, der Landsknechte, des Kriegsgeräts einzig auf die Untertanen um; das schwere Geschütz erforderte mehr Fronfuhren und schwere Dienstleistungen; und plagten den armen Mann auf dem Lande die Herren aus den Burgen, so hatte er von dem Landsknecht, dieser neu aufgekommenen Hauptwaffe, im Frieden wie im Krieg ohne Grenzen zu leiden. Die Lands- oder Lanzknechte waren für die kriegführenden Teile höchst wichtig, aber für das Volk eine wahre Landplage.

Früher, da die Reichsstände und die einzelnen Bezirke noch nicht in so enger Verbindung miteinander standen, konnte wenigstens der arme Mann dem übermäßigen Druck dadurch sich entziehen, daß er wegzog und sich unter eine andere Herrschaft begab; jetzt war auch dies nicht mehr möglich, wie wir bei den Kemptener Bauern gesehen; das Pfahlbürgerrecht, das früher den Gedrückten unter den Mauern der Städte Rettung aus unleidlichem Zustande finden ließ, war ohnedies schon längst ganz aufgehoben. Sie hatten Hände und Arme gerade jetzt eng verflochten und verkettet, die Herren in den Schlössern, Burgen, Bistümern und Städten, um den armen Mann, den Bauern festzuhalten und niederzuhalten in dem Joch, das sie wie durch stilles, gemeinsames Übereinkommen ihm aufzwangen, und immer fester und fester zogen sie die Bande an, und immer blutiger fleischend schwangen sie die Geißel. Aber auch im Volke wurden einzelne Köpfe immer heller und kühner. Flugschriften fingen an, im Volke umzulaufen wie Blitze, erschreckend und erleuchtend.

„Fürwahr", so ließ sich unter andern eine derselben heraus, „sie strecken den Gehorsam zu weit hinaus, machen ein gemaltes Männlein daraus, haben die Welt bisher gar damit geäffet, so höflich herausgemustert und geputzt. So man aber diesen Stichling im Grund ersucht, so ist er nichts denn ein verlarvter Strohputz. Sie poltern und pochen viel auf ihre Herrlichkeit und Gewalt aus vermöge der Schrift – aber wo bleiben hie die Wehrwölf, der Behemoth Hauf mit ihrer Finanz, die eine neue Beschwerde über die andere auf arme Leut richten, heuer einen selbstgutwilligen Frondienst, zu Jahr daraus einen vergewaltigenden Muß, wie denn mehrteils ihre alte herkommene Gerechtigkeit erwachsen ist? In welchem Kodex hat Gott ihr Herr ihnen solche Gewalt gegeben, daß wir Armen ihnen zu Frondienst ihre Güter bauen müssen, und zwar nur bei schönem Wetter, aber bei Regenwetter unserer Armut den erarbeiteten blutigen Schweiß im Feld verderben lassen sollten? Gott mag in seiner Gerechtigkeit dies greuliche babylonische Gefängnis nicht geduldem, daß wir Armen also sollen vertrieben sein, ihre Wiesen abzumähen und zu heuen, die Äcker zu bauen, den Flachs darein zu säen, wieder heraus zu raufen, zu riffeln, zu röseln, zu waschen, zu brechen und zu spinnen, Erbsen zu klauben, Mohren und Spargeln zu brechen. Hilf Gott, wo ist doch des Jammers je erhört worden? Sie schätzen und reißen den Armen das Mark aus den Beinen, und das müssen wir verzinsen. Wo bleiben hie die Stecher und Renner, die Spieler und Bankettierer, die da völler sind denn die kotzenden Hunde? Dazu müssen wir Armen ihnen steuern, zinsen und Gült geben, und soll der Arme nichts minder weder Brot, Salz noch Schmalz daheim haben, mitsamt ihren Weibern und kleinen unerzogenen Kindern. Wo bleiben hie die mit ihrem Handlehen und Hauptrecht? Ja, verflucht sei ihr Schandlehen und Raubrecht. Wo bleiben hie die Tyrannen und Wüteriche, die ihnen selbst zueignen Steuer, Zoll und Umgeld, und das so schändlich und lästerlich vertuen und unwerden, das doch alles in gemeinen Säckel kommen und zu Nutz dem Lande dienen soll; und daß sich ja keiner dawider rümpfe oder gar flugs geht's mit ihm, als mit einem verräterischen Buben, ans Pflöcken, Köpfen, Vierteilen: da ist minder Erbarmen denn mit einem wütenden Hund. Hat ihnen Gott solche Gewalt gegeben, in welchem Kappenzippel steht doch das geschrieben? Ja, ihre Gewalt ist von Gott, aber doch so fern, daß sie des Teufels Söldner sind und Satanas ihr Hauptmann. Nur mit diesen Moabs und Behemoths weit hintan und weit hinweg, ist Gottes höchstes Gefallen."

Diese Stimme aus dem Volke könnte übertrieben scheinen in ihren Anklagen. Äneas Sylvius, der nachmalige Papst Pius II., erzählt in seiner Geschichte Kaiser Friedrichs III., dessen Geheimschreiber er damals war, was die im Herzogtum Österreich in der zweiten Hälfte des fünfzehnten Jahrhunderts an den Kämmerer Ungenad schrieben. „Dein Hochmut", sagten sie, „ist beschwerlich; aber weit unerträglicher deine Raubsucht, womit du alle bedrückst und alle zinspflichtig gemacht hast, Geistliche und Laien. – Alles ist bei dir feil gewesen. – Zu deinen glänzenden Gastereien und leckeren Mahlen haben die Armen ihr Blut hergeben müssen. Wir übergehen die Frauen, die bei Nachtzeit in dein Haus geführt wurden, und die geschändeten Jungfrauen." Der nachmalige Papst, der die Verhältnisse Österreichs und ganz Deutschlands so genau kannte, sagt mit keinem Worte, daß nur etwas davon unwahr oder übertrieben sei.

Und solches Tun nahm im sechzehnten Jahrhunderte zu, nicht ab, nach einstimmigem Zeugnis aller Gleichzeitigen.

Rosenblüth klagt: „Der Edelmann treibt seine Forderungen immer höher; schilt dann der Bauer, so wirft ihm der Edelmann sein Vieh nieder." Auf dem Reichstage zu Gelnhausen wurde zwar wohl von der Notwendigkeit gesprochen, den gemeinen Mann zu erleichtern. „Er sei", hieß es, „mit Fronen, Diensten, Atzung, Steuern, geistlichen Gerichten und anderen Lasten also merklich beschwert, daß es auf die Dauer nicht zu leiden sein werde." Aber geschehen dafür ist nichts. Im Jahre 1517 verlangten die kaiserlichen Bevollmächtigten auf dem Reichstage zu Mainz eine stattliche Hilfe von den Reichsständen, nicht mehr den vierhundertsten, sondern den fünfzigsten Mann, als Vorbeugung gegen den Geist der Empörung im Volke. Die Stände lehnten das ab. Der gemeine Mann in Stadt und Land, sagten sie, sei durch Teuerung und Hunger ohnehin geplagt; er könnte durch dieses Aufgebot in seinem wütenden Gemüte noch mehr gereizt werden, und es möchte hervorkommen, was ihm schon lang im Herzen stecke. Nähme man das an, wäre ein allgemeiner Aufstand zu besorgen. – Daß man die Kriegsknechte, wenn sie gegen Kaiser und Reich gestritten, wieder nach Hause gehen lasse, wurde als eine besondere Ursache der Unruhe hervorgehoben, die allenthalben hervordrohe; diese bringen die Meuterei in den gemeinen Mann. Man besprach wohl, was sich im Gemüt der Bauern rege, aber es kam nicht einmal zum Vorschlag, wie den Übeln der Bauern abzuhelfen wäre. Der Reichstag ging ohne Beschluß auseinander, eben da der Gärung und Spannung, die der leibliche und juridische Druck schon hoch genug getrieben, der religiöse Hebel sich ansetzte.

Nach der Unterdrückung des armen Konrad woben die Männer des Volkes nur im tiefen Dunkel weiter, doch ohne großen Erfolg. Herzog Ulrich fürchtete wenigstens sich noch im Jahre 1516 vor neuen Unruhen, welche die Ausgetretenen und Verwiesenen des armen Konz im Württembergischen anfangen könnten, und argwöhnte in jeder Büchse oder Armbrust eines gemeinen Mannes eine Kugel oder einen Pfeil, die nach seinem Herzen zielen könnten. Da und dort hielten die Flüchtlinge Versammlungen. Viele stahlen sich glücklich wieder in die Heimatgegend, wie im Württembergischen, so im Breisgau und in der Ortenau.

Joß Fritz, der ewig Geschäftige, ließ sich bald hier, bald dort wieder blicken, im Schwarzwald, am Oberrhein; seine Frau trieb sich von Ort zu Ort und vermittelte die Verbindung zwischen ihm und seinen alten Bekannten. Im Sommer 1517 hatten die Flüchtlinge und andere Mißvergnügte namentlich eine Versammlung auf dem Kniebis im Schwarzwald ausgemacht. Allenthalben waren die Obrigkeiten auf der Hut und forschten und spürten. Mehrere Gesellen von Joß wurden gefangen und zu Rötteln gerichtet. „Den Bundschuher mit dem Lotterholz" fing der Landvogt zu Hochberg. Der gestand, daß seiner Gesellen einer, der sich Bastian Reben-König nenne, sich zu Suckental oder zu Glotter in einem der Bäder enthalte und daß sein Hauptmann (Stoffel von Freiburg?) zu St. Blasien sei, Joß und noch einer (Hieronymus, der Tiroler?) zu Zurzach. Aber weder diese noch jener Gesell wurden gefangen.

Der Obervogt am Schwarzwald, Hans von Wytingen, schrieb unterm 19. September 1517 an die Freiburger, wie er glaubliche Kunde habe, daß Joß Fritz wieder ins Land gekommen sei und „seine Büberei wieder angefangen habe"; Joß mit andern ziehe durch die Ämter des Schwarzwaldes hin und her und unterstehe sich, seine Handlung und bös Fürnehmen zuzurichten und zu mehren.

Auf dieses kamen alle Städte des Oberrheins in Bewegung. Der Rat zu Straßburg schrieb unterm 26. September 1517 an die Freiburger: Auf das Schreiben derselben, der Bundschuher halb, so zu Kniebis sich versammeln wollen, habe er zur Stunde nachgeforscht. Es sei auch nicht ohne; sie haben jedoch etlicher Anzeigen ungeachtet bis jetzt nichts Gründliches über den Handel in Erfahrung bringen mögen.

Man streifte auf Joß und seine Anhänger einige Zeit und vermutete, daß namentlich „innen im Breisgau ihre Gesellen oder ihresgleichen wären"; aber Joß und die mit ihm waren, entgingen jeder Spähe, und jene Vermutung führte zu keiner Gewißheit.

Von da an verschwindet der Name des Joß aus der Geschichte; der Same, den er ausgesät, keimte fort.

16

Das Hinzutreten der Reformation

Es liegt außer der Sache, auf die Reformation selbst einzugehen.

Der aus langem Schlummer erwachte Geist der Nation zeigte sich zuerst in dem wissenschaftlichen Leben und in der werdenden Literatur, welche sich als eine doppelte geltend machte, nicht nur in rein gelehrter Richtung, sondern auch in volkstümlicher. Die volkstümliche Literatur teilte sich wieder in zwei Zweige, in die erbauliche und die satirische, wenn wir sie nämlich in ihrer Bedeutung für die Vorbereitung der Reformation betrachten. So lagen in den Schriften Taulers, Heinrich Susos, Johann Ruysbrocks, Thomas a Kempis', Johann Wessels und anderer sehr viele Elemente reformatorischer Art, und wie sich in ihnen, wenn auch nur leise, aber tief wirkend, ein Kampf gegen die Kirche, wie sie jetzt war, fortspann, der sich unbewußt in die Herzen vieler Tausende der Nation seit Erfindung der Buchdruckerkunst hinüberspielte: so war es noch mehr auf der anderen Seite der Witz, welcher in offenbarer Opposition gegen das entartete Papsttum wie gegen die Gebrechen der Zeit einen kleinen Krieg für die Freiheit des Geistes und des Volkes fortführte. Die Schriften Rosenblüths, Rollenhagens, Sebastian Brants, Thomas Murners begossen die öffentlichen Zustände mit ihrer Lauge. Reineke Fuchs, der Eulenspiegel waren Volksbücher in gleicher Richtung; über Brants Narrenschiff predigte Gailer von Kaisersberg; und Murner, der Franziskaner, durchzog seit 1500 fast alle deutschen Gaue und geißelte das Verderben aller Stände derb und oft unsauber, aber höchst populär. Nicht zu vergessen ist der beißende Heinrich Bebel, der in Schenken und an Prälatentafeln die schwachen Seiten der Kirche und ihrer Diener belachte. Überall tut sich der Verstand kund, der mündig geworden ist.

Den Vermittler zwischen der populären und der gelehrten Literatur macht Ulrich von Hutten. Er gehört beiden zugleich an. Von ungeheurer Wirkung waren die Karikaturen, welche er in Verbindung mit einigen Freunden, namentlich mit Reuchlin, auf das Priestertum der Zeit machte, in seinen Briefen der Dunkelmänner, der Finsterlinge (epistolae obscurorum virorum).

Der Papst glaubte, diese Karikaturen verbieten zu müssen, so sehr machten sie die Nation über die Pfaffheit lachen. Hutten war aber auch eine der ersten Zierden der kaum wiedererwachten Wissenschaft, und es ist ewig schade, daß seine meisten Schriften lateinisch geschrieben sind.

Innig befreundet war mit ihm, wiewohl nur einige Zeit, Erasmus von Rotterdam, eine europäische Berühmtheit. Von Haus aus ein Feind des Pfäffischen und Klösterlichen, worunter Erasmus in seiner Jugend viel gelitten hatte, war sein literarisches Wirken eine bittere, wenn auch leis und rücksichtsvoll auftretende Opposition gegen die heiligen und unheiligen Torheiten seiner Zeit, und besonders sein feiner Witz, gekleidet in die höchste Eleganz und Leichtigkeit des Ausdrucks, schnellte Tausende von treffenden Pfeilen. Er dachte auf das freisinnigste, besonders im Punkte der Religion. Er sprach auch freimütig, solange es keine Gefahr hatte und solange selbst die, deren Standesinteresse von seinem Witze getroffen wurden, mitlachten. Dadurch, daß er der Wiedererwecker des

Erasmus von Rotterdam (Nach Dürer)

klassischen Altertums und, durch die Beförderung desselben, besonders auch durch seine korrekte Übersetzung des Neuen Testaments ins Lateinische, Vorläufer des anbrechenden Tages wurde, hat er ein unsterbliches Verdienst, und das Rittertum des neuen Geistes, dem er Bahn brach, muß ihm ungeschmälert bleiben, so viele Schatten auch auf seine glänzende Rüstung fallen. Ein anderer Vorkämpfer der Wissenschaft war Johann Reuchlin, der Sohn eines Boten zu Pforzheim. Solche Männer, und unter ihren Händen die ewig jungen, vom Geiste der Freiheit geborenen Werke des klassischen Altertums und die durch ganz Deutschland aufblühenden Universitäten, und ihnen zur Seite die Presse, die neuerfundene Kunst, mit Blitzesschnelle, was der einzelne gedacht, unter die Massen einzuführen, verbreiteten weithin ein neues Licht und brachten neue Gärungsstoffe in das innere Leben der Zeit hinein. So kam es, daß in wenigen Jahren der zersetzende Verstand mehr Steine an dem Bau des Bestehenden löste und sprengte als fast in ebenso vielen Jahrhunderten zuvor, und die alten Formen des religiösen und politischen Lebens erschienen immer abgelebter und befleckter.

Weil der Gottesdienst seiner Idee fast abgestorben, fast zur gleichgültigen Form geworden war, wurde er eben für die Denkenden eine

Last und führte die Masse, da die Zweifelsucht einerseits angeregt, die Unwissenheit andererseits groß war, entweder zum Unglauben oder zur Sehnsucht nach neuem religiösem Lebensbrot oder zum Aberglauben.

Die Zeit war großenteils wundergläubiger als je. Reliquien wurden wieder mit brünstiger Andacht verehrt, und der Mariendienst kam in einen Flor wie kaum zuvor sonst. Die Klugen unter den Priestern kamen dem religiösen Bedürfnisse der Zeit auch bereitwillig mit den seltsamsten Reliquien entgegen und beschäftigten die Künstler mit Anfertigungen von Hunderten und Tausenden von Marienbildern und -bildchen. Sie verbreiteten Gebetbücher mit Gebeten, an deren Sprechung ein Ablaß auf Jahre und Jahrtausende geknüpft war, und die Marienbilder der verschiedenen Kirchen mußten Wunder auf Wunder tun. Auch wurde mit dem Kaiser von den Kölner Dominikanern bereits unterhandelt, ein Inquisitionstribunal in Deutschland zu errichten. Freudig über solche Erfolge, rieb sich der Abt des Stifts Neuhausen im Würmsgau in Schwaben die Hände und schmeichelte sich mit der Hoffnung, „sie wollen die Leute noch überreden, daß sie Heu fressen".

Die Kunst arbeitete dem alten Glauben, der Heiligen- und Muttergottes-Verehrung, wunderbar in die Hände: Die Malerei und die Skulptur feierten eben ihre schönsten Begeisterungsstunden und schufen ihre herrlichsten Werke. Der ganze Kultus gewann die höchste äußerliche Schönheit. Alle Künste zogen in höherem Stile mitwirkend um diese Zeit ein in die Hallen der Kirchen, und die Dome, an denen die Jahrhunderte gebaut, vollendeten jetzt erst ihre Chore, ihre Hochaltäre, ihre Portale, ihre Turmspitzen.

Es war, als wollte das Mittelalter noch einmal sich glänzend erheben in den drei Erscheinungen, die es charakterisieren: im Glauben, in der Poesie, im ritterlichen Heldentum. Denn wie der Glauben wieder in den seltsamsten Wundergeschichten, die Beifall fanden, und in einer Art religiöser Ekstase, die viele ergriff, neu aufleuchtete; wie die Poesie, wenn auch nicht in der Schönheit des Gesanges, doch in der Schönheit, die der Pinsel und der Meißel schaffen, sich neu offenbarte, so nahm auch die Feudalität, neben Roheit und Faustrecht, hohe Ideen und großen Sinn wieder in sich auf, in Rittern wie Sickingen, wie Ulrich von Hutten.

Aber es war nur ein Aufleuchten der letzten Kräfte vor dem Tode, ein Aufflackern des Lebens kurz vor der Auflösung. Wie unfreiwillig auch, der Geist des Mittelalters sollte vom Schauplatz abtreten, und schon hörten Aufmerksamere die Axtschläge der Unsichtbaren, welche am Sarge der Feudal- und Priesterherrlichkeit zimmerten. Der Schmuck, womit zuletzt noch die Künste die Kirche des Mittelalters schmückten, war ihr Totenschmuck, worin sie ihrer allmählichen Auflösung entgegengehen sollte.

Tausende ahnten oder verkündeten den Anzug einer neuen Zeit. Alte Weissagungen kamen wieder in lebendigen Umlauf, neue schlossen sich daran.

Es waren vorzüglich zwei große Weissagungen, an welche sich der Glaube und die Hoffnung des Volkes hielt in seiner Not und seiner Nacht, in seiner Sehnsucht nach Hilfe und Erlösung. Die eine war eine politische, die andere eine religiöse. Es war nämlich eine alte Prophezeiung, „es solle einst eine Kuh auf dem Schwanenberg* stehen und da lungern und plarren, daß man's mitten in Schweiz höre". Diese Prophezeiung war zum Sprichwort und dahin gedeutet worden, daß ganz Deutschland einst zur Schweiz, das heißt frei wie die Schweiz werden würde.

Die andere Weissagung war das Wort, das man dem sterbenden Hus oder Hieronymus in den Mund gelegt hatte und welche eine hussitische Münze als Umschrift des Gepräges führte: „Über hundert Jahre werdet ihr Gott und mir antworten." Allgemein erwartete man die Erscheinung des Langverheißenen, der ein Mann Gottes und des Volkes sein würde wider die Tyrannei des Papstes und der Pfaffen. Von dem Franziskaner Johann Hilten war eine noch bestimmtere Weissagung, die er, ehe er in den Kerker gelegt worden war, auf den Propheten Daniel sich stützend, zu Eisenach getan hatte, im Umlauf: „Im fünfzehnhundertundsechzehnten Jahre werde die Macht und Gewalt des Papstes anfangen zu fallen."

So hoch man auch das Wirken und die Macht des Geistes auf das Volk anschlagen muß, so darf man doch nicht verkennen, daß das Materielle auf die Masse tiefer geht als das Geistige, und so wehe es dem Bauern tut, wenn er der geistlichen Speise in der Kirche darben soll, so tut es ihm doch noch weher und macht ihn für Neuerungen geneigter, wenn er kein Brot in der Tischlade hat, wenn er physisch hungert.**

Es ist gewiß richtig, daß einerseits die Gelderpressungen, die Betrügereien und Räubereien zuerst des römischen Hofes, dann der geistlichen Herren überhaupt, andererseits die Weigerungen der Geistlichkeit, an irgendeiner Steuer oder Last mitzutragen, es vorzüglich gewesen seien, was das Volk am meisten aufgebracht und ebensosehr zur Republik als zur Reformation fortgezogen habe. Die Ablaß- und Jubelgelder, welche ungeheure Summen dem römischen Hofe abwarfen, in einer einzigen Stadt, zum Beispiel wie Frankfurt, in einem Jahre gegen tausendfünfhundert Goldgulden, hatten zwar für den einzelnen nichts materiell Drückendes; aber das Schamlose, das Schmutzig-Dreiste, womit der Kram getrieben wurde, mußte zuletzt auffallen, zum Denken und Zweifeln führen, erbittern, zum Widerstand herausfordern. Es war wie mit den Heiligtümern

* Der Schwanenberg liegt in Franken bei Iphofen, unweit Nürnberg und Würzburg, also im Herzen von Deutschland.

** „Wer mehret Schweiz? Der Herren Geiz." Sprichwort jener Zeit.

Martin Luther

der Stationierer, welche eine Feder des nächsten besten Raubvogels als eine Schwungfeder des Erzengels Michael gegen Geld umzeigten oder Kästchen mit Heu aus der Krippe, darin der Herr gelegen, ausstopften und die Berührung von beiden als Mittel wider die Pest anpriesen, es war wie mit der Finanzspekulation der schönen Mutter Gottes zu Regensburg. Wahrhaft drückend aber, markaussaugend waren die sogenannten Annaten, die Gelder, welche dem römischen Hofe bei Erledigungen der Bistümer gezahlt werden mußten. Sie waren drückend durch die Größe der Summe, die als Steuer auf die Untertanen umgelegt wurde, markaussaugend durch die häufige Wiederkehr dieser Steuer in kurzen Zeiträumen. Die Summe nämlich, welche ein Prälat beim Antritt seiner Prälatur zu zahlen hatte, betrug von 15 000 bis auf 20 000 und mehr Gulden, und es konnte geschehen, daß, wie zum Beispiel in Passau, binnen acht Jahren der Stuhl dreimal, binnen achtzehn Jahren sogar viermal erledigt wurde und mithin diese Steuer viermal nacheinander gezahlt werden mußte. In Mainz war der erzbischöfliche Stuhl binnen sieben Jahren, von 1505 bis 1513, dreimal erledigt, und dreimal wurde die Summe von jedesmal 20 000 Gulden in dieser kurzen Zeit auf die Untertanen umgelegt, die schon ohnedies durch so viele Lasten verarmt waren; und nahm der römische Hof soviel vorweg, wie mußte erst der Prälatenhof, um für seinen eigenen Luxus und Aufwand das Zureichende zu erhalten, an dem armen Volke melken, drücken und pressen! Das Volk mußte auf die Überzeugung kommen, daß die geistlichen Herren keine Religion mehr haben als den weltlichen Nutzen, der aus allem Geld machen wolle.

Und während der gemeine Mann so viel tragen und leisten mußte, sperrte sich die gesamte Geistlichkeit gegen jede Teilnahme an den allgemeinen Lasten, gegen jede Auflage. Sie behauptete, geistliche und weltliche Rechte und die Heilige Schrift verbieten auf das strengste, sie mit Taxen, Steuern und Abgaben zu beschweren, griff ohne Scheu dem gemeinen Mann in seinen Brotverdienst, trieb Schenkwirtschaft, Warenhandel aller Art usw.

Da trat Luther auf, der Sohn des Bergmanns. Wie Luther sich von den Zeitverhältnissen unterstützt sah, so war er es von allen hervorleuchtenden Talenten. Fand er viele Gegner, die ihn bekämpften, so war die Zahl derer, die mit ihm für das Neue arbeiteten, die ihn unterstützten, doch überwiegend; es waren alle Söhne des erwachten Jahrhunderts, alle Freunde der Wissenschaft, alle älteren und jüngeren Geister mit ihm, ja er hatte die Nation zum Rückhalt.

Luther aber ließ es die Bauern hören, was andere bisher nur im gelehrten Kreise verlauten ließen; er sprach es dazu mit aller Gewalt und Herrlichkeit des deutschen Wortes aus, wie es nie erhört worden war. Was er in seiner Zelle erdachte und erforschte, machte er zum Tagesgespräch im Salon und in der Bauernhütte, an der Fürstentafel und in der Schenkstube. „Weil alle Bischöfe und Doktoren stilleschwiegen und niemand der Katze die Schellen umbinden wollte, so ward der Luther ein Doktor gerühmt, daß doch einmal einer gekommen wäre, der dreingriff."

Wenige Jahre, und er konnte mit Recht sprechen: „Der Damm hat ein Loch bekommen, und es stehet nicht bei uns, die ausbrechende Flut aufzuhalten."

Man hat Luther bloß von der Seite des religiösen Kampfes auffassen wollen; als ob sich in jener Zeit und bei der Gestalt des Reiches, die es nun einmal hatte, eines Reiches, in dessen schönste Hälfte lauter geistliche Fürsten sich als Herren geteilt hatten, das Religiöse und das Politische so ganz hätte auseinanderhalten lassen und der Sturm, der die Kirche erschütterte, nicht zugleich den weltlichen Bau hätte erschüttern müssen. Luther stand allerdings hauptsächlich auf dem religiösen Standpunkt. In den ersten zwei Jahren aber verschmolz sich noch das politische und religiöse Element in ihm. Luther hat verschiedene Perioden: Der Luther von 1517 ist ein anderer als der von 1521, der von 1521 ein anderer als der von 1525 oder gar noch später. Das übersieht man in der Regel.* Aber auch abgesehen von den politischen Gedanken des Reformators, sein Werk, die Reformation, mußte jedenfalls von tiefgreifendem politischem Einfluß sein. Bewußtheit und Berechnung, politisch umzugestalten oder gar umzuwälzen, war bei Luther weder anfangs noch später: Aber die kirchliche Umwälzung mußte auf eine Staatsveränderung führen, der Verhältnisse wegen; abgesehen davon, daß immer das Kirchliche auf das Staatliche rückwirken muß.

Der größte Teil der Menschen seufzte unter unmenschlichem Druck, unter geistigem und materiellem; er sah sich herabgewürdigt zum Lasttier, zur Sache.

Luthers größtes Wort, das er sprach, war seine Verkündigung der Freiheit eines Christenmenschen, das herrliche evangelische Wort, daß alle Christen ein priesterlich Volk und ein königlich Geschlecht sind, jeder eine religiöse Persönlichkeit mit dem Recht und der Pflicht, seine Kräfte zum Gemeinwohl zu gebrauchen.

Luthers größte Tat war, daß er die Bibel so herrlich verdeutschte, sie zum Volksbuch, zum Buch des Lebens im wirklichen Sinne, zum Buch der Welt machte. Die einzige Lehre Christi, daß alle Menschen Geschwister seien, Kinder eines Vaters, und als solche sich zu lieben die Pflicht haben, ist, wo sie im Leben wirklich würde, eine Freiheitssonne. Diese Liebe schließt jede Knechtschaft, jeden Kastengeist und alle damit verbundenen Übel aus.

Man hatte die Völker jahrhundertelang in geistiger, besonders religiöser Unmündigkeit gehalten: Auf dieser Unmündigkeit ruhte der Despotismus. Es ist eine furchtbare Wahrheit, daß der Despotismus nicht nur in der Unwissenheit wurzle, sondern auch Unwissenheit als seine Frucht trage. Weil man die heilige Urkunde, die Bibel, den Menschen zu entziehen gewußt hatte, war es leicht, sich für die Grundsätze des Despotismus auf die heiligen Schriften zu berufen, sich an die Bibel anzulehnen, als wäre es aus dieser geschöpft und von dieser so geboten. Es ist eine unleugbare Tatsache, arglistige Deutungen, Fabeln und Lügen hatten die heiligen Schriften in der Meinung des Volkes zum Kodex der Knecht-

* Hier übersieht Zimmermann, daß nicht Luther sich gewandelt hat, sondern die politische Situation sich änderte. Luther als Repräsentant des bürgerlich-reformatorischen Lagers machte alle politischen Wandlungen mit, die der rechte Flügel dieses Lagers im Laufe der Entwicklung machte. In den ersten Jahren die stürmische Haltung, die mit harten Worten die Kirche angriff und Taten forderte. Als der Erfolg sich zeigte und die Bauern in Bewegung kamen, suchte Luther zwischen Bauern und Fürsten zu vermitteln. Als die große Revolution ausbrach und der Brand die von Luther vertretenen Schichten hinwegzufegen drohte, galt es, keine Zeit zu verlieren. Jetzt drohte Luther den Bauern und veröffentlichte seine Schrift „Wider die mörderischen und räuberischen Rotten der Bauern“. Die Red.

schaft gestempelt; sie hatten den Verstand im Aberglauben gefangengenommen und die Welt im Namen Gottes tyrannisiert.

Luther gab den Völkern die Bibel wieder in die Hand; sie konnten jetzt selbst sich daraus unterrichten, vergleichen, ihre Schlüsse ziehen; der Despotismus konnte sich nicht mehr unbeschrien auf dieselbe berufen und an sie lehnen wie früher, da sie unsichtbar war.

So war der erste große Schritt zur Emanzipation getan, die Täuschung war aufgedeckt, auf welche die Gewalten ihre Bedrückungen gegründet hatten; das wahre christliche Prinzip mußte – so schien's – jetzt alle Verhältnisse des Lebens durchdringen und die Welt wie religiös, so auch politisch umgestalten. Die Menschheit hatte zu denken angefangen, und man mußte glauben, daß sie nicht bei einem stehenbleiben, sondern alle Verhältnisse in den Kreis ihres Denkens ziehen werde.

Die Weissagungen fingen an, sich zu erfüllen. Alles zielt auf blutige Bewegungen, schrieb Erasmus im Jahre 1522. Und schon um Weihnachten 1517, als Kurfürst Friedrich abends mit seinem Hofe zur Kirche ging und über dem Schloß am hellen Himmel ein großes glänzendes Zeichen in Gestalt eines purpurfarbenen Kreuzes sah, sprach er: Es wird viel blutiger Streit in Glaubenssachen sich erheben.

17

Huttens Entwurf auf das deutsche Volk und Sickingens Bewegung

Nicht der gemeine Mann allein, fast alles fühlte sich unbehaglich zu dieser Zeit. Der Zustand des Reiches war zu sehr darnach. „Alle Stände sind gebrechlich", sagt Hieronymus Emser in seiner Flugschrift „wider das unchristliche Buch Martin Luthers, des Augustiners!" „Der Zustand der Dinge ist so arg, daß der Jüngste Tag kommen muß, wenn sie nicht eine ernstliche Reform ändert." So sprachen selbst die Gegner der Neuerung, die jetzt des religiösen und politischen Lebens sich zu bemächtigen anfing.

Besonders unbehaglich fühlte sich die Reichsritterschaft. Diese Tage des Übergangs aus der Welt des Mittelalters in die anbrechende neue Zeit wiesen sie in eine höchst sonderbare Stellung. Es stritten sich in ihr der Geist der neuen Zeit und der kecke, selbstherrliche, faustrechtliche Geist des Mittelalters.

Es hatte sich der bedeutendste Teil des oberdeutschen höheren Adels mit den Städtebürgern im schwäbischen Bunde vereinigt, um die Gewalttätigkeit einzelner Glieder des Adels niederzuhalten, welche auf ihre alte

Freiherrlichkeit pochten und in die gesetzliche Ordnung sich nicht fügen wollten.

Die mächtigen Fürsten im Reich hatten die Wahl des spanischen Königs Karl zum deutschen Kaiser benutzt, um ihrer eigenen Macht noch mehr Ausdehnung im Reiche zu geben. Der neue Kaiser, Karl V., der Beherrscher so vieler weit auseinander gelegener Länder, war genötigt, oft aus dem deutschen Reiche weg, und zwar lange und weit weg zu sein. Dann hatten die mächtigen Fürsten die Reichsregierung. Besonders, wenn der schwäbische Bund, der ablief, nicht erneuert wurde, waren sie die Herren im Reich.

Im November 1521 trat nach der Abreise des jungen Kaisers unter dem Vorsitze des kaiserlichen Statthalters, des Pfalzgrafen Friedrich, das Reichsregiment in Nürnberg zusammen, wo auch das Reichskammergericht in neue Tätigkeit trat. Das Reichsregiment aber blieb schwach. Besonders waren die Städte dagegen und der ganz niedere Adel des Reiches, weil beide von aller Teilnahme am Reichsregiment ausgeschlossen waren, und den kleineren Fürsten war es auch nicht angenehm. So war trotz dieser neuen Zentralgewalt wenig Ordnung und Einheitlichkeit im Reiche, und die Verlängerung des schwäbischen Bundes, die hauptsächlich durch die Herzoge von Bayern betrieben wurde, war um so wichtiger.

Dieser Bund von Fürsten, Städten und einem Teile des Adels, der im Jahre 1521 verlängert wurde, war jedoch selbst ein lebendiges Zeugnis, wie sehr die Rechtsordnung im Reich in Auflösung war. Früher war er ein Bund zu Schutz und Trutz gegen Gewaltsamkeiten von innen und außen unter der obersten Reichsgewalt; er vollzog die Rechtssprüche, welche diese für Mitglieder des Bundes erließ. Seit länger aber schritt der Bund mit den Waffen ein, als Kläger, Richter und Urteilsvollstrecker in einer Person, wo er es immer für gut fand, unbekümmert um die Sprüche von Reichsversammlungen, Reichsregiment und Reichskammergericht. Von 1521 an war der schwäbische Bund die eigentliche höchste Macht im Reich, die er namentlich diejenigen Edelleute fühlen ließ, die den Landfrieden nicht hielten.

So taten sich die Absberge, die Rosenberge, die Schotte, die Berlichingen und andere zusammen, um das Fehde- und Raubwesen ganz im alten Stil zu handhaben. Götz von Berlichingen sah in einer Zahl Wölfe, die in eine Schafherde fielen, ganz naiv seine „lieben Gesellen", sein ganz natürlich Ebenbild. Solche verwegene Herren und ihre Spießgesellen machten alle Straßen in Franken, Schwaben und am Rhein unsicher und fehdeten gegen Städte und geistliche Fürsten. Sie behaupteten, Fug und Recht zu solchem Tun zu haben. Da Fürsten und Städte sie immer mehr einengen und der Kaiser sie nicht schütze, müssen sie selbst zueinander schwören,

Franz von Sickingen (Nach einem Stich von Hopfer)

sich bei ihren alten Freiheiten und Rechten zu handhaben und sich gegen jeden zu wehren und zu setzen, der sie daran irren, engen und kränken würde.

Es war dem wirklich so: Die wachsende Fürstenmacht engte die kleinen Selbstherren auf ihren Burgen sehr ein: Die Tausende von kleinen Königen im Reich sollten alle unter ein paar Fürstenhüte gebracht werden, und sie achteten sich doch so frei und so gut wie diese Fürsten, die ihre Freiheit beschränken und Gehorsam von ihnen verlangen wollten. Bei dieser Ansicht ihrer Stellung mußte es sie verletzen, daß das Verbot der Selbsthilfe nur gegen den niederen Adel, nicht aber gegen die Fürsten geltend gemacht werde; es mußte sie dieses noch mehr auch darum verletzen, weil auf dem Rechtsweg gegen Eingriffe und Widerwärtigkeiten von seiten der Fürsten der Arme von Adel sowenig Recht bekommen konnte als der Bauer. So schädigten sie unter dem Vorwande, sich selbst und anderen zu Recht zu helfen, Fürsten und Städte.

Es gewann jedoch dieses Wesen bei einzelnen einen großartigen Stil. So einer war Franz von Sickingen.

Man hat diese imposante Gestalt auf der Scheide zweier Zeitalter mit Recht den letzten altdeutschen Freiherrn genannt. In ihm glänzte die Gestalt eines Ritters, wie er Anarchist und König auf seinen Burgen war, noch einmal, das letzte Mal, blendend auf, ehe sie ganz und für immer erlosch. Ein Held, voll der Kraft und Biederkeit der alten Zeiten, mit der sich nach adeliger Ansicht das Faustrecht und Raubrittertum wohl vertrug, kühnen Mutes und hochfliegenden Geistes, glücklich in manchem Kriegsunternehmen, hatte er seinen Reichtum wie seinen Ruhm auf eine hohe Stufe gebracht. Ein einfacher Freiherr, hatte er sich sieghaft nicht bloß mit seinesgleichen, sondern mit großen Reichsstädten, mit Fürsten und Kurfürsten gemessen. Als König Franz von Frankreich sich um die deutsche Kaiserkrone bewarb, wandte er sich unter anderen, durch deren Mitwirkung er zu seinem Zwecke kommen zu können glaubte, namentlich auch an Sickingen, ganz so wie an die Fürsten und Kurfürsten. Sickingen war eine Macht im Reich: In wenigen Tagen vermochten sein Name und sein Gold ein für die damalige Zeit beträchtliches Heer unter seine Fahne zu sammeln. Der ganze niedere Adel sah in ihm sein Haupt und seinen Stimmführer, und der neugewählte Kaiser Karl V. schätzte sich glücklich, als Sickingen in seine Dienste trat und sein Feldhauptmann wurde.

Dieser Ritter, so faustrechtlich er war, war ein Freund der Gelehrten. An seinem Hofe – denn er hielt eine Hofhaltung wie ein Fürst – herrschte jene freie Denkart, welche im Kreise des Genius und der Wissenschaft immer sich einzufinden pflegt, und sein Hof war wirklich wie eine Art kleiner Akademie. Mit Ulrich von Hutten und Reuchlin war der Geist der römischen und griechischen Klassiker auf der Ebernburg und dem Landstuhl, wo Sickingen am liebsten weilte, eingekehrt. Und unter den vielen gelehrten Männern, welche er teils zu sich berufen, teils aufgenommen hatte, lebten zu gleicher Zeit neben Hutten, Hartmuth von Kronberg, dem edlen Ritter, der in der einen Hand die Bibel, in der anderen das Schwert hielt, und Dietrich von Dalberg bei ihm Johann Hausschein (Ökolampadius), Martin Bucer, Kasper Aquila, Johann Schwebel, lauter in der Reformationsgeschichte glänzende Namen. Ökolampadius berief er ausdrücklich, um sein Hofgesinde und seine Hausgenossen, „ein allbereits in der christlichen Lehre unterrichtetes Völklein, auf den rechten grünen Auen göttlichen Wortes zu weiden". An seinem Hofe auf der Ebernburg wurde zuerst, noch ehe es selbst in Wittenberg geschah, die neue Form des evangelischen Gottesdienstes eingeführt. Es sei, meinte Sickingen, mit dem gemeinen Volke daran, daß der gemeine Brauch verändert werde.

Ulrich von Hutten

Den meisten Einfluß aber auf Sickungen übte Ulrich von Hutten, jener kühne, freie Jüngling mit der großen, glühenden Seele, worin Raum für eine Welt war.

Entsprossen aus einem mächtigen, reichen und reichsfreien Adelsgeschlecht in Franken, im Jahre 1488, war er in seinem elften Jahre in ein Kloster geschickt worden, weil ihn sein Vater nach seines Bruders Rat, der erster Minister am würzburgischen Hofe war und besonders in den württembergischen Angelegenheiten lange eine bedeutende Rolle spielte, dem geistlichen Stande bestimmt hatte. Aber der Geist der neuen Zeit war in dem Knaben. In seinem sechzehnten Jahre entzog er sich durch die Flucht dem unerträglichen Zwange, im Jahre 1504, kurz ehe er eingekleidet werden sollte. Er, der Erstgeborene seines edeln Hauses, fühlte sich für andere Dinge als die Kutte geboren.

Dieser Schritt erbitterte seinen Vater so, daß er ihn von nun an nicht mehr als Sohn betrachtete und entfremdete ihm seine ganze Familie; sie tat, als ob er nicht zu ihr gehörte. So sollte es sein: ausgestoßen von seinem vornehmen Geschlechte, ohne Verhältnisse, ohne Rücksichten sollte er von nun an ganz ungeteilt seinem Vaterlande, seinem Volke angehören. Genial-leichtsinnig zuvor, wurde er ernst.

Alleinstehend in der Welt, in solcher Jugend, hatte er nichts als seinen guten Kopf, seine Feder und sein Schwert. Er sollte alles Elend seines armen Volkes an sich selbst erfahren. Aber das heilige Feuer der Idee, das in ihm war, hob ihn über alle diese Gemeinheiten des Lebens. Und wofür er im Innersten glühte, was er am heißesten liebte, das waren, wie er selbst ausspricht, „die göttliche Wahrheit, die allgemeine Freiheit".

Hutten hatte gegen das Jahr 1519 auch die Bekanntschaft des berühmten Ritters Franz gemacht und war bald in vertrautes Verhältnis mit ihm getreten. Um diese Zeit war Hutten längst mit sich im reinen, was er wollte und sollte: Die Wiedergeburt seines Volkes war die Idee, die sein ganzes Wesen einnahm.

Nur einen Augenblick hatte er geschwankt. Sein Vater war gestorben, ein schönes väterliches Erbe war von ihm anzutreten, seine Krankheit, an der er lange litt, geheilt, seine fromme Mutter drang in den Sohn, sich auf sein Erbgut zu setzen und sich zu verheiraten. Aber Hutten schwankte nicht lange. „Der Würfel ist gefallen, ich hab's gewagt!" rief er, verzichtete auf sein väterliches Erbe, sagte, um frei in allen seinen Schritten und ohne Rücksicht zu sein, sich von seiner Familie los, die in seinen Kampf und sein Verderben nicht verflochten werden sollte, ließ die weinende Mutter, alle Ansprüche auf irdisches Glück hinter sich und griff wieder und entschlossener, kühner als zuvor, wie in freiwilliger Todesweihe, zu den Waffen für die Wahrheit und die Befreiung seines Volkes. Er hätte es sich nie verziehen, jetzt, in diesen Tagen, unter diesen Umständen zu feiern. Er hätte erröten müssen, sooft vor ihm Luthers Name genannt worden wäre.

Der Geist seines Volkes war in Hutten wach; der Genius des Bergmannssohnes zu Wittenberg war dazugetreten und hatte ihn so gestärkt, daß er mehr als je Hoffnung und Glauben faßte an „die Zukunft Deutschlands".

„Wache auf, du edle Freiheit!" war das Motto seines ersten Schreibens an Luther. „Wir haben dennoch", fuhr er fort, „hie etwas ausgerichtet und fortgesetzt; der Herr sei fürder auf unserer Seite und stärke uns, um dessentwillen wir uns jetzt hart bemühen, seine Sache zu fördern und seine heilsame, göttliche Lehre wiederum lauter und unverfälscht hervorzubringen und an den Tag zu geben. Solches treibt Ihr gewaltig und unverhindert; ich aber nach meinem Vermögen, soviel ich kann. Seid nur keck und beherzt und nehmet gewaltig zu und wanket nicht. Ich will Euch in allem, es gehe wie es wolle, getrost und treulich beistehen; deshalb dürft Ihr mir hinfort ohne alle Furcht alle Eure Anschläge kühnlich offenbaren und vertrauen. Wir wollen durch Gottes Hilfe unser aller Freiheit schützen und erhalten und unser Vaterland von allem dem, damit es bisher unterdrücket und beschwert gewesen, getrost erretten. Ihr werdet sehen, Gott wird uns beistehen. So denn Gott mit uns ist, wer ist wider uns?"

Zu Anfang des Jahres 1520 ließ er mehrere Gespräche ausgehen. „Zu deinen Gezelten, Israel!" rief er Deutschland zu. „Mut, Mut ihr Deutschen, hindurch, hindurch! Es lebe die Freiheit!"

Es war sein schönstes Jahr; seine Stirne leuchtete von den Hoffnungen, von den Entwürfen, die in ihm glühten.

Zunächst war es ihm um die Trennung Deutschlands von Rom zu tun. Für diese seine Idee suchte er die bedeutendsten politischen Persönlichkeiten zu interessieren, zu entzünden. Alles hoffte auf den jungen Kaiser, der im Anzug war, auch Hutten. Aber Karl hatte keine Empfänglichkeit für Huttens Ideen, kein Verständnis für den in der deutschen Nation erwachten Geist. Die Enttäuschung vollendete sich auf dem Tage zu Worms. „Wehe dem Lande, dessen König ein Kind ist!" seufzte Hutten mit der Bibel. Sein Freund Hartmut von Kronberg, der wie Sickingen in des Kaisers Dienste getreten war, sagte Karl diesen Dienst gleich nach den Wormser Ereignissen wieder auf, ob er ihm gleich 200 Dukaten eintrug.

Hutten, so vielfach auch getäuscht in seinen Erwartungen, gab weder den Mut noch seine Entwürfe auf: Ja, er ging weiter. Zur Verjüngung der Nation, zur Hebung des Reiches, glaubte er, müsse mit der Herrschaft der Geistlichkeit auch die Vielherrschaft der Fürsten beseitigt und ein einiges Deutschland voll unmittelbar freier Männer unter einem Haupte, dem zu neuer Herrlichkeit erhobenen Kaiser, gewonnen werden.

Nicht ohne Blut, nur auf dem Wege der Umwälzung war dies möglich. Er war kein Herr von Land und Leuten, er hatte kein Heer, keine eigenen materiellen Hilfsquellen, er war, wenn auch ein geschickter Demagog, doch kein Feldherr. Aber er hatte einen Freund, der diese vier Stücke in sich vereinte, und dieser Mann war es seit Jahren, auf dem sein Auge, auch während es sich auf höhergestellte Häupter wendete, als auf der letzten Hoffnung seines Volkes haftete. Das war Franz von Sickingen.

Sickingen, Luther, der deutsche Adel, die Reichsstädte und das unterdrückte deutsche Volk aller Provinzen, das waren die Kräfte, auf die er rechnete. Der schwankende, zerrissene Reichszustand, das Reich sozusagen ohne Verfassung, ohne Regierung, ohne Finanzen, ohne geordnete Kriegsmacht, das Reich, worin alle Elemente, die einst zum großen Leben zusammengefügt waren, auseinanderfielen oder sich bekämpften, die Zeit, die in den Wehen großer neuer Dinge lag und mit Bewußtsein darin lag, versprachen einen günstigen Boden für die Verwirklichung seiner Idee, für ein nationales, zeitgemäßes, mit Geist und Mut begonnenes Unternehmen.

Mehr als irgendeiner der Fürsten schien ihm Sickingen der Mann dazu.

„Wahrlich, eine größere Seele gibt es nicht in Deutschland", schrieb Hutten begeistert an Erasmus. – „Ein Mann, wie ihn Deutschland seit lange nicht mehr gehabt hat. Ich hoffe gewiß, daß Franz unserer Nation große Ehre bringen wird." Bald hatte Hutten den Ritter Franz so weit, daß dieser ganz in seine Ansicht einging, es müsse der politischen und der religiösen Freiheit zugleich Bahn gebrochen werden. Wiederholt lud er Luther in Sickingens Namen auf die Ebernburg ein, und Luther freute sich zwar, dort für alle Fälle eine sichere Zuflucht zu finden, die Druckerei, die auf der Ebernburg war und worin die Freiheit atmenden und zur Freiheit fordernden Schriften Huttens, Kronbergs und der anderen Brüder gedruckt wurden, zog ihn sehr an, auch er konnte ja dort viel freier, ohne alle Rücksicht schreiben und drucken lassen; aber er erschrak vor den gewaltsamen Plänen jener kühnen Männer, sobald sie Hutten ihm nur andeutete.

In den allerersten Jahren hatte Luther sehr revolutionäre Anfälle des Augenblicks. Zu Ende des Jahres 1517 schrieb er: „Wenn ihr (der Römlinge) rasend Wüten einen Fortgang haben sollte, so dünkt mich, es wäre schier kein besserer Rat und Arznei, ihm zu steuern, denn daß Könige und Fürsten mit Gewalt dazu täten, sich rüsteten und diese schädlichen Leute, so alle Welt vergiften, angriffen und einmal des Spiels ein Ende machten, mit Waffen, nicht mit Worten. So wir Diebe mit Strang, Mörder mit Schwert, Ketzer mit Feuer strafen: Warum greifen wir nicht vielmehr an diese schädlichen Lehrer des Verderbens, als Päpste, Kardinäle, Bischöfe und das ganze Geschwärm der römischen Sodoma mit allerlei Waffen und waschen unsere Hände mit ihrem Blut?"* Fast durch alle Schriften seiner ersten Jahre sind solche, ihm wie bewußtlos entfahrende, revolutionäre Glutfunken zerstreut.

Dieser Luther war der Mann für eine so vollblütige, gewaltsame, auf Entscheidung dringende Natur und für Entwürfe, wie sie beide bei Hutten sich fanden. Aber dieser Luther war zu Ende des Jahres 1521 schon ein anderer. Zwar hatte er noch im vorigen Jahre in der inhaltschweren Schrift an den Adel deutscher Nation es ausgesprochen, daß die große Not und Beschwerung, welche alle Stände der Christenheit, zuvor Deutschland, drücke, ihn jetzt zwinge zu schreien und zu rufen, ob Gott jemand den Geist geben wollte, die Hand zu reichen der elenden Nation; er hatte darin die Aufhebung oder die Umgestaltung der geistlichen Stifter, die Unterwerfung der gesamten Geistlichkeit, auch des Papstes, unter die weltliche Obrigkeit, die Abschaffung aller Abgaben, die bisher der

* Luther beschränkt zwar diese Aufhetzung gegen die Bischöfe, welche Kurfürsten und Fürsten, deutsche Landesherren, waren, ganz hinten, weit von diesen Worten weg, mit dem kurzen Wort: „Aber wir lassen Gott die Rache." Doch würde ihn schwerlich ein heutiges Gericht trotzdem freisprechen.

Papst bezogen, aller weltlichen Macht, die er bisher gehabt, die Verjagung der päpstlichen Gesandtschaften aus Deutschland gefordert und den christlichen Adel ermahnt, dem Unwesen sich zu widersetzen. „So helf uns Gott", hatte er geschlossen, „daß wir unsere Freiheit erretten; es gebe der Papst her Rom und alles, was er hat vom Kaisertum, lasse unser Land frei von seinem unerträglichen Schätzen und Schinden, gebe wieder unsere Freiheit, Gewalt, Gut, Ehre, Leib und Seele, und lasse ein Kaisertum sein, wie einem Kaisertum gebührt."

Zugleich hatte aber Luther, als er diese Auflösung der bisherigen geistlichen Gewalten, die Zerstörung der religiös-politischen Elemente, aus denen sie erwachsen waren, forderte und zum Widerstand gegen ihre Anmaßungen aufrief, verlangt, die Sache Gott zu überlassen, nicht mit eigener Macht dagegen zu wirken. Sonderbar! Als ob die kirchlichen Gewalten ohne Kampf von ihrer, ohne Gewalt von der anderen Seite ihrer bisherigen weltlichen Herrlichkeiten sich hätten begeben wollen oder können.

In diesem Sinne nun antwortete Luther auch Hutten auf seinen Antrag, dem neuen Evangelium mit dem Schwerte Bahn zu brechen: „Ich möchte nicht, daß man das Evangelium mit Gewalt und Blutvergießen verfechte. Durch das Wort ist die Welt überwunden worden, durch das Wort ist die Kirche erhalten, durch das Wort wird sie auch wieder instand kommen, und der Antichrist, wie er Seines ohne Gewalt bekommen, wird ohne Gewalt fallen."

Hutten, der Kenner der Geschichte, wußte, daß das letztere nicht richtig war. Er ging ohne Luther vorwärts, den Versuch einer politischen Reform, einer Umwälzung mit Waffengewalt zu wagen. Ging ihm auch Luther selbst ab, so hoffte er noch immer aus der durch Luther erregten religiösen Bewegung Kräfte genug für seine politische zu ziehen; ging diese doch zunächst gegen die geistlichen Herren, und eben gegen diese konnte er am leichtesten aus dem Evangelium den Beweis für sich holen; es galt, diesen eine Gewalt zu nehmen, welche ihnen das Wort Gottes nirgends verlieh, ja absprach.

Der sich unbehaglich genug fühlende niedere Adel, die Ritterschaft, war bald in einen großen Bund vereinigt, dessen Mittelpunkt Sickingen war. Der Übermacht der Fürsten, die auf sie drückte, sich entgegenzustellen, dazu waren die Ritter gleich bereit. Viele waren auch der neuen Religionslehre begeistert zugetan, wie die Kronberge, Schauenburge, Fürstenberge, Helmstätter, Gemmingen, Menzingen, die Landschaften von Steinbach und hundert andere Die Aufhebung der geistlichen Herrschaften, welche der Einführung der lutherischen Lehre folgen mußte, und die Mediatisierung der weltlichen Fürsten waren zwei Gedanken, die jeden Ritter mächtig anregen mußten. Im Frühlinge 1522 sammelte Sickingen einen großen

Teil des niederen Adels aus Franken, Schwaben und vom Rhein zu Landau um sich. Auf sechs Jahre schworen sich die Ritter zusammen, angeblich zu gegenseitiger Unterstützung und zu Erhaltung der Ordnung: Sickingen wählten sie zu ihrem Hauptmann. Er aber wollte ein Hauptmann des deutschen Volkes werden, ein deutscher „Ziska"; diesen unüberwindlichen Helden der Hussiten stellte er sich zum Vorbild auf.

Aber die Freunde fühlten wohl, daß ihr Ritterschwert allein nicht stark genug wäre. Darum erließ zu gleicher Zeit Hutten ein Manifest an die freien Städte deutscher Nation, worin er als furchtbarer Kläger wider die Sünden der Fürsten, ihre Anmaßungen, ihre Gewalttätigkeit und ihre Ungerechtigkeit auftrat und die Städte aufforderte, mit dem Adel in ein freundliches Vernehmen zu treten und die fürstliche Gewalt zu brechen. Die Städte sollten entweder zum Eintritt in den Adelsbund oder wenigstens zur Neutralität in dem nun zu eröffnenden Kampfe zwischen Adel und Fürsten bewogen werden.

Es ist ein großer, wenn auch zu früher Gedanke Huttens, den er in mehreren Schriften aussprach, der Gedanke, Adel und Bürgertum zu vereinigen und dem ersteren eine ganz neue Stellung zu geben. Zuvor waren hoher wie niederer Adel mit der Geistlichkeit Hand in Hand gegangen und hatten die Freiheit des gemeinen Mannes miteinander unterdrückt: Jetzt sollte der niedere Adel Hand in Hand mit dem Bürgertum, ja mit dem Volke überhaupt gehen, um sich gegen die Gewalttätigkeit der Fürsten und der Geistlichkeit die allgemeine Freiheit zu retten. Hutten dachte es sich als möglich, daß der Adel, dessen Mittelalterlichkeit vorbei war, aus seinem Verfall zu einer schöneren, höheren Bedeutung als Verteidiger der Nationalfreiheit sich erhebe. Nicht in Deutschland, wohl aber in dem germanischen England hat später die Geschichte diesen Gedanken bewahrheitet: Die englische Freiheit ist eine Frucht der Vereinigung des niederen Adels und des Bürgertums.*

Als Hutten in seiner frühesten Jugend in der weiten Welt umirrte, so gut als verstoßen von seinem adeligen Vater und verlassen von seiner Familie, als er die Leiden der Armut an sich selbst durchfühlte, da lernte er sich erheben über die Vorurteile seines angeborenen Standes, und er

* Der Gedanke einer Adelsdemokratie war offenbar ein verspäteter, und die Ideen des sechzehnten Jahrhunderts gingen weit über diese veraltete Gesellschafts- und Staatsform hinaus. Das erklärt denn auch zur Genüge, warum die Masse des Volkes von der Hutten-Sickingenschen Bewegung gar nicht berührt wurde. Erst ein so volkstümliches Programm wie die zwölf Artikel konnte der Erhebung der Massen als Wahrzeichen und Banner dienen.

Das Bürgertum konnte dem Adel nicht trauen, weil der Kampf des Bürgertums gegen den grundbesitzenden Adel und seine Vorrechte in vollem Gange war. Die Bauern konnten sich noch weniger mit dem Adel verbinden, denn die Lebensgrundlage des Adels ruhte auf der Leibeigenschaft der Bauern. Die Red.

hatte Liebe auch für den Geringsten in seinem Volke. Darum suchte er den Bund nicht nur mit dem Bürgertum der freien Städte, sondern auch mit dem gemeinen Mann auf dem Lande. Er schämte sich eines solchen Bundes um so weniger, als ihm gerade in diesem größten Teile der Nation ein höchst brauchbarer Stoff für seine Zwecke in die Hände fiel; denn gerade die Masse des gemeinen Mannes war es, welche von der politischen Seite noch leichter ins Feuer zu bringen war als von der religiösen. Und wenn die deutsche Nation groß werden sollte, mußte dieser letzte Stand sittlich und geistig gehoben, in seinen äußeren Verhältnissen glücklicher gestellt werden.

Um die rächerische Kraft im gemeinen Manne aufzuregen, ließ er das Gesprächbüchlein „Der Neukarsthans" ins Volk ausgehen, mit angehängten dreißig Glaubensartikeln, „so Junker Helfrich, Reiter Heinz und Karsthans mitsamt ihrem Anhang hart und fest zu halten beschworen haben", tief populär, des furchtbarsten Hasses voll gegen alles, was auf Gewissen, häusliches Glück und den Beutel des gemeinen Mannes drückte.

Auch lag ein nicht ganz zu verachtendes militärisches Element im gemeinen Mann. Jenes Fußvolk, das die neueren Schlachten entschieden hatte, die Macht der Landsknechte, war aus der Mitte des Landvolkes hervorgegangen; viele kriegserfahrene Knechte waren später wieder in ihren früheren Stand zurückgetreten; die Bauern selbst waren an manchen Orten Waffen zu tragen gewöhnt oder neuerdings bei Gelegenheiten in die Waffen gerufen und darin gebraucht worden; und Hutten hatte ihn fechten sehen, den oberländischen Landmann, den Bauer des Remstales, unter den Fähnlein der Landsknechte, bei Mailand und Padua, im letzten italienischen Kriege!

Camerarius, der Vertraute Melanchthons, schreibt: Hätte es dem Entwurf und Wagnis Huttens nicht an den materiellen Hilfsmitteln gefehlt, alles wäre jetzt anders, die Umwälzung des ganzen Reiches wäre erfolgt.

Wieweit Huttens Entwurf auf die freien Städte und auf den gemeinen Mann von seiten dieser beiden Teilnahme fand, kann nicht mehr ermittelt werden. In dem Feuer, worin die Briefschaften der Ebernburg verbrannt wurden, und mit Hutten selbst gingen alle Dokumente des Unternehmens zu Grabe. Aus Huttens überdauernden Schriften selbst kann man nur entnehmen, was er gewollt, nicht wie weit er kam. Wahrscheinlich sollte der gemeine Mann erst nach begonnener Waffenerhebung der Ritterschaft und der Städte in den Kampf mit fortgerissen werden. Daß die Straßburger zugesagt hatten und andere der Reformation zugetane Städte, geht aus Sickingens Äußerungen hervor; der Schreckschuß, der gegen Luthers Feinde auf dem Reichstag zu Worms geschah, dürfte auf eine verwirklichte oder erst zu verwirklichende Sympathie der Ebernburg und des gemeinen Mannes hinweisen; ich meine jenen Maueranschlag, wo von angeblich 400 verbundenen Rittern und 8000 Mann Kriegsvolk die Rede ist, welche Luther zu verteidigen geschworen haben und der mit den Worten schließt: Bundschuh, Bundschuh, Bundschuh.

Soviel scheint ausgemacht, Sickingen brach früher los, ehe er seiner Streitkräfte gewiß war. Ein Jahr später: und die große Bewegung von 1524 und 1525 hätte in ihm, dem längst gefeierten Liebling des Volkes, einen Mittelpunkt und eine Seele, eine regelmäßige Kriegsmacht und einen Feldherrn, er selbst das deutsche Volk zu seiner Führung gehabt. Es war sein und seines Volkes Verhängnis, das ihn und Hutten vorwärtstrieb, daß er den alten Vertrauten und treuen Diener, Meister Balthasar Slör, nicht hörte, der das Gelingen des Unternehmens jetzt noch nicht für möglich hielt.

Mit einem wohlausgerüsteten kleinen Heere von 5000 Mann zu Fuß, 1500 Reitern und hinlänglichem Geschütz eröffnete der Ritter von der Ebernburg den großen Kampf, Anfang September 1522, durch ein Vorspiel, das dem Erzbischof und Kurfürsten von Trier, Richard von Greiffenklau, gelten sollte. Diesen sollte der erste Schlag stürzen. Den Vorwand gab, daß der Erzbischof zwei seiner Untertanen, für die sich Franz verbürgt hatte, von der Leistung ihrer Verbindlichkeiten zurückhielt; im Fehdebrief sagte er jedoch, „er künde ihm vor allem um der Dinge willen, die der Kurfürst gegen Gott und Kais. Majestät gehandelt habe". In seinem Manifest an die Untertanen von Trier aber sagte er, „er komme, sie zu evangelischer Freiheit zu bringen".

Der Großhofmeister des Kurfürsten Albrecht von Mainz, Frowin von Hutten, war mit im geheimen Bunde; er soll Sickingen heimlich unterstützt haben. St. Wendel fiel durch Sturm in des letzteren Hand. Am 7. September stand er vor Trier. Während er die festen Plätze des Erzbischofs erobern würde, hoffte er, sollten die Verstärkungen ihm zuziehen, welche er in den Niederlanden durch in seine Dienste getretene Ritter werben ließ. Daß bei diesem Vorspiel die fränkischen, schwäbischen und oberrheinischen Ritter nicht mitwirkten, ist ein Beweis, daß der Triererzug nur eine Waffenprobe, ein Intermezzo sein sollte, um das geworbene Kriegsvolk durch die zu erhebenden Brandschatzungen und die Beute zu unterhalten oder durch das Glück dieses Unternehmens und durch die besetzten Plätze dem nachfolgenden größeren Vorschub zu leisten, und daß der eigentliche große Kampf, an dem diese Ritter und Städte teilnehmen sollten, erst auf das nächste Jahr festgesetzt war.

Aber den Fürsten entging nicht, auf was Hutten und, von ihm getrieben, der kühne Ritter Franz umgingen. Man hörte seltsame Reden von Franzens Reisigen: „Bald werde ihr Herr Kurfürst, ja vielleicht mehr sein." Der Angriff auf Trier schreckte die Fürsten aus ihrer Ruhe auf. In viel hundert Jahren, sagte man sich am Hofe Herzogs Georg von

Sachsen, sei nichts so Gefährliches wider die Fürsten des Reiches unternommen worden, als womit Sickingen umgehe. Es gehe darauf, sagten andere, daß man bald nicht mehr wissen solle, wer Kaiser, Fürst oder Herr sei.

„Sickingen wird“, schrieb der bayrische Kanzler Leonhard Eck an seinen Herzog, „einen Pöbelaufstand erheben. Täglich kommen Kundschafter, daß es einem Bundschuh gleichsieht. Sollte dann ein Bundschuh erstehen und der gemeine Mann überhandnehmen, so würden die rheinischen Fürsten das Morgenmahl, die anderen Fürsten das Nachtmahl und der gemeine Adel den Schlaftrunk bezahlen.“ So schrieb er am 8. September 1522. Schon am 8. März hatte er ihm geschrieben: „Wollen Ew. Gnaden den Händeln, die jetzt allerorten empor sind, nachdenken. Man hat ein Büchlein gedruckt an den gemeinen Mann, darin derselbe aus vielen Ursachen ermahnt wird, die Dienstbarkeit, darin sie bisher durch der Könige, Fürsten und Herren Tyrannei geängstigt sind, von ihm zu werfen und daß sie daran ein gutes Werk tun. Das alles kommt von dem Bösewicht, dem Luther, und Franzens Anhang. Ist ein gewaltiger Bundschuh und Aufruhr wider die Fürsten in vielen Jahren vorhanden gewesen, so ist es jetzt.“

Luther seinerseits erklärte offen, als Sickingen den Kampf gegen die deutschen geistlichen Fürsten eröffnet hatte: „Ich weiß es, man wendet mir ein, es sei Gefahr, daß ein Aufruhr gegen die geistlichen Fürsten erregt werde. – Darauf antworte ich: Aber wenn das Wort Gottes vernachlässigt wird und das ganze Volk untergeht? – Wenn die geistlichen Fürsten nicht hören wollen Gottes Wort, sondern wüten und toben, mit Bannen, Brennen, Morden und allem Übel, was begegnet ihnen billiger denn ein starker Aufruhr, der sie von der Welt ausrotte? Und dessen wäre nur zu lachen, wo es geschähe.“

Zu gleicher Zeit ließ er drucken: „Alle, die dazu tun, Leib, Gut und Ehre daransetzen, daß die Bistümer verstört und der Bischöfe Regiment vertilgt werde, das sind liebe Gotteskinder und rechte Christen, sie streiten wider des Teufels Ordnung. – Es sollte ein jeglicher Christ dazu helfen mit Leib und Gut, daß ihre Tyrannei ein Ende nehme, und fröhlich den Gehorsam gegen sie mit Füßen treten, als Teufelsgehorsam. – Das sei meine, Doktor Luthers, Bulle, die da gibt Gottes Gnade zur Lehre allen, die ihr folgen. Amen.“

Das Reichsregiment, dessen Seele die Fürsten waren, rief alle benachbarten Landesherren zum eiligen Zug wider den gefährlichen Ritter. An ihn selbst schickten sie abmahnende Boten. „Nun ich soll des Regiments alte Geigen noch einmal klingen hören!“ sagte dieser, als der Reichsherold in sein Lager ritt. Mit Spott und Trutz empfing er die Boten. Er wisse fürwahr, antwortete er auf ihre Abmahnungen, sein Herr, der

Der Reichsherold vor Sickingen

Kaiser, werde nicht zürnen, ob er den Pfaffen ein wenig strafe und ihm die Kronen eintränke, die er von Frankreich gewonnen habe. Unter anderem sagte er auch, er wolle sich eines Tuns unterstehen, dessen sich kein römischer Kaiser unterstanden habe; er selbst werde eine neue Ordnung im Reich einführen; von einer Entscheidung des Kammergerichts zwischen ihm und dem Erzbischof wolle er nichts wissen; er habe ein Gericht um sich, besetzt mit Reisigen, wo man mit Büchsen und Kartaunen distinguiere.

Er hatte auf Einverständnisse in der Stadt Trier, auf die reichen Vorräte des Klosters St. Maximin sich verlassen. Das letztere hatte der Erzbischof mit eigener Hand angezündet, Herr Franz traf nur noch den rauchenden Schutt. Die Volksstimmung in der Stadt, die sich unter der niederen Klasse für ihn aussprechen wollte, drückte der Erzbischof und seine Reisigen, die er noch zur rechten Zeit hineingeworfen hatte, so nieder, daß von da aus nichts zu hoffen war, und die Vasallen und Söldner des letzteren verteidigten die Mauern und Türme aufs beste. Und während Sickingen, der auf eine Überrumplung Triers gerechnet hatte, hier nicht vorwärtskam, konnten die Zuzüge, die er erwartete, ebenfalls nicht vorwärts. In Kleve und Jülich, wo Ritter Renneberg für ihn warb, drohte der Herzog des Landes den Angeworbenen mit Verlust von Lehen und Leben, wenn sie Sickingen zuzögen. Im Gebiet von Köln, wo der Bastard von Sombreff für letzteren Reiter gesammelt hatte, verbot der Kölner Erzbischof unter gleichen Drohungen jedem den Ausritt. Von Braunschweig her zog ihm Michel Minckwitz mit 1500 Knechten zu; der Landgraf Philipp von Hessen überfiel den Zug, bekam den Führer und alle seine Papiere in seine Gewalt und vermochte die Knechte, daß sie in seinen eigenen Dienst übertraten. Ebensowenig vermochten die Zuzüge aus dem Limburgischen, Lüneburgischen und Westfälischen zu ihm zu stoßen; wohl aber zogen starke Kriegsscharen des Landgrafen und des Kurfürsten Ludwig von der Pfalz gegen ihn heran. Des letzteren hatte sich Franz nicht versehen; der Pfälzer war sein alter Gönner, durch Pfalz war er zuerst emporgekommen, er hätte eher alles erwartet, als daß dieser der erste wäre, der „dem Pfaffen von Trier“ gegen ihn zur Hilfe zöge. Die Ankunft so überlegener Streitkräfte wagte er unter den Mauern seines Feindes nicht zu erwarten; er zog sich am siebenten Tage nach seiner Ankunft vor Trier wieder zurück, machte noch unterwegs einen vergeblichen Versuch auf Kaiserslautern, entließ einen großen Teil seines Kriegsvolkes und wandte sich unverfolgt auf seine Burgen; aber am 8. Oktober traf ihn die Reichsacht.

Die drei aber, die ihre Kriegsvölker vor Trier vereinten, zwei Kurfürsten und ein mächtiger Landgraf, warfen sich nun auf seine Verbündeten. Zuerst ging es vor Kronberg bei Frankfurt, die Stadt und Feste Hartmuts, des Eidams Sickingens. Ein Gleichzeitiger schätzt das Heer der Fürsten an reisigen Knechten und bewaffnetem Landvolk auf 30 000. Hartmut entwich, da er sah, daß er die Burg gegen solche Macht und das Geschütz nicht halten konnte, und sie ergab sich am 16. Oktober. Dann zerstörten sie dem Frowin von Hutten sein Schloß Saalmünster, seine anderen Burgen besetzten sie; zweien anderen Genossen des geächteten Franz, dem Philipp Weiß brachen sie seine Burg Haußen, dem Rudecker sein festes Haus Ruckingen; selbst Albrecht von Mainz schätzten sie um 25 000 Gulden, „weil er einen Trupp sickingenscher Pferde habe unverwehrt über den Rhein gehen lassen; das sei der Ursachen eine, die anderen stecken in der Feder“. Entfernteren Verbündeten, wie den Grafen Wilhelm von Fürstenberg und Eitelfritz von Zollern und der

Sickingens Tod

fränkischen Ritterschaft, drohte die Rache wenigstens für die nächste Zukunft.

Jetzt, da die Übermacht auf seiten der Fürsten zu sein schien, sah Sickingen sich in dem Falle wie alle an der Spitze einer Opposition. Hinter ihm wichen sie von ihm ab, oder sie hielten sich passiv. Um so mehr hoffte er auf seine treuen Freunde, auf die Fürstenberge, auf die Hutten und auf das lutherische Volk. So kam das Frühjahr 1523. Ulrich Hutten war nach Oberschwaben, Frowin Hutten in die Schweiz gegangen, um Hilfe zu werben; Balthasar Slör warb am Oberrhein, der treue Franz Voß in Niederdeutschland; selbst von Böhmen aus kamen Zusagen redlicher Ritterhilfe. Sickingen selbst baute und befestigte fort auf dem Landstuhl, wo er sich einschließen wollte und sich wenigstens drei bis vier Monate zu halten hoffte, bis seine Freunde zum Entsatz ankommen könnten.

Gegen Ende April umlagerten die drei Fürsten mit ihrem Heere den Landstuhl, mit trefflichem, wohlbedientem Geschütz. Am 30. April begann die Beschießung. Die noch neuen Mauern litten bald sehr von den Kugeln. Als Sickingen nach einer Schießscharte ging, um den Gang des Sturmes zu übersehen, traf gerade eine dahin gerichtete Kartaune so gut, daß sie das Verteidigungsgerüst, daran Sickingen lehnte, auseinanderwarf und ihn selbst an einen spitzigen Balken schleuderte: Betäubt, tödlich verwundet fiel er zur Erde.

Seine Getreuen trugen ihn ins Burggewölbe. Als er wieder zu sich kam, klagte er über die säumigen Bundesgenossen: „Wo sind nun", rief er, „meine Herren und Freunde, die mir so viel zugesagt haben? Wo ist Fürstenberg? Wo bleiben die Schweizer, die Straßburger?" Der Bote, den er, als die Fürsten ihn zu bedrängen anfingen, an den entfernten Fürstenberg um Entsatz gesandt, war den Fürstlichen in die Hände gefallen; Wilhelm erfuhr die Not des Freundes erst mit seinem Tode. In der Schweiz hatte Ulrich von Hutten umsonst gearbeitet; Ulrich von Württemberg, der aus seinem Lande vertriebene Herzog, sein und seines Hauses Todfeind, der bei den Schweizern eingebürgert war, arbeitete ihm entgegen; Hutten hatte den Herzog in der öffentlichen Meinung durch die Anklage seiner Tyrannei aufs tiefste verwundet, Sickingen das meiste zu seiner Vertreibung beigetragen.

Franz sah, daß Hilfe, auch wenn sie unterwegs wäre, zu spät käme; er schrieb an die Fürsten wegen der Übergabe. Sie weigerten ihm freien Abzug. Nun, ich will nicht lange ihr Gefangener sein! sprach er und lud sie an sein Sterbebett. Kaum konnte er die eintretenden Fürsten unterscheiden, so lag schon die Todesnacht über seinem Blick. „Gnädiger Herr", sprach er zum Pfalzgrafen, „ich hätte nicht geglaubt, daß ich so enden würde." Auf Vorwürfe des Trierers und des Hessen sagte er: „Ich habe jetzt einem größeren Herrn Rede zu stehen." Auf die Frage seines Kaplans, ob er beichten wolle, antwortete er: „Ich habe Gott in meinem Herzen gebeichtet." Und während dieser die Hostie emporhob und die Fürsten um das Bette knieten, verschied der Ritter, welcher für sich und für welchen andere die Kaiserkrone nicht zu hoch gehalten. „Nun ist der Afterkaiser tot!" frohlockten bei der Kunde seine Feinde im Reich.

Auf wen hätte sie aber erschütternder wirken können als auf Ulrich von Hutten? Hilflos irrte er, ein armseliger Flüchtling, von Ort zu Ort in der Schweiz, er war wieder so unglücklich wie in seiner ersten Jugend.

Auch seine Krankheit brach noch einmal aus; aber die Glut für das Höchste, die in ihm war, erhob seinen Geist über die Schmerzen des Körpers; er strömte glühend seinen heiligen Zorn aus in einer kleinen Schrift gegen Erasmus, den er an Wahrheit und Volk, an der Wissenschaft und der Freundschaft zum Verräter geworden glaubte; aber es ist, als hätte diese gewaltige Kraftäußerung seines ungebrochenen Geistes sein morsches Gehäus gesprengt; er starb gleich darauf. Nur wenige Monde sollte er Sickingen überleben.

Er starb im Pfarrhof zu Uffnau, einer kleinen Insel im Züricher See, im 35. Jahre. Zwingli hatte ihn dorthin empfohlen. „Er hinterließ", schrieb dieser, „kein Buch, kein Gerät als eine Feder."

Kein Denkmal aus Stein oder Erz weist dem Wanderer die Stätte, wo das verglühte Herz des Vaterlandsfreundes, jenes Herz voll freier Menschheit, in der kühlenden Erde ruht; es wäre auch keines seiner ganz wert und ganz in seinem Sinne, als das Denkmal, woran wir alle bauen können und das einst auch gewiß noch sein teures Grab umschließen wird: ein einiges, helles, in seiner Freiheit glückliches deutsches Vaterland.

Zweites Buch

1

Die Bewegungsmänner

Es ist aus dem Bisherigen erkennbar und unleugbar, daß der Druck, der auf dem Volke lastete, schon lange vor der Reformation Luthers Aufstände veranlaßt hatte und daß er eine allgemeine Empörung allmählich vorbereitete. Der Brennstoff war da, lange angesammelt; die Reformation trat nur hinzu. Der Drang, worin sich das deutsche Volk befand, war seit lange gemeinsam, und doch konnten jene einzelnen Aufstände nicht gemeinschaftlich werden. Sie wurden es erst durch das Bindungsmittel des Religiösen. Das Evangelium wurde das Panier, welches das gedrückte Volk, wenngleich nicht zur Einheit eines Planes, doch zur Einheit eines Zwecks vereinigte.

Aber die eigentlichen Bewegungsmänner des Jahres 1524 waren andere als Luther. Mit Unrecht hat man von diesen angenommen, es sei Mißverstand der lutherischen Lehre von der evangelischen Freiheit gewesen, was sie getrieben habe; nicht falsch verstanden diese Männer diese Lehre, sondern anders verstanden sie dieselbe: Von der gleichen Grundlage wie Luther ausgehend, gewannen sie andere Ergebnisse, weil sie die Konsequenzen ihrer Grundsätze annahmen.

Ebensowenig war es ein Mißverstand, ein Nichtrechtverstehen von seiten des Volkes, wenn dieses die evangelische Lehre von der christlichen Freiheit nicht bloß als Befreiung vom menschlichen Joch in Glaubenssachen aufnahm, sondern zugleich als Freiheit von den Diensten und Fronen der Leibeigenschaft. Nicht mißverstanden wurde von dem gemeinen Manne Luthers Schrift und Lehre, sondern richtig verstanden wurde von ihm die von Luther abweichende, über ihn hinausgehende Lehre der anderen Prediger, der Bewegungsmänner, welche ausdrücklich und klar dem nach Erleichterung und Erlösung Seufzenden das neue Evangelium der religiösen und bürgerlichen Freiheit boten und die Leibeigenschaft unter Kindern eines Vaters als unvereinbar mit der Christuslehre erklärten.

Während nämlich Luther von den revolutionären Anfällen sich ermäßigte und abwich, bauten, gleichzeitig mit Ulrich Hutten und nach seinem Tode, teils Mitarbeiter Luthers, teils Nachfolger in seinem Werke gerade diese Seite recht mit Vorliebe an. Der reinsten und besten Sache setzen sich auch immer Freunde und Mitarbeiter an, die nicht alle so rein waren und so vernünftig wie diese Sache; und so waren wohl auch Eindringlinge in dieser religiösen und politischen Bewegung mitunter, die von weniger reinen oder geradezu schlechten Beweggründen und Absichten geleitet wurden.

Eine Masse Flugschriften bearbeitete fortwährend in den Jahren 1521 bis 1524 in revolutionärem Sinne das Volk, deren Sinn fast immer auf den Schluß einer derselben hinauslief: „Es wird nicht mehr so gehen wie bisher; des Spiels ist zuviel, Bürger und Bauern sind desselben überdrüssig; alles muß sich ändern." Weit mehr aber wirkte der mündliche Vortrag der wandernden Prediger oder „Prädikanten". Wie die Apostel wanderten sie von Ort zu Ort, von Land zu Land, Männer aus allen Ständen, gelehrte und ungelehrte, edelgeborene und gemeine, wie sie der Geist ergriffen. So war es in den ersten Zeiten des Christentums gekommen; so, da Hus den Brand in sein Jahrhundert geworfen hatte, das Unreine und Ungöttliche zu verzehren; so jetzt nach Luthers und seiner Geistesverwandten Auftritt. Diese wandernden Prediger gehörten in der Regel dem System der Bewegung, der demokratischen Richtung an. Ihr Ziel war nichts Geringeres als eine Umwälzung, Gründung einer neuen christlichen Republik. In ihren Predigten lief die Politik mit der Religion, sie beleuchteten die Zustände des Volkes wie die kirchlichen Streitfragen des Tages mit Bibelsprüchen. Die schonungslose Kritik der Sitten der weltlichen und geistlichen Großen ward Lieblingsthema. Nichts war der Masse lieber, als wenn man „ihre Ohren kitzelte mit Geschrei wider die Reichen und Gewaltigen".

Diese Männer der Bewegung teilten sich in drei Farben: in solche, die bloß auf die religiös-kirchliche Umwälzung ausgingen, in solche, welche bloß das Politische im Auge hatten, und in solche, die auf politisch-religiösem Standpunkt standen, mit Überwiegen des religiösen Elements in ihnen. In allen drei Farben gab es Gemäßigte und Äußerste.*

Von ihrem Auftreten bis zu dieser Stunde sind diese Männer von allen Seiten verketzert worden. Das meiste zu der falschen und ungerechten

* Zimmermann hat die Rolle der Bewegungsmänner klar erkannt. Aber in der Beurteilung der Wiedertäufer erlag auch Zimmermann völlig der Geschichtsfälschung der Sieger. Die Wiedertäufer hatten in ihrem Programm die Wiederherstellung des Urchristentums und die Errichtung einer kommunistischen, klassenlosen Gesellschaft. Die siegreichen Gegner verleumdeten die Wiedertäufer und sagten ihnen nach, daß sie wüste Orgien feierten und eine Weibergemeinschaft hätten. Die Argumente gegen sozialistische Bewegungen sind alt und kehren immer wieder. Wer sich über die Bewegung der Wiedertäufer genauer unterrichten will, findet Näheres bei Karl Kautsky, „Vorläufer des neueren Sozialismus", Dietz Verlag, Berlin 1947, 1. Band. Die Red.

Ansicht über sie trug die Parteileidenschaft der Wittenberger Theologen bei, besonders Luthers, bei dem die Reinheit seines Eifers in dieser Sache sehr stark getrübt, ja, die persönliche Gereiztheit bei weitem das Überwiegende war. Andere verkannten sie, weil sie nicht fähig waren, sich auf den Standpunkt dieser Männer zu stellen oder sich in ihre eigentümlichen Charaktere zu versetzen und den Zusammenhang ihrer Denkweise und ihres Handelns zu begreifen. Sehr viele ließen sich wider dieselben bloß von der damals fast allgemeinen Sucht einnehmen, alles zu verlästern, was auf dem religiösen Gebiete anders dachte. Das schlimmste endlich war für diese Männer, daß sie unterlagen, daß ihre Sache besiegt wurde; dann auch, daß sich derselben so mancher Auswuchs und Mißbrauch, das eigentlich Ungereimte und Verrückte ansetzte. Auf ihre Rechnung wurde alles Unreine und Wahnsinnige gesetzt, was sich durch ihr Feuer entzündete. Man schloß von späteren, ein Jahrzehnt nach ihrem Tode hervorgetretenen Erfolgen auf diese Männer zurück, mit deren Ideenkreis solche kaum in entferntester Berührung waren, und der berechnete Revolutionsentwurf der strengen Volksmänner von 1524 und 1525 mußte sich mit dem tollen münsterischen Fastnachtsspiel von 1536, der unter allem Feuer seiner Worte nüchterne Denker Thomas Münzer mußte sich mit dem verrückten Bockolt zusammenwerfen lassen. Es konnte dies um so leichter bis heute geschehen, je weniger diese Partie der Kirchen- und Staatsgeschichte noch genau untersucht war und je mehr man sich angewöhnt hatte, auf die Gesamtheit einer bestimmten Richtung die nur auf einen kleinen Teil passenden Bezeichnungen Schwärmer und Wiedertäufer im schlimmsten Sinn anzuwenden.

Anders urteilt die Parteileidenschaft und die autoritätsgläubige Masse, anders die Geschichte; sie muß sich die Ruhe und Freiheit des Geistes bewahren, besonders auf dem Boden des religiös-politischen Kampfes und denen gegenüber, welche unterlegen sind. Was der Sieg zu einer Heldentat verklärt hätte, macht in den Augen der Menge die Niederlage zum Verbrechen. Dem gewonnenen Spiel wird weise Berechnung nachgerühmt, das verlorene wird als Torheit verurteilt. Der Geschichte Pflicht ist es, dafür zu sorgen, daß die Gerechtigkeit über den Gräbern der Gefallenen wache. Wenn es jedoch überhaupt schwer ist, bei geheimen Plänen und Unternehmungen die Handelnden, ihre Gedanken, Triebfedern und Werkzeuge ans Licht hervor aus ihrem Dunkel zu ziehen, so ist dies besonders schwer in unserem Falle. Viele Federn haben die Sieger gefunden; wenige und sehr ängstliche die Besiegten, zumal da sie dem Volk angehörten. Es läßt sich viel für jene Männer der Tat sagen, ohne daß man alles billigt, was sie taten oder wie sie es taten.

2

Thomas Münzer

Als der erste in dieser Art und als der Hervorragendste tritt Thomas Münzer auf, eine der kühnsten und interessantesten Gestalten der Reformationszeit.

Man hat immer die Jugendlichkeit Münzers in Betracht zu ziehen vergessen und dadurch das ganze Bild verschoben.

Münzer hat als Jüngling gehandelt und ist als Jüngling gestorben. Daraus erklärt sich vieles, und zwar allein daraus.

Zu Stolberg am Fuße des Harzes geboren, zwischen den Jahren 1490 und 1493, hatte er, wie es scheint, seinen Vater frühe verloren; nach einer Sage dadurch, daß ihn, einen bemittelten Mann, die Grafen von Stolberg mit dem Strang hinrichten ließen. Weder den Grund noch das Jahr dieser Hinrichtung gibt die Sage an, keinen Fingerzeig, ob in den Knabenjahren Thomas Münzers oder vielleicht erst beim Beginn des Aufstandes. War schon das Auge des Knaben Thomas Münzer durch so eine Schmach, die seinem Vater angetan wurde, auf die Grausamkeit, welche die Untertanen von manchen der Herren zu erdulden hatten, aufmerksam gemacht und seine Seele so frühe mit Abscheu dagegen erfüllt worden, so fände sich doch wohl in seinen Reden und Schreiben wider die Gewalthaber irgendeine Spur, irgendein besonderer Zug, der auf dieses Erlebnis hindeuten würde.

Frühe offenbarte sich in ihm der reformatorische Drang. Nach eifrigen Studien, wahrscheinlich zu Wittenberg und Leipzig, hatte er den Doktorgrad erhalten, und selbst sein Gegenfüßler Melanchthon gesteht ihm zu, daß er in der Heiligen Schrift wohlerfahren gewesen sei. Bei jeder Gelegenheit wußte er jede seiner Behauptungen sogleich aus der Bibel zu belegen. Ganz unabhängig von Luther und irgendeinem von denen, welche mit Luther als Häupter der Glaubensneuerung einen Namen haben, viel früher als sie betrat Thomas Münzer eine Richtung, welche ihn von der damaligen Staatskirche ab und zum Kampfe mit ihr führte. In der Bibel sah er vor Luther die einzige Quelle der Erkenntnis und der Lehre des Glaubens, und weder das Oberhaupt der sichtbaren Kirche noch die höheren und niederen Diener derselben in Deutschland glaubte er in Lehre und äußerer Erscheinung in Übereinstimmung mit dem, was er aus der Bibel als die ursprüngliche Gestalt der Kirche Christi sich herauslas.

Noch blutjung, als Lehrer an der lateinischen Schule zu Aschersleben, darauf zu Halle, stiftete er einen Geheimbund, zunächst wider den Erzbischof Ernst II., der als Erzbischof von Magdeburg und Primas in

Thomas Münzer (Nach Christian van Sichem)

Deutschland am 3. August 1513 in Halle starb. Zweck des Bundes war, „die Geistlichkeit zu reformieren". Die Zahl der Mitglieder blieb klein.

1515 wurde er Propst des Nonnenklosters zu Frohse bei Aschersleben. Damals schon wich er, selbst im Amte, bei der Messe von den eigentlichen Glaubenslehren der römischen Kirche ab. Bald darauf war er Lehrer am Martinigymnasium zu Braunschweig, 1519 wieder Beichtvater im Nonnenkloster Beutitz bei Weißenfels und 1520 Prediger an der Marienkirche zu Zwickau. Hier fing er an, noch heftiger als zu Halle und Braunschweig gegen die „blinden Hüter der blinden Schafe" zu predigen, „die mit ihren langen Gebeten die Häuser der Witwen fressen und bei den Sterbenden nicht auf den Glauben, sondern auf Befriedigung unersättlichen Geizes ausgehen". Die reichen Bettelmönche Zwickaus machten Münzern, der sich auf das Evangelium berief, den Kampf und den Sieg sehr leicht, wenn ihr Sprecher, ein ergrauter Mönch, von der Kanzel predigte: „Nichts als Evangelium predigen, heiße sehr schlecht predigen, weil dadurch den Satzungen der Menschen widersprochen werde, die doch ganz vorzüglich beobachtet werden müßten. Dem Evangelium müsse vieles hinzugefügt werden; man müsse nicht in einem weg nach dem Evangelium leben. Wäre die Armut evangelisch, so dürften die Könige usw. nicht der Schätze der Welt sich bemächtigen, sie müßten vielmehr, wie die Seelenhirten, arm und Bettler sein."

Damals war Münzer ein Bewunderer Luthers; er hoffte von dem Auftreten des Doktors der Theologie und Professors zu Wittenberg, der unter dem Schutze des mächtigsten Reichsfürsten vorwärtsging, einen größeren Erfolg, als wenn er, Münzer selbst, in seiner unbedeutenden Stellung und dazu in einem Lande, dessen Fürst der Neuerung so sehr feind war, das Zeichen gegeben hätte, daß die Deutschen der römischen Kirche den Gehorsam künden und für die Freiheit sich erheben sollen.

Bald aber fand Münzer, daß Luther lange nicht so weit ging, als er von ihm erwartete. Luther leistete nichts von dem, was, wie Münzer sich vorstellte, der Christenheit notwendig war, ein völliger Neubau des Staates wie der Kirche auf ganz neuen Grundlagen. Eine Zerstörung der alten Kirche von Grund aus und ebenso eine Auflösung der bisherigen Staatsverhältnisse von oben bis unten mußten nach seiner Ansicht unumgänglich vorausgehen.

Luthers kirchliches Auftreten hatte Münzern zu neuen theologischen Studien gespornt. Der Zweifelgeist wuchs in ihm. Der „tote Buchstabe der Bibel" befriedigte ihn nicht mehr. Sollte das Geschriebene seine Glaubwürdigkeit aus sich selbst nehmen können? fragte er. Können wir nicht irren, wenn wir Christus und die Apostel für göttlich halten, weil sie selbst sagen, daß sie es sind? und um der Wunder willen, die sie selbst voneinander erzählen? und wenn wir wieder diese Erzählung für wahrhaft halten, eben um der Göttlichkeit der Erzähler willen, die wir erst auf diese Erzählungen gebaut haben? Haben doch die Türken auch ein Buch, worin sie das Wort Gottes zu lesen glauben und worin Wunder die Menge erzählt sind, an die sie so fest glauben als wir an die Wunder des Neuen Testaments. Wo ist nun der Beweis, daß ihre Lehre die falsche sei, die unsere aber wahr?

Die römische Kirche nannte sich die allein berufene, den Glaubensinhalt unfehlbar auszulegen; die Bewahrerin der wahren Lehre, kraft des Heiligen Geistes, den ihr der göttliche Stifter gesandt und der sich in ihr fortpflanze bis ans Ende der Zeiten. Sie forderte darum, daß alle ihr unbedingt glauben und gehorchen als der Mutter, die allein und unfehlbar in alle Wahrheit leite und die eben damit die Seele aller Zweifel und aller Unruhe enthebe.

Luther hatte sich von dieser sichtbaren Kirche losgesagt, hielt aber an vielen ihrer Glaubenslehren fest und berief sich gegen andere, die sich auch noch von diesem Rest ihrer Lehren lossagen wollten, auf die Unfehlbarkeit der alten Kirchenlehre ebensowohl als auf die Bibel.

Diese Unfolgerichtigkeit Luthers durchschaute Münzer: Die Bruchstücke der kirchlichen Tradition, auf die Luther sich stützte, konnten, nach Münzers Ansicht, doch nur als Menschenwerk gelten; Luther legte ihnen die Bedeutung einer Art von Unfehlbarkeit bei und hatte doch zuvor ausdrücklich geleugnet, daß der Geist Gottes fort durch die Kirche gesprochen habe und spreche; daß die Kirche unfehlbar sei.

Münzer kam so von selbst darauf, einerseits müsse die Bibel mittelst der Vernunft ausgelegt werden, andererseits stehe die fortdauernde unmittelbare göttliche Erleuchtung des einzelnen neben der Bibel als Führerin zur Wahrheit.

Abgestoßen, wenigstens unbefriedigt von der Theologie und dem ganzen Christentum der Zeit, hatte er sich in Mystik versenkt.

Werke von Mystikern des Mittelalters waren es, die jetzt seinem Herzen die meiste Nahrung boten. Denn er war von innigem Gemüt, poetisch exzentrisch; und so sehr er Verstand hatte, so überwog in ihm doch das Gemüt und die Einbildungskraft. Vorzüglich las er Geschichten von Männern und Frauen, die sich göttlicher Gesichte und Unterredungen rühmten oder denen sie nachgerühmt wurden; am unverkennbarsten übte der Kalabrese Abt Joachim, der Prophet des zwölften Jahrhunderts, Einfluß auf ihn.

Während er sich damit beschäftigte, predigte er da und dort mit großem Beifall; dem gemeinen Mann gefiel es, daß er auf ein tätiges Christentum, auf ein christliches Leben drang und nicht immer nur vom Glauben redete wie die meisten Lutherischen. Aber schon als er noch unangestellt zu Stolberg predigte, machte einmal der ungewöhnliche Inhalt einer Palmsonntagspredigt „verständigen Leuten allerlei Nachdenkens".

Schon zu Zwickau war er mit sich im reinen, daß die Kirchenreformation zur Nationalrevolution sich erweitern müsse. Doch sprach er öffentlich nur verdeckt davon; offen aber ging er über Luther in der Lehre hinaus. Die Gewalt des Papstes, sagte er, den Ablaß, das Fegfeuer, die Seelenmessen und andere Mißbräuche verwerfen, wäre nur halb reformiert. Man müsse die Sache mit mehr Eifer angreifen; es sei eine völlige Absonderung von anderen nötig; es müsse eine ganz reine Kirche von lauter echten Kindern Gottes gesammelt werden, die mit dem Geist Gottes begabt und von ihm selbst regiert werde. Luther sei ein Weichling, der dem zarten Fleisch Kissen unterlege; er erhebe den Glauben zu sehr und mache aus den Werken zuwenig; er lasse das Volk in seinen alten Sünden, und diese tote Glaubenspredigt sei dem Evangelium schädlicher als der Papisten Lehre. Man müsse auf den inwendigen Christus dringen, welchen Gott allen Menschen gebe; man müsse nur oft an Gott denken, der noch jetzt mit den Menschen ebensowohl durch Offenbarungen handele als vordem.

Und schon zeigten sich in seiner nächsten Nähe Männer, welche sich darauf beriefen, solche Offenbarungen des Geistes zu haben.

3

Die Zwickauer Schwärmer

Soweit man zurückgeht in der Geschichte des Christentums, findet man die Vorstellung und die Erwartung von der Gründung eines Tausendjährigen Reiches, das alle Menschen als eine Familie umschließen würde. Von jenen ersten Schriften der christlichen Offenbarung an ziehen sich Weissagungen von dem Untergange der Welt, einem neuen Himmel und einer neuen Erde durch die Jahrhunderte hin.

Am stärksten waren zuletzt diese „schwärmerischen“ Ideen und Versuche in der großen hussitischen Bewegung hervorgetreten; die taboritische Lehre hatte auch nach ihrer Niederlage noch im geheimen in manchen Köpfen fortgewirkt, und an Thüringen, das der Wiege derselben so nahe war, konnte sie nicht, ohne Spuren zu lassen, vorübergehen. In dem letzteren Lande zeigte sich durch das ganze fünfzehnte Jahrhundert ein Hang zur Mystik und zum Fanatismus. Länger als irgendwo erhielt sich hier die Sekte der Geißler fort, und die Verfolgungen, welche die Kreuzbrüder, wie sie sich hießen, wegen ihres schwärmerischen Glaubens hier noch in der Mitte, ja noch zu Ende des fünfzehnten Jahrhunderts zu dulden hatten, die Scheiterhaufen, worauf sie zu Nordhausen, zu Aschersleben, zu Sangerhausen lebendig verbrannt wurden, konnten die Schwärmerei zwar zurückschrecken, aber nur in das verschlossene Herz des Volkes, wo sie im geheimen fortglühte, bis sie nach Jahren aufs neue mächtiger hervorbrach.

Eben da, wo Münzer jetzt als Prediger war, trat sie zuerst wieder offen an den Tag. Unabhängig von ihm und seiner Predigt hatte sich in Zwickau unter der allgemeinen religiösen Gärung ein eigentümliches phantastisches Gewächs herausgebildet, ein neuer Prophetismus. Wie die alten Kreuzbrüder, wie andere ältere Sekten, verwarfen auch sie unter anderem die leibliche Gegenwart Christi im Abendmahl, kirchliche Zeremonien und Priester. Zugleich rühmten sie sich unmittelbarer Offenbarungen, himmlischer Entzückungen und Gesichte, und sie glaubten fest daran.

Das Haupt dieser neuen Brüderschaft war Niklas Storch, ein Tuchmacher. Die Errichtung des „Tausendjährigen Reiches“ betrachtete er als seine ihm vom Himmel gewordene Aufgabe. Er umgab sich nach dem Beispiele Christi mit zwölf Aposteln und zweiundsiebzig Jüngern. Die Ausgezeichnetsten waren unter diesen Mark Thomä und Mark Stübner von Elsterberg; der letztere hatte zu Wittenberg studiert. Sie predigten in ihren Konventikeln von der nahen Verwüstung der Welt, von einem einbrechenden Strafgericht, das alle Unfrommen, Gottlosen austilgen, die

Welt mit Blut reinigen und nur die Guten übriglassen werde; dann werde das Reich Gottes auf Erden beginnen und eine Taufe, ein Glaube sein.

Melanchthon, Karlstadt ließen sich von dem Geiste der Zwickauer „Propheten“ einnehmen. „Man sehe aus vielen Zeichen“, sagte Melanchthon, „daß gewisse Geister in ihnen seien.“ Kurfürst Friedrich von Sachsen scheute sich lange, gegen sie zu handeln, weil er in ihnen Werkzeuge Gottes zu unterdrücken fürchtete. Luther wehrte sie ab; aber als sie ihm, zum Beweise ihrer himmlischen Sendung und ihrer Gaben, sagten, was er im Augenblicke denke, und als sie es richtig trafen, daß er in diesem Augenblicke eine Hinneigung zu ihnen verspüre, da mußte selbst Luther ihnen Geist, besondere innewohnende Kräfte zugestehen, und er sah nur keine göttlichen, sondern „dämonische, satanische Kräfte“ in ihnen.

Die Geschichte zeigt, wie in den ersten Zeiten des Christentums und in späteren Entwicklungen desselben, besonders unter Glaubensverfolgungen und Glaubenskämpfen, seltsame, ungewöhnliche Gaben und Erscheinungen aus dem dunklen Grunde des menschlichen Geistes hervortraten, unerhörte Äußerungen geistiger und körperlicher Kraft, ein hinreißender, schwärmerischer Geist, der, weil er nicht weggeleugnet werden konnte, von den einen als unmittelbarer Geist Gottes, der auf den Ergriffenen ruhe, von den anderen als ein Zaubergeist der Hölle hingenommen wurde. Kinder und Alte, Männer und Frauen, sonst in allem ganz gewöhnlich, sah man unter der Inbrunst der Andacht in Verzückung geraten: Mit Feuerworten redeten sie von göttlichen Dingen, aus ihren Bewegungen und Gebärden leuchtete wie etwas Übernatürliches, und unter Krämpfen und Zuckungen gaben sie die seltsamsten Anschauungen und Weissagungen künftiger Dinge von sich.

Münzer glaubte an die Möglichkeit der Gabe der Weissagung, an „die Geister, die“, nach Schillers Wort, „großen Geschicken voranschreiten“; aber an den Prophetenberuf der Zwickauer glaubte er nicht; er redet gering von diesen „guten Brüdern“; er hält es für keine große Tat, daß „Luther sie zu Narren machte“ und sie überwand.

Glaubte er aber auch nicht an ihr Prophetentum, so ließ er sich doch mit ihnen ein. Diese Handwerker, meist Tuchmacher und Leineweber, konnten ihm der Kern einer Partei und seine Werkzeuge werden. Arbeitervereine waren es, auf die Münzer zuerst sich stützte. Bald hatte er auch die Bergknappen an sich, wie die Tuchknappen der Gegend. Münzer nahm offen die Partei der „himmlischen Propheten“; er lobte Niklas Storch auf der Kanzel. Schon wollten sie anfangen, die Reform nach ihrem Sinne in Zwickau durchzusetzen. Der Rat verbot ihnen zu predigen; Münzer behauptete, man müsse sie predigen lassen. Ihr Benehmen wurde aufregender, ihre Versammlungen wurden fanatischer, der Rat verbot diese. Sie hielten nun heimliche Zusammenkünfte und äußerten sich fortwährend feindselig gegen die Kirchenzeremonien und den Magistrat. Da legte dieser die Erhitztesten unter ihnen in das Gefängnis.

Als sie sich so behandelt sahen und sich überzeugten, daß sie in der Stadt nicht die Oberhand gewinnen konnten, verließ ein großer Teil der Partei dieselbe. Die einen gingen nach Wittenberg, die anderen wandten sich nach Böhmen; unter diesen auch Münzer selbst.

Es war dies zu Ende des Jahres 1521.

4

Münzer in Böhmen und Allstedt

Münzers aufregenden Predigten werden zwei Aufläufe zugeschrieben, die kurz nacheinander die Tuchknappen in der Stadt gemacht hatten. Seine Gegner nannten ihn öffentlich „einen blutdürstigen Mann, dessen Herz nach Blutvergießen stehe. Man solle aufsehen, was der gelbe Bösewicht mit seinem Schwärmgeist für ein Spiel anrichten wolle", hieß es in einem Spottlied seiner Gegner auf ihn vom 16. April 1521.

Seit er dachte und sah, war ihm „die Schmach und das Elend seines Volkes" nahegegangen. Er glaubte sich, er fühlte sich berufen, sein Volk zu befreien und zu rächen.

Seine Feinde haben als einzige Triebfeder den Ehrgeiz ihm unterlegt. Es war Ehrgeiz, es war hochfahrender Geist in ihm, und dieser verschmolz mit seinem Enthusiasmus; aber Sucht zu glänzen war es nicht, was ihn hauptsächlich oder gar einzig trieb. Es ist viel Trübendes, viel Verwildertes in Münzers Seele, aber durch diese Wildnis in ihm leuchtet eine glühendrote Blume, die Liebe zu seinem Volke, zur Menschheit. Er meinte es redlich.

Er haßte die Unterdrücker des Volkes, die geistlichen und weltlichen Herren; in beiden sah er die Verderber der Welt, die Umkehrer der göttlichen Ordnung. Im christlichen Priestertum sah er nur die Fortsetzung „alter Tyrannei, welche im Namen Christi die Welt tyrannisiere, wie sie es früher im Namen des heidnischen Aberglaubens getan habe". In den Herren überhaupt haßte er „feindliche Mächte, welche dem Gottesreich auf Erden, dem ewigen Evangelium, dem Heile entgegen seien, es hemmen, die Menschheit ihrem Eigennutze, ihren Wollüsten, ihren Launen opfern, sie auf jede Art mißbrauchen und in der Entwicklung ihrer Kräfte, im Genuß ihres menschlichen Daseins hindern". Er hatte keinen Fürsten von wahrer schöner Menschlichkeit kennengelernt, so haßte er alle als „Tyrannen", als „Hochmütige, die sich übermenschlich dünken", was ihm als „gottlos" erschien.

Je tiefer er sich in das Alte und Neue Testament und in seine Mystiker hineinlas, desto größer erschien ihm der Kontrast zwischen dem, was war und was sein sollte. Nach seiner Ansicht mußte auch der Staat von dem christlichen Geiste beseelt werden. Die öffentlichen Zustände sollten, wie die Sitten, nach der Lehre Christi gestaltet, das Christentum selbst auf diese Art in der Welt verwirklicht, des göttlichen Reichs Gesetze zu Staatsgesetzen, die Gleichheit vor Gott auch zur weltlichen Gleichheit fortgebildet werden.

Daß diese Umbildung so plötzlich nicht möglich sei, das übersah die jugendliche Leidenschaftlichkeit Münzers. Die Glut seiner Wünsche und Hoffnungen für das Volk, seine Einbildungskraft und wohl auch noch mit der Ehrgeiz, seines Volkes Befreier zu werden, trugen und rissen ihn fort. Alles das zusammen steigerte sich in ihm in kurzem so, daß es wie eine fremde Macht in ihm wurde und er nicht mehr wußte, ob er es selbst war oder ein höherer, über ihn gekommener Geist, was ihn trieb, stürmisch vorwärtszugehen. Nicht in einem Jenseits, sondern auf dieser Erde sollte das neue Jerusalem, zunächst auf festem deutschem Boden das Reich der Freiheit und der Freude gegründet werden, und zwar sogleich jetzt, schnell und gewaltsam. Denn es war wie etwas Feuereifriges, so auch etwas Gewalttätiges in ihm. Die Ausrottungs- und Rachegebote des Alten Testaments, die den alten Israeliten gegeben waren, nahm er als ihm für seine Zeit gegeben. Des Abtes Joachim revolutionäre Ideen wurden in Münzer zur revolutionären Tat; des ersteren Mystizismus und Prophetismus wurde in dem letzteren zum Fanatismus, aber nicht des Dogmas, sondern des Weltbeglückungstriebes.

Münzer war kein Schwärmer gewöhnlichen Schlages, der bloß träumte und schwärmte. Er hat sich zwar verrechnet; gerechnet aber und berechnet hat er; er hat gedacht, verglichen und einen Plan gemacht; er hat gewagt und gehandelt. An seinem Plan war sein volles und weites Herz zu sehr mittätig, und darum und weil sein politischer Verstand noch nicht gereift war, wagte er sich an etwas, das für seine Kräfte und für seine Zeit zu groß war.

Der Boden Böhmens, die Wiege der taboritischen Lehre, war es zuerst, wohin er von Zwickau sich wandte. In Prag schlug er in lateinischer und deutscher Sprache eine Ankündigung an, einen „Protest", wie er es nannte. „Er wolle", sagte er unter anderem, „nebst dem vortrefflichen Streiter Christi, Johann Hus, die hellen Posaunen mit einem neuen Gesang erfüllen." – Eine lange Zeit haben die Menschen gehungert und gedürstet nach des Glaubens Gerechtigkeit, und die Weissagung des Jeremias sei an ihnen erfüllt worden: „Die Kinder haben Brot begehret, und niemand war, der es ihnen brach." Es wäre kein Wunder, wenn Gott wieder durch eine allgemeine Sündflut den Erwählten mit den Verstoßenen wegraffte. Das, daß man immer nur auf den toten Buchstaben, darauf sich berufen habe: „So hat Christus, so hat Paulus, so haben die Propheten gesagt!“ statt aus der Vernunft heraus zu überzeugen; das sei die Ursache, warum so viele Völker der Welt den christlichen Glauben eine unverschämte Torheit genannt haben. Von Wehmut und Erbarmen ergriffen, beweine er aus ganzer Seele den Untergang der wahren Kirche Gottes; in ihrem Ruin begreife die Christenheit nicht die ägyptische Finsternis, die auf ihr liege. Da, als das Volk die Wahl seiner Prediger aufgegeben habe, da habe der Betrug angefangen; seitdem harmoniere die Kirchenlehre und Ordnung nicht im geringsten mehr mit der Stimme Gottes. „Aber freuet euch“, schließt er nach furchtbaren Angriffen auf die Geistlichen und die Lehre der Kirche, „es neigen sich eure Länder, sie werden weiß zur Ernte. Ich bin vom Himmel herab gedinget um einen Groschen zum Taglohn und mache meine Sichel scharf, die Ernte abzuschneiden. Mein Gaumen soll der allerhöchsten Wahrheit nachsinnen, und meine Lippen sollen verfluchen die Gottlosen, welche zu erkennen und auszurotten ich in eure vortrefflichen Grenzen, o ihr geliebten böhmischen Brüder, gekommen bin. Lasset's zu und tut Hilfe. Ich verheiße euch große Ehre und Ruhm: Hier wird den Anfang nehmen die erneuerte apostolische Kirche und ausgehen in alle Welt. Die Kirche bete nicht einen stummen Gott an, sondern den lebenden und redenden. So ich lügen werde in dem lebendigen Worte Gottes, welches heute hervorgehet aus meinem Munde, so will ich des Jeremias Last tragen und stelle mich selbst dar, mich zu übergeben den Schmerzen des gegenwärtigen und des ewigen Todes.“

Es gehörte Mut dazu, sich mit diesem Tone, dessen Mildestes im Voranstehenden im wörtlichen Auszug enthalten ist, mitten in ein fremdes Land, in eine große Stadt, unter eine längst wieder mächtig gewordene Geistlichkeit hineinzustellen. Münzer ist ganz Jüngling, der alles sich zutrauende, unbedenklich wagende Jüngling; er hat nichts für sich als sich selbst, seinen Glauben an seine Sendung und seine Überzeugung, daß es an der Zeit sei. Aber es mißlang ihm, in Böhmen Raum und Anhang zu gewinnen; er wurde unter Bewachung gestellt und mußte das Land verlassen.

Er ließ sich dadurch weder seinen Glauben an sich noch an seinen Beruf verkümmern. Bloßer Ehrgeiz jugendlichen Leichtsinns wäre entmutigt worden, als er die großen Schwierigkeiten sah. Aber es war Münzern ein Ernst damit, die Welt zu bessern; er dachte ohne Schrecken an die Dornenkrone der Volkserlöser und meinte, daß es gottlos sei, nicht durch Leiden Christus ähnlich werden zu wollen; er war bereit, wie er es am Ende seiner Prager Ankündigung auch sagte, für das, was er als seinen Beruf in sich trug, mit seinem Leben einzustehen; und er hat es bewiesen.

Er wurde Prediger in Allstedt in Thüringen gegen das Ende des Jahres 1522. Hier ließ er beim Gottesdienste alles ohne Unterschied in deutscher verstandlicher Sprache verrichten; nicht mehr bloß die aus dem Zusammenhang gerissenen Evangelien und Episteln, sondern alle biblischen Bücher sollten vorgelesen und darüber gepredigt werden. Von Eisleben, Mansfeld, Sangerhausen, von Frankenhausen, Querfurt, Halle, Aschersleben, von anderen Orten liefen die Leute Münzer zu nach Allstedt, ihn predigen zu hören. Es war wie eine Wallfahrt.

Dem Volke gefielen die scharfen Lektionen, die er der Geistlichkeit und den weltlichen Herren gab. Er ging schrittweise vorwärts und wurde Schritt um Schritt vorwärtsgetrieben. Er wollte fürs erste sogar die Fürsten selbst dazu gebrauchen, der neuen Predigt mit Gewalt Ausbreitung zu verschaffen.

Das sächsische Brüderpaar, den Kurfürsten Friedrich den Weisen und den Herzog Johann, forderte er zu wiederholten Malen und aufs stärkste dazu auf. „Ihr allerteuersten liebsten Regenten" schrieb er, „wenn Ihr der Christenheit Schaden so wohl erkennetet und recht bedächtet, so würdet Ihr ebensolchen Eifer gewinnen wie Jehu der König (Buch der Könige 4, 9, 10). Darum muß ein neuer Daniel aufstehen und Euch die Offenbarung auslegen, und derselbe muß voran, wie Moses lehrt (Deut. 20), an der Spitze gehen. Er muß den Zorn der Fürsten und des ergrimmten Volkes versöhnen. Sagt doch der Herr, ich bin nicht gekommen, Frieden zu bringen, sondern das Schwert. Was sollt Ihr aber mit demselben machen? Nichts anderes, denn die Bösen, die das Evangelium verhindern, wegtun und absondern, wollt Ihr anders Diener Gottes sein. Christus hat mit großem Ernst befohlen (Luc. 19, 27): Nehmt meine Feinde und erwürget sie mir vor meinen Augen! Warum? Ei darum, daß sie Christo sein Regiment verdorben haben. Die, welche Gottes Offenbarung zuwider sind, soll man wegtun, ohne alle Gnade, wie Hiskias, Josias, Daniel und Elias die Baalspfaffen verstöret haben; anders mag die christliche Kirche zu ihrem Ursprung nicht wieder kommen. Man muß das Unkraut ausraufen aus dem Weingarten Gottes in der Zeit der Ernte. Gott hat (5. Mos. 7) gesagt: Ihr sollt Euch nicht erbarmen über die Abgöttischen, zerbrecht ihre Altäre, zerschmeißt ihre Bilder und verbrennet sie, auf daß ich nicht mit Euch zürne."

Er drang auf das, was er früher nur leise angedeutet hatte, jetzt am stärksten: auf die Befreiung vom Joche des Buchstabens, nicht bloß der Kirchenlehre, sondern auch der Bibel. Er wollte eine geistige Auffassung und Auslegung der Schrift; ja, er setzte geradezu über die biblische Autorität den im menschlichen Gemüte wirkenden Heiligen Geist, ja die menschliche Geisteskraft selbst, welche er als die reinste und ursprünglichste Quelle der Wahrheit für die Menschheit erklärte.

Seine Reden waren voll Gedanken, wie sie neuerdings der Rationalismus und die spekulative Philosophie aufgestellt haben; manche der Ideen, welche seine Reden füllen, haben später Puritaner und Independenten in England, namentlich W. Penn, Spener, Zinzendorf, Swedenborg, J. J. Rousseau und die Sprecher und Führer der französischen Revolution aufgefaßt, ausgebildet und sich damit berühmt gemacht. Münzer eilte auch mit seinen religiösen Ansichten, nicht nur mit seinen politischen, um drei Jahrhunderte voraus.

Als er sah, daß seine Aufforderungen an die Fürsten bei diesen keinen Anklang fanden, wandte er sich mit um so stärkeren Ermunterungen an das Volk, sich selbst zu helfen. Die Kraft des Wortes suchte er durch Vereine zu stärken. Schon hatte er eine geheime Gesellschaft zu Allstedt errichtet, die sich mit feierlichem Eide verbindlich machte, miteinander zu arbeiten und das neue Reich Gottes, das Reich brüderlicher Gleichheit, Freiheit und Lauterkeit zu begründen. In der Wiederherstellung der ursprünglichen Gleichheit, in der Rückführung der christlichen Kirche zu ihrem Ursprung, wie er es nannte, sah er die einzige Rettung der Menschheit. Alles, was „Christo sein Regiment verderbt", alles, was das Volk ins Elend zu stürzen und darin zu erhalten zusammengewirkt habe, Herren, Priester und die Despotie des Buchstabens, alles Hemmende sollte hinweggetan werden; alle deutschen Völker, alle Christen sollten in den Bund gezogen, zum gemeinsamen Kampfe eingeladen werden, die Christenheit gleich, sich und die Welt frei zu machen. Selbst die Fürsten und Herren sollten von dieser Einladung nicht ausgeschlossen sein. Man sollte sie brüderlich erinnern. Nur wenn sie sich weigern, in den Bund zu treten und Bürger des neuen Gottesreiches zu werden, sollten sie vertrieben oder getötet werden. Alle Dinge sollten gemein sein, die Arbeit wie die Güter; es sollte davon an jeden nach Notdurft und Gelegenheit ausgeteilt werden.

Diesen Bund auszubreiten, sandte Münzer vertraute Boten nach allen Gegenden Deutschlands aus, die in der Stille für seinen Zweck wirkten. Zu gleicher Zeit ließ er eine Reihe Schriften im Druck ausgehen; er hielt sich dazu einen eigenen Drucker zu Eilenburg. Dadurch und durch seine häufigen Predigten breitete sich seine Lehre unter dem gemeinen Mann immer mehr aus. Sein Thema war fast stets dasselbe: die Notwendigkeit, dem Volke die Freiheit, dem Reiche Gottes die Herrschaft auf Erden zu erkämpfen. Seine Predigt auf der Kanzel wie in seinen Schriften war nicht sowohl Religion als vielmehr Politik mit religiösem Überwurf, die Verkündigung einer neuen, bürgerlich-glücklichen Zeit, der nahen Erfüllung der alt- und neutestamentlichen Weissagungen, wo keine Tyrannen, keine Fronen, keine tote Buchstabenreligion, keine Priesterknechtschaft mehr sein, alles Kastenwesen aufhören, Kirche und Staat in dem Reiche der Freien und Heiligen ganz aufgehen und das wahre Priestertum, das des ganzen Menschengeschlechts, anheben werde. Diese Zustände in alle

Wege, mit Wort und Tat, herbeizuführen, machte er jedem zur Gewissenssache.

Münzer war sehr beredt, aber kein Redner wie Luther. Es fehlte ihm die sonnenhelle, für jeden Gedanken im Nu das rechte Kernwort schaffende und darum so mächtig einschlagende Sprache dieses Reformators. Erst mitten darin im Schmieden der glühend gewordenen Revolution wurde Münzer klar im Ausdruck; jedes Wort ein Hammerschlag. Aber was zuerst der Darstellung Münzers gebrach, das ersetzte bei ihm der Masse gegenüber in reichem Maße der Vortrag, das Prophetenfeuer, das ihn selbst und die Zuhörer hinriß. Er hatte sich nicht bloß in die alten Propheten hineingelesen, sondern es war selbst in ihm etwas von ihrem Geist und ihrem Wesen. Neben diesem Feuer des Vortrages hatte er jedoch einen Vorteil der Darstellung mit Luther gemein, ja, er war noch stärker darin. Ganz zu Haus nämlich in den heiligen Schriften, verstand er es, aus denselben Waffen für seinen Zweck zu schmieden, Donnerkeile gegen das Bestehende, gegen Kirche und Staat, und wenn er so mit feurigen Bibelsprüchen und Bildern vom Rednerstuhl gewitterte, da stand und hing das Volk am Munde, am Blick, an jeder Bewegung des demokratischen Predigers als eines Propheten.

So predigte er eines Tages gegen die „Abgötterei des Bilderdienstes". Die Kapelle zu Mellenbach, nicht weit von Allstedt, war ein besuchter Wallfahrtsort. Das von Münzers Predigten erhitzte Volk machte drohende Kundgaben gegen dieselbe. Münzer warnte den Klausner, der des Gottesdienstes daselbst wartete, hinwegzuziehen, ehe er unter der Wut des Volkes litte. Dieser folgte der Warnung noch zu rechter Zeit; denn gleich darauf zog ein Haufe Allstedter hinaus, zerschlug die Bilder und brannte die Kapelle aus. Münzers wird dabei in dem amtlichen Berichte weder als Teilnehmer noch als Anstifter gedacht. Herzog Johann zu Weimar wollte dieses Tumultes halb in Städtlein und Flecken fallen, Tag und Nacht saßen die Einwohner in Ängsten, und Münzer bat den Fürsten, sein eigen Volk nicht scheu machen zu wollen wegen eines Marienbildnisses. Die zur Rechenschaft Vorgeforderten, der Geleitsmann, der Rottmeister und mehrere Bürger, stellten sich nicht am Hofe zu Weimar, sondern verteidigten durch Münzers Feder, „was wider den Teufel zu Mellenbach geschehen sei", erboten sich, an Leib und Gut zu leiden, was man ihnen auflege; doch „den Teufel zu Mellenbach wollen sie nicht anbeten, noch die, welche ihn zerstört, überantworten".

Die beiden sächsischen Fürsten, Friedrich und Johann, kamen selbst nach Allstedt, und Münzer mußte vor ihnen auf dem Schlosse predigen. Er sprach vor den Fürsten so kühn als je. Er forderte sie nochmals auf, die Abgötterei auszurotten und das Evangelium mit Gewalt einzuführen. Er berief sich auf Christi Ausspruch, selbst auf Luc. 19, Matth. 18, auf den

Apostel Paulus 1. Cor. 5 für seine Forderung, daß man die gottlosen Regenten, sonderlich Pfaffen und Mönche töten solle, welche das heilige Evangelium Ketzerei schelten. Die Gottlosen haben kein Recht zu leben, außer was ihnen die Auserwählten gönnen wollen (2. Mos. 23); wo die Fürsten die Gottlosen nicht vertilgen, so werde ihnen Gott ihr Schwert nehmen. Die ganze Gemeinde habe die Gewalt des Schwerts, und der wolle das Regiment selber haben, dem alle Gewalt im Himmel und auf Erden gegeben sei. Alle Winkel seien voll eitel Heuchler und keiner so kühn, daß er die rechte Wahrheit sagen möchte. Die Grundsuppe des Wuchers, der Dieberei und Räuberei seien die Herren, sie nehmen alle Kreaturen zum Eigentum, die Fische im Wasser, die Vögel in der Luft, das Gewächs auf Erden, alles müsse ihr sein. Darüber lassen sie denn Gottes Gebot ausgehen unter die Armen und sprechen: Gott hat geboten, du sollst nicht stehlen! Für sich selbst aber halten sie dieses Gebot nicht dienlich; darum schinden und schaben sie den armen Ackersmann, den Handwerksmann und alles, was da lebet. Wenn er sich dann vergreife an dem Allergeringsten, so müsse er hängen. Dazu sage dann der Doktor Lügner Amen. „Die Herren", rief er, „machen das selber, daß ihnen der arme Mann feind wird. Die Ursache des Aufruhrs wollen sie nicht wegtun, wie kann es in die Länge gut werden? Ach, lieben Herren, wie hübsch wird der Herr unter die alten Töpfe schmeißen mit einer eisernen Stange! So ich das sage, werde ich aufrührerisch sein. Wohl hin!"

Münzer fühlte sich ganz wie ein alttestamentlicher Prophet, der im Namen Jehovas zu sprechen sich berufen glaubte, wo die anderen schwiegen. Er ließ diese Predigt auch sogleich drucken. Aber dieser Druck hatte die Folge, daß auf Befehl des Herzogs Johann Münzers Drucker das Land verlassen mußte. Münzer empfand das sehr hoch. Er begehre, schrieb er unterm 13. Julius 1524, daß man ihn nicht hindern möge, dasjenige vor aller Welt frei zu verkündigen, was er aus göttlichem unfehlbarem Zeugnis erlernt. Die Fürsten seien gehalten, in acht zu nehmen, was er ihnen aus göttlicher Offenbarung anzeige.

Es wurde ihm verboten, irgend etwas von sich drucken zu lassen, das nicht zuvor durch die Zensur der sächsischen Regierung zu Weimar gegangen wäre. Unter der Bedrängung und Gefahr wuchs Münzern die Kühnheit. Er ließ in der nahen Reichsstadt Mühlhausen eine seiner stärksten Schriften drucken. „Lieben Gesellen", sagte er darin, unter Hinweisung auf das 23. Kapitel des Jeremias, gleich auf dem ersten Blatte, „lieben Gesellen, laßt uns das Loch weit machen, auf daß alle Welt sehen und greifen möge, wer unsere großen Hansen sind, die Gott also lästerlich zum gemalten Männlein gemacht haben." Auf dem Titel nennt er sich Thomas Münzer mit dem Hammer, nach der Stelle des Jeremias (23,9): „Ist mein Wort nicht wie ein Feuer, spricht der Herr, und wie ein Hammer, der Felsen zerschmeißt?“ Am Ende sagt er: „Die ganze Welt muß einen großen Stoß aushalten; es wird ein solch Spiel angehen, daß die Gottlosen vom Stuhl gestürzt, die Niedrigen aber erhöhet werden.“

Jetzt trat Luther offen wider Münzer heraus mit einem in den Druck gegebenen „Brief an die Fürsten zu Sachsen von dem aufrührerischen Geist“. Da die falschen Propheten die Sache nicht im Worte bleiben lassen wollen, sondern gedenken, mit der Faust sich dreinzubegeben und sich mit Gewalt wider die Obrigkeit zu setzen, so bitte er die Fürsten, solchem Unfug zu wehren und dem Aufruhr zuvorzukommen: „Die Faust stillgehalten oder stracks zum Land hinaus!“ Das solle der Fürsten Spruch an die Propheten sein. „Der Satan wirke durch die irrigen Geister.“

Münzer hatte dem Reformator zu Wittenberg offen vorgeworfen, derselbe liefere die dem Papst entrissene Kirche den Fürsten in die Hände und wolle selbst der neue Papst sein. Nur die armen Mönche, Pfaffen und Kaufleute schelte Luther, während niemand die gottlosen Regenten richten und strafen solle, obwohl sie Christus mit Füßen treten und von

Münzer predigt den Fürsten

ihrer Schinderei und Zinsen nichts abgehen lassen. Früher habe Luther wohl die Fürsten gescholten, und neuerdings noch habe er, um den Bauern ein Genüge zu tun, geschrieben, die Fürsten werden durch das Wort Gottes zu scheitern gehen, aber das wisse der neue Papst zu Wittenberg bei den Fürsten wohl wieder gutzumachen: Er schenke ihnen Klöster und Kirchen, da seien sie mit ihm zufrieden.

War Luther durch Münzers heftige Schriften gegen seine Person und seine Lehre auf diesen sehr erbittert, so waren ihm zugleich die Umwälzungsbestrebungen Münzers zuwider, weil sie auf Luther selbst und auf Luthers Sache nachteilig zurückwirken konnten. Sie machen weltliche Politik aus dem Evangelium, schrieb Melanchthon an Spalatin; Luther schrieb von seiner Seite sein offenes Sendschreiben an die sächsischen Fürsten, „sich dem aufrührerischen Geiste zu widersetzen". Zuvor schon hatten er und Justus Jonas bei dem Kurfürsten von Sachsen und seinem Kanzler Brück mündlich und schriftlich Münzers Anklage betrieben. Der mächtigste Kläger aber war Herzog Georg von Sachsen. Münzer hatte einen Brief an Georgs Untertanen zu Sangerhausen erlassen, den der Herzog für aufrührerisch erklärte. Münzer behauptete, er habe sie nur ermahnt, bei dem Evangelium zu stehen und gegen die sich zu stellen, welche dem Evangelium entgegen wären. Auch von anderen Herrschaften kamen Klagen, namentlich von Friedrich von Witzleben und von dem Grafen von Mansfeld.

Die Untertanen des Witzleben hatten Boten an Münzer geschickt, ihm geklagt, ihr Herr wolle ihnen verbieten, das Evangelium zu hören, und doch seien sie willig, ihre Zinse und Dienste ihm fort zu leisten; und dabei fragten sie, ob es recht sei, einen Bund wider diesen ihren Herrn zu schließen, der ihnen, weil sie Münzers Gottesdienste besucht, Geldstrafen auferlegt habe und sie vom Evangelium zurückhalte. Ganz dasselbe hatte eine große Zahl der Mansfelder Häuer und Bergknappen ihm vorgetragen. Auf beide Anfragen war Münzers Bescheid gewesen, es stehe ihnen frei, zur Hörung des Evangeliums sich zu verbünden. Nikol Rugkert, einer der Eingeweihten des Geheimbundes zu Allstedt, verriet den Bund an die sächsischen Fürsten. Münzer nannte ihn darum einen Erzjudas, als er davon hörte und vor die Fürsten nach Weimar geladen wurde. Ehe er sich stellte, gab er jene Schrift heraus mit dem Motto: „Mache das Loch weiter und laß sie alle sehen, wer die großen Hansen sind." Die Schrift war ein Angriff auf die „unvernünftigen" Fürsten, welche dem Evangelium den Weg versperren wollen. Am Ende wiederholte er die Prophezeiung: „Es sei an der Zeit, der große Schlag stehe bevor, der sie demütigen werde, und die ganze Welt werde den Puff aushalten müssen."

Dennoch hatte er den Mut, auf dem Schloß zu Weimar sich zu stellen, er, ganz allein. Er wurde aufrührerischer Umtriebe angeklagt. Er widerlegte oder erläuterte die Beschuldigungen. Der Prediger Doktor Strauß und die Barfüßer, die nach der Sitte der Zeit vor dem Kurfürsten und Herzog Johann mit Münzer über seine Lehre disputierten, werden von ihm geradeheraus abgefertigt mit dem offenen Worte: „Wenn die Lutherischen nichts anderes ausrichten wollten, als daß sie Mönche und Pfaffen vexierten, so hätten sie es besser gleich unterwegen gelassen."

Auf viele Anklagen, die aus seinen Predigten und Schriften genommen wurden, verteidigte er sich gut; es konnte ihm bei seiner großen Kenntnis der Bibel vor Fürsten, welche diese so sehr verehrten, nicht schwer werden, sich mit Bibelstellen zu umschirmen. Der Kurfürst, der schon früher einmal ausgesprochen hatte, ehe er sich entschließen könnte, wider Gott zu handeln, wolle er lieber den Stab nehmen und sein Land verlassen, dieser gütige Herr beschloß auch jetzt, die Sache dem höchsten Richter über alles zu überlassen. Herzog Johann und die Räte bedrohten Münzer mit Vertreibung aus dem Lande.

Es muß für ihn ein harter Kampf gewesen sein. Bleich wie der Tod war er, als er vom Schlosse herabging. Wie ist es gegangen? fragte der ihm befreundete Rentmeister Hans Zeys. Es gehet also, sagte Münzer, daß ich ein anderes Fürstentum werde besuchen müssen. Unter dem Schloßtor umringten ihn die Stallbuben mit dem Geschrei: „Wo ist nun dein Geist und dein Gott?" Die Domherren auf dem Schloß kamen auch dazu herab, um ihn zu belachen. Diesen wie jenen setzte Münzer das Stillschweigen der Verachtung entgegen und eilte nach Allstedt. Kaum war er hier wieder angekommen, so fand er seine Person gefährdet. Herzog Georg von Sachsen forderte seine Auslieferung. Georg drohte, selbst einzuschreiten, wenn der Kurfürst nicht einschreite. So erging an den Rat zu Allstedt der ernstliche Befehl des Kurfürsten am 16. August, ihrem Prediger nicht länger Aufenthalt in ihrer Stadt zu geben. In derselben verbreitete sich zuvor schon das Gerücht, man wolle Münzer greifen und „ihn den höchsten Feinden des Evangeliums überantworten". Da er dies vernahm, waffnete er sich mit Harnisch, Eisenhut, Krebs und Hellebarde und sammelte seine Freunde in der Nacht um sich her zu seinem Schutze. Als er sah, daß die Ratsherren als Untertanen „ihren Eid und Pflicht mehr achteten als Gottes Wort" und sich nicht für ihn und seine Sache ganz erklärten, erkannte er, daß seines Bleibens nicht mehr war, und er verließ Allstedt noch in selber Nacht. Schon am 15. August war er übersiedelt in die nahe Reichsstadt Mühlhausen. Eilig warnte Luther den Rat dieser Stadt, sich vor Münzern und seiner Lehre zu hüten und beiden bei ihnen nicht Raum zu geben.

5

Mühlhausen und Heinrich Pfeifer

Mühlhausen in Thüringen war eine feste Stadt, von mehr als 10 000 Bürgern bewohnt, und zu ihrem Gebiete gehörten zwanzig Flecken und Dörfer. Im Jahre 1523, in welchem „Wunderzeichen am Himmel gesehen wurden und im Spätherbst die Rosen und die Bäume zum zweitenmal blühten", begannen in dieser Reichsstadt Volksbewegungen.

Die Geschichte der Bewegungen in dieser Stadt, wie sie mehr als drei Jahrhunderte lang überall erzählt worden ist, gibt einen unwidersprechlichen Beweis, wie sehr die Geschichte des deutschen Volkes überhaupt gefälscht worden ist, absichtlich, und dann von solchen, welche gedankenlos nachschrieben, aus Irrtum. Wie es zu Mühlhausen in der Zeit, da diese Stadt bedeutungsvoll in die deutsche Geschichte hineintrat, ja weltgeschichtlich wurde, in dem Jahre der Geburtswehen der Reformation, absichtlich geschehen ist, so ist anzunehmen, daß es auch anderswo absichtlich geschah: Man fälschte, man log, man wollte alle Spuren des wahren Sachverhaltes vertilgen durch Beseitigung der Aktenstücke und Nachrichten, die man nicht fälschen konnte. Für die Geschichte Mühlhausens hat dieses Lügenspiel der siegenden Partei ein wahrhaftiger Mann, von scharfem Forschergeiste, in allerneuester Zeit aufgedeckt.

Ein hochbegabter Mühlhäuser Bürger, Heinrich Pfeifer, auch Schwerdtfeger genannt, war Mönch in dem eine Meile von Mühlhausen gelegenen Kloster Reifenstein und trat nach Luthers Beispiel aus. Er predigte zuerst im Eichsfeld die neue Lehre. Da dieses Gebiet unter der Landeshoheit eines geistlichen Fürsten, des Kurfürsten von Mainz, stand, so stieß sein Unternehmen auf Hindernisse und Verfolgungen. Ein starrer, durchgreifender Charakter, wich Pfeifer nur, um sich in seine Vaterstadt zurückzuziehen und von da aus umfassender gegen das Alte zu wirken.

Er tat sich im bürgerlichen Kleide zu Mühlhausen als Volksprediger auf. Gleich sein erstes Auftreten war gewählt, Aufsehen zu machen. Es war am Sonntag Septuagesimä. Nach der Sitte rief der Ausrufer von einem hohen Steine, nahe bei der Oberpfarre, Bier und Wein aus; und kaum war er hinweg, so trat Pfeifer auf denselben Stein, rief: „Hört mich, ihr Bürger, ich will euch ein ander Getränk verkünden", fing an, über das Sonntagsevangelium zu predigen, schalt die Klerisei, Mönche und Nonnen. Da lauschten die Zuhörer, die da waren; da lief das Volk aus allen Gassen her, als er, wie er am Schlusse versprochen, auf demselben Steine des anderen Tages wieder predigte. Der Rat der Stadt ward sorglich wegen der öffentlichen Ruhe und ließ ihn auf das Rathaus fordern. Pfeifer antwortete, zu predigen sei er da; habe er erst seine Predigt gehalten, so wolle er aufs Rathaus gehen. Und er ging nach der Predigt hinauf, aber umgeben von einer solchen Menge seiner Anhänger, daß die Ratsherren nicht wagten, etwas ihm Unangenehmes zu beschließen. Pfeifer fuhr in den nächsten Wochen fort, täglich zu predigen, und zwar in der Marienkirche. Wie er seine Predigt steigerte, steigerte sich die Schwärmerei des Volkes für ihn. Die Ratsherren ließen ihn abermals vor sich fordern. Er, kühner, seit er am ganzen Volk einen Rückhalt hatte, verlangte sicheres Geleit vom Rat, und als dieser es ihm verweigerte, trat er wieder auf seine steinerne Kanzel und rief: „Wer bei diesem Evangelium bleiben will, der hebe seine Finger auf!" Da sah man Hand an Hand; Mann und Weib, jung und alt streckten die Finger empor, zu zeigen, daß sie Treue schwören seinem Evangelium. Sie schwuren's mit Hand und Mund, und er schaute herab auf den feierlichen Eidschwur der Tausende und ermahnte sie, auseinanderzugehen, Waffen anzulegen und, zum Streit gerüstet, sich auf dem Marienkirchhof zu versammeln. Alles wetteiferte, nach seinem Worte zu tun, und als sie gerüstet wieder beisammen waren, ordneten sie acht aus ihrer Mitte an den Rat ab, um für ihren Prediger ein sicheres Geleit zu erhalten. Der Rat war in größeren Nöten als zuvor.

Während ein großer Teil der Bürgerschaft Mühlhausens das geöffnete Evangelium mit Jubel begrüßte, hing die Aristokratie der Stadt fest am Alten. Durch die kirchliche Neuerung war ihr Interesse gefährdet. Wie in so manchen Städten, war auch in Mühlhausen ein drückendes Aristokratenregiment; in dieser freien Reichsstadt gab es nicht mehr als sechsundneunzig Männer, die in Wahrheit freie Bürger waren. Das waren die Herren des Rates, der sich selbst ergänzte und nur aus Patriziern. Die anderen Reichsbürger der Stadt waren gesetzlich zu blindem Gehorsam angehalten, und der Rat konnte ungerecht, hart und grausam gegen Bürger verfahren, ohne daß diese ein Schutzmittel dagegen hatten; Recht gegen den Rat und seine Privilegien zu finden war nicht möglich.

Bedurfte so sehr als für die Kirche ganz Deutschland für die weltliche Verfassung einer Reformation, so bedurfte sie für beides die Stadt Mühlhausen vor anderen Städten. Aber eben weil es mit den politischen und kirchlichen Verhältnissen der Stadt so stand, lag es im Interesse der Ratsgeschlechter, der kirchlichen Neuerung sich zu widersetzen, damit diese nicht eine Veränderung im Weltlichen nach sich zöge.

Nachdem Pfeifers Anhang sich so drohend dem Rate gegenübergestellt hatte, gelang es dem letzteren, der für den Augenblick nachgab, gleich darauf die Oberhand in der inneren Stadt zu erlangen. Pfeifer wurde durch den Anhang des Rates aus der Marienkirche verdrängt; er mußte sich in die Vorstadt St. Nikolai zurückziehen.

Männer wie Pfeifer werden durch Entgegentreten nicht abgeschreckt, sondern zum Weitervorgehen gereizt. Überall in Deutschland war es der Widerstand der am Alten Hängenden, der die Revolution beschleunigte; die Verweigerung der ersten gemäßigten Forderungen drängte die, welche sie machten, vorwärts zu Steigerungen, deren sich die Volksführer schon als Gegenwehr bedienen mußten.

Pfeifer, dem man die religiöse Rede in der Marienkirche verbot und abschnitt, warf sich auf die politische Rede: Er machte jetzt die bürgerlichen Zustände des Volkes dem Rate gegenüber zum Gegenstande seiner Vorträge und öffnete darüber den Bürgern die Augen. Verfassungsreform war es jetzt, was er in den Vordergrund stellte.

Mit ihm in gleichem Sinne wirkten noch andere vormalige Mönche zusammen, Johann Rothmeler, der mit Luther in Verbindung gestandene Johann Köler und Meister Hildebrand. Dieser kam am Sonntage Misericordiä in die Stadt. Es war gerade Ablaß in der St. Johanneskirche. Er begehrte darin zu predigen. Der Rat verweigerte ihm die Kanzel. Er ging hinweg, einen Strom Volkes hinter sich, hinaus in die Vorstadt auf den Plobach, stieg hinauf in Kaspar Färbers Haus und predigte oben zum Giebel heraus.

Pfeifer dachte an eine Reform des Rates. Auf seinen Antrag wurde die Gemeine in der Beratung durch einen Ausschuß vertreten, in der Vollziehung der Beschlüsse durch acht Viertelsmeister, die Achtmannen. Weder die Vorstädter noch die Bauern zog Pfeifer für jetzt in seine Reformen, sondern nur die eigentliche Bürgerschaft in der inneren Stadt. Er wollte nur die Befähigten zur Teilnahme am Stadtregiment zulassen. Aber nur mit Hilfe der Vorstädter und der Masse der inneren Stadt erzwang er einen Rezeß von dem Rate, der den Forderungen Pfeifers und seinen Vertrauten genügte. Gemäß diesem Vertrage blieb der Rat im Amte, nur drückende Mißbräuche wurden abgeschafft, Fortschritte in der Gemeindeentwicklung angebahnt, die Bürgerschaft aus dieser ihrer Knechtschaft ausgelöst und ihr eine gesetzliche Mitwirkung bei allen wichtigen Angelegenheiten der Stadt dadurch gegeben, daß sie von nun an durch die Viertelsmeister im Rate der Stadt vertreten wurde, die das Recht des Vetos hatten. Für sich selbst bedingte Pfeifer sich nichts aus: nur unverwehrt sollte künftig sein, das Evangelium zu predigen, und die Hauptkirchen sollten statt abgelebter Deutschordenspfarrer mit tüchtigen Predigern besetzt werden.

Aber die Partei des Rates, der Stadtadel, hatte sein Vorrecht aufzugeben nie im Ernste gedacht, sondern dem Drang des Augenblicks nachgegeben, um es wieder bei der ersten Gelegenheit ganz an sich zu nehmen. Unter dem ersten Sturme, da ein dauernder Sieg der Volkssache die Wahrscheinlichkeit für sich zu haben schien, schwankten selbst alte Ratsherren, ob sie nicht offen für die siegende Sache, die als Wahrheit und

Menschenrecht auftrat, Partei ergreifen sollten, um sich oben und die Leitung auch der neuen Bewegung in der Hand zu halten. Der vorzüglichste darunter war Doktor Johann von Ottera, der in der einflußreichsten Stelle des Stadtsyndikus saß, ein gelehrter und weltkluger, aber treuloser Mann. Die gleiche Politik befolgte neben ihm der Stadthauptmann Eberhard von Bodungen.

Daß der Rat dem Volksandrange lieber nachgab und die benachbarten Fürsten, mit denen er zu gegenseitigem Schutze verbündet war und deren Hilfe er früher oft gebraucht hatte, in seiner jetzigen Bedrängnis nicht zu seinem Beistande herbeirief, davon lag der Grund in der jetzigen politischen Stellung der Fürsten und der Städte.

Wie die Fürsten der republikanischen Schweiz feind waren, so sahen sie neuerdings immer mehr auch das republikanische Element der deutschen Städte, so mitten drin unter den Fürstenherrschaften, als etwas für das Fürstentum Bedrohliches an, die fortschreitende städtische Entwicklung jedenfalls als ein Hindernis der Entwicklung der Fürstenmacht. Und allerdings war gegen die Vielherrschaft der Fürsten auch das republikanische Prinzip der Städte gerichtet: Wie der Adel des Reiches, so wollten oder wünschten auch die Städte den Sturz der fürstlichen Landeshoheiten und keinen Fürsten im Reich als den Kaiser. Die Landesfürsten strebten, zudem schon wegen der Reichtumsquellen der Städte, darnach, sie unter ihren Einfluß zu bringen und bei Gelegenheit sie aus Reichsstädten zu ihren Landstädten zu machen. Gerade damals hatten die Zeitverhältnisse sich so gewendet, daß darunter die Macht der Städte sich beugte, die Fürstenmacht sich emporhob.

Selbst der beste der Fürsten jener Zeit, Friedrich der Weise von Sachsen, hatte seine Hand mehrmals begehrlich nach der Reichsstadt Mühlhausen und ihren Rechten ausgestreckt. Zudem glaubte der Mühlhäuser Rat gegründeten Verdacht zu haben, daß dessen Bruder Herzog Johann zu Weimar dem Aufstande der Mühlhäuser Bürgerschaft gegen den Rat förderlich gewesen, um den Zwiespalt zwischen den Geschlechtern und den gemeinen Bürgern für die Zwecke der sächsischen Fürsten auszubeuten. Wegen der Gefährlichkeit eines solchen Hilfseinschreitens rief der Rat weder den Kurfürsten noch den Herzog, trotz des alten Schutzbündnisses herbei.

Nicht lange, so ermannte sich der Stadtadel zu Mühlhausen, und Pfeifer wurde zum erstenmal vertrieben.

Herzog Johann von Sachsen verwandte sich beim Rate für Pfeifers Rückkehr in die Stadt. Der ging nicht darauf ein. Dennoch, zu Ende des Jahres 1523, war Pfeifer wieder in Mühlhausen. Der Kampf der Parteien dauerte mit zunehmender Heftigkeit fort. Die alten Ordenspfarrer wurden vertrieben, und ein junger, vom Orden geschickter, Johann Laue,

Bilderstürmerei in Mühlhausen

der von Weimar kam, war selbst ein erhitzter Neuerer. „Er trat das Heilige zugleich mit den Mißbräuchen unter die Füße; leichtsinnig, wenn es nicht mit vorgeschriebener Absicht, das Volk zu erregen, geschah." Die Unruhen, die er erregte, richteten sich nicht auf das Weltliche, sondern auf jene unersetzlichen Denkmale der Kunst, mit welchen die Kirchen geschmückt waren. Wie in Wittenberg und anderswo, begann auch hier der barbarische Bildersturm.

Alle jene Symbole des alten Glaubens in Stein und Farben, in welchen fromme Maler und Bildhauer des christlichen Mittelalters den Geheimnissen und tiefen Gedanken der Religion einen schönen Ausdruck gegeben hatten, wurden in Mühlhausen vernichtet, ohne Rücksicht, ob es wahre Kunstwerke, Wunder künstlerischer Phantasie und Schöpfungskraft, oder Stümperarbeit waren; vernichtet als „Ölgötzen", als „abgöttische Klötze".

Pfeifer kämpfte nicht gegen die Bilder in den Kirchen, sondern fortwährend nur gegen die Mißbräuche in der Stadtverfassung. Seinen weltlich-geistlichen Reformplänen widerstrebte der Rat noch immer. An der Spitze des Stadtadels und der Partei des Alten stand Rodemann. Er und mehrere seiner Freunde wurden zur Flucht aus der Stadt veranlaßt. Dennoch vermochte Pfeifer innerhalb der eigentlichen Bürgerschaft der inneren Stadt nicht, alles, wie er es wollte, durchzusetzen. Ja, er wurde samt dem gewesenen Mönche Mathäus von Aldisleben am 24. August 1524 durch den Rat aus der Stadt gewiesen, und die Gemeinde gab den Bitten des Rates nach. „Nicht", sagte dieser, „daß er dem Worte Gottes entgegen sei, sondern zu verhüten groß Unglück und Gefahr." Jetzt zog er die Vorstädte ins Interesse, die bisher hintangesetzt und ungleich mehr als die Stadt belastet waren. Sie sollten und wollten nicht länger rechtlos bleiben. An die Bauern des Mühlhäuser Gebietes wendet er sich jetzt. Sie sammeln sich bei der Hausenwarte. Sie sind zu gleicher Zeit von Pfeifer zum Anschluß an die Bewegung der Vorstädte aufgefordert und vom Rat aufgeboten gegen den Aufstand der Vorstadt Nikolai, der gegen die innere Stadt andringt. Statt gegen die Vorstädter sich zu wenden, wollen die Bauern der Verbesserung ihres Zustandes teilhaft werden, welche ihnen in Verbindung mit der neuen Lehre verheißen worden war. Sie übergaben dem Rate zwölf Artikel, die ihnen Pfeifer verfaßt hatte.

Diese zwölf Artikel haben sich bis jetzt weder in Urschrift noch Abschrift im Mühlhäuser Archive vorgefunden. Ohne Zweifel sind es dieselben, unter welchen Thomas Münzer nachher seinen Heerhaufen bei Frankenhausen versammelte.

Diese Artikel der christlichen Versammlung in Frankenhausen verlangten: Alle Äcker, Weinberge und Wiesen, die der Kirche zugehören, alle Klostergüter sollen verkauft und den gesetzlichen Abgaben unterworfen werden. Grafen und Edelleuten solle man nicht mehr verpflichtet sein, irgendwelche Dienste zu leisten. Abgaben, Zehenten und Frondienste, sie mögen kirchlichen oder weltlichen Ursprungs sein, soll niemand mehr zu leisten verpflichtet sein, mit Ausnahme derer, die vor zweihundert Jahren schon im Gebrauche gewesen. Die Teiche, die Viehweiden, die Jagden sollen Gemeingüter werden und jedem vergönnt sein, sie soweit als ihm nötig, zu nutzen. Kein Bürger oder Bauer solle mehr wegen eines Vergehens, es liege denn ein Kriminalverbrechen zum Grunde, in Haft gebracht noch auf irgendeine Art mit Härte behandelt werden können. Die

Strafen selbst der Schuldigen sollen nur milde und menschliche Strafen sein. Auch solle niemand in seinem eigenen Hause verhaftet werden. Der Rat der Stadt solle von der Bürgerschaft erwählt und bestätigt werden, sie solle ihn absetzen können, und Verordnete der Bürgerschaft sollen mit im Rate sitzen, der Rat und diese zusammen sollen die Regierungsgeschäfte verwalten.

Dieser letzte Artikel weist unzweifelhaft darauf hin, daß das die zwölf Artikel Pfeifers für seine Mühlhäuser waren. Pfeifers Artikel sind wohl das Urbild für die berühmten Artikel der Oberschwaben: Pfeifer selbst mit Münzer brachte sie nach Oberschwaben.

Denn nach kurzem, am 27. August 1524 schon erfochtenem Siege seiner Partei im Innern der Stadt, erhob sich nochmals der Anhang des Rates am 25. September dieses Jahres. Die Ankunft Münzers in Mühlhausen gab, so scheint's, den Anlaß zum Umschlag. Münzer hielt sich an die unterste Volksschicht und hatte in der eigentlichen Bürgerschaft wenige Verehrer. Die eigentliche Bürgerschaft, deren Haupt Pfeifer bisher war und deren städtische Zwecke und Interessen andere waren als die Münzerischen, konnte nicht mit Münzer gehen. So schwächte sich wohl durch Spaltung die Volkspartei; der Stadtadel drang bei der Gemeinde mit Hilfe eines kaiserlichen Mandates durch: Münzer wurde vertrieben und unmittelbar nach ihm auch Pfeifer.

Daß die Vorstadt Nikolai für sie sich erhob, das konnte sie nicht mehr halten. Münzer war nur fünf Wochen in der Stadt gewesen und mehr nur als ein Werkzeug von Pfeifer gebraucht worden. Pfeifer, ein Münzern überlegener Verstand, stärker in der Feder und in praktischen Reformen als in der Volksberedsamkeit, hatte sich des feurigen Redestromes Münzers zur Mehrung seines Anhanges bedient und zur Durchsetzung seiner Gründe und seiner Zwecke. Die Aufregung aber „allerlei Volkes", der Bauern ihres Gebietes und des bischöflichen Eichsfeldes, mochte der Mehrheit der Bürgerschaft Mühlhausens aus Gründen des Besitzes und des Einkommens denn doch bedenklich erscheinen.

So war Mühlhausen in Thüringen der Schauplatz gewesen, auf welchem das Vorspiel des großen Bauernkrieges anhob; ein Vorspiel, dessen zweiter Auftritt in Forchheim, einer bambergischen Stadt, spielte. Viele Bürger von Pfeifers und Münzers Anhang verließen mit ihnen die Stadt am 27. September, und Pfeifer und Münzer gingen zunächst nach Franken.

6

Die Bewegung in und um Forchheim

In Forchheim, der Stadt des Bischofs von Bamberg, empörte sich am Fronleichnamstage, dem 26. Mai 1524, die „Gemeinde".

Sie nahm dem Bürgermeister die Schlüssel zu den Toren ab, zwang ihn und den Rat zum Gelöbnis, bei ihr zu bleiben und mit ihr ihr Unternehmen durchzusetzen, nahm dem geflüchteten Schultheiß Weib und Kind als Geiseln in Haft, bis er sich wieder stellte und schwur, in der Stadt zu bleiben, und schickte eilende Boten an die bischöflichen Hintersassen der umliegenden Ämter und Flecken, mit der Einladung, sich in die Stadt und in ihren Bund zu begeben.

Aus dem Forchheimer Grund, aus Höchstadt, aus Herzogenaurach, aus dem Ebermannstadter Grund und dem ganzen Umkreis kamen die Bauern herein, gewaffnet an 500 Mann, mit zwei Fähnlein; und die Stadtgemeinde und die Bauern beschlossen einige Artikel: Wasser, Wald, Wild und Vögel wollten sie frei und gemein haben; statt der zehnten Garbe die dreißigste, den Domherren aber nichts mehr geben.

Den bambergischen Räten, die das Volk zu stillen kamen, sagten sie, sie mögen nur diese Artikel dem Bischof bringen, damit er sie gleich bewillige.

Schon erhoben sich auch die Bauern im Gebiete der nahen Reichsstadt Nürnberg und die anderer Herrschaften.

Die Bewegung schien sich über das fränkische Land fortsetzen zu wollen: Da wurde sie rückgängig.

Im Ansbachischen wie im Nürnbergischen sagten die Bauern und die armen Bürger in den Städten in ihren Zusammenkünften davon, man müsse nunmehr, nachdem das antichristliche Joch hingelegt oder erleichtert worden sei, auch von den Bürden der weltlichen Herren frei werden; man sei fortan weder Zehenten und Rent noch Gült und Zins zu zahlen schuldig.

Markgraf Kasimir von Ansbach sammelte eine ansehnliche Zahl zu Roß und Fuß und schickte sie mit etlichem Feldgeschütz wider die Bauern. Ehe es zu ernstlichem Einschreiten mit der Tat kam, verliefen sich die Bauern, im Schrecken vor den Reisigen und den Geschützen, vielleicht auch, auf geheime Weisung derer, von welchen nicht die jetzige Bewegung, aber das Bündnis in Forchheim ausgegangen war und die aus der Ferne warnten, daß es zu frühe sei für einen allgemeinen Ausbruch.

Durch schnelle Maßregeln, durch Drohung und gute Worte, beschwichtigte der Rat zu Nürnberg seine Bauern. Noch ehe die angesagte allgemeine Versammlung der Bauern zu Poppenreuth stattfinden konnte, versicherte er sich der Häupter und Leiter und ließ sie schwören, sich ruhig zu halten. Zwei aus der Stadt, welche die Bürgerschaft gegen den Rat aufwiegeln wollten und sich vernehmen ließen, es tue nicht gut, es hielten denn Bürger und Bauern zusammen, wurden am 5. Juli mit dem Schwert gerichtet.

Kasimir, die bambergische Regierung, welche, klüglich und aus Furcht, die Milde statt der Strenge walten ließ, und der aristokratische Rat zu Nürnberg hatten zwar so dem Aufstand Einhalt getan; aber sie fühlten wohl, daß sie auf einem gefährlichen Boden standen.

Im Juli 1524 wurde auf einem Kreistage zu Kitzingen ein Herren- und Städtebündnis für Frankenland besprochen, „nicht zum Zweck, das Wort Gottes zu unterdrücken, sondern weil sich jetzt an vielen Orten und zumal im Frankenland viel unbillige, sträfliche und mutwillige Empörungen der Untertanen gegen ihre Obrigkeit ereignen, nicht aus Eifer für das Wort Gottes, sondern wider dasselbe, aus eigennütziger Bosheit".

7

Luther und die Flüchtlinge

Die Bewegung in der Kirche war dahin gelangt, daß sie bereits eine große Zahl Flüchtlinge hatte, die sich eben dahin wandten, wohin die aus politischen Gründen Vertriebenen oder Flüchtigen früher schon sich gewandt hatten, die Bundschuher von 1513 und 1514 wie Sickingens Freunde, die geächteten Ritter des Unternehmens von der Ebernburg und der geächtete Herzog Ulrich von Württemberg, nämlich in die Gegend am Bodensee und Oberrhein.

Schon waren dahin die „neuen Propheten" vorausgegangen; ebenso manche feurige wissenschaftliche Köpfe, wie Hugwald, Ökolampadius, Bucer und andere. Selbst auch Vertriebene und zum Teil in neuer Amtsstellung, wie Ökolampadius, übten die schon Eingesessenen gerne und gastfreundlich das an den Neuangekommenen, was sie „nach Gottes Gebot an Schicksalsgenossen und Vertriebenen zu üben schuldig zu sein glaubten".

In Oberschwaben und der Schweiz wimmelte es namentlich von solchen, die wegen des Evangeliums ihres Amtes entsetzt, verfolgt, verbannt waren, nicht durch die Katholischen, sondern durch die Evangelischen selbst. Noch hatte sich die Neugläubigkeit nicht zur Kirche heraufgebildet und gefestigt, so war sie schon unduldsam, herrschsüchtig, despotisch und so zäh geworden, daß sie am Buchstaben hängenblieb, ihre Auffassung der Glaubenslehre, ihre Form des Gottesdienstes als die einzig wahren hinstellte und aufzwang, jeden Widerspruch dagegen, ja, jede Abweichung davon als Ketzerei bitter anfeindete und verfolgte.

Luther, den alle diese Vorwürfe treffen, ging sogar so weit, daß er, was er an katholischen Fürsten und Regierungen als gottlose Gewalttat, als Geistestyrannei schalt, sich ohne weiteres gegen seine evangelischen wie katholischen Gegner selbst erlaubte. „Gegen ihre Schalkheit und Täuschung", sagte er offen, „halte ich, wegen des Heiles der Seelen, mir alles für erlaubt." Die Freiheit der Presse, die er für sich unbeschränkt in Anspruch nahm, verweigerte er seinen Gegnern; er rief gegen Karlstadt, gegen Münzer mit Leidenschaftlichkeit den Arm der Polizei auf, er erwirkte gegen sie von der Regierung Verbote des Schreibens und Druckens ihrer Ansichten, die Beschlagnahme und Vernichtung ihrer Schriften, ihrer Drucke, ja, ihre eigene und ihrer Familien Vertreibung aus dem Lande.*

Martin Reinhard, Prediger zu Jena, hatte sich Karlstadts gegen Luther mit der Feder angenommen. Luther ruhte nicht, Reinhard mußte fort aus Jena. Weinend nahm dieser Abschied von der Kanzel herab, seine Gemeinde schoß ihm das Reisegeld zusammen; damit zog er mit Weib und Kind nach Nürnberg. Zugleich mit Reinhard vertrieb Luther auch den Doktor Gerhard Westerburg von Köln, als einen Freund Karlstadts, aus Jena. Auch in die Ferne noch verfolgte er sie durch Briefe, die er an den Rat der Stadt, wo sie sich niederließen, schrieb, oder einzelne ihm befreundete Ratsglieder; unter dem Scheine, die Stadt zu warnen, stachelte er zur Vertreibung seiner Gegner auch von dieser Zufluchtsstätte auf. Karlstadt selbst auch wurde auf Luthers Betrieb aus den sächsischen Landen verwiesen; er ging zur gleichen Zeit wie Münzer an den Oberrhein, nach Straßburg und Basel.

Karlstadts eigentlicher Name war Andreas Bodenstein, und er war aus Karlstadt unweit Würzburg gebürtig. Etwas älter als Luther, auch schon vier Jahre vor ihm theologischer Professor an der Universität zu Wittenberg, später Kanonikus und Archidiakonus an der Stiftskirche, 1511 Rektor, 1512 und öfters Dekan der theologischen Fakultät, hatte er Luther zum Doktor der Heiligen Schrift kreiert. Er hatte auf mehreren ausländischen Fakultäten studiert, selbst Rom besucht und die römisch-kirchlichen Zustände an der Quelle kennengelernt. Die Parteileidenschaft

* Diese Haltung Luthers wurde nicht nur bestimmt von dessen religiöser Unduldsamkeit. Sie war vielmehr der Deckmantel für die politische Einstellung Luthers als Vertreter des bürgerlich-reformatorischen Lagers; er war ein Gegner der Vertreter des konsequent revolutionären Lagers, in dem Karlstadt und besonders Münzer standen. Er bekämpfte sie mit allen Mitteln, angefangen von der religiösen Dogmatik bis zur offenen Denunziation an die Fürsten. Die Red.

der Lutheraner hatte ihn nachher so weit verleumdet, daß sie ihn hinstellen wollte als einen Mann, dem selbst die Kenntnis der Grundsprachen gemangelt habe, und doch rühmt Luther selbst von ihm, noch im Jahre 1520, „er sei ein Mann von unvergleichlichen Studien" und habe den Augustinus „wunderbar trefflich erläutert". Von Karlstadts Werk „Die mystische deutsche Theologie" urteilte Luther zu gleicher Zeit, es sei nach der Bibel und nach Augustin das beste Buch. In öffentlicher Rede zu Wittenberg schon im Jahre 1508 pries Doktor Scheurlen Karlstadts ungemeine Kenntnisse im Griechischen und Hebräischen, nannte ihn einen großen Philosophen, einen größeren Theologen und rühmte seinen schönen und alle liebevoll anerkennenden Charakter als Mensch, der darum die allgemeine Liebe und Hochachtung besitze.

Lange gingen Luther und Karlstadt nebeneinander her, in Freundschaft und gemeinsamem Wirken. War auch Luther das größere, Karlstadt das kleinere Licht, wie der Zeitzer Mönch sie beide nennt, so ehrte doch Luther in Karlstadt dessen Überlegenheit an gelehrtem Wissen, während Karlstadt an Luther die Überlegenheit des Genius und seinen reformatorischen Beruf gerne anerkannte. Sie waren ursprünglich nicht die von Haus aus innerlich ganz verschiedenen Naturen, wie man gewöhnlich meint; sosehr sie auch nachher auseinandergingen, in so manchem waren sie sich ähnlich, in Licht und Schatten; beide waren heftige, gewaltsame Naturen, leicht an der Ehre, in ihrem Selbstgefühl verletzt; beide mit reformatorischem Drang, beide aber auch halsstarrig in dem, was sie als Wahrheit erkannt zu haben glaubten; beide waren Männer, die es aufrichtig mit ihrer deutschen Nation meinten, denen es ein rechter Ernst war mit ihrem Streben; beide endlich wurzelten mit ihrem religiösen Leben ursprünglich in der Mystik, Luther aber schwärmte mit dem Herzen in ihren Regionen, Karlstadt mit dem Verstand. In dem Endziel der Reformation gingen sie weit auseinander: Luther wollte durch das neue Evangelium nur die Seelen frei machen, Karlstadt Seele und Leib, das ganze christliche Leben zugleich; Luther langsam, nach und nach, die Leidenschaftlichkeit des eigenen Dranges mit Weisheit mäßigend; Karlstadt rasch dareinfahrend, umwerfend; Luther stützte sich bei seinem Streben nach einer Wiedergeburt der Kirche auf die Großen, die Machthabenden, Karlstadt auf das Volk; von unten herauf, vom gemeinen Mann aus wollte er das Leben reformieren. Während Luther auf der Wartburg war, kamen die Genossen Thomas Münzers, die Zwickauer Propheten, nach Wittenberg, Karlstadt wurde von ihnen hingerissen. Das neue Reich des Geistes schien ihm angebrochen, alles, was bisher Brauch war, alles äußerlich Festgesetzte eben damit sein Ende erreicht zu haben. Das Christentum war ihm nicht mehr Theologie, sondern Lebens- und Volkssache; gelebt, nicht disputiert sollte es werden. Er verwarf öffentlich den ganzen gelehrten Apparat als unnütz, als schädlich. Er ging in die Buden, in die Werkstätten der Gewerbsleute und besprach sich mit ihnen über ihr Verständnis des göttlichen Wortes. Hier unter diesen von den Vorurteilen und Nebeln der Theologie unverwüsteten Naturen ekelte ihn das scholastische Wesen erst recht an. Es entstand in ihm der Glaube, alle Menschen müssen, um glücklich zu sein, zur Einfachheit der Natur zurückkehren und die Gesellschaft von dort aus sich neu bilden. Er erklärte laut Händearbeit für besser und nützlicher als Stubengelehrsamkeit. Es ward in ihm immer fester, daß der gelehrte Wust den grünen Baum des Lebens wie ein ungeheures Raupennest überspinne, und in der Bitterkeit über das, was er um sich her wahrnahm, vermischte er die wahre Wissenschaft mit der falschen und sprach sich gegen die Wissenschaft überhaupt aus. In fanatischem Eifer verblendete er sich selbst so, daß er gewaltsam die Bilder, die Denkmale der Kunst, aus der Hauptkirche tat und sie als „Ölgötzen", als abgöttische Klötze von der fanatisierten Jugend zerschlagen ließ. Die bilderstürmerischen Unruhen gingen jedoch nur insofern von Karlstadt aus, als er dazu aufreizte. Das Abtun der Bilder, manche Neuerungen im Gottesdienste geschahen mit Zustimmung der Universität und des Magistrats zu Wittenberg; die von Karlstadt fortgerissene Gemeinde hatte dem Rat die amtliche Erlaubnis abgenötigt. Darauf verließ Karlstadt die Universität und ging hinaus zu seinem Schwiegervater, einem ehrsamen Landmann zu Seegrehna, dessen Tochter er seit länger geheiratet hatte. Vor seinem Abgang noch hatte er den Rat vermocht, alle Häuser unerlaubter Vergnügungen zu schließen, und an die Mönche im Minoritenkloster erging das amtliche Schreiben, man werde künftig keine Bettler mehr in der Stadt dulden, Bettler dürfe es in der Christenheit nicht geben, daher möchten sich die jüngeren Mönche anschicken, eine Kunst oder ein Handwerk zu lernen, die älteren als Krankenwärter in den Spitälern zu nützen. Karlstadt hatte vorgeschlagen, die Güter der Brüderschaften, die ohnedies verderblich seien, zum Besten der Armen einzuziehen; den Studenten hatte er geraten, nach Hause zu gehen wie er und ein Handwerk zu lernen oder das Feld zu bauen; wie der Apostel Paulus sei jeder Prediger verpflichtet, sein Brot durch Handarbeit zu verdienen. Zu Seegrehna zog Karlstadt einen Bauernrock an und arbeitete als Landmann, ließ sich nicht mehr Doktor, sondern Nachbar oder Bruder Andreas nennen. Der allgemeine Taumel, der Wittenberg ergriffen, ließ ihm viele Studenten folgen, die Universität leerte sich. Da entbrannte Luther auf der Wartburg und kam nach Wittenberg zurück, auch Karlstadt kam wieder. Luther erklärte zwar, er sehe nichts sonderlich Unrechtes in den kirchlichen Neuerungen, nur daß der Satan zu sehr auf die Eile gedrungen habe. Es gebühre nicht einem jeden, alles, was recht sei, anzufangen, sondern es sei genug, daß einer das recht tue, was ihm befohlen sei. Luther selber führte nachmals größtenteils die nämlichen Neuerungen ein, welche Karlstadt angefangen hatte; aber es verdroß ihn, daß Karlstadt ihm darin zuvorgekommen war, daß er es ohne ihn unternommen, ihm in sein Reformationswerk eingegriffen hatte.* Darum setzte er, was seinem Ansehen und seiner gewaltigen Predigt auch leicht gelang, hier in der Stadt, die ihren Ruhm eigentlich von ihm erst und mit ihm hatte, eine gänzliche Reaktion gegen alles durch, was Karlstadt Neues begonnen hatte. Das war der erste Bruch zwischen beiden; schmerzlich verletzt ging Karlstadt nach Orlamünde, entschlossen, „es koste Leben oder Tod, um des greulichen Mißbrauches und der armen betrogenen Christenheit halben auszubrechen". Er konnte es nicht länger ansehen, daß „durch falsche Kirchenbräuche die Liebe Gottes erloschen, der Glaube verhindert, die Gewissen mit greulichem Irrsal gefangen bleiben, ohne dem Wahn, welchen man in allen Kirchen predigen höre, nach Vermögen zu wehren". Luthers Anhang vertrieb ihn auch aus Orlamünde, wo ihn das Volk mit Freuden empfangen hatte, und Luther setzte es durch, daß ihm öffentliches Reden und Schreiben verboten, seine schon gedruckten Schriften mit Beschlag belegt und unterdrückt wurden. Gegen ihn, dem durch Luther auf diese Art vom Kurfürsten nach Karlstadts eigenem Ausdruck Hände und Füße gebunden waren, schlug Luther als gegen einen aufrührerischen, mörderischen Geist, besonders in der Predigt zu Jena. Karlstadt setzte ihn darob im „Schwarzen Bären", als er mit vielen Personen, darunter kaiserlichen und markgräflichen Gesandten, zu Tische saß, zu Rede: „Ihr tut mir Gewalt und Unrecht", sagte Karlstadt, „daß Ihr mich zu dem mörderischen Geist einbrockt. Ihr habt mich heut in Eurem Sermon etwas hoch angetastet und mit aufrührerischen, mörderischen Geistern, wie Ihr sie nennt, in eine Zahl und ein Werk eingeflochten, dazu ich nein sage. Wer mich solchen mörderischen Geistern zugesellen will, der sagt mir solches ohne Wahrheit und nicht als ein redlicher Mann nach. Daß ich mit dem Geist des Aufruhrs zu tun habe, dagegen protestiere ich öffentlich vor diesen Brüdern allen." „Ei, lieber Herr Doktor", antwortete Luther, „es bedarf des nicht, ich habe den Brief gelesen, den Ihr von Orlamünde dem Münzer geschrieben habt, und habe wohl darin vernommen, daß Euch der Aufruhr entgegen und zuwider ist."

Thomas Münzer hatte auf seine Einladung, die er von Allstedt aus an

* Alle Maßnahmen, die Karlstadt durchführte, zeigen deutlich, daß er nicht bei einer religiösen Reform stehenbleiben, sondern praktische Folgerungen ziehen wollte, die auf ein Leben in Arbeit und Armut für alle hinausliefen, auf eine Wiederherstellung des Urchristentums, einer Gesellschaft ohne Klassen. Einer solchen Richtung mußte sich Luther widersetzen. Er tat es noch nicht offen, sondern versteckte sich hinter formalen Unterschieden. Die Red.

die Orlamünder schrieb, um sie in ihr Bündnis zu bringen, von Karlstadt einen offenen gedruckten Brief erhalten, worin er die Orlamünder antworten läßt, daß sie mit weltlicher Wehr gegen die Bedränger des Evangeliums nichts zu tun vermögen, Christus habe Petrus auch sein Schwert einzustecken geboten und ihm nicht gestattet, für ihn zu kämpfen. Sie wollen nicht zu Messern und Spießen laufen, vielmehr solle man wider seine Feinde gewaffnet sein mit dem Harnisch des Glaubens. Verbänden sie sich mit ihnen, so wären sie nicht mehr freie Christen, sondern an Menschen gebunden. Das würde ein recht Zetergeschrei dem Evangelium bringen, da sollten die Tyrannen frohlocken und sprechen: Diese rühmen

Karlstadt und Luther in Jena

sich des einigen Gottes, nun verbinden sie sich einer mit den anderen, ihr Gott sei stark genug, sie zu verfechten!

Ganz nur bisher ein Mann des Studierzimmers und des Katheders, trotz seines heißen Blutes ohne Naturanlage zum Volksredner und Volksbeweger, ein Radikaler der Idee, nicht der Tat, hielt sich Karlstadt noch ganz innerhalb des Kreises der bloß religiösen Neuerungen in Formen und Meinungen, er war kein politischer Revolutionär. Nichts, als daß er in grobem Bauernrock ging, mit schlechtem weißem Filzhut und ein Schwert an der Seite. Dennoch schrie Luther fort: Karlstadt treibt Aufruhr mit der Zunge und mit der Feder.

Als bald darauf Luther durch hochfahrende Feindseligkeit gegen Karlstadt und durch ungeschicktes Benehmen gegen die Bürger zu Orlamünde solche Kränkung sich schuf, daß er nur durch schnelle Abfahrt den Scheltworten und den Steinwürfen des Volkes sich entzog, wurden Karlstadt und sein Freund, der Prediger Reinhard, aus Sachsen verwiesen. Daß Karlstadt die leibliche Gegenwart Christi am Abendmahl leugnete, der Sakramentstreit, den Karlstadt eben damals begonnen hatte, das war es, was Luther am grimmigsten aufbrachte. Melanchthon, eine Natur, die sich vor jeder stärkeren Bewegung, ja vor jedem Luftzug fürchtete, ein noch blutjunger Professor, der wohl unter dem Blätterrauschen seiner durchgelesenen Pergamente und Bücher aufgewachsen war, sich aber nie in die Nähe des rauschenden Lebens gewagt hatte, mußte eine so gewaltsam-hastige, lebensvollblütige Natur wie die Karlstadts hassen, sich von ihm beängstet, gedrückt fühlen. Er hatte eine Art Entsetzen vor ihm. „Er ist verdächtig", schrieb Melanchthon an seinen vertrauten Camerarius, „daß er über Deutschland hinblitzen und es bewegen will, nicht wie ein Perikles, sondern wie ein neuer Spartakus." Luther wurde erst recht heftig, als die religiösen Ansichten des vertriebenen Karlstadt am Oberrhein die ersten Männer, selbst Zwingli und die Straßburger, für sich gewannen oder, wie Luther sagt, sein Gift sich überall ausbreitete. Vom Oberrhein wandte sich Karlstadt nach Ostfranken. Markgraf Kasimir ließ auf ihn fahnden, man sah ihn zu Schweinfurt, zu Kitzingen, in der Umgegend von Rothenburg; in der letzteren Stadt nahm er sogar bleibenden Sitz. Es waren Doktor Deuschlin, der Pfarrer und Kommentur im deutschen Haus, Christian, „der blinde Mönch", der Altbürgermeister Ehrenfried Kumpf und andere Bürger, welche ihn heimlich herbergten und bewirteten, auch seine Schriften heimlich zum Druck beförderten. Besonders lang hielt er sich im Hause Philipps des Tuchscherers auf. Der Rat der Stadt verbot ihm und seinen Schriften sein Gebiet, aber er blieb. Und indessen bereitete sich der Aufstand im Rothenburgischen vor.

Die freie Prüfung war der Grundgedanke, wovon Luthers Bewegung in der Kirche ausging, und die freie Prüfung der religiösen Wahrheit mußte zur freien Prüfung der politischen Wahrheit von selbst mit Notwendigkeit führen. Wie Luther die freie Prüfung, mit welcher andere über ihn hinausgingen, hemmte, trat er mit seinem Grundgedanken, von dem er selbst ausging, in Widerspruch; er hemmte sein eigenes Werk. Entweder stand allen das Recht der freien Prüfung zu, die Schreib-, Druck- und Lehrfreiheit, oder stand sie auch Luther nicht zu.

Diejenigen Männer, welche die freie Geistesbewegung der Zeit in andere Richtung und weiter trieb als Luther, taten im Grunde nichts, als daß sie für sich und für die Welt das Recht der Gewissens-, Denk- und Redefreiheit in Anspruch nahmen und davon Gebrauch machten.

Luther vorzüglich hinderte die religiöse Einheit der Bewegung, die wenigstens im Lager des neuen Geistes möglich und nötig war; er verwarf jede Ausgleichung, wie mit Münzer und Karlstadt, so mit Zwingli und Calvin, und wurde eben damit eines der Hindernisse für die Erringung der politischen Einheit; er handelte so nicht bloß aus Reizbarkeit und Eigensinn, sondern weil er in der Tat das Fortrollen der Bewegung, zu der er selbst den stärksten Anstoß gegeben, und ihre ganze Bedeutung nicht begriff.

Von ihm und seiner Partei verfolgt, irrten viele Männer um, ob sie gleich in der Hauptsache dasselbe wie er verneinten und, wenn auch auf anderen Wegen und in anderer Form, dasselbe wie er wollten, nämlich eine Umwandlung in Kirche und Staat. Auf allen Straßen in Oberschwaben sah man des Amtes entsetzte oder verbannte Prediger mit dem Wanderstabe, meist Männer von starrem Charakter, welche an ihre Überzeugung alles setzten, Hab und Gut, Heimat und Amt, im Notfalle Freiheit und Leben. Es waren Männer: hie und da wohl einer davon aus Widerspruchsgeist bloß, aus allzugroßem Eifer mehr für Meinungen als für wesentliche Ideen des Glaubens und des Staatslebens seinem Schicksale verfallen; aber anerkennenswert waren auch solche doch immer noch wegen ihrer Überzeugungstreue und ihres Mannescharakters.

So wanderten sie in die Verbannung als Vertriebene; einzelne auch freiwillig, um ihre Sache auszubreiten; arm und sorglos, ihrem Gott vertrauend, oft ohne einen Groschen in der Tasche zu haben. So waren Münzer, Pfeifer und Reinhard nach Franken gegangen.

Hier, wo die Beweglichkeit des gemeinen Mannes soeben stark zutage getreten war, fanden und machten sie sich und ihrer Lehre Freunde, besonders auch in der Stadt Nürnberg selbst. „Da sieht man den Satan umgehen, den Geist von Allstedt!" schrieb Luther, als er von der Bewegung im Nürnbergischen hörte.

Viele vom Volke rieten Münzer, in Nürnberg, wo er eingesessen war, zu predigen. „Ich wollte", schreibt er selbst an einen Freund nach Eisleben, „ich wollte ein fein Spiel mit denen von Nürnberg angerichtet haben, wenn ich Lust gehabt hätte, Aufruhr zu machen. Ich antwortete: Ich wäre nicht um zu predigen hingekommen, sondern mich durch den Druck zu verantworten. Da das die Herren (des Rats) erfuhren, klangen ihnen die Ohren; denn gute Tage tun ihnen wohl; der Handwerksleute Schweiß schmeckt ihnen süß, gedeihet aber zur bitteren Galle."

Nur eine Schrift aber konnte er hier in Druck bringen, seine Verteidigungsschrift wider Luther, grob wie dieser bei ähnlichen Gelegenheiten und voll Heftigkeit. „Noch bist du verblendet", schrieb er, „und willst doch der Welt Blindenleiter sein? Du hast die Christenheit aus deinem Augustinus mit einem falschen Glauben verwirrt und kannst sie, da die Not hergeht, nicht berichten. Darum heuchelst du den Fürsten. Du meinst aber, es sei gut worden, so du einen großen Namen überkommen hast. Du hast gestärket die Gewalt der gottlosen Bösewichter, auf daß sie ja auf ihrem alten Wege blieben. Darum wird dir's gehen wie einem gefangenen Fuchs. Das Volk wird frei werden, und Gott will allein Herr darüber sein."

Der Rat zu Nürnberg ließ von dieser Schrift alle Exemplare, deren er habhaft werden konnte, wegnehmen, den Buchdrucker, der die Schrift gedruckt, ins „Lochgefängnis" legen, und Münzer mußte die Stadt verlassen.

Zu Allstedt hatten ihn seine Freunde mit der nötigen täglichen Nahrung versorgt; jetzt wieder auch von Nürnberg vertrieben, sah er sich genötigt, an einen Freund zu schreiben: „So Ihr's vermöget, helft mir mit einer Zehrung, es sei, was es wolle; aber wenn Ihr Euch daran ärgern solltet, will ich keinen Heller haben." Nur seiner Idee lebend, hatte er keinen Gedanken, sich selber zeitlich zu bedenken. Nichts regte ihn mehr an als das, was er als seinen Beruf in sich fühlte. Für alles andere war er abgestorben. Als ihm die Nachricht wurde, daß ihm ein Sohn geboren sei, hörte er sie schweigend an, und als man ihn darob tadelte, sagte er: „Ihr seht, mich bewegt nichts mehr, ich bin der Natur entrissen." Selbst seine zurückgelassenen Freunde waren, als sie ihn so flüchtig und umgetrieben sahen, verzagt und scheinen ihn abgemahnt zu haben von seinen kühnen Bestrebungen. „Das Ärgernis der Bösen ficht Euch zu hoch an", schrieb er. „Ach, wie tut Ihr, wenn die Larve der hinterlistigen Welt soll untergehen!" Er selbst war unter allen diesen Widerwärtigkeiten sich gleich, voll Zuversicht auf sich, seinen Gott und seine Sache. „Lieber Bruder Christoph", schrieb er, „unsere vorgenommene Sache ist dem schönen roten Weizenkörnlein gleich worden, welches die vernünftigen Menschen pflegen zu lieben, wenn es in ihrer Gewalt ist; aber ist's in die Erde geworfen, so scheint es ihnen nicht anders, als wenn es nimmermehr aufgehen würde. – Es nimmt mich nicht sehr wunder, daß ich vor der Welt stinke; ich weiß, daß im Schoße mein Name schmeckt, ehe er Ähren gewinnt, es sind aber Gerstenstacheln daran, das Gerstenbrot muß gebrochen werden, das Gesetz wird die Gottlosen umstürzen, es hilft sie ihr Geschrei gar nichts. Hab ich vor einmal gescholten mit Büchsen, will ich nun mit Gott über sie donnern im Himmel, sie haben ihre Büberei lange genug getrieben."

In Nürnberg zu bleiben war von Anfang an nicht Münzers Plan gewesen: Es zog ihn nach Oberschwaben und auf den Schwarzwald, wo Aufstände des Landvolkes längst im Gange waren. Man hat irrigerweise schon diese ersten Bewegungen der oberen Lande mit Münzers persönlichem Einfluß in Verbindung gebracht. Sie waren monatelang zuvor ausgebrochen, während Münzer noch im nördlichen Deutschland weilte.*

8

Gewalttätigkeiten der Herren

Die Abgaben und mancherlei Lasten, schwer nach Zahl und Art, die gerade gegen das Ende des fünfzehnten Jahrhunderts und im Anfange des sechzehnten durch Reichs- und Bundeslasten und durch die Willkür und Bedürfnisse der Herren sich gemehrt hatten, wurden jetzt noch mehr gefühlt, seit die freie Predigt und die Presse so tätig waren. Noch immer litt der arme Mann unter dem Konflikte der Gerichtsverfassung; noch immer hatte er über einseitige und über teure Rechtspflege, und zwar mehr als je, zu klagen; mehr als je kamen die Doktoren des römischen Rechtes und spitzbübische Sachwalter den sich steigernden Bedürfnissen der Herren entgegen, schoben den altgermanischen Rechtsverhältnissen römische Rechtstitel unter und verwirrten alle Rechtsbegriffe, alles zur Übervorteilung und Aussaugung des gemeinen Mannes. Luxus und Verarmung der Herren, unter denen es im Fürstenmantel und unterm Ritterhelm tief verschuldete, „verdorbene Leute" in großer Zahl gab, fuhren miteinander fort, jede Art von Einkünften künstlich zu steigern; gesteigert wurden die Steuern unter allen möglichen Titeln, durch neue Zölle, durch Erhöhung alter Zölle, durch drückende Umgeldserhebungen, durch Herabsetzung der Geldsorten und andere Münzspekulationen, durch willkürliche Erhöhung der Strafgelder, ja, durch gewaltsame Verwandlung der Strafen in ewige Abgaben.

Das Gotteshaus Kempten führte es in die Strafpflege ein, daß jeder Zinsbauer, der wegen eines Vergehens zur Strafe gezogen wurde, mit der

* Münzers Einfluß und seine Agitation haben aber bewirkt, daß im Frühjahr 1525 die Aufstände im ganzen Südwesten Deutschlands fast auf den Tag zur gleichen Zeit ausbrachen. Die Red.

Verpflichtung zu Fall- und Hauptrecht gestraft wurde. Bei den deutschen Bauern galten die sächsischen Fürsten als milde vor andern; und den Mildesten darunter, den Kurfürsten Friedrich den Weisen, verleitete sein ungewöhnlich hoch besoldeter Plusmacher Pfeffinger zu einer Tranksteuer, welche große Unzufriedenheit im Volke erregte.

Der allgemeine Rechtszustand im deutschen Reiche war so traurig als je. Das Reichsregiment war eine Null, ohne Geld, ohne Macht, ohne Gehorsam. Es machte viele Unkosten; der Kaiser war ferne in Spanien; sein Statthalter und Bruder Erzherzog Ferdinand war blutjung und stand ganz unter dem Einflusse eines jüdischen Finanzmannes aus Spanien, des verrufenen Salamanka; der schwäbische Bund beanspruchte für sich geradezu eine Ausnahme, Befreiung von der Gerichtsbarkeit des Reichsregiments; die mächtigeren Landesherren kümmerten sich wenigstens tatsächlich um das Reichsregiment und seine Sprüche nichts, und unter ihren Gewalttätigkeiten, unter ihren und des Adels Fehden, unter den Räubereien der Ritter vom Stegreif, unter den Plünderungen und dem mannigfachen Unfuge der Landsknechte hatte das Volk nach wie vor zu leiden. Es mußte die Söldnerwirtschaft und die neuen Staatseinrichtungen des Reiches teuer zahlen und hatte doch keinerlei Schutz vom Reiche. Das Volk war es, das die Kosten des schwäbischen Bundes und anderer Einungen zahlen mußte, welche die Herren zu ihrem gegenseitigen Schutze schlossen. Diese Kosten blieben eine stehende Auflage des Volkes, und doch war dadurch alles eher sicher, nur nicht der gemeine Mann auf dem Lande, nicht der Bürger auf der Handelsstraße, nicht einmal in seiner Stadt vor der Willkür der Aristokratie. Das Volk war es, dem von den Landesherren die Mittel abgeschweißt wurden, um die Landeshoheit auf Kosten der Reichsmacht, das Kleinfürstentum zum Nachteil des Kaisertums zu stärken. Nicht immer sprach der schwäbische Bund so zugunsten der Bauern wie in der Herrschaft Ochsenhausen, weder in Kempten noch anderswo. Und die herrschenden Geschlechter in den Städten fuhren fort, die Herren zu spielen und zu drücken, wie die auf den weltlichen und geistlichen Fürstenstühlen, in den Burgen und Abteien: Weil man mehr brauchte, legte man mehr auf, weit über das alte Herkommen hinaus. Gerade was des deutschen Reiches größtes Elend war, der Mangel an Einheit und Kraft unter einer starken Kaiserkrone und die Vielherrschaft mit allen ihren Übeln, hatte der gemeine Mann am härtesten zu empfinden; der Lehensbauer, der Bürger der Landstädte, der Gemeinfreie, gleichviel ob er unter der Landeshoheit eines Herzogs oder eines Bischofs, eines Reichsbarons oder einer Reichsstadt saß.

Zudem fraß die Genußsucht und die Angewöhnung künstlicher Bedürfnisse von oben sich bis unten durch alle Klassen des Volkes durch; Völlerei, Müßiggang, Wirtshausleben und Unzucht nahmen im Volk überhand, alles, was es weltlichen und geistlichen Herren, besonders den niederen Geistlichen zur Lebensart geworden sah. Erschöpft durch die Zahlungen nach oben und nach allen Seiten hin, hatte das Volk nichts, um seiner eigenen Genußsucht in den neuen Bedürfnissen Genüge zu tun, und wurde um so mißvergnügter. Ein großer Teil der armen Leute aber war nicht mutwillig, sondern in bitterer Not, bis zum Hunger und bis zur Blöße. Ein junger Bauer rief auf dem Richtplatz: „O mein Jesu, ich soll sterben und habe mich mein Lebtag noch nicht satt an Brot gegessen!" Die Herren wußten, daß das keine Lüge war.

Und der Abt von Roth im Allgäu wußte, daß es Wahrheit war, was seine Gotteshausleute bescheiden zu ihm sprachen: „Wir sind Ew. Gnaden und des Gotteshauses Untertanen und arme Leute; es ist um nichts, denn große Armut womit wir früh und spät umgegangen; und nichts als unsere große Armut liegt am Tag."

Im Jahre 1522 schrieb Luther: „Das Volk ist allerorten in Bewegung und hat die Augen offen; es will nicht, es kann nicht mehr sich so unterdrücken lassen."

Es war nicht bloßer Vorwand, wenn einzelne Reichsstände neue Reichssteuern mit den Worten ablehnten, der gemeine Mann sei schon so hoch beschwert, daß eine neue Auflage besorgen ließe, es möchte eine allgemeine Empörung werden. Das Volk fühlte in allen Gliedern, wieviel in den öffentlichen Zuständen faul war. Dieses Gefühl steigerte sich stündlich zur Sehnsucht, zur Ungeduld nach Verbesserung. Diese Sehnsucht erhielt vielseitige Nahrung von außen gerade um diese Zeit.

Es wurde manche Verordnung da und dort gegeben, wodurch das Zusammentreten und Verabreden der Bauerschaften abgeschnitten werden sollte. Die uralte Freiheit, Gemeinden zu halten, wurde mannigfach beschränkt oder ganz entzogen. Die Volkslustbarkeiten, Hochzeiten, Kirchweihen, Wallfahrten, Freischießen, Zunftgelage und anderes hatten sonst vielfachen Anlaß geboten, zusammenzukommen, und durch Freude und Herzensergießung sich die Last zu erleichtern. Aber war schon durch die gewalttätige Unterdrückung des Rechtes, durch Wegziehen seine Lage zu verändern, dem gemeinen Manne der Fuß an die Scholle gebunden, so sollten ihm durch fast allseitige Beschränkung seiner Volkslustbarkeiten auch die Gelegenheiten vollends genommen werden, unter sich davon zu reden und zu klagen, was jeder leide. Dennoch griff die Gärung um sich.

Es gab wohlmeinende Lehensherren neben harten. Wo man zu rechter Zeit dem gemeinen Manne billig und gerecht wurde, da blieb er ruhig. Die von Ochsenhausen rührten sich nicht mehr. Das spricht unwiderlegbar.

Heinrich von Einsiedel hatte von seinen Voreltern eine Dorfschaft ererbt, die ehemals dem Kapitel zu Altenburg zugehört hatte. Über die auf diesem Gute haftenden Fronen entstand in seinem Gewissen die Bedenklichkeit, ob sie nicht ehemals viel leidlicher gewesen, folglich unbillig seien. Zwar war er in langwierigem Besitzstande von seinen Voreltern her; zwar war es gewiß, daß die Bauern, auch da sie noch dem Kapitel zugehörten, Frondienste leisten mußten und seine Vorfahren mit diesen Rechten die Dorfschaft erkauft hatten; zwar wurden sie mit dem Leibgeld verschont, und der Dienst selbst, für den Pferdner in fünfzehn Tagen mit den Pferden und zwölf Tagen Handlohn und für den Hintersassen in achtzehn Tagen Handlohn bestehend, war nach der Ansicht des Zeitalters gering; zwar hatte er seit dem Beginne der unruhigen Bewegung unter dem gemeinen Manne eine kurfürstliche Entscheidung für sich, welche die Bauern auch angenommen hatten, und die Aufhebung dieser Fronen wäre, da sie mit andern Dorfschaften gemeinschaftlich geleistet wurden, mit mancherlei Anstößen verknüpft gewesen. Dennoch wandte der edle Mann sich an Luther, der ihn zu beruhigen suchte: Die Fronen seien zuweilen zur Strafe auferlegt oder durch Verträge erlangt worden, er könne sie also mit gutem Gewissen beibehalten und seinen Leuten sonst in anderen Sachen guten Willen erzeigen. Anfangs genügte ihm diese Belehrung Luthers, allein die Gedanken, daß die Fronen etwas Unrechtes seien, schlichen sich wieder ein. Er wandte sich also an Spalatin mit der Bitte, noch einmal darüber mit Luther zu sprechen. Luther wiederholte seine erste Meinung, daß er die alten Fronen, wenn er selbst sie nicht aufgebracht habe, beibehalten dürfe; es sei nicht einmal gut, Rechte abgehen zu lassen, „denn der gemeine Mann müsse mit Bürden beladen sein, sonst werde er zu mutwillig“. Spalatin stimmte damit überein. Aber Einsiedel fühlte sich dadurch nicht beruhigt. Ebensowenig wurde er es durch ein neues Gutachten Spalatins: „Die Ordnung, welche erhalten werden müsse, erfordere es, den gemeinen Pöbel im Zaum zu halten; er habe ja diese Fronen nicht aufgebracht: Joseph habe in Ägypten sogar den fünften Teil des Ertrags eingefordert, und Gott habe sich diese Anordnung gefallen lassen. Wenn er je sein Gewissen nicht stillen könne, so möge er zuweilen den Unvermögenden nachsehen, aber doch die ererbte Frone nicht ganz abtun, weil dieses den Pöbel nur verwöhnen und frecher machen würde. Denen, die nicht darum bitten würden, solle er sie nicht erlassen; alle Neuerung bringe Beschwerung mit sich, und alle Beschwerungen soll man nicht in Bewegung bringen. Dergleichen Lasten seien auch anderwärts, und ihre Abschaffung sei nicht nur unmöglich, sondern würde auch große Zerrüttung verursachen; ja, sie seien an manchen Orten viel größer. Bei solchen Gewissensbeschwerungen soll er einen Trostpsalmen zur Hand nehmen; so rein werde es hie auf Erden nimmer zugehen, bis wir in die Grube kommen.“ Das alles aber beruhigte einen so edeln und uneigennützigen Charakter, wie Einsiedel war, nicht. Freilich, da man ihm die Fronen als der Heiligen Schrift nicht widerstreitend dargestellt hatte, schrieb er die neuen Beunruhigungen seines Herzens nun den Eingebungen des Teufels zu, gegen den er mit Gebet und Sakrament kämpfen müsse: Indessen handelte er doch so, als wären es Eingebungen des guten Geistes; denn er bestimmte in seinem Testamente einige seiner Einkünfte zu dem Zwecke, daß davon, wenn Steuern und Dienste auferlegt würden, den Armen geliehen werden soll „zur Gegenschatz, ob etwas zuviel geschehen wäre". Spalatin bezeugte sein Mißfallen über die neuen Auflagen und billigte das Vermächtnis, doch riet er ihm, es jetzt nicht laut werden zu lassen, damit er die Leute nicht mutwillig noch sich verdächtig mache. Andere Herren handelten anders.

Im Sommer 1524 hatte sich die Not der Einwohner des Donaustädtchens Leipheim, das der freien Stadt Ulm gehörte, so gesteigert, daß sie sich gezwungen sahen, um Steuernachlaß flehentlich zu bitten. Ein ehrbarer Rat fertigte die Unglücklichen kurz ab mit der Entscheidung: Denen von Leipheim sollen ihre Steuern nicht nachgelassen werden. Wie ganze Gemeinden, so sahen sich noch mehr einzelne mißhandelt. Jakob Ehinger der Ältere zu Ulm forderte an Hans von Rechberg, den Pfleger zu Kirchberg, daß er ein paar seiner Leibeigenen, die zu Kirchberg saßen, mit Weib und Kind aus der Herrschaft vertreiben solle, weil sie sich weigern, ihm die Leibhennen zu geben.

Besonders bedrückt waren noch immer und immer mehr die Bauern des Fürstabts von Kempten. Eine endliche Rechtsentscheidung des Bundes war nicht erfolgt. Der verhaßte Fürstabt Johannes starb 1507. Aber es kam nichts Besseres nach. Der neue Fürstabt war gegen die Zinser und freien Leute so despotisch als seine Vorgänger, ja noch härter. Wer jetzt ein Gotteshausgut bestand, Zinser und Leibeigene, mußten sich verschreiben, die Gülten zu leisten, ohne alle Rücksicht, ob und wieviel sie Schaden von den Elementen erlitten. Ja, er erzwang Zins, wo er nicht das geringste Recht dazu hatte. Benz Funk aus der Pfarrei Günzburg hatte zu Rom sich eine Absolution ausgewirkt, daß seine Ehefrau, eine Freie, nicht in seinen Stand herabsinken, sondern frei bleiben solle, und war im Begriff, sein Schloß zu Illerberg an die Stadt oder einen Bürger zu verkaufen. Aus diesen beiden Ursachen legte ihn der Abt gefangen in den Turm zu Liebenthann. Im Gefängnis ließ er ihn durch seine Söldner bedrohen, er solle in Stücke gehauen werden, wenn er dem Fürsten nicht zu Willen sei und sowohl seine Frau als sein Schloß ihm zu eigen überlasse. Der Schrecken machte den schon gealterten Mann krank; auf dieses hin ließ ihn der Abt aus dem Turm in eine Kammer legen. Er suchte zu entfliehen, knüpfte seine Bettgurten und Leintücher zusammen und ließ sich an dem Schloß herab, verunglückte aber so, daß er ein halb Jahr darauf an den Folgen des Sturzes starb. Der Abt nahm gleich am Morgen nach dem Fluchtversuch das Schloß zu Illerberg mit Gewalt ein, legte auf Kosten

Funks eine Besatzung darein, warf die freie Frau des Schlosses ins Gefängnis und zwang ihrem gefangenen kranken Mann eine Verschreibung ab, daß er seine Frau in seinen Stand bringen und das Schloß Illerberg an niemand als das Stift verkaufen wolle um einen durch vier Schiedsmänner zu bestimmenden Kaufpreis. Aber nicht einmal diese Übereinkunft hielt der Abt, sondern zog nach Funks Tode die Sache hin und brachte seine Erben in großen Schaden. Zu Bodenwalz saß der Müller frei auf seiner Mühle. Der Abt forderte von ihm einen Zins daraus, der Müller weigerte sich zu zahlen, was er nicht schuldig war. Da drohte ihm der geistliche Fürst, bei längerer Weigerung die Mühle niederbrennen zu lassen, und der Unterdrückte, Schutzlose mußte zahlen. Die unter dem Namen Reisegelder laufenden Kriegssteuern erhob er nach Willkür von den Untertanen und achtete sich alles für recht, um die Rechte und Besitzungen des Stiftes zu vergrößern!

Im Jahre 1523 raffte die Pest auch diesen geistlichen Tyrannen weg. Sein Nachfolger, Sebastian von Breitenstein, in der Politik des Stiftes aufgewachsen, trat in die Fußstapfen des Verstorbenen, ungeachtet die Unzufriedenheit um ihn her immer größer, der Geist des gemeinen Mannes immer drohender wurde.

Es war in der Heuet 1524, die Gotteshausleute mäheten auf den Wiesen, und des Abtes Sohn Pelagius spazierte an den Arbeitern vorüber. „Der Abt hat doch einen hübschen, geraden Sohn", sagte einer der Bauern, wie sie ihm nachsahen. „Wohl", versetzte ein alter Mann, der vor siebzig Jahren in die Welt gekommen war und noch bessere Zeiten gesehen hatte, „es wäre ein hübscher Junge, wär' er nicht der Sohn eines Mönchs." Der Abt erfuhr diese Rede, er sandte seine Diener, und sie schleppten den alten, siebzigjährigen Mann in den Kerker. Vierzehn Tage lang lag er darin, man hörte nicht darauf, daß er sich zum Recht erbot, nach vierzehntägiger Mißhandlung wurde er auf das Schloß Wolkenberg hinaufgeführt und dort noch vier Wochen gefangengehalten. Er erkrankte auf den Tod. Jetzt erst entließ ihn der gnädige Herr, aber nur, nachdem er fünfzig Pfund Heller Strafe erlegt und Brief und Siegel von sich gegeben hatte, sich in den Turm stellen und sein Leben verwirkt haben zu wollen, wenn er des Abtes Sohn wieder einen Mönchssohn schelte.

Von wie vielen größeren und kleineren geistlichen Herren könnte Ähnliches aktenmäßig nachgewiesen werden! Wenn der Abt zu Ursberg Bauern fand, die sich seine widerrechtlichen Ansprüche nicht gefallen ließen, kerkerte er sie ein. Als so ein Vater entwich, ließ er den Sohn greifen durch seine Söldner. Als andere Bauern mit dem Vater diesen befreiten und mit ihm entwichen, zog er die Güter aller ein, „weil sie sich an Dienern des Gotteshauses vergriffen". Es war schon viel für die mißhandelten Bauern, wenn der eine oder der andere Herr, dessen Beistand sie anriefen, von dem Abte zu Ursberg verlangte, sie nicht ungehört Rechtens zu strafen. Auch die größeren geistlichen Herren waren um diese Zeit lauter Edelgeborene, und sie dachten und handelten den Bauern gegenüber meist nicht sehr verschieden von dem weltlichen Adel.

Ein Bäuerlein hatte im Jahre 1494 in einem Bache, der dem Herrn von Eppstein gehörte, einige Krebse gefangen. Der Edelherr ließ ihn greifen und schickte nach Frankfurt hinein, um den Scharfrichter zu erbitten, damit er das Bäuerlein köpfe. Der Rat der freien Stadt meinte: „Der Arme könne des Krebsens wegen den Rechten nach nicht hingerichtet werden", und schlug sein Gesuch ab. Der Herr von Eppstein aber verschaffte sich anderswoher einen Scharfrichter und ließ dem Bauer den Kopf abschlagen. So büßten kleiner Junker Landleute der leichtesten Vergehen wegen mit dem Leben. Als hätte keiner daran gedacht, daß, wo das Menschenleben so gering geschätzt wird, daß es der gemeine Mann jeden Augenblick um einer Kleinigkeit willen verlieren kann, er es selbst wert zu halten verlernen und es ihm zuletzt nicht viel kosten muß, seinen Kopf auf einen Wurf zu setzen, der ihm jedenfalls Rache, möglicherweise Sieg und Verbesserung bringen kann. Ja, es war, als wollten die Edeln es darauf anlegen, dem armen Mann das Leben recht wertlos zu machen. Neben vielen Stücken, durch die sie gedrängt seien, klagten im Jahre 1524 die Bauern der Grafen von Lupfen und Fürstenberg, „daß sie zudem noch weder Feier noch Ruh möchten haben, vielmehr am Feiertag und mitten in der Ernte müßten sie der Gräfin Schneckenhäuslein suchen, Garn darauf zu winden, und für sie Erdbeer, Kriesen und Schlehen gewinnen und anderes dergleichen tun, den Herren und Frauen werken bei gutem Wetter, ihnen selber im Unwetter, und das Gejägd und die Hunde liefen ohne Achtung einiges Schadens"!

Von frommen Männern, welche die Lage des armen Volkes in den Werktagen mit Augen gesehen hatten und welche die Furcht Gottes trieb, ihre Mitmenschen zu erleichtern, war einst mancher rote Tag zwischen die Reihe der schwarzen Tage eingeschoben worden, weil am Feiertag nach dem Kirchengesetze der Leibeigene ruhen oder sich selbst gehören sollte. Aber Helena von Rappoltstein, die Gräfin von Lupfen, kümmerte sich nicht um die Ordnung Gottes, weder in der Kirche noch in der Natur. Am Feiertage, am Tage der Erholung von Arbeit und Sorge, befahl sie ihren Untertanen, für ihren Nutzen, ihren Gaumen zu arbeiten; auch im schönen Sommerfeiertage sollte der Bauer seine Sklavenkette, der Leibeigene seinen Fluch nicht vergessen. Ihr Gemahl war als ein sonderlicher Feind der Bauern berüchtigt, und Graf Friedrich von Fürstenberg, nicht zu verwechseln mit seinem Bruder Wilhelm, stand mit seinen Untertanen so, daß sie, als er in einem Treffen verwundet wurde, unter sich sagten: „Stürb unser Herr, das Gott wöllte, so müßten wir vor Leid rote Kappenzipfel tragen.“

Die sonst so wenig weichen Herren der Stadt Ulm baten die gemeine Versammlung des schwäbischen Bundes „untertänig und fleißig, wo die Stände hörten, daß die armen Leute tyrannisch oder unbilligerweise beschwert wären, in demselben ein gnädig und günstig Einsehen zu tun, damit die Armen wider die Billigkeit nicht beschwert werden“.

9

Hans Müller und die evangelische Brüderschaft

Schon fing der gemeine Mann wieder an, nicht nur allwärts „zu fragen, von wannen der Teufel so viel Servitut, Zehnten und Fronen hergeführt habe“, sondern da und dort sich tätlich wider die Leistungen zu setzen. Im Bistum Augsburg war eine Dorfschaft schon im Jahre 1515 so ungehorsam, daß deswegen beim schwäbischen Bund Anzeige geschah. Der Bund selbst war der Ansicht, „die vielen Kriegsaufgebote und Steuern, wozu die Bundesstände ihre Leute anhalten müssen, haben den Unwillen derselben erregt“. Nach der Stillung der Forchheimer Bewegung war es im Bambergischen noch immer unheimlich. Der Bischof setzte am 4. August 1524 einen Preis von 50 fl. auf die Anzeige eines jeden Bauern, dem Brandstiftung erwiesen werde. Denn eine Reihe Zehntscheuern ging nachts in Flammen auf; den Weltlichen wie den Geistlichen wurde um Nürnberg herum der Zehnten auf dem Felde weggebrannt; ebenso um Bamberg. Man wußte nur, daß Bauern es getan; der Täter wurde man trotz allem Fahnden nicht inne. Ebenso hatten der Bischof von Bamberg und der Rat von Nürnberg Kunde, daß „etliche geheime und unbekannte Personen“ im Stifte hin und wider ziehen und die armen Leute in den Dörfern aufreizen, sie sollen nicht gestatten, den Zehnten bei ihnen einzulegen. An alle Amtleute erging der Befehl, diese „fremden und unbekannten Personen“ einzufangen. Sie entgingen der Nachforschung. Auch im Bistum Trier und in der Pfalz, um Heidelberg, wollten die Bauern keinen Zehnten mehr geben, schon im Juli 1524. Noch früher als hier, in Franken und am Rhein, und tätlicher traten einzelne Bauerschaften in Oberschwaben auf, zumal an der Donau. Im Jahre 1523 übten die Bauern in den Klöstern Elchingen und Schussenried Gewalttätigkeiten. Anfang April des Jahres 1524 weigerten sich die Bauern des Abtes von Marchthal, ihm zu steuern und zu reisen. Im Mai kündeten die Untertanen der Abtei St. Blasien ihrem Herrn, dem Abte Johann, die Entrichtung aller

Leibeigenschaftsgebühren ab und wollten frei gehalten werden wie andere Landschaften. Im Juni brachte Ludwig Konradter, Bürgermeister zu Memmingen, auf dem Städtetag zu Ulm vor, daß dem dortigen Spital der Kirchensatz, Zehnten und alle Obrigkeit im Flecken Steinheim zugehöre, daß aber die Bauern weder großen noch kleinen Zehnten geben wollen. Seine Herren seien ferner in Sorgen, es möchten die aufrührerischen Mönche im dasigen Augustinerkloster heute oder morgen aus dem Kloster laufen und Kelche, Geschmeide und andere Kirchenornate mitnehmen. Auch die Frauen in den Klöstern seien „wägig und aufrührerisch", eine von ihnen habe erst neulich einen Kartäusermönch von Buchheim geheiratet; auch diese Klöster könnten geplündert werden; der Rat bitte also die Städte um ihr Gutachten. Die Antwort war: Der Rat solle gegen die Bauern erst die Güte gebrauchen und nur dann, wenn diese nichts vermöge, mit der Tat vorfahren; sei es ihm aber zu schwer, so möge er es an den ganzen Bund gelangen lassen. Die Ornate sollen sie sorgfältig verwahren. Laufen Mönche oder Nonnen davon, so müssen sie ihr Abenteuer darum bestehen.

An so vielen Orten Oberschwabens zuckten schon in der ersten Hälfte des Jahres 1524 Flämmchen aus dem Boden; was Anfang August in der Landgrafschaft Stühlingen ausbrach, war schon ein kleines Feuer. Bald war es ein großer Brand.

Da, wo sich der Schwarzwald südöstlich gegen das obere Rheintal streckt, in dem alten Alpegau, den die Wutach vom Klettgau scheidet, lag die Landschaft Stühlingen; oberhalb Stühlingen die österreichische Grafschaft Hauenstein; unterhalb desselben die Landgrafschaft Fürstenberg mit den Quellen der Donau in der Baar, welche alles in sich schloß, was zunächst an der Südseite des Schwarzwaldes lag. Weiter östlich dehnte sich das Hegau, zwischen dem Rhein, der Donau und dem unteren Bodensee, und noch weiter östlich schloß sich daran der Linzgau, der westlich an den Hegau, nördlich an den Federsee, südlich an den Bodensee und östlich an das Flüßchen Schussen grenzte; die Grenzen des Linzgaus und des Rheingaus flossen ineinander. Das Rheingau hieß das Tal diesseits und jenseits des Rheines. Das große Allgäu beschloß diese Reihe von schönen Landschaften, jenes Hochland, das sich unmittelbar an die Alpen lehnte.

Diese Gegenden, hart an den freien Bauerschaften der Schweiz und Tirols, waren es, in welchen einst Joß Fritz und jener geheimnisvolle Veltlin auf und ab woben, und sie sind es auch jetzt, über welche das Feuer zuerst sich verbreitet; in Stühlingen fing es an. Landgraf von Stühlingen war Sigismund II., Herr von Lupfen, der sich nach seinem Stammschloß Hohenlupfen in der Baar schrieb, der Gemahl Helenas von Rappoltstein. Das Schneckenhäuslein- und Erdbeersammeln am Feiertag und in der Ernte war nicht der tiefere Grund, nur der Anlaß zum Aufstand.

Unbedeutende Dinge und Geschichten haben manchmal schon den Ausbruch großer Staatshändel und Kriege herbeigeführt; das Kleinste führt oft zu ganz unvorhergesehenen Folgen.

Es war wahrscheinlich der Feiertag Johannis des Täufers selbst, an welchem die Gräfin die Geduld der Stühlinger überreizte. Das dumpfe Murren des Unmutes wurde jetzt zum Handeln. Die mißvergnügten Bauern hatten in kurzem es dahin gebracht, daß Stühlingen, Bonndorf, Ewattingen, Bettmaringen und andere Bauerschaften ihrem Herrn die Fronen, Jagd, Fall und Lehenspflicht aufkündigten; es waren in wenigen Tagen ihrer sechshundert. Sie fanden ein Haupt an Hans Müller von Bulgenbach, einem nahe bei Stühlingen gelegenen St. Blasischen Dorfe.

Hans Müller war ein Kriegsmann, der die Feldzüge wider König Franz von Frankreich mitgemacht hatte und das Waffen- und Kriegshandwerk wohl verstand. Sein Äußeres, seine natürliche Beredsamkeit, seine Schlauheit und Welterfahrung befähigten ihn zum Bauernobersten und Parteiführer.

Sie machten ein Fähnlein, schwarz, rot und gelb, also nach den Farben der Reichsfahne; und schon am Bartholomäustag, dem 24. August, zog er an der Spitze von zwölfhundert Bauern nach Waldshut unter dem Schein des Kirchweihbesuches; denn die Waldshuter Kirchweih fiel auf diesen Tag. Zu den früheren sechshundert hatten sich bereits die Bauern des Grafen von Sulz wie die des Freiherrn David von Landeck gesellt und die Hintersassen von St. Blasien.

Waldshut, die vierte Schwester der österreichischen sogenannten Waldstädte, Laufenburgs, Säckingens und Rheinfeldens, am Hochgestade des Rheins und im Angesichte der Schweiz gelegen, war gerade gegen Österreich wegen ihres Predigers Hubmaier in einer Art Kriegszustand.

Hier machten die Bauern mit den Bürgern Gemeinschaft, tagten und berieten über ihre Sache und errichteten einen Bund, den sie die evangelische Brüderschaft nannten. Jeder, der darein treten wollte, der sollte jede Woche einen Batzen in die Bundeskasse einlegen, um davon die geheimen Boten zu beköstigen, welche ihre Briefe nah und fernhin durch Deutschland tragen sollten, um alle Bauerschaften für ihre Sache aufzumahnen und zu gewinnen. Sie schrieben und sandten geheime Botschaften aus ins Hegau, Breisgau, Sundgau, nach Schwaben, nach Franken und nach Thüringen hinein, ins Elsaß, den Rhein hinab und zu den Bauern an der Mosel: „Sie wollen ihren Herren nicht mehr gehorsam sein, keinen Herrn haben als den Kaiser, diesem seinen Tribut geben; er solle ihnen aber nicht einreden: sie wollen alle Schlösser und Klöster und was den Namen geistlich habe, zerstören."

Es mag ohne Zweifel, wie man aus späteren Schreiben des obersten Hauptmanns Hans Müller von Bulgenbach abnehmen kann, in den Botschaften, die sie „in alle Lande“ ausgehen ließen, der Plan mit ein bißchen anderen Worten gezeichnet gewesen sein, als ihn kurz und schlicht die feindliche Villinger Chronik gibt: Die Hauptsache bleibt, zu Waldshut und in der evangelischen Brüderschaft waren Köpfe, fähig genug für den Gedanken und Versuch, die unter zahllosen Herren zersplitterten Bauernkräfte zu einem Zweck und Ziel, zur Wiedergewinnung der alten Reichsfreiheit und zum Umsturz der bisherigen Verhältnisse zu vereinigen, durch das ganze deutsche Reich Brüderschaften zu stiften und zu bewaffnen und durch regelmäßige Korrespondenzen und Boten fortwährend unter sich im Verkehr zu erhalten.

War der Geist Huttens, der diesen Gedanken früher wirklich hatte und in diesen Gegenden kurz vor seinem Tode war, auf die Bauern übergegangen? War gar jener Karsthans, der in diesem Jahre nach dem Berichte der Stadt Freiburg hier herumzog und die Bauern des Schwarzwaldes zu einem Bundschuh aufgefordert haben soll, nur ein Nachtreter von Ulrich Hutten selbst, welcher letztere vielleicht unter dem in seinen letzten Volksschriften so oft gebrauchten Namen Karsthans von dem Landstuhl sich in diese Gegenden gewendet hatte?

10

Hubmaier und Waldshut

Hubmaier, aus dem bayerischen Städtchen Friedberg bei Augsburg gebürtig, hatte schon vor Luthers Auftreten als Prediger großes Glück gemacht. Auf der Hochschule zu Freiburg im Breisgau zum Theologen gebildet, gewandt in der Dialektik und darum ein Freund des geistigen Kampfes, lehrte der „hochgelehrte Meister Balthasar“ zuerst an der theologischen Fakultät zu Freiburg, später zu Ingolstadt, wo er Doktor der Theologie und Prorektor wurde. Von da nach Regensburg als Pfarrer an die Domkirche berufen, erregte er durch seine ausgezeichneten Vorträge schon zu Anfang des Jahres 1516 ebenso großes Aufsehen, als er sich dadurch in Ansehen setzte. Ohne seinen Willen wurde er hier der erste Veranlasser der Kapelle zur schönen Maria, und mit Bedauern sah er, daß vor derselben das nervenreizbare Volk das Schauspiel der Zuckungen und der Tanzwut aufführte. Er fühlte sich von Luther um so mehr hingerissen, je mehr er selbst bisher eine höhere geistige Richtung verfolgt hatte und über vieles hinausgeschritten war. Er fühlte, Regensburgs geistige Luft war nichts mehr für ihn, er ging auf die Pfarrei Waldshut im Schwarzwald. Hier, in der Mitte dieser echten Nachkommen der alten

Alamannen, bei jenen Hauensteinern, den einfachen, verständigen, freiheitliebenden und leicht beweglichen Söhnen des Waldes, in der nächsten Nähe der Schweiz, fand er zwar einen kleinen Wirkungskreis, aber einen, worin er sich frei bewegen und manches frei gestalten konnte. Er kam mit Zwingli, dem Schweizer Reformator, in Berührung und Freundschaft und trat selbst als der erste Reformator auf dem Schwarzwalde auf. Die Bürger Waldshuts erklärten sich mit Begeisterung für ihn, ebenso Geistliche aus der Stadt und aus der Umgegend. Die vorderösterreichische Regierung zu Ensisheim verlangte die Auslieferung Meister Balthasars, die Bürger verweigerten sie. Die Regierung sah in den kirchlichen Neuerungen desselben eine Begünstigung des Bundschuhs, des Aufstandes des gemeinen Mannes, der eben um diese Zeit – Sommer 1524 – sich in diesen Gegenden regte. „Laßt mich hinweg", bat Hubmaier die Bürger, „damit niemand meinethalben beschädigt und verderbt werde und ihr Ruhe und Frieden behaltet." Und am 17. August entwich er freiwillig, von den Bürgern geleitet, aus der Stadt. Aus dem Geleite der Waldshuter empfingen ihn bewaffnete Reiter von Schaffhausen, wohin er sich begeben wollte und wo er Schutz und Aufnahme fand. Die Regierung zu Ensisheim hatte wirklich Leute ausgesendet, den „Doktor niederzuwerfen", und da er ihnen entging, drangen sie auf seine Auslieferung, selbst mit Asylverletzung. Hubmaier zeigte unter aller Bedrängnis ein unbegrenztes Vertrauen auf die Gerechtigkeit seiner Sache und die siegreiche Macht der Wahrheit. „Es ist nicht meine Sache", schrieb er an den Schaffhäuser Rat, „sondern Gottes Sache. Fürchten sich Ew. Würden nicht, ich will mich auch nicht fürchten; denn die göttliche Wahrheit ist untödlich, und wiewohl sie sich eine Zeitlang fangen, geißeln, krönen, kreuzigen und in das Grab legen läßt, so wird sie doch am dritten Tage wieder siegreich auferstehen und in Ewigkeit regieren und triumphieren." Er erbot sich, die Wahrheit seiner Lehre vor aller Welt zu erweisen. „Weil ich", sagte er, „von den Obrigkeiten verschrien worden bin als Verführer des Volkes, als aufrührerisch, als Ketzer, so bin ich erbötig, allen Menschen Rechnung zu geben von meiner Lehre, meinem Glauben und meiner Hoffnung. Habe ich nun recht gelehrt, warum schlägt man mich und andere meinetwillen? Ich bin mir nicht bewußt, daß ich in zwei Jahren nur einen Buchstaben gepredigt hätte, der im Worte Gottes ohne Grund wäre. Dieses aber bekenne ich und gebe mich dessen schuldig, daß ich nicht alles so ganz und vollkommen herausgesagt, wie ich es gewußt habe; ich habe der Schwachen geschont, die ich mit Milch und nicht mit stärkerer Speise nähren mußte. Sollte ich je genötigt werden, durch Gefängnis, Marter, Schwert, Feuer oder Wasser, daß ich anders redete oder bekennete, als ich jetzt aus der Erleuchtung Gottes gesinnt bin, so protestiere ich hiemit und bezeuge vor Gott, meinem himmlischen Vater, und vor allen Menschen, daß

Hubmaier (Nach einem alten Stich)

ich als ein Christ leiden und sterben will, damit sich niemand an meiner Tat, wie mir Gott sie zuschicke, ärgere. Möge mir Gott einen tapferen, unverzagten, fürstlichen Geist verleihen!"

Der Rat der Stadt Schaffhausen ehrte sich auch dadurch, daß er den, der sich unter seinen Schutz gestellt hatte, auch dann nicht auslieferte, als acht katholische eidgenössische Mitstände auf die drohendste Weise die Forderung seiner Auslieferung dreimal wiederholten. Wie gegen den Pfarrer von Waldshut, so trat die österreichische Regierung zu Ensisheim nach Entfernung desselben auch gegen die Stadt Waldshut selbst drohend und verfolgend auf.

Was die aus weltlichen Ursachen begonnene Bewegung unter dem gemeinen Mann wesentlich verstärkte, sie erst recht weihte und fanatisierte, das war die blutig-grausame Verfolgung des Evangeliums und seiner Prediger, zumal im südwestlichen und südöstlichen Deutschland. Die Regierungen selbst waren es, welche in die schon wieder in sich zusammensinkende Flamme der weltlichen Bewegung das Öl des religiösen Märtyrertums hinzutrugen, und zwar zur selben Zeit, als die münzerisch-wiedertäuferischen Ideen der Bewegung sich zu bemächtigen anfingen.

Die an dem Alten hängenden Regierungen hatten sich vereinigt, das Evangelium, wo es auftauchen wollte, mit Gewalt niederzudrücken. Im Erzstift Mainz, in Bayern, im Salzburgischen, in allen österreichischen Landen, in den Oberlanden wie in den Niederlanden, in den Bistümern Trient, Regensburg, Augsburg, Speyer, Straßburg, Konstanz, Basel, Freisingen, Passau und Brixen wurde Jagd gemacht auf die Prediger wie auf die Bekenner des Evangeliums; zu Wien, Prag und Ofen, zu Metz, zu Antwerpen und im Lande der Dithmarschen, im Odenwald, im Schwarzwald, in den Vogesen und in den Salzburger Gebirgen wurden Bekenner des Evangeliums gemartert und entweder enthauptet oder lebendig verbrannt; viele wurden des Landes verwiesen und verjagt. Besonders blutdürstig zeigten sich die drei österreichischen Regierungen von Innsbruck, Stuttgart, Ensisheim. In dem Städtchen Engen setzten sie einen Inquisitionsausschuß nieder.

Die Stadt Kinzingen fühlte zuerst das Schwert der österreichischen Regierung. Auch ihr Prediger Jakob Otter sah sich gewaltsam zur Flucht getrieben. Anderthalb Hundert aus seiner Gemeinde gaben ihm bis zur Grenze das Geleit und blieben etliche Tage bei ihm. Als sie wieder heim wollten zu Weib und Kind, fanden sie die Straße gesperrt, daß sie nicht in die Stadt gelangen konnten, sie stiegen zu Schiff und fuhren hinüber nach Straßburg. Kinzingen selbst aber umringten Kriegsvölker, die von Freiburg und Ensisheim kamen, nahmen die Stadt ein und viele als des Evangeliums verdächtig darin gefangen. Es fiel, weil er das Abendmahl unter beiderlei Gestalt empfangen, das Haupt des Stadtschreibers, es fielen auch fünfzehn andere Köpfe unter dem Schwerte des Nachrichters. So glaubte der Inquisitionsausschuß den Geist des neuen religiösen Lebens in diesen Gegenden bannen zu können. Waldshut sollte zunächst darankommen.

Diese Stadt schickte ihre Ratsbotschaft nach Engen vor die Herren. Sie haben, sollten die Boten sprechen, um des Friedens willen den Doktor von ihnen getan, wollen auch als fromme Waldshuter, wie bisher, Leib, Leben, Gut und Blut zum löblichen Haus Österreich setzen, mit demütiger, untertäniger Bitte, die gnädigen Herren vom Regimente möchten die gefaßte Ungnade bei fürstlicher Durchlaucht gnädigst abstellen. Der Ratsfreund Hans Jakob Bollinger machte den Sprecher der Gesandtschaft. Sie trafen zuerst, als sie Audienz suchten, auf Graf Rudolf von Sulz. „Bollinger, bist du hier?" fuhr der Graf den Abgeordneten an. „Gnädiger Herr, ja!" war die demütige Antwort. „Bollinger, Bollinger!" rief der Graf, „wärst du dem Fürsten gehorsam gewesen, so schadete das dir und deinen Kindern nicht. St. Velten, wie hast du dich können durch den Ketzer verführen lassen, daß du den ketzerischen Glauben angenommen?" „Ich habe keinen ketzerischen Glauben", sagte Bollinger. – „Was glaubst du denn?“ – „Gnädiger Herr, ich glaube an Gott.“ – „An den Teufel glaubst du“, fuhr der Graf auf. „Wärst du dem Fürsten gehorsam gewesen wie mancher Biedermann, so wäre es dazu nicht gekommen, wir kennen dich wohl und deinesgleichen: Ihr seid aufgezeichnet. Donner potz Marter, du mußt der erste sein, dem man den Grind abhaut, Junghans der andere und Brosi der dritte. Warum, Meister Hans, schickt man Brosi und Junghans nicht auch her? Potz Marter, auch die Weiber wollen wir totschlagen, wenn wir hiezu kommen; wir wollen das Unkraut mit der Wurzel herausreißen. Wir wollen euch das Evangelium um die Ohren bläuen, daß ihr müßt die Händ' ob dem Kopf zusammenschlagen; wir wollen euch dermaßen strafen, daß ihr allen Menschen, so der lutherischen Sekt sind, ein Exempel und Fürbild sein müßt. Man sollt solche Übeltäter von dannen tun. Du bist meineidig und ein Übeltäter am Fürsten, du und deinesgleichen, du hast seine Mandaten nicht gehalten.“ – „Gnädiger Herr“, antwortete Meister Hans, „ich bin kein Übeltäter; bin ich aber einer, so tut mir das Recht an, darum habt ihr das Schwert an der Seite.“ – „Donner potz Marter“, fluchte Graf Rudolf, „du bist einer; ich will hinein zum Herrn und ihm das anzeigen.“

Es waren allda die Boten der drei anderen Waldstädte, die von Laufenburg, Säckingen und Rheinfelden. Diese wurden hineingefordert, die Waldshuter ließ man warten. „Bollinger!“ sagte der Schultheiß von Säckingen, als sie wieder herauskamen, zu dem ersteren, „du hast ungnädige Herren; sieh an dein Weib und deine kleinen Kinder. So wir jetzt vor die drei Regierungen hineinkommen, so fall nieder auf deine Knie und bitte sie um Gottes willen, daß sie dir verzeihen und vergeben, du habest geirrt und seiest verführt worden.“ – „Wie, Herr Schultheiß?“ entgegnete Bollinger, „das wolle Gott nicht, daß ich dies tue; eher wollt ich mir den Kopf abhauen lassen. Ich glaub recht; luget, was ihr glaubt. Ich bin nicht verführt worden. Ich würde auch keineswegs niederfallen, man soll nur vor Gott niederfallen.“

Vor den Regierungen drinnen hörte man der Waldshuter Entschuldigung. „Ich will weder das Beste noch das Böseste dazu tun“, sprach der Statthalter Hans Immer von Gilgenberg, „man wird euch strafen, anders dürft ihr nicht denken.“ – Die Abgesandten erboten sich zu Recht vor gemeinen Städten des Reiches. „Recht wollen wir!“ riefen Bollinger und die Seinen ohne Unterlaß, „Recht, Recht, ihr Herren!“ – „Was?“ riefen diese dagegen, „der Fürst ist das Recht; was gehen den Fürsten die Reichsstädte an? – Man wird euch mit Feuer und Schwert das Recht weisen!“ schrie Graf Rudolf von Sulz.

Die Bürgerschaft zu Waldshut beschloß, sich gegen Gewalt in Verteidigungsstand zu setzen. Hans Müller von Bulgenbach war bereits mit seinen Waldbauern auf, und das war der Zeitpunkt, da die 1200 Bauern mit der schwarzrotgelben Fahne in Waldshut einzogen, der geheime Bund der evangelischen Brüderschaft beschlossen wurde und das bisher bloß religiöse Element in Waldshut in das revolutionäre überspielte. Die Regierung zu Ensisheim wollte sich keine Mühe dauern lassen, „die bübischen und ketzerischen Pfaffen und Verführer des Volks", darunter sie den Doktor von Waldshut als einen der vornehmsten nannte, sowie die Verführten zu strafen. Es wurde zahlreiches Geschütz und Kriegsvolk aufgeboten, Waldshut zu züchtigen. Die Waldshuter aber erklärten, der Glaube sei im Herzen, das möge man weder mit Notschlangen noch mit Ketten bezwingen. Zürich und Schaffhausen verwandten sich ernstlich für die Nachbarschaft. Öffentlich konnte Zürich den Bedrängten keine Hilfe schicken, wegen der Erbeinung mit dem Hause Österreich, aber auf eigene Faust, ganz privatim, zogen in die 300 tapfere Zürcher den christlichen Brüdern von Waldshut zu; nicht um Geld, schrieb Rudolf Collin, einer darunter, dem Rate von Zürich, nicht für eigenen Nutzen, nur zum

Hubmaier wird feierlich in Waldshut empfangen

Schutze von Gottes Wort. Der Geist des Herrn habe sie unter die Waffen gerufen, kein Aufwiegler sei unter ihnen.

Jetzt kehrte auch Hubmaier zur großen Freude der Bürger nach Waldshut zurück. „Er wurde mit Trommeln, Pfeifen und Hörnern empfangen und mit solchem Pomp, als ob er der Kaiser selbst wäre." Sie gaben ihm auf dem Kaufhause ein großes Festmahl. Das war gerade die Zeit, da Thomas Münzer in dieser Gegend erschien und mit ihm mancher seiner Anhänger.

11

Die Wiedertäufer

Da gerade in der letzten Zeit sich so vieles gedrängt hatte, die von jeher sehr aufregbaren Waldleute noch entzündbarer zu machen, so mußte ein so gewandter und so hinreißender Redner und Volksmann wie Thomas Münzer mit seiner Prädikantenschar im grauen Filzhut und groben Rock die Gärung leicht, so schien es, noch steigern.

Noch ehe Hubmaier mit Münzer selbst zusammentraf, war er durch einen Anhänger desselben, Wilhelm Reblin von Rottenburg a. N. für die Lehre vom neuen Gottesreich gewonnen. Dieser taufte ihn, und Hubmaier selbst taufte dann in die 300 Personen mit der Wiedertaufe.

Jene Schwärmer aus Zwickau, die zwar die Bibel anders auslegten als Luther, aber dabei nur Gebrauch von Luthers christlicher Freiheit im Glauben und Predigen machten, hatten sich unter dem Namen der Täufer sehr ausgebreitet. Täufer nannten sie sich, weil sie, da von der Kindertaufe kein Wort in der Bibel stehe, die Kindertaufe verwarfen und erst die im Glauben Unterrichteten tauften. Von ihren Gegnern wurden sie Wiedertäufer genannt. Diesen Separatisten der Neugläubigen rühmen heute noch katholische Schriftsteller „redlichen Eifer und Überzeugungstreue" nach. Wie so oft, wurde etwas im Grund Unwesentliches allmählich als das Wesentliche genommen und behandelt, und so gingen sie in kurzem so weit, daß sie die Wiedertaufe zur unerläßlichen Bedingung, zum Kerne des Christentums machten.

Diese Sekte durchlief rasch eine Reihe Stufen der Schwärmerei. Anders war die Tollheit zu Münster; anders die Phantasterei nach dem Bauernkrieg; anders das Wiedertäuferleben und Hoffen und Glauben vor dem Bauernkrieg.

In den ersten drei Jahren ihres Bestehens mußten selbst die Feinde der Sekte ihr nachrühmen, daß es ein schönes, sittliches Leben unter den

Täufern sei. „Ich wünschte", sagte Witzel, „daß alle, die sich Christen zu sein rühmen, so leben möchten." Sie beflissen sich eines unsträflichen Lebens, waren in Essen und Trinken mäßig, in Kleidung schlicht, freundlich miteinander, in der Rede kurz, im Disputieren über die Maßen eifrig, als sie eher begehrten zu sterben, denn von ihrer Lehre zu weichen. Sie schlossen alle Unwürdigen aus ihrem Bruderkreis streng aus, lehrten ernstlich glauben, lieben und leiden, auch Marter und Tod. Unermüdlich waren sie, das neue Gottesreich predigend auszubreiten. Ihr Wahrzeichen war, daß der eine zum anderen sagte: „Der Friede Gottes sei mit dir", und der andere antwortete: „Amen! er sei mit dir auch!" Wo sie nicht öffentlich predigen durften, kamen sie nachts zusammen in einsam gelegenen Häusern oder Tälern; zu diesen Zusammenkünften kamen oft Boten von entfernten Brüderschaften, setzten nachts über Flüsse und Berge, reisten überhaupt nur nachts und kehrten nur nachts in den Häusern der Ihrigen ein. Bald hörte man vom Thüringer Walde bis in die Täler der Schweizer und Tiroler Alpen die Münzerische Predigt aus ihrem Munde, die Zeit sei nahe, daß die Welt erneuert und die Gottlosen mit dem Schwert von der Erde getan werden müssen. „Sie predigten in allen Winkeln nur die Sprüche aus Altem und Neuem Testament, da von Schwert, Harnisch, Kriegen und Würgen gesagt wird, und ziehen alles auf mörderische Kriege, Raub, Totschlag und Aufruhr, wollen ja die frömmsten Mörder sein und alle Welt allein besitzen." So schildert sie der Rat zu Nürnberg, „diese schnellen, vermessenen Köpfe, bei denen die Vernunft zuviel witzig sein will".

Diese Art von Wiedertäufer war die, welche mit Münzer verbündet war und in seinem Sinne wirkte. Denn die Wiedertäufersekte war ein religiöses Gewächs, das bald nach seiner Entstehung sehr verschiedene Spielarten der Meinung hatte, und nur bei einem Teile, nicht bei der Gesamtheit der Wiedertäufer, war die zweite Taufe das Zeichen der Einweihung in einen religiös-politischen Geheimbund für gewaltsame Umwälzung. So wurde der Waldshuter Wiedertäufer Jakob Groß, der nachher den Täufergemeinden zu Straßburg und Augsburg vorstand, aus seiner Vaterstadt Waldshut vertrieben, weil er behauptete, kein Mensch dürfe den anderen töten noch irgendeine Obrigkeit das befehlen, und weil er darum sich weigerte, mit den anderen Bürgern Waldshut ins Feld zu ziehen, den aufgestandenen Bauern zu Hilfe.

Alle Wiedertäufer aber hielten sich daran, daß der Gläubige glauben und tun müsse, was „der Geist" jeden lehre; alle glaubten, innerlich die „Stimme des himmlischen Vaters" zu hören. Viele hatten „Gesichte". Es überkam sie, wie einer vor Gericht sagte, „mit großer Macht wider ihren Willen", und die Verzückungen waren von Verrenkungen der Glieder begleitet, von einem Zustand, „als ob sie die fallende Krankheit plötzlich ergriffe". Und diese Zustände ergriffen oft viele zugleich an einem Ort, und sie redeten und weissagten wunderliche Dinge.

Dieses Außersichsein jedoch wurde erst nach dem Bauernkriege unter den Wiedertäufern allgemein. Soviel sie auf die „innerliche Stimme" hörten, „die mit ihnen rede", und soviel sie, „ehe sie etwas anfingen, zuvor Gott fragten", so nährten sie sich doch auch viel durch „Umgang mit Münzers und Karlstadts Büchlein".

Im Leben hatten sie unter sich zuerst nur insoweit „Gütergemeinschaft", daß jeder Bruder in der Not die Hilfe des Bruders in Anspruch nehmen und, was der hatte, dessen sich, als wär' es gemeinsam, bedienen konnte. Dennoch verließ sich keiner auf den anderen mit seinen Bedürfnissen; kein Müßiger, kein Fauler wurde unter ihnen geduldet.

Sie zögen hin und her, diese „neuen Propheten", diese „Schwärmer", diese „Träumer", in Thüringen, im Bambergischen und Würzburgischen, in Schwaben, am Mittelrhein und Oberrhein, in der Schweiz, in Tirol, im Salzburgischen, in der Steiermark und im Lande ob der Ems; sie predigten „die Zukunft und das Gericht des Herrn", den nahen Untergang alles Bestehenden und die allgemeine Gleichheit und Brüderlichkeit; sie stifteten geheime Brüderschaften, Abzweigungen des münzerischen Bundes, und entzündeten mit dem, was „der Geist" durch sie sprach, an manchem Orte das Volk. Die Brüderschaften standen miteinander in Verbindung, aber nur durch wenige „Wissende", nur diese kannten die Namen der einzelnen Brüder.

Die Verkündiger der „neuen Welt", darin „die Gerechtigkeit wohnen werde, nach Ausrottung aller Gottlosen, besonders aller gottlosen Fürsten und Herren", wechselten „nach Gelegenheit Namen und Kleidung". Die Obern der Brüder wußten sich überhaupt auf ihren Reisen in das Geheimnis zu hüllen; so entgingen sie jahrelang den Nachforschungen. Diese hin und her „webernden" Freunde Münzers trugen nicht die Kleidung der gewöhnlichen Wiedertäufer und der Prädikanten. Einer „der vornehmsten und obersten Wiedertäufer, ein sehr gelehrter, geschickter Gesell", wie ihn der Nürnberger Rat nennt, war Johannes Hut aus Hain bei Schweinfurt. Früher Küster an der Kirche zu Bibra und im Jahre 1521, weil er sein neugeborenes Kind taufen zu lassen sich weigerte, vertrieben, war er nach Nürnberg gegangen. Da hatte er einen Kramladen und war so im Gewerblichen rührig und anschicklich, daß er daneben Buchbinderei, Branntweinbrennerei und „mehrerlei Hantierung" trieb. Kurz vor dem Bauernkriege warf er sich ganz auf den Buchhandel. Mit lichtbraunem gestutztem Haar, auf der Oberlippe ein falbes Bärtchen, hochgewachsen, ging er im schwarzen Reitrock und grauen Hosen mit breitem grauem Hut einher, nach dem Ausschreiben der Nürnberger. Der taufte viele weit umher. Die Sage schrieb ihm zu, er habe durch einen

Trunk, den er den Neugetauften aus einem Becher gereicht, ihnen unerschütterliche Anhänglichkeit an die Sache der Täufer beigebracht, und sie haben gleich darauf „Gesichte“ gehabt, „die himmlische Stimme“ gehört und geweissagt. Er zog vorzugsweise mit verbotenen münzerischen und ähnlichen Büchlein, aber auch mit lutherischen Schriften dabei, umher. Er verlegte jene letzte, den gewaltsamen Umschwung predigende Schrift Münzers, die dieser auf seiner Durchreise durch Nürnberg herausgab; nach seiner Vertreibung aus Mühlhausen kehrte Münzer in Huts Hause zu Biberau ein und verweilte daselbst bei ihm „eine Nacht und einen Tag“. Dieser Wiedertäufer spielte während des Bauernkrieges vorzüglich im Würzburgischen eine Rolle, besonders im Lager vor Würzburg.

Viele Wiedertäufer waren, wie sich bei späteren Untersuchungen offenbarte, bei den Vorbereitungen zum Bauernkriege höchst beteiligt; einzelne der dabei schwer Beschuldigten waren jedoch damals noch nicht Mitglieder der Wiedertäufersekte gewesen, sondern erst nachher es geworden. In den Umtrieben und Ausbrüchen um Forchheim und im benachbarten Ansbachischen, in Baiersdorf und Herzogenaurach, im Mai 1524, waren Wiedertäufer vorzugsweise tätig, wie Peter Wagner und Kunz Ziegler und die drei Brüder Mayr.

Dennoch war der aufregende Einfluß von Wiedertäufern größer als ihre wirkliche Teilnahme am Bauernkriege: In Masse waren die Wiedertäufer nicht münzerisch.

Fälschlich hat man Münzer selbst unter die Wiedertäufer, ja als den Stifter derselben gerechnet. Münzer war aber nach dem ausdrücklichen Zeugnis des glaubwürdigsten und in dieser Sache am besten unterrichteten Zeitgenossen kein Täufer und hat selber niemals wiedergetauft. Auch waren seine heimlichen Jünger, deren er selbst nach seinem Tode noch lange einen großen Anhang hatte, keine Täufer. Münzer gebrauchte die feurigsten Täufer und die Wiedertaufe für seine höheren Pläne. Sie gehörten nur mit zu seinen Verbündeten, und er war der leitende Obere des regsten Teiles dieser unter sich selbst in ihren Glaubensartikeln nicht einigen, „gar nach eines jeden Kopf zerteilten“ Sekte. Seit der Mitte des Jahres 1524 drang Münzer auch darum, ohne selbst wiederzutaufen, auf die Wiedertaufe als etwas Zweckmäßiges.*

So erlaubte Münzer es sich, religiöser Zeichen und Formen als taug-

* Die Wiedertäufer als religiöse Sekte rekrutierten sich im wesentlichen aus den städtischen Plebejern, einer Klasse, die „außerhalb der offiziell bestehenden Gesellschaft stand“ (Engels). Besitzlos und rechtlos, wie sie waren, bildeten sie die natürlichen Bundesgenossen der revolutionären Bauern. In zahlreichen Städten, wo es ihnen gelang, die Macht zu gewinnen, haben sie sich auch den Bauern angeschlossen. Thomas Münzer versuchte sie in den Kampf der Bauern einzubeziehen, was ihm besonders im Thüringer Land auch gelungen ist. Die Red.

licher Mittel zu seinem Zwecke sich zu bedienen. Es ist bei ihm dieselbe Freiheit, die er auch sonst für sich und seine Sache in Anspruch nahm. So hüllte er seine Gedanken gerne vor dem Volke ein in Gesichte und Träume, die Berechnungen seines Verstandes in das empfehlende Gewand göttlicher Offenbarungen. Es war ja in seinem Sinne und nach seiner Lehre der menschliche Geist, die erleuchtete Vernunft, die einzige Vermittlung, durch welche Gott sich den Menschen offenbarte, und wenn er einsam auf seinem Zimmer brütete und dachte und seine Gedanken bis zum lauten Selbstgespräch heraustraten, so mochte er nachher es gerne für einen Zwiesprach mit Gott gelten lassen. Da er zu Allstedt auf dem Turme wohnte, kam einer seiner Anhänger eines Tages vor seine Kammer. Er hörte darin zwei miteinander reden. Als er ihn beim Öffnen allein sah, fragte er, wer bei ihm im Zimmer gewesen wäre. „Ich habe", antwortete Münzer, „jetzt meinen Gott gefragt, was ich morgen tun solle." „Ei", fragte der Jünger, „gibt er dann auch so bald Bescheid?" Und Münzer bejahte es. Es war nicht bloße Täuschung von seiten Münzers, er fühlte seinen Gott in sich und glaubte an ihn und hörte in seinen von der Sache seines Volkes erfüllten Gedanken diesen Gott sprechen. Selbst die, welche ihm dabei bloß einen schauspielerischen Kunstgriff unterschieben wollten, mußten ihm die für ihn sprechenden Vorgänge großer Männer zugestehen, welche zu der Rolle von Befreiern ihres Volkes auch die Prophetenrolle übernahmen und durchführten. Ein Wort, als käm' es unmittelbar vom Himmel gesprochen, wirkt anders auf das Volk, als wenn es nur aus menschlichem Munde käme; und auch Münzer glaubte der Gesichte und unmittelbaren Offenbarungen zur Beglaubigung seines Berufes bei der Masse nötig zu haben.

12

Thomas Münzer und Pfeifer in Oberschwaben

Nach seiner Verweisung aus Nürnberg waren ihm in die oberen Lande längst seine Boten vorausgegangen. Er wählte, wie er selbst sagt, diesen Weg, um die Lage der Dinge daselbst kennenzulernen, den Aufstand der oberen Lande zu benutzen, um für sich Raum zu gewinnen. Er zog sich durch Schwaben hinauf in den Klettgau und in den Hegau. In Basel, im Zürichschen, im Elsaß zeigen sich seine Spuren. Karlstadt war auch hier am Oberrhein. Sehr wahrscheinlich ist, daß Münzer auch von Pfeifer in diese Gegenden begleitet wurde und daß dieser mit seiner klaren und scharfen Feder hier tätig war.

Mehrere Wochen lang nahm Münzer seinen Sitz im Klettgau, in dem Dorfe Grießen, von wo aus er in die Nachbarschaft, namentlich in die Landgrafschaft Stühlingen, Ausflüge machte, um in seinem Sinne zu arbeiten. Zu Basel schon hatte er über das Thema gepredigt, wo ungläubige Regenten, sei auch ungläubig Volk, es müsse anders werden. Im Klettgau und Hegau predigte er viel von der Erlösung Israels: Die Stunde sei nahe, da der Herr sein Volk heimsuchen, sein Reich der Heiligen, sein Tausendjähriges Reich aufrichten und die Christenheit ein Volk von Brüdern sein werde. Er schrieb und verbreitete Flugschriften im Druck gegen die Tyrannei der Herren. Die bereits zuvor gärenden, großenteils schon in wirklichem Aufstande begriffenen Gemeinden dieser obern Lande baten ihn, bei ihnen zu bleiben, was jedoch nicht in seinem Plane lag. Auch gelehrte Männer standen ihm zu, namentlich Konrad Grebel, Sohn eines Ratsherrn zu Zürich, und eben jener Doktor Balthasar Hubmaier, der Prediger zu Waldshut.

Es war gegen Ende Oktober 1524, als Münzer auf dem Walde erschien, und im November begannen die Bewegungen unter den Bauerschaften dieser oberen Lande ernstlicher als das erste Mal. Die österreichische Regierung wurde unter solchem Handel bedenklich und zögerte mit ihrem Angriff auf Waldshut. „Dieser Handel", schrieb man ihr, „ist ganz beschwerlich anzusehen und zu befürchten, es möchte ein Landeskrieg daraus erwachsen. Hier oben steht es wild, seltsam und sorglich."

Jünger Münzers durchzogen noch zahlreicher als zuvor die oberen Gegenden und verbreiteten seine neue religiös-politische Lehre. Sie mußte den Bauern mehr zusagen als die lutherische und zwinglische. Die Zahl der Prädikanten war nach dem Bericht eines Augenzeugen in St. Gallen so groß, daß man an Sonn- und Feiertagen nirgends hingehen konnte, ohne allenthalben auf Haufen von Bürgern und Landleuten zu stoßen, die einem Prediger zuhörten, und unter diesen Predigern erkannte man am groben Kleid und breiten, grauen Filzhut sogleich viele als Wiedertäufer, sehr viele, die zuvor lutherisch gewesen waren, fielen jetzt diesen zu. „Da, da", sprach ein Bauer zum andern, „das ist das recht Evangeli. Lueg, lueg, wie hant die alten Pfaffen gelogen und falsch gepredigt, man sollt' die Buben alle zu Tod schlagen, wie hant sie uns so herrlich betrogen und beschissen!" Bald getraute sich kaum noch ein Priester in seinem langen, schwarzen Kleide bei einem solchen Bauern- und Bürgerhaufen vorüberzugehen.

Das Volk war durch gar mancherlei zur selben Zeit aufgeregt. Selbst die Natur schien aus ihrem Geleise getreten, und ungewöhnliche Erscheinungen am Himmel und auf Erden und noch mehr deren Auslegungen und Deutungen verrückten den Leuten den Kopf. Bald wollte man um die Sonne drei Kreise und eine brennende Fackel dabei gesehen haben,

Thomas Münzer predigt dem Volk im Klettgau

bald um den Mond zwei Kreise und ein Kreuz in der Mitte. In Ungarn sollten bei Nacht gekrönte Häupter am Firmament im Gefechte miteinander gesehen worden sein; am Rhein, hieß es, habe man am hellen Mittag ein großes Getümmel und Krachen der Waffen in der Luft gehört, als geschehe eine Feldschlacht. Da und dort wurden die seltsamsten Mißgeburten in dem Tierreich geboren. An etlichen Orten sah man die Störche, an anderen die Krähen und Dohlen heftig Streit führen. Man hörte von Erdbeben in den südlichen Ländern; in Schwaben, Bayern und Österreich wüteten pestartige Seuchen, in der Stadt Kempten im Allgäu allein starben von 1521 bis 1523 über 1600 Menschen daran. Wolkenbrüche, Kometen und Umkehrung der Jahreszeiten kamen dazu: Es war einmal in den letzten drei Jahren der Winter so warm gewesen, daß das arme Volk barfuß wie um Michaelis ging und das Gewürm und die Fliegen wie im Sommer umkrochen und flogen; im Februar hatten die Kirschen geblüht, und an den Bäumen waren alle Sprossen angeschwollen und geschwängert. Um Ostern aber war kalter Winter eingetreten. Infolge der schweren Ungewitter hatten die Früchte fühlbar aufgeschlagen, in allen oberen Landen begann sich ein wahrer Notstand bei dem gemeinen Manne anzumelden. Das alles wurde auf seltsame Dinge gedeutet, die erst kommen sollten. Man konnte ohne Zeichen und Prophetengabe aus der Lage der Dinge schon seit Jahren eine gewaltige Umwandlung voraussagen. Doch verdient angemerkt zu werden, daß nicht bloß Volkspropheten weissagten, sondern daß die vom Glauben der Zeit als hohe Wissenschaft geehrte und bewunderte Astrologie das Jahr 1524 als den Zeitpunkt festgesetzt hatte, wo „eine solche Änderung vor sich gehen werde, dergleichen nie gehört worden". – „Die Astrologen mögen wahr reden", schrieb am Anfange des Jahres 1520 der bayrische Kanzler Eck an seinen Herzog, „nach Schickung aller Läufe. Es ist nicht möglich, daß das Feuer, so allenthalben jetzt angezündet, ohne Schaden zergehe." Eine der Volksweissagungen, die seit länger umliefen, hieß: Wer im 1523sten Jahre nicht stirbt, 1524 nicht im Wasser verdirbt und 1525 nicht wird erschlagen, der mag wohl von Wundern sagen.

Mit solchen Dingen im Kopf stand er da, der gemeine Mann, vor den herausfordernden Prädikanten, hier einer mit bleichen, hageren Wangen und mit Augen, aus denen der Zorn blitzte, daß außer ihm auch sein Weib und seine Kinder hungern sollten; dort einer, dem die lange Sklaverei, die ewige Frone alle Kraft entzogen zu haben schien und der nur gebückt aufhorchte; hier aber voran, hart am Prediger und seinem Munde, sehnigte, aufgerichtete Gestalten, voll Kühnheit in Blick, Schritt und Ausgriff; dort im Hintergrunde Gruppen, einer dem andern erzählend, wie es ihm bisher schlecht gegangen, und sich auf bessere Zeiten die Hände schüttelnd. Manchem gefiel die Predigt, weil sie das Feuer wieder anblies, das erlöschen wollte, und weil es dann Rache und Raub gab. Wenige gewiß standen und horchten aus bloßer Neugier und Müßiggang. Der Raum für die Zuhörer war ein unbeschränkter; denn nicht oder nur selten in Kirchen, in der Regel im Freien wurde die neue Lehre gepredigt; bei der großen Linde vor dem Ort, im Felde, auf freien Wiesen, auf einem Hügel, am Waldessaum liebten sie, wie die ersten Verkünder des Evangeliums der Armen, ihre Kanzel aus dem Stegreif sich zu schaffen. Münzer selbst weilte gegen drei Monate in den oberen Landen; Pfeifer ging früher nach Mühlhausen zurück.

13

Erste gemeinsame Maßregeln der Herren

Sobald die Kunde von dem Anfange unruhiger Bewegungen an die Fürsten, Herren und Städte, die den schwäbischen Bund bildeten, kam, schickten sie Graf Wilhelm von Fürstenberg an die Bauern, um durch gütliche Worte sie zu beruhigen und sich genauer über die Dinge zu unterrichten. Diesem erklärten sie, „sie seien nicht evangelisch, und sie haben sich nicht des Evangeliums wegen zusammenrottiert". Dem Grafen von Lupfen und dem von Sulz mußte es, als die Versuche mit guten Worten nichts fruchteten, um so unheimlicher werden, als die Untertanen beider im Schweizerkriege die Partei der Eidgenossen genommen hatten und sie wegen ihrer „schweizerischen" Gesinnungen von ihnen nach dem Kriege hart mitgenommen worden waren.

Die Bauern im Klettgau, worin Graf Rudolf von Sulz Landgraf war, waren zuerst nichts weniger als geneigt, mit denen von Stühlingen gemeinsame Sache zu machen und gewaltsam vorzugehen. Sie suchten vielmehr aus Furcht vor den empörten Nachbarn, die sie neckten und beunruhigten, Schutz und Hilfe bei den Zürichern. Ihr Graf, Rudolf von Sulz, Erbhofrichter des Hofgerichts zu Rottweil und erster Rat der österreichischen Regierung zu Innsbruck, hatte seit einem Jahre Hans von Heidegg zu seinem Statthalter im Klettgau gesetzt. Auch dieser schickte mit den Abgeordneten der Bauern auf Bitte derselben einen von Landrichten, namens Peter, nach Zürich und bat sie um ihre Vermittlung zur Wiederherstellung des Friedens und der Sicherheit. Die Bauern legten 44 Klageartikel und Wünsche gegen ihre Herrschaft dem Rate zu Zürich vor. Als dieser fragte, ob sie sich nach seinen Verordnungen richten und Zwinglis Meinung annehmen wollten, antworteten die Bauern mit ja, Heideggs Abgesandter aber sagte, er habe hierüber keinen Auftrag. Zugleich erklärte der Rat, wenn sie glauben, daß der Graf und seine Amtleute dem Evangelium nicht zuwider seien, noch die Untertanen zu den alten Kirchengebräuchen zwingen würden, so wolle er an Hans Müller von Bulgenbach und seine Gesellen schreiben, daß sie im Klettgau, das der neuen Lehre nicht zuwider sei, nicht mehr schädigen. Der Rat schrieb auch dem Bauernobersten des Schwarzwaldes und mit gutem Erfolge.

Die Züricher suchten den Anlaß der Unruhen allein in religiösen Gründen: Nach der Bauern eigener Aussage waren es aber vorerst und vor allem rein weltliche Ursachen, und damit stimmen die Aussagen von Zeitgenossen jeder Farbe überein.

Schon zu Anfang August hatte sich der schwäbische Bund über die überhandnehmenden Unruhen unter dem gemeinen Manne beraten. „Weil sich Gemeinden und Untertanen in Städten und auf dem Lande an vielen Orten rottieren, empören und dem bisherigen Gehorsam entziehen wollen, ja die Obrigkeiten dahin zu drängen suchen, daß solche des Willens und Gefallens der Untertanen leben", war beschlossen worden, „für den nächsten Bundestag sollen die Gesandten die Meinung ihrer Herren einholen". Er beriet sich im Oktober aufs neue und versprach den von ihren Untertanen bedrohten Herren eilende Hilfe.

Erzherzog Ferdinand, an welchen, als seinen Schirmherrn, der Graf von

Lupfen sich zu gleicher Zeit wandte, erließ ein Mandat an die Bauern, sich ruhig zu halten und ihre Beschwerden vor einer von ihm ernannten Kommission am letzten August zu Radolfzell vorzutragen. Wie oft und wie lange hatten diese ihre Beschwerden und Gebreste an das Reichskammergericht gebracht, ohne daß sie Gehör oder gar Schutz gefunden hätten! Jetzt sollten sie Abhilfe von einer erzherzoglichen Kommission hoffen, und in diese Kommission waren neben Hans von Frundsberg, Christoph Fuchs von Fuchsberg und einigen Abgeordneten des schwäbischen Bundes namentlich auch gewählt Graf Rudolf von Sulz und Hans Immer von Gilgenberg, der vorderösterreichische Statthalter, der zu Ensisheim saß und dessen Gesinnung die Bauern hatten kennenlernen.

So war es natürlich, daß von den Bauern niemand vor der Kommission erschien. Auch das Mandat des Erzherzogs wurde ebensowenig von ihnen beachtet. Sie blieben unter ihrem Fähnlein versammelt.

Zugleich mit der Anordnung der Kommission hatte der Erzherzog 200 Pferde und 1500 Fußknechte mit 4 Stückbüchsen, 6 Schlangen und 100 Hakenbüchsen nebst 25 Böcken aufgeboten; 200 Reiter dazu hatte Truchseß Georg von Waldburg zugesagt. Da diese nicht sogleich beisammen waren, beschlossen die Herren in einer zweiten Konferenz am 3. September zu Zell, in den nächsten acht Tagen noch mit den Bauern in Schaffhausen, welches den letzteren genehmer war, zu unterhandeln; inzwischen sollte jeder der Herren „durch Weibsleute und andere der Sach taugliche Kundschaft“ auskundschaften, „wo die Bauern liegen, was ihre Praktik, ihr Fürnehmen und ihre Anschläg, wie stark und was ihre Hoffnung, Trost und Hilfe wäre“. Auch übernahm die Regierung zu Ensisheim, zu sorgen, daß den Bauern weder Zufuhr noch Zuzug aus dem Elsaß käme.

Im Namen des Grafen von Lupfen erschien der Stadtschreiber Bollstetter von Zell auf dem Tage zu Schaffhausen und verlangte, die Bauern sollen ihrem Herrn ihre Fahne ausliefern, kniend ihr Unrecht abbitten und den verursachten Schaden vergüten. Da der Graf nichts weiter bot, als daß er dann verzeihen und es beim alten bleiben würde, hatten sie zu seinen Vorschlägen keine Lust.

Indessen hatte sich nur langsam ein Teil des aufgebotenen Kriegsvolkes gesammelt. Um gewiß zu sein, ob die Bauern nicht von den Eidgenossen unterstützt würden, schrieben die Herren unterm 14. September nach Schaffhausen: „Kaiserliche Majestät wolle ihre ungehorsamen Untertanen gebührend strafen; was man sich dabei von den Eidgenossen zu versehen habe?“ Diese antworteten: „Mit dem Bauernwesen befassen sie sich nicht; täten die Ihrigen dergleichen, so wollten sie dieselben ebenmäßig dafür strafen.“

Hans Müller von Bulgenbach hatte auch die Bauern ob dem Schwarzwald an sich gezogen und rückte von Bachen über Löffingen, Lenzkirch, Neustadt, Schollach und Urach am 30. September nach Furtwangen, am 1. Oktober ins Bregtal und nach Bräunlingen, am 2. Oktober nach Hilzingen, wo am folgenden Tage, einem Sonntage, Kirchweih war.

Hier kamen neue Scharen der evangelischen Brüderschaft mit ihm zusammen, aus dem Hegau und dem Höri, das heißt aus dem Gebiete des Bischofs von Konstanz und aus den Dörfern der Abtei Reichenau, mit ihrem Hauptmann Hans Maurer, und es wurden weitere Verabredungen getroffen. Schon am 11. Oktober standen über vierthalbtausend Mann unter der schwarzrotgelben Bundesfahne. Hans Müller zog sich mit ihnen in eine sichere Stellung bei Ewattingen und Rietheim zurück, als er vom Anzuge der Herren hörte. Seine Leute waren großenteils noch erst bloß mit Gabeln, Sensen und Äxten bewaffnet.

Dennoch hatten nun die Herren eine gewisse Scheu, sie anzugreifen. Sie hatten in dem Städtchen Hüfingen und um dasselbe her nicht über 800 Fußknechte und 200 Pferde beisammen, und der Aufstand setzte sich mit jedem Tage weiter fort. Eine Niederlage im jetzigen Augenblicke wäre von den gefährlichsten Folgen gewesen. Dazu kam, daß die Stadt Schaffhausen die nachdrücklichsten Vorstellungen gegen eine Überziehung des Alpegaus und Klettgaus machte.

Schaffhausen hatte namentlich in der Landgrafschaft Stühlingen viele Besitzungen, welche beim Ausbruch eines Kampfes von dem Kriegsvolk der Herren wie von den Bauern starken Beschädigungen ausgesetzt waren. Darum sprach dieser Kanton ernstlichst dagegen; die Herren mußten ohnedies nichts mehr fürchten, als jetzt mit den Eidgenossen in einen Krieg verwickelt zu werden oder nur sie zu beleidigen, und so nahmen sie aus mehrfacher Rücksicht das Anerbieten Schaffhausens gerne an, daß der Kanton gemeinschaftlich mit den Kommissarien der Regierung den Weg der Vermittlung einschlagen wolle. Als aber Schaffhausen die Vergleichsvorschläge im einzelnen machte, erklärten die Herren, sie können ohne Wissen des Erzherzogs Ferdinand und des schwäbischen Bundes, die Bauern, sie können ohne Vorwissen und Willen aller Bauerschaften, die mit ihnen im Bunde seien, dieselben nicht annehmen.

Der Winter war vor der Türe; es war für das Kriegsvolk nicht die Zeit, wo es gerne zu Felde lag. Ein Stillstand erschien den Herren als das Wünschenswerteste.

Da gingen Hans von Friedingen, des Bischofs von Konstanz Hofmeister, Werner von Ehingen, der Vogt zu Bohlingen und zwei des Rats von Überlingen in das Lager der Bauern zu Ewattingen und handelten mit diesen dahin, daß sie sich mit ihren Herren entweder in Güte vertragen oder ihre Sache einem Vermittlungsspruch überlassen sollen. Auch Graf Sigismund von Lupfen solle die gleiche Einladung erhalten und seine Entschließung abgewartet werden. Das Landgericht zu Stockach solle die Beschwerden untersuchen und die Bauerschaft sich indessen ruhig verhalten. Die Bauern nahmen den Vorschlag an, und wie das Kriegsvolk der Herren abzog, gingen auch sie auseinander.

Es war aber allerlei Volk unter dem Bauernhaufen. Lag dem größten Teile seine Befreiung oder Erleichterung an, so hatten doch auch viele, zumal die Landsknechte darunter, an dem Müßiggehen und Umherschweifen ein Gefallen. Eine solche umschwärmende Schar Hegauer und Klettgauer kam der schweizerischen Grenze zu nahe. Die von Schaffhausen und Zürich ließen sie durch Abgeordnete bedeuten, ihr Gebiet nicht zu betreten und die Ihrigen nicht unruhig zu machen, sondern sich ihrer zu müßigen.

Als die Abgeordneten sie nach dem Zweck ihres Streifzuges fragten, sagten sie, „sie ziehen herum wie die Krähen in der Luft, wohin sie das Gotteswort, der Geist und ihre Notdurft weise". Auf das Verlangen, keine Gemeinschaft mit den Bauern beider Städte zu suchen und sogleich umzukehren, meinten sie, sie können das ohne ihre Brüder nicht zusagen; doch gingen sie zurück.

14

Bauernunruhen im Thurgau

Es hatte seinen guten Grund, daß die schweizerischen Eidgenossen die schwäbischen Bauern nicht nahe kommen lassen, noch jetzt, da diese dasselbe taten, wie sie, die Schweizer, früher getan hatten, sie in ihren Freiheitsbestrebungen unterstützen wollten. Unter den Kantonen selbst war Zwiespalt: Zürich, Schaffhausen und Appenzell huldigten der neuen Lehre; Basel, Solothurn, Bern und Glarus neigten sich dazu hin, hielten es aber noch öffentlich mit den Altgläubigen; Luzern, Uri, Schwyz, Unterwalden, Zug und Freiburg hingen fest am Alten und zeigten sich offen feindlich gegen das Neue und die, welche diesem huldigten. Sie sahen, wie die Herren in den deutschen Landen umher, in der neuen Lehre den Quell allen Ungehorsams und der Empörung. Denn auch ihre Bauern regten sich und waren widersetzlich seit dem Frühlinge dieses Jahres.

„Die religiösen Neuerungen", sagte der Sprecher der zehn nicht reformierten Kantone, „machen das Volk so unruhig, daß dieses sich weigere, Zinse, Zehenten und andere Leistungen zu entrichten, dabei im Glauben stehe, es sollte alles gemein sein, und die Obrigkeit dermaßen verachte, daß der Untergang der Schweiz daraus entstehen könnte."

Besonders im Thurgau gärte es in der Bauerschaft. Thurgauer Bauern schwuren, sich den Bart nicht abnehmen lassen zu wollen, bis sie freie Thurgauer wären. In Toggenburg weigerten sie den Zehenten, ebenso im Sarganserlande und im Rheintal. Die Klöster St. Gallen, Rorschach, Münsterlingen, Kreuzlingen, Feldbach, Däniken zitterten vor den Drohungen ihrer Bauern. In der Mitte Juli hatten die Thurgauer die Kartause Ittingen ausgeplündert und verbrannt. Besonders dieser Vorfall war von großem Einfluß auf das Benehmen der Eidgenossen gegen die Bauern in Schwaben.

Joseph am Berg, des Kantons Schwyz Landvogt im Thurgau, hatte auf einem der letzten Tage zu Zug die Zustände des Thurgaus, die Aufregung der Bauern und die Predigt der Prädikanten aufs grellste geschildert, und die Eidgenossen hatten auf seinen Vortrag hin ihren Landvögten in den Landgrafschaften Baden und Thurgau Befehl und Vollmacht gegeben, jeden, wer er wäre, jung oder alt, Weib oder Mann, geistlich oder weltlich, so der neuen Lehre anhinge, vor allem die rechten Hauptsächer einzuziehen und gefänglich zu verwahren, bis sie gestraft werden könnten.

Vier Gemeinden des Thurgaus, Ober- und Unterstammheim, Nußbaumen und Waltalingen standen unter des Thurgaus hohen und derer von Zürich niederen Gerichten: Diese hatten, wie Zürich selbst, Meßopfer und Heiligenbilder abgetan und mit denen von Stein am Rhein sich dahin verbündet, daß sie, wenn vorher, besonders des Evangeliums halb, ihren Prädikanten oder Landleuten Gewalt geschähe, sich nötigenfalls mit Sturm zulaufen und einander schirmen wollen vor Gewalt zu Recht.

Der Landvogt am Berg hatte es besonders auf Johannes Wirth, einen eifrigen Reformierten, abgesehen, der als Untervogt Zürichs, in dessen Namen er die Gerichtsbarkeit und die Gefälle besorgte, zu Stammheim saß und den er persönlich haßte. Mit seiner Vollmacht brach er sonntags zu Nacht den 17. Juli mit einer Rotte Kriegsknechte in den Pfarrhof zu Burg bei Stein, wo Hans Oechsle aus Einsiedeln Kirchherr und der neuen Lehre Prediger war, und führte ihn gefangen nach seinem Sitz Frauenfeld.

Herr Hans schrie um Hilfe, als sie mit ihm davonritten; sein Hilferuf erweckte die Nachbarn; die Sturmglocke erscholl zu Stein, Notschüsse vom Schloß Hohenklingen brachten die nahen Dörfer in die Waffen; sie eilten dem Weggeschleppten nach, er war aber in die Tore Frauenfelds gebracht, ehe sie diese erreichten.

Am Morgen waren an die 4000 Bauern auf und beisammen. Hans Wirth, der Untervogt zu Stammheim, gab ein Fähnlein aus der St. Annenkapelle her und stellte sich selbst an die Spitze, um gegen solche gewalttätige Verfolgung des Evangeliums sich zu setzen. Auch Konrad Stephan, der Vogt zu Stein, und Meister Erasmus Schmid, ein eifriger Prädikant und

Die Bauern verjagen die Mönche aus der Kartause Frauenfeld

Chorherr zu Zürich, taten sich dabei hervor. Bei der nahen Kartause Ittingen sollte allgemeine Versammlung und Beratung sein. Denn die Führer waren entschlossen, den Pfarrherrn vom Landvogt herauszufordern oder mit Gewalt zu holen. Sie schickten nach Dießenhofen und

Schaffhausen um Hilfe und Büchsen, diese schlugen beides ab und sandten Abmahnungen.

Indessen waren Bauernscharen „zur Morgensuppe“ in die Kartause selbst eingebrochen. Unordentlich durch die Aufregung der Nacht und des genossenen Getränkes, sprengten sie die Tore, verjagten die Mönche, teilten die Kirchenkleinodien und Kleider unter sich, plünderten die Vorräte, schütteten das Sakrament aus, sotten und brieten mit den Meß- und Gesangbüchern sich Fische, und zuletzt ging das ganze Kloster in Flammen auf. Der es in Brand steckte, soll ein unglücklicher Vater gewesen sein, dessen Knaben, wiederholter Vorstellungen ungeachtet, der Prior beim Kloster gelassen und den kurz zuvor ein wildes Schwein zerrissen hatte.

Den Führern, als sie dazukamen, waren diese Ausschweifungen leid, und sie wehrten, soviel sie noch konnten. Wie der Landvogt in den Ortschaften stürmen hörte, ließ er zu Frauenfeld und anderwärts auch stürmen, es lief ihm eine ziemliche Zahl zu, nicht sowohl von Bauern, denn die taten gemach, wohl aber von Edlen, diese erboten sich ihm mit Leib und Gut. Ehe jedoch die Bauern und der Landvogt handgemein werden konnten, traf die Ratsbotschaft und das Stadtbanner von Zürich ein und gebot Frieden und Abzug. Zugleich traten die von Schaffhausen dazwischen. Auf die Mahnung dieser Herren gingen die Bauern auseinander und heim. Die Züricher führten etliche der Ihren gefänglich in ihre Stadt, namentlich den Untervogt von Nußbaumen, Burkhard Rüttman, und den Untervogt von Stammheim, Hans Wirth, mit seinen beiden Söhnen, wovon der eine, Herr Hans, Kirchherr zu Stammheim war, der andere, Meister Adrian, eine Nonne geehelicht hatte; beide waren eifrige Prädikanten.

Zürich wurde aufgefordert, diese Gefangenen zu gemeiner Eidgenossen Handen nach Baden auszuliefern, die Stadt begehrte, daß in ihren Mauern über sie zu Recht erkannt werde. Als aber Herr Sebastian von Stein, der Bote der zu Baden versammelten Eidgenossen, zusagte, daß sie allein der Aufruhr und nicht des Glaubens halb zu Recht erfordert und untersucht werden sollen, ließ sich Zürich bereden, sie herauszugeben.

In dem Gerichte, vor welches sie gestellt wurden, saß unter anderen wütenden Altgläubigen auch Joseph am Berg, der Landvogt. Sie wurden mit der größten Härte peinlich befragt, nicht bloß der Aufruhr halb, sondern namentlich auch wegen des lutherischen und zwinglischen Handels. Der religiöse und politische Haß der Herren forderte ihr Blut. Ungeachtet sie an der Plünderung und dem Brande der Kartause völlig unschuldig erfunden wurden, wurden doch die beiden Untervögte und der Kirchherr Hans zum Tode verurteilt und am 24. September zu Baden mit dem Schwert gerichtet. Sie hatten freimütig bekannt, daß sie der evangelischen Lehre und Freiheit zugetan und gegen die Gewalt, die sie der evangelischen Sache angetan sahen, aufgestanden seien, und als freie Männer gingen sie mit christlicher Geduld und Standhaftigkeit in den Tod, daß sie Bewunderung erregten und großes Bedauern über sich, als über rechte Märtyrer, und unter Alt- und Neugläubigen lauten Unwillen über das gesetzwidrige und grausame Verfahren ihrer Richter. Das mag sie bewogen haben, den Pfarrer Herrn Hans Oechsle und Meister Adrian zu begnadigen und freizulassen, wiewohl gegen harte Urfehde. Konrad Stephan von Stein hatte sich nach Konstanz geflüchtet, das ihn nicht herausgab. Zürich aber forderte Genugtuung von den neun Orten, durch welche die Ihrigen verurteilt worden waren, verbot dem Landvogt des Thurgaus Stadt und Land und ließ seinen Landweibel von Frauenfeld, der übermütiger Gewalt und freventlicher Schmachreden gegen die Evangelischen überwiesen war, enthaupten.

15

Hinhaltende Politik der schwäbischen Herren

Gar zu gerne hätten die oberschwäbischen Herren ebenso schnell ihre Bauern zur Ruhe gebracht. Diese brachten ihre Forderungen in sechzehn Artikel, auf welche die im Klettgau und Hegau, in Stühlingen und in der Baar gleicherweise sich beriefen.

Es waren folgende: Zum ersten wollen sie ihrem Herrn weder hagen noch jagen, auch alles Gewild, Wasser und Vögel sollten frei sein; zum zweiten sollen sie den Hunden keine Bengel mehr anhängen müssen; zum dritten sollen sie Büchsen und Armbrust frei tragen dürfen; zum vierten von den Jägern und Forstmeistern ungestraft sein; zum fünften ihren Hauptherren nicht mehr Mist führen; zum sechsten nicht mehr mähen, schneiden, hauen, noch das Heu, Garben oder Holz einführen müssen; zum siebenten wollen sie der schweren Märkt und Handwerke wegen unverbunden sein; zum achten solle man keinen mehr türmen oder blokken, der verbürgen kann, daß er sich zu Recht stellen werde; zum neunten wollen sie fortan weder Steuer, Schatzung noch Umgeld mehr zahlen, es wäre denn mit Recht erkannt; zum zehnten kein Baukorn mehr geben, auch nicht mehr zur Fron zu Acker gehn; zum elften solle niemand mehr von „Ungenossene“ wegen, das heißt wegen Heirat einer in einen fremden Hof gehörigen Mittelperson gestraft werden, wenn eines weibe oder manne; zum zwölften, wenn sich einer erhenke oder sonst entleibe, der Herr dessen Gut nicht nehmen, überhaupt zum dreizehnten der Herr keinen beerben, solange noch mehr Verwandte vorhanden seien; zum vierzehnten solle Abzug und Vogtrecht abgeschafft sein; zum fünfzehnten, wer Wein in seinem Hause habe, denselben ungestraft jedermann ausschenken dürfen; zum sechzehnten, wenn ein Vogt eines Frevels wegen einen belange und ihn mit guter Zeugenschaft nicht überweise, solle er ihn nicht strafen dürfen.

In den meisten Bauern war der Wunsch und die Hoffnung, auf dem Wege des Vergleichs mit ihren Herren einig zu werden, aufrichtig. Nicht so war es bei der Aristokratie. Ihre Erbietungen zu Recht entsprangen einzig aus der augenblicklichen Beklemmung und Verlegenheit. Ihre Bestürzung war schon darum groß, weil das meiste und beste Kriegsvolk entweder schon in Italien war oder dahin geschickt werden mußte, wo die Entscheidung zwischen dem Kaiser und Frankreich schwankte. Zu Ende 1524 zogen vollends die letzten bedeutenderen Streitkräfte dahin. Zudem fehlte es dem Erzherzog im Anfang auch selbst an Geld, um nur werben lassen zu können. Weil die Herren daheim sich zu schwach zu Gewaltmitteln fühlten, wählten sie langsame Unterhandlungen, sie gewannen Zeit, eine hinreichende Kriegsmacht und Kriegsbedürfnisse an sich zu bringen, um über die Bauern mit überraschender Übermacht zu fallen, gleich nach plötzlichem Abbruch oder mitten im Gange der Unterhandlungen. Diese Politik der Herren zieht sich durch den Verlauf des ganzen Kampfes hin, und es gehörte viel Gutmütigkeit und Unkenntnis der diplomatischen Aktenstücke aus jener Zeit dazu, um, wie so viele Geschichtschreiber taten und andere ihnen nachglaubten, in den Vergleichsvorschlägen der Herren redlich meinenden Geist zu sehen und sich zu bereden oder bereden zu lassen, dieselben hätten sich selbst überwunden und von ihren Rechten etwas nachlassen wollen, das in irgendeinen Betracht hätte kommen können.

Nein, die Herren erschienen nicht nur nicht auf den Tagfahrten, die sie selbst weit genug hinausgesetzt hatten; sie täuschten nicht nur auch auf andere Weise den treuherzigen Glauben der Bauern; sie sprachen, als sie gerüstet waren, nicht nur ohne Scheu es aus, daß die Bauern zuerst zum Gehorsam gebracht sein müssen, dann erst wollen sie sich gegen jede Klage und Beschwer derselben verantworten, sondern es liegen die Originalschreiben vor, worin die Absicht, das Volk durch den Schein von Nachgiebigkeit und rechtlichen Verhandlungen so lange hinzuziehen, bis man es mit Gewalt niederdrücken könnte, unumwunden ausgesprochen ist, wiewohl natürlich dies ein Geheimnis unter den Herren bleiben sollte, die miteinander korrespondierten.

Als die Bauern zugesagt hatten, bis zu rechtlichem Austrag ihrer Sache sich ruhig verhalten zu wollen, taten sie es in der Voraussetzung, daß auch die Herren inzwischen ihre Ansprüche an sie beruhen lassen sollen.

Sobald sie aber nach Hause kamen, forderten ihre Grundherren Fronen, Abgaben und alle angefochtenen Lasten ganz wie bisher. Dessen weigerten sich die Bauern. Sie bestanden darauf, die Herrschaften müssen bis zur Entscheidung ihre Forderungen beruhen lassen, soweit sie Leistungen betreffen, deren Recht sie in Abrede ziehen, und wenn sie etwas verlangten, müßten sie gegen die Bauerschaft klagend vor dem Gericht auftreten. Dieses Benehmen der Herren verdroß die Bauern höchlich, und ein Teil derselben glaubte sich nun auch nicht verbunden, das Versprechen, ruhig zu sitzen, wörtlich zu halten.

In diese Zwischenzeit fiel die Ankunft Münzers und die Rührigkeit der Prädikanten, die Aufregung durch Predigten und Flugschriften.

Es war im November. Auch die Untertanen der Stadt Villingen, besonders die im Bregtale, fingen an, unruhig zu werden. Im Hohenbergischen, im Lande Württemberg, um Tuttlingen herum, regte sich's. Die österreichische Regierung sandte eine Zahl reisiger Knechte unter Rudolph von Ehingen nach Tuttlingen, um die Bewegungen des Landvolkes zu beobachten. Die Bauern in dieser Gegend lagerten nur an die 300 zu Tuningen bei Tuttlingen. „Der Hecht" und Oswald Meder führten sie. Hier traf Hans Müller von Bulgenbach mit ihnen zusammen, um sie hinab in das Württembergische zu führen. Als die österreichischen und die Bundesvölker ihnen entgegentraten, zog sich Hans Müller mit ihnen und den Seinigen auf Bräunlingen zurück, schickte sein Aufgebot in den Schwarzwald, und bald standen auf dem Walde, zur Halde genannt, gegen sechstausend unter seiner Fahne. Er wollte Villingen und Hüfingen überfallen, aber sein Plan wurde verraten oder vorausgesehen, und die Gegner, zu denen starke Zuzüge von Freiburg und Waldkirch stießen, besetzten beide Städte, ehe er etwas tun konnte. Die Seinen zerstreuten sich größtenteils wieder zu ihren Hütten, und nur die eigentlichen Landsknechte und eine kleine Zahl Bauern blieben um ihren Hauptmann. Diese griffen das Schloß des Grafen Sigismund von Lupfen an, während die Klettgauer Küssenburg, ein Schloß des Landgrafen Rudolf von Sulz, belagerten und ein Haufen Hegauer gegen Hüfingen und Donaueschingen zog.

Im Hegau waren nämlich wieder an die tausend Bauern auf. Der Truchseß Georg von Waldburg unterhandelte mit ihnen, beobachtete sie, versuchte endlich ihren Mut, indem er unter ihren Augen das Dorf Mühlhausen wegnahm, den Wohnort ihres obersten Hauptmanns Hans Maurer, und das Vieh wegtrieb. Er trieb es unter dem Mutberg, durch eine Furt, in der Meinung, die Bauern sollten ihm nachsetzen, und dann wollte er mit 300 Pferden sich unter sie werfen. Diese aber zogen sich, ohne sich aus ihrem Vorteile locken zu lassen, in eine feste Stellung zurück, wo sie der Truchseß nicht anzugreifen wagte, und von da weiter gegen Donaueschingen. Rudolph von Ehingen und die starke Besatzung von Villingen drängten sie in das Wutachtal. Hier trennte sich der Haufen; ein Teil zog heim, ein anderer ging über die Wutach, rührte die hauensteinischen Bauern auf, drang bis an das Kloster St. Ruprecht vor, plünderte und verwüstete es, streifte von da nach St. Blasien, verwüstete und raubte im Kloster alles aus, selbst die heiligen Gefäße und die Bücherei. Es kamen der Schultheiß Frey und andere Glieder des Rates von Baden sowie die von Klingnau und versuchten zu vermitteln und zu beruhigen. Aber ihre Mühe war vergebens wie die Tagfahrt zu Rheinfelden um Martini. Täglich mehrten sich die Unzufriedenen in Blumegg, im Wutachtal, in der St. Blasischen Herrschaft, im Fürstenbergischen. Die österreichische Regierung zu Ensisheim ließ, was sie in der Eile an Kriegsvolk aufbringen konnte, zu den anderen Fähnlein stoßen. Sie zogen allesamt in das Tal von St. Ruprecht, schlugen dort eine Abteilung Bauern, verbrannten mehrere Bauernhöfe und trieben das Vieh weg.

Inzwischen kam der Tag, an welchem zu Stockach die gerichtliche Verhandlung beginnen sollte. Es war der Feiertag Johannis des Evangelisten, der 27. Dezember. Als die Bauernabgeordneten sahen, daß in dem Gerichte lauter Adelige saßen, protestierten sie: Sie wollen kein Adelsgericht, sondern ein unparteiisches. Da ließen die Herren den Landgerichtsbrief Kaiser Maximilians verlesen und bewiesen daraus, daß die Beisitzer des Landgerichts Adelige sein müssen. Die Herren traten nun vor dem ganz aus ihresgleichen zusammengesetzten Gerichte als Kläger wider die Bauern auf. Die Beklagten aber ließen sich für jetzt auf nichts ein, sondern verlangten eine Frist, um ihre Erklärung auf das Vorbringen der Herren abgeben zu können. Diese mußte ihnen bewilligt werden; denn der Gerichtsbrauch brachte es so mit sich. Auf den Dreikönigstag, den 6. Januar 1525, wurde eine neue Zusammenkunft festgesetzt, auf welcher neben den Ausschüssen der Bauern auch Abgeordnete der Städte Überlingen, Säkkingen, Laufenburg, Rheinfelden und Villingen, Freiburg, Waldkirch und Triberg und Gesandte des Bischofs von Konstanz als Vermittler erscheinen sollten.

Die Sache wollte den Besonneneren unter den Herren immer weniger gefallen. Das Feuer des Aufstandes lief auf dem Boden fort und sprang von einer Markung über die andere. Die meisten des Landadels zogen von ihren Burgen, die Glieder der Regierung und des Landgerichts von Stockach nach Radolfzell, dessen feste Werke und gutgesinnte Bürgerschaft ihnen mehr Sicherheit versprachen.

Der Dreikönigstag kam, es kamen die Vermittlungsgesandten, es kamen die Abgeordneten der Bauern, aber die betreffenden Herren kamen nicht. Es erschien weder Graf Sigismund von Lupfen noch Graf Rudolf von Sulz, noch David von Landeck. Darum ließen sich die Bauern auch jetzt wieder auf nichts ein. Man sprach davon, in vier Wochen wieder zusammenzukommen.

Mit denen im Bregtal und anderen Untertanen der Stadt Villingen unterhandelte der Truchseß Georg und mehrere Kommissäre der österreichischen Regierung am 20. Januar 1525: Alle, außer den Bregtalern, nahmen seine Vorschläge, wodurch ihnen manche Zugeständnisse gemacht wurden, an. Am Sonntag vor Lichtmeß kam er noch einmal allein und überredete auch die Bregtaler, daß sie der Stadt neu huldigten und fortan ohne Wanken ruhig blieben. Auch mit den Untertanen des Abts von St. Georgen gelang es ihm.

Dagegen mißlang ihm das gleiche bei den Hegauern. Weder seine Beredsamkeit noch seine vielen gütlichen Unterhandlungen, noch seine Drohungen vermochten hier die Bauern zu beruhigen. Sie glaubten nicht, daß es mit den Erbietungen ernst sei, und sie hatten recht.

Denn kurz zuvor unterhandelte auch für sich und seinen Bruder, für die Grafen von Lupfen und Sulz Graf Wilhelm von Fürstenberg, unter seinesgleichen noch der besten einer, mit den Bauern von Stühlingen, der Baar und dem Klettgau vor dem Reichskammergericht zu Eßlingen. Die Bauern beharrten auf ihren sechzehn Artikeln als der Grundlage der Unterhandlungen; der Graf wollte aber nur einige anerkennen und zugestehen. So zerschlug sich auch diese Verhandlung, während vielfach verlautete, diese Bauern haben sich mit ihren Herrschaften in Eßlingen vertragen.

Der Erzherzog hatte indessen von den Welsern in Augsburg ein Anleihen erhalten, und die Rüstungen waren teilweise im Gange. Darum fingen die Herren an, gegen die Bauern eine andere Sprache zu führen.

Schon in der Mitte Januar schrieb der Erzherzog an seine Kommissäre nach Stockach: „Die Reisigen sollen auf die aufrührerischen, ungehorsamen Bauern und Untertanen streifen; wo sie sie betreten, sie fahen, recken und in anderer Weise bürgerlich oder peinlich fragen, wer ihre Hauptleute, Vorgeher und Hauptsächer seien, was ihre Macht und Fürnehmen sei und wider wen sie Anschläge gemacht haben; und nach der Frage sollen sie die Betretenen erstechen, erwürgen oder sonst ernstlich strafen und kein Erbarmen mit ihnen haben. Vor allem sollen sie die Rädelsführer, nämlich die Hauptleute, Fähndriche, Weibel und andere Vorgeher der Bauern mit allem Fleiß ausspähen, die Orte, wo sie sich am meisten aufhalten, aufspüren, und sie beisammen oder einzeln, unversehens und ungewarnt, bei nächtlicher Weile in ihren Häusern oder Herbergen überfallen und sie, wie es am bequemsten sei, verderben. Denen, welche sich, ehe sie betreten würden, in die Wälder oder an andere Sicherheitsorte flüchten würden, sollen Haus und Hab und Gut ohne alles Erbarmen verödet, verderbt und verbrannt, den flüchtigen Rädelsführern aber nicht bloß ihr Haus und Gut verheert, sondern auch ihre Weiber und Kinder verjagt und aus dem Lande vertrieben werden."

Solche Sprache führte jetzt der spanisch-niederländische, jeder Volksfreiheit unholde, von Priestern in den Grundsätzen des Despotismus erzogene Erzherzog Ferdinand. Er fuhr fort, Geld und Kriegsvolk zu werben, „damit er, wenn mehr Gewalt zur Unterdrückung und Bestrafung der Bauern vonnöten wäre, desto stattlicher dazu gerüstet wäre". Und solche Befehle gab dieser Fürst, während die Unterhandlungen schwebten.

Die Ausführung hatte er dem Truchsessen Georg von Waldburg übertragen, der unter Zuordnung zweier Kriegsräte, des von Geroldseck und Rudolphs von Ehingen, die Feldhauptmannschaft führte.

In Furcht, das Städtchen Engen möchte sich zu den Bauern schlagen, hatte der Truchseß es schnell besetzt. Die Bürger darin waren unter sich uneinig, und etliche derselben waren schon im Lager der Bauern. Mit viel Mühe und Arbeit erlangte der Truchseß den Einlaß in die Stadt. Von hier aus suchte er die Landleute zu trennen, und als dies nicht gelang, tat er unterm 15. Februar „den aufrührigen und abgefallenen Bauern im Hegäu" kund, wenn sie sich nicht der eigenen Leute und der Untertanen, die der fürstlichen Durchlauchtigkeit von Österreich angehören, entschlagen, namentlich derer von Mühlhausen, Wiechs und Kirchstetten, welche sie zu sich in Ungehorsam und Abfall gezogen; wenn sie nicht alle, soviel noch bei ihnen seien, ihm zur Strafe stellen, um mit ihnen nach ihrem Verdienst zu handeln; wenn sie endlich ihm nicht von jedem Hause, das besonders in dieser Aufruhr beteiligt wäre, zehn Gulden Rheinisch bis morgen nacht für ihr Verwirken bar einhändigen oder, wenn sie es nicht bar hätten, hinlängliche Bürgschaft für die Zahlung in Monatsfrist geben: So werde er gegen sie als Verbrecher wider des Reiches Landfrieden mit Plünderung, Brand und Totschlag handeln; darnach sollen sie sich zu richten wissen.

Auf solche gütliche Vorschläge einzugehen, hatten die Hegauer keine Lust. Sie hatten sich seit vierzehn Tagen bedeutend verstärkt, auch viele von denen, die bisher ruhig gewesen waren, in die Brüderschaft gedrungen und genötigt. Sie drohten den Dörfern, die nicht zu ihnen halten wollten, mit Überfall. In allen den Ortschaften, die bisher die Nähe des Kriegsvolks und des Truchseß im Gehorsam gehalten hatte, standen die Bauern auf, sobald er nach Engen weggeritten war. Auch die Schwarzwälder versammelten sich in den letzten Tagen des Januar wieder zu Ewattingen und ermahnten einander ihrer Eide und wollten alle, einer wie der andere, in gleichen, rechtlichen Anlaß kommen. In der Nacht des 27. des genannten Monats wurde die österreichische Regierung gewarnt, sie wollten sich vor Hüfingen lagern. Am 30., sonntags, zogen die Bauern aus dem Klettgau mit einem weißen und blauen Fähnlein in die in offenem Aufstand begriffene Stadt Waldshut.

Die Regierungskommissäre wußten sich kaum Rat. Bei der großen Verteilung des Aufstandes auf so viele Orte, vom Breisgau bis zum Bodensee und vom Allgäu bis ins Ries, war mit ihren wenigen militärischen Kräften nichts auszurichten, es wäre etwas ganz anderes gewesen, wenn der Truchseß gegen einen vereinigten Haufen aller Aufgestandenen hätte zu handeln gehabt. Zudem stellte sich der Erzherzog in Innsbruck die Lage der Sache ganz anders vor, als sie war; seine schnell aufeinanderfolgenden Instruktionen widersprachen sich, jetzt ein Befehl und gleich wieder darauf ein Gegenbefehl. Kaum hatte er geboten, aus verschiedenen Punkten der österreichischen Herrschaft in Schwaben Reisige und Fußknechte am See zusammenzuziehen und die Bauern anzugreifen, so kam schon wieder der Gegenbefehl, mit tätlicher Handlung stillezustehen, die Reiter, die schon angekommen seien, zurückzuschicken und die anderen bis auf weiteres in ihren Besatzungen zu lassen. Die Kommissäre mußten auf eigene Hand diesem letzteren Befehl zuwiderhandeln, „weil es Sr. Fürstlichen Durchlaucht zu merklichem Nachteil, Spott und Schaden gereichen würde".

Auch die Rücksicht auf den schwäbischen Bund genierte. Die Regierungskommissäre mußten dem Truchsessen Rat und Weisung geben, ohne merkliche Ursache gegen die Bauern nichts vorzunehmen, damit der schwäbische Bund nicht die Ausrede haben möge, als hätten sie hinterrücks ohne Wissen desselben einen Krieg angefangen.

Erst als der Aufstand reißend sich verbreitete und von einer anderen Seite her noch eine neue Gefahr drohte, kam der schwäbische Bund in Eifer und Tätigkeit. Ein alter Feind des Bundes schien der bäurischen Bewegung sich bemächtigen zu wollen. Unterm 11. Februar 1525 schrieb der Kanzler Eck an Herzog Wilhelm von Bayern: „Es ist von etlichen Lutherischen zu zweien Malen aufgekommen, Herzog Ulrich von Württemberg gebe denen von Waldshut und den anderen aufgestandenen Bauern Geld."

16

Herzog Ulrich der Geächtete und die Bauern

Als es im Jahre 1514 in Württemberg dem gemeinen Manne mißlungen war, „sich bei seinen alten Rechten und der Billigkeit zu handhaben" oder, wie andere wollten, „der göttlichen Gerechtigkeit einen Beistand zu tun"; als Hunderte von Bauern und unter ihnen auch „viele gute

Leute", „mancher fromme, unschuldige Mann", sich genötigt sahen, dem heimatlichen Boden den Rücken zu wenden: Da war es die Schweiz und der Schwarzwald, wo sie Zuflucht suchten und fanden. Da erschienen sie wieder und wieder vor den Tagsatzungen, „die armen vertriebenen Württemberger", mit der Bitte, ihnen zum Recht zu helfen; ihr Schicksal und ihr Charakter erwarben ihnen die Teilnahme der eidgenössischen Regierung; man hörte sie, man verwendete sich für sie; aber Ulrich antwortete, er wolle alle, die um Einlaß ins Land bitten, zu Recht zulassen, ausgenommen „die Hauptsächer, Kapitäne und Verführer". „Das ist uns armen Leuten", erwiderten diese auf der Tagsatzung zu Luzern, „nicht anzunehmen; denn wir sind alle Kapitäne und Sächer gewesen, aber nicht zu einer Büblichkeit, sondern zu handhaben unser altes Herkommen; wie denn der Eidgenossen Eltern, Stauffacher und Wilhelm Tell, auch getan haben, deren Tapferkeit und Handhabung die ganze Eidgenossenschaft noch heutzutage sich billig tröstet, obgleich kein Zweifel ist, daß, wenn man Fürsten und Adel glauben müßte, nach ihrem Sagen auch diese zwei Biedermänner nichts anderes gewesen wären als verräterische Bösewichter." Wiederholt verwandten sich die Eidgenossen für sie beim Herzog, aber ohne Erfolg; mit dem ganzen Heimweh des Württembergers schweiften die Vertriebenen an der Schwelle des Vaterlandes hin und her, jahrelang, mit der Hoffnung der Rückkehr, und wäre es durch einen gewaltsamen Einfall. Noch zu Ende des Jahres 1518 forderte der Herzog die Eidgenossen auf, diesen Leuten weder Gehör noch Unterschleif zu geben. –

Im April 1519 mußte er selbst, ein Verjagter und Geächteter, seinem Lande den Rücken wenden und als ein Schutzflehender und Hilfesuchender vor den Tagsatzungen der Eidgenossen an den Grenzen seines Vaterlandes hin- und herirren.

Ulrich hatte es nach dem armen Konrad fortgetrieben wie vorher. Es war der Landschaft, „als wollte man viel Freud' und Mut mit ihrem blutenden Schweiß haben".

Umsonst stellten ihm seine Räte selbst vor, wenn er nicht seine getreuen Untertanen und vor allem Gott den Herrn bedenkend, ein anderes Wesen, Leben und Haushalten vornehme, sondern in seinem eigenen Willen wie bisher vorfahren und beharren wolle, so gäbe er Ursache und wäre bar vor Augen, daß er sich in Gefahr bringe, fürstliche Ehre und Würde, Leib und Leben zu verlieren, und dazu seine Räte und gemeine Landschaft in Sterben und Verderben stürze. Er sah darin nur ehrgeizige und herrschsüchtige Pläne der bürgerlichen Aristokratie, ihm das Schicksal Eberhards des Jüngeren, seines Vorgängers, zu bereiten. Er suchte durch ein Schreckenssystem, das mehrere Räte, darunter jenen Konrad Breuning, den Ankläger der Bauern beim Blutgericht über den armen

Herzog Ulrich von Württemberg

Konrad, unter kaum erhörten Martern aufs Blutgerüst brachte, die Ehrbarkeit einzuschüchtern. Er mißhandelte seine Gemahlin, die Bayernherzogin. Er beging an einem seiner Vertrauten, Hans von Hutten, aus einem mächtigen fränkischen Hause einen Uriasmord, meuchlings, mit eigener Hand; in Angst für ihre Freiheit und vielleicht ihr Leben floh Sabina nach Bayern; die Huttenschen, fast der ganze fränkische und schwäbische Adel und die Bayernherzoge griffen wider ihn zu den Waffen; die Acht wurde über ihn ausgesprochen; und als er noch über alles des Reiches freie Stadt Reutlingen überfiel und zu einer württembergischen Landstadt machte, wurde er durch die Waffen des schwäbischen Bundes verjagt, sein Land erobert, besetzt und zuletzt um Geld an das Haus Österreich, an den Erzherzog Ferdinand, gegeben.

Die Fremden hausten so im Lande, die Abneigung der Württemberger gegen Österreich war so alt und lag so tief im Blute, daß selbst, was sie unter Ulrich gelitten hatten, darüber vergessen wurde. Schon nach drei Monaten versuchte dieser sein Land wieder einzunehmen, mit zwölf Fähnlein freier Landsknechte, die er angeworben hatte, und mit fast allen denen, „die seinetwegen früher das Land verlassen hatten", darunter in die vierzig berittene Bauern ohne Sättel.

Das waren die vertriebenen Württemberger, die vor ihm im armen Konrad geflüchtet waren. Er suche durch einen neuen armen Konz sich zu heben, beschuldigten ihn wiederholt seine Gegner. Zu Ende des Jahres 1518 rückte ihm der Kaiser vor, daß er die, so im armen Konzen die vordersten gewesen, an sich ziehe und einen neuen armen Konz anfahe; und die Landschaft erklärte öffentlich, in letzter Zeit vor seiner Vertreibung, „als er sich versehen, daß die Ehrbarkeit seiner Landschaft ob seinen ungeschickten Händeln und Sachen ein Mißfallen zeige, habe er derselben nicht mehr trauen wollen, sondern sich von Stund an zu dem verdorbenen gemeinen Pöbel geschlagen, denselben an sich gehängt, etliche leichtfertige Personen, die zum Teil vorlängst um ihr Verschulden das Henken verdient hätten, an sich gezogen und mit ihrer Hilfe gegen die Ehrbarkeit gehandelt". Derjenige, der an seiner Seite zuerst zur Besprechung vor dem Tore von Stuttgart erschien, war ein Schorndorfer, Bästlin, sein Profos. Im armen Konrad waren „feine weidliche bestandene Gesellen und Kriegsleute" gewesen, besonders aus dem Remstal. Solche mußten jetzt dem vertriebenen Herzog willkommen sein.

Stuttgart und der größere Teil des Landes fielen ihm zu. „Er wurde", sagt ein Lied dieser Zeit ausdrücklich, „mit Gewalt auch wieder eingesetzt durch seine Bauern und arm Leut." Aber vor der Aristokratie und dem schwäbischen Bunde konnte er sein Land nicht behaupten. Trotz der Tapferkeit und dem Geschick des obersten Hauptmannes der freien Landsknechte, Hans Müller, verlor er das Treffen bei Untertürkheim. Er floh zum zweiten Male aus seinem Herzogtum; der gemeine Mann, der bei ihm im Lager gewesen war, zog heim in sein Dorf und Haus; mancher, der erst wieder mit ihm hereingekommen war, abermals vors Land hinaus, und viele andere jetzt erst mit ihnen.

War es auf diese Art dem Geächteten mißlungen, durch den gemeinen Mann wieder in sein Herzogtum zu kommen, so verließ doch die österreichische Regierung, die dasselbe eingenommen hatte, die Furcht nicht, er möchte es durch die Bauern und Ausgetretenen aufs neue versuchen.

In dem burgen- und ruinenreichen Hegau erhebt sich unter acht vulkanischen isolierten Bergkegeln als der himmelanstrebendste über dem Marktflecken Singen zur Höhe von dreiviertel Stunden der Felsenberg Twiel oder Hohentwiel; die jetzt geschleifte, durch Natur und Kunst einst unüberwindliche Festung war schon zu Römerzeiten eine Feste. In dieser Felsenburg hatte sich Herzog Ulrich seit 1515 von Heinrich von Klingenberg, dem sie zugehörte, das Öffnungsrecht, seit dem 23. Mai 1522 die völlige Nutznießung erworben. Zwischen Mömpelgard, seinem überrheinischen Erbland, Solothurn, wo er, wie in Luzern, Bürger geworden war, und Hohentwiel teilte er seinen Aufenthalt, wenn er nicht in der Schweiz überhaupt von Stadt zu Stadt irrte, der Eidgenossen Hilfe zu suchen.

Da kam ein Geschrei in das letztere Land, gegen Ende des Jahres 1522, es habe sich in den oberen Landen „ein neuer Bundschuh" erhoben, wodurch sich Herzog Ulrich aufhelfen wolle. Die Bauern im Thurgau, im Hegau und an anderen Orten dort umher seien auf; sie haben ein weiß damastenes Fähnlein aufgeworfen, worin eine Sonne und ein goldener Bundschuh gemalt sei, mit der Umschrift: „Welcher frei will sein, der zieh zu diesem Sonnenschein."

Diese neue Märe wurde auch von der Stadt Überlingen an die österreichische Regierung in Stuttgart berichtet. Sie kam darüber so in Alarm, daß sie eiligst Botschaft an den Erzherzog Ferdinand auf den Reichstag nach Nürnberg sandte, das ganze Land in Rüstung brachte, die Besatzungen der Grenzen verstärkte, die eilende Hilfe des schwäbischen Bundes aufbot und besonders die Landvögte und Hauptleute im Breisgau, Elsaß, Sundgau und anderen vorderösterreichischen Landen aufmahnte, ihr Volk zu stündlichem Aufbruch bereitzuhalten. „Der gemeine arme Mann", berichtete sie an den Erzherzog, „sei jetziger Zeit allenthalben begierig, frei zu werden, mit anderen zu teilen und keine Schuld mehr zu bezahlen. Sie verspüren solches auch im Württemberger Lande; auf das aus Bürgern und Bauern bestehende Fußvolk könne man sich nicht verlassen. Er solle darum eilends einen riesigen Zug schicken, damit man noch beizeiten, ehe der Zulauf des Pöbels überhandnehme, gefaßt sein möchte."

Die Furcht der österreichischen Regierung erneuerte sich mit dem Sommer des Jahres 1524.

Um Michaelis brachte Jakob von Bernhausen, Vogt zu Göppingen, im Namen des Statthalters und der Räte zu Stuttgart bei dem Rate der Reichsstadt Ulm an, daß die Bauern im Hegau, die ihren Herren alle Dienstbarkeit entziehen wollen, mit Herzog Ulrich im Anschlag seien, in Württemberg einzufallen.

Mit der bis auf die neueste Zeit so oft in Zweifel gezogenen Tätigkeit Ulrichs, die Bauern in die Waffen zu bringen, hatte es auch seine vollkommene Richtigkeit. Je mehr der Bauernaufstand allenthalben um sich griff und die österreichische Regierung, die Herren und Städte des schwäbischen Bundes mit ihren eigenen Landen und Leuten zu schaffen genug bekamen, einen desto offneren Weg mußte Ulrich haben, wieder in sein verlorenes Land einzudringen. Ulrich benützte nicht nur gelegenheitlich den Bauernaufstand, sondern er schürte und nährte ihn, wie es in seiner Lage auch nur natürlich war, da er nie in der Wahl seiner Mittel heikel oder ängstlich war. Seit lange stand er in Dienst und Sold Frankreichs, das mit Ulrichs Hauptfeind, mit Österreich, im Kriege lag; und französisches Gold sollte es sein, womit er die Hegauer Bauern, die im Thurgau und in der Grafschaft Baden für sich zahlen wollte.

17

Der Fuchssteiner und des Geächteten Plan

Ulrichs geheimer Unterhändler in diesen Sachen war um diese Zeit ein merkwürdiger Abenteurer, der sich Johann von Fuchsstein nannte, Ritter und Doktor. Dieser Fuchssteiner war aus einem landsässigen Adelsgeschlechte der Pfalz, nicht der Sohn des bekannten bayrischen Schultheißen zu Regensburg, sondern des Landrichters zu Amberg, und bis zum Jahre 1523 Kanzler des Pfalzgrafen Friedrich. Er nannte sich nach seinem pfälzischen Lehen zu Ebermannsdorf.

Die Zeitgenossen sprechen mit Auszeichnung von seinen Talenten, selbst seine Feinde; weniger günstig ist das Urteil von Freund wie Feind über seinen Charakter. „Ein übergeschickter Geselle, der alle böse Griffe gebrauchte", sagte der eine. Fuchssteiners Nachfolger im Amte eines Geheimschreibers des Pfalzgrafen, Hubert Thomas, sagt von ihm: „Der von Fuchsstein war sehr geschickt, aber dabei etwas verkehrten Gemüts; bei ihm war das Recht und die Billigkeit um Geld zu verkaufen, und wo er Gewinn sah, konnt' er's drehen, wie er wollte. Die Laster konnte er mit der Zunge so meisterlich verantworten, daß viele sich betrügen ließen und ihn für einen ehrlichen Mann hielten, was er doch nicht war."

Am Hofe des Pfalzgrafen bewegte er sich in dem genialen Leichtsinne der Zeit, in einer glänzenden Liederlichkeit, wie seine genußsüchtigen Herren, die Pfalzgrafen, selbst. Im Jahre 1522 machte ihn der Pfalzgraf Friedrich zum Beisitzer am Reichsregiment.

Als solcher begünstigte er das Unternehmen Sickingens; er war einer der Eingeweihten in der fränkischen Ritterverschwörung und suchte die Pfalzgrafen für Sickingens Plan gegen die geistlichen Fürsten zu gewinnen und, als ihm das mißlang, sie in Händel mit ihren Verwandten zu verwickeln. Die Entdeckung seiner Intrigen, namentlich unter Sickingens Papieren aufgefundene Briefe von des Fuchssteiners eigener Hand, machten seine bisherige Stellung unhaltbar. Er floh aus dem Lande, ehe die Pfalzgrafen diesen ihren Kanzler zur Strafe ziehen konnten, der, nach seinen eigenen Worten in einem Schreiben an Sickingen, „es an der Zeit gehalten" und mitgearbeitet hatte, „die Hoffart der Fürsten zu dämpfen und den deutschen Adel von ihrem unerträglichen Joche zu erledigen".

Seine Lehen wurden eingezogen als verwirkt. Er begab sich in die Schweiz, wohin nach Sickingens Fall auch die anderen geächteten Ritter als Flüchtlinge eilten.

Er trat in die Dienste Ulrichs, des geächteten Herzogs von Württemberg. Von da an heißt er bald Ulrichs Rat, bald dessen Kanzler. Als Eingeweihter und aus gleichem Grunde politischer Flüchtling wie sie, leitete er leicht eine Verbindung ein zwischen denen, die seine alten Freunde von der Adelsverschwörung Sickingens her waren, und zwischen seinem neuen Herrn, dem fürstlichen Flüchtling Ulrich.

Von den geächteten Freunden Sickingens waren in der Schweiz: Hartmut von Kronberg; Frowin von Hutten, der kurmainzische Hofmarschall; die Rosenberge von Boxberg; der grausame Thomas von Absberg; Franz Sickingens Sohn, Schweicker von Sickingen; und außer diesen namhaften Hauptleuten des fränkischen Ritterbundes noch manche andere Ritter vom Main, von der Tauber und vom Rhein, welche die Acht getroffen hatte. Auch Florian Geyer von Geiersberg auf Giebelstadt scheint unter den Geächteten gewesen zu sein.

Die meisten dieser Ritter hatten Herzog Ulrich, unter der Fahne des schwäbischen Bundes und als Bluträcher des von Ulrich erschlagenen Hutten, ihres Verwandten, aus seinem Herzogtume Württemberg verjagen helfen. Vom Unglück in der Schweiz zusammengeführt, verbündeten sich diese alten Feinde, der Herzog und diese Ritter, jetzt gegen ihre gemeinschaftlichen Feinde: Sie wie er hatten den gleichen Zweck, wieder ins Vaterland und in ihr Eigentum zu kommen.

Schon früher hatte Ulrich Verbindungen mit böhmischen Rittern angeknüpft. Diese hielten ihm dort gute Kriegsknechte und feste Plätze bereit, an der böhmisch-bayrischen Grenze.

In Ulrichs überrheinischer Grafschaft Mömpelgard setzten sich die fränkischen Geächteten mit 110 Pferden, und zu Basel hielt der Herzog eine Versammlung aller seiner Freunde und einen Kriegsrat. Beschlüsse desselben waren, vor allem die Macht des schwäbischen Bundes zu teilen; zu diesem Zwecke mit den aufgestandenen Bauern Oberschwabens sich zu verbünden und auf der Grenze Böhmens einen Einfall in das Land der Herzoge von Bayern zu organisieren.

Bayern, seine Herzoge und der kluge bayrische Kanzler Eck waren besonders starke Stützen des schwäbischen Bundes. Während, um diese zu beschäftigen, von Böhmen aus im Rücken Bayerns durch einen Teil der geächteten Edeln aus Franken und durch die böhmischen Ritter ein Einfall in dieses Land geschähe, sollten zu gleicher Zeit die Bauern im Allgäu, und mit ihnen Ulrich und ein geworbenes Heer Schweizer und Flüchtlinge, namentlich die alten Bundschuher Württembergs, von vorn in Bayern einfallen und Ulrich dann sein Herzogtum rasch einnehmen, in das schon jetzt die Verschlagensten vom armen Konz sich hineinstahlen und unter den Bauern desselben vorarbeiteten.

Hartmut von Kronberg und ein Teil der fränkischen Geächteten gingen selbst nach Böhmen; der Fuchssteiner war darunter. Der andere Teil der vertriebenen fränkischen Edelleute blieb in den oberen Landen, um den Einfall der schwäbischen Bauern in das Bayrische zu leiten.

Man sah die fränkischen Geächteten auf der böhmischen Grenze umreiten, anzetteln und werben. Ihre Diener warben sogar in der Oberpfalz Reisige. Der Fuchssteiner ritt selbst mit Reisigen an der Grenze zwischen Bayern, der Oberpfalz und Böhmen um, im Herbste 1524.

Während die anderen zurückblieben und die Zeit abwarteten, mit ihren geworbenen Knechten und aufgewiegelten böhmischen Bauern in Bayern einzufallen, eilte der Fuchssteiner in die Schweiz zu Ulrich zurück und ging in dessen Namen im Januar 1525 zu König Franz von Frankreich, um neue Geldunterstützung zu holen. In seinem Schreiben sagt Ulrich, es sei ihm eine Gelegenheit an die Hand gestoßen, daß er eine tapfere Anzahl Volks zu Roß und zu Fuß zusammenbringen könnte, darunter die Hintersassen von seinen und des Königs Feinden, der österreichischen und anderer eigene Untertanen, auf dem oberen und unteren Schwarzwald, dem Hegau und Klettgau, etlich Tausend, damit sein erblich Fürstentum wieder einzunehmen, es fehle ihm nur an einer kleinen Summe Geldes, und so bitte er Seine Majestät, ihm 15 000 Kronen vorzustrecken, damit wolle er die oben genannten Schwarzwälder, Hegauer und Klettgauer, auch etliche Eidgenossen und Reisige, bis in 12 000 stark, samt dem Geschütz und Geschützmeistern unterhalten, die ihm einen Monat oder, wo es vonnöten, noch länger, einer um einen Gulden dienen sollen, bis er sein Fürstentum wieder eingenommen habe.

Während der Fuchssteiner ins Lager des Königs Franz vor Pavia ging, setzte der Herzog seine Werbungen und Umtriebe fort. Saß er doch auf seiner Feste Twiel mitten inne zwischen den aufrührigen Bauern, und Hilzingen, wo die Klettgauer und Schwarzwälder zusammentrafen, lag hart am Fuße des Twielerberges. Er suchte schon jetzt ein Verständnis mit Hans Müller von Bulgenbach, nicht zu verwechseln mit jenem Hans Müller, der im Jahre 1519 als Hauptmann der Landsknechte in seinem Dienste sich auszeichnete; der letztere, genannt mit der einen Hand, diente um diese Zeit im Heere des schwäbischen Bundes. Der Einfall des Schwarzwälder Bauernobersten ins Württembergische war übrigens vorerst nur eine Sondierung und Rekognoszierung; weder der Bauern noch Ulrichs Rüstungen waren zu Ende von 1524 schon vollendet; auch hoffte der letztere noch auf einen entscheidenden Sieg Frankreichs über Österreich in Oberitalien, wodurch der Sieg der aufgestandenen Bauern wie die Wiedereinnahme Württembergs durch den Herzog ein leichtes Spiel geworden wäre. König Franz schrieb auch unterm 10. Februar 1525 an Ulrich, er hoffe, ihm bald gute neue Zeitung zu wissen zu tun.

Auf seine überrheinischen Herrschaften nahm Ulrich von Basel und Solothurn neue große Summen auf, ließ aus denselben sein Geschütz nach Twiel führen, kaufte neues und ließ auf seiner Feste Pulver und Kugeln verfertigen. Zu Schaffhausen, auf und unter Hohentwiel, zu Hilzingen zog er Knechte und Bauern in seinem Sold zusammen. Fröhlichen Muts sprach er an der Tafel in der Herberge mit dem oberelsässischen Edeln Wolf Dieterich von Phirt darüber, wie man Unrecht tue, ihm aufzurücken, als ob er mit dem Bundschuh in sein Land ziehen wolle. Obgleich er wohl leiden möchte, wer ihm zu seinem Lande helfe, es sei Stiefel oder Schuh (Ritter oder Bauer), verhoffe er doch mit Ehren dazu zu kommen. Er gedenke vorher (im Gebiete des schwäbischen Bundes) Land und Leute zu erobern und dann mit leichter Mühe sich seines Landes zu bemächtigen, weil er sich einer großen Hilfe getröste.

18

Herzog Ulrichs und des Fuchssteiners Umtriebe

Ulrichs Ruf aber aus seinen früheren Zeiten her war derart, daß er kein Magnet für die Bauern sein konnte. Der Herzog ging darum zuletzt ganz in die Art der Bauern ein, ritt zu ihnen umher und sagte ihnen, „auch er begehre des göttlichen Rechts wie sie, die Bauern“. Er ritt zu den Hegauern, zu den Klettgauern, zu einer Bauernversammlung in Neukirch in Person; zu anderen Bauernversammlungen gingen seine Unterhändler hin und her. Bei den Klettgauern vermochte der hochadelige Fürst sich kein Vertrauen zu machen; er glich in ihren Augen zu sehr ihrem Herrn, dem hochfahrenden Grafen von Sulz. Auch bei den anderen machte er vorerst nicht viel Glück.

Sein Kanzler, der Fuchssteiner, begab sich darum ins Allgäu und setzte sich daselbst in der kleinen Reichsstadt Kaufbeuren.

Der Fuchssteiner trat in Kaufbeuren nicht als Kriegsmann, nicht in der Rolle eines gewesenen pfälzischen Ministers auf, sondern als Prediger der neuen Lehre und als Schriftverfasser, als Kanzler der Bauern. In der Kirche ließ er sich einen Predigtstuhl aufrichten, las da deutsch das Wort Gottes und legte es deutsch aus. Auch setzte er einer Reihe Bauerschaften hier oben herum ihre Beschwerdeartikel auf, namentlich diesseits und jenseits des Lechs; Artikel, welche alle örtlichen Charakters sind. Als Prediger und Anwalt der Bauern erwarb er sich bei diesen rasch ein so großes

Zutrauen, daß sie ihn im März dem schwäbischen Bunde unter den Vertrauensmännern bezeichneten, deren Spruche sie ihre Beschwerden unterwerfen wollten. Ihn gerade aber wollten die Kommissäre des Bundes am wenigsten als Mittler annehmen, und auf ihm bestanden die Bauern vor anderen, die Allgäuer besonders.

Die Bayernherzoge in ihrem eigenen Lande, von Böhmen und Schwaben her zugleich anzugreifen und sich zwischen sie und den schwäbischen Bund zu schieben, das war es allein, worauf Fuchssteiner und Herzog Ulrich abzielten. Eine Waffenverbindung der Schwaben dagegen durch das bayrische Oberland mit den Tirolern, Salzburgern und Ober- und Niederösterreichern herzustellen, das war einer der Gedanken, welche die leitenden Oberen in den Bauernlagern, die Bewegungsmänner, eifrigst verfolgten. Sie hatten ihre Botschafter in allen diesen Landen, und es war ein immerwährendes Zuschicken, ein Verkehr und Weisunggeben dahin von Schwaben aus. In den ersten Tagen des März warteten die Bauern von Irsee, im Augsburgischen, im Montfortischen und im Fürstentum Kempten nur auf das Zeichen von Oberbayern her. Sie waren so weit geeint, daß die bayrischen Befehlshaber gegen keine bayrische Gemeinde in dieser Gegend etwas Tätliches vorzunehmen wagten. Sie schrieben das nach München. „Wenn die Sturmglocke", sagten sie, „von Bayern her schallt, so wird ein großer Bauernbund zu Hilf auf sein, was Stab und Stangen tragen mag."

Herzog Ulrich wollte seine Kriegskosten bei den bayrischen Bischöfen und Fürsten sich holen. Er gedachte, nach Fuchssteiners Entwurf, durch den Bregenzer Wald, da alle Pässe offenstanden, auf die Grafschaft Rothenfels zu ziehen, sich mit montfortischen, kemptenschen und anderen Bauern zu vereinigen und bei Füssen ins Bayrische einzufallen.

Schon hatten die Schweizer „zur Gams einen Weg herab gemacht, den man fahren und reiten konnte; es war zuvor nie ein Weg dagewesen", wie die bayrischen Kundschafter berichteten.

Aber Herzog Ulrich zog nicht über den Buchenberg herab auf Rothenfels; er fiel nicht ins Bayrische ein, sondern er zog auf dem nächsten Wege – ins Württembergische.

Warum er jenen Plan aufgab, ist unbekannt, wahrscheinlich aus Geldverlegenheit. Die Tausende von Schweizern und anderen, die er bereits in Sold genommen, konnte er in die Länge nicht zahlen und, trat dieses ein, nicht bei seiner Fahne halten. Das, und zugleich sein Verlangen, sobald als möglich sich wieder in den Besitz seines Herzogtums zu setzen, trieben ihn zu raschem Vorwärtsgehen auf sein eigenes Land.

Als er nämlich im Klettgau und Hegau bei den Bauern Anstände fand, hatte er in der Schweiz geworben und hier mit Erfolg. In der Mitte Februar schloß Hans Müller von Bulgenbach einen geheimen Vertrag für die Hegauer und Schwarzwälder mit ihm, wahrscheinlich gegen Zugeständnisse Ulrichs, die er nachher nicht hielt. Müller traute ihm nicht recht, seit er ihn näher kannte. Darum zogen ihm auch nur sieben Fähnlein aus der ganzen Waldgegend, aus dem Hegau und der Höri zu, die sich bei Hilzingen, Steißlingen und in der Baar sammelten. Mit diesen und vierhundert Baslern, dreihundert Schaffhäusern, mit Fähnlein aus Solothurn, dem Thurgau, dem Aargau und mit anderen Knechten, zusammen sechstausend zu Fuß und zweihundert zu Pferde, bewegte er sich gegen das Ende Februar seinem Herzogtum Württemberg zu. Sein Geschütz bestand aus drei großen Kartaunen, drei Schlangen, vier Falkonetlein. Von Spaichingen aus forderte er Balingen auf am 26. Februar.

19

Der schwäbische Bund und der Kanzler Eck

Der außerordentliche Bundestag, der am 5. Februar 1525 zu Ulm zusammentraf, fand „die Empörungen des gemeinen Mannes bereits höchst beschwerlich. Sie mehren sich so sehr, daß ein Bauernhaufe von zwei- bis dreihundert in wenigen Tagen drei- bis viertausend stark werde. Sie wollen sich aller Obrigkeit und Ehrbarkeit entziehen und Selbstherren sein." Den 11. Februar erging darum das Aufgebot an die Bundesstände: Das erste Drittel der eilenden Hilfe auf den 27. Februar an den bezeichneten Sammelplätzen eintreffen zu lassen, womöglich noch früher, und das andere Drittel marschfertig zu halten. Das erste Drittel betrug im ganzen 1035 zu Pferde und 2407 zu Fuß. Die Sammelplätze waren Stuttgart und Ulm. Der Bundeshauptmann Ulrich Arzt schrieb am 15. Februar an die Reichsstadt Eßlingen: „Bereitet man nicht eiligst Gegenwehr, so wird des Dings kein Aufhören mehr sein. Eine Stunde Verzug ist schon zu lange."

Im Schoße des Bundestages war Uneinigkeit und Verzagtheit. Die Gründe davon waren teils das Wachsen der Gefahr und der Mangel an bündischer Kriegsmacht, teils aber auch die verschiedenartige Zusammensetzung des Bundestages mit den sehr verschiedenen politischen und religiösen Interessen. Die Städte und alle mit ihnen, die dem neuen Glauben zugetan waren, wollten mit den Bauern gütlich, nicht feindlich handeln, wenigstens aus Klugheit vorerst den Schein davon sich geben, und Fürsten und Grafen, sosehr sie auch sonst gegen die Städte und gut altgläubig waren, stimmten den ersteren bei, aus Verlegenheit und Furcht. Der bayrische Kanzler Eck meinte, „das erste Zusehen sei nicht gut, ein Unrat bringe den andern; mit fünf- oder sechshundert Pferden möchte man die Bauern schlagen, zertrennen und strafen". – Er hatte die Bauern um Ulm gesehen, aber nicht die Allgäuer, nicht die Seebauern: Die kannte der Truchseß besser. Über die Kleinmütigkeit des Adels schrieb Eck am 12. Februar an seinen Herzog: „Diejenigen vom Adel, um welche her die Bauern im Aufstande sind, sind alte Weiber und schier tot; sie fürchten für ihre Häuser, und es will niemand etwas Tätliches handeln, als bis das Kriegsvolk des Bundes beisammen ist. Ich fürchte, wenn die Bauern die große Kleinmütigkeit der Herren sehen, werden sie uns angreifen."

Der Kanzler gab den Rat, den Hauptmann des nächsten Bauernhaufens oberhalb Ulm ohne weiteres, ohne um die Unterhandlung, in der man von seiten des Bundes mit diesem Haufen stand, im geringsten sich zu kümmern, in der Nacht zu überfallen und ihn gefangen wegzuführen. Die Mehrheit des Bundestages war für jetzt noch zu redlich zu so etwas. Zornig und spöttisch schrieb der Kanzler an seinen Herrn am 12. Februar: „Mit zehen Pferden hätte man den Bauernhauptmann erobern können; aber die guten, frommen Leute auf dem Bundestag weinten schier ob meinem Ratschlag und Gutbedünken."

Der rechtgläubige Staatsmann ritt aber auch nicht mit seinen bayrischen Rittern, deren er wohl zehn hätte mögen zusammenbringen, hinaus zu den Bauern auf ein kriegerisches Abenteuer und auf Lorbeern, sondern er schrieb, abgekühlt, am 15. Februar an seinen Herrn: „Auf morgen kommen die Bauern wieder zusammen. Dann wollen wir zu ihnen hinausschicken und ihnen sicheres Geleit geben, daß sie einen Ausschuß zu uns herein abordnen und mit uns in weitere Unterhandlung treten. Werden sie sich darauf einlassen, so werden wir die Bösewichter hinhalten, bis unser Kriegsvolk ankommt. Dann wollen wir in sie fallen und mit Ernst gegen sie handeln."

20

Der Fürstabt und die Bauern von Kempten

Ehe vom Schwarzwald bis zum Bodensee der Aufstand Form und Zusammenhang gewinnen konnte, war dies im Allgäu der Fall, in der Abtei Kempten.

Als durch den Klettgau und die Baar das Feuer in den Hegau und in die Seegegenden fortlief als bewaffneter Aufstand, bewegten sich die Bauern in Kempten noch immer nur auf dem Boden ihres guten alten Rechts. Hier, wo die Freiheit noch in frischer Erinnerung und ihre Unterdrückung noch nicht so lange her war, hier trat auch jetzt noch im Anfange der gemeine Mann ruhiger auf, besonnener und gemäßigter als an allen anderen Orten, und hier gerade zeigte sich darum das Unrecht der Herrschenden greller als irgendwo: der Despotismus, der das Billigste weigerte und jedes Gütliche, jedes Rechtserbieten der Regierten mit Hohn und Mutwillen zurückstieß.

Der vorzüglichste Prediger der evangelischen Lehre in Kempten, der Stadt, war Matthias Waibel, der Pfarrer bei St. Lorenz.

Waibel gehörte nicht der Bewegungspartei an; er warnte seine Zuhörer vor Empörung; aber er eiferte gegen den Übermut und die Üppigkeit der geistlichen Herren. Darum haßten diese ihn so, daß „sie ihn erstochen hätten, wäre er nicht von seinen Freunden behütet worden".

Der Fürstabt Sebastian schien, als es in Schwaben zu gären anfing, einen Augenblick die Furcht der anderen Herren zu teilen, denn er hatte seine Bauern in der härtesten Weise bedrückt, geprellt und ausgebeutet. Er lag mit ihnen in hartem Zwist wegen ihrer alten Rechte, die er ihnen verkürzte, wo er konnte, und wegen seiner ungerechten Steuern. Nun wurde ein Schiedsgericht nach Günzburg berufen, wo man sich in Güte vertragen wollte. Die Bauern sandten ihre Abgeordneten, konnten aber gegenüber dem Hochmut des Fürstabts nichts erreichen. Da gaben die Abgeordneten an das Schiedsgericht die Erklärung ab, sie wollen und müssen, was hier zu Günzburg verhandelt worden sei, auch ihres gnädigen Herrn, des Fürsten, letztes Wort an die gesamte Landschaft bringen.

Sie gingen heim und beriefen an die uralte Mallstatt zu Leubas die Verordneten aller Gemeinden. Aus jeder der siebenundzwanzig Pfarreien, die zu dem Gotteshaus Kempten gehörten, erschienen einige Männer, miteinander zu landtagen. Sie wurden einig, nicht für sich einen Beschluß zu fassen, sondern heimzugehen, jeder in seine Gemeinde, und dort zu verkünden, daß auf Montag nach Sebastianstag (dem Namenstage des Abts) alles Volk des kemptischen Landes an der Mallstatt zu Leubas zur allgemeinen Volksversammlung sich stellen solle, zu hören, was auf dem Tage zu Günzburg gehandelt worden, und zu ratschlagen und zu beschließen, was weiter zu tun sein möchte auf dem Wege gütlicher Vergleichsversuche oder auf dem Wege des Rechtes.

Am bestimmten Tage, dem 21. Januar, zogen die Landleute von allen Marken des Stiftes her zur Landesversammlung der Leubas zu: von der Huminfurt, wo zwischen Felsen eingeengt die Iller rauscht, von der steilen Rogginsfluhe des Hauenberges, von Hellengerst und dem Ißner Wasser, von der Eschach und der Lautrach, von dem Bergwald Hohenrain und dem Sedelbrunnen, vom Bärenbrunnen zu Böhen und dem Ursprung der Mindel, von der Wertach, der Geltnach und der Rottach.

Haufenweise zogen die Bauern, die oberhalb der Stadt im Allgäu saßen, „für Hof“ zum Klostertor hinein durch die Stadt gen Leubas. Ebenso die unterhalb der Stadt Gesessenen. Die im Augsburger Bistum lagen, zogen durch die Vorstadt. Die Stadt war ihnen offen, darin aus- und einzugehen, um ihr Geld zu essen und zu trinken. Bei der Bürgerschaft ging es nicht ohne üble Reden und Zwist unter sich selbst ab, denn ein Teil hielt es mit den Bauern, ein anderer mit dem Abt. Vom Rate der Stadt ritten auch einige zu der Landschaft hinaus, als sie zu Leubas versammelt war.

Da lasen nun die Bevollmächtigten der Landschaft alle einzelnen Beschwerden der Versammlung vor, wie sie dieselben aufgesetzt und auf dem Tage zu Günzburg vorgelegt hatten; entwickelten dann den Gang der Verhandlungen und die Fruchtlosigkeit ihres Bemühens und erklärten, wie jetzt, da des Abtes letzte Antwort jeden Ausweg zu gütlicher Vergleichung verschlossen habe, von ihnen der Weg des Rechtes betre-

Abstimmung zu Leubas

ten werden müsse. Dazu haben sie die Landschaft einberufen, nicht um das Gotteshaus zu schädigen oder Empörung und Gewalt gegen dasselbe zu üben; wer solches wollte oder täte, der sollte angezeigt und es an ihm geahndet werden.

Höchst schwierig und außerordentlich kostspielig war noch immer, selbst für große Gemeinschaften, das Betreten des Rechtsweges. Um die großen Kosten zu vermeiden, hatte die Landschaft bisher so oft ihre Versuche zu gütlichem Austrage wiederholt. Um das Aufbringen dieser Kosten zu sichern, schlugen die Sprecher der Landschaft jetzt vor, wer dafür sei, daß der Rechtsweg betreten werden solle, möge es jetzt aussprechen, und alle, die dafür wären, sollen es einander bei Treu und Glauben an Eides Statt zusagen, die Kosten bis zu Ende tragen zu wollen.

Zu dem Ende hielten zwei Bauern einen Spieß empor; unter diesem sollte jeder hindurchgehen, der dafür wäre. Nacheinander gingen alle Anwesenden hindurch, die unter dem Stifte saßen, keiner blieb zurück, auch nicht einer. Nur die vom Rate der Stadt und andere, die aus der Nachbarschaft gekommen waren, zuzuschauen und zuzuhören, enthielten sich, denn nur die Gotteshausleute durften hindurchgehen. Darauf wurde ein Drittel der jährlichen Herrensteuer zur Bestreitung der Kosten ausgeschieden und beschlossen, daß auf nächsten Freitag jede Pfarrei einen oder zwei aus ihrer Mitte in die Stadt Kempten abordne, um einen Ausschuß zu wählen, der den Rechtsstreit betreibe. Nachdem man noch verabredet hatte, für den Fall, daß gegen die eine oder die andere Gemeinde feindliche Gewalt gebraucht werden sollte, Sturm zu läuten, gingen sie alle wieder auseinander. Viele Haufen zogen, wie sie hergekommen waren, wieder durch die Stadt, mit Musik und Gesang, mit keckem Mut und „Wohlleben“. Aber ohne die geringste Ausschweifung, alles in Ordnung und Ruhe, zerstreuten sie sich, jeder in seine Mark und seine Hütte.

Diese feste, gesetzliche Haltung der kemptischen Landleute, aus der sie sich durch keine Bedrängnis, durch keine Unbill, durch keine Rechtsverletzung, durch keinen Hohn herausbringen ließen, diese Geduld und Ausdauer, welche, in Masse versammelt und in Waffen, keine andere Hilfe suchte als im Wege des Rechtes – das ist die Empörung der Kemptener, von der so viele Geschichtschreiber erzählen.

Am 25. Januar traten die Abgeordneten aller Gemeinden in der Stadt Kempten zusammen und wählten den Ausschuß mit der Vollmacht, im Wege Rechtens die Landschaft gegen ihren ungerechten Herrn zu vertreten. Der Tätigste dabei war Jörg Schmid von Leubas, genannt der Knopf, der Sohn jenes Schmids von Leubas, der dreißig Jahre zuvor als Sprecher und Bote der Landschaft auf dem Wege zum Kaiser durch meuchlerische Tücke des Gotteshauses verschwunden war. Durch Schuld des Abtes war er, der Sohn des Vertrauensmannes der Kemptener Landschaft, so verarmt, daß er als Bleichknecht bei einem Bleicher zu Kempten diente. Aber sein Name und seine Rechtschaffenheit hatten einen guten Klang. Er war der erste, der in den Ausschuß gewählt wurde; als zweiter Jörg Täuber von Häusern in der Abtei Lauben, ein freier Mann, hätte nicht das Gotteshaus seinen Großvater in die Leibeigenschaft gezwungen; auch seine Ehefrau war ein freies Weib; Abt Johann Rudolf, des jetzigen unmittelbarer Vorgänger, hatte sie mit Gewalt aus ihrer Freiheit gedrungen. Der dritte im Ausschuß war Konrad Maier von Götzen in der Pfarrei Betzigau.

Diese drei erließen eine Protestation gegen das Verfahren ihres Herrn, des Abtes, an den schwäbischen Bund und den Kaiser, worin sie verlangten, daß über ihre Beschwerden rechtlich entschieden werden möge, und sich erboten, alle Renten, Gülten und Zinse, woran der Fürst ein urkundliches Recht nachwiese, diesem ohne Widerrede zu geben, in Erwartung, daß der Bund selbem nicht gestatte, etwas gegen sie vorzunehmen, ehe der Rechtsstreit erledigt wäre. Der Fürst aber klagte seinerseits bei dem schwäbischen Bunde, seine Untertanen haben eine Vereinigung gegen das Gotteshaus und den Bund gemacht, und forderte dessen bewaffnete Hilfe. Darin, daß seine Landleute zum rechtlichen Schutz ihrer alten Freiheiten sich nach altgesetzlicher Befugnis vereinigten, sah er freventliche Empörung.

Wie die Herren anderswo, solange sie sich in der Enge fühlten, so führten die Bundesräte zu Ulm eine begütigende Sprache; sie schickten Gesandte an die kemptische Landschaft und verhießen, ihre Beschwerden in Güte oder durch rechtlichen Entscheid auszugleichen. Die Bundesräte waren sogar zuvorkommend; denn schon hatte sich auf drei neuen Punkten ober- und unterhalb Ulms der Aufstand erhoben.

21

Bauernlager an der Iller, dem Bodensee und der Donau

Im Ried oberhalb Ulm, zu Sulmingen, saß Ulrich Schmid, der ebensogut Volksreden und Pläne als gutes Eisen zu schmieden verstand. Er machte, wo die Bauern in seiner Umgebung zusammenkamen, beim Wein und ernsten Gelegenheiten den Sprecher. Er wurde das Haupt des Aufstandes aller Bauern, die zwischen Biberach und Ulm saßen. Im Wirtshaus zu Baltringen, einem dem Spital zu Biberach gehörigen Flecken, faßte er am 29. Januar mit zwanzig Bauern den ersten Anschlag. Er verabredete mit ihnen tägliche Zusammenkünfte. Am 2. Februar kamen ebendaselbst schon achtzig Bauern zusammen. Sie sagten, sie wollten gute Gesellschaft miteinander haben. Von Tag zu Tag mehrte sich der Zusammenlauf zu Baltringen. Gleiche Versammlungen von Bauern beim Wein in den Wirtshäusern, „als ob sie miteinander trinken wollten", bildeten sich da und dort im Allgäu, weiter abwärts zu Illertissen, zu Krumbach, zu Jettingen, zu Weißenhorn. Am achten Tage, dem 9. Februar, sah man schon an die 2000 Bauern versammelt, auf dem Ried bei Laupheim, in der Mitte zwischen Biberach und Ulm, nicht zu verwechseln mit dem unterhalb Ulm gelegenen Leipheim. Sie schlugen ein Lager und errichteten eine Brüderschaft. Wer dareintreten wollte, gab zwei Kreuzer Einschreibgeld. Ihre Verbrüderung ging dahin, „von Diensten, Gült und Leibeigenschaft, womit sie beschwert seien, sich frei zu machen und das Evangelium und Gottes Wort, das lange verhallt gewesen sei, wieder aufzurichten". Die Verbrüderung wuchs in kurzem bis auf 12 000 und darüber. Man hoffte und rechnete auch auf den Beitritt der Stadt Biberach. Es waren viele Bürger darin bäurisch gesinnt, teils im Haufen selbst. Veit Trögelin und Alexander Steffan, zwei Bäcker aus der Stadt, sagten im Lager, eh' drei Tage vergehen, werde man in Biberach die Herren über die Mauer werfen. Die Bauern gingen ab und zu im Lager, über welchem eine rote Fahne wehte. Hauptmann war Hans Wanner von Warthhausen, sein Tochtermann Fähndrich; Ulrich Schmid von Sulmingen aber war die Seele des ganzen Haufens, Kanzler und Redner desselben. Der Haufe machte sich unter dem Namen „der Baltringer Haufen" bekannt; auch „das rote Fähnlein" hieß man ihn. Alle Bauern in dem Ried und um dasselbe, alle Untertanen der Klöster und der weltlichen Herren bis Memmingen hinauf und allenthalben an der unteren Iller sammelten sich zu diesem Haufen. Der erste Blick aber ließ erkennen, daß diese Bauern weder durch ihren Mut noch durch kriegerische Verfassung furchtbar waren. „Ihrer Herrschaften Ungerechtigkeit habe sie dazu gedrungen", sagten sie.

Das Landvolk im Oberallgäu sammelte sich am 25. Februar in ein Lager. Die ersten, die sich zusammentaten, waren die Landleute in der Gegend von Tettnang, Raithenau und Langenargen und alle Untertanen des Grafen von Montfort. Sie zählten in kurzem in die 7000, da auch die anderen Bauerschaften des oberen Allgäus jetzt in die Waffen traten. Die kemptische Landschaft nahm jetzt eine ernstlichere Stellung ein.

Da diese Landschaft sah, wie, aller guten Worte, die man ihr gab, ungeachtet, der schwäbische Bund sich kriegerisch rüstete, tat auch sie das Ihre, um so mehr, da ihr Warnungen zukamen, daß ein feindlicher Überfall zuerst ihr gelten solle. Ein Gerücht, daß ein reisiger Zug gegen sie im Anzug sei, wahrscheinlich dasselbe, was auch die Tettnanger unter die Waffen brachte, hatte sich verbreitet; und gemäß dem, was zu Leubas beschlossen worden war, stürmten am Sonntag, dem 26. Februar, in allen

Bauernlager bei Laupheim

Kirchen der kemptischen Landschaft die Sturmglocken, und das Sturmgeläute setzte sich durch den ganzen oberen Allgäu fort. Die Kemptischen sammelten sich zu Dietmannsried zur Gegenwehr gegen einen Überfall, zogen aber am Abende, da sich nichts zeigte, wieder voneinander.

Die Tettnanger hatten sich zu Raithenau versammelt.

Tags darauf hielten die Kemptischen zu Leubas eine allgemeine Landesversammlung. Es war Fastnachtmontag. Auf diesen Tag war zuvor geboten worden. Der Zweck war, sich zur rechtlichen Wahrung ihrer alten Freiheiten eine noch engere, festere und allgemeinere Verbrüderung zu machen. Auch die Hintersassen des Bistums Augsburg und die anderer Herren weit und breit besuchten diesmal die Versammlung und wurden in die Brüderschaft aufgenommen.

Die Landesversammlung dauerte etliche Tage ohne irgendeine Ausschweifung; sie waren zu Besprechung und Beratung beisammen, nach althergebrachtem gesetzlichem Fug und Recht. Auch jetzt eilten wieder etliche Räte von der Stadt Kempten zu ihnen hinaus. Sie versprachen den Landleuten, sie werden sie als Nachbarn und Verwandte in gebührenden Sachen nicht verlassen und ihnen über ihre Beschwerden Zeugnis geben; auch andere Bürger von Kempten waren da, namentlich die Zunftmeister, und verhießen ihnen viel.

Der Fürstabt schickte auch zu den Bauern und ließ ihnen sagen: Er wolle sich gütlich, rechtlich oder fechtlich mit ihnen vertragen, wie ihnen beliebe. Die Bauern ließen ihm zurücksagen, ihr Gemüt stehe nicht dahin, mit seiner Gnaden die Sache mit Fechten, sondern allein in Güte oder in Recht auszutragen. Der Fürst und seine Umgebung sahen in dieser Mäßigung der Landleute einen Beweis von Mangel an Mut. Sie glaubten, dieselben durch Drohungen vollends einschüchtern zu können. Marquardt von Schellenberg, Hans von Frundsberg* und Otto Zwicker, des Fürsten Räte, ritten zu ihnen heraus. „Ihr habt das Recht vorgeschlagen“, fuhr Hans von Frundsberg sie an. „Darum bin ich nicht gekommen. Wir wollen euch auch keines gestatten, sondern das Schwert über euch brauchen; eure Weiber zu Witwen, eure Kinder zu Waisen machen; unsere Spieße müssen euer Friedhof werden.“ Die Landleute fragten ihn, was er an ihrer Stelle tun würde. Er rate ihnen, sagte er, die Steuer zu geben, wie sie jetzt angelegt sei, die Reisesteuer aber in Jahresfrist; dafür sollte niemand genötigt, wer aber dem Abt und Gotteshaus sich verschrieben habe, künftig weder leichter noch geringer gehalten werden. Wer dem nachkommen wolle, solle sich bis zum andern Tage wohl bedenken, er werde ihnen dann einen Boten schicken; wer nicht gehorchen wolle, den werde er zum Gehorsam bringen. Er schickte ihnen ein Geleitsbrief, um unter dessen Schutz Abgeordnete auf des Fürsten Schloß Liebenthann zu

* Nicht zu verwechseln mit dem berühmten Georg gleichen Namens.

senden. Als sie dahin kamen, eröffnete ihnen Hans von Frundsberg: „Was er mit ihnen gehandelt, habe der Fürst für nichtig erklärt."

Es mußte dem Blindesten klarwerden, wie der Fürst seinen Mutwillen mit ihnen trieb; die Bauern mußten erbittert werden; sie sahen sich zum großen Haufen geworden, und sie fühlten sich: „Es ward ein großes Männchen; sie meinten des schwäbischen Bundes Meister zu werden." Nachdem sie Hauptleute und Sprecher gewählt und unter anderem auf den weißen Sonntag, den 5. März, einen von allen Gemeinden zu beschickenden Bundestag der allgäuischen Landleute in der Stadt Kempten beschlossen hatten, ging die Landesversammlung wieder auseinander. Triumphierend zogen die Bauern wieder durch die Stadt. Sie waren auch in den letzten Tagen, wann sie wollten, hereingekommen und hatten, trotz des Verbotes der Bundesräte zu Ulm, um ihr Geld erhalten, was sie wollten.

Der Knopf von Leubas war, während dieses geschah, nicht im Allgäu, sondern als Abgeordneter der Landschaft nach Tübingen gegangen, mit den zwei anderen Gewählten, um bei dem berühmten Rechtsgelehrten Dr. Johann Fenninger sich Rats zu erholen. Der riet ihnen den Rechtsweg an, nicht den Vergleich. Da kam Bartholomä Frei von Lutpoltz mit der Nachricht von der Landschaft: „Was sie so lange in Tübingen liegen? Man sei im Oberlande so stark, daß sie jetzt keines Rechtsstreites mehr bedürfen." So kehrten sie wieder heim ins Allgäu.

In der Stadt Kempten selbst gärte und wogte es unter der Bürgerschaft. Es wurde geklagt, alle Handwerke seien beschwert und alle Gewerbe seien auf dem Lande im Betrieb, daß sich der gemeine Mann in der Stadt nicht wohl ernähren könne. Dem Abt wollten sie die Zinsen und Gülten, die man dem Gotteshaus zu geben schuldig war, nicht mehr geben. Auch wollten sie nach Luthers Lehre Prediger haben. Eine Zunft schickte zu der anderen, wie man sich halten wolle, und man kam dahin überein, daß jede Zunft einige aus ihrer Mitte wählte, welche zu gemeinschaftlicher Beratung zusammentraten; in den Zünften selbst war aber keine Einigkeit, indem es einige mit dem Rat, andere mit der Gemeinde, einige mit dem Abt, andere mit den Bauern halten wollten. Den folgenden Tag berieten sich die Erwählten der Zünfte, und sie wurden einig, das beste Verhalten in diesen Unruhen wäre, sie zu benutzen, um von dem Fürsten ganz los zu werden. Am Samstag beriefen sie die Gemeinde, der gefiel es, und dem Rate wurde der Vorschlag der Erwählten übergeben, zu sehen, wie man von den Stiftsherren und dem Abt kommen könnte. Der Rat, dem dies nur willkommen sein konnte, versprach, dahin zu arbeiten, und so blieben Rat und Gemeinde in gutem Verständnis.

Alle Bauerschaften des oberen Allgäus, unter was für Herrschaft sie sitzen mochten, bildeten jetzt einen Haufen, den oberallgäuischen. Hauptleute der einzelnen Züge des Haufens waren Walter Bach von Au, Peter Miller von Sonthofen, Beuchling aus Au, Thomas Bertlin von Nesselwang, Michael Kempf ebendaher, Hans Werz von Wertach und der Knopf von Leubas.

Auf den weißen Sonntag, 5. März, ritten diese Hauptleute in die Stadt Kempten ein, mit ihnen der Ausschuß aller Pfarreien des Oberallgäus: Sie hielten den ersten Bundestag. Es wurde unter ihnen beschlossen, alle umliegende Landschaft in ihr Bündnis mit Gewalt zu bringen.

Jetzt erst gingen, von ihren eigenen Herren so weit getrieben, die bisher so gemäßigten Allgäuer einen Schritt weiter, jetzt erst nahm ihre gesetzliche Opposition das Ansehen des bewaffneten Aufstandes an, aber auch jetzt verließ sie ihre Besonnenheit und Mäßigung noch nicht.

In ihrem Rücken am Lech lag die Stadt Füssen, dem Hochstift Augsburg gehörig. Es mußte ihnen darum sein, einen so festen Punkt nicht hinter sich liegen zu lassen, ohne ihn in ihrer Verbindung oder Gewalt zu haben. Die zur Stadt gehörigen Bauerschaften waren schon um Lichtmeß zu der kemptischen Landschaft gefallen.

Den 24. Februar waren zu Oberdorf, zwischen Kaufbeuren und Füssen, bei achttausend Bauern beisammen, darunter ein großer Teil aus dem Bistum Augsburg. Sie traten in die Verbindung der Hegauer. Ebenso alle unter der hohen Gerichtsbarkeit Bayerns stehenden Dörfer auf der schwäbischen Seite des Lechs.

Der Bischof von Augsburg, Christoph von Stadion, ritt selbst nach Oberdorf, um mit seinen Bauern persönlich zu unterhandeln. Freundlich bat er sie, „nicht aufrührig zu sein und bis auf weiteren Bescheid stillezuhalten“. Sie legten ihm zehn bis fünfzehn Forderungen vor. „Ehe er“, sagten sie, „ihnen diese bewilligt habe, werden sie seinem Verlangen keine Folge geben.“ Der Bischof fand bei ihnen mehrere Priester. Sie waren in Wehr und Harnisch, als Führer, im Ring der Bauern; darunter namentlich der Vikar von Oberdorf, Andreas Stromayer aus Kempten.

Es waren bei dem oberallgäuischen Haufen überhaupt viele Priester, teils bloß als Gleichgesinnte oder als Feldprediger, teils als Kanzler und als Räte, teils sogar als Hauptleute; genannt werden Matthias Röt, der Vikar zu Memhölz; Christian Wanner, der Pfarrer zu Haldenwang; Walther Schwarz, der Vikar zu Martinszell; Mang Batzer, der Vikar zu Buchenberg; Hans Höring, der Vikar zu Legau; Hans Hafenmayr, der erste Helfer zu Obergünzburg; Hans Unsynn, der Vikar zu Oberthingau; Veit Riedle, der zweite Helfer zu Obergünzburg.

Der Bischof sah, daß „nahezu alle seine Untertanen“ von ihm „abschweiften“, den Hegauern zu, und daß er ihr Vertrauen verloren. Ohne eine Zusage eilte er am 25. Februar in seine Stadt Füssen; aber schon des anderen Tages ritt er wieder weg, nachdem er sie zur Treue ermahnt und sie seiner Hilfe und seines Schutzes vertröstet hatte.

Tatkräftiger waren die Fürsten von Bayern auf die Botschaft, daß der Aufstand sich bereits weit ins Bayrische herein, bis an den Lechrain ausbreite und das Lager zu Oberdorf die von Epfach, Leder, Asch, Denklingen und Schwabsoien in seine Vereinigung aufgenommen habe und mit Drohungen andere dazu nötige. Sie legten Mannschaft zu Roß und zu Fuß mit dem nötigen Feldgeschütz an den Lechrain, schon unter dem 25. Februar. Dem Bischofe von Augsburg aber ließen sie keine Hilfe zugehen. Dessen Vogt und Bote kehrte von München mit dem schlechten Troste für die in Füssen zurück: „Es sei niemand willig, für dieses Mal dem Pfaffen zu dienen."

Memmingen wußte seine eigenen Bauern durch kluge Nachgiebigkeit in Ruhe zu halten, und es befolgte gegen die anderen Bauerschaften dieselbe Politik, durch welche es sich die eigenen Bauern gewonnen hatte. Es war in der Stadt eine starke Partei, die es mit den Bauern hielt; alle, denen es mit dem Evangelium ernst war, hielten die Landleute als evangelische Brüder und ihre Beschwerden für gerecht; hatte doch der gemeine Mann in der Stadt sich selbst über so vieles zu beschweren. Schappeler, ihrem Prediger, war der Aufstand der Landleute, solange er, wie bis jetzt, in den Schranken der Mäßigung blieb, wenigstens nicht zuwider. Die Stadt war in zwei Lager parteit. Die Aristokraten, die überhaupt, wie an vielen Orten, von dem neuen Evangelium „nicht gerne singen noch sagen hörten", sahen Schappeler nicht gerne. Er mußte sich von seinem großen Anhang wie von einer Wache begleiten lassen, wenn er predigte. Aber auch der Rat ließ sich, sooft er sich versammelte, von hundert ihm anhängigen Bürgern bewachen.

Auf die Beschwerden ihrer Untertanen hatte darum die Stadt Memmingen ungewöhnliche Zugeständnisse gemacht. Der Rat hatte zugesagt, da, wo er den Kirchensatz habe, wolle er ihnen christliche Seelsorger, wenn er sie bekommen könne, verschaffen; an anderen Orten wolle er mit dem Pfarrer und dem Landesherrn in gleicher Absicht handeln. Wegen des Zehnten sollten sie stillestehen, bis die Bauerschaften mit den Bundesständen vertragen seien. Die Leibeigenschaft wolle der Rat, ob sie gleich um eine merkliche Summe erkauft sei, fahrenlassen; doch sollen sie dagegen jährlich ein geziemendes Schirmgeld zahlen, keinen anderen Schirm suchen, solange sie in Memmingens Zwang und Bann leben, und keinen, der nicht frei sei, zu ihnen ziehen lassen, sich nicht mit Leibeigenen verheiraten, auch sonst einer Obrigkeit in allen geziemenden Dingen gehorsam sein. Sie sollen Wild und Geflügel zur Notdurft, besonders wenn sie es auf dem Ihren beträten, fahen, fällen und schießen dürfen, jedoch kein rechtes Waidwerkzeug, keinen Strick gebrauchen und niemand beschädigen. Nur in fließendem oder stillstehendem Wasser, das von niemand erkauft sei, sollen sie fischen dürfen; im freien Wasser soll man nur mit dem Garn und jeder auf einmal nur so viel fischen dürfen, als einer in seinem Hause selbst essen und gebrauchen möge, nicht verschenken, nicht verkaufen; die Wasser sollen nicht erschöpft, die Mäder am Gestade nicht abgegraben, nicht verderbt werden. Die Dienste habe ihnen ein Rat nicht auferlegt, sondern sie so erkauft; sie können sich daher nicht beschweren. Doch wolle er, wenn sich einige über Härte zu beschweren Ursache hätten, sich gütlich gegen sie erzeigen. Den Ehrschatz wolle er erlassen, dagegen sollen die Höfe nur auf ein Jahr verliehen werden, so daß, wenn ein Bauer die Gült nicht geben oder den Hof nicht baulich halten wolle, er beurlaubt werden könne. Die Strafe der Holzfrevel solle für jeden Stock auf einen Gulden, in den Gemeindehölzern wie in den Herrschaftshölzern, gesetzt werden; der Rat wolle sie jederzeit nach Notdurft mit Brenn-, Zäun- und Zimmerholz versehen. Die anderen Frevel sollen bleiben, wie sie gesetzt seien, da sie zum Teil auf Begehren der Untertanen also bestimmt seien. Finden sich die Gemeinden an Holz, Mädern, Äckern oder sonst beschwert, so wolle der Rat nach geschehener Anzeige und Untersuchung abhelfen. Der Rat habe seine Untertanen, wofern sie die Gült bezahlt haben, nie gesperrt, das Ihrige zu verkaufen; sie sollen es anzeigen, wenn es geschehen sei. Auf Hagelschlag habe er jederzeit an der Gült nachgelassen. Vermeinen sie, daß etliche Güter beschwert seien, so wolle der Rat solche, sobald sie angezeigt werden, untersuchen lassen und ein billiges Einsehen haben. In allem aber behalte er sich seine Obrigkeit bevor.

So war es natürlich, daß man im schwäbischen Bunde sagte: „Memmingen ist bäurisch." In der Stadt selbst hofften die allgäuischen Bauern eine engere Verbindung zwischen ihr und sich zustande zu bringen; der Rat wußte diesem auszuweichen. Einzelne Bauern gingen ungehindert in der Stadt aus und ein. Niklas Schweikert, ein Priester, der unter den Bauern sich befand, kam so auch als Bauer, im Bauernhut und -rock, in die Stadt und führte laute Reden, den gemeinen Mann zu erregen. „Es wird erst recht gelten mit den Aufläufen", sagte er, „es ist noch nicht recht angefangen; den Pfaffen ist man den Zehnten zu geben nicht schuldig; sie haben uns sonst genug betrogen, man sollt' ihnen eher St. Velten geben." Am 21. März ritten die Hauptleute und der Ausschuß der christlichen Vereinigung im Allgäu selbst in Memmingen ein und hielten hier ihren zweiten Bundestag.

Im Gebiet der Stadt Kaufbeuren, wo der Fuchssteiner einsaß, taten sich die Bauern schon um Lichtmeß zusammen. Sie verlangten in elf Artikeln, die sie stellten, von ihren Herrschaften: daß Vögel, Fische, Gewild und Holz frei sein; daß sie in die Städte und sonst einen freien Zug haben;

keine als die rechten Lehen zu empfangen schuldig sein; keinen Todfall noch Hauptrecht zahlen; keine Steuer und Reisegeld geben sollen; fordere es aber die Notdurft, so wollen sie mit Leib und Gut dienen; wenn die Herrschaft einen armen Mann im Recht beklage, aber den Handel verliere, so soll man ihm geziemenden Schaden abtun; keiner, der zu dem Recht gesessen, soll eingefangen werden; alle Hofdienste und Fastnachthühner sollen abgetan; sie beim alten Herkommen gelassen werden und ihre Gülten im Kaufbeurer Meß geben dürfen; endlich, wer Recht anrufe, dem soll man auch zum Rechten Beistand tun.

Der Rat zu Kaufbeuren, dem die Stimmung der eigenen Bürgerschaft nicht entging, wußte, wollte er anders in der Stadt Aufruhr und weitere Folgen verhüten, diesmal die Strenge nicht zu gebrauchen, sondern beschloß, Geduld zu tragen, bis seine Sachen sich zur Besserung wenden würden. Einzelne Bürger taten sich zu den Bauern hinaus, und handelte auch der Rat mit den Bauerschaften weder heimlich noch öffentlich im Einverständnis, so mußte er doch gestatten, daß die Bauern aus- und eingingen, in der Stadt aßen und tranken und die Bürger ihnen Brot und andere Lieferung hinausführten.

Indessen hatte sich gegen Ende Februar ein dritter großer Haufen gebildet: Die am Bodensee zogen in ein Lager zusammen. Die allgäuische Abteilung, die zu Raithenau ihren Sammelplatz hatte und deren Hauptmann Dietrich Hurlewagen von Lindau war, mahnte durch Botschaften ihre Nachbarn am Seeufer zum Zusammentritt in die Waffen. Es sammelten sich vom See und aus der Landvogtei Schwaben die Landleute zuerst zu Ailingen und schickten ihre Botschaften gen Immenstaad, Hagnau, ins Gebiet des Grafen von Werdenberg, zu den Hintersassen des Stiftes Salmansweiler und um den ganzen Bodensee bis Sernatingen und Sipplingen und über die Berge in die Grafschaft Pfullendorf. Dieser Haufe nannte sich: der Seehaufen, und sein oberster Hauptmann war anfangs Eitel Hans Ziegelmüller von Unterteuringen, einem Flecken in dieser Landschaft. Bald darauf nahm Eitel Hans sein Hauptquartier zu Bermatingen. Er umgab sich mit einer Leibwache aus zwölf „Trabanten"; in dem Dorfe Bermatingen neben dem Pfarrhof nahm er seinen Sitz. Wie bei anderen Haufen hatte auch hier der Hauptmann einen Ausschuß von Bauernräten zur Seite. Jeder einzelne Bauer mußte einen besonderen Eid in den Bund schwören. Wo eine Gemeinde in den Bund gehuldigt hatte, legte der Hauptmann mit seinen Räten eine Schatzung auf: Je einhundert Köpfe hatten auf einmal 5 fl. zu geben, zum Unterhalt des Hauptmanns, der Räte und der Trabanten. Außer diesen Kosten für das Hauptquartier hatte sonst niemand einen Schaden.

Zu gleicher Zeit traten im unteren Allgäu die Landleute in die Waffen. Besonders beweglich waren die Untertanen des Ritters von Schellenberg

Eitel Hans Ziegelmüller mit seinen Trabanten

und die Hintersassen von Zeil. Diese waren schon Anfang der zweiten Hälfte des Februar auf und suchten auch die Untertanen des Truchsessen Georg von Waldburg aufzurühren, unter Bedrohung, wenn sie ihnen nicht zufallen und anhängig sein wollen, werden sie sie überziehen und verderben. Truchseß Georg, derzeit in Diensten des Erzherzogs im Hegau, war bisher seinen Untertanen ein gnädiger Herr gewesen; er hatte nie Reisegeld oder Schatzung auf sie gelegt, und sie waren friedlich und wohl hinter ihm gesessen. Auf das Entbieten der anderen aufgestandenen Unterallgäuer sandten sie darum an ihren Herrn und luden ihn dringend ein, bis Freitag, den 3. März, zu ihnen heimzukommen. Das war der Tag, den die Unterallgäuer als letzten Termin den Untertanen des Truchseß gesetzt hatten, an welchem sie sich anschließen oder feindlich behandelt werden sollten. Sie wollten ihren Herrn zum Schutz bei sich haben. Käme er bis dorthin nicht, schrieben sie, so müßten sie auch zu den anderen fallen und ziehen.

Auf den bestimmten Tag zogen die aufgestandenen Bauern auf Wurzach zusammen, des Truchseß Städtchen, die Untertanen des letzteren gütlich oder mit Gewalt in die christliche Vereinigung zu bringen. Diese schlossen sich, da ihr Herr sie im Stiche ließ, an die Aufgestandenen an. Es waren ihrer jetzt an die 5000, sie nannten sich den unterallgäuischen Haufen und wählten zu ihrem obersten Hauptmann den vom Truchseß belehnten Pfarrer zu Aichstetten, Florian Greisel, gewöhnlich nur der „Pfaff Florian" genannt.

Unterhalb Ulm standen der Prediger von Leipheim, Meister Hans Jakob Wehe, der Pfarrer zu Langenau, Jakob Finsternauer, und der Pfarrer von Günzburg an der Spitze des in die Waffen getretenen gemeinen Mannes.

Hans Jakob Wehe, ein naher Anverwandter des bekannten Reformators Hans Eberlin von Günzburg, war in seiner Gegend einer der ersten, welche die neuevangelische Lehre predigten, und er wurde, weil seine Predigten weit umher von dem Volk aus Dörfern und Städten, namentlich der nur dreiviertel Stunden von Leipheim entfernten burgauischen Stadt Günzburg, besucht wurden, von den an der alten Kirche fest hängenden Priestern der Nachbarschaft ein Ketzer und Volksverführer genannt. Wehe fühlte sich getrieben und berufen, allen das Evangelium zu predigen und die christliche Freiheit auch ins bürgerliche Leben einzuführen. Vielfach verfolgt und selbst seines Lebens nicht mehr recht sicher, ließ er sich nicht irren in dem, was er für seinen Beruf hielt. Ja, eine fast wilde Begeisterung ergriff ihn. Als er am Fronleichnamstage 1524 von der Kanzel verkündete, daß er von nun an sein Leben lang keine Messe mehr halten wolle, soll, nach der Nachrede seiner Feinde, er hinzugesetzt haben, „wenn es nicht wider die brüderliche Liebe wäre, wollte er lieber, er hätte soviel Menschen umgebracht, als er Messen gehalten habe", und wie er von der Kanzel gegangen sei, habe seine Gemeinde ein Tedeum angestimmt.

Der Rat zu Ulm, wohin Leipheim gehörte, sah sich durch den Bischof von Augsburg veranlaßt zu erklären, daß er Wehe von seiner Gemeinde zu Leipheim wegverwiesen habe. Der Bischof hatte ihn in den Bann getan, aber Ulm drang nicht auf den Vollzug seines Wegweisungsbefehls; Wehe blieb, und Eberlin schrieb in einer gedruckten Schrift, die er ihm dedizierte, an ihn: „Ihr stehet noch in großer Gefahr Eures Lebens alle Stund'; dennoch gibt Euch Gott Gnade, sein Wort beständig ohne alle Scheu zu predigen; mit großer Lust und Begierde der Zuhörer, so daß auch die umliegenden Völker dem Worte ferne nachzureisen bewegt werden."

Indem brachen die Bewegungen des gemeinen Mannes in Oberschwaben aus und setzten sich an der Donau herab fort. Wehe, Finsternauer und der Pfarrer zu Günzburg, zuvor Wehes bitterer Feind, treten im Jahre 1525 offen als Führer der Bewegung hervor. Wehe wurde beschuldigt, er habe den gemeinen Mann in der Nachbarschaft überall umher zum Aufstand gereizt. Um diese Zeit wurde im Ulmer Gebiet eine „Schrift an die Bauern" verbreitet, welche den Herren gefährlich schien. Von Leipheim aus wurde diese Schrift in die Stadt Günzburg geschickt. Am Freitag nach Estomihi (3. März) wurde im Ulmer Rat beschlossen, auf diese Schrift zu fahnden und sie wegzunehmen, die Sprecher und Leiter der Bauern, namentlich den vorigen Pfarrer zu Leipheim, Meister Wehe, wenn er noch daselbst wäre, zu verhaften. Am 6. März ließ der Ulmer Rat denen zu Leipheim jeden Einkauf von Haber und anderen Bedürfnissen auf dem Ulmer Markt verbieten, und am 15. März beriet sich derselbe mit den Bundesräten, ob man Leipheim mit Kriegsvolk besetzen solle oder nicht. Es zogen sich zu Anfang des März gegen 5000 aus dem Iller-, Roth- und Bibertal und aus dem Burgauischen in der Gegend von Leipheim zusammen, aus allen Orten und Enden zwischen Augsburg und Ulm und zwischen Ulm und Donauwörth; zuerst nicht auf einem Punkte, sondern an verschiedenen Orten in einzelnen Rotten, zu Leipheim selbst, zu Langenau, zu Albek, zu Günzburg, zu Lauingen, zu Elchingen, zu Nerenstetten. Es werden fünfzehn ganze Gemeinden genannt, welche in die Waffen traten, dazu hundertsiebzehn Ortschaften und Höfe an der Donau, Roth, Iller, Riß auf und ab, aus denen bald mehr, bald weniger, manchmal nur eine Person, einmal eine Witwe, einmal auch der Anwalt in die evangelische oder christliche Verbrüderung traten. Im ganzen werden 4300 Namen aus dem Ulmer Gebiet und seiner nächsten Nachbarschaft genannt, sieben Hauptleute, fünf Fähndriche, neun Räte und zweiunddreißig Rädelsführer.

Unter den Hauptleuten sind Ulrich Schön und Melchior Harold, sein Tochtermann, von Leipheim; Hans Ziegler, Martin Hering und Martin Neuffer von Langenau; Jörg Ebner von Ingstetten, der Bayer genannt;

Hans Gebhard von Langenau und Hans Ruben von Bernstadt. Als Räte werden unter anderen genannt: Thoman Paul zu Langenau, ein Geschlechter, und Kaspar Braun von Leipheim; als Fähndrich der Knopf von Langenau. Der ganze Haufe hieß der Leipheimer Haufen, weil in Leipheim später das Hauptquartier und von Anfang eigentlich daselbst der Mittelpunkt war, von wo die Aufregung ausging.

Die Verstocktheit der Herrschaften war es, was die einzelnen Gemeinden, die zuerst nichts suchten als gütlichen oder rechtlichen Vergleich mit den sie bedrückenden Herren, auch hier dahin trieb, daß sie sich in einen Haufen zusammenschlossen. Eine Reihe urkundlicher Tatsachen spricht dafür.

Am 19. Februar ließen die Bauern zu Balzheim dem Rate zu Ulm anzeigen, daß sie ihre Späne auf eines Rates Entscheidung kommen lassen wollen, wenn er sich damit belade; der Rat bewilligte es. Zu gleicher Zeit suchten die Hintersassen des Gotteshauses Roggenburg und die der Propstei Herwartingen die Entscheidung Ulms zwischen sich und ihrem Herrn nach. Der Rat trat mit dem Abt von Roggenburg sogleich in Unterhandlung wegen der Beschwerden seiner Untertanen und ließ sich von ihm eine schriftliche Antwort geben. Die Bauern nahmen eine Abschrift dieser Antwort, und der Rat setzte ihnen einen Tag zum Entscheid bis auf Aschermittwoch (1. März) mit dem Anhang, mittlerweile ruhig zu sein; die Bauern versprachen auch, indes jedes eigenen Fürnehmens gegen den Abt sich zu enthalten.

Es waren aber alle diese Unterhandlungen von dem Rate nur eingegangen, um Zeit zu gewinnen; er erfüllte gegen seine Untertanen nichts. Der Rat der Stadt Biberach war wenigstens ehrlicher. Gegen Ende Februar begehrten die biberachischen Untertanen auch gütlich, sie der Leibeigenschaft zu entlassen; aber die Mehrheit des kleinen und großen Rates schlug es geradezu ab.

Die Herren in den Klöstern und Edelsitzen dachten wie die ehrsamen Herren auf dem Ulmer Rathaus, aber sie verstanden nicht alle mit so diplomatischem Takt ihre armen Leute hinzuhalten und zu täuschen wie die letzteren, und das allein war es, was man ihnen zu Ulm übelnahm. Eitel Besserer, Herr zu Schnirpflingen und Bürger zu Ulm, zwar fügte sich seinen Leuten gegenüber ganz in die Taktik des Ulmer Rates. Der Rat beschied beide vor sich und sagte dem Edelmann, er solle die Briefe bedenken und die Armen nicht zu hart übertreiben; den armen Leuten sagte er, er wolle für jetzt beide Parteien vertagen und sie dereinst genugsam gegeneinander verhören; mittlerweile sollen sie zwar dem Pfarrer zu Schnirpflingen keine, wohl aber ihrem Edelherrn alle bisherigen Dienste leisten. Nicht so gefügig waren die Prälaten. Besonders der Abt von Roggenburg wollte seinen Bauern auch nicht mit Worten ein Zugeständnis in Aussicht stellen, und die Ratsherren zu Ulm erklärten ihm zuletzt, da er seinen Bauern sich zu nichts erbiete, dessen sie begnügig sein könnten, da er vor den Rat nicht kommen und die Bauern gütlich nicht weiter handeln wollen, so wissen sie dem Abte nicht zu raten. „Der Mönch von Roggenburg", wie die Ratsherren ihn jetzt unter sich hießen, spielte ganz den Trotzigen wie der Herr Fürstabt zu Kempten. Der Abt von Wettenhausen verlangte bewaffnete Hilfe von Ulm; der Rat schlug es aber ab, ihm wider seine armen Leute einen Beistand zu leihen. Und doch waren die Ratsherren bei weitem auf Seite der Herren; denn den Bauern des Propstes zu Herwartingen sagten sie geradezu, sie werden die Stiftsbriefe und der Bauern Kundschaft gegeneinander verhören und alsdann das Billige zwischen ihnen sprechen; die Bauern müssen aber bei dem Propste bleiben; wenn sie das nicht tun wollen, so werde man die Gesandten der Bauern in den Turm legen.

So sehen wir eine Gemeinde um die andere sich gütlich oder zu Recht an ihre Herrschaft wenden, und erst, als sie wahrnehmen, daß man ihnen einzeln auch das Billigste nicht zugestehen will, schließen sie sich zusammen; sie wollen versuchen, ob man ihnen zuhauf nicht gewähren werde, was man den einzelnen weigerte; ja, sammeln sich in Haufen, um gemeinsam Widerstand tun zu können, wenn man sie, während sie ihre Sache auf dem Rechtsweg verfolgen, vielleicht gewaltsam angreifen möchte, um sie niederzudrücken.

Die Kunde von dem Zusammentritt so vieler Bauerschaften in die christliche Vereinigung machte, wohin sie kam, großen Eindruck auf das Volk; vor den Hütten, auf dem Felde, in den Wirtshäusern wurde dieses Ereignis der einzige Gegenstand, um den sich das Gespräch drehte, und es kam zu hitzigen Erörterungen, da alles Partei nahm, die meisten für, wenige gegen die Bauern.

22

Die Bundesordnung der Allgäuer

Zu Memmingen, wo Hauptleute und Ausschuß der Allgäuer auf dem zweiten Bundestag zusammensaßen, entwarfen sie eine Ordnung, wie es zunächst bei der christlichen Verbrüderung gehalten werden solle. Es waren zwölf Artikel. Darin erbot sich die „ehrsame Landschaft der christlichen Vereinigung", was man geistlicher und weltlicher Obrigkeit von göttlichem Recht zu tun schuldig sei, Gehorsam einzuhalten und derselben in keinem Weg widerwärtig zu sein. Sie erklärten als ihren Willen und ihre Meinung, daß ein gemeiner Landfriede gehalten werde und niemand dem anderen wider Recht tue. Ob es sich aber begeben würde, daß jemand mit dem anderen zu Krieg und zu Aufruhr bewegt würde, so sollte sich niemand rotten noch parteien, und es sollte die nächste Person, wes Standes sie sei, Macht haben, Friede zu gebieten, und der Frieden sollte von Stund an auf den ersten Friedruf, das erste Abbieten, gehalten werden; wer solchem Friedbieten nicht nachkäme, sollte nach seinem Verschulden bestraft werden. Anerkannte Schulden oder solche, worüber Briefe, Siegel oder glaubwürdige Zeugnisse vorlägen und die verfallen wären, sollten bezahlt werden; würde jemand Einrede dagegen zu haben vermeinen, dem sollte das Recht vorbehalten bleiben. Wo Schlösser in der Landschaft wären, die nicht im Verbündnis der christlichen Vereinigung ständen, so sollten die Inhaber derselben freundlicher Meinung ersucht werden, diese Schlösser nicht weiter als zum nötigen Bedarf mit Proviant zu versehen und sie weder mit Geschütz noch mit Personen, welche nicht in die christliche Vereinigung getreten wären, zu besetzen; wollten sie aber ihre Schlösser stärker als bisher besetzen, so sollten sie, wie auch die Klöster, ihre Häuser auf ihre Kosten nur mit Leuten besetzen, welche der christlichen Vereinigung im Allgäu verbunden oder zugehörig wären. Wo Dienstleute sich fänden, welche Fürsten und Herren dieneten, die sollten ihren Eid aufgeben; die, welche das täten, sollten in die Vereinigung aufgenommen werden, die es aber nicht täten, sollten Weib und Kind zu sich nehmen und die Landschaft unbetrübt lassen. Wo aber ein Herr einen Amtmann oder einen anderen, der in der christlichen Verbindung wäre, vertriebe, sollte derselbe zwei oder drei zu sich nehmen und zu Verhör bringen, was mit ihm gehandelt worden. Alle Pfarrer und Vikare sollten freundlich ersucht werden, das heilige Evangelium zu predigen, und welche das tun wollten, denen sollte die Pfarrei geziemenden Unterhalt geben, welche aber solches nicht tun wollen, die sollten beurlaubt und die Pfarreien mit anderen dazu Bereitwilligen versehen werden. Wollte sich jemand mit seiner Obrigkeit in Vertrag einlassen, so sollte dieser ohne Wissen und Willen gemeiner Landschaft der christlichen Vereinigung nichts beschließen; und würde auch mit Verwilligung der Landschaft ein solcher besonderer Vertrag geschlossen, so sollte der Vertragene nichtsdestominder in ewiger Verbündnis bei der christlichen Vereinigung bleiben. Von jedem Haufen sollte ein Oberster und vier Räte geordnet werden, welche Gewalt haben sollten, mit anderen Obersten und Räten zu handeln, was sich gebühre, damit die Gemeinden nicht allweg zusammen sein müßten. Kein geraubtes Gut, das diesen Mitverwandten entwendet wäre, sollte passieren dürfen. Wollten Handwerksleute ihrer Arbeit nach aus dem Lande ziehen, so sollten sie dem Hauptmann ihrer Pfarrei angeloben, sich wider die christliche Vereinigung nicht bestellen zu lassen, sondern wo einer hörete und vernähme, daß der Landschaft Widerwärtigkeit zustoßen wollte, sollte er solches der christlichen Vereinigung zu wissen tun und, wenn es vonnöten würde, von Stund an seinem Vaterland zuziehen und ihm mit Rat und Tat helfen; ebenso alle, die in Kriegsdiensten auswärts wären. Gericht und Recht sollten, wie es zuvor geschehen, ihren Fortgang haben, und unziemliche Spiele, Gotteslästerung und Zutrinken verboten sein und die Übertreter nach Verschulden gestraft werden. Endlich sollte sich niemand empören noch aus irgendeiner Ursache gegen seine Herrschaft und Obrigkeit etwas vornehmen, sie mit Gewalt angreifen und ihnen das Ihre nehmen weder an Holz noch Wasser, noch sonst an was, bis weiterer Bescheid käme, bei Strafe an Leib und Gut.

Am Dienstag nach Invokavit, dem 7. März, nahmen alle Rotten des Oberallgäuer Haufens diese Ordnung an, und ebenso wurde sie angenommen von dem See- und Baltringer Haufen sowie von dem Unterallgäuer Haufen. Alle diese Haufen verpflichteten sich, treu zueinander zu halten, und bekräftigten das Schutz- und Trutzbündnis mit ihren Eiden. Noch war keine Gewalt geschehen. Überall waren die Bauern aus den Hauptlagern, worin die Versammlungen gewesen waren, der neuen Ordnung gemäß wieder in ihre Gemeinden auseinandergegangen. Nur in den Hauptquartieren blieben die Obersten und die ihnen zugegebenen Räte. Für die zum Baltringer Haufen Gehörigen blieb als Hauptsammelplatz das Ried bei Biberach, für die Oberallgäuer Leubas, für die Unterallgäuer Raithenau, für den Seehaufen Bermatingen. Jede Pfarrei, die ganz zur Vereinigung geschworen, hatte ihren Hauptmann und ihre Räte und bei dem Ort einen Sammelplatz, wohin der Hauptmann die Gemeinde zusammenberief. Solche Plätze waren dann auch die Punkte, auf welche sich die aus solchen Gemeinden zu stellen hatten, in denen nur ein Teil in die Brüderschaft getreten war. Neben den Hauptleuten und Räten waren auch Richter gewählt zur Schlichtung von Streitigkeiten auf den einzelnen Plätzen. Von Zeit zu Zeit boten die Hauptleute zur Versammlung, und wenn es nötig war, rief der oberste Hauptmann alle Plätze ins Hauptquartier zusammen. In allen Kirchen und Kapellen wurde es abgestellt, die große Glocke, wie es sonst gewöhnlich war, zu kirchlichem Zwecke zu läuten; als ihre einzige Bestimmung für jetzt wurde das Sturmläuten bezeichnet; läutete die große Glocke, so hatte ein jeder bei seinem Eide auf seinem Platze mit gewehrter Hand zu erscheinen und, je nachdem ihm hier weiterer Bescheid wurde, hier das Gehörige zu vernehmen oder dem Hauptquartier zuzuziehen.

So dachten die verbündeten Bauerschaften dieser Lande auf Verfolgung ihrer Beschwerden und auf Verteidigung.

Wenn man alles, was bisher getreu aus den Urkunden erzählt wurde, unbefangen und mit Rücksicht auf die alten verbrieften Freiheiten dieser Bauerschaften, auf ihr altes Recht, Waffen zu tragen, sich frei zu versammeln und zu tagen, und auf ihre würdige Haltung überblickt, sollte man nicht einstimmen in den Ausruf eines edeln Mannes, der es nicht verbarg, daß er ein Herz für das Volk hatte? „Jene von den Hauptleuten und Räten zu Memmingen verfaßte Ordnung", sagte dieser, „setzt es allein schon so ziemlich ins reine, daß der Bauernkrieg im Grunde nichts war als ein heftiger Naturschrei der von Herren und Prassern gedrückten Menschheit, die sich nach langwierigem Dulden und nach vielfachen demütigen Vorstellungen nicht anders als durch eine schreckliche Explosion zu helfen wußte. Von Sonnenaufgang bis Sonnenuntergang rief ihnen eine Stimme zu: Gib! Gib! – und da sie nicht mehr geben wollten, weil sie nicht mehr konnten, und doch geben mußten, so brachte tyrannischer Druck der Obern die Landleute zur Verzweiflung, und das nannten dann hernach ihre geistlichen und weltlichen Tyrannen Rebellion und Aufruhr."

An demselben Tag, an welchem die Bundesordnung beschworen wurde, erließen der Ausschuß und die Gesandten der Landschaft von den drei Haufen an die zu Ulm versammelten Räte des schwäbischen Bundes ein Schreiben, worin sie baten, da sie nichts als das reine Evangelium und das göttliche Recht begehrten, möchte ihnen ihre Vereinigung nicht sträflich ausgelegt werden.

23

Diplomatische Überlistung der Bauern durch den schwäbischen Bund

Der schwäbische Bund hatte gleich anfangs, als die Haufen zusammentraten, sie unter dem Scheine gütlichen Entgegenkommens durch Abgeordnete um ihre Begehren befragen lassen. So war zum Baltringer Haufen Graf Hans von Königsegg-Aulendorf und der Bürgermeister Ulrich Neithard von Ulm hinaufgeritten. Sie hatten zur Antwort erhalten, eben das, was der Bauernausschuß schriftlich von sich gab: Der Landleute Absicht sei nicht, jemand zu beleidigen; sie verlangen nur, dem reinen Evangelium und göttlicher Schrift Beistand zu tun. Die beiden Abgeordneten suchten sie zu überzeugen, daß die Herren nichts gegen das Evangelium vorhaben und wenn sie gegen ihre Obrigkeit und Herrschaft Beschwerden zu haben vermeinen, sollen sie sie vortragen, man werde dann alle billige und gerechte Abhilfe gewähren, und ginge es nicht gütlich, solche durch rechtlichen Austrag vergleichen.

So sprachen die Herren, um die Bauern zu täuschen und sie hinzuhalten. Insgeheim, unter sich zu Ulm, lachten die Bundesräte der Leichtgläubigkeit der Bauern. Hatte der Kanzler Eck an Herzog Wilhelm von Bayern am 15. Februar geschrieben, wie sie unter dem Scheine des Entgegenkommens die Bauern, diese Bösewichter, hinhalten wollen, bis das bündische Kriegsvolk ankomme, um sie plötzlich zu überfallen, so schrieb er unterm 22. Februar: „Die Bauern sollen gestraft werden nach Notdurft, sobald uns Gott gegen den unsinnigen Mann von Twiel Glück und Segen gibt." Die Kunde vom Anzug des Herzogs Ulrich war da; darum schon mußten die Bauern in einen Stillstand hineingetäuscht werden. Am 26. Februar schrieb er: „Wir müssen morgen wieder zu den Bauern hinausschicken und mit ihnen einen Anstand machen, so leidlich es geht, damit wir mit allem Volk dem Herzog von Württemberg entgegenziehen können." Und am 27. schrieb er: „Wir stellen die Bauern auf diesmal an ein Ort (d. h. beiseite) und ziehen zunächst gegen den Herzog; gelingt es uns mit dem, dann wollen wir auf dem Heimzug den Bauern also abbrennen, daß sie wollten, sie hätten alles unterwege gelassen." Und am 2. März, während ein Teil der Bundesräte, um die Bauern mit Unterhandlungen hinzuhalten, in den Bauernlagern umherritt, schrieb dieser bayrische Kanzler an seinen Herrn: „Das bündische Kriegsvolk ist heute allenthalben im Aufbruch. Mit Mühe ist es dazu gekommen; wie, das will ich, wenn ich anheim komme, Ew. fürstlichen Gnaden schwankweise sagen." So lachte Eck der Überlistung der Bauerschaften, unter deren Augen der schwäbische Bund all sein Kriegsvolk wegzog und sie stehenließ in Unterhandlung und in Hoffnung auf Ausgleichung ihrer Beschwerden. Eck und die Seinen waren mit sich im reinen, wie auf diese Beschwerden einzugehen sei. „Nur für jetzt still und geheim!" schrieb er am 7. März an seinen Herzog, „aus den Begehren der Bauerschaft ersieht man, was die lutherische Lehre wirkt. Wildbret und Fische frei und niemand nichts zu geben! Dieser Teufel ist nicht zu bannen ohne den Henker." Während die Bauern auf gütlichen Austrag ihrer Sache durch den schwäbischen Bund warteten, sorgten die Bundesräte für Kriegsgelder, Pulver und Geschütz, und Eck schrieb am 9. März seinem Herrn: „Wir werden gegen die Bauern bald solchen Ernst gebrauchen, daß ihr höllisch Evangelium in kurzen Tagen erlöschen wird. Die guten, frommen Leute vom Regiment in Eßlingen möchten im Ernst, daß man den Bauern nachgebe. Das werden wir nicht tun; wir würden dadurch unsere Reputation verlieren wie alte Huren. Der Bauern brüderliche Liebe ist mir ganz zuwider. Ich habe mit meinen natürlichen und leiblichen Geschwistern nicht gerne geteilt; geschweige, daß ich das mit Fremden und mit Bauern täte."

So schrieb der Bundesrat Kanzler Eck in denselben Augenblicken insgeheim, in welchen der Bund öffentlich unter seinen Augen mit den Bauern auf einen gütlichen oder rechtlichen Austrag abschloß und dadurch einen Waffenstillstand erhielt.

Denn der von dem Bund ausgegangene Vorschlag zu gütlicher Verhandlung wurde von den Bauern angenommen. Die Städte Ravensburg und Kempten vermittelten zwischen dem schwäbischen Bund und zwischen den Bauerschaften einen Waffenstillstand, und die vorhin von uns mitgeteilte Bundesordnung der Bauern zeigt, wie es ihnen Ernst war mit ihrem Versprechen, während der Verhandlungen sich friedlich zu halten. Die Gesandten der drei Haufen im Allgäu, am Bodensee und im Ried, welche unter sicherem Geleit des schwäbischen Bundes nach Ulm gingen, um ihre Sache vor den Bundesständen zu führen, hatten von der allgemeinen Versammlung der Bauern die Weisung, zunächst fleißig anzuhalten, daß es bei dem Vorschlag gütlicher Handlung bleibe; würde aber solches von den Bundesständen nicht angenommen, sondern auf rechtlichem Austrag bestanden, so sollen die Gesandten die Richter nennen, welche die Bauern zu Erklärung des göttlichen Rechts ihres Vertrauens wert achten. Diese Richter, welche in der Instruktion der Gesandten genannt waren, bestanden aus folgenden Namen: Erzherzog Ferdinand als Statthalter des Kaisers mit zwei christlichen Lehrern, Herzog Friedrich von Sachsen mit Martin Luther, Philipp Melanchthon oder Pomeranus (Dr. Bugenhagen); die Städte Nürnberg mit den christlichen Lehrern Osiander und Dominikus Schleupner, Straßburg mit einem oder zwei christlichen Lehrern, ebenso Zürich und Lindau. Würden diese, hieß es in der Instruktion, nicht als Richter angenommen, so sollen die Gesandten vorschlagen, die Bundesstände mögen selbst Richter auserlesen, doch sollen die Gesandten die von den Bundesständen dann Vorgeschlagenen nicht annehmen, bis die allgemeine Versammlung der Bauern ihre Zustimmung gegeben haben würde.

Für die gütliche Handlung wurden von den Bauern vorgeschlagen, vom Unterallgäuer Haufen: die zwei Bundesstände Gordian Seutter, Bürgermeister zu Kempten, und Heinrich Besserer, Bürgermeister zu Ravensburg; der Bürgermeister von Memmingen und der Rat daselbst in eigenem Interesse; der Prediger zu Memmingen, Dr. Christoph Schappeler; vom Bodenseehaufen: Hans Schultes, Bürgermeister und Zollner, Zunftmeister zu Konstanz, Hans Farnbuchler, Bürgermeister zu Lindau, und Hans Bodenmaier ebendaher; vom Baltringer Haufen: Bürgermeister Springer zu Riedlingen, Veit Maurer, Bürgermeister zu Saulgau, Herr Leopold Dick, Lizenziat von Babenhausen, Doktor Hans Zwick, Pfarrer zu Riedlingen, Ulrich Roggenburger, Lizenziat zu Kempten, Doktor Fuchssteiner, Meister Bartholomä, Prediger zu Biberach, Konrad Stark von Biberach und der Bürgermeister zu Kaufbeuren; vom Oberallgäuer Haufen: Heinrich Seltmann, Bürgermeister zu Kempten, Hans Heistung, Zunftmeister daselbst, Martin Lohinger, Bürgermeister zu Leutkirch, Kaspar Eberhard, Bürgermeister zu Isny, der Stadtschreiber von Isny, der Bürgermeister zu Reutin im Ehrenberger Gericht, Herr Ammann Welser zu Tanckweil und Herr Ammann Erhard aus dem Bregenzer Wald.

Das waren die Männer der bürgerlichen Aristokratie, auf welche die Bauern Vertrauen setzten. Als die Gesandten derselben zu Ulm mit diesen Mittelsmännern hervorrückten unter der Vormerkung, daß, wenn ein gütliches Übereinkommen nicht zustande käme, solche Handlung beiden Teilen an ihren Rechten unschädlich sein sollte, da wollten die Herren von Ulm nichts davon wissen, sie verwarfen den Vorschlag als zu weitläufig „und zu förderlicher Hinlegung dieses beschwerlichen Handels undienlich". Am 25. März machten Heinrich Besserer, Gordian Seutter und die Gesandten der drei Haufen einen neuen Vorschlag. Von jeder Obrigkeit und deren Untertanen, zwischen welchen Irrungen und Gebrechen wären, sollte jeder Teil zwei Schiedsmänner aus weltlichen Personen wählen und diese vier mit Fleiß darangehen, sie der Gebrechen halb in Güte zu vereinen und zu vertragen. Und in welchen Artikeln sie die Güte nicht finden würden, über diese sollten sich die Parteien vor denselben vier Schiedsmännern als Zusätzen und einem Obmann rechtlichen Austrags genügen lassen. Über diesen Obmann sollten sich die Parteien vergleichen, und wo sie sich darüber nicht vergleichen könnten, sollte jeder Teil zwei oder drei benennen und daraus einer durchs Los oder durch die Bundesstände zum Obmann erwählt werden. Was durch diesen Obmann und die Zusätze (Beisitzer) des Gerichts einhellig oder mit Stimmenmehr an dem mündlichen oder schriftlichen Vorbringen beider Parteien als Recht erkannt oder gesprochen würde, das sollte von jedem Teil ohne Widerrede vollzogen werden. Würden diese Vorschläge von beiden Seiten angenommen, so sollten gleich nach der Annahme die Bauerschaften der drei Haufen einander ihres Bündnisses und ihrer Verpflichtung ledig zählen, heimziehen und sich hinfür des Zusammenlaufens enthalten. Ihren Obrigkeiten und Herrschaften aber sollten sie, wie vor dem Anfange ihrer Verbrüderung, Gehorsam leisten und alles, wie bisher, ohne Widerrede bis zu Austrag der Sachen reichen und tun. Was für unbillig erkannt würde, sollte hinfür abgestellt sein, und solche Sache in einem halben Jahre demnächst, oder wie man sich des bei Annahme des Schiedsgerichts vergleichen würde, ihre Endschaft erreichen. Jede Obrigkeit und Herrschaft sollte ihre Ungnade und alle Ungunst gegen ihre Untertanen fallenlassen und niemand sich deshalb eines Argen zu gewarten haben. Alle diese Punkte sollten verbürgt, beschworen und verbrieft werden. Um das Schiedsgericht aufzurichten, sollten die Bauerschaften einen Ausschuß aus sich mit Vollmacht nach Ulm verordnen.

Beide Teile nahmen auf diese Vorschläge acht Tage Bedenkzeit, so daß die allgemeine Versammlung der Bauerschaft längstens auf Sonntag Judika, den 2. April, ihre Antwort nach Ulm mitteilen, inzwischen nichts Gewaltsames vornehmen und niemand in ihre Verbrüderung nötigen sollte. Auch der schwäbische Bund versprach, in der Zwischenzeit mit tätlicher Handlung stillezustehen.

Die Gemäßigten und Vertrauenden in den Lagern hatten die Mehrheit. Die Bewegungsmänner und die Klügeren drangen nicht durch; auch der schlaue Fuchssteiner nicht.

So gelang es, die Bauern dieser drei Haufen durch heuchlerische Unterhandlungen hinzuhalten und sie in ihrer Treuherzigkeit die beste Zeit zum Schlagen verpassen zu lassen, während inzwischen eine große Gefahr für den schwäbischen Bund, der Einfall des verbannten Herzogs Ulrich, vorüberging.

24

Herzog Ulrichs kriegerische Fastnacht, des Truchseß List im Hegau und der Schweizer Verrat an Ulrich

Die Kunde vom Einfall des geächteten Herzogs von Württemberg brachte nicht nur den Münchner Hof, sondern Fürsten und Herren weithin in Schrecken. Steigende Gärung der Bauerschaft in Tirol und im Vorarlbergischen; eine Auflehnung der Erzknappen in Schwaz um die Mitte des Februar, welche mit Mühe der Erzherzog Ferdinand in Person beschwichtigte; die Bauernlager in Schwaben; die geächteten Ritter und ihre Werbungen in Böhmen; das Gerücht, Pfalz und Hessen seien mit dem Württemberger im Bunde – das traf zusammen, als Ulrich auf Württemberg zog.

Der Hauptmann des schwäbischen Bundes, Truchseß Georg von Waldburg, eilte, einzelne Bauerschaften der Hegauer durch gütliche, für sie vorteilhafte, Anerbieten zu beschwichtigen, da er als Bundesoberster Befehl hatte, gegen den Württemberger zu ziehen.

Von Dotternhausen bei Balingen aus schickte Herzog Ulrich dem schwäbischen Bund einen Absagebrief durch einen Reiterjungen nach Ulm. Die Bündischen gaben ihm 5 Gulden, und zum Zeichen des empfangenen Briefes zerschnitten sie ihm den Rock an einigen Orten und schickten ihn unter Geleit wieder zu seinem Herrn zurück. Während er selbst zu Dotternhausen lagerte, hatten sich die Schweizer in den benachbarten Dörfern gesetzt, wo sie Fastnacht feierten; denn es war die rechte Fastnacht den 28. Februar.

Sobald der Truchseß die Hegauer hinter sich beschwichtigt hatte, zog er über Tuttlingen mit 300 Reitern und 700 zu Fuß, meist Landsknechten, dem Herzog nach. Oberster Hauptmann der Landsknechte war jener Hans Müller mit der einen Hand, der beim ersten Einfall dem Herzog Ulrich so tapfer gedient hatte. Der Truchseß zog ihm den beschwerlicheren, aber viel näheren Weg durch das Bärental nach und kam über die Lochen hervor, einen Bergvorsprung über Balingen, der als ein senkrechter Fels gegen diese Stadt abstürzt. Noch unterwegs war er einem Fähnlein Bauern aus dem Hegau begegnet, das dem Herzoge zuziehen wollte. Es war Fastnachtdienstag um Mittag. Er fiel über sie, erstach ihrer an 60 und gewann ihr Fähnlein, schwarz und rot, mit einem weißen Kreuz darin, das er seinem Vetter, Truchseß Wilhelm, dem Statthalter im Herzogtum Württemberg, als Beutepfennig schickte. Hier war es, wo Graf Friedrich von Fürstenberg verwundet wurde und dann seine Bauern sagten: „Stürb unser Herr, das Gott wöllte, so müßten wir vor Leid rote Kappenzipfel tragen." Als er des Abends auf dem Lochen anlangte und vom Lochenstein aus das Lager des Herzogs übersah, wobei er und die edeln Herrn bei ihm sich auf den Bauch legten, um von den Feinden nicht gesehen zu werden, entdeckte er, wie etwa 300 Schweizer und Schwarzwälder Bauern auf einen Acker zogen und die Gemeinde hielten. Sie berieten sich, wo sie ihr Nachtquartier nehmen wollten, und man sah sie gleich darauf in das Dörflein Weilheim abziehen, das unten am Lochenstein liegt. Da sprach Herr Georg: „Möchten wir die morgen ertappen, das wär' eine rechte Morgensupp' für uns!" Er hielt darum selbige Nacht gute Sorge und war früh auf. Aber als er mit dem Vortrab in der Dämmerung des 1. März die Lochensteige hinabkam, gewahrten ihn die Bauern und wollten dem Lager des Herzogs zueilen. Das sah Herr Georg. Er hatte noch kaum fünfzig Pferde herunter, es waren fast lauter Grafen und Herren. Im Nu hatte er diese Handvoll geordnet und verrannte den fliehenden Schweizern und Schwarzwäldern den Weg, daß sie an einen See hinter einen Graben sich flüchteten und sich hier mit ihren Wehren in guter Ordnung aufstellten. Doch waren sie so erschrocken, daß sie niederknieten und um Gnade baten. Der Truchseß wollte einen Schrecken in die Schweizer und die Bauern bringen und ein Exempel statuieren, damit sie alle den Herzog verließen und heimzögen, darum gab er keine Gnade, sondern ermahnte sie, sich um Leib und Leben zu wehren. Sie taten es. Des Truchseß Ritter setzten mit ihren Rossen über den Graben und erstachen 133 Mann. Auch ihre Fähnlein gewannen sie. Vom Adel wurden nur wenige geschossen und wund, keiner auf den Tod, nur 15

Pferde fielen. Als der Lärm in das Lager des Herzogs kam, trat alles unter die Waffen und rückte aus. Der Truchseß aber, der seinen Zweck erreicht hatte, und, weil er schwächer war, nur, wo er des Vorteils gewiß war, schlagen wollte, hatte sich schon nach Ebingen zurückgezogen. Es zeigte sich, daß Herr Georg der Schweizer und Bauern Art wohl kannte. Noch in selber Nacht zog der größere Teil der Schweizer heim, teils aus Furcht, da sie sahen, daß die Eroberung des Herzogtums nicht so leicht ging, und sie gleich beim Eintritt ins Land eine Schlappe erhielten, teils weil sie sahen, daß beim Herzog nicht viel Geldes zu erholen war und er sie über ihre Gewalttätigkeiten zur Rede stellte. Auch Hans Müller von Bulgenbach mit den Bauernfähnlein verschwindet schon hier aus dem Heere des Herzogs, wahrscheinlich, weil sie die Stimmung der württembergischen Bauern nicht so fanden, als Ulrich ihnen vorgespiegelt hatte. Die Stimmung war gut bäurisch, aber nicht sehr herzogisch.

So fand sie nun auch Ulrich, als er sein Herzogtum betrat. Er hatte in der Schweiz versprochen, wenn er sein Land wieder erobere, wolle er das Evangelium beschirmen, die armen Leute von der Leibeigenschaft und allen Dienstbarkeiten frei machen und die Gotteshäuser und Stifter abtun. Die für ihre Freiheit aufgestandenen Bauern, die Ulrich begleiteten, sahen nun aber, daß er nicht ihr Bruder war, sondern ganz den Herzog spielte und nichts weniger als die Aufhebung der Leibeigenschaft und der Dienstbarkeiten verkündete. So verließen sie ihn und seine Sache. Die von Ulrichs Söldnern geplünderten württembergischen Bauern wandten sich an den Hauptmann ihrer Interessen, an Hans Müller von Bulgenbach.

Ulrich zog am Samstag über den Neckar auf Bondorf und von da vor Herrenberg. Als die Herrenberger ihn mit seinem Haufen sahen, taten sie drei Schüsse zu ihm aus Doppelhaken. Drei brennende Häuser, die er in dem Dörflein Nebringen anzündete, für drei Knechte, die ihm hier erstochen wurden, hatten denen in der Stadt seine Ankunft angezeigt. Wie er gegen die Stadt kam, zog auch der Truchseß die Höhe herab. Das Heer des Bundes hatte sich inzwischen auf 14 000 Mann zu Fuß und 700 zu Pferd verstärkt. Herr Georg rückte mit den Bündischen in voller Schlachtordnung daher, dreißig Trommeln wirbelten, und zweiunddreißig Fähnlein glänzten in ihren Farben über den Haufen wie die Harnische des Kriegsvolkes. Herzog Ulrich hatte sich längst vor der Stadt gesetzt und sein Geschütz gegen dieselbe gerichtet; er lagerte auf dem Spitalacker. Herr Georg näherte sich dem herzoglichen Lager so sehr, daß man sich gegenseitig mit Schüssen erreichte. Der Herzog ließ sein Geschütz wenden und es dreimal auf die bündische Reiterei abbrennen, aber ohne Schaden für dieselbe; es war zu hoch gerichtet. Der Truchseß bat das württembergische Landaufgebot, sich nach Herrenberg hineinzuwerfen und die Stadt zu verteidigen; aber sie weigerten sich und wandten sich,

Überfall bei Balingen

ehe der Herzog mit Schießen fortfuhr, rückwärts bis zu dem nächsten Dorfe (Gültstein), hinter welchem die Fähnlein der bündischen Knechte aufgestellt waren.

Diese wollten die Rückziehenden mit Worten und Wehr aufhalten; aber sie wollten tun wie die Herrenberger, ihre Landsleute, von denen sie vermerkt hatten, daß sie wieder zu ihrem altvorigen Herrn übergehen. Sie zogen mit ihren Wagen an den Bündischen vorüber, Tübingen zu, wo sie in ihrem alten Lager auf dem Österberg sich setzten. Die Fähnlein von Brackenheim, Vaihingen und Maulbronn zeigten sich am abgeneigtesten. Herr Georg hielt nach ihrem Abzug noch bis Abend um 4 Uhr im Feld; weil er aber nicht wohl ins Feld gerüstet war, zog er sich nach

Rottenburg und Tübingen zurück, und um 5 Uhr abends ergab sich Herrenberg an Ulrich. Dieser lagerte selbige Nacht noch in dem nahen Gärtringen, zog am anderen Morgen, es war Montag, auf Böblingen und Sindelfingen und gewann sie, weil sie nicht besetzt waren, ohne Mühe. Hier aber zeigte Ulrich abermals, daß er kein Feldherr war. Seine Leute nahmen Leonberg ein, und er lag dabei vom 6. bis 9. März in Sindelfingen. Die Schweizer und die Seinen tranken den Mönchen im Kloster in der Vorstadt ihren Wein und ihr Bier aus; sie hatten großen Vorrat davon in dem reichen Kloster gefunden. Und über dem Zuströmen des Landvolkes, das sich von allen Seiten bei ihm einfand und ihm huldigte, vergaß er, daß er mit der Hauptstadt Stuttgart eigentlich das ganze Land gewonnen hätte.

Das übersah der Truchseß nicht. Während die Bundesräte im Hauptquartier darauf drangen, Tübingen, Kirchheim, Schorndorf und Göppingen zu besetzen als die gelegensten Punkte, die Bundeshilfe zu erwarten, da man dem württembergischen Fähnlein nicht trauen durfte und sie alle in ihre Heimat entlassen hatte, bestand Herr Georg darauf, daß das Kriegsvolk nicht verteilt werde, weil sonst Stuttgart mit allen anderen Städten verlorengehe; auf Stuttgart müsse man achthaben, denn wer dasselbe innehabe, der habe das ganze Land an ihm. Mit seinem geringen Feldgeschütz werde der Herzog, da er die Mauerbrecher zu Balingen gelassen habe, vor Stuttgart nichts ausrichten, sobald es von ihnen gut verteidigt werde. Müsse er aber lange vor Stuttgart liegen, so werden ihn die letzten Schweizer verlassen, denn die Schweizer bleiben nirgends ohne Geld, und der Herzog habe keines. Diese schlagenden Gründe siegten, und auf des Truchseß Befehl hatte sich Graf Ludwig von Helfenstein mit einem guten Geschütz, 1600 Fußknechten und 600 Pferden nach Stuttgart geworfen, ehe der Herzog, der mit seinen Schweizern und Bauern in Sindelfingen trank, an die Möglichkeit dachte. Er scheint im Ernst geglaubt zu haben, der Truchseß sei ein Held wie er, der sich nicht übereile; denn Ulrich dachte an Stuttgart, ließ sich auch im Schloß daselbst ein Bett aufmachen und in die Stadt sagen, er werde die nächste Nacht darin schlafen, aber die Stadt zu besetzen, daran dachte er nicht. Der Helfensteiner war sehr erfreut, im Stuttgarter Schloß alles so parat zu finden. Die Stuttgarter Bürger waren gut württembergisch, nur die große bündische Macht, die sich plötzlich in die Stadt warf, schreckte sie.

Des anderen Tages bewegte sich Herzog Ulrich von Sindelfingen über das Gebirge her auf Stuttgart. Wäre er nicht so lange in Sindelfingen gelegen, so wäre er in die Stadt gekommen ohne alle Not. Jetzt mußte er sie belagern. Sein tätigster Verbündeter in der Stadt war der Henker. Der wohnte auf einem Turm der Stadtmauer, und während der Herzog vom Donnerstag bis Sonntag nur etwa 70 Mann der Besatzung erschoß,

erschoß der Henker dem Herzog zu gut bei 7 Knechte in der Stadt; er tat, als käme solches Geschoß von außen her von den Feinden, und entrann dann glücklich.

Indes war am 24. Februar sein Gönner und Verbündeter, König Franz von Frankreich, zu Pavia in einer großen Schlacht geschlagen und gefangen worden, und dadurch geschreckt, riefen die Kantone die Schweizer zurück, die bei Herzog Ulrich waren, bei Strafe an Leib und Gut; Österreich bestand darauf, und die Kantone widerstanden jetzt seiner Forderung nicht länger. Außer Balingen, Herrenberg und den nächsten Umgebungen Stuttgarts erhoben sich die württembergischen Bauern nirgends für Ulrich. Es blieb ihm nichts als der Rückzug, und am 17. März war er schon wieder über die Grenzen seines Landes. Er hatte es mit den Schweizern und Bauern verdorben, und, wie sie es spöttisch hießen, „das kriegerische Fastnachtspiel" war vorüber, nutzlos für die letzteren wie für den Herzog; erstens, weil sein Einfall, wider den ursprünglichen Plan, verfrüht war, zweitens, weil der Erzherzog die Schweizer im Heer Ulrichs bestach, daß sie ihn verrieten und sogar verkauften. Nicht ihre Schuld war es, daß er entkam.

Drittes Buch

1

Treulosigkeit des schwäbischen Bundes gegen die oberschwäbischen Bauern

Die Bauerschaft war, wie der Kanzler Eck zuvor gesagt hatte, „mit Unterhandlungen hingehalten worden, bis das Kriegsvolk ankam, um in sie zu fallen“. Fortwährend waren Bundesmitglieder von Ulm aus bei den Bauerschaften auf dem Ried, im Allgäu und am See herumgeritten und hatten sie in Untätigkeit zu erhalten gewußt, bis die von Ulrich drohende Gefahr vorüber war. Unter den Herumreitenden war namentlich Abt Gerwick von Weingarten. Es war den Bauern nicht so gar zu verargen, daß sie den Vorspiegelungen glaubten, als sei es dem schwäbischen Bunde ernst, sich ihrer Beschwerden anzunehmen, glaubten doch selbst Bundesverwandte anfangs daran. Denn man sah, sobald die Sache der Bauern vor den Bundesräten zu Ulm anhängig war, Grafen, Prälaten und gemeinen Adel mit ihren Untertanen unterhandeln, sie boten ihnen Brief und Siegel darauf an, daß sie ihnen alles das willig nachlassen wollten, was sie bei dem schwäbischen Bunde auswirken würden, es möchte mit oder ohne Recht sein.

Besonders arbeiteten die umreitenden Herren dahin, die drei Haufen zu trennen und zu Sonderverträgen zu bewegen; doch für jetzt umsonst.

Das waren nun die Tage, in welchen die Bauern ihre Artikel aufsetzten, um sie bei dem schwäbischen Bunde einzugeben. Schon am Sonntag Reminiscere schrieb Abt Gerwick an den Bund: Der Unterallgäuer Haufen, der bei Altdorf lagerte, habe ihn seine Artikel lesen lassen; es seien ganz gleich dieselben wie die, welche die Bauern auf dem Ried haben.

Die Bundesräte zu Ulm blieben ihrer Politik treu: Sie ließen die Bauern artikulieren, verhandeln und zuwarten, „bis der Bund freiere Hände haben würde“. „Man zog die Bauern mit Worten auf, solange man konnte, und rüstete sich unterdessen zur Gegenwehr.“ Und jetzt erklärten diejenigen Herren, gegen welche ihre Untertanen insbesondere beim schwäbischen Bunde sich beklagt hatten, geradezu: Man müsse die Bauern erst wieder zum Gehorsam bringen, alsdann wollen sie vor dem Bunde Rede stehen.

Das war auch die Ansicht des schwäbischen Bundes. Er gab Herrn Georg Befehl, hinter sich gegen die Donau zu ziehen und sich gegen die Bauern zu wenden.

Das war auch vor dem Ablauf nicht bloß, sondern vor dem Anfang des Waffenstillstandes vom 25. März.

In Stuttgart wurden die Knechte des Bundes meuterisch, sie wollten einen Sturmsold haben, weil ihnen der Herzog die Stadt nicht abgewonnen. Der Truchseß war damit beschäftigt, die Ämter Leonberg, Böblingen, Herrenberg und Balingen, welche abgefallen waren, zum Gehorsam zurück und zur Strafe zu bringen, vor allem, sie zu entwaffnen. Als er von der Meuterei der Knechte hörte, befahl er den Fähndrichen, allein aus der Stadt zu ziehen, weil die Knechte nicht ziehen wollten, bis sie bezahlt wären. Hauptleute, Weibel und Fähndriche zogen mit fliegenden Fähnlein aus Stuttgart nach Dagersheim, wo das Lager des anderen Kriegsvolkes war. Am dritten Tage zogen die meuterischen Knechte auch nach und fügten sich. Von allen Seiten zogen sich hier die Aufgebote der Bundesstände zusammen und bewegten sich gegen Urach, Tübingen und Kirchheim hin der Alb zu, um über die Alb gegen Ulm und Ehingen hin den Lagern der Bauern sich zu nähern und „den Bauern abzuwarten". Die Landsknechte aber wollten wieder nicht ziehen: Die Hauptleute hatten „nicht reinen Mund" gehalten, und es war unter die Knechte das Geschrei gekommen, daß es „wider die Bauern gehe". Sie traten in die Waffen und hielten eine Gemeinde. Sie forderten den Hauptleuten eine runde Erklärung ab, gegen wen sie geführt werden sollten, und da diese die Bauern nannten, verabredeten sie sich, daß sich keiner gegen die Bauern gebrauchen lassen wolle, weil ihre Sache gerecht sei, und erklärten einhellig, „wider ihre Freunde, die Bauern, zu fechten, seien sie nicht willig". Der Hauptmann von Memmingen zog geradezu mit seinen Knechten ab. Ihm folgten die Knechte von Augsburg; von allen blieb nur das Fähnlein und der Hauptmann Michael Fressenmaier mit sieben Knechten.

Truchseß Georg lag mit der Ritterschaft noch zu Böblingen. In ihrem Kriegsrate wurde beschlossen, den Grafen Friedrich von Fürstenberg, der bei den Knechten besonders beliebt war, mit etlichen Pferden den Abgezogenen Sindelfingen zu nachzuschicken, um sie zur Rückkehr zu bewegen. Dieser brachte es dahin, daß der Mehrteil der Knechte wieder umwandte in das Lager zu Dagersheim. Herr Georg begehrte an die Hauptleute, eine Gemeinde zu halten, so wolle er kommen und mit den Landsknechten Sprach halten. Die Hauptleute ließen die Fähnlein zusammentreten auf dem freien Feld bei Böblingen, und Herr Georg und seine Kriegsräte begaben sich in den Ring. Zu seiner Seite ritten namentlich Graf Friedrich von Fürstenberg und Herr Frowin von Hutten. Er ließ eine Stille umschlagen und sprach: „Liebe fromme Landsknecht und

Kriegsleut! Es langt mich an, ihr wollet nicht wider die Bauern ziehen. Hört man die Bauern, so handeln sie nichts, als daß sie allein Gottes Wort handhaben und aufrichten wollen; auch niemand nichts zu tun begehren, denn was recht ist. Auch der Bund begehrt, Gottes Wort zu handhaben und aufzurichten; bei den Bauern aber findet es sich nicht so, als sie vortragen, sondern sie haben ein böses Vornehmen; und daß dem also ist, so sehet: Sie haben mir meine Herrschaft eingenommen, die ich von meinem Herrn und Vater ererbt, wohl erkaufte Güter; und nicht allein mir, sondern auch Graf Friedrich von Fürstenberg und seinem Bruder Graf Wilhelm und vielen Herren, Edelleuten und Gotteshäusern Gewalt und Schaden getan. Damit ihr sehet, daß ich nichts Unrechtes begehre, so will ich es zu euch, fromme Landsknechte, setzen und euch erkennen lassen; was ihr sprechet, dabei will ich ungeweigert bleiben. Ihr sollt sehen, daß ihr nichts Unziemliches fürnehmen sollt, und wer mir zu meinem gerechten Unternehmen helfen will und wider die Bauern ziehen, der hebe mit mir die Hand auf."

Es war tiefe Stille. Ungefähr fünfzehn Hände sah man aufgehoben, sie gehörten meistens Hauptleuten. Betroffen sagte Herr Georg, wer nicht gerne bei ihm sei, möge sich nur bald hinwegmachen und abziehen; sie sollen aber ihr Bestes bedenken; wenn sich der Adel und die Reisigen von ihnen trennen, so seien sie ja verloren. Den hochgeborenen Adel werde Gott nicht verlassen; darauf sollen sie sich bedenken; er wolle hinein gen Böblingen reiten. Damit schied er.

Michael Fressenmaier, der Hauptmann der Stadt Augsburg, beredete zuerst sein Fähnlein, daß die Knechte einhellig wurden, als fromme Kriegsleute keinen Zug abzuschlagen, sondern zu folgen, wohin man sie führe. Dem Vorgang des Augsburger Fähnleins folgten auch die anderen Haufen, sie hörten auf das Einreden ihrer Hauptleute; nur die Konstanzer nicht, die zogen hinweg und nach Hause, daß niemand blieb als der Hauptmann und Fähndrich. Alle Fähnlein zusammen ordneten Jerg Perlenfein, den Hauptmann des Markgrafen Kasimir von Brandenburg, und Hans Lutz von Augsburg, den Herold des Truchsessen, an diesen ab, „als zwei Ambassadoren von gemeinen Knechten, daß sie auf Herrn Georgs und der hochgeborenen Ritterschaft Erbieten als fromme Knecht' wider die Bauern und wider den Teufel ziehen wollen". Das nahm der Truchseß zu Gnaden an und sagte, er werde auch tun wie ein frommer Herr und wolle überall der erste sein am Feind und nicht der letzte.

So brach das Heer aus beiden Lagern zu Dagersheim und Böblingen auf, und man zog nach Kirchheim an der Teck, wo die Kriegsartikel vorgelesen und der Fahneneid geschworen wurde. Zu Kirchheim zeigte sich schon wieder bei einigen ein widerspenstiger Geist. Die Knechte des Ritters Wolf Grämlich, lauter Reisige, weigerten sich hier, wider die Bauern

Der Truchseß vor Stuttgart

zu ziehen, auch die Fähnlein Hans Müllers mit der einen Hand verweigerten den Schwur. Wolf Grämlich, der Ritter, und Hans Müller, der Oberste der Landsknechte, blieben hier zurück, während der Truchseß mit dem übrigen Heer nach Ulm zog; zum Schutze Württembergs ließ er Rudolph von Ehingen zurück. Auch der Rat der Stadt Ulm, wohin der Truchseß alle Reisigen des Bundes auf zwei Tage und zwei Nächte einquartieren wollte, ließ nur 400 Knechte in die Stadt, und nur die Fußknechte des Rates selbst. Die von der Gemeinde in Ulm, die Zünfte, hielten sich zwar ganz ruhig, doch waren sie der Sache der Bauern nicht abgeneigt. Sie verkauften den Bauern Harnisch und Wehr und malten ihnen ihre Fähnlein, und man hörte manche Rede, die den Bundesständen ungebührlich vorkam. Der Ulmer Rat erklärte zwar den Bundesräten, er achte nicht, daß sein gemeiner Mann darauf umgehe, etwas wider die Billigkeit vorzunehmen, aber trotz dieser Erklärung war der Rat in Furcht, die Gemeinde möchte umschlagen und die Herren alle über die Mauern hinauswerfen.

Vier Tage lang ratschlagten die Bundesobersten und Räte zu Ulm, wie die Operationen gegen die Bauern zu machen wären. Viele Herren des Bundes, wie der Fürstabt zu Kempten, hatten sich schon früher, vom Anfang der Unterhandlungen an, offen zu Feindseligkeiten gerüstet; jetzt hatte auch der Bund, ungeachtet er noch fortunterhandelte, keinen Hehl, daß er „das, was die Bauern eigenen Willens sich unterfangen, mit den Waffen und Gottes Hilfe zu wenden entschlossen sei". Die Räte des schwäbischen Bundes nahmen jedoch den Kampf nicht als ein leichtes Spiel, so sehr auch viele Glieder des Bundes die Bauern verachteten. „Soll und will anders", schrieb Ulrich Arzt, der Bürgermeister zu Augsburg und des Bundes Hauptmann, „Schimpf, Spott und Nachteil verhütet werden, so bedarf es einer größeren Macht, als man bisher aufgeboten hat." Auf seinen Antrag mahnte darum der Bund gleich nach dem ersten und zweiten Drittel auch das dritte Drittel der Bundeshilfe eilends auf, und zwar sollte dieses in Geld erlegt werden, weil, wenn Fruchtbares ausgerichtet werden sollte, dies allein mit fremdem Kriegsvolk geschehen könne. So hatte denn in diesen letzten Tagen der Bund große Geldsummen zu seiner Verfügung gebracht, obwohl manche freie Stadt in ihren Zahlungen nicht sehr eilig war und Ulrich Arzt die eine und die andere wiederholt mahnen mußte, sie würden gar um Leib und Gut kommen, wenn sie nicht die ausgeschriebenen Anlagen ungesäumt einzahlen, denn es könne keine Beut' (Borgfrist) erleiden, eine Stunde sei zu lang, so bedrohlich stehen die Sachen. Und wie die Herren Geld und Söldner vor sich sahen, gingen sie auch mit Übermut vorwärts. Herr Georg hatte sogar einen Gedanken, der in die Bundeskasse ungeheure Summen schnell gebracht hätte. Zum Vorteil seiner militärischen Operationen schlug er vor, zu plündern und auf Beute auszugehen solle ganz verboten werden, denn dieses habe die Fähnlein oft zerstreut und manches Gefecht verlorengehen lassen; es sollen zwei allgemeine Brandmeister ernannt werden, welche in allen Orten, die man gewinne, die Brandschatzung erhöben; zwei Dritteile der Brandschatzung sollen der Bundeskasse, ein Dritteil dem Kriegsvolk statt der Beute zufallen. Da voraussichtlich mehrere Tausend Ortschaften überzogen und gebrandschatzt werden konnten, und hätte eine in die andere nur 300 fl. zahlen müssen, so wäre leicht eine

Million durch Brandschatzung eingebracht worden. Das gefiel aber etlichen Doktoren nicht. „Sie verstunden es nit anders, denn wie sie auf der hohen Schule gelernt.“

2

Eröffnung der Feindseligkeiten

Treuherzig hatten die Bauern etwas von den Verhandlungen erwartet. Jetzt, als sie die Waffenbewegungen des Truchseß und seine Reden zu Sindelfingen von zu ihnen geflüchteten Landsknechten und die außerordentlichen Kriegsrüstungen des Bundes vernahmen und ihre Abgeordneten aus der übermütigen Sprache der Herren, die nur von unbedingter Unterwerfung hören wollten, abnehmen konnten, wo es hinaus wolle, da verbitterten sich die Herzen der Landleute, ihre Zutraulichkeit schlug in Wut um, und so bekamen die Bewegungsmänner leichtes Spiel, welche bisher durch das Übergewicht derer niedergehalten worden waren, welche, gemäßigt, auf gütlichem oder rechtlichem Wege Erledigung ihrer Beschwerden zu suchen vorzogen.

Die Ulm zunächst umgebenden Bauerschaften entzündeten sich zuerst, und aus den Gegenden unterhalb Ulms lief das Feuer schnell hinauf bis an die Quellen der Donau; alle Bauern traten in die Waffen, die Fehde zwischen ihnen und ihren dreifachen Tyrannen, den Herren in Schlössern, Klöstern und Städten begann, und rauchende Edelsitze und geplünderte Stifter verkündeten schnell, daß der bisherige Sklave seine Fesseln und seine Geduld abgerissen hatte und aufgerichtet stand, um blutige Rechnung für den tausendjährigen Druck zu holen sowie für das arglistige Spiel, das man in den letzten Tagen mit seinem Vertrauen gespielt hatte.

Aber auch jetzt noch hatten die Entschiedenen nur die Mehrheit, nicht die Gesamtheit der Bauern für sich; und durch den ganzen Krieg zieht sich allerorten ein Schwanken; die Welle des Augenblicks hebt bald diese, bald jene Partei empor; heute haben die Gemäßigten die Oberhand, morgen die Bewegungsmänner; bald darauf die Schreckensmänner und hinterdrein wieder die Gemäßigten. Im Herzen der Masse wechseln Mißtrauen und Vertrauen schnell; dann beargwohnt sie alles, selbst ihre eigenen Führer, und dann läßt sie sich wieder kirren und einschläfern von denselben Herren, die ihr zum Mißtrauen so viel Ursache gegeben; sie vertraut ihnen und ihren Zusagen aufs neue.

Es blieb immer eine Friedens- und Kriegspartei unter den Bauern. Gar viele waren auch selbst im Lager nicht freiwillig und mit dem Herzen.

Anderen, die das zuerst waren, schwand Lust und Mut in die Länge, und viele suchten nur Wege, wie sie mit Fug wieder aus der Sache möchten kommen. Gar mancher war aus Furcht zu den Aufgestandenen getreten.

Zu den Kriegslustigsten in den Bauernlagern gehörten natürlich die Landsknechte, von denen manche einzelne darin sich fanden, und die waren gut bäurisch, das heißt, sie waren für den Aufstand, weil er eine Bewegung war, welche gute Beute versprach. Landsknechte, die aus Grundsatz bäurisch waren, gab es wohl auch, besonders viele pfaffenfeindliche. Zu den am wenigsten Kriegslustigen gehörten, neben den Unfreiwilligen, bald diejenigen, die sehr begütert waren. Der Bau ihrer Güter erforderte ihre Anwesenheit zu Haus. Viele glaubten auch die Bauern den Kriegsmitteln der Herren nicht gewachsen und glaubten darum nicht an einen guten Ausgang durch die Waffen.

Die Wehrhaftigkeit der Bauern in diesem Kriege war eine sehr verschiedene. Die Oberschwaben waren von Jugend an waffengeübt und trugen Wehr und Harnisch, zumal die Allgäuer. Viele von ihnen hatten im Kriege gedient. Nicht so wohlgerüstet waren dagegen schon die Schwarzwälder, auch nicht so waffengeübt. Das Aufgebot, das schon zu Anfang durchgeführt wurde, rief zwar den vierten Mann ins Lager durch das Los. Wer nicht selbst ziehen wollte, stellte seinen Mann und gab ihm einen Wochensold von fünfzehn Kreuzern. Schon war das zweite Aufgebot ergangen, und der dritte Mann war mit Harnisch und anderer Notdurft gerüstet im Lager erschienen; der Ersatzmann erhielt seine zwanzig Kreuzer Sold. Aber es fehlte an Pulver. Es fehlte an mauerbrechendem Geschütz. Die Hauptschwäche der Bauern war ihr Mangel an Reiterei, was der Gegner Hauptstärke war. Die großen Haufen konnten zudem schon des Proviants halb nicht in die Länge im Lager beisammenbleiben. Die unter den Bauern durch sie selbst umgelegte Kriegssteuer reichte nicht zu und ging nicht so ein, um gute, geschickte Kriegsknechte genug damit zu bestellen. In den Lagern zum Teil, wie im Leipheimer und im Baltringer, fing schon in den letzten Tagen des März der Mangel an Lebensmitteln an, fühlbar zu werden. Grund genug für den gemeinen Mann, daß er zahlreich „des Friedens sehr begehrte". Die Schwarzwälder hatten besonders viele Landsknechte geworben, aber die hielten sich nicht gut. Die Bauern litten durch sie und wurden auch dadurch geneigt, sich mit ihren Herren wieder zu vertragen. „Sie hätten es längst gerne getan", schrieb der Hauptmann vom Wolfstein, „wo sie nicht also hart mit den Knechten wären übersetzt gewesen, die nur ihren Nutzen gesucht haben, gehe es den armen Leuten wie es wolle; wie solche und andere verdorbene Buben tun."

Das mit den Bauern gespielte Spiel – das war es, was für den Augenblick auch die Gemäßigten tief erbitterte und den Äußersten die Oberhand gab.

Jetzt erst ging es auf das Gewaltsame. Das war der Gang fast überall. Überall waren die Begehren der Bauern zuerst nicht radikal, sondern bescheiden, billig nach der Ansicht der Besten auf seiten der Herren. Überall aber gab es von Anfang an auch solche, welche niemand mehr etwas schuldig sein, alle Lasten abtun, alles Herrentum ausrotten und frei sein wollten wie die Schweizer. An den meisten Orten begehrten die Bauern nur eine Art landschaftliche Verfassung und Hebung anerkannter Ungerechtigkeiten, so in Kempten, im Bambergischen, im Salzburgischen. Die Oberschwaben, so scheint es, dachten noch in der Mitte des März nicht an eine Republik, sondern an die „Wahl eines römischen Königs" in ihrem Sinn, wohl an Friedrich von Sachsen. Unter den Bewegungsmännern selbst waren die Ansichten verschieden. Die einen wollten nur ein einiges deutsches Reich mit einem Herrn und Beseitigung der geistlichen und weltlichen Fürsten, dazu das freie Evangelium. Die anderen, gemäßigter als diese, wollten nur den Sturz der geistlichen Fürsten und eine freie Verfassung unter den weltlichen. Wieder andere wollten alle Herren totschlagen und teilen.

Jetzt schienen selbst unter den besonnenen Oberschwaben, die zuerst nur ihr altes Recht zu wahren begehrt hatten, in den Augen der Mehrheit die letzteren die Klügsten zu sein, und die folgten ihnen nach, welche soeben noch nichts gewollt hatten als keinen Zehnten mehr und das rechte Evangelium. In die Revolution, auf welche anderswo von anderen seit lange hin gearbeitet und die am Ausbruch war, wurden nun auch die Oberschwaben hineingerissen.

Die, welche nie von den Herren etwas für ihre Sache erwartet hatten, waren auch während der Verhandlungen tätig gewesen, den Volksbund auszubreiten und zu kräftigen, wo und wieviel sie konnten. Jetzt waren diese Männer auch diejenigen, welche zu Führung des Kampfes die Mittel aufzubringen und diesen selbst zu organisieren suchten.

Zuerst taten sie allerorten, wo sie konnten, diejenigen weg, welche auf die Stimmung des gemeinen Mannes besonderen Einfluß üben konnten, also die Pfarrer, welche nicht in der Richtung der neuen Lehre predigten. Da und dort gingen die Bauern rottenweise zu den Pfarrern und sagten ihnen nicht nur, ihrer Obern Meinung und Schaffen sei, daß sie das Wort Gottes lauter und klar, im Geiste, ohne alle menschlichen Zusätze, nach dem Texte predigen, sondern sie erklärten ihnen geradezu, wenn sie nicht mit ihnen heben und legen wollten, so sollten sie von den Pfarren und Pfründen abziehen.

Um den großen Geldquellen des schwäbischen Bundes gegenüber auch ihrerseits sich Geldquellen zu eröffnen, beschlossen die Männer, welche die Volksbewegung leiteten, das goldene und silberne Gerät aus den Kirchen zu nehmen, es zu Geld zu machen und sich damit zu rüsten; auch das bare Geld aus den Heiligen an sich zu ziehen und, wo Dörfer gute Gemeindegüter hatten, diese um bar Geld zu versetzen. Aus dem Säkularisieren, eigentlich Abtun, wie sie es nannten, der Klöster und anderer Stifter hofften sie auch bedeutende Geldquellen zu bekommen. Da die Feindseligkeit des schwäbischen Bundes offenlag, hielten alle drei Haufen eine allgemeine, große Versammlung zu Gaisbeuren.

Mit den letzten März- und den ersten Apriltagen waren die Bauern allenthalben auf, nicht bloß in Oberschwaben, im Inntal, auf dem Schwarzwald, im Breisgau, im Elsaß, sondern von den Gegenden unterhalb Ulm leitete sich der Aufstand durch die Gegenden zwischen der Wörnitz, der Jagst und dem Kocher mit Blitzesschnelle fort über Neresheim, Bopfingen, Nördlingen, Ellwangen, Öttingen, Dinkelsbühl, Crailsheim einerseits; Gmünd, Aalen, Gaildorf, Hall, das ganze Hohenlohische andererseits; hinein in den Odenwald, in den Rheingau, hinüber ins Herz von Franken, und am ganzen Thüringer Wald, wo Thomas Münzer am Hauptfeuerherd saß, kam alles in Aufstand.

Auf wohl zwölf weit voneinander entlegenen Punkten des südlichen Deutschlands begann in denselben Tagen, in den ersten Tagen des Frühlings, die Waffenbewegung des Volkes. Zu gleicher Zeit stehen die Tiroler auf; eröffnet Hans Müller von Bulgenbach den Kampf auf dem Schwarzwald und im Breisgau; rüsten sich die drei Haufen am See, im Allgäu und auf dem Ried sowie der unterhalb Ulms sich wieder sammelnde Leipheimer Haufe zum Angriff; treten auf der württembergischen Alb, in den Gebieten der Stadt Heilbronn und des Deutschordens unter Anführern die Bauern in die Waffen; erhebt sich an der Tauber allgemein der Aufstand; bewegt Georg Metzler mit einem Bauernheer aus dem Odenwald sich hervor; zettelt Wendel Hipler im Hohenlohischen die ersten Tätlichkeiten an und zückt Münzer in Mühlhausen das republikanische Schwert.

Ein anderer Geist wird überall in den Versammlungen herrschend. Die radikale Partei erhält die Oberhand in fast allen Gemeinden, und die Feindseligkeiten beginnen da zuerst, wo die Beleidigungen und die Drohungen von seiten der Herren am neuesten sind.

Vom See bis zum Saume des Schwarzwaldes und die Donau herab bis Günzburg unterhalb Ulms erscholl die Sturmglocke oder das Zierholdgeschrei, wodurch die Bauern auf die Sammelplätze zusammengeboten wurden seit dem Anfang der letzten Woche des März. Alle Lager füllten sich, und schon einige Tage vor Mariä Verkündigung war Leipheim an der Donau ein großes Bauernlager voll kriegerischen Lärms.

Als die Abgeordneten der drei Bauerschaften von Ulm hinterbrachten, daß sich die Unterhandlungen zerschlagen und die Herren nur von unbedingter Unterwerfung reden und solches Ansinnen in ihrem Übermut „ein gleichmäßiges, mehr als überflüssiges Erbieten“ nennen; als zudem die Kunde kam, wie der Truchseß heranziehe, sie zu überfallen, da brach zuerst der Baltringer Haufen aus seinem Lager auf und griff am 26. März einige Schlösser der Herren an.

Es waren wohl die Schlösser gerade derer, welche das Zusagen- und Übermutsspiel am kecksten getrieben hatten und mit im Heere des Truchseß waren. Das Schloß des Hans Burkhard von Ellerbach zu Laupheim wurde geplündert, ebenso das Schloß zu Schemmerberg, welches dem Abt von Salmansweil gehörte, und das des Herrn Georgens zu Simmetingen. Allen Hausrat, Wein, Korn nahmen die Bauern heraus und brannten dann die festen Häuser bis auf den Grund aus. Zwar löschten die Hintersassen das Feuer des Schlosses, weil sie für ihr Dorf fürchteten, aber sie selbst und die Öpfinger waren die Fleißigsten, die Herrschaftsscheuren von Vorräten, die Weiher von Fischen zu leeren; jedes Haus bekam seinen Teil davon. Darauf legten sie sich vor das Schloß Rottershausen, das Herrn Konrad von Roth gehörte; es waren wieder die eigenen Hintersassen die Geschäftigsten dabei. Der Ritter war abwesend beim Bundesheer, nur etliche Knechte lagen im Schloß. Diese, weil sie sich zu schwach sahen, ließen die Bauern hinein und flüchteten sich in ein festes Gewölbe, worin das Pulver lag. Die Bauern liefen ihnen in das Gewölbe nach, und einer ließ ein brennendes Zündstück in das Pulver fallen; ein Teil des Schlosses mit den Knechten und vielen Bauern flog auf.

Solche Vorgänge, die sein eigenes Besitztum so nahe bedrohten, bestimmten den Truchseß, nicht zunächst nach Leipheim, sondern nach Oberschwaben sich zu wenden, unmittelbar gegen die Bauern im Ried bei Baltringen.

Es zog das ganze bündische Kriegsvolk zu Fuß auf Erbach, wo sich die einzelnen Abteilungen sammelten, am 30. März, und wollte, da die Bauern auf dem rechten Donauufer standen, vom linken Ufer bei Ehingen über den Fluß gehen, etwas über 2000 Pferde stark und 7800 zu Fuß, mit trefflichem Geschütz. Aber das große Geschütz vermochte man nicht über die Donau zu bringen, und die Reiterei, die Hauptstärke des Bundes, konnte im Ried nicht gebraucht werden. Der Truchseß mußte sich begnügen, Frowin von Hutten mit den Schützen über die Donau zu schicken. Dieser traf bei Dellmensingen auf ein Fähnlein Bauern, das erst aus dem Mindeltal heranzog, das Winzerer Fähnlein genannt. Sie flohen aber, als sie die Schützen gewahrten, über die Roth, daß die Bündischen nichts verrichteten. Der große Baltringer Haufen zog das Ried herauf gegen Rißtissen, in der Hoffnung, den Truchseß nachzulocken. Dieser aber zog sich mit der Hälfte der Reiterei nach Ulm, mit der anderen Hälfte nach Ehingen zurück. Graf Wilhelm von Fürstenberg blieb mit dem Fußvolk an diesem Abend zu Erbach, und das einzige, was die Knechte taten, war, daß sie einige Dörfer plünderten und anzündeten. Während am anderen

Morgen Herr Georg auf war, bei dem Ulmer Hochgericht seine Ordnung zu machen, fielen etliche Rotten Knechte vom bayrischen Fähnlein in das Dorf Dellmensingen, um zu plündern. Die Bauern sahen es, zogen das Ried hinab, überfielen die Knechte im Dorf, erstachen über hundert derselben, fingen etliche und schickten sie mit weißen Stäben ins Lager der Bündischen zurück. Die Bauern stellten sich sogar, als wollten sie über die Brücke bei Erbach in das Lager des Fürstenbergers fallen. Der Graf stand in gutem Vorteil und ließ das Geschütz unter sie gehen, traf aber wenig. Herr Georg und die von Ehingen eilten auf den Lärm so schnell heran, daß ihre Pferde voll Schweiß waren. Die Bauern aber zogen wieder hinter sich auf Rißtissen.

Die Bündischen ratschlagten hin und her, wie die Bauern anzugreifen wären. Herr Georg und Graf Wilhelm besahen das Ried überall, fanden aber, daß die Reiterei darauf nicht zu gebrauchen sei. Sie zogen auf der anderen Seite nach Öpfingen. Da sah Herr Georg die Bauern auf Schlangenschußweite in viele Haufen zerteilt stehen. Er schickte eine Jungfrau mit einem Schreiben im Namen des Bundes an sie, worin er sie zum Abzug mahnte und jedem, der gehorsam wäre, sicheres Geleit versprach; auch ließ er sie fragen, ob ein Abgesandter aus seinen Leuten sicheres Geleit von ihnen haben würde. Die Bauern versprachen es, und er schickte einen Tambour mit neuen Anträgen an sie. Als aber die Nacht einfiel, brachen die Bauern, die den Zweck der Verkundschaftung wohl begriffen, ihr Lager ab und zogen hinter sich an ein Holz. Der Tambour fürchtete, auf der Rückkehr von der Wacht angefallen zu werden, und schlug seine Trommel.

Gerade das wurde auf der Wache des bündischen Lagers, die nicht gehörig unterrichtet war, mißverstanden, sie schrie Alarm, im Nu war alles auf. Das Getümmel war so groß, daß man es selbst im entfernten Bauernlager hörte. Als man nach dem Feinde sah, war niemand vorhanden als der Tambour, der berichtete, daß die Bauern ihre bisherige Stellung verlassen haben. Der blinde Lärm kam aber dem Truchseß sehr zugut. Unter den bündischen Fußknechten hatten die Bauern heimliche Verständnisse. Sie hatten den Bauern entboten, sie wollen die Ritter und ihre Knechte angreifen und sich dann mit den Bauern vereinigen. In dieser Nacht hätte die Meuterei ausbrechen und die Bauerschaft das bündische Lager überfallen sollen. Der Alarm, den sie im bündischen Lager hörten, machte die Bauern stutzig und zag; sie mißtrauten oder glaubten die Sache verraten; sie zogen sich noch in derselben Nacht bis Stadion zurück. Der Truchseß aber ließ hinter ihnen drein wieder mehrere Dörfer, ganz schuldlose Dörfer, plündern und verbrennen. Die Reiter bekamen so viel Vieh, daß sie eine Kuh um einen halben Batzen verkauften; in diesen Dörfern waren die meisten Bauern mit ihrer Habe zurückgeblieben, weil sie sich noch nicht für die Verbrüderung erklärt hatten! Dietrich Spät wurde befehligt, den Bauern nachzureiten. Er fand sie zwischen Stadion und Grundsheim und kam so nahe zu ihnen, daß er mit ihnen reden konnte. Die Bauern aber hielten so gute Ordnung, daß er sie nicht anzugreifen wagte, sondern sich zurückzog.

3

Die Tätlichkeiten unterhalb Ulms

In den Lagern zu Langenau und Leipheim mehrten sich indessen die Bauern von Tag zu Tag und ebendamit die Besorgnisse der Bundesräte in Ulm. Über 5000 standen in beiden Lagern; über 4000 zogen ihnen vom Mindeltal zu. Es waren aus dieser Gegend alle Streitkräfte des schwäbischen Bundes hinweggezogen und bei dem Heere des Truchseß.

Auch aus dem Bauernlager zu Illertissen, wo bei 6000 versammelt standen, kam eine Botschaft nach Weißenhorn, worin die Stadt aufgefordert wurde, der „christlichen Vereinigung“ dieser Landschaft beizutreten. „Das“, schrieben sie, „bieten wir in brüderlicher Liebe und gutem Vertrauen zu wissen, daß ihr mit uns teilen wollet wie gute Brüder und nicht mehr; denn Gott sei mit uns allen.“

Erst am folgenden Tage, dem 1. April, erhoben sich, wie an diesem Tage auf so vielen Punkten des Reichs, auch die drei Bauernlager von Langenau, Leipheim und Illertissen zu Tätlichkeiten. Die Leipheimer fielen zuerst über Wilhelm Ritters Schloß zu Bühl, sie nahmen Büchsen, Pulver und Vorräte daraus und zerrissen und verderbten den Bau. Dann teilten sie sich; etliche zogen an der Biberach herauf, der große Haufe wandte sich auf Pfaffenhofen. Nach Weißenhorn schickten sie, man möchte sie einlassen, sie wollen für ihren Pfennig essen und trinken; als es abgeschlagen wurde, begehrten sie Herausgabe alles dessen, was der Abt von Roggenburg und andere auswärtige geistliche Herren in die Stadt geflüchtet haben. Auch das schlug der Rat ab. Sie zogen nach Attenhofen. Jakob Wehe war selbst mit ausgezogen, aber er vermochte nicht allen Ausschweifungen einzelner von Wein und Rache trunkener Bauern vorzubeugen. Er war da, um aus dem Beutegelde eine Kriegskasse zu bilden.

Die Leipheimer hatten kein Geld, und die Landsknechte bei ihnen wollten Sold. Leben wollten die Bauern auch. Auch aus dem Pfarrhofe zu Attenhofen ließ er alles wegtragen, was fortgebracht werden konnte; der entwichene Pfarrer war der Sache des Volkes besonders feind, und Meister Jakob wollte das Pfarrhaus selbst umwerfen lassen. Auf Fürbitte und

Vorstellung einer Frau, daß es der Kirche zugehöre, unterließ er es. Alle Pfarrhöfe umher standen leer; alle Pfarrer waren nach Weißenhorn geflohen. Die Bauern, die sich in denselben umher zerstreuten, taten keinen Schaden darin, als daß sie hier einige Maß Wein austranken, dort ein Lamm, anderswo ein paar Kühe, Kapaunen, Hühner mitnahmen, Fenster und Türen einschlugen, und das tat nicht der große Haufen, sondern einzelne, die sich davon verliefen.

Den großen Leipheimer Haufen führte Meister Jakob, der im Pfarrhofe nichts zu sich genommen hatte als ein geschmalztes Brot, Weißenhorn zu. Er hatte 60 Wagen bei sich. Diese verlängerten den Zug noch mehr, der dem Weißenhorner Rat Angst genug machte. Denn schon waren die ersten Glieder des Zuges hinter den Gärten von Weißenhorn angekommen, als die letzten noch nicht aus Attenhofen heraus waren. Bei die-

Tolles Treiben der Bauern in Roggenburg

ser Länge zeigte der Bauernzug eine ziemliche Breite, man zählte im Brachfelde 31 Fußtritte, so hoch marschierten sie, und die Furcht der Weißenhorner vergrößerte noch die Zahl, auf die man aus dem Vorhergehenden schließen konnte.

Die Bauern machten bereits alle Zurüstungen zum Sturme, das Schießen aus der Stadt und in die Stadt begann, selbst die aus der Nachbarschaft hereingeflüchteten Priester nahmen teil an der Verteidigung. Das Schießen hatte etwa eine Stunde gedauert, die Bauern hatten sich in den Häusern der Vorstadt gesetzt, es dunkelte, und man machte auf beiden Seiten einen Stillstand.

In Weißenhorn fürchtete man am anderen Morgen die Erneuerung des Angriffes, die Bauern aber waren in der Finsternis von der Stadt weg und vor das Kloster Roggenburg gezogen. Die Konventherren waren auf die erste Kunde ihres Anzuges entflohen, und das Kloster war leicht einzunehmen. Unbekümmert darum, daß es Fastenzeit war, ließen sie es sich wohl sein in Fleisch so gut als in Fischen und in dem trefflichen Weine der Konventherren. Das löste die Bande der Ordnung. Betrunkene Bauern zerschlugen das schöne Orgelwerk des Gotteshauses, stießen das Sakramentshäuslein mit einer Stange zusammen, nahmen das Hochwürdige samt dem Büchslein, worin der Chrisam und das Öl war, heraus und zerschlugen alles in der Kirche, die Bibliothek wurde erbrochen, die Bücher und Akten, worin die Gülten und andere Schuldigkeiten der Bauern verzeichnet waren, wurden zerrissen und fortgeführt, die Kelche und das andere Geräte weggenommen, Meßgewande und Fahnen zerrissen, die Bauern machten sich „Hosenbändel" daraus. Die Hauptleute, die das Kloster in Ordnung leerten, fanden große Vorräte an Korn und Wein, an Zug- und Federvieh und Schafen, an allerlei Geräte. Jörg Ebner machte sich in dieser Nacht zum Abt von Roggenburg und freute sich mit seinen Bauern des Scherzes.

Die Bauern waren von vielen Dörfern her nach Weißenhorn und Roggenburg noch viel an Gütern und anderem im Rückstand und glaubten so auf einmal alles zu erledigen; es waren an die 12 000 zu Roggenburg tätig gewesen; die von Illertissen, die, 6000 stark, zu ihnen vor Weißenhorn hatten stoßen sollen, hatten sich verspätet und in Babenhausen übernachtet. Aus wenigen Ortschaften hatten sich nur etliche, aus den meisten alle dem Bauernhaufen angeschlossen, „so daß in etlichen nur die Goggelhahnen dablieben, den Tag anzukrähen".

In der Frühe des 2. April – es war der Sonntag Judika – zog der größte Teil des Leipheimer Haufens mit der Beute nach Leipheim zurück. Inzwischen hatten sich die Bundesräte im Lager des Truchseß eingefunden und mit ihm den Angriff auf den Leipheimer Haufen beschlossen.

4

Der Truchseß überfällt die Leipheimer

Wie die Leipheimer, war auch der Haufen zu Langenau nicht untätig geblieben. Jakob Finsternauer, der Pfarrherr, und Thoman Paulus, ein Geschlechter, und der Bauern Ammann, hatten auch hier die Ausschweifungen nicht zu hemmen vermocht. Am Sonntag Judika schrieben die Hauptleute und Räte des Lagers zu Langenau an die Hauptleute des Lagers zu Leipheim, sie haben angegriffen und plündern noch täglich. Nur noch ein Schloß sei vorhanden; haben sie dieses noch erobert, so seien alle Herrenhäuser bei ihnen aus. Man solle ihnen hiezu zwei- bis dreitausend Knechte und zwei oder drei Büchsen schicken, wenn die Leipheimer nicht etwa ganz herüberkommen könnten. Sei das Schloß verbrannt, so wollen sie von Stund an alle auf sein und dem Leipheimer Haufen zuziehen. Dann wolle man gemeinschaftlich auf Ulm zuziehen und, ob Gott wolle, allen den anderen Brüdern einen großen Beistand tun. Können die Leipheimer ihnen nicht beistehen, so möchten sie wissen, was weiter zu tun sei.

Gelang ein gemeinschaftlicher Angriff auf Ulm und wurde diese feste Stadt von den Bauern eingenommen, so hatte der schwäbische Bund seinen Stützpunkt an der Donau verloren, und die Bauern hatten einen Halt. Die Ulmer Herren waren bei den Bauern so verhaßt, daß keiner ohne Gefahr, von ihnen mißhandelt zu werden, sich über Feld wagen konnte.

Die Leipheimer hatten sich durch List Günzburgs bemächtigt, wo der Rat bisher nicht hatte bewegt werden können, der Volkssache sich anzuschließen. Aus der Stadt waren viele ins Lager vor Leipheim hinausgegangen. Einige Tage darauf baten sie den Rat schriftlich um Erlaubnis, Weib und Kind besuchen zu dürfen. Der Rat, der sie nach ihrem Weggang als Ausgetretene behandelt hatte, erlaubte ihnen aus Furcht, wieder hereinzukommen. Die Günzburger machten sich auf, in ihre Stadt zurückzukehren, aber sie nahmen auch fremde Bauern in ihre Reihen auf. Der erste Haufen besetzte sogleich die Tore, die anderen drangen mit gezückten Schwertern in die Stadt, vors Rathaus, und nötigten den Rat zum Anschluß. So blieb die Stadt in den Händen der Bauern.

Als Jakob Wehe, der das Bundesheer in Oberschwaben beschäftigt und festgehalten glaubte, dem Truchseß sich so nahe sah, suchte er Zeit zu gewinnen und knüpfte Unterhandlungen an mit den Hauptleuten und Räten des schwäbischen Bundes zu Ulm. Die Bauernhauptleute hofften inzwischen die verbrüderten Haufen an sich zu ziehen, um dem bündischen Heere gewachsen zu sein.

Aber der Truchseß war schon hart an ihnen. Er ließ am selben Tage eine Abteilung seiner Reiterei, die Hessischen und Ulmischen, unter dem Hauptmann Sigmund Berger, über die Donau auf Elchingen gehen, während er selbst auf Leipheim zuzog. Diese Seitenabsendung stieß am Forst bei Göppingen auf einen Bauernschwarm von 1200 Mann, von denen gerade ein Teil mit Beute beladen in Unordnung nach Langenau heimkehrte, ein Teil noch mit Plünderung des Klosters Elchingen beschäftigt war. Die Reiter setzten in sie, sie stoben auseinander. Die Entfernteren retteten sich durch die Flucht; von den anderen in und bei dem Kloster Überfallenen wurden in die fünfzig erstochen, ein Teil in die Donau gesprengt, worin viele ertranken. Bei zweihundertundfünfzig wurden gefangen und gebunden nach Ulm geführt.

Die Hauptleute des Leipheimer Haufens hatten sich in der Schnelle in Verteidigung gesetzt. Zwischen drei- und viertausend Bauern hatten die Steige über der Biberbrücke an dem Jungholz, einem kleinen Walde, besetzt, sie standen mit gutem Vorteil, links hatten sie das Holz, rechts einen Bach, vor sich einen Sumpf, im Rücken eine Art Wagenburg. Sie hatten unter dem Feld gegen die Donau hin im Fahrweg viele alte Wagen umgestürzt, dazwischen viel Hakenbüchsen und anderes kleines Geschütz auf Böcke gelegt. Sie schossen auch tapfer und sehr stark nach den Reisigen des Truchseß, als diese sich zeigten. Herr Georg wußte recht gut, „daß die Leipheimer schlecht mit Pulver für ihr Handgeschütz versehen wären". Keck hatte er sich darum mit seiner Rennfahne (dem Vortrab) und mit dem verlorenen Haufen vorausgemacht, der Gewalthaufe und die anderen Geschwader waren etwas dahinten geblieben. Als aber die Bauern auch das große Bundesheer anrücken und sich aufstellen sahen, es war mehr als das Doppelte stärker als sie, wollten sie sich nach kurzem Kampf auf Leipheim zurückziehen und auf ihre Brüder, die sich dort sammelten; denn der größere Teil kam erst von Günzburg her. Es zog auch bereits ein neuer Bauernhaufe hervor. So schwer ein Rückzug im Angesicht des Feindes war, so setzten sie ihn doch so geschickt fort, daß sie ihre Verwundeten und Toten auf Wägen mit sich führten bis zunächst an Leipheim, wo sie in das Feld an der freien Straße eine Grube machten und die Toten begruben. Die bündischen Reiter konnten wegen des Mooses nicht gleich an die Bauern kommen, sie mußten dasselbe umgehen. Jetzt setzte der Truchseß mit der Rennfahne in die Rückziehenden, und es gelang ihm, ihnen den Weg abzujagen. Auf seinen Ruf wandten sich die bündischen Knechte gegen das steinerne Kreuzbild und rannten damit den Bauern den Rückzug nach Leipheim ab. Viele wurden in dem Jungholz, wohin sie zurückliefen, von den bündischen Reitern der Nachhut erstochen oder gefangen, viele warfen sich in die Donau und schwammen hinüber, fielen aber den ulmischen und hessischen Reitern hier in die Hand, die Elchingen gesäubert hatten. Dagegen hatten sich viele der bei Elchingen Überfallenen über die Donau nach Leipheim gerettet. Bei Leipheim sind nach der geringsten und glaubwürdigsten Angabe 500 Bauern erstochen worden, bei 400 in der Donau ertrunken, mehr als 2000 aber zogen sich glücklich in die Mauern von Leipheim zurück. An Geschütz erbeuteten die Bündischen nur vier Falkonetlein.

5

Jakob Wehes Tod. Das erste Blutgericht

Es ist ungewiß, ob Meister Jakob, wie die Sage ging, selbst im Felde war; wahrscheinlich war er beim Angriff noch zu Günzburg und eilte erst in der Not herbei. Nun zog der Truchseß mit dem ganzen Heer vor das Städtchen Leipheim und war willens, es zu stürmen. Er pflanzte das Geschütz auf dem Platz vor dem steinernen Kreuz und ordnete das Fußvolk zum Sturm. Meister Jakob suchte die Seinigen, die in großer Zahl in beiden Städtchen Leipheim und Günzburg lagen, zu männlicher Verteidigung zu begeistern. Die Feinde sagten ihm nachher nach, er habe schon früher den Bauern vorgespiegelt, der Bündischen Büchsen und Wehren würden sich umkehren und in sie selbst gehen. Ein Mann wie Wehe hatte aber andere Mittel, auf das Volk zu wirken. Es scheint, die in Leipheim haben einen Augenblick noch den Kampf von den Mauern fortgesetzt. Wehe selbst soll vom Turm herab auf die Bündischen geschossen haben. Aber die Seinigen teilten seinen Mut nicht. Die Bürger sandten einen alten Mann und etliche Frauen hinaus und baten den Truchseß um Gnade. Der antwortete, sie müssen sich auf Gnade und Ungnade ergeben und vor allem ihren Prediger ausliefern, der die Bauern mit Unwahrheit verhetzt habe, und die Stadt ergab sich.

Als Meister Jakob diesen Ausgang sah, eilte er, aus den Mauern zu kommen. Sein Pfarrhof lag an der Stadtmauer. Von diesem ging ein verborgener Gang unter der Stadtmauer durch nach der Donau zu ins Freie. Er kannte unterhalb des Städtchens eine kleine Höhle am Gestade des Flusses. Er nahm 200 fl. aus der von ihm errichteten Kriegskasse und begab sich mit einem Vertrauten durch den verborgenen Gang in die Höhle.

Der Truchseß hatte unter den Anstalten zum Sturm den Fußknechten versprochen, ihnen die Stadt zur Plünderung preiszugeben. War nun die Stadt gleich ohne Sturm übergegangen, so verlangten die Knechte doch jetzt die Plünderung. Der Truchseß fürchtete, es möchte des Plünderns zuviel werden, und die Knechte, wenn sie recht mit Beute beladen wären,

Der Truchseß

möchten damit vom Heer entlaufen. Er versprach, ihnen die fahrende Habe der Stadt zu überlassen, doch sollten sie nicht plündern, sondern Geld dafür nehmen. Sie ließen es sich gefallen. Nun quartierten sich die Ritter und Bundeshauptleute, „die großen Hansen“, in das Städtchen Leipheim, die Knechte mußten außen bleiben und vor den Mauern lagern. Den Reisigen hatte der Truchseß Günzburg zur Plünderung versprochen. Auch diese Stadt sandte Boten und bat, sie in Gnaden anzunehmen; sie seien von den Bauern gezwungen und gedrungen worden. Auch ihnen antwortete der Truchseß: „Nicht anders, denn in Gnad' und Ungnad'.“ So ergab sich auch diese Stadt. Die Reisigen nahmen ihr Quartier zu Bubesheim und zu Günzburg und dabei herum. Allenthalben wurde nach Jakob Wehe geforscht.

Ein Hund, der vor seiner Höhle heftig bellte, zog die Aufmerksamkeit einiger Kriegsknechte dahin. Sie stachen mit ihren Spießen hinein und trieben den Verborgenen heraus. Nach einer anderen Nachricht hatte ihn ein Bauer in das Dickicht an der Donau gehen sehen und, bald darauf gefangen und nach Wehes Aufenthalt befragt, ihn verraten. Er bot seinen Entdeckern 200 fl. für seine Freiheit, sie aber banden ihn an ein Halfter und führten ihn zum Truchseß nach Bubesheim. Am Mittwoch, dem 5. April, sprach der Truchseß das Urteil über Günzburg. Der Rat ging unbestraft aus, die Gemeinde mußte 900 Goldgulden, ein Besserer, von altem Adel, vielleicht der einzige vom Rat, der zu den Bauern gehalten, mußte 100 Gulden erlegen. Der Pfarrer zu Günzburg hatte sich auch über die Mauern retten wollen und war gefangen worden.

Die Leipheimer traf ein schweres Los, ebenso die von Langenau. Die Fußknechte, die ihren Beutepfennig haben wollten, ernannten Beutemeister, um die vom Truchseß ihnen geschenkte fahrende Habe einzuschätzen und nach diesem die Brandschatzung zu bestimmen. Sie gingen zu ihrem obersten Hauptmann, dem Grafen Wilhelm von Fürstenberg. Dieser schlug ihnen vor, kurzweg von jedem Bauern und Bürger einen Monatssold (4 fl.) als Brandschatzung zu nehmen. Das gefiel den Knechten. Die gefangenen Bürger und Bauern waren die Nacht über in die Kirche gesperrt gewesen; als der Graf mit den Beutemeistern zu ihnen kam und sie mit dem Vorschlag bekannt machte, sagten sie „als arme gefangene Leute" zu allem ja. Der Truchseß, der zu Günzburg war, kam, als er davon hörte, schnell herüber, er ging in die Kirche, weil er ein Mißverständnis vermutete, und fragte die Gefangenen, was sie dem Fußvolk versprochen haben. Sie bejahten ihm, einen Monatssold. Herr Georg setzte ihnen nun in der Kirche auseinander, daß dies die Summe von 34 000 fl. übersteigen würde und daß sie in ihrer Angst zuviel versprochen haben. Scherzend sagte er beim Herausgehen: „Wer hätte vermeint, daß ich in der Kirche zu Leipheim predigen sollte?" Da er sah, daß die Gefangenen unmöglich diese Summe bezahlen konnten, und fürchtete, sie würden eben ihre Bürgen und Vorstände nicht lösen, sondern „auf die Fleischbank geben", so schätzte er selbst die Stadt auf 1500 fl. Im Schreibtisch Meister Jakobs, wo er die Kriegskasse hatte, fanden sich noch 600 fl. Das Fußvolk aber bestand auf einem Monatssold. Gerne hätte nun der Truchseß den Landsknechten das Städtchen mit Bürgern und Bauern preisgegeben, aber diese wollten nichts als einen Monatssold bar. Unter diesen Streitigkeiten sprachen die Kriegsräte das Urteil über die vorzüglichsten Leipheimer Gefangenen.

Meister Hans Jakob Wehe, Jörg Ebner, der Bayer genannt, Ulrich Schön und Melchior Harold, dessen Tochtermann, wurden von dem Kriegsrat noch am 5. April spätabends zum Tode verurteilt, und man führte sie noch desselben Abends heraus auf einen angeblümten Acker zwischen Leipheim und Bubesheim. Auch zwei Günzburger Bauern und der Pfarrer zu Günzburg waren zum Tode verurteilt; sie waren miteinander gefangen worden. Auch war unter den Verurteilten ein alter reisiger Knecht, der vom Bundesheer zu den Bauern übergegangen war. Im ganzen waren es acht zum Tode Verurteilte.

Als Meister Jakob vorgeführt wurde, um zum Tode zu gehen, wandte sich der Truchseß zu ihm und sprach: „Pfarrherr, dafür hättet Ihr Euch und uns wohl sein mögen, hättet Ihr Gottes Wort der Gebühr nach gepredigt und nicht Aufruhr." – „Gnädiger Herr", antwortete Meister Jakob mit Ruhe und Hoheit, „mir geschieht Unrecht von Euch, ich habe nicht den Aufruhr, sondern Gottes Wort gepredigt." – „Ich bin anders berichtet", sagte der Truchseß.

Des Truchsessen Kaplan trat zu Meister Jakob und ermahnte ihn, zu beichten und sich mit Gott zu versöhnen. Er aber lehnte die Beichte des Kaplans ab. „Liebe Herren", sprach er, „es soll sich niemand darob ärgern; ich habe meinem Gott und Schöpfer bereits gebeichtet und dem meine Seele empfohlen, von dem ich sie empfangen habe." Damit wandte er sich zu denen, die mit ihm zum Tode gehen sollten. „Seid gutes Muts, Brüder", sprach er, „wir werden heute noch miteinander im Paradiese sein." Er hob seine Augen gen Himmel und betete mit lauter Stimme den Psalm: In te, domine, speravi (Auf dich, Herr, traue ich, mein Gott). Dann sprach er: „Vater, vergib ihnen, sie wissen nicht, was sie tun." Und nachdem er nochmals mit lauter Stimme seinen Geist in Gottes Hände befohlen hatte, kniete er nieder, und sein Haupt rollte in das Gras.

Auch Jörg Ebners Haupt fiel, ebenso das Harolds, Schöns und eines anderen Bauernhauptmanns. Jetzt sollte der Pfarrer von Günzburg an die Reihe kommen und der alte Reisige; da es aber schon spät am Abend war, wurden diese erbeten, und es geschah ihnen nichts am Leben. Der Pfarrer wurde vom Truchseß lange noch herumgeschleppt, gefangen und gebunden, überallhin, wohin das Heer zog; zuletzt wurde er los, mußte 80 Goldgulden zahlen, verlor sein schönes Pferd, seine Pfründen und das Recht zu predigen.

Auch zu Langenau wurden zwei Gefangene mit dem Schwert gerichtet. Gleich nach der Versprengung des Langenauer Haufens hatte der alte, von der Gemeinde entsetzte Rat das Regiment wieder ergriffen, und der Truchseß war zur Exekution selbst von Leipheim nach Nau geritten. Thoman Paulus, der Bauern Ammann, Hans Ziegler, ihr oberster Hauptmann, und Jakob Finsternauer, der Pfarrherr, waren glücklich entwichen. Auch zu Ulm verfuhr der Rat mit einem Teile der eingebrachten Gefangenen peinlich; denn Donnerstags nach Judika schrieb er an den Altbürgermeister Bernhard Besserer und den Ratsfreund Sebastian Renz nach Nau, sie sollen den Nachrichter fördern, man brauche ihn zu den Gefangenen, welche die Bundesstände hereingeschickt haben. Die Herren waren eifrig, Blut zu vergießen, und wäre es nicht natürlich, daß die Bauern an Repressalien dachten? Ulm machte sich dadurch so verhaßt bei den Bauern, daß eine Sage sich verbreiten konnte, die Bauern wollen Ulm zerstören und alle Einwohner töten.

Furchtbare Geldstrafen legten die Herren um Leipheim herum auf. Eitel von Westernach, ein reicher Ritter, strafte seine Bauern besonders hart, je einen um 50, 80 und mehr Gulden; ungeheuer für jene Zeit. Die Not, fürchtete man, werde die Bauern zu neuem Aufstand treiben.

6

Tätlichkeiten der drei Haufen im Ried, im Allgäu und am See. Österreichs Intrigen

Mit diesen Blutgerichten befriedigte der Truchseß die Geldforderungen der Landsknechte nicht. Sie bestanden meuterisch darauf, den versprochenen Monatssold zu erhalten; der Bund solle dafür sorgen oder selbst zahlen, eher marschieren sie keinen Schritt weiter. Herr Georg war sehr in Nöten; er hatte Botschaften, daß die Bauern seine eigenen Schlösser und seine Frau und Kinder bedrängen. Die Landsknechte waren nicht zu bewegen. Schon lag das Heer bald acht Tage bei Günzburg und Leipheim. Weil ihm die Landsknechte abhändig waren, schickte Herr Georg an etliche vom Adel, ihm zu Gefallen nach Wolfegg zu ziehen und dieses Schloß und Waldsee zu schützen, denn er fürchtete, die Bauern möchten seines Geschützes sich bemächtigen. Es zogen auch miteinander die Herren von Reischach, Rosenberg, Reinach, Fürth, Hornstein, Landau in des Truchseß Herrschaft hinauf; Georg Henze, ein Knecht des letzteren, machte den Wegweiser. Indessen brachten Herr Georg und Graf Wilhelm den Bund dahin, daß er sich mit den Landsknechten vertrug, und beide Feldhauptleute verbürgten sich, daß der Bund binnen dreißig Tagen jenen Monatssold bezahlen werde; die Landsknechte dagegen versprachen, während dieser Zeit dem Truchseß zu folgen, wohin er sie führe. Auf dieses erhob sich der ganze bündische Zug Dienstags in der Karwoche, um hinauf gegen die drei verbrüderten Bauernhaufen zu ziehen.

Da die im Allgäu hörten, daß der schwäbische Bund das Schwert gezogen habe und der Truchseß heranziehe, wollten auch sie nicht die letzten bleiben. Jetzt verfuhren auch die Hauptleute strenger; die einen erklärten: Wer es nicht mit ihnen hielte, der sollte als ein Verräter an der allgemeinen Sache angesehen werden und ihm als einem Feinde ein Pfahl vor das Haus geschlagen werden. An anderen Orten mußte, wer jetzt nicht dem Volksbunde beitrat, es mit schwerem Gelde büßen.

Am ersten April hatten sie sich aufgeboten, und am zweiten, am Sonntag Judika, zog der oberallgäuische Haufen vor das Schloß Liebenthann, wohin der Fürstabt sich geflüchtet hatte, schnitt der Feste das Wasser ab und sperrte alle Zugänge. Der Rat der Stadt Kempten fürchtete einen Angriff auf die Stadt. Daß die Bauern auf das Kloster es absehen, davon hatte man gewisse Nachricht. Auf Toren und Mauern wurde darum in der Stadt alles zur Abwehr getan, und während die Sturmglocke in der Stadt in der Frühe des dritten April angeschlagen wurde, um die Bürger auf die Mauern zu rufen, zogen die Bauern unter Anführung des Knopfs von Leubas, des Walter Bach und des Hans Schnitzer von Sonthofen mit großer Macht heran, dem Kloster zu und nahmen es ein. Die Konventherren und das Hofgesinde mußten das Gotteshaus räumen, die meisten Vorräte, alles, was an Kostbarkeiten da war, nahmen die Hauptleute an sich, und dann aß und trank der ganze Haufen. Auch die Gemeinde in der Stadt bedachten sie freundlich, sie schickten ihr zwei große Fässer Wein hinein; aber der Rat wollte dieses Geschenk nicht annehmen und ließ, um die Zünfte zu gewinnen, jede auf ihre Zunftstube bieten und traktierte sie selbst mit Wein und Brot. Nachdem die Bauern die Bücher aus der Bibliothek, alle Register und Urkunden aus der Kanzlei, auch etliche Glokken auf ihre Wagen genommen und die Ställe geleert hatten, wobei mancher Unfug mit unterlief, zogen sie vor das Schloß auf dem Schwäbelsberg, welches sie gleichfalls nahmen, leerten und zerstörten. Ebenso wurden die fürstlichen Schlösser Hohentann und Wolkenberg von ihnen berannt, ausgeleert und zerstört. Den Vogt Werner von Raitnau, der auf Hohentann saß, wie den Vogt Moritz von Altmannshofen ließen die Bauern ungefährdet abziehen; dem ersteren geleiteten sie seine Habe bis nach Leutkirch, dem anderen, der sich in die Stadt Kempten begab, ließen sie achtzehn Wagen mit Hausrat dahin folgen.

Der größere Teil des oberallgäuischen Haufens hatte sich nach dem Lech gewendet, um Füssen einzunehmen. Am Montag nach dem Palmtage zog Walter Bach mit drei Haufen vor die Stadt. Drei Bauern schickte er an das Tor, um zu parlamentieren. Die in der Stadt schickten den von Itzendorf und etliche vom Rat und Gericht hinaus zu Walter Bach, der sie inmitten eines Ausschusses von fünfzig Bauern erwartete. Der oberste Bauernhauptmann hielt ihnen vor, wie sie auf alle Aufforderungen der Landschaft bisher keine genügende Erklärung gegeben haben, und die allgemeine evangelische Verbrüderung stelle durch ihn zum letztenmal das Begehren, daß die von Füssen zu ihr stehen und dem göttlichen Recht und dem heiligen Evangelium Hilfe und Beistand tun, denn sie wollen dasselbe aufrichten; die Bauerschaft sei merklich beschwert, ihre Herren haben sie zu hart gedrückt; sie wollen nie und nimmermehr in die alten Fußstapfen treten, und ehe sie solches täten, ehe müßte Menschenblut fließen wie Wasser auf der Erde. Die von Füssen antworteten, in ihre Bundesgenossenschaft zu treten stehe nicht in ihrer Macht. Der von Itzendorf mahnte Walter Bach an seine Zusage, alle, die zu dem Hause Österreich gehören, unbekümmert lassen zu wollen. Walter Bach tat, als wäre er voll Zorns hierüber. Er drohte, in der Stadt, die der Bauern abgesagtem Feinde, dem Bischof von Augsburg zugehöre, das Unterste zuoberst zu kehren, und fand es ganz unbillig, daß die fürstliche Durchlaucht von Österreich sich derer von Füssen so annehme; es sei nicht Kriegsgebrauch, daß ein Fürst dem anderen Verbündeten seine Feinde entnehme und schütze.

Den Schlüssel zu dieser letzten rätselhaften Äußerung des obersten Hauptmannes der Bauern gibt folgendes: Erzherzog Ferdinand, ein politischer Kopf, der die religiös-politischen Bewegungen der Zeit zur Vergrößerung der Macht des österreichischen Hauses auszubeuten mehr als irgendein protestantischer Fürst geneigt war, er, der Bayern in allem Ernste vorschlug, das Erzstift Salzburg in diesen günstigen Zeitläufen unter sich zu teilen, war auch mit mehreren Hauptleuten der allgäuischen Bauern in geheimes Verständnis getreten, namentlich mit Walter Bach, der lange unter Georg von Frundsberg dem Hause Österreich in Italien gedient hatte; durch den gemeinen Mann wollte er sich zum Herrn der schönen oberen Lande machen, soweit sie noch nicht österreichisch waren; alle die kleineren und größeren geistlichen und weltlichen Herrschaften unterdrücken, und, wie das schöne Württemberg, auch diese Gegenden zu dem Hause Österreich ziehen. Sowenig darum Ferdinand im Anfang der Volksbewegung gegen die Bauern nachsichtig war, so sehr zeigte er sich im Fortgang geneigt, die Bauerschaften in Schutz zu nehmen und sie an sich zu ziehen. Der schwäbische Bund ließ auch seinen Unmut gegen den Erzherzog aus, indem er seinem Geschäftsträger, Doktor Frankfurter, ausdrücklich erklärte, an allem dem, was der Bund gegen die Bauern gehandelt habe, sei bisher bei niemand mehr Mangel gewesen als der fürstlichen Durchlaucht, und wenn der Erzherzog nicht mehr Ernst zeige, werde sich der Adel von ihm wenden.

Hieraus erhellt die Stellung des Erzherzogs Ferdinand zu den Allgäuern und anderen Bauerschaften. Diese waren, ohne daß sie es wußten, von Walter Bach an Österreich so gut wie verraten. Als der von Itzendorf beteuerte, daß die von Füssen zu Österreich übergetreten seien und geschworen haben, ging Walter Bach auf das Begehren eines augenblicklichen Abzugs ein. Es geht aus allem hervor, Walter Bach hatte durch besondere Vorspiegelungen die Oberallgäuer zur Zustimmung vermocht, das Haus Österreich unbekümmert zu lassen. Der große Haufe aber glaubte nicht daran, daß Füssen österreichisch geworden sei. Er schrie, es sei ein Spiegelfechten, ein verdeckter Handel. Peter, der Vogt von Nesselwang, ein Rädelsführer der Bauern, rief: Sie wollen sich von Stund an bei fürstlicher Durchlaucht Hof erkunden, ob dem also wäre, was man ihnen vorspiegele, daß die von Füssen zum Hause Österreich geschworen haben. Wo sich das nicht als wahr erfinde und sie die Bauern unbillig mit

Worten aufziehen, so wollen sie die Stadt bis auf den Grund umkehren und das Kind im Mutterleibe nicht schonen. Aber Walter Bach setzte den Abzug durch. Es wurde vertragen: Weil die Landschaft bis an die Mauer der Stadt Füssen zum Bunde der Bauern gelobt habe, so sollen die in der Stadt in ihren Ringmauern bleiben und nicht herauskommen bis zu Austrag der Sachen. Die Hellersehenden im Haufen aber und die auf die Plünderung der Stadt Begierigen – zu Weißensee warteten die Weiber mit Roß und Wagen auf die Beute – brachten, nachdem Walter Bach auf Nesselwang sich zurückgezogen hatte, es dennoch dahin, daß die oberste Hauptmannsstelle Walter Bach abgenommen und Paul Probst von Oberdorf übertragen wurde.

Weit tatkräftiger und redlicher war der andere Hauptmann des Oberallgäuer Haufens, Jörg Schmid, der Knopf von Leubas, obgleich es ihm nicht gelang, seine zuvor so besonnenen Kemptner zu bewahren, daß nicht auch sie wie andere in Ausschweifungen und Mutwillen ausarteten. Viel unnütze Leute aus der Stadt Kempten selbst liefen nach und nach in sein Bauernlager hinaus und verdarben die Landleute. Er hielt Liebenthann gesperrt, und indem er einen günstigen Augenblick für die Einnahme der Stadt Kempten abwartete, nahm er indessen alle festen Plätze in der Landschaft ein. Von der Belagerung dieser Plätze weg streiften einzelne Horden da und dorthin. So eine am 14. April, es war gerade Karfreitag, zu einem zweiten Besuch in das Gotteshaus Kempten. Diese Rotte leerte vollends alles aus, was noch vom letzten Besuch in Küche und Keller übrig war. Die schlimmsten waren auch hier wieder lose Bürger aus der Stadt, die, obgleich das Hinausgehen verboten war, sich an sie anschlossen und nach dem Zeugnis ihrer eigenen Mitbürger mehr Unheil verübten als die Bauern. Sie zehrten im Stifte so lange, bis nichts mehr vorhanden war. Dann brach der Mutwillen ruchlos aus. In der Stunde, da sonst das Hochamt in den Zeiten der Ordnung gehalten wurde, zogen die Bauern in Prozession mit Spießen, Lanzen und Bogen unter Lachen und Spott um das Gotteshaus, warfen die Heiligenbilder herab und übten den größten Unfug an allem aus, was man für heilig hielt. Einige sägten einem schönen Marienbild, „Unserer Frauen", mit einer Säge den Kopf ab, zerschlugen das Kindlein in ihren Armen, warfen den Taufstein um und trugen ihn weg, sprengten das Sakramenthäuslein auf, zerschlugen die Kanzel und zwei Orgeln. In dieser wüsten schwärmerischen Wut zeigte sich der Einfluß der zahlreich in dieser Landschaft rührigen Wiedertäufer; es waren dieselben Szenen, wie sie die Wiedertäufer früher in dem Gebiet zu Waldshut und zu Zürich aufführten. Unter Gelärm und Musik zog die Rotte von dem Gotteshaus weg und ließ es in öder Einsamkeit hinter sich.

Die Schlösser der Edelleute im Allgäu fielen eines nach dem andern. Die Hauptleute Hans Schnitzer von Sonthofen und andere belagerten und berannten sie. Die Güter Adams von Stein und des Junkers Jörg Mangold zu Waldeck wurden sehr beschädigt. Georg von Langeneck sah sich genötigt, sein Schloß gleichen Namens den Bauern zu übergeben, die es besetzten. Diepold von Stein erlitt von ihnen durch Brand und auf andere Weise großen Schaden, ebenso Achatz von Rothenstein, der Pfleger zu Schöneck, an seinem Schloß Falken; gegen alle, die sich weigerten, in die Brüderschaft zu treten, wurde den angenommenen Artikeln gemäß mit Krieg vorgefahren. Konz von Rietheim fingen sie in seinem eigenen Schloß zu Irmatzhofen; er wurde, als er sich wehrte, hart verwundet durch einen Lanzenstich. Als einen besonderen Bauernfeind führten ihn die Bauern immer in einem Karren mit sich, trieben ihren Spott mit ihm, und er mußte zusehen, wie sie seine Schlösser Angelberg und Im Wald stürmten, plünderten und verbrannten. Es war umsonst, daß er ihnen für seine Freiheit und für Abkauf des Plünderns und Brennens 40 000 Gulden anbot. Nur bei einem Bauern fand er Teilnahme. Hans von Lesperg trug ihm heimlich Speise und Trank zu, als es ihm in seiner Gefangenschaft

Bilderstürmerei im Stift Kempten

hart ging. Zuletzt gewann er durch Bestechung die Hauptleute; da schätzten sie ihn nur um 4000 Gulden; er mußte jedem Hauptmann sechs, jedem Doppelsöldner drei und jedem Bauern einen Gulden geben.

Auch dem Fürstabt, Herrn Sebastian von Breitenstein, fing es nachgerade an, etwas unheimlich auf seinem festen Schloß Liebenthann zu werden. In der ersten Zeit befand er sich mit dem Dechanten Eck von Reischach, seinen Konventherren, Verwandten und Räten, unter den Heiligtümern, dem Geld, Kostbarkeiten und Briefschaften seines Gotteshauses, die er hierher gerettet, ganz wohl; die Burg dünkte ihm ein sicherer Hort. Auch andere Herren, wie Adam von Stein, hatten ihr Gold, Silber, Kleinodien und anderes Gut auf diese Feste geflüchtet. Als aber der Fürst seine und der anderen Herren Schlösser in die Hände der verschiedenen Bauernhauptleute, denen dieses oder jenes zur Einnahme befohlen war, fallen sah und die Aussicht auf Entsatz immer ferner wurde, da wurde ihm bange. Jetzt machte er, der so lange die Bauern und ihre Rechte mit Füßen getreten und seinen Hohn mit ihnen getrieben hatte, ein gnädiges Erbieten um das andere; jetzt sandte er, der die treuherzigen Landleute auf vierzehn Tagsatzungen genarrt hatte, einen Vergleichungsvorschlag um den anderen an den Knopf von Leubas hinunter. Er sah, bei den Bauern fand er kein Vertrauen mehr, bei den Bürgern keine Hilfe. Er beriet sich im Schloß mit den Seinen. Sie waren alle der Ansicht, daß man den Bauern die Feste übergeben solle, wenn sie nur ihnen allen das Leben sichern. Auf diese Unterhandlungen gingen die Bauern ein. Ratsherren von Kempten waren es, durch die der Fürst mit den beleidigten Landleuten diesen Vertrag zum Abschluß brachte. Er war froh, daß sie sein Leben und das seiner Räte schonten. Sie gestatteten sogar, daß der Fürst, die Konventherren und alle die Seinen in der Stadt Kempten ihren Sitz nehmen durften; doch erhielten alle, außer dem Fürsten, nichts verabfolgt.

Alle Beute, Heiligtümer wie das Gold und Silber, Getreide, Wein, Geld, Geschütz und andere Waffen verteilten die Bauern unter die verschiedenen Haufen; es waren ansehnliche Mittel, den Volkskrieg weiterzuführen; die Urkunden des Stiftes nahmen die Günzburger an sich; diese besetzten auch das Schloß Liebenthann. Man hatte es zwar, als alles daraus hinweg war, angezündet, aber es war nur beschädigt worden, nicht ausgebrannt; auch das Gotteshaus bei der Stadt, an welches oft Feuer gelegt wurde, hatte das Glück, nicht abzubrennen.

Während dies im oberen Allgäu geschah, bedrängten die Unterallgäuer die Edelsitze in ihrer Landschaft, darunter auch die Schlösser des Truchseß selbst, Wolfegg und Waldsee. Am Mittwoch vor dem Gründonnerstag war ein Haufe aus dem Illertal in das Kloster Ochsenhausen gefallen und hatte darin plündern wollen. Da kamen die Hintersassen des Klosters, trieben die Plünderer ab und besetzten es. So blieb Haus und Konvent sicher in ihrer Hut. Während Florian Greisel, der oberste Hauptmann des Unterallgäuer Haufens, die Straße hinauf ins obere Allgäu gezogen war, befehligte der Hauptmann Jakob von Hundspiß die Abteilung, welche Wolfegg und Waldsee belagerte. Die von dem Truchseß nach Wolfegg gesandten Ritter vermochten nicht, in das Schloß zu kommen; die Bauern hielten es von allen Seiten eingeschlossen. Dagegen gelang es ihnen, sich nach Waldsee in das Schloß hineinzuwerfen, welches noch nicht eingeschlossen war, doch auch das nicht, ohne sich mit einer Zahl Bauern schlagen zu müssen, ehe sie hineinkamen. Und bald war auch dieses Schloß von den Bauern umlagert, und die darin sahen sich aus Mangel an Lebensmitteln in kurzem genötigt, durch die Bürger von Waldsee sich mit den Bauern dahin zu vertragen, daß sie, die Ritter, ihren beschädigten Bauern zu Recht stehen und nicht mehr wider gemeine Bauerschaft fechten, auch den Bauern 4000 Gulden zahlen wollen, wofür die Stadt Waldsee Bürge wurde. Auf das zogen die Bauern von dem Schlosse hinweg; in demselben lag des Truchseß Gemahlin mit ihren Kindern, und das Schloß konnte sich frisch versehen.

Am glimpflichsten verfuhr der Seehaufen. Auf die Botschaft, daß der Truchseß die im Ried angegriffen habe, hatte sich Eitel Hans Ziegelmüller aufgemacht, den angegriffenen Brüdern mit einer Abteilung zu Hilfe zu ziehen. Er kam bis Weingarten, kehrte aber wieder nach Bermatingen um, da er hier erfuhr, wie der Truchseß aus dem Ried wieder abgezogen sei. Im Gotteshaus zu Salem waren sie am 1. April in großen Sorgen, weil ein Gerücht kam, der Allgäuer Haufe ziehe mit Macht daher, das Kloster abzutun. In der Nacht sandte der Konvent nach Bermatingen zu dem obersten Hauptmann des Seehaufens. Der entbot ihnen, sie sollen fröhlich sein, es sei nichts an der Sache, er aber werde morgens mit 300 Mann durchziehen, und er bitte, seinen Leuten eine Suppe und einen Trunk zu geben. Samstag vor Judika, um 10 Uhr morgens, zog Eitel Hans in das Kloster, die Mönche bewirteten seine Leute im Gasthaus, den Hauptmann, seine Räte, Weibel und Trabanten in der Abtei. Nach dem Essen zog er nach Auingen und errichtete auch hier einen Lagerplatz unter dem Hauptmann Uhle von Pfaffenhofen, aß und trank auf der Rückkehr wieder im Kloster Salem und begehrte an die Konventsherren, daß sie zum Bunde schwören sollten, „denn er habe einen Befehl dazu vom hellen Haufen". Der Konvent bat um Bedenkzeit, er bewilligte ihn und zog mit den Seinen wieder nach Bermatingen. Am Sonntag Judika, dem 2. April, war große Volksgemeinde zu Bermatingen; in die 8000 Bauern kamen zusammen und tagten. Abends um die neunte Stunde brachen sie auf und zogen vor Markdorf, die Stadt in den Bund schwören zu lassen oder sie zu stürmen. Die überraschten Bürger übergaben sie ohne Sturm, ohne einen Schuß, mit allem Geschütz. In die 4000 Bauern legten sich noch in der Nacht in die Stadt, und des anderen Morgens schwur die ganze Gemeinde in die Hand Eitel Ziegelmüllers. Denselben Morgen noch zog er weiter vor das Schloß Ettendorf, nahm es ein und besetzte es, und am gleichen Tage noch rückte er weiter und zog vor Meersburg. Die Bürger gingen dem Bauernheere mit Brot und Wein entgegen, übergaben die Stadt, und der Hauptmann ließ sie in den Bund geloben. Inzwischen hatte auch das Gotteshaus Salem von seinem nach Überlingen entwichenen Prälaten die Erlaubnis erhalten, in den Bund der Bauerschaft zu geloben, und sie taten es in die Hand zweier von Eitel Hans abgeordneten Bauernräte, Benedikts, des Vogts von Bermatingen, und Hans Jakob Jörg von Lechstetten; sie hatten nur auf die zwei Artikel zu geloben, das Evangelium ohne menschlichen Zusatz zu verkünden und den Bauern das „Gottesrecht" handhaben zu helfen. Zugleich verordneten die Bevollmächtigten des Hauptmannes drei Weltliche in das Gotteshaus, welche alle Gewalt über die Truhe hatten und weder Wein noch Korn flüchten ließen. Der Hauptmann sagte dem Kloster zu, daß er es nicht verkürzen wolle. Eitel Hans verfuhr überhaupt mit viel Schonung und Mäßigung gegen die Sitze der Edelleute wie der Geistlichen. „Er war ein guter Gotteshausmann", sagt der Mönch von Salem, „und hat seine Hand getreulich ob uns gehalten; es wäre uns ohne ihn vielleicht nicht gut gegangen." Die Allgäuer vom Raithenauer Platz unter Dietrich Hurlewagen wollten mehrere Male das Kloster Salem verderben; Eitel Hans, der oberste Hauptmann, verhütete es.

Von der Stadt Meersburg zog er vor das Schloß Meersburg, denn dieses hatte sich mit jener nicht zugleich ergeben; Kilian Reuchlin, der Vogt des Bischofs von Konstanz, verteidigte es. Der Haufe drang auf den Sturm und die Zerstörung desselben. Eitel Hans bewahrte das schöne Schloß davor und vertrug sich mit dem Bischof von Konstanz, Hugo von Landenberg, daß derselbe dreihundert Gulden Brandschatzung und sechs Fuder Wein für das Schloß gab und das Schloß selbst mit allem Geschütz, was darin war, zur freien Benutzung des Hauptmanns der Bauern stellte. Auch Tettnang, das Schloß Hugos von Montfort, forderte Eitel Hans auf, nahm es ein und besetzte es. Stift und Stadt Buchhorn, das jetzige Friedrichshafen, schloß er zu Land und von der Seeseite ein. Während er davor lag, kam ihm Botschaft von dem Erzherzog Ferdinand, welche ihn zum Abzug bewog. So hatte, wie es scheint, der Erzherzog auch mit dem Seehaufen ein Verständnis.

Die von Buchhorn sandten dem Hauptmann der Bauern nach Bermatingen ihre Bevollmächtigten, welche im Namen der Stadt in den Bund gelobten, und Eitel Hans benutzte ihre Rückkehr, durch sie die Überlinger um Freigabe etlicher gefangener Bauern bitten zu lassen, doch die Überlinger gaben sie nicht ledig. Sie hatten ihre Stadt gut verbollwerkt und versehen, daß die Bauern ihnen nichts abzugewinnen vermochten. Die Bürger darin waren gar nicht bäurisch und taten lange ihre Tore nicht mehr auf; niemand durfte herein oder hinaus. Nun fuhr Eitel Hans mit 500 Knechten über den See. Wollmattingen und alle anderen Dörfer dort umher schwuren in die Brüderschaft. Dann fuhr er wieder herüber. Am 13. April, es war der Gründonnerstag, hielt er einen großen Kriegsrat im Kloster Salem. Da waren alle Räte aus den neu in die Brüderschaft aufgenommenen Gemeinden, namentlich die Räte von Meersburg und Markdorf, an die 60 Personen; auch von Radolfzell war eine Botschaft da, um über weitere Operationen gemeinsam zu beschließen.

Als die Haufen so vorgingen und von allen Enden des Reiches her böse Zeitung kam, eine auf die andere, da überkam „viele Leute Entsetzen", und etliche, die kaum noch so hochfahrend waren, „wurden etwas kleinlaut"; im schwäbischen Bund, an Höfen und auf Burgen.

7

Das Gefecht bei Wurzach

Dienstag in der Karwoche, den 11. April, erhob sich der Truchseß mit seinem Heere von den blutgetränkten Feldern Günzburgs und Leipheims gegen die Oberschwaben. Zwischen Ulm und Baltringen stieß er auf 200 Bauern, die sich in einem Kirchhof hielten, dann daraus sich zogen gegen ein Holz und im Rückzug 100 Mann verloren. Der Truchseß schlug sein Lager zu Baltringen, in dem Dorfe, einer der Wiegen des Aufstandes. Alle seine Hauptleute saßen mit ihm zur Tafel. Da kam Feuer im Kamin aus mitten in der Mahlzeit. Es wurde gelöscht, aber in selber Nacht wurden 200 bayerische Reiter, die sich plündernd zu weit entfernt hatten, von den Bauern fast ganz aufgerieben. Des anderen Tages stieß der Truchseß bei seinem Bergschloß Grünenthann wieder auf 600 Bauern in einem Ried. Diese, wie die vorigen, waren wohl verspätet im Zuzug zu dem großen Haufen bei Wurzach begriffen und vom reisigen Zeug überfallen. Der Truchseß gewann ihnen ihr Fähnlein grün und weiß ab, erstach bei 20 und machte gegen 200 Gefangene; die anderen zogen sich glücklich zurück. Herr Georg zog in heißem Marsch daher. Von Ulm schrieb der Bund, er solle links hinaufziehen, wo eben ein Haufe aus dem Illertal den erwähnten Einfall in das Kloster Ochsenhausen gemacht. Von oben her hörte er von der Bedrängnis seines Schlosses Wolfegg, von der Gefahr seiner Familie zu Waldsee. Er erfuhr zugleich, daß die Fähnlein des Baltringer Haufens sich zerteilt hatten; er eilte, um sie einzeln aufzureiben. Alle Ort-

Gefecht bei Wurzach

schaften um Baltringen herum ergaben sich „ungezwungen und gedrungen“ an den Bund und huldigten neu, „und sind also schandlich von den anderen Bauern gefallen, die doch eine Ursach gewesen aller Empörung und Aufruhr“. Er nahm den nächsten Weg in seine Herrschaft.

Von etlichen Bauern, die einzeln unterwegs gefangen wurden, erkundete er, daß sich der Illerhaufe getrennt habe, etliche vor Waldsee, etliche nach Saulgau gezogen seien. Ein Nürnberger Bote, der von St. Gallen kam, sagte, es seien ihm erst 800 Bauern mit zwei Fähnlein zu Essendorf begegnet. Herr Georg und Graf Wilhelm von Fürstenberg jagten mit den Rennfahnen ihnen nach. Wie die Bauern sie gewahr wurden, eilten sie ihrem Geschütz zu. Herr Georg, der hier zu Hause war, schrie, daß man ihm nachziehen solle, ehe die Bauern das Geschütz wändten und in die Ordnung kämen; und schon traf er mit den Bauern und schlug sie in die Flucht. Viele warfen sich ins nächstgelegene Moos, ins Ried bei Winterstetten, wo die Pferde nicht folgen konnten. Herr Georg hielt, bis die Fußknechte herzukämen. Indessen eilte noch ein Fähnlein Bauern daher, dem anderen zu helfen. Die Reiter schnitten diesem den Weg ins Ried ab, und es warf sich in ein Holz, das die Reiter sogleich umhielten. Das Moos ließ der Truchseß abbrennen; das Fußvolk erstach und erschoß viele, andere ergaben sich, 141 an der Zahl, meist Untertanen der Truchsesse. Die meisten waren mit dem Geschütz entkommen, ein Beweis, daß die wenigen, die die Verfolgung sperrten, sich auf die Kriegsweise verstanden.

Am Holz, die Schnait genannt, lagerten die Bündischen. Herr Georg schrieb freundliche Briefe an seine Bauern, sich ihm zu ergeben, sonst wolle er ihnen messen, wie sie gemessen haben, laut des Evangeliums mit einem voll eingedrückten Maß. Ihr Hauptmann, Pfaff Florian, schrieb wieder gütlich zurück, der Haufe wolle einen Ausschuß aus seiner Mitte zur Unterhandlung schicken. Der Truchseß sah darin nichts als die Absicht, ihn zu blenden und hinzuhalten, bis die Haufen vom Allgäu und See herangekommen wären; seine nächsten Fähnlein hatte Florian schnell an sich gezogen; und da er, der Truchseß, mit seinem Schreiben nur das gleiche beabsichtigte, eilte er, ohne sich zu kümmern, daß er zuerst gütliche Handlungen angeboten, über die Wurzacher Heide. Er entschuldigte diese Untreue damit, es sei ihm kund worden, daß Florian auch die vor Wolfegg zum eiligen Zuzug aufgemahnt und zu schlagen im Sinne habe. Unterwegs traf er auf acht Abgeordnete der Bauern, die alle Zeichen gaben, daß sie zur gütlichen Unterhandlung kommen, zu der er sie eingeladen. Als er aber Eberhard Schöneck mit einer Reiterabteilung auf sie schickte, flohen sie, ohne auf dessen Anruf zu hören, zum Haufen zurück, und die Reiter jagten ihnen nach, bis die Schützen der Bauern sie zurücktrieben.

Hinter der Kapelle bei Wurzach stand der Haufe Florians, 7000 stark, in Schlachtordnung. Herr Georg griff an, die Bauern zogen sich auf drei hohe Boll und dann ins Ried. Der Feldherr nahm die Höhen, zog sich aber wieder zur Burg zurück, um unter diesem Schein die Bauern aus ihrer guten Stellung herauszulocken. Diese ließen aber nur ihre Schützen, die gut trafen, vorgehen und tüchtig unter die bündische Reiterei schießen; sie selbst wichen hinter sich auf die Bleiche hinter dem Sattel bei der Aach und deckten sich durch das Moos. Einen alten Bauern, Hans Lutz, der vor Gebrechlichkeit mit seinen Brüdern nicht ziehen konnte, sprach der Feldherr an: „Was hab ich meinen Leuten Leids getan mein Leben lang, daß ihr einen ehrlosen Pfaffen zu eurem Herrn machen und mich vertreiben wollt?“ Der alte Bauer fiel vor dem Gestrengen auf die Knie und sprach: „Gnädiger Herr, wir tun wie wütige, aufrührische Leut; ich bitt Euer Gnaden, wollet mir vergönnen, noch einmal zu den Untertanen zu gehen, so bin ich guter Hoffnung, sie sollen sich Euer Gnaden Straf und Gnad ergeben.“ „Tut das, Alter“, sagte der Truchseß, „sie sollen mir nur den Pfaffen überantworten, dann alle Gnad haben.“ Und unter dem Unterhandeln brachte er das rechte Geschütz und sein ganzes Volk zusammen und stellte seine Leute in Ordnung, 8000 stark. Den reisigen Zeug legte er hinter die Stadt Wurzach, den gewaltigen Haufen ließ er in weitem Feld stehen, die Wagenburg hinter dem Berg; das Geschütz stellte er geradezu gegen die Bauern mit dem verlorenen Haufen.

Soeben zogen den Bauern 1500 ihrer Brüder zu, von der Iller her. Das Ansinnen, ihren Hauptmann auszuliefern, wiesen sie zurück; und Herr Georg ließ ohne weiteres von seinem guten Geschütz, aus drei besonders großen Stücken desselben, losbrennen. Bei jedem Schuß fielen die Bauern nieder, und es schadete ihnen fast nichts; erst die sechste Salve der drei Stücke traf. Da zog Florian mit seinem Haufen sich zurück, als er sah, daß er während der Unterhandlungen umgangen worden war.

Nur vierzig Bauern waren während des Treffens erschossen und erstochen worden, und in dem ziemlich entfernten Weißenhorn hatte man doch an diesem Tage, dem Karfreitag, bei 100 Schüsse gehört. Die Nacht fiel so stark ein, daß man nicht mehr mit den Bauern handeln mochte, und in solchem zogen sie hinweg, etliche da und andere dort hinaus. Florian wollte die Nacht benützen, um sich auf seine Brüder zurückzuziehen. Man schrie, man müsse ihnen zu Roß und Fuß nachjagen. Herr Georg tat nichts, die Rosse sanken im Ried, und die Knechte sagten, „sie wollen keinen Bauern totschlagen, nur hetzen“.

Auf dem Rückzug wurde ein Teil der Bauern im Finstern in den tiefen Wassergraben an der Stadt gedrängt; etliche wurden erstochen, gegen 100 ertranken. In Wurzach, das sich ergeben mußte, und auf dem Rückzuge verloren die Bauern nicht über 400 Mann an Gefangenen, ungeachtet Herr Georg über die Aach ein Geschwader Reiterei vorausgeschickt hatte. Florian erreichte mit dem ganzen Haufen Gaisbeuren. Das Gerücht aber, oder Absichtlichkeit der Herren, vergrößerte im Unterland die Zahl der Umgekommenen auf 7000 und trug nicht wenig bei zur Blutrache von

Weinsberg. „Wo die 400 Gefangenen, davon wohl 100 gefesselt wurden, hingekommen sind, oder wie man ihnen getan hat, weiß ich nicht", sagte später des Truchseß Herold sehr bedenklich.

Auf dem Weiterzuge in Oberschwaben aber, bei Gaisbeuren, stieß der Truchseß auf solche Streitkräfte der Bauern, welche ihm selbst ernstlichste Besorgnisse und den Bundesräten und Fürsten Furcht einflößten.

8

Kräfte und Zuflüsse der Bewegung

Außer den Bauern im Lager war noch mancherlei anderes im Reiche, was dem schwäbischen Bunde, was den Herren überhaupt Furcht machte. Zunächst waren es die Zustände in den Städten.

Nürnberg vor allen wurde mit Mißtrauen betrachtet. Das Reichsregiment hatte aus diesem Hauptherd des neuen Glaubens seinen Sitz nach Eßlingen verlegt.

Die allgäuischen Städte Kempten, Memmingen, Lindau, Kaufbeuren und Isny wurden verdächtigt und beschuldigt, als ob sie den Aufstand in Schwaben nicht nur unterstützen mit Rat und Tat, sondern als hätten sie ihn angestiftet, um auf diesem Wege mit ihren Gebieten in den Verband der schweizerischen Eidgenossenschaft eintreten und die freistaatliche Verfassung über das ganze südliche Deutschland ausdehnen zu können.

Je weniger der Neid und Haß der Fürsten und des Adels gegen die Städte und den Reichtum ihrer Bürger, je weniger die Absicht, ihrer sich zu bemächtigen oder sie zu unterdrücken, den Städten selbst verborgen war, um so näher lag die Furcht, die Städte möchten zu den Bauern fallen oder gar an die Spitze der Bewegung sich stellen. Die meisten Städte waren der neuen Lehre anhängig. In den oberländischen Städten hatten gerade diejenigen Prediger Amt und Aufenthalt, welche am feurigsten und eifrigsten für die politische wie für die kirchliche Umgestaltung sprachen und schrieben. Die Städte selbst hatten für den Fall, daß sie vom Kaiser und den Altgläubigen mit den Waffen wegen des Glaubens angegriffen würden, ein Bündnis unter sich geschlossen und waren mit den Schweizern und mit den Böhmen um Hilfsvölker in Unterhandlung getreten. Der Vorenthalt gleicher Rechte hatte in den Städten zudem die Gemeine gegen die Ehrbarkeit so sehr erbittert, daß von der Gemeine wenigstens zu fürchten war, sie werde zu den Bauern halten, besonders zu den Bauern des Stadtgebietes, die von den Herren so lange ausgesaugt und mit Verachtung behandelt worden waren. Seit dem Ende des abgelaufenen

Jahrhunderts war es sprichwörtlich unter dem städtischen Volke geworden: „Wenn es so fortgeht, müssen wir Schweizer werden." Durch die drohende Stellung, welche die Fürsten und der verbündete Adel gegen die Städte seit länger nahmen, durch das unter der Ritterschaft neu um sich greifende Raub- und Fehdewesen gegen die Städte waren den letzteren durch die Gegenmaßregeln zu ihrem Schutze große Kosten erwachsen. Das hatte die städtischen Auflagen unverhältnismäßig gegen früher gesteigert. Dazu waren die immer schwereren Reichssteuern, das Sinken des Handels und der Gewerbe und alle jene früher berührten Übel gekommen, unter denen das ganze Volk litt.

So hatte sich besonders in den großen Städten des Reiches, und selbst in den kleineren, seit einem Menschenalter eine wachsende Verarmung angesetzt, die sich in jeder Stadt über eine mehr oder weniger beträchtliche Masse ausdehnte und die gesellschaftlichen Verhältnisse langsam zerfressen hatte, neben den neuen Gedanken und mehreren Mißjahren. Besonders in den Städten, wo die Einfachheit der Sitten und der Lebensweise früher als auf dem Lande geschwunden war, vermehrte sich täglich eine überschüssige Bevölkerung, voll Not und Schulden, die teils leichtsinnig, oft liederlich war, teils, bei allem guten Willen zur Arbeit, oft unbeschäftigt und ohne Verdienst blieb. Ein Teil dieser Bevölkerung wie der andere haßte die Besitzenden und die Regierenden. Sie suchten die Hauptquelle ihres Elends in ihnen, und nicht ganz mit Unrecht, und erwarteten Heilung der Zustände nur von einer Umwälzung, vom Sturz der verhaßten Personen und Einrichtungen. Gerade die wenigen sehr Reichen, in deren Besitz fast alles Geld zusammengeflossen war, hatten die ersten städtischen Ämter wie in Erbpacht und trieben daneben unchristlichen Wucher. Diese hatte Münzer im Auge, wenn er voll Ingrimm rief: „Ach Gott, wenn anders die Christenheit soll recht aufgerichtet werden, so muß man die wuchersüchtigen Böswichter wegtun." Diese Wucherer und großen Stadtherren bildeten auch die großen Handelsgesellschaften zu Augsburg, zu Nürnberg, zu Ulm, zu Heilbronn. Durch Darleihen an die Fürsten und durch reiche Verehrungen an ihre Räte, selbst durch Verschwägerung mit den letzteren, verschafften sich diese Geldleute Monopole. Damit drückten sie die armen kleinen Kaufleute nieder, entzogen Tausenden ihr Gewerbe und ihre Nahrung, und der gemeine Mann mußte manches, was einmal Zeitbedürfnis geworden war, zu so wucherischen Preisen von ihnen kaufen, daß Luther eine eigene bittere Schrift über den Wucher im Jahre 1524 hatte ausgehen lassen. Diese Handelsgesellschaften bestimmten die Preise für viele Artikel ganz willkürlich; binnen vier Jahren hatten sie dieselben in letzter Zeit um das Zwei-, ja Dreifache gesteigert. Sie handelten nicht mit deutschen Erzeugnissen hinaus ins Ausland, sondern sie führten meist nur ausländische Luxuswaren herein und zahlten dafür nicht mit deutschen Arbeiten und Produkten hinaus, sondern mit deutschem Gelde. Nahmen sie in Deutschland den Gewerbsleuten der Städte ihre Arbeiten ab, so setzten sie, weil sie die großen Handelsgesellschaften waren und Handel und Kapital allein in ihren Händen lag, Arbeitslohn und Preis nach ihrem Gefallen an, der Arbeiter war in ihre Hand gegeben. Dabei waren sie im Besitze des Vorkaufs. Sie nahmen den armen Leuten auf dem Lande die Bodenerzeugnisse nur zu den geringsten Preisen ab, häuften in ihren Gewölben und Vorratshäusern die Lebensmittel massenhaft auf und verkauften sie zu hohen und höchsten Preisen. Sie machten den Markt, und die künstliche Teuerung, die sie forterhielten, hatte seit mehreren Jahren zur Folge, daß der gemeine Mann oft von Losschlagen, Totschlagen und Teilen sprach. Fürstliche Geldgier teilte sich nicht selten mit diesen Wucherern in den Gewinn.

Diejenigen „Ehrbaren", welche neben diesen Geldherren in den städtischen Ämtern saßen und deren Familienvermögen durch den Luxus herabgeschmolzen war, machten sich ihre Ehrenstellen zu Geldquellen. Neben dem, daß sie nichts taten, die Verhältnisse des gewerbetreibenden Städtebürgers zu verbessern, machten sie sich vielfach der Bestechung und des Unterschleifs schuldig. In mehreren Städten waren solche städtische Beamte gröbster und größter Veruntreuungen überführt worden, und der gemeine Bürger hatte sich gewöhnt, in den ehrbaren Herren auf dem Rathause, wie zuvor Tyrannen, so jetzt „Spitzbuben" und „Blutegel" zu sehen, auch da, wo er mit diesem Argwohn unrecht hatte.

In dieser Gesinnung und Ansicht flossen die zwei Teile der städtischen Gemeine, die man sonst im Gange der Dinge sehr auseinanderhalten muß, die besitzenden, aber nicht ehrbaren Bürger, und die, welche Schulden oder nichts zu verlieren hatten, ganz zusammen.

Diese Gärung in den Städten zwischen „Ehrbarkeit" und „Gemeine" war zwar in den letzten Jahren durch das Hinzutreten der neuen Lehre in ihren mannigfaltigen religiösen und religiös-politischen Spielarten sehr gewachsen. Aber da gerade die religiöse Richtung dieser Gärung zuerst wie ein Ableiter der Wetterwolke von der Ehrbarkeit weg auf die altkirchliche Geistlichkeit sich darzustellen schien, so sah die Ehrbarkeit da, wo sie der neuen Lehre selbst zugetan war, dieses vorerst nicht ungerne.

Seit langer Zeit hatte man auf den Reichstagen Reformen in Kirche und Staat verlangt. Auf dem Reichstage von 1523 wurde eine allgemeine Kirchenversammlung und auf derselben Sitz und Stimme auch für die Weltlichen gefordert. Die Städte wie die weltlichen Fürsten hätten gerne ausgeführt, was Sickingen und seine Freunde zunächst im Plane hatten, die Aufhebung der geistlichen Herrschaften, der Bistümer wie der Klöster, und die Einziehung der geistlichen Güter zu weltlichem, zu ihrem eigenen Nutzen. Das waren ihre Gedanken, die sie lange hatten, ehe Luther und

Münzer nebst ihren Jüngern die Vertilgung des geistlichen Herrentums predigten; Gedanken und Gelüste, die der altgläubige Erzherzog Ferdinand von Österreich und die altgläubigen Herzoge von Bayern mit dem neugläubigen Markgrafen Kasimir und anderen Fürsten ganz teilten und mit den Ehrbarkeiten der Städte. Als in Oberschwaben die Bauernbewegung anhob, „gönnte man den Geistlichen diesen Ehrentrunk wohl; man vermeinte bei ihren Kohlen sich zu wärmen; weil es ja nur die Mönche und die Pfaffen treffe, sah man zuerst durch die Finger". In den Reichsstädten ganz besonders war lange schon die Aufhebung der Klöster und die Ansichnahme ihrer Güter und Rechte Gegenstand ernster und heiterer Unterhaltung vieler Bürger. Als die Ehrbarkeiten im Fortgange wahrnehmen mußten, daß es nicht allein über die geistlichen Herren gehen solle und gehe, da hatte die Partei des Neuen, aus so verschiedenen Bestandteilen sie zusammengesetzt war, in den meisten Städten die Oberhand. So sprachen Fürsten und ihre Räte besorgt von Nürnberg: „Gott gebe nur Gnade, daß es nicht zu den Bauern fällt!" So dachten und sprachen sie von vielen anderen Städten des Reiches.

„Der Rat hat keine Gewalt, die Gemeine ist Herr", schrieben von so vielen Seiten her die fürstlichen Berichterstatter. Der Kanzler Eck schrieb am 7. März an seinen Herzog: „Ich und andere sind in großer Sorge (und Argwohn) auf etliche Städte." Am 21. März schrieb er: „Die Bauern stärken sich sehr, und doch sollen sie ihrer Buberei nicht genießen, wenn anders etliche Städte Farbe halten, besonders Ulm." Inmitte des schwäbischen Bundes mißtrauten die fürstlichen Mitglieder den städtischen so sehr, daß sie sich scheuten, offene Berichte über den Gang ihrer Rüstungen und der Dinge in ihrem Lande an den Ausschuß des schwäbischen Bundes gelangen zu lassen, weil die Vertreter der Städte dabeisitzen und dasselbe mithören, und man müsse sich doch versehen, daß der Aufruhr der Bauern von den Städtern herkomme. Wann die Städte hören, daß die geistlichen Fürsten kein Fußvolk aufzubringen wissen, so würden sie, wofern sie etwas im Sinne haben, dadurch in ihrem Vornehmen um so mehr bestärkt werden, und es müßte den fürstlichen Bundesgenossen in ihrem Tun großer Nachteil daraus erwachsen.

Nur mit der Warnung, die Nachrichten auf das geheimste zu halten, teilten sich die Fürsten durch vertraute Personen das Nötige mit, „damit niemand erfahren möge, daß wir so wenig Trosts bei unseren Fußleuten haben", sagte Markgraf Kasimir. Die Gemeinen in den Städten sind ganz gut bäurisch, war die allgemeine Rede unter den Herren des Oberlandes.

Ein zweiter Grund zur Furcht der Herren für ihre Sache war die eben berührte Schwierigkeit, Fußvolk für sich aufzubringen.

Die Landsknechte selbst, die sonst von jedermann um Sold zu haben waren, hatte der Zeitgeist berührt. Diese Söldner gegen die Bauern unter die Fahne zu bringen war von Haus aus schwer, weil der Landsknecht aus den Bauern hervorgegangen war. Viele darunter waren zwar durch das lange Kriegshandwerk ihrer Herkunft und ihrer Heimat so fremd und so ganz zum Soldaten geworden, daß sie für nichts mehr Sinn hatten als für das Soldatenwesen, für Geld und Beute. Viele auch waren geborene Kinder des Lagers, ohne Heimat, Bauern und Städtern gegenüber ohne irgendeinen Anknüpfungspunkt; die meisten waren aus allen Enden des Reiches her zusammengelaufen, und bei einem Teile der letzteren wäre wenigstens die Stammabneigung des Norddeutschen gegen den Süddeutschen zu gebrauchen gewesen. Aber in der allerersten Zeit der Bewegung waren die Landsknechte überhaupt dem „Evangelium" und der bäurischen Sache, da es ja über die „Pfaffen" ging, mehr zu- als abgeneigt. Freiheit gab es ohnedies mehr im Lager der Bauern, und die reichen Sitze der geistlichen Herren gaben Aussicht auf Beute wie nichts sonst. Nur was so unter Landsknechten „verdorbene Buben" waren, deren Lust von jeher die Bauernschinderei und das Placken der armen Leute gewesen war, die ließen sich leicht auch jetzt gegen die Bauern anwerben. Aber selbst diese wollten nur den weltlichen Herren, nicht aber den Bischöfen dienen.

Aber nicht nur neue Knechte gegen die Bauern zu werben hielt schwer, sondern von denen selbst, die längst im Dienst und Solde des Bundes waren, weigerten sich viele geradezu, gegen die Bauern zu ziehen, andere zeigten wenigstens eine bedenkliche Stimmung. Auch die Aufgebote in den Landschaften, wie selbst im bayerischen Oberlande, zeigten, daß „die Bauern alle einander anhangen und ihnen die Begehren der Allgäuer gut dünken". Zudem waren solche aus den jungen Leuten der Landschaft Aufgebotene in den Waffen ungeübt und ungeschickt neben der Unverläßlichkeit. „Ich wollte, die wären nie aufgeboten worden noch zu uns gezogen", klagte der Befehlshaber der Besatzung von Schongau am Lech.

Ein dritter Grund zur Furcht für die Herren war die niedere Geistlichkeit, die auf dem Lande unter den Bauern zerstreut saß, die Weltgeistlichen der alten Kirche. Davon waren viele so „unpriesterlich und unzüchtig" und so „eigennützig", daß der Erzbischof von Salzburg im Jahre 1523 in einem Ausschreiben an seine Bischöfe sagte: „die Herzoge von Bayern haben ihm durch eine eigene Gesandtschaft berichten lassen, das Verhalten der niederen Priester in ihrem Fürstentume begründe die Besorgnis, es möchte sich plötzlich Aufstand, Rumor und Totschlag gegen die Geistlichkeit erheben".

Viele Weltgeistliche waren nicht wie diese, sondern rechtschaffene und redliche Männer, aber, vom nationalen und religiösen Geiste der Zeit zugleich berührt, nur äußerlich noch im Dienste der alten Kirche, innerlich dem Neuen anhängig. Sie lehrten bald mehr, bald weniger offen die neue Lehre aus reiner Überzeugung und hatten dabei, als Vaterlandsfreunde, ein Herz und guten Willen für die Verbesserung des Volkes durch Umgestaltung der politischen Verhältnisse der Nation.

Es waren aber auch darunter viele solche, welche durch eine Umwälzung in Kirche und Staat ihre Lage zu verbessern hofften und auf die Kirchenfürsten böse waren.

Die meisten Bistümer und Prälaturen des Reiches waren seit lange zu Versorgungsanstalten für Prinzen gemacht. Bayerische und österreichische Prinzen bestritten die Kosten ihrer fürstlichen Lebensart damit, daß sie, solange es ihnen gefiel und bis sie in andere weltliche Einkünfte einrückten, den Namen und die Einkünfte von Bischöfen und Prälaten annahmen. Zur Pracht und zum Wohlleben dieser prinzlichen Kirchenfürsten reichten die Einkünfte ihrer Stellung, so groß sie waren, dennoch nicht zu. Die Plusmachereien gefälliger und erfinderischer Geheimräte griffen zuerst unrechterweise in den Beutel des Volks, dann, in der Form von Erpressungen, in die vornherein schon karg von den geistlichen Oberen zugemessenen, vom Zeitgeiste noch mehr beschnittenen Einkünfte der niederen Geistlichen auf dem Lande, der Weltpriester.

Gerade weil in der letzten Zeit die gesteigerten Bedürfnisse der Prälatenhöfe und die Finanzkünste ihrer Beamten das Volk auspreßten, blieb für den Landgeistlichen wenig oder nichts mehr am Volke zu ernten; ja, das Volk entzog, verkürzte oder verkümmerte, seit dem Aufkommen der neuen Lehre, an vielen Orten den letzteren nicht nur das althergebrachte Freiwillige an Gaben, sondern selbst das, was sie rechtlich zu fordern hatten.

So gab es Tausende von Landgeistlichen, die ihre verzweifelte Lage, wenn auch wider Willen, gegen die Häupter der Kirche, mittelbar gegen diese selbst, erbitterte und die zuletzt der Hunger auf die Seite der Bauern trieb. An manchen Orten kamen die Bauern geradezu auf das Zimmer des Pfarrers und sagten ihm rund, wenn er nicht „das rechte Evangelium" ihnen predigen wolle, so müsse er von der Pfarre abziehen. Geistliche und weltliche Fürsten gewährten den so Bedrängten keinen Schutz: Um bleiben zu können, wurden sie bäurisch.

Durchs ganze Deutschland hin liefen Mönche und Nonnen aus den Klöstern, fingen bürgerlich zu arbeiten an und heirateten. Ein besonders böses Beispiel für den gemeinen Mann gaben Klostergeistliche und Landgeistliche dadurch, daß sie die geweihten, vom Volke bisher für Heiligtümer gehaltenen Kirchengeräte ganz wie gewöhnliches Metall behandelten und sich daran vergriffen. Zu Schweidnitz schmolzen die Minoriten ohne weiteres die silbernen und goldenen Kirchenkleinodien ein, teilten sich in die Gold- und Silberklumpen und gingen dann aus dem Kloster hinaus in die Welt, einem bürgerlichen Leben nach. Dieser Fall steht nicht vereinzelt, und es lag nahe, daß, wenn Priester solches taten,

Weltliche, und zwar Behörden wie aufgestandene Bürger und Bauern, ohne viel Bedenken Gut und Kostbarkeiten der alten Kirche sich aneigneten; war doch diese Kirche bei der Menge, welche die Religion mit den Verirrungen ihrer Träger zu verwechseln stets geneigt ist, durch hohe und niedere Geistlichkeit lange her in Mißkredit gebracht worden.

An solchen Priestern mangelte es nirgends. Der Pfarrer zu Wallmersbach bei Tauberzell versetzte einen goldenen Meßkelch, den die Bauern aus dem Nonnenkloster Frauental in Franken, unweit Creglingen, erbeutet hatten, im Wirtshause zu Uffenheim bei der Wirtin, um auf dieses Pfand ins Haus eines anderen Priesters reichlich Wein holen zu lassen. „Hat man schon den goldenen nicht", sagte er, „so kann man wohl auch mit einem kupfernen Kelche Messe halten."

Viele Pfarrer heirateten und blieben doch im Amt; die meisten davon heirateten aus Neigung und Überzeugung. Es gab aber auch solche, die nur aus Zwang ein Weib nahmen; denn die Bauern in Schwaben und in den Alpen drangen darauf, daß „ein Pfarrer christlich und ehrlich mit einem ehelichen Gemahl nach Lehre des Evangeliums leben solle, damit unter einer Gemeinde kein Ärgernis entstehe". Bald folgten den Schwaben die Bauern im Elsaß, in Franken, in Thüringen in dieser Forderung nach. Der verheiratete Pfarrer war den Bauern auch darum unverdächtig, weil er durch die Heirat mit der alten Kirche gebrochen hatte. Gar mancher freilich war vorher schon „vor Gott" in einer Ehe, ehe er „seine Maid zur Kirche führte", was auch hie und da einer seinen Bauern unumwunden sagte.

Unter den Pfarrherren, welche, außer den schon angeführten, freiwillig der Bewegung sich anschlossen oder sie mit anregten und mit leiteten, zeichneten sich gleich zu Anfang derselben aus: Dolling, Mägerlin und Sturmer im Eichstättischen; Berchthold Scholl zu Niederzenn in der Herrschaft derer von Seckendorf-Aberda, im Gebiet des Markgrafen Kasimir; Andreas Bartholmä, der Kaplan zu Blaufelden; der Pfarrer zu Dachsbach bei Crailsheim und ebendabei der Pfarrer zu Roßfeld; im Amte Stauff im Ansbachischen die zwei Nürnbergischen Pfarrer Nagel und Simon Plank; Thoma, Pfarrer im Spital zu Uffenheim; der Pfarrer zu Hohlfeld; Jobst Hoffmann, der Kaplan zu Ebersberg; der Pfarrer zum Tennlein bei Feuchtwangen; der Leutpriester von Schwäbisch-Hall; Wolfgang Kirschenbeißer, der Pfarrer zu Frickenhofen bei Gaildorf; Anton Eisenhut, der Leutpriester zu Eppingen im Kraichgau, aus einem altadeligen schwäbischen Geschlechte. Diese alle und hundert andere in Schwaben, Franken und Tirol traten in die Waffen, mit Schwert und Harnisch, als Hauptleute der Bauern. Bisher war man nur an Bischöfen und Äbten gewöhnt, sie im Harnisch zu sehen, wie den Abt von Schuttern bei Offenburg, den Abt zu Banz im Bambergischen, den Erzbischof Matthäus Lang von Salzburg, die Domherren und die Deutschordensleute. Diese Pfarrer zeigten auch in ihrem Äußeren sich als Männer der Bauernsache. Priesterliche Sitte der Zeit war es, „gepüffte und krausgemachte“ Haare zu tragen; sie ließen sich die Haare rund am Kopf abschneiden, wie sie die Bauern trugen. Sie sagten den Bauern von ihren Oberen Dinge, welche die Leute bewegen mußten.

Von diesen geistlichen Bauernführern mit Schwert und Harnisch unterschieden sich diejenigen Pfarrer, die bloß predigten, wie Dr. Mantel in Stuttgart, der auf der Kanzel von dem Freiheitsjahre predigte, in welchem, wie einst im Halljahre der Juden, alle Gefangenen ledig, alle Knechte frei und alle Schulden aufgehoben werden müßten. „O lieber Mensch“, rief er, „o armer, frommer Mann, wann die Jubeljahre kommen, das wären die rechten Jahre!“ Gegen den Zehnten predigten um Memmingen der Pfarrer Nikolaus Schweikart; in Straßburg Otto Braunfels; in Tirol die Doktoren Urban, Rhegius und Jakob Strauß, ein Priester von Berchtholdsgaden; in Rothenburg an der Tauber Dr. Deuschlin; zu Lauda im Würzburgischen Dr. Leonhardt Beys; Konrad Saam zu Ulm und viele andere. Ihre Predigt war zunächst gegen die geistlichen Fürsten und Herren gerichtet; aber sie stellten solche Sätze auf und erläuterten sie so, daß die Folgerungen daraus zum Aufstande gegen das Bestehende überhaupt, zur Umwälzung führen mußten.

Die Reformprediger stachelten nicht zum Aufstand, sie warnten davor, Schappeler voran; die einen, weil sie alles auf dem Wege der Reform durchzuführen hofften, die anderen, weil sie von einem verfrühten Ausbruch keinen Erfolg erwarteten und jedes vereinzelte Losschlagen fürchteten. Es sollte alles nach ihrer Ansicht und ihrem Willen erst sich vorbereiten und reifen, alle Mittel zum allgemeinen Zwecke, Dinge und Menschen. Sie wollten in den Leuten die religiöse Kraft erst schaffen, bilden und großziehen, die ihnen für den politischen Kampf Begeisterung, Stärke und Ausdauer gäbe, neben klarem Bewußtsein des Zweckes. Selbst Münzer teilte vorerst diese Ansicht und diesen Plan mit ihnen.

Eigentliche Revolutionäre und für sofortigen Ausbruch waren die zahlreichen Laienprediger, solche, die niemals Geistliche gewesen waren, sondern Laien, die auf einmal zu predigen anfingen; sie hatten sich aus der Bibel selbst gelehrt und zogen von Ort zu Ort als Reiseprediger umher; einige davon hatten sogar kurz zuvor noch nicht lesen können; ergriffen von der lutherischen Predigt dieses oder jenes Predigers, lernten sie lesen, dann kauften sie ein Neues Testament, lasen sich in dasselbe hinein und fingen an, daraus zu predigen. Es waren auch unter den Laienpredigern solche, die zuvor geistlich gewesen waren, aber den Bauern- oder Bürgerrock anzogen, Feldarbeit oder ein Handwerk ergriffen und daneben predigten.

Lochmeier predigt vor 7000 Mann

An und für sich ist die Laienpredigt nicht etwas geradezu Ungereimtes, und man hat mit Unrecht sie lächerlich zu machen gesucht. In den ersten Zeiten des Christentums waren es auch Wollenarbeiter und Schuster, Gerber und Färber und bäurische, ungelehrte Leute, welche die eifrigsten Verkündiger des christlichen Glaubens machten. Während die Gelehrten des neuen Glaubens sich unter sich stritten über Glaubenssätze und ihre Fassung; während sie in allerlei spitzfindigen Streitigkeiten glänzten, hielten sich diese Laienprediger der Reformationszeit an das, was ihnen für das deutsche Volk die Hauptsache war: Sie suchten „die göttliche Gerechtigkeit", das heißt die Urrechte des Menschen und Christen, wie sie das göttliche Wort feststellt, aus den zerstreuten Stellen der Bibel heraus, stellten sie zusammen und predigten darüber, und zwar so, daß sie die Zuhörer stets am Ende aufforderten, diese göttliche Gerechtigkeit zu handhaben, das heißt sie mit Gewalt durchzuführen und die Welt nach den Anforderungen und Einrichtungen des Christentums zu verändern.

Ihr Thema war immer ein schlichtes, und wenn auch gewalttätiges, doch rein praktisches. So predigte im Württembergischen einer unter dem durch Huttens Flugschriften volkstümlich gewordenen Namen Karsthans, den er annahm; in und um Nürnberg herum und sonst in Franken ein ehemaliger Pfarrer aus Schwaben, welcher in Wöhrd, einer Vorstadt Nürnbergs, Bauer geworden war und unter dem Namen „der Bauer von Wöhrd" sich beliebt machte; sein eigentlicher Name war Diepold Peringer, sein Geburtsort Eschenbronnen an der Donau, Günzburg gegenüber; im Eichstättischen predigten so die Tuchknappen des Meisters Henle; in Pfalz-Neuburg Zacharias Krell und zu Raunau, im bayerischen Landgerichte Krumbach, Simon Lochmeier.

Der letztere fuhr und predigte auf einem Wagen; bei seiner vierten Predigt lauschten ihm schon an die 7000 Menschen. Er predigte darüber, „jedermann solle frei sein und keinen Herrn haben, als allein den Kaiser; alle, die im schwäbischen Bunde seien, und jeden, der wider ihre Brüderschaft tue, müsse man totschlagen und ihm das Seine verderben, verbrennen und verheeren". Dieser Lochmeier war ein Bauer, ein Höriger der Witwe Hans von Freibergs. Er war einer der ersten, der es von der Predigt zur Tat übergehen ließ. Er brachte alle Hintersassen im Kreis Schwaben und Neuburg, die des Adels, der Städte und der Klöster, so in Bewegung, daß viele von ihren Herrschaften abfielen und den Winzerer Haufen bildeten. Keiner, beschloß dieser Haufen, solle fortan einem Herrn weder gehorsam noch dienstlich sein.

Die Laien mit ihrer Evangeliumspredigt wären ein vierter Grund zur Furcht der Herren gewesen, hätten die Herren zuerst noch alles Volk nicht gar zu sehr verachtet und, weil sie zum Volke gehörten, auch die Laienprediger verachtet. Es waren diese jedenfalls ein nicht zu verachtendes Element der Bewegung, das im Fortgange derselben selbst den geheimen Leitern und Förderern über den Kopf wuchs, welche teils wirklich Männer von Geist und großen Gaben waren, teils wenigstens Kriegskenntnis, Mut und den Ruhm oder Ruf gedienter Kriegsleute hatten. Diese geheimen Leiter aber, die am meisten von den Herren zu fürchten gewesen wären, waren den Herren als solche ganz unbekannt, so nahe sie ihnen zum Teil standen.

Diese schwebten und webten im Hintergrund. Einige davon arbeiteten seit lange auf eine Revolution hin; andere derselben beteiligten sich daran erst, als sie in Fluß kam. Die einen waren von ganz lautern, vom Feinde nach ihrer Niederlage geachteten Triebfedern bewegt; bei anderen waren die Beweggründe getrübt durch Menschliches, das sich ansetzte; bei einigen waren die selbstsüchtigen Triebfedern vorherrschend. Die Zahl der frühe, vor dem Ausbruch, in das Werden und in die Vorbereitungen Eingeweihten war unzweifelhaft eine kleine; die Zahl der später erst Eingeweihten und Mitleitenden war ebenso gewiß viel größer, als man gewöhnlich glaubt.

In großen nationalen Bewegungen findet es sich, daß Männer, von der mächtigen Strömung des Zeitgeistes ergriffen, zu den tiefer Eingeweihten und zu den Mitleitenden gehören, von welchen es die Geleiteten selbst, solange die Bewegung dauert, nicht ahnen und von welchen es geheim bleibt, selbst nach dem Mißlingen der Bewegung. Weil sie nie in den Vordergrund traten, bleiben sie sogar oft in ihrer amtlichen oder bürgerlichen Stellung, wie aufgespart vom Schicksal, die geheimen Fäden des Fortschrittes weiterzuführen, welche sie aus der erkalteten Hand derer nehmen, die dafür Hof und Haus, Amt und Heimat oder das Leben ließen. Ungeahnt und ungeahndet bleibt das Frühere an manchem auch darum, weil der Verlauf und Ausgang ihn dahin brachte, daß er sich umdenkt oder wenigstens absteht, Ideale zu verwirklichen. In der Bewegung des Bauernkrieges treten von diesen höheren Begabungen nur wenige namentlich hervor, und diese treten leise auf, so tief ihre geistige Kraft eingreift, wie Weigand von Miltenberg, wie Wendel Hipler, wie Schappeler, wie der Fuchssteiner, wie mehr als ein Ratsglied im Schoße der freien Städte und, unter den Fürsten, wie der Henneberger und Markgraf Kasimir.

Töricht wäre es, die Männer, welche von der Idee ausgingen, vom großen Gedanken einer Umgestaltung des deutschen Reiches, zusammenzuwerfen mit denen, die nicht uneigennützig waren und von jener Idee nicht ausgingen. Eine Revolution wischt mit rauher Hand im Fortgang an einem Mann oft selbst das ab, was an ihm und seinen Gedanken ursprünglich schön war, wie die Wirklichkeit das Ideale abstreift, Sturm und Wetter den Schmelz der Rose, und wie eine wüste, befleckte Hand selbst den weißen Mantel im Angreifen verunreint, den einer trägt, oder wie dieser ihn selber befleckt an unsauberem Orte. Nie geht einer aus einer Revolution hinaus, so wie er in dieselbe hineintrat.

Verdorbene Leute schwammen noch zu jeder Zeit viele mit, sobald es flüssig war, solche mit vornehmer Geburt ebenso wie solche, die in der Mitte oder in der untersten Schichte geboren waren. Deren Auge geht nur darauf, eine Rolle zu spielen bei der Gelegenheit und im trüben zu fischen. Viele freuen sich auch nur der bloßen Bewegung, daß etwas los ist und die Welt wieder im Fluß.

Von allen diesen Arten ist viel Raum eingenommen in der Bewegung des Jahres 1525, auch von solchen, welche vornherein entschlossen waren, so sich zu halten, daß, wenn es mißlang, sie sich eine Stellung retteten. Daher die viele Zweideutigkeit in der Haltung von Herren in Städten wie draußen in Schlössern auf dem Lande. Das ist überall noch und immer die Mehrheit gewesen, was den Grundsatz und die Berechnung hatte, stets nur mit der siegenden Partei gehen zu können und sich das Einlenken offenzuhalten.

Da es seit mehr als dreißig Jahren im Reiche gärte und es auf einer Reihe von Punkten im Zwischenraum von wenigen Jahren immer wieder zu einzelnen Ausbrüchen gekommen war, so bedurfte es dessen nicht, was man Verschwörung heißt, um die Revolution vorzubereiten. Die Luft der Zeit war mit revolutionären Stoffen geschwängert, und durch alle Stände des Reiches, vom Fürsten bis zum Bettler, ging die Ansteckung. Es ist Unkenntnis, die da meint und sagt: Dieser und jener, oder diese und jene haben die Revolution gemacht. Nie hat ein Mensch, nie haben Menschen eine Revolution, zu der es wirklich kam, gemacht; Revolutionen machen sich selbst, wie Gewitter aus aufsteigenden Dünsten, wie Krankheiten aus verdorbenen Säften und aus Verwahrlosungen sich machen. Sind einmal die Elemente der Unzufriedenheit da, so ist es der gewöhnliche Gang, daß man verkehrte Maßregeln dagegen ergreift und sie dadurch stärkt, statt beseitigt. Dann kommen einzelne, welche diese vorgefundenen Elemente ausbeuten, eigennützig oder uneigennützig, je nachdem es Selbstsüchtige oder Idealisten und Patrioten sind. Bricht es dann los, dann verlieren die, welche in Amt und Gewalt sind, den Kopf. Die Feigheit, die Begleiterin des bösen Gewissens, verwirrt den Verstand. Falsche Schritte, dadurch vermehrte Gefahr, Davonlaufen derer, die zu bleiben die Pflicht haben, oder Schwanken derer, die entschieden sein sollten und ratlos oder schwach sind, folgen sich rasch aufeinander unter den Blitzen und Donnerschlägen und dem Gewittersturm, der durch die Welt geht.

Das deutsche Reich krankte seit lange. Da kam die Revolution als Folge, nicht als Ursache des kranken Zustandes im Reiche. Durch diese Krise konnte das Reich wieder zur Gesundheit gelangen, wenn das Fieber seinen richtigen Verlauf hatte und nicht unterdrückt wurde, ehe die veralteten Stockungen im Staatskörper gelöst, alle Krankheitsstoffe ausgestoßen, alle alten Mißbräuche und dem Ganzen schädlichen Zustände beseitigt waren. Es unterscheiden sich in jeder Revolution Kräfte, welche neu bauen, und Kräfte, welche zerstören wollen. Den einen ist es nur um das Zerstören zu tun, die andern haben das Aufbauen zu ihrem Zweck, und das Zerstören ist ihnen nur ein notwendiges Übel, ein Mittel des Durchganges aus Unhaltbargewordenem zum Besseren, zur Wiedergeburt ihres Vaterlandes.

So waren im Jahre 1525 viele Männer in Deutschland, welche die Wiedergeburt des großen Vaterlandes, den Neubau eines deutschen Reiches nach dem Zusammenbruch des alten Gebäudes bezweckten und jahrelang insgeheim dafür arbeiteten. Und dennoch kamen ihnen die Ereignisse zuvor. Der Ausbruch kam früher, ehe sie alle Mittel vorbereitet, die zerstreuten Kräfte unter die Einheit eines Planes und einer Oberleitung gebracht hatten; die Volksausbrüche überflügelten die Gedanken der Intelligenzen.

Die Untersuchungen haben herausgestellt, daß seit lange her die Volkserhebung beraten und beschlossen war. Wie Münzer und Pfeifer in Thüringen, wie Wendel Hipler am unteren Neckar und im Hohenlohischen, wie der Ritter Florian Geyer und seine Freunde im Würzburgischen und Rothenburgischen, wie Jakob Wehe an der oberen Donau, so war Weigand im Mainzischen, so Geismaier in Tirol, so Hunderte in den Oberlanden und in den Rheinstädten seit lange tätig für eine religiöse und politische Neugestaltung Deutschlands. Diese Männer waren unter sich in Zusammenhang, teils durch die Presse, teils durch Briefwechsel, teils auch zuletzt durch Zusammenkünfte, „an Orten, wo den Herren zu Werk geschnitten wurde", wie Wendel Hipler sich ausdrückte.

Wie es schon zur Zeit der Pläne der Reichsritterschaft Ulrich Hutten versucht hatte, so traten jetzt überall Männer des Geistes und höherer Stellung in Verkehr mit Gewerbsleuten und Bauern. In den Städten bildeten sich Klubs. Von diesen aus trat man mit den Dörfern umher und mit anderen Städten ins Verständnis. Der Handwerker und der Bauer zog Höhergestellte zu Rat, die das Vertrauen des gemeinen Mannes durch ihre bisherige Haltung sich erworben hatten.

Erst kurz vor dem Frühling 1525 aber wurde die allgemeine Erhebung beschlossen, die Zeit derselben bestimmt, die Sammelplätze und die Wehrzeichen festgesetzt; da erst wurde der Verkehr durch ausgesandte Boten und Aufbieter recht lebendig, von Thüringen heraus zum Niederrhein und in die Oberlande, vom Allgäu in den Schwarzwald und in die Alpenlande; ebenso an der Donau auf und ab, rechts und links ins Bayerische und Österreichische.

Die Zeit bot ein breites Lager an revolutionärem Zeug. Es war Überfluß an verdorbenen wie an leichtfertigen Leuten, welche in beiden Lagern, um ein Unter- und Fortkommen zu finden, an die übrige Mannschaft sich anschlossen, wie der Kot der Straße sich ansetzt an den Absatz des der Sache seiner Überzeugung Nachziehenden. Viel Gesindel fand sich ein im Fürstenlager wie im Volkslager. Die Kriegsknechte der bayerischen Fürsten waren so verrufen, namentlich von dem württembergischen Kriege vor sechs Jahren her, daß man sie in den Donaustädten nirgends einließ, weil „ihre Einlassung bei den Bürgern nur Unrat gebären würde, da sie früher die unschuldigen Bürger lahm und wund geschlagen, dem Eigentum Schaden getan und den Leuten im Quartier weder Tag noch Nacht im eigenen Hause Frieden gelassen, weder zu Bett noch zu Tisch, und Geistliche und Weltliche geplündert haben, welche keine Feinde waren". So fanden sich auch in den Bauernlagern und in den städtischen Volkshaufen wie ehrbarer Adel, so auch verdorbener Adel, solche Herren, „die das Ihre böslich vertan hatten und nichts mehr hatten, aber gerne etwas überkommen hätten". War Ule von Pegnitz zu Burg, gesessen in Forchheim, der gewesen, der zuerst mit dem Ruf: „Es muß sein, es muß sein!" die Sturmglocke anzog, und war er später im Solde der Stadt Bamberg, ein stets voller, leichtfertiger und aufrührerischer Mann, so trug im Bauernlager zu Geseß im Bayreuthischen der Ritter Thomas Groß, genannt „das Mantelkind", das Fähnlein voran. Dieser adelige Herr war durch Mord und Straßenraub im Ansbachischen so wohlbekannt als andere berühmte Namen seines Standes in Franken und Schwaben; und doch hatte er von seinem fürstlichen Herrn freies Geleit „aus Gunst".

Er war es, der sich vor die Bauern zu Mistelgau stellte mit dem Worte: „Wo ihr aufstehet, so will ich euer Hauptmann werden!", der zum Aufstand warb und bot, die Priester plünderte mit seinen eigenen Hintersassen; der mit dem Pfaffen Flederwisch den geflüchteten Gütern der edlen Frau von Wichsenstein auflauerte und der auch denen von Oberseß antrug, ihr Hauptmann oder Fähndrich zu werden und ihnen dreihundert gute Gesellen zuzuführen, wenn sie aufstehen. Er sprach: „Ich will mich nicht mehr Junker schelten lassen, sondern ich will Thomas Bauer geheißen sein." Auch seine Vettern, die edeln Herren Hans Groß zu Reitzendorf und Christoph Groß zu Trockau ließen sich nimmer „die Großen" heißen, sondern „Christoph und Hans Bauer". Solche waren der vierte Grund der Furcht.

Derer vom Adel, welche „verdorbene" oder verarmte Leute waren, gab es so viele im Reich. Die waren wie gemacht zu Anführern des gemeinen Mannes in Städten und auf dem Lande. Und wie vom Adel, so wollten auch aus Bürger- und Bauerschaft lose Gesellen, wie sie sagten, „helfen das Evangelium und die Gerechtigkeit zu handhaben"; und sie fluchten als Narren denen die Pestilenz auf den Hals, welche sagten: ob das die Gerechtigkeit sei, daß man den Leuten das Ihre nehme?

Man sah viele „trunkene und ungeschickte Leute" in den Haufen, frommer alter Männer leichtsinnige Söhne, Hausierer, Vorkäufer, Handelsleute, „die viel nach Nürnberg hin und wider gingen, der neuen Märe viel brachten und das gemeine Volk aufrührerisch machten"; es waren dabei auch solche, die im Wohlstand saßen, reicher Leute Kinder, wie Georg Hornіß von Wachenroth, von dessen Jugend es heißt: „Es ist auf dem ganzen Steiger Wald keine Schlichtung oder Zank gewesen, Georg

Horniß hat dabei müssen sein mit seinen Hilpartsgriffen"; wie Peter Metzler zu Kleinwachenroth, der nach dem Mißlingen des Aufstandes von dem Wachenrother Amt geschildert wird „als ein mutwilliger Bub, mit Worten und Geschäften aufrührerisch, der keinen anderen Herrn als Gott haben wollte, Hunderte mit sich aufrührerisch gemacht hat und stets auf dem Vogelfang und beim Weine gelegen ist". Dabei waren auch aufgeweckte Köpfe, bei denen schon ihr Beruf die Rührigkeit mit sich brachte, Maler, Musikanten, Barbiere, Gold- und Silberarbeiter, reisige Knechte, die lange bei Fürsten gedient hatten und mit Unwillen von diesen geschieden waren, die taten sich jetzt zu den Bauern und erhielten niedere und höhere Führerstellen. Diese Reisigen und die zu den Bauern getretenen Geistlichen spielten eine bedeutende Rolle in den Haufen, wenn sie nicht leichtsinnig und liederlich sich benahmen, denn mit den leichtsinnigen Pfaffen und mit den leichtsinnigen Reisigen machten die Haufen kurzen Prozeß, in Oberschwaben wie in Franken, wie sich später zeigen wird. Solche von den Bauern ausgestoßene Pfaffen wurden dann als Überläufer von dem anderen Teil zu Spionen gebraucht.

Es war in der großen Volksbewegung von 1525 wie in allen Volksbewegungen. Sowenig es in den Revolutionen Frankreichs, Englands, Nordamerikas, Spaniens und Italiens, Schwedens und Dänemarks, sowenig es in der letzten großen deutschen Bewegung lauter „Pöbel und solche waren, welche ihre letzte Hoffnung, als vergantete oder dem Gant nahe Leute, auf eine Revolution setzten", sowenig waren es „nur arme oder leere Buben", „abgehauste und unnütze Leute", welche sich bei der Bewegung von 1525 beteiligten. Wie dort überall Reiche und Reichste mit jeder Art des Volkes, Idealisten und Patrioten mit solchen, die nur das Ihre suchten, in der Bewegung und für die Bewegung waren, Edle und Schlechte nebeneinander, ganz in der Weise, in welcher es auch in langen Friedenszeiten, in ungestörten Staatszuständen, im Salon und im Wirtshaus, im Fürstenrat, auf dem Rathaus und auf den Bürgerstuben der Fall war, ist und sein wird, daß sie nebeneinander und zusammen sich finden: So war es auch im Jahre 1525.

Es gab Wohlhabende, es gab Reiche, von welchen es urkundlich ist, daß sie sich nicht beteiligen wollten. Die sprachen: „Wenn wir nicht mit großem Drang dazu genötigt werden, wollen wir nicht mitziehen", wie manche vermögliche Bauern im Ries. Aber doch ritten zu den Bauern im Ries zwei Bürgermeister von Öttingen hinaus, ihnen anzuzeigen, sie sollten nur kommen, sie wollen sie gern einlassen.

Anfangs waren die Berichte der fürstlichen Vögte vom Hochmut des Beamten und des Adeligen beeinflußt. Sie sahen mit dem Auge, mit dem sie auf das Volk herabzusehen, sie schrieben in der Sprache, mit der sie von den Bauern als „Roßmucken", von dem Bürger als „Pöbelvolk" unter sich zu reden gewohnt waren. So berichtete der bayrische Hauptmann Erhardt Muckenthaler an seinen Herzog: „Auf dem Mössinger Berge liegt nichts als heilloses Gesindel, Diebsleute, Spieler, abgehauste Bauern, verdorbene Bürger, Vaganten, Pfannenflicker, Troßbuben, Deserteure, Soldaten, Musikanten, Heckenschänder und dergleichen." Solche Bestandteile waren mitunter in den Haufen, aber sie waren weder der Kern derselben noch die Mehrheit. Der Haufen zog nur arme Schlucker an, aber diese machten nicht den Haufen.

Fürsten selbst waren es, welche den fünften Grund zur Furcht für die Partei der Herren bildeten, besonders für die geistlichen Fürsten. Zuerst sahen die weltlichen Fürsten und der Adel die Volksbewegung so an, als wäre sie allein gegen die geistlichen Herren gerichtet, und der Kurfürst von Sachsen, Friedrich der Weise, sagte das geradezu, und, daß man den armen Leuten Ursache zum Aufruhr gegeben habe, sonderlich mit Verbietung des Wortes Gottes. „Will es", schrieb er an seinen Bruder, „Gott also haben, so wird es also hinausgehen, daß der gemeine Mann regieren soll. Ist es aber sein göttlicher Wille nicht und ist es zu seinem Lobe nicht vorgenommen, wird es bald anders."

Der Lehensadel der geistlichen Fürsten, auch derjenige der weltlichen, hoffte sich durch die Gelegenheit der Volksbewegung los und frei zu machen und die Lehengüter in Eigengüter zu verwandeln, wie Fritz Zobel von Giebelstadt, der Lehensträger des Bischofs von Würzburg, der zu den Bauern wie zu dem Markgrafen Kasimir in Beziehungen erscheint, welche, so geheim und verschleiert sie sind, sich von selbst verraten, wie diejenigen, in welchen Ritter Stephan von Menzingen zu Markgraf Kasimir, zu Herzog Ulrich von Württemberg, zu den Bürgern von Rothenburg und zu den Bauern an der Tauber sich zeigt.

Den Aufstand der Bauern zum Sturz aller geistlichen Herren zu benutzen, das war ein Gedanke, der, wie in dem Grafen von Henneberg und in dem Markgrafen Kasimir, so selbst in den Bayerfürsten und in dem Erzherzoge Ferdinand von Österreich Platz griff. Gelüstete es den Henneberger nach einem selbständigen Fürstentum, ja nach dem Herzogtum Würzburg, und den Markgrafen Kasimir nach nicht mehr und nicht weniger Land und Leuten, als soviel er immer davon an sich reißen möchte, so gelüstete die Bayerfürsten nach dem Bistum Eichstätt und nach dem Salzburgischen, und den Erzherzog Ferdinand von Österreich ebenfalls nach dem Salzburgischen, nach den Bistümern Augsburg, Brixen, Trient und allen großen und kleinen geistlichen Herrschaften und Gütern, die zwischen dem Österreichischen oder nahe dabei lagen.

So geheim diese fürstlichen Gelüste und Gedanken gehalten wurden, so sickerte doch hie und da etwas davon durch, und schon die Zeit lag so, daß die geistlichen Fürsten und Herren diesen und jenen ihrer weltlichen Standesgenossen beargwohnen mußten. Fiel es doch selbst an dem Sachsenkurfürsten manchem auf, daß die Bauern in Spalt beim Anfang des Aufstandes im Eichstättischen an dessen Hofprediger sich wandten und dieser mit ihnen in Briefwechsel trat. Es ging nämlich die gemeine Sage, Spalatin, der Hofprediger Friedrichs des Weisen, Luthers vertrauter Freund, stehe seit länger in geheimem Briefwechsel mit dem Tuchmacherzunftmeister Henle in Eichstätt, dem Haupte der Volkspartei daselbst, und mit den Bauern. Daß Spalatin seinen Geburtsort Spalt besuchte und diese sich an ihn wandten, ist etwas Unverfängliches; daraus, daß er gerade jetzt in Spalt sich einige Zeit aufhielt, sog man das Gift des Verdachtes, der Kurfürst von Sachsen trachte nach dem Eichstättischen oder wenigstens nach dem Sturze der geistlichen Herren, damit die neue Lehre siege.

So war es, daß es über die geistlichen Herren, und zwar zunächst durch die Bauern, hergehe, vielen Städten, Adeligen und einzelnen weltlichen Fürsten anfangs recht gewesen. Jetzt aber breitete die Furcht sich auch unter diesen aus, mit der Ausbreitung des Aufstandes. Die Bauern hatten bereits eine Fahne, unter der sie vereinigt fochten; vereinigt wenigstens vorerst und soweit es der Lage der Dinge nach sein konnte. Diese Fahne waren – „die zwölf Artikel".

9

Die zwölf Artikel. Thomas Münzer

Die Unterhandlungen der Bauern mit dem schwäbischen Bunde, der die Miene angenommen hatte, als wolle er zwischen den Herrschaften und den Bauerschaften an der Donau vermitteln, waren in nichts zerronnen; aber eines hatten die Bauern gewonnen aus diesem Anlaß, nur ein Stück Papier, aber ein Denkmal, welche Macht im Worte liegt, in der Fassung eines Gedankens in den rechten Ausdruck und Rahmen, im rechten Augenblick. Das waren die zwölf Artikel.

Es war die Gewohnheit von alters her, daß der gemeine Mann in Städten und auf dem Lande seine Beschwerden in Artikel brachte.

Die Bauerschaften der Grafen von Fürstenberg, Sulz und Stühlingen faßten ihre Beschwerden in 16 Artikel oder Punkte zusammen und setzten dieselben schriftlich auf, um sie auf den Tagen zu Stockach, zu Schaffhausen, zu Radolfzell und zu Eßlingen vorzulegen. So setzte durch das ganze deutsche Land der gemeine Mann seine Beschwerden in einer größeren oder kleineren Zahl von Punkten schriftlich auf, um auf gütlichem Wege mit seinen Herren darüber zu verhandeln und Zugeständnisse und Erleichterungen, Rückgabe alter, entrissener Rechte, ein gnädiges Einsehen in sein Elend von der Aristokratie zu erlangen; im Würzburgischen legten die Bauern 50 Artikel vor, im Mainzischen 29, die Bürgerschaft in Frankfurt 41, die in Münster 34, die Bauern im Inntal 19 usw. Alle diese Artikel treffen in manchen Punkten zusammen, in vielen weichen sie voneinander ab, je nach der Verschiedenheit der örtlichen Verhältnisse.

Im ersten Viertel des Jahres 1525 entstand in Oberschwaben eine kleine Reihe von bauerschaftlichen Forderungen, die sich unter dem Namen der „zwölf Artikel" berühmt machten; gedruckt verbreiteten sie sich seit dem Monat März, trotz des Verbotes in Bayern und Österreich, mit Blitzesschnelle durch ganz Deutschland; die gedruckten Exemplare wurden als ein allgemeines Manifest des gemeinen Mannes bald von allen Bauerschaften angenommen und gaben dem Gange der großen Volksbewegung eine bestimmtere Richtung auf ein gemeinsames Ziel, den zerstreuten Gemeinden ein religiös-politisches Glaubensbekenntnis in die Hand, um welches sie sich vereinten.

Die Überschrift desselben lautet: „Die gründlichen und rechten Hauptartikel aller Bauerschaften und Hintersassen der geistlichen und weltlichen Obrigkeiten, von welchen sie sich beschwert vermeinen." – Darauf folgt eine Einleitung: „Dem christlichen Leser Friede und Gnade Gottes durch Christum."

„Es sind viele Widerchristen, die jetzt wegen der versammelten Bauerschaft das Evangelium zu schmähen Ursache nehmen, indem sie sagen: ‚Das sind die Früchte des neuen Evangeliums, niemand gehorsam sein, an allen Orten sich emporheben und aufbäumen, mit großer Gewalt zuhauf laufen und sich rotten, geistliche und weltliche Obrigkeit zu reformieren, auszureuten, ja vielleicht gar zu erschlagen!' Allen diesen gottlosen, freventlichen Urteilen antworten diese hier geschriebenen Artikel, sowohl damit sie die Schmach des Wortes Gottes aufheben als auch den Ungehorsam, ja die Empörung aller Bauern christlich entschuldigen.

Fürs erste ist das Evangelium nicht eine Ursache der Empörung oder Aufruhren; dieweil es eine Rede ist von Christus, dem verheißenen Messias, dessen Wort und Leben nichts denn Liebe, Friede, Geduld und Einigkeit lehret (Röm. 2), also, daß alle, die an diesen Christus glauben, lieblich, friedlich, geduldig und einig werden, so denn der Grund aller Artikel der Bauern, wie denn klar gesehen wird, dahin gerichtet ist, das Evangelium zu hören und demgemäß zu leben. Wie mögen denn die Widerchristen das Evangelium eine Ursache der Empörung und des Ungehorsams nennen? Daß aber etliche Widerchristen und Feinde des Evangeliums wider solches Anmuten und Begehren sich lehnen und aufbäumen, ist das Evangelium nicht Ursache, sondern der Teufel, der schädlichste Feind des Evangeliums, welcher solches durch den Unglauben in den Seinen erweckt, damit das Wort Gottes, das Liebe, Frieden und Einigkeit lehrt, unterdrückt und weggenommen würde.

Zum anderen folgt dann klar und lauter, daß die Bauern, die in ihren Artikeln solches Evangelium zur Lehre und zum Leben begehren, nicht mögen ungehorsam, aufrührerisch genannt werden. Ob aber Gott die Bauern, die da nach seinem Wort zu leben ängstlich rufen, erhören will, wer will den Willen Gottes tadeln (Röm. 11)? Wer will in sein Gericht greifen (Jesaias 40)? Ja, wer will seiner Majestät widerstreben (Röm. 8)? Hat er die Kinder Israel, als sie zu ihm schrien, erhört und aus der Hand Pharaos erledigt, mag er nicht noch heute die Seinen erretten? Ja, er wird sie erretten und in einer Kürze (2. Mos. 3, 14. Luc. 18, 8). Darum, christlicher Leser, lies die nachfolgenden Artikel mit Fleiß und nachmals urteile.

Erster Artikel

Zum ersten ist unsere demütige Bitte und Begehr, auch unser aller Wille und Meinung, daß wir nun fürhin Gewalt und Macht haben wollen, eine ganze Gemeinde soll einen Pfarrer selbst erwählen und kiesen (1. Timoth. 3), auch Gewalt haben, denselben wieder zu entsetzen, wenn er sich ungebührlich hielte (Tit. 1). Der erwählte Pfarrer soll uns das Evangelium lauter und klar predigen, ohne allen menschlichen Zusatz, Menschenlehr und Gebot (Apost. 14). Denn das, daß uns der wahre Glaube stets verkündiget wird, gibt uns eine Ursache, Gott um seine Gnade zu bitten, daß er uns denselben lebendigen Glauben einbilde und in uns bestätige (5. Mos. 17, 2. Mos. 31). Denn wenn seine Gnade in uns nicht eingebildet wird, so bleiben wir stets Fleisch und Blut, das dann nichts nutz ist (5. Mos. 10, Joh. 6), wie klärlich in der Schrift steht, daß wir allein durch den wahren Glauben zu Gott kommen können und allein durch seine Barmherzigkeit selig werden müssen (Gal. 1). Darum ist uns ein solcher Vorgeher und Pfarrer vonnöten und in dieser Gestalt in der Schrift gegründet.

Zweiter Artikel

Zum anderen, nachdem der rechte Zehent aufgesetzt ist im Alten Testament und im Neuen als erfüllt, wollen wir nichtsdestominder den rechten Kornzehent gern geben, doch wie es sich gebührt. Demnach man solle ihn Gott geben und den Seinen mitteilen (Hebräerbrief, Psalm 109). Gebührt er einem Pfarrer, der klar das Wort Gottes verkündet, so sind wir willens: Es sollen hinfür diesen Zehent unsere Kirchpröpste, welche dann eine Gemeine setzt, einsammeln und einnehmen, davon einem Pfarrer, der von einer ganzen Gemeinde erwählt wird, seinen ziemlichen genügsamen Unterhalt geben, ihm und den Seinen, nach Erkenntnis einer ganzen Gemeinde, und was überbleibt, soll man armen Dürftigen, so in demselben Dorf vorhanden sind, mitteilen nach Gestalt der Sache und Erkenntnis einer Gemeinde (5. Mos. 25, 1. Timoth. 5, Matth. 10 und Cor. 9). Was übrigbleibt, soll man behalten, für den Fall, daß man von Landesnot wegen einen Kriegszug machen müßte; damit man keine Landessteuer auf den Armen legen dürfte, soll man es von diesem Überschuß ausrichten. Fände es sich, daß eines oder mehr Dörfer wären, welche den Zehenten selbst verkauft hätten, etlicher Not halber, soll der, welcher von selbigem zeigt, daß er ihn in der Gestalt von einem ganzen Dorf hat, solches nicht entgelten, sondern wir wollen uns ziemlicherweise nach Gestalt der Sache mit ihm vergleichen (Lucä 6, Matth. 5), ihm solches wieder mit ziemlichem Ziel und Zeit ablösen. Aber wer von keinem Dorfe solches erkauft hat und dessen Vorfahren sich selbst solches zugeeignet haben, denen wollen und sollen wir nichts weiter geben, sind ihnen auch nichts weiter schuldig, als wie oben steht, unsere erwählten Pfarrer damit zu unterhalten, nachmals ablösen oder den Dürftigen mitteilen, wie die Heilige Schrift enthält. Ob Geistlichen oder Weltlichen, den kleinen Zehent wollen wir gar nicht geben. Denn Gott der Herr hat das Vieh frei dem Menschen erschaffen (1. Mos. 1). Diesen Zehent schätzen wir für einen unziemlichen Zehent, den die Menschen erdichtet haben; darum wollen wir ihn nicht weiter geben.

Dritter Artikel

Zum dritten ist der Brauch bisher gewesen, daß man uns für Eigenleute gehalten hat, welches zum Erbarmen ist, angesehen, daß uns Christus alle mit seinem kostbaren vergossenen Blut erlöst und erkauft hat (Jesaias 53 1, Pet. 1 1, Cor. 7, Röm. 13), den niederen Hirten ebensowohl als den Allerhöchsten, keinen ausgenommen. Darum erfindet sich in der Schrift, daß wir frei sind, und wir wollen frei sein (Weish. 6 1, Pet. 2). Nicht daß wir gar frei sein, keine Obrigkeit haben wollen; das lehret uns Gott nicht. Wir sollen in Geboten leben, nicht in freiem fleischlichem Mutwillen (5. Mos. 6, Matth. 4), sondern Gott lieben als unseren Herrn, in unsern Nächsten ihn erkennen und alles das ihnen tun, was wir auch gern hätten, wie uns Gott am Nachtmahl geboten hat zu einer Letze (Lucä 4 6, Matth. 5, Joh. 13). Darum sollen wir nach seinem Gebot leben. Dies Gebot zeigt und weist uns nicht an, daß wir der Obrigkeit nicht gehorsam seien. Nicht allein vor der Obrigkeit, sondern vor jedermann sollen wir uns demütigen (Röm. 13). Wenn wir auch gerne unserer erwählten und gesetzten Obrigkeit, so uns von Gott gesetzt ist (Apostelgesch,

5), in allen ziemlichen und christlichen Sachen gehorsam sind; wir sind auch außer Zweifel, Ihr werdet uns der Leibeigenschaft als wahre und rechte Christen gern entlassen oder uns aus dem Evangelium dessen berichten, daß wir leibeigen sind.

Vierter Artikel

Zum vierten ist bisher im Brauch gewesen, daß kein armer Mann Gewalt gehabt hat, das Wildbret, Geflügel oder Fische im fließenden Wasser zu fangen, was uns ganz unziemlich und unbrüderlich dünkt, eigennützig und dem Worte Gottes nicht gemäß. Auch hegt in etlichen Orten die Obrigkeit das Gewild uns zu Trutz und mächtigem Schaden, weil wir leiden müssen, daß uns das Unsere, was Gott dem Menschen zu Nutz hat wachsen lassen, die unvernünftigen Tiere zu Unnutz mutwillig verfressen, und wir sollen dazu stillschweigen, was wider Gott und den Nächsten ist. Denn als Gott der Herr den Menschen erschuf, hat er ihm Gewalt gegeben über alle Tiere, über den Vogel in der Luft und über die Fische im Wasser (1. Mos. 1, Apostelgesch. 19, 1, Tim. 4, 1, Cor. 10, Coloss. 2). Darum ist unser Begehren: wenn einer ein Wasser hätte, daß er es mit genugsamer Schrift, als unwissentlich erkauft, nachweisen mag; solches begehren wir nicht mit Gewalt zu nehmen, sondern man müßte ein christliches Einsehen darein haben, von wegen brüderlicher Liebe. Aber wer nicht genugsame Beweise dafür anbringen kann, soll es ziemlicherweise an die Gemeinde zurückgeben.

Fünfter Artikel

Zum fünften sind wir auch beschwert der Beholzung halb, denn unsere Herrschaften haben sich die Hölzer alle allein zugeeignet, und wenn der arme Mann etwas bedarf, muß er's ums doppelte Geld kaufen. Unsere Meinung ist, was für Hölzer Geistliche oder Weltliche, die sie immer haben, nicht erkauft haben, die sollen einer ganzen Gemeinde wieder anheimfallen, und einem jeglichen aus der Gemeinde soll ziemlicherweise frei sein, daraus seine Notdurft ins Haus umsonst zu nehmen, auch zum Zimmern, wenn es vonnöten sein würde, soll er es umsonst nehmen dürfen, doch mit Wissen derer, die von der Gemeinde dazu erwählt werden, wodurch die Ausreutung des Holzes verhütet werden wird. Wo aber kein Holz vorhanden wäre, als solches, das redlich erkauft worden ist, so soll man sich mit den Käufern brüderlich und christlich vergleichen. Wenn aber einer das Gut anfangs sich selbst zugeeignet und es nachmals verkauft hätte, so soll man sich mit den Käufern vergleichen nach Gestalt der Sache und Erkenntnis brüderlicher Liebe und Heiliger Schrift.

Sechster Artikel

Zum sechsten ist unsere harte Beschwerung der Dienste halb, welche von Tag zu Tag gemehrt werden und täglich zunehmen. Wir begehren, daß man darein ein ziemliches Einsehen tue und uns dermaßen nicht so hart beschwere, sondern uns gnädig hierin ansehe, wie unsere Eltern gedient haben, allein nach Laut des Wortes Gottes (Röm. 10).

Siebenter Artikel

Zum siebenten wollen wir hinfür uns von einer Herrschaft nicht weiter beschweren lassen, sondern wie es eine Herrschaft ziemlicherweise einem verleiht, also soll er es besitzen, laut der Vereinigung des Herrn und des Bauern. Der Herr soll ihn nicht weiter zwingen und dringen, nicht mehr Dienste noch anderes von ihm umsonst begehren (Luc. 3, Thess. 6), damit der Bauer solch Gut unbeschwert, also geruhlich brauchen und genießen möge; wenn aber des Herrn Dienst vonnöten wäre, soll ihm der Bauer willig und gehorsam vor anderen sein, doch zu Stund und Zeit, da es dem Bauern nicht zum Nachteil diene, und soll ihm um einen ziemlichen Pfennig den Dienst tun.

Achter Artikel

Zum achten sind wir beschwert, und derer sind viele, so Güter innehaben, indem diese Güter die Gült nicht ertragen können und die Bauern das Ihrige darauf einbüßen und verderben. Wir begehren, daß die Herrschaft diese Güter ehrbare Leute besichtigen lasse und nach der Billigkeit eine Gült erschöpfe, damit der Bauer seine Arbeit nicht umsonst tue, denn ein jeglicher Tagwerker ist seines Lohnes würdig (Matth. 10).

Neunter Artikel

Zum neunten sind wir beschwert der großen Frevel halb, indem man stets neue Ansätze macht, nicht daß man uns straft nach Gestalt der Sache, sondern zu Zeiten aus großem Neid und zu Zeiten aus großer parteilicher Begünstigung anderer. Unsere Meinung ist, uns nach alter geschriebener Straf zu strafen, je nachdem die Sache gehandelt ist, und nicht parteiisch (Jesai. 10, Ephes. 6, Luc. 3, Jer. 16).

Zehnter Artikel

Zum zehnten sind wir beschwert, daß etliche sich haben zugeeignet Wiesen und Äcker, die doch einer Gemeinde zugehören. Selbige werden wir wieder zu unserer Gemeinden Handen nehmen, es sei denn die Sache, daß man es redlich erkauft hätte; wenn man es aber unbilligerweis erkauft hätte, soll man sich gütlich und brüderlich miteinander vergleichen nach Gestalt der Sache.

Elfter Artikel

Zum elften wollen wir den Brauch, genannt der Todfall, ganz und gar abgetan haben, nimmer leiden noch gestatten, daß man Witwen und Waisen das Ihrige wider Gott und Ehren also schändlich nehmen und sie berauben soll, wie es an vielen Orten in mancherlei Gestalt geschehen ist. Von dem, was sie beschützen und beschirmen sollten, haben sie uns geschunden und geschaben, und wann sie ein wenig Fug hätten gehabt, hätten sie dies gar genommen. Das will Gott nicht mehr leiden, sondern das soll ganz ab sein, kein Mensch soll hinfür beim Todfall schuldig sein, etwas zu geben, weder wenig noch viel (5. Mos. 13, Matth. 8, 23, Jes. 10).

Beschluß

Zum zwölften ist unser Beschluß und endliche Meinung: Wenn einer oder mehrere der hier gestellten Artikel dem Worte Gottes nicht gemäß wären, so wollen wir, wo uns selbige Artikel mit dem Worte Gottes als unziemlich nachgewiesen werden, davon abstehen, sobald man uns es mit Grund der Schrift erklärt. Und ob man uns gleich etliche Artikel jetzt schon zuließe, und es befände sich hernach, daß sie unrecht wären, so sollen sie von Stund an tot und ab sein, nichts mehr gelten. Desgleichen, wenn sich in der Schrift mit der Wahrheit mehr Artikel fänden, die wider Gott und dem Nächsten zur Beschwernis wären, wollen wir uns diese auch vorzubehalten beschlossen haben und uns in aller christlicher Lehre üben und brauchen, darum wir Gott den Herrn bitten wollen, der uns dasselbige geben kann und sonst niemand. Der Friede Christi sei mit uns allen."*

Man fühlt es diesem merkwürdigen Manifeste an, daß es nicht aus einem Gusse, sondern aus verschiedenen Bestandteilen zusammengesetzt ist. Sichtbarlich ist die Einleitung und der Schluß später hinzugefügt und von einem anderen Verfasser als die dazwischenliegenden Artikel dem größten Teile nach. Die Artikel selbst zerfallen in Forderungen von dreifacher Art: Solche, welche seit Jahrhunderten immer wiederholt gestellt wurden, wie die Freiheit der Jagd, des Fischens, der Holzung und die Beseitigung des Wildschadens; solche, welche die Abstellung neuer Beschwerungen, der vervielfachten ungerechten Fronen und Steuern, der parteiischen Rechtspflege, überhaupt der Übergriffe der Herrschaften fordern; und endlich solche, in welchen die neue Lehre von der evangelischen Freiheit sich geltend macht und welche Leibeigenschaft, kleinen Zehenten, Todfall als unbiblisch und unchristlich beseitigen, freie Reli-

* Wörtlich nach dem Original, hie und da zum allgemeinen Verständnis ein Wort oder eine Wendung etwas modernisiert.

gionsübung und Wahl der Prediger durch die Gemeinde als ein evangelisches Recht ansprechen. Die Artikel der ersten Art sind ganz alt und nur wieder neu aufgenommen; die der zweiten Art traten schon im Sommer 1524 hervor. Die der letzten Art fallen offenbar erst mit dem Einfluß zusammen, welchen die Prediger der die geistliche und weltliche Freiheit verschmelzenden Richtung in der letzten Zeit auf die Bewegung des Volkes gewonnen hatten.

Die Gegend, von welcher die zwölf Artikel ausgingen, ist Oberschwaben. Die Sprachweise stimmt ganz mit vielen gleichzeitigen Urkunden aus jener Gegend überein; es ist die gerade sich bildende allgemeine Schriftsprache. Man hat schon angenommen, wahrscheinlich seien sie um die Zeit zusammengestellt worden, als die Herren in Stockach und in Ulm zum vierten und fünften Male vorspiegelten, als wäre es ihnen mit Milderung der bäuerlichen Beschwerden ernst. In Stockach geschah das zwischen dem 26. und 28. Februar 1525. In Ulm geschah es vor der Mitte des Februar 1525. Am 15. Februar schon schrieb der Kanzler Eck an seinen Fürsten:

„Der Bauern Begehren steht auf etlichen vielen Artikeln, aber gemeiniglich auf nachfolgenden: Erstlich wollen sie nicht eigen, sondern allein Christi sein. Zum andern wollen sie alle Scharwerk, Fastnachthennen, Kleinzehnten abtun und solches nicht mehr schuldig sein. Sie sagen, es sei wider brüderliche Liebe, und man finde in dem Evangelium nirgends, daß man es zu tun schuldig sei. Zum dritten wollen sie alle Rent, Zins und Gült durchaus abgetan haben. Zum vierten sollen alle fließenden Wasser, das Holz, die Vögel in Lüften und das Wildbret frei sein, denn die seien allen Menschen geschaffen und gegeben. Sie haben auch noch viel sondere Artikel, die sie vermeinen zu erlangen."

Am 17. Februar meldet er „den Eingang der Begehren aller (oberschwäbischen) Bauerschaft".

Das war wohl der erste weitläufigere Entwurf, welchen Münzer abgefaßt haben könnte, auf der Grundlage der Pfeiferschen Mühlhäuser Artikel. Denn gerade in diesen Tagen des Februar zog Thomas Münzer an der Donau herab.

Auf zwölf Artikel zusammengezogen und ermäßigt, mögen diese Begehren dann um die Mitte März als Eingabe der drei verbrüderten Haufen Oberschwabens an den schwäbischen Bund gebracht worden sein. Der Ausschuß der evangelischen Verbrüderung auf dem Tage zu Memmingen dürfte ihnen diese letzte Fassung gegeben haben.

Die älteste Ausgabe hat keine Spruchanführungen aus der Heiligen Schrift und trägt den einfachen Titel: „Beschwerung und freundlich Begehren mit angeheftetem christlichem Erbieten der ganzen Bauerschaft, so jetzund versammelt."

Ein Fortschritt war es, daß inmitten dieser Bauerschaft an der oberen Donau der Gedanke entstand und gleich verwirklicht wurde, diese Artikel drucken zu lassen als Grundrechte des Volkes überhaupt. Noch im März gedruckte Ausgaben haben einen Titel, auf welchem die an der Donau versammelte Bauerschaft sich schon erweitert hat zur allgemeinen deutschen Bauerschaft. Sie führen den Titel: „Die gründlichen und rechten Hauptartikel aller Bauerschaften und Hintersassen der geistlichen und weltlichen Obrigkeiten, von welchen sie sich ganz hart und hoch beschwert vermeinen." Eine Ausgabe führt das merkwürdige Motto, das an Münzer und das Tausendjährige Reich der Wiedertäufer erinnert: MC quadratum, LC duplicatum, V cum transibit, Christiana secta peribit; daneben die deutsche Umschreibung davon: „Ein M (tausend) vier C (hundert) zwei L (fünfzig) darbei und ein X (zehn), das zwiefach sei, bald man ein V (fünf) dazu wird schreiben, werden nit so viel Sekten der Christen bleiben."

Die bestunterrichteten Zeitgenossen haben bald nach dem Kriege die zwölf Artikel zuletzt immer auf Thomas Münzer zurückgeführt, als auf den, „von welchem sie ursprünglich hergeflossen". Ihre überaus milde Form weist nicht auf Münzers Feder. In der Todesstunde noch erklärte er, daß er der Verfasser der zwölf Artikel nicht sei. Er gestand, „im Hegau und Klettgau habe er etliche Artikel, wie man herrschen soll, aus dem Evangelium angegeben, und daraus haben später andere Artikel gemacht". Zugleich aber gestand er, auf wiederholte, peinliche Frage nach dem Verfasser: „Aus etlichen Artikeln, welche die Brüder bewegt haben, deren Verfasser ihm nicht bekannt sei, seien die zwölf Artikel der Schwarzwälder Bauern gewesen und anderer." Es ist möglich, daß er den Verfasser der Artikel, welche die Brüder so bewegten, auch auf der Folter verschwieg, weil es vielleicht – Heinrich Pfeifer war.

Pfeifers Wirken in Mühlhausen und seine dortigen Reformen tragen das Gepräge der Mäßigung und der Besonnenheit. Pfeifer schrieb eine geschickte Feder, wo es Gründe galt, und durch Münzer können sie an die obere Donau gekommen sein. Auch Schappeler, der Prediger zu Memmingen, der als Verfasser von einigen angesehen wurde, erklärte noch im späten Alter, daß sie nicht von ihm seien. Heuglin, als Verfasser angeklagt, hatte den Bauern von Sernatingen ihre Beschwerden in Artikel gebracht, die waren aber ganz örtlich und nicht die berühmten zwölf Artikel. Friedrich Weigand, der mainzische Rentbeamte, konnte die zwölf Artikel geschrieben haben, seinem Geiste und dem Geiste der Artikel nach. Er konnte sie nach Oberschwaben überschicken, denn er schickte später auch an den Verfassungsausschuß nach Heilbronn Entwürfe und Ratschläge bedeutenden Inhalts für die Volkssache. Neuerdings hat man auch auf den Fuchssteiner geraten als den Verfasser der zwölf Artikel.

Der Fuchssteiner saß damals noch zu Kaufbeuren, war und hieß „der Bauernadvokat", und er galt bei der bayerischen Regierung als derjenige, welcher die örtlichen Beschwerden der Gemeinden dortherum verfasse. „Wir achten, Fuchssteiner zu Kaufbeuren sei fast aller Artikel Kanzler", schrieb der Egloffsteiner nach München. Jedenfalls ist kaum glaublich, daß der Fuchssteiner nicht seine Hand und seinen Kopf sollte dabeigehabt haben, wenn sie in dem Ausschuß zu Memmingen, unter Zugrundelegung der vielen anderen bekannt gewordenen Artikel, oder der Pfeifer-Münzerischen, die Redaktion der berühmten „zwölf Artikel" berieten und beschlossen.

Ihr Inhalt ist gemäßigt, noch mehr der Ton, worin sie abgefaßt sind. Es ist, als spräche einer, der keine gewalttätige Revolution, keine Forderungen völliger gleichheitlicher Freiheit durchzusetzen, sondern Herren und Untertanen eine Richtschnur in die Hand geben wollte, die aus der Heiligen Schrift gezogen war und woran sie sich mit Sicherheit und Billigkeit halten konnten. In klarer Sprache sind die Wünsche des Volkes dargelegt; es sind Begehren, gegen altes und neues Unrecht gerichtet, das die Herren sich gegen den gemeinen Mann zuschulden hatten kommen lassen, und schon darum gerecht; gerechter aber noch, weil Natur und Gotteswort dafür sprachen. Es weht darin ein Geist der Milde, der Versöhnlichkeit, in der Sprache des Unterdrückten vor, und ein christliches Erbieten, kein wohl und redlich erworbenes Recht der Herrschaften gewaltsam verletzen, kein Zugeständnis erreichen zu wollen, als was das göttliche Wort zugäbe.

10

Die Hegauer und Schwarzwälder

Die evangelische Brüderschaft am Wald (Schwarzwald) ließ zugleich mit den „Zwölf Artikeln" einen „Artikelbrief" ausgehen. Der trägt das Gepräge Münzers an sich, und dieser berief sich auch später auf den Inhalt desselben als eine Richtschnur seines Handelns. Dieser Artikelbrief lautete also:

„Dieweil bisher große Beschwerden, so wider Gott und alle Gerechtigkeit sind, dem armen gemeinen Mann in Städten und auf dem Lande von geistlichen und weltlichen Herren und Obrigkeiten auferlegt worden, welche sie doch selbst auch nicht einmal mit dem kleinen Finger angerührt haben, so folgt daraus, daß man solche Bürden und Beschwerden länger nicht tragen noch gedulden mag, es wollte denn der gemeine arme Mann sich und seine Kindeskinder ganz und gar an den Bettelstab schicken und richten. Demnach ist der Anschlag und das Fürnehmen dieser christlichen Vereinigung, mit der Hilfe Gottes sich davon ledig zu machen und das soviel wie möglich ohne Schwertschlag und Blutvergießen, was nicht wohl sein mag, denn mit brüderlicher Vereinigung in allen gebührlichen Sachen, die den gemeinen christlichen Nutzen betreffen und in diesen beiliegenden Artikeln begriffen sind.

Es ist hierauf unsere freundliche Bitte, unser Ansinnen und brüderliches Ersuchen, ihr wollet euch mit uns in diese christliche Vereinigung und Brüderschaft gutwillig einlassen und freundlichen Willens begeben, damit gemeiner christlicher Nutzen und brüderliche Liebe wiederum aufgerichtet, erbaut und gemehrt werde. Wo ihr das tut, geschieht daran der Wille Gottes, in Erfüllung seines Gebotes von brüderlicher Liebhabung. Wo ihr aber solches abschlagen würdet, dessen wir uns doch keineswegs versehen, tun wir euch in den weltlichen Bann und erkennen euch hiebei darein in Kraft dieses Briefes, so fern und so lang, bis ihr eures Fürnehmens abstehet und euch in diese christliche Vereinigung günstigen Willens ergebet.

1. Der weltliche Bann enthält diese Meinung: daß alle die, so in dieser christlichen Vereinigung sind, bei ihren Ehren und höchsten Pflichten, so sie übernommen, mit denen, welche sich sperren und weigern, in die brüderliche Vereinigung einzugehen und gemeinen christlichen Nutzen zu fördern, ganz und gar keine Gemeinschaft halten noch brauchen sollen; daß sie mit ihnen weder essen, trinken, baden, malen, backen, ackern, mähen noch ihnen Speise, Trank, Fleisch, Korn, Salz, Holz oder anderes zuführen lassen oder gestatten; von ihnen weder etwas kaufen noch ihnen zu kaufen geben, sondern man lasse sie bleiben als abgeschnittene, gestorbene Glieder, welche den gemeinen christlichen Nutzen und Landfrieden nicht fördern, sondern mehr verhindern wollen. Ihnen sollen auch alle Märkte, Holz, Wunne, Weid und Wasser, so nicht in ihren Zwingen und Bännen liegen, abgeschlagen sein; und wer aus denen, so in die Vereinigung eingegangen seien, solches übersähe, der soll fürohin auch ausgeschlossen sein, mit gleichem Banne gestraft und mit Weib und Kindern den Widerwärtigen oder Spännigen zugeschickt werden.

2. Von Schlössern, Klöstern und Pfaffenstiftern.

Nachdem aber Verrat, Zwang und Verderbnis aus Schlössern, Klöstern und Pfaffenstiftern erfolgt und erwachsen ist, sollen diese von Stund an in den Bann verkündet sein. Wo aber Adel, Mönch oder Pfaffen solcher Schlösser, Klöster oder Stifter willig abstehen, sich in gewöhnliche Häuser wie andere fromme Leute begeben und in diese christliche Vereinigung eingehen wollten, so sollen sie mit ihrem Hab und Gut freundlich und tugendlich angenommen werden, und man soll ihnen alles das, was ihnen von göttlichen Rechten gebührt und zugehört, getreulich und ehrbarlich ohne allen Eintrag folgen lassen.

3. Von denen, so die Feinde dieser christlichen Vereinigung behausen, fördern und unterhalten.

Item alle die, so die Feinde dieser christlichen Vereinigung behausen, fördern und unterhalten, sollen gleicher Gestalt abzustehen freundlich ersucht werden; wo sie aber das nicht täten, sollen sie auch ohne weiteres in den weltlichen Bann erkannt sein."

Dieser Artikelbrief fällt in dieselbe Zeit, in welcher Münzer in den oberen Gegenden sich umtrieb: Die Brüder auf dem Schwarzwald nahmen ihn zu ihrem besonderen Manifeste. Nachdem Münzer vom Oktober 1524 bis zu Anfang Februar 1525 hier verweilt und mit den oberschwäbischen Brüdern Verbindungen und Pläne angezettelt hatte, trat er den Rückweg nach Thüringen an, und zwar an der oberen Donau hinab, über Franken.

Die Oberschwaben unterscheiden sich sehr von den Niederschwaben. Nüchternheit, zumal Nüchternheit des religiösen Sinnes, ist das Vorwaltende bei den Oberschwaben. Vor Münzers enthusiastischem Wesen sicherte sie diese ihre Natur, daß er sie nicht bewegen konnte. So weit vor- und auszuschreiten war außerhalb ihrer Art. Der ganze Hohn der Herren am Bund gehörte dazu, um diese Leute dahin zu bringen, wohin Münzer sie nie gebracht hätte. Viele seiner Anhänger und Emissäre ließ er in Oberschwaben zurück, und noch unterwegs ließ er eine seiner schärfsten Flugschriften im Druck ausgehen. Wahrscheinlich war es eine Überarbeitung der früher aus dem Evangelium gestellten Artikel, „wie man herrschen soll", und weil er vielfach sah, wie sich ein Teil der oberländischen Bauern zu Verträgen verleiten lassen wollte oder ließ, warf er elf feurige Kapitel unter sie, zur Warnung, zur Schreckung.

Er führte darin sehr anschaulich und greiflich die Art aus, wie die Herren regieren und wie man im Gegenteil regieren sollte; der wahre christliche Glaube wolle keine menschliche Obrigkeit, nur die unchristliche Art erheische eine menschliche Obrigkeit. Dann besprach er die Verpflichtung eines christlichen Amtmanns, er sei Fürst, Papst oder Kaiser; besprach die selbstvermessene, schrankenlose Willkürgewalt, der man als einer falschen Gewalt gehorsam zu sein nicht schuldig sei; untersuchte die Frage, welche Obrigkeit vorzuziehen sei, die erbliche oder die auf gewisse Zeit vom Volke gewählte; verteidigte das Recht des gemeinen Mannes über das Wild in Feld und Wald und handelte darauf von dem Recht einer Gemeinde, ihre Obrigkeit abzusetzen, sowohl davon, daß sie dieses Recht habe, als davon, in welcher Art sie von demselben gegen ihren Herrn Gebrauch machen möge. „Daß eine Landschaft oder eine Gemeinde Macht habe, ihren schädlichen Herrn zu entsetzen, dafür", sagte er, „will ich aus der göttlichen Juristerei dreizehn Sprüche einführen, welche die höllische Pforte abermals mit ihrer ganzen Ritterschaft nicht mag zerreißen. Nur es kurz gemacht. Alle die Herren, die aus ihres Herzens Lust und ihren eigenwilligen letzten Köpfen eigennötige Gebote, ich geschweige Vergewaltigung, Steuer, Zoll, Umgeld, aufbringen, die sind rechte und echte Räuber und abgesagte Feinde ihrer eigenen Landschaft. Nur solche Moab, Agag, Ahab, Phalaris und Nero aus den Stühlen gestoßen, ist Gottes höchstes Gefallen. Die Schrift nennt sie nicht Diener Gottes, sondern Schlangen, Drachen und Wölfe." Dann prüfte er noch den Begriff des Aufruhrs und wer eigentlich ein Aufrührer sollte gescholten werden. Und zum Schluß ermunterte er die Bauerschaften zur Standhaftigkeit und wie sie sich durch nichts von ihrem Unternehmen abtätigen oder abschrecken lassen sollen. Zu diesem Ende malte er ihnen vor, was für Jammer und Trübsal über sie kommen würde, wenn sie sich selber veruntreueten. „Übersehet ihr", ruft er, „das Spiel, so sehet ihr nichts vor euch als Weh über Weh und ein greuliches Morden, das über euch kommen würde und über alle Bauerschaft. O Weh und Jammer über eure Kinder, wie werdet ihr ihnen hinter euch so ein stiefväterlich Erbe verlassen, sehet zu, müsset ihr jetzt fronen mit Karst, Haue und Pferden, so müssen eure Kinder hernach selbst in der Egge ziehen; habt ihr bisher mögen eure Güter umzaunen vor dem Wild, so müßt ihr sie nunmehr offen lassen stehen; hat man euch bisher darum die Augen ausgestochen, so wird man euch fürder spießen. Habt ihr bisher Hauptrecht gegeben, seid ihr leibeigen gewesen, so müßt ihr fürderhin völlige Sklaven werden, nichts eigen mehr haben, weder an Leib noch an Gut; ganz nach türkischer Art wird man euch verkaufen wie das Vieh, Roß und Ochsen. Tut eurer einer nur ein Rümpflein dawider, da wird nichts anderes daraus, denn daß man euch peinigt und martert, und es wird des Verhetzens und Vermaledeiens kein Maß haben; dann heißt's, mit euch Verrätersbuben nur flugs dem nächsten Turm zu und eine Marter über die andere angelegt, darnach mit Ruten ausgehauen, die andern durch die Backen gebrennt, die Finger abgehauen, die Zunge ausgerissen, gevierteilt, geköpft." Zum Schlusse stärkt er sie durch die Erinnerung an die alte Weissagung, deren Erfüllung nun nahe sei, „da ja kein Nachlassens sein will, auch die vermessene Eigengewalt und alle Obrigkeit keine Ruhe haben wollen, bis vielleicht die Prophezeiung und das alte Sprichwort erfüllt wird, daß eine Kuh auf dem Schwanenberg, im Land zu Franken gelegen, stehen soll und da lungern und plarren, daß man's mitten in Schwyz höre. Fürwahr es sieht dem Scherz nicht ungleich: mit der Weise möchte dieser Spruch wohl erfüllt werden; und wer mehret Schweiz als der Herren Geiz?"

Zu Nürnberg wurde diese Flugschrift gedruckt. Jedes Wort darin ist

Hat man euch die Augen ausgestochen

Münzers Art und Sprache. Am Ende derselben wird der Aristokratie noch das höhnende Wort zugerufen: „Hierum tummel dich und kurzum, du mußt rum, und sähst du noch so krumm."

Münzer war voll Zuversicht: Er hatte es mit Augen gesehen, wie schwach an Streitkräften, wie wenig gerüstet, wie ratlos, wie verlegen, wie voll Schrecken sie waren, die großen und kleinen Herren; die Niedergeschlagenheit, die Furcht der letzteren muß besonders über alles Maß gewesen sein. Er sah, wie der Aufstand von einer Landschaft zur anderen fortlief, und während er sich wieder nach dem mittleren Deutschland wandte, waren die Bewegungsmänner aller Farben tätig; die Predigt und die Volksrede spielten, selbst Geldversprechungen wurden angewandt, den gemeinen Mann allerorten in die Waffen zu bringen; Sold tat, was Furcht oder Lust nicht taten.

Wie Eitel Hans Ziegelmüller, der oberste Hauptmann des Seehaufens, stattlich mit einer Schar Trabanten wie ein Heerfürst auftrat, so zeigte sich Hans Müller von Bulgenbach, der oberste Hauptmann im Schwarzwald, in rotem Mantel und rotem Barett mit Federn, und hinter sich her ließ er den Zierwagen fahren, der mit Laubgewinden und Bändern geschmückt war und die Haupt- und Sturmfahne trug. Vor ihm ritt ein Zierhold mit dem gedruckten Artikelbrief und den zwölf Artikeln. Der Zierhold bot durch das Zierholdengeschrei die Gemeinden auf und verlas die Artikel. So zog Hans Müller über den Schwarzwald. Mit den ersten Tagen des Frühlings waren auch die Schwarzwälder in den Waffen und, wie sie, zu gleicher Zeit, auch die Hegauer. Schon am 9. April vereinigte sich der Haufen der Hegauer, deren Hauptmann jetzt Hans Benkler war, mit dem großen Haufen aus dem Fürstenbergischen, aus der Baar, aus dem Klettgau und aus dem Schwarzwald. Zu Bonndorf geschah die Vereinigung. Beim Auszug von Bonndorf zählte er nur 4000 Mann. Von da zog er über Löffingen nach Döggingen, Hüfingen, Pfohren. Bräunlingen und Hüfingen öffneten ihre Tore, das letztere am 13. April; hier ließ er eine Besatzung zurück, schickte einen Absagebrief nach Villingen, teilte seinen jetzt verstärkten Haufen in mehrere Abteilungen, welche schnell nacheinander die Schlösser Altfürstenberg, Donaueschingen, Lupfen, Wartenberg eroberten und das beste Geschütz daraus nahmen, ebenso die Städte Möhringen und Geisingen. Die Städte Aach und Engen öffneten die Tore. In allen genommenen festen Plätzen ließ Hans Müller bäurische Besatzung und wandte sich dann nach Radolfzell, wo die Kommissäre der drei österreichischen Regierungen von Ensisheim, Innsbruck und Stuttgart, ein großer Teil des hegauischen Adels mit ihren Familien und ihrer besten Habe lagen, und schloß es von allen Seiten ein. Der Ort war wegen seiner Lage für die Bauern sehr wichtig, weil er die Verbindung mit der Schweiz so sehr erleichterte, wenn sie ihn in ihre Gewalt bekamen. Für jetzt gingen die Bauern noch nicht an eine förmliche Belagerung, sondern sie schnitten der Stadt nur alle Zufuhr ab; selbst die von Konstanz her kommenden Schiffe fingen sie auf dem See auf und verwüsteten die Umgebungen der Stadt.

11

Die Bauern im Ries und im Ansbachischen

In Nördlingen war frühe schon die neue Lehre eingedrungen, und in der Bürgerschaft selbst gärten die neuen Volksideen. Bürger dieser Stadt waren es auch, welche den Aufstand der Landleute im Ries anregten und leiteten.

Am 27. März hatten sich zwischen Nördlingen und Öttingen bei dem Dorfe Deiningen schon 1500 Riesbauern gelagert. Fünf Tage darauf hatten sie sich auf achttausend vermehrt. Selbst zwei Bürgermeister von Öttingen ritten zu den Bauern nach Deiningen und luden sie in ihre Stadt; sie sollen nur kommen, man werde sie gerne einlassen. Die Leiter der Bauern aber saßen in Nördlingen, und die Bauern gingen da unbehindert aus und ein.

Im Hause des „Taschenmachers" Balthasar Glaser kamen die Bauernhauptleute und die Stadtverschworenen zusammen, und hier wurden sie am Abend des 31. März einig, „alle Klöster und Pfaffenhäuser, auch aller Geistlichen hereingeflüchtete Güter anzugreifen, Mönche und Pfaffen aus der Stadt zu verjagen, alle Herren im Ries zu vertreiben, das Ries der Stadt Nördlingen zuzueignen, auch selbst Herren werden zu wollen".

Die wichtigste Rolle in den städtischen Volksauftritten aber spielte Anton Forner, ein Mann, kriegserfahren und in den höchsten Ämtern der Stadt und zu der Zeit zweiter Bürgermeister. Im Hause Glasers wurden Lieder zum Spott des schwäbischen Bundes und zum Lob der Bauerschaft gemacht und gesungen. Anton Forner lud den Liedermacher zu sich in sein Haus ein, bewirtete ihn und machte „zu einem schändlichen Lied auf den Bund" selbst etliche beißende Verse. Zuvor waren Balthasar Glaser und Anton Forner sich feind; die neuen Dinge und die gleichen Zwecke machten beide zu Freunden. In der Bewegung in Langenau war vorzüglich eine Frau, wahrscheinlich die Gattin Hans Zieglers, tätig gewesen. In Leipheim hatten die Weiber so aufgeregt als die Männer sich gezeigt. In Nördlingen war es die Hausfrau Anton Forners, welche die heimlichsten „Praktiken" machte, Versammlungen veranstaltete, Briefe, welche die Volksbewegung betrafen, hin und her schrieb, öffentlich übel vom Rat sprach und sich rühmte, „sie könne einen Aufruhr machen, wenn sie nur einen Finger aus ihrem Mantel aufhöbe".

Es gelang auch dieser Frau, ihrem Mann und seinen Freunden, am 1. April einen nächtlichen Volksauflauf in der Stadt hervorzurufen.

Am anderen Morgen, als die Lärmer noch schliefen oder sich vor einem ehrsamen Rat fürchteten, verhaftete dieser Herrn Anton Forner. Aber in der Nacht des 4. April wurde er durch seine Frau und die Gemeinde aus dem Gefängnis befreit. Forner wurde zum ersten Bürgermeister erwählt, der bisherige Bürgermeister Vestner abgesetzt, und den Bauern zu Deiningen ließen die Bürger hinaussagen: „Tue es not, so werde der vierte Teil der Bürgerschaft mit allem Geschütz der Stadt den Bauern zu Hilfe kommen."

Anton Forner herrschte nun als fast unumschränkter Bürgermeister, und in den kleinen und großen Rat wurden viele neue Ratsmitglieder aus der Volkspartei aufgenommen. In dem auf diese Art erneuten und verstärkten Rate wurde vieles mit Gewalt durchgesetzt, was die Aristokratie beschränkte. Diese klagte, man nötige sie, Artikel zu halten, die gegen alle Ehrbarkeit seien. Briefe des Stadtschreibers, die er nach Ulm schrieb, wurden aufgefangen und aufgebrochen. Die Bewegungsmänner wollten ihm als Verräter der Volkssache den Prozeß machen. Seine eigene Freundschaft, seine Schwäger, legten ihn in den Turm; aber sie vermochten es nicht über die Gemeinde, einen Beschluß, strenge gegen ihn handeln zu lassen, auszuwirken; in den aufgefangenen Briefen lag kein Grund dazu. Bei seiner Freilassung aber ließen sie ihn schwören, was ihm begegnet sei, sein Leben lang nicht zu ahnden.

Die Bauern hatten zu Forner ein besonderes Vertrauen. Sie schrieben auch von Deiningen nach Nördlingen herein, „weil ihre weisen, lieben und guten Herren, Freunde und Brüder in Nördlingen an Gottes Wort treulich hängen und ganz dazu geneigt seien, und weil die gemeine Landschaft der Bauerschaft, die jetzt zu Deiningen in täglicher Versammlung liege, in vielen Dingen Mangel habe, an Proviant, Büchsen und anderem mehr, so sei ihr brüderlich Begehren, die von Nördlingen wollen ihnen hiemit und was ihnen sonst notdürftig wäre, um ihren Pfennig aushelfen. Sie hoffen auch auf ihren Beistand in ihrem göttlichen Vornehmen."

Anton Forner setzte es durch, daß der Rat den Bauern Geld, Korn und Holz verabfolgte. Noch in der Nacht des Auflaufs, den Forners Hausfrau und Balthasar Glaser leiteten, hatte er, eben befreit, den Befehl gegeben, den Zeugmeistern des Rates den Schlüssel zum Zeughaus zu nehmen, in der Absicht, die Bauern mit Geschütz aus der Stadt zu versehen. Doch behielt er das Geschütz. Er hätte gar gerne am Tage des Auflaufes, wo der Rat geändert wurde, die Sache auf ein Äußerstes geführt; man sah ihn unter den Bürgern öfters, gen Himmel sehend, an die Brust schlagen und hörte ihn dabei mit höchster Bewegung sagen, sollte er reden, es müßte Blut geben! Im großen Rat und Ausschuß wagte er es, den Antrag zu stellen, Nördlingen solle einen Städtetag ausschreiben, da die Bauern bitten, die nächsten Städte um sie möchten in ihrer Sache beraten und handeln. Daß man ihm einwendete, nur Ulm könne dies tun, man müsse zuvor dort ansuchen, das verdroß ihn sehr. Er hätte auch gewünscht, daß Nördlingen den Bauerntag zu Windsheim besucht und mit einigen anderen Städten für sich im wahren Interesse des Volkes gehandelt hätte.

Mit den Bauern stand er fortwährend in geheimem Verkehr. Ja, man wollte ihn unter vierzigen von der Bauerschaft zu Deiningen aus- und einreiten gesehen haben; ebenso sollen die Hauptleute und Räte der Bauern, während sie in ihren Lagern standen, bei ihm aus- und eingegangen sein; ja, man sagte, wer dem Kaiser und dem schwäbischen Bunde das Übelste nachgeredet habe, mit dem habe er aufs innigste sympathisiert, der sei sein bester Freund gewesen und habe alle Zuflucht bei ihm gehabt. Er ließ sich auch vernehmen, wäre er der Bauernhauptmann, er wollte die Haufen in Schwaben und Franken bald auf hunderttausend gebracht und den Knopf, womit er den schwäbischen Bund meinte, aufgetrennt haben. Die Bauern, mit denen er darüber in Handlung stand, sollen ihm, wenn er ihr Hauptmann würde, 1000 Gulden zur Verehrung und eine gute Besoldung versprochen haben.

Einwirkungen von anderer Seite her machten, daß diese Verhandlung keine Folge hatte.

Als der Aufstand allenthalben so um sich griff, waren das Reichsregiment und die Städte nur um so tätiger, die Bauern durch gütliche Verhandlungen zu beruhigen. In der zweiten Woche des April hatten die Gesandten des Reichsregiments und sämtliche Städte am See und im Allgäu neue Verhandlungen mit den Haufen im Allgäu, am See und im Ried eröffnet, hier ohne Erfolg. Zu gleicher Zeit unterhandelten die Gesandten der Städte Augsburg, Dinkelsbühl, Wörth und Nördlingen mit den Bauerschaften im Ries.

Die Bauern machten den Vorschlag, ihre Herren, die Grafen von Öttingen, sollen sie aller Lasten der Leibeigenschaft und anderer Beschwerden entheben, und zur Entschädigung wollen sie alle Gotteshäuser im Ries einnehmen und die Güter derselben den Grafen überlassen.

Den Grafen schien die Sache weniger untunlich als gefährlich. Die vermittelnden Städte trugen nun darauf an: Zwischen den Bauern und ihren Herrschaften soll alles, was sich indes begeben habe, vergessen sein, die Herrschaften aber und die Bauerschaft sollen jede zwei bis vier ehrbare redliche und verständige Männer wählen und vor ihnen und ihren Beisitzern, deren Zahl für beide Teile gleich wäre, einen gütlichen Vergleich versuchen. Was sie einhellig oder mit Stimmenmehrheit sprächen, das solle für beide Parteien verbindlich sein, bei Stimmengleichheit ein unparteiischer Obmann benannt werden, und wem dieser zufalle, das solle gelten. Der Zusammentritt des Vergleichs- oder Schiedsgerichts wurde auf den 21. April, und zwar in Dinkelsbühl, Donauwörth oder

Nördlingen, festgesetzt, die Vollziehung des Spruchs auf Jahresfrist. Inzwischen sollen die Bauern leisten, was sie von alters her schuldig seien.

Diese Vertragsformel wurde am 7. April aufgerichtet: Binnen fünf Tagen mußten sich die Bauern für die Annahme entscheiden. Die Mehrheit nahm ihn an, und am 12. April verließen die Bauern ihre Lager und zerstreuten sich in ihre Hütten.

Daß die Bauern so leicht darauf eingingen, findet seine Erklärung darin, weil die Mehrheit in Nördlingen wieder städtisch und nicht mehr bäurisch war. Wenige Tage hatten in Nördlingen die Bürgerschaft verkühlt und gestillt.

Die Nördlinger hatten den Bauern auf ihr Schreiben zugesagt, sie mit Geschütz und Lebensmitteln zu versehen. Keines von beiden hielten sie. Die Bürgerschaft wurde durch geistliche Klugheit gewonnen. Vier Prälaten der Umgegend hatten ihr Gut und viel Getreide nach Nördlingen hineingeflüchtet. Sie machten der Gemeinde eine Verehrung mit vierhundert Schock Roggen. Dabei beruhigten sich die Bürger und sagten den Prälaten und ihrem Gut Schutz zu. Die Empörung zu Nördlingen in der Stadt hat zum Teil aufgehört, sagte man im Münchner Hof schon am 10. April. Die vierhundert Schock Roggen, schrieb der Pfersfelder, die haben die Gemeinde fast gestillt. So war die Partei Forners zusammengeschwunden. „Warum seid ihr nicht in eurer Wagenburg draußen geblieben?“ sagte ärgerlich einer der Fornerischen, ein Nördlinger Wirt, zu einem Bauern, der bei ihm zechte, „wenigstens bis zur Rückkunft der Gesandten von den vier Städten vom schwäbischen Bund; die hätten euch gewiß guten Bescheid gebracht.“ – „Wirt“, entgegnete der Bauer, „wenn Ihr und andere, was Ihr uns zugesagt, geleistet hättet, so hätten wir vielleicht länger bleiben mögen. Hunger und Armut hat uns heimgetrieben. Und wären an jedem der beiden Tore unserer Wagenburg fünftausend Landsknechte mit gesenkten Spießen gestanden, so hätten sie doch uns in derselben nicht zurückhalten können.“

Ehe die Bauern aus ihrer Wagenburg sich verliefen, am 12. April, rief einer: „Hälf uns Gott aus diesem Krieg, wir wollten keinen mehr anfangen.“ Und sehr viele stimmten ihm bei.

Während des Abzugs der Bauern von Deiningen verordnete der Rat zu Nördlingen den Bürgermeister Anton Forner und zwei Ratsmitglieder unter das Reimlinger Tor mit dem strengsten Befehl, niemand von der Bauerschaft in die Stadt zu lassen. Forner ließ heimlich doch die Rädelsführer, „der Bauern böseste Buben“, namentlich ihren Profosen, ein und nahm Rücksprache mit ihnen für die nächste Zeit.

Mit Windsheim wollte Forner Nördlingen in Verbindung bringen, weil in dieser Stadt schon seit einem Monat Bürger und Bauern in Bewegung waren. In dieser freien, in dem fruchtbaren Aischgrund gelegenen Reichsstadt predigte seit längerer Zeit der Prediger Thomas Appel im Geiste der neuen Lehre. Die Schärfe und Freimütigkeit seiner Vorträge, worin er wie Eberlin, wie Luther, wie Münzer Hohen und Niedern einen Spiegel vorhielt, mißfiel dem Rat in dem Grade, als er den Bürgern wohlgefiel. Den Herren des Rats entging es nicht, daß die Freimütigkeit in Volksschriften und öffentlichen Reden, dieses neue Kind des Zeitgeistes, das in den letzten Jahren so schnell herangewachsen war, auf eine bedenkliche Weise auf den Geist der Zeit zurückwirkte und auf die Stimmung des Volkes. Er setzte den scharfen Pfarrherrn ab, am 26. Februar schon war darüber Murren und Mißmut im Volke. Als an Mariä Verkündigung, dem 25. März, kein Prediger in der Stadt predigte, brach das Murren in Unruhe aus. Auf dem Markt trat eine Anzahl aus dem Handwerksstande zusammen, zehn aus ihrer Mitte gingen aufs Rathaus, wo die Herren gerade Sitzung hielten. Sie riefen den Bürgermeister Sebastian Hagelstein heraus, und, als sprächen sie im Namen der ganzen Bürgerschaft, stellten sie ihn zur Rede. Die Gemeinde hatte gegründete Klagen in weltlichen wie in geistlichen Dingen. Sie klagten über Entfernung ihres geliebten Pfarrherrn, über Entziehung des göttlichen Worts, über zu hohe Besteurung und über Familienherrschaft. Das sei ein Vetterleinsrat, sagten sie, der in der Ratsstube sitze; seien die Herren doch alle miteinander verschwägert.

Der Bürgermeister tat alles, damit diese Handwerker beruhigt von ihm gingen. Sie waren es aber nicht oder wollten es nicht werden; auch die Gemeinde war es nicht. Es wurde das Gerücht verbreitet, es seien 3000 Bündische im Anzug, um die Gemeinde zu unterdrücken. Abends schlugen die Bürger in der Stadt um, und die ganze Gemeinde erschien mit Wehr und Waffen auf dem Marktplatz, Bürgerabteilungen nahmen unter den Toren die Schlüssel weg, die Stadtknechte wurden entwaffnet, das Rathaus gestürmt, die Rüstkammer erbrochen, eifrig warfen die Bürger Spieße, Hellebarden, Harnische auf den Marktplatz hinab; wer noch nicht gerüstet war, waffnete sich, zwischen hinein scholl die Sturmglocke eine halbe Stunde lang. Die Bürger wählten Eucharias Huter zu ihrem Hauptmann, vier andere aus ihrer Mitte zu Viertelsmeistern. Der Hauptmann setzte sogleich das Gesetz durch, daß bei Lebensstrafe keiner an irgend jemand sich vergreifen solle. Die Bürger versahen die Nacht über die Wachen, des andern Tags bemächtigten sie sich des Geschützes und der Türme, zu den Toren durfte nichts herein, weder Mensch noch Botschaft, ohne zuvor untersucht zu sein. Am 28. März kamen von Nürnberg Vermittler, welche den Rat mit der Bürgerschaft dahin verglichen, daß der erstere geändert, die Steuer ermäßigt wurde.

Noch standen die Bürger in Windsheim gegen ihren Rat unter den Waffen, als am 27. März die Bauern um Windsheim herum aufstanden.

Die Bauern begehrten an die Stadt, sie solle sich ihnen verbinden, Windsheim, so klein es war, hatte starke Befestigungswerke, und da eben in der Stadt die Gemeinde den Sieg über die Herren davongetragen hatte, so hätten die Bauern an ihr einen guten Halt gehabt, wenn sie zu ihnen getreten wäre. Der vorsichtige Rat zu Nürnberg aber sandte an die befreundete Stadt ein bewegliches Schreiben, sie von solchem Schritt abzuhalten, und die Ratsbotschaft, die dem Schreiben folgte, vermochte auch durch Warnungen und Drohungen die Windsheimer Bürgerschaft, das Begehren der Bauern abzulehnen.

Ein anderer Bauernhaufe hatte sich schon in der Mitte des März in zwei Lagern zu Weiltingen und am Hesselberg zusammengetan. In der ganzen Markgrafschaft Brandenburg-Ansbach war die neuevangelische Lehre von Anfang an frei und unverfolgt gelehrt worden. Aber die Fürsten dieser fränkisch-brandenburgischen Lande waren ihr nur aus Politik, nicht als einer Sache des Herzens geneigt.

Es regierte damals im Fränkisch-Brandenburgischen, in den Fürstentümern Bayreuth und Ansbach, Markgraf Kasimir mit seinem Bruder Georg. Während er regierte, schmachtete sein Vater, Markgraf Friedrich IV., im Turme auf der Plassenburg zwölf jammervolle Jahre lang, einsam abgesperrt, ohne Spiegel, um sein Angesicht nicht sehen zu können und seinen eigenen Jammer. Er hatte im Dienste Kaiser Maximilians durch zu großen Hofaufwand sich in eine Schuldenmasse gestürzt, diese ihn in Schwermut. Sein ältester Sohn Kasimir und zwei jüngere Brüder überfielen den schwermütigen Vater, als sie mit ihm getafelt hatten und er zur Ruhe gegangen war, am Fastnachtsfest 1515 im Schlafe, zwangen den Greis, seine Abdankung zu unterzeichnen, und setzten ihn in Plassenburg gefangen, indem sie durch Bettelmönche im Land um verkündigen ließen, er sei volksschädlich und blödsinnig. So ließ es sich das Volk gefallen, die Ritterschaft war gewonnen, und Kasimir regierte, zwei seiner Brüder mit ihm dem Namen nach.

Kasimirs Herz spiegelte sich in dem, was er an seinem Vater tat; Kasimirs Verstand war ausgezeichnet, er war ein politischer Kopf. Der Adel genierte ihn, er wollte ihn untertan machen; um seiner nicht zu bedürfen, hob er aus jeder Stadt- und Landgemeinde seit dem Jahre 1520 eine Zahl wehrhafter Männer nach dem Los aus, montierte sie alle gleich, schwarz und weiß, waffnete und übte sie unter tüchtigen Hauptleuten; einen Monat hatte einer zu dienen, bis ihn nach einiger Zeit die Reihe wieder traf. Den Unterhalt mußten die Gemeinden auf sich nehmen. So hatte er ein waffengeübtes Heer in wenigen Jahren, wohlfeil und fügsam zugleich. Sein Hof glich dem des württembergischen Ulrich, der Hofluxus wuchs fast täglich, und mit dem steigenden Bedarf wuchs die Bedrückung der Untertanen.

Als die Bauern am Hesselberg sich versammelten, um zu tagen, schrieb Kasimir am 18. März an die drei Grafen von Öttingen, Wolfgang, Ludwig und Martin, sich mit ihm wider die aufrührerischen Unternehmungen der Bauern zu vereinigen. Die Grafen taten es. Ein reisiges Geschwader überfiel die Bauern, erstach einen Teil und sprengte sie auseinander.

Kasimir lud hierauf die benachbarten Fürsten zu einem Fürstentag Ende März in Neustadt an der Aisch. Es kamen wenige Gesandte. Er schrieb einen zweiten auf den 4., einen dritten auf den 11. April aus. Es kamen auch diesmal wegen der überall ausgebrochenen Aufstände, unsicheren Wege und Straßen nur die Räte von Würzburg, Eichstätt, Brandenburg; die Fürsten außerhalb des fränkischen Kreises, die er eingeladen hatte, entschuldigten sich alle mit der Unmöglichkeit, den Tag zu beschicken: Der Bischof von Bamberg schickte statt eines Bevollmächtigten einen Bericht über den Volkstumult, der in seiner Residenz ausgebrochen war. Kasimir wollte eigentlich auf diesem Fürstentag von den Fürsten eine Geldbewilligung, um den Krieg gegen die Bauern führen zu können; er selbst wollte den Krieg führen, im Namen der andern; wer weniger Kriegsvolk stelle, meinte er, solle den Ausfall durch Geld decken. Es findet sich nicht, daß die Räte der Fürsten dafür Vollmacht hatten und darauf eingingen.

12

Die Bamberger und ihr Bischof

In der Stadt Bamberg, wo der Prädikant Schwanhäuser und der Karmelitermönch Eucharius die neue evangelische Freiheit predigten, erhoben sich die Bürger am 11. April und traten unter die Waffen. Sie waren mit den Bauern im Einverständnis und sandten Boten um Zuzug auf das Land. Den Versprechungen des Bischofs Weigand trauten sie nicht, und derselbe entfloh aus der Stadt, ihm nach die meisten seines Kapitels, auf die Altenburg, das altfeste Schloß, dem es aber gänzlich an Verteidigern und Vorräten fehlte. Daß der Bischof diesen Zufluchtsort so gar nicht auf den Kriegsfuß gesetzt hatte, beweist, wie ahnungslos er von dem Ausbruch der Bewegung überrascht wurde: Es fand sich auf dem Schlosse nichts vor als der Vogt, ein Fußknecht, ein Turm- und ein Torwärtel, ein Kellner und ein Koch, an Lebensmitteln gar nichts; was die droben brauchten, das hatte jeden Morgen ein Knecht den steilen Hügel aus der Stadt hinaufgetragen. Und jetzt wurde die Stadt schnell auf allen Seiten von den Bürgern abgesperrt. Die Aufforderungen an die Dörfer führten schon des anderen Tags Tausende von Bauern in die Stadt herein, und die Bürger wetteiferten, sie in Verteidigungszustand zu setzen für den Fall, daß Fürsten und Herren einen Angriff auf sie wagen wollten; die Straßen wurden mit Ketten gesperrt, Barrieren errichtet, tiefe Gräben ringsumher gezogen, Wege und Stege verlegt, alles ohne Unterschied mußte arbeiten und Dienste leisten: Da sah man die adeligen und die geistlichen Herren in der Stadt an der Fronarbeit und auf der Wache am Graben, an der Torhut, so sauer es sie ankam.

Der aus Bürgern und Landleuten gewählte Ausschuß, der auf dem Rathaus seine Sitzungen hielt, leitete das Ganze. Der Bischof hatte sich um Hilfe an die benachbarten Fürsten und den schwäbischen Bund gewendet. Die zu Neustadt versammelten würzburgischen, brandenburgischen und eichstättischen Räte machten ihm Hoffnung auf Hilfe, hatten aber in ihren eigenen Landen genug zu tun. Der schwäbische Bund entschuldigte sich mit der Unmöglichkeit, ihm jetzt beistehen zu können. Verlassen von Fürsten und Herren, sah der Bischof auf der Altenburg sich genötigt, die von dem Ausschuß in der Stadt an ihn ergangene Einladung anzunehmen und unter sicherem Geleit desselben in die Stadt am Gründonnerstag hinabzukommen, um die Irrungen zwischen ihm und dem Volk durch gütliche Unterhandlungen beizulegen; er war bereit, in geistlichen und weltlichen Dingen vorerst Zugeständnisse zu machen.

Bei dem Karmeliterkloster wartete ein bewaffneter Volkshaufen, um den Einreitenden zu empfangen. Die Sprecher dieses Haufens trugen ihm ihre Bitte vor, alle Beschwerden abzustellen und besonders die geistlichen und adeligen Güter einzuziehen; sie wollen nur einen Herrn haben, den Bischof. Herr Weigand, überrascht durch diese Forderung, suchte sich, so gut er konnte, herauszuwinden; „ohne Verhör", sagte er, „jemand sein Gut einzuziehen, habe er nicht Macht". Bauern und Bürger machten drohende Gebärden, der Bischof hörte einige Büchsen neben sich knallen, mit diesen Schreckschüssen ließen sie ihn weiterreiten. In der Hofburg wurde er von einer Zahl geharnischter Bürger empfangen und auf den Markt geleitet. Der ganze Markt stand in Schlachtordnung. Da sah er sie, die waffenfähigen Bürger aus allen Städten seines Bistums, in Reih und Glied aufgestellt in voller Waffenrüstung. Er sprach sie aufs freundlichste an, erhielt aber von ihnen nichts als die Antwort, auf dem Rathaus werde der Ausschuß mit ihm unterhandeln. Seine Geleitsmänner führten ihn weiter durch die lange Gasse; hier standen Bauern aus allen Dörfern des Stifts in langen Reihen unter den Waffen. Mitten durch sie hin ward er auf das Rathaus geleitet. Hier vernahm er denselben Antrag, den er beim Karmeliterkloster hatte hören müssen. Der Ausschuß erklärte ihm, sie seien entschlossen, künftig keinen Herrn anzuerkennen als ihn allein. Alle Güter der Geistlichen und des Adels müssen zum Besten des Landes eingezogen, die Schlösser des letzteren, durch welche Freiheit und Eigentum der Bürger und Bauern gefährdet werde, gebrochen werden; anders könnte der gemeine Mann nicht gestillt werden. „Das sei", erwiderte der Bischof, „gegen kaiserlichen Landfrieden, gegen Recht und Billigkeit; er könne und wolle so etwas nicht vornehmen." Der Ausschuß bat, drohte; der Bischof blieb dabei, so weit nicht gehen zu können. So blieb diese Zusammenkunft ohne Erfolg für den Frieden, der Ausschuß entließ den Bischof unter Geleit auf die Altenburg, und das Volk ging daran, seinen Beschluß über die Güter der geistlichen Herrn selbst zu vollstrecken, sie einzuziehen, abzutun. Hunderte von Edelleuten hatten bisher als Domherren und Diener des Bischofs, ohne Teilnahme an bürgerlichen Lasten und Gaben, in Wohlleben auf Kosten des Volkes gelebt, ohne Nutzen für das Land. Dem wollte das Volk ein Ziel setzen. Noch auf dem Wege zur Altenburg hinauf hörte der Bischof die Sturmglocke hinter sich läuten, und alles Volk war in Bewegung, den alten Kaisersitz auf dem Domplatze, den die Bischöfe zu ihrer Hofburg gemacht hatten, zu plündern und zu zerstören, ebenso die Höfe der Domherren, die Abtei auf dem Michelsberg, die Häuser aller Geistlichen. Nur zwei verschonte das Volk, den des Daniel von Redwitz und den des Weitbrecht von Seckendorf, die bei den Bürgern beliebt waren. In der Kanzlei des Fiskus stürzte sich das Volk auf die alten Register und Akten, zerriß diese Beweise seiner Knechtschaft, diese Papiere, mit so manchem Blutstropfen und dem Schweiß des armen Mannes beschrieben, und streute die Fetzen in den Wind. Auf dem Michelsberge waren die Bauern, auf dem Domplatz die Bürger tätig. Zwei Tage dauerte das Plünderungsgeschäft und der Lärm in der Stadt, bis zum Osterabend. Daß der schöne Dom keinen Schaden litt, dafür sorgten die Bürger; eine Anzahl derselben bewachte ihn vor jeder Hand, die sich hätte daran vergreifen wollen.

Als der Bischof sah, daß es so weit kam, verstand er sich zu einem Vertrag. Am Osterabend kam man überein, daß ein Landtagsausschuß gewählt werden sollte, wozu der Bischof neun Abgeordnete aus der Ritterschaft, die Stadt Bamberg drei, die Landschaft sechs Mitglieder zu ernennen hätte. Dieser Landtagsausschuß sollte über die Mängel und Beschwerden des Landes austräglich entscheiden, das Volk seine Beschwerden bis zum 19. April schriftlich verzeichnen und der Landtag am 20. beginnen, bis zu Austrag der Sache kein Zins und kein Zehent gefordert und gezahlt werden, das Kapitel aufhören und der Bischof der alleinige Herr des Landes sein.

Die Geschütze auf der Altenburg und das Geläute aller Glocken in der Stadt verkündeten die Einleitung zur Beilegung der Irrungen, die zwischen dem Bischof und dem Lande obwalteten, und Bürgermeister, Rat und Gemeinde zu Bamberg schrieben voll Freude an die benachbarten

Fürsten, namentlich an Markgraf Kasimir. Für den Augenblick war auch alles zur Ordnung in der Stadt zurückgekehrt. In den Osterfeiertagen strömte das Volk wie sonst wieder in die Kirchen zum Gottesdienst. Der Bischof selbst war es, der die Ruhe einen Augenblick wieder störte. Ungeachtet in dem Vertrag ausdrücklich bestimmt war, daß die neun Mitglieder, die der Bischof zum Landtag abzuordnen hatte, mit Ausschluß der Geistlichkeit alle aus der Ritterschaft sein sollten, wollte er doch die Hälfte dazu aus seinen geistlichen Räten nehmen. Das Volk schrie über Vertragsbruch, eine neue Gärung lief durch die Stadt. In Eile beschrieb der Bischof fünf Räte von benachbarten Fürsten, vier erschienen, und diese und fünf ritterschaftliche traten mit den Abgeordneten der Stadt

Das Volk zerriß die Beweise der Knechtschaft und streute die Fetzen in den Wind

und der Landschaft auf den bestimmten Tag zusammen. Die Stadt beruhigte sich wieder, da sie der Beratung und Abstellung der Mängel und Gebrechen des Landes entgegensah, die schriftlich eingereicht worden waren. Auf dem Lande aber fuhren die Bauern fort, die Häuser der Geistlichen und Adeligen zu plündern, Wälder auszuhauen, Weiher und Wasser zu fischen und in anderer Weise tätlich vorzugehen. Darum erschien am ersten Tage ihres Zusammentretens von den „Verordneten der drei Stände, Ritterschaft, Städte und Bauerschaft" und von dem Bischof ein Gebot, von jeder Tätlichkeit abzustehen, den aufgerichteten Frieden zu halten und alles von dem Landtag zu erwarten; wer mit Worten oder Werken wider den Frieden handle oder Aufruhr errege, solle an Leib, Leben und Gut bestraft werden.

Die Unterhandlungen des Landtags hatten den Fortgang, daß schon nach acht Tagen der Bischof zugestand, daß das Wort Gottes frei, lauter, klar, rein und unverdunkelt im ganzen Stift Bamberg, soweit es reiche, gepredigt werden solle, „kraft der Verfassung, welche zwischen dem hochwürdigen Fürsten und Herrn und dem Landtagsausschusse aufgerichtet worden". Weder bei der Bekanntmachung jenes Gebots noch bei diesem Beschluß und Ausschreiben wurde des Domkapitels mit einer Silbe mehr gedacht; der Priester Zeit betrachtete man in Bamberg als abgelaufen.

Während in Bamberg die Unruhen die schöne Friedensfrucht einer landständischen Verfassung zu treiben verhießen, waren das benachbarte Stift Würzburg, das Gebiet der freien Stadt Rothenburg an der Tauber und die Deutschordensbesitzungen an allen Enden auf und rege.

13

Die Bewegung im Rothenburgischen und Doktor Karlstadt

In Rothenburg, einer durch ihre Mauern festen Stadt des Reiches an der Tauber, hatte die neue Lehre einen bereiteten fruchtbaren Boden gefunden. Schon im Jahre 1523 wurde in der Stadt Rothenburg in dieser Richtung öffentlich gepredigt. Es war damals unter anderen Predigern Doktor Johann Deuschlin daselbst, der in seinem Entwicklungsgang und Charakter mit Hubmaier, dem Prediger von Waldshut, manches ähnliche hat. Wie dieser, hatte er früher gegen die Juden und ihre Synagoge gepredigt, einen Volksauflauf erregt und die Synagoge nach Vertreibung der Juden in eine Kapelle zur reinen Maria, und zwar in eine wundertätige, verwandelt. Das von Wittenberg ausgehende Licht und seine eigene fortschreitende Erkenntnis hatten ihn schnell auf eine entgegengesetzte Bahn hinübergeführt. Neben und mit Deuschlin wirkte Hans Schmid, der Fuchs genannt, ein Mönch im Barfüßerkloster. Das äußere Augenlicht fehlte diesem, das Volk kannte ihn darum unter dem Namen des blinden Mönchs, aber das Licht des Geistes leuchtete nur um so heller in ihm und aus ihm heraus; er sah, ein Blinder, in dem, was im Weltlichen und Geistlichen seinem Volke not tat, heller als die meisten Sehenden. Der Deutschorden hatte auch ein Haus in der Stadt. Mitglieder des deutschen Ordenshauses selbst wurden von Deuschlin und dem blinden Mönch für die neue Lehre gewonnen, und der Deutschordensherr Melchior wagte es, zu heiraten, und heiratete die Schwester des blinden Mönchs, öffentlich, mit großer Hochzeitsfeierlichkeit, und der Rat der Stadt nahm keine Kenntnis davon. Der Kommentur Neukamm, den die beiden Prediger heftig angegriffen hatten, wurde vom Ordensmeister abgerufen und durch Kaspar Christen ersetzt. Christen war der neuen Lehre mit Begeisterung zugetan. Diesen in Rothenburg im neuen Geiste wirkenden Männern gingen bald die wandernden Prädikanten zur Seite. Es ist merkwürdig und im Gang der Bewegung nicht zu übersehen, daß zu derselben Zeit, in welcher auf dem Schwarzwald, im Hegau, am Bodensee, im Allgäu, die obere Donau herab Hunderte von Prädikanten sich bewegen, die großenteils in Thomas Münzer und seiner Lehre als in ihrem Zentrum zusammenlaufen, auch in Franken, und besonders im Rothenburgischen, die Emissäre der neuen Lehre, und zwar der revolutionären Richtung, auftauchen, nämlich zu Ende des Jahres 1524. Zu Anfang des Jahres 1525 kam ein Prädikant, einer von den aufgestandenen Bauern aus dem Ries, der predigte unter großem Volkszulauf auf der Schützenwiese und im Brühl; neben ihm predigten Bartel Albrecht, Peter Sayler und ein „kleines Männlein", ein ausgetretener Priester, auf dem Markt, auf den Gassen, auf den Kirchhöfen. Wie Münzer in Thüringen, wie die Wiedertäufer an der oberen Donau und diesseits und jenseits des Sees, so predigten die Prädikanten meist über Politik, über die Verhältnisse der Untertanen zu den Obrigkeiten, und hoben aufs stärkste hervor, was alles gegen diese gesagt werden konnte. Jung und alt hörte ihnen zu, die Predigt ging in eine Konversation über, der Prediger fragte nach den einzelnen Beschwerden der Zuhörer, dieser und jener Bürger und Bauer trug sie vor, der Prediger maß sie am Evangelium und sprach weiter darüber, man hörte drohende Worte und Schwüre gegen die Herren, es war keine Predigt, kein religiöses Zusammensein mehr, es waren Volksreden vor Volksversammlungen. Der kühnste unter allen war Doktor Deuschlin. Er ging ins einzelne, er erklärte Kirchenopfer, Viehsteuer, Zehenten für eine Sache, zu der niemand verbunden sei. Da lauschten Bürger und Bauern. In seinem Hause selbst hielt er Versammlungen. Dem inneren Rate fing an, bange zu werden. Er verhandelte mit dem äußeren Rat über die Entfernung des gefährlichen Doktors. Der gab ihm Vollmacht dazu, aber die Herren des inneren Rates wagten es schon nicht mehr, den Liebling der Bürger und des Landvolks aus der Stadt zu bringen, obgleich seine Absetzung zum Beschluß erhoben war. Auch Christen, der Kommentur, war von seinem Bischof exkommuniziert worden, er selbst hatte es auf der Kanzel verkündet, aber Hunderte von Bürgern und Bauern strömten ihm zu und sagten ihm zu, Leib und Gut an ihn setzen zu wollen. In diese große Gärung mitten hinein trat, aus Sachsen verwiesen, ein Mann, der, in Franken geboren, bereits einen Namen als Reformator sich gemacht hatte, vor kurzem noch Luthers Freund, jetzt sein Feind, der vielbekannte Doktor Karlstadt, der vom Oberrhein nach Ostfranken sich gewendet hatte. Markgraf Kasimir ließ auf ihn fahnden, man sah ihn zu Schweinfurt, zu Kitzingen, in der Umgegend von Rothenburg; in der letztern Stadt nahm er sogar bleibenden Sitz. Es waren Doktor Deuschlin, der Pfarrer und Kommentur im deutschen Haus, Christen, der blinde Mönch, der Altbürgermeister Ehrenfried Kumpf und andere Bürger, welche ihn heimlich herbergten und bewirteten, auch seine Schriften heimlich zum Druck beförderten. Besonders lange hielt er sich im Hause Philipps des Tuchscherers auf. Der Rat der Stadt verbot ihm und seinen Schriften sein Gebiet, aber er blieb. Und indessen bereitete sich der Aufstand im Rothenburgischen vor.

Die Lehre von der evangelischen Freiheit und von der Gütergemeinschaft fand hier einen empfänglichen Boden. Es wurden „Ränke und Künste" tätig, um einen Volksaufstand hervorzurufen. Die Bauern hielten bereits zu Anfang des Jahres 1525 Versammlungen und Besprechungen in den Wirtshäusern. Der Rat erhielt Warnungen über bedenkliche Anzeichen unter dem Landvolk, aber er verachtete die Warnungen als auf Märchen beruhend. Karlstadt predigte einige Male da und dort in der Umgegend umher, und ob ihm gleich die Stadt verboten war und er nur im Versteck darin war, wagte er es einmal doch, in der Stadt selbst aufzutreten; es waren gerade viele Bauern zu Markt und in anderen Absichten hereingekommen, da trat er unter sie beim Marterbild vor dem großen Gottesacker, im groben Bauernrock und weißen Filzhut, und redete zu ihnen von der Zeit und den neuen Dingen und ermahnte sie, auf ihrem Wege vorwärtszugehen.

Am 27. Januar erließ der Rat ein scharfes Verbot gegen jeden Unterschleif, den man Karlstadt ferner geben würde. Karlstadt war verschwunden; seine Freunde sagten, sie meinen, er sei zu Straßburg. Aber auch das Verbot verschwand über Nacht von der Ratstafel. Seine Freunde, so mächtig sie waren, hatten es nicht vermocht, ihm das Bürgerrecht, um das er ansuchte, nicht einmal den Aufenthalt, beim Rate herauszuschlagen; die benachbarten Fürsten schickten zu viele Mahnungen und Drohungen herein, der Rat solle endlich „den Schwarzen" ausschaffen. Und doch war Ehrenfried Kumpf, sein Anhänger, so einflußreich, daß er sagen konnte, wo der Bürgermeister Eberhard einen in der Gemeinde habe, habe er, der Kumpf, immer zwei. Auch die anderen Freunde, wie Deuschlin, kümmerten sich wenig sonst um Autoritäten. Als man letzteren in den Kirchenbann tat, antwortete er stolz und spöttisch: „Ich habe mich darob verwundert, daß ihr von Würzburg noch immer das Wort des Menschen mehr achtet denn das Wort Gottes, das da ewig bleibt, während jenes zu Boden gehen muß; ich hätte vermeint, ihr wäret nun so wohl im Evangelium erfahren, daß ihr keinen Bruder solchergestalt mehr anfahret."

Karlstadt war übrigens nichts weniger als in Straßburg; im Hause Philipps des Tuchscherers, Ehrenfried Kumpfs, des Altbürgermeisters, und des Junkers Stephan von Menzingen barg er sich abwechselnd, und manche Bürger sammelten sich hier heimlich um den aufgeregten, kleinen schwarzen Mann, dessen Person und Schriften verfemt waren. Wie in Wittenberg, wollten auch in Rothenburg die Franziskanermönche aus dem Kloster treten, Handwerke lernen und sich aus dem beweglichen Klostergut aussteuern lassen. In diese Karlstadtischen Versammlungen, die heimlich bei ihm waren und in die er „sein Gift und seine Meinung goß und bildete", ohne daß man nachweisen könnte, daß diese eigentlich in eine politisch-revolutionäre umgeschlagen hätte, fielen die Zündfunken des Feuerbrandes, den die politischen Emissäre im dunkeln durch die Gaue des Reiches hin und her trugen, und schon am 21. März fing es in der Rothenburger Landschaft an zu wetterleuchten.

An diesem Tage zogen aus dem zwei Stunden von der Stadt entlegenen großen Dorf Ohrenbach die beiden Dorfmeister Simon Neuffer und Wendel Haim an der Spitze von etlichen dreißig bewehrten Männern nach Rothenburg hinein, darunter namentlich die Geissendörfer und Georg Ickelsheimer. Valentin Ickelsheimer, der lateinische Schulmeister zu Rothenburg, der Verfasser der ersten deutschen Grammatik, war Karlstadts eifriger Freund und Verfechter. Sie zogen mit Trommeln und Pfeifen daher vor Hans Konrads Haus und hinein, wie sie sagten, um das Ruggerichtsgeld abzuliefern. Hier sammelten sich die Mißvergnügten der Stadt zu ihnen, Hans Krätzer, Lorenz Knobloch, ein Knecht des Maltheserkommenturs, Kilian der Tuchscherer, Albrecht der Metzger und andere. Auch aus Brettheim waren Bauern in der Stadt, die sich zu ihnen taten. Der lange in der Brust verschlossene Mißmut fing an, in lauten Worten sich zu äußern; es wollte ein aufrührerisches Ansehen gewinnen. Der Rat sandte den Stadtrichter und ließ ihnen gebieten, sogleich die Stadt zu verlassen. Die Bauern lärmten, drohten, verhöhnten ihn, es kam nahe zum Handgemenge; doch zogen sie zur Stadt hinaus, aber trotzig, mit Sang und Klang, wie sie hereingekommen waren.

Die Ohrenbacher Bauern in Rothenburg

Mit Trommeln und Pfeifenklang zogen sie wieder in Ohrenbach ein. Sie riefen sogleich die Gemeinde zusammen. Sie wurden eins, wie in Oberschwaben sich zu verbrüdern und dem Evangelium einen Beistand zu tun. Boten wurden in die benachbarten Gemeinden ausgesandt, sie zur Versammlung in Wehr und Waffen nach Ohrenbach einzurufen. Am 22. März traten die wehrfähigen Männer aus achtzehn Gemeinden in Ohrenbach zusammen, in Wehr und Harnisch; die Dorfmeister bildeten den Ausschuß im Hause Georg Diewolfs; aus jeder Gemeinde wurden zwei Bauernräte gewählt; die gewählten Räte ernannten zu Hauptleuten über alle Gemeinden den Dorfmeister Neuffer und Georg Ickelsheimer. So war das Ohrenbacher Fähnlein gebildet.

Die neugewählten Hauptleute erfuhren am Morgen des 23., im nahen Brettheim finde auch eine Bauernversammlung statt; sie schickten Boten an sie, nach ihrem Beginnen zu fragen. Die Ohrenbacher Abgeschickten fanden zu Brettheim schon einen Bauernhaufen, gegen achthundert Mann, der sich sichtlich mit jeder Minute mehrte.

Wie zu Ohrenbach und zur ganz gleichen Zeit hatte sich das Brettheimer Fähnlein gebildet. Hauptleute und Ausschuß der Brettheimer hatten ihre aufmahnenden Boten längs des Tauberrains hinab und über die Ostheimer Steige ausgesandt und alles Wehrhaftige zur Versammlung einberufen. Mit den Ohrenbacher Boten gingen nun zwei Hauptleute selbst nach Ohrenbach, der Wirt Leonhard Metzler und Hans Böheim, die Ohrenbacher nach Brettheim einzuladen, zu gemeinsamem Rat und Beschluß.

Die Herren zu Rothenburg vernahmen mit Bestürzung diese Vorgänge, sie sandten an die Bauern und ließen anfragen, was sie wollen. „Fröhlich sein", sagten die zu Ohrenbach, „es sei eine große Hochzeit im Ort"; „auf der Kirchweih neuen Wein trinken", antwortete ein Zug vor dem Dorfe, der gerade nach Brettheim im Marsch war. Die alte gute Sitte ließ sie das mit Wahrscheinlichkeit vorwenden.

Wir haben es im armen Konrad zu Untertürkheim, wir haben im Hegau und auf dem Schwarzwald gesehen, wie die Kirchweihen zu Hilzingen und Waldshut zu politischen Versammlungen die geschickten Vorwände hergeben mußten; nach alter Sitte ging es da in festlich geordneten Zügen aus allen benachbarten Orten herbei nach dem Punkte, wo die Kirchweih war, von einem Dorf durch das andere, in schmuckem Hut und Gewand, mit fliegendem Fähnlein, mit Trommeln und Pfeifen, mit Juhugejauchz, mit Spieß und Schwert; denn selbst zum Tanze gefiel man sich in Waffen.

Aber unter den Ohrenbacher Bauern war ein Dorfmeister, der es dem Rate verriet, daß sie nicht hochzeits- und weintrinkenshalb beisammen seien, sondern um eins zu werden, „wie man dem Evangelium einen Beistand tun solle". Bald darauf fragten die Dorfmeister einiger Gemeinden in der Nähe von Brettheim beim Rate an, wie sie sich halten sollten. Die von Brettheim haben sie bei Verlust Leibs und Guts aufgefordert, zu ihnen zu treten. Die von Gammesfeld verschanzten sich in ihrem Kirchhof und verlangten Hilfe von der Stadt. Die Herren auf dem Rathause aber sandten statt Kriegsvolk ein paar Buchstaben, sie sollen sich nicht verführen lassen und ihre Waffen zur Hand nehmen; an die Bauernversammlungen schrieben sie strenge Abmahnungen. Als die Bauern zu Ohrenbach den Gebotsbrief sahen, lachten sie. „Wäre es auf eine Kerbe geschnitten", sagten sie, „so könnten sie's besser lesen." Sie nahmen ihn nicht an.

Fast früher als nach Rothenburg war die Botschaft von den Bauernversammlungen zu Brettheim und Ohrenbach zum Markgrafen nach Ansbach gekommen. Er schickte seinen Geheimschreiber Anton Graber an den Rat nach Rothenburg, riet ihm, sowie er eben am Hesselberg getan, „die Bauern durch die Köpfe zu hauen“, und bot ihm hilfreiche Hand dazu, wie wir früher gesehen. Die Ratsherren fanden dies für sich nicht rätlich: Das Landvolk der Stadt war das eigentliche Kriegsvolk derselben, seit mehr als einem Jahrhundert in den Waffen geübt, zum Teil beritten, großenteils gute Büchsenschützen, alle mit Harnisch und Spieß oder Hellebarde, Sturmhut und Fäustling bewaffnet; Soldknechte hatte die Stadt fast keine, und zudem waren die Dörfer gewissermaßen fest durch stark ummauerte Kirchhöfe und Barrieren. Gegen diese hatte der Rat kein Kriegsvolk, nichts einzusetzen als die Treue des Stadtvolkes. Auf dieses konnte er nicht sehr bauen, denn seit langer Zeit hatte eine Handvoll Aristokraten, „die ehrbaren Familien“, mit allem Verletzenden und Schädlichen einer Willkürherrschaft in der Stadt geherrscht und den gerechtesten Bitten, Wünschen und Bedürfnissen der Gemeinde, der Handwerker und Hintersassen aller Art, nie ein Gehör geschenkt. Um Alleinherren zu bleiben, hatte der aus den Ehrbaren zusammengesetzte regierende oder innere Rat ununterbrochen aus seiner Mitte sich erneuert. Neben diesen zwölfen des inneren Rates, den Regierungsräten, bestand zwar der Rat der vierziger oder der äußere Rat. Dieser sollte die Gemeinde repräsentieren; aber auch diesen wußten die Ehrbaren größtenteils aus sich zu besetzen. Siebzig Jahre vor dieser letzten Katastrophe waren die Ehrbaren zu einem Vergleich mit den Handwerkern gezwungen worden; sie hatten es aber durch allerlei Schliche und Ränke dahin zu bringen verstanden, daß er im Jahre 1525 so gut als verschollen war. Veruntreuungen und Vergewaltigungen am gemeinen Besten lagen als schwere Sündenschuld auf dem Gewissen der Regierenden. Ihre Verlegenheit, ihre Angst wuchsen, als ihnen Kunde zukam, ein Teil derer in der Stadt sei mit den Bauern im Einverständnis; sobald sie zu den Waffen gerufen würden, wollen sich diese zu den Bauern schlagen, sich mit ihnen der Stadt bemächtigen und die Ehrbarkeit überfallen, strafen und plündern.

Innerer und äußerer Rat berieten sich hin und her am Freitag morgens, dem 24. März. Während einige Ratsherren hinausritten, um einen Versuch zur Beruhigung der Bauern zu machen, wollten die anderen prüfen, was man sich zu denen in der Stadt versehen dürfe. Man beschloß, die Bürger nicht in Masse, sondern abteilungsweise „nach den sechs Wachten“ zu berufen, und zwar die aus dem Viertel, wo die meisen Ehrbaren wohnten, vom Herrenmarkt, zuerst. Der Rat legte den Ersterschienenen seinen Entschluß vor, die Empörung der Bauern zu unterdrücken, und die Frage, ob er des Beistandes der Gemeinde sicher sein dürfe. Und schon traten 25 Bürger auf die Seite des Rats und sagten ihm durch eben diesen Schritt zu.

Da rief Junker Stephan von Menzingen, der auch auf dem Herrenmarkt wohnte und ungeboten mit aufs Rathaus gekommen war: „Wo denkt ihr hin? Seid ihr Knechte oder Bürger? Wollt ihr ohne Bedacht und unbedingt geradezu in euer offenes Verderben rennen, an euern Brüdern zu Mördern werden? Tretet ab, überlegt, ehe ihr abstimmt!"

Die Bürger sahen sich an; es war etwas an dem, wozu sie gemahnt wurden. Menzingen rief in einem fort: „Hinaus, hinaus!" Bald war keiner mehr im Saal als die 25; auch von diesen trat Leonhard Stock jetzt vor den Rat: „Ihr Herren", sagte er, „ich bin ein alter, kranker und tauber Mann, ich kann nichts zu solchen Sachen tun, ich bitte um Urlaub." Damit ging auch er hinaus und gesellte sich zu den anderen, die draußen im Ring, worin man das Gericht zu halten pflegte, zusammengetreten waren.

„Bürger", sprach Menzingen hier, „wollt ihr dem Rat zuliebe gegen euch selbst sein, der uns bisher so gedrückt hat und euch bald noch härter, unerträglicher drücken wird? Folgt mir, ich will euch den Weg zur Freiheit führen; ich will es verantworten vor Kaiser und Reich."

Er riet ihnen, das Begehren des Rates sich zum Bedenken und Beraten schriftlich zustellen zu lassen; sie taten es. Indessen versammelte sich nach und nach die ganze Bürgerschaft, „alle sechs Wachten", auf dem Platze. Menzingen zog sie immer weiter vom Rate ab. Auf seinen Vorschlag gingen sie daran, einen Gemeindeausschuß zu wählen, der dem Rate zur Seite und ihm gegenüberstände und das Volk wahrhaft verträte.

Während die Herren vom Rat der Wiederkunft der Bürger vergebens warteten, wählten diese die einzelnen in einen Ausschuß, der es nicht beim Beschwerdeführen bewenden lassen, sondern sich an die Spitze stellen, die Gewalt mit dem Rate teilen, Streitigkeiten aller Art entscheiden, die Rechnungen und alle Schritte des Rates kontrollieren und die Hut der Stadt übernehmen sollte.

Unter der Wahl des Ausschusses ritt ein Bote des Markgrafen Kasimir mit einem Schreiben an den Rat ein. „Ah", rief Menzingen, „der bringt die Zusage, daß Herr Kasimir kommen und die Stadt einnehmen will; der Rat hat ihm um Hilfe geschrieben; gebt acht, die Reiter sind schon im Anzug." – „Zu den Toren!" schrien Kilian Lutz und Lorenz Knobloch, und fast in einem Augenblick hatte eine Bürgerschar die Tore geschlossen, besetzt, die Schlüssel in die Hände des Ausschusses gegeben. Schon vernahm man Aufforderungen: Man solle die auf dem Rathause herabjagen und totschlagen. Es drohte, soweit zu kommen.

Die Herren des Rates hörten die steigende Aufregung, den Tumult. Sie schickten den Altbürgermeister Ehrenfried Kumpf und Georg Bermeter an die Bürger. Herr Ehrenfried sprang auf die Bank, erzählte der Wahrheit gemäß, wie der Markgraf schon zweimal zur Hilfe sich erboten, der Rat aber sich nie an ihn gewendet habe, und bat seine Mitbürger, sich nicht verführen zu lassen. Das Volk achtete, das Volk liebte Herrn Ehrenfried; er war ein Freund des gemeinen Mannes und des Evangeliums; darum hörte es auf ihn und beruhigte sich. „Narrengeschwätz, Fabeln!“ sagte Menzingen, „laßt uns den Brief des Markgrafen sehen und die Antwort eines Rats.“ Man gab ihm beides; es war, wie Herr Ehrenfried gesagt hatte. Ruhiger ging nun die Wahl des Ausschusses zu Ende. In denselben wurden zweiundvierzig Männer gewählt, die fast alle den neuen Dingen sich befreundet gezeigt hatten; es fanden sich darunter Namen wie: Valentin Ickelsheimer, der lateinische Schulmeister, Wilhelm Vesenmeier, der alte Rektor, Georg Spelt der Alte, Lorenz Knobloch, Leonhard Stock, Leonhard Stand der Metzger, Kern der Buchdrucker, Hans Leupold der Beck, Martin Hufnagel der Hafner, Hans Krätzer, Kilian der Tuchscherer, Georg Keidel, Albrecht der Metzger, Kilian Lutz, Jost Schad, Peter Merk, Georg Pflüger. Der alte Spelt bat den inneren Rat um Erlaubnis, die Wahl annehmen zu dürfen; es sei ihm leid, daß er gewählt sei; der Rat aber freute sich, in ihm einen im Ausschuß zu wissen, der es treu mit ihm meine. Stephan Menzingen war auch unter den Gewählten, und diese ernannten ihn zum Obmann des Ausschusses. Er ließ alle Mitglieder desselben am Abend schwören, treulich zusammenzuhalten und bis in das Grab verschweigen zu wollen, was im Ausschuß gehandelt werde.

Jetzt erst ließ Menzingen dem Rat die Antwort der Gemeinde zugehen, auf welche derselbe seit dem Morgen gewartet hatte. Ob sie, ließ er sagen, sich für den Rat gegen die Bauern erklären oder nicht, darauf können sie keine bestimmte Antwort geben, ehe sie die Beschwerden der Bauern kennen. Sie werden daher eine Gesandtschaft an sie schicken und sehen, ob ihr Vorhaben gegen das Evangelium wäre, wäre dies der Fall, so werden sie dem Rat eine Antwort geben, die ihm gewiß nicht mißfalle. Wolle der Rat einige aus seiner Mitte an die Bauern mitgehen lassen, so würde man es gerne sehen.

Menzingen übergab zwar auch die Hälfte der Torschlüssel wieder dem inneren Rat, er selbst aber mit dem Ausschuß hielt die Tore so besetzt, daß ohne seinen Willen nichts aus und ein konnte. Auch nötigte er dem Rate die Zustimmung ab, daß die große Glocke, sooft er wollte, geläutet werden durfte, der Gemeinde zum Zeichen der Versammlung auf dem Judenkirchhof. Die Herren des Rates waren so eingeängstet, daß sie alles eingingen.

Zwar schienen die Unruhen von außen sich von selbst wieder legen zu wollen. In der Nacht des 24. waren die zu den Bauern hinausgerittenen

Der Ratssaal zu Rothenburg

Ratsglieder zurückgekehrt. Sie hatten kaum noch 100 Bauern beisammen gefunden, aus vier Gemeinden, zu Brettheim. Diese hatten einige Bauern mit der höflichen Entschuldigung aus dem Dorfe herausgeschickt, die Ohrenbacher seien in großer Zahl zu ihnen gekommen, sie kennen aber ihr Vorhaben nicht und wollen sich als getreue Untertanen halten. So sagten die Brettheimer. Die aus den vier anderen Gemeinden entschuldigten sich mit der Furcht, die versammelte Bauerschaft habe sie mit Bedrohung Leibs und Guts aufgeboten; nur darum seien sie gekommen und um zu sehen, was jene vornähmen.

In der Nacht vom 23. auf den 24. waren fast alle wehrhaften Männer aus Ohrenbach mit Wehr und Harnisch ausgezogen. Zu Hauptleuten hatten sie Fritz Mölkner aus Nordenberg und Hans Vogler von Hartershofen, zum Fähndrich Paul Ickelsheimer aus Ohrenbach. Auf den Warttürmen in der Landschaft hatten sie alle Hakenbüchsen, die sie fanden, mitgenommen, und so waren sie zu Roß und zu Fuß mit etlichen Fähnlein nach Brettheim gekommen. Nach hier gepflogener Beratung hatten sich die Versammelten wieder getrennt, um sich zu stärken und zu rüsten, bis der Aufstand allgemein würde, und dann zusammen mit allen Bauerschaften der Tauber ein festes Lager zu beziehen.

Stephan Menzingen kam nun mit dem Ausschuß darin überein, daß man die Bauern als christliche Brüder freundlich ansprechen solle, ihre Beschwerden, die sie gegen den Rat haben, dem Ausschuß einzuhändigen, und der Ausschuß solle dann darüber mit dem Rat handeln und zwischen beiden vermitteln. Die ganze Gemeinde nahm diesen Beschluß des Ausschusses an. Als er dem inneren Rate vorgelegt wurde, verwarf ihn dieser; es half nichts; der Ausschuß stützte sich darauf, daß die Gemeinde ihn angenommen habe. Doch gab der innere Rat einige aus sich zu der Gesandtschaft an die Bauern mit, darunter Georg Bermeter. Dessen Roß stürzte schon unter dem Tore. Zu Gebsattel kamen sie gerade dazu, wie die Bauern in großer Zahl und guter Ordnung ein Lager bezogen. In der Gesandtschaft war auch das Ausschußmitglied Krätzer der Wirt. Der hatte unter den Bauernhauptleuten den großen Leonhard zum Schwager; durch diesen verschaffte er der Gesandtschaft sicheres Geleit. So kam sie in das Bauernlager. Hieronymus Hassel vom inneren Rat nahm zuerst das Wort, nicht im Sinne der Instruktion, wie Ausschuß und Gemeinde sie gegeben hatten. Er strafte sie wegen ihrer Empörung und bot ihnen, wenn sie sogleich in ihre Hütten ruhig heimgingen, volle Verzeihung an, sonst müßte, was ihm leid wäre, der Rat ihr Blut vergießen; hätten sie Beschwerden, so sollen sie sie vor das kaiserliche Kammergericht bringen.

Diese Saite hätte der Ratsherr nicht anschlagen sollen; das Kammergericht war kein Klang, der dem gemeinen Mann gut ins Ohr fallen konnte. „Wie?“ fragten die Bauernhauptleute, „ist das auch die Meinung der ganzen Gemeinde zu Rothenburg?“ Das Ratsglied Hassel sagte ja. „So spricht ein Fuchs“, sagte Mölkner der Hauptmann.

Nun sprachen die anderen, die vom Ausschuß, in dem Tone, wie sie Auftrag hatten. Da antworteten die Bauernhauptleute gütlich, sie denken gar nicht, die Gemeinde zu beschädigen. Wohl haben sie einige Beschwerden, die wollen sie vortragen; einstweilen erbitten sie sich freies Geleit auf einen Tag, sonst müßten sie sich in eine festere Stellung ziehen.

Damit ritt die Ratsbotschaft hinweg; und da sie eine gute Strecke geritten waren, kehrten die vom Ausschuß wieder nach dem Bauernlager um, tranken und besprachen sich noch lange mit den Bauern und ließen die vom inneren Rate auf dem Wege warten, fünf Stunden lang.

In der Stadt schritt indessen die Bewegung vorwärts. In der folgenden

Nacht wurden dem großen Marterbild auf dem Kirchhof zur reinen Maria Kopf und Arme abgeschlagen. Karlstadts Einwirkung verbarg sich nicht, und am anderen Tage stürmte Christian Heinz, der Bäcker, mit einem Schwarm in die Liebfrauenkapelle, warf das Meßbuch vom Altar und jagte die Priester hinaus. Das war am Sonntag Lätare. Am Montag, dem 27. März, trieb Ehrenfried Kumpf in der Pfarrkirche Priester und Chorknaben hinaus, warf das Meßbuch vom Altar, die Messe hörte von nun auf, die Karlstädtische Bilderstürmerei begann. Die Kapelle der reinen Maria wurde bald darauf dem Boden gleichgemacht, die schöne Kirche außerhalb der Stadt an der Tauber wurde infolge einer Predigt Karlstadts von den Müllern daselbst rein ausgeplündert, alles heilige Gerät in die Tauber geworfen, alle Bilderei zerschlagen.

Diese Bilderstürmerei ging von der Partei aus, welche die beste in der Stadt war, von der für das Evangelium erhitzten: Ihr war die Kirchenreform die Hauptsache, und sie sah in den Bauern nur sofern Verbrüderte, als auch diese für das Evangelium sich erhoben. Führer dieser Partei war Ehrenfried Kumpf.

Auf ganz anderes noch ging die Partei, deren Seele der blinde Mönch, deren Führer Stephan von Menzingen war. Das war die eigentlich revolutionäre Partei, die bürgerliche Freiheit ihr nächstes Ziel, und ihre Häupter waren offenbar Eingeweihte des evangelischen Bruderbundes, der den Aufstand in den deutschen Gauen vorzubereiten übernommen hatte; in stetem Verkehr mit den leitenden Oberen anderer Landschaften.

Menzingen, aus einem alten, edlen schwäbischen Geschlecht, hatte sich zwanzig Jahre vor dem Aufstand mit der Tochter des Ratsherrn Pröll vermählt und war in das Bürgerrecht der Stadt eingesessen. Eine Zeitlang war er in Diensten des Markgrafen von Brandenburg Amtmann zu Creglingen gewesen, dann in die Dienste des jungen Herzogs Ulrich von Württemberg getreten. Er war einer seiner Lieblinge, war bei Ulrichs Vertreibung mit auf dem Schlosse Hohentübingen und einer der wenigen, welche nach der Übergabe des Schlosses Ulrichs Vertrauen behielten und für ihn noch in der Schweiz wirkten und unterhandelten. Stephan von Menzingen ist einer der drei Vertrauten Ulrichs, welche mit dem Ritter von Klingenberg über die Einnahme der Herzoglichen in seine Feste Hohentwiel unterhandelten. Im Jahre 1518 hatte er die Reinsburg, ein Gut im Rothenburgischen, an sich gekauft, war mit dem Rate der Stadt über die davon zu entrichtende Steuer in Streit gekommen und aus dem Bürgerrecht der Stadt ausgetreten. Die Stadt Creglingen hatte ihn wegen Bedrückungen beim Reichskammergericht verklagt, dieses die Exekution dem Rate von Rothenburg aufgetragen, Menzingen einige der vornehmsten Ratsherren injuriert, dann, wie es scheint, sich in die Schweiz begeben und war zu Anfang des Jahres 1525 plötzlich nach Rothenburg zurückgekommen, angeblich, um seines Rechtsstreites mit dem Rat zu warten, und darum im sicheren Geleite der Stadt. Ob er fortwährend mit Herzog Ulrich, dem Vertriebenen, zusammenhing, ob er gar nach Verabredung mit diesem dem fränkischen Aufstand sich anschließen, ihn fördern sollte, wie der Fuchssteiner im Allgäu, wie der Herzog selbst auf dem Schwarzwald tat – darüber fehlen die Beweise. In der Schweiz, in dem Kreise jener Männer, in welchem auch der Herzog Ulrich auf andere Ansichten kam, mag auch Menzingen im Religiösen und Politischen manches Neue sich angeeignet haben: In Rothenburg wenigstens erscheint er als ein warmer Anhänger der Lehre Karlstadts. Zugleich jedoch zeigte er sich in Verbindung mit dem Markgrafen Kasimir, jenem Fürsten, der so gerne in benachbarten Gebieten um sich griff. Auch waren Menzingens Vermögensumstände einer Aufbesserung bedürftig, und die Ratsherren zu Rothenburg hatten ihm Anlaß gegeben, ihnen gram zu sein.

Noch abends am 25. März war wieder ein Bote des Markgrafen vor der Stadt erschienen. Stephan Menzingen, der die Tore überwachte, ließ ihn nicht mehr ein, er mußte außen in einer Mühle übernachten. Erst am Morgen nahm ihm Menzingen seine Briefe ab, doch ohne ihn in die Stadt einzulassen, weil er dem Bürgerausschuß am Tore nicht eidlich geloben wollte, daß er sonst keine Botschaft und keinen Auftrag habe. Auch vom Deutschmeister aus Mergentheim kam ein Bote. Menzingen nahm ihm seine Briefe ab, öffnete sie, wie die des Markgrafen, und verlas sie vor dem Bürgerausschuß. Der Markgraf schrieb im freundlichsten Ton und erbot sich zur Vermittlung zwischen dem Rat und der Volkspartei. Der innere Rat antwortete, man wisse nichts von Irrungen in der Stadt, und lehnte die Dazwischenkunft des Markgrafen höflich ab. Furcht vor dem Volke und Mißtrauen gegen den mächtigen, gern übergreifenden Fürsten führten dem Rate die Feder. Die Antwort wurde im Bürgerausschuß verlesen, versiegelt, abgeschickt.

Am 26. März wurden auch die schriftlich aufgesetzten Beschwerden der Bauerschaften in die Stadt hereingebracht. Sie sagten in ihrem Schreiben, Beschwerden, die wider Gott und sein Wort und die Nächstenliebe seien, haben sie als Brüder vereinigt; sie seien beladen mit Hauptrecht und Handlohn, mit Steuern, mit Klauengeld, Tranksteuer und anderem, sei es doch ein jämmerlich Ding, daß keiner in der ganzen Landwehr eine eigene Kuh haben solle. Und nachdem sie doch alle an einen ewigen, wahren, einigen Gott glauben, mit einer Taufe getauft seien und ein einiges, ewiges, zukünftiges Leben hoffen, habe der Teufel durch seine tausendfältige List einen großen Greuel in die Christenheit eingeführt, daß einer des anderen eigen sein solle. Seien doch alle ein Körper, eine geistliche Gemeinde, deren Haupt Christus der Erlöser sei. An diese Beschwerden über die Leibeigenschaft knüpften sie die über den großen und kleinen

Zehenten; und doch seien so viele Pfarrherren von ihren Pfründen abwesend und tun gar nichts, als daß sie ihre Kaplane verursachen, das Volk täglich zu schinden und zu schaben mit ihren Lügen und mit ihrem Menschentand. Die, welche bei ihnen die Mühe tragen, wollen sie belohnen, wer aber nicht arbeite, solle auch nichts genießen. Zuletzt beschwerten sie sich über unbillige Zölle und kleinere neue Lasten. Weitere Beschwerden behielten sie sich vor.*

Es war nicht zu leugnen, mehrere neue Lasten, wie das Klauengeld oder die Viehsteuer, das Bodengeld und Umgeld oder die Tranksteuer, die Zölle, welche die notwendigste Ein- und Ausfuhr schwer belasteten, waren für den gemeinen Mann höchst drückend, eigenmächtige Neuerungen des Rates, teils vor ein paar Jahren, teils vor ein paar Monaten aufgebracht, gegen Recht und Herkommen. Die anderen Beschwerden waren ohnedies zu wohl begründet.

Auch diese Artikel der Rothenburger Bauerschaft waren von Geistlichen verfaßt. Das waren Leonhard Denner, Pfarrverweser zu Leuzenbronn, ein Sohn des Lorenz Denner, Mitglieds des inneren Rates zu Rothenburg, Hans Hollenbach, der Frühmesser zu Leuzenbronn, und Andreas Neuffer, der Pfarrer zu Tauberzell.

So traten auch hier, wie an so vielen anderen Orten, Geistliche als Männer des Volkes, als Leiter der Bewegung hervor. Es sind nicht sowohl Mönche, welche dem Kloster entlaufen und nur im Volkssieg ihre Rettung finden können, wie man schon behauptet hat; es sind einige der Art darunter; meist aber sind es Weltgeistliche, die dem Volke sich anschließen aus Eifer für das Evangelium und wegen der Verfolgungen, die sie darum leiden müssen, vorzüglich aber auch, weil sie die Not und den Druck am besten kannten, unter dem das Volk seufzte, endlich, weil die Geistlichkeit noch immer die hellsten Köpfe der Zeit, die Träger der Ideen unter sich zählte.

Der Bürgerausschuß brachte die Beschwerdeschrift der Bauerschaft vor den inneren Rat und trug seine Vermittlung an. Das lehnte der innere Rat ab; er erbot sich den Bauern, wenn sie ruhig nach Hause zögen, wolle man der Empörung und ihres Meineides nicht im argen gedenken, ihre Beschwerden wolle man überlegen und mit ihnen gütlich rechten vor kaiserlichem Regiment und Reichskammergericht. Die Bauernabgeordneten antworteten, sie seien nicht meineidig, sondern wollen alles halten, was gebührlich und nicht wider Gott und die Liebe des Nächsten sei. So gingen die Bauernabgesandten wieder zu den Ihren hinaus; im inneren Rate aber ging die Ansicht durch: Wenn man auch den Bauern jetzt etwas nach-

* Das Siegel, womit das Schreiben gesiegelt war, war eine Pflugschar, kreuzweise darüber Dreschflegel und Mistgabel, unten ein Bundschuh mit der Jahreszahl 1525.

ließe, so wäre es mit Gewalt erpreßt und man darum nicht verbunden, es zu halten.

In der Frühe des 27. März berief Menzingen mit dem Ausschuß durch die große Glocke die Gemeinde zur Versammlung. Es hatten sich einige Bürger in den Häusern der Geistlichen Zudringlichkeiten erlaubt und dieselben genötigt, sie mit ihren Weinen zu bewirten. Der Ausschuß ließ sich die Gemeinde geloben, seinen Beschlüssen nachleben und Personen und Güter unangetastet lassen zu wollen. Weiter wurde die Auflösung des äußeren Rates beschlossen.

Der Bürgerausschuß behauptete nämlich, da der äußere Rat die Gemeinde vertreten solle, so müsse er im Ausschuß aufgehen und mit ihm sitzen, raten und bessern. In diesem Sinne hatte er am Sonntag Lätare an den äußeren Rat den Antrag gestellt, sich mit dem Bürgerausschuß zu vereinigen. Dieser weigerte sich dessen. Der Ausschuß beharrte auf Vereinigung oder Auflösung, gemäß dem Gemeindebeschluß. Der äußere Rat wandte sich an den inneren mit dem Gesuch, ihn seiner Ratsverpflichtung zu entbinden. Der innere Rat, „von der Gemeinde und ihrem Ausschuß in der Stadt versperrt, gefangen, schwerlich und hoch bedrängt", fand, „nach genugsamer Beratschlagung mit bekümmertem traurigem Gemüt, daß er tun müsse, was die Gemeinde wolle, es wäre gleich, gut oder bös, geriete wohl oder übel"; erlaubte dem äußeren Rat, „damit die Personen desselben an ihren Ehren nicht verletzt und angetastet würden", den Austritt „in Gottes Namen" und sprach ihn seiner Pflicht ledig.

So löste sich der äußere Rat auf. Einzelne Glieder desselben wurden in den Bürgerausschuß aufgenommen, wie Hieronymus und Kunz Offner, Christian Heinz. Auf einen weiteren Vorschlag Menzingens mußte der innere Rat dem Ausschuß schriftlich geloben, daß er in Treue es mit ihm halten, oder, wenn er feindlich gegen ihn handeln wolle, acht Tage zuvor abkündigen wolle. Von nun an hielt der Ausschuß seine Sitzungen in der großen Ratsstube.

Bisher hatten die rothenburgischen Bauern sich noch nicht mit anderen verbunden. Jetzt aber schlossen sich markgräfische Untertanen und die Hintersassen anderer Herrschaften an sie an. Die Wirkungen ihrer eigenen Boten, die sie an der Tauber und in anderen Richtungen hin und her gesandt hatten, sowie die der auswärtigen Freiheitsmissionäre, die von der evangelischen Brüderschaft im Schwarzwald und in Oberschwaben wie von Thüringen hergekommen, zeigten sich: Der allgemeine Erhebungstag, der 2. April, war vor der Türe.

Die Rothenburger Bauerschaft, auf vierthalbtausend angewachsen, sandte in die Stadt herein und verlangte Antwort auf Beschwerden vom inneren Rat, vom Ausschuß Hilfe an Geld, Munition und Waffen. Zugleich berichteten sie, wie man ihnen Unrecht damit getan habe, als nötigen sie Hintersassen anderer Herrschaften, sich ihnen anzuschließen; unaufgefordert und ungenötigt ziehen stündlich andere Bauern ihnen zu und begehren aus brüderlicher Liebe, der Gerechtigkeit einen Beistand zu tun.

Der Ausschuß drang in den inneren Rat, die Beschwerden der Bauern ohne Verzug vorzunehmen und sie durch Zugeständnisse zu beschwichtigen, ehe sie der Stadt zu stark würden. Er verlangte Vollmacht vom inneren Rat, mit den Bauern einen Vergleich zu schließen. Der innere Rat meinte, das gebe ein böses Beispiel für die Bauern anderer Herrschaften, beriefen sich fremde Hintersassen auf die Rothenburgischen, so würden die fremden Herren die Stadt darum feindlich ansehen. Der Ausschuß entgegnete, der Rat habe jüngst so viel Unheil durch falsche Maßregeln über die Stadt gebracht, daß man ihn in jetzigen gefährlichen Läufen nicht handeln lassen könne.

Während der Rat sich so bedrängt sah, erhob sich Ehrenfried Kumpf, der Altbürgermeister. „Er wüßte", sprach er, „wohl einen Mann, den Frieden zwischen der Stadt und den Bauern zu machen; er habe ihn mit sich gebracht, und er warte draußen im Vorsaal; er bitte, ihn zu hören und an die Bauern zu senden." Den verwundert fragenden Blicken nannte Herr Ehrenfried Doktor Andreas Karlstadt. Als die Verwunderung stieg, wie denn Karlstadt plötzlich nach Rothenburg komme, da er lange aus der Stadt verbannt sei, bekannte Herr Ehrenfried, daß der Doktor die Stadt nie verlassen, sondern bei ihm und anderen christlichen Brüdern seine Herberge gehabt habe; er wolle das nicht leugnen, wenn auch der Henker hinter ihm stände. Da schalten die Ratsherren den Altbürgermeister, daß er vor Wochen hoch und teuer sich habe vernehmen lassen, er habe keinen Verkehr mehr mit Karlstadt und wisse nichts von ihm, und jetzt zeige es sich ganz anders. Herr Ehrenfried sprach: „Er habe im Dienste Gottes und für Gottes Sache Karlstadt zu schützen und zu beherbergen mutig gewagt, Karlstadt sei ein frommer und unglücklicher Mann und vorzüglich geschickt und vom Himmel begabt, die Irrungen zwischen einem Rat, der Gemeinde und den Bauern zu heben; er kenne seine Pflicht gegen den Rat, halte sich aber nicht gebunden, wo es gegen Gottes Wort, gegen das Evangelium gehe, denn er sei ein Christ und wolle diesem allein gehorchen, soweit Leib und Gut reiche." Das hörte der Rat mit nicht kleiner Beschwerde; sie sagten, sie ließen sich bedünken, sie seien auch Christen, so gut als er, und wollen so wenig gegen das Evangelium und Gottes Wort sein, als er und andere. Damit standen sie alle zumal auf und gingen vom Rathaus hinab.

Die Gemeinde war Herr und regierte durch ihren Ausschuß. An diesen wandte sich darum Karlstadt um Aufhebung der wider ihn erlassenen Ausweisung. Der Ausschuß wies das Gesuch an den Rat. Der Rat erklärte, Karlstadts Aufenthalt bringe der Stadt des Kaisers, der Fürsten und anderer Reichsstände Ungnade und Strafe; Aufruhr der Untertanen, des gemeinen Mannes, wo er bisher gewohnt und gepredigt habe, zeuge von seinem Wesen und seiner Lehre. Ob ihm in der Stadt der Aufenthalt gestattet werde, samt seiner Lehre und Predigt, das stellen sie dem Ausschuß anheim, der jetzt die Gewalt und das Regiment an sich gebracht und in Händen habe; ihn lassen sie das verantworten. Der Ausschuß gab die Antwort, er lasse den Karlstadt in der Stadt umgehen und sein Abenteuer bestehen, weil er sich zu Recht erbiete. Von da an bewegte sich Karlstadt frei und öffentlich in Rothenburg; er war mit Christen, Deuschlin, dem blinden Mönch, Kumpf, dem Bruder des Altbürgermeisters, mit den Mitgliedern des Ausschusses überhaupt in Verkehr; er predigte jedoch rein religiös; die Folge seiner Predigten war aber die schon erwähnte Bilderstürmerei, die Verwüstung einiger Kirchen. Als Unterhändler an die Bauern aber nahm der Ausschuß ihn nicht an; er schickte Valentin Ickelsheimer, den Präceptor, und Kunz Offner mit einigen anderen an sie hinaus, um sie zu bestimmen, die Entscheidung ihrer Beschwerden dem Ausschuß zu überlassen.

Die Rothenburger Bauern fingen bereits an, im Geiste des schwarzwäldischen Artikelbriefes zu handeln. Wer nicht zu ihnen trat, den zwangen sie dazu. Zu Bettwar, zu Ostheim weigerten sich einige zuzuziehen; ihnen wurden ihre Häuser geplündert; auch den Pfarrherren beider Orte fingen die Bauern ihre Weinfuhren ab. Das Lager nahmen sie zu Reichardsroth. Das feste Haus des Kaspar von Stein plünderten sie rein aus. Auch sie hatten eine Kriegskasse. Die Beutemeister nahmen die Beute an sich und verkauften sie, Vieh und anderes gegen Brot und Geld, und zahlten davon Wirte, Boten, Bedürfnisse aller Art.

Schon jetzt nahm die Bewegung eine größere Bedeutung an: Die Eingeweihten des geheimen Bundes traten nach und nach hervor; gewichtigere Männer, Höhergestellte, setzten sich an die Spitze; Kriegsleute trugen sich an und wurden angenommen, die Bauern zu exerzieren und fechten zu lehren: Georg Teufel aus Schonach wurde als Exerziermeister, Fritz Nagel, der Amtmann von Scheckenbach, als Hauptmann, Kilian Brok als Proviantmeister, Fritz Mölkner als Profos aller versammelten Ortschaften angenommen. Unter den Bauern, welche in die evangelische Brüderschaft aufgenommen zu werden begehrten, zogen ihnen hier namentlich die Hintersassen des wilden Ritters Zeisolf von Rosenberg zu Haldenbergstetten mit fliegenden Fähnlein zu.

Am Lindachsee begegneten ihnen die Unterhändler der Stadt Rothenburg, während sie zu Roß und zu Fuß Dienstag, den 27. März, von Reichardsroth mit neuen, schönen Fahnen im Marsche waren. Auf Wägen führten sie Hakenbüchsen. Der Marsch ging unter den Mauern von Rothenburg vorüber nach Neusitz, dreiviertel Stunden von der Stadt, wo sie sich lagerten. Man zählte zu Rothenburg beim Vorüberzug nur noch zweitausend Bauern. Zweitausend andere hatten sich vom Lager zu Reichardsroth aus nach dem Taubergrund gewandt. Während ein Teil die Stadt beobachtete, war der andere hinweggezogen, um im Schüpfergrund, dem bestimmten Sammelplatz, seine Vereinigung mit den Zuzügen anderer Gaue zu vollziehen.

14

Der Aufstand im Odenwald.
Wendel Hipler, Weigand und Jörg Metzler

Es war um Mittfasten, den 23. März, da saßen in der Schenke des Hans Schochner zu Weinsberg zwei Gäste im Gespräch beim Krug. Der eine war ein reisiger Knecht der Grafen von Hohenlohe, Wolf Taube, der von Heilbronn kam. Der andere sprach das rätselhafte Wort: „Ich bin an einem Ort gewesen, da habe ich deinen Herren zu Werk geschnitten, daran sie dies Jahr zu arbeiten haben werden."

Der das sagte, das war einer von der Aristokratie, Herr Wendel Hipler.

Wendel Hipler war in der Jugend seinem Ehrgeiz gefolgt, der hatte ihn in den Fürstendienst gezogen; länger als ein Vierteljahrhundert war er am Hofe der Hohenloher Kanzler gewesen. Im Jahre 1515 hatte er den Dienst und das Gebiet der Grafen verlassen. „Die von Hohenlohe täten ihm nit viel Gleiches", sagt Götz von Berlichingen in seiner Lebensbeschreibung von ihm. Er war darauf in verschiedene Dienste getreten, denn er war „ein feiner, geschickter Mann und Schreiber, wie man nur einen im Reiche finden mochte". Aus diesen Verhältnissen blieb Wendeln eine Bitterkeit gegen das Haus Hohenlohe. Aber man müßte eine geringe Ansicht von einem Geiste, wie Wendel Hipler war, haben, wenn man Rache als die alleinige Triebfeder der Rolle ansehen wollte, die wir ihn nun spielen sehen. Sie war mit eine Triebfeder, nicht die einzige; sie leitete ihn auf eine Bahn, wo er für das Volk, für seine Nation handeln mußte, und in der nationalen Bestrebung und Begeisterung ging sein persönliches Interesse auf. Wendel Hipler zeigt sich als ein Mann, der zu nicht gewöhnlichen Dingen geboren ist, mit großen, kühnen, nationalen Gedanken und Entwürfen, mit einem scharfen Verstand, der, obgleich nur auf sich selbst gewiesen, die Mittel zu finden weiß, die großen Gedanken ins Werk zu setzen; leise, fein anspinnend, ohne daß seine Hand sichtbar wird, „eine Ente, die das Untertauchen versteht".

Er hatte im Hofdienst bittere Erfahrungen gemacht; er hatte die Regierenden und ihre Grundsätze kennengelernt; er wußte, was dem Volke, der Nation not tat, und daß er es wußte, hat er durch alles, was er für sie tat, bewiesen. So hatte ihn die einbrechende neue Zeitbewegung gefunden und ergriffen. Auch nicht Eitelkeit, sich einen Namen zu machen, oder Ehrgeiz können es gewesen sein, die ihn trieben, oder gar allein trieben. Wenn Wendel Hipler bloß das letztere geleitet hätte, seinen Fähigkeiten wären viele Bahnen offengestanden, in welchen er mit größerer Wahrscheinlichkeit des Erfolges und ohne Gefahr seinem Ehrgeiz hätte Befriedigung suchen können. Er hatte an sich selbst den Übermut, die Ungerechtigkeit der Herren erfahren; er mußte ein Gefühl haben für das hungernde, zertretene Volk. Seine Sache floß mit der des Volkes in eins, beide waren mißhandelt; noch im Jahre 1524 war Wendel durch die Grafen von Hohenlohe aufs bitterste an seiner Ehre gekränkt worden, und zwar während er als Anwalt bei den Reichsgerichten hohenlohesche Untertanen vertrat, weil diese ungerecht und hart von den Grafen bestraft worden waren. Eine und die schönste Rache, die Befreiung seiner Landsleute, rächte beide, ihn und das Volk.

So gewiß als bei irgendeinem ist es bei Wendel Hipler, daß er dem geheimen Bunde frühe angehörte.

Seit dem Jahre 1525 sah man ihn in die Nähe des hohenloheschen Gebietes, in die längst verlassenen Gegenden von Zeit zu Zeit wiederkehren, in welchen er früher so viele Jahre heimisch und in hohem Wirkungskreis gewesen war. Das Vertrauen der hohenloheschen Untertanen besaß er; wählten sie ihn doch zu ihrem Verteidiger gegen ihre Herren. So war ihm leicht, die Stimmung der Hohenloher kennenzulernen und zu bearbeiten, seine geschäftlichen Verbindungen mit ihnen, namentlich mit Öhringer Bürgern, zu Anknüpfungspunkten anderer Art zu machen. Die Hohenloher Grafen hatten so regiert, daß schon zur Zeit, da der arme Konz im Württembergischen sich erhob, auch die hohenloheschen Untertanen aufstanden, mit aufgerichteten Fähnlein, Hauptleuten und Fähndrichen ins Weinsberger Tal zogen und sich erboten, zum armen Konrad zu schwören, wenn man ihnen Öhringen einnehmen helfe. So kamen die von den Grafen selbst gereizten Leidenschaften und die Not den Bestrebungen Wendels entgegen, und seiner Kunst der Rede und der Intrige konnte es nicht schwer werden, eine Partei zu bilden und sie in seine Pläne und in die ausbrechende Volksbewegung hineinzuziehen. Und während er die verborgenen Fäden dafür zog und anhing, während er mit den Revolutionären der Zeit, mit Mißvergnügten aller Farben, mit solchen, welche von den neuen Ideen ergriffen waren, wie mit solchen, die von den Grafen beleidigt, gedrückt, gereizt waren, mit herabgekommenen Hauswirten, die in einer Umwälzung Verbesserung ihrer Umstände hofften, mit Bundschuhern schlimmster Art in Verkehr und Zusammenhang stand, wußte er schlau und klüglich den Schein, als ob er ganz unbeteiligt wäre, lange zu bewahren und hinter seinem geheimen Gewebe sich selbst unsichtbar zu halten.

Als ein anderer Wissender und Leitender des geheimen Bundes neben Wendel Hipler erscheint der kurmainzische Keller Weigand zu Miltenberg im Odenwald.

Weigand ist nicht ein Mann, der anzettelt, Umtriebe und Ränke macht, die Leidenschaften reizt und geheime Federn zum Spielen zu bringen weiß wie Wendel; er ist ein denkender Volksfreund, der geradeaus geht, ein Mann des edelsten Willens, sein Volk zu heben, mit wahrer Einsicht in die Bedürfnisse desselben. Auch er wirkt unsichtbar wie Wendel; aber er mischt sich nicht persönlich unter den gemeinen Mann, er tritt nicht heraus und handelt mit ihm; er ist nur Demagog mit der Feder, ein Souffleur, der Führer des Volkes, eine Stimme, die ihnen sagt, was sie tun, was sie fordern sollen; er läßt dahin, dorthin ein fliegendes Blatt mit einem Entwurf, einem Gutachten, unter das Volk ausgehen, aber ohne seinen Namen; dem Volke für seine Person unkenntlich, nur den Wissenden bekannt und sich zu erkennen gebend. So schickte er ins Rothenburgische, ins Würzburgische, nach Heilbronn seine trefflich geschriebenen Blätter.

Zu Ballenberg, einem kleinen Städtchen auf einer Anhöhe, zwei Stunden von Krautheim, wo die Jagst aus der Grafschaft Hohenlohe ins frühere kurmainzische Gebiet tritt, hatte Georg Metzler sein Wirtshaus.

Jörg Metzler wird von seinen Feinden nachgesagt, er habe in Saus und Braus gelebt; gewiß ist, daß er weit herum im Odenwald Bekanntschaft und Zutrauen hatte. In seinem Wirtshause fanden nicht nur die Versammlungen der Bauern statt, hier scheinen auch Wendel Hipler und andere Wissende des Bundes ihre Verabredungen getroffen zu haben; hier war vielleicht auch der Ort, an welchem der letztere den Grafen von Hohenlohe, wie er sagte, zu Werk schnitt, daran sie das Jahr zu arbeiten haben sollten.

Aus Oberschüpf zog Georg Metzler mit einer Trommel und einem Schuh auf einer Stange aus, und „zu Haufen, wie die Bienen, wann sie stoßen", stürmten von allen Seiten her die Bauern herzu. In dem Schüpfergrund, einem Tale des Odenwaldes, war das allgemeine erste Lager bezeichnet. Hier vereinigten sich mit den ersten Odenwäldern die aus dem Lager von Reichardsroth seitwärts nach dem Taubergrund gezogenen zweitausend Ohrenbacher aus der Rothenburger Landwehr, die sich von den Brettheimern getrennt hatten.

Durch die dichten Waldungen stiegen sie in das Taubertal hinunter und erschienen plötzlich an dem bestimmten Sammelplatz, am Sonntag Lätare, dem 26. März.

Mit einem Schuh auf der Stange
zogen die Bauern aus Oberschüpf aus

Georg Metzler wurde von allen Versammelten zum obersten Hauptmann erwählt. Er war der Mann, dem sie zufielen und ihre Sache vertrauten. Er war hier der Mittelpunkt für den Sonntag Judika.

Hier, auf den schönen Wiesen des Schüpfergrundes, wo so viele Gebiete zusammenstießen, pfalzgräfisches, mainzisches, würzburgisches, deutschherrisches und allerlei kleine Herrschaften, war ein trefflich gewählter Platz, um die verschiedenen einzelnen Gemeindefähnlein und schon gebildeten Haufen in ein Lager zusammenzuziehen. Hier organisierte sich auch das Heer. Es wurden regelmäßige Chargen und Ämter gebildet und ein Operationsplan entworfen. Aus den Nachbargebieten strömten freiwillig, teils auch gezwungen durch die Drohungen des versammelten Haufens, Zuzüge herbei. Der große Haufe nahm den Namen des „evangelischen Heeres" an und gab als Zweck an, das Wort Gottes, namentlich die Lehre Pauli, zu handhaben; sie meinten wohl jene Lehre des Apostels: „Kannst du frei werden, so gebrauche das viel lieber." Am 29. März war das evangelische Heer schon bedeutend angewachsen, und Georg Metzler, der oberste Hauptmann, mit seinen Unterhauptleuten schrieb auf den 4. April eine Versammlung ins Kloster Schönthal aus, wohin Bürger- und Bauerschaften, die sich noch nicht angeschlossen hatten, zum Anschluß „in brüderlicher Liebe" eingeladen wurden, um „dem Worte Gottes und der Lehre Pauli Beistand und Folge zu tun und das Übel zu strafen und auszureuten unter Geistlichen und Weltlichen, Edeln und Unedeln".

Vier Tage verflossen über dem Zusammenzug und der Rüstung des Heeres. Mit dem 4. April brach Georg Metzler das Lager ab und zog mit den vereinigten Fähnlein in den Jagstgrund. An der Jagst, in einem schönen, grünen Grunde, lag das reiche Zisterzienserkloster Schönthal. Metzler nahm davon Besitz; es war beschlossen, eine Zeitlang hier mit dem Hauptquartier stillezuliegen.

Dieser Besuch kam das Kloster teuer zu stehen. Zwar hatte der Abt Briefschaften und kostbare Geräte, soviel davon in der Eile fortgeschafft werden konnten, nach Frankfurt geflüchtet. Doch war noch viel zurückgeblieben. Das silberne und goldene Kirchengerät wurde als Beute verteilt. Während ihres kurzen Aufenthaltes tranken oder verkauften die Bauern 21 Fuder Wein, welche sie in den Klosterkellern fanden. Die Folge dieses Trinkens war Barbarei: Die Altäre selbst wurden gröblich entweiht, die kunstreich gemalten Scheiben in den Kirchenfenstern eingeschlagen, Altar- und Wandgemälde verwüstet, das schöne Schnitz- und Bildwerk verstümmelt, selbst das herrliche Orgelwerk in die einzelnen Pfeifen zerrissen und verteilt, der Hof Veltersberg angezündet, das Dorf Oberkessach bis auf zwei, drei Häuser ganz verbrannt. Die Bauern des Klosters suchten besonders begierig nach den Zinsbüchern. Sie fanden sie nicht, sie waren mit den anderen Urkunden nach Frankfurt geflüchtet worden. Wütend darüber, schrie der Haufe nach dem Blut der Klosterbrüder. Den schon gefaßten Beschluß, sie zu töten, hintertrieben jedoch die Hauptleute und brachten den wilden Haufen dahin, daß er sich begnügte, sie bloß aus dem Kloster zu jagen. Der Abt konnte ihnen nur eine kleine Geldhilfe mitgeben. Nur einem einzigen Pater wurde gestattet, im Kloster zu bleiben, unter der Bedingung, für die Hauptleute Knechtsdienste zu verrichten. Der alte Prälat hatte noch unterwegs das Mißgeschick, von anderen daherziehenden Bauern gefangen zu werden; sie führten ihn nach Öhringen und Krautheim, wo er in Haft war, bis er ein Lösegeld erlegte; auf das hin erlaubten sie ihm, auf seinen Hof zu Heilbronn zu gehen, damit der alte Herr seine Ruhe und Wohnung habe.

In Schönthal erwartete Metzler die Zuzüge aus dem Taubertal, aus dem Hohenloheschen, aus dem Deutschherrischen und Württembergischen, wo er mit Häuptern in Verbindung stand, an die er vom Schüpfergrund aus seine Boten und Briefe gesandt hatte. Die ersten, welche, jedoch unrühmlich und unordentlich, nach Schönthal kamen, waren Bauern des hallischen Gebietes.

15

Anfang im Limburgischen und die Gottwollshäuser Posse im Hallischen

Im Gebiete der freien Reichsstadt Hall wurden bald Bewegungen unter den Bauern bemerkbar. Zu Gaildorf im Limburgischen und anderwärts wurden Versammlungen veranstaltet, auf denen man den Pfarrer Held von Bühlertann, einen geborenen Nördlinger, als Redner auftreten sah. Der Rat zu Hall ward besorgt. Er ließ die Bürger schwören, daß sie ihrer Pflicht getreu bei ihm leben und sterben wollten.

Am Sonntag Judika, dem 2. April, war es, als der Haller Rat der Treue der Stadt sich so versicherte. Aber in derselben Nacht standen die Bauern in der hallischen Landwehr auf. Zu Braunsbach in der Mühle waren den Tag über sieben Bauern, lauter Verbrüderte und Eingeweihte, beim Glase gesessen. Abends erhoben sie sich, „die göttliche Gerechtigkeit zu beschirmen". Sie liefen durch den Flecken, riefen die anderen Bauern in die Waffen und zogen noch in derselben Nacht vorwärts. Sie zogen nach Orlach, von da nach Haßfelden. Nachts um 10 Uhr umstellten sie schon zu 200 Mann den Kirchhof zu Reinsberg, wurden vom Pfarrherrn Herold eingelassen, ließen sich von ihm mit Brot und Wein bewirten und nötigten ihn, mitzuziehen; „oder", riefen sie, „alles genommen und totgeschlagen!" Um Mitternacht kamen sie nach Altenberg. Der Pfarrer entlief im Hemde. Sie machten sich daran, „die Kisten zu fegen". Seine drei Pferde zogen sie hervor, zwei spannten sie an den Wagen, den sie mit dem Brotkasten und Speisebehälter aus der Pfarrküche beluden; auf das Reitpferd setzte sich der Hafenstephan aus Asbach und ritt lustig dem Schwarm vor, der jetzt Ilshofen heimsuchte. Hier fingen sie den Schultheißen. Dieser mußte als Gefangener mit wie Hans Herold, der Pfarrherr von Reinsberg. Damit dieser als Prediger bei ihnen bleiben und nicht entspringen könnte, ging ein Bäuerlein mit der Büchse und der brennenden Lunte hinter ihm her. Zu Enslingen schloß sich der Leutpriester freiwillig ihnen an: „Er wolle das lieber tun", sagte er, „als am Altar beim Wein possieren." Zu Gelbingen und Hagenbach schlossen sich viele Bauern lustig an. Überall, wo sie durchkamen, leerten sie die Opferstöcke und die Wohnungen derjenigen Pfarrherren, die entflohen waren; auf den Landhäusern und Türmen nahmen sie die Haken- und andere Büchsen, Pulver, Blei, Stein und was sie habhaft werden konnten. Auch hallische Bürger, die von Nürnberg kamen, zwangen sie zu ihrem Zuge und hallische Metzger, die ihrem Gewerbe nachgingen. Montags früh war der Schwarm auf 400, Montag abends auf 2000 bis 3000 angewachsen.

Es war eine possierliche Heerschar, diese hallische. Außer dem Hafenstephan waren jetzt noch zwei andere Hauptleute bestellt, Hädle von Enslingen, der Hammenstricker, und Leonhard Seitzinger aus Geislingen, am Zusammenfluß des Kochers und der Biber. Ihre Kriegskenntnisse zeigten sich dadurch, daß sie die Haken- und anderen Büchsen auf Wagen hinten nachführten wie Scheiter Holz; Leute auszusuchen und dabei zu bestellen, die sie hätten bedienen können, daran dachte keine Seele, sowenig als an einen möglichen Angriff von seiten der Haller. Sie behandelten die Sache als einen Spaziergang von Ort zu Ort bis nach Hall; unterwegs wollten sie mitnehmen, was sich bot, zuletzt die Stadt selbst. Zu Westheim im hallischen Rosengarten lagen besonders viele hübsche Sachen beieinander; dorthin war viel geflüchtet worden, auf diese freuten sie sich. Sie näherten sich noch Montag nacht der Stadt Hall, und während die Beutemeister, „die Kistenfeger und Säckelleerer", nach Werkershofen entsendet wurden, lagerte sich der kriegerische Haufen über dem Landturm, über Gailenkirchen, Gottwollshausen zu, jenseits der Klinge, und verschlief die Nacht vom 3. auf den 4. April in Träumen von der Beute im Rosengarten.

Von der Stadt her klang das Frühgeläute „Ave Maria". Plötzlich knallt ein Schuß über die Schläfer hin; ihm folgt ein zweiter, ein dritter, ein vierter, ein fünfter. Schon beim ersten Schuß entsteht „ein Zappeln unter den Bauern, als ob es ein Ameisenhaufen wäre, und ein Daddern, als wäre es ein Haufen Gänse"; hier schreit einer: flieht, flieht! dort einer: bleibt, sammelt euch, steht! Und wie wieder ein Blitz durchs Dunkel der Dämmerung leuchtet, heißt es bei den Bauern wörtlich Knall und Fall: Sie werfen sich auf den Boden; „hie fallen sechs, da zehn, dort noch viel mehr, daß man meint, sie wären alle erschossen". Die einen verstecken sich in Hecken und Hohlwegen, andere laufen, was sie können. Als kein Blitz mehr gesehen, kein Knall mehr gehört wird, stehen auch die Gefallenen wieder auf „wie die Juden am Ölberg". In wenigen Minuten ist alles flüchtig auseinandergestoben, das ganze kriegerische Heer zerstreut – durch eine Handvoll Haller zu Fuß, etliche Pferde und fünf Falkonetschüsse.

Auf eingezogene Nachricht von dem Zuge der Bauern hatte sich der innere und äußere Rat zu Hall noch in der Nacht vom Montag auf den Dienstag versammelt und beschlossen, einige Fähnlein ihnen entgegenzuschicken, um den Riegel bei dem Dorf Gottwollshausen zu wahren. Sie brachten 400 bis 500 Mann zu Fuß mit 40 Pferden, meist Bürger und Handwerksgesellen, zusammen und ließen sie zwei Stunden vor Tag aus den Toren abgehen, mit fünf Feldschlangen. Mit erschrockenem Herzen zogen die fünfhundert hinaus, denn das Gerücht hatte die Zahl der Bauern noch größer gemacht, als man sie durch die Kundschafter wußte. Um im Dunkeln wenigstens sich orientieren zu können – man wußte nicht einmal die Stellung der Bauern –, ließ der Stadtmeister, Michael Schletz, eine der fünf Schlangen abfeuern und erstaunte über den Erfolg. „Hafenstephan, der erst so freudig war", erzählt der Augenzeuge Hans Herold, „floh am ersten, desgleichen die anderen Heerführer. Es war kein Bauer getroffen, denn das Geschütz ging alles zu hoch. Nur etliche alte Bauern, die nicht schnell fortkommen konnten, wurden gefangen. Kein größeres Wunder und Laufen habe ich mein Lebtag nie gesehen; es ward keiner geschossen und waren die Lahmen gerad, die Alten jung, liefen alle gleich, so sehr sie mochten. Sie hatten die Pfaffen zuhinterst in ein Glied gestellt, bei denen ich als Gefangener auch war."

Die Haller erbeuteten sechs Wagen mit Proviant und Munition. Da war Frucht, Mehl, Wein, Brot, Hühner, Fleisch, Geschoß und Pulver, alles beisammen und untereinander. Die Beute wurde vom Rat unter die ausgezogene Mannschaft verteilt; jeder Bürger bekam noch dazu drei Schillinge, jeder fremde Handwerksknecht vier. Des anderen Tages entließ der Rat die gefangenen alten Bäuerlein wieder. Da kamen die beiden folgenden Tage eine große Anzahl Bauern nach Hall und bat demütig um Verzeihung, sie seien gedrungen worden und haben die Sache nicht verstanden. Man entließ sie auch mit einem ernstlichen Verweis, ohne weitere Strafe, doch mußten sie den Beschädigten Ersatz leisten. Die hallische Landwehr war keine rothenburgische. Hall hatte seit Menschengedenken keine Fehde von irgendeiner Bedeutung gehabt; darum waren seine Bauern kriegsunkundig und unkriegerisch geblieben. Die bei der Bewegung hauptsächlich Beteiligten flohen ins Hohenlohesche, wo die Öhringer sich soeben erhoben hatten, um mit diesen an das evangelische Heer in Schönthal sich anzuschließen.

16

Der Ausbruch im Hohenloheschen

Im Gebiete der Grafen von Hohenlohe, der geheimen Werkstatt Wendel Hiplers, brach die Verschwörung, wie an anderen Orten, am Abend des Sonntags Judika, den 2. April, aus.

Wendel hatte namentlich in Öhringen einen Klub gebildet, worein viele seiner früheren Bekannten gezogen wurden. Sie hielten ihre Zusammenkünfte im Hause eines Metzgers, Klaus Salw, in der Stadt. Salw selbst, einst ein reicher Mann und voll Ehrgeiz, aber in seinem Vermögen zurückgekommen, in seinem Ehrgeiz zurückgesetzt, bot leicht die Hand, um sich in beiden Hinsichten durch eine Veränderung zu heben. In diesem Hause wurden Personen in die gewaltsamen Pläne eingeweiht, deren Beweggründe zur Teilnahme sehr verschieden waren. Es waren darunter manche aus sehr angesehenen Familien, nichts weniger als Proletarier; es waren solche, deren Vermögensumstände zerrüttet waren; solche, die in gutem Wohlstand sich befanden, aber zum Teil die Stellen und Ämter nicht erhalten konnten, die sie wünschten oder auch verdienten, teils von den Grafen oder von der Geistlichkeit der Stadt an Ehre und Gut, oft an beiden zugleich gekränkt waren. Die jungen Grafen Albrecht und Georg griffen gerne weit aus; sie verachteten das Volk; und die Stiftsherren erlaubten sich Dinge, die manchen Ehrenmann empören mußten. Vergeblich hatten sich die Gekränkten an den bischöflichen Stuhl zu Würzburg um Recht gewandt; sie hatten keine Bestrafung der Schuldigen auszuwirken vermocht. Da nirgends ihnen Recht und Hilfe wurden, mußte die Gelegenheit, sich selber zu helfen, für sie verführerisch sein. Und Wendel Hipler bot sie ihnen nicht nur so ins Blaue hinein; er zeigte sie ihnen als etwas ganz Wahrscheinliches, Zuverlässiges, leicht Ausführbares; er zählte ihnen die Fäden des geheimen Bundes auf und wie er mit den Häuptern im Odenwald und am Neckar die Verabredung getroffen, daß sie mit ihren Haufen im Hohenloheschen zusammentreffen und den dortigen Mißvergnügten zum Anschluß- und Stützpunkt dienen, um sich zu befreien, alles zu ändern.

Es kam ihnen Botschaft vom Zusammentritt der Odenwälder mit der Rothenburger Landwehr, von den Aufständen in anderen Orten, endlich vom Anzuge der ersteren. Sie feierten diese Nachrichten durch ein Gastmahl im Hause Leonhard Stahls am Abend des Sonntags Judika. Sie taten ganz evangelisch, die Fasten existierten für sie nicht mehr; trotz der Fastenzeit verzehrten sie ein Kalb. Diese Ketzerei und seltsame Reden, die sie hören ließen, wurden dem hohenloheschen Keller Hans Sigginger und dem Schultheiß Wendel Hohenbuch hinterbracht; sie hatten unter anderem verlauten lassen, man werde den Keller im Bett erwürgen. Am anderen Morgen nahmen sie das herrschaftliche Mehl weg und ließen Brot davon backen. Der Keller und der Schultheiß berichteten an die abwesenden Grafen, die ihren Sitz auf dem Schloß Neuenstein hatten. Bei Anbruch der Nacht wollten sie den Boten absenden, Sigginger selbst öffnete ihm das Tor; in diesem Augenblick fühlte er sich von den Verschworenen ergriffen, die Schlüssel sich abgenommen, unter Mißhandlungen sich mit dem Tode bedroht. „Lieben Bürger", rief seine Frau herbeispringend, „laßt mir meinen Mann gehen! Tobt nicht also! Ich will euch die Schlüssel zum anderen Tore geben!"

So waren die Verschworenen im Besitz der Tore. Während sie den Keller und den Schultheiß in einen Schweinestall sperrten, zwangen sie den Türmer, Sturm zu blasen, zogen selbst die Sturmglocke und sandten in alle umliegenden Orte Boten mit Fackeln, welche die Bauern zur Teilnahme auffordern mußten, unter der Drohung, wer sich weigere, dem werde Hab und Gut geplündert und verbrannt werden. Nach Mitternacht entließen sie die beiden Herren aus dem Kofen und nahmen ihnen einen Eid ab, als Gefangene in Öhringen bleiben zu wollen. Gegen Morgen schon strömten aus allen Dörfern scharenweise Bauern in die Stadt; viele waren durch die Versammlungen auf dem Grünbühl und an anderen Orten längst vorbereitet. Die Verschworenen nahmen den Chorherren des Öhringer Stiftes die Schlüssel zu ihren Kästen und Kellern und bewirteten die Bauern im Überflusse mit dem neugebackenen Brot, mit Wein und anderem.

Die Gemeinde der Stadt ging unverweilt daran, die vieljährigen Gebrechen der städtischen Verwaltung einer Untersuchung und Heilung zu unterwerfen. Auch hier bildete sich ein Ausschuß von vierundzwanzig Männern, dem diese Untersuchung oblag, und das Heillose der bisherigen Ratswirtschaft beweisen schon höchst billige Forderungen, welche Gemeinde und Ausschuß stellten; wie die, daß die Zölle, welche sie auch fortbezahlen wollen, wirklich zu dem verwendet werden, wozu sie bestimmt seien, zu Straßen- und Brückenbau, und daß darüber ein dem Rate an die Seite zu setzender Bürgerausschuß die Kontrolle führe und bei allen wichtigen Dingen, besonders bei städtischen Finanzsachen, von dem inneren Rate beigezogen werde. Zugleich forderten sie Freigabe des Salzhandels, Gleichstellung aller Geistlichen, welche Bürger werden müßten, mit anderen Bürgern in Tragung aller Lasten, Herabsetzung des Umgeldes, des Waggeldes, der Nachsteuer und anderer Abgaben, bis auf eine künftige Reformation; wenn solche allgemein dem Evangelium gemäß im Reiche gemacht würde, sollte sie auch bei ihnen eingeführt werden. Das waren die Forderungen der Städter.

Die öhringischen Bauern forderten mehr. Sie verlangten Wald und Weinlese frei, Aufhebung des Weinzehntes und aller Zölle bis auf den Wegzoll; sie beriefen sich schon auf die „zwölf Artikel".

Bereits waren von Georg Metzler im Schüpfergrunde auch die zwölf Artikel der schwäbischen Bauerschaften als allgemeines Manifest proklamiert und von allen Verbrüderten, die dort beisammen waren, angenommen worden.

Bauern und Bürger zu Öhringen schickten ihre schriftlich aufgesetzten Beschwerden und Forderungen, welche im Tone größter Mäßigung abgefaßt waren, an die Grafen nach Neuenstein. Diese verwiesen ihren Untertanen ihren Aufruhr durch ihren Obervogt Kaspar Schenk von Winterstetten. Die Bürger antworteten: „Sie achten die Grafen stets als ihre erblichen und natürlichen Herren, wenn nur ihren Beschwerden Abhilfe geschehe, und sie bitten darum, ihre Gnaden wollen solche gnädigst beherzigen und bedenken, damit sie als arme Leute bei ihren Gnaden bleiben mögen."

Die jungen Grafen in ihrem hochfahrenden, auf das Volk herabsehenden Sinne sahen die Sache schon wie abgemacht an; sie meinten, der gemeine Mann habe sich einen Augenblick vergessen und sich jetzt schon wieder untertänig auf seine Pflicht besonnen; es gehöre nichts dazu, als etwas Ernst und einige Verheißungen zu zeigen, und alles werde in Ordnung sein. So schickten sie bloß ihren Obervogt Kaspar Schenk mit dem Bedeuten an die Bürger und Bauern, ihm die Torschlüssel einzuhändigen und als gehorsame Untertanen heimzugehen und ihre Eide zu halten.

Jetzt erst gab Wendel Hiplers geheimer Einfluß den Untertanen eine stärkere Sprache. Sie beschlossen, bei dem zu halten, was alle Verbrüderten bestimmen würden, und forderten von dem Grafen eine schriftliche, besiegelte Urkunde, worin Gewähr ihrer Forderung zugesichert wäre: Abhilfe ihrer besonderen Beschwerden; Freiheit, alles Wild auf ihren Feldern zu schießen, doch so, daß sie es den Beamten abliefern; ein Schiedsgericht zur Entscheidung von Forderungen der Grafen, wozu jede Partei zwölf Männer zu ernennen hätte; zuletzt allgemeine Amnestie ohne Ausnahme, dann wollen sie die Torschlüssel zurückgeben. Diese Beschlüsse trug der Vogt nach Neuenstein zurück.

Um der Bewegung auch hier die entscheidende Richtung zu geben, hatten Wendel Hiplers Freunde und er selbst, der bis jetzt in Öhringen war, nur den längst verabredeten Zuzug der Neckartaler abgewartet; diese kamen, als eben die Verhandlungen mit dem Vogt geschlossen wurden.

17

Jäcklein Rohrbach und der Aufstand im Heilbronner Neckartal

Zu den schönsten, mildesten und fruchtbarsten Gegenden des jetzigen Königreichs Württemberg gehört das untere Neckartal, zumal die Umgebung von Heilbronn. Da liegt zwischen weichen Berghügeln voll Weines inmitten einer weit gedehnten Ebene voll Korn und Obst lachend die Stadt da, welche einst im Heiligen Römischen Reiche den Namen und Ruhm der freien Reichsstadt Heilbronn trug. Viele, zum Teil große Dörfer lagen und liegen noch umher. Die Herren in der Stadt fühlten sich gar wohlhäbig und wohlbehaglich. Aber das Glück der Landbewohner und selbst des gemeinen Mannes in der Stadt stach sehr ab gegen die Schönheit ihrer Berge und Felder. Außer reichsstädtischem Gebiet fand sich hier viel geistliches. Besonders die Herren vom Deutschorden waren in dieser Landschaft umher sehr begütert. Diese Mitteldinge zwischen Pfaffen und Rittern, tapferer Vorfahren unzeitmäßige Nachzügler, waren nur noch da, um es sich auf Kosten des Landvolkes wohl sein zu lassen, und durch die Zeit vom Fechten für Glauben und Ehre abgekommen, hatten sie vollends im letzten Jahrhundert so fröhlich genossen und gewirtschaftet, daß ihre Untertanen zu den Ärmsten und Unzufriedensten gehörten.

Eine halbe Stunde von Heilbronn liegt das schöne Dorf Böckingen. Hier saß Jakob Rohrbach auf seiner Weinwirtschaft, ein junger Mann aus einem sehr alten reichsfreien Geschlecht. Jakob, oder, wie ihn niederschwäbisch seine Kameraden nannten, Jäcklein, hatte ein gewisses Renommee in seiner Gegend. Er war von früher Jugend an als ein gescheiter Kopf wie als ein trotziger, gewaltsam verwegener Bursche bekannt. Er wußte beim Wein und bei anderen Zusammenkünften das Wort zu führen wie keiner; hatte er die kecksten Streiche verübt, so wußte er sich zu verantworten und ließ sich von Obrigkeiten und Gerichten nichts gefallen. Ein leidenschaftlich heftiger, verwilderter Naturmensch, nahm er das Recht der Selbsthilfe, das Faustrecht, von Anfang an für sich in Anspruch. Im Jahre 1519 sendete er an Schultheiß und Gemeinde von

Dörrenzimmern auf eigene Hand einen Fehdebrief, und oft stand er wegen Gewaltsamkeiten vor Gericht. Im Jahre 1524 hatte er eine schwere Untersuchung zu erstehen: Der Verdacht lastete auf ihm, mit einigen Genossen den Schultheißen von Böckingen, den Edeln Jakob von Olnhausen, erstochen zu haben. Aber selbst, daß er mit Blut seine Hände befleckt, mußte bei den Bauern das Zutrauen, das er hatte, nur vermehren; war es doch das Blut eines Aristokraten, eines Volksfeindes und Volksverhaßten.

Jäckleins wildes Leben brachte ihn in seinem Vermögen herunter; er hatte viele Schulden.

Unter anderem schuldete er an Wolf Ferber, den Stiftsvikar im nahen Wimpfen, von einem Hofe seit mehreren Jahren die Gült. Dieser drängte ihn; Jäcklein behauptete, er überfordere ihn; der Stiftsvikar klagte, und der Schultheiß zu Böckingen setzte Jäcklein einen Rechtstag an, auf Montag nach Mittfasten, den 27. März.

Noch lebte Jäckleins Vater, ein ehrbarer Mann. Der Stiftsvikar ging zu ihm nach Böckingen und bat ihn um Vermittlung. Der alte Rohrbach sagte, sein Sohn sei ein böslicher Mann, und lehnte es ab, zu mitteln. Wie der Vikar aus Böckingen wieder heimging, lief ihm Jäcklein mit drei Gesellen auf der Straße nach und rief überlaut: „Pfaff, Pfaff, spar dich nit, ich will mich auch nit sparen, und rufe alle die an, die dir nutz und gut sein; denn ich will mich auch nicht säumen." Erschrocken kehrte der Vikar um und fragte, wie er das meine. Lachend antwortete Jäcklein, es müsse alles anstehen bleiben bis zum angesetzten Rechtstag.

Aber es kam zu nichts, und auch ein Einschreiten des Rats von Heilbronn blieb erfolglos. Es war schon alles in Gärung.

Der Vikar beschwerte sich jetzt über Jäcklein bei dem Dechanten seines Stiftes, Hans Heilemann. Der Dechant schrieb an letzteren die höfliche Mahnung, über seine Schuld sich gütlich vergleichen zu wollen. „Der Dechant", antwortete Herr Jäcklein Rohrbach, „solle nebst allen Stiftsherren ihn im Hintern lecken und sich die Weile nit lang werden lassen; denn er wolle sie bald suchen, und es solle ihm kein Vertrag schmecken, denn der, den das Stift mit den Bauern gemacht habe."

Jäcklein hatte längst an den Fäden des Aufstandes mitgesponnen, er war einer der Eingeweihten. Das Wirtshaus Jäckleins zu Böckingen war wie das Wirtshaus Metzlers zu Ballenberg ein natürlicher Sammelpunkt der Mißvergnügten und ohne alles Auffallende eine Durchgangspost und ein Absteigequartier für die geheimen Boten der Eingeweihten.

An jenem Ort, wo Wendel Hipler den Fürsten zu Werke schnitt, war gewiß auch Jäcklein. Ein Augenzeuge und Beteiligter sagte später aus: „Die Heilbronner haben Jäcklein Rohrbach mit Haaren zu sich gezogen."

Dem scheint wirklich so zu sein. Das Benehmen des Heilbronner Rats hat der Stadt später manche Verwicklung und Anklage zugezogen, und Heilbronn, diese alte freie Stadt des Reiches, hatte gar manches in sich, was den Verdacht der weltlichen und geistlichen Fürsten zu bestätigen schien, als hätte die bäurische Bewegung zum Teil ihre Quellen im Mittelpunkt der Städte; als arbeiteten die freien Städte heimlich darauf hin, alle Fürsten im deutschen Reiche zu beseitigen und ein demokratisches oder aristokratisches Regiment im Reich aufzurichten, eine republikanische Verfassung, nach dem Vorbild des Freistaats Venedig und der Schweiz; als hätten dazu die Städte durch ihre reisenden Kaufleute, namentlich auch durch die im Bauernvolk einflußreichen Juden den gemeinen Mann aufgereizt.

Es waren Köpfe in Heilbronn, die revolutionär waren und in denen die seit einem halben Jahrhundert im Reiche weit verbreitete Sehnsucht lebhaft war, die Vielherrschaft zu beenden und die Deutschen zur Freiheit und alten Einheit zurückzuführen; Männer, die aus Grundsätzen, und Männer, die aus Verzweiflung an eine Umwälzung dachten. Damit man sehe, wie sehr die große Volksbewegung ihre Schmieden und ihre Feuerherde auch in Städten hatte, müssen wir dem innern Volksleben in Heilbronn nähertreten, den Gang der Ereignisse in nächster Nähe und ganz im einzelnen beschauen.

Wendel Hipler wohnte um diese Zeit in der Nähe Heilbronns, zu Wimpfen im Tal, wo der Vater seiner zweiten Frau als Kaufmann ansässig und ihr Bruder Chorherr war. Er wohnte hier seit dem Jahre 1524, seit er die pfälzischen Dienste verlassen hatte, in denen er als Landschreiber zu Neustadt an der Haardt gestanden. Er war viel in Heilbronn und im Gebiete dieser Stadt ein gesuchter Anwalt für Bürger und Bauern. So mußte sich Wendel mit Heilbronner Gleichgesinnten begegnen; und durch die letzteren hing Wendel mit Jäcklein zusammen.

Im Hause des Bäckers Wolf Leyphaim, der einen Weinschank führte, hielten die verschworenen Heilbronner ihre Zusammenkünfte. Diese Zusammenkünfte fingen an mit dem Anfang der Erhebung in Oberschwaben. Dazu gehörten als die Vornehmsten: Mathias Gunther, Kaspar Heller, Gutmann, der Tuchscherer, der schielende Gleser, Christian Weyermann, Wilhelm Bräunlin, Simon Herzog, einer der Flammenbäcker genannt, Wolf Meng, Lutz Taschenmacher, Kollenmichel und Leonhard Weldner. Von diesem Klub aus zogen sie die Fäden der Verschwörung erst in die benachbarten Dörfer, namentlich nach Flein und Böckingen, von ihm aus kamen die berühmten zwölf Artikel in die Hände der Neckarbauern. Mathias Gunther las vor den Bauern zu Böckingen am Weg, da sie alle beieinander waren, dieselben vor. „Nun frisch daran", schloß er, „ihr seid frei und nicht schuldig, Rent, Zehent und Gült zu geben; nur frisch daran, die Weingärtner drinnen werden euch nicht verlassen, sind doch allweg unserer Weingärtner wohl fünfzig an einen." „Brüder", rief Leonhard Weldner, ein Kriegsmann, der unter Franziskus von Sickingen mit vor Trier gelegen, „Brüder, es will sich der Bundschuh regen!" Jäcklein Rohrbach trug die zwölf Artikel im Busen mit sich herum. Die Kunde von den Artikeln, daß sie da seien, ging wie ein Lauffeuer durch die Bürgerschaft.

In der Nacht des 1. April ging Jäcklein nach Flein, wo er am 2., dem Sonntag Judika, das Fähnlein des Aufstandes fliegen ließ. Er fing an mit einer Volksversammlung in Waffen.

Zu Flein kamen in die achthundert Bauern zusammen und alle verschworenen Heilbronner Bürger. Mit Trommeln und Pfeifen wurde die Versammlung eröffnet. Hans Weldner, der Trommelschläger von Neckargartach, war eigens dazu bestellt worden. Jäcklein, des Jörghansen Sohn von Gruppenbach und Remy von Zimmern waren die Hauptsprecher. Sie wollen einen Haufen anfahen, und sie sollen alle helfen, war der Inhalt ihrer Reden. Jörgmartin hatte die einzelnen schon zuvor bearbeitet. „Ist's nicht ein elend Ding", hatte er gesagt, „daß sie uns haben Gäns und Hühner aufgelegt? Wir wollen den kleinen Zehnten abtreiben. Dazu soll uns Gott helfen." Man sollte die Ratsherren oben herauswerfen, so weit ließen sich schon hier einige vernehmen. Jäcklein trug auch vor, daß man die Zinse und die Gülten abtreiben müsse; wo man habe zuviel gegeben, müssen die Briefe alle ab sein; welche Briefe aber noch nicht bezahlt seien, sollen vorbezahlt werden. Sie wollen eine brüderliche Treu anfahen. Welcher mehr habe denn der andere, solle dem andern raten und helfen. Das deutsche Haus wollen sie einnehmen und mit der Bürgerschaft teilen, der Stadt die Zehnten und die Zinse zustellen, damit sonstige Beschwerden zu ringern; die Deutschherren, die gottlosen Leute, sollen sie nicht mehr haben, ihre Häuser seien Hurenhäuser; ihre Wiesen wollen sie nehmen und den Armen geben. Auch das Schottenkloster müsse hinweg, die Mönche und die Nonnen müssen alle vertrieben werden; man müsse ihnen ein Jahrgeld aussetzen. Von Heilbronner Bürgern waren die vornehmsten Sprecher Christ Scheerer und Kollenmichel.

Während die Heilbronner Verschworenen so die Bauern draußen erregten und in die Waffen brachten, arbeiteten sie innen in der Stadt vornehmlich an der zahlreichsten Einwohnerklasse, an den Weingärtnern; von diesen war außer Gleser keiner ursprünglich unter den Verschworenen des Bundes. Der erste, der zu Jäcklein zugezogen wurde, war Hans Bissinger. „Jäcklein", sagte dieser, als er zum Bund geloben sollte, „du hättest sollen auf unseren Stuben umgeboten haben zu deiner Gesellschaft; aber fahr nur jetzt für; ihr habt's uns von Heilbronn nicht verkündet, aber ich will bei meinen Bürgern und Gesellen mich erkunden

Der Trommelschläger von Neckargartach

und von heut über acht Tagen Antwort bringen. Wo du mich hinnimmst, will ich kommen." „Gelob gleich, gib gleich Antwort", sagte Jäcklein. „Nun, so sei es zu zwei oder drei Tagen", zauderte Bissinger. „Ich muß jetzt Antwort haben, das und nichts anderes", sagte Jäcklein, „oder es soll ein anderer an deiner Statt in der Bauern Rat sitzen." Auf das sagte Bissinger zu.

Dreihundert führte Jäcklein noch selben Tages als „Hauptmann der Bauern im Neckartal" seinen Genossen in Böckingen zu. Der Schultheiß zu Böckingen wollte gegen ihn die Gemeinde aufbieten und einschreiten. Jäcklein ließ ihn gefangennehmen und in den Turm stecken.

Sontheim schloß sich auf die drohende Aufforderung Jäckleins dem Aufstande an.

Dieser breitete sich schnell, teils von selbst, teils mit Gewalt das Nekkartal entlang und in der Nähe aus: Auf mehrere Stunden im Umkreis zwang Jäcklein alle Ortschaften, ihm mit einer gewissen Anzahl Mannschaft zuzuziehen. Wie ein Heerfürst schrieb er ihnen Mahnbriefe zu, ohne

Verzug zu seinem Haufen zu stoßen; würden sie ungehorsam sein und nicht gleich kommen, ihm zu helfen, das Evangelium zu handhaben, so wolle er kommen und sie holen mit Gewalt und alles nehmen und verbrennen, was sie haben.

„Damit", sagt ein Zeitgenosse, „ward viel mancher redlicher Biedermann aufgebracht, ja aufgenötet."

Sein Hauptquartier behielt Jäcklein zu Flein. Hier war es, wo Jäcklein seine Anhänger zusammenschwören ließ, daß sie Mönche und Pfaffen vertreiben, nicht mehr fronen, die großen Gülten nimmer reichen, den Edelleuten und Herren ein ziemliches Auskommen geben und der Mönche und heiligen Güter unter sich teilen wollen.

Nachdem er, um mit einem Schmaus zu beginnen, die Seinen dem Kommentur zu Heilbronn einen See hatte ausfischen lassen, was die Bauern sehr ergötzlich fanden, machte er Exkursionen in die Umgegend, um sich fortwährend zu verstärken. Mit schwerem Gelde mußten die Stiftsherren zu Wimpfen, die er mit ihrem Dechant und Vikar nicht vergessen hatte, seinen Besuch abkaufen.

Wenn er von seinen Streifzügen neu gestärkt zurückkehrte, hielt er auf einer großen Wiese zu Flein Versammlungen, wozu er mit Trommeln und Pfeifen zusammenrufen ließ, „um den Leuten etwas Neues zu sagen". Er hatte auch einen Priester, Veltelin von Massenbach, bei sich, eine Zunge voll Feuerflammen; der predigte oft auf der Wiese von der evangelischen Freiheit.

Indem kam ihm geheime Botschaft von den Verschworenen zu Öhringen, sich zu beeilen mit seinem Zuzug dahin und in der schwankenden Bürgerschaft durch plötzliche Ankunft den Ausschlag zu geben. Das bestimmte ihn, sich ins hohenlohesche Gebiet zu wenden; den Grafen hatte er ohnedies längst einen Besuch zugedacht. Er zog mit 1500 Mann nach Öhringen. Als er ankam, vereinigten sich die Aufgestandenen in Öhringen mit ihm, und weil ihnen die Stadt zu eng wurde, eilten sie allesamt, nachdem sie eine starke Besatzung darin zurückgelassen hatten, mit dem großen „evangelischen Heere", das noch in Schönthal lag, sich zu vereinigen.

18

Der Zug von Schönthal an den Neckar. Florian Geyer und Götz von Berlichingen

Als der Ohrenbacher Haufe nach dem Schüpfergrunde zog, fanden sie unterwegs einen tüchtigen Anführer. Sie kamen nicht weit von der starken Burg Giebelstadt vorüber, die dem edlen Geschlechte der Geyer von Geiersberg gehörte. Einer dieses Geschlechtes legte, wie einst Graf Rudolph von Werdenberg unter den Appenzellern, den Rittermantel ab und trat zu den Bauern, freiwillig, als ihr Bruder. Es war Florian Geyer, der schönste Held des ganzen Kampfes.

Sein Schicksal hat nur wenige Züge von ihm in die Geschichte übergehen lassen; aber diese wenigen reichen zu, seine Gestalt zu beleuchten. Es war viel von dem Geiste jenes Ulrich Hutten in ihm; die neue Zeit hatte ihn ergriffen mit ihren religiösen und politischen Trieben; er gehörte nicht mehr seinem Stand, er gehörte dem Volke, der Freiheit an. Was er vorher war und trieb, liegt im dunkeln. Daß er in Kriegsdiensten seine Jugend verlebt hatte, erfahren wir daraus, daß er einer von denen war, welche Götz von Berlichingen in den Diensten des schwäbischen Bundes zu Möckmühl gefangennahmen. War Florian eine Zeitlang vielleicht Hauptmann von Landsknechtsfähnlein? Sein Haufen unterscheidet sich wesentlich von den anderen durch kriegerische Haltung und Übung; man sieht, es ist eine Kriegsschar, dieser „Schwarze Haufe" unter Florian, wie er sich selbst nannte, und Herr Florian war auch stolz auf seine Schwarze Schar und sprach von den Odenwäldern als zusammengelaufenem Gesindel. Daß er bei der Sickingenschen Unternehmung war und unter den geächteten fränkischen Rittern, ist fast gewiß. Auch er war mit nach Schönthal gezogen.

Zu Schönthal kam auch noch ein anderer Edelmann freundlich ins Lager der Bauern, ein weit herum bekannter Rittersmann, Herr Götz von Berlichingen.

Zu Hornberg am Neckar saß Götz von Berlichingen auf seiner Burg, einer der ecksten Wegelagerer seiner Zeit; er hatte nur eine Hand von Fleisch und Blut, die andere war von Eisen; er haßte die Pfaffen, er haßte die den freien Rittersmann einengenden Fürsten, er haßte die Ordnung des schwäbischen Bundes und schmierte gern, wie er sich ausdrückte, einen Bundesrat ein wenig über den Kopf; den reichen Herren in der Stadt war er auch nicht hold; im Munde des Volkes war er, da er wie Franz von Sickingen gerne einen Rechtshandel oder sonst eine Sache des gemeinen Mannes, der mit seinem Recht nicht aufkommen konnte, zu der seinigen machte und davon Gelegenheit nahm, die großen Herren zu befehden. Man sieht, Herr Götz vereinigte in sich mancherlei Beziehung, welche ihn den Bauern angenehm machte und diese ihm nahebrachte. Herr Götz ritt auch, als seine Brüder von ihnen bedrängt wurden, sogleich ins Bauernlager. Die Hintersassen seiner Brüder waren zu dem Bauernheer getreten. Sein Bruder Hans saß auf seinem festen Haus Jagsthausen, eine Stunde von dem Kloster Schönthal; zu Schönthal war auch das Erbbegräbnis der Berlichingen. Götz brachte es bei den Bauernhauptleuten leicht dahin, daß sie seinen Bruder ungestört ließen.

Götz trug sich schon hier den Bauern an. „Er vermöge", sagte er, „die Edelleute zu ihnen zu bringen, denn sie seien ebenso von den Fürsten bedrängt als die Bauern." Er machte schon hier den Abschied mit ihnen, wenn sie nach Gundelsheim zu seinem Hause kommen, wollte er zu ihnen kommen. Götz und seine Brüder erließen auch ein Ausschreiben an die fränkische Ritterschaft, sich in vierzehn Tagen wohlgerüstet zu einer allgemeinen Versammlung einzufinden. Es lag der Gedanke nahe, die Volksbewegung gegen die geistlichen Fürsten zu benutzen und Sickingens Plan wieder aufzunehmen. Daran dachte wohl auch Götz. Von seiten der Regierungen fürchtete und erwartete man auch, Götz werde sich an die Spitze der Bewegung stellen. Schon am Mittwoch nach Ostern berichtete der württembergische Obervogt von Schorndorf an die österreichische Regierung nach Stuttgart: „Götz von Berlichingen sei der Bauern oberster Hauptmann, wiewohl man den offen nicht dafür ausgeben dürfe." Zu Herzog Ulrich stand Götz in altem Verhältnis.

Zu Schönthal wurde nun von den versammelten Hauptleuten und Räten der verschiedenen Gemeinden ein Operationsplan besprochen und entworfen. Es vereinigten sich hier alle einzelnen Haufen und Fähnlein in dem „hellen Haufen Odenwalds und Neckartals".

Währenddem traf die schriftliche Antwort der Grafen von Hohenlohe zu Schönthal ein. Die Grafen schrieben, was die Artikel der Bürger zu Öhringen betreffe, so werden die Grafen ein gnädiges Einsehen haben, soweit es zulässig erkannt würde. Den Bauern schrieben sie, sie möchten sich nicht auf die gedruckten zwölf Artikel berufen, denn diese seien von den Hochgelehrten der Heiligen Schrift als ungegründet erkannt worden. Sie wollen den Bauern zu Gnaden gewähren, was von den Ständen des römischen Reiches oder in den Kreisen Rheinland, Franken, Bayern und Schwaben geordnet würde. Sie wollen alle aus der Grafschaft Ausgetretenen wieder aufnehmen, wenn sie vor den zu Öhringen aus beiden Parteien niederzusetzenden vierundzwanzig Männern zu Recht stehen würden; gegen sie, die Grafen, sollen sie das Recht nach dem Reichsgebrauch suchen; sie wollen alles vergessen, wenn sie sich unterwerfen.

Vielen Bürgern gefiel diese Sprache ihrer Herren; so hatten sie sie nie

Götz von Berlichingen (Nach einem zeitgenössischen Stich)

reden hören. Sie waren der Ansicht, man solle die Vorschläge annehmen, doch so, daß, wenn in zwei Monaten nichts entschieden wäre, sie befugt wären, sich wieder zu versammeln. Den Bauern mißfiel die Antwort der Grafen sehr. Wendel Hipler und die Hauptleute der Bauern sahen auch in den Vorschlägen an die Bürger nur einen Versuch, Zeit zu gewinnen, und sie paßten, selbst wenn sie ernsthaft gemeint gewesen wären, nicht in ihre größeren Pläne. Der Bauernhauptmann Wolf Gerber sagte: „Die zwölf Artikel und um was wir sonst geschrieben, sollen angenommen werden, dann sollen die Grafen Frieden haben bis zur Reformation, wo nicht, soll man des Bapeiers sparen." Die Bauern stimmten bei. Es wurde noch ein paarmal hin und wider geschickt, und da die Grafen sich nicht bequemten, zog am Montag, dem 10. April, der ganze Haufen nach Neuenstein, wo Graf Albrecht saß.

Der helle Haufen war gegen 8000 stark und nahm das Schloß und die Stadt mit allen Vorräten. Sie entboten dem Grafen Albrecht und seinem Bruder Georg, sie mögen zu ihnen kommen und sich mit ihnen vertragen; wo nicht, so würden sie das Städtlein und das Schloß und was darinnen wäre, auch andere Häuser der Grafen verbrennen. Auf das begaben sich die beiden Grafen des anderen Tages, es war der Dienstag nach dem Palmtag, zu den Bauern, nachdem sie von diesen einen mit einem pfälzischen Siegel gesiegelten Geleitsbrief erhalten hatten. Auf dem Grünbühl, einem kleinen Weiler zwischen Waldenburg und Neuenstein, einem der ersten Signalpunkte des hohenloheschen Aufstandes, trafen die Grafen im freien Felde mit den Hauptleuten der Bauern zusammen. Graf Albrecht schlug ihnen manchen Weg zur Ausgleichung ihrer Beschwerden vor und bat namentlich, sie möchten sich an dem Ausspruch eines Schiedsgerichtes genügen lassen. Aber er mochte nichts von ihnen erlangen. Wendel Krees von Niedernhall trat die Grafen an und sagte: „Bruder Albrecht und Bruder Georg, kommet her und gelobet den Bauern, bei ihnen als Brüder zu bleiben und nichts wider sie zu tun. Denn ihr seid nimmer Herren, sondern Bauern, und wir sind Herren von Hohenlohe; und unseres ganzen Heeres Meinung ist, daß ihr auf unsere zwölf Artikel, welche von Schönthal euch zugekommen, schwören und mit uns auf 101 Jahre zu halten euch unterschreiben sollt." In Betracht, was für Schaden und Verderben ihnen und den Ihrigen aus einer Weigerung entstehen möchte, machten die Grafen einen Anstand und Vertrag mit den Bauern, bis auf eine künftige Reformation, die sie, wie sie sagten, mit anderen Bauern zu machen vorhaben. Als die Grafen das Handgelübde auf die zwölf Artikel taten, mußten sie ihre Handschuhe ausziehen, während die Bauern die ihrigen anbehielten. Solches und ähnliches mußten die Grafen hören, sehen und leiden, „so daß ihro Gnaden die Augen übergingen".

Als beim hellen Haufen bekannt wurde, daß die Grafen in die christliche Brüderschaft eingetreten seien, feierte er das Ereignis mit zweitausend Flintenschüssen. Dem Vertrage gemäß mußten die Grafen alle die sogleich ledig lassen, welche sie wegen des Aufstandes gefänglich eingezogen hatten.

Gleich darauf verlangte Georg Metzler Geschütze und Pulver von den

Die Grafen mußten beim Handgelübde auf die zwölf Artikel ihre Handschuhe ausziehen

Grafen. Diese weigerten sich dessen, weil im Vertrage nichts davon gesagt sei. Die aus der Haller Landwehr hatten die Haller bei dem hellen Haufen verklagt, und Georg Metzler schrieb von Öhringen aus, wohin der helle Haufen aufbrach, an die Gemeinde zu Hall, als seine lieben Brüder und guten Freunde, wie sie zur Erleichterung und Milderung etlicher hoher und großer bedränglicher Beschwerden einen freundlichen, brüderlichen und christlichen Zug mit einem versammelten Volke vorgenommen haben, wie ihnen dazu Büchsen und Pulver nötig seien und wie sie nun die Haller Gemeinde freundlich ersuchen wollen, zu Vollendung solches Zuges ihnen vier gute Notschlangen und vier Tonnen Pulvers zum Haufen zu schicken. Zu Öhringen ließen sie sich auch eine neue Fahne machen, von Seide, gelb, braun und grün gestreift. Während sich beim Abzug aus Öhringen viele Fähnlein der von dem Taubergrund nach Schönthal gekommenen Abteilung von dem hellen Haufen trennten und dem verabredeten Plane gemäß nach der Tauber zurückgingen, zog die „Schwarze Schar" unter Florian Geyer, die er aus dem Kerne der Franken, den gedienten Kriegsknechten, gebildet hatte, mit dem Hauptheer unter Georg Metzler und Jäcklein Rohrbach dem Neckartale zu. Noch zu Schönthal hatten sie Wendel Hipler zum Kanzler des hellen Haufens erwählt.

Zunächst ging unter Jäcklein eine Abteilung von 400 nach dem Frauenkloster Lichtenstern, von dem sie 500 Gulden Brandschatzung forderten, „dann wollten sie das Kloster freien". Der Konvent aber war schon nach Löwenstein geflohen. Der helle Haufen zog ins Weinsberger Tal, plünderte Waldbach und verstärkte sich mit den Bauern der württembergischen Dörfer in diesem Tal. Von dem einen Teile der Einwohner wurde er mit Furcht, von dem andern mit Freuden empfangen.

Jäcklein plünderte indessen Lichtenstern und zog dann nach Löwenstein, um die beiden Grafen von Löwenstein, Ludwig und Friedrich, in die christliche Brüderschaft zu zwingen. Die Grafen waren entflohen, und sie wurden unter Bedrohung der Verwüstung aller ihrer Güter aufgefordert, sich in diesen Tagen persönlich im Lager der Bauern zu stellen.

Der Punkt, den der helle Haufe zunächst ins Auge faßte, war das deutschordensche Städtchen Neckarsulm. Jäcklein Rohrbach hatte viele deutschordensche Untertanen in seiner Schar, und diese waren lustig, die Güter der Ordensherren in Besitz zu nehmen; überhaupt galt es, die Bauerschaften des Neckars an sich zu ziehen, dann ins Zabergäu sich zu wenden und das offenliegende Land Württemberg in den Bund aufzunehmen, ehe man nach Franken zurückginge, um dort den Hauptschlag auszuführen. Der Zug war etwas Leichtes; sie hatten hier kein Bundesheer vor sich, wie es die Bauerschaften in Oberschwaben hatten.

Während der Haufen noch im Weinsberger Tal lag, verbreitete sich das Gerücht, Reisige der Grafen von Hohenlohe streifen umher und fangen einzelne Bauern auf, welche dem Haufen zuziehen wollten; auch daß die Grafen die verlangten Feldstücke noch nicht nachgeschickt hatten, schien auf Feindseligkeit zu deuten. Es verlautete ein Geschrei im Haufen, man solle umkehren, Neuenstein verbrennen, die Grafen totschlagen. Wohlmeinend ritten Albrecht Eisenhut, der Ratsherr, und Hans Wittich von Ingelfingen zu den Grafen, warnend und bittend, zwei Notschlangen wenigstens den Bauern zu leihen. Jäcklein setzte es durch, daß es vorwärts auf Neckarsulm zu ging. Er hatte dort unter den Bürgern längst Verständnisse; so wurde das Städtchen leicht besetzt. An Weinsberg waren sie vorübergezogen, ohne es anzugreifen, am 14. April.

19

Die Blutrache zu Weinsberg

Die Bürger zu Neckarsulm hatten die Bauern als Freunde aufgenommen, die Deutschherren waren hier so verhaßt als irgendwo, und die reichen Vorräte des Deutschordens hier erheiterten das Bauernheer, das teils im Städtchen sich einquartiert hatte, teils vor den Mauern auf den Wiesen umher lag.

Neckarsulm liegt nur zwei Stunden seitwärts von Weinsberg. Schon als der helle Haufen in die Nähe dieses württembergischen Städtchens und Schlosses kam, hatte der auf das alte Welfenschloß gesetzte Obervogt, Ludwig Helfrich von Helfenstein, die österreichische Regierung zu Stuttgart dringend um Verstärkung angegangen. Dieser Graf von Helfenstein, ein junger Ritter von siebenundzwanzig Jahren, seit seinem fünfzehnten Jahre in deutschen und französischen Kriegsdiensten gebildet, war ein Liebling des Erzherzogs Ferdinand, und seine Gemahlin war eine natürliche Tochter des vor sieben Jahren verstorbenen Kaisers Maximilian I., Margarethe, genannt von Edelsheim, Witwe des Johannes von Hillen, Forstmeisters der Herrschaft Tirol. Seit fünf Jahren war sie mit Graf Ludwig Helfrich vermählt und wohnte auf dem Schlosse zu Weinsberg. Seit einigen Tagen war Graf Ludwig in die Ratsversammlung nach Stuttgart gerufen worden, mit ihm Dietrich von Weiler. Einstweilen, bis weiterer Beistand käme, dem Eindringen der Odenwälder Einhalt tun zu können, wurden dem Grafen Ludwig Helfrich gegen 70 Ritter und Reisige zugegeben, die mit ihm nach Weinsberg eilten, am 12. April. Kaum angekommen, schrieb er an die Regierung zurück, daß er mit seinen wenigen Leuten dem mit etwa 6000 Mann eindringenden Bauernhaufen aus dem

Odenwald und Hohenloheschen in die Länge nicht werde widerstehen können.

Schon als Graf Ludwig Helfrich mit seinen anderen Rittern von Stuttgart nach Weinsberg hinabritt, hatten sie alle Bauern, die ihnen unterwegs begegneten, aufgegriffen und erwürgt. Bei seiner Ankunft im Weinsberger Tal fand der Graf, daß bereits, mit Ausnahme von Eberstadt, alle Dörfer des Amtes dem hellen Haufen zugefallen waren. Als die Bauern von Lichtenstern auf Neckarsulm zogen, am Karfreitag, 14. April, forderten sie Weinsberg und die Ritter darin auf, in ihre christliche Brüderschaft zu treten. Während der Graf mit den Bauern unterhandelte, um Zeit zu gewinnen, bis die erwartete Hilfe von Stuttgart käme, unterließ er es dennoch nicht, mit seinen Reitern „den ganzen Tag über ob den Bauern zu halten und ihnen Abbruch zu tun, soviel ihm immer möglich war". Er tat sich aus Weinsberg, fiel hinten in den Haufen in den Nachtrab, erstach und beschädigte ihnen viele, wodurch der Haufen der versammelten Bauerschaft erzürnt und bewegt wurde.

Zugleich kam Botschaft von der Donau, wie der Truchseß senge und brenne und gegen die gefangenen Bauern blutig verfahre, von der Hinrichtung Meister Jakob Wehes zu Leipheim, von dem Blutbad, das er die Donau hinauf unter ihren Brüdern angerichtet habe, von dem übermütigen Blutdurst, den er überall gegen die Bauern zeige. Nicht abschreckend, sondern zur Wut reizend wirkte die Sage von den 7000 bei Wurzach Ermordeten, welche die Herren mit absichtlicher Übertreibung ausstreuten, als abschreckende Siegesbotschaft. Die Hauptleute der Bauern betrachteten ihre Sache als einen gerechten Krieg des Volkes gegen die Herren: Sie wollten auf dem Kriegsfuß behandelt sein, nach Kriegsrecht und -art. Weder der Truchseß noch der Graf von Helfenstein, der während der Unterhandlungen ihre Brüder niederstach, achteten das Kriegsrecht gegen sie, die Bauern. Es schien nötig, die Herren dazu zu zwingen, zu zwingen durch Repressalien, die zugleich eine Blutrache für den frommen Wehe, für die hingerichteten Hauptleute ihrer Brüder zu Leipheim und Langenau, für die Hingeschlachteten von Wurzach, für die soeben auf dem Zug durchs Weinsberger Tal während des Unterhandelns Erstochenen wären.

Es war Verhängnis, daß Graf Ludwig von Helfenstein und Dietrich von Weiler, der Obervogt von Bottwar, der mit ihm in Weinsberg befehligte, diese Blutrache selbst auf sich herbeiziehen sollten.

Die Bauern, in zorniger Bewegung auf den grünen Wiesen vor Neckarsulm, schickten abends am Karfreitag ein Schreiben nach Weinsberg hinein, das an den Bürgermeister der Stadt und an den Obervogt Helfenstein gerichtet war. Es war ohne Zweifel ein Ultimatum der Bauern. Der Graf hatte den Hintersassen seines Amtes ins Bauernlager die Drohung geschickt, wenn sie nicht heimzögen, so wolle er ihnen ihre Weiber und Kinder nachschicken und ihre Dörfer verbrennen. Hans Koberer von Bretzfeld erfuhr, daß solches der Graf dem Hauptmann des Weinsberger Fähnleins geschrieben; er kam zu den Bauern ins Lager unter den Weiden, wie sie aßen und tranken, und zeigte es ihnen an. Da schrien die Bauern des Weinsberger Tales, man solle sie heimziehen lassen oder ihnen Frieden machen.

Ins Lager der Bauern aber kamen zu gleicher Zeit eine trotzige, verächtliche Antwort des Grafen auf das Ultimatum der Bauern und eine Botschaft einiger Bürger, die es mit den Bauern hielten. So gut der Graf die Tore Weinsbergs hütete, so gelang es doch eines Weibes List, hinauszukommen. Wolf Nagels Frau von Weinsberg stahl sich durch nach Neckarsulm zum Haufen, ging von dem einen Zelt zu dem anderen und sagte: „Jörg Ry, der Brezel-Pickel, Melchior Becker und Bernhard Hellermann von Weinsberg haben sie zu ihnen geschickt, sie sollen kommen, sie wollen ihnen die Stadt auftun, sie sollen sie nicht in den Nöten steckenlassen." Auch kam Semmelhans von Neuenstein, ein Salzführer, ins Lager nach Neckarsulm, der war in der Weinsberger Burg gefangen gelegen und ausgebrochen. Dieser zeigte dem Bauernrat Dionysius Schmid von Schwabbach an, es liegen nicht mehr als acht Mann oben im Schlosse, die anderen seien alle in der Stadt. Dionysius Schmid und der Bauernrat Hans Koberer von Bretzfeld teilten diese Nachricht den Hauptleuten mit und den Vorschlag, vor Weinsberg zu ziehen und es zu nehmen. Semmelhans sagte, er wolle ihnen den Punkt zeigen, wo das Schloß leicht zu stürmen sei. Der ganze Haufe war entrüstet über die Antwort des Grafen; „die Bauern aus dem Weinsberger Tal waren lustig, Stadt und Schloß zu stürmen, damit sie nimmer fronen dürfen"; und der helle Haufen erhob sich, Weinsberg zu, „mit großer Furie".

In der ersten Frühe des 16. April, am Osterfeste, zog der Haufen über Binswangen und Erlenbach heran, gegen achttausend Mann. In Neckarsulm war am Abend des Beschlusses ein Heilbronner Bürger, einer von der Ehrbarkeit, im Bauernlager anwesend. Als dieser hörte, wie die Bauern beschlossen haben, Weinsberg zu nehmen und dem Adel zu Leibe zu gehen, ließ er heimlich den Grafen noch in der Nacht durch einen Wächter warnen. Auch durch einen Kundschafter wurde dem Grafen noch vor Tag gemeldet, daß die Bauern bereits aus ihrem Lager aufgebrochen seien und es geheißen habe daß sie bei den Weinsbergern die Ostereier holen wollen.

Schon vor Tagesanbruch waren auf diese Nachrichten Ritter und Reisige gerüstet, ihre Pferde in den Stallungen gezäumt und gesattelt, und zur Verstärkung der geringen Besatzung auf dem Schloß wurden sogleich noch fünf Reisige auch dahin abgeschickt. Mehr konnte man nicht ins Schloß legen, obgleich Helfensteins Frau und Kind und Kostbarkeiten

Dietrich von Weiler läßt zu Weinsberg auf die Gesandten der Bauern feuern

darin waren. Der Graf verachtete auch die Bauern zu sehr, als daß er es für möglich gehalten hätte, daß sie ein so festes Schloß erstürmen. Es galt ihm vorzüglich, die Stadt gegen den ersten Angriff zu verteidigen; er traf die nötigen Anordnungen zur Verteidigung der Tore und der Wehren. Er versammelte seine Ritter und Reisige und die Bürgerschaft auf dem Markt, ermunterte sie, herzhaft zu sein und ihr Bestes zu tun. Sie zeigten alle guten Willen, und der Graf gab ihnen auch von seiner Seite die Zusicherung, da er sein Weib und Kind auf dem Schloß verlassen habe, wolle auch er bei ihnen in der Stadt ausharren und alles für sie tun; es werde ihnen auch unfehlbar heute noch ein reisiger Zug zu Hilfe kommen.

Die Tore, Mauern und Wehren waren nach Anordnung des Grafen bereits alle besetzt. Noch zeigten sich keine Bauern. Die Zeit des Morgengottesdienstes, den der Pfarrer abzukürzen ersucht ward, rückte heran. Mehrere Bürger und Reisige begaben sich in die Kirche, um das Sakrament zu empfangen. Auch der Graf und Dietrich von Weiler waren zur Anhörung einer Messe darin.

Noch ehe der Gottesdienst zu Ende ging, um 9 Uhr morgens, wurde dem Grafen in die Kirche gemeldet, die Bauern seien da, man sehe einzelne Bauerngruppen auf dem Schemelberg, denen größere Partien nachziehen. Der Turmwächter wollte sogleich Sturm schlagen; der Graf, um die Einwohner nicht noch mehr zu beängstigen, verbot ihm, Lärm zu machen. Den Reisigen und Bürgern, die auf der Mauer zur Wehr gerüstet waren, sprach er zu, mutig und unerschrocken zu sein. Dietrich von Weiler und der Schultheiß Schnabel sorgten dafür, daß Weiber und Mägde ganze Haufen Steine, die von den Reisigen aus dem Pflaster ausgebrochen wurden, auf die Mauer trugen.

Der Schemelberg, eine einem Schemel ähnliche Höhe, liegt Weinsberg gerade gegenüber. Von Erlenbach her mußten die Bauern über denselben gehen. Sie stellten sich auf ihm in Schlachtordnung und schickten zwei Herolde, an einem Hute kenntlich, den sie auf einer hohen Stange trugen, zur Stadt hinab. Sie erschienen vor dem Untertor und forderten die Stadt zur Übergabe auf. „Eröffnet Schloß und Stadt dem hellen christlichen Haufen", riefen sie an die Mauer hinauf, „wo nicht, so bitten wir um Gottes willen, tut Weib und Kind hinaus; denn beide, Schloß und Stadt, werden den freien Knechten zum Stürmen gegeben, und es wird dann niemand geschont werden." Die innerhalb des Tores aufgestellten Bürger und Reisigen wußten nicht, was sie den Abgesandten der Bauern antworten sollten. Sie schickten nach dem Grafen, und er eilte sogleich selbst dem Untertore zu. Aber ehe er kam, war Dietrich von Weiler ans Tor gekommen.

Dietrich von Weiler, ein stolzer Rittersmann, sah in den Bauern nur „Roßmucken". Er glaubte nicht, daß die Roßmucken einen ernstlichen Angriff wagen würden, wenn sie entschlossene Gegenwehr fänden; er achtete es für eine Schande, wenn ein Rittersmann mit solchen Roßmucken parlamentieren wollte; mit Kugeln sich mit ihnen zu besprechen, hielt er für das einzig Würdige und Gescheite. Auf seinen Befehl wurde von der Mauer und dem Torhaus herab auf die Gesandten der Bauern gefeuert. Einer der Bauerngesandten stürzte schwerverwundet nieder, raffte sich aber blutend auf und lief mit dem anderen, was sie konnten, dem Schemelberg zu. Dietrich von Weiler freute sich des Laufens; die Bewegung auf dem Schemelberg gab ihm die Gewißheit, daß diese Energie den Bauern imponiert habe. „Liebe Freunde", rief er aus, „sie kommen nicht;

sie wollten uns nur also schrecken und meinen, wir hätten von Hasen das Herz." Anders dachte der mit dem Grafen herbeigekommene Bürgermeister Prezel. Er äußerte dem Grafen die Besorgnis, daß es den Bauern, wenn sie, was jetzt wahrscheinlich sei, mit aller Macht heranrücken, eben doch gelingen möchte, durch die Tore einzudringen. Man solle das untere Tor verterrassen und dazu aus dem nahen Spital Fässer und Mist schnell herbeischaffen. Der Graf meinte, dadurch würde den pfälzischen Reitern unter dem Marschall von Habern, die er stündlich erwarte, der Weg versperrt, und gab es nicht zu. Auch er glaubte nicht an den Ernst der Bauern.

Die Bauern standen während der Verhandlung, die sie von ihren Gesandten erwarteten, in drei Haufen, ruhig, aber in Schlachtordnung. Voran Florian Geyer mit der Schwarzen Schar; hinter ihm ein zweiter Haufen; die große Zahl der Bauern hielt noch gegen Erlenbach und Binswangen hin. Die Schüsse von der Mauer und dem Torhaus, welche einen der Gesandten blutig niederwarfen, waren das Signal: Florian Geyer mit dem Schwarzen Haufen bewegte sich vor die Burg; der Haufen hinter ihm eilte vor die Stadt hinab; und der ganze große Haufen, der noch gegen Erlenbach und Binswangen hin stand, eilte im Sturmschritt heran.

Auf der Ebene von Erlenbach schon hatte ein „schwarzes Weib" den Segen über das Bauernheer gesprochen.

Als eine ganz eigentümliche Gestalt im Bauernheere ragte die Böckingerin hervor, die man unter dem Namen „die schwarze Hofmännin" in der ganzen Gegend kannte. Der Volkskrieg dieser Zeit hatte auch seine Heldinnen; und klebt ihr auch Blut und Grausen an und scheint sie der Menschlichkeit fast wie der Weiblichkeit entwachsen, den Ruhm der Heldin hat selbst die Parteileidenschaft durch treue Aufbewahrung der Akten der schwarzen Böckingerin eher gerettet als geraubt.

Der Glaube ihrer Zeit und ihrer Umgebungen schrieb ihr geheime Kräfte zu: Zauberkünste, Segens- und Bannsprüche, einen Wahrsagergeist. Sie war Jakob Rohrbachs Freundin, Ratgeberin, Helferin, sein Sporn und sein mahnender Geist; oft stärkte sie ihn, wenn er wankend werden wollte, „er solle seines Vornehmens nicht nachlassen, Gott wolle es".

Den Adel haßte sie furchtbar. Was diesen Haß, diesen Durst nach Rache in der Brust dieser gewaltigen leidenschaftlichen Bäuerin veranlaßte, ist unbekannt: Sie ruhte nicht, bis sie das Landvolk unter den Waffen sah.

Auch die Städter haßte sie und besonders die stolzen Städterinnen von Heilbronn. Man hörte sie sagen, sie wolle noch den gnädigen Frauen die Kleider vom Leibe abschneiden, daß sie gehen wie die berupften Gänse. Sie trug es schwer, daß die Heilbronner den schönen Wasen zwischen Böckingen und der Stadt sich zugeeignet hatten, der lange gemeinschaftlich gewesen war. Sie klagte laut, „die von Heilbronn haben ihr und einer

Das schwarze Weib zieht der bewaffneten Schar voraus

armen Gemeinde zu Böckingen das Ihrige gewaltsam genommen; das müssen und wollen sie jetzt denselben wieder abnehmen".

Den Bauern sagte sie: „Wenn die von Heilbronn euch Bauern schelten oder euch etwas tun, so fallet bei dem Leiden Gottes zusammen und untersteht euch, auch denen von Heilbronn leidig zu tun, zu erwürgen und zu erstechen, was in der Stadt ist." Oft sagte sie, „es müsse zu Heilbronn kein Stein auf dem andern bleiben, es auch zu einem Dorfe und alles gleich werden".

Mit Jäcklein Rohrbachs Haufen zog sie von Sontheim aus. Da sah man das schwarze Weib, der Steingrube zu, der bewaffneten Schar vorausziehen, sie führte sie eigentlich. So ging sie an ihrer Spitze auf Öhringen, nach Schönthal, zurück nach Lichtenstern. Sie tröstete sie oftmals mit heller Stimme, sie sollen nur fröhlich und keck sein und gutes Muts ziehen; sie habe sie gesegnet, daß ihnen weder Spieß noch Hellebarde, noch Büchse zukönnen.

In Heilbronn selbst hatte sie schon zur Zeit der ersten Bewegung unter den Bürgern ihre Rolle gespielt. Als die Bürger auf dem Markt eine Gemeinde wider den Rat halten wollten, hatte sie sich unter sie gemischt, sie erregt und gestärkt. „Es wird recht also zugehen", hatte sie ihnen damals schon zugerufen, „es muß sein, denn Gott will es also haben." Wo einer, hatte sie geweissagt, sich eines Rats annehmen werde, der werde bei dem lebendigen Gott erschlagen werden.

Sie gab Ratschläge und kannte die Ratschläge der Eingeweihten, der Hauptleute; sie handelte, enthusiasmierte, warnte, wirkte mit kühnster Entschlossenheit für die Sache der Ihrigen, wo kein Mann mehr handelte und sprach; wir sind ihr nicht zum letztenmal begegnet.

Schwarzes, unterdrücktes Weib aus der Hütte am Neckar, mit der starken, verwilderten Seele voll Leidenschaft, gleich stark in Haß und Liebe, mit deinem „Gott will's!" im Munde und mit deinem Freiheits-, Schlacht- und Rachegeist – wie lebtest du in Sage und Geschichte, in Gesang und Rede, hätte deine Sache gesiegt oder gehörte sie wenigstens nur nicht der Bauernhütte an!

„Die feindlichen Büchsen werden euch nichts schaden!" hatte sie, ihre Zeichen in der Luft machend, den auf Weinsberg Vorgehenden zugerufen. So etwas wirkte auf den Glauben der Zeit.

Während das Schloß angerannt wurde, ergossen sich die Haufen um die Stadt, und der erste Angriff geschah auf das untere Tor, welchem sich die Bauern vom Siechenhaus her in einem Hohlweg mit Leitern und Büchsen genähert hatten. Die Bürger in der Stadt hielten sich wohl mit dem Grafen. Bürger und Reisige wetteiferten auf der Mauer. Vom Schloß wie von den Mauern und Wehren der Stadt wurde ein lebhaftes Feuer aus den Schießlöchern unterhalten und ein heftiges Steinwerfen über die Mauern hinab, um die andringenden Bauernfähnlein abzuhalten. Doch wurden nur drei Bauern von der Stadt aus erlegt, dagegen viele mehr oder weniger verwundet, was die Wut der Bauern noch mehr reizte. Es war Jäcklein, der hier stürmte.

Da gewahrte man plötzlich von der Stadt aus zwei Fahnen auf dem Schlosse aufgesteckt. Es waren Bauernfahnen, es waren die Siegeszeichen

Florian Geyers und seiner Schwarzen Schar. Diese, meist Bauern der Rothenburger Landwehr und andere eingelernte Kriegsmänner, die schon mehr dabei gewesen waren, wo es galt, Mauern zu stürmen und zu brechen, namentlich auch Heilbronner, waren mit denen vom Weinsberger Tal und den Öhringern im Grünen vor das Schloß gezogen und hatten es in kurzem erstürmt und erstiegen.

Schon waren auch in der Stadt unten am dreifachen untern Tore die zwei äußern Tore von den Bauern eingehauen. Das und der Fall des Schlosses schlug den Mut der Bürger nieder. Es waren ohnedies nicht alle Bürger von Anfang an in der Verteidigung so eifrig gewesen, sondern nur die Ehrbarkeit, nur die am untern und obern Tore; an der Seite der Stadt, bei dem kleinen Tor an der Kirche, wo Dionysius Schmid von Schwabbach den Sturm anlief, wehrten sich die Bürger gar nicht. Hier arbeiteten die Freunde Jäckleins und Schmids, Adam Franz, Wendel Hofmann, Melchior Becker, Jörg Schneiderhänslein und Jörg Ry, den Bauern in die Hände; einer hieb innen am Pförtlein, einer von außen, um es aufzuhauen. Jetzt, bei der furchtbar anschwellenden Gefahr, als die Sturmböcke und Balken, die Hämmer und Äxte schon am letzten Tore des Untertores schmetterten, entsank auch den ehrbaren, den ergebensten Bürgern der Wille des Widerstandes. Es war umsonst, daß Dietrich von Weiler noch immer in der Stadt herumritt und die Bürger und Reisigen, die zum Teil schon die Wehren verließen, zu unausgesetzter Gegenwehr aufrief. Zugleich umringte den Grafen ein Haufen Weiber, welche schrien und flehten, es doch nicht aufs Äußerste kommen zu lassen, da ihnen bei längerer und doch nutzloser Gegenwehr mit Mord und Brand gedroht werde. Diese Drohung Jäckleins hatte furchtbaren Eindruck auf die Einwohner gemacht, und während die Ritter noch immer zum Widerstand riefen, beharrten die Bürger auf Übergabe gegen Sicherheit für Leib und Leben. Die Bürger entzweiten sich mit den Reitern, und der gemeine Mann fing an, die Herren mit Gewalt von den Wehren und Mauern herabzuziehen. Dies geschah namentlich gegen Hans Dietrich von Westerstetten, der mit dem Hauptmann Heßlich und dem Amtsknecht von Bottwar die Mauer wieder erstiegen und gerade von dort einen Bauern erschossen hatte. Die Bürger drohten ihm mit dem Tod, wenn er nicht herabginge.

Der Graf sah selbst die Unmöglichkeit ein, sich zu halten. „Ihr habt euch wohl gehalten, ihr Weinsberger, und den Bauern genug getan; das will ich euch vor Gott und der Welt bezeugen“, rief der Helfensteiner und gab es zu, daß einer der Bürger, der Schwabhannes, mit dem Hut auf einer Stange den Bauern über eine Zinne des Untertors „Friede!“ zurief und das Anerbieten machte, ihnen, wenn sie alles am Leben ließen, die Stadt übergeben zu wollen. Auch der Priester Franz und noch mehrere schrien: Friede! Friede! zu den Bauern hinaus. Diese schossen dem

Schwabhannes den Hut von der Stange herab und riefen hinauf: „Die Bürger sollen beim Leben bleiben, die Reiter aber müssen alle sterben." Graf Helfenstein stand daneben, als Schwabhannes wenigstens um eine Ausnahme für den Grafen bat, und mußte mit eigenen Ohren die Antwort hören, daß er sterben müsse, wenn er auch von Gold wäre.

Jetzt faßte der Graf, dem es zu grauen anfing, den Entschluß der Flucht. Er wollte noch einmal die Bürger zu kurzem Widerstand aufmahnen, um während desselben zum obern Tor auszubrechen. Er teilte diesen Entschluß etlichen Bürgern, die ihm vertraut waren, mit und bat sie, ihm und seinen Reitern zum Tore auszuhelfen. Aber auch hier fanden sie die Wehren und das Torhaus meist von den Bürgern schon verlassen; nur wenn die Bürger ihn von der Mauer aus kräftig unterstützten, war es möglich, sich zum Tore hinaus durchzuschlagen; denn bereits war auch das obere Tor von den Bauern angerannt. „Wo sind meine frommen Bürger?"

Erstürmung von Weinsberg

rief der Graf verzweifelnd. Aber sein Ruf wurde übertäubt durch das Jammergeschrei der Weiber, die zu Eröffnung des Tores bereits die Schlüssel in Händen hatten, von dem Geschrei der Bürger, welche die Besatzung nicht entfliehen lassen wollten. Als sie die Ritter und Reisigen sich auf dem Markt auf ihre bereitstehenden Pferde schwingen sahen, schrien sie, die es nicht mit den Bauern hielten, in Angst vor den Stürmenden, den Rittern zu: „Wollt ihr uns allein in der Brühe stecken lassen?“ Andere schrien unter Verwünschungen, durch sie sei die Stadt ins Unglück gekommen, und es sei jetzt zum Entfliehen keine Zeit.

Die Uhr war auch abgelaufen: Von vier Seiten zumal ergoß sich der Strom der Bauern in die Stadt. Zuerst sprang das Pförtlein bei der Kirche auf. Hier stürzte im Gedräng Dionysius Schmid und ein Schwarm, der vom Schloß herab kam, in die Stadt hinein. Auf einer anderen Seite, beim Spital, half ein Spitalpfründner, Hans Mösling, „ein einfältiger Mensch“, einem Bauern über die Stadtmauer herein; diesem stiegen die anderen nach. Mit wütendem Mordgeschrei wälzte sich die Hauptmasse der Bauern durch das von ihnen vollends eingehauene untere Tor der Stadt, gerade im Augenblick, als die Reisigen sich auf ihre Rosse geschwungen hatten.

Man hörte das Geschrei an die Bürger: „Geht in eure Häuser mit Weib und Kind, so soll euch nichts widerfahren!“ Die Bürger flohen in ihre Wohnungen und schlossen Türen und Läden. Jäckleins Haufe aber schrie nach dem Grafen und den Rittern, „man müsse sie durch die Spieße jagen“. Indem drangen auch die Bauern vollends zum obern Tore herein. Es bleibt nach den Zeugenaussagen ungewiß, ob sie es selbst sprengten oder ob die Bürger es ihnen öffneten. Alle Ritter und Reisigen suchten die höher gelegene Kirche und den Kirchhof zu erreichen, um sich hier noch ihres Lebens zu wehren oder sich im Innern der Kirche zu retten. Auch der Graf flüchtete sich dahin. Ein Priester zeigte ihm und mehreren Rittern einen Schnecken in der Kirche, durch den sie auf den Kirchturm kommen und sich vielleicht dort noch vor ihren Feinden retten möchten. Etwa achtzehn Ritter und Knechte flüchteten sich durch den Schnecken auf den Turm.

Die Blutdürstigsten unter den Bauern waren die Böckinger, die vom Weinsberger Tal und einige aus der Stadt, wovon fünf schon in Lichtenstern zu den Bauern gefallen, drei derselben mit nach Weinsberg gekommen und bei dem Sturme der Stadt und des Schlosses tätig gewesen waren. Auf dem Schloß hatte einer von Öhringen fünf Reiter niedergestoßen. Einen hängten sie im Schloßhof. Klemens Pfeifer von Weinsberg, der vom Schloß herabgekommen war, rief: „Ich habe den Burgpfaffen Wolf erstochen; hätt' ich den Klaus Müller von Weinsberg, ich wollt' ihn gleich erstechen.“ Auf dem Kirchhof wurden Sebastian von Ow, Eberhard Sturmfelder und Rudolf von Eltershofen ereilt; sie fielen sogleich unter den Streichen und Stößen der Bauern. Wen sie mit Waffen auf dem Platz fanden, der ward erstochen oder erschlagen. Selbst aus den Bürgern kamen während des Sturms und jetzt im Gedränge des ersten Hineinbruchs achtzehn um, in die vierzig wurden verwundet. Die verschlossene Kirchtüre sprengten die Bauern auf und erstachen hier alle Reisigen, die sich in dem Schiff der Kirche versteckt hatten. Einige hatten sich in der Gruft verborgen. Die Bauern erbrachen die Gruft und erschlugen die Aufgefundenen. Nun entdeckten sie auch den Schnecken. Ein wildes Freudengeschrei erscholl: „Hier haben wir das ganze Nest beisammen; schlagt sie alle tot!" Alle wollten sich zugleich hinaufdrängen. Es konnte aber hin und her nur einer um den anderen durchkommen, und dadurch, daß sie in einem auf der Treppe erstochenen Reiter das Schwert stecken ließen, wurde der Zugang auf kurze Zeit von ihnen selbst gesperrt.

Jetzt gab Dietrich von Weiler alle Hoffnung auf. Er trat auf den Kranz des Turmes und rief hinab auf den Kirchhof, sie wollen sich gefangengeben und 30 000 Gulden zahlen, wenn man sie am Leben lasse. „Und wenn ihr uns", riefen die Bauern hinauf, „auch eine Tonne Goldes geben wolltet, der Graf und alle Reiter müssen sterben." „Rache, Rache für das Blut unserer Brüder, für die 7000 bei Wurzach Gefallenen!" schrien andere; und in demselben Augenblicke sank Dietrich von Weiler rückwärts nieder; ein Schuß von unten hatte ihn tödlich in den Hals getroffen. Und schon stachen auch die Schwerter derjenigen Bauern nach ihm, die jetzt den Turmschnecken heraufgekommen waren. Dann warfen sie den noch Röchelnden über den Kranz auf den Kirchhof hinab. Auch andere Ritter teilten sein Los, darunter der Forstmeister Leonhard Schmelz. Matthias Ritter stürzte ihn und zwei andere vom Turm herab. Beckerhans von Brackenheim trat mit Füßen auf dem Leichnam des Forstmeisters herum unter wilden Flüchen. Der junge Dietrich von Weiler, des Erschlagenen Sohn, erkaufte von Beckerhans sein Leben mit acht Goldgulden, aber dieser schlug ihn dennoch, wie er sich wandte, von hinten mit der Büchse nieder.

Georg Metzler, der oberste Hauptmann der Bauern, und Andreas Remy von Zimmern, einer der ersten Anführer, ritten herbei und gaben den Befehl, keinen Ritter und Reisigen mehr zu töten, sondern alle gefangen anzunehmen. So wurde Graf Helfenstein mit den anderen vom Turme herabgeführt. Im Durchführen über den Kirchhof stieß ihn ein Bauer mit der Hellebarde in die rechte Seite; auch Georg von Kaltenthal wurde am Kopf verwundet. Die Gefangenen waren mit Stricken gebunden. Sturm, Eroberung, Gefangenschaft war das Werk von wenig mehr als einer Stunde. Nach 10 Uhr morgens war alles vorüber.

Da mehr gesattelte Pferde erbeutet wurden, als den Bauern Reiter in die

Hände gefallen waren, so schlossen sie nicht unrichtig daraus, daß noch manche Reisigen sich in bürgerlichen Häusern versteckt haben möchten. Unter Trommelschlag wurde sogleich bekanntgemacht, daß jeder Bürger sich in sein Haus begeben und bei Leib- und Lebensstrafe die in den Häusern und Scheuern versteckt liegenden Reisigen ausliefern solle. Nur wenigen gelang es, durch die Gutmütigkeit ihrer Hauswirte zu entkommen. Einer verbarg sich im Backofen und entrann darauf in Weiberkleidung. Ein junger Knecht Dietrichs von Weiler, Marx Hengstein, wurde von einigen Weibern im Heu versteckt und entkam nachts wie der vorige. Jörg Metzler aus Ingelfingen, ein Fähndrich der Bauern, rettete einen dritten, ihm Befreundeten, indem er ihn für einen Koch ausgab. Jäcklein übernahm die Hut der Gefangenen.

Jetzt wollten die Bauern plündern. Viele behaupteten, da sie die Stadt mit Leib- und Lebensgefahr haben erobern müssen, so gehöre ihnen nun auch Grund und Boden von Weinsberg zu. Nicht ohne großes Murren des Haufens brachten es endlich die Hauptleute dahin, daß nur die Häuser der Geistlichen, des Kellers, des Schultheißen, des Stadtschreibers und Bürgermeisters, die sich besonders tätig an die Ritter angeschlossen hatten, der Plünderung preisgegeben, die übrigen Bürgerhäuser verschont wurden. Für die Verschonung wurde den Bürgern zur Bedingung gemacht, die vielen Verwundeten sorglich zu pflegen und die Bauern mit Wein und Lebensmitteln zu versehen, solange sie in Weinsberg lägen.

Auch in der Kirche und Sakristei wurden alle Truhen erbrochen, das Almosen, die Monstranz, die Kirchengefäße geplündert. Die Bauern waren mit ihren Gedanken so sehr nur beim Plündern, daß Wolfgang Schäfer, der Schulmeister, ihnen unter dem Geschäft zwei Altarkelche wieder heimlich wegnehmen konnte. Der reiche Weinvorrat des Schloßkellers wurde ins Lager geschafft. Im Schlosse fanden sie die reichste Beute. Der trug einen Becher davon, ein schönes Silbergefäß, das dem Grafen gehörte; jener seidene Decken und seidene Gewande, Zinngerät und Leinwand; Dionysius Schmid erbeutete allein auf 60 Gulden, Koberer so viel auf dem Schloß, daß er sagte, Lukas schriebe nicht davon. Es war ein solches Reißen und Zerren unter den Bauern um die Kostbarkeiten, daß sie oft das Beste übersahen. Beutemeister war Hans Wittich von Ingelfingen; er verteilte Früchte und Wein. In der Stadt plünderten sie jedoch selbst in den preisgegebenen Häusern mit Rücksicht. Als sie ein Trühlein mit Geld in einer Kammer fanden und Schäfer, der Schulmeister, sagte, daß es armen Kindern zu Weinsberg gehöre, ließen sie es geschehen, daß er es den Kindern erhielt.

So verbrachte der Haufen mit Plündern, mit Trinken und Essen die Vormittagsstunden, und dabei ging das alte Welfenschloß in Flammen auf. Die Obersten aber saßen zusammen und hielten Kriegsrat. Darin stellte Florian Geyer den Grundsatz auf, man solle alle festen Häuser ausbrennen und ein Edelmann nicht mehr denn eine Türe haben wie ein Bauer. Die anderen hatten kurz zuvor den Satz angenommen, daß alle Klöster abgetan werden, die Mönche hacken und reuten müssen wie die Bauern. Jetzt wollten sie zuerst auf Heilbronn ziehen und die Stadt in ihre Verbrüderung bringen, damit der Haufe vom Neckartal von dieser Seite gesichert wäre; dann wollten sie durch das Mainzische auf Würzburg losgehen und, sei dieses gewonnen, alle Domherren, Pfaffen und den geistlichen Fürsten hinausjagen. Florian Geyer sah darin der Sache noch kein Genüge. Er glaubte, wenn das Volk frei werden sollte, müsse der Adel wie die Pfaffen den Bauern gleichgemacht werden, daß nur ein Stand würde auf deutschem Boden, der Stand der Gemeinfreien. Er erkannte es als eine Halbheit, nur die geistlichen Herren beseitigen zu wollen. Zwei Bäume waren es in seinen Augen, vor denen die junge Pflanze der Volksfreiheit nicht aufkommen konnte; er wollte beide zugleich umgehauen wissen, und nicht bloß umgehauen, sondern entwurzelt, daß keiner ein Sproß mehr trieb. Darum drang er auf Zerstörung aller Herrensitze, der weltlichen wie der geistlichen. Florian Geyer war einer von den wenigen, die im Bauernheere wußten, was sie wollten; und als er den Rittermantel ablegte und sein Schwert in die Schale des Volkes warf, wußte er, daß es ein Trauerspiel sein müsse, worin er jetzt mitzuspielen sich entschlossen hatte; aber er wollte nicht nur einen Akt, sondern das ganze Trauerspiel, den Sturz nicht nur einer Seite der Herrschaft, sondern des ganzen Herrentums. Nur für die Freiheit des Ganzen war er, das Glied eines freien Standes, von diesem, der Ritter von der Ritterschaft, abgefallen.

Anderer Ansicht war Wendel Hipler. Er wollte den Adel in das Interesse der Bauern ziehen, namentlich die Ritterschaft. Auch er wollte alle Lasten, welche die Volksfreiheit niederdrückten, aufheben, aber die weltlichen Herren und Edelleute für das, was sie an Zoll, Umgeld, Schatzung, an vielen anderen Rechten verloren, aus den eingezogenen geistlichen Gütern entschädigen und dadurch die Bestimmung und den Beistand derselben zu der neuen Volksfreiheit gewinnen. Schon zu Neckarsulm, ehe sie nach Weinsberg zogen, hatte er den Vorschlag gemacht, sie sollen den Adel in ihren Bund eintreten lassen; denn der Adel habe ebenso Ursache gegen die Fürsten als die Bauern, und es solle einer den anderen, Bauer und Edelmann, sich von den Fürsten befreien helfen. Wendel Hipler übte besonders auf Jörg Metzler Einfluß.

Tief im Grunde seiner Seele wälzte Jäcklein Rohrbach Gedanken, verschieden von denen Wendel Hiplers, verschieden von dem, wie weit Florian gehen wollte, schwarze, blutige Gedanken. Jäcklein war der Mittelpunkt der Schreckensmänner im Bauernheer, die hier die Minderheit hatten. Rache! war ihre Losung; „dem Adel ein sonderbar Entsetzen und eine Furcht einzujagen" ihr nächstes Trachten. Jäcklein hielt mit den Seinen eine besondere Beratung in der Mühle, wo er sich einquartiert hatte. Sie hielten Kriegsgericht für sich über die Gefangenen, und sie wurden eins, keinen Herrn, keinen vom Adel, keinen Reisigen leben zu lassen, sondern jetzt und künftig alle zu erstechen; welcher einen gefangen annehmen wollte, den solle man niederstechen. In dieser Mühle gerade war es, wo Dietrich von Weilers junger Knecht von den Weibern versteckt worden war; er hörte alles an, hörte es mit Grauen.

Jäcklein und seine Gesellen behielten diesen ihren Beschluß für sich. Um jeder Einsprache der anderen zuvorzukommen, gingen sie sogleich an die Ausführung. Jäcklein hatte die Gefangenen ja in seiner Hand und seitab von der Stadt. Andreas Remy war mit ihm und Öhringer und Heilbronner.

Während der größte Teil des Heeres auf der Burg war, beim Wein des Schloßkellers oder in den Wirtshäusern „zum Stärle, zum Rößle und anderen Herbergen und bei den Bürgern umher zu Morgen aß", führte Jäcklein die Gefangenen heraus auf eine Wiese beim Untertor, wo jetzt Gartenland ist. Es waren Graf Ludwig von Helfenstein; Hans Konrad Schenk von Winterstetten, der Vogt zu Vaihingen und Maulbronn; Burkhard von Ehingen, des tapferen Rudolphs von Ehingen Sohn; Friedrich von Neuhausen; Jörg Wolf von Neuhausen; Hans Dietrich von Westerstetten, der Burgvogt auf Neuffen; Philipp von Bernhausen, Jakobs von Bernhausen, des Vogts zu Göppingen, Sohn; Hans Spät von Höpfigheim; Bleikard von Riexingen; Rudolph von Hirnheim; Wolf Rauch von Helfenberg; Jörg von Kaltenthal; Felix Eigen von Eigenhöfen und Weitbrecht von Riexingen. Auch mehrere Knechte wurden mit ihnen herausgeführt, junge Reiterknaben. Man führte sie in einen Ring, um ihr Urteil zu hören.

Es war eine alte Strafe, durch die Spieße zu jagen; eine Strafe jedoch, die nur wider die angewandt wurde, welche wider Ehre gehandelt hatten, und welche auch dann nur bei Knechten ein Brauch war. Diese Todesart wurde den Gefangenen angekündigt „dem Adel zu Schand und Spott, als ob sie wider Ehre gehandelt hätten". Da kam die Gräfin von Helfenstein, welche die Gefangenschaft ihres Gemahls geteilt hatte. Sie trug ihr zweijähriges Söhnlein Maximilian auf den Armen, ihr Frauenzimmer folgte ihr. Sie warf sich vor Jäcklein und den anderen auf die Knie, hielt ihnen ihr Kind entgegen und bat flehentlich, dem Kleinen den Vater, ihr den Gatten zu lassen. Aber alle Macht ihrer Tränen, ihrer Schönheit, ihres Unglücks rührte die Harten nicht. Da standen sie, und mancher mochte darunter stehen, der in diesem Augenblick, da die Kaisertochter zu ihren Füßen lag, nur daran dachte, wie lange und wie oft ihre Herren sie vor sich her gehetzt mit Hunden wie Hunde und auf ihren durch Hunger und Fronen abgemagerten Rücken die Peitsche erbarmungslos geschwungen; wie man sie umsonst hatte winseln lassen, wenn die Edelleute ihren Vater, ihren Bruder, ihren Sohn wegen geringer Vergehen in die Verließe der tiefsten Türme hinabdonnerten, wo sie ohne Speise und Trank verschmachteten und ihr Flehen und Heulen und Erbieten kein Gehör und kein Erbarmen fanden, und wie sie ängstlich nächtelang um die Turmmauern hatten schleichen müssen, um noch etwas von ihren Verwandten, die dahinter lagen, zu hören, bis es still und stiller ward und der letzte Hauch, ein Fluch gegen ihre Quäler, ihre Qualen endete. Am neuesten war das Andenken an die Blutgerichte in Oberschwaben, an das Morden, das der Helfensteiner und die Seinen während der Unterhandlungen an den Talbauern verschuldet hatten. Gedanken daran mochten in der Seele manches Bauern jetzt auftauchen, als die Gräfin von Helfenstein flehend und jammernd zu ihren Füßen lag.

Jahrelange unmenschliche Behandlung hatte viele zu Unmenschen gemacht. Sie stießen sie zurück, und einer berührte mit seinem Spieß „das kleine Herrlein" auf ihrem Arme leicht auf die Brust. Helfenstein selbst bot für sein Leben allein eine Lösungssumme von 30 000 Gulden. „Und gäbst du uns zwei Tonnen Goldes, so müßtest du doch sterben", antworteten sie. Die Rache lechzte nach Blut. Auf Jäckleins Befehl bildete sich von Bauern eine Gasse. Die Gasse kommandierte Hans Winter aus dem Odenwald. Hans Weldner von Neckargartach schlug die Trommel, wie es bei Hinrichtungen der Art alter Brauch war. „Jäckleins Trabanten" waren vorn dran.

Die Bauern in der Gasse streckten ihre Spieße vor, und der erste, der unter Trommelschall in die Gasse gejagt wurde, in die Spieße der Bauern, war Hans, ein Knecht des Konrad Schenk von Winterstetten. Er wurde sogleich niedergestochen. Der zweite, an den die Reihe kam, war sein Herr. Der dritte, der zum Eintritt in die Gasse kommandiert wurde, war Graf Ludwig von Helfenstein. Jakob Leutz, ein zu Rom geweihter Priester, bei dem Ausbruch des Aufstandes Pfarrverweser zu Winzerhofen und jetzt Feldschreiber der Bauern, hörte ihn beichten und empfing von ihm seinen Rosenkranz, den er fortan selbst am Arme trug. Urban Metzger von Waldbach und Klaus Schmids Sohn von Rappach führten den Grafen in ihrer Mitte heraus an die Gasse. Es sollte ihm doppelt bitter werden. Der Graf hatte früher in glücklichen Tagen seine Tafelmusik. Melchior Nonnenmacher, ein Pfeifer von Ilsfeld, der die Zinke blies, war namentlich früher in seiner Gunst gestanden und mehrteils bei ihm zu Tisch gesessen. Diesen aus seinem Dienst entlassenen Nonnenmacher sah der Graf jetzt vor sich auf seinem letzten Gang. Der trat vor ihn, wie sie ihn daherführten, nahm ihm Hut und Feder vom Kopf mit den Worten: „Das hast du nun lange genug gehabt, ich will auch einmal ein Graf sein!" und setzte ihn sich selbst auf. Und weiter sagte er: „Habe ich dir einst lange

Melchior Nonnenmacher blies lustig die Zinke

genug zu Tanz und Tafel gepfiffen, so will ich dir jetzt erst den rechten Tanz pfeifen." Damit schritt er vor ihm her und blies lustig die Zinke bis vor die Gasse. Urban Metzger von Waldbach stieß ihn an gegen die Spieße. Beim dritten Schritt schon stürzte der Graf unter vielen auf ihn hineinstechenden Spießen zu Boden. Ihm folgte sein Knappe Bleiberger und sein Hausnarr. Dann nacheinander kamen die Ritter daran; und wie einer in die Gasse trat, hörte er Zurufe der Vergeltung. Zumal an Jagdfrevlern hatten Adelige sich versündigt. Noch heute lebt die Erinnerung daran im Zabergäu: Im Verlies der Ochsenburg fand man ein Menschengerippe zwischen einem Hirschgeweih und den Zähnen eines wilden Schweines. – Drei Reiterknaben wurden mit Spießen in die Höhe gehoben und so ermordet. Der Reisige Kunz wurde von den Obersten freigelost.

Noch der Leichnam des gefallenen Grafen wurde verhöhnt und mißhandelt. Melchior Nonnenmacher nahm das Schmalz von ihm und schmierte seinen Spieß damit. Die schwarze Hofmännin stach mit ihrem Messer ihm in den Bauch und schmierte sich mit dem herauslaufenden

Fette die Schuhe, wandte ihn mit eigener Hand um und trat mit Füßen auf ihn, „den Schelm", wie sie sagte. Man sah einen, der Haut und Haar eines Ermordeten auf einem Spieße herumtrug. Andreas Remy von Zimmern steckte die Helmfedern des Grafen auf seinen Hut. Jäcklein Rohrbach legte den Koller und die damastene Schauppe des Grafen sich selbst an, trat damit vor die unglückliche Gräfin und sprach: „Frau, wie gefall ich Euch jetzt, in der damastenen Schauppe?" Die Gräfin verging vor Schrecken und Betrübnis, als sie den Mörder ihres trauten Herrn in dessen Edelkleidung vor sich sah. Den Panzer legte Jäcklein wieder ab und schenkte ihn an Hans Seckler von Neuenstein.

Rohe Hände nahmen der Gräfin ihr Geschmeide und ihre Kleider und zerfetzten ihr noch den Rock, den sie am Leibe hatte. Man setzte sie auf einen Mistwagen, mit ihrem Kind und ihrem Frauenzimmer, und schickte sie nach Heilbronn. Spottend riefen sie zu ihr hinauf: „In einem goldenen Wagen bist du nach Weinsberg eingefahren, in einem Mistwagen fährst du hinaus." So fuhr sie von dannen, ihr verwundetes Kind in den Armen, das noch in spätern Jahren die Narbe behielt.

Die Sonne nahte sich der Mittagshöhe, als sie das blutige Schauspiel beleuchtete. Geschah es auch nach kriegsgerichtlichem Urteil der Mehrheit im Bauernrate, so war doch Jäcklein es allein mit den Seinen, der es vollzog; nur eine kleinere Zahl hatte teil an der Ausführung. Neun Zehnteile des Bauernheeres erfuhren erst, als alles längst vorüber war, etwas von der Blutrache, die Jäcklein und andere mit ihm an den Rittern genommen hatten.

Die Hauptleute und Räte hielten eine Sitzung. Was darin verhandelt, wie Jäckleins und anderer Hauptleute Tat von allen aufgenommen wurde, darüber ist nichts überliefert. Nur eines ist Tatsache: Von diesem Augenblicke an wird Florian Geyers Name nicht mehr im Bauernrate genannt, und er trennt sich mit seiner Schwarzen Schar von dem hellen Haufen.

Florian Geyer hatte bisher, zuletzt bei der Erstürmung des Weinsberger Schlosses, seine Tüchtigkeit bewährt; er war die eigentliche militärische Intelligenz im Haufen; in seiner Schwarzen Schar verlor der helle Haufen seine besten Kriegsleute, in Florian selbst nicht bloß das einzige kriegsverständige Haupt, sondern den tüchtigsten, treuesten und redlichsten Führer, wie sie nie mehr einen bekommen konnten. Mit seinem Abgang war der Riß eröffnet, der sich von nun an zwischen den Unternehmungen des hellen Haufens und des großen fränkischen Heeres zum unberechenbaren Nachteil der Volkssache zeigt.

Am Ostermontag noch ratschlagten die Hauptleute und Räte zu Weinsberg, ob sie Götz von Berlichingen zu einem obersten Hauptmann annehmen wollen. Dachten sie an Götz jetzt wieder, weil Herr Florian sich mit ihnen über Jäckleins blutige Übermacht entzweite und abzog? Oder zog Herr Florian ab, weil die Hauptleute Herrn Götz an die Spitze stellen wollten? Merkwürdig, bedeutsam bleibt der Grund, aus welchem sie Götz zum Hauptmann wählen wollten, nämlich, weil er mit ihnen zu Schönthal geredet hatte: „Er vermöge die Edelleute zu ihnen zu bringen.“ Was entweder darauf deutet, daß Florian mit seiner Ansicht gegen Wendel im Rat unterlag oder daß die Mißbilligung gegen Jäckleins Blutrache, als eine unpolitische Maßregel, jetzt die Oberhand erhielt und sie eilen wollten, zwischen ihrer Sache und der des Adels einen Anknüpfungspunkt zu suchen.

Auch Jäcklein Rohrbach trennt sich gleich darauf von dem evangelischen Heere und wendet sich nach einer entgegengesetzten Seite, aber erst, nachdem er mit ihm noch Heilbronn besetzt hat.*

Von Weinsberg aus erging eine zweite Ladung an die Grafen von Löwenstein unter schwerer Drohung. Die beiden jungen Grafen, notgedrungen, erschienen im Bauernlager. Als sie durch Weinsberg geführt wurden, einer von ihnen einen Weinsberger ansprach und dieser sich ehrerbietig gegen den Grafen neigte, da stellte sich ein altes Bäuerlein mit einer großen rostigen Hellebarde drohend gegen den sich Neigenden: „Was neigst du dich? Ich bin so gut als er.“ Auch mußten die Grafen, den Bauern zum Spaß, mehrere Male die Hüte vor ihnen abnehmen.

Auch die Grafen von Hohenlohe beeilten sich jetzt, dem hellen Haufen zwei Notschlangen, einen halben Zentner Pulver und ein sehr höfliches Schreiben zu schicken.

Von Weinsberg aus ging der Zug des hellen Haufens auf Heilbronn. Auch die Grafen Ludwig und Friedrich von Löwenstein mußten dem Haufen nachziehen, in einem Bauernhabit und mit weißen Stecken in den Händen. So sah man sie im Tiergarten vor Heilbronn mitten unter den Bauern sitzen, „also erschrocken, als ob sie tot wären“.

* Zimmermann beurteilt Jäcklein Rohrbach und seine Handlungsweise nicht richtig. Er stellt ihn lediglich als einen gewalttätigen Mann hin, der mit seiner raschen Tat der Sache der Bauern Schaden getan hat. Jäcklein Rohrbach war einer der entschlossensten Führer der radikalen Partei der Bauern. Seine Werbemethoden waren darauf gerichtet, den Aufstand schnellstens auf die breiteste Grundlage zu stellen. Demselben Zweck diente das Bauernurteil zu Weinsberg. Erstens hatte der Helfensteiner durch seine Brutalität und Treulosigkeit gegenüber den Bauern den schimpflichen Tod verdient, und zweitens sollte das harte Urteil die Feinde der Bauern schrecken und die Säumigen zu schnellerem Handeln treiben. Der Erfolg blieb auch nicht aus. Die Grafen von Löwenstein leisteten den Eid auf die Sache der Bauern, und die Grafen von Hohenlohe beeilten sich jetzt, das längst versprochene Geschütz zu schicken. Das Überwiegen des gemäßigten Flügels der Bauern, das seinen Ausdruck in der Wahl Götz von Berlichingens zum obersten Feldhauptmann fand, war die Ursache, daß sich die entschlossenen Führer mit ihren Leuten vom hellen Haufen abwandten; so Florian Geyer mit seiner Schwarzen Schar. Aber auch Rohrbach verließ jetzt mit einem Teil der Bauern den Haufen. Jäcklein Rohrbach war nicht nur ein gewalttätiger Mann, sondern ein sehr konsequenter Vertreter der Bauern, der genau wußte, daß dieser Kampf rücksichtslos zu Ende geführt werden mußte. (Diese Auffassung teilt auch Friedrich Engels.) Die Red.

Viertes Buch

1

Rat und Gemeinde der freien Stadt Heilbronn

Den Herren des Rats zu Heilbronn war es nicht wohl zumute, seit der Zeit, daß die ersten Flämmchen des Aufstandes aus dem Boden zuckten. Es war ihnen wie in einer Gewitterluft. Mit bedenklichen Mienen lasen sie das Schreiben ihres Hauptmanns Hans Herrmann, der von Ulm aus schrieb: „Es weiß niemand, wie es gehen wird; alle Bauern vom See bis Franken sind auf; allenthalben Mühe und Arbeit.“ Sie hatten ja den unruhigen Geist, der unter die Bauern gefahren war, in ihrer nächsten Nähe. Ihre vier Dörfer Böckingen, Flein, Frankenbach und Neckargartach traten unter ihren Augen zusammen, verordneten einen Ausschuß und vereinten sich, keine Bed mehr zu geben, nicht mehr zu fronen. Die Böckinger ließen sich offen hören, sie wollen nicht nur nichts mehr geben, sondern die altentrichtete Bed hinter sich rechnen, daß sie der ehrsame Rat wieder herausgeben müsse. Auf das Gebot, der Versammlungen müßig zu gehen, achteten weder die Fleiner noch die Böckinger; die von Flein wie die andern verpflichteten sich zusammen und stellten zweiundsiebzig zu dem Fähnlein Jakob Rohrbachs, ihr Schultheiß Lorenz Ulmer begleitete ihn selbst als heimlicher Rat; die von Frankenbach setzten ihren Schultheiß ab und stellten wie Neckargartach vierundzwanzig Mann zu Jäcklein, und dieser zog mit ihnen und denen aus dem nahen Gebiete des Deutschordens den Herren des Rats unter die Augen; sie konnten es von den Mauern sehen, wie er die Zäune ihrer Gärten schädigte und verbrannte, unbekümmert darum, daß man aus kleinen Büchsen nach ihm und den Seinigen schoß. Sie mußten es sehen, wie er in der Woche vor Ostern mehrere Male mit seinem täglich wachsenden Haufen an ihnen vorüberzog.

Er hielt auf seiner Seite die Stadt wie in Belagerungszustand; von Franken und von dem nahen Öhringen her rückten die Odenwälder und Hohenloher heran, und am Mittwoch nach dem Palmtag schrieb die befreundete Stadt Hall, sie gedenken Heilbronn zu überziehen; am selben Tage schickte der Amtmann zu Scheuerberg Botschaft herein, heute nacht werden die Bauern zu Lichtenstern einkommen und morgen Weinsberg, Heilbronn oder Neckarsulm heimsuchen; welches zuerst, wisse er nicht. Der Rat berief die Bürgerschaft zusammen und machte ihr die Verteidigungsanstalten bekannt, die er getroffen habe. In Heilbronn war zwar seit lange schon eine aus demokratischen und aristokratischen Elementen gemischte Verfassung, der Rat wurde hälftig aus den Geschlechtern, hälftig aus der Gemeinde seit Kaiser Karls IV. Zeit gewählt, doch hatte die Ehrbarkeit einen sehr aristokratischen Ton, einen Blick, der auf den gemeinen Mann herabsah, sich zu bewahren gewußt. Jetzt aber sprachen die Ratsherren zu der versammelten Gemeinde mit der Anrede „ehrsame, liebe Herren, Brüder und gute Freunde". Bald darauf kam ein Brief in die Stadt herein aus dem Bauernlager zu Neckarsulm, am Karfreitag; er war an die stärkste Zunft, die auch den Bauern am nächsten stand, an die der Weingärtner, gerichtet und forderte sie auf, in die evangelische Brüderschaft zu treten. Die Ältesten der Weingärtner traten zusammen und schrieben „An ihre guten Freunde zu Neckarsulm: Den Inhalt eures Briefes haben wir vernommen. Ihr mögt selbst erachten, daß es uns schimpflich, ja auch, im Bedacht unserer Gelübde und Eide, womit wir unserer ordentlichen Obrigkeit verwandt sind, keineswegs gebührlich wäre, euch eurem Schreiben nach zu willfahren. Es stünd uns mit Ehren nicht zu verantworten. Das haben wir euch nicht verhalten wollen; darnach wisset euch zu richten."

Aber so dachten weder alle Weingärtner noch alle anderen Bürger der Stadt. Der neuevangelische Geist war durch Doktor Lachmann seit mehreren Jahren der herrschende darin geworden, und viele sahen in dem Unternehmen der Bauern, nicht in der Rotte Jäckleins, wohl aber in dem großen evangelischen Heere, eine Erhebung für das Evangelium; und gegen die geistlichen Herren war man zu Heilbronn so sehr erhitzt, als irgend an anderen Orten. Andere nahmen die Sache von der bürgerlichen, von der materiellen Seite, als einen Befreiungskampf des gemeinen Mannes gegen die Aristokratie. So nahmen es nicht bloß mittellose oder herabgekommene Bürger, sondern, wie an anderen Orten, sehr wohlhabende und angesehene. Da war namentlich Gutmann, der Tuchscherer; dessen Haus glänzte vom reichsten und schmucksten Hausrat, der Weinberge, Grasgarten und Äcker, den Keller voll Wein und schöne Kapitalbriefe hatte. Da war Hans Flux, der Bäcker: Er hatte zu der Zeit acht Malter Korns, vierundzwanzig Malter Dinkel auf dem Boden, von oben bis unten sein großes Haus aufs beste eingerichtet; sechs Fuder Weins im Keller, silberne Becher im Schrank, drei Weinberge als freies Eigentum, ebenso ein zweites Haus, einen Krautgarten auf dem Rosenbühl, ein Hofgut zu Flein und Kapitalbriefe ein Säcklein voll; Harnisch und Küraß, Schwert und Büchse hingen ihm blank in der Kammer; und doch dachte und tat er, wie sein Nachbar Mathäus Dautel, der Metzger, der mit einem Blick seine Habe übersehen konnte, ein Bett und eine Bettlade, mit einer Pfülben und zwei Kissen, darauf sechs Kinder liegend; wie Hans Mertz, der nichts hatte als einen Tisch, ein Bettlein und vier Kinder; wie Albrecht Boppel, der ein altes Bett, eine Kanne und einen Krebs sein und seiner vier Kinder einziges Eigentum nennen konnte. Und wie diese Armen dachten und taten der Kollenmichel, der in Armschienen und Helm, in Koller und Reitstiefeln sich zeigte und Kapitalbriefe von mehreren Hundert Gulden im Hause hatte; der wohlhäbige Hans Hutmacher mit seinem reich assortierten Laden; Joß Däumling, der drei Morgen Weingarten, einen schönen Grasgarten, ein Haus und an einem zweiten Haus zwei Drittel besaß; und manche andere, die Haus und Feld, Pferd und Vieh im Stalle, bares Geld und Kapitalien hatten, wie Hans Scheuermann, der Metzger, Christ Merk, Jung Hans Koch, Badt der Nadler, Jörg der Goldschmied, Job der Schneider.

Von Neckarsulm aus stellten die Bauern fünf Forderungen an die Heilbronner: Sie verlangten, daß man sie die Geistlichen in der Stadt strafen lasse; daß man ihnen Geschütz gebe; daß man ihnen gelobe, wo sie Not anginge, ihnen Hilfe tun zu wollen; daß man niemand, der wider sie wäre, hause oder herberge, niemand wider sie Vorschub gebe; endlich, daß man die zwölf Artikel annehme und halte und, wenn die Gemeinde in der Stadt Beschwerden habe, diese ihr erlassen werden.

Aber die langwierigen Verhandlungen zwischen dem Rat und den Bauernhauptleuten führten zu keinem befriedigenden Ergebnis. Denn indessen war Weinsberg erstürmt. Das war der erste Schlag für den Rat. Die Bäurischgesinnten in der Stadt erhoben das Haupt; sie waren unter den mit dem Rat Unzufriedenen jedoch noch immer eine kleine Zahl. Diese ließen an Georg Metzler und Jäcklein wissen, sie sollen eilig auch vor Heilbronn ziehen, sie wollen ihnen schon hereinhelfen. Laut ließen sie sich in der Stadt selbst hören. „Wo sie der Rat nicht einließe, wollen sie die großen Köpfe über die Mauern hinauswerfen."

Der Rat, der sonst gleich mit der Strenge zur Hand war, wagte jetzt nicht, die Trotzigsten, die Ungehorsamsten zu greifen. Einer der Bürger ging geradezu ins Bauernlager. „Wartet", sprach er, „ich will euch weisen, wo das Geld im Heilbronner Rathaus liegt." Schon einige Stunden nach Jäckleins blutiger Tat kam die Gewißheit nach Heilbronn herein, daß nicht nur „alle vom Adel und dem reisigen Zeug im Flecken Weinsberg erstochen seien, sondern sogar seine Gnaden, der Graf Ludwig von Helfenstein, selb vierzehn durch die Spieße gejagt." Das war der zweite Schlag für den Rat. Er sandte eine Botschaft hinaus ins Bauernlager, anzufragen, was man sich zu ihnen zu versehen habe. Die Hauptleute der Bauern antworteten: „Die Herren des Rates zu Heilbronn sind wider

Der Rat zu Heilbronn

uns; sie müssen bald weich werden. Wir wissen wohl, wie wir mit der Gemeinde stehen. Sagt euern Herren, sie sollen das Beste drinnen in ihrer Stadt tun; wir wollen dessen hieaußen auch tun."

Auf diese Botschaft hielt der Rat Sitzung mit dem Ausschuß: Die Gemeinde hatte ihn bereits vermocht, gemäß ihrer Artikel nichts mehr ohne ihr Wissen und ohne ihren Willen zu tun, und ihm einen Ausschuß an die Seite gesetzt.* Die ganze Gemeinde wurde auf den Markt zusammenberufen, und der Rat ließ ihr vortragen, was ihm auf seine Anfrage von den Bauern entboten worden und wie daraus ein jeder zu vernehmen habe, wes Sinnes sie wären. Darum wäre eines Rates ernstliches Ersuchen und Ermahnen an die Gemeinde, daß sie bedenken wollen, wie sie kai-

* Die acht Artikel der Heilbronner Bürger zeigen deutlich eine schwankende Haltung der Bürgerschaft. Sie wollten sich zwar der Sache der Bauern nicht voll anschließen, aber die Gelegenheit ausnutzen, vom Rat einige Zugeständnisse zu erzwingen. Diese Haltung ist typisch für zahlreiche Städte. Nur in solchen Städten, in denen es den Plebejern gelungen war, sich der ganzen Gewalt in der Stadt zu bemächtigen, haben sie ein festes Bündnis mit den Bauern abgeschlossen. Die Red.

serlicher Majestät, dem löblichen Bund zu Schwaben und auch einem ehrbaren Rat verpflichtet seien und daß sie tun wollen als fromme Biederleute. Das wolle der Rat auch tun. Sie sollen allda von neuem zusammenschwören, ob dieser kaiserlichen Stadt zu halten und Leib und Gut beieinander zur Rettung zu geben und niemand einzulassen. Zu solchem Schwur solle ein jeder die Finger aufheben. Die Ratsherren hoben zum Schwur die Finger auf, sich gegen den Weinsberger Haufen, mit Gottes Hilfe, wie fromme Leute setzen zu wollen; und auch aus der Gemeinde hoben sich Finger auf zum gleichen Schwur, doch nur teilweise.

Um zu sehen, wieweit es der Gemeinde ernst sei, stellten sie sie auf die Probe und forderten sie auf, gegen einzelne Rotten, die zwischen Weinsberg und dem Heilbronner Gebiet hin und her gezogen, auszufallen. Da rief man dem Rat entgegen, sie wollen nicht wider die Bauern tun; es habe mancher einen Vetter und Verwandten darunter, und es seien alle christliche Brüder. Aus dem Haufen hörte man sogar Stimmen, es tue kein gut, man werfe denn den Rat über das Rathaus hinab und handele mit den Herren wie zu Weinsberg und jage sie durch die Spieße. Lutz Taschenmacher und der Flammenbäck riefen, sie wollen die Schlüssel zur Rechenstube, wo die Stadtkasse war, zur Hand nehmen; sie wollen auch wissen, was da sei. Eine Rotte stürmte auch unter Geschrei: „Stecht die Bösewichter drinnen zu Tod!" die Rathaustreppe hinauf, bis in die Ratsstube. Da trat Doktor Lachmann, der Freund Melanchthons, der Reformator Heilbronns, der Prediger an St. Nikolaus, unter sie; der Rat hatte ihn gerufen, und es gelang der Macht seines Wortes und seiner beliebten Persönlichkeit, die Stürmischen zu beruhigen und zu entfernen.

Schon zu Neckarsulm waren viele Bürger im Bauernlager gewesen und hatten bei ihrer Zurückkunft nicht genug zu sagen gewußt, wie die Bauern mit so großer Macht daherziehen, daß sie wohl nicht zu bewältigen wären. Nach Weinsberg liefen noch mehr hinaus, die meisten der Verschworenen; manche der letzteren waren auch mit am Sturm, und in den wenigen Tagen vom Karfreitag bis zum Ostertag hatte die bäurischgesinnte Partei in der Stadt schnell die entschiedene Oberhand erhalten.

Der Unwille der Gemeinde war darum so groß, weil der Rat einerseits nicht auf jene ihre Artikel eingehen, andererseits sie über die Forderungen des Bauernheeres täuschen wollte; er wollte die Gemeinde glauben machen, die Bauern wollen über die Stadt kommen, während doch die mit ihnen einverstandenen Bürger der Gemeinde das Gegenteil versicherten, wie sie nicht an die Stadt, nur an die verhaßten, strafwürdigen Deutschherren wollten. Darum hörte man auch allenthalben aus der Gemeine das Geschrei, der Rat habe Lügen vorgetragen.

Die Ratsherren, die nach ihrer eigenen Äußerung „nach Vollendung der mörderischen Tat zu Weinsberg voll Schrecken, Furcht und Angst waren", verloren bei dem stündlich wachsenden innern Sturm immer mehr das Steuer aus der Hand.

Vom Markte zog sich die Opposition auf die Stuben der Weingärtner. Die Weingärtner, an deren Spitze Berthold Biedermann stand, wollten zünftig werden. Sie hatten schon vor der Frühmesse dieses Tages auf der Oberländer Weingartstube einen Rat gehalten und daselbst beschlossen, am anderen Morgen wieder einen zu halten und von jedem Handwerk einen oder zwei zu sich zu nehmen und dann mit dem Rat zu handeln. Am Abend nun sammelten sich hier wieder viele Weingärtner, und unter sie sah man die eifrigsten der Verschworenen derer sich mischen, die zu dem evangelischen Bunde gelobt hatten. Besonders taten sich Gutmann der Tuchscherer und Christ Scheerer hervor und der Taschenmacher. Sie wollen den Rat oben herauswerfen und durch die Spieße jagen, das war die allgemeine Ansicht, die sich geltend machte. Sie hatten Torwart und Wächter bestellt, um nicht überfallen zu werden. Die Weingartstube war ein wahres Arsenal von Wehren, Harnischen, Spießen, Büchsen, Hellebarden: Die, welche keine Wehr hatten, wurden von hier aus mit Waffen versehen. Das wichtigste war, daß sie einen Ausschuß machten und hinaus zu den Bauern nach Weinsberg schickten. „Was macht ihr droben im Rat?" ließ am Ostermontagmorgen Wolf, der Bäcker am Hafenmarkt, einen des dem Rat zur Seite gesetzten Ausschusses an, „daß euch Gottes Fleisch schänd'! Wir haben nächtig uns einen rechten Ausschuß gemacht und zu den Bauern geschickt; der hat uns eine rechte Sache gemacht; es wird recht gehen."

Als bekannt wurde, daß die Bauern die geistlichen Häuser in der Stadt strafen und einnehmen wollen, riefen viele, man solle diese geistlichen Höfe selbst einnehmen. Christ Weyermann, Leonhard Weldner und Mathias Gunther bearbeiteten dahin namentlich die Weingärtner. Die Weingärtner waren durch die Drohung der Bauern, die Weingärten aushauen zu wollen, besonders beteiligt. „Nein", rief einer, „eh' ich mir einen Stock wollt' aushauen lassen, eh' wollt' ich mit meiner Hausfrau die Stadt aufgeben." Schlagt um, schlagt um, schrien sie den Trommelschlägern zu, die sie an sich gezogen hatten. Die Trommeln wirbelten, die Weingärtner zogen auf den Markt; sie wollten Gemeinde halten. Man solle und müsse, hieß es, die Höfe selbst einnehmen; es seien viele arme Leute in der Stadt. Man solle, hieß es, den deutschen Hof den Oberländer Weingärtnern zu einem Zunfthaus geben, das Barfüßerkloster den Unterländern, den Schuhmachern Unserer Frauen Haus. Es kam fürs erste zu keinem Schluß, und schon zeigten sich einzelne Schwärme der Bauern an den Toren. Fohenloch, genannt Mönch, einer der Bürger, hatte zwar denen zu Weinsberg draußen versichert, man solle fröhlich vor Heilbronn ziehen, Tür und Tor stehen offen. Sie fanden sie aber verschlossen, weil es dem Rat gelungen war, sie zu schließen, nachdem draußen war, was hinaus wollte. Auch die Mauern waren mit Bürgern und Knechten besetzt, Bauernfreunde und -feinde untereinander. Auf einem der Türme stand der Edle Martin von Zeyten, neben ihm Kaspar Heller. „Was, will man nach den Bauern schießen?“ sagte dieser. „Ich wohl“, sagte der Junker. „Welcher es mit den Bauern hat, der, wollt' ich, wäre lieber bei ihnen draußen, und es sollte keiner herauf gehen, er wäre denn herauf beschieden.“ „Ich bin auch ein Bürger“, sagte Kaspar. Da zogen etliche Bauern am Graben hervor. „Morgen“, rief einer herauf, „will ich Bürgermeister in der Stadt werden.“ „Das wolle Gott nicht“, erwiderte der Junker, „ich wollt' euch eher hängen.“ „Ei, ihr Schmerbäuche“, versetzte der fremde Bauer, „ihr wollt uns nicht einlassen? Die Armen ließen uns gerne ein.“ Da kam Albrecht Boppel, ein Heilbronner Bürger von den ärmsten, dazu. „Wohlan, Martin“, rief er, „ich will dir an die Rede denken, wenn wir hineinkommen.“ Der Junker erschrak dessen und ging hinein. „Wenn du einen Schuß getan hättest“, sagte Thomas Dieppach zu ihm, „hätte man dich über den Turm herabgeworfen wie den Dietrich von Weiler.“ Ein keckes Weib, Klaus Greßlins Frau, warf einen, der den Bauern sich feindlich zeigte, wirklich von der Mauer herab. „Meine Büchse“, sagte Bernhard Seitz, „schießt keinen Bauern.“ Andere luden ihre Büchsen mit Papier. Simon Herzog, ein reicher Bürger, trieb es am anderen Tag, als man mit den Bauern vor der Stadt handelte, so weit, daß er sein Wasser in das Pulver abschlug. „Nun“, sagte er zu dem neben ihm stehenden Bürgermeister, „gefällt's dir jetzt, daß die Bauern einreiten? Wie siehst du? Sagst du noch, sie müßten als Kranich' über die Mauer hereinkommen? Sieh, jetzt mußt du sie dennoch einreiten lassen.“

Als die Bauern von Weinsberg herzogen, riefen ihnen die Heilbronner, die in den Weinbergen hackten, zu: „Gehabt euch wohl, liebe Freunde; wir werden bald nachkommen.“

2

Besetzung Heilbronns durch die Bauern

Die vom Rat ausgeschickten Kundschafter brachten zurück, die Bauern haben drei halbe und zwei ganze Schlangen, dazu vier Falkonetlein und viele Doppelhaken; sie tragen ein Kruzifix in ihrer Mitte, und sie lassen sich hören, es gehe vor die Stadt, und wo man sie nicht einließe, wollen sie das Kind im Mutterleibe verderben. Das Geschütz war teils hohenlohesches, teils weinsbergisches; daß die Bauern kein Pulver dazu hatten, wußten die Kundschafter nicht. Das war der dritte Schlag für den Rat, der schon durch das Frühere entmutigt, durch den Zwiespalt unter sich selbst geschwächt war.

Er versammelte wieder die Gemeinde auf dem Markt und forderte auf, wer redlich zu ihm wider die Bauern halten wolle, solle auf seine Seite treten. Nur der geringere Teil erklärte sich für den Willen des Rates. Der größere Teil wollte mit den Bauern unterhandeln; viele zeigten unverhohlen ihre Sympathie für die Sache der Bauern. Viele schrien, sie haben weder zu essen noch zu trinken. Der Rat eilte, dieses Geschrei zu stillen. Er ließ den unzufriedenen armen Mann auf Stadtkosten speisen und tränken: In Ermangelung eines Stadtkellers holte er dazu drei Fässer Wein aus dem deutschen Hause. Während der Zeche zeigte sich die Spitze des Bauernheeres in der Nähe der Stadt, und Jakob Rohrbach hielt mit mehreren Hauptleuten vor dem Tore. Ein Kaufmann, der von Hall herkam, hatte die Bauern gefragt, wo sie hin wollten, und die Antwort erhalten: „Zum Tanz auf die Heilbronner Kirchweih." Die schwarze Hofmännin, die zu Weinsberg mit am Sturme gewesen, zog wieder an der Spitze des großen Haufens Heilbronn zu. Da sah man sie vor dem Zug halten und die Bauern ermahnen, nur frisch drauflos zu ziehen; dann sprach sie den Fluch aus über die Stadt, zumal über den Rat, als über „Bösewichter und Buben", und den Segen über die Bauern.

Die Bauern ließen in die Stadt herein sagen, wenn man ihnen die Tore nicht öffne, werden sie die Mauern stürmen und die Weinberge aushauen. Georg Metzler, der jetzt auch vor die Mauern mit dem ganzen Haufen gekommen war, schickte hinein, die Stadt solle ihm Proviant liefern. Der Rat war so betäubt, daß es einen, der sich die gestrengen Herren betrachtete, bedünken wollte, „er wollt ihrer einen mit dem Finger umgestoßen haben". Doch wagte er noch, die Forderung Metzlers zu verweigern. Dieser aber schickte wieder herein, mit ernster Bedrohung. Außen drohten die Bauern, innen gärte die Gemeinde; der Rat fand für gut, durch zwei Ratsherren fünfzehn kleine Fässer Wein ins Lager Metzlers hinausführen zu lassen. Der oberste Hauptmann hatte es nur gegen Bezahlung verlangt, und ein geschworener Eicher fuhr mit hinaus, um das Geld dafür einzunehmen. Auch Brot ließ der Rat durch seine Bäkker für die Bauern backen, und man hat keinen Grund, daran zu zweifeln, daß die Bauern Georg Metzlers, für jetzt wenigstens, redlich bezahlten.

Darauf schickte Georg Metzler abermals herein und forderte Einlaß für den Haufen unter den früheren Bedingungen: Sie suchen nur die Geistlichen, ihre Feinde; man solle den christlichen Brüdern das Beste tun und mitteilen, oder sie wollen das Unterste zuoberst kehren; lasse man sie aber ein, so wollen sie ein gütlich Gespräch halten.

Darauf ordnete der Rat drei aus seiner Mitte, dabei jenen reichen Bäcker und Weinwirt Müller, genannt Flux, ein Haupt der Gemeindeopposition, ins Bauernlager ab, und diese unterhandelten insgeheim mit dem Bauernrat. Mit ihnen gingen in ihrem Geleit mehrere Hauptleute und Räte der Bauern in die Stadt zurück. Diese brachten die Vorpunkte des Vertrages ins reine und wurden dann wieder vom Rat hinausgeleitet. Gleich darauf bestellte der letztere eine Abteilung der Bürgerrotten, im „deutschen Hof zu hüten und zu wahren, aber niemand wollte solches tun", und fast zu gleicher Zeit öffnete sich das kleine Türlein an der großen Pforte gegen Unsere Frauen zu, und eine Abteilung des hellen Haufens wurde eingelassen. Man hatte es zu machen gewußt, daß man nicht den Beweis führen konnte, ob es der Rat getan oder die Gemeinde. Sobald die Bauernabteilung die Stadt besetzt hatte, kehrte einer der Führer derselben ins Lager zurück. „Brüder", sagte er, „nun haben wir wieder eine Stadt gewonnen."

Mit der Bauernabteilung war der oberste Hauptmann, Georg Metzler, Hans Reyter von Bieringen, des hellen Haufens Schultheiß, Jakob Rohrbach und Albrecht Eisenhut, der Beutemeister des Heeres, in die Stadt gekommen. Mit diesen vieren wurden vier vom Rat und vier von der Gemeinde verordnet, den Vertrag zum Abschluß zu bringen.

Es war auf der kleinen Ratsstube. Die Unterhandlung war kurz. Die Bestrafung der Geistlichen mußte der Rat gestatten; Büchsen und Pulver öffentlich zu geben, lehnte er ab, und die Hauptleute begnügten sich, daß man es sich in der Stadt verschaffe. Auch die Forderung, daß Heilbronn ein Fähnlein von 500 Knechten, mit einem Hauptmann aus den Bürgern und mit der Stadtfahne zum Haufen stelle, lehnte der Rat ab; man möchte es nicht tun, hieß es. Auch die vierte Forderung, niemand, der gegen die Bauern wäre, Aufenthalt und Vorschub zu geben, brachte der Rat weg, indem er seine Einung mit dem Pfalzgrafen vorschützte. Dagegen nahm er die zwölf Artikel an, und Rat und Gemeinde huldigten in den Bund der Bauern; sie wurden der Bauern „liebe Brüder und gute Freunde". Die geistlichen Häuser schätzten die Bauern schwer. Hatten sie vom Karmeliterkloster 3000 Gulden genommen, so verlangten sie vom Klarakloster 5000 Gulden, vom Billigheimer Hof 200, von Präsenzherren 300; sie ließen sich auch hierin zu bedeutenden Nachlässen bewegen.

Die Verhandlung leitete der volksbeliebte Prädikant Doktor Lachmann, den der Rat zu diesem Zweck gerufen hatte. Doch für den Deutschorden erlangte auch er nichts. Das deutsche Haus gehöre ihnen, sagten sie. Alles, was seit der Ankunft des Haufens vor den Mauern zwischen den Bauern und dem Rat verhandelt wurde, war das Werk weniger Stunden: Schon um die fünfte Stunde nachmittags, am Osterdienstag, wußte man in Wimpfen, daß Heilbronn sich mit den Bauern vereint habe, und diese

Die Weiber schleppen ihre Beute heim

Stadt schickte Abgeordnete nach Heilbronn herein, Lachmann führte sie vor die Hauptleute und erhielt auch für sie einen leidlichen Vertrag.

Als vertragsgemäß die Bauernhauptleute mit einigen Fähnlein in die Stadt einzogen, sah man auch eine gute Zahl Heilbronner Bürger, die draußen bei Weinsberg mitgewesen waren, mit in die Stadt wieder hereinziehen. Einzelne waren schon zuvor wieder hereingekommen, gleich nach der Tat, unter diesen Christ Weyermann. Dieser war hereingekommen, seine Hellebarde noch blutig, noch Haar und Fleisch daran und den Hut Dietrich von Weilers auf dem Kopf. Unterm Tor hatte er gesagt und dabei den Hut gerückt: „Es muß erst recht gehen; alles, was nach einem Sporn schmeckt, muß sterben." Auch der Ausschuß, der von der Weingartstube aus nach Weinsberg geschickt worden war, war schon längst früher zurück. Es waren die fünf: Mathias Gunther, Bastlin Wachtmeister, Lutz, Fleinhans und Kollenmichel gewesen. Jetzt sah man aber Wilhelm Bräunlin, einen sehr wohlhabenden Bürger, der den Bauern vorritt, mit einziehen, und hinter ihm Christ Scheerer, der, wie er hinten und vorn daran war in der Stadt, so auch draußen die zu Weinsberg verwundeten Bauern verbunden hatte; Lutz Taschenmacher mit blutigem Spieß und in einem Prachtkleid des Grafen von Helfenstein, Hans Weldner mit dessen Barett und Rapier; und bei diesen Heilbronnern zeigte man auf ein kleines Männlein, den alten Martin, der den Dietrich von Weiler erschossen; auf den „großen Bauern von Kochendorf, der fürnehmsten großen Hansen einen, der in der Tat zu Weinsberg sich sehr geübt"; auf den Schweinheinzen von Kresbach, „einen großen Schalk, der zuerst des Grafen Hab und Gut geplündert und sehr darauf gestimmt, den Grafen zu würgen". Die trauernde Gräfin wollte die Kleider des toten Grafen wieder einlösen; sie mochte lange nicht Geld dazu überkommen; Wilhelm Bräunlin, der der Bauern Fähnlein zum Fenster aushing, lieh ihr fünfzehn Gulden dazu.

Mit dem Erscheinen der ersten Bauern in der Stadt schwand vollends das letzte obrigkeitliche Ansehen des Rates; man hörte die Bürger laut sagen: „Der Rat hat keine Gewalt mehr."

Beim deutschen Hause strömte die Menge zusammen. Die Hintersassen des Deutschordens waren am freudigsten daran. „Kommentur", hörte man rufen, „wir haben lange Zeit hereingeführt; wir wollen nun auch eine Weile hinausführen." Der Rat schickte etliche Ratsherren mit einer Wache hin, „darauf zu achten, daß kein Schaden, Zank, Hader und Feuer entstehe, auch der Unfug sich nicht weiter erstrecke". Die Wache ließ jeden in das deutsche Haus hinein, aber keinen ohne Paß wieder heraus. Das, daß es nicht zerstört werde, hatte der Rat von den Hauptleuten erhalten. Albrecht Eisenhut leitete als oberster Beutemeister die Plünderung des für gute Prise erklärten Hauses und Hofes; unter ihm standen mehrere Beutemeister, Leonhard Weldner von Heilbronn, Wendel Eberlin, Hans Kraus und andere. Alle Briefe, Rechnungen und Schriften des Ordens wurden zerrissen, zerstreut und in den Bach geworfen. Die deutschherrischen Bauern erwarben sich das Zeugnis, daß sie im Stehlen sonderlichen Fleiß getan haben. Weiber, Kinder liefen, trugen, schleppten durcheinander Wein, Haber, Linnen, Silbergeschirr, Hausrat aller Art. Jäcklein hatte im Hofe einen Markt aufgeschlagen und in der Stadt bekanntmachen lassen, daß alle Beute verkauft werde. Da saß er und verkaufte Wein, Früchte, alle tragbare Habe; man sah Bürger der Stadt auf dem Fruchtkasten der Kommende, welche Korn und Haber mit dem Stadtmaß maßen; Bürger und Bürgerinnen, alt und jung trugen und führten das wohlfeil Erkaufte fröhlich heim, und Jäcklein zog das Geld dafür ein. Leonhard Weldner aber und andere trugen vieles zu einer Hintertüre hinweg in ihr Haus. Weiber trugen Levitenröcke und Chorhemden; die letzteren zerschnitten sie sich zu Schürzen.

Als dieses Geschäft beendet war, wurde im Hause lustig gegessen und getrunken. Diejenigen Ordensherren, welche mit dem Kommentur nicht entflohen und noch im Hause waren, mußten, neben der Tafel stehend, die Hüte in der Hand, den schmausenden Bauern zusehen. Ein Bauer schrie einen der ihm zunächst stehenden Deutschherren an: „Heut, Junkerlein, sein wir Deutschmeister", und schlug ihm dabei so derb auf den Bauch, daß er jählings zurückstürzte. Nach dem Schmaus wurde das dem Beutemeister übergebene Geld geteilt. Die Hintersassen des Deutschordens forderten für sich das meiste. „Wir Deutschmeisterischen", sagten sie, „haben den mehren Teil hereingeführt, darum sollte man auch, was im Hof ist, niemand billiger als uns geben." Sie hatten auch an Barschaft schöne Summen im deutschen Hause gefunden; erst ein paar Tage zuvor war für den Kommentur von Winnenthal eine Truhe mit 4000 Gulden, von Heinrich Sturmfeder eine Summe von 200 Gulden usw. im deutschen Haus hinterlegt worden. Der Orden schätzte seinen Schaden auf 20 700 Gulden. Darum fielen auch hübsche Parte bei der Teilung für die Hauptleute wie für die einzelnen ab. Georg Metzler erhielt 1300 Gulden, ein Heilbronner Bürger trug auf seinem Rücken 1400 Gulden in sein Haus in der Eichgasse und teilte sie daselbst mit vier anderen.

Die Bauernweiber liefen ganz übermütig in der Stadt herum. Sie wollen nun auch eine Weile, sagten sie, in der Stadt hausieren, und die Herren sollen auf die Dörfer ziehen; und auch manche Bauern ließen sich von der Siegestrunkenheit hinreißen. Man hörte sie drohen, daß sie die Nonnen zu St. Klara aus dem Kloster jagen wollen. Mit ihnen liefen Heilbronner Bürger in den Häusern der Pfaffen herum und übten Gewalt. Einer der letztern erbot sich zu Recht. „Der Rat hat keine Gewalt mehr", sagte der Bürger Jörg Klein. Die geängstigten Schwestern zu St. Klara flehten den Rat um Hilfe, sie seien ja größtenteils der Stadt Kinder; der Rat riet ihnen, weltliche Kleider anzutun und, wenn sie wollten, auch zu einem Freunde zu gehen, dann wolle er sie schützen.

Daß es der Stadt Heilbronn bei den Bauern so gut ging, daß bei ihrer Siegestrunkenheit, die sie von Weinsberg her mitbrachten, der Stadt selbst nicht das geringste Leid geschah, hatte seine besonderen Ursachen. Selbst den sehr verhaßten Ratsherren geschah weder von Bürgern noch von Bauern eine Unbill außer in Worten; der Ärger der Ratsherren freilich war manchmal so stark, daß nach Christ Scheerers Ausdruck einem auf dem Rathaus das Grüne und Gelbe herausrann.

Fürs erste wirkten viel für die Stadt die Unterhandlungen der Oppositionspartei, die durch den heimlichen Ausschuß der Fünf persönlich geführt wurde, von denen jeder seit langem in die geheimen Pläne eingeweiht oder sogar der Urheberschaft teilhaftig war. Jeder dieser Männer blieb auch als Bauernfreund immer noch Heilbronner Bürger, Freund seiner Stadt, die er nicht verderbt wissen wollte. Dagegen hätte von dieser Partei dem Rat, den Herren darin, noch immer Gefahr genug gedroht. Sie stiegen auch im Gefühle dessen bis zu Bitten, zu demütigen Bitten an einen aus dieser Partei herab, und das war die zweite und Hauptursache, warum sie gerettet wurden.

Jener Hans Müller, genannt Flux, hatte die Häupter des hellen Haufens zu seinen nächsten Verwandten. Ein Bruder von ihm saß im Rate der Bauern, und der Schultheiß des Heeres, Hans Reyter von Bieringen, war sein Schwager. Auch mit dem obersten Hauptmann war er verwandt.

Flux gehörte zu den Köpfen, die mit Wärme die neuen Ideen ergriffen hatten; er wurde von ihnen hingerissen, sobald sie als Revolution auftraten; und doch gehörte er der letzteren erst an, als das große Bauernheer schon auf wenige Stunden sich Heilbronn genähert hatte.

Als das Geschrei entstand, die Bürgerschaft solle die geistlichen Höfe selbst an sich nehmen, war er voran dabei. „Fröhlich, meine lieben Bürger, fröhlich!“ rief er, „wir wollen den deutschen Hof einnehmen, und ich will mit meiner Axt die Türe gegen meinem Haus über aufhauen, wir wollen eine Trinkstube darin machen und eine durchgehende Gasse, und mit dem Rat wollen wir recht umgehen.“

Am Ostertag nachts, da die Wache an ihm war und man ihn aufweckte, sagte er: „Es darf mein nicht; ich wollt' es einem wohl gestern gesagt haben; es sind gute Freunde. Ich will auch nicht auf die Mauer; wenn ich aber drauf muß, will ich mein Kreuzmesser hinausrecken und sie daran hereinziehen.“ So ging er schlafend und wachend nur mit dem einen um. Nachts doch auf die Mauer beschieden, blieb er nicht oben darauf, sondern setzte sich herab auf die Staffel. „Das“, sagte er, „das jetzt vor Augen ist, das mögt ihr Herren nicht wohl leiden.“ „Lieber“, sagte der Ratsherr, „Ihr wißt, was Ihr gelobt und geschworen habt.“ „Ich hab' Euch geredet“, antwortete Flux, „das Ihr nicht wohl leiden möget; einen Herrn habe ich; und mit dem Rat wird es anders gehen, Rent' und Gült wird ihm abgehen.“

Am Ostermontag, als auf Georg Metzlers Anforderung der Rat alle Bäcker der Stadt Brot backen und den Bauern zuführen ließ, fuhr auch Flux mit Brot hinaus, entsetzte sich aber über die toten Körper der erschlagenen Ritter und Knechte, die noch am Weg Heilbronn zu lagen, so sehr, daß er, wie er sagte, aus einem Karren voll Brotes nur einen Öhringer Gulden in der Eile löste.

Als nun, so erzählt der Rat selbst, die Herren in der Stadt am Osterdienstagmorgen in großer Sorgfältigkeit beieinander versammelt waren, von den Aufforderungen der Bauerschaft und ihrem Anzuge bedrängt; als sie sich unvermögend sahen, den Sorgen und der Last Widerstand zu tun; da schickten sie zu Abwendung und Rettung – nach Hans Flux.

Der Rat erhielt durch Flux die früher erzählten günstigen Bedingungen. Die Herren waren ihm viel Dank schuldig, so sauer er dieses auch ihrem Stolze machte; denn er ließ sie seine Wichtigkeit sehr fühlen. Er hatte zu Weinsberg draußen gleich eines der eroberten schönen Pferde unter sich genommen und war so mit den Obersten hereingeritten. „Er stellte sich", sagte ein Ratsherr, „also gewaltiglich mit Reiten, Reden und allen Gebärden, als ob der Haufen ihm zugehörig wäre und der Handel allein bei ihm stände." „Hans Müller", sprach zu ihm Jörg Tenner, der Ratsherr, „wo wollen wir den Haufen liegen lassen?" „Laßt ihn draußen vor dem Tore liegen", entschied Flux, „so bringt er der Stadt desto weniger Nachteil." So ward durch ihn auch die Stadt von dem Haufen befreit. Am Donnerstag kam der Rat in neue Verlegenheit. Die Geistlichen waren gestraft, Rat und Gemeinde hatten auf die zugesagten Bedingungen auf offenem Markt „an die Hilf und Ordnung der Bauern auf die zwölf Artikel gehuldigt", da zeigte sich, daß Hans Reyter, des Heeres Schultheiß, einen Punkt zugesagt hatte, den der Haufe nicht anerkennen wollte, den nämlich, daß Heilbronn davon frei sein sollte, ein eigenes Fähnlein zu stellen. Der Haufen bestand auf 500 Mann und einem eigenen Fähnlein mit dem Wappen der Stadt, und Hans Reyter erlangte nicht mehr, als daß sie die Zahl auf 200 ermäßigten. Diese Forderung mußte er an den Rat stellen. Die Ratsherren schickten abermals nach Hans Flux. Dieser sah selbst das Mißliche ein, worin der Rat bei seiner Stellung zum Bunde und die gute Stadt Heilbronn durch Abgabe eines Stadtfähnleins geraten könnte; er fügte sich zu seinem Schwager und bat ihn aufs fleißigste, diese Forderung der Stadt zu erlassen. Hans Reyter ging auch soweit darauf ein, daß er es zufrieden sein wolle, wenn der Rat ihm diejenigen alle folgen lasse, die von freien Stücken mitziehen wollen. Darauf müsse er bestehen, damit er auch den Haufen begnüge. Als Hans Reyter, der Schultheiß, aus der Stadt zum Haufen hinauskam und ihnen vortrug, was er mit den Herren von Heilbronn gehandelt und wie er von ihnen Abschied genommen habe, in der Meinung, durch diesen Vorhalt dem Heer zu genügen und es von der Stadt hinwegzubringen, da widerstand ihm der ganze Haufe; man hörte Stimmen daraus, er habe es mit der Stadt, Stimmen, die ihn zu erstechen drohten. Um den Haufen zu stillen, ließ er selbst ein Fähnlein auf seine Kosten machen, daran jedoch weder die Farbe noch das Wappen derer von Heilbronn war; es war ein weißes, seidenes Fähnlein, und er bat seinen Schwager, Hans Flux, es einen Tag oder zwei zu tragen; darnach wolle er es wohl mit einem anderen versehen.

Hans Flux sah, daß der Haufe ohne ein Heilbronner Fähnlein nicht wegzubringen war, daß jedes fernere Zögern verderblich werden könnte; dem Rate und der Stadt zugute trat er mit dem Fähnlein unter das Tor und rief die Bürger unter dasselbe mit den Worten: „Ihr lieben christlichen Brüder, zieht unter dies Fähnlein, damit man das Evangelium beschirmen will. Allen soll gleiche Beute, Frucht, Wein und Sold werden; den Armen wird man wie den Reichen halten." Er erbot sich, jedem einen Gulden Sold auf die Hand zu geben. Ein anderer Bürger, Kaspar Heller, der, sooft man auch früher durch die Sturmglocke die Bürger auf die Wehren gegen die Bauern geboten, nie aus seinem Hause gegangen war, gab jetzt aus seinem Beutel Geld her, um Knechte von Neckargartach zu dem Fähnlein des Flux für das Bauernheer zu besolden.

So bildete sich das Fähnlein Hans Müllers; es wurde „das freie Fähnlein" genannt; die Bauern gaben ihm aber doch vielfach den Namen des Heilbronner Fähnleins.

Dieses Fähnlein, wie es unter dem Neckarsulmer Tor aufgeworfen flatterte, stach hie und da einem Heilbronner bös in die Augen. Der Rat aber wollte nochmals zweideutig auch seine letzte Verwilligung durch eine Ausflucht vereiteln: Er tat nichts, um das freie Fähnlein Müllers mit Waffen zu versehen. Voll Zorn kam Hans Reyter von Bieringen in die Stadt herein. „Was", rief er, „sind das die zugesagten Leute, Leut' ohne Wehr und Waffen?" Der Rat eilte, seinen Drohungen durch einen Wagen voll Spieße, Harnische und Wehren zu entkommen. Auch Pulver- und Geschütz- und andere Wagen mußte der Rat einem der Vertragspunkte gemäß den Bauern folgen lassen.

Der ehrbare Rat verleugnete nach allen Seiten hin seinen Eintritt in den Bauernbund. Er behauptete selbst dem nahen Wimpfen gegenüber, er habe nur zu den Bauern treten lassen, wer da selbst wollte; an den schwäbischen Bund schickte er Entschuldigungsschreiben wegen des Überzugs der Bauerschaft; aber gegen Gmünd, das teilnehmend anfragte, wie es Heilbronn gehe, gestand er seinen Schmerz.

3

Die Heerordnung: Götz von Berlichingen, oberster Hauptmann

Während das Hauptheer der Bauern in und bei Heilbronn lag, war „der Schwarze Haufe" schon vorwärts geschäftig, Schlösser abzutun und Herren und Gemeinden in die Verbrüderung aufzunehmen. Der Hauptleute strengster in Ausführung dieser Beschlüsse war Florian Geyer, der mit seiner Schwarzen Schar auf eigene Faust vorwärtszog und handelte. Hinter ihm drein, links und rechts, streiften andere kleinere Korps, die

Georg Metzler entsandte. So kam durch Gewalt oder freiwilligen Anschluß die ganze Gegend am Neckar, am Kocher, an der Jagst hier herum in die Verbrüderung der Bauern. Eine solche Streifschar Florians ging wieder nach Neckarsulm hinaus und holte das dortige Geschütz, vier Haken- und sieben Handbüchsen; sie glaubte, es nötig zu haben für das deutschherrische Schloß auf dem Scheuerberg. Man wußte schon lange, daß die Bauern auf dieses Schloß ein besonderes Absehen hatten; Heilbronn hatte wiederholt die Warnung an den Hauskommentur ergehen lassen, der auf dem Scheuerberg saß. Auch hatte es ihm Pulver und Steine zugesagt. Den Boten aber, der dieses letztere Schreiben dahin bringen sollte, hatte Jäcklein aufgefangen und ihm zur Strafe sein Pferd abgenommen, daß er zu Fuß und unverrichtetersache wieder nach Haus gehen mußte. Der Scheuerberg war eines der festesten Schlösser dieser Gegend, mit Besatzung und reichlich mit Geschütz versehen. Auf die Kunde von der Absicht der Bauern fragte der Kommentur die Besatzung, wessen er sich von ihnen zu versehen habe, und erhielt die Antwort, man könne das Schloß nicht halten, es seien ihrer zu wenige. Bald nachher, am 19. April, sah man die Bauern den Berg heraufrücken, man wollte einige Schüsse auf sie wagen, die Büchsen gingen nicht los, auf das Pulver war Wasser geschüttet; es wurde den Ordensherren gemeldet, die just bei der Tafel saßen. Die Herren gerieten so in Angst, daß sie jählings vom Mahle davonliefen und auf dem Tische die silbernen Pokale stehenließen. Die Bauern kamen so ohne Widerstand herein und fanden gute Beute, besonders viel Schießzeug, sechsundzwanzig Haken-, neunundzwanzig Handbüchsen, eine elfschühige Schlange, eine vierschühige Bockbüchse, vier acht- bis zehnschühige Geschütze; die Bauern leerten das Schloß und brannten es dann aus.

Eine andere Abteilung zog gegen das Schloß Horneck bei Gundelsheim am Neckar. Auf diesem Schlosse residierte damals, als seinem Lieblingssitz, der Deutschmeister Dietrich von Klee. Die Gundelsheimer sagten ihm zu, treulich zu ihm zu halten, wenn auch er Leib und Gut zu ihnen setze, und er versprach es. Gleich darauf, als die Bauern noch meilenweit entfernt standen, entfloh er nach Heidelberg; er wolle Hilfe für die Gundelsheimer suchen beim Pfalzgrafen, sagte er. Noch blieben die Ordensritter, sie ließen es nicht fehlen an Vermahnungen bei den Bürgern und an Zusagen, daß sie aufs Äußerste bei ihnen aushalten wollen. Als die Bauern herankamen, fanden sie an den Gundelsheimern gute Freunde; die Deutschherren hatten sie, wie der Deutschmeister, im Stich gelassen. Eines Morgens war den überraschten Bürgern angesagt worden, das Schloß oben stehe verlassen und leer; die tapferen Ritter hatten sich in der Nacht durch den geheimen Gang davongemacht. Vom Deutschmeister war ein Brief gekommen, die Gundelsheimer möchten ihm doch das Sei-

Der Deutschmeister entflieht nach Heidelberg

nige nachführen und Kanzlei und Gewölbe wohl verwahren, damit keine Urkunden verlorengehen. Die Gundelsheimer aber meinten, das Schloß zu wahren wäre eigentlich seine und seiner Ritter Sache gewesen, und ließen die Bauern ungestört im Schlosse aufräumen. Die Herren hatten Kleider, Briefe, selbst die Kleinodien zurückgelassen; und Vorräte und Hausrat waren so groß, daß fünf Wagen mit Fahrnis beladen werden konnten, jedes Fähnlein 120 Malter Korn und von dem aus dem Verkauf des Weinlagers erlösten Gelde je Rotte (es zählte eine dreizehn Mann) zehn Gulden empfing.

Am Samstag, dem 22. April, brach der helle Haufe endlich aus dem Lager vor Heilbronn wieder auf, um den vorausgegangenen Abteilungen zu folgen und sie wieder an sich zu ziehen. Als Hans Flux mit dem freien Fähnlein abschied, sagte er noch zu einem der Bürgermeister: „Sobald Ihr wollt, daß wir zurückkommen, tut es uns kund, so wollen wir heimziehen." „Es ist recht, lieber Hans Müller", sprach dieser: „Glück zu!" Wilhelm Bräunlin ritt wieder dem aufbrechenden Haufen vor. Wolf Meng, ein angesehener Bürger, wurde als oberster Quartiermeister in den Rat des hellen Haufens aufgenommen; „des war das Wölflein sehr fröhlich". Heilbronner und Heilbronnerinnen sahen zu, wie das freie Fähnlein vom Tore abzog. Lorenz Greßlin, der von Neckargartach hereingeheiratet hatte, zog auch mit hinaus, einen neuen Spieß auf der Achsel. Einige spotteten sein, er habe ein so schönes junges Weib zu Hause, ob er doch hinaus wolle und ihrer nicht sorge. „Zu küssen, wenn einer will“, sagte der Gespottete, „findet er wohl sonst draußen; wir werden in Städte fallen, metzeln und hübsche Freude haben.“ Auch Heilbronner Frauen sah man hinausziehen, in Wehr und Waffen: Da zog namentlich Hans Moritz' Frau, in blankem Harnisch, eine Feldflasche an der Seite. Die Hessin trug einen Bundschuh.

Beim Aufbruch des hellen lichten Haufens blieb Wagenhans von Lehren als Hauptmann im Weinsberger Tale zurück. Heilbronn selbst schloß viele Freunde des Haufens in seinen Mauern, die Böckinger, Neckargartacher und die anderen Flecken waren genug zu seiner Beobachtung, und der Plan, der jetzt ausgeführt werden sollte, ging dahin, zuerst die Stifter Mainz und Würzburg, dann Trier und Köln zu unterwerfen. Schon hier trennte sich Jäcklein von dem hellen Haufen und wandte sich zuerst in den Kraichgau. Aber schon zu Großgartach kehrten viele Bauern aus Flein und Böckingen von seinem Fähnlein zu ihrem Herd zurück; sie sagten, er habe ihnen nicht gehalten, was er ihnen zugesagt. Nachdem er den Kraichgau durchzogen, schloß er sich an den württembergischen Haufen an, mit Andreas Remy von Zimmern und den anderen Schreckensmännern und ihrer Schar. Es war eine bedeutende Mißstimmung zwischen ihnen und den anderen Hauptleuten eingetreten.

Zu Neckarsulm versah sich der helle Haufen hinlänglich mit Lebensmitteln und zog fort, gefolgt und umschwärmt von Juden, die ihnen die Beute abhandelten, am Neckar hinab nach Gundelsheim. Hier fanden sie in der Stadt jene deutschherrischen Vorräte an Wein und Früchten, und die Gundelsheimer selbst bewirteten sie gastlich. Auch oben im Schloß, in dem bereits von ihrem Vortrab geleerten Horneck, fanden sie noch immer viel zum Nachausleeren. Zu Gundelsheim, dem Sammelplatz der auf der Seite entsendeten Streifscharen, wurden die schon zu Weinsberg begonnenen, vor Heilbronn fortgesetzten Kriegsratssitzungen zu Ende geführt.

Es waren vorzüglich drei Gegenstände, welche den Kriegsrat beschäftigten. Sie betrafen alle die militärische Verfassung des hellen Haufens. Diese war bisher sehr schlimm bestellt. Es war eine große Masse von Leuten, welche teils aufgemahnt, teils freiwillig eingetreten waren; aber diese Masse war kein Heer im militärischen Sinne; es war kein Ganzes, sondern eine buntscheckig zusammengewürfelte Vielheit von Fähnlein und Dorfschaften, die zwar miteinander marschierten, aber wovon jedes wieder in sich abgesondert war und für sich ein Ganzes bilden wollte. Es war nicht einmal eine Soldateska, geschweige, daß es einer geregelten Armee gleichgesehen hätte; es war nichts als ein großes Durcheinander von Bürgern und Bauern, das in einzelne Haufen sich teilte, welche wieder in die Auswahlen von fünf, zehn, zwanzig, fünfzig Ortschaften sich ausschieden. Da war viel Kommando, wenig Subordination; es fehlte alle jene Kraft, welche darin liegt, daß ein überlegener Führer an der Spitze steht, alle Teile zusammenhält, durchdringt, mit sich verschmelzt und als Glieder eines eisernen Leibes bewegt. Auch die Bewaffnung war nicht nur ungleich, sondern großenteils schlecht. Geschütze hatten sie, aber keine Geschützmeister; selbst die Büchsenschützen fanden sich verhältnismäßig in geringer Zahl; die meisten waren im Krieg ungeübt. Auch fehlte es beim hellen lichten Haufen bis jetzt an einer gemeinsamen Kriegskasse und an Anstalten zu gemeinsamem Unterhalt, gemeinsamer Verpflegung des Heeres; jeder mußte für seine Bedürfnisse selbst sorgen.

Dem allem war abzuhelfen, wenn der rechte Mann sich fand, sich an die Spitze des Haufens zu stellen und die auseinanderlaufenden Interessen der einzelnen Ämter und Täler, die politische und religiöse Aufregung auf ein Ziel hinzulenken; das hatte man an den Hussiten gesehen.

Wendel Hipler war kein Kriegsmann von Haus aus, aber er hatte Kenntnisse von dem, was zu einem Heer und zu einem Feldzug gehörte. Er durchschaute alle diese Blößen des Haufens. Um eine geübte Truppe, um des Felddienstes kundige Mannschaft zu erhalten, stellte er im Kriegsrat den Antrag, daß der zweckwidrige Wechsel, nach welchem bisher jeder Ausgewählte nur vier Wochen im Haufen zu dienen hatte, dann zu seiner Feldarbeit oder seinem Gewerk heimging und durch einen frischen Mann ersetzt wurde, künftig aufgehoben sein und der Dienst bis zu Ende des Feldzuges dauern sollte, weil sonst das Heer immer wieder seine Leute gerade dann verlöre, wenn sie einigermaßen in dem Felddienst eingeübt wären, und weil es so fast ununterbrochen meist aus Rekruten bestände.

Ein zweiter Vorschlag, den er machte, betraf die Landsknechte. Von diesen tüchtigen Kriegsleuten zogen gerade damals viele, ohne Herrn und Beschäftigung, dem Bauernheer zu und boten ihre Dienste an. Wendel Hipler riet, alle ohne Anstand in Sold des Haufens zu nehmen, weil in ihnen selbst kriegsgeübte Leute gewonnen würden und durch ihren Vorgang und ihre Einübung die Bauern in den Kriegsdienst eingelernt werden könnten.

Diese beiden klugen Vorschläge gingen im Kriegsrat durch, aber als sie vor die Gemeinde des hellen Haufens gebracht wurden, konnte Wendel Hipler, trotz aller Beredsamkeit, mit ihnen nicht durchdringen. Die Mehrheit des Haufens wies die Landsknechte zurück, weil der Bauer fürchtete, beim Beuten gegen sie zu kurz zu kommen oder auch nur mit ihnen teilen zu müssen; den anderen Vorschlag verwarfen sie, weil die meisten den begonnenen Volkskrieg gar nicht begriffen und nichts wollten, als nach einer fröhlichen Beutefahrt von vier Wochen mit vollen Taschen wieder zu Weib und Kind zu kommen. Die Fähnlein der Landsknechte zogen verdrossen hinweg, und der Pfalzgraf Ludwig zu Heidelberg nahm sie sogleich in seinen Sold, um sich ihrer gegen die Bauern zu bedienen.

Der dritte Vorschlag Wendel Hiplers nahm nur wieder auf, was er schon früher zu Weinsberg und weiter zu Heilbronn geraten hatte, einen angesehenen, erfahrenen Kriegsmann als Feldhauptmann an die Spitze zu stellen, vor dessen Ruf und Persönlichkeit der ganze Haufen Respekt hätte. Wendel Hipler zielte auf niemand anders als auf seinen guten Freund, Herrn Götz von Berlichingen. Diesen nannte er auch jetzt wieder als den Tüchtigsten.

Wieweit Herr Götz vor der Begebenheit zu Weinsberg mit Herrn Wendel Hipler sich wegen der obersten Leitung des Haufens verabredete und wie er selbst sich angetragen, ist erzählt worden. Die an so vielen des Adels geübten Repressalien von Weinsberg änderten jedoch die Stellung dieser Sache sehr. Der fränkische Adel, mit dem sich Götz im Sinne des verstorbenen Sickingen zu der Volksbewegung hatte stellen wollen, war von Entsetzen ergriffen. Die allgemeine Adelsversammlung, die Götz ausgeschrieben hatte, war nun nicht zusammengetreten; in großer Furcht hatte sich eine Zahl fränkischer Edeln im Gehölz Hespach bei Boxberg am 21. April zusammengefunden. Zu dem Volke zu treten und dasselbe mit eigener Hand gegen die geistlichen Fürsten zu führen, davon war jetzt keine Rede mehr. Die Edeln wollten sich vielmehr an die Fürsten anschließen. Auch Herr Götz hatte vielleicht einen Augenblick im Ernst den Gedanken, in die Dienste des Pfalzgrafen zu treten. Es war, wenn es wirklich sich so verhielt, ein Gedanke des ersten Schreckens.

Es ist damit, daß Herr Götz bäurisch wurde, geradeso wie mit der guten Stadt Heilbronn, ihren Entschuldigungen und Verleumdungen: Wie diese, so war Herr Götz am 24. April mit dem gewöhnlichen Huldigungseid in die große evangelische Brüderschaft eingetreten, ohne alle Klausel; man hatte ihm nichts Besonderes gemacht. Die Akten des Stuttgarter Staatsarchivs bewahren noch das Original des Schirmbriefes auf, durch den er in die evangelische Brüderschaft aufgenommen wurde. Er heißt einfach: „Ich, Jörg Metzler von Ballenberg, Hans Reyter von Bieringen, Schultheiß, und andere Hauptleute des christlichen Haufens der Bauern tun kund, daß wir den ehrenfesten Junker Götz von Berlichingen in unsere Vereinigung, Schirm und christliche Brüderschaft genommen haben."

Herrn Götzens alte Freunde, Wendel Hipler und der im Bauernheer so mächtige Hans Reyter von Bieringen, drangen im Bauernrate durch, daß er an die Spitze als Feldhauptmann gestellt werden solle. Wendel Hipler hatte es wieder und wieder beredt vorgetragen, wie das so gut wäre und ihrer Sache einen Schein gäbe, wenn ein so berühmter Kriegsmann voranstände, und wie dadurch mehr Subordination in den Haufen, in alle Bewegungen mehr Einheit und ein besserer Erfolg käme.

Als dem gemeinen Haufen diese Absicht und die weitere, des Adels Hilfe beizuziehen, vorgetragen wurden, hörte man sehr entgegengesetzte Äußerungen. Da hieß es: „Wir haben einen Bauernkrieg, was bedürfen wir des Adels?" Dort hieß es: „Den Götz von Berlichingen? Was wollen wir seiner zum Hauptmann? Er gönnt uns nichts Gutes." Wendel Hipler sprach davon, wie er ihnen nützen könnte, wenn er an der Spitze wäre, und wie es ihnen schaden müßte, wenn er seine Tapferkeit und seine Erfahrung von ihren Feinden gegen sie gebrauchen ließe. Da schrie es aus dem Haufen: „Warum hängt man ihn nicht an einen Baum?"

Jetzt sprachen auch Jörg Metzler und Hans Reyter zum Haufen, und dieser Bauern einfaches Wort fand beim gemeinen Mann mehr Eingang als das kunstreiche des beredten Wendel Hiplers, des vornehmen Mannes. Die Mehrheit wurde für den Antrag gewonnen, Götz zum Feldhauptmann zu machen. „Schickt Leute zu ihm", sagten Hipler und Reyter, „er wird's annehmen." Da sandten sie zu ihm auf den Hornberg Konrad Schuhmacher und Thomas Gerber von Öhringen, Georg Maselbach von Heßlinsulz, Hans Schikner von Weißlensburg und andere, über die Hauptmannschaft mit ihm zu reden. Der Ritter stellte sich, als ob er es nicht gern tue, und die Abgesandten kehrten ins Lager zurück.

Da hießen sie einen reiten, den Ritter von seinem Schloß herab ins Wirtshaus zu Gundelsheim zu bescheiden.

Droben in der Wirtsstube fand er die vornehmsten Hauptleute und Räte der Bauern beisammen. Götz bat sie aufs „hochbeweglichste und freundlichste", ihn mit der Übernahme der Hauptmannschaft zu verschonen. Er habe, erzählt uns der Ritter in seiner Selbstbiographie, ihnen dagegen seine Verpflichtungen gegen den schwäbischen Bund, gegen Fürsten und Herren vorgehalten und wie die zwölf Artikel gegen sein Gewissen seien. Da trat Wendel Hipler mit ihm beiseite und sprach mit ihm allein; es war außerhalb des Wirtshauses, bei dem Weingarten; auf einem Tisch lagen die zwölf Artikel; Hipler habe sie ihm ausgelegt, wie ein Prediger, meinten die Bauern. Hipler flüsterte wohl von ganz anderem.

Zuletzt, sagt Götz, habe er ihnen eine große Summe Geldes angeboten, wenn sie ihm die Hauptmannschaft erlassen, und ihnen zugesagt, auf seine Kosten zum Bund, zu Fürsten und Herren zu reiten und allda nach seinem Vermögen zum Frieden und zu aller Billigkeit für sie zu handeln; aber es habe nichts helfen wollen, es sei alles umsonst gewesen. Die Bauernräte haben ihn an die Hauptleute verwiesen, die draußen vor dem Tore, jeder bei seinem Fähnlein, hielten, und an den ganzen Haufen. Götz ritt hinaus, sprach eine Rotte um die andere an, und man schien da und dort auf seine Vorstellungen hören zu wollen. So ritt er weiter zu den hohenlohischen Fähnlein. Da sah er sich auf einmal umringt, sah Büchsen angeschlagen, Spieße und Hellebarden eingelegt. Diesen drohenden Bewegungen folgte das Geschrei, er müsse ihr Hauptmann werden, er möge wollen oder nicht. „Sie haben mich", sagt er, „gedrungen und gezwungen, ihr Narr und Hauptmann zu sein; hab' ich mein Leib und Leben wollen retten, hab' ich müssen tun, was sie wollten." Mit Mühe habe er erhalten, daß sie ihm, auf seinen Eid, am folgenden Tag im Lager bei Buchen, wohin sie eben aufbrachen, wieder bei ihnen zu sein, einen Tag Bedenkzeit zuließen. Übrigens saß Götz schon zu Gundelsheim mit den anderen Hauptleuten im Kriegsrate, und er war der Meinung, sie sollen „dem Bischof zu Mainz ein Haus, zwei oder drei herumrucken". Werd' er sich ergeben, so kommen sie darnach desto stattlicher mit dem von Würzburg zu Handen. „Die Bischöfe werden alle abgehen", sagte Herr Wendel Hipler.

Räte und Hauptleute waren bei sich eins, wenn Götz die Feldhauptmannschaft annehme, auf jeden seiner Schritte scharfe Acht zu haben und, was er ratschlage, wohl zu prüfen; er sollte ihnen nützlich sein, nicht ihr Herr. Würde er aber der Hauptmannschaft sich weigern, so müsse man ihn mit seinen Knechten gefangennehmen und schwerlich gegen ihn handeln.

Herr Götz dachte selbst auch daran, daß im Weigerungsfall die Bauern wohl blutige Rache an ihm und allen den Seinigen nehmen und seine Freunde im Rat, der Kanzler, der Schultheiß, die beiden Heilbronner nicht mächtig genug sein dürften. So ritt er eines Tages mit zwei Knechten gen Buchen, das Bauernheer war inzwischen ins Schefflenzer Tal herüber und auf letzteren Ort vorgerückt. Es war dem ritterlichen Kämpen unterwegs, wie er sagt, traurig zumute, er wünschte oft, lieber in dem bösesten Turm zu liegen, der in der Türkei wäre. Er traf den hellen Haufen in allgemeiner Beratung, Räte und Hauptleute hielten drinnen im Ring. Als er dem Haufen sich näherte, fiel ein Bauer seinem Pferd in die Zügel und gebot ihm fluchend, abzusteigen und sich gefangenzugeben. Es war ein Schneider von Pfedelbach. Herr Götz, der mächtige geistliche Fürsten bekriegt hatte und der gefürchtetste Rittersname im Reiche war, mußte es erleben, von einem Schneider aus Pfedelbach sich aufgefordert zu sehen, sich ihm gefangenzugeben. „Du hast gut reden", sagte Götz, „so viele hast du um dich stehen; wenn du mich draußen im Feld allein fingest, wollt' ich dich loben; ich bin doch zuvor gefangen." Der Schneider sagte, „er erkläre ihm in aller Namen, er müsse ihr Hauptmann sein und sie gegen den Bischof von Würzburg führen". Herr Götz spottete des Schneiders und schlug das letztere rund ab. Der Schneider fluchte abermals und nannte ihn einen Pfaffenfreund. Götz stieg ab, trat unter den Haufen, in den Ring. Da fand er mehrere mainzische Räte. Man trug ihm von seiten des Bauernrats aufs neue die Feldhauptmann-

Götz von Berlichingen

schaft an. Götz versuchte viel, um sie von sich abzuwälzen. Sie nahmen keine Entschuldigung an. „Wenigstens“, sagte er, „werde ich niemals in eine so tyrannische Handlung willigen, wie die Ermordung zu Weinsberg war.“ „Es ist geschehen“, sagte man ihm dagegen, „wo nicht, geschähe es vielleicht nimmer.“ Da Götz den Ernst vermerkte und die anwesenden Räte des Erzbischofs von Mainz ihm selbst zuredeten, so sagte er: „So ihr mich also zwinget und dringet, so sollt ihr wissen, daß ich nicht anders handeln will, sofern mir Gott die Gnade gibt, denn was ehrlich, redlich und christlich ist und ehrenthalb geziemt und gebührt; und wo ihr nicht ehrliche, christliche Handlungen vornähmet, wollt' ich eher sterben, als mich zu euch bewilligen.“

So wurde Ritter Götz von Berlichingen des hellen lichten Haufens Feldhauptmann.

Da er vernommen, daß der Zug nach Würzburg beratschlagt worden, riet er ihnen davon ab; der Bischof sei nicht ihr Herr. „Lasset uns den

Feinden die Bäuche wenden“, sagte er, „und nicht den Rücken. Bedenkt eure Weiber und Kinder. Wenn ihr dorthin ziehet, so zieht der schwäbische Bund daher, verderbt und verbrennt euch, und wenn ihr acht Tage aus seid, kommt ihr darnach heim wie die Zigeuner.“

Von den Räten und Hauptleuten schlug es Götz heraus, daß sie ihm zusagten, keines Edelmanns Haus beschädigen, die Artikel mildern und bessere Kriegsordnung halten zu wollen. Unter diesen Bedingungen sagte er sich ihnen auf vier Wochen als Hauptmann zu und versprach aufs neue, den Adel in ihre Sache ziehen zu wollen. Die Bauern schenkten ihm zur Verehrung den Wildzug von Horneck.

Götz von Berlichingen war nie an der Spitze eines Heeres gestanden; er war der Mann der kecken Ritterstreiche, kein Feldherr, kein Taktiker, daß er aber nicht ohne ein kriegsverständiges Auge war, das zeigte er gleich dadurch, daß er es nicht für gut hielt, das Würzburger Schloß zu belagern. Als er sich als Feldhauptmann des evangelischen Heeres fühlte, hatte er nicht gerade Lust, gleich zum Anfang auf etwas wahrscheinlich Erfolgloses auszugehen. Fast außer aller Wahrscheinlichkeit aber war damals wenigstens die Eroberung des Frauenbergs. Herr Götz bemühte sich, die Bauern zu überzeugen, daß es für sie natürlicher sei, vorerst die Reichsstadt Hall zu überziehen. Es war dies ein leichteres Unternehmen, militärisch nicht unwichtig, weil auf diesem Wege die unmittelbare Vereinigung mit dem Gmünder-Gaildorfschen Haufen bewerkstelligt und etwas vermieden worden wäre, was, wie einmal die Sachen lagen, höchst nachteilig werden mußte, nämlich die Vereinigung mit dem fränkischen Heere, mit welchem die Sympathie durch Florian Geyer bereits stark gestört war.

Auch hatte Herr Götz, wie die meisten Herren seines Standes, eine so geringe Vorliebe für die Reichsstädte als irgend für die geistlichen Fürsten, und zumal die seinen Stammgütern so nahe sitzenden und so wenig adelsfreundlichen Bürger von Hall zu demütigen wäre ihm nebenher noch besonders behaglich gewesen. Es war ihm recht Ernst mit dem Haller Zug. Er kannte seine Freunde, seine Genossen, den schwäbischen und den fränkischen Adel, alle die Herren, die in der Haller Bürger Nähe sich unbequem fühlten: Herr Götz sagte in diesem Wissen und Kennen den Bauern im Lager zu Buchen zu: Wenn sie Hall überzögen, stehe er dafür, ihnen Reisige zuzuführen; er wisse jetzt in die zweihundert Pferde, die sie, wenn sie vor Hall ziehen wollen, nur beschreiben dürfen.

Es war nur natürlich, daß ein Kriegsmann wie Götz von Berlichingen, welchem Reiten und Schlagen Lust und Leben war, nach so langem Stillesitzen, trotz seiner vorhergehenden Abneigung sich augenblicklich kriegerisch gestimmt fühlte, wenn er sich unter diesen Tausenden von Wehrhaften sah, unter dem Waffengelärm, von dem das Tal erbrauste; wenn er hinblickte über diesen Wald von Hellebarden und Spießen, die doch manchen nervigten Arm unter sich hatten, manchen geübten Kriegsmann, manchen Bauer, über den mit der Waffe und dem Freiheitsgefühl etwas vom alten kriegerischen Geiste gekommen war. Da mußte ihn die Lust anwandeln, diese Macht gegen seine alten Feinde im schwäbischen Bund sich zu Nutz und Rache zu gebrauchen. Darum war es ihm auch gewiß ein Ernst, wenn er die Bauern aufforderte, dem schwäbischen Bund entgegenzurücken und den Frauenberg liegenzulassen. Als ein tüchtiger Kriegsmann wollte er sich nicht viel mit Festungen abgeben, sondern alle Haufen an sich ziehen und so mit ungeheurer Übermacht seinen und der Bauern gemeinschaftlichen Feind, den schwäbischen Bund, im Freien aufsuchen.

Zunächst vor ihnen lag jetzt das Mainzer Oberstift. Dieses hatte schon voraus Florian Geyer durchzogen, und wie er sich mit seiner Schwarzen Schar von dem lichten evangelischen Haufen getrennt hatte und wieder mit den indessen zum fränkischen Heere angewachsenen Haufen Frankenlands in Verbindung getreten war: So ließ er überall, wo er durchkam, nicht zum hellen lichten Haufen, sondern zum fränkischen Heere huldigen. So hatte er namentlich die neun Städte auf dem Odenwald in eigener Person für den Bund mit dem fränkischen Heere beeidigt und war dann weitergezogen auf Bischofsheim, der Tauber zu.

Das verdroß den Haufen vom Odenwald und Neckartal. Dieser anerkannte den Vertrag nicht, welchen die neun Städte mit dem Hauptmann der Schwarzen Schar geschlossen hatten; sie mußten aufs neue geloben in die Brüderschaft des hellen lichten Haufens. Dadurch wurde die Spannung zwischen den Odenwald-Neckartälern und den Franken fast zur Spaltung.

Von Buchen zog der Haufen auf Amorbach. Herr Götz, der Ritter, und Georg Metzler, die beiden obersten Hauptleute, führten die Spitze des Zugs, hoch zu Roß; hinter ihnen ritt der oberste Quartiermeister, Wolf Meng von Heilbronn, und die Räte; vor jedem Fähnlein sein Hauptmann. In der Nähe von Amorbach ritten die obersten Hauptleute mit den Räten voraus und stiegen in der mainzischen Kellerei ab.

Amorbach war das mächtigste Kloster im Odenwald. Es war ein Benediktinerstift. Die obersten Hauptleute schickten an den Abt ihren Befehl, sogleich alle Brüder des Klosters im Refektorium zu versammeln; sie haben mit ihnen zu reden wegen einer Reformation des Gotteshauses. Die Brüder mußten seit fast achthundert Jahren hübsche Kleinodien angesammelt haben, viele goldene und silberne Kirchengefäße, viel Geld bar und in Kapitalien. Geld zu haben, leugneten sie, und Wahrheit war es, daß sie einige Zeit viel zum Bauen verwendet hatten; „sie haben nichts

Jeder Bruder hatte einen solchen Becher in der Hand

Eigenes", sagten sie, „als einundzwanzig silberne Becher, welche unter sie zum Gebrauche verteilt seien". Jeder hatte einen solchen Becher in der Hand, und sie überreichten sie den Hauptleuten und Räten zum Geschenk mit der Bitte, sie gegen den Haufen zu schützen; denn schon hörte man das nachgekommene Kriegsvolk des hellen Haufens vor und in den Mauern des Gotteshauses lärmen.

Das Kloster hatte das Schicksal Schönthals und der Häuser des Deutschordens; ja ein schlimmeres. Was da war, Gewande, Geräte, kostbar mit Silber und Gold beschlagene Bücher, Früchte, Wein, Vieh, Hausrat wurde als gute Beute erklärt. Nachdem der helle Haufe geplündert hatte, kamen die Amorbacher selbst und die benachbarten Bauern, trugen vollends fort, was die anderen noch übriggelassen hatten, alles, sogar bis auf die Bretter, die Dachziegel und die vorrätig liegenden Backsteine. Man brach überall das Pflaster auf, um verborgene Schätze zu finden. Schon hatten die Hauptleute geboten, dem wilden Geschrei des Haufens zulieb, die Brandmeister sollen das Kloster anzünden. Da kamen sechs Abgeordnete des Rats von Amorbach und baten, das Gotteshaus nicht zu verbrennen, es stoße zu nahe an ihre eigenen Häuser, und diese möchten mit ihm, ja ganz Amorbach zuletzt in Flammen aufgehen. Auf das nahmen die Hauptleute den Brandbefehl zurück und befahlen den bloßen Abbruch. Nur die Zinsbücher des Stifts gingen in Flammen auf. Die Beute wurde verkauft und jeder Rotte ihr Teil davon. Auch Herr Götz erkaufte, außer seinem Teil, davon für 150 Gulden Kleinodien, darunter auch die schöne blaue Inful, welche seine Hausfrau zertrennte und die Perlen und Edelsteine daraus zu einem Halsschmuck sich nahm. Die Bauern waren mit Herrn Götz anfangs zu Amorbach noch so wohl zufrieden, daß sie ihm fünfzig Gulden an dem Kaufpreis für die Kleinodien nachließen.

Herr Götz, der die geistlichen Herren nie wohl leiden mochte und dem das neue Evangelium sehr gelegen gekommen war, um sich darauf zu berufen, fühlte sich zu Amorbach recht in seinem faustritterlichen Element, dem Abt Jakob gegenüber, einem alten, wie es scheint, schwachsinnigen Manne. Er war geflohen, aber von den Bauern noch auf der Flucht ergriffen worden, und eine wilde Rotte hatte ihn ausgeplündert, ihn fast rein ausgezogen, daß er es als eine Gabe des Mitleids ansah, als ihm ein Bäuerlein einen leinenen Kittel gab, sich darein zu hüllen. Drüben in der Kellerei saßen und tranken die Hauptleute. Sie ließen ihn holen, er kam in seinem leinenen Kittel, stand da, er der alleinige alte Mann unter den siegesübermütigen Obersten, und wurde scharf ausgefragt, wo das bare Geld des Klosters verborgen liege. Einen silbernen Becher hatte er noch bei sich versteckt. Götz, dem dies verraten wurde, verlangte auch diesen. Der alte Herr bat mit guten Worten, diesen ihm zum Gebrauche zu lassen. Da bedeutete ihn Berlichingen und berührte ihn mit seiner eisernen Hand auf eine Art, daß der Abt meinte, er habe ihm mit der Eisenfaust auf die Brust gestoßen: „Lieber Abt, Ihr habt lang aus silbernen Bechern getrunken, trinket auch wohl einmal aus den Krausen.“ Doch ließen sie ihn an ihrer Mahlzeit teilnehmen, bei der lustig aus den sechzehn silbernen Bechern getrunken wurde. Als man die gemachte Beute vor die Augen der Obersten herbeibrachte, seufzte der Abt beim Anblick derselben, besonders als drei schöne Becher vorgewiesen wurden. „Lieber Abt“, sagte Herr Götz, „seid wohlgemut, bekümmert Euch nicht; ich bin dreimal verdorben gewesen, aber dennoch hie; Ihr seid es eben ungewohnt.“

Der helle lichte Haufen war am 30. April zu Amorbach angelangt und lag mehrere Tage daselbst, während einzelne Abteilungen zur Seite zogen, um Edelleute in die Brüderschaft aufzunehmen und auf die zwölf Artikel zu beeidigen, auch Gotteshäuser und Geistliche zu brandschatzen und zu plündern.

4

Erläuterung der zwölf Artikel. Hans Berlin und Weigand

Herr Götz und schon vor ihm Wendel Hipler hätten gerne auch die zwölf Artikel gemildert, um dem Adel und den Städten den Anschluß an die Sache der Bauern annehmlicher zu machen, eine Brücke über die Kluft zu bauen zur Annäherung. Auch um eine bessere Heerordnung war es zu tun. Da kam ihnen, da keiner für sich die mißliche Sache, an den zwölf Artikeln zu ändern, übernehmen wollte, Hans Berlin, der Ratsherr von Heilbronn, in den Wurf, der wegen seiner geschickten Verhandlungen auf Reichs- und anderen Tagen einen Namen hatte.

Hans Berlin mußte ihnen eine Erläuterung der zwölf Artikel und Zusätze dazu ausarbeiten, eine Arbeit, die, wie er selbst schreibt, seinen Herren zu Heilbronn insbesonders ehrlich und gut sein werde. Er saß mit Wendel Hipler, mit Götz von Berlichingen und Heinrich Maler von Wimpfen zusammen, veränderte und ermäßigte die stärksten Punkte und suspendierte mehrere ganz. Suspendiert wurden der sechste, siebente, achte und zehnte Artikel, diese sollten ausgesetzt bleiben bis zu einer künftigen Reichsreform; bleiben also sollte es beim alten, vorerst mit Fronen, Güterabgaben, Hofgülten und Güterbesitz, und die Mängel in betreff dieser Punkte solle jede Bauerschaft erst bei der allgemeinen Reichsreformation vortragen. Der zweite Artikel wurde dahin abgeändert, daß zwar der kleine Zehnten nicht mehr gereicht, der große Zehnten aber beibehalten werden solle bis zur Reichsreform; bis dahin solle man diesen Zehnten in jeder Gemeinde unverteilt aufbewahren. Den vierten Artikel änderte Berlin dahin, daß die Jagd jedem nur auf seinem Grund und Boden und einzig die Fischerei überall erlaubt sein solle; den fünften dahin, daß zwar die Waldungen unter die Gemeinden gleich ausgeteilt, aber nicht anders die Holzhaue vorgenommen werden solle, als nach Bescheid des Gemeindegerichts und der von diesem geordneten Waldmeister. Nicht ein jeder solle seines Gefallens darin hauen; auch kein Vieh bei Strafe im Verhau und Jungholz getrieben noch die Beholzung verwüstet werden. Auch der elfte Artikel erhielt eine wesentlich andere

Fassung. Der Todfall solle zwar ab sein, aber wegen Handlohns solle es hingelegt bleiben bis zu weiterer Erkenntnis in der Reichsreform.

Besonders wichtig sind die Punkte, welche als Zusätze die Erläuterung der zwölf Artikel beschließen:

1. Keiner solle ohne Bescheid plündern noch hinaus zum Haufen zu ziehen aufmahnen; bei Leibesstrafe.

2. Zinse, Gülten und Schulden sollen ohne Widerrede bis zur Reichsreform gezahlt werden.

3. Alle Güter, welche weltlichen und geistlichen Obrigkeiten gehören, solle niemand beschädigen, und die weltliche Obrigkeit jedes Fleckens die bisher den Geistlichen zuständigen Güter zu treuen Handen nehmen und beschirmen (d. h. sequestrieren).

4. Keiner solle aus eigenem Frevel unbilligerweise einen anderen, er sei geistlich oder weltlich, beleidigen, sondern jeder sich des Rechtes eines jeden Fleckens begnügen lassen.

5. In allen Städten, Dörfern und Flecken sollen alle Untertanen ihren vorgesetzten Obrigkeiten gehorsam sein, sich keiner Strafe um verschuldeter Sache weigern und Rat und Gericht mit den Gehorsamen dem mutwilligen Frevel wehren und ihn strafen. Wo sich jemand dawidersetze, sich rottiere oder dazu hälfe, der solle den Hauptleuten und Räten des hellen Haufens angezeigt werden, zu ernstlicher Leibesstrafe.

Am Donnerstag nach Kreuzerfindung, dem 4. Mai, vollendete Hans Berlin diese Deklaration oder Erläuterung der zwölf Artikel, und am folgenden Tage wurde die Erläuterung der zwölf Artikel in großer Sitzung der Räte und aller Hauptleute des lichten Haufens angenommen; wie es scheint, auch hier im engeren Rat der Bauern nur durch Stimmenmehrheit, nicht durch Einstimmigkeit.

Die Einleitung zu dieser sogleich in Druck gegebenen Deklaration lautete: Da bisher manchfaltige Irrung und Zwietracht, mancher Mißverstand bei gemeinem Volk über die zwölf Artikel erwachsen sei und man dieselben auf größere Freiheit gedeutet habe, als die Artikel selbst enthalten, auch viel Ungehorsam der Untertanen daraus fließe sowie Verwüstung etlicher nutzbarer Dinge, und da zu besorgen sei, daß alles, was zu Frieden, Einigkeit und gutem Frommen angefangen worden, in Zerrüttung unter ihnen selbst kommen, Totschläge und andere Übel entstehen möchten, so haben sie, solches alles zu verhüten und ihr gutes getreues Vornehmen zu handhaben, zu den zwölf Artikeln eine Erklärung und zu Hinlegung mehrerer Gebrechen eine Erweiterung derselben verfaßt, welche etliche notdürftige Stücke betreffe. Diese Erläuterung schloß damit, daß alle, welche der Brüderschaft oder Vereinigung des hellen lichten Haufens zugetan seien, sich bei ernstlicher Strafe nach dieser neuen Ordnung bis auf fernere Erklärung zu halten haben.

Sie ging aus im Namen der Hauptleute, Räte und ganzer Versammlung des gemeinen christlichen Haufens des Odenwaldes und Neckartales; es scheint aber, die Hauptleute und Räte des inneren Ausschusses haben diese Erläuterung vorerst nicht an den hellen Haufen gebracht, sondern abwarten wollen, wie dieselbe von den hinter ihnen liegenden Gemeinden des Neckartales aufgenommen würde. Sie allda zu verkünden, beauftragten sie den geschickten Hans Berlin selbst, und nachdem dieser mit dem inneren Rat der Bauern „noch anderes hatte machen helfen", wahrscheinlich die Grundzüge zu dem Entwurf einer allgemeinen Reichsreform, ritt er mit der Deklaration zurück. Wie sie in den nächstgelegenen Gemeinden aufgenommen wurde, wissen wir nicht im einzelnen: Zu Böckingen ging es ihm schlecht. Als er anhob zu verkünden, wie keiner den anderen aufmahnen dürfe, bis auf des Haufens eigenes Erfordern, jeder den anderen bei seinem Herkommen und seiner Gerechtigkeit bleiben lassen, alle Zinse, Gülten und anderes wie zuvor leisten solle, da sprach die schwarze Hofmännin, das Verkünden sei derer von Heilbronn Anrichten. „Bei dem Leiden Gottes!" rief sie, „der Berlin wird euch betrügen, ihr werdet verführt und betrogen; ich selbst will ein Messer in ihn stechen, und wer das tun will, der stehe zu mir, ich will zum ersten Hand anlegen." Da stand Bartlin Hailmann zu ihr, „mit viel üppigen Worten", und Herr Hans Berlin fand für geraten, ihnen flüchtig zu entreiten.*

Die dem Lager von Amorbach nächsten Gemeinden, in denen Hans Berlin die Deklaration verkündet hatte, schickten sogleich Botschaften an den hellen Haufen, es kam ihnen seltsam vor, daß sie jetzt schon, da sie kaum frei ausgeschritten waren, den Hals wieder unters alte Joch beugen sollten. Sie wollten meinen, ließen sie durch ihre Boten sagen, sie führen Krieg um ihre Freiheit; nun sei ihnen geschrieben worden und geboten, sie sollten eben tun wie vorhin.

Erst dadurch, scheint es, kam die Deklaration zur Kenntnis des hellen Haufens. Denn jetzt erst treten sie zusammen, halten ohne ihre Hauptleute Gemeinde, hören die Boten, von Hand zu Hand gehen die Abdrücke der Deklaration, und der Sturm bricht los, der Haufe wütet. Götz von Berlichingen, hieß es, sei ein Pfaffenfreund, darum wolle er sie kein Haus verbrennen lassen; es tut nicht gut, man jage ihn denn durch

* Die Umänderung der zwölf Artikel, wie sie von Hans Berlin und von Götz von Berlichingen vorgeschlagen und aufgesetzt wurden, lief darauf hinaus, der ganzen Bewegung der Bauern ihren revolutionären Charakter zu nehmen und den Kampf um die Befreiung der Bauern in ein paar lahme Reformen umzuwandeln und auch diese zum größten Teil bis nach einer durchzuführenden Reichsreform zu verschieben. Mit vollem Recht haben die Bauern diese Verwässerung der Artikel verhindert und die Urheber dieses Änderungsvorschlages mit wachsendem Mißtrauen betrachtet. Die Red.

die Spieße. Man müsse ihn totschlagen, schrien andere, ihn und alle, die zu der neuen Ordnung geholfen und geraten. Die Erhitztesten der Heilbronner, die beim Haufen waren, schrieben alles nicht nur Hans Berlin zu, sie sahen in den Ratsherren von Heilbronn die Urheber und zogen den Haufen dieser Ansicht zu. Leonhard Weldner eiferte mit großem Geschrei: „Also muß der Haufen wieder vor die Stadt kommen, man muß den Rat übers Rathaus abwerfen und dann die Geistlichen anstoßen." Ein Teil der Odenwälder beschloß mit den Heilbronnern, sogleich wieder umzukehren und die Schlösser Wildenberg und Limpach, die dem Stifte Mainz gehörten und die man bisher verschont hatte, den Götzen und Hiplern zum Trotz zu verbrennen und alle Fürsten, Herren und Edelleute, die nicht auf die zwölf Artikel zu ihnen huldigen würden, totzuschlagen. Einige schlugen vor, man sollte sich des Geschützes bemächtigen und die Deklarationsmacher sitzenlassen.

Es lösten sich auch ohne weiteres einzelne Fähnlein von dem hellen Haufen ab und streiften rückwärts und zur Seite, um auszuführen, was sie beschlossen hatten; unter diesen das freie Fähnlein von Heilbronn.

Durch die Deklaration hatte Götz das Vertrauen des Haufens ganz verloren; mißtrauisch beobachtete man von jetzt an jeden seiner Schritte, und er war allerdings von nun an mehr wie ein Gefangener im Zuge des Haufens, denn als oberster Feldhauptmann; doch verhinderte er viel Brennen und Plündern, denn noch war der überwiegende Teil der Räte und Hauptleute für ihn.

Da kam Botschaft aus der Stadt Würzburg, daß die befreundeten Bürger derselben Meister würden, sobald das fränkische Heer einerseits, der lichte Haufen andererseits vor ihre Mauern zögen, und nun geschah der Aufbruch schnell noch am 5. Mai nach Miltenberg.

5

Reichsfürsten im Bunde der Bauern. Zug auf Würzburg

In Miltenberg saß als mainzischer Keller der oft genannte Friedrich Weigand, einer der leitenden Oberen des geheimen Volksbundes. Noch früher als die Fähnlein, welche sich zu Amorbach von dem hellen Haufen eigenmächtig ablösten, war eines vorwärtsgezogen unter Führung Auerbachers, eines bekannten Dienstmanns Berlichingens, der manchen Ritt mit diesem und mit dem Thalacker gemacht hatte. Dieser Vortrab war fleißig, die Geistlichen zu schätzen, Zinsbücher zu zerreißen, ihnen die Weinvorräte auszutrinken und in den Häusern zu wüsten. Selbst in Miltenberg plünderten sie. Am 3. Mai war Friedrich Weigand ins Lager zu Amorbach geritten, ohne Zweifel, weil er zu den Beratungen des inneren Rates eingeladen worden war und sonst geheime Geschäfte hatte; denn gerade an diesem und dem folgenden Tage wurde die Deklaration der zwölf Artikel beraten und beschlossen. Wahrscheinlich hat er schon hier seine Beiträge zu einer allgemeinen Reichsreform vorgebracht, die er später schriftlich einschickte und deren Konzepte noch vorhanden sind. Weigand selbst erzählt, die Hauptleute haben ihn durch den Beutemeister ins Lager nach Amorbach holen lassen, aber, will er glauben machen, bloß um von ihm, als dem Finanzbeamten seines gnädigen Herrn zu Mainz, „sechshundert Gulden aus der erzbischöflichen Kasse zu verlangen". Er erlangte hier auch einen Schirmbrief, von allen anderen unterschieden: Friedrich Weigand, hieß es darin, hat sich mit Weib und Kind, Hab und Gut, an welchen Orten er's hätte, in unseren Haufen und unsere Verbrüderung begeben. Wir gebieten, daß er ganz ungeschätzt, unbeleidigt und unbedrängt, wie ein anderer unserer Mitbrüder gehalten werde, bei Verlierung eines jeden Leibs, Lebens und Guts. Zurückgekehrt, fand er Miltenberg geplündert, doch vorerst sein Haus und Hof nicht beschädigt. Diese Art von Schirmbrief, wie er sie nun aufzuweisen hatte, schützte ihn, so schien's, vor allem weiteren. Der Vortrab zog das fruchtbare Tal der Mudau hinab auf Aschaffenburg. Sein Fähnlein stärkte sich sehr durch den Zulauf aus allen Orten um diese Stadt her.

Im erzbischöflichen Schloß zu Aschaffenburg saß des Kurfürsten von Mainz Statthalter, der hochwürdigste Fürst und Herr, Wilhelm, Bischof zu Straßburg und Landgraf im Elsaß, ein geborener Graf von Hohenstein. Der Statthalter hatte schon in den ersten Tagen der ausbrechenden Volksbewegung, zu Anfang April, die Vasallen des Stifts aufgeboten, „sich in Rüstung zu schicken und anheim zu halten, bis er weiter beschreiben werde, und alsdann ihm aufs strackste samt Knechten und Pferden, mit gleißendem Heuptharnisch zum besten gerüstet ihm zuzuziehen", um dem Aufstand in Zeiten Widerstand zu tun.

Zu Miltenberg erschienen die Räte des Statthalters, Wolf Böheim der Marschall, Marx Stumpf und Andreas Rücker, im Lager des hellen Haufens. Sie baten Götz von Berlichingen um seine Vermittelung. „Freunde", sprach er, „ich bin selbst ein armer gefangener Mensch und werde dem Stift nichts schaden, wenn ich ihm auch nichts nützen kann." Der Statthalter mußte wie die anderen Herren, mit dem Domkapitel zu Mainz, mit dessen Zustimmung er unterhandelte, die zwölf Artikel annehmen und geloben, alles, was durch diesen hellen Haufen und andere gemeine Haufen hernach von frommen, geschickten, gelehrten und verständigen

Leuten in diesen Sachen und in allen anderen christlichen Dingen und Anliegen gemeinen Landes erkannt und geordnet werden würde, ohne Ausnahme zu befolgen. Bis dahin, bis zur allgemeinen Reichsreform, sollen alle Stiftsuntertanen und Verwandte in Städten und Flecken auf dem Odenwald, welche zum evangelischen Bunde gelobt und geschworen haben, samt den Kellereien und dem Schloß Gamburg unter ihren jetzigen Vorgesetzten und Amtleuten bleiben und der Erzbischof und Statthalter ihnen ihren Übertritt zur evangelischen Vereinigung nimmermehr in Ungnaden gedenken.

Der Vertrag wurde im Namen des Erzbischofs von dem Statthalter, dem Fürst-Bischof Wilhelm, und von Lorenz Truchseß, dem Dechanten des Kapitels zu Mainz, gezeichnet und mit des Stifts und Kapitels Insiegeln versehen, am 7. Mai. Die Gegenzeichnung geschah von den Hauptleuten Götz von Berlichingen und Georg Metzler.

Zu bemerken ist, daß die Verpflichtung geschieht „auf die gedruckten zwölf Artikel, welche von der evangelischen Versammlung angenommen und unter ihr ausgebreitet sind, samt der nicht darin begriffenen Erklärung und denen diesen angehängten zu Amorbach verfaßten Artikeln". So suchten die Hauptleute also dadurch auszugleichen, daß sie zugleich auf die zwölf Artikel und zugleich auf die Deklaration verpflichteten.

Zu Miltenberg erschien auch Graf Georg von Wertheim in Person im Lager, ergab sich an die Bauern mit handgebenden Treuen, gelobte, Leib und Gut zu ihnen zu setzen, und schickte ihnen von Stund an Proviant nach Kühlsheim, und als das Heer weiterzog, führte er sein Geschütz mit Pulver und Stein ins Feld bei Kloster Neubronn ihnen zu und zog mit ihnen gen Hochberg.

So wider seinen Willen von der Masse und den Umständen gegen Würzburg fortgetrieben, hatte Götz von Berlichingen noch von Amorbach aus an den Bischof von Würzburg als seinen Lehensherrn geschrieben, wo die Bauern das Stift überzögen, wie er besorge, so sei er zu den Bauern genötet, wolle, was ihm ehrenhalb zieme, dieses seiner Gnaden nicht verhalten und sage ihm die Lehen auf. Am 5. Mai wurde der Bischof vom hellen Haufen schriftlich aufgefordert, in die evangelische Brüderschaft einzutreten und die zwölf Artikel anzunehmen. Schicke er binnen vier Tagen keine Bevollmächtigten zur Abschließung des Vertrags, so werden sie alle Hintersassen des Stifts in ihren Schutz und Schirm erklären und gegen ihn als ihren Feind handeln. Der Dompropst erwiderte, sein gnädiger Herr, der Bischof, sei nicht daheim, sondern beim Pfalzgrafen zu Heidelberg; die Bauern möchten eine Botschaft schicken, man werde gern mit ihnen handeln, und wenn sie sich nur ans Evangelium halten wollen, werde man sich leicht vereinigen. Man wolle es dem Bischof berichten.

Diese Antwort traf den hellen Haufen schon bei Neubronn. Der Entscheid der Hauptleute lautete, sie sehen wohl, die Herren von Würzburg wollen Zeit gewinnen, aber die Zeit erfordere eine Endschaft, darum wollen sie mit Ernst vorfahren.

Das Heer eilte vorwärts, ohne zu wüsten, ohne zu brennen. Wohl taten's aber jene ungehorsamen Fähnlein, die sich abgesondert hatten. Am 7. Mai zogen sie zu Miltenberg ein, während Friedrich Weigand wegen des Abschlusses des Vertrags mit dem Statthalter Fürst Wilhelm abwesend war. In Weigand sahen sie einen der Deklarationsmacher, und ohne sich um seinen Schirmbrief zu kümmern, stürmten sie seine beiden Häuser zu Miltenberg, plünderten und verwüsteten sie dergestalt, „daß es dem Türken zuviel wär, Geld, Wein, Frucht, Harnisch, Wehr, Hausrat, all das Seine nahmen sie daraus fort, über 600 Gulden Werts". Auch vom hellen Haufen entsendete Streifscharen nahmen jedoch noch immer Schlösser ein, deren Herren nicht in der Verbrüderung, deren Vögte entflohen waren. So auch das Schloß Rotenfels. Der Herr von Rotenfels war Berlichingens naher Vetter, und Götz befahl und bat die dahin Verordneten aufs höchste, dem Schloß keinen Schaden zu tun, nichts zu nehmen, als was man ins Lager notdürftig hätte, und der Hausfrau behilflich zu sein, daß ihr nichts entwendet werde an Hausrat, Kleidern und Kleinodien. Die Hauptleute waren besonnener und gemäßigter geworden: nicht aus Lust am Wüten, nur im Plan und Zweck sollte fortan die verzehrende Fackel geschwungen werden, Rotenfels wurde von den Odenwäldern geschont; ebenso das Schloß Homburg und das Amthaus Prozelten. Götz rühmt sich nachher selbst, es sei keinem Grafen und keinem Edelmann ein Haus verbrannt worden, solange er bei diesem Haufen gewesen. Bei Schönrain stieß das Heer auf die Trümmer des Priorats gleichen Namens, das den Benediktinern zu Hirschau im Schwarzwald gehörte. Es war wüste und öd. Der Schwarze Haufen hatte es eingeäschert, nachdem er Wein, Korn, Vieh und Hausrat herausgenommen.

Von da an zog der lichte Haufen auf Hochberg und lagerte hier am 7. Mai abends, im Angesichte von Würzburg: Acht Verordnete gingen rückwärts ins mainzische Erzstift, um den noch nicht verbündeten Gemeinden den Bundeseid abzunehmen. Der lichte Haufen konnte ruhig diese acht im Mainzischen umgehen lassen; alles, was dem Rheine zu lag, Frankfurt, Mainz, Worms, Speyer, Rheingau, Rheinpfalz, die ganze Landschaft bis Trier hinab war in einer den Bauern günstigen Bewegung begriffen.

6

Frankfurt, der Rheingau, der Niederrhein und Westfalen

Wie auf beiden Ufern des Stromes, in dessen grünlichen Wellen so viele Dome und Burgen, so viele Herren- und Priestersitze sich spiegelten, vom Ober- bis zum Niederrhein schon in den ersten Bundschuhen Fäden der Bewegung hinabliefen, so zeigen sich solche frühzeitig hier auch beim Ausbruch des großen Volkskampfes. Zu Frankfurt ängstigten sich die fremden Kaufleute schon in der Fastenmesse über eine Verschwörung, die gegen Rat und Pfaffen im Werk sei, und man raunte sich zu, man werde nach der Messe viel Neues zu sehen bekommen. Es saß in der Stadt ein fremder Prädikant, ein Geistes- und Gesinnungsverwandter Karlstadts, Doktor Gerhard Westerburg. Die Anhänger der neuen Lehre fanden in ihm ihren Mittelpunkt; das Haus auf der Gallengasse, worin er zur Miete wohnte, war bei Tag und Nacht von Bürgern besucht, und sie nannten ihn den evangelischen Mann. Sein eifrigster Anhänger war Hans von Siegen, ein Schuhmacher. Wegen kirchlicher Dinge waren schon im Jahr zuvor allerlei Späne gewesen; die ewigen Zinse, womit die Häuser und Güter in Frankfurt mehr als anderswo beschwert waren, verursachten bei der Bürgerschaft solche Unzufriedenheit schon im Jahre 1523, daß der Rat von der Geistlichkeit begehrte, sich ihrethalb in einen billigen Vergleich einzulassen. Auch die seit 1488 gemachten Auflagen auf Wein, Bier und Früchte erbitterten.

Am Montag in der Osterwoche, dem 10. April, traten mehr als sechshundert Bürger aus der Neustadt und Sachsenhausen auf dem Kirchhofe zu St. Peter zusammen; es waren auch etliche fremde Personen darunter. Anlaß nahmen sie von einer neuen Steuer, die auf die sogenannten Hellerkarren, Karren, die man in den Messen brauchte, gelegt wurde und wonach jeder, der sie gebrauchte, zwölf Pfennige geben sollte. Sie gingen schnell zu allgemeinen Ratschlagungen wider den Rat und die Geistlichkeit über. Es war eben mittags 12 Uhr. Die beiden Bürgermeister Hamann von Holzhausen und Hans Stefan von Kronstedt eilten mitten unter sie, um ihr Vornehmen zu erlernen. Die Versammelten ließen sie nicht umsonst fragen. Ein Sturm von Klagen erhob sich über Pfaffen und Steuern. Die Herren suchen sie zu begütigen, der Rat werde sie hören, sie sollen ihre Beschwerden aufsetzen und vor ihn bringen. Die Versammlung will die Sache nicht auf die lange Bank hingelegt haben, sondern sogleich bessern, selbst bessern, die Geistlichen reformieren. Sie verhehlen ihnen nicht, daß ihr Vorhaben sei, etliche Klöster heimzusuchen. Ob sie für sich selbst sprechen und handeln oder in wessen Auftrag? fragt Hamann von Holzhausen die vordersten. „In wessen Auftrag?“ versetzt Peter Dörkel, der Bändermeister, „es geschieht von unsertwegen, von wegen der Gemein und aller Zünfte.“ Herr Hans Stefan wandte sich an Peter Krieger, den Schneider, einen anderen Volksmann, und er und Holzhausen baten ihn, seine Freunde von den Klöstern zurückzuhalten. Die Frankfurter aber wollten ihren Pfaffen tun, wie man, wie sie gehört hatten, ihnen anderswo tat. „Haben die Pfaffen“, schrie der Haufen auf dem Kirchhof, „lang genug mit uns getrunken, so wollen wir einmal auch mit ihnen trinken.“ Reden, Bitten, Flehen, Verheißen, alles, was die Herren versuchen, ist umsonst, die Gewerke sind blaumontagslustig, jubelnd geht es fort ins Predigerkloster, da ward gegessen und getrunken aus dem offenen Keller; von da ging's in den Fronhof, man suchte nach dem Schulmeister, man aß und trank wieder von vorn, doch ohne einen Frevel zu verüben. Am anderen Morgen, dem 11. April, brachten die Sprecher des Volkes die Beschwerden vor den Rat, und nachmittags machte der Haufen verschiedene Besuche bei den Frauenbrüdern (Karmelitern), in des Dechanten Haus zu St. Bartholomä, der mit Cochläus, dem schreibseligen Feinde der Reformation, entflohen war, und in den Häusern anderer Geistlichen, ohne weiteren Mutwillen, als nur, daß sie als ungebetene durstige Gäste kamen. Nichts wurde beschädigt, nichts sonst genommen.

Die Bürger hatten in sechsundvierzig Artikeln ihre Beschwerden zusammengefaßt. Der Rat suchte sie durch listig geführte Unterhandlungen hintan zu halten und Zeit zu gewinnen. Aber am Samstagmorgen vor Ostern erschien Hans von Siegen bei dem Bürgermeister mit der Erklärung, die Gemeinde wolle die vorgelegten Artikel stracks und ohne Abtun von einem Rat angenommen haben. Vom Liebfrauenberg her glänzten Spieße und Handbüchsen; Hunderte aus den Zünften hatten sich dort in Waffen aufgestellt, während ihr Sprecher dies vortrug.

Die Herren des Rates überdachten, „es gebühre ihnen, Eintracht und Friedleben zu suchen, es haben sich ja bei vielen löblichen Städten des Heiligen Reiches in diesen sorglichen Läufen dergleichen Händel begeben, und es sei ein weiteres zu besorgen, wo nicht stattliches Einsehen geschehe“, und sie entschlossen sich zuletzt, die übergebenen Artikel zu bewilligen und eine Schrift darüber auszustellen, „daß sie solche, wie sie von Wort zu Wort folgen und soferne sie mit Gott und Ehren zu halten möglich seien, gutwillig halten werden“, als Artikel, „erheblich und gut zu gemeinem Nutzen“, als Punkte und Rügen von Mängeln und Gebrechen, „die sich zu Frankfurt in vielfältigen Wegen erhalten haben“. Sie verpflichteten sich bei ihren geschworenen Eiden, die Artikel fest und unverbrüchlich zu halten und gegen keinen darum Ungunst oder

Widerwillen zu zeigen, durch keine kaiserliche oder andere Freiheit, die sie schon haben oder künftig erlangen möchten, sich verleiten zu lassen, daß sie wider die Artikel täten; sie gelobten das alles für sich und ihre Nachkommen auf ewige Zeiten.

Es war Samstag nach Ostern, am 22. April, als der Rat diese Urkunde der Gemeinde ausstellte. Zwölf Tage lang hatte der Kampf um die Artikel gedauert. Jetzt wirbelten die Trommeln fröhlich durch die Gassen, alle Bürger eilten zum Römer, die Artikel zu sehen, unterschrieben von Rat, Stiftern und Klöstern; sie wurden vorgelesen, und die Herren des Rats und die Bürgerschaft erneuerten sich ihre Eide auf dieselben. Da zogen die Wachposten von den öffentlichen Plätzen, die lange geschlossenen Tore öffneten sich, es zeigte sich alles wieder besänftigt.

Die Bürgerschaft ließ diese Artikel drucken und verbreitete sie in den Rheinstädten, in der Pfalz und in den Gebieten des schwäbischen Bundes zum großen Verdruß der Obrigkeiten dieser Städte und Lande. In Frankfurt selbst trat zwar der bisher in Tätigkeit gewesene zahlreiche Bürgerausschuß ab, um wieder an sein tägliches Gewerb zu gehen, und es blieb nur ein engerer Ausschuß von zehn. Diese Zehner gingen von Haus zu Haus bei den geistlichen Herren und befahlen ihnen im Namen der Gemeine, ihre Konkubinen sogleich zu entlassen, wo nicht, Schadens gewärtig zu sein. In den Klöstern wurde ein vollständiges Inventar von allem, was da war, durch sie eingefordert, und je weiter die Volksbewegung in den deutschen Gebieten umher fortschritt, desto kühner wurden die zehn in ihrer Stellung gegen den Rat. Jetzt erhob sich auch die Bauerschaft im Frankfurter Stadtgebiet, und in dem Antoniterhof wurden bedenkliche Zusammenkünfte gehalten. Zugleich kam das Gerücht herein, Florian Geyers Schwarze Schar ziehe auf Frankfurt heran. Der Rat bat, sprach, überzeugte, wie die ganze Stadt ins Verderben käme, wenn jene Schwarzen hereinbrächen und die vielen Messegüter plünderten, welche fremde Kaufleute und Herren bei hiesigen Juden hinterlegt hätten. Bald ging jedoch die Angst vor den Schwarzen vorüber, sie hatten eine andere, entgegengesetzte Straße gesucht. Schon hatten „viele böse Buben“ in der Stadt daran gedacht, bei der Gelegenheit die Deutschherren, Pfaffen und Juden auf die Schlachtbank zu liefern. Geht's nicht nach unserem Willen, hörte man rufen, so wollen wir der Artikel keinen halten. Als die Gefahr vor dem Schwarzen Haufen vorbei war, griff der Rat keck darein; er ließ zwei, welche arger Reden überführt waren, Kunz Haas und Henne Stork, den Metzger, in den Turm setzen. Auch den Doktor Westerburg beschloß er aufzufordern, binnen vierundzwanzig Stunden die Stadt zu verlassen. Der Doktor achtete nicht darauf. Der Rat sah sich genötigt, in der Gegend, wo er wohnte, starke Streifwachen auf- und abziehen zu lassen; denn zahlreicher als zuvor und aufgeregter zeig-

Druck der Artikel

ten sich die nächtlichen Versammlungen in seinem Hause. Auf eine zweite freundliche Warnung, zu gehen, antwortete der Doktor: „Wenn es Gottes Wille ist, werde ich hinausziehen, vorderhand bleiben." Die Ratsherren hatten dazu noch von den Zehnern zu erleben, daß diese das Bürgerrecht für den Doktor verlangten. Sie hatten noch mehr zu dulden. In einer Nacht, als einige Herren des Rates mit einer Schar ratsfreundlicher Bürger die Runde in den Gassen machten, trat gerade Hans von Siegen, der Zehen einer, und andere des Volkes aus des Doktors Haus. „Was soll das sein?" rief Hans von Siegen an, „gilt es also wachen? Ich konnt' auch wohl Leute aufbringen." Und von den Ratsherren wandte er sich zu den Bürgern: „O ihr Bürger, wann ihr wüßtet, warum ihr allhie ginget, ihr würdet nicht mit ihnen gehen." Die Ratsfreunde „verdruckten den Zorn" und gaben. Hansen von Siegen keine Ursache zu Tätlichkeiten, sondern für und für gute Worte. So schied Hans mit Laux, dem Kürschner, Wild, dem Schneider, und anderen Volksmännern ab, „doch mit viel aufrührigen, ungeschickten, widerchristlichen Worten".

In dem benachbarten Mainz, in dem goldenen Mainz, wo sonst die Freude ihren Hof hatte und das Volk, was die Natur betraf, so glücklich sein konnte und nicht glücklich war, in der alten großen Stadt, war die Bewegung noch stärker als in Frankfurt. Am 25. April, als die Prozession zum heiligen Kreuz geschah, versammelten sich auf den Abend viele Bürger mit Harnischen und Büchsen auf dem Dietmarkt; es waren Freunde der neuen Lehre, und vier Prediger derselben, welche in den Türmen der Stadt gefangengelegt worden waren, wurden von ihnen befreit. Sie blieben die ganze Nacht unter den Waffen beisammen, und alles, was der Vizedom und das Kapitel gütlich mit ihnen handelte, beruhigte sie nicht. Mit der Frühe des Morgens ließen sie durch die Stadt ausrufen, daß alle Bürger auf dem Dietmarkt zusammenkommen sollen; und sie kamen herbei mit Harnisch und Wehr, sie nahmen die Schlüssel der Stadt an sich, schlossen alle Pforten und führten das Geschütz von allen Türmen auf den Dietmarkt. Tag und Nacht war kriegerischer Lärm in der Stadt, sie schossen aus den Böllern, sie drohten, die geistlichen Häuser anzugreifen, und, um der Beschädigung zu entgehen, willigte das Domkapitel in alle Punkte, welche die Gemeinde der Stadt ihm vorlegte. Es waren einunddreißig Punkte, höchst gemäßigt und billig; sie bezogen sich alle auf örtliche Beschwerden.

Noch einige Tage früher versammelten sich die Bauern und Bürger des Rheingaus. Der Rheingau wurde mit Recht die wahre Heimat des Adels und das Paradies der Pfaffheit genannt. Sie versammelten sich zuerst bei ihrer uralten Mallstatt, auf der Lützelaue zu St. Bartholomä, am 23. April, und forderten ihre alte Gauverfassung zurück. Sie entwarfen, wie die Stadt Mainz, gerade auch einunddreißig Artikel, von welchen wir die merkwürdigeren ausheben. Wie die Schwaben forderten sie zuerst die eigene Wahl ihrer evangelischen Prediger und freie Lehre des Evangeliums. Dann wollten sie den Zehnten auf den dreißigsten gesetzt haben; davon solle das Predigtamt erhalten, das übrige für die Armen verwendet werden. Sie wollten, daß alle Güter im Rheingau, geistliche und weltliche, edel und unedel, ihre Bede geben und Gemeindedienste verrichten sollen wie die Bürger; nur die freiadeligen Lehengüter sollen wie bisher davon frei sein. Sie verlangten die alte Freiheit zurück, daß jeder Rheingauer nur da, wo er seßhaft wäre, belangt und gerichtet werden dürfe; ebenso, daß alle Dienstmannenschaft und sonstige Rechtsausnahme aufhöre und jeder sich mit dem gemeinen Recht begnüge. Ferner forderten sie, es sollen alle alten Testamente und Brüderschaften, die keinen Nutzen gewähren, abgetan sein und an sie Gült und Zins nicht mehr gegeben werden; erweisliche Grundzinse bleiben, aber für einen Schilling mit fünfzehn Albus sowie die Wein-, Öl- und Wachsgülten mit dem zwanzigsten Teil ablösbar, alles übrige von Grundzinsen abgetan sein, alle betrüglichen Käufe und Verkäufe nicht mehr gelten, die Einkünfte aller Altäre, welche Günstlinge besitzen, ohne ihr Amt persönlich zu versehen, eingezogen und zum gemeinen Nutzen verwendet; kein Jude, Bettelmönch, Stationierer im Rheingau geduldet werden; die Klöster aussterben, Palliengelder, die für den Rheingau allein tausend Goldgulden betrugen, aufhören. Und endlich forderten sie, daß Bau- und Brennholz jedem Bürger frei zu Kauf und Verkauf werde, frei Wasser, Weid und Wild, das Hochwild ausgenommen; daß, was ein Halbteil gebe, künftig ein Drittel gebe; was ein Drittel, fortan ein Viertel usw. gebe; Witwen und Waisen eines jeden Fleckens sollen von dem Rat desselben verpflegt, das Haingericht nach altem Recht bewilligt werden.

Besonders merkwürdig ist auch ein Artikel, der ihre militärische Verteidigung betraf. Vormals waren alle Flecken des Rheingaus mit Mauern, Gräben und Türmen umgeben; und während das Land selbst westlich und südlich durch den Rhein gedeckt war, hatte es gegen Osten und Norden das sogenannte Gebicke, daß heißt eine zusammenhängende Reihe von Gräben, Türmen und dicht bewachsenen Hecken zum Schutz. Dieses Gebick unterbrach das Kloster Tiefenthal und der Hof zum Appen; durch das Kloster und den Hof allein war das Land offen und zugänglich für einen feindlichen Überfall. Darum verlangten die versammelten Rheingauer jetzt die Schleifung des Klosters und des Hofes.

Die Versammelten übergaben ihre Beschwerdeartikel dem Vizedom Brömser von Rüdesheim, der gab sie an das Domkapitel. Um Zeit zu gewinnen, erbat sich dieses drei oder vier Tage aus, damit es prüfe, ob nicht einer oder mehr Artikel darin begriffen wären, welche wider das göttliche Recht und die Wahrheit erfunden würden. Die Domherren hofften, inzwischen Hilfe aus der Ferne oder wenigstens Nachrichten und Verhaltungsweisungen zu bekommen. Zuletzt erklärten sie, daß einige Artikel im göttlichen Recht gegründet seien, andere nicht, und baten, die Landschaft möchte die Besiegelung nicht eher fordern, bis darüber mit dem abwesenden Statthalter zu Aschaffenburg verhandelt worden wäre. Einige der Landschaft fanden dies billig und willigten darein, andere widersetzten sich und weigerten jeden Aufschub. Das waren vorzüglich die aus dem Mittelamt, aus den Schultheißereien Winkel, Oestrich, Hallgarten, Johannisberg und Mittelheim. Die Johannisberger waren die Aufgeregtesten darunter. Mit ihnen handelten in gleichem Eifer etliche aus dem unteren Amt, zumeist aus der Schultheißerei Eibingen.

Die Johannisberger und Eibinger zogen bei solcher Zweiung der

Landschaft mit Harnisch und Wehr auf das Wacholder, ein Feld, eine kleine Stunde vom Rhein, nahe bei dem Zisterzienserkloster Eberbach, eine mit Wacholdergesträuch bewachsene Viehweide. Es war am Tage nach Philippi und Jakobi, als sie sich auf das Wacholder lagerten und sich zusammen vereideten, beieinanderzustehen und zu bleiben. Adel und Bürger hielten es hier mit den Bauern, da sie Vorteil davon erhofften. Aufgefordert, erschienen sie zahlreich auf dem Wacholder. Auch der Statthalter, Wilhelm von Hohenstein, Fürstbischof von Straßburg, wurde aufgefordert, persönlich auf dem Wacholder vor ihnen zu erscheinen. Er kam mit dem Domdechanten Lorenz Truchseß und anderen Domherren und fürstlichen Beamten, um gütlich mit den Rheingauern zu handeln. Von den auf dem Wacholder versammelten Rittern und Bürgern der Landschaft sah sich der Statthalter gezwungen, da rings um ihn her die Waffen glänzten und drohten, die Artikel anzunehmen und darüber Verschreibung auszustellen. Auch die Klöster sahen sich in demselben Zwang, sie mußten sich verschreiben, den Artikeln nachzukommen; das hieß eigentlich das Todesurteil der Klöster unterschreiben; denn sie verzichteten auf die meisten ihrer bisherigen Einkünfte. Zugleich ließ sich die Landschaft alle Dokumente der Klöster, alle Briefe über Zinse und Gülten ausliefern, das Gebicke wurde überall hergestellt, und Ritter mußten es sich gefallen lassen, als Hauptleute zu dienen. Friedrich von Greiffenklau, des Erzbischofs von Trier Bruder, wurde oberster Hauptmann des gemeinen Lagers im Rheingau. Für die edeln Herren hatte sich die Landschaft in ihren Verträgen mit den Klöstern schöne Zelte ausbedungen. Besonders die alten Nonnen konnten sich in den kriegerischen

Der Zug der Wacholder

Lärm und darin, daß sie das Volk mit ihren Vorräten unterhalten sollten, gar nicht fügen. Die Äbtissin von Gottesthal klagte in einem Schreiben an Greiffenklau und die wohlweisen Räte der Landschaft „mit jämmerlichem Herzen den großen Frevel, Mutwillen und Schaden, den sie leiden müssen von denen, die auf und ab gehen vor ihrem Kloster, mit Essen und Trinken: Sie zerstoßen ihnen ihre Türen und stechen mit ihren Spießen zu. Wenn sie das Kloster zerbrechen wollen, so möge die Landschaft sie versorgen, daß sie bis an ihr Ende ihre Notdurft haben; dann möge sie mit dem Kloster tun, was sie wolle."

Die Rheingauer behagten sich, so viele am Lager für nötig geachtet wurden, wochenlang auf dem Wacholder; sie ließen sie sich schmecken, die trefflichen Imse und den edeln Rheinwein der Eberbacher Mönche. Noch lange sang das Volkslied von dem großen, dem berühmten Heidelberger ähnlichen Weinfaß des Gotteshauses Eberbach, das die Bauern in dieser Zeit austranken:

Als ich auf dem Wacholder saß,
Da trank man aus dem großen Faß.
Wie bekam uns das?
Wie dem Hunde das Gras.
Der Teufel gesegnet uns das.

Vom Mainzischen aus lief die Volksbewegung schnell über die Landschaften diesseits und jenseits des Rheins hinab und fing an, über eine größere Strecke Norddeutschlands sich zu verbreiten, und zwar in den Städten überall in jenem Geiste der Mäßigung, mit jener Ordnung, wie sie von den höher gebildeten Bürgern zu erwarten war und wie sie sich in Frankfurt, in Mainz, wo auch nicht ein Haus eines Geistlichen beschädigt wurde, wie sie sich selbst bei den Bauern des Rheingaues zeigte, ohne wüsten Tumult, wenn auch nicht ohne die notwendigen Begleiter jeder kriegerischen Bewegung; ohne Blutvergießen, ohne grobe Gewalttat der Roheit oder des Übermuts. Es galt bloß die Abstellung unwidersprechlicher Mißbräuche in politischen und religiösen Einrichtungen, es galt gesellschaftliche Fortschritte, es galt vorenthaltene Rechte des Menschen, des Bürgers. Am Niederrhein waren die Boten des neuentdeckten Evangeliums frühe tätig gewesen, und es hatte sich selbst im Kölnischen und in Westfalen ein Geist des Widerstands und der Aufklärung verbreitet. Allenthalben in den rheinischen Städten fand sich politischer und religiöser Brennstoff genug vor. Überall war der Unwille des Volkes gegen die Geistlichkeit groß, überall der Rat unzufrieden mit dem Bischof; das Volk mißvergnügt, weil die Geistlichen nicht mit der Gemeinde die bürgerlichen Lasten trugen und dennoch die Bürgerschaft vielfach in ihren bürgerlichen Gewerben beeinträchtigten, indem solche Gewerbe in den Klöstern selbst oder von Untertanen der Geistlichkeit getrieben wurden; der Magistrat war in Spannung und Zwist mit Bischof und Erzbischof, weil das unbestimmte Verhältnis, worin die Gerichtsbarkeit des Bischofs und die Rechte des städtischen Magistrats miteinander standen, zu häufigen Kreuzungen und Reibungen Anlaß gaben; alle, Volk und Ratsherren, waren gegen ihre hohen geistlichen Herren, weil überall das immer mehr zum weltlichen Fürstentum auswachsende Bistum bald offen, bald heimlich die Privilegien der bürgerlichen Freiheit der Städte unaufhörlich benagte, viele ganz nach und nach durchlöchert hatte. In vielen Städten war es eine Spannung zwischen Gemeinde und Rat, zwischen dem gemeinen Mann und der Ehrbarkeit, weil der Stadtratsunfug oft über alles Maß hinausging.

Das war es nun auch, was jetzt, im Jahre 1525, in den Rheinstädten Boppard und Wesel die Gemeinde in die Waffen brachte. Die Herren des Rats hatten zu schlecht hausgehalten. Die Gemeinde nützte die Gelegenheit der allgemeinen Volksbewegung, setzte den Rat ab und wählte neue Männer aus sich, die fortan die Aufsicht über die städtische Verwaltung üben sollten. Richard von Greiffenklau, der Erzbischof von Trier, händigte den aufgestandenen Stadtgemeinden Schrift und Siegel darüber ein, daß er die Verfassungsveränderung anerkenne und bestätige. Weiter unten am Rhein war das uralte volkreiche Köln in gefährlicher Bewegung. Die Gemeinde stand hier feindlich gegen beide zugleich, gegen den Erzbischof und gegen den Rat. Es schien, alle bedeutenden Städte am Rhein wollen zu Schädelstätten des geistlichen und weltlichen Herrentums werden, und es wolle hier ebenso wie in den oberen Landen ein blutiger Kampf für die religiöse und bürgerliche Freiheit sich entwickeln. Schon zeigten sich ähnliche Auftritte in Koblenz und Bonn, in Kleve und Düsseldorf und in der Residenzstadt des Bischofs von Münster, in Westfalen.

In genauerem unmittelbarem Zusammenhang mit der großen Bewegung in Schwaben und Franken standen die Vorfälle am Oberrhein, im Breisgau, in der Markgrafschaft Baden, in der Rheinpfalz und im Elsaß, von wo aus der Aufstand schon in Lothringen, in die welschredenden Gebiete eindrang.

7

Die Haufen am Oberrhein

Es ist erzählt worden, wie Thomas Münzer am Oberrhein umherwandelte und wirkte, zu Mülhausen im Sundgau, zu Basel, zu Zürich, im Klettgau und Hegau, und wie hier allenthalben Wiedertäufer teils schon da waren und mit ihm in Verbindung traten, teils zahlreich von ihm ausgingen und wie dadurch die bereits zuvor aufgestandenen Bauerschaften gestärkt, andere erst in die Waffen gerufen wurden, das Wort Gottes zu handhaben. Um die große Wirkung der wiedertäuferischen Sendboten zu würdigen, muß man bedenken, wie schnell sie an Zahl wuchsen und wie feuereifrig, vom Geist hingerissen und hinreißend ein jeder arbeitete. Selbst Wunder wurden zu Hilfe genommen, die man, an ihnen und anderen geschehen, sich erzählte. Als die Allgäuer zu Anfang April sich bewegten, da sagte man sich, brennende Säulen bewahren sie nächtlicherweile, wie einst die Kinder Israels in der Wüste. Als in der Nacht zum 5. April es vierzehn Täufern und sieben Täuferinnen, welche zu Zürich im Ketzerturm gefangenlagen und unter welchen die vornehmsten Häupter waren, auszubrechen gelang, da ging die Sage, sie seien durch ein Wunder befreit, Engel haben sie, wie einst die Apostel, aus dem Gefängnis herausgeführt. Einige, die in ihrer Überspannung entweder es gar sich selbst glauben machten oder anderen es glauben machen wollten, waren keck genug, in die Stadt zurückzukehren, wo sie sogleich wieder ins Gefängnis gelegt wurden; die anderen entwichen in die benachbarten Gebiete, „um diejenigen, welche sich des Wortes Christi annehmen wollen, zusammenzusuchen und sich mit denselben durch die Taufe zu verbinden". Von da an ist ihre Wirkung unverkennbar auf dem Schwarzwalde in Waldshut, wo in wenigen Tagen gegen 500 Personen getauft wurden; in Stadt und Gebiet von Schaffhausen und Basel; im Sundgau, namentlich um Mülhausen herum; im oberen und unteren Elsaß.

Während anderswo, wie in St. Gallen, die Wiedertaufe in eine Harlekinade, in Aberwitz und Narrheit ausartete und Ekel oder Lachen erregte, war sie längs des Oberrheins hinab geschäftig, eine Taufe der Knechte zur Freiheit zu werden, die in den Staub Gedrückten aufzurichten, die Vereinzelten zu vereinigen und ihnen die dem Manne gebührende Waffe in die Hand zu geben, die Menschenwürde zu erfechten oder sich dafür zu wehren, nämlich das Schwert. Und schnell sehen wir es flüssig werden, sich sammeln und vorwärtsfluten; es will ein Strom werden, ein einziger Strom: Dem Rheine gleich will sich die Freiheit Bahn brechen, von den Alpen hinab bis in die Niederlande.

Zu Basel brach bald eine Bewegung aus, bei welcher die Wiedertäufer die Hauptrolle spielten, aber ein Anschlag der aufständischen Bauern auf die Stadt mißlang, und sie mußten unverrichteterdinge wieder abziehen.

Im Bistum Basel, namentlich im Laufental, hart an der Grenze des Sundgaues und im Solothurnischen, dauerte der Aufstand fort. Sie hingen zusammen mit den Sundgauern, welche aus den vier Ämtern Pfirt, Landsee, Altkirch und Thann seit Georgi zu Felde lagen. Sie stützten sich auf die Schweiz, nämlich auf die Volksstimmung darin, freilich nicht auf die Herren.

Die Schweiz, das Land der Freiheit, wie sie sich selbst gerne nannte, nahm eine eigentümliche Stellung gegen die Volksbewegungen der Nachbarlande; selbst diejenigen Kantone, in denen das Evangelium gesiegt hatte. Sie verboten streng den Ihrigen, den aufgestandenen Nachbarn zuzulaufen oder Vorschub zu tun; sie fürchteten die Ansteckung für ihre eigenen Untertanen, den Verlust des den Eidgenossen gemeinschaftlichen Thurgaues, aus dem der Landvogt meldete, wenn man ihm nicht helfe, werde Thurgau für sie verloren sein. Dadurch hatten sich die Eidgenossen veranlaßt gesehen, 30 000 Mann zum Auszug bereitzuhalten, eine Art Beobachtungsarmee gegen die an ihren Grenzen bewaffneten Aufstände. Waren aber auch die Stadtherren an die goldene Ehrenkette französischen Dienstes gebunden und so aristokratisch als irgendwo, im Volke hatte sich der alte Freiheitsgeist damals noch nicht vertagt, es sympathisierte mit den schwäbischen Bauern, und trotz des Verbotes der Kantone zogen sechs Fähnlein freier Knechte aus der Eidgenossenschaft, jedes 500 Mann stark, in den Sundgau. Die Bauern im Oberelsaß und Sundgau hatten sie geworben, gegen vier Gulden monatlichen Sold, um sie und ihre Dörfer zu verwahren. Den Kern der Bewegung des Sundgaues bildeten die von Habsheim, Rixheim, Eschenzweiler, Zillisheim und andere nächst Mülhausen gelegene Dörfer. Allenthalben aber im Lande „ward ein unerhörtes, seltsames Geschrei von den teuflischen Bauern vernommen“, wie der Augenzeuge sagt. Doch führten die Bauern nicht den Teufel in ihren Fahnen, sondern sie hatten ein weißes Fähnlein, darin mit großen Buchstaben Jesus Christus geschrieben stand. Mit diesem Fähnlein waren einige schon vor der bewaffneten Erhebung selbst in die Stadt Mülhausen hineingegangen und hatten von den Bürgern Gaben geheischt, indem sie laut den Reim halb singend umriefen:

„Steuert ans Fähnlein der Gerechtigkeit,
Uns armen Bauern zur Seligkeit.“

Oberster Hauptmann der Sundgauer Bauern war Hans in der Matten.

In der Stadt Mülhausen selbst ging es auch nicht ruhig zu. Am 23. April rotteten sich die Zunftbrüder zu den Schmieden zusammen und machten einen Anschlag, nach der Abendzeche den Lützelhof zu plündern, wie es scheint, nicht ohne Einverständnis mit den Bauern draußen. Denn als eben der Rat der Stadt seine Maßregeln dagegen ergriff und den Schmieden Ruhe gebot, sah man die Bauern von Rixheim mit fliegendem Fähnlein und neben der Stadt daherziehen. Sobald sie dies sahen, erzeigten sich die Zunftgenossen desto wilder, ihr Zunftmeister, Hans Grüneisen, der sie zur Ordnung ermahnen wollte, mußte vor ihnen entfliehen, doch behielt der Rat die Oberhand. Am folgenden Morgen ließ er alle Zünfte versammeln und stellte ihnen das unbotmäßige Betragen ihrer Mitbürger vor, worauf sie in sich gingen und abbaten.

Zugleich mit den Sundgauern erhoben sich die Bauern der Grafschaft Mömpelgard. Diese überrheinische Besitzung war dem vertriebenen Herzog Ulrich von Württemberg geblieben. Die Bauern erhoben sich nicht gegen ihren Herrn, den Herzog, sondern waren im Sinne ihres Herrn gegen die Häuser der Adeligen und Priester. Diese plünderten sie. Die Fahne, welche sie führten, zeigte das württembergische Hirschhorn und neben demselben einen Bundschuh.

Die Häuser der Geistlichen waren es auch zunächst, auf welche sich die Sundgauer warfen. Die Klöster Oelenberg, Schönensteinbach, Ottmarsheim und andere Stifte wurden von ihnen geleert; die Urbarien und Zinsregister verbrannten sie; sonst taten sie den Häusern und Menschen keinen Schaden.

Der Sundgau und das obere Elsaß standen unter dem Erzherzog Ferdinand. Zu Ensisheim war der Sitz der österreichischen Regierung dieser Lande, und des Erzherzogs Landvogt war damals Wilhelm von Rappoltstein, ein viel erfahrener Herr. Er hatte das heilige Grab gesehen, war als Oberster des Kaisers Max wider Venedig zu Felde gelegen, war dessen und seiner beiden Nachfolger geheimer Rat und hatte einige Male in Ungarn glücklich wider die Türken gefochten.

Aber auch er, des Erzherzogs Statthalter, war jetzt nicht im Elsaß; er war am Ostermontag aus Ensisheim mit fünfundzwanzig wohlgerüsteten Pferden zum schwäbischen Bund hinweggeritten. Am Donnerstag, dem 4. Mai, kam ein Geschrei nach Ensisheim herein, als wäre der Bauernhaufen von Habsheim auf und wollte sich teilen. Es waren auch dreierlei Meinungen im Haufen, die einen wollten gen Regisheim, die anderen gen Wittelsheim, die dritten auf Sennheim zu ziehen. Endlich vereinigte sich der Haufe und zog auf Battenheim. Die Lärmtrommel, die Sturmglocken brummten, alles Wehrfähige war in der Stadt auf, alle Edeln, welche darin lagen, alle geistlichen Herren; da sah man den Prior von St. Velten, den Abt von Münster, den Kommentur von St. Johann zu Sulz, den Weihbischof von Straßburg und andere mehr im Harnisch zu Roß, mit ihren Rittern und Knechten. Auf das ging das

Jesus-Christus-Fähnlein, das schon im Angesicht der Mauern war, wieder hinter sich und zog linkswärts und lagerte sich zu Eisenheim. Am Samstag darauf ritten Abgeordnete von Schlettstadt und Kaisersberg, zweien von den elf reichsfreien Elsaßstädten, in Ensisheim ein, um zwischen den Bauern und der österreichischen Regierung einen gütlichen Vergleich zu bewirken; am folgenden Montag kamen in gleicher Absicht Abgeordnete aus Basel und Mülhausen. Während diese zu Ensisheim handelten, zwangen die Bauern, jetzt der vereinigte Oberelsasser und Sundgauer Haufen, am Mittwoch, dem 10. Mai, Sulz, am Freitag, dem 12. Mai, Gebweiler, in den evangelischen Bund zu huldigen. Vom Lager zu Eisenheim aus geschah die Eidabnahme. Sie straften auch hier wie anderswo nur die nichtevangelische Geistlichkeit: In beiden Städten wie in den umliegenden Dörfern nahmen sie alles, was den Klöstern und weltlichen Priestern gehörte.

Im Mittelelsaß hatte sich der Aufstand noch früher gebildet. Aus mehreren kleineren Bauernlagern hatte sich der sogenannte niedere Haufen vereinigt, dessen Hauptquartier die schon im zehnten Jahrhundert gestiftete Abtei Altdorf war, im Bistum Straßburg.

In den Osterfeiertagen traten gegen 1100 Bauern hier zusammen, zogen am Mittwoch, dem 18. April, ins Kloster Altdorf und lagen da in die acht Tage; die Mönche und den Abt vertrieben sie; was sie fanden und nicht verzehrten an Wein und Korn, das wurde wie der Hausrat verkauft, etliches abgebrochen.

Zu gleicher Zeit sammelte sich ein Lager weiter oben um Dambach und Epfig, diese warfen ein weißes Fähnlein auf, daran dasselbe, was um das Sigill des Odenwälder Haufens, geschrieben stand: „Das Wort Gottes bleibet in Ewigkeit." Ein Teil dieser Bauern zog nach Ebersheim-Münster an dem Rhein, unter dem Vorwand, nach alter Gewohnheit Korn entlehnen zu wollen. Man ließ sie ein, und sie nahmen das Kloster, setzten sich darin und nannten sich von jetzt an den Haufen von Ebersheim-Münster.

Die im Willertal (Albrechtstal) und im großen Bann taten sich auch zusammen und zogen in den Osterfeiertagen in das Kloster Huxhofen, nahmen es ein und vertrieben den Abt. Sie zogen auch herab bis auf die freie Stadt Schlettstadt und von da wieder zurück nach Huxhofen, zerzerrten und zerbrachen das Klösterlein, zerrissen den Glockenturm, führten die Glocken, die Kelche und alle Gotteszier hinweg, zerrissen alle Bücher und Schriften in den Kästen und brachen selbst die Dächer ab. Die Bauern um Bercken zerrissen den Tempelhof.

Die von Mittelweier, Beblen und Sigolsheim sammelten sich gleichfalls in den Osterfeiertagen, gegen 300 Bauern, und fielen am Georgentag in das Kloster Bux (Boos), einen Pfleghof der Zisterzienserabtei

Pairis, in der überaus anmutigen Gegend zwischen Mittelweier und Reichenweier. Auch diese Bauern waren wie die der Grafschaft Mömpelgard württembergisch. Sie gehörten zur Herrschaft Reichenweier, und die kleine Stadt gleichen Namens war der Sitz des Grafen Georg von Württemberg, des Bruders von Herzog Ulrich. Diese württembergische Herrschaft hatte übrigens Erzherzog Ferdinand auch an sich gezogen; der Vogt hatte jeden Bürger dem Hause Österreich den Bürgereid schwören lassen. Aus dem Städtchen Reichenweier gesellten sich mehrere Bürger zu den Bauern. Sie vertrieben den auf dem Hof Bux sitzenden Ordensgeistlichen, tranken den Wein aus, warfen in der Kirche die Heiligen von den Altären und zerrissen selbst die Dächer und den Einbau des Hauses. Des anderen Tages ritt der Vogt von Reichenweier, Bastian Link, zu den Bauern hinaus nach Bux. „Warum", fragte er sie, „tut ihr solches ohne Geheiß eurer Obrigkeit?" „Herr", sprachen die Bauern, „es ist traun viel besser, wir tuns, als daß andere fremde Bauern kämen und täten solches."

Die aus dem Urbistale, in welchem die Schlösser Hoheneck und Hutenburg und das Pfarrdorf Urbis lagen, fielen in die benachbarte Abtei Pairis und verkauften daraus selbst das Blei am Dache, das andere wurde zerstört; die Kirchenzierden führten sie in die Kirche von Urbis, und die Mönche vertrieben sie. Auch Alspach suchten sie heim, vertrieben daraus die Nonnen und verbrannten die Abtei.

Weiter unten bei Barr versammelte sich auch ein Fähnlein.

Alle diese einzelnen Lager gehörten zu dem Altdorfer oder niedern Haufen, und sie zogen sich auch nach und nach in ein Lager zusammen. Zuerst ritten etliche Bauern von Beblen hinab nach Ebersheim, schwuren zu dem dort stehenden Haufen als Brüder und sagten zu ihnen, sie sollen heraufziehen, so wollen sie sich mit ihnen vereinigen. Die Ebersheim-Münsterer antworteten, die zu Bux und sie haben schon zusammengeschworen, beieinander zu leben und zu sterben. Ihrer seien elf Haufen (sie meinten wohl diesseits und jenseits des Rheins), und derselben Eid sei ein Ding.

Der Eid der Elsasser Bauern bestand auch in zwölf Artikeln, aber nicht ganz gleich mit den berühmten zwölf Artikeln. Sie wollten: 1. Das Evangelium nach der rechten Meinung gepredigt haben; denn es sei ihnen zuvor verhalten und nach dem Geiz und Eigennutz gepredigt und der arme Bauersmann in große Beschwerde gebracht worden. 2. Wollten sie keinen Zehnten mehr geben, weder großen noch kleinen. 3. Auch keinen Zins und keine Gülten mehr; wo etwa einer einem zwanzig Gulden auf Güter für ein Jahr geliehen, so solle er einen Gulden Zins alle Jahre und dies so lange geben, bis die Schuld wett sei. 4. Alle Wasser sollen frei sein. 5. Alle Wälder und Holz frei. 6. Das Wildbret frei. 7. Keiner solle leibeigen mehr sein. 8. Wollten sie keinen anderen Fürsten und Herrn haben, als der ihnen gefalle; darunter verstanden sie später den Kaiser. 9. Gericht und Recht sollen bleiben wie von alters her. 10. So etwa ein Amtmann wäre, der nicht für sie sei, so wollten sie Gewalt haben, einen nach ihrem Gefallen zu setzen. 11. Solle kein Todfall mehr in die Kirche gegeben werden, und 12. wo etwa vor Zeiten eine Herrschaft Allmanden an sich gezogen und Eigentum daraus gemacht hätte, so sollen diese wieder, sowohl Matten als Äcker, zu einer Allmand werden.

Das waren die Artikel, welche der Elsasser Eid enthielt. „Wer bei ihnen hat sein wollen", sagte Eckard Wiegersheim, „der mußte schwören, diese Artikel helfen zu handfesten, oder er mußte entlaufen."

Diese Elsasser Artikel zeichnen sich vor den berühmten zwölf Artikeln durch größere Schärfe und Kürze aus und klingen an die Artikel derer in den Salzburger und österreichischen Bergen. Waren das wohl die ursprünglich von Thomas Münzer am Oberrhein verfaßten, aus denen nachher, wie er sagt, andere gemacht worden, gemäßigtere, ausführlichere, die berühmten zwölf? Aus einer willkürlichen Variante eines nicht gut unterrichteten Berichterstatters kann die Verschiedenheit nicht erklärt werden: Der sie uns aufbewahrt hat, Eckard Wiegersheim, hat sie selbst im Bauernlager beschworen und mußte sie wohl kennen.

Indessen bewegte sich das Lager von Ebersheim-Münster. Nacheinander wurden von ihnen die Klöster Itenweiler, Trutenhausen, Hohenbug, Igennen-Münster, Eschart und andere Orte heimgesucht; „Pfaffen und Juden zu strafen", kamen sie; sie zogen am Gebirg herauf auf Dambach und Epfig, nahmen beides ein und schickten eine Botschaft ins Ried: Die von Markolsheim und alle Bauern im Ried mußten zu ihnen schwören und den dritten Mann zum Haufen stellen. Wolf Wagner, der Oberste, hatte zehn Hauptleute unter sich, darunter Deckerhans von Ebersheim, Schlemmerhans Ruler von Plinstweiler, Sägenmacher von Kenzingen und andere. Schönau, Sasy, Rheinau und alle benachbarten Orte nahmen sie ein, und die Bauern vom Gebirg hatten ununterbrochen ihre Botschaften im Hauptquartier Wolf Wagners. Dadurch wußte dieser, daß die Gemeinden überall für die Sache des Haufens seien, und wo sie kämen, man sie einlassen und zu ihnen schwören werde. Am Sonntag Jubilate, dem 7. Mai, vereinigte der durch die Willertaler und Riedbauern verstärkte Haufen sich mit dem Häuflein von Barr, und die vereinigten Fähnlein legten sich vor St. Pilt (St. Hippolyte)* und nahmen es. Tags darauf zogen sie vor Oberbercken, und da man den Platz nicht aufgeben wollte, rückten sie herauf und kamen nach Beblenheim. Da fielen die von Beblenheim, Ostheim, Mittelweier und Hunnenweier zu ihnen. Denselben Abend ritt der Vogt von Reichenweier zu ihnen hinaus und fragte sie,

* Auf den Landkarten gewöhnlich Belt, unweit Schlettstadt am Landgraben.

warum sie da seien. „Dazu", war die Antwort, „daß ihr zu uns schwören und unsere zwölf Artikel handfesten helfen sollt; werdet ihr die Stadt uns nicht aufgeben, so wollen wir einen großen Gewalt mit Volk bringen und euch belagern." Der Vogt sprach, er wolle sie morgen eine Antwort von dem Rat und der Gemeinde wissen lassen, ritt in die Stadt zurück, läutete in aller Frühe die Gemeinde zusammen und fragte sie, ob es ihr lieb wäre und sie dem Rat beistehen wollte, die Bauern nicht hereinzulassen und sich zu wehren, solange es ginge? Da sprach der eine: „Ich hab' kein Pulver oder Stein, die die Bauern schießen möchten." Der andere sagte: „Ich hab' keine Hellebarde, die die Bauern schlagen möchte." Der dritte: „Ich hab' keinen Spieß, der die Bauern stechen möchte." „Wohlan", sagte der Vogt, „ratschlagt miteinander, was ihr tun wollt, denn ich muß sie eine Antwort wissen lassen." Sie wurden Rats, was die von Bercken und Rappoltsweiler täten, das wollen sie auch tun. Die von Bercken ließen, entschlossen, die Stadt zu erhalten, den Bauern absagen. Diese waren indessen weitergezogen. Zu Zellenberg, wo sechs Hauptleute vor das Tor ritten, schwuren Bürger und Vogt zu ihnen. Auch die Dörfer in der württembergischen Herrschaft Horburg am Rhein, die zu Benweiler, Hussen und Weier bei Colmar schwuren zu ihnen. Der Haufe hatte sich in einzelne Fähnlein aufgelöst, die hin und her zogen, den Bundeseid einzunehmen; im Hauptquartier zu Hunnenweier waren am 9. Mai nicht mehr als 1200 mit zwei Fähnlein beisammen. Hier traf sie die Antwort derer von Bercken.

Da sandte der oberste Hauptmann seine Befehle in alle Flecken, die zum Bunde gehörten. Überall umher wachten plötzlich nacheinander in den Städten und Dörfern, die zum Haufen geschworen hatten, die Sturmglocken auf und mahnten zum Zuzug zur Bauernfahne. Noch am selben Tage erschien Wolf Wagner bei Neffenkreuz und vor Bercken. Am Mittwoch ruhte er und erwartete die Zuzüge. Sein Haufe lag in den Weinbergen; kein Schuß fiel, weder in der Stadt noch aus der Stadt; er hatte hineingeschrieben, „wo sie einen Mann erschössen, wolle er die Stadt schleifen und keinen Stein auf dem anderen lassen". Die zu Reichenweier versammelten Städte schickten auch Gesandte mit der Bitte, daß sie ab- und nicht weiter heraufzögen. Die Hauptleute aber gingen ihnen mit vielen glatten Worten entgegen, wie sie in brüderlicher Liebe da seien und nicht anders können, denn fürder ziehen. Bald waren gegen 14 000 Bauern beisammen. Da das die Frauen in Bercken sahen, wollten sie den Vogt zerreißen. Es waren auch etliche Bürger in der Stadt, die es mit denen draußen hielten. Vogt und Rat, in Furcht vor weiblichen und männlichen Feinden in der Stadt, schwuren auf das zu den Bauern und ließen sie herein. Die Bauern zerrissen den Juden ihre Gesetztafeln und Bücher, welche sie gern um 400 Gulden gelöst hätten, zerbrachen ihre Schule, sperrten alle Juden in ein Haus, alle bei ihnen versetzten Pfänder taten sie auch in ein Haus und setzten zwei Schaffner darüber. Wer sein Pfand lösen wollte, dem ward es gegeben, und die Schaffner sammelten das Geld, die auch der Juden Gut verhandeln mußten. Den Geistlichen tranken sie ihren Wein aus und hielten seltsam Haus. Die von Bercken mußten sechzig Mann aus ihrer Bürgerschaft zum Haufen stoßen lassen, der am Freitag, dem 12. Mai, aufbrach und am 13. vor Rappoltsweiler sich legte.

Zu Rappoltsweiler hatte der dort seinen Hof haltende Junker Ulrich von Rappoltstein die Bewegung unter den Bürgern durch Gewalt und List bewältigt und benahm sich hochfahrend gegen die Bauern. Bald sollte sein Hochmut schwinden. Bei einer Zusammenkunft zu Colmar, wo die bedrängten Städte Rat suchten und Herr Hans Immer von Gilgenberg und Friedrich von Hattstadt, die kaiserlichen Räte, selbst erschienen, sprach der letztere geradezu, „er könne gar keinen Trost geben, und es solle ein jeder zu dem Seinen lugen". Und gleich darauf, am 13. Mai, sahen die Rappoltsweiler, wie sie Fähnlein an Fähnlein daherzogen, die Bauern, zu Neffenkreuz über alle Matten, wie die Hauptleute voraus zum Tore ritten, während der Haufe bei dem Kreuz hielt. Sie hatten kein Geschütz, nur zwei Feldschlangen und zwölf Haken, die sie Herrn Philipp Wetzel von Marsilien abgenommen. Junker Ulrich ließ innen Sturm schlagen, das Volk lief im Harnisch zusammen. Währenddem gingen etliche von dem Bürgerausschuß und die vier Hauptleute zu den bäurischen Hauptleuten hinaus vors Tor, mit ihnen zu reden, was ihre Meinung sei. Die Bauernhauptleute begehrten Geleit in die Stadt hinein und wieder hinaus. Man gab es ihnen, und sie ritten ein. Die Bürger schickten nach dem Junker; er kam und hörte der Bauernhauptleute Begehren. „Das war mit klugen Worten, wie er es selbst rühmt, wie ihr Vornehmen so redlich und ehrlich sei; sie begehren weder Schloß noch Stadt, sondern allein, daß man das Evangelium helfe schützen und schirmen, daß es lauter und klar gepredigt werde; sie seien auch niemand feind als den Pfaffen, Mönchen, Nonnen und Juden; diese allein wollen sie strafen."

Die Bürger hielten es zum großen Teil mit den Bauern; andere kamen zum Junker Ulrich, der sehr kleinlaut war, und frugen, ob er von einer Hilfe wisse. „Ich weiß keine Rettung", antwortete der Junker, „als das, in acht Tagen soll Rettung kommen, da soll Rettung kommen." Da sagten die Bürger, diese Rettung währe zu lang. Der Junker wußte eigentlich von gar keiner Hilfe, weder in acht noch in vierzehn Tagen, er war ganz abgeschnitten, ganz verlassen. Er ritt wieder in den Hof zu den Hauptleuten. „Ich will euch Wein, Fleisch, Brot und Geld für den Abzug geben, nur ziehet hinweg!" sprach und bat er. Aber sie gingen nicht dar-

Die Bauern in Bercken mißhandeln die Juden

auf ein. Damit wollte er sie abscheiden lassen. Sie saßen auf ihre Rosse. Da lief der Torwärter mit anderen herzu und meldete, die Bauern draußen ziehen zum Strengenbach und fangen an, die Reben in den Weingärten abzuhauen und das Lager zu schlagen.

Der Haufen hatte bisher noch immer zu Neffenkreuz gehalten; jetzt, da zwei Stunden verflossen waren, ohne daß die Hauptleute zurückkehrten, zog er über alle Matten zur Hunnenweier Kapelle über die Streng, ein Flüßchen, vor die Stadt.

Da schrien die Bürger: „Blieb der Haufen über Nacht, würd' es der Stadt wohl tausend Gulden schaden." Der Junker ließ schnell durch

Meister Heinrich einige Artikel aufsetzen, gegen deren Zusage er sie einlassen wolle. Es waren Vorbehalte, daß er den Hof, Adel, Priester und Kloster frei haben, kein Geschütz hinauslassen, nicht vor Ensisheim ziehen, der Herrschaft Lehenherren und anderes sich vorbehalten wolle. Sie gingen nicht auf alles ein, und einer der Hauptleute sagte zu ihm: „Es ist das Evangelium, daß der Vater wider den Sohn und der Sohn wider den Vater sein muß." Also ritten sie zum Tor hinaus.

Als der Torwart fragte, ob er den Haufen hereinlassen solle, antwortete der Junker: „Ich will es dich nicht heißen, ich bin nicht Meister!" und ritt davon auf den Markt. „Ihr habt sie herein haben wollen", sprach er hier, „habt ihr's gut gemacht, so werdet ihr's wohl sehen; ihr habt ihnen gern, wir aber ungern aufgemacht." „Mein Wille ist's nicht gewesen", rief ihm der Bürger Zinnagel entgegen. „Hättest du", versetzte der Junker, „und andere Knaben vordem so geschrien, so wär's besser geworden; aber wie ihr's gemacht habt, so habt's."

So wurde der Haufen eingelassen. Es war zwischen 5 und 6 Uhr abends, am 13. Mai. Die Hauptleute nahmen des Stadtschreibers Haus für sich. Zu Nacht wurden ihnen die Schlüssel zu allen Toren gebracht. Die Bauern hielten sich mit Essen und Trinken die Nacht durch weidlich. Aus den Häusern der Geistlichen besetzten sie sich ihren Tisch. Am anderen Morgen, es war Sonntag, liefen sie in das Kloster. Sie zerstörten es nicht, doch ging es nicht ganz ohne Unfug ab; denn sie trugen nicht nur die Vorräte heraus und vernichteten die Zinsbücher, sondern sie nahmen auch etliche Bilder aus der Kirche, etliche Gemälde wurden von ihnen beschädigt, das Fähnlein in der St. Katharinenkapelle zerrissen, daraus machten sie Hosenbändel, aus den Stangen der Klosterfähnlein Profosenstäbe; Bruder Jakob, der Mönch, wurde gestoßen und so erschreckt, daß er zehn Tage darnach starb. Der größte Schaden aber geschah dem Kloster von vielen Bürgern aus der Stadt. Die Priester wurden um 50 Gulden geschätzt und jedem dafür ein Schirmbrief gegeben. Die Bürger mußten den Hauptleuten schwören, daß sie das Evangelium schützen helfen, und wo ein Volk wäre, das die christlichen Brüder beleidigen wollte, ihnen mit Leib und Gut zuziehen wollen. „Doch so, daß dieser Eid ihnen an ihren vorigen Eiden, die sie ihren Herrschaften getan, unabbrüchlich sei; sie sollen im Gegenteil ihren Herren wie von alters her dienen, gehorsam sein und ihnen Zins, Gewerf und ländlichen Frondienst leisten und mitnichten gedenken, daß sie ihren Herren nicht gehorsam sein wollen." Auch der Adel mußte ihnen schwören, auch mit Vorbehalt der Eide, die sie ihren Lehenherren getan.

Das alles klingt gar nicht nach den zwölf Elsasser Artikeln: Es ist unverkennbar, diese Haufen handelten von nun an im Einklang mit dem großen evangelischen Heere vom Odenwald und Neckartal, und die

Deklaration der zwölf Artikel war von den Elsässern williger angenommen worden als von den Neckartalern.

Die von dem benachbarten Gemar schickten Abgeordnete mit der Bitte, ihre Stadt in den christlichen Bund aufzunehmen. Dadurch erreichten sie, daß der helle Haufen nicht zu ihnen hinabzog; die Hauptleute schickten nur 50 Knechte hinab, um den Bürgern den Bundeseid abzunehmen. Zu den Abgeordneten sagten die Hauptleute, sie sollen ihren Zehnten geben, denn der sei von der Herrschaft erkauft; aber das Seelbuch soll ab sein, und die Priester zu Gemar und Rappoltsweiler sollen Weiber nehmen und deutsche Messe halten.

Um ein Uhr nachmittags, den 14. Mai, zogen die Bauern zum Niedertore wieder hinaus, sammelten sich auf der Matte und zogen vor Reichenweier, wo sie selben Abend noch ankamen, sie hatten zu Bercken an dreißig Fuder Wein und zu Rappoltsweiler ebensoviel getrunken und verderbt und „niemand nichts für ihre Irten (Zeche) bezahlt". Von den Überbleibseln taten sich natürlich die Bürger noch lange gütlich. Da die von Reichenweier gesehen hatten, daß sich die zwei Städte ergaben und die Bauern mit solcher Gewalt kamen, rüsteten sie sich, schlachteten neun Ochsen, boten es ihnen an und ließen sie ein. Die Stadt schwur zum christlichen Bund und ließ 30 Mann zum Haufen stoßen, Rappoltsweiler hatte 60 Mann geben müssen. Auch in der Stadt Reichenweier genossen die Bauern des Weins: Zwanzig Fuder wurden ihnen von den Geistlichen und aus dem Zehnthof preisgegeben.

Während hier oben im Elsasser Land die Bauern kleinere Städte einnahmen, hätte der zu Altdorf unten liegende Haupthaufe beinahe Straßburg gewonnen. Diese große und mächtige Stadt des Reiches hatte auch eine ganz eigentümliche Stellung mitten in der Volksbewegung, die um ihre Mauern flutete. Man kannte seit lange Straßburg als eine Stadt, in welcher Obrigkeit und Bürgerschaft als der schweizerischen Freiheit sehr zugetan galten. Im letzten Jahre noch hatte die Stadt Bürger und Bauern anderer Herrschaften, welche wegen Aufstandes von ihrem Herd flüchtig waren, ins Bürgerrecht aufgenommen. Die Bürger waren der neuen evangelischen Lehre sehr geneigt, jeder Prädikant und Reformator fand hier offene Arme, und aus dem Munde der Bürger hörte man die kühnsten Reden. Doch begünstigten sie den Aufstand nicht unmittelbar. Nur einige Bürger setzten sich mit Erasmus Gerber aus Molsheim, unweit Straßburg, dem obersten Feldhauptmann des Altdorfer Haufens, in Verbindung und wollten ihm die Stadt in die Hände spielen; aber der Anschlag wurde entdeckt, und einige Bürger ließen dafür das Leben.

Als der Anschlag auf das feste Straßburg, dessen Gewinnung von unberechenbaren Folgen für den ganzen Krieg und ganz Deutschland gewesen wäre, mißlungen war, erhob sich der Haufe am 28. April, 20 000

Mann stark, und zog am Gebirg hinab auf Elsaß-Zabern zu, die Residenz des Bischofs von Straßburg. Elsaß-Zabern war keine Feste wie Straßburg, aber noch immer für die Bauern ein guter Waffenplatz und Stützpunkt. 52 Türme und 365 Zinnen zählten ihre Befestigungswerke.

Der „helle Haufe von Elsaß“, wie Erasmus Gerber das von ihm befehligte Bauernheer in seinen Schreiben nennt, legte sich zuerst in die gefürstete Reichsabtei Maursmünster, eine halbe Meile Wegs von Zabern. Fürstabt war seit einem Jahre Kaspar Riegger von Dillingen, ein guter, aber sehr furchtsamer Mann. Die Abtei war schnell eingenommen, und der Abt selbst sah sich gefangen. Doch taten sie ihm nichts und ließen ihn seine Straße ziehen, er gelangte unversehrt nach Saarburg; aber der große Verdruß, den ihm die Bauern gemacht, verdüsterte seine Einbildungskraft so, daß es ihm nachher vorkam, als hätten die Bauern ernstlich ihn lebendig schinden und unmenschlich braten wollen. So schauerlich erzählte er es wenigstens dem Herzoge von Lothringen. Maursmünster selbst aber war den Bauern ein Stein des Anstoßes. Mehr als in anderen Gotteshäusern wüstete hier der Haufen. Bilder der Heiligen wurden zerschlagen, die Klostergebäude zerrissen, und mit der Bibliothek machten sie ihre Feuer an; man sah auf den Feldern ganze weiße Strecken von Blättern aus Kirchen- und Heiligenbüchern. Und in der Kommenturei von St. Johann, nahe bei Zabern, soll man in den Trümmern von Büchern und Schriften bis an die Knie gegangen sein, und im Lager der Bauern habe es geglänzt von Kelchen, Kannen, Patenen, von goldenen und silbernen Kirchengeräten und Altarschmuck aller Art. Die von Maursmünster mußten zu dem Haufen schwören, und zu dem Gleichen wurde die Residenz Elsaß-Zabern aufgefordert. Die Domherren und der Adel der Stadt schickten Eilboten an den Herzog Anton von Lothringen um Hilfe, und dieser entbot sich, eine Besatzung in die Stadt zu werfen; aber die Bürger antworteten, sie wollen keine Franzosen; und selbst den deutschen (niederländischen) Knechten, welche man in die Stadt legen wollte, schlossen sie die Tore. Sie kannten die Zügellosigkeit der lothringischen Banden zu gut, sie öffneten ihre Stadt lieber den Bauern und schwuren in den christlichen Bund. Um 10 Uhr morgens am 13. Mai zogen die Bauern in Zabern ein und besetzten es mit starker Macht inner- und außerhalb der Mauern, hinter Schanzen, die sie aufwarfen; sie erkannten die Wichtigkeit dieses Punktes, von dem aus auch leicht in Lothringen einzudringen war.

Und sie hatten den Plan, vorzurücken nicht nur bis Lothringen, sondern ins Herz von Frankreich; es ging die Sage unter dem Landvolk, der Kern des französischen Adels sei in der Schlacht bei Pavia gefallen oder gefangen, und die Unterwerfung der Lande sei ein leichtes.

Ein vorgeschobener Haufe hatte sich bereits früher in dem Saargau gesetzt und die Abtei Herbitzheim an der Saar zum Stützpunkt genommen. Herbitzheim, eine Nonnenabtei, lag sehr vorteilhaft zwischen Wald und Gebirgen, vorn durch die Saar gedeckt. Von hier aus zogen sie viele Bauern aus dem Herzogtum Lothringen an sich.

In Lothringen selbst setzte sich ein Haufen von 4000 Bauern, sie stiegen über das Gebirge und verschanzten sich in dem Wald bei Saargemünd. Wie tief der Geist der Freiheit bereits in Lothringen eingedrungen war, zeigte sich bald. Als die Lothringer in der Umgebung von Dieuze gefragt wurden, ob sie bereit seien, zu leben und zu sterben im Gehorsam ihres guten Herzogs Anton und für den katholischen Glauben, versammelten sich gegen 400 auf einer Wiese bei der Stadt, ratschlagten unter sich und gaben dann die Antwort: Wenn man ihnen für ihr Vieh die Weide in den jungen Holzungen lasse und ihnen die zwölf Artikel durch Vertrag bewillige, welche die Deutschen jenseits des Rheins haben ausgehen lassen, so wollen sie gehorsam bleiben, unter dieser und keiner anderen Bedingung. Zu gleicher Zeit gingen über 400 aus der Burgvogtei hin und schlossen sich an die bei Saargemünd verschanzten Bauern. Viele andere Untertanen der Grafen Nassau, Saarbruck, Salm, Bitsch und Zweibrücken liefen auch zum Haufen; manche kehrten wieder zu ihren Hütten zurück, wurden verhaftet und in die Gefängnisse von Nancy und Vic weggeschleppt. Von Herbitzheim aus nahmen sie die benachbarten Dörfer und Städte in den christlichen Bund auf, und während sich das Gebirg herauf durch verschiedene kleinere Lager die Verbindungslinie zwischen Saargemünd, Herbitzheim und Elsaß-Zabern, von da weiter hinauf durchs ganze Elsaß bis zum Fuße der Alpen zog, eine Reihe von Lagern und Haufen, welche fast alle als obersten Feldhauptmann Erasmus Gerber anerkannten, zog sich eine andere Linie von Herbitzheim nach dem großen Lager bei Neuburg vor dem Hagenauer Forst gegen den Rhein und die Rheinpfalz; und nur durch den Rhein geschieden waren fast parallel mit den drei großen Elsaßhaufen drei Haufen drüben in Bewegung, im Breisgau, in der Ortenau und im Kraichgau.

Unten am Hagenauer Forst, bei Pfaffenhofen, sammelten sich um Ostern die Bauern und vermehrten sich seitdem täglich aus den umliegenden Herrschaften. Ihr Hauptquartier nahmen sie in dem Kloster Neuburg am Wald. Dieses Kloster plünderten sie. Selbst die Gräber wurden nicht verschont. Die Herren von Lichtenberg hatten ihr Begräbnis darin, sie öffneten die Gruft und zerschlugen ihre Bildnisse und Wappenschilde. Auch die Klöster St. Walburg, Surburg, Biblisheim, Königsbrück leerten sie.

Gleichsam zwei vorgeschobene Lager des Hauptquartiers zu Neuburg standen, das eine links, bei dem Kloster Stürzelbronn im Wasgau, das andere nahe bei der freien Stadt Weißenburg auf dem Steinfeld. Das erste nannte sich den Kolbenhaufen, auch den beschorenen Haufen, ein Name, der darauf zu deuten scheint, daß sie es namentlich auf die Beschorenen, die Mönche, abgesehen haben; das andere führte den Namen Kleeburger Haufe.

Der Kolbenhaufe plünderte am 30. April das Kloster Stürzelbronn in der Grafschaft Bitsch, zerstörte darauf Lindenbrunn und Grevenstein, Schlösser und Höfe, die dem Grafen Emich von Leiningen gehörten, und Landeck, das Schloß des Pfalzgrafen Ludwig. Von da rückten sie weiter auf Ramberg, das Schloß des Kämmerers von Dalberg, plünderten und verbrannten es; ebenso Helmstein, die Burg Alberts von Bock, am Gebirg hinter Neustadt. Nach diesem nahmen sie Anweiler und Berg-Zabern.

Der Kleeburger Haufe war im eigentlichen Sinne aus dem Hauptlager von Neuburg ausgegangen. In dem letzteren war eine Zeitlang auch ein Weißenburger Bürger, der Bacchus genannt. Als es ihm nicht gelang, als Hauptmann sich geltend zu machen, ging er von Neuburg hinweg mit 200 der Seinen und brachte die Umgegend von Weißenburg, die Grafschaft Veldenz und das Amt Kleeburg in Aufstand, zwang die Ridtfelser und den Flecken Schweikhofen zum Beitritt und nahm sein Hauptquartier auf dem Steinfeld vor Weißenburg. Von hier aus belagerte der Kleeburger Haufe dem Propst von Weißenburg sein Schloß St. Remigius am Beewald. Die starke Besatzung, die er darein gelegt hatte, verteidigte sich gut. Indessen knüpften die Bauern mit den Rebleuten in Weißenburg an, diese erhoben einen Aufstand in der Stadt, dem der Rat nicht zu wehren vermochte, und sie überfielen das Kloster, zerrissen des Stifts Urbarien und Zinsbücher, etliche des Rats mußten aus der Stadt weichen, der Propst und der Schultheiß Wolf Brittenacker erfuhren viel Schmach und Überdrang, und die Bürger lieferten den Bauern Geschütz und Pulver vor das Schloß St. Remigius; die Besatzung sah sich gezwungen, es zu verlassen, und die Bauern plünderten und verbrannten es am 1. Mai, worauf sie ohne Widerstand den pfalzgräfischen Flecken Selz am Rhein einnahmen. Überall in den Klöstern und in den Häusern der Geistlichen waren die Bauern fröhlicher Dinge, „da war König Artus' Hof, und männiglich kostfrei".

Man fürchtete das Eindringen der Bauern selbst in Frankreich. Es hieß, sie warten nur die Ankunft aller verbrüderten Haufen ab, um diesen ihren Plan auszuführen. Der Herzog von Lothringen besetzte eilig die Gebirgspässe am Fuße der Vogesen bei St. Die, Raon, Saargemünd und Blâmont.

8

Breisgau. Baden. Rheinpfalz

Bildeten im Westen diese Elsässer Haufen die erste Linie der großen deutschen Volksbewegung, so standen in zweiter Linie, nur durch den Rhein von den Elsässern getrennt, wie gesagt, wieder drei große Haufen vom Schwarzwald herab, wo vorderösterreichische und markgräflich-badische und mancherlei andere Gebiete sich durchkreuzten, bis in die Pfalz, und in wenigen Stunden konnten die diesseits und jenseits des Rheins sich vereinigen.

Der Schwarzwaldhaufe unter Hans Müller von Bulgenbach bewegte sich in den ersten Tagen des Mai westlich, um in Verbindung mit anderen Haufen aus dem Vorderösterreichischen und der Markgrafschaft das schöne und feste Freiburg im Breisgau einzunehmen. Schon als zu Ende des vorigen Jahres der längst gefürchtete Bundschuh sich in den oberen Landen allenthalben zu regen anfing, waren die Edelleute von vielen Seiten her, aus dem Breisgau, dem Elsaß, dem Sundgau in das sichere Freiburg geflohen. Wie der Adel, flüchteten geistliche Herren jedes Ranges Leib und Gut hinter die Mauern dieser festen Stadt; der Markgraf Ernst von Baden sich, seine Gemahlin und seine Kinder. Das viele geflüchtete Gut mußte lockend für die Bauern sein, und es hieß, keine Stadt sei heftiger gegen die Bauern als Freiburg; sie sei ein wahrer Sammelplatz, ein allgemeines Bollwerk für die Herren, für Fürsten, Prälaten und Adel; man müsse sie stürmen und dem Boden gleichmachen.

Hans Müller von Bulgenbach verstärkte seinen Haufen mit jedem Schritt. Alle Gemeinden, die freiwillig oder gezwungen in die evangelische Brüderschaft eingetreten waren, mußten ihm Geld, Lebensmittel, Mannschaft, Büchsen und Pulver verabfolgen, teils schon zuvor, teils jetzt erst, da er ihrer bedurfte; die schon früher Mannschaft gestellt hatten, mußten ihre Zuzüge jetzt verstärken. Die längst verbrüderte Stadt Waldshut, eigentlich die Wiege des evangelischen Bundes, hatte am 22. April dreißig Bürger mit dem Stadtfähnlein und am 3. Mai wieder eine kleine Schar mit Geschütz auf Wägen zum Haufen des Schwarzwalds stoßen lassen.

In der Abtei zu St. Blasien fürchtete man einen Besuch des Haufens. Der Abt packte den ganzen Kirchenschatz, im Werte von 13 000 Gulden, in Fässer, um ihn nach Klingnau in der Schweiz zu flüchten. Die Fuhrleute fuhren in Waldshut damit ein, als wäre es ein Weinwagen; man wußte aber oder ahnte den Inhalt der Fässer, die Bürger schlugen die Tore zu, hielten den Wagen an, fanden den Schatz und brachten ihn in die

Plünderung von St. Blasien

Gewölbe des Johanniterhauses. Der Vogt von Gutenberg und der Propst von Bernau hatten den Wagen geleitet. Diese beiden wurden einige Zeit in Waldshut zurückgehalten, der Kirchenschatz aber bis nach Ausgang des Krieges; da gab ihn die Stadt an das Kloster zurück. Einige Tage darauf besetzten die Waldshuter das Schloß Gutenberg und die Propstei Gurtzwyl; beide gehörten zum Stift St. Blasien; es wurde hier weder zerstört noch gebrannt.

In diesen Tagen ging, was der Abt Johann zu St. Blasien gefürchtet hatte, in Erfüllung. Einer der Unterhauptleute des Schwarzwaldhaufens, Konz Jehle von Niedermühle, aus der Dachsbacher Einung, Hauptmann der Hauensteiner, erhielt die Weisung, den Artikelbrief an der großen, reichen Abtei zu vollstrecken. Der erste Maitag wurde dem stolzen Gotteshaus ein schwerer Leidtag, es sah das Fähnlein der Hauensteiner in seinen Mauern, und das, was das Gotteshaus sich zum Heil getan zu haben glaubte, die vorsichtige Flüchtung des Geldes und des Archivs, das wurde sein Verderben. Im Zorn darüber wüteten die Bauern. Konz Jehle, der Hauptmann, der nicht nur ein erfahrener Kriegsmann war, sondern ein wohlmeinender Mensch, wurde nicht oder wenig gehört; er suchte der Zerstörung, dem Wandalismus, der Roheit Maß und Ziel zu setzen, aber die Bauern waren durch die guten Weine erhitzt, die sie in der Abtei fanden und mit denen sie so verderblich umgingen, daß man in den Kellern bis an die Knie im Wein gestanden sein soll. Die Brüder des Klosters hatten sich geflüchtet. Die Bücher wurden wie überall behandelt; im alten und neuen Münster, in allen Kapellen die Gemälde, die geschnitzten Bilder, die schönen Fenstergemälde, alle Zieraten zerschlagen, des Fronaltars Heiligtümer herausgewühlt, die Reliquien aus den Särgen geschüttet; was an Edelsteinen, Elfenbein, kostbaren Metallen dabei gefunden ward, ausgebrochen als gute Beute; die Kunst, die Arbeit und die Freude edler Geister erlag hier unter den Händen der Bauern, wie sie so oft erlag unter edeln Fäusten der hochgeborenen Herren. Von den zweiundzwanzig Glocken wurden zwanzig zerschlagen, verkauft, wohl auch zum Teil zu Kugeln umgegossen; nur die zwei größten in dem Wendelstein vermochten sie nicht herabzubringen. Daß daraus Kugeln für die Geschütze gegossen wurden, wenn dies gleich nicht urkundlich gesagt wird, ist darum wahrscheinlich, weil der St. Blasier ausdrücklich erzählt, daß überall das Eisenwerk und Blei ausgerissen und daraus Kugeln gegossen wurden.

Sechs Tage lagerten die Hauensteiner in St. Blasien. Das benachbarte St. Blasische Haus zu Todtmoos wurde auf gleiche Weise heimgesucht. Doch weder hier noch in St. Blasien wurde gebrannt.* Von da zogen sie dem hellen Haufen zu, der unter Hans Müller am 7. Mai über Wolterdingen nach Vöhrenbach sich bewegte. Unterwegs ließ Müller die Schlös-

* Selbst die den Artikelbrief Vollstreckenden brannten im Verhältnis nur selten. Alle Geschichtschreiber bis zu Ende des vorigen Jahrhunderts lassen gleich alle Klöster, so St. Blasien, niederbrennen. St. Blasien verbrannte, aber erst im Jahre darauf, mitten im Frieden. Calmets Geschichte von Lothringen läßt die Bauern im Elsaß überall nur schänden, morden und brennen. Die Wahrheit ist, was wir erzählt haben. Schänden, Morden und Brennen aber war Sache der lothringischen Herren, wie selbst der Junker Ulrich von Rappoltstein urkundlich bezeugt.

ser Zindelstein und Neufürstenberg einnehmen und verbrennen. Der Obervogt zu Fürstenberg hatte sich so gegen die Bauern benommen, daß sie ihn durch die Spieße jagten. Villingen lehnte Müllers Aufforderung zum Beitritt in die Brüderschaft abermals ab, und ohne sich mit seiner Belagerung aufzuhalten, zog der letztere auf Triberg, nahm das Städtchen ein, erstürmte das Schloß, plünderte dieses und brannte es aus. Auch der Vogt dieses Schlosses, Odermann, sollte durch die Spieße, das Uracher Fähnlein bat für ihn und rettete ihn. Der Abt Nikolaus von St. Georgen ging dem Haufen mit seinen Mönchen entgegen, lud sie selbst bei sich zu Gast und gewann mit seinem Wein, seinen Karpfen und seinen freundlichen Gesprächen, womit er seine Gäste bewirtete, sie so sehr, daß das Kloster ganz unversehrt blieb und weiter nicht belästigt wurde. Am 11. Mai brach der Haufe auf und zog über Furtwangen nach den Klöstern St. Märgen und St. Peter, restaurierte sich hier wieder und stieg auf der gerade Freiburg zuführenden Straße ins Kirchzartner Tal herab, auf Freiburger Stadtgebiet, am 13. Mai. Die Burg Wisneck auf einem Bergvorsprunge dieses Tales, welche die beiden damals nach Freiburg führenden Straßen beherrschte und dem Freiburger Bürger Freiherrn David von Landeck gehörte, wurde wie die Burg Landeck von dem Haufen erstürmt und ausgebrannt, den Dörfern der Bundeseid abgenommen und bei Kirchzarten das Lager geschlagen.

Der Oberste der Schwarzwälder hatte den Angriff auf Freiburg mit den einzelnen Haufen, die im Breisgau und in der Markgrafschaft schon zuvor in Waffen waren, verabredet.

In der Markgrafschaft Baden regierten damals des noch lebenden, aber geisteskranken Markgrafen Christoph beide Söhne, Ernst in der oberen, Philipp in der unteren Markgrafschaft. Da die markgräflichen Gebiete mit dem vorderösterreichischen und mit dem straßburgischen, selbst mit dem hanauischen und ebersteinischen sich grenzten und kreuzten und von den einzelnen Haufen jeder fast aus allen diesen Gebieten Bauern unter sich zählte, so kann man diese Haufen nicht nach Herrschaften, sondern nur nach ihren Obersten richtig unterscheiden.

Da tritt uns zuerst der Haufe des Veltlin Hans Ziler aus Amoltern bei Kiechlingsbergen, unweit der Stadt Endingen, entgegen. Hans Ziler war lange als Kriegsmann im Dienste des Adels gewesen. Der Kern dieses Haufens bildete sich aus der Umgebung des Kaiserstuhles. Neben Hans Ziler war Matthias Schuhmacher von Riegel Hauptmann. Die Geistlichkeit längs des Kaiserstuhles mußte die Schirmbriefe, welche für alle Haufen der evangelischen Brüderschaft gültig waren, teuer erkaufen, der Pfarrherr zu Jechtingen mußte zwanzig Goldgulden, Korn und Wein geben.

An diesen Haufen schloß sich der Vogt zu Munzingen, Hans Schechtelen, freiwillig an, nachdem die Edeln von Munzingen nach Freiburg sich geflüchtet hatten. Der Vogt rief die Gemeinde zusammen, als der Haufe in seine Nähe kam; er forderte sie auf, in die evangelische Brüderschaft zu treten, und gleich waren so viele dafür, daß sie drohten, jedem, der sich weigere, einen Pfahl vor das Haus zu schlagen. Der Pfarrherr weigerte sich, vor der Gemeinde zu erscheinen; der Vogt ließ ihn an einem Strick vor dieselbe führen und nannte ihn einen Verräter. Nach Mengen schickte er an den Haufen, sie sollen kommen, er habe ein volles Haus. Der Haufe kam, das Schloß zu Munzingen wurde geplündert. Unter dem Haufen war auch der Pfarrherr zu Niederrimsingen, Andreas Metzger von Badenweiler, der mit seinen Bauern ausgezogen war. Er half Keller und Speicher leeren und trug selbst drei Fruchtsäcke zu dem Wagen herab. „Der erste", sagte er, „ist die Frühmesse, der andere die Mittelmesse und der dritte das Fronamt." Als das Schloß leer war, hieß es, das Wurmnest müsse zerstört werden. Der Pfarrherr setzte sich selbst auf das Dach und half es abdecken. Die Schlösser Höhingen, Dachswangen und Kranznau wurden auf den Boden ausgebrannt. Faßlin von Staufen und der lange Fischer waren Beutemeister, Hans Karrer stieß das Schloß Kranznau an, auf Befehl der Hauptleute. Auch die Nonnenabtei Wonnental wurde von diesem Haufen ausgeraubt, wobei Klaus Zimmermann von Malterdingen Beutemeister war, und sie ging in Flammen auf; ein Kiechlingsberger warf die erste Brandfackel darein. Auch die Städte Burkheim, Endingen und Kenzingen mußten sich den Bauern öffnen und zu ihnen schwören. Zu Endingen hatte Hans Ziler so viele von seiner Partei, daß er wohl wußte, daß er nur vor der Stadt zu erscheinen brauche, um sie sich geöffnet zu sehen. In Kenzingen hatte der Schultheiß des benachbarten Dorfes Herbolzheim Einverständnisse und kannte die Gelegenheiten.

Daß Kenzingen so sehr bedrängt war, kam daher, daß nicht bloß der Haufe Hans Zilers, sondern auch ein Haufe aus der Ortenau sich zugleich davorlegten. Die in der Stadt schätzten beide Haufen zusammen auf 12 000 Mann. Oberster Hauptmann des letzteren Haufens war Georg Heid von Lahr. Der Haufe war zusammengeflossen aus dem straßburgischen Amt Ittenheim, aus der dem Markgrafen Philipp zugefallenen Herrschaft Lahr und aus dem Diersburger Tale. Die Abtei Schuttern wurde zuerst von Georg Heid von Lahr heimgesucht. Der Abt floh nach Freiburg, und hinter sich konnte er die Flammensäulen seines ausgeplünderten Gotteshauses sehen. Das Kloster Ettenheimmünster, auf der Scheide zwischen dem Breisgau und der Ortenau, wurde ausgeleert und ausgebrannt. Auch Schlösser gingen im Rauch auf, das feste Haus Dautenstein des Hans Werner von Pliessen und die Ulmburg; der Edle, der auf der letzteren saß, verblutete unter den Händen der Bauern.

Oberster des Haufens der oberen Markgrafschaft, das heißt der Herrschaften Rötteln, Sausenberg und Badenweiler, war Hans Hammerstein. Vor ihm war Markgraf Ernst von seinem Schlosse Rötteln mit seiner ganzen Familie nach Freiburg geflohen. Von hier aus schickte er Briefe, begleitet von Vermittlungsschreiben der Stadt Freiburg, worin er sich zu jeder Erleichterung ihrer Beschwerden bereit erklärte. In den ersten Tagen des Mai hielten die Bauern Versammlungen zu Kandern und Badenweiler und beriefen die Amtleute des entflohenen Markgrafen. Diese machten mannigfache Vorschläge und Erbietungen im Namen ihres Herrn. Die Bauern trauten dem Markgrafen nicht; sie wußten aus Erfahrung, daß Ernst nicht das volksfreundliche, menschlich-billige Herz seines Bruders Philipp hatte; sie beriefen sich auf die zwölf Artikel der Waldbauern, auf diese haben sie geschworen, und sie seien auf, ein anderes Regiment zu machen. Wolle Markgraf Ernst nichts sein als des Kaisers Statthalter und wolle er ihnen die zwölf Artikel zusagen, so wollen sie ihn bei seinen Schlössern und Herrschaften bleiben lassen. Als einem Herrn gehorchen werden sie fortan nur dem Kaiser oder dessen Statthalter; der Adel, als bevorrechteter Stand, müsse ganz aufhören, jedes Amt mit Bauern besetzt werden und der Markgraf selbst nichts weiter als ein Bauer, ein großer freier Grundbesitzer sein. Das dünkte dem Markgrafen Ernst „erbärmlich anzuhören". Für jetzt beschloß er: „Es Gott dem Allmächtigen und der Zeit zu befehlen."

Der Weigerung des Markgrafen, den Bauern irgend zu genügen, folgte der allgemeine Sturm. Die Schlösser Rötteln, Sausenberg, Badenweiler wurden von ihnen genommen und besetzt; in Heitersheim, an der Grenze des österreichischen und des markgräflichen Gebietes, wo sie dem Sundgauer und dem Oberelsasser Haufen die Hand bieten konnten, nahmen sie ihr Hauptquartier. Die zu St. Blasien gehörigen geistlichen Häuser zu Nollingen, Weitnau, Sitzenkirch, Bürglen, Gutnau und Krozingen wurden von ihnen ausgeleert. Die Amtleute wurden vertrieben, die Geistlichen hatten teils das gleiche Los, teils mußten sie im Haufen mitziehen; doch entflohen die meisten zuvor. Im Lager zu Heitersheim vereinigte sich auch der Haufe vom Kaiserstuhl mit dem Haufen derer von Rötteln-Badenweiler.

Ein anderer Haufe hatte sich in der Markgrafschaft Hochberg, der unteren Markgrafschaft, gebildet. Oberster desselben war Klewi Rüdi. Unter diesem Haufen litt am meisten das reiche Kloster Tennenbach, das seinen Schaden auf mehr als 30 000 Gulden anschlug, also nach jetzigem Geldfuß gegen eine Drittels-Million.

Als Kenzingen von den vereinigten Haufen eingenommen war, besprach der Oberste der Schwarzwälder in dieser Stadt den allgemeinen Zug auf Freiburg mit den anderen Obersten.

Während die Schwarzwälder den Zuzug der anderen vor Freiburg erwarteten, besuchten sie die Nonnenabtei Günterstal, und am 15. Mai vertrieben sie den Edeln Martin von Rechberg aus seiner Stadt an der Elz, aus Elzach, wenn nicht vielmehr der Haufe Klewi Rüdis dies ausführte.

In Freiburg selbst war die Not groß, denn diese Hauptstadt des Breisgaues war von Kriegsvolk sehr entblößt, da sie die in ihrem Sold stehenden Landsknechte vor einigen Wochen den näher bedrängten Städten Villingen, Laufenburg und Säckingen zu Hilfe geschickt hatte. Auf alle ihre Schreiben kam ihr niemand zu Hilfe, und so konnten sie den gefährlichsten Punkt, den Schloßberg, der die ganze Stadt beherrscht, nur mit 124 Mann besetzen. Aber alles, Bürger, Adel, Geistliche, Studenten der Universität traten in die Waffen, und man besserte die Festungswerke aus; Mundvorrat und Geschütz war zur Genüge vorhanden. Als die Schwarzwälder bei Kirchzarten lagerten, schickten die Freiburger hinaus und ließen fragen, warum sie so im Lande herumziehen und was sie namentlich hier wollen. Hans Müller von Bulgenbach antwortete schriftlich unter anderem: „Ihr wisset der Herren Schinderei wohl, und es befremdet uns, daß ihr den Herren beholfen sein wollet, uns arme Bäuerlein auf dem Lande zu zwingen, noch länger widerrechtliche Gewalt zu dulden. Wir wollen, daß das Gotteswort dem gemeinen Manne verkündet und demselben nachgekommen werde, und begehren freundlich an euch, ihr wollet euch zu uns in unsere Brüderschaft verbinden, um brüderliche Liebe zu machen mit einem ewigen Frieden und das göttliche Recht zu handhaben." Noch am gleichen Tage schrieb er zum zweitenmal und drängender in die Stadt hinein. Erst des anderen Tages kam die Antwort. Die Stadt sprach von ihrem Eid gegen Österreich, sie sei geneigt, etwaige Schindereien einzelner Herrschaften zu vermitteln, die Schwarzwälder möchten daher abziehen und bedenken, wie göttlich und selig es sei, im Frieden zu leben. Die Bauern schrieben gleich zurück, sie wollen ihre Herren bei allem belassen, was sie nach göttlichem Recht zu fordern haben, aber mehr nicht, und die Herren sollen nur nicht ferner wie bisher sprechen, sie seien das Recht, und den armen Leuten nicht das Ihre mit Gewalt nehmen. Und am anderen Tage, dem 16. Mai, schrieben die Schwarzwälder abermals, sie handeln nicht ohne ihre Brüder, die breisgauischen Haufen. Freiburg solle und müsse in die Brüderschaft treten und dazu sechs des Rates, sechs aus der Gemeinde in den Ring des Haufens herausschicken.

Auf das hin rückte Hans Müller, der Oberst, sein Lager näher an die Stadt und schickte als letzte Aufforderung die Worte hinein: „Wollet ihr auch Brüder mit uns sein, so wollen wir mit euch als Brüder leben; wo nicht, so wollen wir in eure Stadt brechen, und wo ihr uns einen Mann schädiget, wollen wir keine Barmherzigkeit mit euch haben." Dieses Schreiben war unterzeichnet: Hans Müller, Hauptmann auf dem Schwarzwald, samt den anderen Hauptleuten und Räten der heiligen evangelischen Brüderschaft.

Denn an diesem Tage, es war der 17. Mai, hatten sich die einzelnen Haufen des Breisgaus bereits um Freiburg zusammengezogen, und zwanzig fliegende Fähnlein konnte man von den Türmen der Stadt aus zählen, westlich und nördlich die vom Kaiserstuhl, der unteren Markgrafschaft und der Ortenau, gegen das Kirchzartner Tal und die Berge hin die Schwarzwälder und neben diesen, auf dem Felde von St. Georgen, die von der oberen Markgrafschaft. Nichts konnte mehr heraus oder hinein in die Stadt kommen. Diese antwortete auf die letzte Aufforderung nicht. Die Bauern besetzten zuerst die Kartause auf dem Johannisberge und plünderten sie aus. Dann gruben sie die Kanäle der Dreisam, das Wasser zu allen Brunnen und Mühlen in der Stadt, ab. Vier Bauern schlichen sich vor das Blockhaus auf dem Schloßberg, der kleine dortige Posten, überrascht, zog sich zurück, die Bauern winkten den Haufen herbei, und das Blockhaus war genommen. Die edeln Herren in der Stadt saßen, wie ihr Brauch war, an dem schönen Maiabend vorm Ritter und tranken; da machten plötzlich gegen fünfhundert Hakenschüsse, die vom Schloßberge her auf den Münsterplatz fielen, ihnen bemerklich, was geschehen war; „wußte niemand, wie es zuging". Jedermann stand die ganze Nacht auf dem Fischmarkt in Wehr und Ordnung. In der Dunkelheit zogen die Bauern ihre Notschlangen an Stricken den Berg hinauf und verschanzten sich droben, und mit dem Morgen begann die Beschießung der Stadt. Sie schossen so schwere Kugeln herein, daß manche Wände, ganze Häuser zusammenstürzten. Auch der Helm des Münsterturmes wurde herabgeschossen. Der junge Adel in der Stadt wollte herausfallen, wurde aber hart vor dem Tore zurückgeschlagen, und einen Freiherrn von Falkenstein tötete eine Geschützkugel. Mit fliegenden Fahnen zogen alle Haufen um die Stadt herum, um denen drinnen ihre Macht recht augenscheinlich zu machen.

In der Stadt selbst waren manche unter der Gemeinde, die entweder mit denen draußen im Verständnis waren oder der Bauern Sache für ihre eigene ansahen. In offener Gemeinde rief einer: „Wer für die Bauern ist, stehe zu mir! Ihre Sache ist eine heilige Sache, sie wird Fortgang haben." Der Rat setzte ihn ins Gefängnis, mußte ihn aber den Zünften wieder freigeben. Auch bei den Wachen selbst nahm der Rat allerlei Untreue und Gefährlichkeit wahr, und er besorgte, sie möchten über die Mauern hinaus mit den Bauern allerlei böse Anschläge und Praktiken gemacht haben.

Auf das hin bat die Stadt um einen Stillstand. Am Sonntagabend gewährte diesen Hans Müller bis Dienstag früh 4 Uhr. Inzwischen wurde unterhandelt; die Bauern bestanden auf dem Eintritt in die evangelische

Beschießung von Freiburg durch die Bauern

Brüderschaft und auf einem einfachen Ja oder Nein. Da das Ja bis zur Zeit nicht ausgesprochen wurde, hoben die Bauern wieder an zu schießen. Die drinnen baten um Verlängerung des Stillstandes bis morgens 8 Uhr. Es wurde wieder Sprache gehalten, und noch an diesem Tage, Dienstag, dem 23. Mai, trat die Hauptstadt des Breisgaues zu den Bauern. Der Oberste der Schwarzwälder und dreihundert Bauern mit ihm wurden sogleich in die Stadt mit gewehrter Hand eingelassen, um den Bürgern den Brudereid abzunehmen. Die Bürger der Stadt, eigentlich aber die darein geflüchteten Prälaten und Adeligen, zahlten 3000 Gulden Brandschatzung; dadurch kauften sie die Sicherheit ihrer Personen und ihrer Güter auf dem Lande. Die im Gebiet der Stadt liegenden Klöster und Gotteshäuser zu strafen, abzutun, zwischen Stadt und Landschaft zu teilen, das sollte einer künftigen Beratung vorbehalten sein. Auch mußte die Stadt vier Geschütze und ein seidenes Fähnlein, daran das Wappen Altösterreichs, dazu eine Anzahl Mannschaft zum Haufen stellen.

Merkwürdig ist, daß auch bei diesem Vertrag, den hauptsächlich der Schwarzwälder Oberste abredete, der Erzherzog Ferdinand und das Haus Österreich eine Rolle wie im Hegau und Allgäu spielt. Österreichs Landeshoheit wurde von dem Schwarzwälder und den anderen Hauptleuten unbedingt anerkannt. Es ist bei Hans Müller von Bulgenbach dieses Eingehen in das österreichische Interesse hier darum nicht zu übersehen, weil es auch einiges Licht wirft auf sein eigenes Benehmen gegen Herzog Ulrich von Württemberg und gegen den württembergischen Haufen, ein Benehmen, das auf die Wendung des ganzen großen Krieges von Einfluß war.

Nachdem sie den Eid und alles übrige empfangen hatten, zogen die Bauern ab am Abend vor Himmelfahrt, dem 24. Mai. Bis zu dem Dorfe St. Georg geleitete sie Rat und Bürgerschaft der Stadt; hier hielten Abgeordnete der Stadt Breisach, um ihre Stadt mit den Bauern zu vertragen. Ehe wir aber dem weitern Gange der Dinge in dieser Gegend folgen, müssen wir hinabgehen in die Ortenau, die Pfalz und die an sie grenzenden Lande.

Der Haufe, den wir als einen ortenauischen kennengelernt haben, war nur ein Überrest zweier großer Haufen, welche sich in der Ortenau bereits wieder aufgelöst hatten. Der eine derselben war vor Oberkirch und später vor Offenburg gelagert, der andere hatte zu Schwarzach und zwischen Bühl und Steinbach, unweit Baden-Baden seinen Stand. Das Gebiet des Aufstandes hier war teils österreichisch, teils straßburgisch, großenteils dem Markgrafen Philipp von Baden zugehörig.

Selbst in den Landen Philipps, eines Fürsten, der vor vielen anderen seines Standes und seiner Zeit Wohlwollen und Einsehen hatte, war so viel Zündstoff im gemeinen Mann vorhanden, daß die markgräflichen Bauern um Durlach herum schon in den ersten Tagen der ausbrechenden großen Bewegung auf waren und gegen dritthalbtausend unter ihrem Hauptmann Hans Winkler vor Durlach sich legten. Die Bürger der Stadt boten den Bauern die Hand, sie setzten am Palmtag, dem 9. April, ihren Amtmann gefangen und öffneten den Bauern die Tore. Auch Pforzheim nahmen die letzteren ein, plünderten und verwüsteten das Kloster Gottesau und verstärkten sich selbst aus dem württembergischen Schwarzwald. Besonders zeichneten sich in diesem Haufen die Bauern von Berghausen aus, und Markgraf Philipp glaubte im Anfang, durch Strenge diese schrecken zu können. Er schickte seine Reisigen nach Berghausen und ließ etliche Häuser anzünden. Es schien zu wirken; seine Bauern zerstreuten sich in ihre Hütten, als von der Grenze her ein Windzug kam, der sie schnell wieder aufwirbelte, von jener Landschaft her, welche als eine der ersten vor Jahren den Bundschuh aufgeworfen hatte. Es war der bereits früher kurz angeführte Haufen des Bruchrains, unter den Hauptleuten Friedrich Wurm und Johann von Hall.

Es waren meist zum Bistum Speyer gehörige Untertanen, die zwischen dem Rhein und der Kraich, der Pfinzig und dem Unterschwarzwald saßen. In dem großen Dorfe Malsch traten in der Karwoche schon gegen 500 Bauern zusammen. Auf dem Bischofsstuhl zu Speyer saß damals

Georg, ein Bruder des Rheinpfalzgrafen Ludwig. Sobald er durch ausgeschickte Kundschafter von dem Vorgang genaueres hörte, suchte er sie durch gütliche Worte und Bitten vom Abfall zurückzuhalten, sowohl die in Malsch als die anderen Flecken. „Sie werden", antworteten sie zum Teil, „sich zu dem halten, welcher der Stärkere wäre und sie zu schützen vermöchte." Die in Malsch selbst schickten Aufgebotsschreiben an die Nachbargemeinden umher, ihnen noch in selber Nacht wohlgerüstete Zuzüge nach Malsch zu schicken und der göttlichen Gerechtigkeit einen Beistand zu tun, wo nicht, so sollten sie Leibes und Lebens unsicher sein. Sie fielen in den herrschaftlichen Stiftskeller zu Malsch und besetzten den nahen Pletzberg. Der Bischof gedachte, die Zeit möchte mehr Böses bringen und aus längerem Verzug Gefahr entstehen; er schickte den Edeln Hans von Bühl, genannt von Wachenheim, den Vogt im Bruchrain, mit seinen Reisigen ab. Ihm gab er eine Zahl Bauern zu, die sich gegen den Bischof alles Gehorsams erboten hatten, und unterwegs stieß der pfälzische Marschall von Habern mit zweihundert Reitern und etlichen leichten Geschützen zu ihm. Da jedoch das Lager der Bauern auf dem ringsum mit Wein bewachsenen Pletzberg durch die Rebpfähle gedeckt und ihm ohne großen Schaden mit Pferden nicht wohl beizukommen war, das herbeigeführte bäurische Fußvolk aber, statt gegen die auf dem Berg zu fechten, zu ihnen überging, mußten die Reiter wieder abziehen, und der Haufe vermehrte sich so schnell, namentlich auch aus den Rheinanwohnern, daß der Fürstbischof von seiner Burg Odenheim (Philippsburg) zu seinem Bruder, dem Kurfürsten, nach Heidelberg flüchtete. Der ganze Bruchrain war in den Waffen, die Städte Bruchsal, Odenheim, Rotenberg, Kislau schlossen sich dem Aufstand an, und alle umliegenden Flecken, und zwar die meisten davon gleich auf die erste Aufforderung. Diese Eroberungen, sagte man am Heidelberger Hof, seien nicht schwer gewesen, da alle ringsum gleich bösen Geistes und keiner um ein Haar besser sei als der andere.

Sie fielen nun aus dem Bruchrain mit fliegenden Fahnen in die eben gestillte Markgrafschaft Baden ein, vereinigten sich mit den unzufriedenen Bauern derselben, trieben in Kirchen und Klausen plündernd und wüstend sich um, und namentlich litten die Klöster Herrenalb und Frauenalb von ihren Besuchen.

Markgraf Philipp wählte, um sein Land nicht verheeren zu lassen, den Weg gütlicher Unterhandlungen mit den Bauern, er tat jenen lieber ihren Willen und trat mit ihnen in Vertrag.

Dasselbe tat er auch in der Ortenau bei den beiden Haufen von Oberkirch und Schwarzach. Auf einem Tage zu Achern ließ er durch seine getreuen Räte und durch die Räte der Stadt Straßburg mit den Ortenauer Bauern gütlich handeln. Es wurde zugestanden, daß die beiden Bauernhaufen „nicht in arger oder boshafter Meinung, auch nicht ihren Herrschaften zuwider", sondern darum zusammengekommen, Besserung der Predigt und billige Erleichterung ihrer Beschwerden zu erlangen, und Markgraf Philipp und die straßburgischen Räte gewannen so sehr das Vertrauen der Bauern, daß diese ihre beiden Haufen in Frieden auflösten und nur einen Ausschuß zurückließen, um auf die Grundlage der zwölf Artikel gemeinschaftlich mit den Räten ihrer Herrschaften ihre Beschwerden zu regeln und zu heben. Am 27. April gingen die Ortenauer friedlich zurück an ihren Herd; nur einzelne Rotten nahmen den gütlichen Austrag von Achern nicht an, bildeten jenen lahrischen Haufen und zogen unter Georg Heid ins Breisgau, wo wir sie fanden.

Am 22. Mai, auf dem Tage zu Renchen, wurde der Vertrag zwischen den Herrschaften und den Bauern der Ortenau vollendet und am 25. gesiegelt und beschworen.

Nicht ganz zwar wurden darin die zwölf Artikel angenommen. Aber große Erleichterungen räumte der Vertrag seinen und anderer Herrschaften Untertanen ein: Wahl des Pfarrers durch den Lehensherrn mit Zuratziehung des Gerichts und eines Ausschusses der Ortsgemeinde; lautere schriftmäßige Predigt; Pensionierung nicht tüchtiger, bereits angestellter Geistlicher, Entlassung ohne Pension für die, welche jetzt die Pfarreien besitzen, aber entweder noch Kinder oder jugendhalb zu den Pfarreien nicht tauglich wären; Aufhebung des kleinen Zehnten, Herabsetzung des Heu- und Hanfzehnten auf den Zwanzigsten, Einziehung des zur Besoldung der Pfarreien bleibenden Zehnten an Wein und Getreide durch ehrbare verordnete Personen, unter wesentlichen Erleichterungen in der Art des Bezugs; Aufhebung aller Stolgebühren, da vielmehr der Pfarrherr einem jeden Pfarrkind ohne alle besondere Belohnung gewärtig sein solle; Freizügigkeit; unbeschränkte Heiratsfreiheit; Entrichtung der Steuern und des Dienstes nur im Ort, da ein jeder gesessen wäre, und Vergleichung der verschiedenen Herrschaften darüber unter sich selbst; Abschaffung der Leibeigenschaft, falls im Heiligen Reich insgemein dies abgetan würde; Jagdfreiheit in betreff des schädlichen Gewilds und des Geflügels, mit Ausnahme des grünen Antvogels und der Fasanen und des eigentlichen Wildbrets, doch das letztere so, daß die Herrschaften vorzusehen haben, damit solches den Armen an ihren Früchten und Gewächsen nicht schade, und daß jedem zugelassen sein solle, seine Güter zu verzäunen, zu vergraben oder zu vermachen gegen das Gewild, und jedes Wildbret, was auf eigenem Grund und Boden begriffen würde, namentlich wilde Schweine, mit Jägerrecht zu fahen oder zu schießen; Rückgabe der Fischwasser, die seit Menschengedenken einer Gemeinde entzogen wären, an die letztere als ihre Allmand; Abgabe von Bau- und Brennholz nach Notdurft und mit Ordnung an die Untertanen; keine Fronen als für die, welche von alters her damit beschwert wären, und auch für diese nur so, daß jede Mannsperson ihrer Herrschaft nicht mehr als des Jahres vier Tage zu fronen, die Herrschaft aber dafür hinreichend Essen oder acht Pfennige statt des Essens zu geben schuldig wäre; Erleichterung der Gült nach Ertrag des Guts auf unparteiisches Erkenntnis hin; keine Strafansätze als nach rechtlichem Erkenntnis durch unparteiische Geschworene, und Gericht nur an dem Ort, wo der Frevel begangen worden; Wiedergabe entzogener Wiesen, Äcker oder Allmanden an die Gemeinden; Aufhebung des Todfalls vom Augenblicke des Vertrags an; Reichung des Ehrschatzes bis zur allgemeinen Reichsreform in der Ermäßigung, daß nur, wo einer über 50 Gulden Wert schuldfrei hinterlasse, die Erben eines halben Guldens Wert reichen, bis 100 Gulden Verlassenschaft und darüber nicht über einen Gulden.

Alle die Bauern, welche die Übereinkunft von Achern angenommen hatten, sah man bis zum Abschluß des Vertrages von Renchen weder einem anderen Haufen zuziehen noch jemand beschädigen, und nach demselben blieben sie in Ruhe.

Auch der Haufe des Bruchrains verließ sogleich nach dem Vertrag, den der Markgraf mit den Seinen geschlossen, die Markgrafschaft und zog ins Bistum Speyer, mit ihm die Bewegungslustigen der Durlacher Bauern. In sieben Abteilungen setzten gegen vierthalbtausend, ungefähr die Hälfte des vereinigten Haufens, bei dem Dorfe Schreck über den Rhein und überschwemmten den Speyergau. Sie lagerten sich namentlich in dem Kloster Hördt und in dem Klosterhof Mechtersheim und leerten hier vollends Keller und Kornspeicher von dem, was ihre Vorgänger übergelassen hatten; dann fuhren sie bei Rheinsheim wieder über den Rhein zurück und vereinigten sich bei Philippsburg wieder mit der anderen Hälfte ihres Haufens, die des Rates geworden war, auf die Stadt Speyer zu ziehen und die dortige Geistlichkeit zu strafen.

Ihre Vorgänger im Kloster Hördt waren Rheinpfälzer. In der Rheinpfalz selbst nämlich hatte zwar Pfalzgraf Ludwig, der Kurfürst, alles getan, um sein Land vor der Ansteckung des um sich greifenden Brandes zu wahren; dennoch fielen die Funken auch auf diesen Boden herüber, und das eine Zeitlang glimmende Feuer flammte auf.

In einem schönen Dorfe bei Landau, in Nußdorf, war acht Tage nach Ostern Kirchweih. Auf der Nußdorfer Kirchweih pflegten immer viele Bauern aus den umliegenden Dörfern zusammenzukommen. Hier war es nun auch, wo 200 Bauern zusammenschwuren, einen Haufen zu machen. Noch in derselben Nacht lagerten sie bei dem Mönchshof Gleisweiler auf einem Berge. Von hier aus schickten sie einzelne Rotten in die umliegenden Dörfer, diese weckten die Bauern aus dem Schlaf, beredeten durch gute und böse Worte viele zu ihrem Bund und vermehrten sich in dieser selben Nacht so, daß die Morgenröte wohl 500 auf dem Berge fand. Sie beschlossen, in das Siebeldinger Tal zu fallen und die Bauern desselben auch zu ihrem Haufen zu bringen. Zugleich erfuhr diese Dinge Jakob von Fleckenstein, der kurpfälzische Vogt zu Germersheim; er machte sich in derselben Nacht mit seinen Reisigen auf ins Siebeldinger Tal, das in sein Amt gehörte, und beredete die dasigen Bauern, daß sie ihm zusagten, mit ihm gegen die Unruhigen von Gleisweiler ziehen zu wollen. Als die letzteren dies hörten, gingen sie, im Gefühl, noch zu schwach zu sein, auseinander, wie Rauch in dem Wind auf, und der Vogt ritt heim nach Germersheim in gutem Trost, daß alles ruhig bleiben werde; er hatte sie an ihre Pflichten erinnert. Nach wenigen Tagen lief es an demselben Orte von allen Seiten rührig zusammen, junge und alte Bauern schwärmten in das Stift Klingenmünster, in das Kloster Hördt, in das Johanniterhaus zu Hambach, in den Mönchshof zu Mechtersheim, aßen und tranken Tag und Nacht und eigneten sich die schönen Viehherden zu.

Die Bauern eignen sich die Viehherden von Mechtersheim zu

Am 1. Mai schon öffneten die Bürger in dem wohlbefestigten Neustadt ihre Tore, geschreckt durch die Drohungen der Bauern. Die Bürger selbst zwangen den Amtmann darin, die Bedingungen derselben anzunehmen, und die Hauptleute nahmen ihr Hauptquartier in der Stadt.

In den gleichen Tagen sammelten sich auch die Bauern, zuerst nur bei 300, im Gebiet des Grafen von Leiningen bei Bockenheim. Sie taten verschiedene Burgen und Klöster ab, verstärkten sich, setzten sich über den Trümmern der Rosenburg hinter Westhofen und standen so, 3000 stark, im kurpfälzischen Amt Alzey.

Am pfälzischen Hofe, wo man sich über die reißenden Fortschritte des Aufstandes mit Sprichwörtern wie: „Gleich und gleich gesellt sich gern", und „Ein Bauer gleicht dem andern wie eine Milch der andern" zu trösten suchte, hatte man gerade um diese Zeit den Marschall Wilhelm von Habern mit 300 Pferden und 500 zu Fuß nach Alzey als Besatzung geschickt, um weiteren Abfall zu verhüten. Unterwegs vernahm er, daß die Bauern zu Westhofen lagern, und er richtete seinen Zug dahin. Wie die Bauern das hörten, zogen sich auch die, welche noch in Westhofen lagen, aus dem Flecken auf die rebenumkränzte Rosenburg und stellten sich kampffertig. Des Marschalls heiße Kampflust fand sie jedoch, wollte er nicht viele der Seinen aufopfern, hinter den Weinbergen unangreifbar. Er ließ dreimal seine Geschütze unter sie gehen. Aber der Marschall selbst weiß nichts von einem Erfolg dieser Beschießung zu rühmen; nur als es dunkelte und die Bauern, die kein Geschütz hatten, von dem Weinberg herab in den Flecken und noch in derselben Nacht auf den Haufen bei Neustadt sich zurückzogen, will er gegen sechzig Bauern, vielleicht wehrlose Westhofer, durch seine Reisigen erstochen haben. Denn der Rückzug des Haufens war so wenig eine Flucht, geschah so in Ordnung, Muße und Siegesfreudigkeit, daß sie sich auf dem Zug von Westhofen bis Neustadt noch durch neue Brüder vermehrten und der Marschall an Nachsetzen oder Angriff nicht dachte. Sie aber lagerten sich im Flecken Wachenheim, das nahe Kloster Limburg bot reichlichen Unterhalt, und sie taten alles von hier aus, um die ganze Umgegend sich zu verbrüdern.

Kurfürst Ludwig von der Pfalz, der noch lange nicht Kriegsvolk genug beisammen hatte, um mit Gewalt vorzugehen, beriet sich mit seinen Räten, wie dem Übel auf gütlichem Wege Einhalt getan werden möchte. Unterhandlungen, wie die zu Achern, lagen nahe; noch näher bot sich ein Vorgang im Speyerischen.

Als der bruchrainisch-speyerische Haufen über Odenheim (Philippsburg) auf die Stadt Speyer zog, hatte sich Bischof Georg selbst entschieden. Die Stadt war seit lange wegen ihrer an die Bischöfe verlorenen Reichsfreiheit mit der Geistlichkeit in Zwiespalt und der neuen Lehre sehr zugetan. Der Bischof schloß, wie viele andere Herren vor ihm getan, persönlich mit seinen Untertanen einen Vertrag ab; und damit sie desto schneller hinwegzögen, ließ er ihnen zusagen, daß die Geistlichen der Stadt Speyer ihnen aus 200 Maltern Brot, 25 Fuder Wein und für 100 Gulden Fleisch nach Rheinhausen nachschicken sollen. Es war am 30. April; die Bauern brachen ihr Lager ab und gingen, nachdem sie den Vertrag durch einen letzten Schmaus gefeiert, ruhig auseinander mit Urlaub ihrer Hauptleute, welche ihren Sitz in Bruchsal nahmen mit der Kanzlei und einer kleinen Schar; hier blieben sie mit den Dörfern in solcher Verbindung, daß sie schnell, sobald sie wollten, 5000 bis 6000 Bewaffnete unter ihre Fahne versammeln konnten.

Wie sein Bruder, der Bischof, tat nun auch der Kurfürst von der Pfalz selbst. Er meldete seinen Bauern, daß er sich mit ihnen in einen gütlichen Vertrag einlassen wolle. Die Bürger von Neustadt vermittelten zwischen ihm und den Bauern. Hauptleute und Räte des bei Winzingen auf dem Viehberg gelagerten Haufens bestimmten Tag, Stunde und Ort zur Verhandlung; der Kurfürst solle persönlich am nächsten Tage, Mittwoch, dem 10. Mai, nach Sonnenaufgang, auf freiem Felde bei dem Dorfe Forst mit seinen Räten sich einfinden, doch nicht mit mehr als dreißig Pferden, unter wechselseitigem sicherem Geleit. Der Kurfürst erschien, und es erschienen auch zuvor schon am selben Ort die verordneten Hauptleute und Räte der Bauern und empfingen mit Ehrerbietung den Fürsten. Das Gespräch, die Unterhandlung begann, und siehe da, mit fliegenden Fähnlein, in Reih und Glied, rückten die beiden Haufen von Wachenheim und Winzingen, an die 8000, heran und stellten sich in der Ferne auf. Nach längerer Verhandlung kam man von beiden Seiten gütlich überein, daß die Klagen der Bauern auf einem demnächst abzuhaltenden Landtag gehört, ihre begründeten Beschwerden auf den Grund der zwölf Artikel gehoben werden sollen. Worüber sie sich der zwölf Artikel halb vergleichen, das solle seine Wege haben; das, worüber sie sich nicht vertragen könnten, der Entscheidung der Stände des Reichs anheimgestellt werden. Dagegen sollen die Bauern die eingenommenen Schlösser, Städte und Flecken ihren Herrschaften zurückgeben, nichts mehr aus denselben beziehen, ihre Haufen auflösen und zu ihrem Herd und Geschäft zurückkehren. Ludwig sagte allen Verzeihung, völlige Straflosigkeit, seine ganze Gnade zu. Beiderseitig wurde ein Vergleich beschworen. Auf das zogen beide Haufen in ihre alten Lager zurück; der Kurfürst ritt, begleitet von der Neustädter Bürgerschaft, wieder in Neustadt ein. Am folgenden Tage erschienen die Hauptleute der Bauern wieder vor dem Kurfürsten, um mit ihm den Ort und die Zeit des allgemeinen Landtags festzusetzen. Der Fürst zog sie an seine Tafel. Da sah man Bauern und Landesherren zusammen sitzen, zusammen essen und trinken. Er hatte, so schien's, ein Herz zu ihnen und sie zu ihm; er bestimmte Ort und Tag und entließ sie gnädig. Dann ritt er heim nach Heidelberg und schrieb sogleich in der ganzen Pfalz den allgemeinen Landtag auf Pfingsten nach Heidelberg aus, mit dem Befehl an alle seine Herren, Ritter und Amtleute, „nichts gegen den Vertrag zu tun".

9

Anfang der Bewegung im Württembergischen

Das Fürstentum Württemberg befand sich im hilflosesten Zustand, die wenigen Anordnungen zur Gegenwehr waren über alle Begriffe unzulänglich. Der Erzherzog selbst war nicht im Lande; was er an Kriegsvolk auftreiben konnte, hatte er seinem Bruder nach Italien schicken müssen. Die Landeskassen waren alle erschöpft, besonders auch durch die Anstalten, die man gegen Herzog Ulrich aufrechthalten mußte; die Untertanen selbst waren größtenteils so unzufrieden, daß man ihnen nicht viel trauen konnte.

Von der österreichischen Regierung wurde wegen eines gemeinschaftlichen, kräftigen Widerstandes gegen die aufgestandenen Bauern mit Kurpfalz, Baden, Hessen und Trier ein kleiner Kongreß zu Moosbach eingeleitet, wobei vorzüglich der Kurfürst Ludwig von der Pfalz der Regierung in Stuttgart die nachdrücklichste Hilfe zusagte, aber die in seinem eigenen Lande ausbrechenden Unruhen machten ihm vorerst die Erfüllung unmöglich.

Und schon fing sich das Württemberger Land selbst an zu bewegen, und zwar auf eine Weise, die der österreichischen Regierung besonders unheimlich sein mußte, wegen des Manns von Twiel, des vertriebenen Herzogs.

Die Uracher, Münsinger und Blaubeurer Alb waren unter den ersten, die in die Bewegung kamen; zu gleicher Zeit regte sich das Balinger Amt und die Rosenfelder. Die letzteren waren auch im Dezember vorigen Jahres und im letzten Februar und März die Unruhigsten gewesen, mit den Tuttlingern und allen Dörfern um Schwenningen. Es hatten sich heimliche Verbrüderungen gebildet, die durch des Vogtes Abmahnung, „sie seien zu ring, gegen gemeine Landschaft kaum ein Flederwisch", sich nicht abtätigen ließen. Die Bauern im Balinger Amt vereinigten sich zur selben Zeit, als die Haufen von Baltringen, vom See und im Hegau wieder in Bewegung kamen, mit den Rosenfeldern, bedrohten die Amtsstadt Balingen „und weberten ringsweis wider und für". Ihre Hauptleute waren der Pfarrer von Digisheim und der Frühmesser von Dürrwangen. Hug Werner von Ehingen, der Obervogt, hatte es schwer, die Stadt zu halten, da er seinen eigenen Leuten nicht ganz traute. „Ich habe keine Gewalt mehr, ich darf keine mehr fahen, ich muß besorgen, sie laufen zusammen", schrieb er. Auf der Uracher Alb, wo es seit dem armen Konrad nicht geheuer war, waren schon zu Anfang Februar gegen 400 Bauern zusammengetreten und hatten beschlossen, keinen kleinen Zehnten mehr zu geben, niemand eigen zu sein, keinen Herrendienst mehr zu leisten, jeden gegen die Gewalttaten der Herren zu schützen und Schlösser und Klöster abzutun. Man habe, sagten sie, viele Bundes- und andere Tage gehalten und nie einen Bauern dazu berufen; nun sei es an ihnen, sie wollen tagen und ratschlagen, aber keinen Herrn noch Edelmann dazu nehmen. So berichtete Leonhard von Stain an die Regierung unterm 5. Februar 1525. In der Mitte des März waren die Bauern von Ebingen und Münsingen in Bewegung, die Uracher Alb schloß sich daran, und die Bewegung setzte sich bis in das Lenninger Tal hinab fort. Als die Leipheimer an der Donau auf waren, zogen ihnen an Mariä Verkündigung Blaubeurer mit einem fliegenden Fähnlein zu, und als der Leipheimer Haufen am 4. April zersprengt wurde und Tausende über die Donaubrücke sich zurückzogen, wandten sich die Flüchtigen ins Württembergische, verstärkten sich mit anderen auf dem Rückzug und zogen über die Alb hinab vor Pfullingen und lagerten sich daselbst. Rudolph von Ehingen, der Obervogt von Tübingen, sammelte ein Aufgebot gegen sie, aber wer im Land von Weib und Kind hinweg aufgemahnt wurde, beschwerte sich. Die Bauern um Weilheim, Nürtingen und im Ermstal kamen selbst in Aufregung. „Die Aufrührer laufen schon überall in Stadt und Amt herum und beginnen allerlei Praktiken", schrieb Reinhard Spät, der in Stadt Urach befehligte, an die Regierung. Viele liefen bei Pfullingen zusammen, in die tausend Bauern aus der Nähe und Ferne. Die Stadt Pfullingen öffnete sich ihnen am 6. April, und sie forderten nun auch die freie Reichsstadt Reutlingen auf, sich ihnen anzuschließen als evangelischen Brüdern; sie rechneten um so mehr darauf, da Reutlingen wegen ihres Reformators Alber und wegen des Evangeliums in Bann und Acht war. Aber Alber und der Rat der Stadt hielten die Gemeinde fest, daß sie die Bauern zurückwies und die bündischen Fähnlein zu Fuß und zu Roß einließ, die der schwäbische Bund und der württembergische Statthalter gegen die Bauern abordnete. Auf dieses gingen die Bauern von Pfullingen wieder zurück, als von Ulm herab, von Stuttgart und Tübingen herauf, von Urach herüber unter Dietrich Spät, der auf Hohenurach, der Burg, als Obervogt saß, die Reisigen und das Landaufgebot heranzogen. Was besonders auffiel und zu reden machte, das waren ihre Fahnen und ihre geheimnisvollen Reden von ihrem Anführer. Sie hatten zwei Fähnlein von weißer Seide, oben die

Figur Gottes mit ausgespannten Armen, darunter die Mutter Gottes und an jedem Eck ein Hirschhorn. Man werde in kurzen Tagen hören, wer ihr Hauptmann sei, sagten sie: Dies und das Hirschhorn reimte man zusammen auf den vertriebenen Herzog Ulrich. Am 2. April drangen auch Rotten von dem gaildorfischen Haufen ins Göppinger Amt ein, um württembergische Hintersassen in ihren Bund zu bringen. Schon von Flein aus hatte Jäcklein das Brackenheimer Amt an sich zu ziehen einen Versuch gemacht.

So lag für das Fürstentum Württemberg der Feuerbrand schon hart an allen Ecken und Enden, und doch blieben mit Ausnahme von Tübingen und Tuttlingen alle Schlösser und festen Plätze des Landes im schlechtesten Zustande, so viele klägliche Berichte auch von den Beamten einliefen. Die Verlegenheit stieg, als die beiden ersten Mitglieder des Regimentsrats, Wilhelm Truchseß von Waldburg, der Statthalter, und Doktor Winkelhofer, der Kanzler, am 11. April von Tübingen aus nach Stuttgart schrieben: „Sie seien beide mit herber und schwerer Krankheit beladen und müssen ihrer Leibesblödigkeit halb wünschen, von allen Geschäften und Anfragen verschont zu bleiben." In Urach klagte Dietrich Spät, „Schloß und Stadt sei ganz übel versehen, er habe es schon so oft angezeigt und auf alle seine Schreiben keine Hilfe erhalten". Von der starken weitläufigen Festung Neuffen meldete der Burgvogt, „er sei von Lieferungen, Wein und Geld ganz entblößt, die ganze Besatzung zähle sechs Knechte, und er könne nicht einmal diesen ihren Sold auszahlen: Er bitte um Geld und mehr Knechte und mache den Vorschlag, daß ihm einstweilen die drei beherzten Pfaffen, die sich unten in der Stadt Neuffen aufhalten und zur Verteidigung des Schlosses wohl zu brauchen wären, zugeschickt werden möchten." Hans von Baldeck zu Herteneck, der als Hauptmann nach Maulbronn beordert war, bat, ihn wieder zu entlassen, die Leute seien schwierig, er habe kein Geld, seine Knechte zu bezahlen, kein Pulver und keine Kugeln, überdies keine Schützen, die schießen können, und er sei darum durchaus keinen Nutzen zu schaffen imstande. Am bittersten beklagte sich der Burgvogt, Bastian Emhart von Hohenasperg, man habe nach Marbach, Besigheim und anderswohin Landsknechte geschickt, den Asperg aber, wie es scheine, ganz vergessen; auf alle Schreiben an den Statthalter bekomme er nicht einmal Antwort und noch weniger Mannschaft und Geld. Wenn es daher schlimm gehen sollte, wolle er keine Verantwortung haben. Bei ihm da oben auf dem Asperg sei keine Frankfurter Messe, wo er alles haben könne; sich selbst habe doch die Regierung in Tübingen mit allem reichlich versehen, so daß es scheine, sie kümmere sich nichts darum, ob Städte und Schlösser verlorengehen, wenn nur sie in Sicherheit sei.

Der Schlag von Weinsberg warf die Regierung vollends nieder, verwirrend, betäubend. Vögte klagten nicht bloß, daß sie keine Antwort erhalten, sondern daß man sie selbst darüber im ungewissen lasse, wo die Regierung sich befindet; manche Leute seien von Stuttgart mit der Meldung wieder nach Hause gekommen, es habe ihnen niemand ihre Briefe abnehmen wollen. Seit der gemeine Mann zu Weinsberg den Herren so furchtbar vergolten hatte, war es keinem aristokratischen Beamten in seinem Amtskreis mehr geheuer, und alles Österreichische floh von Stuttgart nach Hohentübingen, als der Bauernaufstand sich von Amt zu Amt fortpflanzte.

So triftige Einwendungen auch die Landschaft gegen die Zweckmäßigkeit eines Landaufgebotes unter gegenwärtigen Verhältnissen erhoben hatte, die Regierung wußte sich gegen die nahen Odenwälder und Böckinger durch nichts zu helfen als durch ein Landaufgebot. Lauffen, das Städtchen am Neckar, das zunächst bedroht war, wurde zum Sammelplatz der einzelnen Fähnlein des Aufgebotes bestimmt.

Auch in dem unmittelbar an das Heilbronner Gebiet stoßenden Bottwartal war in der Woche vor dem Palmtag die Auswahl des Volkes vor sich gegangen, und Dietrich von Weiler, der Obervogt, hatte sich nun beruhigter nach Weinsberg begeben, als Stadt und Amt Bottwar ihm antwortete, treulich an der Herrschaft hangen und Herzog Ulrich zu keinem Herrn haben zu wollen. Der Morgen des Osterfestes (16. April) war zum Auszug nach Lauffen bestimmt. Der ausgewählten Mannschaft war gerade auf dem Rathaus der Trunk gereicht, den man vor dem Abmarsch zu geben pflegte. Da entstand ein Gemurmel, ein Teil der Mannschaft weigerte sich zu ziehen. Dietrich von Weiler hatte sich sehr getäuscht, als er jene Erklärung, welche einzelne im Namen aller gegeben hatten, auch für die allgemeine Gesinnung und Meinung nahm. Das Feuer hatte auch schon hier gezündet. Jäcklein hatte es hereingetragen, als er am Sonntag Judika auf seinem Streifzug, auf welchem er Sontheim und Gartach zur Verbrüderung zwang, auch auf Beilstein und Bottwar gezogen war: Er war damals durch den Vogt und die Ehrbarkeit zurückgewiesen worden; daß es ihm aber nicht ganz mißlungen war, das zeigte sich jetzt. Die Botschaften, die vom hellen Haufen von Neckarsulm aus ausgegangen waren, hatten neuen Zündstoff hinzugetragen.

Zum Hauptmann der Auswahl des Bottwartales war der Ratsherr Matern Feuerbacher gewählt. Als er die Stimmung seiner Mannschaft sah, nahm er Urlaub. Man hatte Kunde im Tal von dem Zug des hellen Haufens auf Weinsberg, das ganze Osterfest über herrschte in Bottwar Besorgnis und Aufregung. Es konnte hier nicht an rührigen Umtrieblern fehlen, denn das Amt Groß-Bottwar war schon im armen Konrad unter den ersten Feuerherden des Aufstandes gewesen. Und jetzt, nach einem Jahrzehent, lebten noch viele, die damals tätig gewesen waren; manche, bisher verbannt, mochten jetzt wieder in die Heimat einzukommen versuchen, jener Ludwig Dietrich, jener Michael Kranzer, jener Barthlen Ulbacher. Nicht weit davon hatten im armen Konz die Kirchberger ein eigenes Fähnlein des armen Konrad, eine eigentliche Bundschuhfahne, fliegen lassen, und in dem nur eine Stunde entfernten Beilstein lebte wohl auch noch Meister Eberhard, der Apotheker, der in der Einberufung eines Landtages nichts mehr sehen wollte, als daß die Regierung die guten Leute mit Affenschmalz bestreichen wolle. Es zeigte sich auch gleich, daß im Tal Leute waren, die es wußten, wie man es bei einem Aufstande zu machen habe.

Zwischen Beilstein und Bottwar, über dem Dorfe Winzerhausen, erhebt sich der wald- und weinreiche Wunnenstein, damals ein vom Volk viel besuchter Berg wegen seines Kirchleins, das dem Erzengel Michael geweiht war und wohin weit und breit, als einem berühmten, uralten Heiligtum, viele Tausende wallfahrteten. Denn an dieses knüpfte der Glaube des Volkes einen besonderen Segen: Wenn die Anne Susanne, wie die große geweihte Glocke darin getauft war, ihr schönes Geläut anschlug, so gingen ihr die Wetter von fern aus dem Wege, und mancher Hagelschlag, der sich über die benachbarten Gebiete warf, galt dem Volke, als von der wegläutenden Glocke ihnen zugeschickt.

Auch diesmal nahm ein Gewitter vom Wunnenstein her, an dem es ohne Schaden vorüberging, seinen Zug über ganz Württemberg. Denn auf dem Wunnenstein liefen Bürger und Bauern jetzt zusammen.

Der Zulauf auf den Berg hatte schon den Tag über statt. Abends erscholl die Sturmglocke, und jetzt sah man aus den Häusern, aus den Gassen der Stadt hervor Junge und Alte in Harnisch und Wehr kommen, um dem Berg zuzulaufen. Der Vogt Heinrich Schertlin und der Bürgermeister verschwendeten die besten Worte, um sie zu bewegen, wenigstens heute daheimzubleiben; sie versprachen ihnen eine freie Zeche, zwei Eimer Wein und zehn Gulden Geld zu ihrem Ergötzen, wenn sie blieben; aber sie liefen dem Berge zu; Melchior Ulbacher führte sie.

Sie lagern auf dem Berge. Man kann sie weit umher wahrnehmen, ihre Wachtfeuer, beim Einbrechen der Nacht, hinter Beilstein auf den Höhen des Weinsberger Tales und auf dem Schlosse von Löwenstein, auf dem Edelsitz des Lichtenbergers und im Stifte Oberstenfeld, von der Höhe von Buch und von den Trümmern des württembergischen Stammschlosses, auf dem Asperg und auf dem Stromberg, auf der Burg Hohenstein und auf dem Deutschordensschloß Stockheim, auf den Türmen des Schlosses Weiler zum Stein, auf dem Edelsitz Stettenfels und den Ritterburgen Helfenberg und Wildeck – von all diesen Höhen und festen Häusern des Adels und von mehr als 40 Ortschaften umher kann man drei Nächte nacheinander den Himmel erleuchtet sehen von den Wachtfeuern des schnell zu Tausenden wachsenden Bauernhaufens auf dem Wunnenstein, eine für viele unheimliche Helle, als Weinsbergs Geschichten bekannt wurden.

Aber auch vom Wunnenstein aus sehen sie gleich in der ersten Nacht viele Hundert Fackeln und Feuerzeichen durch den Dunstkreis zittern drüben aus dem Zabergäu herüber. Es ist nicht vom Stromberg, was so hell leuchtet, es ist hinter demselben vom Heuchelberg herüber, dessen mächtige schwarze Wand die trotzigen Felsen und Mauern deutschherrischen Eigentums trägt. Es sind ihre Brüder, die den Artikelbrief vom Schwarzwald vollziehen.

In dem wiesen- und menschenreichen fruchtbaren Zabergäu, das zwischen dem Stromberg und dem Heuchelberg hinläuft, war der arme Konrad schon besonders rührig gewesen wie im Bottwartal. Da war Pfaffenhofen, wo vor zehn Jahren der arme Konrad sich auf die Brücke bei der Kirche stellte und rief: „Hier steht der arme Konrad, und ich bin der arme Konrad, wer mir geloben will, tret her zu mir!" Da war Güglingen, wo zur gleichen Zeit Kaspar Summenhard, Paul Kolb und der rote Enderle mit Sturmgeläut die freie Gemeinde proklamierten und vor des Vogtes Haus schrien: „Hier steht der arme Konrad mit Grund und Boden und sonst kein Herr." Da war Brackenheim, die Amtsstadt, wo sie einst die Leute mit Spießen zum armen Konrad tragen wollten und mit den Reichen zu teilen für die beste Sache erklärten, die je erdacht worden. Der Sturm des Jahres 1525 hatte hier bloß die noch unter der Asche glimmenden Kohlen von 1514 wieder in Flamme zu blasen.

Hans Wunderer von Pfaffenhofen war es, um den sich hier der Haufe sammelte, zuerst aus den Gemeinden Brackenheim, Meimsheim, Hausen, Haberschlacht, Cleebronn und Kirchheim am Neckar. Heinrich Rueff von Kirchheim sagte zu Ritter Peter von Liebenstein: „Ich will dir die Sporen abziehen, daß dir das Blut muß über die Fersen ablaufen." In der Nacht vom Osterfest auf den Ostermontag griffen sie das deutschherrische Schloß Stocksberg an. Das feste Haus war schnell genommen. Sie fanden darin schöne Vorräte, die sie wie das Geschütz an sich nahmen; das letztere bestand in sechs Hakenbüchsen, 15 Handbüchsen, zwei Falkonetlein und einem Böller. Dann warfen sie Feuerbrände hinein, und in die Morgendämmerung des Ostermontags schlugen die Flammen auf, welche den trotzigen und prächtigen Deutschherrensitz ausbrannten.

Brackenheim selbst hielt sich noch gegen den Haufen; er wandte sich an der württembergischen Grenze hin nach Derdingen, bekannt aus dem Bundschuh des Joß Fritz, und ergoß sich von da über die Güter des Klosters Maulbronn, ließ die Bauern desselben zu sich geloben und griff dann das Kloster selbst an. Abt und Konvent hatten sich bei Annäherung der Bauern entfernt, da sie ihre eigenen Leute schwierig sahen und wenig

Die Bundschuhfahne der Kirchberger

Knechte im Kloster lagen. Doch wurde das Kloster selbst von diesen wenigen so geschützt, daß der Bau von den Bauern keinen Schaden litt.

Unterhalb Maulbronn schlossen sie sich mit den Bruchrainer Bauern zusammen; war doch der Bruchrain die erste Wiege des Bundschuhs gewesen, und unter den Hauptleuten Friedrich Wurm und Johann von Hall, zwei Bürgern aus Bruchsal, hatte sich ja schon in den ersten Tagen der Karwoche ein Haufe gebildet. Zum Teil mit diesem verstärkt, kehrte Hans Wunderer auf die Botschaft vom Aufstand im Bottwartal ins Württembergische zurück, forderte die Städte Brackenheim am 18. und Bietigheim am 19. April zum Eintritt in die evangelische Verbrüderung auf, plünderte am gleichen Tage das Kloster Rechentshofen und verbrannte einen Teil desselben.

Das Aufforderungsschreiben an Bietigheim lautete: „Weil Gott der Allmächtige uns erleuchtet hat mit seinem Wort und erklärt, wie ganz und gar wir beraubt gewesen des täglichen Brots nicht allein, sondern auch des ewigen, und weil er uns jetzt Kraft und Macht verleiht und, wie wir festiglich glauben, verleihen wird, so begehren wir, daß ihr zu uns kommet und uns treulich helfet, oder es wird so kommen, daß ihr nicht lachen werdet.“ In Bönnigheim verbrannte der Haufen das Schloß der Ganerben. Von Rechentshofen aus näherte er sich sowohl dem Weinsberger als dem

Bottwartal, da Boten von diesem wie von jenem ihm den Vorschlag einer Vereinigung brachten, die zu Lauffen am Neckar geschehen sollte.

Die auf dem Wunnenstein beschlossen, Matern Feuerbacher, den Wirt von Groß-Bottwar, zu ihrem Hauptmann zu wählen, und „müßten sie ihn dazu zwingen". In Groß-Bottwar war die Ehrbarkeit und der Vogt, Hans Heinrich Schertlin, in großen Bängnissen. Noch immer wußte man nichts Sicheres, wie es zu Weinsberg ergangen wäre, und schon war es spätabends am Osterfest, der Vogt hatte einen eilenden Boten um Nachricht ausgeschickt und um Rat an seinen Obervogt Dietrich von Weiler. Der Bote war noch immer nicht zurück, und es dunkelte schon. Schertlins, des Vogtes Frau, weinte in Matern Feuerbachers Haus, so bange war ihr; sie hatte vor zehn Jahren zu Schorndorf den armen Konrad durchgemacht und dort schon ihren Mann in Lebensgefahr durch die Bauern gesehen. Feuerbacher sprach ihr ermutigend zu, aber ihre Tränen und ihre Ängste steckten ihn selbst an, daß ihm die Augen überliefen. Matern war bei aller Kräftigkeit eine weiche, gutmütige Natur, dabei persönlich bekannt mit den meisten adeligen Herren der Umgegend; denn er hatte ein Wirtshaus, und der Adel sprach gerne und fleißig bei ihm ein. Während er die Frau des Vogts tröstete und dabei sich selbst ängstlicher Besorgnisse und Ahnungen nicht erwehren konnte, rief sein kleines Töchterchen am Fenster: „O weh, Vater, flieh, sie laufen daher!" „Nun", sagte Feuerbacher, „das muß Gott's Mutter erbarmen, daß ich in meinem eigenen Haus nicht soll sicher sein." Seine Hausfrau bat und drang in ihn, bis er sich verbarg; sie schloß ihn selbst in eine Kammer ein und ging wieder hinab in die Wirtsstube. „Betet, Kinder, betet", sagte sie, aber sie weinten alle zusammen wie die Vögtin. Plötzlich wurde die Tür aufgestoßen, und viere drangen herein, einer mit einer Zimmeraxt, ein anderer mit einer Hellebarde, zwei mit Büchsen. „Wo ist der Feuerbacher?" schrien sie. Die Hausfrau versicherte sie, er sei ausgegangen. Sie glaubten ihr nicht. Sie stießen unten eine Tür nach der anderen auf; als sie ihn hier nicht fanden, suchten sie nicht weiter. Drohend schrien sie die Feuerbacherin an: „Er muß her, er muß zu uns auf den Berg; sagt ihm das, oder er soll seines Leibes und Lebens nicht sicher sein; wir wollen ihm einen Pfahl vors Haus schlagen und ihn preismachen aller Welt."

Feuerbacher rührte sich nicht, bis sie fort waren, dann ging er zum Vogt auf den Markt und gab ihm den Rat, die Tore schließen zu lassen; immer stärkere Gerüchte waren hereingekommen, daß Weinsberg erstürmt, der Adel daselbst teils erschlagen, teils gefangen sei. Auf Schertlins Bitte ritt Feuerbacher mit dem Bürgermeister in der Nacht nach dem nahen Höpfigheim zu Herrn Ludwig Spät dem Älteren, aus dessen Hause auch einer bei dem Adel zu Weinsberg war; man hoffte von ihm etwas Gewisses zu erfahren. Mit diesem Rittersmann und dessen Vetter besprach sich Feuerbacher eine halbe Stunde in der Nacht, was zu tun sei, auch was er tun solle, da die Bauern ihn durchaus zum Hauptmann haben wollen, sie geben ihm gute und böse Worte; wenn er nicht komme, drohen sie ihm mit dem Tod; wenn er komme, wollen sie einen großen Herrn und Grafen aus ihm machen. „O des armen Grafen“, sagte Herr Spät, ihm auf die Achsel klopfend. Feuerbacher ging hinaus und kam nach einer Weile wieder herein. „Junker“, sprach er, „ich habe mich da eines bedacht. Nachdem als es jetzt zu Weinsberg gegangen ist, möcht es auch hier über Adel und Geistlichkeit hergehen. Wenn ich bei ihnen wäre, so acht' ich, ich wollt' etwas bei ihnen vermögen; aber Junker, Ihr müßtet mich hernach über das, wie es gemeint ist, verantworten.“ Herr Spät ging darauf ein und gab ihm sein Wort, besonders empfahl er ihm, die Seinigen abzuhalten, daß sie sich nicht zu dem Weinsberger Haufen schlügen.

So ritt Feuerbacher von dem achtundsechzigjährigen Herrn mit dessen gutem Rat hinweg und noch eine Meile weiter, auch den Vogt zu Marbach zu fragen. Auch dieser billigte es, und wie er heim kam, war sein Vogt mit der Ansicht der anderen ganz einverstanden. So ging er in aller Frühe am Ostermontag auf den Wunnenstein, in Begleitung des Bürgermeisters, er fand mehrere Hunderte schon im Lager. Er versuchte es, sie zur Heimkehr zu ihrem Herde zu bereden. „Nichts davon!“ schrien sie ihm entgegen, „nach Weinsberg zum hellen Haufen wollen sie ziehen.“ Feuerbacher stellte sich an die Kirche, sie traten in einem Ring um ihn her. „Hört ein Wort und tut das nicht“, rief er, „kommt der Weinsberger Haufen ins Land, dann geht es Reichen und Armen übel; denn er wird nur das Land auszehren, brandschatzen und verderben. Bleibet im Land, wir sind stark genug mit den anderen Ämtern, für uns selbst unserer Beschwerden loszuwerden, und brauchen dazu des fremden Haufens nicht.“

Die Versammelten fanden den Vorschlag vernünftig, aber sie meinten, dazu müsse Feuerbacher bei ihnen bleiben, und sie ließen ihn nicht, bis er einwilligte, ihr Hauptmann zu werden.

Der Adel hatte es nicht zu bereuen, daß Matern Feuerbacher an die Spitze der württembergischen Volksbewegung trat. Als gewisse Botschaft von Weinsbergs Fall kam und von der Hinrichtung der Edeln, darunter auch vom Tod der beiden von Weiler, Vaters und Sohnes, schickte er sogleich einen Bürger von Bottwar auf das Weilersche Schloß Lichtenberg, „daß nicht ein Schreier zum Schloß reite und die Frauen beleidige und sie mit der Nachricht vom Tode ihres Gatten, Vaters und Sohnes kränke“. Die Frau des jungen Weiler schrieb ihm Briefe, „die einen Stein hätten erbarmen mögen“; er bewirkte sogleich von seinem Haufen einen Schirmbrief für sie. Die junge Frau hatte befürchtet, die Wunnensteiner werden jetzt sogleich auf den Lichtenberg losgehen und ihn verbrennen; auch andere hatten das gefürchtet. Die Hausfrau des Ritters Wolf Ruch von Winnenden hatte ihre Kostbarkeiten auf den Lichtenberg geflüchtet; auf die Nachricht vom Tode der beiden Weiler holte sie dieselben wieder herab, sie hielt sie auf dem Schloß nicht mehr für sicher. Unterwegs wurde sie von herumschweifenden Bauern rein ausgeplündert. Noch am Abend des Ostermontags sah man einen Rittersmann den Wunnenstein heraufsteigen, einen Schweinsspieß auf der Achsel, in schlechtem Rock. Es war Ritter Wolf Ruch. Er ging zu Fuß, er wollte nicht durch ritterliches Erscheinen die Bauern reizen, sondern wie einer der Ihrigen kommen. Feuerbacher lächelte, als er den Junker in solchem Aufzug sah, und wie er von ihm das Geschehene vernahm, gebot er sogleich die Herausgabe des Geraubten. Einige Bauern murrten und weigerten sich dessen.

„Gesellen", rief Feuerbacher, „wann es die Meinung hat, so hättet ihr mich können zu Hause lassen und hättet mich nicht sollen dringen, euer Hauptmann zu sein. Ich bin nicht ausgegangen, einen Edelmann oder sonst wen zu beleidigen, sondern allein zu verhindern, daß der Weinsbergische Haufe nicht herüberkomm', brenn' oder mord'. Plündern ist nicht evangelisch noch göttlich." Der Ritter zog mit seinen Kleinodien heim. Die Regierung zu Stuttgart schickte Abgeordnete an den Haufen Feuerbachers, um ihn durch Unterhandlung hinzuhalten. Die Abgeordneten kamen Dienstag, den 18. April, um Mittag auf den Wunnenstein. Sie wollten die Bauern zum Auseinandergehen bewegen, richteten aber nichts aus. Die Bauern sagten ihnen, sie haben eine gute Sache; von nun an müsse Recht und Gerechtigkeit gehandhabt und das heilige Evangelium und Gottes Wort schlicht und lauter verkündet und demselben gemäß gelebt werden, nicht mehr der Dimperle damperle, oder daß der eine auf der Kanzel vom Weißen, der andere vom Schwarzen, der dritte vom Blauen sage. Die besonderen Beschwerden, die ein Ort habe, müssen abgestellt und im allgemeinen die zwölf Artikel angenommen werden, die von der Donau ausgegangen seien. Auseinandergehen werden sie nicht eher, als bis ihnen dieses alles erfüllt sei. Die Abgeordneten sagten, die Landschaft wolle auch nichts anderes als eine christliche Ordnung, die Gerechtigkeit und die lautere Lehre des Evangeliums. Über die einzelnen Beschwerden und über die zwölf Artikel könne ein Landtag am besten entscheiden, sie sollen ihre Beschwerden schriftlich aufsetzen. „Nichts davon, nichts davon", unterbrach sie ein Geschrei. „Ja", riefen einige, „wenn der Landtag jetzt im Augenblick und im freien Felde gehalten würde." Auf die Ermahnung, sich wenigstens der Gewalttätigkeiten zu enthalten, sagten sie, „sie wollen niemand beleidigen, aber Essen und Trinken werden sie suchen, jedoch nicht bei den armen Leuten, sondern in den Klöstern und bei den Edelherren".

Dann ließen sie den Ratsschreiber von Groß-Bottwar auf den Berg holen; er mußte ihnen ihre Artikel zu Papier bringen, um sie am anderen Tage den Abgeordneten vorlegen zu können. Diese gingen indessen nach Stuttgart zurück, um zu berichten und Verhaltungsbefehle einzuholen.

Es ist nicht zu übersehen, daß die Bauern, während sie auf dem Wunnenstein lagerten, täglich die Messe hörten. In dem uralten Michaeliskirchlein las ihnen der Pfarrer von Winzerhausen auf ihr Verlangen die Messe, und sie versicherten ihn dafür Leibs und Guts; auch blieb Matern Feuerbacher, obwohl er noch lange lebte, katholisch bis an seinen Tod.

Die Regierung schickte die Abgeordneten mit dem Vorschlag eines augenblicklich zu Marbach abzuhaltenden Landtags zurück. Sie trafen den Haufen nicht mehr auf dem Wunnenstein. Die Bauern waren nach Gemmrigheim gezogen, sie zählten schon gegen 3000.

Feuerbacher war früher selbst auf Landtagen gewesen; er wußte aus Erfahrung, was davon zu halten und zu erwarten war; es verdroß ihn, daß man die gerechten Beschwerden der Bauern so mit gar nichts abspeisen wollte und auf seine Anträge gar nicht achtete. Im Gefühl seiner Wichtigkeit rief er, als die Abgeordneten der Regierung vor ihm erschienen: Man sollte ja auf den Knien ganze Straßen weit zu ihnen rutschen, und wenn sie voller Kot wären; denn wenn er und sein Haufe nicht gewesen wären, so wäre der helle Haufen Odenwalds und Neckartals, welcher all das Übel und Morden angestellt habe, in das Land gezogen und hätte dasselbe mit Morden und Brennen angefüllt; er und sein Haufe haben es allein verhütet.

Er erklärte, nur auf der Grundlage ihrer Artikel lasse sich mit ihnen unterhandeln; er verlas diese und bat die Abgeordneten, morgen im Lager zu Lauffen wieder zu ihnen zu kommen, dann könne er sie ihnen einhändigen; jetzt seien sie im Begriff aufzubrechen, um sich mit dem Haufen aus dem Zabergäu zu vereinigen. Damit brachen sie auf.

Am 20. April war das Lager zu Lauffen, nachdem zu Kaltenwesten die Hauptmannschaft dem Matern Feuerbacher wegen seiner Vorliebe für den Adel abgenommen worden war. Vor der Stadt, an der hohen Mauer, im freien Felde, traten die Abgeordneten zum letzten Mal mit Feuerbacher zusammen. Feuerbacher erklärte ihnen, daß es nun nicht mehr in seiner Macht sei, die Artikel ihnen zu übergeben; es hing dies wohl mit seiner Absetzung zusammen. Einer der Abgeordneten machte das Erbieten, sie wollen alle zusammenziehen, man solle dann im freien Felde einen Landtag halten, wo nach Art der alten Volksgemeinden getagt würde, und dem Erzherzog die Artikel zuschicken. Die Bauern in Feuerbachers Begleitung sahen aber in allem Erbieten mit Recht leere Vorspiegelungen. „Wir wollen keinen Landtag ha'n", schrien sie, „wenn wir einen Landtag ha'n, so landtaget man nienz, denn daß man

Geld muß geben." Feuerbacher brach endlich ab: „Wüßten die drinnen, daß ich so lange mit euch Herren ratschlage, sie schlügen mich zu Tod."

So gingen die Abgeordneten nach Stuttgart zurück, Feuerbacher nach Lauffen hinein, wo sie ihm aufs neue die Hauptmannschaft übertrugen. Es war ihm nicht wohl dabei, er hatte sich glücklicher gefühlt in seinem schönen, wohlhäbigen Wirtshaus, wo die edeln Herren und Frauen seine Gäste waren und er sie mit dem kühlen Bottwarwein bediente. Zwar kamen sie auch jetzt zu ihm, viele der alten, edeln Bekannten, aber in anderer Absicht, teils zu Lauffen, teils schon zu Gemmrigheim, teils auf dem Weiterzuge. Man sah die Herren Hans und Peter von Liebenstein, Herrn Wilhelm Valey, der auf Hohenstein saß, die Lämmlin von Bönnigheim, Kaspar von Weiler; man sah die edle Frau von Nippenburg, die Herren von Sachsenheim, Philipp von Kaltenthal bei Feuerbacher erscheinen, im Lager der Bauern; sie erbaten sich und erhielten Schirmbriefe. „Lieber Junker", sprach Feuerbacher zu Ritter Valey unter vier Augen, „ich schäme mich, daß ich unter dem elenden Volk sein und also vor Euch stehen soll." Ein Rücktritt aber von der Sache der Bauern wäre jetzt schon lebensgefährlich für ihn gewesen.

Seit dem Lager von Lauffen hatte sich im Haufen gar manches verändert. Es waren Zuflüsse in den Haufen gekommen, unreinster und blutiger Art. Zuerst waren die Zabergäuer und Hans Wunderer selbst von viel heftigerem Sinne; das zweite Element, das hinzukam, war aber noch verderblicher: Es war Jäcklein Rohrbach, der Hauptmann der Böckinger. Auf eine Botschaft, die von Heilbronn kam, daß sich „die Schwaben" auch sammeln, war Herr Jäcklein gleich auf und zog mit 200 der Seinigen, darunter die berufensten Schreckensmänner, zum württembergischen Haufen. Jäcklein besprach sich nicht nur mit ihnen, er blieb bei ihnen und zog mit ihnen vorwärts ins Württemberger Land. Sie setzten Feuerbacher einen Ausschuß von 32 Bauern zur Seite. Sie nannten sich „der helle christliche Haufen".

Über eine jede Sache von Wichtigkeit entschied der ganze Haufe durch Stimmenmehrheit, und Feuerbacher mußte manches, was er nicht wollte, ausführen, weil es der Haufen wollte. Doch hielt er darauf, so lange und so viel es ging, daß sein Haufe die Hände vom Raub sauber ließ. Es war gerade Herr Reinhard von Sachsenheim im Lager, als einer vom Haufen vor die Hauptleute gebracht wurde, der auf der Tat ergriffen worden war, wie er einem einen Beutel abschnitt. In einem Ring von mehr als 80 Bauern sagte Feuerbacher zu dem Beutelschneider: „Böswicht, Er muß durch die Spieß und wenn Er voll Teufel wär! Ich meinte, wir wären des Evangeliums, der Ehrbarkeit und Gerechtigkeit wegen da; so sehe ich wohl, wir sind da Säckelabschneidens wegen. Wenn es gilt, den Edelleuten, Pfaffen und der Ehrbarkeit durch die Häuser zu laufen, so wären wir gute Kriegsleut. Welcher reich ist, der muß reich bleiben; und welcher arm ist, der muß arm bleiben!"

Der Haufe rückte nun schnell vor, aufs Herz des Landes; sie wollten alle streitbaren Arme der Städter und Bauern im ganzen Fürstentum an sich ziehen und alle Städte und Ämter mit Güte oder Gewalt dazu bringen, „zu ihnen in ihre christliche Versammlung zu kommen und zu helfen, daß der arme Mann fortan unbeschwert sei und das heilige Evangelium nach dem Worte Gottes verkündigt werde". In diesem Sinne ergingen Aufforderungen nach allen Seiten hin. Schon am 20. April hatten sie an Christoph Gaisberg, den Forstmeister auf dem Reichenberg, die Aufforderung geschickt, sich zu ihnen zu begeben und den Karsthans, der bei ihm gefangensitze, mitzubringen. Der Forstmeister saß weit genug von ihnen weg, meilenweit seitwärts auf seinem Berge, und eilte vorerst nicht, den bekannten Volksprediger Karsthans ihnen zuzuführen, da ihr Zug in anderer Richtung sich bewegte und am 22. April sie schon zu Bietigheim sich lagerten, fünf Stunden von Stuttgart.

In dieser Hauptstadt war die Verwirrung ohne Grenzen. Die Bauern waren auf 6000 angewachsen und der Stadt schon so nahe. Es galt, es weder mit den Bauern noch mit der österreichischen Regierung oder dem schwäbischen Bunde zu verderben. Die Verlegenheit der Ratsherren war groß, um so größer, da sich unter der Bürgerschaft immer auch ein Anhang des vertriebenen Herzogs fand, der im stillen nur auf eine günstige Änderung der Dinge wartete, und da es sehr ungewiß war, wer obsiege. Fast alles verfügbare Kriegsvolk war in die Ferne abgegeben, und das Landaufgebot zeigte sich überall schwierig.

Die letzten Mitglieder der österreichischen Regierung zu Stuttgart hielten sich nicht mehr sicher und flüchteten sich nach Hohentübingen; selbst ein Teil der städtischen Ratsherren verließ seinen Posten, nur wenige blieben zurück. Diese wählten für den geflüchteten Vogt einen Amtsverweser in Paul Wenzelhäuser, und ein Dekret der Regierung von Tübingen aus gab ihm in Lorenz Ackermann einen Gehilfen zur Seite. Beide beriefen die Bürgerschaft auf den Markt, ermahnten sie bei der herannahenden Gefahr zur Ruhe und Ordnung und forderten sie auf, einen Ausschuß von 27 vertrauten Bürgern zu wählen, damit man sich mit denselben über die zu ergreifenden Maßregeln beraten könne. Die Bürger traten in drei Rotten zusammen, auf dem Leonhardsplatz, auf dem Markt und auf dem Turnieracker, dem jetzigen Spitalplatz. Sie überließen einstimmig die Wahl des Ausschusses den Herren. Diese wählten ihn, und Rat und Ausschuß faßten sogleich den Beschluß, mit den nächsten Ämtern Cannstatt, Waiblingen, Schorndorf, Leonberg, Göppingen, Kirchheim und Nürtingen schleunigst zusammenzutreten und mit bewehrter Mannschaft einen eigenen Haufen aufzustellen, um die Unterländer Bauern von weiterem Vorrücken in das Land so lange abzuhalten, bis Jörg Truchseß mit der verheißenen Hilfe ankäme. Die Abgeordneten an die genannten Städte gingen ab, andere begaben sich in das Lager der Bauern nach Bietigheim, um Kundschaft einzuziehen und durch neue Unterhandlungen Zeit zu gewinnen; sie hatten darum den Auftrag, einen gemeinen Landtag auf freiem Felde, wo nur Bürger und Bauern tagen sollten, anzubieten, um auf diesem die Beschwerden aller Städte und Dörfer vorzunehmen. Die Abgeordneten an die Bauern waren lauter Mitglieder des Bürgerausschusses: Mattheus Müller, Lorenz Könlen, Leonhard Messerschmid und Theus (Mattheus) Gerber. Dieser machte den Sprecher. Vormals Trabant Herzog Ulrichs, ein rüstiger und beredter Bürger von Stuttgart, hatte er nach der Schilderung des Rats bei mehreren bürgerlichen Angelegenheiten den Sprecher gemacht. Theus Gerber sicherte den Bauern im Namen der Stuttgarter deren Bereitwilligkeit zu, zu Abstellung ihrer Beschwerden bei der Landschaft das Beste tun und für alles besorgt sein zu wollen; sie möchten daher nur ihnen ihre Wünsche vorlegen, einstweilen aber nicht weiter vorrücken oder wenigstens Stuttgart umgehen und das alte Lager im Neckartal beziehen, wo man ihnen von Stuttgart aus ihre Bedürfnisse beiführen werde.

Feuerbacher verwarf das Erbieten. „Das Evangelium", sagte er, „Recht und Gerechtigkeit, der weinsbergische Handel, die Erhebung der ganzen deutschen Nation, die Verwüstungen und Beraubungen, die daraus entstanden seien, zwingen sie zu diesem ihrem Treiben; sie wollen das Fürstentum in ihre Gewalt bringen und dann erst, wenn dies geschehen sei, nicht aber jetzt auf einem Landtag, eine christliche Reformation machen." „Und wie soll diese endlich gemacht werden?" fragten die Abgeordneten. Feuerbacher verwies sie abermals auf die zwölf Artikel von der Donau als Grundlage und forderte die Stuttgarter auf, „auch mit unter das Joch Christi zu ziehen". Er werde Stuttgart schonen, sagte er. Die oben genannten Ämter, an die sich auch Winnenden schloß, meinten aber, es sei besser, selbst einen Haufen zu bilden, als sich mit dem Zabergäu-Bottwar-Haufen zu vereinigen und unter dessen Befehl sich zu stellen.

Des anderen Tages, Sonntag, den 23. April, erließen die Bauern ein Aufforderungsschreiben an die Hauptstadt, worin ihr längstens noch 36 Stunden Bedenkzeit gestattet wurden.

Von Bietigheim zog der Haufen noch am Abend des 22. nach Sachsenheim; sie wollen mit Reinhard von Sachsenheim zu Nacht essen, sagten sie; von da weiter über Horrheim, um aus dem Zabergäu, dem Maulbronner Amt und dem Kraichgau Verstärkungen an sich zu ziehen. Wahrscheinlich vereinigte sich hier der Hauptmann Anton Eisenhut, Pfarrer zu Eppingen im Kraichgau, mit ihnen, der bald darauf neben Feuerbacher genannt wird. Darauf wandten sie sich wieder zurück nach Vaihingen an der Enz, wo sie am 23. und 24. ihr Lager hatten.

Auch der Vogt von Vaihingen war unter den zu Weinsberg umgekommenen Edeln. Schon am 18. hatten die Vaihinger an die österreichische Regierung um Hilfe geschrieben.

Hilfe kam aber nicht. Jetzt hatte die Stadt die Bauern vor ihren Mauern, und sie mußte sich an sie anschließen. Das Schloß griffen sie nicht an, da eine Botschaft von Stuttgart sie zu schnellem Vorrücken auf diese Stadt bestimmte.

Georg Ratgeb, ein Stuttgarter Bürger, verriet den Bauern, wie der Rat mit den anderen Städten sich ihnen feindlich entgegenstellen und sie hinhalten wolle, bis das im Anzug begriffene Bundesheer Stuttgart erreicht hätte. Auf diese Botschaft hieß es: „Vorwärts, Stuttgart zu!“ Am Morgen des 25. meldeten die Hauptleute von Schwieberdingen aus der Stadt, daß sie sich auf den Abend in Stuttgart einfinden und sich mit ihnen beraten werden. Die Stadt solle sich darum mit Lebensmitteln versehen, damit kein Mangel entstehe. Um der Hauptstadt die Ausflucht abzuschneiden, als wäre es gegen ihre Ehre, unter die Befehle der Bauern sich zu stellen, wurde bemerkt, die Bauern haben mit der Besetzung ihres Feldregiments bisher gewartet, weil sie es mit dem Rate der Residenz besetzen wollen.

In Schwieberdingen hatte sich der Haufe schon genötigt gesehen, von dem Herrn von Nippenburg etwas Wein, Vieh und anderes zu entlehnen, mit der Erklärung, solches mit der Zeit heimzahlen zu wollen. Die Vorräte Stuttgarts taten ihnen not.

Theus Gerber wurde mit anderen in Eile zum zweiten Male den Bauern entgegengeschickt, mit der Bitte, Stuttgart doch gewiß mit Einquartierung zu verschonen. Die Hauptleute sagten es zu, und schon gingen Wagen mit Fleisch, Brot und Wein in „das alte Lager im Neckartal“, auf die Wiesen gegen Berg für die Bauern ab, und diese schlugen sich linkswärts von der Schwieberdingerstraße Cannstatt zu. Da brach ein furchtbares Gewitter mit Strömen von Hagel und Regen aus und durchnäßte die Bauern. Auf das suchten sie warm Quartier und näherten sich dennoch der Stadt. Sie erklärten, sie wollen nichts gegen kaiserliche Majestät vornehmen, niemand von derselben abtrünnig machen, niemand sich huldigen lassen. Wolf König, ein Stuttgarter Bürger, öffnete ihnen ohne allen Auftrag das verschlossene Siechentor. So zogen die Hauptleute mit dem Bauernheer ein, vielen zur Freude, vielen zum Schrecken, der sich noch sehr steigerte, als man neben den Hauptleuten und unter ihnen so manchen sah, der nur zu gut bekannt war. Da ritten die Weinsberger Schreckensmänner mit ein, vor allen ausgezeichnet Andreas Remy von Zimmern, der des Grafen von Helfenstein Pferd ritt und dessen Gugel-

Wagen mit Fleisch und Brot fahren ins Lager der Bauern

hut mit der wallenden Feder aufhatte, und Jäcklein Rohrbach, der des Gerichteten damastene Schauppe trug. Aber auch ein anderer Anblick brachte teils Freude, teils Furcht. Da sah man nämlich unter den Hauptleuten auch Ramey Harnascher einreiten, einen reichen Stuttgarter Bürger und Wirt, Herzog Ulrichs Freund, der schon im Jahre 1519 dem Herzog wieder ins Land zu helfen gesucht und darüber selbst das Land hatte verlassen müssen. Herzog Ulrich hatte ihn von Mömpelgard aus ins Zabergäu geschickt, „acht zu haben, was es für ein Wesen sei", und die Hauptleute hatten ihn in ihren Rat aufgenommen. Manche, selbst vom Ausschuß und aus dem Rat, hatten die Ankunft der Bauern kaum erwarten können.

Der Ausschuß und die Ratsherren waren aut dem Rathaus versammelt, alle Bauernhauptleute begaben sich sogleich dahin. Matern Feuerbacher wiederholte die vorige Erklärung, daß sie nichts gegen die Regierung vorzunehmen und nur eine christliche Ordnung einzuführen gesonnen seien, daß aber das ganze Land zu diesem Zwecke mit ihnen gemeine

Sache machen und auch Stuttgart ihnen eine wohlgerüstete Mannschaft mit einem Hauptmann abgeben müsse. Sogleich wurde der Stadtschreiber Elias Meichsner berufen, er mußte sich mit seinen Schreibern setzen und bei vierzig Schreiben ausfertigen, an Städte und Edelleute, daß sie mit ihren Untertanen dem hellen christlichen Haufen wohlgerüstet zuziehen und den göttlichen Handel und Gerechtigkeit zu befördern suchen sollen. Darauf quartierten sich die Bauern ein. Der Ratsherr Heinrich Gabler, ein exaltierter Freund der Volkssache, gab elf seidene Fähnlein vom Rathaus an die Bauern ab, führte den Hauptmann Andreas Remy selbst in sein Haus und überließ ihm seinen Sohn als Trabanten.

In der Stadt war alles sicher vor den Bauern. Nur die Bebenhäuser Pflege, der reich versehene Hof des reich versehenen Klosters Bebenhausen, wurde von ihnen heimgesucht. Sie durchstachen sieben oder acht Weinfässer mit ihren Spießen, daß es wie aus vielen Röhren lief und alles schnell Wein genug zu trinken hatte; viel lief aber auch dabei in den Keller. Der Pfleger hatte sich auf das Gerücht, wie übel die Bauern mit den Geistlichen verfahren, geflüchtet und bat aus seinem sicheren Versteck die Ratsherren von Stuttgart, sie sollten den Hof für ihr Eigentum ausgeben. Da überdies trunkene Bauern sich hören ließen, man müsse das ganze Gebäu zertrümmern, so wurden, um allem Unfug zu begegnen, die Bürger Lorenz Ackermann, Paul Wenzelhäuser und Peter Trautwein in den Hof gesetzt, um die Abgabe von Früchten und Wein zu besorgen. Die Hauptleute ließen die Bauern durch ihre Profosen abtreiben und durch Trommelschlag verkünden, daß niemand aus dem Hof etwas holen solle. Die nicht unbedeutenden Vorräte des Hofes, in Ordnung abgereicht, kamen dem Ausschuß für den Haufen gar sehr zustatten. Der Abt aber berechnete nachher 162 Eimer Wein, 220 Scheffel Dinkel und 800 Scheffel Haber und verlangte dafür von den Stuttgartern 1790 Gulden Schadenersatz, weil sie seine Vorräte „mutwillig in ihrem Nutzen gebraucht hätten". Davon, daß die Stuttgarter ihm den Hof vor der Zerstörung bewahrt hatten, wollte er nichts wissen; man achtete aber seine Forderung wider alle Billigkeit.

Die Stuttgarter Priesterschaft wurde von den Hauptleuten schonend behandelt; es wurde von allen Stifts- und Pfründherren im ganzen nur ein Hilfsgeld von 400 Gulden gefordert.

Einem anderen geistlichen Herrn, dem Prediger an St. Leonhard, Dr. Johannes Mantel, verschafften sie die Freiheit. Er wurde zu Nagold gefangengehalten, und als er durch die Hauptleute des christlichen Haufens erlöst wurde, war er „fast blöd von der großen schweren Gefängnis", so daß er damit in einem Briefe an Matern Feuerbacher sich dafür entschuldigt, daß er nicht persönlich vor ihnen erscheine.

Nur zwei Tage blieb das Bauernheer in den Mauern Stuttgarts. In denselben besetzten sie ihr Feldregiment im einzelnen, es wurden besonders Schatz-, Säckel-, Straf- und Beutemeister aufgestellt. Solche Beutemeister waren namentlich neben anderen: Paul Merk und Konrad Plyß. Sie hatten die Hilfs- und Strafgelder, zunächst der Geistlichkeit, zu bestimmen und einzuziehen, während andere für die Proviantlieferungen, für Aufzeichnung, Aufbewahrung und Verteilung der Vorräte zu sorgen hatten. Als Paul Merk seine Wahl kundgetan wurde, trat er vor den Haufen, zog sein Hütlein ab, bedankte sich höflich für das Zutrauen und sprach: „Ich will der rechte Bischof werden. Wer hätt' gedacht, daß ich die Pfaffen weihen sollt!" So fröhlichen Mut und besonderen Gefallen brachte er zu seinem Schatzmeisteramt; ihn nannte man vorzugsweise den Pfaffenschätzer.

Unter den vielen Aufforderungen zum Zuzug oder zu einer Erklärung erging auch eine an die freie Reichsstadt Eßlingen, unterm 26. April. Diese für die damalige Zeit bedeutende und sehr feste Stadt war seit der Bewegung zu Weinsberg nicht ohne Sorgen für sich. Am 21. April schrieb der Rat an den schwäbischen Bund, da die Bauern immer näher rucken, so bitten sie um den Zusatz des Bundes. Statt eines Beistandes schickte vielmehr der Bund, da der Aufstand immer weiter um sich greife, eine neue Geldanlage und die Forderung des alten Restes. Das Reichsregiment hielt sich in Eßlingen nicht mehr sicher und begab sich nach Geislingen, an demselben Tage, als die Aufforderung der Bauern nach Eßlingen kam. Der Rat der Stadt gab dem Boten der Bauern als Antwort die mündliche Frage mit, wer sie ermächtigt habe, eine kaiserliche freie Reichsstadt aufzufordern? Die Bauern schickten ein zweites Schreiben: „Ihre Meinung sei bloß, zu wissen, wessen sie sich zu ihnen zu versehen haben, und ob sie sich auch der christlichen Ordnung gemäß halten wollen. Es geschehe ihnen Unrecht, wenn man sage, daß sie die Stadt vom Kaiser abbringen und keine Herrschaft haben wollen. Sie müssen sich wegen der fremden Nationen zusammentun, von denen sie, so wie man mit Weinsberg erbärmlich umgegangen sei, Übels zu besorgen haben. Sie, als ein Glied des Reiches, begehren bloß einen Verstand mit ihnen, um sich gemeinschaftlich vor fernerer Beschädigung fremder Nationen zu hüten."

Der Rat antwortete, man habe ihnen vorhergesagt, sie sollen hinreiten, wo sie hergekommen seien; diese Antwort gebe man ihnen wieder.

Der Rat konnte wohl so sprechen, alles in Eßlingen war einhellig, und um den gemeinen Mann bei gutem Willen auch fortzuerhalten, gab man ihm recht zu essen und zu trinken; die Höfe der Geistlichen in der Stadt wurden auch mit angelegt, und das Reichsregiment verwilligte ihr 200 Knechte: „Die Eßlinger sollen sie einstweilen besolden, es werde wieder vergütet werden."

Auf das fiel eine Schar Bauern in das hart vor Eßlingen gelegene Kloster Weil ein, das in württembergischem Schirme stand, und plünderte es, da es die Schatzung nicht zahlte. Durch heftiges Schießen derer von Eßlingen wurden sie wieder vertrieben und zogen über die Brücke bei Türkheim ab. Auch das Eßlinger Kloster Sirnau auf der anderen Seite der Stadt plünderten und zerstörten sie.

Es war den Bauern ernst mit dem, was sie über „die fremden Nationen" gegen die Eßlinger erklärten. Ihre Hauptmacht erhob sich von Stuttgart geradewegs dem Rems- und Filstale zu, um den Gaildorfer Haufen abzuwehren, der in diese beiden Täler hereingedrungen war.

10

Der Gaildorfer Haufen zerstört Murrhardt, Lorch, Adelberg und die Kaiserburg Hohenstaufen

Wie die Bewegung vom Odenwald und Neckartal fortgeschritten war, so war in gleichem Grade fast der gemeine Mann am Kocher und im Gebiete der Schenken von Limburg, der Hintersasse der Reichsstädte Gmünd und Hall von Tag zu Tag mehr in Bewegung gekommen. Trotz der begütigenden Worte ihrer Ratsherren waren die Haller Bauern abermals aufgestanden und weggezogen. Durch das Glück ihrer Brüder in Franken und im Neckartal hatte sich ihr Mut wieder gehoben bis zum Übermut. Man sah Bäuerinnen, die aus der Umgegend ihre Waren zu Markt brachten, in Hall herumgehen und sich Häuser auswählen, die sie nun bald besitzen würden. Sie werden nun bald auch große Frauen sein, sagten sie zu den Stadtfrauen. Gaildorfer Hauptleute und Bauern gingen täglich in der Stadt aus und ein, mit weißen Kreuzen auf den Hüten, ohne daß der Rat sie anzuhalten wagte; sie machten Besuche und Bestellungen, ein Sichelschmied versah sie mit Büchsen, und ein trunkener junger Bauer bramarbasierte in der Trinkstube zu Hall, er wolle mit seinen Brüdern des hellen Haufens, ehe ein Monat vergehe, die Stadt gewinnen, den inneren Rat durch die Spieße jagen, den äußeren köpfen, die Bürger zusammenstechen, die Landsknechte zu Pulver brennen und andere Städte damit beschießen. Der Rat legte ihn in den Turm, schickte ihn aber des anderen Tages früh zu dem Tore hinaus, ehe die Landsknechte aufständen und ihn in Stücke hieben. Der Rat erinnerte und bat seine Bauern aufs freundlichste, ihre Weiber und Kinder zu bedenken, ihrer Arbeit daheim zu warten und sich vor dergleichen Dingen zu hüten, deren Schaden sie nicht verstehen; dann wolle er, wie er ihnen zugesagt habe, das Beste mit ihnen tun. Aber die Bauern verließen dennoch Weib und Kind, sie hofften, mit Beute beladen wieder heimzukommen und doppelt freundlich in ihren verlassenen Hütten empfangen zu werden, wenn sie Freiheit, Gut und Geld brächten. Über den schwäbischen Bund, den ihnen der Rat als Schreckbild in der Ferne zeigte, machten sie sich lustig, sie sangen Spottverse auf ihn, als hätten sie ihn schon verschlungen: „Wo ist der Bund? unser Gurr die gumpt!" Er sei in einen Sack verstrickt wie eine Katze, sagten die einen; die anderen, er liege zu Göppingen im Sauerbrunnen, er habe ein Bein abgefallen.

Unter den Bauern wie in der Stadt lief das Gerücht um, der helle Haufen Odenwalds und Neckartals wolle auf Hall ziehen. Der Rat rüstete sich aufs beste gegen einen Überfall, er scheute kein Geldopfer. Allen rechtschaffenen Handwerksgesellen wurde, damit sie nicht hinwegzögen und damit man im Fall der Not wehrhafte Leute zur Hand hätte, ein wöchentliches Wartgeld gegeben, „ein Ortsgulden oder etwas drunter und drüber"; auch anderen, die sich stellten, als ob sie wegziehen wollten, war man genötigt, das gleiche zu geben. Als das Gerücht des Überzugs stärker wurde, begnügten sie sich nicht mit dem Wartgeld, sie verlangten einen Monatssold, der ihnen auch gereicht wurde. Die fremden Knechte wurden in Rotten geteilt, je acht bis zehn in ein Haus gelegt, jede Nacht mußten 50 im Harnisch auf dem Rathaus, wo man ihnen zu trinken gab, wachen, 50 scharweise die Gassen der Stadt durchziehen. Aber auch die Knechte selbst machten dem bedrängten Rat noch zu schaffen, er mußte allerlei Prätensionen von ihnen hören; einige wollten den vorgelegten Eid nicht schwören, wenn man ihnen nicht Abzugsgeld gäbe und dergleichen mehr. Sie betranken sich und schlugen sich blutig untereinander. Ihnen wie den Bauern, die „aus- und einweberten", zum Schrecken ließ der Rat die guten, mit vier eisernen spitzigen Zinken und Ringen beschlagenen Kolben, die er zur Abwehr des Sturms auf die Mauern machen ließ, des Tags ein- oder zweimal, mit Trommeln und Pfeifen, durch die Stadt zur Schau umhertragen, je zwanzig, dreißig oder vierzig. Von Zeit zu Zeit ließ er plötzlich umschlagen, um zu sehen, ob jeder Bürger und Knecht wach und gefaßt auf seinem Platz wäre; auf den Mauern hatten die Bürger, auf dem Markt die Knechte, vor dem Rathaus die „Ungeordneten" ihren Sammelplatz. Die Mauern wurden überall ausgebessert. Diese Anstalten schüchterten die wenigen in der Stadt denn doch ein, „die gerne gemeutert und den Kommenturhof und andere Pfaffenhäuser eingenommen hätten".

Indessen hatte der Bauernhaufen noch immer zu Gaildorf sein Hauptstandlager. Es waren teils ganze Bauerschaften, teils Zuzüge einzelner Gemeinden versammelt. Da sah man Bauern von Lohenstein, Murrhardt, Adelberg, Lorch, Hohenstaufen, Hohenrechberg, Lauterburg, Wasser-

Der Rat zu Hall zeigt seine Waffen

alfingen, Hohenstadt, Comburg, Leinroden, Sanzenbach, aus den Herrschaften der Herren von Adelmann, von Heren, von Herdegen, von Westerstetten, von Vellberg, von Schenk-Limburg, von Hohenstein, von Rinderbach, aus dem Ellwangischen und der Landwehr der Reichsstadt Aalen; aus manchen Orten waren sie so zahlreich da, daß sie ein eigenes Fähnlein bildeten: Da waren die gmündischen Bauern mit einem Fähnlein, die hallischen mit einem Fähnlein, die von Welzheim mit einem Fähnlein, die von Hohnhardt, die von Tannenburg, die von Hüttlingen, die von Weißenstein, jede mit einem eigenen Fähnlein.

Sie alle sammelten sich teils schon jetzt, teils erst auf dem Weiterzug des Haufens zu demselben; urkundlich waren aber aus allen genannten Orten schon zu Gaildorf Bauern versammelt.

So streng als nur irgendwo wurde von dem Gaildorfer Haufen der Zwang des Zuzugs und Beitritts geübt; fast der Mehrteil wurde dazu durch Drohungen und tätige Gewalt gezwungen und gedrungen. Während die fränkischen Bauerschaften, wie wir bald sehen werden, in dem Namen des Schwarzen Haufens, ihres Kerns, aufgingen; während im Gegensatz gegen den Schwarzen Haufen die Odenwälder und Neckartaler sich den hellen lichten Haufen, die württembergischen Bauern sich meist den hellen christlichen Haufen in ihren Urkunden nannten, unterzeichneten sich die Hauptleute des Gaildorfer Haufens in der Regel „Hauptleute des gemeinen hellen Haufens, Ausschuß und Räte". Sie erklärten, sie seien eine christliche Vereinigung, versammelt, niemand zu Leid, sondern in brüderlicher Liebe beieinander, das heilige Evangelium aufzurichten, zu Trost, Nutzen und Besserung der Armen, und alle bösen Mißbräuche abzutun und auszureuten, welche durch Menschen erdichtet, wider Gott, das heilige Evangelium, auch wider unseren Nächsten, zum Verderbnis des Armen bisher stattgefunden haben. Zuletzt zählte der Gaildorfer Haufen zu dem großen fränkischen Heere.

Die Sprache ihrer Aufforderungen war weit schärfer als die des württembergischen Haufens; es war ganz der Ton des schwarzwäldischen Artikelbriefs.

Sie drohten dem Schenken von Limburg, „wenn Ihre Gnaden nicht zu ihnen geloben, so wollen sie sich dermaßen in Ihrem Land halten als in Feindesland, Hab und Gut nehmen, das Schloß ausräumen und gen Himmel schicken".

Die Gaildorfischen wandten sich auf Murrhardt, ein reiches, uraltes Gotteshaus, nach der Sage eine Stiftung des Kaisers Ludwig I., des Karolingers. Sie verstärkten sich mit den Hintersassen dieses Klosters und wüsteten und plünderten darin. Abt und Konvent hatten die wichtigsten alten Briefe, Dokumente und Privilegien zuvor nach Lorch geflüchtet. Sie selbst auch waren entflohen, denn die Stadt Murrhardt wie die Dörfer waren schwierig und fielen auch sogleich zu dem Haufen. In dem Klosterarchiv suchte dieser nach den Gilt- und Zinsbriefen, den Hintersassen des Klosters war daran vor allem gelegen; was an Papieren noch vorgefunden wurde, war behend zerrissen oder verbrannt; dann wurde das Gotteshaus selbst ausgeleert und verwüstet. Jakob Pfenningmüller, ein Hauptmann der hallischen Fußknechte, den sie gefangen und eine Hauptmannschaft anzunehmen gezwungen hatten, überredete sie, das feste Kloster als einen Stützpunkt ihrer Operationen besetzt zu halten; dadurch verhinderte er sie, aus den Gebäuden ein Freudenfeuer anzuschüren.

Oberster Hauptmann des Haufens war jetzt der Kriegsmann Philipp Fierler, der Vogt von Tannenburg; als der Angesehenste im Bauernrat behauptete sich jener Pfarrer zu Bühlertann, Held, ein geborener Nördlinger. Der Unterhauptleute, Räte und Fähndriche waren es viele.

Von Murrhardt zogen sie auf den Welzheimer Wald und hinab ins Wieslauftal. Sie wandten sich links auf die Straße über Untersteinenberg und Pfahlbronn, zogen von da aus in zwei Heersäulen weiter hinab und erschienen zu gleicher Zeit, die einen auf der Straße über den Klotzen- und Straubenhof vor dem Marktflecken Lorch, die anderen auf der Straße über Brech und Bruck vor dem Kloster Lorch, am 26. April.

Oberhalb des Marktfleckens, der hart am Ufer der Rems liegt, auf einem schönen Hügel, dem Liebfrauenberg, erheben sich die Überreste des alten Gotteshauses Lorch. Das Gotteshaus war ein Umbau eines alten römischen Kastells und späteren Schlosses der Ahnherren der hohenstaufischen Kaiser, die aus Dankbarkeit für das Wachstum ihres Hauses es in ein Kloster verwandelten. Seit 1102 wurde das Kloster reich und berühmt; selbst in seiner durch Luxus verschuldeten Abnahme war es noch reich genug, um die Bauern vor anderen Gotteshäusern anzuziehen. Der jetzige Umfang seiner Überreste zeigt nur einen Teil seiner früheren Größe, denn es wurde „nur etlichermaßen“ nach seinem Untergang neu wieder aufgebaut.

Als Abt waltete damals darin Herr Sebastian. Als er von den Absichten der Bauern hörte, sandte er um eilige Hilfe nach Schorndorf. „Ohne Hilfe“, schrieb er, „könne er mit den Seinigen das Kloster nicht halten; seine Untertanen haben ihm aufs höchste verboten, einen Schuß aus dem Kloster zu tun, eine Trommel schlagen zu lassen, ein Fähnlein aufzustecken.“ Aber in Schorndorf waren die Herren selbst ratlos.

So war das Los des Gotteshauses Lorch schnell entschieden. Das leicht erstürmte Kloster wurde ausgeplündert, Abt Sebastian fand dabei seinen Tod; der Konvent wurde vertrieben, alle Dokumente und Briefschaften, auch die hierher geflüchteten des Klosters Murrhardt, gingen mit in den Flammen auf, welche die alten geweihten Mauern ausbrannten. Die Bauern sahen in dem altersgrauen Bau nicht das Gotteshaus, sondern nur nebenbei auch das, als was sie ihn kennengelernt hatten: Sie sahen ein altes Zwinghaus, einen alten Kerker, „ein Haus des Teufels“ in ihm, von wo aus ihnen, statt Licht und Erlösung, seit Jahrhunderten leibliche Knechtschaft und absichtliche wie unabsichtliche Verdummung geworden war. Sie wollten keinen Stein auf dem anderen lassen, aber an der Festigkeit eines uralten Turmes und eines Teils der Grundmauern, die den Flammen widerstanden, arbeitete auch ihre wilde Zerstörungswut sich erfolglos ab. Es war der erste Tag ihrer Ankunft, an welchem Lorch ausgebrannt wurde. Noch fünf Tage, vom 26. April bis zum 1. Mai, blieben sie bei und unter den verglühenden Trümmern gelagert. Einzelne Scharen machten Streifzüge in die Umgegend, namentlich streifte eine solche Schar nach der alten Kaiserburg Hohenstaufen.

Der Hohenstaufen, diese feste Burg des Reichs, war seit lange bei dem

Verwüstung von Murrhardt

Hause Württemberg. Die Einwohner des Fleckens Hohenstaufen, von jeher für sich freie Bauern und mit Freiheiten selbst in bezug auf andere begabt, waren gerne bei Württemberg; im fünfzehnten Jahrhundert verpfändet, hatten sie mit eigenen Opfern das sichere Bleiben bei diesem Hause sich erkauft. Als Herzog Ulrich aus dem Lande vertrieben war, hatte sich Georg Staufer von Blossenstaufen die Burg mit einigen Dörfern zugeeignet. Er rühmte sich, auf seinen Namen bauend, ein Seitenzweig der großen Staufenfamilie zu sein, und als Vogt des nahen Göppingen war es ihm nicht schwer, sich in den Besitz der Burg zu setzen. Er war zwar mit seinen Ansprüchen vom Haus Österreich abgewiesen worden, aber die Burgvogtei über den Staufen ihm geblieben. Er selbst saß zu Göppingen, an seiner Statt befehligte als Untervogt Michael Reuß von Reußenstein auf Filseck. Die Bauern der Umgegend müssen den neuen Herrn nicht so zu lieben Ursache gehabt haben wie ihre alten; denn mit nur einer Handvoll Bauern konnte Jörg Bader von Böbingen es wagen, die Burg zu berennen.

Jörg Bader, der Hauptmann des gmündischen Fähnleins, nahm im Lager zu Lorch eines Abends 300 Knechte an sich, einen nächtlichen Überfall auf den Hohenstaufen zu versuchen. Es waren aber von den Kühnsten der Bauern: es waren darunter die ersten Anfänger der Bewegung auf dieser Seite: Mullmichel, Weberhänslein, Wenngermichel und Hans Nick von Deggingen. Man sieht daraus, es waren Nachkommen eben jener Bauern, deren Ortschaften von den alten Staufenfürsten einst vor allen anderen des Schwabenlandes wohl bedacht worden waren, aus der Gegend von Gmünd, Göppingen und Geislingen.

Durch ihre Lage auf dem hohen, ringsum freien Bergkegel, mit sieben Fuß dicken, sehr hohen Quadersteinmauern, mit ihren vielen festen Türmen, schien die alte Kaiserburg selbst gegen den Angriff eines regelmäßigen kriegerischen Zeugs gesichert zu sein. Aber das Schloß war durch sein hohes Alter baufällig geworden. Am 23. Januar dieses Jahres hatte der Burgvogt die Ausbesserung der Werke verlangt, und sie war bewilligt worden. Schwerlich waren die bewilligten Ausbesserungen ausgeführt; dennoch war es noch immer einer der festesten Punkte des Landes, und es lagen 32 Knechte unter dem Untervogt Michael Reuß darin. Es war tiefe Nacht, als Jörg Bader mit seinen 300 Bauern den Berg hinaufstieg. Die 32 Knechte, welche die Schar in der Nacht für den ganzen Haufen hielten und welchen das noch ganz frisch zu Weinsberg vergossene Blut die Bauern schrecklich erscheinen ließ, wehrten sich kaum mit einigen Schüssen, heißem Wasser und Steinen, nur wenige Augenblicke. Ohne Mut und Gedanken, durch das wilde Geschrei der in finsterer Nacht an Tor und Mauern stürmenden Bauern angstvoll und besinnungslos gemacht, ließen sich die einen an sicheren Orten über die Mauern hinab und entflohen auf der entgegengesetzten Seite. Nach einer Erzählung war der Kastellan Michael Reuß den Tag über bei dem Burgvogt zu Göppingen und, als die Bauern in der Nacht anrückten, noch nicht auf den Berg zurückgekehrt; nach anderen war Michael Reuß auf dem Schlosse und stahl sich, als die Bauern stürmten, einer der ersten, mit seinem achtzehnjährigen Knecht, Peter Jost, aus demselben hinweg und hinüber auf sein festes Haus Filseck bei Göppingen. „Reuß", spottete das Volk nachher, „nahm Reißaus". Was nicht über die Mauern hinab entrann, verbarg sich da und dort in einem Winkel des Schlosses. Aus Verrat oder aus Todesangst, um durch Übergabe sich das Leben zu retten, warfen die Torwächter die Schlüssel von der Zinne zu den Bauern hinab. So kamen diese auf dem geraden leichten Weg zum Tore hinein; nicht mit Eisen und Feuer, mit dem gewöhnlichen Schlüssel öffneten sie es. Was sie von Knechten ergriffen, stürzten sie, da durch die Schüsse aus dem Schloß einige Bauern getötet worden waren, über die Zinnen den steilen Berg hinab, dann gingen sie ans Plündern. Alles bewegliche Gut, das im Schlosse war, wurde auf die Wagen geladen und den Berg hinabgeführt, darunter auch die Büchsen, deren bessere Bedienung allein schon das Schloß gerettet hätte. Als alles ausgeleert war, warfen sie die Feuerbrände in die Gebäude. War in den letzten Jahren von dieser Burg aus auch die uralte Freiheit der Hintersassen des Hohenstaufens, welche die ersten Herren gegründet hatten, von dem letzten Herrn frevelhaft verkümmert worden? Man liest nicht, daß einer der hohenstaufischen Bauern dem Schlosse zu Hilfe gekommen wäre, wie es sonst anderswo wohl der Fall war; wohl aber liest man von hohenstaufischen Bauern im Gaildorfer Haufen.

Es ist kein Berg im Schwabenlande, der von so vielen Punkten aus und so weit gesehen werden könnte als die isolierte majestätische Gestalt des Hohenstaufenberges. Rundum frei, mit offener Aussicht nach allen Himmelsgegenden, schaut er gegen Abend fast ins Grenzenlose hinaus. Geschürt von der emsigen Hand der Bauern, schlugen bald die Flammensäulen des Schlosses hoch auf in den Nachthimmel wie die Morgenröte einer neuen Zeit und verkündeten weithin in die schwäbischen Gaue, hinauf bis zum höchsten Schwarzwald, hinab bis zum Rhein, hinüber bis zu den fränkischen Gebirgen mit ihrem blutigen Leuchten, daß die weltberühmte, prächtige Hohenstaufenburg unterging, einst der Stammsitz der Kaiser und Könige, aber schon lange entweiht.

So trugen mit Fackeln die Bauern das Gerippe der alten Herrlichkeit zu Grabe. Lange noch, noch dreiundsechzig Jahre nachher, sah man die Steine rot von dem Zerstörungsbrande; zwischen den Mauern und Türmen, die ohne Ziegel und Holz in einsamer Öde standen, ackerten Bauern und säten Frucht auf die Stätte, den friedlichen Pflug ziehend, wo einst

Die Burg Hohenstaufen wird in Brand gesteckt

verwundend, zerstörend und weltgebietend das Schwert geherrscht hatte. Völlig kahl, mit sechs bis zehn Bruchsteinen, den einzigen Überresten seiner ehemaligen feudalistischen Krone, schaut der Berg jetzt ins schwäbische Land herab, das zu seinen Füßen blüht, frei von Leibeigenschaft und Frone.

Es eilten fast alle Edelleute dieser Landschaft, selbst die Schenken von Limburg, die zwölf Artikel anzunehmen und sich der christlichen Verbrüderung anzuschließen. Nach dem Untergange Murrhardts, Lorchs und der Hohenstaufenburg, nach dem Brande mancher kleineren Edelsitze wollten die Schenken nicht mehr abwarten, bis die Bauern auch ihre Schlösser „gen Himmel schickten".

Sie und andere bekannten alle öffentlich durch ausgestellte, mit ihren eigenen Insiegeln versehene Briefe, „daß sie frei bewilligen, zusagen und versprechen, gemäß der Unterhandlung mit dem hellen Haufen, diesem und allen ihren Untertanen die zwölf Artikel, welche vor kurzem die Bauerschaft oberhalb der Donau habe ausgehen lassen und die auch sie hiermit annehmen in guter wahrer Treue und mit gutem Wissen, zu halten und zu vollstrecken". Die Urkunden sind noch vorhanden.

Der Gaildorfer Haufe, furchtbarer als irgendeiner seinen inneren Elementen nach, verlor durch seinen obersten Leiter viel von seiner Gefährlichkeit. Philipp Fierler, der Vogt von Tannenburg, der Dienstmann des Prälaten von Ellwangen und sein Beamter, jetzt aber oberster Hauptmann des Haufens, war urkundlich (der Briefwechsel ist noch vorhanden) im geheimen Einverständnis mit seinem Herrn und den Städten Hall und Gmünd. Statt jetzt auf Hall unmittelbar loszugehen, führte er den Gaildorfer Haufen weiter vorwärts in das Württembergische. Sie begegneten dem großen hellen christlichen Haufen unter Matern Feuerbacher.

Das Verfahren des Gaildorfer Haufens, das war nicht in der Art und Gesinnung, in welcher Matern Feuerbacher sich an die Spitze der württembergischen Bewegung gestellt hatte.

Die erste Kunde von den Verletzungen, die sich der Gaildorfer Haufen auf württembergischen Gebiete erlaubt, hatte Matern Feuerbacher nach den Richtungen hingezogen, in welchen „die fremden Nationen" ins Württemberger Land eindrangen. Sein Zweck, aus allen Ämtern die Wehrfähigsten an sich zu ziehen, führte ihn ohnedies dahin.

Als er am 28. April zu Waiblingen lagerte, kamen Boten der Gemeinde von Schorndorf an ihn, mit der Bitte, eilends der Stadt gegen die Gaildorfer zu Hilfe zu ziehen. Es kam aber auch von der anderen Seite, vom Gaildorfer Haufen, Aufmahnung an mehrere Dörfer des Schorndorfer Amtes, ihnen nach Adelberg zuzuziehen. So von den Gaildorfern gedrängt und geängstet, warf sich die Stadt am 28. April dem württembergischen Haufen in die Arme, Matern Feuerbacher zog am folgenden Tage in dieselbe ein, doch sogleich wieder weiter über Oberkerken, Niederkerken, Wangen nach Göppingen und nahm auch diese Stadt in die christliche Verbrüderung auf. Den Gaildorfer Haufen wies Matern mit dem Bedeuten zurück, „sie, die Württemberger, können ihre Klöster und Kästen selbst fegen". Aber für den Fall eines Zusammentreffens mit dem Bundesheer versicherte er sich auch des Zuzugs dieses Haufens.

Die Gaildorfer verstanden sich zum Rückzug aus dem Württembergischen; schon am 30. April schickten sie nach Gmünd um freien Durchzug durch diese Stadt, durch welche die Straße führte; warfen sich aber auf dem Rückzug noch zu guter Letzt gleich auf das Prämonstratenserkloster Adelberg. Es waren vorzüglich die eigenen Hintersassen des Gotteshauses und die des Göppinger Amtes, welche auf die Zerstörung auch dieses alten, von einem Dienstmann des Kaisers Barbarossa gestifteten geistlichen Sitzes ausgingen. Das Kloster war reich und so weitläufig, daß es einer kleinen Stadt glich. Der Abt Leonhard Dürr war gleich anfangs, als die Bauern in seiner Umgebung sich zu bewegen begannen, nach Geislingen gezogen. Als die Bauern in das Kloster fielen, war es ganz unbeschützt, sie verzehrten und plünderten Wein, Korn und was da war, selbst die Ökonomiegebäude brachen sie sorgfältig ab und führten das Material weg; so brach der Müller Yehlin eine Scheuer ab und führte sie auf seine Mühle als sein Eigentum fort; dann trieben sie die Mönche aus und weihten die übrigen Gebäude der Zerstörung. Da saßen sie beim Wein, die eigenen Leute des Gotteshauses, und würfelten darum, wer den ersten Feuerbrand dareinwerfen dürfe. Es war am 1. Mai, als es angezündet wurde; das Feuer brannte mehrere Tage. Nur die St. Ulrichskapelle blieb verschont. Ein Bäuerlein, „ein einfältiger Mensch", rettete sie; er tat mit Tränen Fürbitte dafür, sie sei sein, sagte er; wo er denn beten solle, wenn er sie nicht mehr habe?

11

Vereinigung Matern Feuerbachers mit den Fähnlein vom Gäu und vom württembergischen Schwarzwald, und Herzog Ulrich als Bruder bei den Bauern

Im Kirchheimer Amt hatten sich Bauern schon in der Mitte des März, zur Zeit von Herzog Ulrichs kriegerischer Fastnacht, in Bewegung gesetzt. Bauernschwärme zeigten sich am 19. in der Nähe der Stadt, und die von der Alb rückten ins Lenninger Tal herab. Der Vogt wagte nicht mehr, alle die ihm von der Regierung gebotenen Verhaftungen auszuführen. Am 24. April war die Bewegungspartei in der Stadt so vorherrschend, daß nach der Flucht des Vogts Gericht und Rat auch die früher Verhafteten freilassen mußten. In der Nacht vom 30. April auf den 1. Mai trat das unbewehrte Nürtingen zu dem christlichen Haufen, und am 1. Mai ergab sich Kirchheim, ohne einen Schuß zu tun, an Theus Gerber, der sich in das Schloß legte. Von oben herüber kam Feuerbacher nach Kirchheim und entsandte aus diesem Hauptquartier eine Abteilung, um die Feste Hohenneuffen und Stadt und Schloß Urach aufzufordern. Hohenneuffen, diese gewaltige Bergfeste, einzunehmen, daran konnten die Bauern nicht denken. Die Hauptleute begnügten sich, sie schriftlich zur Übergabe aufzufordern; höflich setzten sie bei, die Feste solle wenigstens auch bäurische Besatzung einnehmen, sie wollen nur das Land vor den fremden Nationen schützen, von denen ihr Haufe sich sehr unterscheide; jene haben sich öffentlich mit Brand, Plünderung und Mord an Weinsberg, Hohenstaufen und viel anderen Orten hervorgetan, sie aber haben sie vom weiteren Vordringen abgehalten.

Die auf Neuffen sahen zwar den Schloßbrand auf dem rechts drüben liegenden Hohenstaufen, sie sahen täglich „viele Feuer auf dem Gmünder Wald, wo die Bauern den Edelleuten ihre Häuser abbrannten"; sie kannten zwar die Stärke des Feuerbacherischen Haufens, aber sie kannten auch seine schlechte Bewaffnung und daß sein ganzes Geschütz in dreizehn Karrenbüchslein bestehe und nicht über zwei Roß an einem ziehen; auch hatte Dietrich Spät zur Verstärkung einige Knechte und Büchsenschützen von Urach auf Neuffen geschickt, der Kirchheimer Vogt hatte Vorräte und Amtsgelder hinaufgerettet, und das Schloß war selbst auf eine zweimonatige Belagerung mit allem versehen. So ließ sich die Besatzung mit den Bauern nicht ein, um so weniger, da Ulrichs Todfeinde, die seine Rache besonders zu fürchten hatten, auf dieses Bergschloß geflohen waren und sie Ulrich entweder selbst im Haufen oder den Haufen wenigstens im Einverständnis mit ihm vermuteten; denn ihre Kundschafter hatten gesehen, daß die meisten Bauern rote Kreuze und Hirschhörner an sich genäht hatten, was sie, wie früher schon, auf Herzog Ulrich deuteten.

Hans Wunderer, der nächste im Kommando nach Matern, war sehr zerstörungslustig, und schon auf dem Zug durchs Lenninger Tal hinauf nach Neuffen wurde Materns Schreiben an die auf dem Neuffener Schloß durch die Flammen der benachbarten Teck Lügen gestraft.

Mehr wie eine Stadt als eine Burg mit ihren Türmen und Toren, Zinnen, Mauern und Gebäuden erhob sich in einem länglichen Viereck die Teck, einst der Sitz der Zähringer, auf dem breiten Gipfel des Teckberges, dessen ringsum grüner Mantel, aus Weinbergen, Wald und Heide gewoben, hinabwallte in das gerade eben in volle Blüte ausgebrochene, durch seine Schönheit berühmte Tal. Matern Feuerbacher schonte das schöne Schloß seines Fürsten; nur die drei Stücke Geschütz, die sich oben befanden, befahl er dem Profosen abzuholen. Zu Hans Wunderer aber traten die Hintersassen der Teck und klagten, daß sie auf das Schloß hinauf fronen müssen; sie wären es satt, auf den steilen Berg, den schlechten, wohl eine Stunde langen Weg wie Lasttiere auf eigenem Rücken oder mit ihrem armen Vieh die Lieferungen hinaufzuschleppen. Hans Wunderer gab ohne Wissen Feuerbachers dem Profosen den Befehl, die Herzogsburg zu verbrennen. Der Profos holte die drei Stücke Geschütz herab, scheute sich aber, das Schloß anzuzünden, und meldete bei der Rückkehr dem obersten Hauptmann, daß er Hans Wunderers Befehl nicht vollzogen habe. Matern lobte den Profosen und ließ Hans Wunderer heftig an. Die es mit letzterem hielten, ließen unter sich verlauten, man sollte Feuerbacher durch die Spieße jagen. Der Stocksberger Hauptmann aber ging hin, schickte einen anderen mit einer Schar hinauf auf das Schloß, und bald verkündeten Rauch- und Feuersäulen Feuerbacher und der Umgegend, wie sehr seine Befehle von seinem Mithauptmann geachtet wurden. Die große Burg mit allen Gebäuden brannte ganz zur Ruine aus.

Am wütendsten waren die Bauern auf Dietrich Spät und seinen Untervogt auf Hohenurach, Werner. Am Montag nach Georgi, dem 24. April, hatte der Untervogt durch seine Knechte vier Rädelsführer der Mißvergnügten des Uracher Amts einbringen und den Ärgsten auf Hohenurach führen lassen. Er hatte sogleich an die Regierung geschrieben, man solle ihm den Nachrichter nach Dettingen schicken, er wolle diesen Buben auf dem Schloß strecken lassen und hoffe, manches von ihm zu erfahren. Auch ein Prädikant, der die neue Lehre predigte, wurde von Dietrich Spät gefangengelegt. Einen Bürger, der ihn in Urach eingelassen hatte, ließ er vierteilen, den Prediger selbst als Anführer hängen, die vier Gefangenen, nachdem sie gefoltert waren, und noch einen fünften enthaupten. Es war Haß gegen die neue Lehre, Haß gegen die Bauern und Haß gegen Herzog Ulrich, was in Spät zu dieser Grausamkeit zusammenwirkte, wohl aber auch die Absicht, durch strenges Verfahren Stadt und Amt zu schrecken, daß sie sich nicht zu dem Haufen schlagen.

Als von den Bauern das erste Aufforderungsschreiben am 27. April in die Stadt kam, wurde es ohne Antwort gelassen; am 1. Mai kam der zweite Bote, es wurde ihm mit Hohn geantwortet; doch schickte Spät, der den Ernst der Bauern auch nicht gerade verachtete, eilig den Stadtschreiber Johann Vogler an die Bundesräte um Hilfe, „denn die Zahl der Bauern sei groß, 10 000 oder mehr". Indessen kam am 2. Mai ein dritter Bote in die Stadt. Im Übermut zwang das Kriegsvolk den letzten Boten, „das Siegel mit Wachs und Papierdeckel zu fressen"; und er hätte auch den Brief selbst verschlucken müssen, wäre nicht Reinhard Spät dazwischengetreten. Der schrieb den Bauern, wenn sie wieder hereinschicken, so wollen sie ihnen den Botenlohn geben und sie vor der Stadt henken. Als Überschrift setzte er: „An die Lotterbuben, die sich Oberste und Hauptleute schreiben." Hans Vogler, den die Bundesräte an Reutlingen gewiesen hatten, brachte keine Hilfe von dieser Stadt zurück; die Reutlinger antworteten, sie können bei ihrem Eid keine Knechte abgeben; und am 3. Mai kamen die Bauernfähnlein das Ermstal herauf und der Stadt ins Angesicht, zur Rache entschlossen. Sie machten Anstalten zum Sturm: Da retteten die Stadt eilende Boten aus dem bäurischen Hauptquartier, welche allen Fähnlein den schleunigsten Rückzug in dasselbe befahlen; es war die sichere Botschaft gekommen, daß das Heer des schwäbischen Bundes schon bei Balingen lagere und in das Land herabziehe.

Matern Feuerbacher mit der Hauptmacht des Haufens lag bis zum 3. Mai in Kirchheim. Wie Neuffen und Urach, so hatte er von hier aus alle Städte und Ämter zu schnellem Zuzug aufgefordert, die damit noch im Rückstand waren. Selbst das Fähnlein von Stuttgart stieß, wie wir sahen, erst am 1. Mai zu Kirchheim zu dem Haufen, wohlgerüstet mit Spießen und Büchsen, wie es Matern von allen verlangte.

Der Hauptmann des Stuttgarter Fähnleins, Theus Gerber, hatte als seinen Fähndrich Martin Rittel bei sich. Rat und Ausschuß zu Stuttgart hatten Theus Gerber als den Tauglichsten dazu ausgewählt. Der Gewählte nahm die Wahl sehr ungern an. „Ihr Herren“, sagte er, „ihr wisset, ich bin ein armer Mann und habe zu Haus ein Weib und neun Kinder, die soll ich unberaten zurücklassen?“ Der Rat sicherte ihm zu, daß man für sein Weib und Kinder sorgen wolle. „Wohl, ihr Herren“, fuhr Theus Gerber fort, „ich weiß, was ihr mir aufleget; geht es gut, so werden die Stuttgarter alles getan haben wollen; geht es aber übel, so wird man nur auf mich abladen.“ Der Rat sagte ihm zu, daß er auch in dieser Hinsicht unbekümmert sein dürfe; man werde gut für ihn sprechen. Theus Gerber erbat sich wenigstens zur Beratung in vorkommenden Fällen noch ein paar verständige Männer zu Begleitern, die aber keine Balger und keine Schreier sein dürften.

So ließ er sich zur Annahme der Hauptmannsstelle bereden; für die Bedürfnisse seiner Mannschaft schoß man ihm eine hinlängliche Summe Geld vor und empfahl ihm nur, des Weinsberger Haufens sich zu entschlagen und ohne Wissen und Bewilligung der Stuttgarter sich in keine nachteilige Handlung mit den Bauern einzulassen, eine höchst mißliche, in vielen Fällen unlösbare Aufgabe.

Am 3. Mai verlegte Feuerbacher das Lager nach Nürtingen am Neckar. In dem leeren Schlosse, dem Wittumsitz der Herzogin Elisabeth, die im vorigen Jahre gestorben war, nahm der helle christliche Haufe sein Hauptquartier. Schnell schwoll hier infolge der Aufmahnungen durch Zuflüsse aus dem Rems-, Fils- und Neckartale das Bauernheer um Tausende an, und je näher das Zusammentreffen mit dem schwäbischen Bunde bevorstand, desto mehr lag den Bauern daran, auch die entfernteren Haufen an sich zu ziehen und sich durch alle Brüder zu stärken. Elias Meichsner, Stadtschreiber von Stuttgart, der mit vielen Schreibern dem Hauptquartier folgen mußte, wurde aufs neue in Tätigkeit gesetzt, um die Aufforderungen zum Zuzug auszufertigen. Am 3. Mai schickte Matern seine Briefe auch „an die ehrsamen und weisen christlichen Brüder, die Hauptleute und ganzen hellen Haufen der christlichen Versammlung im Allgäu, am Bodensee und im Schwarzwald“.

Während die einzelnen Züge der ergebenen Ämter des Unterlandes als Nachverstärkungen des Haufens nach dem Hauptquartier eilten, machte ein solcher Zuzug im Vorbeigehen auch den Versuch, die noch immer vom Kriegsvolk der Regierung besetzte Stadt Marbach zu überrumpeln. Teils einzeln, teils zu zweien und dreien kamen die Bauern nach und nach unvermerkt in die Stadt, unter allerlei Vorwänden, bis man entdeckte, daß schon mehr als 150 darin waren. Sie forderten trotzig, daß ihnen Wein genug aus dem herrschaftlichen Keller geliefert werde. Dieser wurde ihnen reichlich gegeben, und sie taten sich gütlich in dem guten Gewächs. Vogt Michael Demmler und Gericht und Rat beratschlagten auf dem Rathaus, wie man sich des Schwarmes entledigen könne. Die Bauern hörten davon, oder trieb sie der Wein; sie versuchten die Rathaustüre zu stürmen und schrien, man müsse die Herren aus den Fenstern stürzen. Als ihnen aber nicht gelang, in das Rathaus einzudringen, stürzten sie sich tapfer wieder auf den Wein und zechten fort bis es dunkelte und einer nach dem anderen unter freiem Himmel auf der Straße einschlief, der eine da, der andere dort. Der Obervogt, Eitel Hans von Plieningen, war an diesem Tage außerhalb der Stadt; in der Nacht kam er von seinem Rittersitz Schaubeck herein und versammelte in der Stille die Bürgerschaft. Mit Tagesanbruch sahen sich die betrunkenen Gesellen unter Trommelwirbel und Waffengeklirr von den Bürgern umringt, sich, ehe sie wußten, wie es zuging, entwaffnet und baten voll Jammer und Betäubung um ihr Leben. Man gestand es ihnen zu, doch so, daß sie als Esel durch die sogenannte Eselspforte in der Mauer ihre Retirade machen mußten.

Von allen Ämtern wurde so viele gut gerüstete Mannschaft zum Haufen aufgeboten, als jedes zuvor der österreichischen Regierung bei den beiden Einfällen Herzog Ulrichs gestellt hatte. Darum fanden die Hauptleute auch das Stuttgarter Kontingent gegen andere Ämter zu gering, und es wurde dem Rat und dem Ausschuß die schleunige Stellung von weiteren 200 Mann angesonnen.

Von Nürtingen zog Feuerbacher mit dem Haufen über Köngen, Denkendorf, Nellingen auf Degerloch. Im Lager zu Nellingen brach eine Meuterei gegen ihn aus. Hatte er entweder durch Schonung des Klosters Denkendorf ihren Unwillen gereizt, oder hatte er sich zu weit voraus vom Haufen entfernt, oder hatte etwas von der gütlichen Unterhandlung verlautet, welche Matern gegen den Willen der anderen insgeheim mit dem kaiserlichen Regiment in Eßlingen anzuknüpfen versucht hatte: Als man zu Nellingen rastete, erhob sich ein Geschrei unter dem Haufen, „er und Pfaff Eisenhut seien nach Eßlingen entritten, er sei bündisch, habe sich durch Bestechung fangen lassen; er habe auch einen Bruder zu Eßlingen, der sei ein Pfaff". Auch ein anderes Gemurmel ging im Heer, Matern habe einen Brief von Herzog Ulrich empfangen mit wichtigen Nachrichten, den er unterschlage; er sei ein Verräter. Als die Meuterer wahrnahmen, daß Matern nicht nach Eßlingen geritten war, sondern zu Degerloch schon sein Hauptquartier genommen hatte, hielten sie sich nur an das letzte Geschrei, umringten das Haus, wo er sich einquartiert hatte,

Die Bauern zu Marbach

mit Spießen und Hellebarden und schrien: „Er hat's mit dem Bund, man muß den Schelm greifen und durch die Spieße jagen!" Matern bestieg im Hof seinen großen Gaul und ritt plötzlich keck hinaus, mitten hinein unter die Meuterer. „Liebe Gesellen", sprach er, „laßt mich doch vor euch verantworten; kann ich's nicht, so jagt mich durch die Spieße. Wer da sagt, ich habe Briefe vom Herzog, der lügt wie ein Bösewicht." Die Meuterer, überrascht, schwiegen alle. Matern sah es und fuhr fort: „Wir sind nicht hier Herzog Ulrichs wegen; Herzog Ulrich geht uns nichts an; der Kaiser ist unser Herr, Gott zuvoraus, den wollen wir haben. Wir sind hier des Gottes Worts wegen, dasselbe aufzurichten, und, wo einer klagt, rechtlos zu sein, dem zu Recht zu helfen." Die Folge dieses Auftritts war, daß Feuerbacher sich bedankte, länger oberster Hauptmann zu sein; aber niemand wollte die Hauptmannschaft annehmen und darum auch niemand sie ihm abnehmen.

Kurz darauf kam wirklich ein Bote mit einem Brief von Herzog Ulrich ins Hauptquartier. Wahrscheinlich hatte der Bote Feuerbacher noch in Nürtingen gesucht, unter dem Umfragen nach dem obersten Hauptmann bei den einzelnen Fähnlein sich verspätet, und die Kunde von einem Boten Ulrichs war so unter den Haufen gekommen, ehe der Bote selbst den vorausgeeilten Hauptmann erreichte. Matern nahm ihm den Brief ab, Anton Eisenhut trat in den Ring des Haufens und verlas ihn mit lauter Stimme. Der Brief war vom 1. Mai. Er höre, schrieb der vertriebene und geächtete Fürst von Hohentwiel aus an sie, wie sie ein gut Teil seines Fürstentums eingenommen haben; er hoffe von ihnen, daß sie ihm und seinen Rechten an das Land nichts zum Nachteil vornehmen werden; da sie ihm aber bisher nicht die mindeste Kunde von ihren Absichten gegeben haben, so sei sein gnädiges Begehren, ihm durch seinen Boten darauf zu antworten.

Herzog Ulrich hatte schon Anfang April den Versuch gemacht, in die Brüderschaft der Bauern zu kommen, war aber abgewiesen worden. Auch viele Schweizer, welche mit dem Herzog den letzten Einfall in sein Land mitgemacht hatten und welche aus Furcht vor den Strafen, die ihre Regierungen über sie verhängt hatten, noch nicht heimzugehen wagten, begehrten, in die Brüderschaft der Bauern aufgenommen zu werden und mit ihnen zu ziehen. Aber auch sie wurden zurückgewiesen; ihr Benehmen gegen den Herzog auf seinem letzten Zuge und das Verfahren der Schweizer Kantone in Sachen der Bauern hatten ihnen kein Vertrauen erworben. Die Schweizer standen überhaupt in keinem guten Leumund, man sang Spottverse auf sie, als die, welche überall „ummausen, den einen verraten, den anderen verkaufen, dem dritten schändlicherweise entlaufen".

Ulrich gab die Hoffnung noch nicht auf. Er ließ durch seine Unterhändler indessen die Hegauer für sich bearbeiten. Am 20. April, als die Hegauer ihr Hauptquartier noch zu Hüfingen hatten, ritt er wieder persönlich mit etwa fünfzehn Pferden in ihr Lager und bat um Gehör. Seine Unterhändler hatten zuvor versprochen, er wolle mit seinen Schweizern, meist aus dem Thurgau und Klettgau, ihnen zunächst Engen, Stockach und Zell erobern helfen, und dann wollen sie miteinander auf Rottweil gehen, um dort des Herzogs Geschütz, das die Stadt von der letzten kriegerischen Fastnacht her noch innehatte, wiederzuerlangen, und dann weiter ins Württembergische hinabziehen. Es wurde ihm eine Gemeinde gehalten, und er trug vor, wie er ein wider Recht aus seinem Lande vertriebener Fürst sei und wie er ihnen, wenn sie ihm zum Rechte helfen würden, bei 300 Pferde und all sein Geschütz zuführen wolle. Auf das hielten die Bauern unter sich Rat und sagten ihm zu, ihm beistehen zu wollen und ihn anzunehmen, sofern er recht ehrlich wolle um seiner Sache willen ziehen, ein Bruder sein in ihrer Brüderschaft wie ein anderer Bruder, ihre Artikel halten und, wo sie ihm wieder in sein Land einhälfen, bei diesen Artikeln seine armen Leute bleiben lassen und keinen alten Schaden rächen. Der Herzog begehrte hierauf vorerst ihre Artikel einzusehen, um sich zu bedenken und ihnen in kurzer Zeit eine entscheidende Antwort zu geben. So ritt er hinweg. Des folgenden Tags, am 21. April, kam er wieder, es war ein Freitag, schwur zu dem Haufen und trat in die evangelische Brüderschaft ein. Hans Müller und die vom Wald waren vor Zell gezogen; es war Hans Benkler und die um Hilzingen lagernden Hegauer, denen er angelobte. Er blieb jedoch nicht gleich mit den Seinigen beim Haufen, sondern ging auf Twiel hinauf, um Verstärkungen zu sammeln. In einer Zuschrift an die Stadt Schaffhausen rechtfertigte er diesen Schritt also: „Unverborgen ist die gewaltsame, unrechtliche Handlung, so Uns begegnet, und Unser überflüssiges Erbieten dagegen derohalben Uns Gott und die Natur alle mögliche Hilfe zu Erholung des Unsern anzunehmen und zu suchen zugibt. Wir haben Uns demnach aus solchen und viel bewegenden Ursachen und Handlungen mit der Versammlung der Bauerschaften, so jetzt im Hegau und Schwarzwald beieinander sind, auf ihre Bewilligung und Zusagen, daß sie Uns zu Recht auch Unsern Landen und Leuten, mit all ihrem Vermögen, Leibes und Gutes verhelfen wollen, in Verstand begeben; doch dermaßen, daß sie sich, ihrem Erbieten nach, dem göttlichen Rechte und nach Ausweisung desselben gemäß halten, und sich aller Ehrbarkeit und Billigkeit weisen lassen wollen." Am 2. Mai stieß er mit seinem Geschütz und etwa fünfzig Pferden zu dem Hegauer Haufen, im Lager zu Möhringen.

Von hier aus hatte er an den württembergischen Haufen seinen Brief erlassen. Der Haufe schickte dem Herzog die schriftliche Antwort: „Seine fürstliche Durchlaucht wolle die gemeiner Landschaft anliegenden Beschwerden und Wohltaten, welche sie von seiner fürstlichen Durchlaucht Voreltern erfahren, und die großen Schäden, welche sie seiner fürstlichen Durchlaucht wegen erlitten haben, gnädiglich bedenken; und es sei ihr Anzug allein darum, sich bei Recht und Gerechtigkeit und bei evangelischer christlicher Freiheit vor Gewalt zu beschirmen; wider ihre rechte Obrigkeit und wem das Fürstentum Württemberg von Rechts wegen zugehöre, zu handeln und zu rechten, seien sie nicht gesonnen; denn ihrer aller Meinung sei nicht, jemand von seinem billigen Recht zu verdrängen."

Die Ausschreiben, die noch von Nürtingen aus in das ganze Land die Befehle der Hauptleute des Haufens und der gemeinen Landschaft zum schnellen Zuzug hinaustrugen, waren im Ton der größten Zuversicht abgefaßt. Es drohe ein Angriff vom Bund, hieß es darin, sie sollen eilen; mit dem Haufen im Allgäu, im Hegau, auf dem Wald, mit dem von Gmünd und anderen sei ein Verstand gemacht; in vier oder fünf Tagen werde, wie zu hoffen stehe, die ganze Unternehmung zu Ende gebracht sein. Diese Zuversicht des Haufens wurde durch die täglich ankommenden und noch zu erwartenden Zuzüge gesteigert. Noch zu Nürtingen war der Haufe „vom Gäu" gemäß der Weisung Feuerbachers, die er unterm 28. April an denselben hatte ergehen lassen, zu dem hellen christlichen Haufen gestoßen, und die starken Fähnlein „des Haufens vom württembergischen Schwarzwald" waren im Zuzug begriffen.

Um diese Zeit war auch Hirsau von einer Streifschar aus dem Gäu eingenommen. Dieses uralte Gotteshaus, von welchem einst viele Strahlen des wissenschaftlichen Lichtes in die Lande ausgegangen waren, an der Nagold, zwischen Calw und Liebenzell, hatte durch mancherlei Schicksale und Zeiten des Verfalls noch immer eine bedeutende Größe bis zu dem Aufstand der Bauern sich gerettet. Es war Montags nach Quasimodogeniti, den 24. April, als Leonhard Schwarz aus Dagersheim mit einigen Fähnlein vor diesem Benediktinerkloster erschien. Er begehrte nur eines Trunks. Der Abt, Hans Schultheiß, hatte sich wohl auf den Ruf der Regierung nach Tübingen begeben. Prior und Konvent eilten, die gefürchteten Gäste mit Brot und einem Fuder Wein abzufertigen. In Furcht und Ahnung, es möchte eine große Partie nachfolgen und sie dann um der Menge willen nicht mehr so gut mit ihnen durchkommen, schrieben sie um Rat und Hilfe. Noch an diesem und am folgenden Tage kam auch ein Fähnlein nach dem anderen bei dem Kloster an. Unter dem Weintrunk, der wieder abgereicht wurde, und unter dem Zulauf der eigenen armen Leute des Klosters stellte sich der Mutwille ein; nicht nur der Keller und der Speicher, auch der Hausrat empfand die zugreifenden Hände der Bauern. Das Gotteshaus litt diesmal und noch später so sehr, daß es seinen Schaden auf 14 675 Gulden berechnete. Den Gebäuden geschah kein Leid.

Von dem württembergischen Schwarzwald, in der Gegend von Sulz, Rottweil und Tuttlingen, hatte sich ein großer Haufen zusammengetan, unter Thomas Maier von Vogelsberg, einem erfahrenen Kriegsmann. Ihn erkannten alle die zerstreuten Fähnlein vom Schönbuch bis Tuttlingen als obersten Hauptmann. Er hatte zuerst sein Hauptquartier um Neuneck und berannte und plünderte die benachbarten Edelsitze, namentlich der Herren von Neuneck, während sein Haufen mit jedem Tage mehr anschwoll. Die Stadt Dornstetten wurde von ihm eingenommen. Der Obervogt zu Dornstetten hatte anfangs die Bauern so sehr verachtet als irgendein anderer Adeliger. „Hätt' ich nur 50 bis 60 Pferde", schrieb er am

11. April, „ich wollte die aufrührerischen Buben wohl bald auseinandergetrieben haben.“ Acht Tage darauf mußte er schon bekennen, ein Amt um das andere falle dem Haufen zu; wenige Tage darauf hatte er ein ähnliches Los wie der Vogt von Hornberg. Am 19. April ritt dieser von Stuttgart herauf. Bei Glatt, unweit Dornstetten, geriet er unter den Bauernhaufen. Sie nahmen ihn vom Pferde, er mußte zu Fuß mit ihnen ziehen, und sie hatten ihren großen Mutwillen mit ihm. Zuletzt entließen sie ihn, nachdem er ihnen hatte geloben müssen, einen Monat lang nichts gegen sie zu unternehmen. Am 24. mußte auch der Obervogt von Dornstetten zu den Bauern geloben. Dem Vogt von Balingen war es schon lange unheimlich. Zu Ostern sandte er fünf Schreiben aufeinander durch Eilende an die Regierung, die vom Hegau und Wald rücken immer näher auf Balingen, Herzog Ulrich solle sich unter sie gemischt haben, und ihm, dem Vogte, sei, wie er höre, schon mit Totschlagen gedroht. Am 23. April hatte sich schon ein Teil des Amtes zu dem Haufen geschlagen. Balingen, die Stadt, hatte weniger Anlaß zum Aufstand als andere Orte; diese Stadt war für ihre Bürgerschaft mit großen Freiheiten begabt. Doch waren, während in dem benachbarten Ebingen nicht ein einziger hinauslief, auch in der Stadt Balingen mehrere, die zu den Bauern hinausgingen und an ihren Bewegungen teilnahmen; manche, die in der Stadt blieben, waren wenigstens bäurisch gesinnt oder doch herzoglich. Am 24. April näherte Thomas Maier sich mit mehr als 3000 Mann der Stadt und sandte eine Aufforderung in sie hinein. „Ihr sollt mit uns“, schrieb er, „das heilige Evangelium und die Gerechtigkeit Gottes handhaben, und es kommt diese letzte Ermahnung von uns an euch, von Stund an in unsere Brüderschaft zu kommen; wo ihr nicht wollt, seid ihr unsere Feinde, und wir wollen euch heimsuchen wie unsere Feinde.“ Doch legte er sich jetzt nicht vor die Stadt, welche stark besetzt und befestigt war; er nahm nur die Bauern des Amts an sich und zog vorüber. Er wandte sich auf Rosenfeld.

Vor dieser Stadt hatten sich bereits als Vortrab des hellen Haufens die Leidringer Bauern gelegt und sie aufgefordert. Rosenfeld, obwohl es nicht viel über hundert wehrhafte Männer in sich schloß, entschied sich, „redlich zu tun“, und verweigerte den Anschluß. Als aber am 25. April der helle Haufen selbst davorrückte, schlug die Gesinnung darin ganz um. „Ich muß mich schmucken und ducken“, klagte der Vogt, „niemand will mehr gehorsam sein, jeder nach seinem Kopf handeln.“ Noch am Abend desselben Tages meldete er der Regierung die Übergabe der Stadt: „Aus Not gedrungen, haben sie die Bauern eingelassen, doch auf Bedingung, nichts gegen die Herrschaft vorzunehmen.“

Thomas Maier verfuhr wie die Obersten in anderen Landschaften. Jede Stadt, jeder Ort mußte sein bestimmtes Kontingent ihm stellen, so Dornstetten 34 Mann unter dem Hauptmann Blasius Blaus.

Inbrandschießen von Sulz

Jetzt zogen die aus dem Gäu vor Herrenberg, Thomas Maier aber führte den Schwarzwälder Haufen vor Sulz.

Schon einmal war Thomas Maier vor dem festen Bergschloß Albeck gelegen, das oberhalb Sulz sich erhob und wie diese Stadt in Händen der Herren von Geroldseck war. Das Schloß war aber von den zwei Brüdern Gangolf und Walter von Geroldseck gut verteidigt worden, und

Thomas Maier hatte, als er landeinwärts zog, nur einen Beobachtungsposten vor Stadt und Schloß gelassen; jetzt aber sollen es an die achttausend Bauern gewesen sein, die das Neckartal hinaufzogen und sich zum zweiten Mal mit ihm vor die Stadt Sulz und vor Albeck legten. Kaum aus dem Wochenbett aufgestanden, mußte die Gemahlin Gangolfs von diesem Schloß weg auf Hohengeroldseck flüchten. Es waren bei dem Haufen auch, neben den Untertanen vieler anderer Herren, namentlich die Hintersassen aus den Herrschaften der reich begüterten Herren von Zimmern, besonders die Wilhelm Werners, der zu Oberndorf saß. In der Stadt Oberndorf selbst war eine Partei, welche es mit den Bauern hielt. Jakob Schneller und Hans Sattler waren die Häupter dieser Partei, und diese verschworenen Bürger gingen so weit, daß sie dem Haufen Eröffnungen machten, sie wollen mit Hilfe desselben ihren Herrn überfallen und ermorden. Thomas Maier gab den Eröffnungen kein Gehör, und Jakob Renner entdeckte den verräterischen Anschlag dem Gesinde Wilhelm Werners, das es an seinen Herrn brachte, als dieser von einem Ritt nach Ostdorf mit seinen Rittern zurückkehrte. Die Entdeckung erschreckte den Freiherrn so, daß er sich in Oberndorf nicht mehr sicher hielt und mit seiner Gemahlin Margaretha, einer Landgräfin von Leuchtenberg, sich in die feste Reichsstadt Rottweil begab.

Konrad Mock, der Bürgermeister von Rottweil, erschien im Hauptquartier des Thomas Maier vor Albeck und bewog ihn, daß er die rottweilschen und zimmernschen Untertanen, die bei seinem Haufen waren, verabschiedete; viele verließen auf das hin wirklich das Bauernlager, doch blieben auch viele trotz ihrer Verabschiedung darin zurück.

In demselben befand sich auch Herzog Ulrichs vertrauter Rat und Unterhändler, jener Ritter und Doktor Fuchs von Fuchsstein. Der unterrichtete den Herzog stets von allen Vorgängen. Schade, daß man das Treiben dieses kühnen und verschlagenen Mannes nicht näher kennt. Noch im Jahre 1531 wagte er für Ulrich so kecke Unternehmen, daß letzterer selbst von ihm schrieb: „Er wisse nicht, ob der verzweifelte Bube unsinnig oder voll Teufel sei." Die Stadt Sulz ergab sich in eben diesen Tagen an die Bauern. Sie hatte sich redlich gewehrt. Erst als die Bauern mit Feuerpfeilen hineinschossen, als die Holzvorräte der Saline und mehrere Häuser davon in Flammen gerieten und der Stadt das Verbrennen drohte, als zu gleicher Zeit durch das Geschütz der Belagerer die Mauer auf eine Länge von 147 Fuß einstürzte und sie zu einem allgemeinen Sturm sich anschickten, öffnete sie ihre Tore. Und auch jetzt noch wollten sich die Bürger zuerst nicht dazu verstehen, ihre Mannschaft zum Haufen zu stellen. „Ihr von Sulz seid nicht gute Christen!" schrien ihnen die Bauern entgegen; sie mußten sich den Siegern fügen. Die Gereizten plünderten sogar da und dort in der Stadt herum, zudem, daß diese vierhundert Gulden Brandschatzung an sie zahlen mußte. Auch das Schloß Albeck wurde eingenommen und geplündert.

Herzog Ulrich, davon benachrichtigt, schrieb an den Fuchssteiner, daß er doch bei den Bauern alles anwenden solle, damit der von Geroldseck, sein abgesagter Feind, nicht wieder in den Besitz von Sulz eingelassen werde, „denn da handelten die Haufen gegen uns nicht brüderlich oder als Untertanen". Auch einen Rat gab er den Bauern: „Wenn sie sich zu schlagen hätten, sollen sie den Angriff harschlich und trutzlich tun, daran sei gar viel gelegen, und er hoffe alsdann nicht anders, als daß es mit Gottes Hilfe gut gehen solle."

Unmittelbar nach der Einnahme von Sulz erreichte Matern Feuerbachers Botschaft den siegreichen Haufen, und Thomas Maier erhob sich mit demselben, auf Tübingen hinabzuziehen. Der Haufen vom Gäu zog indessen an Herrenberg vorüber, auf das Kloster Bebenhausen zu. Dieses reiche Gotteshaus, welches großenteils eines der ältesten und mächtigsten Grafengeschlechter Deutschlands, das der Pfalzgrafen von Tübingen, sozusagen mit Gut und Blut verschlungen hatte, kam den Bauern klug entgegen. Es vertrug sich mit denselben am 1. Mai unter Bedingungen, die für es sehr günstig waren. Es durfte nur die Hauptleute und Räte mit ihren Trabanten ins Innere des Klosters aufnehmen, der Haufen selbst blieb teils im Vorhof, teils vor demselben. Brot, Wein und Fleisch wurde reichlich an den Haufen abgegeben, und wenn es auch wahr wäre, was eine Nachricht erzählt, daß man nämlich im Kloster durch das zerrissene Papier wie durch ein stehendes Wasser einhergegangen sei, so berichtet doch das Gotteshaus selbst, „es sei zwar nicht ohne Schaden abgegangen, doch sei es gegen andere Klöster gottlob gut durchgekommen; nur am äußeren Kloster haben die Bauern ein wenig verderbt, aber keine Schatzung genommen, und nach wenig Stunden sei der Haufen wieder abgezogen". Aus allem, wenn das Kloster es gleich nicht ausdrücklich gesteht, erhellt, daß dasselbe zu den Bauern gelobt hatte, und diese sicherten ihm dagegen zu, „daß nichts gegen die Regierung verlangt und vorgenommen und nichts ruiniert werden sollte".

Der Gäuhaufe zog so schnell weiter, weil die Weisung des obersten Hauptmannes aller württembergischen Bauerschaften, Matern Feuerbachers, ihn zum Zuzug auf Nürtingen rief. Nur der Hauptmann Leonhard Schwarz blieb in Bebenhausen als Besatzung zurück; der Haufen wandte sich auf Aldingen, nahm hier die verstärkten Zusätze der Ortschaften des Gäues zu sich und zog dann längs dem Neckar Nürtingen zu. Unterwegs zerstörten die Bauerschaften von Göttelfingen und Vollmaringen und das Böblinger Fähnlein die Neckarburg bei Neckartenzlingen, die dem Hans Spengler von Reutlingen gehörte, durch Feuer, und der Gäuhaufen vereinigte sich am 5. Mai mit dem hellen Haufen zu Nürtingen, der schon im Marsch nach Degerloch begriffen war. Je näher die Entscheidung zwischen dem großen württembergischen Haufen und dem Heer des schwäbischen Bundes rückte, desto nötiger wurde es im Bauernrate des ersteren erachtet, Verstärkungen und Reserven aufzubringen; und während Jakob Rohrbach im Zabergäu wie jenseits des Michelberges und in der Umgegend des Asperges hin und her ritt und aufbot und wirkte, war Anton Eisenhut, jener erste Rat Matern Feuerbachers, aus dem Lager von Degerloch in seine Heimat, ins Kraichgau, abgegangen, um die der Sage und Wahrheit nach daselbst erlöschende Bewegung wieder anzufachen. Schon unterm 7. Mai ließ er seine Aufmahnungsschreiben ins Kraichgau und in den Bruchrain ausgehen, alle Verbrüderten sollen von Stund an mit Wehr und Wagen zu ihm nach Gochsheim, einem dem Grafen von Eberstein gehörigen Städtchen, kommen; sonst werde er mit seinen Brüdern zu ihnen kommen.

Gochsheim war ihm zuerst zugefallen, und er hatte sein Hauptquartier daselbst, wie Jakob Rohrbach in Maulbronn. In kurzem sah er in die 1200 Mann um sich. Er zog in den Flecken Eppingen, wo er Pfarrherr war, wurde leicht eingelassen, zog weiter auf Heidelsheim, zwischen Bruchsal und Bretten, und nahm diese Stadt und alle Flecken umher ein. Aus dem pfalzgräfischen Flecken Hilsbach ging sonntags am Abend der Bürgermeister Christoph Haffner mit einem oder zwei Dutzend Gesellen zum Tore hinaus, zwang jeden, der ihnen begegnete, zum Gelübde, ein christlicher Mitbruder zu werden, und fügte sich damit zu Anton Eisenhuts hellem Haufen, wie dieser selbst ihn nannte. In Hilsbach nahmen sie auch den kurfürstlichen Keller gefangen. Die herrschaftlichen Weinvorräte, die Häuser der Geistlichen und der Edeln wurden geleert. Dann rückten sie weiter, mit jedem Schritt sich stärkend, auf die Stadt Sinsheim, welche sie bald einließ, und sie warfen sich in die frühere Abtei, die Stiftung des letzten Gaugrafen im Kraichgau, die seit längerer Zeit jedoch in ein Chorherrenstift verwandelt war. Die Häuser der Chorherren wurden teils beschädigt, teils zerstört, und es fielen selbst toddrohende Reden. Wie zuvor das Schloß der Herren von Menzingen geplündert worden war, so wurde jetzt unterwegs Steinsberg, die Burg des Edeln Hans Hippolyte von Venningen, gestürmt, ausgebrannt, dem Boden gleichgemacht. Dieses Bergschloß leuchtete wie eine Triumphfeuersäule, welche die Bauern sich und ihren Brüdern angezündet, weithin in die Täler hinab; im ganzen Bruchrain sah man den Schloßbrand.

Kurfürst Ludwig wandte sich schriftlich an den Obersten dieses Haufens, Anton Eisenhut, trug auf gütliche Handlung an und erhielt dazu, da er jeder Beschwerde abzuhelfen versprach, sicheres Geleit für zehn Pferde und nicht darüber. Es kamen von seiten des Kurfürsten Graf Philipp von Nassau, der Herr zu Wiesbaden, und andere pfälzische Räte;

von seiten der Bauern Anton Eisenhut und Thomas Reuß, die Hauptleute, mit anderen Verordneten. Als nach langer Verhandlung die Nacht einbrach, war es den kurfürstlichen Gesandten unter den trotzigen Reden und anderen Äußerungen des Haufens so wenig geheuer, daß ihnen für ihr Leben bangte; doch kam man überein. Der Kurfürst versprach, auf dem nächsten Landtag auch ihre Beschwerden zu hören und zu heben, er stellte eine Verschreibung allgemeiner Amnestie aus; und die Bauern versprachen, sich einstweilen zur Ruhe und nach Hause zu begeben.

Auch in dem von der Pfalz und dem Kurfürstentum Mainz umschlossenen Bistum Worms waren Bürger und Bauern auf. In Worms saß als Administrator auf dem Bischofsstuhl auch ein pfälzischer Prinz, Heinrich IV., jener, der zugleich Propst in Ellwangen war. In der Stadt Worms selbst war schon im Jahre 1524 ein Bürgeraufstand ausgebrochen; die Zünfte hatten sich vor dem bischöflichen Palaste versammelt und dem Domkapitel die Urkunden abgenötigt, welche sich die Bischöfe zum Nachteile der Stadt von den Kaisern zu verschaffen gewußt, und der Rat hatte diese Papiere öffentlich zerrissen, unter dem Zujauchzen alles Volkes, und die zerrissenen Stücke in den Kot geworfen. Der Bischof hatte die Stadt verlassen, und Rat und Bürgerschaft hatten dessen Bruder, den Bischof von der Pfalz, um seine Vermittlung gebeten. Der war eher für die Bürger als den Bischof. So lagen im Wormsischen die Sachen.

Aber nicht nur die Bauern Schwabens und Frankens reichten sich die Hand, die Kette des geheimen Bundes lief östlich bis tief ins Herz von Österreich, südlich vom Sarganserland bis tief in die Täler der Alpen, wo in den Wellen der Etsch der welsche Himmel sich spiegelt.

Fünftes Buch

1

Notwehr der Salzburger gegen die Tyrannei ihres Erzbischofs

Die Salzburger waren von alten Zeiten des Druckes gewohnt, und besonders in den letzten Zeiten hatten sie wenige gute Tage gesehen. Im Jahre 1462 schon hatten sich die Pinzgauer wegen widerrechtlich aufgelegter harter Steuern empört. Es war unter dem Erzbischof Burkhard, aus dem Geschlecht derer von Weißbriach. Fünfzehn Jahre nachher, im Jahre 1478, blieben die Pinzgauer ruhig, als die Bauerschaft in Kärnten, zuvor in der Grafschaft Ortenburg, sich sammelte, unter dem Schein, wider die Türken ziehen zu wollen, einen Bund machte, sich zu befreien, und die Bauern, die sich mit ihnen nicht verbinden wollten, mit Pfändung und in andere Wege nötete. Ihr Hauptmann hieß Georg. Sie stiegen über die Rauriser Alpen, plünderten und sengten. Ein Teil besetzte Gastein. Während sie hier nach fröhlicher Zeche sorglos schliefen, fielen in der Nacht die Pinzgauer über sie, töteten viele, verjagten den Schwarm. Die meisten davon kamen durch die Kälte in den Alpen um. Aber die Erzbischöfe lebten so, daß sie ihre Landschaft bald wieder zum Aufstand trieben. Selbst die Stadt Salzburg war ihres Kirchenfürsten längst satt; im Jahre 1510 dachte der Rat daran, sich demselben zu entziehen und der Stadt vom Kaiser die Reichsfreiheit zu erwerben. Erzbischof Leonhard kam hinter ihre Gedanken, er lud den Bürgermeister und zwanzig teils vom Rat, teils andere angesehene Bürger zur Tafel ein. Sie kamen, nach der Sitte leicht und zierlich gekleidet. Kaum waren sie im erzbischöflichen Palast, so wurden die Tore geschlossen. Sie traten in den Speisesaal. Ein köstliches Mahl war aufgetragen. Sie saßen nicht lange an der Tafel, als sich der Saal mit Bewaffneten füllte; im Nu sahen sie sich überfallen und gefesselt, unter den Augen des Erzbischofs, der ihnen Undank und Treulosigkeit vorwarf. Einer der Gäste hatte sich verspätet, er hieß Schmeckenwitz. Ans Schloßtor gekommen, zürnte und schalt er, daß er es geschlossen fand, und forderte vom Pförtner die Öffnung, er sei mit den anderen geladen. Der Pförtner verwies ihm sein Ungestüm und raunte ihm ins Ohr, „es werde drinnen den Gästen eine böse Suppe bereitet", er möge sich bei Zeit davon-

Bewaffnete des Erzbischofs stürzen in den Saal

machen und sich in Sicherheit bringen. Der Gewarnte folgte dem Rat und eilte, Palast und Stadt in den Rücken zu bekommen. Der Fürst bemerkte seine Abwesenheit. „Er hat seinen Namen nicht umsonst", sagte er, „er hat mit seiner langen Nase die Lunte gerochen." Gefesselt wurden die anderen auf Wagen aus dem Palast auf das Schloß hinaufgeführt. Das Gerücht davon kam in die Stadt aus, es gab einen Volksauflauf. Der Erzbischof stillte die Menge mit guten Worten: Er habe die Hauptverschworenen schon in seiner Gewalt, sie möchten ruhig sein, außer jenen werde keinem ein Leid geschehen. Das Volk, bei dem der Rat sich nicht beliebt gemacht hatte, lief wieder auseinander. Den Gefangenen wurde auf dem Schlosse Speise und Trank vorgesetzt, aber ihre Ketten ließen sie nicht zu Appetit kommen. Noch in dieser Nacht wurden die Vornehmsten unter ihnen hinten aus dem Schloß hinaus, auf Wagen gebunden, nach Werfen abgeführt und von da weiter nach Radstadt. Mit ihnen saß auf dem Wagen der Scharfrichter mit dem ausgefertigten Befehl zur Hinrichtung. Die Räte des Erzbischofs, die von solchem Verfahren die schlimmsten Folgen für ihren Herrn fürchteten, zumal der Bischof von Chiemsee und der Abt zu St. Peter, Wolfgang, legten Fürbitte für die Verurteilten ein, der Erzbischof ließ sich von ihnen bewegen, die Todesstrafe aus Gnaden in eine große Geldstrafe zu verwandeln. Er und der Bischof von Chiemsee flogen nach Radstadt und befreiten die Unglücklichen. Aber die kalte Winternacht bei ihren leichten Hofkleidern und die Todesangst waren ihnen tödlich geworden, sie starben meist bald darauf. Der Stadt nahm der Erzbischof ihre schönsten kaiserlichen Privilegien; sie sollten ihren Bürgermeister nicht mehr wählen, der Rat sich nicht mehr versammeln dürfen als auf Befehl des Fürsten.

Im Jahre 1519 kam Matthäus Lang auf den erzbischöflichen Stuhl. Aus dem Bürgerstande hervorgegangen, ein Patrizier der freien Stadt Augsburg, aus dem Geschlecht der Lange von Wellenburg, Günstling des Kaisers Maximilian, hatte er sich bis zum Bischof von Gurk, zum Kardinal und zuletzt zum Fürsten eines der reichsten Erzstifte aufgeschwungen. Als vieljähriger Minister des verstorbenen Kaisers, als Diplomat bei den wichtigsten europäischen Verhandlungen, als Freund und Beschützer der Künstler und Gelehrten hatte er sich einen großen Ruf verschafft, aber bei all dem war er ein Priester ohne Religion und Gewissen, ein Fürst, von dem einer seiner Räte selbst bekräftigte, „es habe männiglich Wissen, mit was für Schalkheit und Büberei er in das Stift gekommen sei, er habe sein Leben lang nichts Gutes im Sinn gehabt, er sei alles Schalks voll, ein Bube, und nie eines guten Gemüts gegen seine Landschaft gewesen". Er war schon im März 1525 kreditlos.

Als Matthäus Lang Koadjutor des Erzstifts und zuletzt selbst Erzbischof wurde, verschrieb und verband er sich der salzburgischen Landschaft aufs höchste, sie bei ihren Privilegien, Freiheiten und altem Herkommen gnädig zu schützen, sie keineswegs dawider zu beschweren, sondern dieselbe zu mehren und nicht zu verringern. Er schwur einen Eid darauf, und der Papst und der Kaiser bestätigten alles. Die Salzburger setzten Glauben und Vertrauen darein, sie hielten sich als fromme Untertanen und Landschaften, er aber ging in vielen Stücken über seine Verschreibung und seinen Eid sehr weit hinaus, und gegen seine Übergriffe und Verfassungsverletzungen sahen sich die Salzburger bald genötigt, auf dem Wege Rechtens zu streiten. Dazu kam noch, daß der Kardinal das neue aufkeimende Evangelium grimmig verfolgte, zu dem die Salzburger sich sehr hinneigten und das er eigentlich mittelbar selbst ausbreiten half; um seine Bergwerke für seine Kasse und seinen Luxus ergiebiger zu machen, hatte er sächsische Bergknappen ins Salzburgische gerufen, die Luthers Lehre an der Quelle eingesogen hatten und diese und lutherische Bücher ebenso unter die salzburgischen Bergleute brachten wie eine Zahl davon begeisterter Priester und Prädikanten. Solche waren namentlich Kastenbauer, des Erzbischofs eigener Beichtvater, Paul Spretter, der Barfüßer Georg Schärer zu Radstadt, Martin Lodinger in Gastein, der mit

Luther Briefe wechselte, und der Priester Matthäus, der im Pinzgau predigte. Als der Kardinal die neue Lehre im Erzstift so um sich greifen sah, nahm er sich vor, alle, die dem Luther anhingen, es sei Bürger oder Prädikant, ohne Unterlaß mit schwerer Pein zu strafen, auch alle die, welche etwas von Luther feilgeboten haben. Kastenbauer schmachtete von 1521 bis 1524 im Gefängnis, dann wurde er aus dem Land verwiesen; durch schleunige Flucht rettete sich 1522 Paul Spretter. Der Unmut der Salzburger über das alles war nicht zu verkennen; dem Erzbischof war er nur willkommen, er sah darin eine günstige Gelegenheit, über die Mißvergnügten mit Kriegsmacht zu kommen und ihre Privilegien, welche ihn, sowenig er sich daran band, doch genierten, ganz zu unterdrücken, sich zum unumschränkten Herrn von Stadt und Land zu machen. Er machte seinen Vertrauten den Vorschlag, ein kleines Kriegsheer im Ausland aufzubringen. „Ich will", sagte er zu ihnen, „zuerst die Stadt, dann die Landschaft angreifen und überfallen; die Bürger müssen die allerersten sein, die ich verderben will, dann müssen die auf dem Lande daran." Das gefiel ihnen wohl. Als die Räte vom Schloß herabgingen, äußerte Hans Schenk: „Dem, was der Fürst uns vorgeschlagen, soll nachgegangen werden." – „Es dünkt auch mir gut", antwortete Gold, der Stadtrichter. Der Kardinal reiste plötzlich zu dem Statthalter des Kaisers, zu Erzherzog Ferdinand, der gerade zu Innsbruck die Erbhuldigung einnahm. In Tirol warb er sechs Fähnlein Kriegsvolk, um, wie er dem Erzherzog sagte, dem Aufstand und Abfall der Stadt Salzburg zuvorzukommen. Leonhard von Fels (Völs), Hauptmann an der Etsch und Burggraf von Tirol, befehligte die Knechte. Mit ihnen zog der Kardinal durchs Inntal nach Gredingen bei Undersberg und lagerte sich hier. Die Bürger zu Salzburg erschraken; auf dem Schlosse oben, das die Stadt ganz beherrscht, lag der Priester Wilhelm, ein trefflicher Artillerist, dessen Kunst im Feuerwerk und Feuerwerfen weit berühmt war; sie besorgten, er möchte vom Schloß herab die Stadt anzünden und verbrennen. In der Nähe drohte der Erzbischof mit den sechs Fähnlein. Sie erboten sich „ehrbar und ziemlich" von kaiserlicher Majestät zu gütlichem oder rechtlichem Verhör. Der Kardinal verlangte Unterwerfung. Die Stadt unterwarf sich ohne Widerstand.

Gefolgt von Leonhard von Fels und zwei Fähnlein Kriegsknechten, umgeben von einem glänzenden Hofstaat aus Edelknaben – ein Herr von Nußdorf diente ihm als Marschall, einer von Thurn als Schenk, einer von Alm als Truchseß, einer von Wispek als Kämmerer –, so ritt der Erzbischof in die Stadt ein. Ein weißer Hengst trug ihn. Den geistlichen Herrn schmückte kriegerisch ein blanker schimmernder Harnisch mit vergoldeten Reifen, darüber ein karmesinroter atlassener Waffenrock, auf dem Kopfe trug er ein purpurrotes taffetnes Barett, in der Hand, die er auf die Hüfte stützte, einen Feldherrnstab. So ging der Zug durch das

Nunntal über den Brotmarkt. Hier hielten der Rat und die Bürgerschaft. Als sie des Erzbischofs ansichtig wurden, taten sie einen Fußfall. Der Bürgermeister hielt eine Anrede an ihn; er ließ sie sogleich durch seinen Kanzler beantworten, mit einem scharfen Verweis, „mit unehrlichen Schmähworten, die er der ganzen Gemeinde der Hauptstadt zumaß und womit er sie an ihren Treuen und Ehren gröblich verletzte". Dann zwang er sie zur Auslieferung aller kaiserlichen Freiheitsbriefe und der von ihm ausgestellten Urkunden, zwang sie zu einer Verschreibung, daß sie aller ihrer Freiheiten und Rechte sich begeben und sich alles wohl gefallen lassen wollen, was seine Gnade ferner mit ihnen vornähme. Die Briefe wurden von ihm nach Gefallen zerrissen oder geändert, zerrissen die alte Stadt- und Handwerksordnung, die sie und ihre Voreltern allweg in löblichem Gebrauch genossen hatten; verschreiben mußten sie sich, daß die Bürgerschaft sich nie ohne seinen Befehl versammeln dürfe; daß er den Stadtrichter, den Bürgermeister und zwölf Ratsglieder zu ernennen, die ganze städtische Polizei in Händen haben solle. Ausliefern mußten sie alle die, welche er beschuldigte, daß sie sich von seiner Herrschaft loszureißen gearbeitet haben. Auch alle Kosten des Überzugs mußten sie zahlen.

Dadurch kam die Stadtgemeinde, zumal der arme Handwerksmann, in großen Verfall. Ähnlich verfuhr er auch in anderen Städten, Märkten, Gerichten und Bergwerken des Erzstiftes; er brachte viele Neuerungen und Lasten auf sie, die das Volk schwer trafen; seinen Amtleuten gestattete er ebenso, gar manches zu tun, darunter der arme Mann fast zugrunde ging. So herrlich auch die Einkünfte waren, unter des Erzbischofs Matthäus Regierung kam das Stift sehr herab, die Verschwendung am Hofe war zu groß, und bloß durch sie wuchs eine schwere Schuldenlast an.

Mit gewaltigerer Hand verfolgte er von jetzt an die Prediger des Evangeliums, er strafte sie mit schwerem Gefängnis und betrübte sie in andere Wege, ohne darauf zu hören, daß sie sich zu offenem Rechte erboten. Seinen Schergen und ihrer Lauer entging jener Priester Matthäus nicht: Der Erzbischof verurteilte ihn zu ewigem Gefängnis nach Mittersill, dem Pfleggericht und Hauptort des Pinzgaues, dort sollte er im Faulturm verderben. Es war zu Ende des Jahres 1524. Auf ein Pferd gebunden, die Schenkel unter dessen Bauch mit einer eisernen Kette zusammengeschmiedet, wurde er von Amtleuten und Gerichtsdienern dahin abgeführt. Auf dem Wege im berchtholdsgadischen Flecken Schellenberg ließen die Reiter, angelockt von dem fröhlichen Lärm eines dortigen Wirtshauses, den Gefangenen außen allein, und sie gingen hinein, einen Trunk zu tun. Um den gebundenen, ehrwürdigen Priester sammelten sich Neugierige umher. „Habt Mitleid mit mir, ihr Leute", flehte er sie an, „um der Wahrheit willen muß ich also leiden und soll im finsteren Turm verfaulen." Der Zug zu dem Unglücklichen hin wurde schnell zum Volksauflauf, denn es war Feiertag. Drinnen im Wirtshaus saßen viele Bauern, die sich belustigten. Auch sie hörten den Auflauf, die Stimme des Flehenden. Ein entschlossener Bauer, der junge Stöckl von Bramberg, stellte sich an die Spitze des Volks, sie entrissen den Priester den Amtleuten und Gerichtsdienern und machten ihn los und ledig, daß er stracks hinwegzog.

Der Erzbischof ließ Stöckl und noch einen Bauer einziehen; er wollte ihr Blut. Auch an seinem Hofe, wie noch an keinem, fehlte es nicht an Hofjuristen, die gleich das Recht den Gelüsten ihres Herrn bequemten. Doktor Volland namentlich, ein in der württembergischen Geschichte sünden- und fluchbeladener Name, erklärte dem Fürsten, „er habe es in den Büchern gelesen, daß dem Herrn Kardinal nicht not tue, die zween Gefangenen mit offenen Rechten zu überwinden". Des Erzbischofs Blutbann, das wußte jeder Salzburger, lautete nur zu Recht. Als darum ohne alle Rechtsform Stöckl und sein Mitgefangener zum Tode verurteilt wurden, weigerte sich der Züchtiger (Scharfrichter), den Spruch zu vollziehen. Er

Befreiung des Priesters Matthäus

könne und dürfe, sprach er, die zwei nicht mit dem Schwert richten, sie seien denn zuvor mit offenen Rechten überwunden. Der Stadtrichter Gold, einer der Räte des Erzbischofs, hinterbrachte die Weigerung des Scharfrichters dem Kanzler Hans Schenk. Dieser riet, der Stadtrichter solle den Züchtiger bitten, die zwei mit dem Schwert zu richten. „Tut er's nicht gern", fluchte Schenk, „so muß er's tun und sollt ihn Gottes Marter schänden; nimm den Böswicht bei dem Grind und leg ihn ab Eck." Gold bat den Scharfrichter, dieser hatte noch immer Bedenken. „Tu, wie ich dir heiße", sagte Gold, „und laß es den Fürsten und die Obrigkeit verantworten."

Morgens früh zwischen 6 und 7 Uhr wurden die Gefangenen an einer ungewohnten Richtstatt hinter dem Schloß, bei der Stiege, wo man in die Abtswiese steigt, heimlich enthauptet.

Als es verlautete, faßten die Salzburger „solche hochbeschwerliche Handlung nicht wenig zu Herzen, in Betracht, wo seiner Gnaden gestattet würde, also die Leute ohne alle Erkenntnis des Rechts zu vertilgen und vom Leben zum Tode zu bringen, möchte derhalb mancher fromme Mann also vergewaltiget werden".

Der Erzbischof tat auch in der Folge Schritte, als wollte er dadurch ausweisen, daß ihre Ahnung begründet sei: Sie sahen den Landschreiber in das Gebirg verreiten, er hatte Auftrag, frommen Leuten Vergewaltigung zu tun.

Aber auch die Verwandten und Freunde der Hingerichteten durchliefen die Täler und Gebirge im Pinzgau und in den anderen Alpen, regten mit Wort und Erzählung zur Rache des unschuldig vergossenen Blutes und zur Verteidigung des reinen Gotteswortes auf, und was ihre Reden nicht taten, das taten die Finanzoperationen, welche sich der Erzbischof und die Herren seines Hofs erlaubten.

Er brauchte Geld; er beriet sich mit seinen Räten, wie er schnell zu 10 000 Gulden kommen möchte. Diese rieten zu einem gezwungenen Anlehen bei den reichsten Salzburger Bürgern. Bei welchen? fragte der Kardinal den Stadtrichter. Gold nannte den Fröschelmeister Jörg Venninger und die Klötzlen unter den Bürgern. Der Kardinal, Hans Schenk, der Kanzler, Herr Vigilius von Thurn, Ehrenreich Trautmannsdorf und Hans Gold wurden dahin eins, daß die genannten Bürger „das Geld herleihen müssen, oder man wolle sie gebunden und gefangen auf das Schloß führen und also mit ihnen handeln, daß davon zu singen und zu sagen sein solle". Ebenso wurde auf einige vom Adel, auf Hans von der Alm, Christoph Graff und die Keutschacher ein Anschlag gefaßt zu einem gezwungenen Anlehen von etlich Tausend Gulden; sperren sie sich, so solle mit ihnen wie mit den Bürgern verfahren werden.

Das war nur eine Nebenfinanzoperation. Die Hauptoperation ging auf das ganze Land. Es galt, 30 000 Gulden von Land und Leuten aufzubringen. Der Kardinal versammelte alle seine Räte. Die Prälaten und Kapitularen darunter, die bei einer allgemeinen Steuer auch hätten mitzahlen müssen, widerrieten dem Fürsten eine Steuerumlage und rieten, die 30 000 Gulden durch ein Umgeld zu beziehen. Der Kardinal drang wider alles Recht, ohne alle Not des Landes, die ein solches hätte rechtfertigen können, der Landschaft die Bewilligung eines schweren Umgeldes ab.

Bei der Beratschlagung über das Aufbringen jener ersten zehntausend Gulden hatte der Kanzler Hans Schenk hingeworfen, bringe man's nicht von den Bürgern auf, so könnte man die silbernen Bilder und das Altartuch auf dem Chor des Domes angreifen. Hans Gold riet zu dem Altartuch für solchen Fall; der Kardinal nahm aber zu den 10 000, zu den 30 000 Gulden und anderen Geldern, die er einnahm, alle Kleinodien der Kirche, samt dem goldenen Altartuch auf das Schloß zu sich. Selbst der Kammermeister Pietterberger meinte jetzt gegen Gold, „es werden sein noch Land und Leut Schaden nehmen".

In der Stadt Salzburg gärte es über solchem Regiment, die Bürger glaubten darin Despotismus sehen zu dürfen. Der Kardinal glaubte und sagte von sich, daß er ein Recht dazu habe, und beschloß, den Unmut der Bürger, ehe er zum Ungehorsam ausschlüge, zu brechen. Er warb wieder ein Fähnlein von 500 fremden Knechten. Hans Schenk, der Kanzler, entwarf den Anschlag, auf einen Sonntag die Stadtgemeinde auf die Schranne zusammenzurufen und dann mit den Kriegsknechten in sie zu fallen, die Ungehorsamen herausfahen, zu binden und aufs Schloß hinaufzuführen. Er ließ auch das Kriegsvolk, das zum Teil unten in der Stadt einquartiert lag, durch Trommelschlag vor sein Haus zusammenrufen. Die Gemeinde, die zuvor sich nichts Gutes von dem Fürsten versah, wollte auf dieses hin nicht auf die Schranne hinaufkommen. „Ihr habt die Bürger erschreckt mit dem Umschlagen", sagte Hans Gold zum Kanzler, „sie wollen nicht auf die Schranne." – „Daß sie St. Velten hätte", antwortete Schenk, „will mein Herr mir folgen, will ich sie wohl zusammenbringen; wollen sie Eidespflicht vergessen, so will ich sie aus dem Schloß all verderben und verbrennen und Feuer herab auf sie in die Häuser werfen; ich wollt, daß die Schmerbäuch alle St. Velten hielt." Jetzt Gewalt zu versuchen, wagte der Hof nicht.

Der Erzbischof versuchte sogar, um wenigstens nach einer Seite hin das Volk nicht mehr zu reizen, der Priesterschaft Vorsicht einzuschärfen; von Kirchfahrten, Heimsuchung heiliger Stätten, Totenbegängnissen und anderem, daran für die Priester Gewinn hänge, sollen sie höchst vorsichtig reden. Da er aber nicht zu den wahren Mitteln griff, um das Volk sich zu versöhnen, da er seine Sünden am Volke nicht erkennen, nicht hassen und lassen wollte, so bewahrheitete sich auch an ihm der Spruch des frommen Sebastian Franck, des Täuferfreundes: „Tyrannei wird billig mit Aufruhr gestraft und bezahlt; eines das andere ausbrütet, gebiert und auf ihm trägt, nämlich Tyrannei den Aufruhr, Aufruhr die Tyrannei. Also straft Gott Böses mit Bösem, Sünde mit Sünde."*

Der Volksaufstand, der den ganzen Winter hindurch vorbereitet und gefördert worden war, brach auf allen Seiten aus. Die ersten waren die Gewerke und Bergknappen, denen ihre alten Freiheiten genommen worden waren und denen der Erzbischof in Glaubenssachen so verletzend ins Gewissen hineingegriffen hatte; in den Kirchen, vor den Kirchen sammelten sie sich und tagten: das reine Gotteswort und die alten Gerechtsame, das waren ihre Forderungen.

Die aus Gastein, dem durch seine Naturschönheiten wie durch seine heißen wohltätigen Quellen berühmten Tale, traten zuerst zusammen im Markt Gastein und artikulierten wie die Bauerschaften in anderen Teilen des deutschen Reiches. Es ist auffallend, daß, obgleich die Bewegung in den Ausgang des April fällt, die berühmten zwölf Artikel Oberschwabens noch nicht als Manifest von den Bauern dieser Alpenlande angenommen sind; doch weichen sie in ihren Forderungen nicht sehr ab, und neben denen, welche sie mit den Oberschwaben gleich haben, treten nur ihre besonderen Beschwerden, die sie allein zu tragen hatten, noch im Vordergrund hervor. Es waren vierzehn Artikel, die sie aufsetzten. Obenan stand auch hier „das Wort Gottes und Evangeliums", sie wollten es ohne allen Menschenzusatz gepredigt haben; sie wollten sich selbst ihren Seelsorger frei wählen, und keine Obrigkeit sollte ihn ohne große Ursache absetzen können. Dann forderten sie Abstellung aller der kleinen Steuern, womit sie beschwert waren, der Weihsteuer, der Rittersteuer, die sie bisher beim Ritterschlag eines Grundherrn, der Heiratssteuer, die sie bei Verheiratung eines Kindes desselben leisten mußten; sie forderten Abschaffung des Leibfalles, des Todfalles, der Futterschütte, des Umgeldes, des kleinen Zehnten, nur der rechte gebührende Zehnte, nämlich die dreißigste Garbe, solle bleiben; sie forderten rechtes Gericht, der gesetzte Richter solle ohne die Grundherren und seine Beamten das Recht sprechen; Verbrecher sollen nicht auf Kosten der Gemeinden gerichtet werden; sie forderten regelmäßige Unterhaltung der Straßen zur Erleichterung des Handels und des Wandels.

Von Gastein aus entsandten sie Boten nach Rauris, nach Windisch Matrei, nach Radstadt, in alle Gerichte, und forderten sie auf, der evangelischen Brüderschaft, „dem christlichen Bunde", beizutreten. Es sei, schrieben sie, eine lange Zeit her das heilige Evangelium und Gottes Wort schlecht und wenig geoffenbart, dadurch der gemeine Mann verführt und von der Geistlichkeit ein solcher Mißbrauch angenommen worden, daß

* Sebastian Franck in seiner Chronik, nicht, wie andere meinen, der viel spätere Gnodal, der aus Franck diese Stelle nur ausschrieb.

viel eigennützige Sachen daraus entstanden seien. Weil nun die Sachen sich allenthalben seltsam zutragen, vielleicht aus Anordnung Gottes, der die große Pracht aller Herrschaften, zuvor der Geistlichen, einesteils hindern wolle, so wollen auch sie brüderlich zusammenhalten, dem reinen Gotteswort einen Beistand zu tun.

Die Gasteiner wählten zu ihren Hauptleuten Weitmooser, einen reichen Gewerker aus Gastein, und Kaspar Praßler, einen Kriegsmann aus Bramberg. Schnell lief der Aufstand durch alle Täler des Erzstiftes und leitete sich aus dem Salzburgischen das Ennstal hinab von selbst und durch Emissäre fort in die fünf Herzogtümer Österreichs, zunächst nach Steiermark, Oberösterreich und Kärnten.

2

Die Bauerschaft und die Bergknappen der fünf österreichischen Herzogtümer im christlichen Bunde

Man weiß, daß die Landschaft der Salzach, daß das Pinzgau darin von der Natur als ein reizender Park großartig und reich ausgestattet ist; die Täler von Gastein, das Salzkammergut, es ist eine Gegend, verschwenderisch begabt mit Quellen, Seen und Flüssen, Wiesen und Gärten, Bergen und Wäldern; und doch war hier der Bewohner, der Städter wie der Landmann, zur Selbsthilfe, zur Notwehr getrieben, weil Ungerechtigkeit und Üppigkeit von oben, vom Fürstenhof selbst aus, Leben, Ehre und Glauben verkümmerte, auch das sogar verkümmerte, was den Armen sonst seine Not noch leichter tragen läßt, den Genuß und Trost des Evangeliums, das doch von Anfang an für die Armen gepredigt worden war.

Anders waren die Verhältnisse in den österreichischen Herzogtümern.

Die fünf österreichischen Herzogtümer waren noch immer reich genug an Salzen und Erzen, an Weiden auf den Almen und in den Alpentälern, an Ackergütern und unerschöpflichen Wäldern. Die Rechtsverhältnisse dieser Bauern hatten sich zudem bis in das erste Viertel des sechzehnten Jahrhunderts herein bei weitem freier erhalten als in den meisten anderen Landen. Die Anwesenheit der Kaiser, welche in den letzten Jahrhunderten diese ihre Erblande meist nur auf kurze Zeit verließen, ermäßigte schon durch sich selbst die Anmaßungen und das faustrechtliche Umsichgreifen, womit anderswo die edeln Herren die armen Leute plackten. Es war vergleichsweise eine geregeltere, strengere Gerechtigkeitspflege, und darum schon konnten hier die bäuerlichen Verhältnisse damals noch nicht in jene Knechtschaft ausarten, die den größten Teil des deutschen Bodens entweihte. Es saßen hier noch viele Bauern persönlich frei auf ihren erblichen Gütern, und auch die, welche dienend, aber auch erblich auf den Gütern des Grundherrn und seinem Gericht unterworfen saßen, die Hörigen, lebten in beziehungsweise sehr milden Verhältnissen, jahrhundertelang; sie waren durch feste Rechte gesichert, die Gemeinden hatten die Wahl ihrer Richter, hatten Geschworene, hatten teilweise die Selbstverwaltung, und ihre Abgaben, wenn auch an sich beträchtlich, waren gegen andere noch immer gering. Man werfe nur einen Blick auf die einzelnen Verhältnisse der österreichischen Bauerschaften. Der Grundzins zum Beispiel konnte wegen Verbesserung des Gutes vom Grundherrn nicht gesteigert werden; der Nutznießer des Gutes hatte diesen aber ohne rechtlichen Anspruch auf Nachlaß zu entrichten, der Jahrgang mochte ausfallen, wie er wollte. Zu Frondiensten (Roboten) war der Untertan, der nicht nachweisbar davon frei war, nur insoweit verpflichtet, als diese auf Hilfeleistung bei der Landwirtschaft des Grundherrn sich bezogen; nur in der äußersten Not durfte der Grundherr ungewöhnliche Dienste, wie Bewachung seines Schlosses, von dem Grundholden fordern, nie durfte er diesen an Bestellung seiner eigenen Wirtschaft hindern, und wenn er Dienste leistete, mußte der Herr ihm Brot und anderen Unterhalt, auch Futter für Pferde und Ochsen, geben. Die höheren Gerichte hatten die Pflicht, Mißbräuchen zu begegnen, und bei Streitigkeiten waren es die geschriebenen Verträge, welche entscheiden sollten. Keiner hatte über zwölf Tage des Jahrs Frondienste zu leisten. Das Besthaupt, die erste Klage des armen Mannes in anderen Landen, war in den österreichischen Herzogtümern als eine „unzulässige Bedrängnis" verboten; doch war auch hier das Todfallgeld mit fünf Prozent von allem liegenden und fahrenden schuldenfreien Eigentum des verstorbenen, nicht des überlebenden Ehegatten, zu entrichten, ausgenommen aber waren davon fromme Legate, Feld- und Ackergeräte, Kleidung und anderes der Art. Der Erbzinsmann durfte sein Grundstück frei verkaufen, aber nur an einen tüchtigen andern Grundholden. Bei Besitzveränderungen jedoch, bei Erbschaften, selbst wenn das Gut vom Vater auf den Sohn überging, mußte eine Veränderungsgebühr mit fünf Prozent (Pfundgeld, Laudem) geleistet werden, nach alter Gülteneinlage. Jeder Untertan hatte Freizügigkeit, doch stand ihm der Wegzug nur frei nach Entrichtung seiner Schuldigkeiten. Nur wenn der Grundhold mutwilligerweise jahrelang die Dienstleistungen unterließ, durfte der Grundherr ihn nach unparteiischer gerichtlicher Entscheidung abtreiben. Jeder Grundherr war endlich verpflichtet, ordentliche Grundbücher zu führen und von Zeit zu Zeit auf seine Kosten Grundbuchsitzungen zu halten. In die Grundbücher mußten alle Besitzer der Erbzinsgüter, alle Veränderungen, die freiwillig anerkannten Pflichtigkeiten zugleich mit dem Recht und Besitz der Untertanen in beweisender Form eingezeichnet und deutlich vorgelesen, auch die Erbverleihung jedesmal mit Bemerkung der Marken und Bestandteile sowie der Dienste, Zinsen und Gülten in Schrift gestellt werden.

So bevorzugt waren durch feste Rechte die österreichischen Grundholden gegen andere Bauerschaften; aber auch die festen Rechte schützten sie nicht gegen den Mißbrauch, den sich Adel und Geistlichkeit erlaubten. Dieser Mißbrauch machte selbst die ursprünglich so milden Verhältnisse der österreichischen Bauern unleidlich. Der Druck erzeugte den Aufstand.

Ihre Bitten, ihre Rechtsforderungen, welche sie hohen und allerhöchsten Orts anbrachten, blieben nicht nur ohne alle Beachtung, die Abweisung war noch mit Kränkung verbunden. Daher, wie wir gesehen haben, im Jahre 1515 der windische Bund und dessen Kriegslosung: stara prawa, die alte Gerechtsame! Siegmund von Dietrichstein zersprengte zwar den Bund, „die Tritschelhelden", hing viele Gefangene an die Bäume, richtete zehn Hauptleute, fünfzehn Rädelsführer und 136 Bauern zu Graz mit dem Schwert und ließ da und dort umher schinden, spießen, vierteilen; aber von allen Beschwerden, den einzigen Ursachen des Aufstandes, wurde keine, auch nicht eine, gehoben.

Im Jahre 1523 mußte die Regierung selbst zugestehen, es haben sich viele Teile des Einkommens verändert, die armen Untertanen seien von etlichen Hauptleuten, Pflegern und Amtleuten gedrängt worden, es müsse dies abgestellt und in Kärnten und Krain namentlich eine gute Ordnung aufgerichtet werden. Es kam auch im Jahre 1524 teilweise eine neue Ordnung aufs Papier, aber sie blieb vorerst auf dem Papier.

So fanden die Emissäre der evangelischen Brüderschaft auch hier den Boden mannigfach für ihre Zwecke bereitet. Die Apostel des neuen Evangeliums lieferte hieher das benachbarte Schwaben, und durch das lebendige Wort wie durch Schriften verbreiteten sie bald den christlichen Bund durch Steiermark, Oberösterreich und Kärnten, und die Arbeiter in den Weinbergen zwischen Wien und Neustadt, „die Weinzierlhauer und andere Weingartleute", ließen die bedenklichste Stimmung und drohende Äußerungen verspüren. Diese Weingartleute waren für Wien und die Umgebungen der Hauptstadt, wo der Weinbau eine Hauptquelle des bürgerlichen Wohlstandes war, ein bedeutender Bevölkerungsteil; es waren teils fremde, teils inländische Knechte, eine geregelte Genossenschaft von Arbeitern. In der Mitte Mai 1525 glaubten die Behörden herausgespürt zu haben, daß eine Verbindung unter ihnen sei, so verzweigt, daß in acht Stunden 10 000 bis 12 000 Hauerknechte versammelt sein könnten. Das Evangelium und der evangelische Bund hatten einen starken Anhang besonders auch unter den zahlreichen Arbeitern der mannigfachen Bergwerke auf Eisen, Silber, Quecksilber und andere Erze und der Salinen.

Diese Arbeiter, die Erzknappen besonders, waren kräftige, gehärtete, in Waffen geübte Leute, und ein jeder galt ganz wie ein guter Kriegsmann.

Erzherzog Ferdinand, der in Tirol festgehalten war, versuchte auch hier die Unterhandlungen, um die Gärung vor dem Ausbruch zu beschwören oder sie wenigstens abzuschwächen, in die Länge zu ziehen. Er ordnete zunächst eine Beratung der Stände in den fünf Herzogtümern an, um sich gemeinsam darüber zu vereinen, „was zur Erhaltung christlichen Friedens dieser Empörung halb gedeihen möge". Der zu Linz in Oberösterreich versammelte Landrat von Herren und Ritterschaft, Landleute genannt, aber lauter Edle, drang von selbst darauf, daß in allen fünf Herzogtümern schleunig Landtage gehalten, Ausschüsse gewählt werden und diese an einem bequemen Ort zusammentreten sollen, zur Sicherstellung des Rechts und der Ordnung; zugleich sollten einige Städte im Lande befestigt und versehen werden. Auf diesen Landtagen hatte die Regierung manches wahre Wort zu hören, bei den Städten zeigte sich ein richtiges Gefühl für das Recht der bäurischen Sache, bei dem größern Teil der Herren wenigstens Mäßigung, die der Augenblick ihnen abnötigte; bei manchem war es vielleicht wirklich eine vorübergehende Einsicht des Unrechts, das bisher gegen den gemeinen Mann geübt worden war. In den Städten fand sich gar viel armes Volk, das mit den Bauern fühlte und für sie war: Die Herren des Adels und der Geistlichkeit fürchteten, die schwer und lange Gereizten aufs Äußerste zu treiben. Als ein Teil der Stände darauf antrug, wenn sich die Bauern nicht wollten gütlich weisen lassen, müsse man sie mit dem Schwert angreifen, da wollten die gesamten Städte keineswegs einwilligen; sie lehnten zuerst entschieden es ab, ihr Volk zu dem aufzubringenden Heere wider die Bauern und die Bergknappen der Obersteiermark stoßen zu lassen.

Die Stadt Steyr erklärte: „Weil die jetzigen Zwistigkeiten nicht eine ganze Landschaft, sondern allein die Prälaten und ihre Untertanen betreffen, so wolle sich nicht gebühren, daß sich die Stadt in einige Hilfe einlasse oder Volk schicke; sie sei in guter Zuversicht, daß durch des Fürsten Räte und Kommissarien sowohl als durch gemeine Landschaft in den Beschwerden der Bauern so gehandelt werden würde, daß es keines Feldzugs bedürfe. Sollte es dazu kommen, daß dem fürstlichen Kammergute oder gemeiner Landschaft unvermutet Schaden und Eingriff geschehe, so wären für solchen Fall sie von Steyr und eine ehrbare Gemeine willig und erbötig, sich als getreue Untertanen mit Leib und Gut gehorsam zu halten."

Der zu Laibach versammelte Landrat erklärte der Regierung zu Wien geradezu, Sr. Durchlaucht ungewöhnliche Regierung, die neuen Mauthen und andere Maßregeln und Handlungen, womit die Landstände, einzelne

Personen und der gemeine arme Mann sehr wider altes Herkommen beschwert worden, seien dieser Aufruhr und Uneinigkeit zum Teil Ursache.

Daß zu der Bewegung großenteils auch die unbilligen Bedrückungen Anlaß gegeben haben, darauf wiesen selbst die Ausschüsse aller Landschaften, als sie zusammengetreten waren, hin. Sie beantragten die Aufstellung von 3000 oberländischen Knechten und die schleunige Aufrüstung aller Kriegspflichtigen zu Roß und zu Fuß, die Wahl zweier Kriegsräte aus jedem der fünf Lande und die Ernennung eines obersten Feldhauptmanns durch den Erzherzog. Sie sagten aber ausdrücklich dabei, „sie haben bedacht, daß es nicht ohne sei, wenn der Eigennutz den gemeinen Nutzen nicht überwunden hätte, wenn auch der Armut ein gleiches Recht geleistet würde und keine unbilligen Beschwerungen auf dem gemeinen Mann lasteten, so möchte es zu solchem Übel nicht gekommen sein. Darum, wenn die Ungehorsamen zu Gehorsam und Frieden gebracht werden, so möge man alles, worüber sie sich billig beschweren, erledigen und keine unbillige Härte gegen die Unschuldigen und die Armen üben."

So knüpften selbst die Landschaften, meist niederer Adel, ihre Hilfe zur bewaffneten Dämpfung des Aufstandes nur an die Bedingung der Abhilfe der einzelnen Beschwerden des gemeinen Mannes.

Erzherzog Ferdinand stimmte ihrer Ansicht bei, weil ihm nichts anderes blieb, nicht weil er selbst so milde gesinnt war; im Gegenteil, daß gerade auch seine eigenen Dominialuntertanen größtenteils gärten oder aufgestanden waren, machte ihn voll Grimm und Rachsucht. Er und der Wiener Hofrat hatten zuerst das ganz gleiche Verfahren vorgezeichnet: „Man müsse den Frevel mit eiserner Rute züchtigen, damit der Bauern böse mutwillige Handlung gestraft werde und andere ein Ebenbild daran empfahen, auch die, so sich sonst noch in Aufruhr begeben möchten, damit gestillt und in Sorgfältigkeit gebracht werden: So ist demnach unser Rat und gut Bedünken, daß Ihr gegen alle Hauptleute und Rädelsführer, wo die ankommen oder betreten werden, mit Spießen, Schinden, Vierteilen und aller grausamen Straf handeln und vorfahren lasset."

Jener Siegmund von Dietrichstein, der vor zehn Jahren so grausam gegen den Bauernbund verfahren war, führte noch immer die Landeshauptmannschaft von Steier. Er war ein alter Mann geworden und litt an der Gicht. Auf dem Landtag, der in der Hauptstadt Graz zusammengetreten war, fand er wenig Tröstliches. Es waren nur wenige Herren und Landleute erschienen, und die Bauern traten auf und erklärten den Herren ins Angesicht, wie sie von Prälaten und Obrigkeit hart und unbillig beschwert werden, und wo ihnen keine Wendung geschehe, müssen sie sich selbst Wendung tun. Dietrichstein mußte alles aufbieten, um die wenigen Herren und Bauern zum Auszug zu vermögen, sie sagten es zu, als er versprach, in eigener Person mitzuziehen; er streckte sein eigenes Geld dar, er machte Anleihen, warb damit Knechte und zog mit diesen, seiner eigenen Ausrüstung und der von fünf Landherren aus, zunächst nach Bruck am Einfluß der Mürz in die Mur. Die Bürger dieser Stadt zeigten sich sehr abgeneigt. Die Fußknechte, die ihm von Wien aus zu Hilfe geschickt wurden und die bereits in dem nahen Leoben angekommen waren, zeigten keine bessere Gesinnung. Gegen die Erzknappen und die Bauern wollen sie in keine Wege ziehen, erklärten sie. Dietrichstein ritt zu ihnen und sprach ihnen gütlich zu. Sie wollten ihn nicht hören; in die sechzig Knechte zogen sogar geradezu ab und zu den Bauern. Mit Geld hielt Dietrichstein die übrigen, sie schwuren ihm aufs neue zu, und zu gleicher Zeit trafen 300 böhmische Stückknechte ein, ein bedeutender Zuwachs, da die Böhmen zu dieser Zeit für die geschicktesten Artilleristen galten.

Dietrichstein sah sich bald von dem Aufstand immer mehr umzogen. Durchs Ennstal heran zog der bündische Haufen, schon hatte er die ummauerte kleine Stadt Rottenmann besetzt, und vom Kammertal kam die Botschaft, auch die dortigen Bauern haben sich für den christlichen Bund erklärt. Des Haufens oberster Hauptmann war jetzt Reustl, der fürstliche Bergrichter zu Schladming. Dietrichstein ließ sich von einigen gefangenen Bauern sagen, an 1200 von Schladming und die Bauern von Goyssen stehen zu Goyß, dem Benediktinernonnenkloster, zwei Stunden weiter zurück sollen in die 10 000 Bauern und Knechte zusammenkommen, der oberste Hauptmann sei mit 300 zu Admont an der Enns, in dem schönen Benediktinerstift, dem reichsten der ganzen Steiermark. Dietrichstein glaubte dem Bericht, er hatte 5000 Mann beisammen, er beschloß, die Bauern anzugreifen. Seitwärts auf einem Berge fand er rechts von Goyß eine Bauernschar gelagert, er entsandte dahin eine starke Abteilung, und dieser gelang es, die Bauern von dem Berg zu vertreiben. Er selbst griff den Haupthaufen gerade vor sich an. Diese schlugen den Angriff schneller zurück, als er geschehen war; sobald die Bauern ihr Geschütz in die deutschen Fußknechte abgehen ließen, warfen sich diese zu Boden und wandten sich zur Flucht, sie waren nicht aufzuhalten, ihr Fähndrich warf sogar das Fähnlein von sich. Als der Hauptmann der Böhmen schwerverwundet darniedersank, flohen auch diese unaufhaltsam davon, sie rissen alles sich nach, Ritter und Herren. Der Feldhauptmann bemühte sich umsonst, die Flüchtigen zum Stehen zu bringen, doch gelang es ihm, sein Geschütz zu retten. Der Rückzug der Flüchtigen ging durch ein enges Felstal. Über demselben hatten Bauern ein Staudach besetzt und warfen Steine auf die Rückziehenden herab. Dietrichstein selbst wurde an Schulter und Seiten hart getroffen. Mit einem Verlust von gewiß vielen Hundert Knechten – hundert gestand er selbst – gelangte er nach Ehrenau, mit Quetschungen und vermehrtem Gichtübel. Dazu hörte er hier, wie die Knechte nicht mehr weiterdienen wollen und der größte Teil Miene

Die Bauern werfen Steine auf die Fliehenden

mache, zu den Bauern überzugehen. Er schwur, jeden, der den Dienst weigere, totschlagen zu lassen, da sie noch einen halben Monat zu dienen haben. Die Knechte aber machten eine Meuterei, sie forderten einen Schlachtsold, nur unter dieser Bedingung wollten sie weiterdienen. Die böhmischen Stückknechte waren mit ihnen im Einverständnis, auch sie meuterten: „Was?" rief Dietrichstein, „ihr habt mich als Bösewichte im

Stich gelassen, und ihr wollt einen Schlachtsold haben?“ Aber es blieb ihm nichts, er mußte den Deutschen den Schlachtsold und auch den Böhmen Geld geben, um sie zu stillen. Denn die Hilfe, welche die Landherren von Krain und Kärnten ihm zuführten, war erst im Anzug.

Aus Kärnten kamen ihm zwei Fähnlein Knechte und etliche Hundert Reiter. Sie führte als oberster Hauptmann Hans von Greifeneck. Sie zogen aus von Klagenfurt und kamen gen Neumarkt. In diesem Städtlein lagen 700 Bauern. Greifeneck führte das Geschütz mit den Landsknechten zu dem Schloß hinauf und befahl dem Geschützmeister, Martin Fleug, etliche Stücke abgehen zu lassen. Die Bürger des Städtchens entzweiten sich mit den Bauern, die darin aushalten wollten, gingen vor das Tor heraus und überantworteten dem von Greifeneck die Schlüssel. Auf das begehrten die Bauern Gnade. Greifeneck bewilligte sie ihnen. Bei sich hatte er viele Edelleute des Landes, namentlich die Herren Hans Ungnad, Christoph Welzer den Älteren, Ruprecht Welzer, Andrä von Silberberg, Hans und Christoph die Mordaxen, Ernauer, Himmelberger und Rauber. Es scheint, die edlen Herren haben trotz der Kapitulation ihren Mutwillen an den Bauern auslassen wollen. Während nämlich diese aus dem Städtchen zogen, zwischen den Spalieren der Reisigen, entstand eine Verwirrung und ein Lärmen, viele der hinteren gaben die Flucht, die vorderen vermeinten, die Ritter schlügen hinten in den Haufen; so stellten auch sie sich zur Wehre. Es kam zum Handgemenge, die Reiter und Husaren setzten in die Bauern, und es wurden bei fünfzig erschlagen. Aber als die Herren nach Goyssen kamen, unweit Rottenmann, da fanden sie die Toten, welche die bündischen Bauern daselbst erschlagen hatten, besonders viele auf einer Wiese bei dem Dorf; es lag darunter auch Leonhard Steinbeck, der Freund Dietrichsteins, ein tapferer Herr; er wurde mit einem anderen Edeln, dem Herrn von Süsbeck, in ein Grab gelegt, die anderen begruben sie alle in einer Grube bei der Kirche.

Sobald Dietrichstein diese Landherren von Krain und Kärnten an sich gezogen hatte, machte er wieder eine Bewegung vorwärts gegen die Bauern. Reustl zog sich vor der Übermacht der Landherren in eine feste Stellung oberhalb Rottenmann zurück, er hatte nur 6000 Mann um sich. So war es für Dietrichstein leicht, Rottenmann wieder zu besetzen und die umliegenden Flecken dem Erzherzog neu huldigen zu lassen. Reustl in seinem Lager mit den Waffen anzugreifen, wagte er nicht, ein Erfolg wäre unmöglich gewesen; er griff ihn mit List an, durch Unterhandlungen. Seine gütlichen Erbietungen brachten Zwiespalt in den Haufen. Reustl und der eine Teil, welche Dietrichstein durchschauten und ihm nicht trauten, wiesen seine Vergleichungsvorschläge zurück. Die Mehrzahl des Haufens war für die Annahme. Dietrichstein, der nicht wußte, was im Innern des Bauernlagers vorging, und von seiner Krankheit hart geplagt war, verzweifelte an einem glücklichen Erfolg und schickte Schreiben auf Schreiben an die Regierung ab, Niklas von Salm solle eilen, an seiner Statt den Oberbefehl zu übernehmen, und zugleich ließ er in seinem Heer in der Person des Niklas von Thurn einen Stellvertreter für sich erwählen. Da kam Botschaft aus dem Bauernlager mit dem Erbieten, den Vertrag anzunehmen und sich zu unterwerfen. Die Bauern hatten sich wirklich getrennt; während die Mehrheit sich unterwarf, zog Reustl mit den Bergknappen und dem entschlosseneren Teil der Bauern sich über die Tauern durch das Lungau und Pongau zurück zu dem großen salzburgischen Haufen.

3

Gefangennahme des salzburgischen Geheimrats Gold

Im Salzburgischen hatte sich indessen die Lage des Erzbischofs sehr verschlimmert. Die Bauern der verschiedenen Gerichte hatten sich in ein Lager zu Golling versammelt, einem Dorfe drei Meilen von Salzburg. Was bei feindlichen Einfällen sonst Brauch war, namentlich gegen die Türken, das sah man jetzt gegen die einheimischen Herren in den Salzburger Bergen. Von Höhe zu Höhe leuchteten die Kreitfeuer, die Sturmglocke, „der Glockenstreich", erscholl von Dorf zu Dorf, die Notschüsse pflanzten sich fort von einem Punkt zum andern, alles wie zur Kriegszeit, wo jeder durch diese Zeichen zur Hilfe aufgemahnt wurde. Mit Gabeln, Stangen, Keulen, Sicheln, einzelne auch mit einer alten Pickelhaube, mit einem verrosteten Schwert und Spieß, in ledernen Röcken und kurzen Lederhosen, hie und da einer darüber ein rostiges Vorder- oder Hinterteil von Harnisch – so sah man die Bauern herabsteigen von ihren Bergen, hervorkommen aus ihren Tälern, aus Pinzgau und Brixental. Sie waren die ersten, die ihres Bruders und Freundes Tod zu rächen hatten. Die Erzbischöflichen waren überrascht: Es war zu spät, daß Hans Schenk sich rühmte, hätte er eher der Knechte, die durch den Lueg herausgezogen, Botschaft gehabt, so wollte er mit seinen Knechten alle daselbst erlegt haben; er hatte versäumt, den wichtigen Gebirgspaß zu besetzen.

Der Erzbischof nahm allerlei Mittel und Wege vor, das Gewitter im Anzug zu beschwören. Er schickte Gesandte nach Golling ins Bauernlager, er nahm jetzt einen ganz freundlichen väterlichen Ton an, als er sie zur Heimkehr ermahnen ließ: Hätten sie einigermaßen Beschwer wider Seine fürstliche Gnaden oder wider eine Obrigkeit, Propst, Pfleger oder Richter, so möchten sie einen Ausschuß wählen und demselben Gewalt und Befehl geben, ihre Beschwer vorzubringen, darinnen dann Seine fürstliche Gnaden ein gnädigstes und väterliches Einsehen, auch gebührliche Wendung tun wolle. Die Bauern wußten diese Sprache zu würdigen, sie verwarfen diesen diplomatischen Kunstgriff, und die Bürger von Salzburg bestärkten sie darin; sie sandten ihnen heimliche Botschaft, schnell auf die Hauptstadt loszugehen, und versprachen ihnen ihren Beistand. Hauptleute waren damals im Bauernlager Weitmooser, Melchior Spät, Michael Gruber, Ludwig Alt und Kaspar Praßler; der letztere war oberster Hauptmann des Haufens.

In der Stadt Salzburg äußerte sich die Stimmung der Bürger, wie es zu erwarten war; der Erzbischof hielt sich in seinem Palast in dem Rinderholz an dem Markt nicht mehr sicher und zog sich mit seinen Domherren und Räten in das feste Schloß hinauf. Auf dieser Feste fühlte er sich wie ein Adler auf seinem Felsenhort. Ein enger Pfad führte aus der Hauptstadt hinauf zu dem mit zwei Mauern eingefaßten Schlosse; die innere, mit vielen Türmen versehene Mauer ruhte auf Felsen, hatte vier Zisternen und einen Radbrunnen, in den Fels eingehauene Stiegentreppen; und auch die äußere Mauer war auf Felsen gegründet, mit vielen Türmen bewahrt; das Fundament auf der südlichen Seite, in einer Höhe von 440 Fuß, senkrecht abgeschnitten und unersteiglich. So sah der Fürst sich nicht nur gegen einen Überfall gesichert, sondern er beherrschte die unten gegen Westen liegende Stadt und die Gegend. In der Stadt selbst ließ er ein Fähnlein fremder Knechte unter Hans Schenk und Sigmund von Thurn zurück. Seine Räte gingen vom Schloß ab und zu und versuchten mit der Bürgerschaft und mit dem Rat gütlich zu handeln.

Die Bauern blieben in beständigem Verkehr mit der Hauptstadt. Sie rückten von Golling auf Hallein vor, das altberühmte Salzwerk, dessen ehrenfeste Bürgerschaft sich an sie anschloß. Die Bürger der Hauptstadt wollten sich wenigstens der immer vom Schloß auf- und abgehenden Räte des Erzbischofs versichern. Der Stadtrichter Gold besonders wurde von dem Erzbischof zum Unterhandeln gebraucht, er ging unaufhörlich zwischen Schloß und Stadt ab und zu. Dabei stellte er sich, als hielte er ganz auf seiten der Bürgerschaft. Er sagte dem kleinen und großen Rat und dem Ausschuß der Stadt zu, Treu, Ehr, Leib und Gut bei ihnen zu lassen und seine geheimen Aufträge von dem Fürsten, „alles, das er zu laufen habe", dem Rat mitteilen zu wollen, und wenn er etwas flüchte oder sich selbst von hinnen tun wolle, so solle man ihn durch die Spieße laufen lassen. Unvorsichtiges Schelten und Drohen des Hans von Schenk reizte die Bürger noch mehr; von der Treulosigkeit des Stadtrichters verlautete auch unter dem Volke; die Gärung stieg so, daß Gold sich rüstete, aus der Stadt hinwegzureiten. Er tat sich mit Panzer und Harnisch wohl an, aber versteckt unter einem gewöhnlichen Kleide, und sein Knecht saß schon mit ihm zu Pferde. Es war ein heiterer Tag, Freitag vor Pfingsten, vormittags zwischen 9 und 10 Uhr. Da hielt die Bürgerschaft eine Gemeinde auf freiem Markt. Herr Hans Schenk und Herr Sigmund von Thurn handelten wegen des Erzbischofs mit der Gemeinde, sie zu beruhigen. Hans Gold, statt zum Tore hinauszureiten, ritt auch an den Markt heran, hielt aber außerhalb des Ringes auf seinem Pferd, „um zu sehen und zu hören, was man da vornehme und betrachte". Ihn ersah ein Metzger, Georg Radler, welchem Gold noch nicht lange ein unbilliges Gericht gehalten hatte, und zog ihn mit dem Haken seiner Hellebarde vom Roß, er wollte ihn entleiben; ein anderer Bürger, der Bierbrauer Pichler in der Gugel, ersah es, unterlief ihn und fiel nach der Länge mit seinem Leib über den Stadtrichter, ihn zu retten. Es gelang ihnen derweil, den wütenden Radler zu stillen. Die ganze Bürgerschaft kam in Bewegung. Die erzbischöflichen Räte, Hans Schenk und Sigmund von Thurn, als sie diese Tat ersahen, wischten eilend, allein, ohne Diener, aus dem Ring, so schnell sie konnten, durch den Dom dem Schlosse zu. Auch des Bischofs Leibschneider und Spion, der Gilghäuser, entwischte ihnen nach; „mit großem Schnaufen, ganz erschrocken und kleinmütig kamen sie auf das Schloß, ob welchem auch der Erzbischof zum Teil ein Entsetzen gehabt". Hans Gold wurde vom Boden, darauf er niedergeschlagen war, aufgehoben, in einen Sessel gesetzt, von etlichen gelabt, von etlichen aber ins Angesicht geschlagen und bei den Haaren gezogen mit den Worten: „Da und da hast du mir unrecht Gericht gehalten." Sein Knecht sprengte mit den Pferden zum Tore hinaus. Den Mißhandlungen des Volkes ihn zu entziehen, wurde Gold gefänglich in das Amthaus abgeführt und in den Turm gelegt, daselbst nebst einem Gerichtsdiener mit der strengen Frage gefragt, und er bekannte, auf der Folter und ohne dieselbe, Dinge, welche die Gemüter gegen den Erzbischof nur noch mehr aufbringen mußten.

Als der Auflauf auf dem Markt sich erhob, waren die fremden Knechte dem Quartier ihres Hauptmanns und dem Fähnlein zugelaufen. Wie sie aber vernahmen, daß der Hauptmann nicht vorhanden, sondern von ihnen flüchtig auf das Schloß entwichen sei, „wurden sie ganz ungeduldig und unwirsch". Gerne ließ darum dieses Fähnlein Knechte sich von der Stadt in Sold nehmen, und schon nahten sich die Bauern, von Hallein her, den Toren.

Am Pfingstmontag kam der erste Bauer in die Stadt herein. Es war der Bruder des hingerichteten Stöckl, der seit dessen Tod ruhelos Tag und Nacht hin und her im Gebirge die Herzen der Bergleute erregt hatte, sich zur Rache zu erheben. „Wie ein unrichtiger Mensch" lief er in der Hauptstadt herum, bei allen Häusern der Domherren und der Hofräte, und schlug an ein jedes Haus einen Zettel an, des Inhalts: „Dies Haus ist mein, so lang und so viel, bis der unschuldige Tod meines Bruders wird gerochen sein."

Gegen Abend desselbigen Tages kamen die bündischen Bauern über Buech herab auf Salzburg gezogen, durch das Steintor herein; Tür und Tor standen ihnen offen. Morgens in der Frühe fielen sie in den erzbischöflichen Hof in der Stadt. Was sie auf der Kammer fanden, nahmen sie zu sich. Auf der Kammer und in der Kanzlei taten sie auch großen Schaden an brieflichen Urkunden, Verschreibungen, Raitbüchern und Registern; dieselben wurden zerrissen und verwüstet, daß man bis über die Knie darin umging; der Erzbischof hatte sich nicht versehen, daß es dazu kommen sollte, und weder Papiere noch anderes aus der Stadt in das Schloß hinauf geflüchtet; jetzt war zum Flüchten die Zeit zu kurz. Die Hofdiener, als da waren Kellner, Kastner, Küchenmeister und andere, wurden von den Bauern ihrer Ämter entsetzt, die Schlüssel ihnen abgenommen; die Bauern besetzten die Ämter aus sich selbst. Das Haus der fürstlichen Herrlichkeit in der Stadt stand öde; in eben dem Rinderholz, darin der Erzbischof seine Wohnung gehabt hatte, sah man die Weiber ihre Schleierwäsche an den Stangen zu den Fenstern ausrecken und trocknen.

Kurz darauf kamen auch die Knappen aus Rauris, Gastein, Kitzbühl und aus andern Werkstätten herein nach Salzburg. Sie führte Erasmus Weitmooser. Sie hatten alle das Ansehen wohlgerüsteter Kriegsleute. Ein Teil der Bauern zog auf dieses wieder heim zu seiner Feldarbeit, und die Knappen wurden von ihnen versoldet.

Hans Gold hatte selbst der salzburgischen Landschaft – so nannten sich jetzt Bürger und Bauern – den Rat gegeben, den Erzbischof nicht mehr zum Regiment kommen zu lassen, auch vorsichtig zu sein, ihn oben im Schloß wohl zu hüten und alle Ausgänge zu besetzen, damit er nicht davonkomme; denn er sei alles Schalks voll. Die Landschaft belagerte nun auch den Erzbischof mit vielen anderen Herren von Adel im Schlosse Hohensalzburg. Sie hüteten ihn mit täglicher und nächtlicher Wacht, daß niemand weder auf- noch abkommen mochte. Zuvor aber, noch ehe die Bauern in die Stadt kamen, war des Erzbischofs Rat Riebeisen hinweggeritten, um bei den Höfen von Bayern und Österreich Hilfe zu suchen. Erzherzog Ferdinand aber war noch mehr als in den fünf Herzogtümern an einem anderen Orte bedrängt, in dem Lieblingsaufenthalt seines Hauses, in der Grafschaft Tirol.

4

Die Erhebung der Tiroler

Waren schon die Verhältnisse der Bauern in der Steiermark und in den anderen österreichischen Herzogtümern sehr verschieden von denen anderer Lande des Reiches, so waren die Verhältnisse Tirols und der Tiroler Landleute vollends eigentümlich. Hier war in so vielen Dingen alles so unendlich anders als bei den Bauern Thüringens, Frankens, Schwabens, und doch entbrannte hier so großartig und zugleich so heftig als irgendwo der Volkskrieg.

Von eigentlich ackerbauenden Bauern und den Lagen und Beweggründen wie in den eben genannten Landen konnte in Tirol nicht die Rede sein. Dieses Hochalpenland mit seinen wilden Bergbächen und Strömen war von jeher kein Ackerland, da die Felder darin selten sind, wo der Pflug bequem durch Stier oder Pferd durchgezogen werden kann und der Anbau fast allen Bodens auf Menschenhände gewiesen ist. Vom Frühling bis zum Herbst weidet das Vieh auf den Almen, aber es macht die Tiroler nicht reich, weil Viehzucht und Ackerbau nicht wie anderswo in enger Wechselwirkung stehen. Man kennt die Wildhäuer, die, über furchtbaren Tiefen am Seil gehalten, ein Stück Futter für ihr Vieh von den Felsenwänden abmähen. Wäre er nicht genügsam, der Tiroler wäre von jeher eher arm zu nennen gewesen als wohlhabend.

Aber reich war er von jeher an Freiheit, an urdeutschen festen Rechtsverhältnissen. Auf der Grenze zwischen Deutschland und Italien, stets berührt von den großen geistigen und politischen Kämpfen des Mittelalters, war Tirol durch seine örtlichen Verhältnisse wie durch günstige andere Umstände frühe zum Genuß einer schönen Freiheit gelangt. Zu Anfang des sechzehnten Jahrhunderts fand sich der hohe und niedere Adel im Lande in geringer Zahl. Auch geistliche Stifter und Prälaturen gab es wenige. Die Zahl der Leibeigenen war hier schon seit Jahrhunderten klein und die Leibeigenschaft selbst milder als irgendwo. Die Witwe mit ihren Kindern erbte den ganzen Nachlaß ihres Mannes, die Herrschaft erhielt nichts als einen Ochsen; und das Grundstück, das der Leibeigene baute, war ihm und seinen Nachkommen zu Erb- und Baurecht verliehen. Bei weitem der größere Teil saß als Eigentümer auf seinem Grund und Boden, oder war er doch im verbrieften Erbbesitz und zahlte mäßige Abgaben und Leistungen. Der Bauer konnte Güter des Adels mit allen darauf haftenden Rechten erwerben und hatte Sitz und Stimme auf den Landtagen wie der Edelgeborene. Auch die Gerichte besetzten sie aus sich selbst, jedes Jahr traten vier Richter von zwölfen aus und vier neue ein, und was sie zahlen mußten, wurde nur so gezahlt, wie es in den alten Büchern verzeichnet war oder wie es von ihnen verabschiedet wurde. Adeliger Übermut durfte sich hier nicht hervorwagen; einige Dynasten, welche von den Bauern als von ihren Untertanen sprechen wollten, wurden von den Landleuten gerichtlich belangt. Aber auch gegen die Landesfürsten standen die Landleute in Waffen, sobald diese ihren Rechten zu nahe traten, und sie hielten hierin so zusammen, daß, wenn eine Gemeinde in ihren Freiheiten verletzt wurde, alle Gemeinden sich verletzt fühlten und, wenn die im Süden aufstanden, die im Norden ebenfalls den Gehorsam weigerten.

Schon in der Zwischenzeit, welche zwischen dem Tode Maximilians und der Ankunft Karls V. in Deutschland verfloß, kam es zu Unruhen. Die Tiroler Landleute klagten, auf den Landtagen sei ihnen vieles zugesagt, aber wenig gehalten worden. Sie litten besonders auch unter dem Wildschaden. Darum gingen sie jetzt hinaus und schossen das Wild haufenweis in den Wildbahnen zusammen. Das ohne Maß gehegte Wild, sagten sie, könne man durchaus nicht länger leiden; auch habe der Kaiser es sterbend ihnen preisgegeben. Das österreichische Regiment zu Innsbruck rief die Ausschüsse ein, erlaubte jedem, auf seinem Grunde das Wild zu jagen und zu schießen, wählte aus dem Unter- und Oberinntale eine Zahl Landleute aus und schickte sie als Kommissarien in die Täler, „um dem gemeinen Mann den rechten Verstand der Landtage zu geben". Der gemeine Mann aber war durch Adel und Geistlichkeit, die sich gerade jetzt wie überall mehr herausnahmen, so verbittert, daß die Kommissarien zu Imst im Oberinntal vor den sie umringenden Landleuten ihres Lebens kaum sicher waren und an einem anderen Ort einer auf den Tod wundgeschlagen wurde, weil er das Aussehen eines adeligen Herrn hatte. Aus den Landgerichten von Steinach, Sterzing, Schönegg, Gulidaun und aus dem Gebiet des Gotteshauses Brixen traten viele in einen Bund zusammen, und wer ihnen dawider redete, war seines Lebens nicht sicher. Auf der Straße und bei den Städten selbst fand man Leute erschlagen, die sich den Haß des Landvolks zugezogen hatten. Die im Eisacktal verweigerten geradezu die Huldigung. Es sammelten sich um Pfingsten 1520 bis in die 800 Tiroler Landleute an der Eisack und zogen mit fünf Fähnlein auf den Bischofssitz Brixen, überfielen die Stadt und plünderten die Häuser der Geistlichen.

Auch in den Bergwerken war große Irrung, besonders in den Bergwerken zu Schwaz. Die Bergleute daselbst hatten gegen 40 000 Gulden rückständige Gelder zu fordern, die sie nicht erhalten konnten. Das neue Reichsregiment legte vielmehr eine Steuer um, welche die Mißstimmung noch vergrößerte.

Um diese Zeit hatte das neue Evangelium schon viel Boden in Tirol gewonnen, besonders unter den Bergleuten.* Die Tiroler Bergleute waren nicht nur mit denen im Salzburgischen, sondern auch mit denen in Meißen im Verkehr, und Luthers und anderer Reformatoren Lehre und Schriften kamen so zu ihnen. Am lebendigsten war der Eifer dafür bei den Knappen im Unterinntal. Zu Schwaz predigte der in der Reformationsgeschichte bekannte Johann Strauß und neben ihm Christoph Söll; zu Hall, nur wenige Stunden von Schwaz, der gleichfalls bekannte Urbanus Regius. Der letztere wurde zu Hall, wie Schappeler zu Memmingen, jedesmal von einer bewaffneten Schar seiner Anhänger zur Kirche begleitet, und bald sah man einen Barfüßermönch zu Hall seine Zelle verlassen und sich zu Schwaz als Bergarbeiter verdingen, um sein Brot nach der Schrift im Schweiß seines Angesichts zu verdienen. Jener Strauß sprach mit großer Freimütigkeit über die Fürsten und Großen, ihre Laster und ihre Pflichten; davon, wie nach der ewigen Weisheit ein jegliches Reich durch die Eigennützigen zugrunde gehen müsse; davon, wie ein Christ an die heidnischen Rechte der Juristen nicht gebunden sei und wie es die brüderliche Liebe fordere, von einem Darlehen keine Zinse zu nehmen; zu wuchern sei dem christlichen Glauben entgegen; ja, er stimmte mit dem württembergischen Prediger Doktor Mantel darin überein, daß das alte Jubeljahr der mosaischen Gesetzgebung auch jetzt noch gültig sei und im ganzen gesellschaftlichen Leben gar vieles einen anderen Gang nehmen müsse.

Die Reichstagsbeschlüsse gegen Luther und die neue Lehre, die auch in Tirol von der Kanzel verkündet und öffentlich angeschlagen wurden, hatten zwar die Folge, daß diese Prediger Tirol verließen und mit ihnen viele, die der neuen Lehre anhingen. Aber zu Ende des Jahres 1524 schon und noch mehr in den ersten Monaten des Jahres 1525 drangen die Wiedertäufer in Tirol ein, und besonders im Etschlande und in den welschen Tälern tritt die Wirksamkeit der Emissäre Thomas Münzers unverkennbar hervor. Im Unterinntale war es wieder Schwaz, wo die Wiedertäufer sich festsetzten und von wo aus sie wirkten. Vertreibungen, Verhaftungen durch die österreichische Regierung blieben nicht aus; aber in Schwaben, an der Grenze Vorarlbergs und Tirols brach der Bauernkrieg aus, und die von den schwäbischen Bauern ausgesprochenen Artikel fanden einen kräftigen Widerhall in den Tiroler Bergen, im Süden wie im Norden.

Da sah man die Gemeinden zusammentreten und, wie freier Männer

* In Tirol, wo die Unterdrückung der Bauern geringer war als im übrigen Reich, faßte der neue Glaube besonders unter den Bergknappen Fuß, die in den Bergwerken schon unter ähnlichen Bedingungen wie die modernen Lohnarbeiter lebten. Auch hier war die Annahme des neuen Glaubens der religiöse Deckmantel für eine revolutionäre Auflehnung gegen die Klassenherrschaft. Die Red.

Erzherzog Ferdinand I. (Nach einem Stich von Barthel Beham)

Art es ist, ruhig und besonnen auch ihre Beschwerden besprechen, aufsetzen, der Regierung vorlegen.

Ihre einzelnen Artikel, deren es neunzehn an der Zahl waren, betrafen teils kirchliche, teils bürgerliche Beschwerden. Sie verlangten Freilassung aller derer, die um des Evangeliums willen verhaftet, Zurückrufung aller, die aus dem Land geflohen oder vertrieben wären; den Geistlichen solle ihre weltliche Gewalt abgenommen werden, und die Gemeinden nach Rat der verständigsten Männer in der Pfarrei sich ihre Prediger selbst setzen und entsetzen dürfen. Regiment, Pfleger und Obrigkeit im Lande sollen mit guten, ehrbaren, verständigen, vermöglichen Landleuten besetzt werden. Auf den Landtagen sollen sich Städte und Gerichtsleute frei über ihre Angelegenheiten unterreden können. Jede Herrschaft solle gutes Aufsehen auf die Übeltäter haben. Jeder solle das Recht haben, das Rotwild zu verjagen, und das Geflügel, das Wild und das fließende Wasser solle freigegeben werden. Dabei brachten sie eine Reihe gewichtiger Beschwerden zur Sprache; gegen den fortwährenden Durchzug fremden Kriegsvolks durch ihr Land und die fremden Besatzungen auf ihren Grenzen; gegen Ab- und Aufzug, welche die Grundherren auf den Gütern zu haben vermeinen; gegen zu hohe Zinse, die sie an den Bischof von Augsburg entrichten müssen; gegen die freie Ausfuhr der Trienterweine, denn die Trienter müssen mit ihnen reisen, steuern, heben und legen; gegen die neuen Weg- und andere Zölle; gegen die Herren, die beim Beizen über die Äcker reiten, die doch im Lande so schmal seien; gegen Siegel- und Schreibgelder; gegen das Advozieren und den Weinschankumtrieb der Richter und Gerichtsschreiber; gegen die Herrschaften, welche streitende Gemeinden hindern, sich untereinander zu vertragen, ohne die Geschworenen Strafen ansetzen und dem armen Manne gleich das Recht vorschlagen; gegen ungerechte Einzüge des Zehnten, der von einigen zweimal des Jahres gefordert werde; endlich gegen die Fugger und andere privilegierte Handelsgesellschaften, welche durch ihre Vorkäufer eine solche Teurung hervorgerufen, daß mancher Artikel in kurzer Zeit von achtzehn Kreuzern auf einen Gulden gestiegen sei.

Als die nächste und größte Ursache ihrer Versammlung gaben sie an, der Schatzmeister habe Geschütz und Pulver zu Schiff wegführen wollen, und dies haben sie zu hindern gesucht. Wahrscheinlich fürchteten die Bauern, dieses Geschütz wolle gegen andere Bauern, ihre Brüder, gebraucht werden.

Erzherzog Ferdinand kam den Landleuten mit Bewilligungen entgegen, welche ein schönes Licht auf seine Person werfen würden, hätte er sie früher gegeben und wären sie ihm nicht durch den Drang der Umstände offenbar nur abgenötigt gewesen. Erst kürzlich noch hatte er zu Regensburg sich zur Unterdrückung des göttlichen Wortes mit den Päpstlichen verbündet, die strengsten Maßregeln verabredet und mehrfach zur Ausführung gebracht. Mit allen Regensburger Beschlüssen und mit sich selbst im Widerspruch, erklärte er jetzt diesen Tirolern, er wolle bei geistlicher und weltlicher Obrigkeit ernstlich verordnen, daß ehrbare, geschickte und fromme Priester zu Predigern verordnet würden, die das lautere, klare Wort Gottes nach christlichem Verstand, nach dem Text, zu der Liebe Gottes und des Nächsten, dem gemeinen Mann verkünden. Wo sie aber unter dem Schein des Evangeliums das Volk zu unchristlichem Verstand und Aufruhr anreizen würden, wodurch dann der gemeine Mann an Seele und Leib Schaden und Nachteil erleiden müsse, so hoffe er, die Gemeinde werde ihm helfen, sie, wie recht und billig sei, zu strafen. Wegen der weltlichen Gewalt der Geistlichen solle mit anderen Stücken auf dem gemeinsamen Ausschußtag der Erblande gehandelt werden, der auf Martini ausgeschrieben sei. Wegen der Fugger und der anderen Artikel gab er die beruhigendsten Erklärungen; einige Forderungen wurden sogar sogleich erfüllt. Die wegen des Evangeliums Gefangenen wurden freigegeben; der Durchzug der fremden Reiter, die noch hätten kommen sollen, abgestellt; das Geschütz, sagte er, sei nur zur Verteidigung von Kufstein und Rattenberg gebraucht worden; streitenden Gemeinden wurde das Recht und die Macht zugegeben, sich untereinander gütlich zu vertragen; es wurde zugestanden, daß die Forstknechte vermindert werden müssen, daß durch Vogelherde nicht das Holz beschwert, beim Beizen keine Frucht zertreten werden dürfe. Einige Artikel wurden auf den Landtag ausgesetzt und dort deren Abhilfe versprochen. In betreff der Landtage selbst sagte er zu, es solle wie von alters her gehalten und ein jeder in seiner Notdurft gehört werden. Das Regiment wolle er gemäß den Landesfreiheiten und so besetzen, wie es seine Voreltern gehalten haben. In betreff der Besetzung der Gerichte gestand er zu, in Sachen, die Tirol betreffen, müsse nach Gebrauch des Landes erkannt, aber wegen Appellationen aus den Vorlanden, wo das geschriebene kaiserliche Recht gelte, auch wegen der welschen und görzischen Sachen müsse einer oder zwei Doktoren der Rechte im Regiment sitzen.

Zwei weitere Punkte betrafen die vertrauten Regierungsräte Ferdinands und das Gerücht, er wolle fremdes Kriegsvolk ins Land hereinbringen und das Land selbst verlassen, dann es durch das Kriegsvolk strafen. Der Erzherzog widerlegte dieses Gerücht; bewilligte ihr Begehren wegen des lauteren Wortes Gottes; erklärte wegen der Geistlichen, besonders in betreff ihrer Teilnahme an der Regierung, worauf die Ausschüsse auch angespielt hatten, sei der gemeine Mann nicht wohl berichtet; er wolle es aber dennoch dermaßen halten, daß sie sich billigerweise nicht beklagen sollen. Das gleiche versicherte er namentlich in betreff seines Schatzmeisters. Die Ausschüsse hatten über den Schatzmeister geklagt, derselbe, zu Anfang der Regierung Ferdinands noch eine geringere Person und zudem ein Ausländer, habe allgewaltig und für sich alle Ämter nach seinem Willen regiert, wenig zum Nutzen und Frommen des Landes, aber so, daß er sich mächtig in kurzer Zeit bereichert habe.

Dieser Schatzmeister war der Spanier Gabriel von Salamanka, ein herrschsüchtiger, gewalttätiger, habsüchtiger, eigennütziger Höfling, der sich ganz in das unbeschränkte Vertrauen des jungen Erzherzogs eingeschlichen hatte. Man war selbst in Madrid, wo der Kaiser sich aufhielt, mit Salamanka unzufrieden; die Tiroler hielten ihn bald für einen Juden, bald für einen Mohammedaner.

Die Ausschüsse sagten auf des Erzherzogs Versprechen, alle obschwebenden Beschwerden auf dem nächsten Landtag zu erledigen, ihm zu, ein Aufgebot von 5000 bis 15 000 Mann zu Handen zu stellen zur Dämpfung des Aufstandes, und sogleich an alle im Aufstand befindlichen

Ämter Abgeordnete zu schicken, um ihnen das zu Innsbruck Verhandelte kundzutun und sie zu vermögen, ruhig den Landtag abzuwarten. Einer vom Adel, zwei von den Städten, zwei von den Landgerichten und zwei von den Bergwerken bildeten eine solche Abordnung. Sie fanden bei den meisten Gemeinden des nördlichen Tirols Gehör; die Landleute ließen sich weisen, ihre Beschwerden auf den Landtag zu bringen und bis dahin sich ruhig zu halten. Die Bergwerksverwalter zu Schwaz und das Landgericht Frundsberg, das oberhalb Schwaz liegt, erboten sich sogar gegen den Erzherzog, auf Anrufen mit ganzer oder halber Macht, sogleich auf zu sein, da sie ob solchem Aufruhr ein großes Mißfallen tragen. Der Erzherzog sprach ihnen dafür sein Lob und seinen Dank in einem eigenen Handbillett aus (20. Mai). Auch aus dem Pustertal wurde Ruhe und Treue zugesichert; man erwartete viel von dem Landtag. Anders lautete es von der nordwestlichen Seite und vom Süden her.

Die nordwestliche Spitze Tirols, das Vorarlberg, läuft weit in die schwäbischen Oberlande hinein, und wie geographisch von der Schweiz und vom Allgäu, so wurde es notwendig auch religiös und politisch durch die Bewegung dieser Landschaften zunächst berührt. In dem vorarlbergischen Landgericht Lingenau war es namentlich der Prediger Joseph Wylburger, der in münzerischem Geiste die Bauern mit seiner Predigt bewegte. Er habe lange genug gelogen, hörte man ihn sagen; die Messe komme niemandem zustatten als dem, der sie halte; statt der Beichte solle jeder sich selbst vor Gott anklagen; geistlicher und weltlicher Obrigkeit bedürfe man nicht, sie alle seien Herren. Es gefiel ihnen, und sie schlossen sich an die Verbündeten der drei schwäbischen Haufen vom See, vom Allgäu und vom Ried an. Sie nahmen nicht nur ihre Artikel und ihre Ordnung, sondern auch ihren Bann und Achtbrief an. In Haufen sammelten sie sich um Bregenz herum; man sah Pfähle schlagen vor die Häuser, deren Bewohner nicht teilnehmen wollten, das unvermischte Wort Gottes und die göttlichen Rechte zu handhaben. Als die Abgeordneten von Innsbruck nach Bregenz kamen und sie aufforderten, den Erfolg des Landtags abzuwarten, und sie fragten, ob sie den Anstand annehmen, erwiderten die Hauptleute des Bregenzer Haufens, sie werden in einigen Tagen mit 40 000 Mann die Antwort bringen.

Die Ehrenberger, welche dem Allgäu ebenso nahe lagen, beteuerten dagegen, zu ihrem Fürsten Leib, Ehre und Gut setzen zu wollen, wo man ihn in der Grafschaft Tirol angreifen würde. Ferdinand antwortete ihnen auf das gnädigste und bewilligte alles. Der Aufstand vom Süden her rückte ihm beängstigend näher.

Hier lagen die einzigen Hochstifte Tirols, die Bistümer Brixen und Trient, hier die Ballei des Deutschordens. Wie überall war auch hier das Volk am aufgeregtesten gegen die Geistlichkeit. Die Landleute in den Umgebungen der Stadt Brixen waren die ersten, die sich zusammentaten, sie zogen bewaffnet gegen die Stadt, der alte Bischof entfloh aus seinem Palast, die Landleute drangen herein und plünderten die Häuser der Geistlichen. Selbst bischöfliche Beamte schlossen sich den Landleuten an, namentlich Michael Geismaier, des Bischofs früherer Sekretär, jetzt Zollbeamter zu Klausen. Der Landkomtur der Deutschordensballei an der Etsch wurde heimgesucht und das deutsche Haus zu Bozen geplündert und zerstört. Die Vorräte der geistlichen Herren an Lebensmitteln aller Art dienten dem Haufen wohl, und aus den vorgefundenen Geldern bildete Geismaier, den der Haufe zu seinem obersten Hauptmann erwählte, eine Kriegskasse.

Der Pfarrer auf Schloß Tirol, der Abt von Mariaberg und andere geistliche Herren wurden von dem Haufen besucht und ihre Vorräte mitgenommen.

Es ist nicht unwahrscheinlich, daß Michael Geismaier dem geheimen Bunde der Eingeweihten angehörte und in Tirol das war, was Wendel Hipler in Franken, Weigand, Hubmaier und so viele andere in ihren Kreisen. Auf eine wirklich großartige Weise leitete Geismaier den Aufstand, seit er an dessen Spitze stand; sollte er seiner Vorbereitung fremd gewesen sein? Er führte eine starke Korrespondenz, und als es gefährlich wurde, flüchteten die Seinigen vor allem ein Kistchen mit Briefen, in denen gewiß die wichtigsten Schlüssel zu den geheimen Gängen der Volksbewegungen verlorengingen.

Die einzelnen Artikel, welche die Bauern an der Etsch aufsetzten, verlangten zwar mehr als die anderen Gemeinden, doch waren auch sie sehr gemäßigt. Sie wollten, jede Gemeinde solle ihren Pfarrer setzen und entsetzen können; Zins niemand mehr gegeben werden als dem Fürsten, im Grundzins ein billiges Einsehen getan, der Zoll bei Ulten (Altenburg), wo sie hundert von fünfhundert hätten geben müssen, abgeschafft, Todfälle, Geding, Empfanggeld für immer abgestellt, Aufzug oder Ehrung mit einem Pfund Pfeffer gegeben und Trienter Wein nicht mehr durch das Land gelassen werden.

Geismaier, der für sich selbst alle Tendenzen des revolutionären Bundes mit allen Grundsätzen der neuen christlichen Republik angenommen hatte, stellte mit vieler Klugheit bei den Tirolern und Österreichern zu Anfang der Bewegung nicht diese in den Vordergrund, sondern er benutzte die örtliche Erbitterung gegen die beiden Bischöfe, jenen Gabriel von Salamanka und den Geheimrat des Erzherzogs, Fabri, und stellte die Bewegung als eine Erhebung aller guten Untertanen dar, dem Fürsten und dem Volke zugut, als ein Unternehmen zur Befreiung beider von den verhaßten landschädlichen Regimentsräten. In seinem Manifeste, worin er diese sehr populären Tendenzen ins breite ausspann, wußte er geschickt die Fäden hineinzuspinnen, welche das Volk unvermerkt auf die Bahn der Revolution, der Republik ziehen mußten.

Geismaier, als oberster Hauptmann des Haufens Tirol, leitete die Bewegung auf verschiedene Angriffspunkte zugleich hin. Die ausgezeichnetsten Hauptleute unter und neben ihm waren: Peter Päßler und Sebastian (Wastl) Maier. Der Aufstand lief vom Gardasee über Trient, Brixen, das Pustertal rechts, das Vintschgau und das Eisackviertel links hin, bis hinauf in die Landgerichte von Rattenberg und Kitzbühl, an der salzburgischen Grenze. Ein Haufe lag vor der Stadt Trient, ein anderer suchte die Schlösser und Städte im Brixental heim, ein dritter tat im Etschland geistliche und weltliche Herrensitze ab. Geismaier hatte sein Hauptquartier zu Meran; bei ihm waren die Ausschüsse der Städte und Gerichte der Burggrafschaft Tirol. Nicht so zusammenstimmend als seine Entwürfe und Befehle waren die Unternehmungen, die Gemüter und Entschlüsse der einzelnen Täler und Hauptleute. Geismaier und die Ausschüsse erließen darum an alle Städte und Gerichte von ganz Tirol unterm 22. Mai 1525 von Meran aus eine Einladung, auf Erichtag vor Pfingsten bei letzterer Stadt zu einem großen Volkstag sich zu versammeln, um gemeinschaftliche Beschlüsse zu fassen. Wie das Deutschordenshaus in Bozen, so wurden die Deutschordenshäuser in Lengmoos und Schlanders von den Landleuten eingenommen. Die von Schlanders, Kastelbell, Algund gehörten überhaupt zu den Aufgeregtesten. Die Schlösser des Hochstifts Brixen fielen größtenteils in die Hände der Landleute. Die Schlösser Reineck und Zugitza hielten sich nur durch den Beistand der Gemeinden von Serentin und Zugitza, welche die Angriffe ihrer aufgestandenen Brüder zurückwiesen. Es galt der Angriff eigentlich allen Adelsschlössern; nur den Schlössern des Fürsten wurde Schonung bewiesen. Erzherzog Ferdinand suchte das Schloß Salurn an der Etsch im Fleimsertal und das Schloß Rodeneck oberhalb Brixen dadurch zu retten, daß er den Bauern schrieb, sie seien sein; jenes sei als Pfandschaft, dieses als Kauf von Wolkenstein an ihn gekommen.

Der Erzherzog trat überhaupt den aufgestandenen Tiroler Landleuten gegenüber für den Augenblick überaus sachte auf; er wollte überall nur die gütige und begütigende Miene zeigen. Es bewog ihn so mancherlei dazu. Einmal hatte auch er wie seine Ahnen eine Vorliebe für Tirol; er wußte, warum sein Großvater Kaiser Max zu sagen pflegte, Tirol sei ein grober Bauernkittel, aber in dem man sich bei schlimmem Wetter baß erwärmen möge. Fürs andere hatte Ferdinand kein Kriegsvolk zur Hand; das Kriegsvolk war auch nicht in diesen Bergen zu brauchen wie anderswo, und die Tiroler, von Natur kriegerisch, waren schon damals treffliche Schützen; jeder Hohlweg war für sie ein Laufgraben, jeder Fels eine Festung, jedem in seiner Nähe Steg und Weg bekannt.

Erzherzog Ferdinand säumte übrigens nicht, hinter dem Schein der Güte sich zur Gewalt zu rüsten.

Am 14. Mai gab er dem Regimentsrat zu Innsbruck die Vollmacht, Anlehen zu erheben, Erbstücke und Güter zu versetzen, die fürstlichen Kleinodien und das Silbergeschirr einzuschmelzen und Kriegsvolk dafür anzuwerben. Zugleich ließ er Kommissäre ins Ober- und Unterinntal, ins Vintschgau, Etschland und Brixental ausgehen und durch diese alle treuen Landgerichte zur Verteidigung der Ordnung auffordern. Er selbst versprach, in Tirol zu bleiben, solange es des Landes Notdurft erfordern möchte, und begehrte dagegen: Um das Land im Innern zu beruhigen und um es nach außen gegen das Eindringen der schwäbischen Bauern und der Venetianer zu sichern, solle ohne Verzug eine Auswahl von tausend Mann gemacht und in ganz Tirol der Landsturm bis auf zwanzigtausend ausgerüstet werden. Fünftausend wurden sogleich nach Innsbruck aufgeboten. Zugleich machte er bekannt, daß sein Bruder, Kaiser Karl V., Tirol an ihn erblich überlassen habe und daß er sie von nun an nicht als Statthalter, sondern als natürlicher Erbherr regieren, in allen Gnaden halten und auf dem nächsten Landtag allen Landesbeschwerden nach der Billigkeit seine Aufmerksamkeit schenken werde. Da gerade die Botschaft einlief, daß die Stadt Füssen, um vor den Bauern sicher zu sein, das österreichische Fähnlein habe fliegen lassen und sich erblich an das Haus Österreich ergeben, so benützte Ferdinand dieses sogleich zu einem Vorhalt für die Tiroler; er sagte: Während der gemeine Mann in den vordern Landen sich als Untertan an Österreich ergebe und selbes als Obmann begehre, so mögen die Tiroler, die doch vor allen andern in ehrlichem, vermöglichem, stattlichem Wesen sitzen, sich in friedlichem, vereintem Wesen halten.

Die in die Täler abgehenden Kommissäre hatten den Auftrag, von jedem gewaltsamen Vorhaben abzumahnen und auf den künftigen Landtag zu verweisen; in diesem Fall sei man geneigt, wegen des Vergangenen milde zu verfahren; im andern Fall werde das Land, gemäß der Zusage des letzten Landtags, veranlaßt, dem Fürsten zu ihrer Bestrafung zu helfen.

Der Landtag war zuerst auf den 16. Juni ausgeschrieben. Weil dieser Tag für den Drang der Umstände zu weit hinaus zu liegen schien, so wurde ein eilender Tag auf den 23. Mai angesetzt, wo der Fürst vorlegen wollte, was er zu Abstellung der Beschwerden entworfen hatte. Aus jedem Landgericht wurden zwei dazu einberufen.

Ganz wie im Württembergischen und ganz nach der Vorschrift des Artikelbriefs vom Schwarzwald hatte der Haufe von Südtirol alle Herren, welche er ankam, gezwungen, in den Bund zu treten und die Heerfolge zu leisten. Unter den Landleuten, die vor Trient lagen, sah man Grafen, freie Herren und Ritter.

Es war der berühmte Georg von Frundsberg, der oberste Feldhauptmann Tirols und selbst ein geborener Tiroler – sein Stammschloß Frundsberg lag oberhalb Schwaz –, welcher als Kommissär in das Lager von Trient abgesandt wurde. In seiner Begleitung waren Christoph von Thun, Hauptmann zu Trient, und Franz von Castelalt nebst einem Ehrenhold. Frundsberg überbrachte den Befehl, gegen die Stadt gänzlich stillzustehen und die gütliche Handlung zu erwarten. Von Ferdinand hatte er die Weisung, allen Fleiß dahin zu wenden, daß die Stadt Trient mit den dazugehörigen Gemeinden ihm als Landesfürsten Erbhuldigung tue, und dann, darauf gestützt, die Versammlung der Landleute zur Ruhe und zur gütlichen oder rechtlichen Entscheidung ihrer Beschwerden zu vermögen.

Der zu Neustift an der Eisack unweit Brixen versammelte Haufen nahm den Stillstand an. Auf die Zusage dieses Haufens beriefen sich sogleich die Kommissäre in einem Schreiben vom 22. Mai den Etschtalern gegenüber. Sie behaupteten, die Empörung gehe von etlichen wenigen aus dem gemeinen Mann aus, welche nichts oder wenig im Lande zu verlieren haben, und die Ehrbaren werden durch die Menge der anderen zur Mithandlung wider ihren Willen gedrungen; sie mahnten die Etschtaler, gleich denen zu Neustift, mit allen Tätlichkeiten stillezustehen, und beriefen sie zu einer Versammlung nach Bozen. Eine besondere Abmahnung und Zurechtweisung erging an die zu Meran versammelten Ausschüsse, und der nach Meran von diesen ausgeschriebene Tag wurde zugleich durch fürstliche Schreiben verboten. Die Pustertaler fügten sich den Kommissären wie die zu Neustift; die Etschtaler aber und die Zweigtäler des Etschtales verlangten die „Landesfreiheiten" einzusehen, welche auf dem Schloß Preßl durch den Landeshauptmann an der Etsch, Leonhard von Fels, aufbewahrt wurden. Ferdinand ließ sie den Ausschüssen zu Meran übergeben, „versekretiert und vergepetschaftet", um sie bis zu dem Landtag aufzubewahren. Die Mehrheit der zu Meran Versammelten nahm auf dieses den Stillstand auch an.

Die Landleute hatten diesen Stillstand so gedeutet, daß die Regierung mit ihren Rüstungen auch stillstehen werde. Als das nicht geschah, als das Schloß Rodeneck während des Stillstandes mit Besatzung und anderem versehen wurde, hielten dadurch die Landleute des Brixentales, an deren Spitze wieder Geismaier selbst stand, den Stillstand für gebrochen, und sie erneuerten ihre Angriffe, durch welche unter anderem der Bischof von Brixen eine reiche, im Schloßhof vergrabene Truhe mit Silbergeschirr verlor. Auch an der Etsch hielt man sich unter solchen Umständen an den Stillstand nicht gebunden. Da und dort wurden Versammlungen gehalten, der Glockenstreich ertönte, die Mannschaften der Gemeinden wurden gemustert, die Mandate der Regierung dawider verlacht, besonders von den Nons- und Sulzbergern. Und selbst in der Nähe der Regierung, die zu Innsbruck saß, im Landgericht Kopfsberg, erscholl in allen Dörfern das Sturmgeläute, und eilende Boten riefen zu einem Tag im Zillertal am Rothenholz zusammen. Im Landgericht Rattenberg rief Kaspar Gandl: „Es will sich nicht reimen, ihr Brüder, dermaßen den Glockenstreich und Anschlag zu verbieten!", forderte die Versammelten auf, Wehr und Harnisch anzulegen, und rief: „Wer der Meinung ist, das Schloß helfen anzugreifen, der hebe die Hand auf." Die meisten taten es. Doch gelang es hier den Bemühungen der „Ehrbaren", die Landleute insoweit zu besänftigen, daß das Schloß nicht gestürmt wurde. Nur Innsbruck, Hall, Schwaz und Frundsberg blieben ganz ruhig.

Die gezwungen gute Miene, die der Erzherzog den Tirolern zeigte, ließ er ganz fallen in den Notschreiben, die er aus den Bergen hinaus ins Reich ergehen ließ. Die bösen Läufe, schrieb er, zeigen sich allenthalben durch die Bauern so geschwind, daß davon nicht genugsam geschrieben werden mag. Wir sind keinen Tag sicher, daß sie uns nicht hier in Innsbruck selbst überfallen. Sie lassen kein Kriegsvolk durchpassieren, weder von uns noch zu uns. Sechshundert Pferden, die wir aus Italien bestellt und ins Land Württemberg befehligt hatten, haben die Tiroler Bauern den Paß durch ihr Land nicht gestattet; wir haben sie wieder zurückschicken müssen, daß sie über Graubünden den Weg suchen. Ebenso haben sie zweihundert Pferden aus Kroatien und zweihundert aus Österreich an den Grenzen den Durchzug verweigert, daß sie wieder zurück an andere Orte gehen mußten. Und wir selbst müssen allhie zwischen den Bergen wider unsern Dank im Land bleiben und können weder uns noch andern helfen.*

Während der Erzbischof in Hohensalzburg belagert, der Erzherzog in seinem Tirol vom Aufstand rings umnetzt und wie gefangen wurde, hatten auf der entgegengesetzten Seite, in Thüringen, Pfeifer und Münzer bewegt und versammelt. Thüringen war der große Feuerherd, von wo aus die Feuerbrände herüber nach Hessen, hinüber nach Sachsen, weiter hinab ins niedere Deutschland flogen.

* Schreiben des Erzherzogs vom 23. Mai an den Truchseß.

5

Sturz des Stadtadels zu Mühlhausen durch Pfeifer und Münzer

Es war am 13. Dezember 1524, als Pfeifer in seine thüringische Heimat und in seine Stadt Mühlhausen zurückkehrte. Michael Koch, der Wollweber in der Leichengasse, der mit dem Weimarer Hof im Verkehr war, der Goldschmied Weißmehler, der reiche Gerber Kreuter und andere Freunde Pfeifers, die durch ihn in den Achterausschuß gekommen waren, hatten seiner Rückkehr vorgearbeitet, seine Zurückberufung ausgewirkt.

Der schwärmerische Kürschner Rothe, um den sich der Anhang Thomas Münzers in der Stadt sammelte, hatte mit seinen Freunden in gleicher Weise für die Rückkehr Münzers gearbeitet. Dieser aber kam erst gegen das Frühjahr. Der Ruf der Seinen konnte ihn auch nicht wohl gleich auffinden, da es Winter war und er hin und her webte in den oberen Landen und an der Donau hinab.

Pfeifer und die Seinen sahen immer deutlicher, daß in Mühlhausen noch durchgreifendere Umwandlungen nötig seien. Der Rat der Stadt in alter Verfassung, mit den alten Rechten des Stadtadels einerseits und Pfeifer mit seinen Bestrebungen andererseits konnten nicht nebeneinander fortbestehen; vollends nicht, als endlich Münzer selbst auch angekommen war.

Mit welchen Gefühlen, mit welchen Hoffnungen mag Thomas Münzer auf der Heimkehr von Oberschwaben das mittlere Deutschland durcheilt haben! Wie geschäftig zu lauschen auf das Wort, auf den Atemzug des gemeinen Mannes, zu lesen in den Gesichtszügen der Städte und der Dörfer, anzuknüpfen bei den Gleichgesinnten, den Geistesverwandten, anzuzünden, wo er es anzündbar fand, zu schüren, wo es schon brannte! Im Fuldaischen, wo er den Bauern predigte und wo seine kurze Anwesenheit sogleich Aufregung nach sich zog, wurde er verhaftet, aber nicht erkannt und nach wenigen Tagen wieder freigelassen. Er eilte in die Reichsstadt Mühlhausen.

Münzer fand für sein Auftreten als Prediger an dem Rate den entschiedensten Gegner. Aber Rothe und sein Anhang, verstärkt durch die Partei Pfeifers, den Kern der Bürgerschaft, namentlich die Gerber, Brauer und Branntweinbrenner erzwangen es, daß der Rat ihn predigen lassen mußte. Münzer predigte vorzugsweise auf dem Lande, draußen in den Vorstädten und in den Dörfern. In allen seinen Volksreden forderte er unumwunden zum allgemeinen christlichen Bunde wider Fürsten und Herren auf. Zuletzt sprach er ebenso in der Stadt und begehrte von dem Rat, daß auch er dem christlichen Bunde beitrete. Auf das verbot der Rat ihm, ferner zu

Der Rat von Mühlhausen läßt die Tore sperren

predigen. Münzer aber fuhr fort, trotz des Verbotes zum Volke zu sprechen. Die ganze Stadt wurde wie kriegsbewegt, und draußen von den Dörfern herein strömte es der Stadt zu. Der Rat ließ die Tore besetzen und sperren. Aber nicht mehr vermochte er dem Sturme zu wehren, der sich jetzt innerhalb der Stadt darin austobte, daß die Bilder in allen Kirchen niedergeschlagen wurden.

Münzer und Pfeifer, welche von ihrem Standpunkt aus alle Ursache zum Mißtrauen gegen den Rat hatten, gingen darauf aus, die Sitzungen desselben unschädlich für ihre Sache zu machen, dadurch, daß sie für sich erlangen, jeder Ratssitzung persönlich anwohnen zu dürfen, Pfeifer als Pfarrer zu Sankt Nikolai, Münzer als Pfarrer an der Marienkirche. Dieses Begehren schlug der Rat ab.

Indessen wirkte das Anschwellen der Volksbewegung, zumal das Geschrei der Münzerischen, entmutigend auf den Stadtadel; die Münzerischen schwärmten nachts in der Stadt um und forderten einige des Adels mit Namensaufruf zum Tode heraus. Einige der reichsten Familien verließen am frühen Morgen die Stadt nach dieser Nacht.

Andere aus den Ratsgeschlechtern, wie die Baumgarten, und einzelne einflußreiche Ratsherren, wie Reinhard Lamhardt, schlossen sich der Volkspartei an. Der Syndikus von Ottera trat mit dem Stadthauptmann offen auf Seite der Bürgerschaft.

Auf der Wendwehr sammelten sich die Bürger in Waffen zur Wehrmusterung. Bei dieser Gelegenheit hielt Münzer eine Volksrede, welche alle mit fortriß. Von da ging es zu einer großen Volksversammlung in der Marienkirche. Pfeifer und Ottera saßen dieser Versammlung vor. Unter ihrer Leitung erfolgte die Abstimmung der einzelnen Bürger über Sein und Nichtsein des alten Rates. Derselbe hatte bisher aus vier wechselnden Kollegien bestanden. Dieser alte Rat wurde abgesetzt. Der greise regierende Bürgermeister Baumgarten stimmte selbst für die Absetzung; er wußte, daß sein Sohn sein Nachfolger werden würde.

Die Wahl des neuen Rates geschah ganz in Pfeifers Sinn. Es war nicht eine Volkswahl, eine Wahl aller Bürger, sondern Wahl durch den Ausschuß. Dem neuen Rate gab Pfeifer den Namen „ewiger Rat". Diese Benennung sollte ausdrücken, daß dieser Rat nicht aus vier wechselnden Kollegien bestehe, sondern als ein einziges Kollegium ohne Wechsel regieren solle; ein Fortschritt in der Verwaltung, der einleuchtet. Die Statuten dieses ewigen Rates sind verlorengegangen. Ob er auf ein Jahr oder auf mehrere Jahre gewählt wurde, weiß man bis jetzt nicht; lebenslänglich, wie die alten Ratsherren es waren, waren die neuen es nicht.

Während die Versammlung in der Marienkirche beisammen war, „ein ganz neu Regiment, ein christlich Regiment aufzurichten", ließen sich Stimmen hören, man müsse den alten Rat erwürgen. Die Glieder des alten Rates traten in Unterhandlungen mit dem Ausschuß der Achter, und als das Volk das Rathaus umwogte und zu stürmen drohte, dankten sie ab. Dem neuen Rate mußte nicht nur jeder Bürger, sondern selbst das Gesinde den Eid der Treue leisten. Mit dem alten Rate war der letzte Halt des alten Glaubens in Mühlhausen gefallen. Die Bewegung innerhalb der Stadt war damit an ihr Ziel gelangt; am 17. März 1525.

Auf den neuen Rat wie auf den Bürgerausschuß der Achter hatten und übten Pfeifer und Münzer Einfluß; aber weder Pfeifer noch Münzer haben, was Melanchthon fälschlich berichtet, den Vorsitz in dem Rate gehabt; sie haben sich weder zu Bürgermeistern noch zu Ratsherren in Mühlhausen gemacht. Pfeifer blieb Pfarrer an Sankt Nikolai, Münzer Pfarrer an der Marienkirche; sie hatten nichts für sich genommen als das Recht, den Ratssitzungen anwohnen zu dürfen. Münzer ging wie Pfeifer fast in jede Ratssitzung; und wenn Recht gesprochen wurde, so wurde im ewigen Rate das christliche Recht zur Grundlage genommen, jene Grundsätze, welche die Heilige Schrift als Richtschnur dessen an die Hand gibt, was für Christen recht und billig sei. Münzers Richtung gemäß stand dem Buchstaben der Schrift die innere Offenbarung zur Seite und deren Auslegung.

Pfeifer blieb für das Innere der Stadt tätig und für das Stadtgebiet; Münzer fühlte sich getrieben, Mühlhausen nur als den Punkt anzusehen, von dem aus in die Ferne, ins Weite und Allgemeine gewirkt werden müsse; er blieb in lebhafter Verbindung mit Franken und Schwaben, während er zugleich ganz Thüringen bewegte.

6

Münzer in Thüringen, Hessen, Sachsen

Thomas Münzers Aussprüche galten seinen Anhängern als heilig, als von Gott selbst eingegeben. Diese fesselte er noch mehr dadurch, daß er, was er früher als Lehre aufgestellt, nun bis auf einen gewissen Grad einzuführen begann. Hatte er früher gelehrt, wenn man Gott gefallen wolle, müsse man in den ursprünglichen Stand der Gleichheit zurücktreten, so drang er jetzt auf die Gemeinschaft der Güter im urchristlichen Sinne. „Wer nun nichts hatte, der suchte, wo er das Nötige für sich fand, und mancher teilte mit dem andern ungebeten, indem es hieß, Christus habe befohlen, man sollte mit den Dürftigen teilen", so sagten Münzers Feinde. Er aber dehnte diese Gütergemeinschaft nicht weiter aus, als, wie es unstreitig im Zeitalter der Apostel unter den ersten Christen war, daß die Reichen die Armen speiseten, die Nackten kleideten; er beschränkte sich einfach auf Mitteilung von Korn, anderen Lebensmitteln, einem Stück Tuch zur Kleidung. Seine eigene Kleidung war ein einfacher, pelzverbrämter Rock oder ein weiter Prophetenmantel, und seinem jugendlichen Gesichte gab er durch einen starken Bartwuchs etwas Alttestamentliches, etwas Erzväterliches. Es war ein großer sittlicher Ernst in ihm, und auf dieser sittlichen Strenge gegen sich selber ruhte nicht wenig von der Macht, die dem Volke so unbedingten Gehorsam gebot. Vor ihm, dem Jüngling, beugte sich, ihm, dem Fremdling, folgte die sonst so stolze Bürgerschaft einer großen freien Stadt des Reiches. Ein wahrhafter Zeuge, der es mit Augen gesehen, rühmt von ihm, daß er sein Volk so im Zaume gehalten habe, daß sie noch lange nach seinem Tode meinten, er stehe ihnen oft im Rücken, hinter ihnen, als auf sie sehender, sie strafender Geist. Münzer war unleugbar eine mächtige Persönlichkeit, ein außerordentlicher Charakter. Es ist ein gewichtiges Zeugnis, das selbst die Todfeinde ohne Wissen und Willen einem ausstellen. Melanchthon und selbst Luther geben dem imposanten, dem gewaltig auftretenden Geist Münzers unwillkürlich und mit widerstrebendem Gemüt das günstigste Attestat. Man fühlt es heraus, man sieht es ihnen an, wo sie seinen Namen schreiben, ist es ihnen, als ob er herein-, als ob er vor sie treten könnte, während sie ihn nennen, während sie von ihm schreiben. Der längst Tote, sein Schatten noch übt eine Nachwirkung auf sie, wie sie lebend nur irgendeine gewaltige Persönlichkeit zu üben vermag. Auf fast allen Zeilen und Reden beider über Münzer liegt es unverkennbar wie eine Belastung, wie ein Alp, wie ein innerlicher Schauer, ob man's reden oder schreiben dürfe, ohne daß der „an die Wand gemalte" Geist erscheine. Die uneigennützigen, die strengen, die selbstvergessenen Freiheitsmänner des vorigen Jahrhunderts hat die Verleumdung vielfach beflecken wollen; jetzt hat ihnen selbst die Wissenschaft königlicher Philosophen das öffentliche Lob römischer Tugend nicht versagt. So hat es auch Thomas Münzer erfahren müssen, daß die klatschende Sage seinen Privatcharakter herabzuwürdigen, die Leiche des Gefallenen im Staube umherzuziehen versuchte. Streng wie seine Lehre war auch sein Leben, er aß und trank wenig und liebte das Weib seiner Jugend so, daß er unter den Schmerzen der Folter und im Angesichte eines schmählichen Todes mit sorgender Liebe nur ihrer und ihres Fortkommens gedachte. Dennoch nagte die Nachrede auch an dieser seiner Tugend und wollte selbst Ausschweifungen aberwitziger schweizerischer Wiedertäufer, besonders eine in St. Gallen vorgekommene Geschichte auf ihn übertragen. Man gefiel sich auch, in den Kreisen der Wittenberger Theologen sich zu erzählen, Münzer habe, wenn er eine glänzende Volksrede halten wollte, zuvor allemal einen kleinen Kreis der schönsten Damen der Stadt um sich versammelt; in ihrer Nähe werde er wie mit göttlichem Anhauch erfüllt, habe er gesagt.* Von Sokrates, von Mohammed, von manchem großen Geiste wird ähnliches erzählt; ja, selbst von dem reinsten Geiste, von dem Stifter des Christentums, weiß man, daß er Martha lieb hatte und ihre Schwester Maria und daß ein Kreis von Frauen um ihn war. War bei Münzer dem so, so dient auch hier die Nachrede, die ihn beschatten wollte, unwillkürlich dazu, seine Gestalt zu beleuchten. Wie Luther im Augustinerkloster, so nahm Münzer mit seinen Vertrauten seine Wohnung im Johanniterhof.

Die Johanniter hatten weichen müssen. Alle geistlichen Häuser der Stadt wurden gesäubert. Selbst Weiber und Mädchen waren fleißig daran, dieselben zu reformieren und sich aus den Meßgewändern und Kaselen

* So viel und nicht weiter wagten die nur zu sehr klatschenden Wittenberger Zirkel ihm nachzusagen. Anderweitige Bosheit spann schon weiter die Lüge daraus, er habe vor jeder Predigt eine Schönheit fleischlich genossen.

schöne Kleidungsstücke zu machen, wie auch Münzer selbst seiner Frau daraus Gewande und Koller machen ließ. Er zog Tausende des Landvolkes herein in die Stadt, die der Predigt seines neuen Gottesreiches begierig lauschten, ergriffen von seiner Lehre, mancher auch verlockt durch die Aussicht auf Beute und auf arbeitslosen Genuß, weil, ehe sie die Güter der Adeligen, der Fürsten und der Klöster aufgezehrt hätten, Gott schon mehr geben werde. Nach jeder Predigt Münzers, worin er meist seinem Freiheitsthema alttestamentliche Texte unterlegte, ließ Pfeifer durch Chöre von Jünglingen und Mädchen Jehovas Verheißung an die Söhne Judas absingen: „Morgen werdet ihr ausziehen, und der Herr wird mit euch sein!"

Schnell verbreitete sich von Mühlhausen aus die Aufregung nach allen Seiten hin in die Grafschaften Hohenstein, Stolberg, Mansfeld, Beuchlingen, ins Erfurtische, ins Schwarzburgische, ins Altenburgische, Meißnische, Koburgische, nach Schmalkalden, Eisenach, in die Grenzen der Landgrafschaft Hessen, ins Eichsfeld, ins Braunschweigische, rundum wie ein feuriger Kreis. Schon im April machte sich der Reformator Luther auf, um der Bewegung durch die Macht seiner Persönlichkeit und seines Wortes Einhalt zu tun. Er reiste ins Mansfeldische, sein Geburtsland, von da weiter über Stolberg, Nordhausen, Erfurt, Weimar, Orlamünde, Kahla, Jena, predigte allerorten mit seiner ganzen Kraft, die Untertanen im Gehorsam zu halten und sie vor der Verführung des „Mordpropheten" und seiner Sendboten zu bewahren. Denn allenthalben hin hatte Münzer seine Jünger ausgehen lassen, das Volk zur Aufrichtung des neuen Gottesreiches zu bewegen. Das Verzeichnis aller Eingeweihten des seit Jahren gestifteten Bundes führte Pfeifer. Wie mag es Luther wehe getan haben, als er seiner Stimme frühere Allmacht jetzt an Ohr und Herz des Volkes nicht mehr bewährt fand! Münzers Lehre war mit der stündlich fühlbaren harten Wirklichkeit des gemeinen Mannes zu sehr im Einklang, als daß Luther mit seinem Lob der göttlichen Autorität der Obrigkeit und mit seiner Lehre von der Christlichkeit der Knechtschaft hätte dagegen standhalten können. Während er noch unterwegs war, brach selbst da, wo seine Wiege stand, zu Eisleben, der Aufstand aus und umzog ihn, ehe er ganz heimkam nach Wittenberg, bis fast in seine nächste Nähe; selbst im Weimarischen, in Leipzig und Torgau, im Erzgebirge und im Vogtlande zündete Münzers Fackel.

Die berühmten zwölf Artikel der Oberschwaben waren vom Mainzischen und Fuldaischen aus herübergekommen.

Wie diesseits des Rhöngebirges frühzeitig die Fähnlein der Bauern sich sammelten, so waren auch jenseits desselben schon im April mehrere Haufen im Lager versammelt und brüderlich verbunden. Ihr Aufstand war eigentlich nur eine natürliche Fortsetzung der über das Mainzische hinflutenden Odenwald-Neckartaler Bewegung. Das Lager zu Aurach zwischen Kissingen und Hammelburg war auch eine Brücke. Bei dem Schloß Attenrode, im Steinbacher Forst, zeigte der Dreiherrenstein den Zusammenfluß der Grenzen von Hessen, Henneberg und Thüringen. Doch scheint der Einfluß von Thüringen und von Münzer her der größere und mächtigere gewesen zu sein. Als eine fränkische Rotte den Propst von Johannisberg bei Fulda, Melchior von Küchenmeister, der von Holzkirchen in Franken heimreiste, überfiel und ermordete, hatten die Hammelburger die Mörder verfolgt und das Schloß Reußenberg, wohin sich dieselben zurückzogen, zerstört und so ihre Anhänglichkeit an ihren Abt betätigt. Bald darauf waren die Hammelburger die ersten Untertanen des Stiftes Fulda, welche dem Aufstand folgten, und die Landschaft in der Buchen, dem durch seine Buchen berühmten Teile des Harzwaldes, war wie durch einen Schlag in Bewegung. Das Regiment im Stift Fulda, dessen Abt Hartmann in Mainz lebte, führte der Koadjutor Johannes, Graf Wilhelms des alten Hennebergers Sohn. Innerhalb dreien Tagen waren die Untertanen und Bauern im Stifte Fulda, in der ganzen Buchen und die hessischen Bauern um Vacha, Heringen, Friedewald und Hersfeld zu Haufen versammelt, in die 10 000; brachen in viele Klöster, plünderten diese, plünderten und brachen Burgen und Schlösser, und wie Mönche und Nonnen, so sah man edle Herren und Frauen vertrieben, flüchtig im Elend irren. Die Stadt Vacha an der Werra selber nahmen sie ein, ebenso Heringen, fast die ganze Ritterschaft in der Buchen trat in ihre Brüderschaft, und während eine Abteilung das Schloß Friedewald belagerte, darin der Vogt wenige Kriegsleute und sonst nur einfältige Bauern bei sich hatte, zog der andere Teil des Haufens vor die Stadt Hersfeld. Sie schrieben überallhin in die Umgegend um Zuzug und Beistand und drohten, die Säumigen an ihrer Feldfrucht, an Leib und Gut zu schädigen. Da liefen ihnen auch aus den Ämtern des Landgrafen von Hessen viele zu und wurden ihnen anhängig. Das Schloß Atterode ging in Flammen auf. Auch kleine Herren, doch wenige, wagten sich ihrer christlichen Brüderschaft zu weigern. Jakob Stückrad hatte ein Gut, unweit Rothenburg zwischen Gershausen und Niedergude, und als die Bauern heranschwärmten, schickte er seine Frau mit zwei Kindern auf dem Arm nach dem festen Spangenberg; er selbst blieb, verteidigte seinen Herd und starb unter den Feuerbränden, die sie in seinen Hof warfen. In der Stadt Fulda selbst hatten die Bürger in der Osterwoche vier Stiftskirchen verwüstet, und der Koadjutor war in die Brüderschaft der Bauern eingetreten. Derselbe hatte nur wenige Reisige; alle seine Mannschaft hatte er teils seinem Vater nach Henneberg, teils ins Mainzische zuvor geschickt. Er kam jedoch daneben noch in den Verdacht, daß er es nicht ungern mit den Bauern gehalten habe. Denn sie begrüßten ihn nicht bloß als ihren Bruder, sondern als Fürsten von der Buchen; sie wollen keinen Kuhhirten mehr, sagten sie mit spöttischer Verketzerung des Titels Koadjutor. Darum und weil auch sein Vater, der alte Henneberger, zu den Bauern trat, hatte der Landgraf von Hessen lange Mißtrauen gegen ihn. Auf dem Rathause zu Fulda hatte der Koadjutor die zwölf Artikel unterschrieben, doch mit ausdrücklichem Vorbehalt, sofern dieselben christlich und beständig erkannt und befunden würden; was übrigens ja im Schlußartikel schon selbst lag. Er tat es jedoch erst, als 10 000 Bauern um die rauchenden Ruinen des von ihnen zerstörten Klosters auf dem Andreasberg (jetzt Neuenberg) in Münsterfeld sich gelagert hatten und die Bürger von Fulda sich mit ihnen vereinigten. Auch die Klöster auf dem Petersberg und dem schönen Frauen-Berg wurden zerstört. Von den Flammen ergriffen, verödete das uralte Heiligtum des letzteren, in welchem seit fünf Jahrhunderten Mönche gesungen hatten. Selbst die Gräber wurden gestört von Händen, die nach Schätzen suchten, Pröpste und Mönche ausgetrieben.

Oberster Hauptmann des fuldaischen Haufens war Hans Dolhobt (Dolhofer), ein Uhrmacher; weitere Hauptleute waren Henne Wilke, Hans Kugel und Hans von Rohm (Rone). Den Hauptleuten stand ein Ausschuß der buchischen Gemeinde zur Seite.

Es ist hier nicht wie anderswo eine scharfe Trennung der einzelnen Haufen möglich; wie die Grenzen, so fließen auch Scharen vom Harz, von der Rhone, vom Thüringer Wald ineinander und handeln bald gemeinschaftlich in Massen, bald getrennt in einzelnen Schwärmen.

Bald nach der Einnahme der Stadt Fulda war auch die Stadt Hersfeld nach längerer Einschließung von 5000 Bauern in die Brüderschaft eingetreten. Die christliche Landschaft in den Buchen fuhr fort, das ganze Stift Hersfeld in ihren Bund zu bringen, durch Güte und Gewalt. Eine Abteilung nahm die Stadt Hersfeld zu ihrem Hauptquartier, eine andere, die vom Thüringer Wald, Vacha an der Werra.

Dieses Lager in und bei dem landgräfischen Städtchen Vacha zog seine Mannschaften vorzüglich auch aus dem sächsischen Gebiet, aus Stadt und Amt Salzungen, Amt Breitenbach und Gerstungen, Stadt und Amt Kreuzburg, Amt Eisenach und aus den Besitzungen des dazwischensitzenden Adels und der Geistlichkeit. Hier herum, so hart unter der Wartburg, Luthers zehnmonatigem freiwilligem Patmos, von wo aus er noch nicht lange das Werk der Reformation vorwärtsgeleitet und an der Bibel übersetzt hatte, stand fast alles auf, und sie brachten in die achttausend Mann zusammen. Hauptleute dieses Haufens waren Michael Sachs, Melchior und Hans Schippel. Michael Hutter von Schmalkalden, ein Plattner, trug die Fahne mit Kruzifix, Vogel, Hirsch, Fisch und Wald. Sie zogen den Werragrund hinauf, zerbrachen und verbrannten die Nonnenklöster Frauensee und Frauenbreitungen und plünderten die Frauenstifte Allendorf und

Die Wartburg

Herrenbreitungen, vier Gotteshäuser nahe beisammen diesseits und jenseits der Werra. Sie scheinen bei Volk und Herren in üblem Ruf gestanden zu sein. Allendorf, das fast zweihundert Jahre lang Zisterzienserorden gewesen war, hatte man erst vor sieben Jahren nach der Benediktinerregel reformiert und die Abtei Fulda ihnen einen Propst zur Haushaltung gesetzt. Aber Propst und Nonnen lebten gar ein ungeistlich und unzüchtig Leben. – Der sächsische Amtmann zu Salzungen tat den Beichtvater der Klosterfrauen hinweg und mußte ihn hinwegtun. Die vor den Bauern entflohenen Nonnen retteten sich zu der Frau des Amtmannes von Salzungen, der sie auch schützte und standhaft ihre Herausgabe an die Bauern verweigerte. Darauf lagerten die Bauern auf der Bleichlinger Wiese vor Salzungen, der Rat mußte zu ihnen geloben und ihnen Bier und Brot herausschicken, im Wert von 47½ Schock Groschen. Weiter zogen sie dann auf Schmalkalden. Die Bürger dieser Stadt waren gut evangelisch; längst regte sich in ihnen ein Geist der Freiheit; sie hatten seit 1330 viele städtische Freiheiten von Kaiser Ludwig dem Bayer, sie wollten reichsfrei werden. Das Domstift in der Stadt und das Georgenstift boten den Bauern reiche Kriegsmittel, und die Stadt tat sich ihnen auf. Viele vom Adel mußten in die Brüderschaft geloben, und am Walpurgistag lagerte der Haufe bei dem unteren Tore von Meiningen.

Als sie hier hörten, daß die Stadt bereits in der Verbrüderung der Oberfranken sei, die zu Bildhausen sich versammelt, und die Bildhäuser Hauptleute die Vereinigung des Haufens mit ihrem Lager höflich ablehnten, da zogen sie wieder den Werragrund zurück und auf Eisenach zu; und da sie diese Stadt weder durch Güte noch Gewalt in ihren Bund zu bringen vermochten, zogen sie weiter auf Mühlhausen zu.

Der Schwarm, der sich auf der Haardt gesetzt hatte, stand unter Anführung Zickels, eines Bauern von Sonneborn. Er führte die Edeln von Wangenheim gefangen mit sich fort und schwärmte nun durch das Gothaische. Die Grafen von Gleichen, die in dieser Landschaft ihre Güter hatten, waren kurz vor Ausbruch des Aufstandes in einen Rechtsstreit mit ihrer Gemeinde zu Seebergen geraten, wegen Weihers, Fischerei, ausgehobener Marksteine und derlei. Graf Günther von Schwarzburg hatte sich umsonst bemüht, diese Späne beizulegen. Graf Philipp von Gleichen scheint unter vier Brüdern der am meisten herrische gewesen zu sein. Er saß auf seinem Schloß zu Tonna, unweit der Unstrut. Der Haufe führte auch ihn gefangen mit hinweg, und von Paul Müller, einem Bauern aus Weingarten, mußte er sich ins Gesicht sagen lassen: „Sieh da, Philipp, bist du uns jetzo auch gleich?“

In der Stadt Gotha und in den nächsten Dörfern umher hielten sich Bürger und Bauern ruhig. Das wirkten nicht sowohl die Abmahnungen und guten Worte des Rates zu Gotha, als die besänftigenden Predigten des in der Reformationsgeschichte wohlbekannten Mekum. Schon im Jahre zuvor war ein Bürgerauflauf in der Stadt gewesen, bewaffnete Bürger waren in das Domstift eingedrungen und hatten den Domherren nicht nur ihre Mädchen, sondern auch anderes Eigentum weggenommen, und der Rat hatte damals nichts dagegen zu tun gewagt oder vermocht. Mekum dagegen vermochte durch seine Beredsamkeit über diesen Bauernhaufen, der sich eine Zeitlang zu Ichtershausen lagerte, gegen viertausend Mann, daß er von seinem Vorhaben, die Schlösser Gleichen, Mühlberg und Wachsenburg zu zerstören und die Familien der Edelherren darin zu ermorden, abstand. Dagegen kam über das alte Kloster Reinhardsbrunn die Zerstörung. Der Abt Heinrich war nach Weimar gegangen. Da erhob sich in der Woche nach Ostern ein Schwarm Bürger und Bauern aus Waltershausen und den benachbarten Orten, sie stürmten in die Abtei, trieben die Mönche daraus und lagerten sich tagelang darein, bis sie das Beste darin verzehrt hatten. Der Prior hatte nichts zu retten gesucht als die kostbaren Kirchenzierden, Stiftungsbriefe und Privilegien. Des uralten herrlichen Gotteshauses reiche Bibliothek mit allen Handschriften und Büchern blieb zurück. Das Vieh und alle Vorräte führten die Bauern fort und teilten sich darein, die unersetzlichen Denkmale ältester Geschichte der Thüringer, die Handschriften, verbrannten oder zerrissen sie; ja selbst die Grabmale, die Steine und Inschriften in der hier befindlichen Erbgruft der Landgrafen von Thüringen verwüsteten sie, zerschlugen Altäre, Gemälde, Bilder und Tafeln, schonten nicht der Glocken und Orgeln und verbrannten zuletzt die altehrwürdige Klosterkirche.

Vielleicht noch früher als zu Ichtershausen sammelte sich nur wenige Stunden davon bei Kloster Ilmen im Schwarzburgischen ein Lager, das bald zwischen acht- und neuntausend Mann zählte, teils Bürger, teils Bauern. Denn die Bürger selbst in der Residenz der Grafen von Schwarzburg, in Arnstadt an der Gera, wollten nicht umsonst den schwarzen Adler im goldenen Feld, das Symbol der Freiheit, führen und seit der Urzeit der alten Franken die Stadt der Aare heißen; sie traten in die Waffen, nahmen dem Grafen Günther XXXIX. und seinem Sohne Heinrich XXXVII. alle Einkünfte und alle Gewalt in der Stadt, auch allen in der Stadt wohnenden Edelleuten und Geistlichen ihre Privilegien. Ebenso kündigten die schwarzburgischen Bauern den Grafen alle Regalien und allen Gehorsam in einem Brief. Die Grafen sahen sich gezwungen, auf dem Rathaus zu Arnstadt die zwölf Artikel anzunehmen und einen Revers auszustellen, daß sie niemals Ahndung darum suchen wollen. Diesem Vorgange folgten die Ämter in dem jetzigen Schwarzburg-Sondershausischen, Clingen, Greußen und Ehrich. Ein Prediger der schwarzburgischen Stadt Frankenhausen an der Wipper, Gangolf, war hier der Führer des schwarzburgischen Fähnleins. Am zweiten Sonntag nach Ostern plünderte dieses die Domherren zu Jechaburg, unweit Sondershausen, und zerstörte auch hier alle Papiere. Nachdem die Bauern das Domstift zu Jechaburg geplündert hatten, zogen sie noch selbigen Tages vor das Schloß zu Sondershausen. Der junge Graf Heinrich hatte sich zuvor nach Nordhausen geflüchtet. Sie drohten, wofern der Kanzler Hermann Rietmann nicht herauskommen würde, mit Sturm. Der wußte, daß das Volk am meisten ihm aufsässig war. Er arbeitete gerade auf der Kanzlei. Vor solchen Vorständen seine Rechnungen zu verantworten schien ihm nicht rätlich, er sattelte sein Pferd, und es gelang ihm, heimlich davonzukommen, während sie noch vor dem Schlosse tobten. Als sie von seinem Entkommen sich überzeugten, fielen sie in sein Haus, plünderten es, und was sie nicht mitnehmen konnten, schlugen sie in Stücke.

Die Bewegung sprang von selbst über die Grenze in das nächstgelegene

Herzogtum Sachsen. Auch den altgläubigen Herzog Georg wollten seine Bauern, wie die Schwarzburger Grafen, zur Annahme der zwölf Artikel zwingen. Seine Dorfschaften Großengottern, Schönstedt, Kirchheilingen, Sundhausen und Merxleben vereinigten sich mit den Schwarzburgischen und fielen in das einst berühmte Kloster Homburg an der Unstrut, zwischen Langensalza und Thamsbrück, und plünderten es, doch ohne es zu zerstören; der Abt Liborius entwich mit den Mönchen. Die Bürger der Stadt Langensalza waren großenteils münzerisch und zum Teil die Führer der Bewegung.

Hart daran besaß das Erzstift Mainz, so weit entlegen von seinen anderen Landen, die größte Stadt, die Hauptstadt Thüringens, Erfurt, mit dem Stadtgebiet, und nicht weit davon, etwas tiefer hinab und nur durch einen schmalen Streifen des Herzogtums Sachsen davon getrennt, die beträchtliche Landschaft, das Eichsfeld. Gewöhnlich wurde zu dem letzteren Erfurt selbst schon mitgezählt. Hier blühten die Wissenschaften; Erfurt hatte eine Universität seit fast anderthalb hundert Jahren.

Auf seiner Durchreise nach Worms predigte hier auf vielfältiges Bitten Luther, der hier längst mit Begeisterung verehrte Bruder Martinus. In feierlichem Aufzuge hatten ihn Universität, Rat und Bürgerschaft eingeholt. Bald war fast die ganze Bürgerschaft der evangelischen Lehre zugetan. Kaum war Luther hinweg, noch im selben Jahre 1521, so entstand gegen die Stiftsherren, welche die bürgerliche Pflicht nicht tun wollten, ein Auflauf der Studenten, Bürger und Bürgerssöhne; beiden Stiftern wurde viel Gut genommen; selbst die Gitter, die Öfen und Fenster wurden zerrissen, die Türen zerschlagen und von ihrem Wein manches Faß geleert. Da gaben sie dem Rate 10 000 Gulden Schutzgeld, und sie hatten Frieden inzwischen.

In bürgerlichen Dingen hatte man zu Erfurt seit 1508 die Augen offen. In diesem Jahre schon stand die Gemeinde auf. Ärger als irgendwo hatte der Rat hier gewirtschaftet. Der Rat hatte sich immer nur einzig und allein aus den edeln Geschlechtern, aus den Patriziern, ergänzt. Da verlautete, der Bürgermeister Heinrich Kelner habe Schloß und Flecken Kappendorf um 8000 Gulden an das Haus Sachsen versetzt und daß der Rat ungeheure Schulden angehäuft habe. Die Gemeinde verlangte Rechenschaft. Der Rat rief den Kurfürsten von Sachsen zu Hilfe. Aber die Untersuchung konnte nicht hintertrieben, die Gemeinde nur durch das Recht beschwichtigt werden. Es stellte sich heraus, daß der oberste Ratsmeister Kelner tatsächlich ohne Wissen und Willen der Gemeinde die Stadtvogtei Kappendorf verpfändet, daß der Rat eine Stadtschuld von 600 000 Gulden angehäuft hatte, deren Interessen allein jährlich 30 000 Goldgulden betrugen, alles ohne Wissen der Gemeinde. Die Umwälzung war schnell entschieden, der ganze Rat wurde abgesetzt, die Patrizier entwichen großenteils aus der Stadt, mit ihnen auch des alten Rats Scharfrichter. Aus den fünf großen Gewerken wurde von der ganzen Bürgerschaft der Rat gewählt. Beim Anfang des Aufstandes war der Rat nur ergänzt worden aus den Gewerken, und selbst Heinrich Kelner war noch mit denen aus der Gemeinde im Rat gesessen. Als man ihn über Kappendorf zur Rede gestellt und im öffentlichen Rate gefragt hatte: „Wer ist die Gemeinde?" und als die aus den Gewerken erwählten Räte geantwortet: „Wir wissen nicht anders, denn daß es eine Versammlung sei aller Bürger in Erfurt", da hatte der Patrizier die Dreistigkeit aufzustehen und zu sagen: „Allhie steht eine Gemeinde!"

Er wurde durch Rechtsspruch zum Galgen verurteilt. Keine Fürbitte der Fürsten von Sachsen vermochte ihn zu retten, er war seiner großen Sünde überwiesen und geständig. Da es am Henker fehlte, hängte ihn ein Dieb, den er als Taufpate zuvor um sechsunddreißig Groschen vom Galgen zu Arnstadt losgekauft hatte, um dreizehn Gulden Handgeld. Der Streit zwischen Gemeinde und Patrizier dauerte noch neun Jahre lang, und zwischenhinein wurde der Syndikus der Stadt im Jahre 1514, Berthold Bobenzahn, als Verräter gevierteilt.

Im Jahre 1524 war der bekannte Johann Eberlin von Günzburg nach Erfurt gekommen und predigte ein ganzes Jahr daselbst mit edler Freimütigkeit gegen Obrigkeiten und Untertanen. Eberlin verspürte noch nichts von irgendeiner Gärung in Erfurt, als schon die Burgen auf dem Thüringer Wald den Himmel erleuchteten. An einem Freitagfrüh, es war der 28. April, war er gerade bei den Herren auf dem Rathaus, einer besondern Sache wegen, und im Begriff, abzuscheiden. Da standen sie alle auf, so viel ihrer da waren, und baten ihn kläglich und ernstlich, ihnen beiständig und rätlich zu sein. Eberlin fragte verwundert nach ihrem Anliegen. Da sagten sie ihm, wie draußen vor den Mauern viertausend Eichsfelder Bauern lagern und wie eben Botschaft komme, daß sich auch das Stadtvolk auf der Angstbrücke rottiere. Eberlin nahm etliche des Rates zu sich und ging mit diesen, während die anderen in großen Ängsten auf dem Rathaus harrten, zum Angstturm vor das Stadtvolk. „Ich bin da als ein Freund", sprach er, „laßt mich unter den Haufen." Da trat er mit den Ratsherren auf einen Mauerkranz und schrie dem Volke zu: „Haltet ihr mich für einen Freund, so hört mich in Frieden." Als sie die wohlbekannte Stimme vernahmen, da war das Volk gestillt. Indem traten zwei andere Prediger Eberlin zur Seite. Da sprach er in Liebe und Ernst zu dem Stadtvolk und mahnte sie ab, ihnen selbst Angst und Not zu bringen. „Ihr sollt nicht denken", schloß er, „daß ich euren Herren heucheln wollte, weil sie jetzt neben mir stehen; nein, nein, ich habe ihnen bisher nicht geheuchelt, ich will's auch förder nicht tun. Seid ihr aber meine Freunde und gefällt euch meine Lehre, so zollt mir jetzt ein Zeichen: legt das Fähnlein nieder!"

Eberlin beschäftigt das Stadtvolk an der Angstbrücke zu Erfurt

Es war ein Augenblick, wo sich die Macht eines volksbeliebten Predigers in dieser Zeit wieder einmal zeigte: Bald legten sie das Fähnlein nieder. Da faßte Eberlin sich ein Herz und sprach: „So kniet alle nieder und betet, so will ich euch mehr sagen." Das taten sie. Da fing Eberlin erst recht an, ihnen ins Gewissen zu reden, in einer langen merkwürdigen Predigt, und sprach am Ende: „Wer es mit mir halten will, der hebe einen Finger auf!" Alle Versammelten hoben die Finger auf und schrien: „Wir auch, wir auch." Da waren die Ratmeister freudig, und freudig sprach auch Eberlin: „Liebe Freunde, ich merke, daß euer Rottieren mehr ein teuflischer jäher Betrug gewesen ist, als ein schlimmer Mutwillen, weil ihr so bald euch durch Gottes Wort davon abreden lasset; ihr werdet's von Gott und euren Herren zu genießen haben."

So war Friede in der Stadt. Bald ging Eberlin mit den Ratsherren und Predigern hinaus ins Lager der Bauern aufs Feld und sprach zu ihnen dasselbe, wie er es vor dem Stadtvolk getan, und vermochte, daß auch die Bauern niederknieten und ihn hörten. Als er aber ein wenig geredet hatte, wurde er von etlichen angetreten. Man hätte anderes auch zu schaffen als Predigt hören, fielen sie ein; er möchte wohl gedenken, woher der Pfeil käme, nicht aus den Bauern.

Die Bauern schickten einen Brief mit ihren Artikeln herein und forderten Öffnung. Sie mußten in die Stadt gelassen werden. Erfurtische Bürger reizten und beschieden sie selbst herein. „Doch", heißt es, „ließen wir nur solche Bauern ein, die unter unseren Herren wohnten, ausländische nicht." Es gab abermals ein kleines Stückchen Revolution in der Stadt, doch ganz unblutig. Auch wurden noch am ersten Tag die erzbischöflichen Gerichtshäuser, das Zollhaus, überall das mainzische Wappen abgebrochen und zerstört; auch des Scharfrichters Haus wurde dem Boden gleichgemacht; Bürger und Bauern fielen in den mainzischen Hof, in die Häuser etlicher Geistlichen, machten aus Klosterkirchen Pfarrkirchen und schlossen die Kirchen „der Papisterei wegen". Nur im großen Spital hielt man Messe; da Doktor Konrad Klinge predigte, war Kirche und Kirchhof ganz voll. Den Mönchen in den Klöstern taten sie große Plage; sie tranken ihren besten Wein aus Gölten und speisten aus ihren Speisekammern alles Köstliche weg.

In ähnlichem Geiste lief die Volksbewegung durch alle benachbarten sächsischen Lande. Zu Roda und Lobeda sollen sich in die 3000, zu Neustadt und Pesink ebensoviel, zu Saalfeld 2000, um Gera und Ronneburg 4000, im Vogtland um Plauen in die 8000 gesammelt haben. „Sie haben", sagt Spalatin, der kurfürstliche Kanzler, „Grafen und Edelleuten vielerlei Bedrängnis erzeigt, ihre Häuser zum Teil geplündert und sie zu den zwölf Artikeln und in ihr Bündnis gedrungen."

Die Zahlen mögen sehr übertrieben sein. Doch entwickelte Münzer eine fast unglaubliche Tätigkeit. Seine Sendboten erschienen und wirkten besonders auch hinter Plauen, im sächsischen Hochland, im Erzgebirge. Bergleute aus der Grafschaft Mansfeld, so erzählen Nachrichten aus dem Erzgebirge, kamen in die Hochlande nach Zwickau, Schwarzenberg, Annaberg und Marienberg. Sie fanden als Bergleute leicht Arbeit und verbreiteten im stillen unter ihren Mitgesellen die Lehre des neuen Gottesreiches, die münzerischen Artikel der Freiheit und Gleichheit. Bald sah man ein Lager von Bauern und Bergleuten, bis auf 1500, bei Elterlein und auf den Gütern des Abtes von Grünhain. Sie zogen auf Schlettau bei Annaberg, hieben die Tore ein, plünderten das Schloß, fielen ins Pfarrhaus und in mehrere Bürgerhäuser und trieben ihren Mutwillen. In Annaberg suchte man sie durch die Nachricht zu schrecken, als sei Herzog Georg von Sachsen im Anzug. Sie zogen auch schnell auf Grünhain zurück. Der Abt hatte sich mit den Mönchen nach Annaberg in seinen dortigen Hof geflüchtet. Aber auch hier enthielt er sich nur ganz heimlich und wagte die Nächte nicht im eigenen Hof zuzubringen; denn der gemeine Mann wie die Bergleute zu Annaberg gingen mit ihren Herzen und Gedanken dem Fähnlein der Bauern nach. Da stieß noch ein zweiter Haufe von Zwickau her zu dem ersten. Das Kloster in der Aue sowie das große Gotteshaus Grünhain wurden geleert und verwüstet, die Kirche von Raschau niedergerissen. Edelleute und Geistliche flohen in die festen Städte. Die Richter von Königswalde, Mildenau, Schönbrunn, Arnsfeld bei Annaberg, die Rükkerswalder und Lauterbacher um Marienberg, die Dörfer um Wolkenstein sammelten sich um ein Fähnlein und vertrieben oder brandschatzten Geistliche und Edelleute, von denen wenige in gutem Vernehmen mit ihren Hintersassen standen.

Die Bauern dieser Lande waren sehr gedrückt. Es gab zwar hin und wieder noch freie Leute, die für ihre Person keine Dienste zu leisten, aber doch auch für ihre Güter zu Abgaben verbunden waren; auch sie waren durch allerlei Mittel unterwürfig gemacht worden. Sonst waren es Eigenleute, Leibeigene oder wenigstens unfreie Bauern, die „Notbede geben, Bannwein trinken und nach Gnaden der Herrschaft dienen" mußten. Die koburgischen Bauern waren außer den bestimmten Naturalabgaben und gewöhnlichen Beden (der rechten Gült) noch zur Notbede verbunden, die der Landesherr ganz nach Willkür von jedem fordern konnte. Wein oder Bier durfte er nur von seinem Herrn und sonst nirgends kaufen (Bannwein), in jedem Dorfe hatte nur der Herr das Schenkrecht. Dazu kamen ungemessene Spann- und Handfronen. Klagen der Untertanen über neue Auflagen als Gewalt und Unrecht wurden nicht beachtet, sondern auf die Landesbeschreibungen verwiesen, wo geschrieben stand: „Dies Dorf ist meines Herrn, er mag ihnen tun, was er will"; oder: „die Bauern müssen tun, was meinem Herrn lieb ist", oder: „dem Gute mag man Gnade oder Gewalt tun."

Solcher Druck war geeignet, den armen Mann, als die Pfeife des Aufstandes durch seine Berge gellte, schnell in die Waffen zu bringen; und seit mehr als einem halben Jahrhundert hatten die Bauern als Fußvolk in ihrer Herren Fehden mit Armbrust und Pfeil, mit Spieß und eisernem Dreschflegel, zuletzt wohl auch teilweise mit der Büchse gedient. Längst gab es bei ihnen eine Art Landsturm, und jeder hatte seine bestimmte Rüstung und Waffe.

Die koburgischen Bauern waren auch früh auf, ihre Zwinger zu brechen, die weltlichen wie die geistlichen. Der Abt zu Veilsdorf, der dem Evangelium und seinen Verkündigern besonders unhold sich gezeigt hatte, floh auf das Schloß Heldburg. Das Augustinerkloster zu Königsberg flüchtete Briefe, Kleinodien, all sein Silbergeschirr auf die Feste Koburg; eben dahin flüchteten sich die Edeln; und wie der Abt sein Veilsdorf und andere Klöster, so sahen sie ihre Burgen in Flammen aufgehen; mehr als 24 an der Zahl; nur die festesten Plätze retteten sich aus der allgemeinen Verwüstung. Selbst das uralte Bergschloß Struf, das seit dem achten Jahrhundert ins Tal herabtrotzte, fand durch die Bauern seinen Untergang.

Weniger fürchterlich, obgleich in Münzers nächster Nähe, waren die Bauern in der Grafschaft Hohenstein, die klettenbergischen und schwarzfeldischen, ihren Herren. Gegen achthundert hatten sich gesammelt und schwärmten unter zwölf Hauptleuten. Ihr Hauptquartier nahmen sie in der Abtei Walkenried; die Mönche hatten sich zuvor entfernt mit ihrem Abte Paul. Um die große Glocke zu Geschützen herabzuholen, zerbrachen sie den schönen Turm der Kirche. Die beiden Grafen von Hohenstein, Heinrich und Ernst, zwangen sie, in ihre Brüderschaft einzutreten; sie mußten mehrere Male bei ihnen im Stift erscheinen, um ihren Waffenübungen anzuwohnen und mitzuexerzieren. Die achthundert in Reih und Glied, jeder mit seiner Waffe, die Grafen voraus, in ihrer Mitte der oberste Hauptmann, Hans Arnold, ein Schafhirte aus Bartelsfelde, so ging's dem Geierberg zu, ihrem Übungsplatz. Nach einigen Schwenkungen wandte sich der Schäfer zu dem Grafen. „Sieh, Bruder Ernst", sagte er, „den Krieg kann ich führen; was kannst du?" – „Ei, Hans", antwortete der Graf, „sei zufrieden; das Bier ist noch nicht in dem Faß, darin es gären soll." Die Bauern lachten nicht, und nur Bitten rettete den Grafen vor schlimmen Folgen seiner Antwort.

Während es rings um ihn gärte, wogte und stürmte, während die Seinigen es waren, die das Feuer anfachten und schürten, schien Münzer ganz ruhig zu Mühlhausen zu sitzen. In der Stille ließ er Geschütze von schwerem Kaliber im dasigen Barfüßerkloster gießen, stärkte seinen Anhang um Mühlhausen her aus der Bauerschaft, die ihm zuschwor, wohin er sie führe, ihm zu folgen; Pfeifer übte sie; während draußen Münzers Verbündete den Kampf eröffneten, wollte er seine Kraft recht rüsten und zusammenhalten für den entscheidenden Augenblick; denn er hatte noch viel zu rüsten. Fortwährend gingen Botschaften zwischen ihm und Oberschwaben, Franken und dem Rhein. Er hatte unter dem Bergvolk im Mansfeldischen längst seine alten Mitverschworenen Barthel und Bischof, und er verstand es, das Eisen warmzuhalten und röter zu glühen. Er schrieb ins Gebirge:

„Die reine Furcht Gottes zuvor. Lieben Brüder, wie lange schläft ihr? Seid nicht verzagt, nicht nachlässig; schmeichelt nicht länger den verkehrten Phantasten, den gottlosen Bösewichtern. Fahet an und streitet den Streit des Herrn. Es ist hohe Zeit. Haltet eure Brüder all dazu, daß sie göttliches Zeugnis nicht verspotten; sonst müssen sie alle verderben. Das ganze Deutsch-, Französisch- und Welschland ist erregt. Der Meister will ein Spiel machen, die Bösewichter müssen dran. Zu Fulda haben sie in der Osterwoche vier Stiftskirchen verwüstet. Die Bauern im Klettgau, im Hegau und Schwarzwald sind auf, dreißigtausend Mann stark, und wird der Haufe je länger je größer. Allein das ist meine Sorge, daß die närrischen Menschen sich verwilligen in einen falschen Vertrag, darum, daß sie den Schaden noch nicht erkennen. Wo eurer nur drei sind, die in Gott gelassen, allein seinen Namen und seine Ehre suchen, werdet ihr Hunderttausende nicht fürchten. Nur dran, dran, dran! Es ist Zeit. Die Bösewichter sind verzagt wie die Hunde. Reget an in Dörfern und Städten und sonderlich die Berggesellen mit andern guten Burschen. Wir müssen nicht länger schlafen. Diesen Brief lasset den Berggesellen werden. Mein Drukker wird kommen in kurzen Tagen. Ich habe die Botschaft erhalten; ich kann es jetzt nicht anders machen. Selbst wollte ich den Brüdern Unterricht geben, daß ihnen das Herz viel größer sollte werden denn alle Schlösser und Rüstung der gottlosen Bösewichter auf Erden. Dran, dran, dran! weil das Feuer heiß ist. Lasset euer Schwert nicht kalt werden von Blut; schmiedet Pinckepanck auf den Ambos Nimrods, werft ihm den Turm zu Boden. Stellt euch fürwahr männlich, ihr werdet sehen die Hilfe des Herrn über euch. Da Josaphat diese Worte hörte, da fiel er nieder. Also tut auch durch Gott, der euch stärke ohne Furcht der Menschen im rechten Glauben. Amen.

Gegeben Mühlhausen im Jahre 1525. Thomas Münzer, ein Knecht Gottes wider die Gottlosen."

Auch an andere Bauerschaften schrieb er, auf zu sein; die Herren werden den christlichen Brüdern nicht widerstehen können; die Brüder im Land zu Franken werden nicht lange von ihnen sein, sondern bald über den Wald herein in Thüringen sich finden. Und er sagte recht; denn schon bildete sich vom Harz bis nach Würzburg eine lange Reihe von Bauernlagern.

7

Die Ostfranken an der oberen Tauber

Die Rothenburger Bauerschaft, das heißt der Teil, der nicht mit Florian Geyer hinwegzog, war damals im Lager zu Neusitz zurückgeblieben, drei Viertelstunden von der Stadt Rothenburg; sie lagerte bei dem Kirchhof, der mauerfest und hoch gelegen war. Wie ein Beobachtungsheer saß dieser Haufe hier im Angesichte der Stadt und beherrschte die Straße nach Ansbach. Am 29. März, nachmittags, ritten zweiunddreißig Hauptleute und Räte der Bauern zur gütlichen Handlung in Rothenburg ein: Sie hatten es den Botschaftern des Stadtausschusses zugesagt. Sie sprachen mit den Bürgern als mit Brüdern. Da aber die Bürger ungeachtet des äußeren Scheines gleicher Gesinnung andere, sehr verschiedene Interessen hatten, so ritten die Hauptleute wieder weg und bestanden darauf, daß ferner alles schriftlich verhandelt werden müsse. Botschafter der Städte Dinkelsbühl, Hall, Nürnberg, die zwischen der Gemeinde und dem Rat vermitteln wollten, wurden nicht gehört: Fast wäre ihr Dank ein warmes Blei gewesen. „Schießt auf sie!“ hatte Christian Heinz, der im Ausschuß saß, in der Wut gerufen. Lorenz Knobloch, ein anderer im Ausschuß, ging geradezu aus der Stadt zu den Bauern hinaus und wurde ihr Hauptmann. Er blieb es nicht lange; zu Creglingen wollte er eines Biedermanns Hausfrau Gewalt antun, und die Bauern schlugen ihn in die Eisen. Als sie ihn später laufenließen, wollte er aus Rache dem schwäbischen Bunde, was er wußte, verraten. Zu Oestheim aber in der Herberge ergriffen ihn die Bauern, unter Geschrei, als wollte er wieder notzüchtigen, und hieben ihn auf der Wiese wörtlich in Stücke.

Die Bauern hatten indessen auf eine Botschaft aus dem Odenwald, auf eine Weisung Georg Metzlers hin, ihre Stellung bei Neusitz am Tag zuvor verlassen und sich auf dem Sandhof, einem reichen Hof des Rothenburger Hospitals auf der linken Seite der Tauber, gelagert. Den Bürgerausschuß in der Stadt ließen sie wissen, sie rücken auf einige Tage weiter, um die Sachen ihrer Bundesbrüder beenden zu helfen. Zunächst galt die Hilfe denen in der Herrschaft Rosenberg. Zeysolf von Rosenberg, dessen Bauern sich zu den Rothenburgern geschlagen, hatte zur Strafe ihre Häuser und Güter geplündert; dagegen sah er am 4. April seine und Rothenburgs Bauern vereinigt vor seinem festen Schloß Haltenbergstetten. Das war ein Raubnest, seit lange berüchtigt bei Bürgern und Bauern; daß es nicht ausgebrannt wurde, das dankte er nur der Fürsprache einiger mit den Bauern auf gutem Fuß stehenden Herren und sechs Fuder Tauberweins, welche der Raubritter Zeysolf dem Haufen abreichte, als Bruder den Brüdern, mit denen er in Vertrag trat. Seinem Vorgang folgte Philipp von Finsterlohe zu Lautenbach. Beide nahmen an, daß, was dem Wort Gottes entgegen wäre, tot und ab sein solle; und verstärkt mit den Rosenbergischen und Finsterlohischen zogen die Bauern hinab in den Taubergrund und lagerten sich in und bei dem Nonnenkloster Schäftersheim. Während sie hier lagerten, war der Aufstand im Mainzischen, auf dem Odenwald, im Hallischen, im Öhringischen, im Neckartal vor sich gegangen. In der deutschherrischen Landschaft Mergentheim, wo die lieblichen Weine wachsen, entschied sich der Aufstand, als die Bauern der Rothenburger Landwehr im Kloster Schäftersheim, also nahe an den Mauern der Stadt Mergentheim, wo der deutsche Orden jetzt seinen Hauptsitz hatte, sich lagerten.

In der Stadt Mergentheim waren die Bürger schon am Sonntag Lätare, dem 26. März, beweglich. In der Stadt hatte das Kloster Schönthal einen Hof, da lag des guten Weines viel. In diesen brachen die Bürger, schmausten und tranken zwei Tage und zwei Nächte aus den Vorräten der geistlichen Schönthaler Herren; es war ihnen wohl, als finge das Tausendjährige Reich an. Wolfgang von Bibra, der Landkommentur, hatte nur wenige Knechte bei sich, er konnte nichts dagegen tun. So ließ er sie trinken und schmausen. Am Dienstag berief er die Viertel der Bürgerschaft auf ihre Stube und sprach zu ihnen mit den freundlichsten Worten. Würde, sagte er, im Reich eine neue Ordnung angenommen, so werde weder er noch der Deutschmeister dagegen sein; sie möchten sich nur halten wie fromme Bürger, sich nicht mit den heranziehenden Aufrührern vereinigen und ihm sagen, wessen er sich zu versehen habe. Er ging, ihre Antwort zu erwarten. Es war keine Beratung, es war die heftigste Reibung der Parteien. Nur ein paar Stunden von der Stadt, im Schüpfergrund, lag Georg Metzler mit den Odenwäldern; von da aus hatte bereits die Erhitzung alle jungen Leute der Stadt ergriffen. Diese wollten nur von den Bauern, nichts mehr von den Deutschordensrittern wissen. „Ich wollte, daß sie Gottes Leiden schände, die Kreuzbuben, und St. Veltens Siechtum an sie käme!" hörte man sie sagen. „Liebe Gesellen", sprachen Vetter Hans und Fritz Büttner, „tut das nicht; wollen wir also anfangen, so wird es ein böses Ende nehmen." – „Was liegt daran?" entgegnete ein anderer, „schlüge der Teufel zu unter die Kreuzbuben; sie können doch sonst nichts, als daß sie Hurerei treiben." – „Und", sagte einer, „werden wir von den Bauern überfallen, so wird der Kommentur zum anderen Tore hinausfliehen, und wir sind der Rache der Bauern preis. Besser, wir ziehen vorher zu ihnen hinaus." Aber die Mehrheit siegte dahin, daß dem Landkommentur die Antwort wurde, sie werden sich als fromme Bürger und treu zu ihm halten; seien auch ungeschickte Leute unter ihnen, so möge er es die ganze Bürgerschaft nicht entgelten lassen. Die Pause dauerte ein paar Tage. Am Sonntag Judika trat nicht in der Stadt, aber in der Nähe, im Amt Neuhaus, Bedenkliches hervor. Auf dem Schloß Neuhaus war eigentlich sonst die Residenz des Deutschmeisters. Die Bauern dieses Amtes verlangten von dem Landkommentur eine Urkunde darüber, daß ihre Beschwerden erleichtert, sie nicht vom Evangelium abgedrängt werden würden. Wolfgang von Bibra stellte die Urkunde aus. Trotzdem erhob sich der Schultheiß von Igersheim mit seinen Bauern, sobald die Rothenburger Landwehr auf das benachbarte Schäftersheim zog, und schloß sich an sie an; wer bei der Herrschaft bleibe, erklärte er, dem werde man Haus und Gut nehmen. In der Stadt schlug auf die Ankunft der Bauern zu Schäftersheim die Stimmung plötzlich um. Ein Teil wollte Sturm läuten; der Rat hatte vorsichtig die Glockenseile hinaufziehen lassen. Jörg Neber steckte eine Fahne auf den Marktbrunnen: „Wer gut bäurisch ist", rief er, „komm hieher; wem sind die Pfaffen was nütz?" Fröschlin schrie: „Wer dem Evangelium einen Beistand tun will, strecke die Hand in die Höhe!" Man hörte rufen: Mergentheim müsse eine freie Reichsstadt, der Deutschorden zum Teufel gejagt werden; andere sagten, man müsse sich mit den Bauern verbrüdern und die Ordensgüter für sich einnehmen, ehe sie die Bauern nehmen.

Der Rat der Stadt, im Gedränge, fragte den Landkommentur, was er rate? Ob man dem Bauernhaufen widerstehen könne oder ob man sich mit ihm vertragen solle. Der Landkommentur meinte, vor allem müsse man die Stärke des Haufens kennenlernen. Einer vom Rat und einer von der Gemeinde wurden nun auf Kundschaft ausgeschickt. Sie gingen mit verschiedener Gesinnung hinaus und kamen mit verschiedener Botschaft wieder herein. „So schöne Kriegsleut'", sagte der eine, „hab' ich mein Leben nie gesehen; sie sitzen da in seidenen Wämsern und mit goldenen Ketten." Der andere, der Stadtschreiber, berichtete: „Es ist ein elend Volk und gemahnte mich wie der Zigeuner." Darin aber, daß es ein großer Haufen sei, stimmten beide überein. Die Gemeinde folgte auf dieses hin der Aufforderung der Bauern und ließ ein Fähnlein von hundert Mann zu ihnen stoßen. Bei diesem Fähnlein war als Hauptmann Michael Hasenbart, als Unterhauptmann der edelgeborene Hans Morstatt, als Weibel

Die Mergentheimer nehmen Partei für die Bauern

Hans Keßler, als Räte Vetter Hans und Fritz Büttner. Man hatte im Bauernlager eine solche Freude über ihre Ankunft, daß sie auch im Haufen als Hauptleute und Räte anerkannt und noch andere Fähnlein unter sie gestellt wurden, alle Zuzüge aus der mergentheimischen Umgegend. Denn von allen Seiten sah man sie heranziehen, von Grünsfeld, Lauda, Weikersheim, Markelsheim, selbst aus den würzburgischen Ämtern Bütthart und Markt Bibart, jeder mit einem, oft mit zwei und drei Fähnlein, fast jedes Fähnlein mit anderem Wappen.

Sie sind bemerkenswert, diese Fähnlein und ihre Wappen. Da war unter den Franken das Fähnlein aus dem Rothenburger Landhag; das zeigte eine dreizinkige Gabel und einen Dreschflegel, in Form eines Andreaskreuzes übereinandergelegt, als Herzschild eine Pflugschar, unter der ein Bundschuh hervorragte; die Fahne des Weinsberger Tales zeigte dasselbe Wappen, nur statt drei zwei Zinken an der Gabel. Da war das Fähnlein derer von Sodenberg, im Schild ein aufrechtes Kreuz, das in der Mitte die drei griechischen Anfangsbuchstaben des Namens Jesu hatte und an das Jesus-Christus-Fähnlein im Oberelsaß erinnerte. Auch im Fähnlein der Bildhäuser war ein aufgerichtetes Kreuz zu sehen, das auf dem mittleren dreier Hügel stand; auf den zwei anderen Hügeln standen Blumen, oben am Kreuz herum waren Verzierungen, am Rande zwei Bundschuhe. Im Hennebergischen ließen sie jenes Fähnlein fliegen, darein, um anzudeuten, daß sie das Evangelium handhaben wollen, ein Kruzifix gemalt war, und dabei ein Vogel, ein Hirsch, ein Fisch und ein Wald, zum Zeichen dessen, was sie gemein und frei haben wollen.

Im Lager zu Schäftersheim schwuren die neuen und älteren Zuzüge sich zu einem Haufen zusammen, und für jetzt wurden zu Obersten über alle Fähnlein dieses vereinigten Haufens „der große Lienhart aus Schwarzenbronn" (bei Rothenburg) und Fritz Büttner aus Mergentheim erwählt. Des Haufens oberster Profos wurde Stierlen aus Zimmern. Neben ihnen wurden unter anderen als Hauptleute genannt Leonhard Denner, bekannter unter dem Namen „das Pfäfflein von Leuzenbronn"; der Burch aus dem Amt Schillingsfürst; Kunz Bayer aus Edelfingen und Adam Hoffmann aus Schüpf.

Wir haben bei den Oberschwaben, zunächst Schwarzwäldern, bei den Breisgauern und den Elsassern gesehen, wie sie nur einen Herrn haben wollten, den Kaiser. Der Eid der schwäbischen Bauern lautete: „Ihr werdet schwören einen Eid zu Gott und den Heiligen, einen einigen Gott, Schöpfer Himmels und der Erden, zu haben, die evangelische Wahrheit, göttliche Gerechtigkeit und brüderliche Liebe zu handhaben, und einen Herrn, nämlich römische kaiserliche Majestät, und keinen anderen zu haben." Der Bundeseid der Franken lautete: „Ich soll und will, indem ich in die Versammlung der Bauerschaft mich begeben habe, weder geistlichen noch weltlichen Fürsten Zoll, Zins, Steuer oder Zehent geben, bis zu Austrag und End dieser Sache, und einen Gott, einen Herrn haben; das helfe mir Gott und das heilige Evangelium. Im Namen des Allmächtigen!"

Wie dieser fränkische Bundeseid mit dem schwarzwäldisch-schwäbischen, so stimmten auch die Artikel der Franken ganz genau mit dem Artikelbrief vom Schwarzwald.

Die sieben „Artikel der versammelten Bauerschaft im Land zu Franken" lauteten also:

„Erstlich will gemeine Versammlung das heilige Wort Gottes, die evangelische Lehre, aufrichten und daß solches hinfür rein und lauter gepredigt werden soll, ohne Vermischung mit menschlicher Lehre und Zusatz.

Und was das heilige Evangelium aufrichtet, soll aufgerichtet sein; was das niederlegt, soll niedergelegt sein und bleiben.

Und mittlerweil soll man keinem Herrn weder Zins, Zehnt, Gült, Handlohn, Hauptrecht oder dergleichen nichts geben, so lang, bis durch die Hochgelehrten der heiligen, göttlichen, wahren Schrift eine Reformation aurgerichtet wird, was man geistlicher oder weltlicher Obrigkeit schuldig sei zu leisten oder nicht.

Es sollen auch schädliche Schlösser, Wasserhäuser und Befestigungen, daraus gemeinem Mann bisher hohe merkliche Beschwerungen zugestanden seien, eingebrochen oder ausgebrannt werden; doch was darinnen von fahrender Habe ist, soll den Besitzern, sofern sie Brüder sein wollen und wider gemeine Versammlung nichts getan haben, verabfolgt werden.

Und was von Geschütz in solchen Häusern vorhanden, soll gemeiner Versammlung zugestellt werden.

Es sollen auch alle Geistlichen und Weltlichen, Edle und Unedle, hinfür sich des gemeinen Bürger- und Bauernrechts halten und nicht mehr sein denn ein anderer Gemeinsmann, und tun, was dieser tun soll.

Auch sollen die Edelleute alle geflüchteten Güter der Geistlichen und anderer, sonderlich derer von Adel, die wider den Haufen getan hätten, der Versammlung zustellen, bei Verlust Leibs und Guts.

Und beschließlich, was die Reformation und Ordnung, so von den Hochgelehrten der Heiligen Schrift, wie obsteht, beschlossen wird, ausweist, dessen soll sich ein jeder, geistlich und weltlich, hinfür gehorsamlich halten."

Im Kriegsrat des Tauberhaufens – so hieß jetzt die Vereinigung dieser Bauerschaften nach der Mehrheit derer, die ihn bildeten – wurde, sobald die Mergentheimer im Lager erschienen waren, der gerade Zug auf Würzburg zur Sprache gebracht. Der Edle Hans Morstatt unterrichtete sie darüber, wie es eigentlich zu Mergentheim stehe, und suchte sie zu überzeugen, wie nötig es sei, diesen Hauptsitz der Deutschherren nicht so hinter sich liegen zu lassen. „Wohl", riefen die Hohenloheschen, „wir wollen die Deutschherren über die Köpfe schlagen, daß sie weidlich bluten müssen."

Aber dem Fähnlein der Mergentheimer folgte noch an demselben Tage, am 5. April, der Landkommentur Wolfgang von Bibra persönlich ins Lager der Bauern, um von den deutschordenschen Schlössern in Mergentheim und Neuhaus die Gefahr zu wenden. Gegen seine Zusagen einer starken Summe Geldes und der nötigsten Lieferungen versprachen ihm Räte und Hauptleute, daß sie nur neben der Stadt hinziehen und „nicht einmal einem Hühnlein etwas Leids tun wollen". Aber schon am 6. April, wahrscheinlich weil der Kommentur mit Futter, Wein und Brot oder mit dem Geld oder mit allem zugleich nicht einhielt, holten sich die Bauern selbst zu trinken in dem wohlberufenen Markelsheim, wo der Orden seine größten Lager edler Weine hatte. Zu Schäftersheim war der Haufe fertig, und er verließ die Nonnen und ihr Kloster, leerte unterwegs die Keller von Markelsheim rein aus und lagerte sich auf den schönen, freien Wiesen vor Mergentheim, an der kühlenden Tauber, wohl in die fünftausend, mit allem kecken Mut, den ihnen der köstliche Wein und die Predigt der sie erhitzenden Prädikanten einflößten, welchen sie es glaubten, daß ihnen keine Kugel was schaden und niemand ihnen widerstehen könne, weil Gott mit ihnen sei. Zu gleicher Zeit zwangen die Bürger innen in der Stadt den Kommentur zu einer am 11. April auch von dem fernen Deutschmeister bestätigten Verschreibung, er wolle nichts vorenthalten, was das Wort Gottes ihnen als Recht zugestehe, und sie fortan mit nichts beschweren, was dagegen sei; doch so, daß auch sie, des Ordens Untertanen, gegen sie, ihre Obrigkeit, tun, was sie nach dem Evangelium schuldig seien. Die Bürger öffneten den Bauern die Tore, diese verproviantierten sich aus den Kellern und Kästen des Ordens, besetzten das Schloß, nahmen, was von Pulver, Geschütz und Vorräten darin war, gestatteten den Knechten, ob sie gleich den Eid, nicht gegen Bauern zu fechten, verweigerten, freien Abzug, taten dem Kommentur nicht den mindesten Zwang an; aber das Schloß, wohl auf das Drängen der armen Leute zu Mergentheim selbst, wurde zerstört. Denn auch hier arbeiteten die deutschordenschen Untertanen am eifrigsten an der Zerstörung ihres festen Herrenhauses. So gut bäurisch als einer war der Schloßverwalter selbst. Er hatte, was außer den geflüchteten Kostbarkeiten an Silber und Vorräten noch vorhanden war, den Bauern angezeigt, und als es ans Abbrechen ging, ermunterte er sie, lustig einzuschlagen; jedem, der einen Pfosten einstieß, gab er eine Flasche, und denen, welche die Basteien abtrugen, trug er selbst fleißig Wein zu, um sie zu ihrem Werk zu stärken. Ein Bürger stellte ihn darüber zu Rede. „Ich merke", fuhr der Keller gegen ihn heraus, „du hast den Kommentur und drei Deutschherren im Bauch; ich will sie mit dem Degen suchen."

Zu gleicher Zeit zog eine Abteilung unter Hans Morstatt und Hans Keßler hinaus nach dem nahen Schloß Neuhaus, das, im Augenblick weder durch seine Werke noch durch seine Besatzung stark, sich ohne Widerstand ergab: Das Geschütz und die reichen Vorräte wurden weggeführt, die Schloßgebäude nachher durch die Mergentheimer ausgebrannt.

Von Mergentheim aus, vielleicht schon beim Aufbruch aus Schäftersheim, wandte sich der größere Teil der Wehrmänner aus dem Rothenburger Landhag unter dem Hauptfähnlein von Brettheim wieder nach Haus. Nur der oberste Hauptmann, der große Lienhard aus Schwarzenbronn, und das Pfäfflein von Leuzenbronn blieben im Hauptquartier. So konnte von Brettheim aus der Rat zu Rothenburg im Schach gehalten, die Bürgerschaft vollends in den Bauernbund gezogen, die Straße nach Ansbach gegen einen Überfall des Markgrafen Kasimir bewacht und dem Tauberhaufen der Rücken gedeckt werden, während er die Umgegend zwang und sich verstärkte. Da auch ein Teil derer vom Ohrenbacher Fähnlein von Schönthal wieder in den Taubergrund zurückkehrte und namentlich aus den hohenloheschen Ämtern von Bartenstein, Langenburg, Schillingsfürst, Jagstberg, Dörzbach und aus dem Würzburgischen zahlreicher Zuspruch im Lager sich einfand, so wuchs der Haufe schnell auf achttausend an. Am 13. April mahnte derselbe auch die Rothenburger Landwehr wieder zum Zuzug auf, vorerst nur den vierten Teil der Mannschaft; und auch von der Stadt Rothenburg verlangte er Geschütz und Leute.

Diese Stadt hatte die entschiedene Farbe der Volkssache noch immer nicht an sich genommen. Besonderer Privatstreit der Gemeinde mit der Ehrbarkeit, nicht der große Volksstreit, nicht die allgemeine Volkssache war es, was diese Stadt im Innern bewegte. Es war freilich wahr, was Menzingen sagte, der Rat hatte sich seit den letzten zwanzig Jahren ungebührlich genug gehalten. Eine Klage, darin der Rat zum Nachteil, das höhere kaiserliche Kammergericht zugunsten des Klägers entschieden, hatte der Rat ohne weiteres zweiundzwanzig Jahre liegenlassen, ohne das Urteil zu vollziehen, da dasselbe für einen niederen Bürger gegen einen höheren lautete. Bei Umlage und Einzug der Steuern hatte der Steurer niemals die einzelnen Posten aufgezeichnet, sondern es war bei der Rechnungsablage immer nur die ganze Summe auf Treu und Glauben – in Bausch und Bogen – angesetzt und anerkannt worden. Diese zwei Tatsachen sprechen für viele: Das ganze Rechnungswesen, das der Ausschuß untersuchte, war so, daß „schwer daraus zu kommen war". Als der Ausschuß darum einen der Ratsherren um den andern, zuerst den Bürgermeister Erasmus von Muslohe, einen eingefleischten Aristokraten und Eiferer für das Alte im Weltlichen und Geistlichen, in seinen Sitzungs-

Abfertigung der kaiserlichen Kommissäre zu Rothenburg

saal rief und keiner mehr herauskam, glaubten die noch nicht Berufenen, man habe den ersteren die Köpfe drinnen abgeschlagen, und zitterten für ihr eigenes Haupt.

Auch die Klosterfrauen lebten diese Tage durch in Furcht und Zittern. Sie hatten gehört, daß man an die Plünderung ihres Klosters denke; daß es mit ihrer Herrschaft draußen in der Landschaft vorerst zu Ende sei, davon brachte jeder Tag ihnen bittere Erfahrungen. Die Bauern trieben ohne alle Scheu, auf ihre Artikel sich stützend, ihr Vieh in die jungen Schläge des Gotteshauses; ganz wie in Heilbronn im St. Klarenkloster, mit denselben Worten hörte man sie im Rothenburgischen sprechen: „Der Rat ist nicht mehr Herr, wir sind Herren.“ Ja, Mölkner von Nordenberg sagte dem Klosterförster: „Treff' ich dich noch einmal im Wald, will ich dich an einen Baum hängen.“ Man wollte gehört haben, die Bauern gedenken das Frauenkloster heimzusuchen, wenn's die Bürgergemeinde bis Osterdienstag nicht tue, und mehrere Bürger haben sich auf das hin schon dazu vereinigt. Man sagte sogar, die Bauern wollen sich der Stadt bemächtigen, die Reichen plündern, den Rat über die Mauern hinaushängen und künftig selbst regieren. Der Ausschuß aber hielt alles in guter Hut und ließ nie zu viele Bauern herein.

Indem kamen am 11. April zwei kaiserliche Räte, Graf Ruprecht von Manderscheid und Friedrich von Lidwach, im Namen des Reichsstatthalters, die Ruhe in der Reichsstadt herzustellen. Da faßte die Ehrbarkeit wieder Mut, da erhob sie Haupt und Zunge und wußte des Bittersten über Ausschuß und Gemeinde sich nicht satt zu klagen. Die kaiserlichen Räte selbst sprachen in hohem Tone. Menzingen verstand es, diesen herabzustimmen und jenen den Mund zu stopfen. Im Namen des Ausschusses ließ er am Mittwoch nach dem Palmtag durch die große Glocke das Zeichen geben zur Versammlung der Gemeinde in der St. Jakobskirche. Er bestieg die Emporkirche und sprach da herab frei und treffend über die Bedrückungen und Gebrechen im bisherigen Stadthaushalt sowie über die notwendigen Besserungen und die Mittel dazu, billig, gemäßigt, höchst einleuchtend und praktisch; in mehreren Punkten, wie zum Beispiel in dem, daß alle jüngeren Priester ein Handwerk lernen und sich verehelichen sollen, in welchem Fall ihnen die sonst einzuziehende Pfründe auf zwei Jahre ungeschmälert zu belassen wäre, war Karlstadts Einfluß unverkennbar; sie erinnerten zu sehr an das, was durch ihn in Wittenberg veranlaßt worden war. Die kaiserlichen Bevollmächtigten wollten auch zur Gemeinde drohend sprechen, daß sie von ihrem Aufruhr abstehe. Da stieg es im Volk vom Gemurmel schnell zum Getümmel. „Man habe den Teufel nach den Kommissarien geschickt“, rief Hans Styber. Ein anderer schrie überlaut dem Ausschuß zu, seine Meinung wäre, man sollte den Kommissarien die Köpfe abschlagen, so würde man ihrer am ehesten los. Diese sahen Ausschuß und Gemeinde an und rieten dem Rat, die Artikel des Ausschusses, mit Ausnahme dessen über die geistlichen Güter, alle unverändert und ungeweigert anzunehmen. Aber auch Menzingens Privatstreit mit dem Rat erklärten sie als tot und ab auf beiden Seiten. Da zeigte sich, daß Menzingen auch Privatinteressen bei seinem Tun hatte; er hatte eine Entschädigung von fünfthalbtausend Gulden vom Rat gefordert und erwartet. Aber selbst der Ausschuß meinte, daß er alles dieses dem allgemeinen Besten zum Opfer bringen solle. „Das soll euch der Teufel danken!“ rief der Junker und ging voll Wut hinweg. Nur, um nicht allen Einfluß zu verlieren, gab er, am anderen Tage erst, nach.

So ward eine Art Frieden zwischen dem Rat und der Gemeinde am 16. April, am Ostertag, und die kaiserlichen Kommissäre ritten ab.

Zwischenhinein fielen die Schreiben des Tauberhaufens an Stadt und Landschaft. Da gemahnte der Ausschuß die Landwehr ernstlich an ihren Eid, den sie ihm zu Oberstetten geschworen, sie sollen demselben treu sein und daheimbleiben; in kurzem werde ihre Sache gegen den Rat aufs günstigste für sie entschieden werden. An die Hauptleute des Haufens zu Mergentheim schrieb der Ausschuß die Bitte, ihre Landwehr in Ruhe und bei ihrer eidlichen Zusage zu belassen. Von den zwei Feldschlangen, Büchsen, Spießen, Pulver, Steinen und Leuten, welche der Haufe verlangt hatte, war keine Rede. Die Landwehr aber glaubte durch ihre buchstäbliche Heimkehr dem Buchstaben ihres Eides ein volles Genüge getan zu haben, und eingedenk des Eides, den sie früher und zuerst dem Bund ihrer Brüder getan, entsendete sie schon am 15. April ein Fähnlein unter Hans Klingler von Bettenfeld die Tauber hinab, und die anderen folgten ihm nach ins Hauptquartier.

Markgraf Kasimir schrieb von Ansbach herein, er und die Stadt wollen sich gegenseitig gegen die Bauern helfen. Der Rat sagte ihm schriftlich dieses zu und meinte, man könne ja den Verlauf abwarten; und selbst im Ausschuß war man einverstanden, ihm heimlich, ohne Wissen des gemeinen Mannes, wenigstens Geldhilfe zu schicken. Auch die Gemeinde brachte er zu der Erklärung, daß keiner aus der Stadt zum Haufen ziehen solle, und die Vereinigung mit dem Markgrafen rechtfertigte Menzingen dadurch, komm' es wirklich dazu, daß man dem Markgrafen Hilfe schicken solle, könne man es ihm noch immer abschlagen; schlüge man sie jetzt gleich ab, so würde der Markgraf auch die Stadt steckenlassen, wenn sie zuerst in Not käme.

So trennte sich der Ausschuß und durch ihn die Stadt, wegen ihres Sonderinteresses, von der allgemeinen Sache, und die Bewegungspartei schien ganz unterlegen, trotz der Aufregungen Peter Saylers, des „Knaypleins“ und des „Tippendaps“, und trotzdem, daß Deuschlin und der blinde Mönch in den Ostertagen schärfer als je gegen Fürsten und Herren, besonders die Geistlichen, predigten.

Aber die Ostergabe des Friedens hielt nicht lange. Die Bewegungsmänner setzten am 19. April einen Ausschußschub durch, sie brachten neun weitere Mitglieder hinein, alle aus ihrer Mitte; „unredliche Buben“, wie sie nachher von der Partei des Alten genannt wurden, in Wahrheit aber nur Freunde des Neuen und der Volkssache. Dadurch erhielten die von der Bewegung die Mehrheit im Ausschuß und damit die Oberhand in der Stadt. Nach dem Gesetz war die neue Wahl des inneren Rates vor der Tür. Somit änderte der Ausschuß als erstes gleich den Rat; der Ausgang der Wahlen zeigte aber im Rat noch immer ein Gleich-

Die Weiber von Rothenburg wollen reformieren

gewicht zwischen den Freunden des Alten, die man aus gewohnter Ehrfurcht vor ihrer Geschäftsgewandtheit zum Teil wiederwählte, und den Freunden des Neuen, und es schien, wenigstens den Rothenburgern schien es so, als ob die Männer nicht vorwärtskommen. Am 20. April war es ein Geschrei und Laufen auf den Gassen mit Hellebarden, Gabeln und Stangen – lauter Weiber. Sie wollten reformieren, die Häuser der Geistlichen stürmen; sie nahmen kecklich einen Kornwagen vor dem Hause eines der letzteren weg; ihre Männer aber hielten sie von weiterem ab.

Auf das eilten Weltpriester und Ordensgeistliche, den Bürgereid mit allen bürgerlichen Lasten zu leisten; auch die Klosterfrauen wurden Bürgerinnen und gaben gegen Pensionen und Heiratsgut alles Besitztum ihres Klosters an die Stadt, in welcher jetzt vier Volkstribunen unter dem Namen „Gemeindemeister" jeden Bürger und jede Bürgerin vor dem Rat vertraten.

Daß die Ehrbarkeit noch so viele für sich hatte, das hatte einen sehr materiellen Grund. Die Bewegungspartei in der Stadt war gut bäurisch, die Bauern aber wollten keine Gülten, Zinse, Gefälle mehr reichen, und gerade diese letztere, auf die Bauerngüter begründet, machten das Hauptvermögen der Stadt aus. Wurde die Stadt ganz bäurisch, so tat sie eben damit selbst den Schritt, der sie um den schönsten Teil ihres Vermögens brachte: Geistliche Güter, um sie für das, was sie aufgab, daraus zu entschädigen, waren zu wenige in ihrem Gebiet. An diesem finanziellen Haken blieb der Ausschuß hängen, daß er nicht vorwärts zu den Bauern wollte und konnte.

Während dieser Vorgänge in Rothenburg hatte sich der Tauberhaufen am Karfreitag, dem 14. April, von Mergentheim auf Lauda in Bewegung gesetzt, ein würzburgisches Städtchen, das sich sogleich ergab.

Lauda war längst durch seinen Pfarrer Leonhard Beys für die neue Lehre und zugleich für die Volkssache gewonnen, und schon am 2. April, bei der ersten Erhebung des Bundschuhs im Odenwald, hatten einige Knechte, die zu den Odenwäldern hinausliefen, bei ihrer Rückkunft das Städtchen in unruhige Bewegung gebracht. Das Schloß Oberlauda, worin nur etliche Edelleute, nämlich der Obervogt Philipp von Riedern, Sigmund Zobel und Erasmus von Fechenbach, mit wenigen Knechten lagen, wollte sich nicht gleich auf die Aufforderung der Bauern ergeben, ob es gleich alt und schadhaft war. Sie zogen sich in einen starken Turm zurück und schossen heraus, die Bauern hinein, ohne viel Schaden. Da zündeten die letzteren das Schloß auf der einen Seite an; die Flamme ergriff das Holzwerk unter dem Dach jenes Turmes, unlöschbar; fraß weiter und weiter, und die Männer stürzten hinab bis auf den Grund. Sie waren in der Tiefe wie lebendig im Grab, über ihnen der Tod, der ihnen durch die Gluthitze der Schloß und Turm ausbrennenden Flammen und durch Einsturz der Mauerwände zugleich drohte. Des anderen Tages, am Osterabend, als das Feuer verloschen und keine Hilfe mehr zu erwarten war, da riefen die edlen Herren die Bauern an und baten um Gnade. Die Bauern waren ins ausgebrannte Schloß hereingekommen, um in den Ruinen noch nach Beute zu suchen. Jetzt sollte der Obervogt erfahren, wie sehr er sich verhaßt gemacht hatte. Seiner hochschwangeren Frau selbst und ihren Kindern zogen die Bauern die Kleider vom Leibe und stießen sie so hinaus ins Elend. Ritter und Knechte wurden, wie sie aus dem Turm hervorgezogen waren, mit auf den Rücken gebundenen Händen hinab ins Lager geführt. Die Edelfrau folgte mit ihren Kindern hintennach und flehte die Bauern, die sich freuten, „mit diesen Herren wieder ein Spießjagen anzustellen", jammernd um ihren Hausherrn. Auch die im Lager wollten die Gefangenen gespießt wissen. Die Hauptleute dachten menschlicher. Dem Hauptmann Kunz Bayer gelang es, den Haufen von ihrem Entschluß abzuwenden. Die Edeln wurden, da zu befürchten stand, die rasenden Hintersassen des Schlosses möchten sie doch noch ermorden, auf Veranstaltung der Hauptleute des anderen Morgens frühe auf der Straße nach Mergentheim abgeführt, zu Fuß, die Hände auf den Rücken gebunden. Unterwegs, bei Markelsheim, begegnete denen, welche die Gefangenen geleiteten, der Bauernhauptmann Lederle, der auf dem Wege zum Haufen war. „Was bringt ihr da?" fragte er sie. „Ich muß", antwortete einer der Bauern, „die Hunde da gefangen führen." Der Hauptmann verwies es ihm: „Sind es doch Edelleut'", sagte er, „man muß sie ehrlicher traktieren." „Lederle, Lederle", rief Riedern, „das will ich dir gedenken." Der Bauernhauptmann sorgte, daß sie auf einem Wagen vollends nach Mergentheim gefahren wurden, wo man sie in einen festen Turm legte.

Für die Mannschaften, die dem Haufen auf sein Aufgebot allenthalben ringsumher zuzogen, war Röttingen als Sammelplatz bestimmt. Von da sollte der Zug auf Ochsenfurt und weiter auf Würzburg gehen.

Noch im Lager zu Mergentheim war der erste Entwurf zu einer Kriegsordnung für dieses Heer gemacht worden. Die wichtigsten Punkte dieser 14 Kriegsartikel waren die Wahl eines obersten Proviantmeisters zu richtiger Verteilung der Lebensmittel; die Aufstellung von Wachtmeistern; ebenso die eines Profosen mit Stockknechten und einem Nachrichter zur Handhabung der Heereszucht, zur Bestrafung von Diebstählen und anderer Untreu, Raufhändeln und Unordnungen aller Art; es war Gebot, daß keiner aus dem Lager sich entferne ohne Wissen der Hauptleute, keiner auf dem Marsch aus der Ordnung gehe bei Strafe; verpönt waren auch das Zutrinken, die Gottesschwüre, die gemeinen Dirnen im Lager.

Zu Röttingen schwur ein jeder des hellen Haufens darauf zu Gott und seinem Seligmacher. Das Schloß zu Röttingen, das noch widerstand, zu nehmen, blieben die Rothenburger zurück. Der große Haufen brach Freitags nach Ostern, am 21. April, auf, die Straße nach Würzburg zu gewinnen. Voraus eilten drei der besten Fähnlein, den Marschall, der noch mit 130 Pferden im Schloß Bütthart lag, zu umziehen und zu fangen. Es war in der Frühe vor Tag. Aber der Marschall hielt gute Wache, seine vorgeschobenen Posten meldeten den Anzug der Feinde, seine Reiter saßen auf, und es ging rasch mit den Geschützen dem Vortrab der Bauern entgegen. Dieser, der die Reisigen in tiefem Schlafe wähnte, zog in Sicherheit daher. Jetzt plötzlich mit Geschützsalven bewillkommt, obgleich nicht getroffen, erschrak, wich, floh er so schnell, daß die Reisigen kaum etliche erreichten und niederstachen, gefangen auch nicht einen bekamen, so sehr der Marschall darauf aus war, um die Ritter im Turm zu Mergentheim auswechseln zu können; der einzige, den sie umzingelten, ergab sich nicht und wehrte sich, bis er erstochen war. Und schon nahete der helle Haufen. Die Bischöflichen „entwichen säuberlich"; den wollten sie nicht erwarten. Sie brachten auch ihr Geschütz mit fort, bis Würzburg.

Der Marktflecken Bütthart war längst im evangelischen Bund; sobald Georg Metzler im Schüpfergrund am 3. April die Trommel rühren ließ, waren ihm viele Büttharter zugelaufen; das Schloß über dem Flecken ward jetzt von dem Haufen leicht gewonnen, darin viel Hab und Gut erbeutet und es dann mit Feuer zerstört.

Während der Haufen den nächsten Weg nach Würzburg über Bütthart zog, wandten sich die Rothenburger Fähnlein rechts an der Gollach hinauf nach Aub. Die Auber traten, nachdem sie am 22. April Schloß Röttingen eingenommen und verbrannt hatten, in die Brüderschaft, der vor dem Städtchen gelegene Raigelsberg wurde erstürmt und zerstört, ebenso das unterhalb Aub gelegene Schloß Gelchsheim. Sie fanden an diesen drei Plätzen so reiche Vorräte an Getreide auf den Speichern, daß jedes Fähnlein 150 Malter als Anteil empfing.

Das Heer war noch im Marsch, als zweierlei Nachrichten demselben eine andere Richtung, rückwärts, rechts seitab, zu geben schienen: Botschaften aus Rothenburg und aus dem Ansbachischen, wo der Markgraf seine Untertanen, die zum evangelischen Bunde gefallen waren, zu züchtigen drohte. Währenddem kamen Bürger aus Ochsenfurt selbst, die entschieden für schnelles Vorrücken auf ihre Stadt. Am 24. April traf der große Haufe daselbst ein, und noch an demselben Tage vereinigten sich mit ihm, von der Straße von Aub her, die siegreichen Fähnlein mit der Beute von Raigelsberg.

Diese rothenburgischen Fähnlein hatten zuvor noch eine Verhandlung mit ihrer Stadt. Aub, wo sie lagerten, war nur vier Stunden von Rothenburg entfernt. Auf die Weigerung der letzteren Stadt, Leute und Geschütz zu den Bauern abgehen zu lassen, war im Lager großer Unwillen, und die Stadt fürchtete einen Überzug. Aus dem Lager von Aub kamen am 22. und 23. April die Hauptleute Hans Hollenbach und Hans Klingler aus Bettenfeld mit Geleit des Ausschusses nach Rothenburg. Hans Hollenbach hatte zuvor schon das Ausschußmitglied Barthel Albrecht schriftlich dahin zu stimmen gesucht, die Gemeinde der Leitung des Ausschusses zu entziehen und sie auf die Seite der Bauerschaft zu führen, was dieser ablehnte. Jetzt wollte Hollenbach selbst es versuchen, mit der Gemeinde unmittelbar zu verhandeln. So schwer es sie ankam, ließen Rat und Ausschuß die Gemeinde doch zusammenläuten. Der Bauernhauptmann ließ das Schreiben derer, die ihn abgesandt hatten, verlesen. „Aus Gottes Verordnung", hieß es darin, „hat sich die Empörung erhoben. Ausschuß und Bauerschaft haben sich gegenseitig Hilfe zugesagt; zugesagt hat der Ausschuß, mit uns die Gerechtigkeit Gottes handhaben zu wollen. Die Anforderung der Bauerschaft um zweihundert Mann und Geschütze habt ihr abgeschlagen. Das war nicht brüderlich. Darum ermahnen wir euch, um des wahren Wortes Gottes willen, zu uns binnen zwei Tagen zu kommen, mit zweihundert Mann, gerüstet mit langen Spießen, zwei Hauptgeschützen und zwei Gezelten. Sonst würdet ihr uns erfinden als Brüder, die euch nichts Gutes bringen werden."

Man hörte und beriet sich. Die vom Ausschuß, die zu Oberstetten jene Zusage gemacht hatten, wollten dieses jetzt nicht so geradezu zugestehen. Hollenbach beteuerte es. Die meisten Gewerbe wollten die Entscheidung, wie man sich gegen den Haufen zu halten habe, ganz dem Rat und Ausschuß überlassen; nur die Hutmacher und Leineweber waren ganz für die Bauern und ihr Begehren. So ritten die Bauernhauptleute wieder hinweg, ehe etwas beschlossen war, es hatte Eile, Ochsenfurt zu.

8

Die im Hochstift Würzburg. Der Graf von Henneberg

Die von Ochsenfurt luden den hellen Haufen darum so dringend ein, weil sie mit dem, womit sie seit lange sich in ihrer Stadt und Umgebung getragen hatten, endlich vorwärtsmachen wollten. Sommerhausen und Winterhausen, zwei Orte, zwischen Ochsenfurt und Würzburg gelegen und nur durch den Main voneinander getrennt, sahen schon in den ersten Tagen des April Bauern aus mehreren Dörfern in Versammlung und Beratung, die Kartause Tuckelhausen einzunehmen. Am 5. April flog das Fähnlein; Fritz Zobel, aus dem edeln fränkischen Geschlechte der Zobel, führte sie als Hauptmann. Sie nahmen das Kloster ein und schrieben nach Eibelstadt und in die nächste Umgebung: „Wir bitten euch in brüderlicher Treu, zu uns zu kommen; wo nicht, wollen wir euch daheimsuchen." Das Domkapitel zu Würzburg schickte eilig einige aus seiner Mitte nach Ochsenfurt, um durch Vorstellungen den Abfall zu verhüten, den man auch von dieser Stadt befürchtete. Aber sie fanden am Abend die Tore schon verschlossen und wurden nicht eingelassen; die drei edlen Domherren mußten die Nacht draußen vor den Mauern zubringen und ritten morgens gekränkt nach Würzburg zurück, ungeachtet die von Ochsenfurt ihre geschlossenen Tore mit den gefährlichen Zeiten rechtfertigten, da man nicht wisse, wer Freund oder Feind sei. Die drei Domherren begaben sich, da ihnen die Stadt sicheres Geleit zusagte, aufs neue dahin, und die Ochsenfurter hatten schon ihre Punkte bereit, die sie als Bedingungen ihrer Treue festhielten. Sie erkannten auch ferner das Domkapitel als ihre Herrschaft an; dafür forderten sie, daß das Kapitel alles, was das Evangelium ausweise, und alles, was die fränkische Nation erhalten würde, auch ihnen gewähre; bis zur allgemeinen Reichsreform keine Abgaben einfordere; niemand zwinge, gegen die evangelischen Brüder auszuziehen, und jedem Bürger freigebe, zu den Bauern zu treten. Mit diesen Punkten schickten sie den Domherrn Hans von Lichtenstein an das Kapitel, die zwei anderen behielten sie zurück. Das Domkapitel stellte am 12. April die Bewilligungsurkunde mit schwerem Herzen aus, mit ausdrücklicher Zusage für sich und seine Nachkommen, der Empörung halb nie gegen irgend jemand etwas selbst vornehmen zu wollen, noch solches jemand zu gestatten. Das Kapitel gab so viel nach, weil die Ochsenfurter die zwei andern Gesandten unter keiner andern Bedingung herausgeben wollten und weil es allerorten und -enden im Hochstift ausbrach oder der Ausbruch drohte.

In Markt Bibart nahm im Würzburgischen die Sache des Volkes ihren Anfang sehr frühe, schon im Anfange des März. Die Bewegung wurde hier vorbereitet und geleitet von den zwei Prädikanten und Eingeweihten, Georg Gennlich und Thomas Wagner, zwei Bürgern zu Bibart. Die Brüderschaft, die sie zunächst aus armen Leuten bildeten, nannte sich „die Unendlichen", entweder, weil ihre Güter nicht im Reich der Endlichkeit lagen, sie so gut als ohne zeitlichen Besitz waren, oder, was wahrscheinlicher ist, weil sie alles Volk als ihre Verbrüderten ansahen und ihre Verbindung als eine unendliche, durch alle Landschaften laufende Kette anpriesen.

Weiter und weiter breitete sich die geheime Verbrüderung der Unendlichen aus, und in das Kloster Birklingen kamen acht Bürger aus Bibart, als wollten sie Korn kaufen; man ließ sie ein, sie setzten sich darin fest, läuteten die Ortsgemeinde zusammen, nahmen sie in den Bund auf, bestellten Konrad Lülich zum Hauptmann, ließen sich von den Mönchen einen Abendtrunk geben, kehrten nach Bibart zurück, riefen die Einwohner unter die Waffen, und ehe sie einen Widerstand wagten, entflohen der Beamte und sein Anhang über die Stadtmauer. Die Bibarter aber mahnten alle Ortschaften umher auf, mit ihnen die Gerechtigkeit zu handhaben, und schickten ihre Beschwerden an den Bischof, erhielten aber nichts als Worte, die sie zum Frieden mahnten.

Da kam indessen der würzburgische Marschall mit 65 Pferden nach Iphofen. Er ritt zum Fürstentag, der auf den 4. April nach Neustadt an der Aisch ausgeschrieben war. In Iphofen aber erscholl ein Geschrei, er komme, die Köpfe derer zu holen, die in Birklingen die erste Zeche gehalten haben, Weiber und Kinder heulten, die Männer warfen ihre Waffen an und sammelten sich, der Marschall beschwichtigte sie und ritt weiter nach Neustadt. Die Schuldigsten trauten nicht und schickten nach Bibart um Hilfe. Um Mitternacht kamen dreihundert Bibarter in Wehr und Waffen vors Tor und forderten Einlaß. Statt dessen ertönte die Sturmglocke in der Stadt, Tore und Mauern füllten sich mit Bewaffneten. Sie seien als Freunde da, riefen die Bibarter hinauf. „Freunde kommen bei Tag", scholl's als Antwort herab, „wenn ihr euch nicht entfernt, wollen wir unter euch schießen wie unter die Hühner." Es war der Amtmann von Vestenberg, der so sprach; der Marschall mit seinen Reitern war schon wieder von Neustadt zurück und zur Abwehr entschlossen. Mit Tag wollten die Bibarter das Tor stürmen, ein Kugelregen empfing sie, sie ließen zwei Reiswagen, Harnische und ihr Fähnlein zurück, flohen nach Bibart und schrien über die Iphöfer als Verräter. Am 6. April war ganz Bibart auf; alles zog, denen von Bütthart gleich, zum hellen Haufen; nur acht Bürger blieben in der Stadt.

Im Norden des Hochstiftes, zwischen dem Fuldaischen, Hennebergischen und Thüringischen, ließ sich am 9. April zuerst die Trommel des Aufstandes hören. Aus einem Wirtshaus zu Münnerstadt zogen sie aus, anfangs nur eine kleine Zahl, einen Trommelschläger voran, durch die nächsten Orte, in den ersten Tagen mit geringem Zuwachs. Desto größeren hatten sie in der Stadt. Hans Schnabel, der Schreinermeister, führte den Vorsitz. Er erschien mit einer Schar Bürger am 12. April vor dem Bürgermeister. Sie wollen draußen das Kloster Bildhausen, unweit der Saale, einnehmen, sagte er. Es waren ihrer dreihundert in Waffen; der Bürgermeister mochte einreden, was er wollte, sie zogen hinaus und setzten sich in dem Kloster. Während derjenige Teil der Bürger, welcher in Münnerstadt zurückgeblieben war, in dem deutschen Haus, dem Augustinerkloster und dem Hofe der Bildhäuser in der Stadt alles an sich nahm, schufen die draußen in Bildhausen das Kloster, aus dem der Abt und fast alle Mönche zuvor hinweggezogen waren, zu einem festen Lager um; Verhaue und ausgestellte Posten verwahrten die Straßen. Hans Schnabel von Münnerstadt und Hans Schaar von Burglauer wurden Hauptleute, Michael Schrimpf, der Pfarrherr von Wemrichshausen, Kanzler des Haufens. Soviel Volkes ihnen mit jedem Tage zufloß, so war doch gute Zucht und Ordnung im Lager.

Die beiden Nonnenklöster Hausen und Frauenroth zu behüten, legte der Amtmann von Rothenhan zu Aschach die verlässigsten Hintersassen als Wache hinein, diese aber zehrten das Beste aus Keller und Stall auf, und es begann ein Laufen in die Klöster; alles wollte wachen helfen. Dem Amtmann, der ihnen die Wirtschaft legen wollte, antworteten sie mit Büchsenschüssen und der Zuschrift: Die Klöster dienen nicht Gott, sondern dem Teufel, und sie sehen sich verursacht, solcher Schalkheit zu wehren. Sie zerwarfen sich bald so mit dem Amtmann, daß sie sein Schloß Aschach stürmten und ihn und acht Edelleute gefangen hinwegführten. Eine andere Schar nahm von Kissingen aus das Kloster Aurach und wieder eine andere das Kloster Heidenfeld.

Konrad von Thüngen, seit 1519 Bischof zu Würzburg und Herzog in Franken, hatte es zwar nicht gleichgültig, aber doch, als ginge es ihn zunachst nichts an, vernommen, was seine Botschafter ihm von den Aufständen im südlichen Schwaben, von den Plänen Herzog Ulrichs schrieben, wenn sie ihm berichteten, das Geschrei zu Ulm über Mönche und Pfaffen sei nicht anders als ehemals über die Juden. Erst die Nachricht von dem Aufstand in der Rothenburger Landwehr, von ihrem Vorhaben, bald nach Würzburg zu kommen, die Geistlichen zu verjagen und ihre Güter einzunehmen, eine Nachricht, die ihm sein Amtmann zu Raigelsberg, Jörg von Rosenberg, gab, regte ihn an.

Der Bischof suchte bei Bamberg, Eichstätt und Brandenburg um Hilfe, und ins Lager zu Schäftersheim ritten die Abgeordneten des Bischofs und der Ritterschaft, darunter auch der Hofmeister Sebastian von Rothenhan. Die Bauern erwiderten ihnen, sie zwingen niemand wider seinen Willen zu ihrer Partei, nehmen aber wohl jeden auf, der zu ihnen komme und ihr Vorhaben befördern helfe. Ihre endliche Meinung sei, „was das Evangelium aufrichte, soll aufgerichtet, was es niederlege, niedergelegt sein". Solange diese Sachen nicht in Ordnung gebracht seien, wollen sie ihren Herrschaften nichts mehr geben. Sie bestellten die Abgeordneten auf den folgenden Tag, das Palmfest, zu weiterer Besprechung. Diese aber kamen nicht wieder, es war ihnen sorglich gewesen unter den drohenden Gebärden der Bauern; von Röttingen aus wiederholten sie schriftlich ihre Ermahnungen und ritten dann heim. Die Bauern aber schickten der Abgeordneten Verlangen und ihre Antwort darauf an die Viertelsmeister der Stadt Würzburg und verlangten von ihnen, als ihren christlichen Brüdern, ihr Gutachten über dieselben.

Von Bamberg, Brandenburg und Eichstätt kam dem Bischof keine Hilfe, sie hatten für sich selbst genug zu tun, wie der schwäbische Bund, der ihm zwar die Ermächtigung, auf des Bundes gemeine Besoldung dreihundert Pferde auf einen Monat aufzubringen, zuschickte, aber keinen Mann und kein Pferd.

Die Stadt Würzburg hatte ein Jahrhundert zuvor ihre altstädtische Gerechtsame, wie so manche andere, an den Bischofsstuhl verloren; durchs Schwert war die Bürgerschaft unterworfen worden; das hatte diese Hauptstadt Ostfrankens nie vergessen. Durch das Gefühl des Druckes, durch die Hoffnung, die verlorene Freiheit wiederzugewinnen, durch rührige Volksmänner waren gerade jetzt die Gemüter besonders gereizt. Wie vor einem halben Jahrhundert „das Pfeiferhänslein" das Hochstift erregte, so war es auch jetzt ein aufgeweckter Kunstgesell, ein Sohn der göttlichen Musika, von dem die erste Bewegung in der Stadt ausging.

Hans Bermeter, genannt Link, aus einem rothenburgischen Ratsgeschlecht, Virtuos auf der Pfeife und der Laute, Freund der Reformation, als lustiger Bruder viel bekannt, in Gesellschaften ein trefflicher Sprecher und angesehen in seinem Kreise, erhob sich mit den Genossen seiner bisherigen Freudengelage zu ernsteren Dingen, zur Revolution der Stadt. Er warf sich zunächst auf die Häuser der Geistlichkeit des Kollegialstiftes Haug, wovon jenes Stadtviertel den Namen hat, bildete aus dem, was er dort fand, eine Kriegskasse und ein Kriegsmagazin für seine Gesellschaft, vermehrte seinen Anhang und stärkte und reizte durch seine Reden ans Volk den Unwillen der Bürger gegen die geistlichen Herren. Eine Vereinigung der Würzburger mit den Bauern zu bewirken war sein vorzügliches Absehen. Er lobte, wo er konnte, der Bauern Vornehmen und schrieb Briefe und las sie vor, als wären sie von der Bauerschaft an Rat und Viertelsmeister und von dem Rat an die Bauerschaft.

Neben und mit ihm wirkte vorzüglich Georg Grünewald; auch er aus altem, gutem Hause, dabei ein namhafter Bildschnitzer und Maler, gewöhnlich nur Meister Till genannt. Die Söhne der bildenden Kunst waren überhaupt freigeistig und der Klerisei nicht hold; das zeigen uns viele geschnitzte Bilder der eben damals vollendeten Dome, die, je nachdem man sie von einer Seite betrachtet, bald Heilige, bald die beißendsten Karikaturen darstellen.

So sah man die Bürger vielfach zusammentreten, da und dort in der Stadt, und sich besprechen. Eines Tages hatten sich am Stephanstore viele aus dem Sandviertel zusammengetan. Hermann Mord, der Domvikar und Pfarrer zu Rottendorf, kehrte gerade von seiner Pfarre heim. Unterm Tor glaubte er sich von etlichen der Versammlung unfreundlich angesprochen. „Was fangt ihr da an, ihr Buben?" schimpfte er, „ich will noch sehen, daß man euch die Köpfe auf dem Markte abschlägt." Diese

Rede lief schnell durch das Volk, einen Auflauf und die Viertelsmeister sah der Domdechant Hans von Guttenberg zugleich vor seiner Wohnung; sie verlangten Genugtuung für diese Beleidigung. Er, in Furcht vor größerem Aufruhr, vergönnte ihnen, dem Vikar zur Buße, ein halb Fuder Wein aus dessen Keller unter seiner Behausung zu nehmen. Mit Gewehr, mit Trommeln und Pfeifen, als ob's in eine Schlacht ginge, zogen sie vor das Haus des Domvikars; der ließ sich nicht blicken, und zu dem halben Fuder nahmen sie noch neun ganze; es war ein lustiges Forttragen und Führen, in Zubern und auf Karren. Beim Abt von St. Stephan wollten sie darauf auch anzapfen; nur die Dazwischenkunft der Viertelsmeister rettete ihm seinen guten Keller.

So entstand ein Auflauf nach dem andern. Der Bischof folgte dem Rat seiner Vertrauten, ließ die Bergschlösser, vor allem den Frauenberg (Marienberg), mit Lebensmitteln versehen und befahl den Amtleuten, treue Leute zu sich in Besatzung zu nehmen. Sebastian von Rothenhan mit zwei anderen Räten sollte die Bürgerschaft zu gewinnen und dahin zu bringen suchen, daß die, welche Aufläufe machten, bestraft, „alle bösen Buben, die gern Aufruhr sähen", aus der Stadt geschafft, Stadt und Vorstädte gegen die Bauern in Verteidigung gesetzt, Bürger auf die Wachtposten vor der Stadt ausgestellt und des Bischofs reisiges und Fußvolk,

In Zubern und auf Karren wird der Wein fortgeschafft

das man werben wollte, sowie die Ritterschaft in die Mauern aufgenommen werden. Rothenhan ritt vom Frauenberg, wo der Bischof Hof hielt, herab in die Stadt und übergab diese seine Forderungen schriftlich den Viertelsmeistern. Die Bürger einzuschüchtern, sagte er, die Reiter seien schon im Anzug und werden in der Stadt Herberge nehmen. Diese Äußerung, zu der er keinen Auftrag hatte, tat eine ganz entgegengesetzte Wirkung.

Da war Hans Bermeters beredte Zunge in Feuer, da war Meister Till von Bürger zu Bürger zu gehen geschäftig, daß sie doch die Reiter nicht einließen. Die Bauern streiten für das Evangelium; ob sie gegen diese fechten wollen? Schon genug ehrbare Frauen der Stadt seien von den Pfaffen verführt und mit Gewalt zurückbehalten worden. Ließen sich die Bürger hinaus vor die Stadt locken, so wären ihre Frauen und Töchter den Pfaffen und den Reitern preis. Die Geschütze, hieß es auch, die draußen im Hof zum Katzenwicker stehen, seien in die Stadt gerichtet; die sollen von dem fremden Kriegsvolk gebraucht werden, die Bürger ihres Gefallens zu zwingen.

Die ganze Stadt geriet in Bewegung. Die Bürger besetzten alle Türme und Tore, zogen die eisernen Ketten vor den Eingang in die Straßen, verpalisadierten die Zugänge vom Main her und verwahrten vorzüglich die Wege zum Frauenberg gegen die Stadt zu mit starken Riegeln, Ketten und Mannschaft. Diese Bewachung leitete vornehmlich Hans Breutigam, der Fischer. Ein Haus an der engen Gasse unter „dem Tell" wurde das Wachthaus; niemand konnte zu Roß hindurchkommen. Die Wacht, armes Volk im Sold der Stadt und täglich abgelöst, nahm nach Bedarf von den Lebensmitteln, welche für den Bischof und seine Räte täglich zu Hof auf den Frauenberg gebracht wurden, auch an die, welche hinaufgingen, wurden öfters mit Ungestüm Anforderungen um ein Weingeld für sicheres Geleit gemacht. Ebenso war es auf der Brücke und an den Toren bestellt, nur daß sie die Vorübergehenden ruhig wandeln ließen. Dagegen schickten sie in die Klöster und geistlichen Häuser um Wein, den man ihnen aus Furcht nicht verweigerte. Wollte also einer der bischöflichen Reisigen auf den Frauenberg, so mußte er entweder „auf dem Ruck" hinein oder bei Himmelpforten über den Main kommen. Und auch da war es nicht sicher hinüberzukommen. Denn die Weinhäcker nahmen ihre Büchsen mit in die Weinberge und schossen aus den Reben nach solchen Reitern, „als wären's Wasservögel". Dem Kaspar von Reinstein wurde mitten im Wasser ein Pferd erschossen. In der Stadt hielt man auch Köche und Zimmerleute, die auf den Frauenberg erfordert wurden, durch Drohungen ab, hinaufzugehen.

Unter solchen Umständen entritt Rothenhan mit den andern Abgeordneten seines Herrn ohne Antwort auf den Berg. Am 12. April schrieben die Bürger dem Bischof hinauf: Auch sie wünschen, daß die Aufrührer gestraft werden, doch nur die, welche keinen gerechten Grund hätten; des Auszuges halb, so sei die Stadt zu weitläufig, und es wohnen der Pfaffen zu viele darin, als daß die Bürger hinaus auf die Wachtposten ziehen könnten; eine Besatzung können sie nicht einnehmen, es fehle an Heu und Stroh. Die vom Hauger Viertel wollten vor allem Belassung ihrer Prediger, das lautere Evangelium, Aufhebung der Zinse, Gülten und anderer Beschwerden. Der Fürst berief Bürger- und Viertelsmeister zu sich und versicherte sie, wie er es immer gern sehe, daß das Evangelium lauter gepredigt werde, nur lege es jetzt jeder nach Gefallen aus; ihren Prediger habe er nicht verdrängt, sondern ihn auf eine bessere Stelle versetzt, die er nur nicht angenommen habe. Die Abgeordneten der Bürger bestanden auf ihrer Weigerung und auf einem Landtag, und da der Abfall täglich im Stift allgemeiner wurde, Hans Bermeter unten in der Stadt im grünen Baum, der öffentlichen Tanzlaube der Bürgerschaft, eine Art Lager errichtet, die mit ihm haltenden Bürger die Weinkeller der Geistlichen wie ihre eigenen behandelten und das Pfründbrot der Domherren nach Gefallen verteilten, schrieb er endlich einen Landtag auf den 30. April aus, für Ritterschaft und Städte, um „die Beschwerden zu hören, die sie wider Recht und Billigkeit sich aufgelegt glauben, und um sich darin gnädig gegen sie zu beweisen"; unter Zusicherung freien Geleites hin und her.

Noch an demselben Tage ersuchte der Bischof den Pfalzgrafen um drei gute Büchsenmeister und hundert vertraute Leute zur Verstärkung des Frauenberges sowie die Öffnung des Schlosses Boxberg für mögliche Fälle. Der Pfalzgraf gab gerne das letztere zu, das erstere konnte er nicht, er war selbst in Not.

Graf Wilhelm von Henneberg, der mächtigste Lehnsträger des Hochstiftes Würzburg, ließ trotz gegebener Zusage weder von seiner Person noch von seinem Kriegsvolk etwas zu Würzburg blicken. Auf diesen Herrn, der sich schon vor zwölf Jahren zu Schweinfurt bei Gelegenheit innerer Unruhen mit Bürgerblut besudelt und erst noch vor einem Jahre eine drohende Miene gegen die Reformation angenommen hatte, glaubte der Bischof am meisten rechnen zu dürfen. Da kam eine Entschuldigung, er habe kein Geld, könne ohne Bares niemand zu seinem Dienst auftreiben und begehre darum 4000 Gulden. Auf sieben Pferden schickte der Bischof ihm diese Summe durch Paul Truchseß. Als dieser am 27. April vor Schleusingen, wo der Henneberger Hof hielt, ankam, wollte man ihn nicht einlassen, und er konnte nicht einmal Antwort bekommen. Zuletzt kam er doch ins Schloß allein hinein und nach einiger Zeit wieder heraus, um die Leute mit dem Gelde vor das Schloß zu führen. Der Graf war nicht zu sehen, auch kein Kriegsvolk; die Gräfin nahm endlich das Geld in Empfang. Das Rätsel löste sich nach wenigen Tagen. Damals stand Graf Wilhelm von Henneberg schon mit dem Bauernlager zu Bildhausen in Unterhandlung; und am 3. Mai trat er in die Brüderschaft der Bauern durch eine feierliche Urkunde ein. Er gelobte „mit gutem Willen zu Gott und seinen Heiligen, sein heiliges Wort handhaben, schirmen und verteidigen zu wollen; alles frei, ledig und los zu geben und zu lassen, was Gott der Allmächtige gefreiet durch und in seinem geliebten Sohn Jesus Christus, und fürder seinen Glauben mit nachfolgenden Werken zu beweisen“.

Dagegen gelobten ihm die Bauern, sich gegen ihn „als einen christlichen Bruder“ zu halten und um das Wort Gottes Leib und Leben zu lassen. Den Schutzbrief der Bauern siegelte, auf deren Begehren, Burggraf Sigmund von Kirchberg, Herr zu Varrenrode.

Aus der Urkunde des Grafen erhellt, daß der Bildhäuser Haufen nicht die sieben Artikel der anderen Franken, sondern die berühmten zwölf Artikel zur Grundlage nahm. Graf Wilhelm schwur „auf die zwölf Artikel und auf alle, die noch weiter als christlich erfunden würden“; und der Ort, da er das Gelübde ablegte, war die Stadt Meiningen.

Denn im Norden des Hochstiftes hatte indessen der Aufstand mit jedem Tage an Stärke gewonnen. Die ganze Landschaft diesseits des Rhöngebirges war, wie die jenseits, in Bewegung. Drüben und hüben an dem Saalefluß folgten Schlösser und Städte, halb freiwillig, halb gezwungen dem Strome, der alles dem Lager von Aurach und Bildhausen zu riß.

Wohl einmal gab ein Vogt, der sich der Brüderschaft nicht anschließen wollte, seine Burg von selbst preis und entritt zu seinem Herrn, wie Otto von Groß, der Hauptmann auf Schloß Homburg an der Wern, tat. Hie und da wartete man nicht, bis die Bauern kamen, sondern die Bürger der Stadt blockierten selbst ihr Schloß im Namen der Bauern, wie die von Arnstein, die in Harnisch und Wehr, mit Trommeln und Pfeifen aufs Rathaus marschierten und kurz und trocken erklärten, sie wollen den Rat zum Fenster hinauswerfen, wenn er nicht alsobald in die Brüderschaft der Bauern trete. Das tat denn der Rat, und mit einem fliegenden Fähnlein zogen viele Bürger ins Bauernlager.

Um diese Zeit flossen die fünf Lager im nördlichen Teile des Herzogtums Franken in einen hellen Haufen oder vielmehr in ein Hauptquartier, in das von Bildhausen, zusammen, dessen Hauptmann Schnabel zum obersten Feldhauptmann gewählt wurde und von wo aus, als dem Zentrum, die vier anderen Korps Weisung und Richtung annahmen. Manifest, Fahnenwappen – fast lauter Kreuze –, die ganze anfängliche Haltung zeigen, daß der Aufstand dieser Landschaften von dem religiösen Element nach den Thüringern und Elsassern vielleicht am stärksten durchzogen war. Von manchen, die zuerst der Bewegung nicht beitraten, sondern erst später folgten, hatte man sagen hören, sie haben das Vertrauen zu ihrem Fürsten, daß er die evangelische Wahrheit und Gerechtigkeit liebe, sie bei derselben verbleiben lassen und ihnen als ein christlicher Fürst alles, was sie unbillig trügen, abnehmen werde. Als sie aber sahen, daß der fromme Fürst, daß alle Herren umher, die nicht schon zu ihnen gefallen waren, sich kriegerisch feindlich rüsteten, da wurde es auch in ihnen und bei ihnen anders. Sie schlossen sich zusammen und wollten handeln, weil es Zeit wäre. Nur der Überfluß an Fruchtvorräten auf den Edelsitzen wurde für den ganzen Haufen in Anspruch genommen. Die Edelleute, die sich anschließen wollten, fanden Raum in der Brüderschaft, sobald sie alle ihre adeligen Vorausnahmen draußen lassen und als Gleiche mit Gleichen leben wollten. Die Juden selbst sollten geschützt, aber ihr bares Geld, damit es für gewisse Fälle zur Verfügung stände, unter guter Aufsicht gehalten, nichts von Lebensmitteln verkauft, sondern aufbewahrt, über alle Beute, die man machen würde, pünktliche Rechnung geführt werden.

So war eine kriegerische Ordnung beraten und gemacht; nun ging es an das Handeln mit dem 15. April. Wie warnende, mahnende, feurige Riesenfinger in den Himmel auf und in die Gründe hinab, leuchteten in engem Kreise die Flammen der schnell von ihnen gebrochenen Schlösser Lichtenberg, Hutsberg, Schwickershausen bei Berkach, Rastatt, Osterberg, Bibra, Landwehrsberg, Mühlfeld, Nordheim und die St.-Wolfgangs-Kapelle auf dem Hermannsfelder See; selbst das uralte Stammschloß Henneberg, auf hohem Berge seit fabelhaften Zeiten ragend und weitum sichtbar im Meininger Amte: Es waren Signale, daß das „gemarterte, gekreuzigte Volk auferstanden war und schreckliche Ostern feierte". Meiningen, die Stadt, nur wenige Stunden von Schleusingen, der Hofstatt Graf Wilhelms von Henneberg, eilte, in den Bund der Bauern zu treten. Das Fuldaische, rechts Thüringen, hier ganz Franken, dort der Thüringer Wald reg und drohend, hart an ihm – das war es, was auch den alten stolzen Grafen von Henneberg bestimmte, zuerst zu unterhandeln, dann die zwölf Artikel zu beschwören.

Selbst aber aus der Gefahr, welcher der Henneberger Graf dadurch entging, rechnete er, noch andern, bedeutenden Nutzen zu ziehen: Stürzte dieser Sturm den Bischofsstuhl zu Würzburg um, so fand er in der Verbindung mit den Bauern zugleich die Befreiung von seiner Lehenspflicht, die ihn an diesen Stuhl band; und daß er daran gedacht, das wird ihm von seinen Standesgenossen nachgesagt, wie dem Grafen von Wertheim, dem würzburgischen Kämmerer, wie vielen würzburgischen Vasallen, die jetzt nacheinander in der Brüderschaft der Bauern traten und darum nicht zu Hof auf den Frauenberg ritten.

9

Der vergebliche Landtag zu Würzburg

In Würzburg, der Hauptstadt des Herzogtums Franken, wuchs die Stimmung mit jeder Stunde bedrohlicher. Am 27. April versammelten sich 300 Bürger, um das Kloster zu Maienbronn zu überfallen. Sie waren meist aus den Vierteln Haug und Pleichach; Rat und Viertelsmeister wußten es zwar noch zu hintertreiben, und auch den Plünderungen, womit Hans Bermeter in den geistlichen Weinkellern und Kornböden fortzufahren gedachte, wurde dadurch eine Schranke gesetzt, daß der Viertelsmeister Balthasar Wirzburger, der Wirt zu der Schleyen, dem die Freizechen in den Klosterkellern offenbaren Abbruch in seiner Wirtschaft taten, den Rat bewog, bewaffnetes Volk in das Barfüßerkloster zu legen, die jeden Auflauf wehrten. Da alle Viertel der Stadt diese Maßregel billigten, mußten sich die Vorstädte Haug, Pleichach und Sand auch fügen. Wirzburger und Hans Glück wurden Hauptleute der Sicherheitswache; anfangs wurde manche Ausschweifung verhindert, aber in kurzem fingen die Hüter selbst an, in den Kellern zu schwelgen, die sie hüten sollten. Und am 28. April plünderten die Häcker jenseits des Mains unter Anführung Jörg Grünewalds ungehindert das Kloster Himmelpforten und führten die Beute öffentlich nach Würzburg herein.

Diese Gestalt der Stadt schien den Räten des Bischofs nicht einladend für ihren Herrn, den Landtag darin zu halten. Sie rieten ihm, ihn auf den Frauenberg oder an einen anderen Ort zu verlegen oder ihn wenigstens nur durch einen Gesandten zu beschicken. Schon aber waren großenteils die Abgeordneten in der Stadt angelangt, und ein Ausschuß des Rates und der Landschaft kam auf den Frauenberg und bat den Fürsten, in Person den Landtag in der Stadt zu eröffnen.

Er verlangte und erhielt sicheres Geleit und ritt dann am 2. Mai mit einigen vom Kapitel, von der Ritterschaft und den Räten in die Stadt hinab, nachdem er zuvor in einer feierlichen Urkunde dem Dompropst, dem Kapitel und den Räten den Frauenberg und das ganze Stift dahin übergeben hatte, daß sie weder das Schloß noch irgendein bischöfliches Recht aufgeben sollten, für den Fall, daß er gefangen und ihm in der Gefangenschaft ein Befehl dazu abgenötigt würde. Sie gaben ihm alle das Handgelübde darauf. Er konnte bereits leichteren Herzens hinabreiten, denn an diesem selben Morgen hatte ihm der Pfalzgraf auf Befehl des schwäbischen Bundes die erfreuliche Nachricht mitgeteilt, wie der Aufstand in Oberschwaben teils gestraft, teils vertragen worden und wie der Truchseß im Anzug auf Württemberg sei und dann auch der Pfalz, Mainz und Würzburg zu Hilfe kommen wolle.

Es waren Abgeordnete der meisten Ämter zum Landtag erschienen; nur dreizehn waren nicht vertreten. Die oberländischen Städte waren alle da; die Bauern des Bildhäuser Bundes, zu dem diese Städte gehörten, hatten ihnen nach kurzem Widerstreben den Besuch des Landtages gestattet, doch so, daß sie ohne die Bauern auf demselben nichts beschlössen. Von denjenigen Städten, die sich dem Tauberhaufen verbrüdert hatten, war gar kein Abgeordneter da; sie wurden von diesem zurückgehalten, oder sie dachten selbst wie die Bauern, ihre Brüder. Der Fürst soll ein christlicher Bruder werden, sagte die Stadt Bütthart, und dem göttlichen Wort einen Beistand tun.

Schon vor dem Landtag bekam es der Bischof zu hören, wie sehr er Anlaß zur Unzufriedenheit gegeben; wie „das gemeine Volk wider göttliche Satzung hoch bedrängt und beschwert worden, vornehmlich von Klöstern und Prälaturen, die nicht zu sättigen gewesen seien", und wie sie das Wort Gottes, das vor ein paar Jahren wieder ans Licht gekommen sei, zu verdunkeln und zu verfolgen geeifert haben. Auf dem Landtag übergaben sie eine von John Martell, dem Stadtschreiber zu Königshofen, verfaßte Adresse, welche im allgemeinen von den unerträglichen Bedrängnissen durch die bischöflichen Verwalter handelte, die meist vom Adel und der Geistlichkeit seien; diese seien auch Ursache, warum die oberländischen Städte zu den Bauern gefallen seien. Ohne die Bauern können sie nichts handeln und beschließen. Der Bischof sollte also auch diese erfordern.

Dem Bischof blieb nichts, als das Unerhörte zu tun, Bauern zu einem Landtag einzuladen; und während Abgeordnete an sie abgingen, mußte er die Beschwerden der einzelnen Landschaftsglieder hören. Da zeigte sich dann, welche himmelschreienden Gewalttätigkeiten bei Besteuerung, Zehnterhebung, Gerechtigkeitspflege und in anderen Stücken herrschend waren, welche Geduld die Untertanen bisher getragen, welche Mäßigung sie jetzt noch bewiesen und welche Stirn oder Gewissenlosigkeit dazu gehörte, um, wie Bischof Konrad getan, aufzutreten und zu sprechen, er sei sich bewußt, keinen Anlaß zur Unzufriedenheit gegeben zu haben.

Der Tauberhaufe gab denen, die mit der Einladung zum Landtag vom Bischof kamen, zur Antwort: „Sie können diesmal nicht viel tagleisten und wollen die Sachen sparen, bis sie gen Würzburg kommen, dahin sie kürzlich zu kommen sich versehen." Diese Antwort kam von den Hauptleuten aus dem Taubergrund. Andere im Bauernrat zeigten sich geneigt, auf die Abgeordneten des Bischofs zu hören und ihnen zu folgen. Da brachten die von der Tauber ein Schreiben des bischöflichen Kanzlers an den Bischof zu Konstanz, das sie eben aufgefangen hatten und das die Absichten und Hoffnungen des Hofes aufdeckte, vor die Gemeinde. „Vorwärts!" erscholl es von Mund zu Mund, „keine Luft gelassen den Feinden des Evangeliums! Sie wollen nur Zeit gewinnen." Zugleich schrieben sie in das Lager von Bildhausen die Mahnung, sich zu erheben, nach Würzburg zu kommen und ihre Sache vollenden zu helfen.

Auf das, was die Abgeordneten der Landschaft berichteten, zerschlug sich der Landtag. Zwischen der Stadt Würzburg und den Abgeordneten der Landschaft war ein so gutes Verständnis, daß die erstere für diese in den Herbergen bezahlte und alle Städte mit Würzburg sich verbanden, brüderlich mit Gut und Blut zusammenzuhalten und ihre Sache als eine gemeinschaftliche anzusehen. Dann ritt jeder in seine Stadt.

Der Bischof hatte schnell bei der wachsenden Gefahr aus mehreren Schlössern die Besatzungen heraus und auf den Frauenberg gezogen; noch einmal bat er die Stadt Würzburg, ihm treu zu bleiben. Die Augen der meisten Bürger sahen das evangelische Heer vom Odenwald her, das ihrer Landsleute von der anderen Seite her schon vor ihren Toren gelagert, die einen mit Furcht, die anderen mit Wünschen; sie gaben eine zögernde Antwort. Der Fürst sah darin die Absicht, ihn so lange aufzuhalten, bis die Bauern in Würzburg eingerückt wären. Sie hatten ihm das Geleite treulich gehalten und ihn unbeschwert auf den Frauenberg zurückreiten lassen; aber die Weiber in der Stadt ließen sich voll Zorns verlauten, hätten sie gewußt, daß ihre Männer so einfältig wären, den Bischof wieder aufs Schloß zu lassen, so hätten sie sich selbst rottiert und ihn gefangengenommen.

Sebastian von Rothenhan hatte für den Frauenberg mit ebensoviel Tätigkeit als Klugheit gesorgt. Er hatte die Bäume im Lustgarten umhauen, das Schloß verpalisadieren, die Tore besetzen, Schießlöcher durchbrechen, Büchsen austeilen, Wasser, Wein, Holz, Korn, Mehl, Speck, Eier, Butter, dürr Fleisch, Betten und anderes herbeischaffen lassen, Zimmerleute und Ballierer hereinbekommen und eine Zug- und Pulvermühle gebaut. Dennoch rieten Adel und Stiftsherren ihrem Bischof einmütig, die Umlagerung durch die Bauern nicht abzuwarten, sondern für diesen Fall beim Kurfürsten von der Pfalz Hilfe zu suchen und sie zu entsetzen; und er ritt am 5. Mai, abends, von der Feste hinweg, mit bekümmertem Herzen, ob er die Treuen, die er auf dem Berg zurückließ, wiederfinden, ob er diesen ihm im ganzen Stift noch einzig übriggebliebenen Platz behalten, ob er selbst mit dem Leben davonkommen werde. Über Boxberg und Lorbach kam er am 7. Mai mit seinem Gefolge nach Heidelberg. Auf dem Frauenberg blieben 244 Mann als Besatzung zurück: Domherren, Ritter und Knechte. Das Schloß war dem Dompropst, Markgrafen Friedrich von Brandenburg, als oberstem Hauptmann übergeben, und alle schwuren, bei ihm zu leben und zu sterben.

10

Vollstreckung des Artikelbriefes über Schlösser und Klöster auf dem Zuge nach Würzburg

Zu Ochsenfurt, wo die Nachhut wieder zu dem großen Tauberhaufen stieß, wurde vier Tage gerastet; 500 Fuder Wein und die vollsten Kornspeicher des würzburgischen Dompropstes und Domkapitels, die sie hier fanden, reichten hin, um ein größeres Heer zu bewirten, und es zogen ihm auch hier ein paar Tausend Mann weiter zu aus Sommer- und Winterhausen, Eibelstadt, Randersacker, Frickenhausen, Obern- und Unterbreit, Goßmannsdorf, Oberickelsheim, aus den Herrschaften Absberg, Schwarzenberg und Kastell. Sie entwarfen hier eine neue Heerordnung und besetzten auch das Regiment neu. Jakob Köhl von Eibelstadt wurde von allen Fähnlein zum obersten Hauptmann erwählt; Michael Hasenbart von Mergentheim zu seinem Stellvertreter (Oberstleutenant), Kunz Bayer von Edelfingen zum Schultheißen und Pfenningmeister des Heeres. An Hasenbarts Statt wurde Hans Kolbenschlag oberster Hauptmann der Mergentheimer. Die Revision und Erweiterung der Heerordnung enthielt genaue Bestimmungen über Subordination, Heerzucht und Verpflegung, nahm nach dem Vorgang der Bildhäuser Artikel über Abbruch der adeligen Schlösser, über den Adel, über Verzeichnung und Beschlagnahme geistlicher Güter auf, die von den Bildhäusern wenig abwichen, und schärfte neben strengen Artikeln über die öffentliche Sittlichkeit namentlich ein, daß „täglich im Lager das Wort Gottes gepredigt werden solle". – Eine der ersten Amtsverrichtungen des neuen Regiments war, daß den Zolleinnehmern geboten wurde, keinen Zoll mehr zu nehmen, und daß sie Verzeichnisse anfertigen ließen über Keller und Kästen und die Vorräte in ihre Verwaltung zogen. Das Regiment führte auch von nun an ein großes und ein kleines Siegel. Gemäß den Artikeln der neuen Kriegsordnung, daß alle, auch der in die Brüderschaft getretenen Edeln feste Häuser durch den Haufen oder durch die Besitzer selbst abgebrochen werden müssen, ergingen sogleich angemessene Befehle nach allen Seiten an die verbrüderten Gemeinden, alle noch nicht gebrochenen Burgen in ihrer Nähe zu brechen. Sogleich wurde das Schloß Messelhausen von den Laudaern und Mergentheimern zerstört, ebenso später Boxberg und Schweigern.

Der große Haufe selbst brach am 28. April aus dem Lager zu Ochsenfurt auf, rückte nach Iphofen vor und blieb daselbst zwei Nächte; der dasige Mönchshof versah sie mit Wein und Brot. Aus Groß- und Kleinlangheim, aus Michelfeld und anderen Orten verstärkten sie sich, brachen am 30. von Iphofen auf und zogen auf Schwarzach. Unterwegs, als sie durch Großlangheim zogen, wurden sie von den Einwohnern, besonders von den Frauen, jubelnd bewillkommt, die in Butten, Gölten, Kannen, Krügen, Flaschen und anderen Trinkgeschirren Wein genug allenthalben auf die Gassen setzten. Der Abt, Georg Wolfsbach zu Schwarzach, hatte die Klosterangehörigen schwer gedrückt, und die Schwarzacher Bürger hatten schon früher den Bischof zu Würzburg um Schutz gegen dessen ungerechte Steuer- und Zollforderung angegangen. Frühere Fehden hatten das Kloster mit Schulden belastet und der Abt durch erhöhte Steuern sie tilgen wollen. Als der Tauberhaufe, der jetzt auch für sich den Namen „fränkisches Heer" angenommen hatte, im Anzug war, verlangten die Schwarzacher Bürger von dem Bischof die Erlaubnis, das reiche Kloster unter ihren Schutz zu nehmen und zu besetzen. Der Bischof gab sie, und sogleich warfen sich Bürger und benachbarte Bauern in das stadtähnliche Benediktinerhaus, erzwangen mit wildem Geschrei die Schlüssel zum Weinkeller und zur Vorratskammer, und viele berauschten sich so sehr, daß in der Nacht auf dem Dorment Feuer auskam. Die Türen wurden aufgesprengt, Geschrei und Schrecken überall.

Die Bürger zu Schwarzach nahmen das fränkische Heer mit Freuden auf und führten es in das Kloster. Gründlicher, als sie es zuvor getan, wurde es nun von den Bauern geplündert. Die vergrabenen Privilegien, die ihnen verraten wurden, wurden zerrissen und zerstreut und zuletzt es selbst angezündet. Es brannte zur völligen Ruine aus, und die Hintersassen teilten die Äcker, Wiesen und Waldungen unter sich; der Abt sah den Untergang seines Klosters von fern und floh, sein Leben zu retten, nach Nürnberg. Aus Dettelbach, Volkach und vom Steiger Wald kamen neue christliche Brüder herbei und schwuren unter den Flammen der Abtei in den Bund.

Von Schwarzach aus sandte das fränkische Heer jene schon berührte Aufforderung an die Bildhäuser, ihnen zuzuziehen. Die Antwort derselben war, sie haben sich verpflichtet, die Entscheidung des Landtages abzuwarten.

Am 2. Mai machte das fränkische Heer einen Besuch in der Kellerei von Gerolzhofen, und die aus dem Hallischen und Limburgischen zu ihnen Gestoßenen brachten auch unter diesen Haufen die Scherzbenennungen mit: lustige Kistenfeger und Säckelleerer. Es war freilich wie ein toller Saus und Braus, der Hin- und Herzug des Haufens, am Tage die Flasche in der Hand, nachts die Brandfackel; Widerstand nirgends. Von Gerolzhofen zogen noch in derselben Nacht einige Fähnlein vor das Bergschloß Stollberg im Steiger Wald, wo Graf Wolf von Castell, der jetzt auf dem Frauenberg lag, sonst als Oberamtmann saß.

Bei Annäherung der Bauern flüchtete sich die Gemahlin des Grafen mit ihren Kindern auf das Schloß Castell. Hier saß Graf Hans II. von Castell. Seine Gemahlin war bürgerlichen Standes und hieß Magdalena Röder. Sie sahen von Castell aus ihr Schloß Stollberg und am 3. Mai auch Schloß Bimbach in Flammen und bald in Asche sinken.

Die Kartause zu Ostheim, gegenüber von Volkach, Kloster Bergrheinfeld, die Schlösser Gaibach und Hallburg wurden geplündert und gebrochen. Am Donnerstag, dem 4. Mai, hielten die Hauptleute eine große Gemeinde, denn es war Zwiespalt, wohin man zunächst ziehen solle, ob gleich nach Würzburg, ob vor den Zavelstein, das feste Schloß, darin das bischöfliche Archiv und eine starke Besatzung lag. Die umwohnenden Bauern fürchteten für Weib und Kind, wenn sie nach Würzburg zögen und diese Besatzung im Rücken ließen. Die Mehrheit, nach langer Umfrage, sprach: „Vor Unserer lieben Frauen Berg!" Den Zavelstein ließ man durch zwei Fähnlein unter dem großen Leonhard von Schwarzenbronn und Wilhelm Reichard von Röttingen berennen. Die Brüder Hans und Chünemund von Giech, die ihn verteidigten, weigerten die Übergabe; und diese Fähnlein zogen ab, dem fränkischen Heere nach, das sich nach Würzburg umwandte.

Die Artikel in der Gegend zu vollstrecken, blieb Hans Luft als Hauptmann der Fähnlein von Stadt und Ämtern Gerolzhofen und Haßfurt zurück. Er brach das Schloß, die Kartause und das Nonnenkloster Gerolzhofen. Den Haßfurtern hatte der Abt von Theres, Thomas von Heildorf, dieses schon ums neunte Jahrhundert gegründete Kloster in ihren Schutz befohlen. Als aber die Boten vom vergeblichen Landtag heimkehrten, schlug das ganze Oberstift um, und die Haßfurter kamen, verzeichneten alles, was im Kloster war, legten es unter Beschlag und setzten sich darein. Der Abt hielt sich mehrere Wochen in einer Hütte, im Dorf Obertheres, verborgen.

Hans Luft suchte auch die Zisterzienser zu Ebrach heim, ein Kloster, so reich, daß sein Abt sich rühmte, um drei Heller ärmer zu sein als der Bischof zu Würzburg. 75 Konventualen lebten ohne Sorge darin. Als die Bauern sich näherten, wechselte der Abt Johann Leiterbach die Kleidung und suchte unerkannt in den Ebracher Hof nach Nürnberg zu entkommen. Aber im Dorfe Mühlhausen wurde er von bambergischen Bauern erkannt. Sie ergriffen ihn, sperrten ihn ein und hatten ihr Gespötte mit ihm. Er gab ihnen Geld, versprach ihnen noch mehr, um sich zu lösen, und wollte in sein Kloster zurückkehren. Sie geleiteten ihn sicher bis Dippach und weiter in seinen Hof zu Herrnsdorf. Er fand diesen verschlossen. Von innen heraus klang die Munterkeit schwärmender Bauern. Endlich öffneten sich die Fenster, lachende Gesichter schauten heraus, er gab sich als ihren Abt und Herrn zu erkennen. Sie lachten und taten, als ob sie ihn nie gesehen und ihm nicht glaubten. Da es Nacht wurde, ließen sie ihn doch zu sich in die Stube herein. Da mußte er mit Augen sehen, wie sie sein Vieh schlachteten, wie sein Geflügel, seine schönen Hühner und Gänse, und sein Wein den Bauern schmeckten, wie alle Ökonomiegebäude geleert wurden. Und ob es ihm fast das Herz brach, er mußte fröhlich dazu sehen und mit zechen. Endlich erlaubten ihm seine Bauern, ungehindert nach Ebrach zu gehen. Trauriger anzusehen fand er es hier. Seine Herden, Rinder und Schafe, waren durch die Schlüsselfelder und andere benachbarte Bauern fortgetrieben; seine Speicher und Keller geleert; das Kloster selbst in Flammen und das Bleidach des schönen Turmes zerschmolzen, die heiligen Gefäße geraubt, die edeln Steine an den Bildern aus ihren Fassungen gedrückt; über Altäre, Malereien und Schnitzwerk war ein barbarischer Sturm ergangen. Und zuletzt noch mußte er es sehen und hören, wie seine guten Freunde und Nachbarn, die adeligen Herren, denen er gastfreundlich so manchen Imbiß im Kloster vorgesetzt hatte und die jetzt in die evangelische Brüderschaft getreten waren, mit den Bürgern von Gerolzhofen „wetteiferten, seine Ochsen und Kühe zu Hunderten aus seinen Meiereien zu Spiesheim, Herlheim, Alezheim und Stockheim ihm wegzutreiben". Er behielt alles bei sich im Herzen und hat es nachher in deutschen Reimen beschrieben.

Die Abstimmung der Iphöfer Bürger

Auch die Iphöfer wurden mutig im Rücken des fränkischen Heeres. Diese hatten aus Kloster Bürklingen sich nur verproviantiert. Am 2. Mai versammelte sich eine große Zahl aus Iphöfer Bürgern im Wirtshause Konrad Kröhns, der sie bei ihrer ersten Heldentat im vorigen Jahre angeführt hatte, zechten und wünschten den Mönchen alles Unheil. Da trat der Wirt hervor, machte mit der Kreide einen Ring auf den Tisch und rief: „Wer morgen das Kloster zu Bürklingen mit abbrennen hilft, der stecke sein Messer in diesen Ring." Nur einer ging davon, alle anderen taten es. Am Mittwoch nach Walpurgis zogen sie vor das Kloster, plünderten es rein aus und mißhandelten die Mönche. Der Prior hatte sich unter einen Haufen Hobelspäne versteckt, wurde entdeckt, hervorgezogen und, wahrscheinlich von beleidigten Vätern und Ehemännern, entmannt. Dann steckten sie die Gebäude in Brand, und schon früh um acht Uhr lag das Kloster ganz in Asche, um nie wieder daraus zu erstehen.

Die Botschaft, die Artikel über Schlösser- und Klösterabbruch zu vollstrecken, zündete zugleich an vielen Orten als Brandfackel. Zu Heidingsfeld und zu Oberzell loderten die Propsteien auf, Kloster Ilmbach verbrannte, Unterzell wurde geplündert, das Nonnenkloster Gerlachzell bei Lauda eingeäschert, Mariaburghausen bei Haßfurt hatte das gleiche Los; Heiligenthal bei Hammelburg, die Zisterziensernonnenabtei, die so lange im Flor gewesen, wurde zur Einöde; das Nonnenkloster Schönau, in der schönen Aue, wo die fränkische Saale in den Main mündet, litt wenigstens so sehr, daß es Zeit brauchte, sich wieder zu erholen.

Das fränkische Heer selbst brannte auf seinem Rückzug noch etliche „schädliche Häuser" vom Boden weg. In einer Nacht, in der Nacht des 5. Mai, röteten die Flammen des Schlosses Stefansberg bei Großlangheim, der Burgen Siggershausen und Michelfeld den Himmel. Von Iphofen und allen Orten, wo es durchzog, wurden Sturmleitern und Belagerungszeug für den Frauenberg mitgenommen, und ehe sie Ochsenfurt erreichten, begegnete ihnen noch auf dem Main ein Schiff des Bischofs von Bamberg, mit großem Gut beladen. Sie fingen es auf. Zu Ochsenfurt erfuhren die Hauptleute durch eine Botschaft der Hauptleute im Barfüßerkloster zu Würzburg, daß der Bischof entritten sei. Am 6. Mai tagten die Bildhäuser zu Neustadt; der vergebliche Landtag bestimmte auch sie zum Zuzug nach Würzburg; und am selben Tage abends lagerte Florian Geyer mit dem Schwarzen Haufen von der Tauber her zu Heidingsfeld im Angesicht des Frauenberges; am 7. Mai rückten in allerlei bunten Farben die zahlreichen Fähnlein des hellen lichten Haufens vom Odenwald und Neckartal unter Götz von Berlichingen und Georg Metzler in Hochberg ein, in ein Städtchen, eine Viertelmeile oberhalb Würzburg, am linken Mainufer; und noch an demselben Abend erschien das große „fränkische Heer“ und lagerte sich zu Heidingsfeld, hart am Mainufer und an der Stadt.

Aus Kitzingen, Uffenheim, Kolmberg, Leutershausen, Creglingen, Sulzfeld, Schlüsselfeld, Burgbernheim, lauter markgräflich-ansbachischen Gebieten, sah man bald nachher mehr als 2000 Mann weiter zum fränkischen Heere stoßen, um den Frauenberg mit zu belagern.

11

Markgraf Kasimir und die Bauern an der Jagst, der Wörnitz, im Aischgrund, an der Regnitz und am Roten Main

Ihre eigene Rolle mitten in dem Schauspiel der großen Bewegung spielte die Politik desjenigen Fürsten fort, dessen Untertanen wir soeben zum fränkischen Heere vor Würzburg stoßen sahen, die Politik des immer kalten, lauernden, rechnenden, mit allen Parteien unterhandelnden Markgrafen Kasimir zu Ansbach.

Seit dem mißlungenen Fürstentag zu Neustadt an der Aisch saß er, wie es schien, ganz passiv in seinem Ansbach.

Davor zu sein, daß die Bauern nicht Herren werden, aber es auch gehen zu lassen bis auf einen gewissen Grad, das war Kasimirs Sinn. Er ließ ihn dahinschießen, den Strom, den er nicht zu hemmen vermochte und in dem die ihm verhaßten unabhängigen kleinen und größeren geistlichen und weltlichen Herren untergingen; er ließ ihn fortreißen und überfluten, solange er ihm selbst nicht gefährlich wurde; sparte sich, faßte sich zusammen, ging am Ufer hin und her und spähte in den Wogen nach Beute, aus dem Schiffbruch anderer sich zu bereichern. Obwohl er täglich einzelne Gemeinden und viele einzelne seiner Untertanen zum fränkischen Heere treten oder für sich ungehorsam werden sah, so saß er immer noch ruhig. Erst als ganz hart neben ihm im Stift Eichstätt die Bauern aufstanden und in das Seinige herübergriffen, rührte er sich in etwas. Am 22. April meldete ihm sein Kastner von Schwabach, wie die Bauern im Sulzgau sich versammelt und das eichstättische Schloß Obermässing eingenommen haben. Am Tage darauf forderten die eichstättischen Bauern schon die markgräflichen Gemeinden zu Schwabach, zwei Tage später die von Schwand und Roth auf, und am 24. berichtete ihm Jörg Haberkorn den Zusammentritt der Bauern um Ellwangen und Dinkelsbühl, nämlich im Virngrund an der Jagst und Wörnitz. Fritz von

Lidwach, der von Rothenburg heimkehrte, zeigte ihm zu gleicher Zeit an, wie er und die anderen kaiserlichen Räte vom hellen Haufen angehalten worden und selbst des kaiserlichen Reichsregiments Abgeordnete nicht mehr sicher seien; und Herzog Friedrich von Bayern bat ihn um 100 Pferde wider die Eichstättischen. Da antwortete Kasimir sogleich, er möge nur den Platz bestimmen, um mit seinen Reitern zu ihm zu stoßen.

In die 5000 Bauern sollen im Eichstättischen herum auf gewesen sein, und da dieses Stift im bayerischen Nordgau lag, so waren auch manche Untertanen des Herzogs Friedrich von Bayern darunter. Bayern selbst, die Oberpfalz, wie überhaupt das Herzogtum Bayern, waren im Verhältnis zu der bewegten Nachbarschaft größtenteils ruhig.

Ganz verlässig aber waren die Bauern und Bürger auch im bayerischen Nordgau nicht. Auch mußte die Bewegung der anderen, wenn sie siegreich blieb, dic Bayern mit fortreißen. Die zu Obermässing drohten allen, die nicht zu ihnen treten, mit Mord und Brand ihrer Häuser. Darum, als die Eichstättischen die Oberpfalz bedrohten, sammelte Herzog Friedrich, der hier zu Neumarkt Hof hielt, sein Kriegsvolk wider sie.

Die Bürger von Greding waren zu den eichstättischen Bauern getreten, und in der Stadt Eichstätt waren die Bürger auch auf. Bischof Gabriel von Eib sah sich von den Seinigen auf der Willibaldsburg belagert. Die Bauern plünderten und zerstörten die Klöster Blankstatt, Rebdorf und Morsbronn und mehrere Schlösser und nahmen ihr Hauptquartier bei Schloß Landeck auf dem Obermässinger Berg. Sie zwangen „bei Verlust Leibs und Lebens, bei Abbrennung von Haus und Hof" zum Zuzug und zur Beihilfe „mit Leib, Ehr und Gut". In der eichstättischen Stadt Spalt war der Anfang des Evangeliums wegen; im Rat war nicht ein Mann, der sich nicht auf die Seite der Bauern geschlagen hätte. Die Bürger begegneten den Geistlichen mit harten Zudringlichkeiten; ein gewisser Knapp jagte den Pfarrer aus der Kirche und predigte selbst von der christlichen Freiheit. Sie nahmen Beilngries und Berching ein, und von den Bauern um Schwabach litt das Kloster Marienberg schwer. Die Schnelligkeit, womit die Herzoge Friedrich und Wilhelm von Bayern daherzogen, zerstreute hier den Aufstand schnell. Die beiden hatten 700 Reiter, dazu 300 böhmische Büchsenschützen; Markgraf Kasimir ließ einen Teil seiner Reisigen zu ihnen stoßen; auch viele vom eichstättischen Lehenadel, der 134 Häuser in sich zählte, stießen dazu, ungezählt die zahlreichen Fußknechte. Herzog Friedrich unterhandelte zuerst mit den Bauernhauptleuten des Berges. Sie brachten den Vertrag an den Haufen. Zunächst sollte Waffenstillstand sein. Die einen wollten ihn annehmen, die andern nicht. Allein der hier ansässige bayerische Hauptmann und Ritter Erhard Muckenthaler hatte schon am 28. April an seinen Fürsten, den Herzog Wilhelm, geschrieben: „Der Bauern Hauptleute kenne er zum

Teil und wolle nun nach dem Befehle Seiner fürstlichen Gnaden sehen, ob er sie zum Teil möchte abrichten und den Bauern im Lager eine Meuterei machen.“ Es war ihm auch gelungen, einen der Hauptleute auf dem Berg zu gewinnen und Zwietracht im Lager anzustiften durch solche, die er von der Besatzung in Dietfurt genommen und unter die Bauern gemischt hatte. So wurde von der Mehrheit der Stillstand angenommen, und alle verließen gegen Abend den Berg, auch die, welche gegen die Annahme waren. Dem Vertrage gemäß besetzte Pfalzgraf Friedrich das Schloß Hirschberg, und in der Frühe überfiel er den Mässinger Berg. Auf demselben waren, wegen des Stillstandes arglos, nur noch der Oberste mit etlichen Hauptleuten, Fähnleinträgern und wenigen Fußknechten. Vierzehn davon wurden auf der Folter nach den Urhebern des Aufstandes gefragt, ohne Erfolg; dann wurden sie enthauptet. Die Stadt Nürnberg aber gab den nicht ergriffenen Hauptleuten und Räten des Mässinger Lagers Schutz und Aufenthalt; und die Nürnberger Bürger sagten offen, daß es dem Pfalzgrafen selbst zu Ohren kam: „Es sei schade, daß den Pfalzgrafen der Erdboden trage, denn er habe den Bauern weder Treue noch Glauben gehalten, sondern sie verführt und betrogen.“ Das klagte der Pfalzgraf selbst dem Herzog Wilhelm am 5. Mai. In Greding wehrte sich die Besatzung und ergab sich nur auf Vertrag. Dennoch wurden acht gefangene Hauptleute und Fähndriche, die sich mit dem Städtchen zu Gnaden ergeben hatten, vertragswidrig mit dem Schwert gerichtet.

Indessen hatte sich der Haufen zwischen Ellwangen und Dinkelsbühl gestärkt und die Stadt Ellwangen eingenommen. Einige Hundert Bauern aus den Dörfern um die Stadt kamen vor diese und begehrten, um ihren Pfenning zu Morgen zu essen, um dann zu dem gaildorfischen Haufen zu ziehen. Der Vogt ließ sie ein, die Bürger, teils freiwillig, teils gezwungen, schworen zu ihnen, freiwillig namentlich zwei Chorherren, Wilhelm von Heßberg und Hans von Gültlingen. Sie wollten vor das Schloß des Prälaten ziehen, der ferne war, und worin der Amtmann nur acht Mann Besatzung hatte, die Bürger ließen dies aber nicht zu, zumal da die Bauern von Plündern und Verbrennen sprachen. Der Stadtvogt wie der Amtmann mußten zu ihnen schwören und der letztere ihnen auf 1200 Gulden Proviant geben: Dafür verschonten sie die Schlösser Ellwangen, Tannenburg und Roth. Nach einigen Tagen, am 2. Mai, zogen sie zu denen um Dinkelsbühl, die seit dem 24. auf waren und am 30. diese Stadt aufgefordert hatten. Sie lagerten sich zu ihnen auf dem Brühl vor der Stadt. Sie plünderten hier die Benediktinerpropstei Mönchsroth und verbrannten sie mit der Kirche und allen Gebäuden. Der Propst Melchior Rödinger mit den Mönchen war entflohen. Auch die Schlösser Wittelshofen und Dürrwangen an der Sulz zerstörten sie und das Schwesternhaus zu Kemnaten. Viele aus der Bürgerschaft Dinkelsbühls fielen

Hinrichtung der Hauptleute und Fähndriche

zu ihnen, und sie nötigten auch den Rat zu einem Vertrag. Der Rat gab das Kloster in der Stadt und das deutsche Haus den Bauern preis, nahm die zwölf Artikel an, gab allen Bürgern Freiheit des Zuzuges, drei Geschütze, anderthalb Zentner Pulver, hundertzwanzig Kugeln und hundert Spieße am 5. Mai. Der Bauern Absicht war, mit den Markgräfischen im Amt Crailsheim, den Riesbauern und dem gaildorfischen Haufen sich zu verschmelzen. Die Crailsheimer Bauern hatten sich am 2. Mai erhaben, das Kloster Anhausen bei Kirchberg geplündert und das Kloster Sulz niedergebrannt, ebenso die Schlösser Lobenhausen und Hornburg bei Kirchberg. Sie wuchsen auf 600, ihr Lager war zu Roth am See, die zwei Pfarrer aus Lendsiedel waren auch bei ihnen und viele Bürger aus Kirchberg. Am 5. Mai zogen sie Herrn Kaspar von Crailsheim auf seinem Schloß Erkenbrechtshausen aus dem Bett und zwangen ihn, zu ihnen zu schwören und zu Fuß mit ihnen zu ziehen. „Du bist ein Bauer, Bruder Kaspar", sprachen sie. Am 6. vereinigten sie sich mit dem Haufen zu Dinkelsbühl.

Im Ries regte es sich seit den letzten Wochen Aprils auch wieder. Am 8. Mai erhob sich das Lager von Dinkelsbühl und vereinigte sich mit den Öttingischen im Ries, denen sie schon einige Tage zuvor den Beitritt Dinkelsbühls angezeigt hatten. Am 9. fielen sie zusammen in die Benediktinerabtei Auhausen bei Wassertrüdingen. Mit den Dinkelsbühler Bauern hielt auch ein Edelmann alten Geschlechts, der alte Freiherr Heinrich Jörg von Ellrichshausen, der auf seinem Schloß Schopfloch saß. Er hatte sich nicht bloß freiwillig selbst zu ihnen gesellt, sondern auch andere Edle, wie Kunz von Ehenheim, eingeladen, sich zu der evangelischen Brüderschaft zu gesellen, und die von Crailsheim, welche zum hellen Haufen ziehende Bauern wegnahmen, vor solchem Tun gewarnt. Er galt in den Augen der Fürsten als vorzüglicher Teilnehmer an der Empörung, und Markgraf Kasimir und der Pfalzgraf Friedrich gaben den Befehl, sein Schloß Schopfloch zu verbrennen und seine Lehen einzuziehen. 6000 waren unter ihren fliegenden Fähnlein lustig, in dem Kloster Heidenheim sich neue gute Beute zu holen und dann in den Altmühlgrund vorzurücken, wo die Eichstättischen und die Markgräfischen sich verbunden, Gunzenhausen aufgefordert und den Plan hatten, die Brücke über die Altmühl abzuwerfen und den Markgrafen Kasimir abzuschneiden. Auch die Bürger zu Herriden waren am 6. Mai aufgestanden, nicht weit von Ansbach, hart an der Straße nach Dinkelsbühl und Crailsheim. Aber schon im Beginn ihrer Sache zeigte sich Uneinigkeit unter diesen Bauern.

Markgraf Kasimir hatte, seit die Gefahr um ihn anschwoll, den zuvorkommenden, den volksfreundlichen Landesvater gespielt. Zu was man den Würzburger Fürsten zwingen mußte, das tat er zuvor freiwillig; auf den Landtag, den er nach Ansbach ausschrieb, berief er ausdrücklich auch Bauern ein, um ihre Beschwerden zu hören und zu beraten, und am 2. Mai nahm er einen guten Abschied von seiner Landschaft. Er hatte ihnen mehrere Beschwernisse nachgelassen und gemildert: Alles Wild außer dem Gehölz sollten sie schießen dürfen; die Geistlichen mit den Gemeinden gleiche Lasten tragen; das nötige Bauholz ohne Entgelt jedem aus den Wäldern werden; der Aufwechsel des Geldes, worunter der gemeine Mann sehr litt, aufhören.

Trotz seiner Landtagsbewilligungen loderte es nun rings um ihn auf allen Seiten seines Fürstentums auf. Markt und Kloster Heidenheim baten ihn um Hilfe wider den Anzug des Rieshaufens. Während er in Merkendorf die Botschaften vom Aufstand im Aischgrund und im Oberland, den Abfall der Maindörfer vernahm, ließ er in der Nacht des 8. Mai seine ganze verfügbare Macht zu sich stoßen: Er sah am Morgen des 9. Mai 650 Reiter, 1000 Fußknechte mit allen seinen Geschützen und einem beträchtlichen Aufgebot der Landwehr um sich; diese war aus der nächsten Nähe Ansbachs. Er hatte sich viele Mühe gegeben, die böhmischen Stückknechte und Schützen in seinen Sold zu gewinnen, die den Bayernherzogen so gut gedient hatten; sie hatten sich aber trocken und fest geweigert, dem Markgrafen wider seine Bauern zu ziehen. Auch aus den Städten Feuchtwangen, Kitzingen, Gunzenhausen und anderen sowie von Vasallen blieben die Mannschaften aus. Zwischen Auhausen und Rechenberg stieß seine Vorhut auf die Nachhut der Bauern, die im Marsch auf Heidenheim waren. Das Geschütz zertrennte sie, sie zogen sich nach Ostheim hinein, ordneten sich hier, rückten wieder vor auf eine große Wiese, und die Handbüchsen der Bauern feuerten so gut, daß die 150 Pferde der markgräfischen Vorhut zurückwichen, mit Verwundeten und Toten. Indessen kam das ganze Fußvolk an, warf die Bauern über Äcker, Wiesen und Bach nach Ostheim zurück, unter Stich und Schuß; in diesem Scharmützel traf ein Sohn mit seinem eigenen Vater zusammen, nahm ihn gefangen und führte ihn mit sich nach Heidenheim. Markgräfische und Bauern, diese hinter ihrer Wagenburg, wo man ihnen nicht beikommen konnte, feuerten fort bis sie sich zu beiden Teilen verschossen hatten und mit Steinen zuletzt aufeinander warfen. Die Geschütze schossen das Dorf unter dem Wind in Brand, die Bauern mußten die brennende Gasse verlassen und sich in ein Gehölz zurückziehen. Indem traf der Markgraf mit 500 Reisigen ein. Die Bauern erreichten das Gehölz, wo sie sich setzten und den abgebrochenen Kampf wieder aufnahmen. Die großen Feldgeschütze, die man heranführte, spielten ohne Schaden in den Wald, alle Schüsse, außer einem, der traf, gingen zu hoch. Die Markgräfischen hielten es für besser, gütliche Unterhandlung zu versuchen, als mit dem Haufen in seiner unangreifbaren Stellung die kostbare Zeit zu verlieren. Folgegetreu seinem Plan, mit allen auswärtigen Haufen auf gütlichen Fuß sich zu setzen, unterhandelte Kasimir durch den Ritter von Heßberg mit dem Haufen dahin, daß, was sich von Markgräfischen bei demselben befände, sich ihm auf Gnade unterwerfe und die Waffen ausliefere. Der größere Teil der Markgräfischen tat es des auf dem Landtag schon Bewilligten und des noch in Aussicht Gestellten halb. Kasimir entwaffnete sie und alle Ortschaften an dieser Grenze und ließ sie neu huldigen; es waren in die 3000, die hier umher neu huldigten; doch zogen über 600 mit dem Haufen ab, der ungestört seinen

Rückzug antrat und sich vor das nur zwei Stunden entfernte Schloß Baldern legte. Der Markgraf war froh, da ihm der Aufstand seiner Untertanen in seinem Rücken und im Herzen seiner Markgrafschaft gebot, aufs schnellste mit diesen Dinkelsbühlern, Ellwangern und Riesbauern ins reine zu kommen: wie es scheint, durch gegenseitige Übereinkunft, daß einer des anderen Gebiet respektiere und keiner gegen den anderen etwas vornehme. Am 10. Mai, also des anderen Tages, schrieb er an seine Regierung nach Ansbach, wie er sich „gütlich mit dem Haufen verglichen und seine Untertanen von demselben zurückgefordert habe". Keine Silbe einer großen Schlacht, eines Sieges in seinem Schreiben!

Im Norden der Markgrafschaft entzündete sich der Aufstand von Ort zu Ort fortlaufend, wie das fränkische Heer von Rödingen auf Ochsenfurt und weiterhin auf Schwarzach zog, zuerst an den Grenzen, dann den ganzen Aischgrund entlang, in den ersten Tagen des Mai. Hier wurden

Florian Geyer nimmt den Kitzingern den Bundeseid ab

sie von dem hellen Haufen, dort von dem Markgrafen aufgeboten; sie zogen es vor, auf der Seite ihrer Brüder, statt gegen diese zu fechten. In Kitzingen hatte es schon am zweiten Ostertag wetterleuchten wollen. In der Fischergasse in Stephan Oertlens Haus saßen abends einige Gesellen beim Wein und redeten dies und das. „Wir wollen sagen", hob einer an, „draußen im Wald haben wir Reiter gesehen, die in die Stadt wollen." Das gefiel, sie liefen auf die Gasse mit dem Geschrei, es sei Gefahr vor Überfall, zogen die Sturmglocke. Alles lief mit Harnisch und Wehr zuhauf, man besetzte die Tore, bemächtigte sich der Geschütze, und in der Frühe richteten die Gesellen sie gegen das Rathaus und forderten jeden auf, ihnen das Evangelium schirmen zu helfen. Philipp Seybot suchte die Gemeinde zur Ruhe zu stimmen und dem Rate zu erhalten, und viele meinten, er habe recht. Da sprang einer der Gesellen, ein Augenarzt, unter sie. „Ihr Toren", rief er, „wollt ihr euch das Süße also ums Maul streichen lassen? So fängt man die Mäuse; es würde Köpfe regnen." Der Lärm begann aufs neue; Ludwig von Hutten, der markgräfliche Amtmann, wußte ihn zu stillen, indem er sie ihre Beschwerden vorbringen, einen Ausschuß und Viertelsmeister wählen ließ. Am 30. April suchte der helle Haufen von Iphofen aus bei Kitzingen um Durchzug an. Viele in der Stadt wollten bäurisch werden, und Florian Geyer und zwei andere Hauptleute nahmen der Gemeinde und dem Rat den Bundeseid ab; die alten Herren des Rates gingen vom Rathaus herab, traurig, und weinten wie die Kinder. Ein Fähnlein mit 70 Mann unter Endres Wolf als Hauptmann, einem Feldgeschütz und etlichen Hakenbüchsen, auch zwei Reisewagen mit Spießen stießen zum Schwarzen Haufen. In der Stadt ruinierten sie das Kloster, und Jakob Schmid nahm den Kopf der heiligen Heldalogis, den er als Reliquie bewahrte, und posselte damit als mit einer Kegelkugel. Von Creglingen an bis zum Steiger Wald wie südlich von Blaufelden bis ans Limburgische waren alle markgräflichen Untertanen im Aufstand. Die Creglinger selbst verbrannten Schloß Brauneck. Am 5. Mai trat Ergersheim, am 6. Mai Markt-Bergel und Burgbernheim zu den Bauern; der ganze Aischgrund folgte nach, von Hoheneck bis Forchheim. Alle Kirchengeräte wurden zu Geld gemacht, darum zu Nürnberg Büchsen und Hellebarden gekauft, die Getreidevorräte überall mit Beschlag belegt; die Pfarrer waren Kassierer und Räte der Bauern. Die von Bergel und Burgbernheim fragten die Bürger von Uffenheim, wo in Hans Ziegenfelders Haus die Unzufriedenen sich sammelten, ob sie zur Bauerschaft ziehen wollen. Der Rat hielt die Gemeinde zurück, so viele derselben auch die Frage bejahen wollten. Kasimir wollte eine Besatzung in die Stadt werfen. Die Stadt antwortete, für Reiter mangele es ihr an Heu und Stroh. Eines Tages kamen drei geharnischte Bauern vors Rathaus geritten und verlangten freien Durchzug für den ihnen folgenden

Haufen, auch die bei dem Rat von den Schirmdörfern, die reichsfrei waren, hinterlegten Gelder. Der Rat wagte beides nicht abzuschlagen. Und als die Bauern dieser Dörfer, aus Ergersheim, Ulsenheim und anderen in der Stadt waren, war durch sie und die durch Ziegenfelder geleitete Gemeinde, besonders auch durch die Tätigkeit von neun Frauen, der Zuzug zum Haufen schnell entschieden. Durchs Los wurde bestimmt, wer mitziehen mußte, und der erhielt wöchentlich einen halben Gulden Sold. In wenigen Tagen standen an der oberen Aisch und der Gollach zweitausend Mann in Waffen, und die Edeln umher eilten, zu ihnen zu geloben, aus Schrecken vor ihnen und dem nahen fränkischen Heer. Zu Windsheim wollten die Weiber durchaus bäurisch werden, weil so schöne Sachen im Kloster lagen, die sie gerne geholt hätten. Zwischen dem 5. und 6. Mai um Mitternacht zogen über 60 Weiber unter der Hauptmannschaft „der Lüllichin" mit Beilen und Hackmessern dem Kloster zu; der Bürgermeister aber wußte zu machen, daß sie ohne die Kleinodien des Klosters wieder heimgingen.

An der unteren Aisch waren dreitausend Mann versammelt. Selbst von Forchheim liefen ihnen Bürger zu. Sie lagerten sich um Neustadt an der Aisch, das zu ihnen fiel und zum Hauptquartier erwählt wurde. Auch die von der oberen Aisch schlossen sich an. Der markgräfliche Kastner Bernbeck stellte sich an die Spitze des Aufstandes, und unter drei Hauptleuten, Müncher, Pfeffer von Burgbernheim und Michael Koberer, dem Müller von Langenzenn, zogen die Bauern umher, Klöster zu strafen und Schlösser abzutun. Der ganze Haufe ordnete sich dem großen fränkischen Heere unter und handelte nach dessen Artikeln. Am 9. Mai verbrannten sie Schloß Dachsbach, am 13. das Edelfrauenstift Birkenfeld, am 14. Schloß Hohenkottenheim, am 16. Schloß Speckfeld, am gleichen Tage das Kloster Rietfeld. Ihnen nach sanken in Asche die Schlösser Stöckach, Sachsen, Uhlstatt, Birnbaum, Sugenheim und andere feste Häuser, deren Herren nicht in die Brüderschaft treten und selbst ihre Bergsitze mit bürgerlichen Wohnungen vertauschen wollten. Alle Schlösser im Steiger Wald wurden geleert, viele Herren brachen ihre Häuser selbst ab und retteten dadurch das Material und ihr Eigentum. Selbst um und in Kadolsburg, Schwabach, Heilbronn und weiterhin wurden Bürger und Bauern von dem Geiste des Aufruhrs ergriffen und der Aisch zugezogen, und rechts und links nur eine Stunde von seiner Hauptstadt Ansbach sah der Markgraf die Brandfackel der Bauern: Die Flammen des alten Schlosses Dornberg leuchteten fast in die Gassen Ansbachs herein.

Schon bei Ostheim hatte er das Landvolk um Ansbach als unzuverlässig erkannt und entlassen. Der Markgraf unterhandelte wie ein christlicher Bruder mit den christlichen Brüdern vor Würzburg. Er selbst schrieb am 15. Mai an den Hauptmann des Schwarzen Haufens, an Florian

Geyer, und erbot sich zu gütlicher Handlung. Ebenso trat er mit den anderen Haufen in Unterhandlung und nahm ganz die Miene an, als wäre eine Verbrüderung nichts Unmögliches. Am 19. Mai bewilligte ihm der Haufen an der oberen Aisch einen achttägigen Stillstand, am selben Tage das fränkische Heer zu Heidingsfeld, am 23. Mai der Haufe zu Ochsenfurt. Ernst war es ihm natürlich nicht mit dem Anschluß an die Bauern.

Klug, wie Kasimir, war der Rat zu Nürnberg. Gegen außen neutral, nach allen Seiten hin christlich freundlich, gewährte er den Bürgern in der Stadt manches Erleichternde im Augenblick, was der Bürger Herzen gewann; seinen Bauern auf dem Lande ließ er bei wachsender Gefahr allen lebendigen Zehnten, auch den toten Zehnten ganz nach, den harten Zehnten setzte er herab auf das alte Herkommen. Auch für die Bauern überhaupt sprach die Stadt Nürnberg freimütig und mit Kraft. Ihre Gesandten mußten auf dem Bundestag zu Ulm erklären: „Obgleich die Bauern sehr ungeschickt handelten, so wäre doch zu bedenken, daß sie vielfach unleidlich bedrängt und durch der Prälaten und anderer Herrschaft Tyrannei dazu nicht wenig verursacht worden. Die in den zwölf Artikeln angezogene Beschwerung liege vor Augen und könne nicht verneint werden. Der Herrschaften übermäßige Tyrannei, die das Evangelium für einen Deckmantel ihres ungeschickten Wandels gebraucht und damit die Untertanen um Geld geschätzt haben, lasse sich nicht verantworten; davon wisse schier das Kind auf den Gassen zu sagen.“ So gelang es dem Rat, den eigentlichen Ausbruch in seinem Gebiet niederzuhalten.

Nicht so gut sich zu verstellen wie Kasimir, nicht so gut nach dem Wind zu steuern wie der Nürnberger Rat, verstand der Bischof Weigand von Bamberg.

Alle bambergischen Bauern waren auf an allen Enden des Bistums, zu gleicher Zeit die Schlösser zu brechen, die so zahlreich in ihre schönen Obst- und Wiesentäler von den Bergspitzen herabragten. Wenig über acht Tage brauchten sie, um die ganze Landschaft von hohen Edelsitzen zu säubern. Es mag ein wundersamer Anblick für das Auge des Volkes gewesen sein, wenn nachts oft zehn, zwanzig, dreißig Schlösser, zumal ausglühend, ihren roten Schein herabwarfen in die tiefen Felsentäler, über die dunklen Matten der fränkischen Schweiz hin. Es waren mehr als 70 an der Zahl, auf den Bergen und in der Ebene, die so schnell zu Ruinen wurden. Ihre Namen aufzuzählen ist nicht nötig, da alle in den Staub sanken, ohne Unterschied alle, bis auf die schöne Burg Neideck, welche die Nürnberger Ratsboten retteten; außer Streitberg und Rabenstein, weil beide dem Markgrafen von Brandenburg gehörten; außer Hauseck, das Nürnberg gehörte und um so mehr geschont wurde, da aus Unvorsicht, wider den Befehl der Hauptleute zu Bamberg, der nürnbergische Wildenfels im Gebirge gebrochen worden war; außer Marloffstein, das dem Nürnberger Patrizier Pfinzing durch Scheinkauf schnell übergeben wurde; außer Veldenstein, das Albrecht Rotsmann, der Pfleger, ritterlich verteidigte. So eifrig als die Bauern brachen die Bürger mit an den ihnen lästigen festen Häusern: „Sie wollten, daß die Edelleute sie selbst verließen, in die Städte zögen und gleich anderen Landesbürgern Lasten und Gaben trügen." Einzelne Edle trugen auch hier ihre Schlösser selber ab. Den Klöstern ging es ebenso: Die Bauern taten sie alle ab. Sie taten nur dasselbe, was gleich, ihnen nach, die Fürsten anderswo, nur mit ein bißchen mehr Form, taten.

Von der Altenburg aus, wohin sich der Bischof mit seinen Kriegsleuten geflüchtet, sah er mit Entsetzen die in Flammen aussterbenden Schlösser, hörte mit Grauen das falsche Gerücht, wie die Bauern die Herren dieser Schlösser persönlich gemartert haben und noch martern. Plötzlich war aus der Stadt Bamberg, was von fremden Räten, Vermittlern, Domherren da war, verschwunden; sie flohen nach allen Seiten. Büchsenschüsse der Bürger und Bauern folgten ihnen, Moritz von Bibra wurde sogar gefangengenommen, und aus allen benachbarten Dörfern herein brachen sie in die Stadt. Bald widerte das wilde Treiben der Hereingekommenen die Bürger an. Einer riet, sie durch eine Musterung vor der Stadt wieder auswärts zu schaffen. So geschah es. Wie das Landvolk außen war mit den Bürgern, 6000 gewaffnete Männer, wurden nur die Bürger wieder eingelassen, aber kein Bauer mehr. Unter dem obersten Hauptmann Hans Hartlieb legten sich die Bauern vor die Altenburg, zuerst bei der Ziegelhütte, dann in der Ebene bei Hallstadt, während drei andere Haufen an den Grenzen des Bistums lagen; der eine bei Höchstadt an der Aisch und dreifachen Ebrach; der andere bei Ebermannstadt und Kirchehrenbach, an der Wiesent und Aufseeß; der dritte unter Peter Hoffmann zu Zedlitz bei Lichtenfels am Main. Der Bischof tat, als ob es ihm Ernst wäre, mit der Landschaft und den Haufen zu handeln und einen Verfassungsvertrag abzuschließen.

So sehen wir denn den Volksaufstand auf allen Hauptpunkten ausgebrochen. Nimmt man das Land von den Quellen des Neckars und der Donau bis zum Main als das Zentrum, so lehnt er seinen nördlichen Flügel an den Harz, seinen südlichen an die julischen Alpen und in ganz besonderem Sinn, wie sich noch zeigen wird, an die Republik Venedig. Die Vorhut dehnt sich vom Oberrhein zum Niederrhein an beiden Ufern des Stromes. Es war eine Zeit, „wo es aller Obrigkeit nicht Lachens galt". Das, wovon eine Vorahnung seit lange auf vielen lag, war gekommen: Der Boden erbebte weithin, die Flammen schlugen daraus hervor, und mit mächtigem Atem wehten Haß und Rache und Grimm, Fanatismus und Vaterlandsliebe miteinander im Bunde, diese

Flammen zuerst über Klöster und Stifter, dann hinauf auf die Burgen des Adels und weiter an die Stühle der Fürsten und, wie zu fürchten stand, zuletzt über alles Bestehende.

Während so die gewaltsame Umwälzung draußen vorwärtsging, machten in der Stille eines Sitzungssaales noch einmal die Besseren im Volke den Versuch, im ruhigen Geleis der Beratung, der Übereinkunft dem Vaterlande zu helfen.

12

Die Volkskanzlei und der Verfassungsausschuß zu Heilbronn am Neckar

Es war eine ungeheure demokratisch-revolutionäre Masse, welche weit umher in Haufen und in Waffen dastand. Denen, welche tiefer sahen, entging es vornherein nicht, daß dieser Vielheit von Kräften das abging, was die Masse zum Heer, die Kräfte zur Macht erhebt, die Einheit des Geistes und des Planes, die Einheit der religiösen, politischen und militärischen Führung. Um eine religiöse Autorität für sich zu haben, hatten diese darum die zwölf Artikel an Luther geschickt und seine Autorität dafür zu gewinnen gesucht. Um militärische Autoritäten zu erhalten, nicht bloß kriegskundige, sondern durch ihren altberühmten Namen und den altgewohnten Respekt vor ihnen dem gemeinen Mann Gehorsam und Subordination abnötigende Führer, hatten diese von Anfang an den Adel für die Bewegung gewinnen wollen. Um eine politische Autorität an die Spitze zu bekommen, hielten diese, namentlich Weigand und seine Freunde, ihr Auge und ihre Hoffnung fest auf den Sachsenkurfürsten Friedrich den Weisen gerichtet.

Schon unter dem wilden Sprühfeuer der ersten Bewegungstage, in welchen nicht nur Mord und Brand, sondern auch der Eigenwille, die Selbstsucht und die Plünderungswut weit über die ursprüngliche Absicht der Anfänger und Leiter der Bewegung hinaus hervortreten, war den Einsichtsvollen klargeworden, wie nachteilig der Mangel an Autoritäten für die Sache wirkte. Manche Mißvergnügte, auf die sie gerechnet hatten, waren durch die Art und Weise, wie ganze Haufen oder einzelne Rotten verfuhren, zurückgestoßen oder abgeschreckt.

An der Revolution selbst hatten nicht nur verschiedene Menschen und Stände, sondern verschiedene Stämme und Nationalitäten sich beteiligt, und nicht nur Bildung und Sitten, Gewohnheiten und Neigungen waren verschieden, sondern in der Revolution überhaupt und in jedem einzelnen Lager fanden sich die schroffsten Gegensätze hart nebeneinander in dem, was gewollt und angestrebt wurde. Um so schwerer war es, dieses so verschiedenartige Durcheinander der Menschen, der Forderungen, der Bestrebungen und Wünsche zusammenzuhalten und zu leiten; zumal, da die geistigen Leiter der Bewegung im Hintergrunde sich hielten und die meisten im Vordergrunde stehenden Häupter und Führer von den Bauern, weil sie ihresgleichen waren, auch nur als ihresgleichen angesehen wurden und keine höhere Autorität in sich und für sich hatten. Was die meisten an Ansehen besaßen, das ruhte einzig auf ihrer Popularität. Mit dieser Popularität stand und fiel ihr Ansehen, und sie waren darum bei der niederen Bildungsstufe des größten Teils der Masse nicht immer fähig, dumme Streiche, Ausschweifungen oder gar Verbrechen zu hindern, und wenn sie solchen entgegentraten, büßten sie ihre Popularität und damit ihr Ansehen, nicht selten ihre Führerschaft ein.

In jeder Landschaft, ja in jeder Stadt und in jedem Flecken der Aufgestandenen fanden sich Unterschiede der Ansicht, Unterschiede darin, was man wollte, und selbst unter denen, die das Gleiche wollten, war man nicht eins über die Arten und Wege, wie dieses gleiche Ziel gesucht werden solle, und darüber, wie weit man in diesem Ziele selbst vor-, wie weit darüber hinausgehen müsse. Man würde diese Unterschiede mit heutigen Schlagwörtern in bezug auf die politische Richtung so bezeichnen können: Es fanden sich nebeneinander im Revolutionsheer Konservative, solche, welche gezwungen dabei waren; Liberale, solche, welche die Reformen nur auf ein gewisses Maß ausdehnen wollten, auf das, was ihnen als das zunächst Mögliche erschien; Radikale, solche, welche das Bestehende von Grund aus umwandeln und alles ganz neu bauen wollten; endlich Terroristen, solche, welche ausschließlich die äußersten Gewaltmittel angewandt wissen wollten, Schreckensmänner. In bezug auf die religiöse Richtung könnte man die Unterschiede so bezeichnen: Es fanden sich zusammen und hart nebeneinander Münzerische und Lutherische; solche, welche die Kirche nur gereinigt haben wollten, und solche, welche ganz widerkirchlich waren; Fanatiker des völligen Unglaubens, eine Bezeichnung, die keinen Widerspruch in sich enthält und worunter solche verstanden sind, welche mit derselben Wut, mit welcher andere für den Glauben und seine äußeren Symbole sonst auftreten, gegen jedes äußere Symbol des Göttlichen, gegen allen Glauben sich aussprachen und verfuhren; endlich Fanatiker des Tausendjährigen Reiches, des exzentrischen Glaubens. Beiderlei Fanatiker waren zugleich mehr oder minder Sozialisten und Kommunisten. Zählte auch der Kommunismus als religiöse Ansicht wenige, so zählte doch der Kommunismus als Praxis sehr viele Anhänger unter den Aufgestandenen. Wie die plötzliche Emanzipation aus der politischen Knechtschaft zu Ausschweifungen führte, so wurden manche durch die plötzliche Emanzipation aus der religiösen Knechtschaft nicht nur den Aberglauben, sondern die Kirche, ja Gott selbst los, religiös und sittlich verwildert.

Nicht nur am Neckar und auf dem Schwarzwalde, auch im Salzburgischen und in Tirol fanden sich diese Unterschiede, und bald waren die einen, bald die anderen vorherrschend. Ein Wechsel von wenigen Tagen brachte oft die Minderheit zur Mehrheit und umgekehrt. Die Geschichte aller Revolutionen aber lehrt zweierlei: Einmal, daß die, welche die blutigsten Worte machen, keineswegs immer die Blutigsten in den Taten sind; und dann, daß man von Äußerungen einzelner, welche, weil sie stark markiert sind, in der Erinnerung und im Umlauf bleiben, noch nicht den Schluß ziehen darf, daß das die Meinung vieler, geschweige der Mehrheit oder aller gewesen sei. So war es mit der Redensart: „Wir brauchen keine Kirchen mehr"; so mit den Redensarten vom „Totschlagen aller Pfaffen, aller Edelleute und Fürsten". So verlautete im Elsaß unter einzelnen Bauernrotten, sie wollen auch an die Juden; und doch findet sich nirgends eine Spur, daß auch nur ein Jude oder Judenhaus im Elsaß geplündert wurde, ein paar Faß Wein ausgenommen. Es waren das nur Wünsche und Stimmen einzelner gewesen, welche vor dem, was die Mehrheit wollte, sogleich zurücktreten mußten.

Im Gegenteil, es ist bemerkenswert, die Juden haben im Bauernkrieg keinerlei Mißhandlung erfahren. Es ist das um so bemerkenswerter, da kurz vor dem Kriege sogar noch Verfolgungen der Juden auf mehreren Punkten Deutschlands vorgekommen waren und selbst der Rothenburger Deuschlin und Hubmaier gegen sie gepredigt hatten. In keinem Berichte, durch ganz Deutschland hin, findet sich eine Spur, daß im Bauernkriege die Volksfeindschaft gegen diejenigen sich gerichtet habe, gegen welche durchs ganze Mittelalter hindurch sie so oft in unmenschlicher Weise aufgestachelt worden und ausgebrochen war, nämlich gegen die Juden.* Diese überaus auffallende Tatsache möchte der mißachteten Angabe des Gothaer Kanonikus Konrad Mutianus das Gewicht der Wahrheit geben, wenigstens in bezug auf die Juden.

Am 25. April 1525, also zur Zeit, da ringsum der Aufstand aufgelodert war, schrieb Mutianus, der selbst durch den Aufstand sein Vermögen verloren hatte, an seinen Gönner, den Kurfürsten Friedrich von Sachsen, er habe aus Briefen und aus mündlichen Mitteilungen einsichtsvollster Männer die Überzeugung gewonnen, daß die Reichsstädte durch geheime Umtriebe und Ränke die Bauern unter dem Scheine des Evangeliums aufhetzen, nicht nur, um die geistlichen Fürstentümer und Herren, sondern

* In den österreichischen Alpenlanden war es nicht der Jude Salamanka, sondern der Graf und allmächtige Günstling, der übermütige Finanzminister Salamanka, gegen welchen der Haß sich richtete.

um die Fürsten überhaupt zu beseitigen als Tyrannen und Deutschland zur Republik zu machen. Dazu helfen ihnen die Juden.

Es ist gar nicht unwahrscheinlich, eben weil die Juden überall und ganz unangetastet blieben, daß die letzteren in einer Beziehung zu der Bewegung und ihren Leitern standen, welche ihnen Sicherheit ihrer Habe und Person gewährleistete; daß sie ihre Reichtümer öffneten, um entweder schon die Einleitung der Bewegung oder wenigstens die bereits ausgebrochene Bewegung mit ihren Geldern zu unterstützen. Das erstere ist das Wahrscheinlichere; sie waren selbst die Unterdrücktesten von allen, und dabei hatten sie stets die Gabe, Kommendes vorauszuwittern, und die Klugheit, sich darnach zu richten.

Mit den Fuggern und Welsern zu teilen, hörte man Bauerngelüste sich aussprechen, aber nicht mit den Juden, so sehr das Teilenwollen weit herum ansteckte. Nicht nur unter den Franken vor Würzburg konnte man sagen hören, da sie allesamt Brüder seien, so sei es billig, daß es ganz gleich zugehe und daß der Reiche mit den Armen teile; besonders solche Leute sollten das tun, die ihr Gut durch Wucher und Übernehmen im Handel den armen Menschen abgenommen haben. Ähnliches verlautete allerorten, besonders aus dem Munde heruntergekommener Städtebürger, aber auch aus dem Munde von Prädikanten, ja wirklichen Geistlichen, deren einige selbst aus religiösem Fanatismus die Ansicht durchgängiger Gleichheit und der Gütergemeinschaft hatten, andere es als Lockspeise aushingen, daß es jetzt über die Herren und Pfaffen gehe, man ihre Güter und den Gemeindebesitz untereinander teilen und es den Armen soviel als den Reichen treffen werde. Mancher hoffte, durch die Bewegung aus einem armen ein reicher Mann zu werden. Auf diesen blutigen Kommunismus hin wurde später an manchen Orten mit Folter inquiriert, namentlich in den Städten von der siegreichen Aristokratie und von der Geistlichkeit, und die Aussagen der so gefragten Gefangenen müssen mit Vorsicht aufgenommen werden, da ihnen die Fragen in den Mund gelegt und sie gepeinigt wurden, bis sie dieselben bejahten, damit man sie zum Tode bringen konnte.

Grausig liest es sich und hört es sich an, wenn von den Salzburgern gesagt wird, „sie seien des Willens gewesen und haben geredet, sie wollen nicht abstehen, bis der Kardinal Matthäus geschunden und gekocht sei, damit man sagen könne, die Salzburger haben ihren Herrn gefressen". Was ein Bramarbas beim Weine geredet, wurde genommen und ausgebreitet als Rede des salzburgischen Volkes. Und doch verlangte die große Mehrheit im Salzburgischen gar nichts anderes, als was die Tiroler auch verlangten, daß es „bei dem alten Herkommen bleibe; daß hinfür keine neue Satzung ohne Rat und Zustimmung des gemeinen Mannes aufgerichtet werde; daß ein Herr von Salzburg nicht mehr allein, sondern mit Vorwissen und gutem Willen einer Gemeine regiere und handle". Sie wollten die Behauptung ihrer uralten Rechte und eine Volksvertretung neben dem Fürsten.

Während im Fortgang der Bewegung die Äußersten zum Teil einlenkten, zum Teil noch erhitzter wurden, gewannen die Gemäßigten immer mehr Boden. Die Schreckensmänner schwanden zu einer kleinen Minderheit, und die Radikalen, welche Einsicht in die Sachen, wie sie lagen, hatten, näherten und verbanden sich mit der vermittelnden Partei. Hatte sich zuvor weitum eine Anschauung hören lassen, welche dem Adel bitterlich feind war, so wandte sich das im Fortgang. Unter den brennenden und zusammenstürzenden Burgen hatte man aus Bauernmund zu Neumarkt im Bayerischen sagen gehört, „wer doch den ersten Fürsten oder Edelmann gemacht habe? und ob ein Bauer nicht sowohl fünf Finger an der Hand habe als ein Fürst oder Edelmann?" – Aber bald kam die Mehrheit von der Ausreutung der Fürsten und des Adels ab und vom Verbrennen der Schlösser. Wendel Hipler, Weigand und ihre Gesinnungsgenossen, unterstützt durch die Ereignisse und den Gang der Bewegung, drangen durch und gewannen die Mehrheit auch unter denjenigen Führern, welche Bauern waren, dafür, daß der Adel gewonnen werden müsse und die Fürsten, welche dem Evangelium zugetan seien.

Hipler, Weigand und die Ihren wollten dem Adel auf deutschem Boden eine Stellung anweisen, ähnlich derjenigen, welche später dem Adel in England durch die Revolution wurde. Und nicht nur die der neuen Lehre zugetanen Fürsten wollten sie bestehen lassen, sondern sogar die großen geistlichen Fürsten und die Bischöfe. Schon um die Mitte des Mai drang Weigand in Schreiben an den Rat der vereinigten fränkisch-schwäbischen Bauerschaft darauf, daß so schnell als möglich die Kurfürsten von Köln und Trier und die anderen geistlichen Fürsten zu der Annahme der zwölf Artikel gezwungen werden sollen, ehe die geistlichen Fürsten mit den weltlichen Fürsten sich verbänden und fremde Nationen auf den deutschen Boden herüberzögen zur Bekämpfung der christlichen Verbrüderung. Statt mit der Belagerung des Würzburger Schlosses die Zeit zu verlieren, müsse man sich der geistlichen Fürsten versichern und dann die weltlichen Fürsten, Grafen und Ritter in die „Vereinigung zur Reichsreformation" bringen.

Dem Adel wollte Weigand durch Dreierlei Vergütung für seine Verluste gegeben wissen, durch Umwandlung aller bisher von der Geistlichkeit zu Lehen getragenen Güter in Eigengüter des Adels, durch vorzugsweise Berücksichtigung des Adels bei den Richterstellen und durch Geldentschädigungen, welche aus den eingezogenen weltlichen Besitzungen der Geistlichkeit genommen werden könnten, wie auch aus eben denselben die ganze neue Ordnung des Reiches zu bestreiten wäre. Im Reichskammergericht und in den vier Hofgerichten dagegen sollten vorzüglich die Städte und die Landgemeinden dadurch berücksichtigt werden, daß die Städte und die Landgemeinden darin je vier Stimmen mehr hätten als die Fürsten und der Adel. Auch die Fürsten und die Städte sollten aus den eingezogenen geistlichen Gütern entschädigt werden.

Weil man allwärts fühlte, daß es durchaus anders werden müsse, so hatte man seit Jahrzehnten darüber gedacht, davon gesprochen und Entwürfe gemacht, was für eine neue Verfassung für das Reich die beste wäre, wenn es allen dabei wohl werden solle. Daher erklärt sich, warum im Fortgang der Volksbewegung man überall bald genug von den ersten materiellen Forderungen aufstieg zu den schon Höheres in sich schließenden zwölf Artikeln und ebenso bald von diesen fortschritt bis zu eigentlichen politischen Verfassungsplänen; und wie Reichsreformentwürfe am Main und Neckar, eine Landesordnung in Tirol schnell auftauchten, und zwar da wie dort so durchdacht, die wunden Flecke und die richtigen Heilmittel dafür so treffend, daß noch heute Staatsmänner sehr verschiedener Farbe ihnen ihre Anerkennung und ihre Bewunderung zollen, manches davon in das deutsche Verfassungsleben der Neuzeit eingeführt worden ist, manches eingeführt werden wollte und für manches die Einführung in das deutsche Leben von der Zukunft gehofft wird. So sehr bilden die Gedanken und Entwürfe, welche aus dem Mittelpunkt der Bewegung am Neckar und auch an der Etsch hervortraten, einen der merkwürdigsten Entwicklungsabschnitte in der Geschichte der bäuerlichen und gewerblichen Verhältnisse, des Privat- und Staatsrechtes, des politischen und religiösen Fortschrittes. In Tirol, und zwar im Bauernkriege, war es, wo man zuerst auf den Gedanken kam, daß die Rechtspflege nicht nur im neueren Sinne des Worts unabhängig sein, sondern ganz außerhalb der Staatsgewalt stehen solle, und daß die Regierung, der Fürst eines Landes, nur die Verwaltungsbeamten zu ernennen, die Richter aber weder zu wählen noch zu bestätigen habe; daß die Verwaltungsbeamten in Gerichtssachen nichts zu sagen, das Volk dagegen, in einer noch näher zu bestimmenden Form, selbst alle zu den Gerichten gehörenden Personen zu wählen habe, vom Richter bis zum Fronboten. Es liegt außerhalb des Raumes dieses Buches, auf die Bedeutung der Gedanken, die in allen vorhin angegebenen Hinsichten in der Bauernrevolution hervortraten, bis ins einzelne einzugehen.

Unter den Materialien, welche als Vorarbeit für eine zu beratende und durchzuführende Reichsverfassung dienen konnten, mußte sich neben den uralten Volksrechten, neben Schriften von Ulrich Hutten, Luther, Eberlin von Günzburg und anderen vorzugsweise eine Schrift bemerklich machen, welche unter dem Titel „Reformation Kaiser Friedrichs des Dritten" erschienen war. Da sich bis jetzt in keinem Archiv eine Handschrift oder ein Druck dieser merkwürdigen politischen Arbeit aufgefunden hat, älter als aus den ersten zwanziger Jahren des sechzehnten Jahrhunderts, so ist daraus und aus dem Inhalt zu vermuten, daß sie erst kurz vor Sickingens und Huttens Entwurf auf Deutschland verfaßt wurde. Wenn Wendel Hipler mit dieser Schrift namentlich in seinen Gedanken zu einer Reichsverfassung mehrfach übereinstimmte, so folgt daraus nicht, daß er seine Gedanken daraus nahm, sondern es liegt die Wahrscheinlichkeit näher, daß dieser „feine Kopf, so geschickt als nur einer im Reich", wie ihn Götz von Berlichingen genannt hat, der Abfassung jener Schrift nicht fremd war. Es ist eine andere Feder als die Ulrich Huttens, von der sie geschrieben ist, und es dürfte eher die Feder Hiplers oder Weigands sein. Weigand war ein Beamter des Mainzer Hofes, an welchem in die Sickingensche Bewegung Eingeweihte genug saßen; Hipler hatte seine Güter hart neben dem Hornberg, der Burg des Götz von Berlichingen, und beide Köpfe standen wohl Hutten und seinen Freunden viel näher, als man jetzt weiß. Weil die Lage eine andere geworden war, mußten einzelne Gedanken jener Schrift umgeschmolzen, mußte Neues dazugetan, weitergegangen werden als damals, wo die deutschgesinnten Männer des geistigen, religiösen und nationalen Fortschritts, wie Weigand, Hipler, Ulrich Hutten, Bucer, die Grundzüge jener Flugschrift unter sich besprachen, von einer Feder sie ausarbeiten und in Umlauf setzen ließen.

Jetzt galt es nicht die Ritterschaft an die Leitung zu bringen, sondern Fürsten, Adel und Städte mit der Revolution auszusöhnen und die letztere dennoch im Siege zu erhalten durch eine solche Verfassung, welche den ersteren wenigstens annehmlich wäre.

In der Masse der Bauernhaufen war vom alten Hasse gegen den Adel noch viel zurück, und kaum hatte etwas davon verlautet, welche Weisungen die mit der Vorbereitung der Reichsverfassung Beauftragten empfangen haben, so fanden Stimmen Anklang, wie sie ein „Aufruf an die Versammlung gemeiner Bauerschaft" hören ließ, Stimmen, die zum Mißtrauen gegen den Adel reizten und den Bauern rieten, nur ihresgleichen zu Ämtern zu wählen, „denn es wolle sich nicht reimen, daß man Wolfshaar unter die Schafwolle zu verschleichen beabsichtige; die eingepflanzte Natur lasse sich den Habicht mit der Taube niemals vereinigen". Die abkühlende Zeit aber und der gemäßigte Sinn der oberländischen Bauern, die als Freie von Anfang an sich nur auf ihre alte Freiheit, nicht auf die christliche Freiheit und Gleichheit der Prädikanten beriefen, ließen hoffen, daß der so bearbeitete Verfassungsentwurf am Ende die große Mehrheit des Reiches für sich erhalten werde.

Seit dem 9. Mai saß ein Ausschuß der Bauern in des Reiches Stadt Heilbronn am Neckar, „um die allgemeine Reichsreform", auf welche Artikel und alle Verträge zurückwiesen, „zu beraten".

Wendel Hipler war nicht der Mann, stillezustehen und vor Festungen müßig zu liegen. Es war hoch not, etwas Festes, Entscheidendes für die Eintracht, für das Zusammenwirken, zur allgemeinen Befriedigung der sich kreuzenden Interessen, zur Feststellung der schwankenden unsicheren Verhältnisse vorzunehmen.

Schon zu Amorbach war die Einberufung eines Ausschusses aller Haufen, ein Kongreß aller Bauerschaften beschlossen und mit Hans Berlin Heilbronn als natürlicher Mittelpunkt angenommen worden. Hier sollte die allgemeine „Kanzlei" sein; hier sollten die „vorberatenden Sitzungen der gelehrten Bauernräte", hier dann seiner Zeit „die allgemeine, vom Volke zu eröffnende Nationalversammlung" stattfinden, um „die Reichsreform zu beraten und anzunehmen".

Im Namen der vereinigten Haufen vor Würzburg saßen zu Heilbronn Wendel Hipler, der Kanzler, und als Räte mit ihm Peter Locher aus Külsheim und Hans Schicker aus Weißlensburg.

Schon von Amorbach aus war an alle Haufen in Oberschwaben, Elsaß und Franken Botschaft geschickt worden, „aufs schnellste Bevollmächtigte zu dem Kongreß nach Heilbronn zu senden". Friedrich Weigand saß nicht persönlich in ihrem Rat, aber sein Geist war zugegen: Von ihm waren merkwürdige Konzepte „in betreff der Reichsreform" eingelaufen. Auch Entwürfe aus früherer Zeit, zum Beispiel einen von Frankfurt, ließen sie kommen; und ohne auf das Eintreffen derer von den anderen Haufen zu warten, gingen die drei an die Arbeit.

Von Würzburg aus waren ihnen mehrere Fragen, die bloß auf Fortführung des Krieges sich bezogen, zur Begutachtung mitgegeben: was von jedem Haufen noch zu erobern sei? Welchen Widerstand er dabei finden, welche Hilfe ihm nötig sein könnte? Welcher Haufe, falls gegen den schwäbischen Bund in Schwaben Beistand nötig wäre, zur Hilfe ziehen solle? Wie gegen Pfalz, Brandenburg und Baden, die bayerischen Fürsten und Hessen zu handeln wäre, gütlich oder mit Ernst? Wie man den fremden Adel in anderen Landen in die Vereinigung bringen könnte? Ob die weltlichen Fürsten und Herren für ihre Verluste und Nachlässe aus dem geistlichen Gut zu entschädigen seien? Ob man bei ausländischen Fürsten, zum Beispiel bei Sachsen, dessen Kurfürst der Vereinigung milder gesinnt sei, Beistand suchen solle? Aus welchen Haufen das Kriegsheer gegen Trier und Köln zu bilden sei? Was zu tun wäre, wenn der Kaiser fremdes Kriegsvolk brächte oder andere Fürsten fremde Söldner wärben? Wie man sich gegen den Kaiser zu verantworten habe, oder ob man ihm zuvor schreiben wolle? Wann und wo die Reformation vorzunehmen, wer dazu zu erfordern wäre: Gelehrte, Bürger, Bauern? und wie viele? Wer für den gemeinen Mann seine Beschwerden vortragen solle? Wie viele Räte von Fürsten und Adel zuzulassen, um ihre Sache zu führen? Wie und von wem die Kosten derer, die vortragen, und derer, die zur Entscheidung verordnet würden, aufzubringen wären? Auch eine Vergleichung und Besserung der verschiedenen Heerordnungen solle vorgenommen, von jedem Haufen seine bisherigen Eroberungen und seine weiteren Vorhaben dargelegt werden. Ebenso sollen sie beraten, ob, wenn Gott so viel Glück gäbe, daß man die Haufen zum Teil vermindern und der gemeine Mann heimgehen könnte, eine gewisse Zahl versammelt bleiben sollte für alle Unfälle und um das Recht zu handhaben usw.

Ehe der Ausschuß daranging, arbeitete er aus eigenen und fremden Gedanken einen Reformationsentwurf in vierzehn Artikeln aus, einen Entwurf, „welchermaßen eine Ordnung und Reformation zu Nutz, Frommen und Wohlfahrt aller christlichen Länder aufzurichten wäre".

1. Alle Geweihten, hohen und niederen Standes und Namens, werden reformiert und erhalten ziemliche Notdurft; ihre Güter fallen zu gemeinem Nutzen.

2. Alle weltlichen Herren werden reformiert, damit der arme Mann nicht über christliche Freiheit von ihnen beschwert werde: gleiches schleuniges Recht dem Höchsten wie dem Geringsten. Fürsten und Edle sollen die Armen schützen und sich brüderlich halten, gegen ein ehrliches Einkommen.

3. Alle Städte und Gemeinden werden zu göttlichen und natürlichen Rechten und christlicher Freiheit reformiert. Keine alte oder neue menschliche Erdichtung mehr. Alle Bodenzinse sind ablösbar.

4. Kein Doktor des römischen Rechtes kann zu einem Gericht oder in eines Fürsten Rat zugelassen werden. Nur drei Doktoren des kaiserlichen Rechts auf jeder Universität, um sie in vorkommenden Fällen um ihren Rat zu befragen.

5. Kein Geweihter, hohen oder niederen Standes, kann in des Reiches Rat sitzen oder als anderer Fürsten und Kommunen Rat gebraucht werden; keiner kann ein weltliches Amt bekleiden.

6. Alles weltliche Recht im Reich, das bisher gebraucht wurde, ist ab und tot, und es gilt das göttliche und natürliche Recht, damit der arme Mann so viel Zugang zum Recht habe als der Oberste oder Reichste. Es sind 64 Freigerichte im Reich mit Beisitzern aus allen Ständen, auch aus dem Bauernstand; 16 Landgerichte, vier Hofgerichte, ein kaiserliches Kammergericht deutscher Nation, auch diese mit Beisitzern aus allen vier Ständen; doch so, daß das Volk in jedem vier Stimmen mehr hat. Von jedem Gericht ist Appellation an das andere.

7. Alle Zölle, alle Geleite hören auf, außer den Zöllen, die zu Brücken, Wegen und Stegen notwendig sind.

8. Alle Straßen sind frei, alles Umgeld ist ab.

9. Keine Steuer, als alle zehn Jahre einmal die Kaisersteuer (Matthäi 22).

10. Nur eine Münze in deutscher Nation.

11. Gleiches Maß und Gewicht überall.
12. Beschränkung des Wuchers der großen Wechselhäuser, die alles Geld in ihre Hände ziehen und Arm und Reich ihres Gefallens beschätzen und beschweren.
13. Freiheit des Adels von jedem geistlichen Lehenverband.
14. Aufhebung aller Bündnisse, der Fürsten, Herren und Städte; überall nur Schirm und Schutz des Kaisers.*

Wahrlich Ideen, großartig und originell, praktisch und gemeinnützig. Seit Jahrhunderten hatte man das Bedürfnis nach solcher Reform gefühlt: Kaiser, Fürsten, Ritter und Städte hatten wohl diesen und jenen Punkt auf Reichstagen in Anregung gebracht, aber alle zusammen haben nicht dieses Umfassende, Treffliche ausgedacht und entworfen, was die Leiter der Bauern entwarfen und ausführen wollten.

Mehrere der besten Gedanken des Entwurfes sind wörtlich aus Friedrich Weigands Konzepten herübergenommen, die anderen gehören dem Geiste Wendel Hiplers.

Dadurch, daß der Geistlichkeit, Fürsten und Adel die Hauptquellen ihres bisherigen Einkommens abgeschnitten wurden, mußte es bald um ihre Macht, um sie selbst getan sein. Die Prälaten sanken zu Predigern, die Fürsten und Herren zu größeren und kleineren Grundbesitzern herab: unter einem Haupt, dem Kaiser, lauter Freie, Gleiche auf deutscher Erde. Die demokratische Spitze des Entwurfes jedoch, an der geistliche und weltliche Aristokratie sich verbluten sollte, ist klug und kunstvoll unter Worten und Wendungen versteckt.

13

Luther und die Bauern

Man hat Luthern es zu großem Ruhm gerechnet, den Waffensturm des Volkes durch sein Wort zum Teil beschworen zu haben. So gewiß es ist, daß, wäre Luther an die Spitze der bürgerlichen Bewegung getreten, er ein unermeßliches Gewicht in die Schale geworfen hätte, so gewiß ist, daß in demselben Augenblicke, als er der Sache des Volkes entgegen und auf die Seite der Fürsten trat, sein Ansehen und sein Wort beim größten Teile des Volkes unermeßlich verlor. Das beweist der Auftritt zu Orlamünde, das beweist der Erfolg seiner Rundreise in den sächsischen Landen. „Luther heuchle jetzt den Fürsten“, so hieß es in Thüringen, so in Ober-

* Der Reformationsentwurf findet sich abgedruckt bei Walchner, Oechsle, Bensen.

schwaben. Nach dem Erscheinen der zwölf Artikel der Oberschwaben wollte er in seiner Antwort darauf Herren und Volk zu gütlicher, friedlicher Übereinkunft bestimmen, und während er den Regierenden über ihre Gewalttaten ins Gewissen redete, während er sagte, es seien nicht Bauern, die sich wider sie setzen, Gott selber sei's, der sich wider sie setze, ihre Wüterei heimzusuchen, und während er zugleich den Regierten Aufruhr als ungöttlich und unevangelisch verwies, schloß er damit, daß die Herren ihren steifen Mut herunterlassen und ein wenig von ihrer Unterdrückung und Tyrannei weichen sollen, damit der arme Mann Luft und Raum zum Leben gewinne; daß die Bauern aber auch sich weisen zu lassen und etliche Artikel, die zuviel und zu hoch griffen, aufzugeben haben, damit die Sache nach menschlichem Recht und Vertrag gestillet werde.

Aber dieses Justemilieu, oder, wenn man lieber will, diesen Standpunkt über beiden Parteien verließ Luther schnell, er schlug auf die äußerste Rechte um, und Gesinnung und Sprache wurden despotischer als die der Despoten selbst. Seine besten, seine nächsten Freunde erschraken, selbst sein großer Kurfürst verdammte seine Sprache, und Brenz trauerte darüber. Mehreres wirkte in ihm zu solchem Umschlag zusammen. Zuerst regte Menschliches sich bei ihm und trübte seinen Blick und reizte seine Leidenschaft; seine wohlgemeinte Ermahnung, der er so viel Zaubermacht zugetraut, wurde von den Bauern gar nicht beachtet, der Sturm legte sich nicht auf sein Machtgebot; das verdroß ihn. An der Spitze der Volksbewegung und hoch von ihr emporgetragen, standen in seiner nächsten Nähe als gefeierte Männer des Volkes Karlstadt, den er wegen des Abendmahls und noch mehr, seit die Orlamünder mit Steinen nach ihm geworfen, tödlich haßte, und Thomas Münzer, auf den er schon lange eifersüchtig und der sein heftigster Gegner war. Das verdroß ihn noch mehr. Zu gleicher Zeit kam die Nachricht von der Tat zu Weinsberg und das Geschrei darüber zu seinen Ohren und wie alles auf ihn und seine Reformation zurückgeführt werde, wie namentlich Herzog Georg von Sachsen alles ihm zumesse. Da brach er los, die gewaltige Natur in ihm überstürzte sich. Ohne einen Augenblick daran zu denken, daß ihm die meisten Artikel der Bauern soeben noch billig vorgekommen, daß er selbst gewissermaßen öffentlich zugegeben, daß ihre Sache gut und recht sein könne, daß er nur nicht das ganze Einsehen eines Rechtsgelehrten darein habe; ohne zu untersuchen und zu hören, wie sehr die Herren zu Weinsberg durch treuloses Morden an Hunderten während des Stillstandes arglos daherziehenden Bauern, durch das vergossene Blut ihrer Brüder an der Donau, durch Verhöhnung alles Kriegs- und Völkerrechts das Strafgericht verschuldet hatten, nahm Luther die Weinsberger für alle Bauern und schrieb „wider die mörderischen und räuberischen Rotten der Bauern".

Jetzt seien sie ganz rechtlos: „man soll sie zerschmeißen, würgen und stechen, heimlich und öffentlich, wer da kann, wie man einen tollen Hund totschlagen muß". Die Obrigkeit, schloß er, welche zaudere, tue Sünde, da den Bauern nicht genüge, selbst des Teufels zu sein, sondern sie viele fromme Leute zu ihrer Bosheit und Verdammnis zwingen. „Darum, liebe Herren, loset hie, rettet hie; steche, schlage, würge sie, wer da kann. Bleibst du darüber tot, wohl dir; seligeren Tod kannst du nimmermehr überkommen."

Da sprachen die Feinde der Reformation: „Er hat dieses Feuer angezündet und hetzt jetzt die Obrigkeit an sie, zu stechen, zu hauen, zu morden, und beredet sie, damit das Himmelreich zu verdienen; da es allenthalben brennt, will er wieder löschen, da es nicht mehr helfen will." Sooft die Päpstlichen von da an zur lutherischen Predigt läuten hörten, sagten sie: „Da läutet man wieder die Mordglocke." Selbst der mansfeldische Kanzler Müller griff ihn wegen blutdürstiger Unbarmherzigkeit an, und Luther schien allerdings um so weniger zu entschuldigen, als er kaum ein paar Tage zuvor einen Vertrag empfangen hatte, den die Bauerschaften in anderen Gegenden, die Allgäuer mit ihren Herrschaften, ihm zu großer Freude, eingegangen hatten. Je mehr aber das Volk, je mehr Freund und Feind über ihn daherfuhr, desto verbissener, verhärteter wurde er nur, er, der nach Melanchthons Zeugnis keinen Widerspruch ertragen konnte und, wie Karlstadt und Münzer ihm vorwarfen, als ein zweiter Papst für untrüglich zu gelten sich im heißen Kampfe gewöhnt hatte; vom ersten Widerspruch mit sich selber an verwickelte er sich in einen wahren Knäuel von Widersprüchen und überstürzte sich ganz. „Die mengen sich selbst unter die Aufrührerischen", sagte er, „die sich derer erbarmen, welcher sich Gott nicht erbarme, sondern die er gestraft und verderbt haben wolle. Dann, wenn man sie verderbe, werden die Bauern Gott danken lernen, wenn sie eine Kuh geben müssen, auf daß sie die andere in Frieden genießen können; und die Fürsten werden durch den Aufruhr erkennen lernen, was hinter dem Pöbel stecke, der nur mit Gewalt regiert werden könne." Und an den Doktor Rühl schrieb er: „Daß die Leute mich einen Heuchler schelten, ist gut, und ich höre es gern. Ich müßte viel Leder haben, sollte ich einem jeglichen sein Maul zuknäufeln. Daß man den Bauern will Barmherzigkeit wünschen: sind Unschuldige darunter, die wird Gott wohl erretten und bewahren, wie er Loth und Jeremiä tät; tut er es nicht, so sind sie gewiß nicht unschuldig, sondern sie haben zum wenigsten geschwiegen und bewilligt. Der weise Mann sagt: Cibus, onus et virga asino, in einen Bauern gehört Haberstroh. Sie hören nicht das Wort und sind unsinnig, so müssen sie die Virgam, die Büchse, hören, und geschieht ihnen recht. Bitten sollen wir für sie, daß sie gehorchen; wo nicht, so gilt's hie nicht viel Erbarmens. Lasset nur die Büchsen unter sie sausen, sie machen's sonst tausendmal ärger."

„wider die mörderischen und räuberischen Rotten der Bauern"

Wenn man Luther gegen die Bauern so daherbrausen sieht und hört, so muß man nicht vergessen, daß, was hier eine Schattenseite an ihm ist, gerade dieses Sturmgewaltige, dieses rücksichtslos Orkanische in ihm, dieses sich fest Einwühlen in seinen Standpunkt es war, wodurch sein großes Werk, die Reformation, allein möglich wurde, und was also anderwärts wieder seiner Lichtseite angehört. Daß aber das Gefühl einer gewissen Verlegenheit, das sich bei seiner vermitteln wollenden Antwort auf die zwölf Artikel unverkennbar kundgibt, ihn nicht trieb, sich die Klarheit des wahren Standpunktes zu verschaffen, das fällt ihm als Schuld zu. Alles Stehenbleiben auf halbem Wege, alle Halbheit rächt sich.

Man hat gesagt, Luther habe so handeln müssen, um sein Werk nicht aufs Spiel zu setzen, nicht mit in den Untergang zu flechten; er habe dadurch die Reformation gerettet. Dieser Ansicht läßt sich eine andere entgegenstellen, wohl mit größerer Kraft. Wenn Luther die Konsequenzen seiner Grundsätze annahm, wenn er die Reformation nicht einseitig, nicht halb, sondern ganz durchführte, wenn er der Mann des Volkes blieb und die Bewegung des Volkes, die er jedenfalls nicht ungern sah, leitete, die Tausende von Unentschiedenen, die zwischen den Herren und dem Volke standen, mit sich fortriß, so wären die Deutschen eine Nation geworden, eins im Glauben und freier bürgerlicher Verfassung, die religiöse und politische Zerrissenheit und Unmacht, alle Not und Schmach des sechzehnten, siebenzehnten und achtzehnten Jahrhunderts, aller Jammer des Tausendherrenländchenwesens wäre nicht gekommen. Der Sieg der Volkssache, der Sieg der Reformation nach ihrer anderen, nach ihrer politischen Seite, hätte nicht in dem Sinne, wie Luther fürchtete, sondern in ganz anderem den Jüngsten Tag gebracht, der deutschen Nation einen neuen Himmel und eine neue Erde, ein großes deutsches Volksleben.*

Sollte die Reformation, wie die Umstände einmal lagen, ganz, als eine gesunde Geburt, mit allen Konsequenzen zutage kommen, so mußte sie dem Jahrhundert aus dem Leibe geschnitten werden. Es bedurfte durch geschickte Hand des Kaiserschnittes.

Noch ehe sie zu Heilbronn zur Beratung der Reichsreform recht festsaßen, hatte schon die Entscheidung, der letzte Akt des großen politischen Schauspiels, begonnen. Das Unglück der Volkssache ging aus von Oberschwaben.

* Hier beurteilt Zimmermann die Vorgänge nicht ganz richtig. Nicht Luthers heftiger Charakter war die Ursache für den Wandel in seinen Anschauungen, sondern er machte als Vertreter des bürgerlich-demokratischen Lagers alle Wandlungen dieses Lagers mit. Als der Aufstand überall ausbrach und neben den Bauern auch die städtischen Plebejer in Bewegung brachte, sah sich das Besitzbürgertum der Städte in seinen Vorrechten bedroht. Aus diesem Grunde erfolgte die heftige Reaktion Luthers gegen die revolutionären Bauern. Die Red.

Sechstes Buch

1

Der Vertrag von Weingarten

Der Truchseß hatte die Oberschwaben abermals überlistet. Des anderen Tages nach dem Gefecht von Wurzach traf der Truchseß über Gaisbeuren hinaus auf 15 000 Bauern; es waren Florians und der Seehaufen. Dieser wird auf 10 000 Mann angegeben. Florian hatte also zudem, daß ein Teil sich verlief, noch 5000 Mann auf dem Rückzug beisammenbehalten. Es war nachts, am Gründonnerstag, da gerade noch Eitel Hans Ziegelmüller, der oberste Hauptmann des Seehaufens, im Kloster Salem mit seinen Räten ratschlagte, als Botschaft kam, daß der Truchseß mit Macht daherziehe. Alle saßen gleich zu Pferde, ritten dieselbe Nacht nach Bermatingen ins Hauptquartier und schickten in alle Dörfer aus, Sturm zu schlagen. Von 2 Uhr an in der Frühe des Karfreitagmorgens fingen die Glocken im ganzen Tal an, Sturm zu läuten, eine Glocke weckte die andere auf bis an den Bodensee, und desselben Tages sammelten sich die Aufgebote mit gewehrter Hand zu Bermatingen, an die 10 000 Mann, und zogen fort mit Trommeln und Pfeifen und den Geschützen von Mörsburg und Markdorf auf Weingarten, von da vor den Wald hinter Baindt auf Gaisbeuren zu, wo sie mit dem Truchseß zusammenstießen und mit Florians Unterallgäuern. Die Bauern zogen dem Truchseß entgegen.

Er warf schnell sein Geschütz hinter Gaisbeuren, stellte hinter das Dorf den verlorenen Haufen und stieß den reisigen Zeug in das Gehölz daneben. Vor sich hatten die Bauern, die an einer Anhöhe hielten, ein Ried, der Reiterei unzugänglich. Um 3 Uhr mittags fing man an, von beiden Seiten zusammenzuschießen. Der Bauern Geschütz war so gut gestellt, daß sie die Bündischen wohl treffen mochten; die Bündischen aber hatten keinen rechten Ort zu ihrem Geschütz. Die Bauern gruben sich ein, und ihr verlorener Haufen nahm das Dorf Gaisbeuren und setzte sich darin. Als es schon sehr dunkelte, rief ein bündischer Fußknecht, der es mit den Bauern hielt: „Fliehet, fliehet, liebe Herren und fromme Landsknechte!" Aber er wurde im Nu niedergestochen. Er wollte das bündische Fußvolk in Verwirrung und Flucht bringen; die Bauern wollten dann, wenn das

Fußvolk flöhe, den Reitern das Geschütz abdringen. Eitel Hans schlug in dem Dorf und dabei sein Lager; und der Truchseß zog sich bis zum Hochgericht, vor Waldsee draußen, zurück. Graf Wilhelm von Fürstenberg gewann drei Knechte durch zehn Gulden, daß sie sich, als es stockfinstere Nacht war, ins Lager der Bauern schlichen und das Dorf anbrannten. Die Bündischen fürchteten noch immer einen nächtlichen Überfall durch die Bauern; Kundschafter hatten jenen Anschlag derselben verraten. Aus dem brennenden Dorfe zogen sich die Bauern, die sich jetzt verraten glaubten und ihrerseits einen Überfall fürchteten; und sie fädelten sich durch den Altendorfer Wald in der Nacht, während die Häuser, noch hell brennend, ihnen leuchteten. Die Bündischen hielten bis zum hellen Tag in der Ordnung, und etliche aufgegriffene Bauern sagten aus, die beiden Haufen seien teils nach Weingarten, teils über die Schussen gegangen. Der Truchseß lag am Ostertag still, weil die Pferde müde waren. Es liefen böse Zeitungen ein, wie sich allerwärts im deutschen Lande die Bauern erheben. Graf Haug von Montfort, Ritter Wolf Gremlich von Hasenweiler und zwei Ratsherren von Ravensburg brachten sie ins bündische Lager und erboten sich, mit den Bauern gütlich zu handeln. Herr Georg wußte durch seine Kundschafter, daß eine Verstärkung von 8000 Mann aus dem Oberallgäu schon bei Leutkirch lagerte, von 4000 aus dem Hegau unterwegs war, Eitel Hans zuzuziehen; die Überlegenheit des Seehaufens allein schon hatte er tags zuvor erfahren; Botschafter des schwäbischen Bundes riefen ihn schleunig nach Württemberg. Er beauftragte die, welche sich anerboten, den Bauern eine gütliche Mitteilung anzutragen: Wenn sie Wehr und Harnisch abliefern und ihre Fähnlein übergeben, so wolle er diesseits des Waldes bleiben und nichts Feindliches vornehmen, sondern verspreche, daß jede ihrer Beschwerden durch von beiden Seiten zu wählende Schiedsgerichte erledigt werden und alles Vorgefallene in Vergessenheit sein solle. Indessen hatte Eitel Hans von Weingarten aus am Osterabend überall hingeschickt, daß alles, was Stangen und Spieß tragen möge, zuziehe. Sie kamen, es kam auch Dietrich Hurlewagen, der Hauptmann des Raithenauer oder Tettnanger Haufens, mit all den Seinen. Am Ostermontag zog Herr Georg daher. Bei Kloster Baindt begegneten ihm Graf Haug und Wolf Gremlich mit den anderen und zeigten ihm an, die Bauern wollen die Vermittlung annehmen, aber Harnisch und Wehr samt den Fähnlein auszuliefern, gedenken sie nicht. Damit wollte sich Herr Georg nicht begnügen; er sandte sie nochmals in der Bauern Lager, deren Räte zu Baierfurt auf Antwort warteten. Der Vermittler Antrag, daß die Feindseligkeiten bis zu ihrer Rückkunft eingestellt werden, nahm Herr Georg gerne an, „wenn auch die Bauern da bleiben, wo sie seien". Durch diese listigen Worte glaubte der Feldherr die Einfalt der Bauern zu fangen, die bei Weingarten und Berg gelagert waren. Wie er auf die

Höhe ob Baierfurt rückte, in der Meinung, ihnen den Vorteil abzugewinnen und den Flecken Weingarten einzunehmen, kamen ihm die Bauern zuvor. Die bei Berg erhoben sich, ehe er das Kriegsvolk und das Geschütz zu Baierfurt durch und über die Aach bringen konnte, und rückten über die Schussen durch das Blachfeld auf Weingarten. Als die Bauern sahen, wie der Truchseß seinerseits ihnen nur das Terrain ablisten wollte, hatte Eitel Hans sogleich Befehl gegeben, alle vorteilhaften Punkte zu besetzen, das Geschütz auf den St. Blasienberg hinter dem Kloster, den verlorenen Haufen in einem Weingarten, das übrige Heer in vier Haufen gestellt, so daß ein Graben sie gegen die Reiterei deckte. Es verdroß den Truchseß, daß ihm die Bauern zuvorgekommen waren. Er rief zweien Hauptleuten derselben zu, sie haben zugesagt zu bleiben, wo sie seien, und es gebrochen. Jetzt wolle er auch nichts mehr von einer Vermittlung wissen; sie halten keinen Glauben. Es ist, als ob die Bauernhauptleute nun auch ihrerseits den Truchseß durch List hinhalten wollten. Der eine tat, als wär' es ihm leid, daß seine Brüder auf die Höhe gezogen wären, er wolle sogleich hingehen und sie wieder in ihre vorige Stellung zurückführen; der andere, Dietrich Hurlewagen, ließ sich vor dem erzürnten Feldherrn aufs Knie nieder und bat ihn mit aufgehobenen Händen, einstweilen nicht weiter vorzurücken, bis er seine Brüder dahin bringe, daß sie wieder vom Berge zögen. „Gehen sie nicht gutwillig herab, so will ich sie schon herabbringen", sagte der Truchseß kurz. Er rückte mit seiner Reiterei vor, und die Bauern blieben in ihrer Stellung und hatten sich inzwischen nur fester gesetzt.

Herr Georg sah recht gut, daß sie da herab nicht zu bringen waren, es wäre denn, daß er vierzehn Tage vor dem Berge läge und sie aushungerte. 32 fliegende Fähnlein der Bauern konnte man zählen, und die einen schätzten auf 12 000, die anderen wohl auf 17 000, wie es auch die Wahrheit war, ihre Zahl. Es wehte den sonst so übermütig kalten Feldherrn hier etwas bänglich an. Auf so vielen Seiten im deutschen Lande sollte der Krieg geführt werden, und hier stand er und hatte nicht einmal die Mittel, ihn nur auf dieser einen Seite mit einer gewissen Hoffnung des Sieges auszufechten. Und wurde er geschlagen, so hatte der schwäbische Bund kein zweites Heer mehr ins Feld zu stellen, alles fiel ab und zusammen, Landsknecht und Bauer und Städte, und für die Aristokratie war alles verloren. Frowin Hutten und die Reiterei wollten den Teil der Bauern, der in der Ebene von Weingarten hielt, angreifen. Der Truchseß aber hatte verkundschaftet, daß gerade hier gute Kriegsleute stehen; er fürchtete, es möchte aus diesem Angriff „eine merkliche Gefährlichkeit, Schimpf und Spott erwachsen", und ließ es nicht zu. Darüber wurden die Reisigen unlustig und meinten, „Herr Georg wolle seine Landsleute nicht beißen". Doch bald genug sahen sie ein, daß er den rechten Takt hatte; sie entdeckten, daß Eitel Hans hinter dem Graben, über den der Angriff geschehen mußte, gegen 4000 Schützen vom See und von den Bergen aufgestellt hatte. Herr Georg tat noch immer, als ob er schlagen wollte; er besorgte wohl auch, von den Bauern dazu genötigt zu werden. Er ordnete sein Heer zur Schlacht, den verlorenen Haufen neben das Geschütz, dahinter den Gewalthaufen und das Geschwader des Hauses Österreich samt den Hessen hinter Zaun und Hecke; das pfalzgräfische Geschwader, das bayerische und markgräfische, die Rennfahne und die Schützenfahne alle in ihrer Ordnung. Auch fing das Geschütz auf beiden Seiten zu spielen an. Es sank erschossen ein Fähndrich der Bauern mit einem weißen Fähnlein, das er trug. Es sanken, von den Bauern getroffen, der Waffenschmied des Deutschkommenturs und mehrere Pferde. Herr Georg dachte jedoch nur daran, den Frieden, so schnell es nur sein könnte, zustande zu bringen, eh' auch noch die Hegäuer herankämen und die Oberallgäuer ihn im Rücken faßten. So hart es ihn ankam, den Bauern, in denen er eidbrüchige Aufrührer verachtete, Friedensanträge zu machen, er schickte seinen Trompeter an ihren obersten Hauptmann Eitel Hans und ließ ihn bitten, das Schießen einzustellen und zu ihm herüberzureiten, er wolle gütliche Sprache mit ihm halten. Eitel Hans ritt ganz allein herab ins Feld zu Herrn Georg. Dem letzteren lag nur noch daran, den äußeren Schein zu retten. Er stimmte seine Forderungen sehr herab, und man verglich sich dahin, daß die Bauern einen Teil ihrer Fähnlein ihm ausliefern, die Geschütze in die Schlösser zurückstellen, Harnisch und Waffen behalten, aber durch Hauptleute und Fähndriche bei ihm Verzeihung angesucht werde. Eitel Hans ritt zurück, um es an den Haufen zu bringen. Die Vermittler kamen aber bald herab und berichteten, wie der Haufe nicht darauf eingehen wolle. Um denselben zu schnellerer Beistimmung zu bewegen, sprach er, während Wolf Gremlich, Graf Haug und die Ravensburger neben ihm standen, wie verloren in Nachdenken und wie im Selbstgespräch: „Weingarten, Weingarten, kann ich heut nacht nicht ruhig in dir schlafen, so sollen's die Bauern auch nicht, und du mußt heut noch ein Kohlenhaufen werden." „Herr", sprach Ritter Wolf erschrocken, „ist das Euer Ernst?" „Ja", versetzte der Truchseß, „Weingarten muß heut nacht ein Wachtfeuer geben zwischen beiden Lagern." Auf das machte sich Herr Wolf, der im Geist sein geliebtes Weingarten brennen sah, wieder zu den Bauern, bei denen die Friedenspartei und bestochene Führer schon überwogen, und gab durch die Drohung des Truchseß den Ausschlag. Es ward ein zweistündiger Stillstand bewilligt; Gremlich, Graf Haug, die Ratsherren von Ravensburg und Überlingen schrieben in Eile die Vertragspunkte auf, und die Bauern nahmen sie an. Ihr Inhalt war, daß die Beschwerden jeder Gemeinde gegen ihre Herrschaft durch sechs unparteiische Städte schiedsrichterlich

Der Truchseß zerreißt die Fahnen

entschieden und der Ausspruch des Schiedsgerichtes von Untertanen und Herrschaften gehalten, wer dawider tue, durch die Bundesstände dazu gezwungen werden solle; daß die Haufen, die hier versammelt seien, ihrer Verbrüderung mit den anderen entsagen, alles Genommene zurückstellen und daß alle vorgefallene Unbilden vergessen und vergeben seien. Fünf Fähnlein von den zweiunddreißig überlieferten abends sechs Uhr die Fähndriche und senkten sie zu des Truchseß Füßen, dieser tat in jedes einen Riß, und er und seine Hauptleute einer- und die Hauptleute und Räte der Bauern andererseits unterzeichneten mit den Vermittlern die Vertragsurkunde; der Vertrag wurde am 17. April geschlossen, am 22. ausgewechselt.

Es war ein bedeutungsvoller Tag für den ganzen Volkskrieg, der 17. April. Das Glück hatte den Truchseß und mit ihm die Bundesmacht den Bauern in die Hand gegeben; aber Glück und Sieg waren ihnen etwas Neues, darum verstanden sie beides nicht zu benutzen, und so verließ sie das Glück und folgte dem Truchseß. Sie hatten noch nicht gelernt, daß große Herren selten so ganz ohne Absicht höflich sind, sonst hätten sie erkannt, daß, wenn der Truchseß bat und friedlich tat, dahinter etwas anderes stecke; es hätten seine Friedensanträge ihnen einiges Bedenken über seine mißliche Lage erregen, sie hätten ihn angreifen, vernichten müssen. Des Truchseß eigene spätere Schreiben gestehen unverhohlen die Gefahr, in der er sich damals befand, und das Glück warf jetzt den Bauern so fest die Binde um die Augen, daß es ihn und das Heer gleich darauf zum zweitenmal aus offenbarem Verderben rettete. Während Herr Georg eine kurze Zeit beim Vertragsabschluß abwesend war, glaubte er, die Seinen werden, wie er hinterließ, das Lager zwischen Ravensburg und Weingarten bei dem Burachhof schlagen und die Hauptleute ob dem Volke halten, damit es keine Verräterei gebe. Sie hatten's wohl versprochen. Als er spätabends ins Lager zurücksprengte, fand er nirgends Ordnung, alles durcheinander; und soeben hatte er Botschaft erhalten, daß die Oberallgäuer schon zu Schlirs, nur eine Stunde weit weg, angekommen waren; die Hegäuer konnten noch diese Nacht eintreffen; diese beiden Haufen waren nicht im Vertrag und wußten nichts davon, ja, auch der Vertrag mit dem Weingarter Haufen war noch nicht gesiegelt und unterzeichnet; wenn die drei Haufen von drei Seiten diese Nacht über die ordnungslosen Bündischen hereinbrachen, so war alles verloren. Schnell schob der Truchseß eine Abteilung seines Heeres zwischen die Oberallgäuer und den Weingarter Haufen, die jene aufhielt bis an den hellen Tag und die Verbindung zwischen beiden abschnitt, ließ alles in Harnisch und Wehr die Nacht durch auf jedes Lärmen bereit sein und eilte in der Frühe, den Vertrag ins reine zu bringen und die Oberallgäuer auch zur Annahme desselben zu bestimmen. Diese, verlassen von ihren Eidgenossen, wählten einen Ausschuß von 40 Mann, den Vertrag abzuschließen; sie selbst traten an selbem Morgen den Rückweg an. Die 40 Mann nahmen den Weingarter Vertrag an, auf Hintersichbringen; auch der Truchseß bestand auf einem Revers von ihnen, den die Städte Memmingen, Kempten und Leutkirch garantieren sollten. Als dieser ihm ausgehändigt war, entließ er die drei allgäuischen Geiseln, Ulrich Bub, Konrad Müller und Johann Ammann. Auch der Seehaufen und der aus dem unteren Allgäu lösten sich auf; des letzteren Hauptmann, Pfaff Florian, trauerte und begab sich in die Schweiz. In den Zirkeln der Herren des Oberlandes wurde viel davon geredet, wer obgesiegt haben würde, wenn das Schwert seinen Fortgang behalten hätte. Wolf Gremlich war entschieden, daß die Bauern gesiegt hätten, und er kam darüber in Streit mit Graf Haug von Montfort, rannte sich in die Degenspitze des Schreibers des letzteren und starb wenige Tage nach dem Schluß des Friedens, wozu er am meisten beigetragen. Zu Salem begruben sie mit Trauern den tapferen und frommen Ritter.

Münzers Ahnung war erfüllt: Der Weingarter Vertrag war ein großes

Unglück für die Volkssache. Es hatte hier die Selbstsucht, der Eigennutz das erste böse Beispiel gegeben: Brüder hatten, indem sie nur für sich selbst sorgten, die Sache der Brüder, die allgemeine Sache preisgegeben. Eck schrieb schon am 13. April: „Herr Jörg soll eine Praktik unter den Bauern bei Weingarten haben." Dadurch war der eine Hauptflügel des Aufstandes durchbrochen; der Truchseß, der selbst sagt, daß der Kampf gegen die vereinigten Haufen „mit großer Gefährlichkeit" verbunden gewesen wäre, freute sich, die vom Ried, Allgäu und See auf so leichte Art von den Schwarzwäldern und Hegauern getrennt zu haben, und während er die ersteren mit der Vorspiegelung, ihre Beschwerden heben zu wollen, hinhielt, konnte er, ohne daß sie es zu hindern vermochten, jetzt nacheinander ihre Verbündeten, Hegauer, Schwarzwälder und Württemberger, niederwerfen.

Der Truchseß hatte sich auf Mahnung der in Radolfzell von den Hegauern und Schwarzwäldern eingeschlossenen und hoch bedrängten Herren und Ritter nach dem Hegau gewandt und erfahren, daß sechs- bis siebentausend Hegauer Bauern bei Steißlingen im Ried lagen. Er hatte seinem Marsch die Drohung vorausgehen lassen, „wenn sie sich nicht auf Gnade oder Ungnade ergeben, werde er mit Nahm' und Brand sie angreifen, daß es sie gereuen werde". Auf dem Felde zu Pfullendorf kamen ihm Abgeordnete der Hegauer und Schwarzwälder am 25. April entgegen, und er sprach mit ihnen einen Vertrag ab, ähnlich dem des See- und niederallgäuischen Haufens: Die Artikel wurden aufgesetzt, und die Abgeordneten trugen sie zurück, um die Zustimmung der beiden Haufen einzuholen. Er rückte weiter auf Stockach und hinauf Hohentwiel zu und lagerte eine starke Meile von ihnen. Schon hatte er den Befehl von den Bundesständen aus Ulm erhalten, schleunigst umzukehren und Württemberg zu retten, er aber hatte Gegenvorstellungen gemacht; auf einen zweiten Befehl nicht geachtet, sondern denen in Zell, die an Lebensmitteln und Munition Mangel zu leiden anfingen, geschrieben, er werde sie gewiß entsetzen. Da kam am Abend, da er auf einen morgigen Angriff alles rüstete, eine dritte strenge Order zum ungesäumten Marsch ins Württembergische. Er mußte gehorchen. Er ließ sein Heer nach Tuttlingen ins Württembergische aufbrechen und sandte Thomas Fuchs mit 300 Pferden aus, einige Dörfer anzubrennen und die Hegäuer und Schwarzwälder durch diese Scheinbewegung von Radolfzell weg tiefer ins Hegau zu locken. Das gelang, die Bauern folgten, und indessen warf der Truchseß 500 Fußknechte und Lebensmittel in die Stadt. Nachdem er noch Dietrich Spät mit 100 Reitern an sich gezogen, eilte er die beschwerlichen Wege über den Heuberg und lagerte bei Spaichingen am 1. Mai. Hans Müller von Bulgenbach hatte sich schon am Abend des 27. April auf den Schwarzwald begeben, um den dritten Mann zur Landwehr einzuberufen, und eilte dann, ein Lager bei Hüfingen zusammenzuziehen, um den, wie er glaubte, vom Truchseß und vom Sundgau her bedrohten Schwarzwald zu decken. Am 1. Mai lagen die Waldbauern zu Hüfingen. Hans Müller erhielt, wie die Hegauer, die Zuschrift des württembergischen Haufens um schleunigen Zuzug. Die Notwendigkeit einer Vereinigung aller Kräfte war darin klar nachgewiesen, sie lag vor Augen. Am 19. April hatten die Hegauer an den bei Heilbronn lagernden hellen lichten Haufen eine Bitte um 7000 Knechte ergehen lassen; dieser, weil er nicht könne, hatte den württembergischen Haufen dazu aufgefordert, der letztere ablehnend geantwortet. Beide hatten damals gute Gründe der Ablehnung: Die Hegauer und Schwarzwälder hatten jetzt keinen triftigen Grund, sich der Sache der Brüder, die ihre eigene war, fernzuhalten. Es zogen auch bei 8000 Oberländer bis Rottweil in die Altstadt. Hier wartete ihrer Herzog Ulrich von Württemberg, um mit ihrer Hilfe in das Seine zu kommen. Da entstand großer Zwiespalt. Hans Müller, der Schwarzwälder Hauptmann, der die Hauptmannschaft dem Herzog weder abtreten noch sie mit ihm teilen wollte, und ihrer viele schrien, sie seien nicht auf, Herren ein-, sondern auszusetzen. Der größere Teil „zog wieder hinter sich mit dem verräterischen schwarzwäldischen Hauptmann"; dieser wandte sich dann westlich über Wolterdingen nach Vöhrenbach, es war der Zug ins Breisgau, welcher der Abrundung des Ganzen halb früher beschrieben wurde. Ein Teil der Hegauer blieb unter dem Obersten Hans Maurer von Schlatt vor Radolfzell, und einige Tausend unter Hans Benkler zogen vorwärts mit dem Herzog. Da ward von vielen geredet, Gott habe es geschafft, daß der Herzog von den Bauern nicht zu einem obersten Hauptmann wäre aufgenommen worden, durch dessen Rat und Schick sie das ganze Reich hätten an sich bringen mögen.

2

Der Überfall bei Böblingen und der Böblinger Herren Verrat

Gleich beim Eintritt ins Württembergische hatte der Truchseß alle Haufen des Landes aufgefordert, nach Hause zu gehen, sich auf Gnade und Ungnade zu ergeben und gnädigen Bescheids und eines zu haltenden Landtages zu gewarten, oder er werde mit aller Strenge und ohne Schonung verfahren. Die Regierung in Tübingen schickte Wolf von Hirnheim nach Ostdorf zu ihm und bat um möglichste Schonung des Landes. „Ich will Unterschied machen", sprach der Feldhauptmann, „zwischen Guten und

Bösen und vor Brand sein, soviel möglich; aber ein solch Kriegsvolk in solchem Zug ist nicht in ein Bockshorn zu zwingen." In Eilmärschen erreichte er sein altes Lager am Neckar, zwischen Rottenburg und Tübingen, am Wurmlinger Berg. Drei Tage lag der Truchseß hier still, da unter seinen Landsknechten wegen rückständigen Soldes eine Meuterei ausgebrochen war.

Von Degerloch war der große württembergische Haufen auf Sindelfingen vorgerückt. Von hier aus antwortete man dem Truchseß, Württembergs Landschaft sei durch ehrenhafte und redliche Ursachen und Beschwerungen gegen die Regimentsräte des Fürstentums zu diesem Zuge, den sie um Gottes Ehre und der Landschaft Nutzen und Notdurft willen unternommen, genötigt worden; wären sie zu solchem Anzug nicht verursacht, ihnen für sich, wie er wohl denken könne, wäre es lieber gewesen, in Frieden und Ruhe regiert zu werden. Sie wollen sich auch zu gebührlicher Zeit darüber vor Kaiserlicher Majestät genugsam und, wie sie gewisser Hoffnung seien, in Ehren verantworten. Solches Antasten haben sie sich von Sr. Gnaden nicht versehen. Gemeine Landschaft vermeine Besseres um ihn und seine Herrschaft Waldburg verdient zu haben.

Dieses Schreiben wurde am 6. Mai entworfen, am 7. erst ins reine geschrieben und abgeschickt. Hans Wunderer, der Stocksberger Hauptmann, setzte es durch. Theus Gerber und Matern Feuerbacher hatten dagegen gekämpft; es wurde die Uneinigkeit im Rat und im Haufen mit jeder Stunde größer. Dennoch brachten die letzteren es dahin, daß der Obervogt von Göppingen, Jakob von Bernhausen, der, wie andere Edle, der Aufmahnung zum Zuzug gefolgt und jetzt im Lager der Bauern war, ins Feldlager des schwäbischen Bundes am Wurmlinger Berg geschickt wurde, um Geleit für zehn bis zwölf Bauern zur Unterhandlung nachzusuchen. Der Truchseß, inmitten seines meuterischen Heeres, sagte es gerne zu. Wie Bernhausen zurückritt, hörte er schon, daß der Haufen auf Herrenberg vorgerückt sei.

Um sich desto leichter mit denen vom württembergischen Schwarzwald zu vereinigen, drang Hans Wunderer auf einen Zug gegen Herrenberg, das von einem Fähnlein bündischer Knechte unter Hans Stöckel besetzt war. Er gewann die Mehrheit dafür. Unter den Mauern des Städtchens stieß Thomas Maier von Vogelsberg mit seinen württembergischen Schwarzwäldern zu ihnen, die von der Einnahme von Sulz herkamen. Da war ein Freudengeschrei und Getös und Gelärm, daß Jakob von Bernhausen, als er anritt, nicht gehört wurde. Man solle jeden totstechen, der von Unterhandlung spreche! schrien sie. Die Herrenberger hatten selbst an den obersten Hauptmann, Matern Feuerbacher, mit brüderlichem Erbieten zuvor geschrieben; Matern schickte Jakob von Bernhausen, Hans Müller und Hans Harter hinein, die Stadt sich übergeben zu lassen. Aber ungeachtet der Haufen vor den Toren war, öffneten sie diese nicht. Das reizte: Die Schwarzwälder schrien Sturm. Was Matern und Theus Gerber dagegen sprachen, drang nicht durch. Matern mit seinem Haufen zog sich an der Stadt hin auf den Bergrücken hinter dem Schloß, Wunderer stellte die Seinen auf die Äcker hinter den Gärten, Thomas Maier mit seinen Schwarzwäldern nahm Graben, Mauern und Tore für sich, und bei ihm hielten die, welche aus den anderen Haufen freiwillig zum Sturm sich erboten hatten; die auf der Mauer zählten unter den Stürmenden und behielten sie wohl, die Fähnlein von Alpirsbach, Backnang, Balingen, Bebenhausen, Bottwar, Bulach, Brackenheim, Calw, Derdingen, Dornstetten, Güglingen, Hirsau, Marbach, Merklingen, Nagold, Neuenbürg, Rosenfeld, Sulz, Tübingen, Tuttlingen, Vaihingen und Wildberg. Die Stuttgarter hielt Theus Gerber vom Sturm ab. Um 8 Uhr morgens des 8. Mai schrieben sie in die Stadt, Weiber und Kinder und die drei Abgeordneten der Bauerschaft hinauszutun. Nach 10 Uhr begann der Sturm. Die ersten daran waren die aus den herrenbergischen Amtsflecken. Die Besatzung und die Bürger wehrten sich männlich: zwei Stürme wurden abgeschlagen. Erst nach sechsstündigem Kampf kapitulierte die Stadt, als durch die Feuerpfeile, der sich die Schwarzwälder wie bei Sulz bedienten und die sie im Schloß Glatt dem von Neuneck abgenommen hatten, schon 17 Häuser und die Propstei in Brand gesteckt wären. Die Bauern verloren gegen 200 Mann beim Sturm. „Das heißt Gülten abgelöst!" rief einer, der von der Leiter fiel, am Boden. Manche Bauern ließen die drinnen dafür büßen, es wurde viel geplündert, auch den bayerischen Fußknechten darin all das Ihre genommen. Sie selbst wurden alle in die Kirche gefangengelegt: „All Stund kamen Bauern herein, des Willens, sie zu erwürgen; wenn Hans Metzger von Bönnigheim, der Bauern Profos, nicht gewesen wäre als ein Kriegsmann, so wär's geschehen."

Ein Metzger von Herrenberg hatte die erste Nachricht, daß das Städtchen bedroht sei, ins Lager des Truchseß gebracht. Aber die Knechte gaben sich noch nicht. Erst die am Abend des 8. eintreffende Gewißheit, daß Herrenberg verloren sei, endete die Meuterei unter dem Fußvolk. Mit der Frühe des 9. war der Truchseß auf, mit dem ganzen Heere, Herrenberg zu. Er fand die Bauern in zwei Haufen im Vorteil, den einen auf dem Berg hinter dem Schloß, den anderen mit dem Geschütz und der Wagenburg in der Ebene vor den Gärten. Die Bündischen wollten sogleich die in der Ebene angreifen; Michael Ott von Echterdingen, der Feldzeugmeister, sah, daß auf die Art keine Ehre zu gewinnen wäre, und suchte erst für das Geschütz eine gute Stellung jenseits der Ammer. Auf das zogen sich die Bauern in der Ebene im Angesicht der bündischen Reiterei, die ihnen nichts anhaben konnte, dicht neben der Stadt hin zwischen einem Weiher und einem Moos, auch auf den Bergrücken hinter dem Schloß, wo sich nun alle in drei Haufen aufstellten. Herr Georg lagerte eine Viertelmeile links oberhalb Herrenberg auf einer Höhe bei dem Dörfchen Haslach, und da er den Bauern sonst nichts anzuhaben vermochte, zündete er einige der nächsten Dörfer an, und während diese zwischen Tag und Nacht verbrannten, ließ er fürs „Ave-Maria-Läuten" all sein Geschütz gegen die Stadt und das Lager der Bauern in einen Bogen richten und abfeuern: Die Kugeln schlugen ins Lager und in die Stadt. Bald darauf erschien der Feldschreiber des feindlichen Haufens vor dem Truchseß mit einem Schreiben, daß sie dem Bund einen Stand tun und eine Schlacht liefern wollen am Morgen des nächsten Tages. Als Herr Georg den Brief gelesen hatte, sprach er zum Boten, wie er doch so keck und durstlich sei, ihm eine solche Botschaft zu bringen, ohne sein Geleit, wie's Kriegsrecht und Brauch sei; dabei empfahl er seinen Trabanten, selben in guter Hut und Acht zu haben, jedoch mit Essen und Trinken wohl zu halten. Am Morgen frühe schickte man den Boten hinweg, „samt dem Michel, des Bundes Trommeter", zu den Bauern. Und da sie hinkamen, wo die Bauern in Ordnung gehalten, war keiner überall mehr da; die Botschaft war eine List gewesen zum Behuf eines ungestörten Abzuges, den sie nachts um 2 Uhr angetreten hatten, ohne etwas zurückzulassen als einige Wagen und Zelte mit etwas gekochtem Fleisch darin. Fleisch hatte der Haufe genug, denn Proviant ins Lager zu holen, wurden nach allen Seiten die Rottenmeister ausgesandt, und Wolf Metzger von Brackenheim hatte so allein aus dem Kloster Hirschau 73 Stück Rind und 23 gute Zugochsen geholt. Er hatte seines Obersten Befehl dem Klosterschreiber zugestellt, der sich weigerte, und dann das Vieh selbst fortgetrieben, manches Stück in eines Bauern Stall stehenlassen, manches an Maier gegeben, die Forderungen an das Kloster hatten und nicht zur Bezahlung kommen konnten.

Während man im bündischen Lager sich wunderte und ärgerte, hatten die vereinten Haufen, „die Enge der Wälder zur Hilfe nehmend", bereits ihr altes Lager zwischen Sindelfingen und Böblingen erreicht, mit allem Gezeug, Geschütz und Wägen; bündische Reiter jagten zu spät nach, und das Murren des Fußvolkes, das Beute und Schlachtsold gehofft hatte, zu stillen, mußte man, statt den Bauern auf der Ferse zu folgen, vorher durch Dietrich Spät mit 100 Pferden Geld in Urach holen lassen, während der Truchseß selbst mit dem Heer plündernd und brennend nicht weiter als bis Weil im Schönbuch vorrückte und dort lagerte.

Die Hauptleute der Bauern mußten diesmal ihren Plan sehr geheimgehalten, kurz zuvor den Aufbruch, ohne zu sagen wohin, befohlen haben, denn sonst waren die Bündischen von allem, was in den Bauernlagern vorging und vorgehen sollte, meist gut unterrichtet; der Tuttlinger Vogt hatte seine vertrauten Kundschafter im Lager der Hegauer und derer vom württembergischen Schwarzwald, und Rudolph von Ehingen schrieb aus dem Lager zu Weil nach Hohentübingen, wie er genau wisse, „daß etliche Edelleute, die er für gut herzogisch halte, zu Sindelfingen liegen und daß Herzog Ulrich selbst dem Haufen durch Schwarz-Jörg, Trommeter, sagen lasse, auf diese Nacht (vom 11. zum 12. Mai) bei ihnen zu sein zu Roß und zu Fuß; aber es seien blaue Enten". Man sieht, in ihrer nächsten Nähe waren sie gut unterrichtet, nur etwas fernab diesmal schlecht. Sie glaubten es sogar nachher noch, daß der Herzog erst am 11. Mai nachts zu Rottweil angekommen sei, der Herzog aber war seit den ersten Tagen des Mai in der guten, altfreundlichen freien Stadt, die seit ältesten Zeiten den Verfolgten besonders gastlich war, hatte hier mit den Hegauer-Schwarzwäldern erst noch unterhandelt, hatte von hier aus am 7. Mai an seinen Agenten im Bauernlager Ratschläge im Fall einer Schlacht gegeben. Statt geradezu, schnell, persönlich mit den ihm zu Roß und Fuß Folgenden ins Bauernlager einzureiten, hielt er zu Rottweil, ging dann langsam mit Benkler nach Rosenfeld und wartete hier des Erfolges seiner zweiten Botschaft an den württembergischen Haufen.

Sein Vertrauter, der vielgewandte Doktor Fuchsstein, versuchte inzwischen noch einmal, die Bauernherzen für den Herzog zu gewinnen. Er trat damit auf schon vor dem Zug nach Herrenberg, die Hauptleute und Räte waren darüber zwistig; Theus Gerber hatte damals dafür gestimmt, den Herzog mit seinem Kriegsvolk zuziehen zu lassen; gäbe Gott den Sieg, dann ihm soviel zuzugestehen, als sich mit ihrem Eid und ihrer Pflicht vertrage. Antwort wurde dem Gesandten keine gegeben. Nach dem Rückzug von Herrenberg drang dieser auf Entscheidung. Ramey Harnascher, das Haupt der Partei Ulrichs im Lager, schlug vor, zwei Fähnlein im freien Feld zu stecken: Wer Herzog Ulrich annehmen wolle, solle zu dem einen, wer dawider sei, zu dem anderen treten. Theus Gerber aber sagte, sie haben einen Eid getan, den Herzog nicht aufzunehmen, sie können's ehrenhalb nicht verantworten, das müßte von Stund an eine Zwietracht unter den Brüdern geben. Man rief den Stuttgarter Hauptmann aus dem Ring, die Fähndriche mehrerer Ämter wollten sich mit ihm abseits besprechen. Indessen verschaffte sich Ulrichs Kanzler, der Fuchssteiner, das Wort. Dem Talent, dem menschengeübten Wort des gewandten Unterhändlers widerstand der gemeine Mann nicht; als Theus Gerber und der Fähndrich der Cannstatter wieder in den Ring traten, da hatten sich schon alle Hände gegen den Fuchssteiner erhoben, zum Zeichen, daß sie den Herzog annehmen. „Brüder", rief Theus Gerber, „wir haben geschworen, Ulrich nimmermehr zu einem Herrn anzunehmen, wir könnens nicht verantworten." Es wurde abgestimmt, die Mehrheit war für den Herzog. Theus Gerber hatte 14 Fähndriche anderer Ämter bewogen, in allem nur wie Stuttgart zu handeln: Er wollte des Truchseß Anerbieten eines gemeinen Landtages angenommen wissen. Matern Feuerbacher, der oberste Hauptmann, sprach zuerst in dieser Richtung im Ring. Man schrie ihm entgegen, er sei ein Verräter, ein Edelmanns- und Pfaffenfreund; sie haben ihn mit Geld abgefangen; man müsse ihn absetzen. Matern sprach, er habe es wiederholt gesagt, er wolle nicht mehr ihr Hauptmann sein, und ritt aus dem Ring hinweg. Da griffen sie nach ihm, legten ihn ins Kloster gefangen, mit Hans Metzger, seinem Profosen, und setzten zwei Stockknechte über ihn zur Hut. Dennoch gewann es Theus Gerber und die zu ihm hielten, daß der Beschluß gefaßt wurde, eine Gesandtschaft an den Truchseß nach Weil im Schönbuch zu schicken, um Waffenstillstand und gütliche Unterhandlung; die einen hofften dadurch Zeit zu gewinnen, bis der Herzog mit seinem Kriegsvolk herankäme, die anderen die Schlacht zu vermeiden. Da überraschte ihn die Nachricht, daß der Haufe ihn unter die Gesandten an Georg Truchseß erwählt habe. Unter den Gewählten waren weiter Theus Gerber, vier Bürgermeister aus den anwesenden Städteabgeordneten, je ein Bürger aus Waiblingen, Göppingen und Schorndorf und Thomas Maier, der Schwarzwälder Hauptmann. Ihnen voraus gingen wieder Ritter Jakob von Bernhausen und der Hofrichter von Tübingen, Hans Herter von Gärtringen, als Mittelspersonen.

Im Lager zu Weil war das Geld unter die Knechte verteilt worden, und Graf Ulrich von Helfenstein und Rudolph von Ehingen hatten alle zu Roß und zu Fuß durch Bitten und Reizungen zu der Zusage gebracht, ihnen den mörderischen Handel zu Weinsberg an den Bauern strafen zu helfen, zumal an den Weinsbergischen, die beim Haufen liegen. Jakob von Bernhausen und Hans Herter trugen gemeiner Landschaft zulieb den Bundesräten vor, wie die meisten Bauern an der Empörung unschuldig und nur durch Übermacht und bedrohliche Aufforderung mitzuziehen genötigt worden seien. Der Truchseß gab die kurze Antwort, die Bauern sollen nach Hause gehen, sich auf Gnade und Ungnade ergeben und die Weinsbergischen unter ihnen ausliefern. Die Abgeordneten erbaten sie sich schriftlich, um sie dem hellen Haufen mitzuteilen. Man gab sie ihnen und den bündischen Feldtrompeter Hans Rosenzweig mit. So ritten sie abends dem bäurischen Lager zu. Vor Böblingen, wo der Schwarzwälder Haufen lag, wurden sie so angetastet, daß sie alle in Lebensgefahr kamen; man rief ihnen zu, ihre Unterhandlung im bündischen Lager sei Verräterei, Matern Feuerbacher sei abgesetzt und der Schenk von Winterstetten zum Hauptmann erwählt.

Mitten unter die ungestümen Schwarzwälder hinein ritt Theus Gerber und hielt ein freundliches Gespräch mit ihnen, suchte ihnen ihr Mißtrauen zu benehmen und bewog die Hauptleute derselben, mit ihm zu der gemeinen Landschaft nach Sindelfingen zu reiten, die daselbst im Kloster versammelt war. Sie stellten der letzteren die Briefe der Bundesstände zu.

Der Haufen war in äußerster Erregung. Die Hauptleute erklärten darum dem bündischen Feldtrompeter, da es bereits 6 Uhr abends, sei es zu spät, um für heute in dem Lager etwas Fruchtbarliches auszurichten; er solle den Bundesständen melden, daß sich die Landschaft nur bis morgen 12 Uhr Aufschub erbitte; bis dahin sollen Ihre Gnaden eine Antwort erhalten, an der Sie ein gnädiges Gefallen haben werden.

Wie drüben im bündischen Lager, so wurde heut auch im bäurischen mit Geld das Heer zu beschwichtigen versucht. Das von der Geistlichkeit des Fürstentums bis jetzt eingegangene Schatzgeld, nicht weiter als 5370 Gulden 13 Batzen, wurde von Fähndrichen unter das Heer ausgeteilt, das außer den freien Knechten keinen Kopf mehr als 9534 Mann zählte und von dem noch diesen Abend drei Fähnlein, nicht die weinsbergischen, abzogen. Die Schwarzwälder jedoch und die frischen Aufgebote sind wohl dabei nicht mit eingezählt. Schon auf dem Rückzug von Herrenberg waren „ihrer viel verlaufen". Keinesfalls zählte das vereinigte Bauernheer über 15 000 Mann, mit 22, nach anderen 33 Stücken auf Rädern und viel Haken und Handrohren, fast ohne alle Reiterei. Das bündische Heer zählte nach der niedersten Angabe, ohne die Zuzüge des Adels von allen Seiten her, 1200 Pferde und 6000 Mann zu Fuß, 18 große Hauptstücke und ein zahlreiches Feldgeschütz; nach der höchsten Angabe 15 000 Mann zu Roß und zu Fuß, darunter dritthalbtausend Reiter. Ist auch diese letzte Zahl ohne Frage zu groß: Das steht klar und fest, die bündische Macht war schon durch ihre Reiterei und ihre Artillerie dem württembergischen Bauernheer unermeßlich überlegen. Darum wünschte auch im Lager zu Sindelfingen kein Kriegsverständiger unter den jetzigen Umständen mit dem Truchseß zu schlagen, außer denen, welche bei einem Vertrag zu verlieren, für sich zu fürchten hatten. Theus Gerber und die im Kloster Versammelten beschlossen, des anderen Morgens um 7 Uhr, am 12. Mai, allgemeine Versammlung der Haufen zu halten und die Botschaft des Truchseß zu beraten. Am Morgen zogen sich die Schwarzwälder aus ihrem Lager zu Böblingen in das Feld zwischen diesem Städtchen und zwischen Sindelfingen, wo alle Fähnlein zur großen Gemeinde sich sammelten. Noch ehe sie alle im Feld beisammen waren und die Beratung über des Truchseß Schreiben beginnen konnte, erscholl Geschützdonner, Kugeln schlugen herein, die bündische Reiterei zeigte sich vorm Walde: Sie sahen, der Truchseß hatte sie vor der Beratung überfallen, „ohne das arme Volk zu einer Verantwortung kommen zu lassen".

Wie bei Wurzach, wie bei Weingarten, so tat er auch hier: Zuerst ließ er sich in Unterhandlungen ein, um sie sicher zu machen, dann fiel er über sie, plötzlich wie ein Gewitter hinter Berg und Wald hervor.

Er wußte schon am 11., daß „die Bauern der Sachen unter sich selbst uneins und zwieträchtig" waren. Er selbst und der Adel um ihn dürsteten nach Rache für das Blut ihrer Anverwandten: Rudolph von Ehingen hatte zu Weinsberg zwei Söhne, der Truchseß selbst seinen Vetter Helfenstein, Heinrich Traysch von Butlar seinen Schwager Dietrich Weiler, mancher einen Verwandten verloren; alle wollten ihres Standes Ehre rächen. Der Truchseß ließ Heinrich Traysch mit einem Teil Reiterei geradeaus über Holzgerlingen und den Böblinger Forst auf das Lager der Bauern rücken, es rekognoszieren und des Feindes Aufmerksamkeit auf diese Seite ziehen, während er selbst mit dem Hauptheer links über Schloß Mauren und den Kleberberg zog. Wie er von Mauren durch den Wald hervorkam, sah er Heinrich von Butlar in Gefahr, von dem Hauptheer abgeschnitten zu werden. Da ließ er alle Trompeter Lärm blasen und alle Trommelschläger Lärm schlagen durch den ganzen Zug hinter sich, und es eilten alle Reisigen und Knechte mit allen Haufen hervor durch den Wald.

Wie die im Feld zwischen Böblingen und Sindelfingen versammelten Bauern die ersten Reiter vor dem Wald sahen und den Geschützdonner hörten, stellten sie sich in Schlachtordnung. Das Terrain zwischen Sindelfingen und Böblingen war zuvor überaus trefflich für sie gewählt, und mit großer Geistesgegenwart und Kriegskunde ordnete der Ritter Bernhard Schenk die Schlacht. Das Hintertreffen lehnte sich an das Städtchen Sindelfingen und den Ochsenwald und hielt für den Rückzug die Doppelstraße über den Hasenberger Wald und über Vaihingen und das Kaltental nach Stuttgart offen; hier stand Theus Gerber mit den Stuttgartern und den vierzehn ihm anhängigen Fähnlein. Das Mitteltreffen mit der Wagenburg war im Feld zwischen Sindelfingen und Böblingen; der Stützpunkt des Vordertreffens war die Stadt Böblingen und das Schloß oberhalb der Stadt. Hier hielten die Böblinger. Böblingen war mit seinem Vogt Leonhard Breitschwerdt in der evangelischen Brüderschaft. Die ganze Linie deckten mehrere Seen und die Weiche eines Mooses. Bernhard Schenk warf Butlars Reiter schnell mit Übermacht zurück, das Geschütz hatte er nahe bei dem Schloß, oberhalb der Stadt, aufs beste aufgestellt, einen Haufen suchte er rasch an die Stadt, einen anderen an den Berg zu bringen. Der Truchseß sah, daß vom Gewinn Böblingens das meiste abhing; er zog den zurückgeschlagenen Butlar an sich, der, hätten die Bauern Herzog Ulrichs Reiterei bei sich gehabt, verloren gewesen wäre.

Es war 10 Uhr morgens, als die eigentliche Schlacht begann. Parteit unter sich durch Agenten, welche fremde Interessen der Volkssache unterschoben; irregeführt und in Spannung erhalten durch Verräter aus ihrer Mitte, welche Geschenke von den Herren annahmen, für diese handelten und das Mißtrauen gegen die wahren Volksfreunde nährten; hin und her gerissen durch den eigenen Wankelmut; ohne die Festigkeit, welche das Gefühl einer gemeinschaftlichen Sache, ohne die Zuversicht, welche das

Bewußtsein der Eintracht und treuen Zusammenhaltens aller gibt; ohne die Kraft der Begeisterung, die unter dem Plündern und Brennen sich selbst ausgebrannt hatte; ein aus Mangel eines inneren Bandes überall auseinanderfallendes Durcheinander; dazu unvermutet, unvorbereitet angegriffen – so mußte, er mochte wollen oder nicht, der helle christliche Haufen in die Schlacht.

Da die Weiche des Mooses („eine Gosse") zwischen dem Truchseß und dem Vordertreffen der Bauern war und der Schenk inzwischen die Höhen und Vorteile am Walde eingenommen hatte, die bündische Reiterei wenig schaffen mochte und das bäurische Geschütz und Fußvolk die Bündischen in die Flucht schoß, so dauerte die Schlacht für die Bauern günstig schon in die dritte Stunde, hauptsächlich durch beiderseitige Kanonade. Unter den Bauern sprach der Pfarrer von Digisheim den Fechtenden Mut, den Gefallenen Trost ein; er hatte beim Anfang der Schlacht das Heer eingesegnet. Aber Verrat kam dem Truchseß zu Hilfe, Verrat der Böblinger.

Der Vogt dieser Stadt, Leonhard von Breitschwerdt, war ein treuer Anhänger der österreichischen Regierung. Im Namen derselben hatte er schon am 28. April mit dem Truchseß bei Pfullendorf verhandelt, um ihn zum schnellen Zug auf Tübingen zu bewegen. Am Tage der Schlacht war er in aller Frühe Herrn Georg Truchseß entgegengeritten, mit Wissen allein der Ratsherren der Stadt, um ihn um Schonung und Gnaden für die Stadt zu bitten, mit dem Versprechen, ihm die Tore zu öffnen, wenn er sie schone. Herr Georg hatte auch darauf seinen ganzen Schlachtplan gebaut. Die Bauern hatten aber 80 bündische Büchsenschützen, die er zum Tor heranschickte, in die Flucht gejagt. Nun führte der Truchseß 200 Büchsenschützen an das obere Stadttor, das nicht von Bauern, sondern von Bürgern besetzt war. Die Bürger weigerten, sie einzulassen. Der Truchseß rief zu denen auf der Mauer hinauf: „Sie haben die Kapitulation gebrochen. Wenn sie nicht ohne Verzug öffnen und die Schützen aufnehmen, wolle er sie mit Weib und Kind verbrennen." Und das Tor tat sich auf. Die Büchsenschützen mit ihren Büchsenwagen kamen hinein und besetzten – zu spät ersahen es die nicht mehr fernen Bauern – das Schloß. Das entschied alles schnell. Der Truchseß ließ vier Falkonette und eine Zahl Doppelhaken zuerst nachrücken mit zweihundert Reitern, „die schossen gewaltig hinaus in die Ordnung der Bauern, ihnen im Rücken, schossen die Bauern aus ihrem Vorteil im Moos, auch von den Bergen und Büheln herab, es ward Raum für die Bündischen, daß der reisige Zeug neben dem Städtchen hinauf in alle Bühel und Vorteile kommen mochte, mit dem Geschütz". Denn wie das Schloß besetzt war, „hatte sich auch der verlorene Haufe der Bündischen samt dem gewaltigen Haufen mit dem Geschütz geschwenkt, auf eine Höhe eine Brücke gelegt und darauf die Büchsenmeister und das Geschütz gelagert". Zu gleicher Zeit hatte der

Szene aus der Schlacht bei Böblingen

Truchseß Frowin Hutten mit einem Teil der Reiterei den Galgenberg umgehen lassen. Die erste Salve vom Schloß und der Höhe traf kaum in die Ordnung der Bauern, der Schuß war zu kurz; der zweite und dritte Schuß aus allem Feldgeschütz traf um so besser. In diesem Augenblicke, da das Vordertreffen wankte und in Unordnung geriet, faßte Hutten hinter dem Galgenberg hervor die Bauern in der einen Flanke mit seinen Reitern, während der Truchseß mit der Rennfahne, den pfalzgräfischen Reisigen und seinen Trabanten auf der anderen Seite angriff und das Geschütz, das auf dem Berge beim Schlosse lag, den Bauern abgewann. Da wurde das Vordertreffen der Bauern auf das Mitteltreffen geworfen. Aus dem bündischen und ihrem eigenen Geschütz beschossen, auf beiden Flanken von der Reiterei, „der Bauern Tod", zumal bedrängt, mußten die Verratenen aus allem Vorteil, auch aus dem Moos weichen; „der Angriff wurde so grimm, daß sie nicht mehr stehen mochten". Das Mitteltreffen, vom Geschütz auseinandergeworfen und gelichtet, durch die Reiterei durchbrochen, hielt sich noch durch Theus Gerbers Entschlossenheit.

Dieser Hauptmann, vom Feld der Beratung, als der Schlachtlärm erscholl, nach Sindelfingen zurückgeeilt, fand seine Fähnlein zum Abzug nach Stuttgart bereit. In dem Augenblicke nämlich war von dem Stuttgarter

Ausschuß durch eine Botschaft jeder Bürger vom Bauernheer abberufen. Einige sprachen, sie seien an der bäurischen Handlung ganz unschuldig und könnten sich wohl in der Hinsicht auf Gnade und Ungnade ergeben; gleichwohl sei ein mancher Biedermann unter ihnen als gut württembergisch und als Anhänger Herzog Ulrichs im Verdacht und könne darum Gefahr laufen; lieber wollen sie darum beieinander sterben, wenn der Truchseß ihnen nicht ganz verzeihe. „Brüder", rief unter sie tretend Theus Gerber, „unsere Verbündeten sind in Not, die Schlacht hat begonnen; es müßte für uns eine ewige Schande sein, wenn wir jetzt im Notfall als die Verzagten nach Haus ziehen und nur da uns einfinden wollten, wo es auf Kirchweihen geht." Und die Stuttgarter und alle Fähnlein stimmten ihm bei, und er führte sie hinaus in die bereits mörderisch gewordene Schlacht. Allein vom Stuttgarter Fähnlein fielen achtzig Bürger. Die Fahne des Mitteltreffens sank, die Fahne des christlichen Haufens, von der bündischen Reiterei erobert: Bald war die Flucht hier allgemein, dem Böblinger Wald zu. „Der Bauern Tod" konnte ihnen ins Dickicht nicht folgen. „Mir nach", rief der Truchseß, und 40 bis 50 Reiter folgten ihm. Er stellte sich da, wo die Flüchtigen eine Schweinhag und eine kleine Ebene passieren mußten, und erstach viele der Durchfliehenden. Um 2 Uhr nachmittags war die Schlacht zu Ende, alle Haufen der Bauern waren in Flucht oder Rückzug, denn während ein Teil des bündischen Heeres dem flüchtigen Mitteltreffen und dem verlorenen Haufen folgte, drang der andere mit Macht auf die bei Sindelfingen haltenden Fähnlein. Theus Gerber zog sich in den Wald zurück, mit so vielen, als er zusammenhalten konnte, in gutem Rückzug bis Stuttgart; dann zerstreuten sie sich. Bei 200 Bauern kamen hinter Böblingen durch den vorderen Wald hinein auf einen finsteren Fleck des Waldes; nacheilende Reiter und viele zu Fuß fanden, erstachen und erwürgten die um Gnade Flehenden alle. Als die Hauptleute den Truchseß auf der Walstatt vermißten, ließen sie die Trompeter Appell blasen, um die Zerstreuten zu sammeln, da ritt der Truchseß daher, und siehe, in einer Entfernung von einer halben Meile von der Walstatt aus bemerkte man zwischen zwei Hölzern eine gewaltige Staubwolke, wie von einer starken, im Marsch begriffenen Heerschar. Der Truchseß hielt sie für den Zuzug Herzog Ulrichs. Er nahm einige gefangene Bauern ins Verhör und erfuhr, daß der Herzog auf diesen Tag zu ihnen stoßen wollte. Welch eine Wendung, wenn Ulrichs Reiterei und sein Geschütz eine Stunde früher eintraf, ja auch jetzt noch, wenn er und Benkler mit den Hegauern auf das von Sieg und Plünderung ganz aufgelöste bündische Heer sich warfen, statt jetzt eiligst zurückzufliehen! Die bündischen Hauptleute wollten ihm nachjagen, der Truchseß fand die Pferde und Reiter dazu zu müde; dagegen wurde mit „etlichen großen Geschwadern vom reisigen Zeug", namentlich hessischen, den flüchtigen

Bauern vor Sindelfingen durch den Wald hinein nachgejagt bis auf die Stuttgarter Steige, und es wurden viele noch, alle, die ergriffen wurden, niedergemacht. Durch die Wälder, durch Täler und Klingen spürten die bündischen Knechte nach versteckten Bauern und würgten, was sie fanden. Da ward mancher Flüchtling von den Bäumen herabgeschossen, „daß er herabfiel wie ein Storch aus dem Neste".

Die Zahl der auf der Walstatt und der Flucht Getöteten läßt sich nicht bestimmen, sie schwankt zwischen 1500 und 9000. Das mörderische Nachsuchen währte denselben Tag, zum Teil bei der Nacht, bis an den anderen Tag, „denn es wurde viel Geld in den Taschen der Württembergischen gefunden". Erbeutet wurden 5 Fahnen, 18 Stück auf Rädern, die ganze Wagenburg. Der Truchseß lagerte sich neben der Walstatt bei Sindelfingen und Maichingen. Er erfuhr, daß sich einer der Weinsbergischen, Melchior Nonnenmacher, der Pfeifer von Ilsfeld, in Sindelfingen verborgen hatte, mit anderen Flüchtlingen. Er ritt mit etlichen Pferden vor das Tor, forderte die Bürger heraus und sprach: „Ihr habt der Bösewichter einen bei euch, der zu Weinsberg bei meines Vetters Mord gewesen; gebt ihr ihn nicht in einer halben Stunde heraus, so will ich das Städtchen anzünden und Weib und Kind verbrennen." Da das die Weiber hörten, suchten sie ernster als die Männer. Ein Kind und ein Weib ersahen ihn zugleich in einem Taubenschlag, und sie brachten ihn dem Truchseß. Herr Georg, der ihn wohl kannte, ließ ihn im Lager mit einer eisernen Kette an einen Apfelbaum binden, unweit Maichingen, daß er zwei Schritte weit um denselben laufen konnte; befahl, gut Holz herbeizubringen, das ließ er anderthalb Klafter vom Baume herumlegen; er selbst, der Truchseß, dann Graf Ulrich von Helfenstein, Graf Friedrich von Fürstenberg, Herr Frowin von Hutten, Dietrich Spät und die andere Ritterschaft trugen jeder ein großes Scheit herzu: Dann wurde es angezündet. Es war Nacht; die Sterne gingen herauf am Himmel; seitab, weithin übers Feld zerstreut, standen und lagen verlassene Wagen, Karren, Geschütze, Zelte, Waffen, Gerät aller Art, und dazwischenhinein lagen die Toten still, röchelten die Sterbenden und Verwundeten; im weiten Lager lärmte das Zechgelage der Sieger; um den gebundenen Pfeifer im Ring frohlockten die Edeln, und der Holzstoß schlug in Flammen auf, in dessen Feuerkreis der Unglückliche, den Herren zum Gelächter, schnell und schneller umlief, „feinlangsam gebraten"; lange lebte er, schwitzend und brüllend vor Qualen; Bilder des Entsetzens, weiß wie Stein, standen die anderen Gefangenen; endlich schwieg er und sank zusammen.

Des anderen Morgens, am 13. Mai, brach der Truchseß nach Plieningen auf; zuvor wurde von ihm Böblingen hart gebrandschatzt, den Bürgern Wehr und Harnisch abgenommen. Vor den Bürgern und Bauern seines Amtes aber war der Vogt Leonhard Breitschwerdt seines Lebens nicht sicher. Sie, denen viele Verwandte erschlagen waren, nannten ihn laut einen Verräter und drohten ihm, seinem Weib und seinen Kindern mit dem Tode; er entfloh nach Pforzheim. Die flüchtigen Bauern eilten nach allen Seiten hin, ihren Dörfern, viele den Grenzen zu. 400 kamen ins Straßburgische, viele in die Schweiz. Auf dem Wege dahin wurde Matern Feuerbacher in Rottweil gefangen. Durch ganz Württemberg sah man Bauern fliehen, manche ohne Schuhe, mit unbedecktem Haupte, ohne Waffen. Zwei der weinsbergischen Schreckensmänner, Jäcklein Rohrbach und ein Heilbronner, wurden in der Nähe des Schlosses Hohenasberg von dem Vogt daselbst gefangen. Herr Jäcklein hatte hier gehalten, um die Flüchtlinge zu sammeln, und war so seinem Schicksal verfallen. Thomas Maier, der Hauptmann der Schwarzwälder, war in der Schlacht gefangen worden; zu Tübingen fiel unter dem Schwert sein Haupt. Theus Gerber, der alle seine Fähnlein glücklich nach Stuttgart geführt hatte und den die Regierung „als einen der bösesten, leichtfertigsten Buben und obersten Prinzipal", ob er gleich verwundet darniederliege, öffentlich auf dem Markt an einen Galgen oder zu einem Laden heraus hängen wollte, entkam zu rechter Zeit.

3

Treulosigkeit der Lothringer bei Elsaßzabern

Schon hatte auch der Kampf mit den Vorhaufen der großen Volksbewegung jenseits des Rheins und mit dem nördlichen Flügel begonnen.

Herzog Anton von Lothringen, einer jener Tiger aus dem Geschlecht der Guisen, die finsterste Bigotterie im Leibe und den Durst nach Blut auf der Zunge, kenntlich daran, daß er stets seinem Hofgesinde wiederholte, es sei genug zur Seligkeit, wenn einer das Paternoster und Ave Maria beten könne – dieser Anton von Lothringen bewegte, dem Landvogt Jakob von Mörsperg im Niederelsaß, dem Bischof von Straßburg und sich selber zur Hilfe, seine raub- und mordlustigen Banden aus dem Gebirge hervor. Nach französischen Berichten betrug sein Heer über 30 000 Mann. Am 6. Mai brach er von Nancy auf und zog nach Vic. Schon hier unterwarfen sich manche seiner aufgestandenen Flecken. Am 8. Mai erhielt er ein Schreiben von Erasmus Gerber, dem obersten Hauptmann im Elsaß, mit der Bitte, daß er in ihre Brüderschaft eintrete, wie die andern Fürsten und Herren bereits getan, und daß er dem Evangelium sich nicht weiter widersetze; sie wollen nichts, weder seinem Land noch seiner Person anhaben, nur die Freiheit des Evangeliums wahren und die erkannte Wahrheit aufrechterhalten. Der Herzog, noch begieriger, die katholische Religion als sein Herzogtum zu schützen, ließ den Boten, der ihm, ein Untertan seinem Fürsten, solchen Brief gebracht, als Majestätsverbrecher enthaupten. Zu gleicher Zeit kam, außer Fassung, Graf Reinhard von Bitsch: Von 6000 seiner Untertanen seien ihm nicht sechs mehr gehorsam. Die Grafen von Leiningen, von Salm, von Nassau, die edlen Herren alle an den Grenzen umher, kamen und klagten über Bedrängnis durch die Bauern. Ritter Hans Braunbach, der mit anderen die Lande des Bischofs von Metz zu decken befehligt war und die Bauern überaus verachtete, erbat sich 100 Pferde und 600 deutsche Knechte, die „Ketzer" in der Abtei Herbitzheim anzugreifen. Es bekam ihm schlecht, er wurde gefangen; sie schlugen ihm vor, in die evangelische Brüderschaft zu treten; er weigerte es, und sie ließen ihn nach einer Schätzung von 2000 Gulden frei. Man fand diese Großmut auffallend im Lager des Herzogs, der eben ihren Gesandten ermordet hatte; aber sie wollten zeigen, daß sie evangelische Christen seien. Sobald die Prinzen Franz von Vaudemont und Claude von Guise und die Herren aus der Normandie und Anjou und der Bischof von Metz, wie jene ein Bruder des Herzogs, mit ihrem Kriegsvolk angekommen waren, mit Albanesen, Stratioten, Piemontesen und Spaniern, rückte er gegen die bei Saargemünd verschanzten Bauern vor. Diese aber zogen sich vor seiner Ankunft in das Elsaß zurück, auf den hellen Haufen. Da sprachen die einen: Laßt uns diesseits des Gebirges bleiben; hüben ist kein Feind mehr, und drüben herüber sollen sie nicht kommen; warum uns gewisser Gefahr aussetzen? Die anderen sagten, es wäre eine Schande, die Feinde der Religion ungestraft zu lassen und mit einer so schönen Armee heimzugehen, ohne etwas zu tun. Da ging's über das Gebirg, einige Pässe wurden forciert, und Anton zog Zabern zu. Es kam ein zweiter Bote von Erasmus Gerber mit einem Schreiben, darauf ein rotes Andreaskreuz, das Zeichen dieses hellen Haufens. Der Herzog nahm ihn gefangen und schickte ihn nach Saarbrücken. Erasmus Gerber bat in dem Schreiben um sicheres Geleit zu einer Unterredung mit dem Herzog. Die Fürsten sahen darin nur einen Kunstgriff der Bauern, um Zeit zu gewinnen, alle ihre Haufen nach Zabern zusammenzuziehen. Einige edle Herren, die es mit den Bauern zu leicht nahmen und scharmützelten, holten sich Wunden oder Tod. Zuletzt lagerte das Heer des Herzogs bis auf 600 Schritte vor Zabern, am 16. Mai. Es ging das Gerücht, es seien wohl 30 000 Bauern vom jenseitigen Rheinufer im Zuzug begriffen. Zugleich erfuhr der Herzog, daß bereits in dem Markt Lützelstein, drei Stunden von Zabern, 4000 Bauern angekommen seien. Sogleich rückten die Prinzen von Guise und Vaudemont mit einigen Fähnlein Landsknechten, den albanischen und italienischen Schützen und gutem Geschütz dahin.

Sie fanden die Bauern auf einer Ebene gelagert bei einem Gehölz unterhalb Lützelstein hinter einer Wagenburg. Der Überfall geschah schnell; doch gelang es den Bauern, sich in das etwas befestigte Lützelstein hineinzuwerfen. Der Graf von Vaudemont hatte einen harten Stand, die Bauern wehrten sich „mit Wut". Der Prinz von Guise, der die Gefahr seines Bruders und des Fußvolks sah, ließ Feuer in die Wagenburg, die Verzäunungen und die Palisaden werfen, die den Bauern als Mauern dienten. Anfangs schienen sie dadurch verwirrt, aber sie wichen keinen Schritt und machten neue Angriffe auf das Fußvolk. Lange Zeit währte der Kampf, ohne daß es den Lothringischen gelang, in das Dorf zu dringen. Endlich brach die Reiterei ein, die Bauern zogen sich in die Kirche und die benachbarten Häuser; wiesen, aufs tapferste sich verteidigend, hartnäckig die Übergabe zurück; da zündeten die Prinzen das Dorf auf vier Seiten an; die Flamme ergriff das Dachwerk der Kirche; sie verbrannte mit allen, die darin waren; auch das ganze Dorf verbrannte, es verbrannte alles, was darinnen blieb; was herauslief, wurde erstochen.

Die Niederlage zu Lützelstein schlug die in Zabern nieder. Ihre Zahl in der Stadt war ohnedies so groß, daß, wenn nicht bald Entsatz kam, sie wegen Mangels an Lebensmitteln sich in die Länge beisammen nicht enthalten mochten. Ihre Boten liefen nach allen Seiten um Hilfe aus. Donnerstag, den 18. Mai, erreichte die Botschaft den Haufen Wolf Wagners vor Ammerschweier. Man hielt es der Bauerngemeinde vor. Es war denen, die unterhalb des Landgrabens lagen, lieb, ihren Brüdern zu Hilfe zu eilen; sie wollten gleich von Stund an hinabziehen und schickten das Gut schon hinweg, das sie in dieser Landschaft gewonnen hatten. Da liefen die Bauern oberhalb des Landgrabens zusammen, sie ließen Sturm läuten, bis nach Bercken; auf den Matten zu Ammerschweier stellten sie sich in Schlachtordnung; sie wollten die Kochersberger Bauern nicht hinablassen, wendeten die Wagen, die sie hinabführen wollten, um und sprachen: „Wollt ihr hinweg, so müßt ihr uns oberhalb des Landgrabens des Bundeseids entlassen und uns das Gut und die Unkosten wiedergeben, die wir mit euch gehabt haben; bleibet ihr aber bei uns, so wollen wir auch beieinander leben und sterben. Jetzt, da ihr das Gut habt, wollt ihr euch aus dem Land machen und uns in der Sache stecken lassen? Entweder bleibt oder entlaßt uns des Eides oder wehrt euch gegen uns wie fromme, redliche Leute; das wollen wir auch gegen euch tun; wer obliegt, der liege ob!" „Ja", sagte Eckard Wiegersheimer, „ehe wir euch von uns ziehen lassen, ehe müßt ihr uns erwürgen, oder wir euch, unter den zweien muß eines obliegen."

So blieben sie und legten sich vor Kaisersberg und belagerten die Stadt bei Allsbach. Noch denselben Abend zündeten sie das Kloster an und verbrannten es. Die von oberhalb des Landgrabens zogen ihr Geschütz von Ammerschweier auf den Berg, die von Reichenweier und Bercken stellten sich mit ihrem Geschütz diesseits bei dem Kaisersberger Schloß und schossen weidlich zusammen bis Mittag. Da steckten die Kaisersberger ein Friedensfähnlein aus und hielten Sprache mit den Bauern bis zur Nacht; dann gaben sie die Stadt auf, ließen die Bauern hinein und schwuren in den Bund. Am Freitag, dem 19. Mai, hielten alle Fähnlein eine Gemeinde vor Kaisersberg. Der Oberbefehl über alle ober und unter des Landgrabens wurde an Wolf Wagner gegeben, das Heer, in die 12 000, in zwei Haufen geteilt, über den einen Hans Beck von Münster, über den anderen Lenz Mayer von Hunnenweier als Hauptmann gesetzt. Die Heerfahne wurde Denny Beck von Beblenheim vertraut. Während die Gemeinde noch beisammen war, kam Botschaft von den Bauern in Zabern, daß sie geschlagen worden.

Erasmus Gerber, welcher fürchtete, die Feinde möchten die einzelnen Zuzüge nacheinander aufreiben, und schon wegen Proviantes im Gedränge war, unterhandelte mit dem Herzog auf freien Abzug. Der Herzog ging darauf ein, aber ohne Waffen und gegen 100 Geiseln, daß sie sich in ihre Heimat zerstreuten und ihre lutherischen Irrtümer aufgeben. Sie öffneten dem Volke des Bischofs die Stadt am 17. Mai; der Graf von Salm und der Herr von Richarmenil besetzten sie. In aller Frühe fingen die Bauern an, nachdem sie ihr Gewehr von sich gelegt, aus der Stadt zu ziehen und sich 400 Schritte davon auf dem Marterberge zu sammeln. Währenddem wurden Briefe Gerbers aufgefangen, worin er seinen Verbündeten jenseits des Rheins auftrug, ihn zu erwarten und Lebensmittel und Waffen herbeizuschaffen, damit sie sich ohne Verzug vereinigen und wohlgerüstet ins Elsaß zurückkehren könnten, stärker als zuvor. Im Abzug riefen etliche Bauern: „Es lebe Luther!“ Das reizte die katholischen Landsknechte, durch deren Reihen sie durchs Tor zogen, mit aller reichen Beute, die sie vertragsmäßig mitnehmen durften und nach der die Landsknechte ärgerlich lüsteten. Ein Landsknecht faßte einen Bauern am Ärmel und tat, als wollte er ihm seine Tasche nehmen, der Bauer widersetzte sich und schimpfte. Zugleich hörte der Landsknecht schreien: „Schlagt drein, es ist uns erlaubt!“ Sogleich schlug er drein, und seine Kameraden taten's ihm nach; sie hatten nur dieses Vollmachtssignal erwartet, um die Bauern niederzumachen. Die Verratenen, die nichts als weiße Stäblein in Händen hatten und vermeinten, dieselben sollten eine Losung des Friedens sein, ein Zeichen sicheren Geleits unter den Reitern und Knechten vor der Stadt, und die jetzt die weißen Stäblein sich zum Zeichen werden sahen, sie zu würgen, eilten, die Stadt wiederzugewinnen und ihre Waffen. Die Landsknechte verfolgten sie ebenso hitzig und richteten ein greuliches Gemetzel unter den Unglücklichen an. Die Bauern wollten das Fallgatter am Tor herablassen, aber sie konnten nicht dazu kommen. Die lothringischen Banden drangen zugleich mit ihnen in die Stadt. Sie verteidigten sich, so gut sie konnten, in den Straßen und auf dem Markt; aber es stachen, schlugen und schossen jetzt auch die Salmischen, die die Stadt besetzt hatten, in sie, und Reiter und Knechte ergossen sich zu den Toren herein. Die meisten Bauern, noch wehrlos, mußten in sich stechen und hauen lassen. Alle Straßen und Häuser schwammen in Bauernblut. Ein anderer gleichzeitiger französischer Schriftsteller erzählt es etwas anders. Während nach ihm die Prinzen, die aufgefangenen Briefe Gerbers in der Hand, ratschlagten, ob man Leuten, die ihr Wort so offenbar brechen, Wort zu halten verbun-

Die Landsknechte wüten in Elsaßzabern

den sei, geschah es, daß ein geldrischer Knecht unter den aus der Stadt Ziehenden einen wohlgebildeten, hübschen Bauer lachend anrief: „Gesell, du bist gut davongekommen!" Der letztere erwiderte auf eine beleidigende Weise und rief mehrere Male: „Luther, Luther!" Der Geldrische schlug nach ihm und tötete ihn. Die anderen Bauern mischten sich drein und die anderen Lothringer; und so kam es zum Gemetzel. Die Franzosen wollen glauben machen, der Herzog Anton und die anderen Guisen haben abgemahnt und die Kriegsknechte nur nicht auf sie gehört, und so seien zwischen 16 000 bis 18 000, darunter auch Kinder, erstochen und erschlagen worden. Daß Zabern nicht angezündet wurde, dafür waren sie; aber geplündert wurde die ganze Stadt, auch die Häuser des Adels, der bischöflichen Räte und Diener. Alles Silber, Gold, Geld und Geschütz, auch viele Bürger führten sie hinweg, die sie nachher in der Gefangenschaft erstachen. „Die schönsten Weiber, Töchter, Kindbetterinnen nahmen sie mit sich, brauchten sie nach ihrem Willen und ließen sie dann wieder heimgehen; sie handelten mit Weibern und ließen die Männer zusehen, die sie hernach erstachen und erbärmlich behandelten." Der Markgraf Ernst von Baden und der Landvogt Mörsperg waren auch zugegen: „Landvogt", sprach der Herzog, „so der Bund meiner begehrt, will ich über Rhein ziehen und ihm Hilfe tun, auf daß der Bund mir auch eine Gesellenreise tue, wenn ich ihrer bedürftig sein sollte." Der Landvogt antwortete: „Gnädiger Herr, des Bundes Oberster ist mein Vetter und mir wohl vertraut; soll ich ihm das zuschreiben?" Der Herzog befahl es ihm. Herr Georg Truchseß empfing den Brief noch im Lager zu Plieningen und schrieb dem Erzherzog und den Bundesständen, er rate, den Lothringer kommen zu lassen, oder ihn ins Allgäu zu weisen, dieselben Bauern zu schlagen. Aber trotz ihrer Not wollten weder Ferdinand noch der Pfalzgraf die lothringischen Schandbuben auf deutschem Boden hausen lassen.

Hinweg von der Totengrube, zu der er das schöne Zabern gemacht hatte, zog der Herzog nach Maursmünster, zerbrach daselbst das Schloß und raubte daraus das Geschütz und alles Gut. Einen gefangenen Bauernhauptmann und einen Prädikanten ließ er hier zu einem Haus heraushängen und sich darunter schwören.

Im Schloß zu Zabern hatte er den obersten Hauptmann, Erasmus Gerber, gefangengenommen, der töricht genug gewesen war, von dem Tiger sich überlisten zu lassen. Man fragte ihn peinlich, und er erklärte, daß in wenigen Tagen sein Haufe 60 000 stark gewesen wäre. „Ob er alle seine Briefe anerkenne?" fragte ihn der Herzog. „Ich habe sie nicht geschrieben", sagte der Bauernhauptmann, „denn ich kann weder lesen noch schreiben; mein Schreiber hat sie aufgesetzt." Man fragte weiter, ob er sie nicht wenigstens diktiert habe? „Darüber ist Gott Richter!" sagte

Erasmus. Als man zwischen angezündeten Dörfern weiter hinzog, ließ der Herzog ihn an einer Waldecke mit seiner Prädikanten einem aufhängen, treulos wie alle Guisen.

Noch während die Lothringischen Zabern plünderten, kam Botschaft, bei Buchsweiler zeigen sich 6000 Bauern. Es war dies der Kolbenhaufe, dem der Kleeburger Haufe auf dem Fuße folgte. Beide wollten auf Erasmus Gerbers Aufmahnung den Brüdern in Zabern zu Hilfe eilen. Als sie hörten, was vorgegangen war, wandten sie um.

Der Herzog wollte durch das Lebertal oder durch das Willertal heimkehren. Kaum war seine Vorhut zu Stotzheim, als sie auf eine große Menge Wagen mit Lebensmitteln stieß und aus dem Staub in der Ferne auf den Anzug eines großen Haufens schloß. Bald erfuhr man, daß zu Scherweiler bei Schlettstadt für 10 000 Bauern Quartiere bestellt seien.

Sobald der Haufen vor Kaisersberg von dem Blutbad zu Zabern und dem Heraufzug der Lothringer hörte, waren alle, jetzt zu spät, eines Sinnes, bis an den Landgraben den Feinden entgegenzuziehen. Die von unterhalb des Landgrabens zogen sogleich hinab, die von oberhalb boten noch zuvor mehr Volk auf und wollten folgen. Vom Landgraben aus schickten sie aus, den Marsch des Herzogs zu erkunden. Es war fest verabredet, nicht weiter als zum Landgraben zu ziehen und hinter dieser 24 Fuß tiefen und breiten Wehre den Feind zu erwarten, aber die Unterelsässer zogen, als noch kein Feind da war, über den Landgraben hinaus bis nach Schlettstadt an die Burner Brücke hinab. Die Schlettstädter antworteten auf ihre Anfrage, sie wollen sie nicht in die Stadt lassen, aber in ihrem Eide sein und ihnen 200 Mann zuschicken, auch Proviant genug zuführen, und wenn sie von ihren Feinden genötigt würden, so wollen sie ihnen mit Geschütz und Pulver zu Hilfe kommen, auch, wo sie vom Feind in die Flucht geschlagen würden, ihnen die Tore auftun und sie einlassen. Des anderen Tages fanden die Oberelsässer ihre Brüder nicht am Landgraben; diese waren von der Burner Brücke bis Kestenholz vorgegangen, während die Lothringer vor Scherweiler eintrafen. Sie gingen über den Gießen und stellten sich in Schlachtordnung in aller Weite bis an Scherweiler hin; dieses Dorf hatten sie zu ihrer Spitze und gegen Morgen, das Willertal im Rücken und gegen Abend, die Weinberge zur Rechten und zur Linken, so daß Scherweiler ihnen als Vormauer diente und daß die Lothringer dieses mit Gewalt erst nehmen mußten, ehe sie an sie kamen. Auch hatten die Bauern ein gutes Geschütz, 12 Falkonetlein, viele Doppelhaken und Büchsen.

Als der Haufen so in seinem Vorteil an den Reben und am Gießen stand, „da haben ihn etliche Ritter besehen und ihn durch Geschicklichkeit aus seinem Vorteil gebracht auf die Wiesen". „Wir hatten zum Teil Hauptleute", sagte Eckard Wiegersheim, „die uns verführten, verraten und verkauft hatten." Wie anderswo, machten die Edeln, die im Haufen waren, die Verräter, besonders die Vögte der Städte. Der Haufe entbot denen am Landgraben, sie sollen als Brüder kommen, die Feinde seien schon da. „Laßt uns ziehen", riefen die Besseren, „sollten wir unseren Brüdern nicht zu Hilfe kommen?" Da kam ein Bote über den anderen vom unteren Haufen und schrie: „Sie greifen schon an! Hernach, hernach!" So zogen auch diese oberen über den Landgraben; noch nicht über 1800 waren ihrer beisammen, es waren nur erst die Fähnlein von Bercken, Rappoltsweiler und Reichenweier; die im Tale waren noch nicht angelangt. Sie zogen bis an den Hattenberg. Da jagte der Vogt von Reichenweier heran und sprach: „Warum zieht ihr vom Landgraben hinweg? Sind wir doch nicht alle beieinander. Ihr lieben Brüder, diejenigen, die auf diese Zeit unsere Feinde sein sollen, die sind des Bischofs von Straßburg Volk und in seinem Namen da; sie haben uns einen Brief nach Bercken geschickt, der Bischof sei da und begehre, sein Volk zu strafen, er habe aber mit uns oberhalb des Landgrabens nichts zu schaffen und begehre uns nichts zu tun." Da schrien einige aus dem Haufen: „Schlagt ihn über die Mähre herab, oder jag einer einen Büchsenklotz durch ihn! Sollen wir unsere Brüder also lassen ermorden?" Da bat sie der Vogt, sie sollen eines tun und nach Kestenholz ziehen, auch das Dorf nicht verlassen, bis er wieder zu ihnen käme. Sie zogen hin, der untere Haufen der Bauern hatte schon angegriffen, es kam ein Bote über den anderen und schrie: „Her, her, ihr lieben Brüder! Wir haben die Feinde schon umzogen. Sie sind unser, wir wollen auf diese Nacht Ehre und Gut gewinnen." Da liefen sie alle hinaus aus Kestenholz und über den Gießen und stellten sich hinter dem unteren Haufen. Die Sonne war im Niedergehen, nach 7 Uhr abends; da entbrannte die Schlacht. Der Vogt von Reichenweier kehrte nicht wieder; auf ihm und einigen Edeln liegt schwerer Verdacht. Die Lothringischen, die, weil sie des Terrains ganz unkundig seien, zuerst nicht schlagen wollten, „hatten die Bauern bald hinten und vorn umzogen". Von der einen Seite griff der Graf von Vaudemont, von der anderen der Prinz von Guise an. Der Paß von Scherweiler wurde im Sturm genommen, und der gewaltige Haufe des feindlichen Fußvolks drang durch das Dorf auf den Gewalthaufen der Bauern im ebenen Feld zwischen Scherweiler und Kestenholz. Die Landsknechte steckten Scherweiler in Brand, „damit sie beim Schein des Feuers in der Nacht sehen und die Bauern blenden möchten". Das Geschütz der Bauern war nicht gut bedient, es war zu hoch gerichtet; die Kugeln schlugen kaum über die Pickenspitzen und Lanzen der Lothringer hin. Nachdem die Landsknechte zwischen den Weinbergen vorgegangen waren, machten sie einen Sturm auf das bäurische Geschütz, das an diesem Paß aufgestellt war; aber wegen der Enge des Raumes, wo nur wenige zum Handgemenge kamen, wurde der erste und zweite Sturm abgeschlagen. Indessen kamen die Reisigen des Herzogs am Gebirg her und stürzten sich auf die Hinterhut, auf den Haufen von oberhalb des Landgrabens, während die Landsknechte vorn den dritten Sturm unternahmen. Der Angriff von hinten brachte solche Verwirrung, daß die Bauern, während sie auf die Reiter abschießen wollten, sich einander selbst erschossen. Sie zogen sich hinter ihre Wagenburg. Die Italiener schlüpften unter die Wagen, hoben sie mit dem Rücken auf und warfen sie aus dem Weg: Es wurde Raum für Fußvolk und Reiter. Diesen Augenblick benutzte der Prinz von Guise, brach mit seiner Reiterei in die Bauern ein; 250 seiner Reiter stürzten, von den Kugeln der Bauern getroffen; dennoch durchbrach er sie. Es war 10 Uhr in der Nacht. Gegen 30 000 Lothringer hatten seit drei Stunden 7000 Bauern den Kampf gehalten: Mehr Bauern waren es nicht; die vom Tale hatten das Schlachtfeld noch nicht erreicht, die Schlettstädter keine Büchse und keinen Mann geschickt. Die Franzosen gaben den Bauern ein schönes Zeugnis. Klafterhoch lagen sie übereinander gebettet, die Toten, einer auf dem anderen. Durch ihre Schießart waren die Lombarden und die Landsknechte sehr im Vorteil, den Bauch am Boden, schossen jene, kniend diese hinauf; die Bauern schossen stehend herab, trafen darum die Liegenden und Knienden seltener, diese sie fast immer. Von allen Seiten durch Verrat umzogen und umgangen, zogen die Bauern sich in den Schutz des Waldes und der Nacht zurück, viele kamen auf dem Rückzug noch um: 5000 Bauern lagen erschlagen, 3000 Herzogliche. „Wäre es Tag gewesen“, sagt Wiegersheim, „es wären unserer nicht 20 entkommen, so waren wir verraten und verkauft. Es war keine Ordnung da, es wollte keiner dem anderen folgen und ein jeder mehr wissen als der andere. Ich meinte, daß die Bauern voll Teufel wären. Auch floh der Fähndrich von Beblenheim, Denny Beck, und warf das Fähnlein von sich, da noch kein Feind an ihm gewesen war und er sich noch gegen keinen gewehrt hatte. Rudolf Theuber, der Pfarrer von Ostheim, ließ bei dieser Gelegenheit mit seinen Schafen das Leben. Ich sage Gott dem Allmächtigen Dank, daß ich, Eckard Wiegersheim, aus der Schlacht davonkam.“

Die Nacht über blieb die ganze lothringische Reiterei mit dem Herzog zu Pferd; er fürchtete einen Überfall von den abgezogenen und von den noch nicht zur Schlacht gekommenen Bauern; und schreckensvoll über seinen Verlust, ohne Sehnsucht, noch einmal mit den Bauern zu schlagen, eilte er frühmorgens durchs Willertal aus dem Land, nachdem er zur Rache 300 zu Zabern hinweggeschleppte Männer im Lager hatte hinrichten lassen. Er zog hinweg mit dem Fähnlein, mit dem Geschütz und der reichen Klosterbeute der Bauern. In den Vogesen hatte er noch manchen Schrecken, überall waren die Wege verhauen, und er fürchtete

Angriff des Herzogs auf die Bauern

Überfall. Die Bauern ließen ihn aber ungestört nach Nancy entkommen. Hätten sie nicht auf das große Geschrei von Weib und Kindern, hätten sie nicht auf die, die zuvor gesagt, „sie sollen nicht so fast eilen, es tue nicht not", und die sie dadurch vom Schlachtfeld zurückgehalten hatten, auch jetzt gehört, die Bauern hätten den Herzog mit all den Seinen in den Engpässen des Gebirgs vernichten müssen.

Von Nancy aus wütete der Herzog gegen die dem Evangelium anhängigen Flecken seiner Herrschaft mit Feuer und Schwert. Das drohte er auch dem Städtchen St. Polten. Wolfgang Schuch, der Prediger daselbst, stellte sich selbst nach Nancy, seines Glaubens Rechenschaft zu geben und die Seinen der Gefahr zu entledigen. Herzog Anton verurteilte ihn zum Feuer und ließ Schuch, der heldenmütig blieb bis ans Ende, am 19. August 1525 lebendig verbrennen.

4

Thomas Münzers Untergang

Ins Elsaß waren die ersten Funken durch Thomas Münzer getragen worden: Er ging den Elsässern als Opfer für das, was er gewollt, voran.

Münzer wollte sich nicht übereilen; er wollte den rechten Augenblick erwarten, warten, bis der Aufstand durch die Zeit und Gewohnheit Stärke gewänne und eine vollkommenere Organisation; bis die waffengeübten handfesten Bergknappen bei ihm wären, die Oberschwaben und andere Haufen die ersten Schlachtsiege über die Fürsten gewonnen hätten. Er wollte sie alle zum Rückhalt haben und dann erst von seinem Mühlhausen aus sich erheben mit Gideons Schwert. Er kannte ihn wohl, den größeren Teil seiner Thüringer: Das waren keine Schwaben, die von Jugend an der Fahne gefolgt, im Kriege heraufgewachsen waren; keine Franken, wie Herrn Florians Schwarze Schar; keine Schützen, wie die in den Alpen und im Elsasserland; der Erdscholle mühsam kümmerlich den Unterhalt abzuringen war ihr Tagewerk, Hacke und Spaten die einzigen ihnen gewohnten Waffen. Auch waren um ihn her nicht wie anderswo gute Geschütze aus den Schlössern zu holen; und um Pulver zu bekommen, mußte er erst einen Schweizer mit 900 Gulden nach Nürnberg, dem großen Pulvermarkt für Freund und Feind, abschicken. Rettung, Hilfe für sein Volk sah er noch immer einzig durch das Schwert, nur auf der Schädelstätte der alten Welt die Möglichkeit einer neuen, besseren, nur im Untergang der Tempel und ihrer Priester die Befreiung des Geistes, nur im Ende der Aristokratie und ihrer Fronen die Erlösung des Leibes und des Lebens erreichbar. Noch immer zweifelte er nicht am Siege, wenn nur alle Haufen einig wären und sich nicht einzeln abfangen, betrügen ließen. Er kannte das Volk, das dem, der es hundertmal getäuscht, Vertrauen und Herz doch immer wieder schenkt. Ihm erschienen die Herren, je gefälliger sie sich zeigen, desto gefährlicher; nicht ihre Waffen, aber ihre Falschheit, ihre Friedensränke und Liste fürchtete er. Und seine Furcht wurde für den ganzen Volkskampf wahr.

Der, welcher ihm bisher treulich zur Seite gestanden, wurde jetzt sein böser Geist: Pfeifer zwang ihn, viel zu frühe loszuschlagen. Pfeifer glaubte, Münzers Zögern versäume die beste Gelegenheit. Er achtete nicht, daß Münzer ihm nachwies, wie sie noch lange nicht stark genug, die benachbarten Bauern noch nicht alle rege wären. Es trieb, es riß ihn hinaus ins Feld; und gegen Münzers Wort, daß es der Geist in ihm noch verbiete, auszuziehen, setzte Pfeifer ein Traumgesicht als ein anderes göttliches Gebot. Es habe ihm geträumt, er sehe sich im Harnisch in einer großen Scheune und um ihn her einen gewaltigen Haufen Mäuse, die habe er alle miteinander vertrieben, und der Geist sage ihm, die Deutung des Traumes sei, daß er alle Junker in Thüringen und auf dem Eichsfelde ausrotten werde. Das Volk lauschte auf Pfeifer und fiel ihm zu; so sah Münzer die Maschinerie, durch die er wohl auch aufs Volk wirkte, gegen sich selbst gewendet, gegen seine bessere Einsicht und Vernunft. Als er für den Auszug noch nicht sein wollte, drohte ihm Pfeifer, wo er ihn nicht ziehen ließe und das Volk abschreckte, wolle er wider ihn selbst sein und ihn vertreiben helfen. Da ließ ihm Münzer seinen Willen, und Pfeifer zog aus mit seinem Anhang nach dem erzbischöflichen Eichsfeld, plünderte Kirchen, Klöster und Edelhöfe, nahm etliche Junker gefangen und kam mit ihnen und einer reichen guten Beute nach Mühlhausen. Um nicht seinen Einfluß zu verlieren, mußte Münzer jetzt persönlich auch ausziehen. Ein in Langensalza ausgebrochener Tumult gab ihm die nächste Gelegenheit. Am 26. April erhob er sich, seinen Brüdern dort zu Hilfe, mit seiner Leibwache von 400 meist fremden Bewaffneten und seinem Feldzeichen, einer weißen Fahne, darin ein Regenbogen stand. In Langensalza siegte die Bewegung, und die Bauern von Urleben wollten Erich Volkmar, den Erstgeborenen Sittichs von Berlepsch, zum Fenster hinauswerfen; nur die Amme, die hoch und teuer ihn für ihr Kind ausgab, rettete ihn. Münzers Schar wurde vor dem Tore reichlich bewirtet, und er zog weiter bis nach Tüngeda und machte gute Beute. Da kam ein Schwarm Eichsfelder zu ihm mit neun Wagen voll geistlichem und weltlichem Herrengut: Lebensmitteln, Hausrat, Geschmeid und Kirchenglocken. Münzer empfing sie sehr wohl, hielt ihnen eine Predigt vom Pferd herab und teilte die Beute unter sie aus. Die Angekommenen baten ihn, sie weiter ins Eichsfeld zu führen; er zog mit ihnen auf Heiligenstadt, wo er einen Sieg erfocht und wo alle Bürger zum Bunde schwuren; von da weiter nach Duderstadt. Auch hier machten die Bürger einen Bund mit ihm, und er zog wieder ab, nachdem er hier wie dort die Güter „Baals und Nimrods", der geistlichen und weltlichen Herren, eingefordert hatte. Zu gleicher Zeit war Pfeifer nach der anderen Seite gezogen, hatte manchen edeln Herrn von Haus und Hof getrieben und die Schlösser Schlotheim, Bissingen, Almenhausen, Seebach, Arnsberg und andere gebrochen. Im Schlosse zu Schlotheim hatten die Bauern nach der Erstürmung die Edelfrau, welche Sechswöchnerin war, aus dem Bette geworfen und Bett und Tücher hinweggeschleppt. Seit diesen glücklichen Erfolgen waren die Bauern allerorten umher gar freudigen Mutes. „Daß sie Glück hatten, das machte sie beißig." Zu Keula ließen sie sich eine ganze Braupfanne voll Fische sieden, die sie aus dem Teiche langten, um sich auch einmal satt Fische zu essen.

Vom 30. April bis zum 12. Mai wurden alle Klöster vom Fuße des Harzes bis zur Einmündung der Unstrut in die Saale, von der Grafschaft Grubenhagen, Hohenstein und Stolberg bis Freiburg, durch die ganze goldene Aue hindurch, eingenommen und die Klostervorräte und Gelder „für die Zwecke des heiligen Krieges zu Handen gebracht“: zu Walkenried, Ilfeld, Volkerode, Ballenstedt, Nordhausen, Sangerhausen, Kelbra, Michelstein, Ilsenburg, Himmelpforte, Trubigk, Wasserleer, Schowen Langelen; einzelne, wie das Kloster Heuseburg, gingen in Flammen auf. In der Grafschaft Mansfeld wurden namentlich die Klöster Sittichenbach, Rhode, Wimmelburg und das zu Eisleben heimgesucht, Holzzelle verbrannt. Um den Berg der Sage, den alten Kyffhäuser, her leuchteten die Fackeln in die unheimlichen Verließe und Zellen, und die Raben flatterten bang davon.

Aber jetzt zogen die Fürsten heran, mit Roß und Mann, Landgraf Philipp von Hessen allen voraus. Der einundzwanzigjährige Landgraf versammelte zu Alsfeld seine Lehensleute und die Fähnlein seiner Städte und sprach ihnen an das Herz. Am Schluß forderte er ein Zeichen, wessen er sich zu ihnen zu versehen habe, und alle reckten mit freudiger Bewegung die Schwurfinger empor und riefen, zu ihm Leib, Gut und Leben setzen zu wollen. Da zog er mit Mut gegen seine Bauern. Sie hatten sich vor ihm auf Fulda zurückgezogen. Aber auch sie schickten Daniel von Fischborn mit anderen Abgeordneten zu gütlicher Handlung an ihn, welche der Bauern Unternehmen rechtfertigen sollten. Philipp antwortete kurz, sie haben keine Gnade zu hoffen, wofern sie nicht von ihren Aufruhren abließen und Sicherheit ihres Gehorsams gäben. Die christliche Versammlung in der Buchen war damit wenig vergnügt und suchte sich zu verstärken. Der oberste Hauptmann Dolhobt, der Uhrmacher, musterte den Haufen, bei dem die Mannschaften aller verbündeten Städte und viele buchonische Ritter waren. Am 3. Mai stand Philipp vor dem Frauen-Berg bei Fulda.

Die Bauern hatten den zerstörten Frauen-Berg in der Schnelle, so gut es ging, befestigt; sie hatten Schloß und Stadt inne, aber sie hatten wenige, der Landgraf viele Geschütze. Durch das Feuer der letzteren und den ersten Angriff nahmen die Landgräfischen den Berg, und die Bauern zogen sich in die Stadt hinab und ins Stift. Von der Stadt aus verteidigten sie sich mutig, als aber die hessischen Feuerschlünde eine Zeitlang vom Frauen-Berg herab die Häuser beschossen hatten, öffneten die Bürger die Tore; der größere Teil der Bauern zerstreute sich, 1500 flohen in den Schloßgraben. Hier ließ sie der Landgraf einschließen, drei Tage allen Qualen des Hungers und Durstes preis, ohne ihre Ergebung anzunehmen. Am Abend des dritten Tages ließ er sie heraus. Die Unglücklichen rauften sich um das Gespüle an der Schloßküche. „Man warf ihnen das Brot

Der Landgraf ließ die Köpfe auf Spieße stecken

vor, gleich unvernünftigen Tieren, sie mußten sich mit höhnischen Worten schmähen und sagen lassen: Wo ist nun ein schwarzer Bauer und evangelischer Gott, der euch jetzt Hilf und Beistand tue?" Und die gefangenen Hauptleute Hans Dolhobt, Henne Wilke, Johann Kugel und Hans von Rom, auch den Feldprediger der Bauern ließ der Landgraf vor dem Schloß enthaupten und ihre Köpfe über den Toren auf Spieße stecken; die anderen ließ er halb verschmachtet sich heimwärts schleppen.

Während die in der Buchen niederlagen, standen 4000 wohlgerüstete Männer zu Oberelsbach auf der Hohen Rhön, tatlos wie die Narren, den Landgrafen zu beobachten; und die Oberfranken tagten behaglich zu Neustadt. Der Landgraf ließ jene stehen und diese tagen und zog rasch auf Thüringen, übers Gebirge, seinen sächsischen Vettern zu Hilfe. Vor Eisenach stieß Herzog Heinrich von Braunschweig zu ihm, und diese Stadt war schnell genommen. Das Blut von 24 Bauern und Bürgern floß unter dem Schwert des Scharfrichters über den Markt, darunter auch das des Prädikanten Paulus. Doktor Strauß, der Prediger, wurde gefangengenommen. Von da ging's auf Langensalza, wo Herzog Georg nachher einundvierzig auf dem Markt enthaupten ließ und 7000 Gulden Strafgeld nahm. Der Landgraf zog eigentlich dem Haufen von Vacha nach, der an Mühlhausen vorüber nach Frankenhausen sich gewendet hatte.

Hier, bei dieser damals volkreichen Stadt, lagerten die Bauern mit den Schwarzburgischen und Mansfeldischen und vergeudeten die Zeit damit, daß sie die Beschwerden der Nonnen zu Kelbra gegen ihren Propst anhörten und mit Graf Albrecht von Mansfeld Unterhandlungen pflogen. Graf Albrecht gab den Bergleuten in seiner Grafschaft die schönsten Zusagen, damit sie sich nicht zu den Bauern ins Feld begäben, ritt selbst auf den Harz, versteckte etliche wenige Pferde im Gebirge, jagte damit, als wären Geschwader nahe, den Harzbauern Furcht ein, und wiegte die Versammlung zu Frankenhausen durch die besten Worte ein, als wollte er für sie, um Blutvergießen zu vermeiden, einen freundlichen Vertrag mit ihren Oberherren suchen helfen. Während seine Boten hin und her gingen, überfiel und plünderte er die zu Edersleben und Pfiffel; und sie trauten ihm doch und luden ihn auf Freitag, den 12. Mai, mittags, auf die Brücke zu Martinsried zur Besprechung. Er kam nicht und zog sie mit seinen Vorspiegelungen auf den nächsten Sonntag hinaus; er wußte, daß bis dorthin die verbündeten Fürsten bei ihm sein mußten. Dagegen gebärdete sich Graf Ernst von Mansfeld, der zu Heldrungen saß, offen feindlich gegen sie, und sie schrieben nach Mühlhausen, „ihnen wider den Tyrannen zu Heldrungen zu helfen". Münzer eilte selbst dahin mit 300 Mann seiner Leibwache und mit wenig Geschütz. Pfeifer wollte nur die altgläubigen, nicht die evangelischen Herren angegriffen wissen. Münzer hatte umsonst durch eine ihm im Traum gewordene Offenbarung, nach dem Aufgang der Sonne zu ziehen, Pfeifer und die Mühlhäuser zum Mitzug zu bewegen versucht. Auch der Schrecken der Niederlagen im Fuldaischen, Eisenachs und anderer Städte Schicksal hielt die Bürger zurück. An die Erfurter schrieb er, „sie sollen kommen und streiten helfen wider die gottlosen Tyrannen, mit Volk und Geschütz, auf daß sie erfüllen, was Gott selber befohlen". „Es steht ja geschrieben", sagte er, „Daniel 5, daß die Gewalt soll gegeben werden dem gemeinen Volke. Offenbarung 18 und 19. Es bezeugen fast alle Urteile in der Schrift, daß die Kreaturen frei werden müssen, wenn das reine Wort Gottes aufgehen soll. Habt ihr nun Lust zur Wahrheit, macht euch mit uns an den Reigen; den wollen wir gar eben treten, daß wir es ihnen treulich bezahlen, was sie der armen Christenheit mitgespielt haben." Auch nach allen anderen Seiten schrieb er um schleunigen Zuzug. Denen zu Frankenhausen erklärte er gleich bei seiner Ankunft, daß Graf Albrecht nur mit Betrug umgehe und daß man das Nest der Adler angreifen müsse. Er schrieb selbst an „Bruder Albrecht": „Furcht und Zittern sei einem jeden, der übel tut. Meinst Du, daß Gott der Herr sein unverständig Volk nicht erregen könne, die Tyrannen abzusetzen in seinem Grimm? Meinst Du, daß Gott nicht mehr an seinem Volk, denn an euch Tyrannen gelegen? Willst Du erkennen Daniel 7, wie Gott die Gewalt der Gemeine gegeben hat, und vor uns erscheinen, so wollen wir Dich für einen gemeinen Bruder haben: wo nicht, so werden wir wider Dich fechten wie wider einen Erzfeind des Christenglaubens." An „Bruder Ernst" schrieb er: „Du sollst, in sicherem Geleit, Deiner offenbaren Tyrannei Dich vor uns entschuldigen; wirst Du ausbleiben, so sollst Du ausgereutet werden. Wirst Du Dich nicht demütigen vor den Kleinen, so sage ich Dir, der ewige lebendige Gott hat es geheißen, Dich von dem Stuhl mit der Gewalt, die uns gegeben, zu stoßen; denn Du bist der Christenheit nichts nütz, Du bist ein schädlicher Staubbesen der Freunde Gottes. Gott hat es von Dir und Deinesgleichen gesagt, Dein Nest soll ausgerissen und zerschmettert werden. Wir wollen Deine Antwort noch heut haben, oder Dich im Namen Gottes der Heerscharen heimsuchen. Wir werden unverzüglich tun, was uns Gott befohlen hat; tu Du auch Dein Bestes. Ich fahre daher."

Diese beiden, im massivsten Prophetenstil gehaltenen Briefe schrieb Münzer noch am Freitagmittag. Er unterzeichnete beide: Thomas Münzer mit dem Schwert Gideons. Sie beleuchten seinen Gemütszustand. Das ist nicht die Sprache der ruhigen Zuversicht. Man sieht, er bemüht sich, sich wie die Seinen in eine Art Wut zu setzen; alles an ihm zeigt sich jetzt überspannt, echauffiert, er wandelt wie in einem Gewölke von Schwärmerei, das aus dem Abgrund aufsteigt, an dessen Rand angelangt er schwindelt. Es konnte ihm nicht entgehen, daß der Haufen, gegen den jetzt sieben verbündete Fürsten heranzogen, selbst gegen den einzigen Landgrafen zu schwach war; es war größtenteils unkriegerisches, schlecht bewaffnetes, zusammengelaufenes Volk. Nicht einmal Pulver genug hatte er; der Schweizer, der es bestellen sollte, war mit dem Gelde verschwunden; und jetzt im Angesicht der Entscheidung wandelte es ihn an, es übernahm ihn; er fand es viel schwieriger in der Nähe, als er es sich in der Ferne gedacht hatte. Er sollte als Heerführer sein Volk zur Schlacht führen gegen kampfgeübte Fürsten, und er hatte nie eine Schlacht gesehen. Dem neuen Moses fehlte sein Josua, dem neuen Mohammed sein Omar. Vor der ersten Schlacht hat großen Helden schon geschwindelt, und mancher berühmte Eroberer ist aus der ersten Schlacht geflohen und hat sie verloren und aus der Erfahrung Zuversicht und Klugheit, aus der Niederlage die Kunst zu siegen gelernt. Es mußte sich nun zeigen, ob das Verhängnis Münzern und dem Volke Zeit ließ, siegen zu lernen.

Seine drohenden Aufgebote zu kommen, oder man würde sie holen, zogen aus allen Dörfern nächst umher die Bauern ins Frankenhäuser Lager. Weiber und Kinder geleiteten Gatten, Väter und Brüder auf allen Straßen Frankenhausen zu; „teils mit Weinen und Seufzen, teils mit Jauchzen und Frohlocken, nachdem sie Furcht oder Hoffnung bei dem Handel hatten". Die Entfernteren kamen jedoch nur langsam heran. Statt ins gemeinschaftliche Lager zu eilen, hielten sich zum Beispiel die klettenbergischen und schwarzfeldischen Bauern mit Plündern in Klöstern und Pfarren auf und waren dabei so tapfer, daß sie sich aus dem Pfarrhofe zum Elende durch erzürnte Bienenschwärme abtreiben ließen, mit deren Körben der Pfarrer sich sinnreich verteidigte. Die, welche sich um Sittichenbach und Osterhausen gesammelt hatten, überfiel Graf Albrecht mit etlichen sechzig Reitern und erstach gegen 200 in dem an allen Ecken nachts angezündeten Flecken Osterhausen; die anderen wurden teils gefangen, teils entkamen sie nach Frankenhausen, nicht zur Ermutigung der Gesamtheit.

Das vereinigte Heer des Landgrafen, des Braunschweigers und Herzogs Georg von Sachsen zählte 2600 Reisige und 6000 zu Fuß und überaus viel treffliches Geschütz. Der neue Kurfürst von Sachsen, Johann, war mit 800 Reisigen und 2400 zu Fuß im Anzug. Am 15. Mai zeigten sich die drei ersten vor Frankenhausen. Es kam sogleich, doch ohne sonderlichen Schaden, mit den Bauern zu einem kleinen Gefecht. Der Landgraf hatte ohne Verzug angreifen wollen, dann aber seine Leute, weil sie zu erschöpft waren, in ein Lager zurückgeführt, um sich zu erquicken. Münzer, als er dies sah, hielt es für Furcht und ließ eine Falkonetkugel unter die zurückziehenden Reiter abschießen, wodurch ein junger Edelmann, Matern von Gehofen, eines alten Mannes einziger Sohn, totgeschossen wurde.

Münzer hatte sich an der Anhöhe über Frankenhausen gelagert, die noch jetzt der Schlachtberg heißt, eine starke Wagenburg um sich geschlossen und einen Graben gezogen, daß man so leicht, besonders zu Roß, nicht an ihn kommen mochte. Aber sein Haufen zählte gar viele Zaghafte unter sich, keinen kriegskundigen Führer und war im ganzen nicht 8000 stark; wollten die einen schlagen, so wollten die anderen nur unterhandeln und Frieden suchen. Durch die Friedensanträge der Gegner wurde Münzers Lage vollends höchst bedenklich. Der Landgraf sandte nach Ankunft des Herzogs Georg eine Botschaft an die Bauern, wenn sie ihre Hauptleute ausliefern, wolle er ihnen bei ihren Herren Gnade verschaffen. Durch einen Kürschner schrieben die Bauern zurück: Sie bekennen Jesum Christ, sie seien nicht hier, Blutvergießen zu stiften, sondern die göttliche Gerechtigkeit zu erhalten. Seien die Fürsten auch so gestimmt, so wollen sie nichts Feindliches gegen sie tun. Münzers Stellung wurde durch die paar Edelleute, die, zum Haufen genötigt, da waren, noch schwieriger. Die Herren und Ritter machten, so scheint's, die Führer und Sprecher der Friedenspartei im Lager. Als diese sah, daß die Feinde ihr Geschütz auf allen Seiten um sie rückten und sie umringten, sandte sie den Grafen Wolfgang von Stolberg, Kaspar von Rüxleben und Hans von Werthern zu einer zweiten Unterhandlung an die Fürsten. Die Fürsten bewilligten drei Stunden Stillstand zur Bedenkzeit und verlangten Ergebung auf Gnade und Ungnade mit dem Versprechen, daß sie dennoch nach Gelegenheit der Sache Gnade finden sollen, wenn sie ihren falschen Propheten Thomas Münzer samt seinem Anhang ihnen lebend überantworten. Die Bauern schickten die drei Gesandten abermals an die Fürsten, um für alle, auch für Münzer, Gnade nachzusuchen. Die Fürsten behielten den Stolberg und den Rüxleben zurück und ließen durch Werthern ins Lager entbieten, sie wollen weiter mit ihnen des Münzers halben nicht disputieren, sondern, wenn sie ihn nicht ausliefern und ihre Wehr ablegen, werden sie gegen sie vornehmen, kraft ihres obrigkeitlichen Amtes, was sich gegen sie gebühre. Die Uneinigkeit, das Schwanken stieg im Bauernlager, und es scheint, ein Edelmann und ein Priester zettelten im Lager Verrat an. Münzer, umgeben von seiner Leibwache und immer noch von einem starken Anhang, ließ auf Urteil des Haufens den Edelmann, „der zuvor manchen armen Mann um das Evangelium verfolgt hatte", und den Priester im Ring enthaupten; dann bot er alle Macht seiner Beredsamkeit auf und sprach zu dem schwankenden, zagenden Volk in der Sprache eines Propheten. Die, welche stets um ihn gewesen waren, hatte er wohl mit seinem Geiste zu durchdringen vermocht, und er und sie mußten jetzt schon aus Verzweiflung fechten, wären sie auch nicht von wilder Begeisterung getragen worden. An den anderen allen mußte er wohl schmerzlich sehen, wie wenig von innen heraus für die Freiheit befestigt, wie wenig das Äußerste für sie zu wagen sie vorbereitet waren und welch ein Wagnis es war, die Sache der Freiheit auf das Schwert von Leuten zu setzen, welche die innere Freiheit noch nicht hatten. Es galt jetzt den Versuch, ob es gelänge, diese Masse zu exaltieren, sie außer sich zu setzen, sie hinzureißen; ob es ihm gelänge, ihnen den Mut, der ihnen fehlte, einzureden, oder wenigstens Wut statt Mut; ob es ihm gelänge, wenigstens für eine Stunde sie aus Knechten in Freie umzuwandeln, aus Feigen in Tapfere; mutig und tapfer wenigstens aus religiösem Glauben. Er sprach zu ihnen von seiner göttlichen Sendung; sie wissen ja alle, daß er die Sache auf Gottes Befehl angefangen; er schalt auf die Fürsten, als Tyrannen, als Gottlose, die in lasterhafter Pracht der Armen Schweiß und Blut verzehren; und Gott selbst verheiße, er wolle den Armen und den Frommen helfen und die Gottlosen ausrotten. Weil die Fürsten zu furchtsam seien zum Angriff, suchen sie jetzt Zwietracht unter sie zu säen und sie durch betrügliche Unterhandlungen zu entwaffnen. Gideon, Jonathan und David haben mit wenig Auserwählten viele Tausende geschlagen. Zuletzt soll er geschlossen haben: „Lasset euch nicht erschrecken das schwache Fleisch und greift die Feinde kühnlich an. Ihr dürft das Geschütz nicht fürchten, denn ihr sollt sehen, daß ich alle Büchsensteine, die sie gegen uns schießen, mit meinem Ärmel auffangen will." Währenddem zeigte sich ein schöner Regenbogen am Himmel, ringsum die Sonne, bei heiterem Blau. Es war Mittagszeit. Sogleich nahm Münzer diese Naturerschei-

Münzer spricht zum letztenmal zu den Bauern

nung als ein besonderes Gnadenzeichen, als ein Wunder zu Hilfe; es lag um so näher, es für sich zu deuten, da er einen Regenbogen in seiner Fahne führte. „Ihr sehet", sprach er, „daß Gott auf unserer Seite ist, denn er gibt uns jetzt ein Zeichen am Himmel. Sehet den Regenbogen da droben; er bedeutet, daß Gott uns, die wir den Regenbogen im Banner führen, helfen will, und droht den mörderischen Fürsten Gericht und Strafe. Er will nicht, daß ihr Frieden mit den Gottlosen machen sollt. Fechtet unerschrocken und tröstet euch göttlicher Hilfe!"*

* Daß die Rede, der wir diese Gedanken im allgemeinen entnehmen, ein Machwerk von Münzers Feinden ist, ist offen klar; es ist nicht ein Hauch Münzerischer Art darin. Sie ist eine rednerische Ausarbeitung einiger Grundgedanken der wahren Münzerischen Rede, die nachher von den Gefangenen bekannt worden sein mögen. Was das Auffangen der Kugeln betrifft, so ist zu bemerken, daß seine Feinde auch Jakob Wehe nachredeten, er habe den Bauern vorgespiegelt, die Büchsen und Wehren der Bündischen werden sich umkehren und in die, die sie führen, selber gehen.

Das wirkte auf die Entzündbaren; die, welche verzagt blieben und gerne weit weg gewesen wären, durften sich nichts merken lassen. Münzers Anhang war jetzt der mächtigere. In wilder Begeisterung erklärten sie seine Meinung für die rechte, sie auszuführen für notwendig, und ganz ohne alle Berührung ließ die anderen das, was sie für ein Wunderzeichen hielten, doch auch nicht: Sahen sie doch den Regenbogen vor Augen. So stimmten sie bei, den Fürsten sich nicht zu ergeben. Als Münzer fragte, was sie nun tun wollten, ob sie sich bedacht haben, ihn den Fürsten zu überantworten oder nicht, schrien sie alle: „Nein, nein; tot oder lebendig wollen wir hie beieinanderbleiben." Die Münzerischen riefen laut: „Frisch dran und nur dreingeschlagen und gestochen und der Bluthunde nicht geschont!" Der gemeine Haufen stimmte die feierliche Melodie an: Komm, Heiliger Geist, Herre Gott. Sie wollten sich zur Schlacht weihen; noch war der vierte Teil der Bedenkfrist nicht vorüber, da plötzlich, während sie sich „in gutem Stillstand und Frieden" wähnten, während des Gesanges, schmetterten alle Geschütze der Fürsten in sie, und ihre zerrissenen Glieder flogen umher: „Die Fürsten hielten nicht Glauben."

Während der Unterhandlung hatten die Fürsten den Berg ganz umzogen; Landgraf Philipp ritt vor seinem Volk herum und ermahnte zur Tapferkeit, sobald er sah, daß „der Graf Stolberg und die anderen Edeln außer der Gewalt der Bauern waren". Und ohne sich um den Stillstand zu kümmern, rückte die ganze Schlachtordnung plötzlich an die Wagenburg, und das Geschütz ging mit solchem Donnern unter die Bauern los, daß viele davon niederstürzten, die andern vor Bestürzung nicht wußten, ob sie fechten oder laufen sollten. Viele sahen hinauf, ob Gott ihnen eine übernatürliche Hilfe vom Himmel zuschicken werde. Aber ehe die Engellegionen niederstiegen, war die Wagenburg durchbrochen, „und sie wurden erschossen, erstochen, ganz jämmerlich ermordet". Münzer, der unter seinem Prophetenmantel ein Koller vom dichtesten Büffelleder trug, aber kein Ziska war, vermochte jetzt die allgemein werdende Flucht der Seinen nicht zu hemmen; seine acht Geschütze wurden genommen, ein Teil des Haufens entrann aus seinem Vorteil vor den fürstlichen Reisigen nach Frankenhausen, die anderen eilten auf der jenseitigen Seite den Berg hinab und nach den nahen Waldhöhen. Nur ein kleiner Haufe setzte sich in einer Steinkluft auf einen Hügel im Tal und wehrte sich wild und tapfer gegen die ansprengenden Reisigen, brachte Wunden und Tod unter sie, bis er durch die Überzahl überwältigt wurde. Unterwegs setzte sich auch der Haupthaufe der Flüchtigen dann und wann zur Wehre; aber der von dem Landgrafen vorausgesandte verlorene Haufen kam mit den Bauern in die Stadt Frankenhausen hinein, und noch fürchterlicher war das Gemetzel in der Stadt; alles, was den Reisigen aufstieß, wurde niedergehauen; in und um Frankenhausen war nichts als Jammer und Blutvergießen; selbst in den Kirchen und Klöstern und in den Häusern wurde gewürgt und geplündert; der durch die Stadt fließende Bach wälzte sich als Blutbach fort. Fünftausend Bauern waren auf dem Feld und in der Stadt erschlagen, und die Fürsten, des Blutes noch nicht satt, ließen noch 300 Gefangene, ohne Untersuchung der Schuld oder Unschuld, unter das Rathaus führen, um sie zu enthaupten. Darunter war ein alter Priester mit seinem Kaplan. Als die Frankenhäuserinnen herzuliefen, um ihre gefangenen Männer loszubitten, sagte ihnen ein Reisiger Begnadigung zu, wenn sie diese Pfaffen erschlügen. Und sie schlugen sie mit Knitteln tot. Als der Reisige von den Fürsten zur Strafe gezogen werden sollte, verriet ihn niemand. Die 300 Gefangenen wurden hingerichtet, soweit sie nicht durch ihre Frauen erbeten wurden. Des anderen Tages wurden auch etliche, die in Ämtern gestanden waren, hingerichtet und die in der Stadt Erschlagenen auf Wagen hinausgeführt und mit den im Feld Gefallenen begraben. Viele Flüchtige retteten sich in das Gebirge, einzelne nach Gotha, Eisenach und in die erfurtischen Dörfer. Auf Münzers Kopf setzten die Fürsten einen Preis.

Auch Münzer hatte unter den Fliehenden Frankenhausen erreicht und, da die feindlichen Reiter hart an ihm waren, sich in eines der nächsten Häuser am Nordhäuser Tore geworfen, war auf den oberen Boden gegangen, hatte sich entkleidet und mit verbundenem Haupt in ein Bett gelegt, um seinen Feinden unkenntlich zu sein. In dasselbe Haus quartierte sich nach der Plünderung der Stadt ein Lüneburger Edelmann, Otto von Ebbe, ein, und des Ritters Knecht besichtigte sich die neue Herberge und kam auch auf den Boden. Auf dessen Frage, wer er sei, stellte sich Münzer sehr schwach und sagte: Er sei ein kranker Mann und liege seit lange da am Fieber. Der Reisige, der ihn nicht kannte und nach einem Beutestück umherspähte, entdeckte Münzers Tasche, durchsuchte sie und fand darin die Briefe, die Graf Albrecht von Mansfeld an die Bauern geschrieben hatte. Dadurch war er verraten. Otto von Ebbe führte ihn zu den Fürsten. Diese empfingen ihn mit der Frage, warum er das arme Volk verführt und in ein solches Blutbad gestürzt habe? Er aber hatte sich bereits wieder gefaßt, und der Geist, der ihn seit frühester Jugend emporgetragen hatte, der es ihn wagen ließ, Menschen zu opfern, um die Menschheit zu retten, sie zu opfern einem nach seiner Ansicht edelsten Zwecke, während er die Fürsten sie ihrem Eigennutz, Launen und Lüsten opfern sah – dieser Geist kam jetzt über ihn und hielt ihn aufrecht. Er sprach, er habe recht getan, daß er, die Fürsten zu strafen, ein solches angefangen habe, weil sie dem Evangelium so heftig zuwider seien und wider die christliche Freiheit so unbarmherzig handeln; man müsse den Fürsten Zaum und Gebiß anlegen. Wären darüber die Bauern geschlagen, dafür könne er nicht; sie haben es auch anders nicht haben wollen. Der einundzwanzigjährige Landgraf wollte dem Reformator, dessen Stimme Völker gelauscht hatten, in lutherischer Weise die Bibel über Aufruhr und Obrigkeit auslegen. Das schien dem stolzen Meister Thomas doch wirklich zu viel und gar zu unpassend, er würdigte ihn keiner Antwort mehr. Der junge Landgraf aber schmeichelte sich, den Reformator niederdisputiert zu haben, so sehr mißkannte er dieses Schweigen stolzen Selbstbewußtseins. Die Fürsten ließen ihn auf die Folter spannen und weideten sich an seinen Qualen, die ihm einen Schmerzensruf entrissen. „Ja, Thomas", sagte Herzog Georg, „tut dir dieses wehe, so bedenk auch, daß es den armen Leuten nicht wohlgetan hat, die heute deinetwegen niedergemacht worden sind." Da man ihn inzwischen fortfolterte, nahm unter den Schmerzen, wie so oft, des Gefolterten Gesicht und Ton das Aussehen des Lachens an. „Ho", stieß er heraus, „sie haben es nicht anders haben wollen." Kein Bekenntnis von Wert vermochten sie ihm durch diese Folter zu entreißen. Die Hinrichtung des Edelmannes, sagte er, sei geschehen nach Kriegsrecht und Urteil der ganzen Gemeinde. Die Fürsten ließen ihn auf einen Wagen schmieden und schickten ihn dem grausamen Grafen Ernst von Mansfeld zu einem Beutpfennig, an den er kurz zuvor geschrieben: „Ich fahre daher." War er zuvor „übel gemartert worden", so wurde jetzt im Turm zu Heldrungen nach einigen Tagen „greulich mit ihm umgegangen", so daß er in der Wundfieberhitze nach den Martern der Folter zwölf Kannen Wasser getrunken haben soll. Herzog Georg und einige Grafen sahen seiner Marter zu; sie entrissen ihm Bekenntnisse, doch nur karge, kaum einen abgerissenen Teil seines Werkes und seiner Verbindungen, er nannte Namen seiner Bundesgenossen zu Allstedt, Mansfeld, Mühlhausen, Aschersleben, Wimmelburg, Wolferode und an anderen Orten, wie es scheint, Gefallener, denn keiner dieser Namen erscheint unter den Enthaupteten.

Im Turm zu Heldrungen, tief unter der Erde, schrieb er an die in Mühlhausen und ermahnte sie, der Fürsten Gnade für ihre Stadt nachzusuchen. Das Unglück, das ihre Sache getroffen habe, sei Folge der Eigennützigkeit, welche viele darin bewiesen haben. Nachdem es nun Gott also gefallen, daß er von hinnen scheiden müsse, gleichsam als Opfer für die Torheiten und Sünden anderer, sei er es herzlich zufrieden, daß Gott es also verfügt habe. Wiederholt eingeflochten war die dringende Bitte, seinem Weibe beizustehen, sie nichts entgelten und ihr das kleine Gut, das sie habe, folgen zu lassen.

Dieser Brief zeigt des Propheten der Volkssache, dieses sonst so heftigen, unruhigen Geistes, völlige Ergebung in sein Schicksal.

Wie sehr Münzer recht hatte, den Eigennutz der Bauerschaften anzuklagen, sieht man überall. Statt sich zusammenzuschließen und einer für alle zu stehen, ließen sich die vielen Tausende, die ringsumher durch das

Thüringer Land in Lagern standen, hinhalten und stillen „durch ihres gnädigen Herrn, des Kurfürsten gnädige, teils auch dräuliche Schreiben"; die Schwarzfelder und die Klettenberger kamen erst in die Nähe, als die Schlacht von Frankenhausen verloren war; sie hatten sich bei dem Vorwerk Flarichsmühle am Abend des 14. Mai lieber noch einmal erlustigt, als daß sie ihren Brüdern zu Hilfe geeilt wären; in Heringen angelangt, vernahmen sie die traurige, niederschlagende Botschaft; in Unordnung zerstreuten sie sich heimwärts in ihre Dörfer.*

Die in Mühlhausen schrieben am 19. Mai an die Oberfranken, wie die Fürsten bei Frankenhausen „im Stillstand und guten Frieden" den christlichen Haufen überfallen und gewütet haben, wie sie jetzt Mühlhausen selbst heimzusuchen gedenken und wie nach ihrem Fall das gleiche auch den Franken bevorstehe. Darum bitten sie durch Gott, der Liebe und Gerechtigkeit halb, ihnen bald aufs allerförderlichste Beistand zu tun.

Als der Landgraf zuerst bei Eisenach in den Gebirgen war, hätten die Oberfranken, wären sie verständigerweise ihm gefolgt, mit ihren Schützen ihn vernichten können. Noch jetzt, wenn sie auf den Ruf der Mühlhäuser hörten und schnell alle zerstreuten kleinen Haufen zwischen der Hohen Rhön und den Thüringer Bergen an sich zogen und die Pässe oberhalb Eisenach besetzten, mußte alles eine andere Wendung nehmen: Denn der Bauern Tod, die Reiterei, war sowenig als das schwere Geschütz des Fürsten in diesen Gebirgen zu brauchen. Aber wie die Brüder auf der Fulda, wie die Brüder zu Frankenhausen, so wurden von den Oberfranken auch die Mühlhäuser im Stich gelassen. Wieder war es der Eigennutz, die Selbstsucht, daran die Volkssache scheiterte. In den lieblichen Gründen des Mains kleine Schlösser zu plündern und des Weins in Fülle zu haben dünkte ihnen behaglicher, als sich zusammenzuschließen, durchs Thüringer Gebirg sich zu winden und dem Fürstenheer die Spitze, den bedrängten Brüdern die Hand zu bieten. Statt Thüringen, bewegten sie sich dem Bambergischen zu, schrieben einen allgemeinen fränkischen Landtag nach Schweinfurt aus, als wäre es Zeit zum Tagen, nachdem die Fürsten einen

* Wohl hat der Eigennutz der Bauern eine Rolle gespielt bei den Niederlagen der Bauernheere, zum Beispiel erfolgte die Ablehnung der Söldnerwerbung wegen der Eigensucht der Bauern, die Beute nicht mit den Söldnern teilen zu müssen. Doch die Hauptursache dieser Niederlagen war die Beschränktheit der Bauern, die ihre Wurzeln in der ökonomischen und politischen Zersplitterung des deutschen Landes hatte. Diese Beschränktheit erlaubte den Bauern kein gemeinsames Handeln für die große Sache, sondern jeder einzelne dieser Bauernhaufen operierte im wesentlichen nur in der engeren Heimat. Aus diesem Grunde konnten die einzelnen Bauernhaufen nicht erfolgreich gegen den wirklichen Feind der Bauern vorgehen, gegen die deutschen Fürsten. Auch ließen sich immer wieder einzelne Bauernheere durch Verträge binden, die auch dann eingehalten wurden, wenn die Fürsten sie ausnutzten, um eines der anderen Bauernheere zu vernichten. Die Red.

Haufen um den anderen geschlagen. Am 23. Mai schrieben die von Mühlhausen zum zweitenmal: „Wenn wir niederliegen, wird dasselbe euch widerfahren. Helft uns, seid getrost und mannlich, und Gott wird mit uns sein." Aber wie die Oberfranken von dem Beschluß, denen vor Würzburg zuzuziehen, nur zur Sendung von einigen Fähnlein kamen, so kamen sie Mühlhausens wegen nicht einmal zu einem Beschluß; sie stritten sich in ihren Lagern über ihre verschiedenen Feldprediger und über die rechte Art, die Bibel auszulegem; es gab Parteiungen und Zwiespalt; des Haufens Schultheiß, Heinrich Krumpfuß, der wackere Goldschmied aus Römhild, sagte, er sei zu krank, um länger Schultheiß zu sein, und für ihn trat Hans Martell, Stadtschreiber von Königshofen, ein; auf ein Altweibergeschwätz hin kam selbst der oberste Hauptmann Schnabel in Verdacht, mit dem Grafen von Henneberg in geheimer Verhandlung zu stehen; und während sie so die Zeit vergeudeten, ging der feste Hort der Volkssache, das starke Mühlhausen, verloren.

Von Frankenhausen zog das Fürstenheer über Seebach, wo der vertriebene Hans von Berlepsch wieder eingesetzt wurde und auch 20 Bauern zum Geschenk erhielt, sich an ihnen für seinen Schaden zu erkühlen; man lagerte zu Schlotheim. Noch einmal wagte hier ein kühner Bauernhauptmann, ein Büchsenschmied, das Volk in Bewegung zu bringen; er machte den Anschlag, das Geschütz des Landgrafen in der Nacht zu überfallen und wegzunehmen. Aber das Volk hatte Kopf und Mut verloren; es gelang ihm nicht, so viele aufzubringen, als zu der Tat nötig waren. Zu Schlotheim vereinigten sich Kurfürst Johann und sein Sohn und bald darauf auch Philipp und Otto von Braunschweig mit den verbündeten Fürsten, und Mühlhausen, das seit dem Abend des 19. Mai berannt war, wurde nun auf drei Seiten belagert. Die Dörfer wurden niedergebrannt. In der Stadt, in der Pfeifer befehligte und 1200 Bürger in Waffen und mit Vorräten auf lange versehen waren, zeigte sich schon auf das erste Schreiben der Fürsten, worin sie, unter Zusage der Schonung aller Unschuldigen, unbedingte Unterwerfung und die Auslieferung der Rädelsführer verlangten, bei einem Teil der Bürger Neigung zu Unterhandlungen. Diese wuchs, als Bresche geschossen und der Sturm vorbereitet wurde. Pfeifer widersetzte sich, so sehr er konnte, und von den gutgezielten Schüssen der Verteidiger fiel mancher im fürstlichen Lager. Als aber kein Entsatz kam, als die Partei, die „lieber sich mit Gnaden strafen lassen, als mit Ungnaden Leib und Gut samt der Stadt verlieren wollte", die Oberhand erhielt und mit dem Kurfürsten von Sachsen Unterhandlungen anknüpfte und er alles verloren sah, entwich er in der Nacht des 24. Mai mit 400 seines Anhangs heimlich aus der Stadt, um zu den Oberfranken sich durchzuschlagen. Auch andere entwichen. Die Bürger, welchen eben damit eine Hauptbedingung ihrer Begnadigung aus der Hand war, sahen

Die Mühlhäuser Frauen bitten um Gnade

sich morgens bestürzt an. Sie sandten an diesem Tage, es war Himmelfahrt, der 25. Mai, 600 ihrer Frauen mit zerrissenen Kleidern, nackten Füßen und fliegenden Haaren und 500 Jungfrauen mit Wermutkränzen auf dem Haupt hinaus ins Fürstenlager, um Gnade zu erflehen und den Fürsten ihren eigenen Brief zu überreichen, worin sie der reuigen Stadt zugesagt, aller Unschuldigen zu schonen. Frau Viebich machte die Sprecherin. Die Fürsten speisten sie mit Brot und Käse, erneuerten ihnen diese Zusage und erklärten ihnen nur, daß die Bürger selbst kommen müssen. Und die Bürger kamen heraus, barhaupt und barfuß, mit weißen Stäben in der Hand, in langem Zug, beugten dreimal vor den Fürsten ihre Knie und überlieferten ihnen gegen die schriftliche Zusage der Gnade die Schlüssel der Stadt. Sobald aber das fürstliche Kriegsheer „in dem Erzketzernest" war, legten sie den Bürgern auf, alle Waffen auszuliefern, der ewige Rat wurde abgesetzt, der alte wiederhergestellt, Bürgermeister Sebastian Kühnemund am Leben gestraft, mit ihm eine Reihe Bürger, wie der Zufall oder Privathaß sie aufgriff, ohne Urteil und Recht. Die Außenwerke der Stadt wurden der Erde gleich, die alte Reichsstadt zu einer Fürstenschutzstadt gemacht, ihr 300 Goldgulden als jährlicher Tribut an jeden der Fürsten auferlegt, dazu die Entschädigung aller Edelleute im Eichsfeld und Schwarzburgischen; alle Waffen, Pferde, Schätze aus der Schatzkammer wurden genommen und die völlige Ausplünderung und Zerstörung nur durch 40 000 Gulden Brandschatzung abgekauft. Hier, im fürstlichen Lager von Mühlhausen, war es, wo ein Ritter vor Münzers unglücklicher, schwangerer junger Frau öffentlich hinkniete und an sie begehrte, daß sie sich seinem Gelüste ergebe. Da mußte wohl selbst Luther ausrufen: „Ich habe beides gesorgt, würden die Bauern Herren, so würde der Teufel Abt werden, würden aber solche Tyrannen Herren, so würde seine Mutter Äbtissin werden."

Da die Fürsten nicht anders denken konnten, als daß Pfeifer zu den fränkischen Bauern über den Thüringer Wald wolle, hatten sie ihm sogleich, um ihm vorzubeugen, den Ritter Wolf vom Ende mit dem halben Teil der Reiterei nachgeschickt. Der ereilte ihn im Amt Eisenach. Es kam zum verzweifelten Kampfe. Ein Teil fiel tapfer fechtend, ein Teil entkam im Wald, Pfeifer, verwundet, wurde lebendig gefangen mit 92 der Seinen und gebunden ins Lager vor Mühlhausen zurückgebracht, hier sogleich mit ihnen zur Enthauptung verurteilt und mit ihnen hingerichtet. Er verschmähte Beichte und Sakrament und starb lautlos, ohne Furcht und ohne Reue, mit der Todesverachtung eines Kriegsmannes, sein letzter Blick Trotz gegen die Feinde.

Auch Münzer wurde aus dem tiefen Turm zu Heldrungen hervor und ins Lager vor Mühlhausen geholt, um hier, an dem Wagen festgeschmiedet, enthauptet zu werden. Als er im Ring war, da traten sie vor ihn hin, die Fürsten, und Herzog Georg machte sich zuerst daran, dem Reformator beichtväterlich zusprechen und ihn bekehren zu wollen. „Laß dir leid sein, Thomas", hub er an, „daß du deinen Orden verlassen hast und die Kappen ausgezogen und ein Weib genommen." Und der junge Landgraf fiel ein: „Münzer, laß dir das nicht leid sein; sondern laß dir das leid sein, daß du die aufrührerischen Leute gemacht hast, und traue dennoch Gott, er ist gnädig und barmherzig, er hat seinen Sohn für dich in den Tod gegeben."

Da erhob sich der Angeschmiedete; weder die greulichen Martern der Folter und der Haft noch der Anblick des Todes hatten die Kraft dieses Geistes zu lähmen oder zu brechen vermocht. Laut und zusammenhängend sprach er im Ring. Er gestand, daß er „allzu Großes, daß er über seine Kräfte Gehendes gewagt habe, und redete den Fürsten ernst ins Gewissen, mit Vermahnung, Bitte und Verwarnung, daß sie den armen Leuten, ihren Untertanen, nicht mehr so gar hart sein sollen, so dürfen sie solcher Gefahr nicht mehr gewärtig sein. Sie sollen fleißig in den heiligen Schriften lesen, zumal in den Büchern Samuelis und der Könige, dort werden sie Beispiele genug finden, was Tyrannen für ein Ende nehmen, und darin mögen sie sich wohl spiegeln."

Nach dieser Rede schwieg Münzer und erwartete den tödlichen Streich. Herzog Heinrich von Braunschweig, der wähnte, ein Geist wie Münzer, mit solchen Überzeugungen und Grundsätzen, werde, wie es Brauch war, wie ein anderer armer Sünder das Kredo vorher noch herbeten, und meinte, die Todesfurcht nur lasse ihn die Worte nicht finden, betete ihm den apostolischen Glauben vor. Dann fiel der Streich, sein Rumpf wurde gespießt, der Kopf am Schadeberg auf einen Pfahl gesteckt, Pfeifers Kopf am hohlen Weg nach Bollstedt zu, wo der letztere noch lange Zeit zu sehen war.

So war Münzers Leib getötet, gewaltsam gebrochen das noch jugendliche Gehäus eines der kühnsten Geister, ehe dieser in sich die läuternde Krise durchgemacht, ehe er ins Mannesalter gereift war; ein größerer Verlust für das deutsche Volk als für ihn. Luther, der Münzers Benehmen richtig faßte und „keine Spur von Reue, nichts als Trotz und Verstocktheit bis ans Ende" an ihm sah, konnte seine Schadenfreude über sein Schicksal in Heldrungen und über seinen Ausgang durchs Henkerschwert nicht verhalten. Er vergaß, daß das äußere Ende vor Denkenden weder Licht noch Schatten auf eine Persönlichkeit zu werfen vermag, daß die Geschichte bald die Edelsten, bald die Verworfensten auf dem Schafotte zeigt und daß, was der Lebensstrom der neuen Zeit wurde, Blut war, auf einer Schädelstätte vergossen.

Noch lange nach seinem Tode hatte Münzer „einen großen Anhang heimlicher Jünger in Thüringen, die ihn als einen frommen, gottesfürchtigen Mann ehrten und seine hitzigen Episteln als eines heiligen Mannes Werk entschuldigten, der es aus einem göttlichen Eifer getan, dessen Geist und Wort niemand urteilen könne".

Noch gehet sein Geist um in Europas Gauen, läßt sich manchmal noch hören aus den Hütten des Landmannes, haucht über die heiße Stirn des Denkers bei mitternächtlicher Lampe, hallt nach in manchem Vortrag, mancher Forderung redlicher Volksvertreter.

Es hat solche gegeben, und darunter wissenschaftliche und verständige Männer, welche Münzers geistige Fähigkeit nieder anschlagen zu dürfen glaubten und in ihm nur einen eiteln Toren sahen, der vor allen sich selbst betrogen habe über seine Kraft und seine Bestimmung, und denen seine Pläne wie Tollhäuslerpläne vorkamen. Diese haben übersehen, daß, was mächtig genug ist, fortzuwirken in der Welt Jahrhunderte hindurch, und was im Laufe derselben durchdringt und sich verwirklicht in Staat und Gesellschaft, seinen Ursprung nicht aus der Unvernunft haben kann, sondern daß ursprünglich Vernunft gewesen sein muß in demjenigen, welcher die erste Idee davon hatte und, diese Idee ins Leben einzuführen, keine Ruhe und keine Rast, keinen Genuß des Lebens sich gönnte, ja alles Glück des Herzens und alles Glück äußerlicher Stellung, das Leben selbst daransetzte, um dieser Idee Leben zu geben auf dem Boden der Wirklichkeit, in der Anerkennung der Menschen und in der Geltung unter den Menschen, in der Herrschaft über die Zeit. Vieles von Münzers Ideen ist verwirklicht worden und hat Völkerglück begründet und Staaten groß gemacht; denn es ist nicht schwer, ja unabweisbar, den Sieg dessen, was ursprünglich zu Münzers Ideen gehörte, wiederzuerkennen in dem, was nicht bloß mitwirkte, sondern vorzugsweise wirkend war in Staatsumwandlungen diesseits und jenseits des Meeres.

Es wäre ein leichter Witz, das so zu deuten, als wollte damit gesagt werden, diese Staatenbildungen haben Thomas Münzer zum Vater. Wer zu denken und zu prüfen begabt genug ist, wird finden und zugeben, daß, was mit dem Vorhergehenden gesagt ist, einfach wahr ist: Das, was jenen Staatenbildungen innewohnte als ihre Idee, floß aus derselben Vernunft, welche sich zuerst in dieser Weise im Gemüte des Thomas Münzer so mächtig offenbarte, daß sie zuerst Geist in ihm wurde, dann Geist in vielen, hernach Geist in der Zeit und zuletzt der Geist, der diese Staatenbildungen vollbrachte.

Vieles, was noch religiös und politisch in der Welt treibt, läßt sich zurückführen auf Münzer als auf den Punkt, von welchem die erste Anregung dazu ausging; einiges davon hat die Zeit von den Schlacken gereinigt, anderes davon ist noch in der Läuterung begriffen und erscheint darum öfters noch nur als Verirrung, nicht als Wahrheit.

Diese Fortpflanzung und Fortentwicklung der von ihm zuerst laut ausgesprochenen Gedanken und zugleich die Tatsache, daß er auf die Menschen so viel Einfluß und sich so viel Anhang gewann, von unbedeutender Stellung aus so lange ein gefürchteter Widerpart gegen die höchsten Gewalten in Kirche und Staat war und, von allen Seiten angegriffen und verfolgt, nach allen Seiten hin kämpfte mit dem Schwerte des Geistes – das hat unter allen Ansichten und Farben dem tragisch untergegangenen Kämpfer wenigstens die Anerkennung errungen, daß er ein ungewöhnlich begabter Mensch gewesen sein müsse.

Gerade weil er seiner Zeit so über alles Maß hinaus vorausflog, wurde er von ihr nicht erkannt, sondern verkannt. Weil „sein Geist, gleichsam ein tiefer Hohlspiegel, in Luftgestalten darstellte, was spätere Zeiten in die Wirklichkeit einführen sollten, und weil die anderen, nicht so wie er gearteten Geister dafür verschlossen und unempfänglich blieben“, glaubten viele, ihn verlachen, ihn verachten zu dürfen, und erst die spätere Zeit half ihm zur Würdigung seiner Bedeutsamkeit.

Grausam ist weder Pfeifer noch Münzer gewesen; habsüchtig war keiner von beiden. Beide sind, urkundlich, arm gestorben. Kein Blut ist geflossen durch sie, weder durch Pfeifer noch durch Münzer, solange sie in und um Mühlhausen die Oberhand hatten.

Zu allen Zeiten ist die Reaktion grausamer gewesen als die Revolution; und selbst wenn die Mitschuld Münzers an einigen Hinrichtungen erwiesen wäre, wie sie es nicht ist, so wäre das gegenüber der Rache der Herren ein Tropfen neben einem Eimer voll Blut.

Durch die Verurteilung Mühlhausens zu dem schweren Schadengeld und Strafgeld und Erbschutzgeld wurden gerade diejenigen getroffen, welche der Volksbewegung entgegen gewesen waren, die reichsten Bürger der Stadt. Der Syndikus von Ottera aber erhielt zum Lohn für seine Taten von den Fürsten eine Erhöhung: Er wurde als fürstlicher Schultheiß über die Stadt und über die Dörfer gesetzt.

5

Auflösung der Oberfranken

Fast allenthalben, wohin das verbündete Fürstenheer kam, waren Blutgerichte. 26 wurden im Lager bei Germar, 20 bei dem Kirchhof zu Tüngeda, bei 30 auf dem Obermarkt enthauptet. Am 31. Mai trennte sich das Heer, zu welchem der Kurfürst, 5 Fürsten, 13 Grafen sich vereinigt hatten. Der Landgraf wendete sich heimwärts. Vor seinem Abzug aus Sachsen kam es zu Reibungen zwischen den Sachsen und den Hessen; schon hatten diese den Sachsen ihr Geschütz abgelaufen und unter sie gekehrt; kaum stillte Philipp mit Bitten und Drohen den Streit. Er wäre ohne diesen Vorfall noch nicht heimgegangen; er war willens gewesen, zum Pfalzgrafen und zum schwäbischen Bund zu ziehen.

Die Braunschweiger zogen ins Eichsfeld und straften dieses; Heiligenstadt und Duderstadt wurden schwer gebrandschatzt, ihrer Freiheiten, Dörfer, Geschütze beraubt, doch niemand an Leib und Leben, wie anderswo, gestraft. Zu Erfurt, wo jener starke Haufe noch immer lag und es sich wohl sein ließ, statt nach Frankenhausen zu ziehen, ließ der Rat, wie das Fürstenheer sich näherte, vier Hauptleute greifen und enthaupten, nachdem sich die anderen zerstreut hatten; die vornehmsten Führer, Fehner und Dinger, kamen davon. Herzog Georg von Sachsen blieb zurück, als ein wandelndes Blutgericht: Zu Langensalza ließ er 41 auf dem Markt enthaupten und nahm 7000 Gulden Buße; zu Sangerhausen wurden 12 durch ihn hingerichtet, zu Leipzig 8. Diese hatten zu Leipzig, als eifrige Anhänger Münzers, sich mit anderen verschworen, den Rat, die Priesterschaft und die Vornehmsten auf der Universität zu überfallen und den Bauern die Tore zu öffnen. 15 andere Bürger ließ er stäupen und des Landes verweisen. Des anderen Tages gegen Abend forderte er den Rat und die ganze Bürgerschaft aufs Schloß, ließ sie durch seinen Kanzler bedeuten, wie außer den Gestraften noch 300 auf dem Verzeichnis stehen, als solche, die es mit der aufrührerischen Rotte gehalten und die er darum zwar nicht am Leben, aber mit Gefängnis strafe. Bei dieser Gelegenheit schickte er auch etliche Leipziger Magister, die des Evangeliums halb in Verdacht waren, dem Bischof von Merseburg zu ewigem Gefängnis zu. Zwei Leipziger Bürger, die in gleichem Verdacht waren, wurden auf dem Markt enthauptet. Überall erpreßte er viele Tausende als Brandschatzung. Kurfürst Johann zog mit seinem Heer über Eisenach nach Meiningen, um von da noch Koburg zu erreichen, wo die geflüchteten Edelleute des Stiftes Würzburg sich jetzt sammelten: „Diese Singvögel trockneten ihr genetztes Gefieder, da die Sonne hervorbrach, und schwangen sich empor." Mit diesen Adeligen hielt es bereits auch der alte Henneberger. Als er zweifelte, ob der Bischofsstuhl zu Würzburg wohl durch die Bauern zu sein aufhören werde, als ihm mit dem sich drehenden Wind die Hoffnung fiel, Herzog von Franken oder wenigstens ganz unabhängiger Fürst zu werden, da knüpfte er, als wäre nichts geschehen, wieder mit seinem Fürsten und Lehensherrn, Bischof Konrad, an und machte Rüstungen. Die letzteren konnten nicht so geheim bleiben als das erstere, und die Bauern schöpften Verdacht; er aber, der gegen seine Untertanen längst eine drohende Sprache annahm, wußte die Hauptleute der Oberfranken mit brüderlicher Miene zu täuschen bis zum 2. Juni, da Kurfürst Johanns Heer bei Walldorf in der Michelau anlangte.

Die Meininger hatten die Oberfranken zu ihrer Hilfe herbeigerufen, und diese erhoben sich zu 7000, ihre Weinwagen voraus mit geringer Bedeckung. Da, bei Dreißigacker, fiel Graf Wilhelm, ihr christlicher Bruder, in die Schar, die den Wein geleitete, erstach in die vierzig und eilte mit etlichen genommenen Wagen nach Walldorf, als der große Haufen der Bauern sich nahete. Die Hauptleute desselben besorgten Gefahr und zogen sich durch das Weingartental auf den Bildstein; ehe sie sich hier verschanzt hatten, sahen sie sich von dem Kurfürsten angegriffen, der durch den Haßburger Grund kam. Die Bauern, die bloß 17 leichte Feldgeschütze bei sich hatten, erschossen nicht wenige Reisige, selbst den obersten Büchsenmeister des Kurfürsten; aber als das grobe Geschütz ihrer Feinde Ladung auf Ladung unter sie gehen ließ, als sie nach der zwölften Salve über 200 Tote, bei weit mehr Schwerverwundeten, unter sich zählten, zogen sie sich abends nach Meiningen zurück, ohne weiteren Verlust als einige Geschütze. Schnabel, der oberste Hauptmann, wollte in der Nacht sein Heer zurückführen und Meiningen aufgeben; er hatte vielleicht von Münzer gelernt, daß dieser besser getan hätte, als er das Gefährliche seiner Stellung bei Frankenhausen sah, sogleich auf das feste Mühlhausen sich zurückzuziehen oder ins Gebirge, statt das unrettbare Frankenhausen decken zu wollen. Aber Schnabel drang mit seiner Ansicht nicht durch; nun rief er alle Mannschaft überallher heran.

Sein Beutemeister, Fritz Heffner, wurde unterwegs gefangen und gegen das Versprechen, zur Vermeidung Blutvergießens seine Brüder zur Unterwerfung zu bereden, freigelassen. Auf seine Schilderung von der Macht der Feinde sendete der Rat Gesandte an den Kurfürsten, begleitet von mehreren Abgeordneten des oberfränkischen Haufens und selbst dessen Kanzler, Michael Schrimpf. Die Meininger Gesandten baten den Kurfürsten, ihre Stadt in seinen Schutz zu nehmen. Der sagte jedem Sicherung des Leibes und billigen Ersatz der Kriegskosten zu. Bis zum anderen Morgen solle Stillstand sein; wer sich dann dem Schutz des Kurfürsten ergeben wolle, solle aus dem Lager der Bauern abtreten, jeder andere sicheres Geleit bis in seine Heimat haben und am 8. Juni zu Mellrichstadt eine oberfränkische Versammlung sein, um sich zu beraten, wie man sich dem Schutz des Kurfürsten ergeben wolle. Der Schultheiß von Meiningen, Bernhard Kremer, sagte die Huldigung seiner Mitbürger schon auf den anderen Morgen um 6 Uhr zu. Als der oberste Hauptmann, Hans Schnabel, solche Unterhandlungen sah, fürchtete er, sie möchten ihn aufopfern, wie anderswo geschehen war; er wollte entreiten; aber in der äußersten Schanze nahmen ihn die Meininger selbst gefangen, um sich bei den Fürsten zu empfehlen, und legten ihn in den Stadtturm, einige wollten sogar, um sich selbst zu reinigen, ihn erstechen: verräterisch an dem, den sie zur Hilfe gerufen hatten und der brüderlich herbeigeeilt war. Einige Hauptleute machten einen Versuch, ihn zu befreien; aber da zeigte sich alles aufgelöst im oberfränkischen Haufen, jeder dachte nur an sich, jeder eilte, noch in der Frühe des 6. hinwegzukommen, es war kein Abzug, es war eine Flucht nach Mellrichstadt, selbst alle ihre Geschütze ließen sie zurück. So mißlang die Befreiung ihres obersten Hauptmannes, und die treulosen Meininger lieferten ihn an den Kurfürsten, der Kurfürst überließ ihn dem alten Henneberger, dieser legte ihn in sein Schloß Maßfeld. Die Oberfranken erwarteten nichts mehr von sich selbst, von ihrem Arm und ihrem Schwerte, alles nur von der Vermittlung des Kurfürsten, um dessen Schutz sie am 12. Juni durch Abgeordnete baten.

Ohne Schlacht, ohne Ehre, wie ein Knabenspiel zerging, was bedeutend, was mit männlichem Ernst angefangen hatte, der große Bildhäuser Bund.

Der Kurfürst zog in sein Land. Um Eisenach und Gotha wollten kühnere, durch die erste Niederlage ungebrochene Männer die erlöschenden Funken wieder anfachen: Des Kurfürsten Umkehr dämpfte alles schnell.

Ob er gleich die Bedrückungen der Geistlichkeit und des Adels mißbilligte und das Volk nur gegen diese allein, nicht gegen den Landesherrn aufgestanden war, zwang er doch alle Gemeinden, die Verschreibungen, die sie dem Adel abgedrungen, demselben auszuhändigen und ihren Erbherren zum Teil auch neue Pflichten zu tun, neben den Gebühren, die von alters her bestanden; auch entwaffnete er sie alle, selbst die Einwohner in Weimar und Jena, bis aufs Brotmesser, auf eine Axt oder ein Beil im Hause; alle Rädelsführer des Aufstandes ließ er enthaupten, darunter viele Geistliche, die das Wort Gottes in der Richtung der Bewegung gepredigt hatten. Über 40 000 Gulden Kriegskosten erhob er bloß in seinen thüringischen Landen: Schmalkalden beraubte er seiner zweihundertjährigen Freiheiten; in Arnstadt allein ließ er den Grafen von Schwarzburg zulieb neun auf dem Markt enthaupten, vierundvierzig ins Gefängnis werfen und setzte der Stadt den Verlust ihrer Freiheiten und 3000 Gulden, den Bauern auf dem Lande 15 000 Gulden als Strafe an. In Zwickau hielt er „ernstes Gericht“ über die aufgestandenen Dörfer: Auch zwei Prediger und ein Schulmeister waren schon zum Tode bestimmt; nur die Fürsprache Hausmanns, des ersten Predigers zu Zwickau, rettete sie. Dagegen war er gegen die Elbebauern mild, weil sie „bescheidener als die anderen“, eigentlich ruhig geblieben waren und nur Gemeinden gehalten hatten. Die Meißner aber, die eigentlich auch nicht viel getan hatten, wurden von Herzog Georg neben Schadenersatz und großen Geldbußen verurteilt, weiße Stäbe zu tragen. Dem unglücklichen Frankenhausen wurde unter anderem als jährlicher Zins eine Salzscheibe auferlegt zum Zeichen nunmehriger Leibeigenschaft. Im Erzgebirge, in Annaberg und Grünhain, machte sich Herzog Georg besonders viel zu tun mit Köpfen und Hängen, Einkerkern, Stäupen, Verweisen; sein sanfterer Bruder Herzog Heinrich begnügte sich, die Richter von Mildenau, Arnsfeld und Schönbrunn enthaupten, ein paar andere, wahrscheinlich die von Rückerswald und Geringswald, in Wolkenstein spießen zu lassen, „viele aller ihrer Güter zu berauben oder zu großen Geldstrafen zu verurteilen“.

Die Kleinen taten wie ihre Herren, dic Großen. Die Hohensteiner Grafen vergaßen alle Handschlag und Eid, womit sie sich in die christliche Brüderschaft geschworen hatten; sie ließen die an ihren Herd zurückgekehrten Führer greifen und enthaupten. Eines Töpfers Haupt aus Ellrich war auch auf der Liste; dieser eilte zu Graf Ernst von Hohenstein und bat ihn zu Gevatter, da seine Frau eben niedergekommen war. Der Graf begnadigte ihn dahin, daß er, solange er lebe, alle Öfen zu Lohra und Klettenberg unentgeltlich instand halte. Die anderen Bauern beschied er nach Schiedungen an den großen Teich, der hier mit der Helme einen Damm macht. Als sie versammelt waren, fragte er seinen Adel, der mit ihm erschien, was diese Aufrührer für eine Strafe verdienen? Berend von

Tettenborn antwortete: „Es ist billig und recht, daß jeder Edelmann neun Bauern an seinen Jagdspieß aufstecke.“ Dem Tettenborn hatten die Bauern seinen Sohn Dietrich erschlagen und sein Gut Schernberg verwüstet. Andere vom Adel meinten: „Man solle die Buben alle in den großen Teich jagen und darin ersäufen.“ – „Gnädiger Herr“, sprach zuletzt Balthasar von Sundhausen, der Stadthauptmann von Nordhausen, „es ist wahr, dieser Haufe hat den Tod verdient; aber wenn Ihr ihnen allen das Leben nehmt, wer will Euch die Dienste tun und die Ländereien bestellen, nicht zu gedenken der Witwen und Waisen, die dadurch unglücklich werden und wovon die Grafschaft Schwarzburg ein trauriges Vorbild uns gibt? Ich stimme dafür, jeden nach seinem Vermögen leidlich an Geld zu strafen.“ – „Sundhausen“, sprach Graf Ernst, „du hast heute geredet wie ein ehrlicher Mann, dein Wort soll Ehre haben!“ Er strafte seine Bauern um Geld, den reichsten nicht höher als um vier Gulden. Der Adel aber war so erbost auf Sundhausen, den Bauernfreund, daß Graf Ernst für wohlgetan hielt, ihn mit seinen Reisigen nach Nordhausen zu geleiten.

6

Die Belagerung des Frauenberges

In Ober- und Niederschwaben, im Elsaß, in der Buchen, in Thüringen und Sachsen waren die Banner des Volkes gefallen: Noch stand das große Hauptheer unbesiegt um Würzburg.

Die im Frauenberg hatten sogleich, nachdem Götz von Berlichingen und Georg Metzler die zwölf Artikel zur Annahme hereingeschickt hatten, einen Reisigen dem Bischof damit nachjagen lassen, der mit dem Bischof in Heidelberg eintraf. Der Bischof antwortete unterm 8. Mai, der Pfalzgraf habe ihm stattliche Hilfe zugesagt; die Besatzung solle darum mit den Odenwäldern Unterhandlungen anknüpfen und ihnen zusagen, daß er sich gegen seine Untertanen, wie andere Fürsten gegen die ihren, halten werde; können sie dadurch nichts bewirken, so mögen sie immerhin die Artikel in leidlichstem Maß annehmen. Am 9. Mai ging der Domdechant Hans von Guttenberg mit anderen Domherren und Rittern in den grünen Baum, wo die obersten Hauptleute saßen: Götz, Metzler, Köhl, Florian Geyer und andere, und begehrten zu unterhandeln: Sie wollen, sagten sie, für sich und die Besatzung die zwölf Artikel annehmen; sie seien gewiß, auch Bischof Konrad in Heidelberg werde sie beschwören; sie begehren nur Frist, sie an ihn gelangen zu lassen. Wolle man künftig eine Reformation vornehmen, so wollen sie auch dabei bleiben. Der Rat der Bauern, der innere Ausschuß, bestand damals aus den Hauptleuten der Haufen, denen aus jedem Haufen fünf Räte beigegeben waren, die alle 14 Tage durch neue ersetzt werden sollten. Die gemeinsamen Versammlungen dieses Bauernrats wurden in der Kapitelstube im neuen Münster gehalten, und sooft Sitzung war, hielten viele Trabanten im Harnisch und mit Hellebarden Wache auf der Treppe bis in die Kirche herab. Jedes Haufens Hauptleute und Räte hielten noch ihre abgesonderten Beratungen; die Odenwälder und Neckartaler zu Hochberg, die des fränkischen Heeres zu Heidingsfeld im Hause des Doktors Steinmetz, der den evangelischen Bruder spielte und mit den Fürsten verräterische Korrespondenzen führte. Die Bauern hatten ihm freilich 35 Fuder Wein abgeführt und ihm nur vier auf seine Bitte zurückgegeben, ihm aber die Ehre angetan, ihre Ausschreiben abfassen zu dürfen. Götz und Metzler brachten den Antrag derer im Schloß vor die Bauerngemeinde, und diese schien solchen gerne anzunehmen. Da trat Herr Florian Geyer hervor und sprach strenge: „Es ist die Zeit gekommen und die Axt dem Baum an die Wurzel gesetzt; der Tanz hat erst recht angefangen, und es soll einem jeden Fürsten vor seiner Türe gepfiffen werden: Wollen wir die Axt zurückhalten? Wollen wir selbst schon wieder aufhören?" Dadurch wollte er den gemeinen Haufen von der Annahme abbringen, die Abgesandten zur alsbaldigen Übergabe der Feste einschüchtern. Jakob Köhl und der Bauernrat Bernhard Bubenleben, der Pfarrer aus Mergentheim, bestimmten die Gemeinde zuletzt für den Bescheid: Es solle der Frauenberg mit allen noch übrigen Schlössern des Stiftes und allem Geschütz und allen Vorräten ihnen übergeben, von den Geistlichen zusammen eine genügende Schatzung gezahlt und auf das der Besatzung Leib und Gut und freier Abzug gesichert sein; bei der Stadt Würzburg, der Landschaft und des Stiftes Gefallen solle es stehen, den Frauenberg ungebrochen zu lassen oder nicht. Da die Gesandten sich zur Übergabe des Schlosses nicht für ermächtigt erklärten, so zerschlug sich die Verhandlung.

Am 11. Mai kam der Dompropst selbst mit Geleit zu einer neuen Unterhandlung vom Berg herab, mit denselben Anträgen wie früher. Götz von Berlichingen und Georg Metzler rieten sehr, sie anzunehmen. Götz, welcher dürstete, über seine alten Feinde, den Bischof von Bamberg und die Nürnberger, zu kommen, suchte zu zeigen, wie vorteilhaft es ihrer Sache sei, weiterzukommen und ihren Brüdern anderwärts beizustehen, statt hier müßig zu liegen und wochenlang zu belagern. Gewiß ist, wenn das große Nürnberg bei seiner Lage und seinen Hilfsmitteln von den Bauern genommen worden wäre, so hätte diese Eroberung für den Krieg in Franken mehr als alles andere entscheidend sein müssen. Aber die von Würzburg bestanden darauf, das Schloß müsse zerstört und ihre Stadt wieder eine freie Reichsstadt werden. Herr Florian, eisern folgerecht*, wollte auch dieses Schloß wie die anderen, ihren beschworenen Artikeln gemäß, gebrochen wissen. Für die Brüder anderwärts fürchtete er keine Not. „Die Fürsten", sagte er, „können nicht zusammenkommen; ihre Zeit ist um; sie können nichts gegen die Bauern vornehmen." Er vertraute auch, mit des Grafen von Wertheim gutem Geschütz, das Schloß bald zu bewältigen. Und er drang durch, die Gesandten ritten abermals unverrichteterdinge in das Schloß hinauf und atmeten recht frei, als sie weit waren, so groß war zuletzt die Aufregung geworden. Am selben Tage noch kam ein Schreiben des Pfalzgrafen, der seine Vermittlung anbot; die verbündeten Heere wiesen es zurück. Am 12. Mai, während die Bürger schon Schaufeln und andere Werkzeuge zur Umgrabung des Schlosses herbeitrugen, forderten Stadt und evangelische Brüderschaft zu Würzburg das Schloß abermals auf. Die droben blieben dabei, die zwölf Artikel für sich annehmen zu wollen, aber es ohne des Bischofs Befehl nicht übergeben zu können. Nachmittags ritt Graf Georg von Wertheim mit Eberhard Rüd und Hans von Hartheim vor den Frauenberg, stieg allein ab, ging bis an den lichten Zaun und rief hinein, er wolle wegen der Bauern ein Gespräch mit denen vom Adel drinnen haben. Da stiegen sogleich zu ihm heraus Markgraf Friedrich von Brandenburg, Graf Wolf von Castell, der Georgs von Wertheim Schwester zur Ehe hatte, mit drei anderen Rittern; die fragten ihn, wie er denn zu den Bauern gekommen sei, daß er ihrethalb handeln wolle. Graf Georg antwortete, er habe sich zu den Bauern verlobt und sei deren in der Besatzung Feind. Darob lachten die fünfe und sagten: „Wie mag das kommen, haben wir Euern Feindsbrief doch noch nicht gesehen?" Am meisten lachte Wolf von Castell: „Willst du mein Feind sein, und ich soll dir deine Schwester geheiratet haben, wie reimt sich das zusammen?" Dagegen antwortete Graf Georg, es sei kein Scherz, was er ihnen sage, sondern sein ganzer Ernst; sei er doch mit seiner Herrschaft und seinen Untertanen zu den Bauern getreten, habe auch das bestgerüstete Fähnlein unter dem ganzen Haufen, und er habe ihnen auch Büchsen, Pulver und anderes mitgeteilt. So sei nun jetzt im Namen des ganzen Haufens sein ernstlich Begehren, sie möchten das Schloß mit allem, was darin sei, den Bauern zustellen, dann wolle er denen, welche in der Besatzung liegen, Leib und Gut und Geleit sichern. Die fünf entgegneten, sie können es ehrenhalb nicht tun, sie haben sich miteinander vereidet, Leib und Leben zu verlieren oder das Schloß vor den Bauern zu behalten. Wo es aber um eine Summe Geldes zu tun wäre,

* Aus einem vor einigen Jahren entdeckten Beiblatt zu der Kriesschen Geschichte des Bauernkrieges in Ostfranken geht hervor, daß Herr Florian keineswegs für das Stilliegen vor dem Schlosse war, sondern im Gegenteil davon abriet und mit dem Pfarrer von Mergentheim einen hitzigen Wortwechsel hatte, weil dieser die Würzburgischen bewog, auf der Schleifung des Schlosses zu beharren. Die Red.

die Bauern damit zum Hinwegzug zu bringen, so solle daran auch nicht Mangel sein. Sie gaben dem Grafen Georg das schriftliche Erbieten mit: Wenn die Hauptleute des Odenwälder Haufens den Bischof von Würzburg gegen Annahme der zwölf Artikel in die evangelische Brüderschaft aufnehmen, ihm zum Abschluß des Vertrages Geleit zusichern und ihn wie den Dompropst als Verbrüderte schirmen und schützen wollten gegen alle Feinde, die diesen Vertrag nicht anerkennen würden, so wolle die Besatzung dafür, daß die Bauern abzögen, den Hauptleuten des Heeres 3000 Gulden und jedem Knecht einen halben Monatssold zahlen.

Der Dompropst gedachte dadurch die Odenwälder von Herrn Florian und seinen Franken zu trennen, sie zu entzweien.

Mit der Urkunde ritt Graf Georg nebst den beiden Rittern wieder hinab. Es blieb nicht geheim; es verlautete in der Stadt, man wolle Geld von denen auf dem Schloß nehmen, und mit großer Verbitterung und Geschrei liefen die Bürger mit ihren Hacken, Karsten und anderen Grabwerkzeugen zusammen, stießen heftige Drohungen gegen die Hauptleute aus, und im großen Bauernrat kam es zu den stärksten Auftritten. Herr Götz, von Vorwürfen bestürmt, warf den Franken dagegen vor, es sei eine tyrannische Weise, daß sie kein Haus wollen stehen lassen; er wollte lieber bei den Türken sein als bei ihnen. Er legte sich so sehr mit ihnen ein, daß ihm Leib und Leben darauf stand. Sie rückten ihm auf, er sei von der Partei derer im Schloß, und er behauptete nachher: „Etliche haben ihm zugeschoben, daß ihn die Bauern sollten zu Tod schlagen oder durch die Spieße jagen." Die Unterhandlungen hatten damit ein Ende. Hans Bermeter und Stephan Dittmar waren es besonders wieder, welche die Bürgerschaft erregten. Sie hätten gerne den Rat umgeworfen und sich an die Spitze der Stadt gestellt. Da es ihnen durch Auflauf nicht gelang, gingen sie hinaus ins Lager des fränkischen Haufens und verklagten die Ratsherren als bischöflich Gesinnte. Man hörte die Rechtfertigung des Rates, und Herr Florian hatte solches Mißfallen an den Intrigen und Aufläufen in der Stadt, daß der Beschluß durchging, an drei Orten einen Galgen in der Stadt aufzurichten und öffentlich verkünden zu lassen, wer künftig sich unterstünde, die innere Ruhe zu stören und unter den christlichen Brüdern Meuterei zu machen, solle alsobald daran hängen; und um sich als ordnungsliebende Bürger zu zeigen, half alles, selbst Chorherren halfen mit, am Bau der drei Galgen. Zugleich ließ Herr Florian etliche Fähnlein von Heidingsfeld herein in die Stadt sich legen, in die Höfe der Domherren, da die bürgerliche Sicherheitswache im Barfüßerkloster ihre Pflicht nicht tat; auch der Profos mit seinen Stockknechten kam mit herein und Friedrich Süß, früher als Augustiner Bruder Ambrosius genannt, jetzt Pfarrer zu Waldmannshofen; der hielt diesen Fähnlein täglich früh um 4 Uhr im Dom eine Predigt über einen Psalm; ein anderer Geistlicher sang ihnen deutsche Messe. Vor 4 Uhr pochte einer an allen Höfen umher die schlafenden Kriegsleute wach.

Indessen hatten die Bauern auf dem Niklasberg, dem Schloß gegenüber, Schanzen aufgeworfen, die Geschütze des Wertheimers heraufgezogen und durch Schanzkörbe gedeckt, auch Flöße unter den Bogen der steinernen Brücke zwischen der Vorstadt St. Burkhardt und der Stadt befestigen lassen; die Brücke konnte vom Schloß aus bestrichen werden, auf den Flößen konnte man nun unter der Brücke von der Besatzung unbeschädigt über den Main herüber- und hinüberkommen.

Sonntag, den 14. Mai, vor Tagesanbruch, erhoben sich viele Fähnlein des fränkischen Heeres von Heidingsfeld mit Trommeln und Pfeifen nach dem Niklasberg und besetzten die Schanzen, und um 4 Uhr begannen die Geschütze ihr Feuer, ohne mehr als die Dachziegel des Schlosses zu beschädigen; der Niklasberg war zu fern. Die im Schloß feuerten nicht nach dem Niklasberg, sondern in die nahe Stadt hinab. Die Bauern beschossen zugleich aus einigen kleinen Geschützen im deutschen Haus, die Bürger aus ihren Geschützen beim Bleydenturm und unter dem Schwibbogen des Augustinerklosters von der Stadt aus die Feste, und von dieser Seite geschah dem Schloß viel Schaden. Bis in die Nacht wurde beiderseits gefeuert und der bischöfliche Kaplan im Schloß von einem Stadtturm aus erschossen. Während des Feuers waren die Odenwälder und Neckartaler von Höchberg herab nach St. Burkhardt gezogen, zerschlugen in dieser Stiftskirche die steinernen und hölzernen Heiligenbilder und plünderten Zieraten; aus dem vollen Stiftskeller tranken sie, solange sie hier einquartiert waren, 289 Fuder Weins.

Der andere Tag war der 15. Mai. Mittags sah man auch hier zu Würzburg bei heiterem Himmel rings um die Sonne jenen schönen Regenbogen, den sie zu gleicher Zeit in Frankenhausen sahen. Die einen im Schloß deuteten sich die Erscheinung zu ihren Gunsten, die anderen im Schloß als ein Todeszeichen; und gleich darauf schlug vom Niklasberg eine Kugel durch ein Fenster und tötete den Amtskeller von Lauda, der müde auf ein Bett sich gelagert hatte. Die Bauern scheinen den Regenbogen sich zu Gunsten ausgelegt zu haben: Ihre vielen Fähnlein zusammen enthielten alle Farben desselben. Sie ließen von Bischofsheim drei Notschlangen holen und bereiteten sich zu einem Sturm auf die „Schütt“, eine Batterie außerhalb des Schlosses, von der aus am meisten Schaden der Stadt geschah. Am Abend des 15. sammelten sich, meist von der Schwarzen Schar, starke Rotten in einem Garten, der die Ostseite des Frauenberges bedeckte. Zwischen 9 und 10 Uhr, als es tiefe Nacht war, kamen neue Abteilungen von Bauern mit Leitern, Steigzeug, Beilen und allem Sturmgerät aus der Stadt. Die Trommeln wirbeln, die Pfeifen klingen, mit großem Geschrei laufen sie den Berg hinauf an; der lichte Zaun wird zerhauen, durchbrochen, die Schanzen werden überstiegen, viele lassen sich in die tiefen Gräben hinab und werfen die Sturmleiter an das Schloß.

Ein Kugelregen wirft die Stürmenden zurück; die ihnen zur Hilfe nachrücken, werden von den Stückkugeln zerschmettert, oder wenn sie bis ans Schloß selbst vordringen, werden sie durch Feuerkugeln, Schwefelkränze, Pechkränze, Pulverklötze, Steine aus allen Fenstern beworfen, geblendet, zerschmettert, verbrannt: Sie können weder hinaufschießen noch hinaufsteigen. Das einsame Schloß scheint, von der Stadt aus anzusehen, ganz in Feuer zu stehen; ein furchtbar schönes Schauspiel. Das Volk auf den Gassen der Stadt sieht es mit Grauen, hört mit Grauen ringsum den Donner der Geschütze und Büchsen und das Geschrei der Kämpfenden und den Widerhall in der Nacht. Die Stürmenden weichen, sie gehen zurück. Die im Schloß laben sich mit altem Wein, doch verlassen sie ihre Posten nicht. Und schon beginnt der zweite Sturm um das ganze Schloß her. Hier dringen die Kühnsten der Schwarzen bis an den Vorhof vor, dort ersteigen andere die Mauern gegen den Niklasberg zu. Aber die Bestürmten sind tapfer wie die Stürmenden; auch der zweite Sturm wird abgeschlagen, die Bauern müssen abermals zurückgehen. Die Glocke schlägt zwei nach Mitternacht. Die im Schloß erwarten den dritten Sturm. Ein Hauptmann der Fußknechte lugt zu einem Fenster hinaus, wo denn die Bauern bleiben. Ein Bauer, der halbzerschmettert im Graben liegt, sieht das Licht hinter dem Hauptmann, richtet sich sterbend mit seiner Büchse in die Höhe und erschießt den Hauptmann. Aber dann ist's wieder still und bleibt still.

Der brennende Frauenberg

Da läßt Markgraf Friedrich alle groben Geschütze in die stille Stadt hinabfeuern, „zum Zeichen, daß sie noch leben". Aus Handröhren und Hakenbüchsen hatten die im Schloß fast ihre letzten Kugeln verschossen. Sie schürten sogleich zwei große Feuer auf und gossen Kugeln die ganze Nacht. Manchen Verwundeten hatten sie unter sich, doch nur drei Tote. In den Schloßgräben und Schanzen aber zählten sie über 400 tote oder schwerverwundete Bauern, und viele, die außerhalb der Gräben getötet oder verwundet worden waren, hatten ihre Brüder nach dem Sturm mit sich fortgenommen. Einen Hut auf der Stange als Friedenszeichen kamen am Morgen Boten aus dem Bauernlager mit der Bitte um Stillstand bis 2 Uhr nachmittags, um ihre toten Brüder zu begraben, die Verwundeten wegzutragen. Markgraf Friedrich forderte dagegen Stillstand in allen Lagern bis um Mitternacht; auch sollen die Bauern den Schloßgräben sich nicht nähern. Das, sprachen die Boten der Bauern, wollen und können sie nicht annehmen, sondern sie wollen nachdenken, wie sie am besten zu handeln haben, und das mit des Allmächtigen Beistand ausführen. So mußten durch der edlen Herren im Schloß geistliche Hartherzigkeit die verwundeten Bauern in den Schloßgräben „liegenbleiben und verziefen, bis sie auch elend starben; es wird keinem davon geholfen, keiner aus dem Graben genommen, sondern die in der Besatzung ließen sie also umkriechen und ächzen, bis sie vergingen".

So hatte dieser zweifache Sturm die Bauern einen großen Teil ihrer besten Leute gekostet. Es war die meiste Ursache daran, daß der Sturm gewagt wurde, ehe nur Bresche geschossen war. Es war ein Unglück, daß gerade in diesen beiden Tagen derjenige, der den Sturm so manches Schlosses, der den auf Weinsberg geleitet hatte, Florian Geyer, weit weg von seinen Schwarzen war und der Sturm des Frauenberges ohne die Leitung dieses besten Anführers geschah. Ehe der Sturm noch im Bauernrat beschlossen war, hatte dieser zwei aus seiner Mitte nach Rothenburg abgeordnet, ohne Zweifel auf Florians eigenen Antrag, um die großen dortigen Geschütze anzusuchen und die Stadt vollends in die Verbrüderung zu bringen. Zu Abgeordneten waren die Hauptleute Florian Geyer selbst und der Schultheiß von Ochsenfurt, Hans Petzold, gewählt worden. Sie ritten ab, begleitet von Leonhard Denner aus Leuzenbronn, dem großen Leonhard aus Schwarzenbronn und Sebastian Raab aus Gebsattel als Räten.

Rothenburgs Gesandten war in Würzburg eine Frist von drei Tagen gegeben worden, sich zu entscheiden, ob die Stadt in die Brüderschaft eintreten wolle oder nicht. Die Parteien in Rothenburg waren sehr verschiedener Meinung. Aber die Flammen der brennenden Burgen und Klöster umher schüchterten die meisten so sehr ein, daß Ehrenfried Kumpfs Vorschlag angenommen wurde, mit den Bauern sich zur Vollstreckung des heiligen Evangeliums zu verbinden, solange sie dem Worte Gottes treu bleiben würden. Ehrenfried Kumpf, Menzingen, Konrad Eberhard und andere schlossen den Vertrag zu Heidingsfeld im Hause des Doktors Steinmetz ab. Fast wäre vor dem Vertrag Rothenburg durch List in Bauernhände gefallen. Der Tauberjörg von Wettringen und andere Hauptleute hatten sich mit 300 Mann einzeln hereingeschlichen und wollten die Ordenshäuser und die reichen Bürger plündern. Draußen vor dem Tore hielt Endres Windsheimer aus Brettheim mit ebensoviel Bauern, die den anderen nachgezogen waren. Ehe es zum Kampfe zwischen den Bürgern, die die Tore schnell geschlossen hatten, und zwischen den Bauern in der Stadt kam, beredete der zufällig anwesende Brettheimer Hauptmann, Hans Metzler, die draußen vor dem Tore zum Abzug, die anderen ließ man zum entgegengesetzten Tore ins Taubertal hinaus. Auf das zog der Rat die Güter der Orden und Klöster für die Stadt ein, durch die Bürger selbst, die mit Fähnlein von einem Ordenshaus zum anderen zogen. Indem ritten Florian Geyer und die anderen Bauernräte ein. Herr Florian pflanzte auch hier zuerst einen Galgen „um Friedenswillen in der Stadt", den Bösen zur Strafe, den Guten zum Schirm. Dann sprach er schön und ernst über das, was die versammelte Bauerschaft wolle; namentlich auch von der Notwendigkeit, daß auch der einfältige Mann zur rechten Erkenntnis des göttlichen Wortes komme und daß alles, was ihm zuwider sei, aufhören müsse; aber ebenso von der Notwendigkeit vom Volke geprüfter und bewilligter Steuern und vom Volke kontrollierter Obrigkeiten: nicht die Bürden des Volkes ganz aufzuheben, sondern sie nach dem Ausspruch gottesfürchtiger Männer zu regeln, das sei die Absicht; ebenso die geistlichen Güter zum Besten der Gemeinde einzuziehen, doch so, daß kein Geistlicher gekränkt und ihm hinreichend Unterhalt gegeben werde. Auf das legte er ihnen die sieben Artikel der Franken vor und schloß: „Wollt ihr nun eingehen, was wir verlangen, so sagt es uns zu; habt ihr noch etwas zu erwähnen, so teilt es uns freundlich und brüderlich mit."

Schwer dünkte den Ratsherren der Artikel vom Stillstand der Gülten und Renten. Der Schultheiß von Ochsenfurt suchte sie damit zu beruhigen, daß man sich bald über das zu Reichende vergleichen werde. Sollte der Krieg sich in die Länge ziehen, so werde man Mittel finden, die harte Sache zu mildern; sie möchten nur drei oder vier Vertraute in den Bauernrat senden, daß sie Sitz und Stimme darin haben. Wie früher manches, wirft auch eine Äußerung dieser Gesandten ein eigenes Licht auf das Verhältnis der Haufen. „Versteht uns wohl", schloß der Ochsenfurter: „Mit dem Weinsberger Haufen seid ihr nur verbündet, soweit wir es selbst sind." – So hart es sie ankam, die Ratsherren mußten die Brüderschaft annehmen. Der Rothenburger Landschaft, die hereingekommen war, legte

Herr Florian wieder die Bedeutung der Brüderschaft aus und ermahnte sie, Frieden und Ordnung und Gehorsam zu halten. Des anderen Tags tat er dasselbe in der Pfarrkirche und nahm allen den Brudereid ab, während auch er und sein Mitgesandter im Namen der Franken ihn der Stadt schwuren. 600 Bauern aus der Landschaft geleiteten mit Harnisch und Wehr die zwei trefflichen Geschütze mit den dazugehörigen Pulverwagen ins Lager nach Würzburg. Ehrenfried Kumpf und der junge Georg Spelt gingen mit auf Wahl und Bitten der Stadt, um im Bauernrate mitzusitzen. Auch Karlstadt wurde von Herrn Ehrenfried mitgenommen. Karlstadts Rolle war zu Rothenburg ausgespielt. Sollen wir mit einem solchen Bösewicht reiten, schrie der Söldner Schäferhans unter dem Tore und hätte den Doktor erstochen, hätte nicht Spelt den Stoß abgewehrt. Am 16. Mai kamen sie mit dem Geschütz in Heidingsfeld an und wurden mit großer Freude bewillkommt. Herr Ehrenfried, der sich für Würzburgs Reichsfreiheit aussprach und für die Zerstörung des Schlosses, wurde von den Würzburgern zu ihrem Schultheißen erwählt und saß als solcher fortan im inneren Bauernrat. Nicht solchen Beifall fand sein verehrter Karlstadt; man hörte seine Rede mit Mißfallen, und er kehrte mit den Bauern, die das Geschütz geleitet hatten, wieder heim. Mit Mühe wurde er auf Menzingens Vermittlung in Rothenburg wieder eingelassen.

Am 18. Mai berieten Hauptleute und Räte über die Art, wie das Schloß zu gewinnen wäre. Schon war die Sage im Heere, der schwäbische Bund überziehe die Weinsbergischen. Jetzt fingen die Rothenburger Geschütze gegen das Schloß zu spielen an, und sie stürzten ein gewaltiges Mauerwerk in den Graben. Hans Boßler, der Büchsenmeister, wußte gar wohl zu treffen und anzuklopfen.

Aber am gleichen Tage, am 19. Mai, trat Götz von Berlichingen mit seinen Hauptleuten in den innern Rat herein und erklärte, das Volk des schwäbischen Bundes sei im Anzug, seine Brüder am Neckar seien sehr bedrängt, ihre christlichen Verbündeten haben mehrere Niederlagen erlitten; es sei nicht Säumens Zeit mehr, und er gedenke, jenen zu Hilfe zu ziehen. Ein schneller Entschluß war nötig. Man bot der Besatzung aufs neue die zwölf Artikel an, diese aber verlangte jetzt Bedenkzeit, die Artikel seien ziemlich weitläufig. Als die Antwort sich verzögerte, ließen die Hauptleute am 20. Mai ausrufen, die, welche das Schloß im Sturm gewinnen würden, sollten alles Gold, Silber, Kleinodien und Hausrat nebst einem guten Sold als Sturmlohn erhalten. Im grünen Baum wurden Listen zur Einzeichnung der Freiwilligen aufgelegt, im innern Rat nach einer Zeichnung des Schlosses der Plan zur Bestürmung beraten, aber wenige kamen, sich einzuzeichnen. Die Bürger von Würzburg waren seit länger daran, die Feste zu unterminieren; sie ließen 40 Bergknappen am Berg, oberhalb St. Burkhardt, graben, in der Hoffnung, wenn erst der

Stollen mit Pulver gesprengt würde, würde sich der ganze Berg spalten und das Schloß stürzen. Aber so sehr ihnen die Odenwälder an die Hand gingen, die Ausgrabung schritt langsam vorwärts, und die Begebenheiten drängten sich.

7

Wendel Hipler am Neckar und in Würzburg

Vier Tage hatte der Truchseß, nachdem er von Sindelfingen auf Plieningen vorgerückt war, bei lezterem Ort und Neuhausen gelagert. Da kamen die Abgeordneten vieler württembergischer Städte und baten um Gnade. Der Truchseß nahm sie nur auf Gnade und Ungnade an und befahl sogleich, einen Landtag in Stuttgart zu halten. Viele konnten nicht darauf erscheinen, weil sie nichts davon erfuhren; die Städte und Ämter Weinsberg, Bottwar, Brackenheim und Beilstein wurden ausdrücklich davon ausgeschlossen als die Wiegen des Aufstandes. Die ganze Landschaft Württemberg, ohne Rücksicht auf Schuld oder Unschuld, mußte nach vergeblichem Widerstreben, da der Truchseß mit Plünderung und Brand drohte, 36 000 Gulden Strafe zahlen. Es ging ein ungeheurer Schrecken durch das Württemberger Land. Die bedrohten Städte suchten sich selbst der Häupter des Aufstands zu bemächtigen, um durch ihre Auslieferung sich Gnade zu erkaufen. Gericht und Rat zu Bottwar baten schon am 15. Mai den Rat zu Heilbronn, er möchte insgeheim dem Michael Demmler, Martin Grämer, genannt Nußadam, dem jung Spitzhirsch und Melchior Uhlbacher nachfragen: Hätten sie diese, hofften sie, mit ihnen Gutes zu schaffen und großem Schaden zuvorzukommen.

Selbst Heilbronn war nicht ohne Furcht. In dieser Stadt saßen eben Wendel Hipler, Peter Locher und Hans Schickner und arbeiteten über der Reichsreform: Da kam der flüchtige Hauptmann des geschlagenen württembergischen Haufens, Bernhard Schenk von Winterstetten, und Michael Scharpf von Öhringen, der auch bei der Schlacht gewesen war. Sie erreichten Heilbronn schon am Tage nach der Schlacht; die ersten, welche sichere Kunde brachten. Die Bündischen, sagten sie, haben ein so furchtbares Geschoß an großen Hauptstücken und Feldgeschütz, daß sie zuvor noch nie etwas dergleichen gesehen; dazu dritthalbtausend wohlgerüstete Reisige bei ihrem Heer, welche in die durch das mörderische Feuer aufgelösten Glieder mit unwiderstehlicher Gewalt eingedrungen seien. Auf diese Kunde, erzählt die Sage, seien Wendel Hipler und die anderen Räte so schnell von Heilbronn abgereist, daß sie sogar die Sättel dahinten gelassen haben.

Die Herren des Rats eilten, der verwitweten Gräfin von Helfenstein sich angenehm zu machen, und spürten bei den Goldschmieden nach den Kleinodien, die die Bauern aus der Weinsberger Schloßbeute zu Heilbronn verkauft hatten, ein Kreuzlein der Gräfin, hohen Wertes, Perlen und Ringe, aber ein treuer Diener, Ehrhard Klempeis, hatte selbige schon für seine Herrin wieder eingelöst. Noch eiliger schickten sie Gesandte dem schwäbischen Bund entgegen. Herr Hans Berlin, der soeben noch an der Reichsreform gearbeitet hatte, mußte die Feder hinlegen und mit Bürgermeister Rieser dem Truchseß entgegenreiten; wo seine liebe Vaterstadt in Not war, mußte der echte Heilbronner für der Bauern und des Reiches Sache kein Auge und Ohr mehr haben. Mittwoch abends, den 17. Mai, trafen sie schon einen Teil der Kriegsräte und Obersten beim Nachtessen in Stuttgart. Sie trugen diesen gleich einen Teil ihres Anliegens vor, wie sie fürchten, von den Würzburgischen und anderen Bauern zum zweitenmal überzogen zu werden. „Liebe Herren", sprach Rudolph von Ehingen freundlich, „auf daß ihr desto fröhlicher schlafen möget, sag' ich und vertröst' ich euch, daß heut nacht der Haufen aufbricht und den Donnerstag ziehen muß und reiten, von Plieningen bis an die Rems hinan, um freitags nicht weit von Heilbronn zu sein. Wir wollen den nächsten Weg ziehen, Weinsberg zu strafen. Verzieht bis morgen, frühe wird Herr Georg zu Stuttgart sein."

In der Nacht weckte ein eilender Bote die Heilbronner Gesandten: Er überbrachte ein Schreiben an den Bund, daß zu Weinsberg auf 1200 Bauern sich gesammelt haben und daß eine merkliche Anzahl im Zug begriffen sein solle von Würzburg und vom Schenkischen her, Heilbronn zu überziehen und den Rat um Leib, Leben und Gut zu bringen. Eine Stunde Säumnis mit Hilfe sei zu lang. Sie bitten wenigstens um zwei Fähnlein Knechte. Die Obersten fürchteten aber, die Fähnlein würden erstochen von den Bauern, ehe sie nach Heilbronn hineinkämen, und gaben keines ab. Die Herren zu Heilbronn saßen und ratschlagten in großer Not, hart an sich die Bauern im Weinsberger Tal, vor sich drohende Briefe von Götz von Berlichingen, die über seinen Anmarsch von Würzburg her keinen Zweifel ließen; ebenso von Stuttgart her Briefe ihrer Gesandten, die sie auf den Zuzug des Truchseß vertrösteten und damit schlossen: „Es ist kein Feierns mehr, der Bund sei denn bei euch. Darum Proviant und anderes hergeschafft; sollten etliche von Weinsberg bei euch gefunden werden, besorgen wir, möcht es euch zu schwerem Nachteil gereichen; warnet sie in einer Stille; habt die Stadt in Hut, denn euer mordlich Verderben stehet daran."

Wendel Hipler war von Heilbronn nach Weinsberg geeilt. Von hier aus sandte er eilende Boten mit der Zeitung der Böblinger Niederlage und dem Anzug des Truchseß an die Hauptleute in Würzburg, schrieb an die Öhringer, ins Jagst- und Kochertal und in andere nahe Gegenden den Befehl, sich schleunig auf Weinsberg zusammenzuziehen, und an die Grafen von Hohenlohe, ihm Geschütz und Kriegsgerät zu senden. Dann eilte er nach Talheim, die deutschordenschen und heilbronnischen Bauern, den Kreis Jakob Rohrbachs, aufzumahnen; am 15. war er zu Lauffen, um hier ein Feldlager zu errichten zum Sammelplatz für die Trümmer des württembergischen Haufens. Alle seine Talente setzte er in Tätigkeit, die Zerstreuten wieder unter die Fahne zu bringen, die Mutlosen aufzurichten, das Vernichtete herzustellen. Es liefen auch viele Bauern ihm zu, aber von den verbrüderten Städten hatten die meisten schon ihre Unterwerfungsschreiben an den Truchseß eingeschickt und wollten, da es ein neuer Abfall scheinen mußte, wenn sie die Waffen jetzt wieder nahmen, nicht alles aufs Spiel setzen. Da Wendel den Abfall des Heilbronner Rates sogleich erkannt hatte, mußte er das Feldlager von Lauffen nach Weinsberg zurückverlegen. Und er selbst eilte aufs schnellste nach Würzburg, die dortigen Brüder zur Hilfe herbeizurufen.

Vom gaildorfischen Haufen führte Michael Rupp von Ruprechtshofen eilig ein Fähnlein von 500 Knechten herbei. Wir haben diesen Haufen vor Gmünd verlassen. Der Grund der Spaltung unter der Bürgerschaft in Gmünd war ein Prediger der neuen Lehre, der von der Geistlichkeit abgesetzt worden war, Meister Andreas Altheimer. Die Goldschmiede, dieses zahlreichste Gewerbe der Stadt, nahmen sich seiner an und begehrten ihn vom Rat als Prediger; es seien ja doch schon vor zwanzig Jahren Mönche und Priester in der Stadt über einige Glaubensartikel uneinig gewesen. Der Rat schlug ihr Gesuch ab, und sie nahmen ihn auf ihre Kosten als Prediger an. Im Vertrauen auf diesen Rückhalt predigte Meister Altheimer immer freier. Der Rat mußte es dulden, da ringsumher schon der Aufstand aufflackerte. Die Bauern aus dem Gmünder Wald, wie alle ringsum, waren auf, in die 4000; sie ließen sich einige Tage beruhigen und traten gleich wieder zusammen. In der Osternacht (15. bis 16. April) entstand in der Stadt ein Zusammenlauf, doch ohne Folgen, da die Bürger nicht dazu vorbereitet waren. Einige Tage darauf liefen die Goldschmiede und andere der Gemeinde mit Harnisch und Wehren zusammen, „sie wollen das reine Evangelium haben“; sie fielen in die Klöster und nahmen das Gut darin an sich, bemächtigten sich der Torschlüssel, setzten viele aus dem Rat, wegen Verwandtschaft und schlechter Verwaltung, und wählten neue Glieder aus der Gemeinde darein, die das Steuerwesen zu ordnen sich das erste sein ließen. Der alte Rat hatte schon unterm 27. März zur Beilegung der Irrungen zwischen ihm und der Gemeinde verheißen, Gottes Wort handhaben, alle böse Ordnung und Satzung der Stadt abtun und gute Ordnung, wie sich's gebühre, aufrichten zu wollen; er hatte aber, als der Bund bei Leipheim siegte, wieder gehäuft. Da die Bauern sahen, daß die Stadt immer nicht einig war, hofften sie, sich ihrer zu bemächtigen. War aber auch Gemeinde und ein Teil des Rates in der Gesinnung mit den Bauern einig, so waren, wie bei anderen Städten, die materiellen Interessen sehr von denen der Bauern verschieden. Als darum die Bauern den Eintritt in die Brüderschaft verlangten, lehnte es die Stadt ab, erbot sich jedoch, wo sie dem hellen Haufen was Friedliches und Gutes zu handeln hätte, zu sonderlichem Gefallen desselben es zu tun. Die Bauern versprachen, keinen Schaden in ihrem Gebiet zu tun; und als der Hauptmann, Storlin von Yeckingen, und der Profos dennoch in Gotteszell einfielen und den Klosterfrauen Gewalt taten, legten die Hauptleute diese ins Gefängnis und entschuldigten es sehr bei den Gmündern noch nach ihrem Abzug. Am 3. Mai nämlich traten sie diesen an; sie führten 15 Hauptgeschütze bei sich und bezogen ein Lager zwischen Hohenstadt und Schechingen. Von hier aus baten sie nochmals untertänig, Gmünd möchte ihnen Gottes Wort mit den zwölf Artikeln handhaben helfen.

Sowohl dieser Haufe als die von Dinkelsbühl, Ellwangen und Crailsheim scheinen von Zeit zu Zeit zur Feldarbeit sich zerstreut, nur einen Mannschaftskern im Hauptquartier zurückgelassen und aufs Aufgebot sich wieder gesammelt zu haben. Ohne daß es zu einer Entscheidung kam, führte sie der ellwangische Vogt von Tannenburg, offenbar absichtlich, auf den Wäldern von Gmünd, Limburg, Hall und Ellwangen herum, als endlich Wendel Hiplers Aufmahnung ein Fähnlein nach Weinsberg rief. Dies Fähnlein zu ersetzen oder mit vereinigter Macht, was wahrscheinlicher ist, den Brüdern am Neckar zuzuziehen, boten die Gaildorfer Hauptleute die ellwangischen Bauern auf, und diese, gleichfalls von Wendel Hiplers eilenden Boten gemahnt, berieten sich mit den Ellwanger Bürgern, den vierten Mann aus allen Dörfern zu dem Gaildorfer Haufen stoßen zu lassen. Gerade als viele Bauern in die Stadt zogen, am 17. Mai, verständigte sich der Vogt in der Stadt mit seinem Schwager Reinhard von Neuneck, dem Pfleger zu Lauingen, und den Grafen von Öttingen, die mit 600 zu Fuß und zu Roß, des jungen Pfalzgrafen zu Neuburg Pferden, in die Nähe gekommen waren. Diese zündeten zu gleicher Zeit drei Flecken an, die in der Stadt zur Hilfe herauszulocken, und sogleich, als Bürger und Bauern darin hörten, es seien Reiter draußen, die angezündet hätten, eilten 300 bis 400 hinaus, fielen aber nicht weit vor der Stadt dem reisigen Zeug in die Hände, der in einem Holz versteckt lag, daß sie mit Verlust von dreißigen und drei Büchsen zurückflohen. Der Stadtvogt öffnete den Pfalzgräfischen die Stadt, der Vogt im Schloß das Schloß. Die Bürger mußten neu huldigen und alle Dörfer und Weiler. Die nicht huldigten, deren Güter und Häuser wurden verbrannt, 23 enthauptet. Auch zwei Chorherren, Wilhelm von Heßberg und der von Gütlingen, waren

Die Pfalzgräfischen zündeten drei Flecken an

unter den Gefangenen, der letztere entkam zu den Hallischen und später glücklich nach Straßburg. Viele Ellwangischen scheinen zu den dinkelsbühlischen Bauern geflohen zu sein, denn es entstand unter diesen eine solche Verbitterung, daß sie beschlossen, auf 30 Meilen kein Schloß stehenzulassen. Da die Gaildorfer, wie das Gerücht ging, von mehreren Seiten Überzug fürchten mußten, so mußten sie zur Deckung ihrer Landschaft zurückbleiben.

Wendel Hiplers Ankunft im Bauernlager zu Würzburg brachte endlich die Unbeweglichen in Bewegung. Aber auch jetzt, im bitteren Gefühl der Verlegenheit, konnten sie mehrere Tage nicht zu einem festen Entschluß kommen. Es waren von Anfang an so manche Elemente unter den verbündeten Haufen, die sich widerstrebten. Die Deklaration der zwölf Artikel gerade in dem Zeitpunkt, worin sie gegeben wurde, war ein unseliger Gedanke, und um so mehr, da sie sich die sieben Artikel der Franken gegenüberstellen lassen mußte und der Sieg dieser Artikel durch die Praxis anerkannt wurde. Der schlechte Fortgang der allgemeinen Sache wie der Belagerung rief Reibungen alter persönlicher Feindschaften, Mißtrauen, Verdächtigungen, Anklagen, Zwiespalt hervor. Schon war selbst Graf Georg von Wertheim von Würzburg weg und nach Hause gegangen. In jener Nacht während des Sturmes auf den Frauenberg hatte er mit seinem Fähnlein in der Nähe des Schlosses gehalten, neben ihm Götz von Berlichingen mit seinen eigenen Knechten, wahrscheinlich um im Fall der Erstürmung des Schlosses eine zweite Weinsberger Szene an ihren Verwandten zu verhüten. Die Verbitterung nach mißlungenem Sturm, äußerst gereizt durch den großen Verlust, machte sich in Vorwürfen des bösesten Argwohns Luft, als hätten beide ihren Blutsfreunden zur Stärkung Kriegsvolk ins Schloß werfen wollen. In der tiefsten Seele gekränkt, ritt Graf Georg hinweg vom Haufen, anheim, und antwortete auf ihr Schreiben um mehr Geschütze: Gegeben habe er, was er gehabt; er habe nichts mehr als eine zerbrochene Schlange.

Über dieser wüsten Gärung schwebte Wendel Hiplers Geist und suchte seit dem Abend des 17. – so schnell war er nach Würzburg geritten – das Unlautere niederzuschlagen, das Trübe zu klären; er setzte es endlich am 20. durch, daß an alle verbrüderten Gemeinden, die bisher bloß den vierten Mann ins Feld gestellt hatten, das Aufgebot erging, auf die erste Aufmahnung sich zum Zuzug mit ganzer Macht bereitzuhalten. Zu Königshofen, im ganzen Taubertale mußte der Hauptmann zu Lauda, der zu Mergentheim die ganze dortige Gegend aufbieten. Wendel Hipler setzte auch den Beschluß durch, vor dem Frauenberg nur 4000 Mann zu lassen und zu Krautheim an der Jagst ein festes Lager von 20 000 Mann zu beziehen, so die Tauber und den Mittelmain zu decken, die schwankenden Grafen von Hohenlohe vom Rückfall abzuhalten und von da den ganzen Neckar und die noch nicht entwaffneten württembergischen Gemeinden zu bedrohen. Aber das Unglück schritt schneller als die Bauern. Auch dieser helle Gedanke Wendels zerging, ohne zur Tat zu kommen, an der unempfänglichen Masse. Zuletzt, am 23., brachte er den hellen lichten Haufen Odenwalds und Neckartals unter Götz von Berlichingen und Georg Metzler in Marsch, noch immer gegen 7000 Mann; Herr Florian, der über der Brüder Not jede Persönlichkeit vergaß, wollte mit den Franken auf den ersten Ruf nachfolgen, aber indessen waren die Brüder am Neckar unterlegen.

8

Autodafé des Adels am Neckar und im Weinsberger Tal

Als der Truchseß von Stuttgart aus an der Feste Hohenasberg vorüberzog, schickte der Vogt ihm zwei Hauptleute, die er gefangenhielt; der eine war Jakob Rohrbach, der andere ein Heilbronner, der zu Weinsberg Beutemeister gewesen war. Herr Jäcklein – das war ein vornehmes Wild für den Rachehunger des Adels, und sie beschlossen, ihn zu braten. Sie zogen mit ihm über Bönnigheim am Neckar hin und erreichten Neckargartach am 20. Mai. Am schönen Neckargelände, zwischen Neckargartach und Fürfeld, lagerte der Truchseß, um das große Autodafé des Adels zu feiern, den Manen seiner Standesgenossen und Verwandten mit Blut und Feuer zu opfern. Ringsum in den Dörfern war kein Bauer vorhanden. Abends wurde Jakob Rohrbach im Weidach an eine Felbe mit eiserner Kette gebunden, und, wie der Pfeifer von Ilsfeld, mit Feuer umlegt, daß auch er langsam bratend mit lebendigem Leib den gräßlichen Todestanz in dem Feuerkreis um den Baum tanzen mußte, unter Trommeln und Pfeifenschall. Kinder auf den Achseln der Kriegsknechte sahen zu, und umher standen die Edeln, bis sein letzter Ton verseufzte, bis er, nicht mehr er selbst, keine Gestalt mehr, zusammensank.

Es war nur der erste Akt. Des anderen Tags, den 21. Mai, befahl der Truchseß dem Trautskircher, einem bayerischen Edelmann, während Rotten vom Lager aus, gegen 4000 bis 5000, zu Roß und zu Fuß, ins Weinsberger Tal zogen, Weinsberg, die Stadt, zu verbrennen.

Auf die Kunde vom drohenden Anzug der Bündischen von Stuttgart her waren Hunderte von Familien aus Weinsberg und dem Weinsberger Tal meist nach Heilbronn, teils nach anderen Orten, mit allem, was sie flüchten konnten, geflohen. Denn die kaum 2000 Mann starke Schar, die Wendel Hipler in Weinsberg und auf dem Schemelberg zurückgelassen, hatte zu dem großen Bundesheer nach Franken sich zurückgezogen oder sich in die Wälder verlaufen. Der Truchseß, Tillys vorwandelnder Schatten, gab den Befehl, Weinsberg mit allem Gut darin zu Pulver zu verbrennen und die Weiber und Kinder, die noch darinnen wären, mit Gewalt herauszuschleppen. Der Trautskircher erschien vor der Stadt. Er fand nichts als Weiber, Kinder und Greise darin. Diese ließ er verwarnen, herauszugehen; auch das Sakrament ließ er heraustragen; einen alten Mann, der nicht heraus wollte, und zwei Kindbetterinnen schleppten die Knechte mit Gewalt heraus. Dann wurde das Städtchen an drei Enden angezündet, „und sind da etliche Weiber verbrannt, die auf die Warnung nicht haben von ihrem Gut gehen wollen". Vom Vieh und allem Gerät durfte weder ein Kriegsknecht noch einer der Ausgetriebenen das geringste nehmen. „Und wenn sie voller Nobel gewesen wäre, die Stadt und alles Gut darin war zum Feuer verurteilt." Fürchterlich war das Gebrüll des verbrennenden Viehes und das Geheul der unschuldigen Alten, der Weiber und Kinder, die ihre Wiegen und ihre letzte Habe vor ihren Augen verbrennen sehen mußten. Weithin hörte man es, und in der Ferne leuchteten fünf brennende Dörfer: Erlenbach, Binswangen, Gelmersbach und andere, die wie Weinsberg vom Boden weggebrannt wurden. Der Himmel über dem Weinsberger Tal war ein Feuermeer. Es war Sonntag vor Himmelfahrt Christi. Zehn Häuslein waren nach dem Erlöschen der Flammen von dem schönen Weinsberg allein noch unverbrannt zu sehen. Und ohne Untersuchung, ohne Rücksicht auf die Unschuld der meisten Weinsberger, sprach der Erzherzog, dem Adel zur Genugtuung solle die Brandstätte auf ewige Zeiten wüste liegen.

Der Tod Jakob Rohrbachs

9

Wie Pfalzgraf Ludwig und die Bauern den Vertrag hielten

Täglich bearbeitet von den zu ihm geflüchteten Herren, dem Deutschmeister und den Bischöfen von Würzburg und Speyer, hatte Pfalzgraf Ludwig starke Rüstungen gemacht. Um seinem Gewissen Genüge zu tun, schrieb der fromme Fürst an Melanchthon unterm 18. Mai, um für den Landtag, den er den Seinigen zugesagt hatte, sein Gutachten über die zwölf Artikel zu vernehmen. Melanchthon schrieb zurück: „Es wäre vonnöten, daß ein solch wild ungezogen Volk, als die Deutschen sind, noch weniger Freiheit hätte, als es hat; was die Obrigkeit tut, daran tut sie recht; wenn die Obrigkeit daher Gemeindegüter und Waldungen einzieht, so hat sich niemand dawider zu setzen; wenn sie den Zehnten der Kirche nimmt und anderen gibt, so müssen sich die Deutschen ebensogut dareinfügen, wie die Juden sich von den Römern die Tempelgüter nehmen lassen mußten."

Mit solcher Logik wies Melanchthon die Rechtsansprüche des Volkes zurück, und Pfalzgraf Ludwig zog das Schwert beruhigten Gewissens auf Melanchthons Zuschrift; guten Mutes, nach den großen Niederlagen der Bauern im Elsaß und in Schwaben.

Es ist eine eigentümliche Ansicht, welche die Herren zeigen. Die Fürsten setzten bei ihren Untertanen, mit denen sie im Vertrag waren, durchaus keine Berechtigung voraus, während des Vertrages ihren Brüdern anderwärts Beistand zu tun; sie selbst, die Fürsten, aber nahmen für sich trotz des Vertrages die Freiheit in Anspruch, anderen Fürsten gegen ihre in der allgemeinen Brüderschaft stehenden Untertanen mit den Waffen zu helfen. Auch der Kurfürst von der Pfalz tat dies. In Bretten lagen viele Kaufmannsgüter, die den oberländischen Städten gehörten und von der Frankfurter Messe kamen. Die Bauern lüsteten sehr darnach. Um sie zu sichern, schickte der Pfalzgraf eine Anzahl Reisige und 500 zu Fuß nach Bretten, um dieses pfälzische Städtchen im Rücken der Bauern zu besetzen. Da fielen bei dem Dorf Unterneuesheim die Bruchrainer Bauern heraus und bedrohten sie mit dem Tode, wenn sie nicht nach Heidelberg zurückgingen. Darin sah der Pfalzgraf den Vertrag, der offene Straßen zusagte, als gebrochen an. Ebenso sah er Vertragsbruch darin, als auf der Elsässer Aufmahnen der Wachenheimer und Winzinger Haufen sich wieder sammelte, um ihren Elsässer Brüdern zu helfen und sich selbst gegen Herzog Anton von Lothringen zu verteidigen, und als sie zu diesem Zwecke Besatzungen in Neukastell und Dreyfels legten und Landau zu besetzen suchten. Er legte es den Hauptleuten als Treulosigkeit zur Last, daß einzelne kleine Rotten da und dort noch plünderten und anzündeten, ohne zu berücksichtigen, daß diese Bauernhauptleute in Bruchsal nicht jeden einzelnen Bösewicht in der Ferne im Gehorsam halten konnten, sowenig als der Truchseß für jeden plündernden Landsknecht billigerweise verantwortlich war. Am 23. Mai zog Pfalzgraf Ludwig mit 4500 zu Fuß und 1800 zu Roß, mit roten Kreuzen bezeichnet und mit einem überaus starken Geschütze aus Heidelberg aus, überfiel Malsch, als die Wiege des Aufstandes im Bruchrain. Die Bauern, die dem Vertrag vertraut und ihr Heer aufgelöst hatten und jetzt sich betrogen sahen, wehrten sich in gerechtem Zorn aus ihren Handrohren, so gut sie konnten; der Pfalzgraf aber ließ ihr Dorf von allen Seiten anzünden und bis auf den Boden ausbrennen. Alle Dörfer, durch die der Zug ging, wurden ausgeplündert, die Herden weggenommen, im Schloß Kislau, wo nur vier Bauern als Besatzung lagen, diese vier sogleich enthauptet, Bruchsal überfallen; die Bürger, im ersten Schrecken, ergaben sich und öffneten die Tore am 25. Mai. Der Pfalzgraf drang auf Auslieferung der Anfänger. Auf langen Bedacht wurden etliche Arme von Rat und Gemeine angegeben, etlich und siebenzig herausgenommen und sie alle zusammen übereinander in einen Turm gefangengelegt, daß sie beinahe erstickt wären.

Der Pfalzgraf hatte seinen Überfall mit dem Truchseß verabredet. Dieser streifte von seinem Lager Neckargartach aus ins Kraichgau und überfiel Eppingen, wo der oberste Hauptmann, Anton Eisenhut, mit drei anderen Hauptleuten in blindem Vertrauen auf den Vertrag geruhig saß. Der Truchseß schickte die vier Gefangenen an Pfalzgraf Ludwig „zu einer Verehrung" als „einen Beutepfenning". Und der Pfalzgraf, der von Melanchthon gelernt hatte, daß das Volk der Obrigkeit nichts vorzuschreiben habe und daß mit solchem demnach auch kein Vertrag zu halten war, ließ Anton Eisenhut und die drei anderen enthaupten. Die Bruchrainer wurden zu 40 000 Gulden Strafe verurteilt, entwaffnet und noch fünf Gefangene enthauptet; der sechste kniete schon, auf der Herren Fürbitten erbarmte sich Kurfürst Ludwig seiner und der anderen.

Es galt, den Speyergau zu reinigen. Zu Speyer lagen auch in die vierzig Wagen mit Frankfurter Gütern, die wegen der Bauern nicht weiterkommen konnten. Der Truchseß half den Kaufleuten und dem Bischof von Speyer aus ihrer Verlegenheit. 300 Bauern hatten sich in Odenheim verschanzt; sie ergaben sich nicht, sondern zogen sich in den Wald zurück. Der Truchseß hatte „überall, für und für, Bauern, die man fand und für Feinde hielt, alle Tage viele erstochen, und überall genommen, was sie hatten". Als der Truchseß nun in Odenheim lagerte, da litt sein Zeug durch ein großes Feuer; denn die Bauern, die zu dem Dorf gehörten, kamen heimlich in der Nacht und zündeten ihren eigenen Fleck an fünf

Orten an, daß über 46 Häuser und den Bündischen viele Rosse, Wagen und Zeug verbrannten.

Am 28. Mai vereinigte sich zwischen Fürfeld und Neckargartach das pfalzgräfische Heer mit dem des schwäbischen Bundes; zusammen gegen 13 000 Mann, darunter über 1000 Handschützen mit guten eisernen Röhren, die der Erzbischof von Trier mit sich führte; mehr als zweitausend Wagen und unter des Pfalzgrafen Geschütz zwei Hauptstücke, die 80 Pfund schossen, zwei Notschlangen, jede von 20 Schuh Länge, acht große Schlangen, zwölf Feldschlangen und viel anderes Geschütz. So ging's fröhlich und siegesmutig Würzburg zu.

10

Neckarsulm und Königshofen

Am 24. Mai erreichte das Heer der Odenwälder und Neckartaler Krautheim; am selben Tage, nachts 12 Uhr, rückten schon drei Fähnlein in Neustadt am Kocher ein. Im Heere waren vornehmlich zwei Fähnlein von der hallischen Landwehr, die Fähnlein von Neckarsulm, Gundelsheim, Krautheim, die Neustädter und ihr Geschütz, die Öhringer und ihr Geschütz und das Wertheimer Fähnlein. Es war aber die Hauptschwäche dieses Heeres, daß viele darin diesen Marsch nicht als einen Zug gegen den Feind, sondern als einen Zug nach ihren heimatlichen Dörfern ansahen. Die Dörfer am Neckar um Heilbronn herum hatten bereits neu gehuldigt und dabei geschworen, den Haufen, zu denen sie sich versprochen, von Stund an abzukündigen, bei Verlust Leibes und Lebens anheimzuziehen. So begegneten diesen Fähnlein auf dem Marsche die Abforderungs- und Abmahnungsschreiben der Ihrigen, eines um das andere; und selbst die Abgeforderten von Böckingen, Neckargartach und Flein begaben sich schriftlich von Möckmühl aus unter den Schutz ihrer Schultheißen und ihres Rates, welche sich nach Heilbronn geflüchtet hatten, und baten, „sie beim Bundesheere gnädig zu bedenken". Die Neckargartacher zogen wirklich geradezu in ihr Dorf; ihre Herren von Heilbronn, ließen sie dem Haufen sagen, haben sie jetzt abgefordert, und sie seien nicht willens, wider sie zu handeln, auch dem hellen Haufen zu diesem Male zu nichts verpflichtet. Auf die Drohung des hellen Haufens, wieder Leute zu stellen oder ihres Schadens zu gewarten, antworteten sie: Weil sie abgefordert seien, wollen sie sich nicht mehr unterwürfig machen, noch mit ihnen ziehen. Es waren übrigens viele aus den heilbronnischen Dörfern so schwer beteiligt, daß sie daheim auf keine Gnade hoffen konnten. Diese

Zuverlässigen des Haufens sprachen auch, sie wollen den Neckar abgraben und Heilbronn an vier Enden anlaufen und den Rat über die Mauern und durch die Spieße jagen.

Die Heilbronner Ratsherren hatten sich fortwährend bemüht, die Gnade der Bundesräte zu gewinnen: Dem Truchseß hatten sie Wagen, dem Feldzeugmeister ein rundes kleines Zelt geliehen, dem Rudolph von Ehingen seines Sohnes, dem Traysch von Butlar seines Schwagers, Dietrich Weilers, Pferde ohne Entgelt abfolgen lassen; auf des Truchseß Befehl sogleich alle Güter der noch bei den Bauern befindlichen Bürger inventiert, konfisziert und das Verzeichnis ihm zugeschickt, um seines Bescheides zu warten und ihn zu vollziehen. Als darum am 25. Mai die Bauern zu Öhringen und zu Neckarsulm einrückten und einen großen Zulauf erhielten und als die Bauern in die Stadt hereinschrieben, da schickte der Rat zwei Boten hintereinander an den Truchseß ins Kraichgau um Hilfe: „Es sei die höchst' und letzte Not." Der Truchseß antwortete: „Ich werde euch retten, ich werde nicht unterlassen, den Hunden zu begegnen; aber mit meinem Kriegsvolk kann ich nicht ziehen als mit einer Handvoll." Auf das hin antworteten sie dem hellen Haufen: „Wir haben euch vergönnt, die Geistlichen zu strafen; das ist nicht ohne. Jetzt aber haben wir den hochlöblichen Bund, dem wie dem Kaiser wir geschworen, eingelassen, die uns geboten, keinen Vorschub, Proviant noch Öffnung euch zu geben; denselben werden wir gehorsam sein, wie ihr uns gefreit und selbst als billig erachten möget." An Himmelfahrt hatten der Pfalzgraf und der Truchseß von Bruchsal hereingeschrieben: Die Bauern seien willens, sich in Heilbronn zu setzen, daraus ihres Gefallens gegen den Bund zu handeln und die Württembergischen und anderen an sich zu ziehen. „Gelänge das, so könnt ihr leicht erachten, welcher Schaden dem Kaiser, allen Fürsten und des Bundes Ständen daraus erfolgen möchte. Ihr habt einen guten, starken und dermaßen befestigten Flecken, daß, wenn ihr nicht selbst Lust zur Sache traget, ihr euch gegen ein solches leichtfertiges Volk, das mit keinem Geschütz versehen, wohl halten mögt, bis wir kommen. Wo ihr sie einließet oder einigerlei Vorschub gäbet, würden die Fürsten euch tun, was ihr von der Bauerschaft besorget."

Man sieht, wie wichtig für die Sache der Bauern es war, wenn Heilbronn den Brudereid hielt und der helle Haufen sich hätte in die feste Stadt setzen können. Die Stadt ließ alle Weinsberger und andere Hereingeflüchteten schwören, Leib und Gut zu ihr zu setzen, und rüstete alles zur Gegenwehr. Mancher Bürger aber war noch immer gut bäurisch, und Peter Koberer, der Seiler, lud die Hakenbüchse, zu der er beordert war, bloß mit Steinen.

Durch ihr Stilleliegen vor Würzburg, durch ihr Säumen waren die Württembergischen unterlegen, die Weinsbergischen verbrannt, war jetzt Heilbronn für die Bauern verloren; es blieb ihnen nichts als schleuniger Rückzug. Sie schickten Eilboten an die aufgebotenen niederfränkischen Ämter zur Beschleunigung ihres Zuzugs; sie schrieben an Herzog Ulrich und die Hegauer, dem Bund in den Rücken zu ziehen, damit das bündische Heer zwischen zwei Feuer komme. Auch an die überrheinischen Bauern sandten sie die Aufmahnung, über den Rhein zu gehen. Um Zeit zu gewinnen, bis das fränkische Aufgebot und andere näher kämen, suchten sie mit dem Truchseß am 28. schriftlich Unterhandlungen anzuknüpfen; der erkannte daraus ihre bedenkliche Lage nur noch besser, gab keine Antwort und rückte vor. Die Odenwälder ließen zwei Fähnlein, darunter viele Hoffnungslose und darum Verzweifeltkühne, die bei Weinsberg am Reihen gewesen waren, in Neckarsulm zurück und ihre schwersten Geschütze, Zelte und Reiswägen. Mullmichel, den Hauptmann des Gaildorfer Fähnleins, schickten sie mit zwei anderen nach Öhringen voraus, um Quartier zu machen; der Haufen, ein Bild innerer und äußerer Auflösung, zog seitwärts die Sulm hinauf über Löwenstein auf Öhringen zu und schmolz mit jedem Schritt an Zahl und Mut; die bloße Vorstellung, das Hörensagen von des Truchseß furchtbarer Reiterei und Artillerie scheuchte manchen, daß er entwich.

Götz von Berlichingens Verrat vollendete die Verwirrung. Auf diesem Seitenmarsch auf Löwenstein vorwärts und gegen Öhringen zurück entwich auch er, der oberste Feldhauptmann, in der Nähe von Adolzfurt heimlich mit zehn Begleitern. „Er wolle mehr Leute bringen", hatte er vorgespiegelt. Es war zwar der Tag, an welchem die vierwöchige Hauptmannschaft, zu der er sich verpflichtet hatte, zu Ende lief; aber es entfiel dem ehrenfesten Ritter, daß er nicht bloß als Hauptmann, sondern als evangelischer Bruder auch der Sache der Bauern vereidet war und daß weniger Ehre dabei war, wenn der Feldherr von dem Heere, das keine Ahnung hatte von dem Ablauf seiner Dienstzeit, auf dem Rückzug, in dessen äußerster Not, zwei Stunden vor der Schlacht, sich hinwegstahl, als wenn er, auch widerwillig, bei ihm aushielt. Er hatte für sich mit seinem Freund Dietrich Spät, dem Rate des schwäbischen Bundes, bereits unterhandelt und schrieb des anderen Morgens nach seiner Entweichung an seinen guten Freund und Gönner, des Haufens Schultheiß, Hans Reyter von Bieringen, sie sollen sich dem Bund auf Gnade und Ungnade ergeben; mit Ausnahme der Anfänger des Aufstandes und derer, die bei dem Weinsberger Spießjagen am Reihen gewesen, werden sie gnädig aufgenommen werden; er habe bereits selbst mit Dietrich Spät ihrethalb geredet. Sobald dieser Verrat Berlichingens bekannt wurde, war es kein Rückzug mehr, es wurde eine Flucht. Vor Öhringen wollten sie die in der Stadt nicht mehr einlassen. „Da fingen die Fähndriche zu morgens an, die Fähnlein von den Stecklein zu schneiden und zu fliehen; denn das

Beschießung von Neckarsulm

Geschrei kam, der Bund sei vorhanden, und sie flohen bis Krautheim; da erst sammelten sie sich wieder." Doch hielten Wendel Hipler und Georg Metzler noch so viel Ordnung, daß über 2000 Mann und all ihr Feldgeschütz in Krautheim beisammen sich fanden.

Es ist nicht ganz unmöglich, daß Götz von Berlichingen, der doch als Feldherr wissen mußte, daß die Bündischen noch anderthalb Tagreisen entfernt waren, den seltsamen Seitenmarsch auf Löwenstein und von da zurück auf Öhringen in arger List anriet und ausführte, um das Zusammentreffen des Odenwälder Haufens mit dem fränkischen Zuzug zu hintertreiben. Jedenfalls lag das Verhängnis schwer auf den Bauern, denn durch diesen Seitenmarsch verfehlten sich Odenwälder und Franken. Das fränkische Aufgebot, 5000 kampfentschlossene Männer, war an Öhringen auf Neckarsulm zu vorübergeeilt, die gerade Straße fort, ehe die Odenwälder von Löwenstein her Öhringen erreichten.

Der Truchseß mit den Fürsten, durch Götz von Berlichingen, den er nachher auch besonders protegierte, natürlich über die Auflösung des hellen Haufens nur zu sehr im klaren, rückte eilends auf Neckarsulm. Es ward durch den Neckar gewatet und gefahren; der Hauskommentur von Horneck mit anderen ritt voraus, im Städtchen Quartier zu machen; sie glaubten nicht, daß nur ein Bauer sich noch darin fände. Sie fanden die Tore zu, standen, warteten des Haufens, der eben herankam: Da knallen Schüsse; ein Knecht des Rheingrafen, zwei vom Troß stürzen; „die drinnen schießen freudiglich heraus und tun Schaden"; alles weicht zurück. Die Rennfahne, die leichten Geschütze, allen Zeug und die großen Stücke befehligte schnell der Truchseß heran. Aus allen Geschützen wird das Städtchen beschossen. Die drinnen schießen immer freudig heraus hinter ihren guten Mauern und treffen fast immer mit ihren Schüssen. In die fünfte Stunde dauert das Schießen, die Sonne sinkt, das Fußvolk läuft an zwei Orten Sturm an. Aber die von Neckarsulm und die Bauerschaft darin wehren sich so ernstlich, daß das bündische Kriegsvolk den Sturm verliert. Die Nacht unterbrach den Kampf. Der Truchseß umschloß das kleine Städtchen eng auf allen Orten, daß niemand heraus konnte, und stellte alles Geschütz für den Morgen aufs beste gegen die Mauern.

Die in der Stadt, darunter ja so viele Weinsbergische, wehrten sich auch darum so freudig und entschlossen, weil sie sich des Entsatzes durch ihre Brüder getrösteten. Sie glaubten sie in den Löwensteiner Bergen, zum Zweck, die Franken, die vom Kocher und der Jagst und die Württembergischen an sich zu ziehen und, wie sie verheißen, bald zurückzukehren. Leichtsinnig, wie bei Weingarten, hatte sich das bündische Heer am Neckar hin gegen Heilbronn zu durcheinander gelagert. Es war die Nacht des 28. Mai. Von der Öhringer Straße herab stiegen im Anfang der Nacht, während aus dem Städtchen noch einzelne Schüsse fielen und weithin am Neckar die Wachtfeuer der Bündischen leuchteten, in Stille und Schatten die 5000 Franken. Aber wie öfters, so machte auch hier des Truchseß und der Seinigen Fehler sein Glück gut. Gerade das weite Auseinanderliegen der vielen Wachtfeuer ließ den Hauptleuten der Franken, die kein Florian Geyer führte, das feindliche Heer weit größer erscheinen, und statt einen Überfall zu wagen, wie der Haufen wollte, gingen die Hauptleute auf Öhringen zurück. Auseinandergelegt, halb in Schlaf, halb in den Becher versunken, hätten die Bündischen zersprengt, meist in den Neckar gestürzt werden müssen, wenn die Franken vorgingen und von mehreren Seiten, mit der Stadt im Verständnis, in die Sorglosen einfielen; im geringsten Fall wäre den in der Stadt Eingeschlossenen Luft gemacht, ein Teil des feindlichen Geschützes gewonnen oder in den Neckar geworfen worden.

Als der Tag graute, sahen die Belagerten keine Freunde nahen und sich rings von Feinden umgossen und beschossen. Da entfiel den Bürgern der Mut. Sie schickten vier aus sich hinaus an den Truchseß, und dieser bot ihnen gnädige Strafe, wenn sie sich von der bäurischen Besatzung trennen und die Stadt öffnen; mit 700 Gulden Brandschatzung, Entwaffnung und Schleifung ihrer Mauern rettete sich die Bürgerschaft leicht, indem sie die tapfere Besatzung preisgab. Als die Bauern sich preisgegeben sahen, floh ein großer Teil hinaus in die Dörfer um Heilbronn. Von den anderen, denen es nicht gelang, wurden sechzig, zwei und zwei mit Stricken zusammengebunden, ins Lager geführt; es scheint, die Bürger haben gerade die Vornehmsten der Bauern als Gnadenpreis selbst gefangengenommen. Denn unter denselben waren der Hauptmann Heinrich, ein ausgetretener Mönch, zwei Prädikanten, ein Fähndrich und ein Feldschreiber der Bauern, die beim Spießjagen am Reihen gewesen; der letztere war offenbar Jakob Leuz, der den Helfensteiner Beichte gehört hatte. Diese fünf und acht andere wurden noch diesen Abend mit dem Schwert gerichtet, drei des anderen Morgens, die anderen wurden im Weiterzug geopfert. 18 große Stücke erbeuteten sie, und die Flüchtigen der Besatzung verfolgten die Reisigen in die Dörfer und zündeten Sontheim, Kirchhausen und Böckingen an, um sie herauszutreiben und zu erstechen; die Häuser der Unschuldigen wie der Schuldigen brannten sie nieder, selbst jener unglücklichen Witwe Jakobs von Olnhausen, die weder mit Rat noch mit Tat der Sache der Bauern verwandt war, der die Bauern den Gatten erstochen hatten.

Im Rückzug ließ das fränkische Aufgebot allen Brüdern um Lauda, Tauberzell und in der Rothenburger Landwehr auf Krautheim bieten. Der Truchseß ließ sie durch Dietrich Spät und den pfälzischen Marschall mit 600 Pferden verfolgen, während er langsam mit dem Heer über Öhringen zog. Öhringen sollte geplündert und verbrannt werden. Auf Graf Albrechts von Hohenlohe Bitten wurde es nur zu zweitausend Gulden verurteilt, Klaus Salws Haus, die Loge der Verschworenen, niedergerissen, an dessen Statt ein Schandpfahl errichtet, sein schönes Hab und Gut eingezogen, bis auf drei Gulden, die man seiner Hausfrau ließ, und abends ein Blutgericht gehalten. Vor dem Steinhaus wurden sechs enthauptet: „O, Mordio, man hat meinen Vater geköpft!" schrie ein Kind, das zugesehen, unter heulenden Weibern und Kindern. Ein Gleiches widerfuhr nachher drei anderen Bürgern und mehreren Bauern, darunter Romberten von Mashalderbuch, sosehr der gräfliche Keller Sigginger für ihn bat.

Wagenburg der Bauern bei Königshofen

Alle Hohenlohischen mußten neu huldigen. Vor Krautheim erreichten Dietrich Spät und der Marschall die Rückziehenden, zogen aber selbst zurück, als sie die Macht und die Stellung der Bauern sahen. Doch waren die jetzt vereinigten Odenwälder und Franken kaum noch über 5000 stark, denn auch vom fränkischen Aufgebot waren viele heimgegangen; selbst Hans Schickner von Weißlensburg war entwichen. Der Rückzug der Reisigen erhöhte wieder den Mut, und durch neue Zuzüge aus den nächsten Tälern wuchs der Haufe auf 7000. Sie wollten in der festen Stellung sich halten, bis Herr Florian mit dem Schwarzen Haufen von Würzburg herankäme.

Am 31. Mai nahm der Truchseß Möckmühl weg und fünf Hauptleute und Räte darin gefangen. Alle Dörfer auf dem Weg wurden geplündert, teils vom Boden weggebrannt, alle aufgefangenen Bauern an den Bäumen aufgeknüpft oder enthauptet an die Straße geworfen. Feurige Ortschaften und Leichname zeigten von Möckmühl bis Ballenberg des Truchsessen Spur. Ballenberg, wo Metzlers Wirtshaus stand, war vor anderen dem Feuer bestimmt. Herr Frowin von Hutten erbat aber dieses mainzische Städtchen für seinen Herrn. Es wurde geplündert und nachher um Geld gestraft, Metzlers Haus herausgeschleppt und allein verbrannt. Sechs, von Neckarsulm noch Nachgeführte, wurden hier zum Strang verurteilt: „Es konnten aber, weil es des vielen Henkens wegen an Stricken fehlte, nur drei gehenkt werden, die drei anderen wurden enthauptet."

Durch die Bewegung von Möckmühl gerade auf Ballenberg konnte der Truchseß den hellen Haufen von Würzburg abschneiden, darum eilten

Wendel Hipler und Metzler, Königshofen an der Tauber zu gewinnen. Jenseits des Wassers neben dem Städtchen im Feld lagerten die Bauern am 2. Juni und bereiteten ihre Mahlzeit. Es war 4 Uhr nachmittags. Da glänzten die Geschwader Frowins von Hutten und des pfälzischen Marschalls bei Sachsenflur aus dem Schüpfergrund hervor. Ohne zu essen, rückten die Bauern eiligst die Steig hinauf mit all ihrem Geschütz und der ganzen Wagenburg, links gegen Bischofsheim zu, auf die Höhe oberhalb Königshofen, und schlossen um den alten Wartturm aus ihren Wagen, mehr als 300, eine Wagenburg. Es waren wohl nicht über 8000 Bauern mit 33 Feldgeschützen.

Nach des Truchseß Plan sollte Herr Frowin oberhalb Königshofen, der Marschall unterhalb über die Tauber gehen, die Bauern beobachten und den Berg über Königshofen besetzen, bis der Truchseß nachkäme. Als die Bauern den Berg schon besetzt hatten, gingen beide oberhalb Königshofen über die Tauber. Die Bauern suchten dieses durch elf Lagen aus ihrem Geschütz zu hindern, die Feinde kamen aber mit geringem Verlust herüber. Am 30. schon hatten die Büchsenmeister der Bauern gedroht, ihre Geschütze stehenzulassen, wenn ihnen der rückständige Sold nicht ausbezahlt würde. Die Mergentheimer, die Geld dazu schicken sollten, hatten keines geschickt. Entweder waren die Büchsenmeister jetzt hinweggeritten, oder, wie anderswo, bestochen; denn die Geschütze waren trefflich; es war darunter das mergentheimische, das wertheimische, das mainzische Geschütz; aber es war schlecht bedient, schlecht gerichtet. Der reisige Zeug der Feinde teilte sich so nahe unten um den Berg herum, daß die Bauern oben auf dem ebenen, hohen, runden, glatten Flecken ohne alle Bäume und Stauden über sie hinschossen. Der Truchseß, der auch an den Berg mit wenigen herübergekommen war, umschloß den Berg ganz und wollte sie beieinanderbehalten, bis der Fußzeug zur Hand wäre, und dann die Wagenburg stürmen. Der Fußzeug, gegen den das Geschütz gut gerichtet war und acht Lagen entsandte, konnte wegen dieses Feuers nicht da, wo er sollte, über die Tauber kommen, sondern mußte weiterhin übergehen, was lange dauerte. Eine Zahl Schützen war auch bei den Reisigen. Als die Bauern dieses Warten und Vornehmen sahen von ihrer Höhe herab, das bündische Fußvolk sahen in zwei großen Haufen daher und durch das Wasser ziehen, dem Berg zu und dem reisigen Zeug nach, kam Schrecken in die Bauern, die hinter ihrer Wagenburg in drei Schlachthaufen standen. Schon fingen einige an, die Rosse von den Wagen und von den Büchsen auszuspannen und sich zur Flucht gefaßt zu machen. „Es waren die großen Hansen, die auf den Gaulen saßen", und als die niedern Hauptleute und die Weibel sahen, daß die Obersten davonwollten, saßen sie auch auf. Dem Truchseß entging das Unsichere, das Schwanken in ihren Bewegungen nicht; er glaubte, sie wollen sich langsam zurückziehen und eine festere Stellung suchen. Ohne auf den Fußzeug zu warten, rückte er mit einigen Geschwadern die Höhe hinan, während der Pfalzgraf um den Hügel herum sich zog und unten blieb. Glücklich kam der Truchseß an einer zugänglichen Seite hinauf und griff an. Als die hintersten Bauern die Reiterei, „der Bauern Tod", oben sahen, ergriff sie Entsetzen und sie flohen. Die vordere Linie war durch den gewaltigen Stoß der truchsessischen Reiterei schnell zerrissen; Schrecken, Verwirrung teilte sich dem ganzen Haufen mit, und alles floh, vor der Übermacht ein Wäldchen in ihrem Rücken, das nur einen halben Schlangenschuß weit von ihnen war, zu gewinnen. Die Flucht war fürchterlicher als die Schlacht: Sie liefen ihren Feinden in die Hände, stürzten übereinander. „Ein groß Volk blieb tot auf der Walstatt", von den Reitern erstochen, von den Schützen erschossen. Die einen, und von diesen wurden die meisten erritten und erstochen, flohen über die weiten Felder hin den Taubergrund hinauf bis Rothenburg, zwei- bis dreitausend erreichten den „runden, dicken Wald". Man eilte ihnen nach bis an den Wald; daraus wehrten sie sich zuerst überaus tapfer, obgleich die ganze Reiterei der Fürsten sie angriff: „Den Reisigen, die nicht sonderlich Raum im Holze hatten, schlug es gar nicht ledig", sondern die Bauern taten ihnen viel Schaden mit Schießen daraus. Es war ein fürchterlich erbitterter Kampf; denen im Wäldchen blieb nichts, als ihr Leben teuer zu verkaufen: „Denn sie mochten nicht aus dem Wald kommen, der reisige Zeug war groß und hatte das runde Gehölz um und um umgeben, und man ließ ihrer keinen leben bei diesem Angriff, an diesem Ort, keinen, den man in und vor dem Wald ergreifen mochte." Ihrer überaus viele stiegen auf die Bäume und legten sich unter und hinter die Stauden, und von den Bäumen herab und aus den Büschen hervor schossen die Unsichtbaren. Indem kam das bündische Fußvolk in zwei großen Haufen, darunter über 1500 Büchsenschützen; diese Schützen und die, welche mit ihnen mit kurzen Wehren hineinkommen mochten, fielen zumal in den Wald, in das Dickicht, und erschossen von den Bäumen und erstachen und erwürgten alles in den Stauden überall, was da vorhanden war, und ließen keinen leben, denn die Obersten wollten es also. Herr Georg war selbst in den Schenkel gestochen, dem pfälzischen Marschall ein Pferd erschossen und wieder eines hart verwundet; viele gute Gesellen, Edle und Unedle, waren schwer beschädigt. Dem Erzbischof von Trier, dem Pfalzgrafen und den anderen Fürsten dünkte es ergötzlich, „gleich wie eine Schweinhatz".

In die 600 hatten sich in einem Verhau gegen die Reisigen gedeckt. Auch gegen die Landsknechte mit ihren langen Spießen waren sie im Wald mit ihren Handrohren und kurzen Hellebarden im Vorteil; sie hielten sich, bis die Nacht sank; da sicherte ihnen Wilhelm von Fürstenberg, der Oberste des Fußvolkes, das Leben, und sie ergaben sich, noch bis in die 300. Sie wurden von den gemeinen Hauptleuten, denen sie geschenkt wurden, hart geschätzt und, bis einige von ihnen das Lösegeld holten, in der Pfarrkirche gefangengelegt.

Während am und im Wald gekämpft wurde, durchwühlten andere, auf des Pfalzgrafen Befehl, die Walstatt auf dem Wartberg und da umher. „Viele hatten sich unter die Erschlagenen hingelegt, als ob sie tot wären; auch diese ließ er jetzt, nach der Schlacht, hervorziehen und töten: Ihre Anzahl war 500."

Die Hauptleute und Räte, die nicht zuvor entwichen waren, waren durch die Schnelligkeit „ihrer jungen Rappen" meist entritten, darunter Wolf Meng, Hans Flux, Ulrich Vischer, die Heilbronner, die Obersten Georg Metzler und Wendel Hipler; man fand unter der Beute seinen Mantel. Nach einer anderen Nachricht wäre die voraussehende Ente schon bei Adolzfurt untergetaucht, was ihm nicht gleich sieht.

Nicht alle Männer des Volkes, die nicht auf die Flucht kamen, hatten das Glück, in der Schlacht zu fallen. Des andern Tages, Samstags vor Pfingsten zur Nacht, im Städtchen Königshofen, das gestern morgen noch 300 Bürger gezählt und das jetzt alle bis auf 15 in der Schlacht verloren hatte, ließen die Fürsten und Obersten vier enthaupten: „Der vordere ist gewesen der Bauern Hauptmann – ein Urheber des Aufstandes – ein großer, starker Mann; er hat wollen zweitausend Gulden um das Leben geben, es hat nicht sein mögen, er hat müssen sterben."

Den Tag über nahmen streifende Scharen Brandschatzungen und Huldigungen der umliegenden Orte ein. Heinrich Truchseß, der Marschall des Bischofs von Würzburg, nahm Lauda ein; zwei Bürger und Leonhard Beys, der Prediger, „zahlten mit dem Kopfe ihren Eifer für die Sache des Evangeliums". Zu Mergentheim, das sich am 1. Juni auf Gnade und Ungnade ergeben hatte und wo die Deutschherren jauchzten, daß sie „nun bald mit Köpfen kegeln werden, wie die Knaben mit Schießkern spielen", zu Bischofsheim, zu Grünsfeld fiel mehr als ein in der Volkssache bemerklich gewordenes Haupt.

11

Heldentod Florian Geyers und der Schwarzen Schar

Wie mögen sie auf dem Wartberg von Königshofen, wie mögen sie in den bedrohten Flecken und Städten umgeschaut haben nach der erwarteten, nach der verheißenen, nach der eilends herbeigerufenen Hilfe, nach den Fähnlein von Würzburg, nach Florian Geyer und seiner Schwarzen Schar!

Aber dieser edle Geist, durch Tugend und Wort und militärische Kenntnis überlegen, hatte bei dem Bauernrat zu Würzburg geniert, und sie hatten ihn ausgeschickt auf diplomatische Reisen und ihm das Schwert aus der Hand gewunden.

Auch die Niederfranken hatten, als ihre Sache ein weniger gutes Ansehen zu gewinnen anfing, den Gedanken der Oberfranken aufgenommen und alle fränkischen Stände zu einem allgemeinen Tag nach Schweinfurt zusammengerufen, um miteinander gemeinschaftlich eine gute Ordnung, Aufrichtung des Wortes Gottes, Friedens und Rechtens, besonders auch der Obrigkeit und anderer Sachen halb zu beraten. Abends vor dem 1. Juni sollten alle Abgeordneten in Schweinfurt eintreffen, um in der Frühe den Landtag zu eröffnen. Da liefen unterm 26. und 27. Mai Einladungen dazu aus an die Grafen von Hohenlohe, von Henneberg, von Wertheim, an den Markgrafen von Brandenburg, an die Städte Nürnberg und Bamberg, an alle Städte und Flecken Frankens, selbst an den Bischof von Würzburg nach Heidelberg. Zugleich schrieben sie ins ganze Reich ein allgemeines Ausschreiben aus, ein Manifest, welches allen Ständen das Unternehmen der Bauerschaft vorlegen, beleuchten, rechtfertigen und empfehlen sollte als ein christliches und nationales zugleich, dem Evangelium und dem Frieden zugut, daß Gottes Wort, die Speise der Seelen, niemand entzogen, kein Prediger desselben mehr verfolgt oder getötet werde; der arme gemeine Mann nicht mehr unter unerträglichen Belästigungen zusammensinke und Gewerbe und Handel ihre Straße ziehen, ohne daß ihnen aus schädlichen Schlössern und Raubhäusern hervor durch edle Räuber Hände und Füße abgehauen, Ohren abgeschnitten, sie selbst niedergestochen oder wenigstens ausgeplündert, eingekerkert und bis aufs Blut geschätzt werden. Sie forderten am Schluß alle Stände des Reichs auf, ihnen in diesem christlichen Unternehmen beizustehen und sie weder tätlich noch auf andere Weise aufzuhalten.

Von dem Markgrafen Kasimir hatten sie sich so sehr täuschen lassen, daß sie als ausgemacht annahmen, daß er den Landtag besende. Immer hatte er unterhandelt, wieder neue Tage und Orte zur Zusammenkunft bestimmt, neue Geleitsbriefe ausfertigen lassen, und immer kam ihm, einmal auch den Abgeordneten der Bauern, Michael Hasenbart und Hans Hollenbach, etwas dazwischen, daß die Zusammenkunft nicht zustande kam. Und ehe der achttägige Waffenstillstand zu Ende war, an demselben Tage, an welchem sie zu Würzburg die Einladung zu dem Landtag an ihn schrieben, am 26. Mai, überfiel der Markgraf Gutenstetten, Diespeck, Stübach bei Neustadt an der Aisch, Oberndorf, Kaubenheim und Meinheim und verbrannte alle sechs Orte. Jetzt zeigte sich der Nachteil davon, daß sie zu Würzburg nicht gleich anfangs durch ein paar tüchtige Fähnlein und Hauptleute den Brüdern im Aischgrund Hilfe zugeschickt, durch den Burgbernheimer Forst Ansbach überfallen und die ganze Markgrafschaft insurgiert hatten; der Markgraf wäre in ihren Händen gewesen. Jetzt erst, am 27. Mai, wurde der Hauptmann Gregor von Burgbernheim mit allen markgräfischen Fähnlein, die beim fränkischen Heere waren, dem bedrohten Neustadt zu Hilfe befehligt, und er bot auf seinem Zuge alle Gemeinden auf. Diese Aufgebote, die einzeln, sorglos zu 20, 30, 50, meist mit ihren Pfarrern ihm zuzogen, wurden mittags von dem Markgrafen überfallen, etliche erstochen, zehn Gefangene enthauptet, abends zu Ipsheim wieder zehn Männer des ausgeplünderten Orts hingerichtet, nachts Unterleimbach geplündert, Oberleimbach und Hahnbühl verbrannt, am 28. Lenkersheim erstürmt, Leutershausen geplündert. Im ersten Flecken ließ er den Prediger und vier Bürger enthaupten, 7 die Schwurfinger abhauen, ebenso vielen am anderen Ort die Finger abschlagen, dem Pfarrer Köblein zu Wörnitz und vier Hauptleuten den Kopf. Lenkersheim nahm er alle Freiheiten, verbrannte Ickelheim, Sontheim und Westheim und lagerte sich bei Markt-Bergel. Am 29. legte sich Gregor mit allen vereinigten markgräfischen Fähnlein unter die Mauern von Windsheim, zwischen den Gartenhecken um die Stadt. Kasimir kam heran, fand ihre Stellung unangreifbar, fürchtete von den Windsheimer Bürgern von den Mauern herab beschossen zu werden, und zog sich wieder zurück, aber mit großem Verlust; die Bauern wurden ihm zu mächtig, nahmen ihm alles Geschütz weg, das er bei sich hatte, trieben ihn in sein nahes Schloß Hoheneck ein und belagerten ihn darin. Am 29. Mai verbrannten sie das Schloß Röhlingshausen, und Gregor, dieser tüchtige Hauptmann, bot alle Gemeinden an der oberen Tauber, in der Rothenburger Landwehr und in den Ämtern Bebenburg und Werdeck zum schleunigen Zuzug mit aller Macht auf; am Endseer Berg bei Ohrenbach sollte der Sammelplatz sein. Dadurch zwang er den Markgrafen, der jetzt, was früher hätte geschehen sollen, seine linke Seite und seine Hauptstadt in Gefahr sah, zum schnellen Rückzug nach Leutershausen; im flüchtigen Rückzug brannten seine Reisigen noch Stettberg, Binswangen, Windelsbach und Geslau an. Gregor war im Begriff, ihn zu verfolgen: Da, am 1. Juni, befahl ihm eine Botschaft des Bauernrats zu Würzburg, aufs schnellste nach Heidingsfeld aufzubrechen. Gregor eilte gehorsam mit 4000 Mann dahin, um den vom Truchseß bedrängten Odenwäldern zuzuziehen. Unterwegs hörten sie sagen, wie diese in großer Schlacht geschlagen seien, aber sie wollten solches nicht glauben, sondern zogen stark für und für, in der Meinung, ihre christlichen Brüder zu Königshofen, die nunmehr längst erkaltet waren, zu retten.

Zu Schweinfurt, wo der allgemeine Landtag der fränkischen Stände sein sollte, ritten, jedermann recht zur Schau, wie weit herab die Sache der Bauerschaft gekommen, kaum 20 Abgeordnete ein: Köhl von Eibelstadt, der oberste Hauptmann des fränkischen Heeres, Stefan Sorg, Hans Winter, Endres Mörder und Florian Geyer; von Rothenburg Stefan von Menzingen und Hieronymus Hassel und die aus dem Bambergischen, aus Oberfranken und aus dem Aischgrund. Es kam in der Beratung auf diese Art nichts zustande. Ja, hier zeigte sich wieder deutlich, wie verderblich die provinziellen Vereinzelungen, die Sonderverträge der verschiedenen Bauerschaften wurden: Die Bamberger erklärten ausdrücklich, sie haben sich mit ihrem Herrn, dem Bischof, vertragen, und darum können sie sich in nichts einlassen. Am 27. Mai hatte die bambergische Bauerschaft von Bischof Weigand es beschworen und versiegelt, friedlichen Anstand zu halten und während desselben nichts gegeneinander vorzunehmen noch dieses anderen zu gestatten; auf landständischem Wege sollen alle Beschwerden vertragen werden. Mit redlichem Volkssinn hielten die Bambergischen, was sie beschworen, und entzogen dadurch ihren Brüdern in Ober- und Niederfranken 10 000 und mehr waffentragende Arme; sie hielten ihren Schwur einem Fürsten, der, ehe, während und nachdem er geschworen, Boten auf Boten an den Truchseß sandte, zu kommen und seine Untertanen zu strafen. Schon am zweiten Tage der Sitzung zu Schweinfurt kamen Botschaften aus Würzburg, welche die Hauptleute ins Lager zurückriefen. Unter Unbedeutendem, was sie beschlossen, war die Gesandtschaft Florian Geyers und einiger anderen an Markgraf Kasimir, um die Unterhandlung zur Verbrüderung zu beendigen und den Frieden zwischen ihm und seiner Bauerschaft im Aischgrund wiederherzustellen. Florian Geyer ritt nach Rothenburg, wo er am Samstag vor Pfingsten, dem 3. Juni, ankam und auf das Geleite Kasimirs warten wollte. Da riß ihn die Botschaft von der Nähe des Truchseß gleich wieder aufs Pferd; er ritt die ganze Nacht hindurch und war vor Tagesanbruch des 4. Juni im Lager zu Heidingsfeld.

Auf Gregors von Bernheim Gebot hatten sich am Endseer Berg zahlreiche Scharen gesammelt, gegen den Markgrafen; da dieser zurückging und sie kurz zuvor von den Odenwäldern nach Krautheim entboten waren, zogen sie die Tauber hinab, diesen zu. Im Ziehen begegneten sie flüchtigen Bauern zu Roß und zu Fuß: Es waren die aus dem Blutbad von Königshofen Entronnenen. Auf das zerstreuten auch sie sich, jeder an seinen Herd.

Die von Schweinfurt nach Würzburg zurückreitenden Landtagsabgeordneten sahen mit Schrecken abends den Himmel gerötet von einem Feuermeer gegen Schwaben zu; es waren die von dem Fürstenheer angezündeten Dörfer um Königshofen; aber sie wußten noch nichts von der Schlacht und ihrer Brüder Untergang.

Zu Würzburg war inzwischen mit dem Rothenburger Geschütz dem Schlosse viel Schaden getan worden, und sosehr die Belagerten aus ihrer höheren Stellung mit ihrem Feuer den Belagerern schadeten, so ersahen die letzteren aus aufgefangenen Briefen, daß die im Schlosse anfingen, in äußerster Not zu sein. Der Stollen in dem Berge war weit vorgerückt, Hoffnung da, daß bald Mauer genug zum Sturm zu Boden geschossen sein werde, die Besatzung darum namentlich entmutigt, weil sie gar keine Nachricht von außen erhielt. Einer ihrer Boten schlich sich glücklich durch bis vor Heidelberg und zechte da in der Schenke mit zwei Boten, die der Bischof ins Schloß absandte; sie gestanden einander ihr Geheimnis. Die letzteren fingen die Bauern auf, folterten sie, erfuhren alles und fingen dadurch bei der Rückkehr auch den ersteren. Es fehlte schon so an Trinkwasser, daß man mit Wein kochte. Das wußte man durch Überläufer, auch daß der Wein bald ausging. Hans Schiller, der Rotschmied, machte sich an die Arbeit, ein Geschütz zu gießen, so groß, daß es jede Mauer niederwerfe. Aber die Kriegszucht in dem größtenteils müßig vor dem Schloß liegenden Haufen nahm täglich mehr ab, besonders seitdem die strengsten Hauptleute abwesend waren. Die drei Galgen in der Stadt achtete man nicht, weil man keinen daranhing. Lachend sagten trunkene Gesellen: „Wir wollen die Pfaffen und ihr Gesind daranhängen." Raufhändel, blutige Schlägereien, Unzucht, Plünderung draußen auf dem Land, selbst an Verbrüderten, erlaubten sie sich ohne Scheu. Den darüber zu Gericht Sitzenden fehlte es an Energie, sie straften zu leicht, statt die bösen Buben am Kopf zu fassen; dem ganzen Bauernrat selbst gebrach Klarheit des Willens, Durchgreifen nach dem Beschluß, Zusammenwirken untereinander. So erstreckte sich der Fluch des Stilleliegens vor dem Frauenberg auch auf die innere Kraft des Haufens. Der Müßiggang, das üppige Leben in der weinreichen Gegend fraßen dem Haufen das Mark aus den Knochen, den ersten Anflug von Mut und Enthusiasmus aus dem Herzen; auch die Hussiten waren meist zuerst nur Bauern, aber unter ununterbrochenen Waffenübungen, an einer Kette heißer Gefechte bildeten sie sich zu Europas gefürchtetsten Kriegsmännern, und erbarmungslos gegen das eigene Volk wie gegen den Feind herrschte Ziskas Kriegsgesetz. „Unter und bei dem Haufen der Bauerschaft", schrieb traurig Herr Ehrenfried Kumpf, „ist weder Friede noch Folge, weder Einigkeit noch Treu und Glauben, sondern alles, was sie heut geloben, schwören, zusagen und verschreiben, wird alsbald morgen nicht gehalten, vielmehr alles verachtet und dawider gehandelt." Je näher das Fürstenheer rückte, desto mehr verfiel alles in Würzburg. Zu diesem Verfall trug wesentlich auch bei, daß, wie die besten Führer, auch die tüchtigsten Leute abgegangen waren. Ihr Feld zu bestellen, hatten sich viele des Haufens beurlaubt, und gerade denen, welchen die Sache der Bauerschaft, die Volkssache, am meisten ernst, deren Rückkehr zur Fahne auf den ersten Aufruf den Hauptleuten sicher war, hatte man zuerst Urlaub gegeben; den Kern zum großen Teil hatte ohnedies der Sturm auf den Frauenberg verschlungen. Der Bauernrat nahm sich jetzt Wendel Hiplers bittere Rede wegen der Abweisung der Landsknechte zu Herzen und zu Kopf, denn jetzt eilten sie, nach allen Seiten auszuschicken, um Landsknechte zu werben; man zwang alle geistlichen Herren, als Ersatzmänner für sich freie Knechte anzuwerben. Sechs solcher Knechte erboten sich, im bündischen Heer ihre Freunde für die Bauern zu gewinnen. Man gab jedem ein Pferd und 300 Gulden, und sie ritten ab. Aber näher und näher drohte die Wetterwolke des schwäbischen Bundes.

Viele Bürger in Würzburg waren ganz kleinmütig. Andere, die bisher lautlos gewesen, gackerten und schnatterten jetzt: „Hab' ich nicht vor dieser Zeit gesagt, man solle das Ende beachten? Wollte Gott, daß sich fromme redliche Leute unser annehmen, daß wir zu Frieden kämen; wir sind sonst alle verdorben, ermordet, verbrannt, vertilgt Weib und Kind." Die Stiftsgeistlichen, deren viele in der Stadt zurückgeblieben waren und die gewiß vielfach die Verräter gemacht hatten, wie sollten sie jetzt nicht die Menge eingeschüchtert, mißtrauisch gemacht, zur Unterwerfung im stillen beredet haben? Die Menge war so zag und ungewiß, daß viele meinten, der Zug gegen den Bund ihren Brüdern zu Hilfe sei nicht zu wagen. Doch zogen die Hauptleute zu Anfang der Nacht vom 2. auf den 3. Juni mit dem Heer aus. Zu Heidingsfeld sahen sie den Bauernhans aus Mergentheim atemlos daherreiten; er kam flüchtig von Königshofen und erzählte den Hauptleuten allein die Niederlage, so, daß ihnen graute und sie schnell das Heer nach Würzburg zurückführten. Die zu Randersacker warfen die ersten, die von Königshofen ankamen, in Fesseln und schickten sie als Lügner, als Ausreißer ins Hauptquartier. Aber ihr Zeugnis stimmte mit dem des Bauernhans nur zu sehr überein. Da stahl sich dieser und jener davon, der bisher vorn gewesen war, und Bürgermeister und Rat schrieben heimlich ein unterwürfiges Schreiben an den Truchseß. Nachmittags am 3. Juni ritt einer ein, der sagte aus, es sei nichts, daß ihre Brüder vernichtet seien, sie lagern beisammen und harren auf Zuzug und Hilfe der Würzburger; und zu gleicher Zeit zog Gregor von Bernheim mit seinen Fähnlein vom Aischgrund ein, die erzählten, wie der Markgraf vor ihnen geflohen sei. Das elektrisierte wieder etwas. Um 9 Uhr abends zogen die beorderten Fähnlein wieder aus, Bruder Ambrosius gab ihnen den Segen, wie sie vor ihm vorüberzogen, und feuerte sie an, für Gottes Wort tapfer zu streiten. Zu Heidingsfeld ruhten sie die Nacht, aber in dieser Nacht entwichen wieder viele der Hauptleute und derer, die in Ämtern waren. Es war die höchste, es war die äußerste Zeit, daß der kühnste Heerführer der Franken, daß Florian Geyer mit dem grauenden Morgen daherjagte, und ehe die Sonne des Pfingstfestes heraufstieg, stiegen Gregors entschlossene Männer, eine

Florian Geyer auf dem Ritt zu den Bauern

Zahl Fähnlein des Heeres, darunter die der Würzburger und der Kitzinger Bürgerschaft, unter Jakob Köhl und die Trümmer der Schwarzen Schar unter Florian Geyer den Wald über Heidingsfeld hinauf, die Straße nach Röttingen zu. Dieser vereinigte Heerhaufe zählte jedoch nicht viel über 4000 Mann. Die anderen Fähnlein waren vor dem Frauenberg zurückgeblieben. Sie hatten viel leichtes Feldgeschütz bei sich. So still der Abzug von Würzburg geschehen war, so hatte man ihn doch vom Schloß aus bemerkt, und in derselben Nacht rauschte der bischöfliche Marschall Truchseß mit 250 Reitern bis zum Ruck des Frauenbergs heran und schickte etliche Knechte bis an den lichten Zaun, eine Leiter ließ sich auf ein Zeichen von den Zinnen herab, drei stiegen ins Schloß und meldeten den Sieg von Königshofen und den Anzug des Fürstenheeres. Der Wächter auf dem mittlern Turm mußte auf den Jubel der Besatzung den Bauern das Spottlied hinabblasen: „Hat dich der Schimpf gereut, so zeuch du wieder heim"; der auf dem mittlern Turm blies den Würzburgern den „armen Judas". Die im Schloß teilten den Boten den Zug des Schwarzen Haufens die Waldsteige hinauf mit, sie stiegen hinaus, meldeten es dem bischöflichen Marschall, und der jagte mit der wichtigen Kunde davon. Die Büchsenschützen der Bauern in der Tellschanze sahen die Reiter, schossen durch die Dämmerung auf sie, in der Stadt wurden die Sturmglocken angezogen, der Marschall und die Reiter verschwanden im Wald; der erschreckten Menge sagten die Hauptleute in Würzburg, es seien nur gespenstische Reiter, keine Bündischen gewesen; der große

Schwarzkünstler, der Barfüßermönch (ein geschickter Feuerwerker im Schloß) habe sie ihnen vorgezaubert.

Der bischöfliche Marschall ereilte zwei Stunden von Giebelstadt den Truchseß und die Fürsten. Er war Florians Haufen bis auf eine gewisse Strecke nachgeritten, dann seitwärts, vom Nebel verdeckt, durch die Täler. Die Schwarzen, sagte er den Fürsten, seien im Anzug und nicht eine halbe Meile von da.

Am Pfingstfest war das Fürstenheer, nachdem es einen Tag von Marsch und Schlacht gerastet hatte, aufgebrochen und zog auf Würzburg. Beim Aufbruch hatten die Fußknechte des Truchseß sich geweigert, mitzuziehen; sie machten, vielleicht schon durch die von Würzburg ausgesandten Werber bestochen, eine Meuterei, und bewegten des Pfalzgrafen Knechte auch auf ihre Seite; sie wollten einen Schlachtsold von der letzten Schlacht haben. Der Truchseß erinnerte sie ihres Eides; umsonst. Damit sie sich nicht des Geschützes bemächtigten, ließ er es voranführen und zog mit dem reisigen Zeug hintennach. Auf der Höhe erfuhr er den Anzug der Bauern. Er schickte seinen Herold an die Knechte, mit ihnen zu handeln, daß sie im Angesicht der Feinde als fromme Knechte bei ihrem Eide tun wollten. Nichts Eid! Geld, Geld! riefen sie. Sie hielten eine Gemeinde; darin war ein großes wüstes Geschrei. Die Mehrheit war, wer ziehe, den wollen sie zu Tod schlagen. Drei weigerten sich, mit ihnen zu halten; sie lagen augenblicklich erschossen in ihrem Blute. Der Truchseß hätte die Meuterer gerne gezüchtigt; aber den Feind vor sich, „trug er Sorge, es könnte ihm wie Herzog Leopold von Österreich geschehen; wenn er die Bauern von vorn angriffe, daß die Knechte hinten in die Reisigen fielen, wie sie sich dessen vielmal hören ließen". Doch folgten dem Truchseß fast alle Hauptleute, Fähndriche mit dem Fähnlein, Weibel und Doppelsöldner mit vielen Fußknechten, die sich mit Geschicklichkeit von dem Haufen machten, und ehe der Truchseß eine starke Stunde gezogen war, fanden sich noch bei tausend weitere Knechte bei ihm ein.

Herr Florian, Köhl und Gregor, welche die ersten Boten der Königshofer Schlacht nicht gesprochen, keine weitere offizielle Kunde erhalten hatten, glaubten dem letzten Boten, glaubten ihre Brüder noch vorhanden, und ihre Leute waren großenteils voll Muts und Zuversicht und schwuren, wenn sie sich mit ihren Brüdern vereinigt hätten und als ein Heer der Rache auf den Bund sich würfen, keine Gefangenen leben zu lassen, sondern die Reiter aufzuhängen, den Fußknechten die Hälse abzuschneiden. Da sie ihre Brüder zwischen sich und den Bündischen voraussetzten, zogen sie sorglos von dem Schloß Ingolstadt hervor auf den großen Flecken Sulzdorf ins weite Feld.

Herr Gregor ritt selbst mit etlichen Pferden vor, den Feind zu besehen, und er fand, daß es zunächst darauf ankam, die Bauern von dem Guttenberger Wald, den sie eine kleine halbe Meile Wegs hinter sich hatten, abzuschneiden. Er verordnete die Berittensten mit den Rennfahnen voraus, und alle Geschwader zogen gleich hintennach. Sobald die Bauern die feindlichen Rennfahnen gewahrten, die auf die Ahnungslosen hervorbrachen, wollten sie wieder hinter sich an den Wald. Aber diese, die sie auf beiden Seiten anfielen, schwenkten ebenso schnell ab und waren ihnen schon im Rücken, zwischen ihnen und dem Wald, und vorn daher rückte mit allen Geschwadern, mit Fußvolk und allem Geschütz der Truchseß. So sahen sich die Bauern jählings vom Fürstenheer im weiten freien Feld übereilt, umsetzt und angegriffen, daß sie weder ihr Geschütz noch ihre Wagen wieder zurück oder in einen besseren Vorteil zu bringen vermochten. Herr Florian ließ in diesem Unglück schnell, so gut er es konnte, alle Fähnlein der Bauern in Schlachtordnung treten, errichtete ringsum eine Wagenburg, mit 36 Stücken auf Rädern unterspickt, und begann das Feuer gegen die Reisigen. Wie aber der Schenk von Schwarzenberg mit seinen Schützen angriff und der ganze bündische reisige Zeug und das furchtbare Geschütz daherkam, öffnete sich hinten die Wagenburg, die Bauern begannen zu fliehen, und die ersten Mutlosen rissen die anderen nach. Flüchtig im ganzen weiten Feld wurden sie erritten, erstochen, totgeschlagen, durch alle Straßen, Wege und Wälder, wohin sie flohen. Bis Ochsenfurt hier, bis an den Main dort verfolgten sie die Reisigen. Ein flüchtiger Schwarm entlief bis Eisfeld oberhalb Heidingsfeld und wurde hier im Kirchhof, wo sie sich setzen wollten, erstochen. Ein Teil floh nach Sulzdorf, Giebelstadt, Bütthart und anderen Dörfern. 60 Bauern wurden lebend gefangen; die sie fingen, wollten ein großes Lösegeld aus ihnen ziehen. Als sie sie zur Wagenburg brachten, wurden sie auf Befehl des Truchseß auf einem Haufen erstochen, „da sie ja geschworen haben, auch keinem Bündischen das Leben zu schenken“; Beweis, daß auch hier feindliche Kundschafter unter dem Zug gewesen.

Fliehen war Herrn Florians Sache nicht, und seine Braven hielten auch bei ihm aus, während alles auseinanderfloh. Mitten im allgemeinen Entlaufen und Morden zogen in die 600 des Haufens mit Büchsen, Wehren, langen Spießen und Hellebarden, Kriegsleute und andere tapfere Männer, in festgeschlossener Ordnung, gegen Dorf und Schloß Ingolstadt sich zurück. Es war Florian Geyer mit dem Rest seiner Schwarzen Schar und 50 freien Knechten, welche die Geistlichkeit Würzburgs geworben hatte und die sich ihm anschlossen. Auch an dieses Häuflein rasselten wieder und wieder die Reisigen heran und prallten jedesmal zurück vor den guten Schüssen der schwarzen Schützen und ihren langen Spießen. Hinter der Dornhecke des Dörfchens Ingolstadt setzte sich die tapfere Schar. Pfalzgraf Ludwig führte jetzt selbst seine 1200 Ritter und Reisige gegen sie heran. Da warfen sich 200 der Bauern in den Kirchhof, die Kirche und den Kirchturm, 300 bis 400 erreichten das Schloß. Die Übermacht drängte die im Kirchhof alle in die Kirche zurück. Vom Turm, vom Dach der Kirche herab blitzte Schuß auf Schuß, trafen Ziegel, Mauerstücke auf die Bündischen; diese warfen Feuerbrände hinein, und Kirche und Turm mit den Tapferen darin verbrannten; aber noch aus den Flammen heraus schossen und warfen sich diese auf ihre Feinde und töteten und verzehrten, noch während sie verzehrt und getötet wurden. Nicht einer dieser Tapfern blieb leben.

In den Ruinen des alten Schlosses schien sich alles Heldentum des ganzen Bauernkriegs wie in einem Brennpunkt zu sammeln. Das Schlößchen, schon fast vor einem Jahrhundert von den Rothenburgern gebrochen, später wieder in etwas aufgebaut und am 7. Mai von Bauern wieder ausgebrannt, hatte noch hohes und gutes Gemäuer, mit einem großen starken Turm und tiefem Graben. Herr Florian war selbst darinnen. Sie verbauten sich durch Verrammelung der Tore so schnell, daß niemand zu ihnen kommen mochte, „und schossen so feindlich heraus, als stünde keine Sorg ihnen da an ihrem Verlust; sie begehrten auch weder Gnad noch Fried". Nur drei Feige waren darin; die liefen heraus, Gnade zu erlangen, wurden aber auf der Stelle von des Pfalzgrafen Trabanten erstochen. Der Pfalzgraf, mit fast dem ganzen fürstlichen und bündischen Zeug, häufte sich vor dieser Ruine. Man richtete alles Geschütz wider sie, groß und klein; und auf das furchtbare Feuer fiel die Mauer, wohl an 24 Schuh Breite, von oben her zu einem großen Sturmloch, gegen sechs Schuh auf den Grund herab, und sogleich traten die Fußknechte begierig den Sturm an, durch einen wüsten moosigen Graben voll lehmigten Kots, und mit ihnen Grafen, Herren, Ritter und Reisige, die alle von den Pferden abstiegen; in einiger Unordnung, weil sie den Sturm leicht zu gewinnen meinten. Ganz wüst vom Schmutz des Grabens fielen sie über die Mauer hinein, gegen die Feinde mit ganzem Haufen und ganzer Kraft. Aber auf der Bresche standen Männer, entschlossen, vor der schweren Stunde zu bestehen und ihren Feinden und dem Schicksal Achtung abzugewinnen. Mit einem Kugelregen empfingen sie die Stürmenden und mit einem Hagel von großen Steinen und trieben sie mit großer Gewalt wieder hinter sich, über die zerschossene Mauer hinaus bis in den Graben; über 100 der Stürmenden waren getötet oder verwundet, „darunter viele Herren und gute Gesellen". Haben sie drinnen, sagten Sachverständige, zu ihren Handrohren Steine und Pulver genug, werden wir ihnen heut schwerlich was abgewinnen. Das schwere Geschütz erweiterte die Bresche, während die im Schloß arbeiteten, Steine zu tragen und zu verterrassen. Zum anderen Male wurde der Sturm angelaufen im ganzen Ernst. Viele Grafen und Herren, Edle und Unedle, kamen zu der Bresche hinein und freuten sich, die größte Not überschritten zu haben; kein Schuß von innen heraus fiel mehr; die Belagerten hatten ihr Pulver fast verschossen, und mit Jubel drangen die Herren vor. Da fing Kampf und Not erst recht an. Inwendig vor ihnen, zwischen der zerschossenen Mauer und dem Hof des Schlosses, darin sich die Schwarzen enthielten, war noch eine Mauer, wohl eines Spießes Höhe hinauf, durch welche nur ein Fenster und eine enge Türe hineingingen. Durch Fenster und Türe und oben herab wehrten sie sich mit Werfen, Stechen und gut gezielten Schüssen aus ihren Handrohren. Doch wurde „von Gnade Gottes" keiner der Herren getötet, sosehr sie in Gefahr ihres Lebens standen und so viele gequetscht und verwundet wurden. Sie sahen sich zum zweitenmal abgetrieben. Mancher Knecht wollte nicht ganz abweichen und nachlassen: „wie Katzen" hielten sie sich an der Mauer klebend.

Jetzt legte man das Geschütz anders und richtete es durch die zerschossene Mauer hinein, an die innere Mauer und zerschoß sie darnieder, daß Weite genug war, hineinzufallen. Die Büchsenmeister hatten ihre Geschütze bis an den Rand des Grabens vorgelegt, da sie von den Handrohren der schwarzen Schützen, wie sie sahen, nichts mehr zu fürchten hatten.

Der Fußzeug des Bundes und die Herren liefen nun den dritten Sturm an mit aller Macht und allem Zorn über das zweimalige Mißlingen. Schon sind viele im Schloß durch die heiße Arbeit müd und kraftlos. Einem Fähnlein, schwarz und gelb, gelingt es, auf die Mauer zu kommen; die Knechte kommen nach; bald wehen noch drei Fähnlein neben dem ersteren. Der Fähndrich, Hans Sattler von Augsburg, sinkt; es sinkt der Fähndrich von Nürnberg, hart geworfen, bis auf den Tod. Die Knechte hatten keine Büchsen, wie die Schwarzen kein Pulver; es war ein Kampf mit Mauersteinen, bis der Haufen der Knechte den Graben durchwatet hatte und nachkam. Da drangen sie an beiden Enden zuletzt, wiewohl schwer, an der Bresche und bei dem Tore hinein und drückten die schwarzen Helden in die letzten Ruinen zurück. Niemand will, niemand gibt Gnade; im wilden schrecklichen Getümmel und Grimm des Todeskampfes durchkreuzen sich bündische und bäurische Arme, Schwerter, Lanzen und Hellebarden, eng und enger zusammengedrängt: würdig, daß ihnen Besseres geworden wäre, und teuer ihr Leben verkaufend, sind schon die meisten der Schwarzen Schar, auch die 50 freien Knechte, gefallen. Bei 50 zogen sich in den tiefen Schloßkeller zurück und wehrten sich verzweifelnd daraus. Die Feinde warfen durch die Öffnungen brennende Strohbündel und darauf Pulverfäßchen hinein, daß sie alle darin starben bis auf drei, die in der Dunkelheit entkamen. 206 Leichen der Schwarzen Schar lagen umher im engen Raum der Ruinen: nicht darunter Herr Florian. Begünstigt durch die tiefe Nacht, die unter Sturm und Gefecht eingebrochen war, hatte er mit einer Handvoll der tapfersten und stärk-

Kampf um Schloß Ingolstadt

sten Männer, gegen 200, als die Bündischen das Schloß überwältigt hatten, in ein ganz nahes Gehölz sich durchgeschlagen. Während der Pfalzgraf zur Siegesfeier alle Trommeten schmettern und alle Heerpauken schlagen ließ, umstellte er das Wäldchen, da man in der Nacht nichts gegen die darin vornehmen konnte, mit Reisigen, damit keiner entlaufe. Herr Florian setzte den Kampf auch in der Nacht aus dem Wald hervor fort, bald hier, bald dort vorbrechend, bis ihm gelang, mit einer Zahl der Seinigen durchzubrechen und das Weite zu gewinnen. Mit dem Morgen fielen die Bündischen ins Gehölz und erwürgten alles darin, was dem kühnen Führer zu folgen nicht mehr Mut genug gehabt hatte und lieber widerstandslos sich erstechen lassen, als fechtend fallen oder sich retten wollte. Nur 17 Gefangene waren in allen diesen Gefechten am Pfingstfest angenommen worden.

Das bündische Heer „hatte an diesem Tage mehr Leute verloren als je bisher an einem Tag, die Böblinger Schlacht ausgenommen: Und bei Königshofen und Ingolstadt hatten die Pferde so sehr gelitten, daß nachher im Lager zu Heidingsfeld sie in solcher Anzahl fielen, daß man vor dem Geruch fast nicht bleiben konnte und das Lager verrückte". Der Truchseß ließ das Lager schlagen eine Viertelmeile vom Schloß, „in einem Moos, bei einem rinnenden Wasser, daselbst die Nacht Ruhe zu haben", während die Dörfer Bütthart, Sulzdorf, Ingolstadt und Giebelstadt mit ihren Flammen als Wachtfeuer leuchteten. Sie alle waren umstellt und angezündet worden; was von Bauern darin blieb, kam durchs Feuer um; was herausfloh, durch die Reisigen. In Giebelstadt, wo Florian Geyers Vaterschloß war, hart gegenüber dem Schlosse der Zobel, schossen sie aus den brennenden Häusern noch auf ihre grausamen Feinde. Von allen darin waren noch sieben übrig; die krochen ins Gesträuch am Schloßgraben. Die Reiter, die zu Roß nicht dahin kommen konnten, riefen in entsetzlichem Scherz hinüber, wer die anderen erstäche, solle begnadigt sein. Und einer erstach fünf seiner Brüder; mit dem sechsten ringend, stürzte und ersoff er im Schloßgraben; fest sich umklammernd fand man zwei Gerippe, als man später das Wasser abließ.

Bis Würzburg hin zeigten die brennenden Dörfer die Spur der Bündischen; um nach Würzburg zu gelangen, hätte Florian Geyer mitten durch das Heer der Sieger hindurchgehen müssen; er schlug den Weg zu dem gaildorfischen Haufen ein, der sich ihm besonders verbrüdert hatte. Alle die Seinen, bis auf wenige, hatte Florian verloren, alle waren ihm erschlagen an einem Tage des Zorns; er stand einsam, schwieg und trug's: Zweierlei hatte er nicht verloren, sich selbst und die Hoffnung. Solange ihm Arm und Schwert blieb, blieb ihm der Wille, seinem deutschen Volke zu helfen, und der Glaube an die Möglichkeit.

Der große gaildorf-hallische Haufe hatte noch keine Verluste erlitten. Gegen 7000 hatten sich zuletzt noch im Lager bei Thann zusammengezogen. Eine Abteilung zu Roß und zu Fuß war vom Bundesheer schon bei Neckargartach seitwärts ins Kochertal entsandt worden und hatte sich mit dem Kriegsvolk der Stadt Hall vereinigt. Den Gmünder Wald hatten sie gebrandschatzt und geplündert, in der Stadt Gmünd den neuen Rat abgesetzt und um Geld gebüßt, den alten wieder eingesetzt, das Haus des Prädikanten niedergerissen. Dieser und die meisten Goldschmiede waren entwichen. Die Gerüchte von den Niederlagen ringsumher, des Truchseß Drohbriefe, des obersten Hauptmanns der Gaildorfer Einverständnis mit den Herren hatten die Folge, daß der Haufe sich auflöste, namentlich die hallischen Bauern den Winken ihres Rates folgten und, ehe sie gestraft wurden, über Nacht neu huldigten. Die bündischen und die hallischen Knechte zogen gegen den Rest des Haufens, der 2000 Mann stark noch bei Thann lagerte, und gedachten, ihn zu überfallen. In Thann aber fanden sie keine Seele. Durch Feuerzeichen auf den Bergen und durch Warnschüsse von der Absicht ihrer Feinde benachrichtigt, hatten sich die Bauern in die Wälder zerstreut. Die grauenvollen Erzählungen von Königshofen und Ingolstadt machten auch auf dem Gmünder Wald, im Ellwangischen und Limburgischen tiefen Eindruck. Florian Geyer fand hier alles entweder neu gehuldigt oder zerstreut, aufgelöst, entmutigt. Noch wagte er den Versuch, die, welche noch nicht wieder gehuldigt hätten und noch nicht entwaffnet wären, die aus dem Württembergischen hieher Versprengten, die aus dem Kocher- und Jagsttal ohne Hoffnung der Begnadigung auf diesen Wäldern Versteckten, wieder zu versammeln auf den Wald, das Ries, den Virngrund und die Rothenburger Landschaft im Rücken der Fürsten neu zu bewegen. Aber er war am Ziel. Am 9. Juni wurde Florian Geyer mit seinem Anhang auf dem Speltich, „einer Waldhöhe zwischen den Schlössern Vellberg und Limburg unweit Hall", von seinen Verfolgern aufgespürt. Es war sein eigener junger Schwager, Wilhelm von Grumbach, der ihn überfiel. Er sank fechtend, und fast alle die Seinen mit ihm im hoffnungslosen Kampfe.*

Der Tod im Felde rettete ihn vor den Schafotten und half ihm zur ewigen Freiheit. Noch über der gefallenen Sache des Volkes hielt er ungebrochen vorfechtend den Ritterschild; nicht gegen den Lebenden sollten sie sich des Sieges rühmen, kaum gegen seine Leiche.

Er war auf den sonnigen Bergen, auf den freien Höhen des Lebens

* Diese Auffassung, als habe Herr Florian auf dem Speltich bei Hall seinen Tod gefunden, ist heute nicht mehr stichhaltig. Thomas Zweifel, der Rothenburger Chronist, meldet, daß Herr Florian und andere Bauernhauptleute einige Tage nach der Schlacht von Ingolstadt aus Rothenburg ausgewiesen wurden. Man hat daraus geschlossen, Herr Florian sei gar nicht bei Ingolstadt gewesen, wogegen von einer gleichzeitigen Chronik bestätigt wird, daß er bei Ingolstadt befehligt hat. Die Eisenhardtsche Chronik meldet: „Am 9. Juni ist Florian Geyer erstochen worden auf dem Feld bei Rimpar." – Man hatte in einer schlechten Handschrift gelesen „Spelt" (Speltich) bei „Limper" (Limburg) und danach das Ende des Ritters nach der Gegend von Hall verlegt. Aber eine Menge von Tatsachen sprechen dafür, daß Florian Geyer nach seiner Ausweisung aus Rothenburg nach der Burg des bekannten Grumbach bei Rimpar floh, mit dessen Schwester Barbara er verlobt war. Grumbach, der mit den Bauern geliebäugelt hatte, solange er bei dem Aufstand zu gewinnen hoffte, ließ Florian Geyer durch einen seiner Knechte meuchlings ermorden, um sich bei den Fürsten wieder in Gunst zu setzen. In einem noch erhaltenen Volkslied wird die Sache so dargestellt; ebenso in einer Flugschrift des Würzburger Bischofs Friedrich von Wirsberg wider Grumbach. Eine Volkssage behauptet, daß jetzt noch ein Fräulein im weißen Gewande, die trauernde Braut des edlen Florian, nachts im Gramschatzer Wald an der Stelle erscheine, wo man ihren Geliebten erschlug. In der jüngst herausgegebenen Schrift des Würzburger Stadtschreibers Cronthal, der den Bauernkrieg erlebte und beschrieb, heißt es: „Florian Geyer, so durch Wilhelms von Grumbach zu Rimpar Knecht nach gestillter Empörung erstochen und beraubt worden ist." Nach alledem scheint uns jeder Zweifel beseitigt, daß der ritterliche Held des Bauernkrieges von dem tückischen Grumbach in der Nähe von dessen Schlosse, wo er Schutz gesucht, meuchlings ermordet worden ist. Die Red.

geboren: Am Kaiserhof der Hohenstaufen glänzten schon in ritterlichen Ehren seine Ahnen. Aber den Armen in der Niederung, den Gedrückten im Tale schlug sein Herz. Er hat dem Volke gelebt und ist dem Volke gestorben; „fest und treu bis ans Ende, dem Evangelium seiner Überzeugung, der neuen Lehre" in allen ihren Folgen; ergeben der christlichen Freiheit, nicht der einseitigen falschen, sondern der ganzen und wahren. Wie seinem Vorbilde Ulrich von Hutten war ihm im Leben beides gegeben, das Wort und das Schwert; und zweierlei wurde ihm voraus im Sterben, ein ehrlicher Rittertod im Kampf für die von ihm heilig erkannte Sache und das, daß auch die Verleumdung nicht wagte, auf sein weißes Gewand einen Flecken zu werfen. Das Volk büßte es, daß es ihn hintan setzte; er büßte seinen aus seiner eisernen Konsequenz hervorgegangenen falschen Ratschlag mit dem Frauenberg und, neben dem Verrate des Götz, die Ungeschicklichkeit seiner Mithauptleute, die ihn ohne alle Kunde ließen, daß er im freien Felde überfallen wurde. Nicht Geiz nach Ehre, Einfluß oder Beute war's, was ihn handeln ließ; auch der Feinde keiner hat dieses ihm nachgeredet; und ruhmlos fiel er und schlief lange fast vergessen. Einst wird auch seine Zeit und sein Lohn mit ihr kommen, wenn auf der ganzen befreiten deutschen Erde der Vater den Söhnen und Enkeln erzählen wird von denen, die mit ihrem Blute den Baum gepflanzt haben, in dessen Schatten der Landmann und der Bürger ein schöneres, ein würdigeres Dasein genießen; dann wird man auch reden und sagen von Florian Geyer, dem Hauptmann der Schwarzen Schar.

12

Die Sieger

Nach solchen blutigen Arbeiten zählte der Feldhauptmann des Bundes sein Heer. Mit 18 Fähnlein hatte er den Feldzug eröffnet, jedes zu 400 Mann. Bei der Vereinigung mit dem Pfalzgrafen und den anderen Herren rechnete man nur 6000 Bündische, ungeachtet der ganze württembergische Adel zu ihm gestoßen war und die Regierung zu Tübingen reichlich ersetzt hatte, was er an Volk nach Radolfzell abgegeben hatte; es ist klar, daß er von Baltringen bis nach der Böblinger Schlacht wenigstens dritthalbtausend Mann verloren hatte. Die verstärkten und stets erneuerten Fähnlein der Bundesstände hatten von Böblingen bis jetzt wieder so gelitten, daß das Augsburger Fähnlein, welches noch das stärkste war, kaum 300 zählte. Wie mögen erst die pfalzgräfischen und die anderen zusammengeschmolzen sein! Diese Zahlen verkünden es laut, daß die Art und Weise des Pariser Moniteur um Jahrhunderte älter ist als man meint; nach den Berichten der Fürsten hatten sie die Haufen der Bauern ohne Verlust geschlagen!

Am Abend des 5. Juni lagerte das Fürstenheer im Städtchen Heidingsfeld und in den Gärten unten am Main. Bei dem Holzgarten wurden die Geschütze nach Würzburg hinein gerichtet. Es war Pfingstmontag, alle Trommeter bliesen auf, alle Heerpauken wurden geschlagen, denen im Schloß zur Herzensfreude, aber Bürger und Bauern erschraken solchen Spiels. Die im Schloß antworteten, indem sie alle ihre Geschütze dreimal in die Stadt hinab abfeuerten.

Noch in derselben Nacht räumten die Bauern die Tellschanze, wie sie zuvor Heidingsfeld geräumt hatten, und nahmen ihre vier größten Geschütze über die Mainbrücke mit sich in die Stadt. Noch waren gegen 5000 vom Haufen in Würzburg zur Verteidigung entschlossen, noch keines der Häupter der Würzburger Bürgerschaft entwichen. Noch am 7. Juni, zwei Tage nach der Ankunft des Fürstenheeres, war die ganze rechte Mainseite von den Feinden unbesetzt und offen. Es blieb den Bauern und ihrem Anhang in der Stadt, wenn sie diese gegen das von den Höhen spielende übermächtige Geschütz der Fürsten zu halten verzweifelten, der Abzug durchs Pleichacher Tor in den kaum eine Stunde entfernten großen Gramschatzer Wald und von da in den Spessart, wo kein Reisiger ihnen folgen konnte und von wo sie nach allen Seiten schöne Landschaften hatten, daraus sich den Unterhalt zu holen. Aber Bürger und Bauern blieben; kein Rädelsführer, keiner der schwer Beteiligten, außer Bermeter, entwich. Daraus erhellt, daß Bürgermeister und der alte Rat an Bürgern und Bauern zu Verrätern wurden. Sie wußten, daß der Pfalzgraf und der Truchseß sich begnügten, alle anderen gnädig zu strafen, wenn die Anführer ihrer Rache lebend ausgeliefert wurden. Jakob Köhl, der oberste Hauptmann, war beizeiten von Ingolstadt nach Eibelstadt entritten; seine Mitbürger hatten ihn dem Rat zu Würzburg ausgeliefert und dieser ihn, als einen Rettungspreis für sich, wie die Meininger mit Schnabel taten, heimlich in dem Grafen-Eckardsturm in Fesseln aufbewahrt. So schlossen sie auch heimlich mit dem Truchseß einen Unterwerfungsvertrag, dessen vier Punkte die Brandschatzungssumme, die Entwaffnung, die Auslieferung der Ursächer des Aufstandes und der Hauptleute und die neue Huldigung auf das alte Herkommen waren. Auf das hin übersandten Bürgermeister und Rat abends 4 Uhr am 7. Juni die Unterwerfungsakte. Da die Auslieferung der Häupter der Hauptpreis ihrer Begnadigung war, sie diese aber für sich nicht fahen konnten, so verheimlichten sie vor denselben den wahren Vertrag und hielten sie durch die Täuschung hin, als wäre mit den Fürsten dahin unterhandelt, daß sie sich nicht auf Ungnade, sondern auf Gnade ergeben.

Denn auch jetzt noch, nach Absendung der Unterwerfungsurkunde, verließ weder am Abend noch in der Nacht auch nur einer der Führer und Beteiligten die Stadt, und am Morgen waren alle Tore mit reisigen Geschwadern umstellt. Wer an diesem Gange der Dinge zweifelt, dem bleibt bloß übrig zu glauben, daß die Anführer und die anderen sich eben das Schauspiel des prächtigen Einzugs der Fürsten nicht haben nehmen lassen wollen, um dann ihnen dagegen mit ihren Köpfen zum blutigen Spektakel zu dienen.

Am 8. Juni, 8 Uhr morgens, zog der Truchseß mit den Fürsten in Würzburg ein. Rings um die Mauern ritten Reisige, damit keiner über die Mauern entränne. Das Tor, durch das sie einzogen, besetzten die Rennfahnen; dritthalbtausend Reisige folgten ihnen in die Stadt. Voraus ließen sie den Befehl gehen, die Bürger Würzburgs sollen sich auf dem Markte, die Bürger aus den Landstädten auf dem Judenplatze, die Bauern auf dem Rennwege aufstellen. Diese drei Plätze umstellten die Reisigen. Zuerst ritten die Fürsten und Herren auf den Markt. Der Truchseß, vier Scharfrichter mit breiten Schwertern neben sich, sprach zu den Bürgern, die mit „entblößtem Haupt und tränendem Aug'" standen, scharf von ihrer Treulosigkeit und ihrem Meineid und wie sie darum alle das Leben verwirkt hätten. Da fielen alle auf die Knie. Bernhard Wießners, des Kannengießers, hochschwangere Frau drängte sich durch die Reisigen, durch die Menge in den Ring, fiel den Fürsten zu Füßen und flehte um das Leben ihres Mannes. Man wies sie ab. Die Fürsten gingen hinweg in die Kanzlei und berieten sich gegen eine Stunde. Dann schickten sie dem Truchseß einen Zettel. Diesem gemäß ließ der Feldherr den obersten Hauptmann Jakob Köhl aus dem Eckardsturm holen und enthaupten. Der zweite, der aus den Bürgern erfordert wurde, war Bernhard Wießner; der dritte Philipp Dittmar, der Sohn des Bildhauers, der Alte war entwichen; der vierte Hans Leminger, der Bader zum Löwen; der fünfte Hans Schiller, der Rotschmied; auch ihre vier Häupter fielen. 70 Bürger wurden in die Gefängnisse abgeführt; 13 davon später enthauptet, die anderen schwer an Geld gebüßt.

Vom Markte ritt der Truchseß auf den Judenplatz, wo die Fähnlein von den Landständen hielten. Er ließ die Hauptleute, Fähndriche und Weibel und „die, welche den Aufruhr gemacht im Lande zu Franken", vorfordern: 24 sollten mit dem Schwert gerichtet werden. Schrauttenbach aus Karlstadt bot 2000 Gulden für sein Leben wie jener zu Königshofen: auch er mußte sterben. Dann zog der Truchseß hinaus auf den Graben, wo die Bauern im Ring hielten. 70 wurden ausgefordert, die in Ämtern beim Haufen gewesen waren. Davon wurden 37 enthauptet, die anderen wurden von den Edeln freigebeten. Es waren im ganzen 200 zum Tode bestimmt gewesen. Auf dem Schloß wurde auch ein Bürger und ein

Jude enthauptet: So waren es 81 Gerichtete. „O weh", rief ein junger Bauer aus, als er zum Nachrichter geführt wurde, „o weh, ich soll schon sterben und habe mich mein Leben lang kaum zweimal an Brot satt gegessen!" Ein Bäuerlein, das nicht ausgezählt worden, drängte sich neugierig durch die Reiter auf den Platz und wollte schauen, wie es seinen Gesellen ging; „den erwischt ein Henkersknecht, führt ihn zum Meister, wurd' enthauptet". Unter den ausgesonderten Bauern stand ein starker junger Geselle, dachte, weil ich doch sterben muß, mag ich den Jammer nicht mehr sehen, drang dem Meister zu und ließ sich enthaupten: Er war in der letzten Reihe gewesen und wäre erbeten worden. Die Fürsten hatten den Hinrichtungen mit zugesehen und „nahmen nach dem Schauspiel einen Trunk". Den anderen Bauern wurden ihre Wehren und Harnische genommen, weiße Stäblein in die Hand gegeben und sie vor Nacht aus der Stadt gewiesen. Viele hatten des Morgens versucht zu entrinnen und waren aus der Stadt gefallen, aber von den Reisigen draußen erstochen worden. Viele wurden auch jetzt, im friedlichen Heimzug, erschlagen. Zwischen Würzburg und Heidingsfeld fand man in den Weinbergen und in den Gräben viele tote Körper, erschossen und erstochen. Stadt und Landschaft wurden entwaffnet, überall die alte Kirche hergestellt; Würzburg selbst mußte 8000 Gulden an den Bund zahlen; der Bischof behielt sich seine Strafe vor, „die er auch nachmals in keinen Vergeß gestellt". Er nahm für sich, Geistlichkeit und Adel des Stifts 218 175 Gulden. Acht Tage lang brandschatzten die Fürsten die Umgegend. Am eifrigsten war Markgraf Kasimir in seinen Landen. Als er an Mertisheim vorbeizog, waren zwei Bauern auf einen Baum gestiegen, den Zug des Heeres mit anzusehen: Sie waren zuvor mit ihrer Gemeinde auf Gnade und Ungnade angenommen worden. Jetzt ließ Kasimir diese zwei Neugierigen greifen und enthaupten. Am 7. Juni zog er in Kitzingen ein, das drei Fähnlein zum Haufen entsendet hatte; 52 Bürger entwichen kurz vor seinem Einzug; die Stadt hatte sich auf Gnade ergeben, der Markgraf dem Rest der Bürger das Leben gesichert. Um jedermann alle Besorgnis zu nehmen, ließ er ausrufen, bei Leibesstrafe solle keiner seines Kriegsvolks einen Einwohner beleidigen oder belästigen. Dann ließ er am anderen Tage, dem 8. Juni abends, fünf Bürger, die er aus Burgbernheim mit sich führte, auf dem Markte enthaupten; darauf die Kitzinger zusammenrufen, über 100 aussondern und die Nacht durch in einem großen Keller, nicht weit vom Leidenhofe, verschließen. Am anderen Morgen ließ er sie herausholen, vielen die Finger abhauen, 62 die Augen ausstechen. Die meisten baten, lieber sie zu töten. Allein Kasimir war unerbittlich. „Ich weiß", sagte er, „daß ihr geschworen habt, ihr wollet mich nicht mehr ansehen; so will ich euch vor Meineid bewahren." Zugleich gebot er, daß sie niemand führe, niemand heile, bei schwerster Strafe. Auf zehn Meilen

Markgraf Kasimir straft die Kitzinger

weit von Kitzingen verbannte er die Augenlosen. Zwölf starben bald daran, die anderen sah man noch lange an den Landstraßen betteln und den Markgrafen verfluchen.

Er aber begab sich zu den anderen Fürsten nach Würzburg, um mit dem Truchseß die Blut- und Brandreise gemeinschaftlich zu machen. Bei ihm sein Henker, Meister Augustin, den die Kitzinger „Meister O weh" getauft hatten. Schweinfurt machte Miene zur Gegenwehr, ergab sich aber mit den Bauern darin gleich darauf an die beiden und den alten Henneberger. Zwei der Führer waren entronnen, fünf Häupter fielen durch den Nachrichter, zehn Gulden mußte jeder Bürger zahlen. Es ging auf Hallstadt, nach Bamberg. Rechts und links plünderten die Kriegsknechte die Dörfer, dann zündeten sie sie an, oft mutwillig, ohne besonderen Befehl. Der Bischof von Bamberg hatte nach Würzburg an den Truchseß einen erbärmlichen Brief geschrieben, wie er von seinen Untertanen bedrängt und belagert sei; er wisse nicht, wenn er und seine Domherren lebend oder tot wären; er bat ihn, zu eilen, zu retten, zu strafen.

So brach er den eben geschworenen Vertragseid. So war's mit den Verträgen, von denen Luther und so viele Kurzsichtige alles erwarteten, unbelehrt durch die Lehre aller Zeiten, daß Verträge im Parteikampfe nur dauern, wenn sie mit dem Blute der einen Partei gesiegelt sind, und daß das unzeitig aus der Hand gelegte Schwert für die Halben zum Fallbeil wird. Ernst erklärten die nürnbergischen Gesandten, es sei ohne Not, das Kriegsvolk ins Stift zu führen; der Bischof sei mit seinen Untertanen vertragen, die Bauerschaft habe sich ruhig zertrennt. Der Truchseß ging dennoch vor.

Sein Name und sein Schritt waren so furchtbar geworden, daß die Bauern in die Wälder vor ihm flohen und, wie ein Zeitgenosse sagt, „die Reiter ihnen eitel stählern dünkten; es war, als ob Gott den Bauern auf dem Nacken säß und ihnen das Herz nähme; sie flohen oft, so ihnen niemand nachlief, und so sich nur ein Vöglein rührte oder ein Blatt von einem Baume fiel, meinten sie, es wäre ein Reiter; so groß und greulich machte Gott die Reiter in ihrem Angesicht". 500 Bürger flohen aus Bamberg nach Nürnberg; auf der Nürnberger Warnung später weiter.

Ohne alle Gegenwehr rückte der Truchseß in Bamberg ein. Zwölf ergriffene Hauptleute und Anfänger in der Bauernsache wurden sogleich enthauptet, darunter zwei vom Rat. Ebenso zwölf Bauern; zweien wurden die Augen ausgestochen. Als der Nachrichter nach dem dreizehnten Bauern, den er enthaupten sollte, sich umsah, war er fort aus dem Ring. Die Gefangenen waren alle frei und ungebunden im Ring. Als nun die Reihe nahe an ihn kommen wollte, hatte er sich geneigt und gesagt: „Ich habe mir des Dings bald genug gesehen; ich will dafür heimgehen." Damit schlüpfte er unter ein Roß und hinaus, kam mit diesem Schwank vor den Augen der Umstehenden davon und blieb verschwunden.

Neun der reichsten Bürger, die, wie allbekannt, den Bischof vor vielem, die Altenburg vor der Plünderung und Zerstörung bewahrt hatten, die aber der neuen Lehre zugetan und die Reichsten waren, ließ der Truchseß in den Turm werfen, verschenkte ihre Güter, wie er auch in Heilbronn, aber ohne Erfolg, tat, an seine Diener und wollte sie dem Bischof zulieb richten. Nürnbergs Einsprache allein rettete sie. Der Vertrag mit dem Bischof wurde für „erzwungen" erklärt und zerrissen; dem Stift ein Schadenersatz von 170 000 Gulden für Bischof und Adel auferlegt, Hallstadt bis auf wenige Häuser vom Boden weggebrannt.

Das abziehende Bundesheer ließ, wie überall, fürchterliche Spuren: Roß und Troß, lange Herden geraubter Schafe und Rinder, die es nachschleppte, zerfraßen und verdarben Wiesen und Felder. Durch Nürnberg wurde ihm der Durchzug vergönnt, aber nur durch die Hauptstraße: Alle Häuser derselben zur Seite sowie alle anderen Straßen waren mit Ketten gesperrt, und 400 Pferde im Sold des Rates und alle Bürger standen in Waffen, und alles Geschütz war aufgefahren. Darauf wurde das Ries schwer gebrandschatzt. In Nördlingen mußten 100 Häuser jedes sechs Gulden zahlen, der neue Rat wurde ab- und der alte wieder eingesetzt; es wurden einige enthauptet, einige verwiesen, und doch war es, trotz der Neuerung, so geordnet in der Stadt hergegangen, daß die Nördlinger Messe wie gewöhnlich gehalten und viel besucht worden war. Deiningen wurde niedergebrannt. Vier Tage wüstete das Heer um Nördlingen her; doch kam es nicht in die Stadt. Dann eilte der Truchseß ins oberschwäbische Land.

Kasimir war mit der Brandfackel und dem Richtschwert in sein eigenes Land zurückgekehrt. Zu Neustadt an der Aisch, das nach dem Abzug der Bauern um Gnade bat, zogen Männer und Weiber mit brennenden Kerzen in der Hand ihm entgegen und warfen sich ihm zu Füßen. 18 ließ er enthaupten. Bernbeck, der oberste Hauptmann, rettete sich durch 700 Gulden Geldbuße; Moritz Wild, der Wirt und Anfänger des Aufstandes zu Erlenbach, bei dem Kasimir gewöhnlich herbergte, ging frei aus: Der Markgraf meinte, sie wollen gegenseitig sich ihre Zeche auslöschen. Überallhin schickte er Befehl, „die Aufrührer in seiner Halsgerichtsordnung aufs höchste zu bestrafen, ohne Schonung die Köpfe abzuhauen". Zu Markt-Bergel, wo er beim ersten Vorübergehen nur gebrandschatzt hatte, ließ er jetzt aus den Sichergewordenen 43 enthaupten, und alle Bauern mußten kniend, mit roten Kreuzen auf der Brust, um Gnade flehen. Windsheim, die freie Stadt, wurde nur durch Nürnbergs Schutz vor seiner Rache gerettet. Zu gleicher Zeit war sein Bruder, Hans Albrecht, der Koadjutor von Magdeburg, auf seinen Befehl im Gebirge, wo es doch fast nur bei bloßen bösen Worten geblieben war, mit Folter und Blutgericht so tätig, daß, als er heimzog, die Witwen und Waisen der Hingemordeten auf den Straßen ihm nachliefen, ihn verfluchten und ihm nachriefen, „ob denn schon alle Bauern geschlachtet seien?" – Über zweimal hunderttausend Gulden Strafgelder erpreßte Kasimir, indem er zwei Jahre lang die armen Leute mit Inquisitionen fortquälte, bis die eigene Ritterschaft, Hans von Waldenfels an der Spitze, sich dagegensetzte. „Gnädiger Herr", schrieb ihm dieser, „es sind nichtswürdige Dinge, um die man jetzt noch die armen Gefangenen quält; vergeßt einmal das Vergangene und neigt zur Barmherzigkeit Euer Herz."

Rothenburg, die freie Stadt, hätte der Truchseß gern selbst heimgesucht; da er anderswohin ziehen mußte, wurde die Freude, die Stadt zu strafen, dem Markgrafen. Die Stadt büßte jetzt ihre Halbheit, ihren Eigennutz. Als im Namen der am Endseerberg Versammelten Andreas Rösch, der Pfarrer von Tauberzell, sie um Geschütze anging, „den grausamen Tyrannen, den Markgrafen, zu schlagen", da hatte der Rat sie geweigert. Nach der Königshofener Schlacht versuchten Kaspar Christian, der Kommentur, Stefan Menzingen und die anderen Volksmänner, die Stadt zu ermutigen, daß sie sich verteidige: Sie zog es vor, um Gnade zu bitten. „Ei, kommt ihr, kriecht ihr zum Kreuz?" rief man in Heidingsfeld den Gesandten entgegen. Viele Bürger entwichen jetzt aus der Stadt. Sie hatten den Plan, die Landwehr noch einmal in die Waffen zu bringen, die Stadt zu besetzen und sich gegen den Bund zu verteidigen. Mit dem Franziskanerkloster, das an die Stadtmauer stieß, waren sie im engsten Zusammenhang. Der Rat erfuhr es, verlegte die Brüder mitten in die Stadt und besetzte das Kloster. Am Kirchweihsonntag, 18. Juni, standen Menzingens Pferde gesattelt; er selbst hörte noch, ehe er entweichen wollte, die Predigt. Im prächtigen schwarzen Kamelottmantel lehnte er nach dem Gottesdienst an einem Goldschmiedladen und sprach mit Kilian Etschlich, dem Tuchmacher. Da überfielen ihn die Stadtknechte. „Helft, ihr Bürger, helft, ihr christlichen Brüder!" rief der Junker. „Lieber, die Bruderschaft hat ein Ende", entgegnete ein Ehrbarer. Das Stadtvolk, feig, kopf- und ehrlos, ließ ihn abführen, in den festesten Turm. Um auch die Bauern zu schrecken, ließ die Ehrbarkeit durch Adelige umher mehrere Dörfer plündern und abbrennen. Doktor Deuschlin suchte in der Predigt das Volk für Menzingen zu bewegen: Sie sollen Mitleid haben mit dem gefangenen Bruder und ihn befreien. Aber auch er und der blinde Mönch wurden in den Turm geworfen: Der Kommentur entfloh, ebenso der Barfüßer Melchior, des blinden Mönchs Schwager, Jörg Spelt, Jörg Kumpf und andere. Herr Ehrenfried, der Altbürgermeister, war früher entwichen.

Am 28. Juni zog Kasimir mit seinem Heer ein. Brettheim und Ohrenbach wurden vom Boden weggebrannt: Die Brettheimer versuchten noch Widerstand, und viele wurden erstochen; die Ohrenbacher hatten sich und all ihre Habe in die Wälder geflüchtet. 70 Namen von Rothenburger Bürgern standen auf dem Anklagezettel, 30 von der Landschaft. Nur 19 der angeklagten Bürger fanden sich im Ring ein, die anderen kamen durch; fünf auch von den ersteren noch durchbrachen mit dem Mute der Verzweiflung den Ring der Fußknechte und retteten sich. Von den angeschuldigten Bauern fand sich keiner ein als einer, ein einfältiger Bursche. Von den Bürgern wurden die 14 enthauptet, darunter Meister Bessenmayer, der Schulrektor, und Hans Kumpf, der Priester, der krank herbeigetragen wurde. Auch Stefan von Menzingen mußte durch das Schwert sterben, trotzdem, daß sein mutiges Weib alles für ihn tat, trotzdem, daß Kasimir ihn und die zwei Prediger gerne gerettet hätte. Der alte Rat ließ um keinen Preis das Blut dieses seines Todfeindes sich entziehen, und Kasimir gab seinen treuen Diener preis, der ohnedies zuviel um Kasimirs Ränke wußte. Menzingens Haupt fiel zuerst, dann Doktor Deuschlins; der blinde Mönch weigerte sich standhaft, zu knien, und empfing stehend den tödlichen Streich, aber er sank nur darnieder und richtete sich wieder auf, erst beim zweiten Schlag fiel sein Haupt. Der Augenzeuge, Michael Groß, Kasimirs oberster Hauptmann, sagt: „Diese sind ganz willig zum Tode gewesen; sie haben sich selbst, weil sie ungebunden waren, entblößt und mit aufgehobenen Händen gebetet: O Herr Jesu, laß uns dein Blutvergießen eine Abwaschung unserer Sünden sein! Sie trösteten immer einer den anderen und knieten mit Freudigkeit nieder. Nur der Menzingen war etwas verzagt; den mußte Doktor Deuschlin stets trösten." Auch zwei indessen gefangene Hauptleute von Ohrenbach, Hans Waltmann und Leonhart Reutner, folgten ihnen im Tode; dann Bartel Werder von Hilgertshausen und das Bäuerlein von Endsee. Sie starben alle fest, sich selbst gleich.

Der Markgraf zog heim und ließ noch unterwegs enthauptete Leichname und brennende Dörfer hinter sich. Zu Feuchtwangen richtete er unter anderen „ein Mönchlein, das im Frauenkloster zu Sülz Meßpriester gewesen und den Bauern etliche Briefe geschrieben. Der erzeigte sich ganz christlich auf der Walstatt mit Ermahnung und Beten; und da man ihn enthauptete, fiel der Kopf ins Gras auf den Stumpf und tat den Mund dreimal auf, als schrie er Jesus." Der alte wiederhergestellte Rat zu Rothenburg nahm es da auf, wo Kasimir es hatte liegenlassen: Kilian Etschlich, Fritz Mölkner und zwei andere wurden nachträglich vom Rat enthauptet; des Tuchscherers Haus, als das Versammlungshaus der Verschworenen, wurde niedergerissen und mit Salz bestreut, als eine verfluchte Stätte. Brandmarken, Rutenausstreichen war eine gewöhnliche Strafe. Dem großen Lienhard von Schwarzenbronn gelang es, lange sich verborgen zu halten. Einst im Wirtshaus zu Lendsiedel an den Rat verraten, sollte er von einer Zahl Reisigen aufgehoben werden; aber der starke, riesenhafte Bauernhauptmann wehrte sich verzweifelt, bis er zusammengestochen war.

Der hochwürdige Fürstbischof Konrad von Würzburg, der hochwürdige Koadjutor von Fulda, der sich auf der Buchen als weltlicher Fürst hatte begrüßen lassen und den die Zaubergesänge der hessischen Nachtigall und des hessischen Hahns* so schnell wieder zum Pfaffen umgesungen hatten, und der alte Henneberger zogen wie Scharfrichter und mit Scharfrichtern im Herzogtum Franken herum. Des Tags plünderte der Bischof; er nahm, außer den Strafgeldern, Silbergeschirr, Stiftungen, Freiheitsbriefe, Wein, Bier, Früchte, was sich mitnehmen ließ; abends wurden 3, 4, 7, 8, 10, 13, 17, 22, je nachdem es sich traf, enthauptet; nach diesem Schauspiel „tat er mit seinen Genossen einen Trunk". Bei solcher Gelegenheit fiel das Haupt des Pfarrers zu Kissingen; es fielen die Häupter Hans Schnabels und Hans Scharrs, der obersten Hauptleute, und das Haupt des wackeren Krumpfuß, des Schultheißen der Oberfranken. Im Dorfe Sulzfeld sollten die beiden Ziegler zum Tode geführt werden. Der eine weinte und sagte: Er bedaure nur die Herr-

* Zwei Geschütze, die einst Sickingen gehört hatten.

schaftsgebäude, weil diese niemand mehr mit so guten Ziegeln versehen werde. Der andere, ein kleiner, dicker Mann, lachte laut vor dem Henker. Es komme ihm lächerlich vor, sagte er; wo er denn seinen Hut hinsetzen solle, wenn ihm der Kopf abgeschlagen sei? Die Späße retteten bei den Herren beiden das Leben. An 256 Hinrichtungen hatte der Bischof seine christlich-fürstlichen Augen geweidet, als er nach Würzburg zurückkehrte und mit 13 Enthauptungen hier seine Blutarbeit beschloß.

So leicht wie der Bamberger brach der Statthalter des Erzstifts Mainz, Bischof Wilhelm von Straßburg, Eid und Vertrag. Doch Blut schmeckte ihm nicht. Er zog von Würzburg aus mit dem Pfalzgrafen und Herzog Otto Heinrich und dem hochwürdigen Erzbischof von Trier ins Mainzische, das sich ohne Widerstand unterwarf, und zerriß auf dem Markt die Verträge der Landschaft und der Bürgerschaft zu Mainz als „abgedrungen"; doch vermittelte er, in seines Herrn Interesse wie in seinem, vielleicht auch nicht ohne Gefühl der Scham, daß die ganze Landschaft zusammen nicht mehr als 15 000 Gulden zahlen durfte. Nur vier Hauptleute ließ er enthaupten, 50 strafte er mit Gefängnis. Im Rheingau hatten sie auf die Kunde der Niederlagen ihrer Brüder sich nach Hause begeben und waren stille. Frowin Hutten, der begnadigte Geächtete, kam, als sie an nichts mehr dachten, und ließ neun zu Eltfeld, drei zu Bingen richten. Worms, das sich soeben erst den Bauern angeschlossen hatte, unterwarf sich, und wie hier wurde in Speyer der Friede zwischen Bischof und Magistrat hergestellt. Nach Frankfurt waren viele Prädikanten und Bauern vor den siegreichen Waffen der Fürsten mit Weib und Kind und Gut geflüchtet. Die Fürsten verlangten ihre Auslieferung. Der Rat lieferte sie nicht aus, aber verbot ihnen die Stadt. Die Prädikanten geleitete Hans von Siegen und sein Anhang zu Pferd. Eingeschüchtert durch die auswärtigen Ereignisse und die Drohungen der Fürsten, ließen die Zünfte ihre Artikel fallen. Auch Doktor Westerburg verließ die Stadt. Durch geworbene Knechte hielt der Rat das Volk im Zaum. Durch Geld, das er heimlich an die Fürsten und ihre Diener zahlte, hielt er das Heer von der Stadt fern. Gestraft wurde für jetzt niemand, wohl aber später: Jener Kunz Haas wurde im Jahre 1527, auf rechtliche Verurteilung, durch seine Todfeinde in den Main geworfen.

Ein großer Teil der Rheinfranken stand in Waffen; des Pfalzgrafen Vertragsbruch und blutiges Verfahren hatte sie aufgeregt, während er nach Würzburg zog. Dazu waren die Boten der Ostfranken, ihrer Brüder, gekommen, die sie aufmahnten, über den Rhein zu gehen und sich mit ihnen zu vereinigen; sie wollten jenen wenigstens eine Diversion machen. Gegen 8000 waren sie in der Rheinpfalz wieder versammelt, ein Zusammenfluß aller früheren Haufen. Sie waren so verbittert, daß sie den Pfalzgrafen und alle die Seinen zu erwürgen drohten. Sie hatten das

Schloß Dirmstein erstürmt und, weil sich der Amtmann von Zell, der mit fünfzehn anderen darin lag, nicht ergeben hatte, alle erstochen und ihre Leichname zum Schloß hinausgeworfen; dann die Burgen Bolanden, Staufen, Westerburg und Neuleiningen ausgebrannt; ebenso Altleiningen und viele Schlösser am Donnersberg herum; Kirchheim eingenommen, das Kloster Heningen geplündert, die Gräfin von Westerburg gezwungen, ihnen zu kochen und das Essen auf den Tisch zu tragen. Sie waren im Zug auf Oppenheim, als das Fürstenheer herankam. Die Fürsten hofften, sie vor dem Schloß Gentheim im freien Feld zu betreten, aber in der Nacht gingen sie rückwärts von Dalheim nach Gundersheim und weiter nach Pfeddersheim, das ihnen, obwohl 300 Mann Besatzung darin waren, die Tore öffnete. Als sie nur einen kleinen Teil der fürstlichen Reisigen vor sich sahen, fielen sie heraus mit ihrem ganzen Haufen, ihren Wagen und ihrem Feldgeschütz. Damit er sie zum Auszug reize und bewege, hatte der Pfalzgraf nur sieben Fähnlein Knechte und 700 Pferde vorgehen lassen, er selbst mit dem ganzen Heere sich in Hinterhalt gelegt. Als sie eine Strecke heraus waren und aus einem Weinberg mit ihrem Geschütz beim ersten Schuß hart neben dem Pfalzgrafen, diesem zu großem Verdruß, seinen Geheimschreiber erschossen, wurden sie von denen im Flecken eilends verständigt, daß sich auf der Höhe noch ein Reitergeschwader zeige und mehr dahinter zu vermuten sein möchte. Alsbald wendeten sie sich zum Städtchen zurück, die Reiter hieben ein, das fürstliche Geschütz vom Berg bei der St.-Georgen-Kirche herab schoß „redlich" unter sie, während auch der Bauern Geschütz fortspielte. Die Reisigen aber erstachen allein gegen 1500, der Mehrteil entfloh in die Umgegend und in das Städtchen, Wagen und Geschütz dahinten lassend; wären die Fußknechte in den Weinbergen auf die Bauern gefallen, es wären diesen Abend wenige davongekommen. Nachts umstellte der Pfalzgraf ringsum Pfeddersheim, und in der Frühe des 24. Juni fielen 262 Schüsse aus den Geschützen in die Stadt. Die darin ergaben sich auf Gnade und Ungnade. Der Pfalzgraf befahl, sie in drei Haufen zu teilen, die fremden Bauern, meist pfalzgräfische, besonders, die Besatzung besonders und die Einwohner besonders. Nachmittags wurden die Fremden zuerst heraus erfordert, vor dem Tore mußten sie ihre Wehren ablegen und dann durch die Spaliere der Reisigen nach dem St.-Georgen-Berg oberhalb der Stadt, in den Ring des ganzen reisigen Zeugs sich begeben; hier wollten die Fürsten die Rechtschuldigen ausmustern und ihnen ihre Strafe widerfahren lassen. Im Hinausgehen versuchten die Bauern eines Teils zu entlaufen; die Reisigen, welche die Spaliere bildeten, wollten dieses Ablaufen wehren, erritten und erstachen die Entfliehenden großenteils; als dies der auf der Höhe haltende reisige Zeug sah, brach er herab, fiel und hieb in die wehrlosen Bauern allzumal, und in einem

Der Erzbischof von Trier metzelt mit eigener Hand

Nu waren über 800 Bauern erstochen und zusammengehauen. Der Erzbischof von Trier stach und metzelte mit eigener Hand darein und ermunterte mit Worten zum Gemetzel. Dem Pfalzgrafen, sagte man, sei es leid gewesen: Sein ausführliches Schreiben darüber ist kalt, nicht der leiseste Zug darin von einem Leid. Auch dieser sehr leichtsinnige junge Herr hatte Blut verschmeckt. Nach dem Gemetzel nahm er aus den noch übrigen Bauern und aus denen im Flecken achtzig heraus und ließ allen die Häupter abschlagen. Tags darauf verbluteten noch ein Hauptmann und ein Fähndrich aus dem Amt Lautern unter dem Richtschwert; dann verlegte der Pfalzgraf das Blutgericht nach Freinsheim und Neustadt an der Haardt; von hier ins Niederelsaß. Landau ergab sich gleich; Weißenburg, das ganz die Sache der Bauern soeben erst genommen hatte, verteidigte sich mit Mut. Die Fürsten schossen hinein, die drinnen heraus, und erst als 600 Kugeln in die kleine Stadt gefallen waren, ergab sie sich auf Vertrag am 7. Juli, gab 8000 Gulden und sechs Geschütze an die Fürsten und drei ihrer Bürger aufs Blutgerüst. Von da zog der Kurfürst Erzbischof von Trier heim; in Trier rührte sich jetzt niemand. Auch in Köln wurde es stille. Drunten in Münster behaupteten sich die Bürger gegen die hohe Sprache des Bischofs mit Würde. Selbst der Erzbischof von Köln, sein Bruder, dessen Waffen er anrief, riet ihm, um die Bürger gegen sich und die Geistlichkeit nicht noch mehr aufzubringen, den Weg der Gelindigkeit einzuschlagen; und erst im folgenden Jahre ließ die Stadt „dem Erzbischof zulieb" ihre Artikel fallen und die Domherren in das Ihre zurückkehren. Pfalzgraf und Kurfürst Ludwig aber kehrte nach Heidelberg zurück. Er ließ auf seinem Heimzug noch manchen blutigen Rumpf hinter sich und hatte, der stets um Geld Verlegene, an zweimal hunderttausend Gulden an Strafgeldern sich zusammengemacht. Auf einem Landtag, den er endlich am 26. September hielt, versprach er, wenn seine Untertanen übermäßig beschwert zu sein meinen, ihre Lasten zu erleichtern; und die Landstände antworteten, „das werde Gott angenehm und, künftiger Empörung vorzubeugen, das beste Mittel sein". Die Wirtschaft am Hofe Ludwigs und Friedrichs war bisher bis zur Liederlichkeit verschwenderisch gewesen.

13

Der Ausgang in Oberschwaben

Nach des Truchsessen Abzug auf Württemberg und weiter auf Franken waren es nur noch einige kleinere Abteilungen von Reisigen und Fußvolk, welche die zu Ulm zurückgebliebenen Bundesräte aussandten, durch Totschlag und Brandschatzung die Gemeinden der Bauern niederzuhalten und die neue Huldigung einzunehmen. Welche Dörfer oder Häuser nicht huldigten, wurden verbrannt. Am 27. April kam ein solcher reisiger Zeug von 200 Pferden nach Vöhringen, huldigen zu lassen. Die Bauern flohen nach Holzheim. Vöhringen wurde angezündet. Auch die von Grumbach flohen nach Holzheim. Grumbach wurde nicht verbrannt, bloß weil der Junker daselbst, Dietrich von Westerstetten, für sein Dorf bat. Der größte Teil der Grumbacher kam auch zurück, vertrug sich mit ihm und huldigte. Auch die von Edenhausen huldigten, die von Hausen nicht; darum wurde Hausen verbrannt. Zum Entgelt verbrannten die Bauern des anderen Morgens das nahe Kloster Auersberg, und die Reisigen stießen hinwieder das Dorf Rohr mit Feuer an. Die Bauern aber nahmen am 3. Mai dem Bischof von Augsburg sein Schloß Schöneck und plünderten es rein aus. Als der Zeug nach Thissen kam, um die Huldigung einzunehmen, begehrten die dortigen Bauern einen Tag Frist. Den anderen

Tag kam keiner zu huldigen. „Sie haben", sagten sie, „ihren Hauptmann die ganze Nacht gesucht und nicht gefunden." Die Brandsteuer des Bundes, sechs Gulden für den Bauer, sei ihnen zu schwer; dafür können sie lange zehren. Von den Türmen Ulms aus sah man ringsumher brennende Dörfer, Schlösser, Klöster. Die Bauern ließen das Fähnlein der Rache lustig fliegen. Bis ins Blautal herein zogen sie, und Stadt und Kloster Blaubeuren zitterten vor ihnen: Noch ragt als Ruine der schönste Schmuck des romantischen Tales, das ausgebrannte Felsenschloß Hohengerhausen; es wurde wohl in diesen Tagen ausgebrannt. Im Unterland glaubte man Ulm selbst bedroht, ja zerstört. Die von Weinsberg schickten einen herauf, sich nach dieser Sage zu erkundigen, er ward ergriffen, gefoltert, mit dem Schwert gerichtet, aus keinem anderen Grund, als weil er von Weinsberg war. Schwerer als zuvor wurden die Gotteshäuser dieser Gegend, Schussenried, Zwiefalten, Ottenbeuren, von den Bauern heimgesucht; Marzensies, ein Schloß Diepolds von Stein, die Klöster Ursberg und Irrsee und des Bischofs von Augsburg Schlösser, Stetten, Pfaffenhausen und Weilbach, ausgeplündert und verbrannt. Im Schloß Pfaffenhausen verbrannten sie ein Weib mit, das bezichtigt war, es sei eine Kundschafterin und wolle den Brunnen vergiften: Mit solcher Verbitterung wurde der Kampf geführt. Ober-Raunau, das Schloß Eglofs von Knörringen, war schon angezündet und wurde wieder gelöscht. Unter-Raunau und das Schloß in Kirchen an der Halden wurde ausgeplündert, selbst das letztere Dorf, weil dessen Bauern gehorsam blieben: Fünf Bauern zu Oberroth, welche huldigten, nahmen die anderen Bauern Roß und Kühe. Geld und Geldeswert zu vergraben half nichts. Der Pfarrer von Deisenhausen hatte es getan; die ihm geholfen, verrieten es an die Bauern. Das waren Taten des roten Fähnleins, das zu Windsheim sein Hauptquartier hatte. Vom Allgäu her kam ein anderes Fähnlein, vereinigte sich mit dem roten, und sie nahmen am 12. Mai den Markt Thannhausen ein, schätzten die Einwohner, nahmen je den dritten Mann aus dem Ort mit sich und rissen den Pfarrhof in den Grund nieder. Am 13. rückten sie vor das Schloß Münsterhausen, das den Herren von Roth gehörte und hoch auf einer weiten Ebene lag, mit allem wohl versehen, nur nicht mit Mannschaft: Es lagen nur 34 Mann darin. Das Schloß wurde nach tapferer Verteidigung erstürmt und die Besatzung darinnen niedergemacht.

Nur drei Mann und ein Weib entgingen dem Blutbad. Einer davon nahm, sobald die Bauern im Schloß waren, einige Laibe Brot, ging ihnen entgegen und zeigte sie, als ob er Beute gemacht hätte; ein anderer war glücklich auf ein Bett, das er hinabgeworfen, gesprungen, wurde aber von einem dazukommenden Bauer erstochen. Die Bauern durchsuchten alle Winkel und freuten sich der vorliegenden Beute, als plötzlich ein Pulverfäßchen, nach der Sage der einen, absichtlich durch den Schloßhauptmann angezündet, nach anderen, durch Unvorsichtigkeit eines Bauern, in Brand geriet und das ganze Schloß in Flammen setzte, ehe die Beute weggebracht werden konnte: Die Sieger hatten genug zu tun, ihr Leben zu retten. Des anderen Tags war Kirchweihe zu Burtenbach: Die Bauern wollten Montags den Kirchweihtanz nicht versäumen, einige fischten den Weiher bei Münsterhausen dazu aus. Da machte Heinz von Roth mit anderen einen Ausritt, sie erstachen viele Bauern und brannten einen Teil vom Dorf Münsterhausen ab. Die Bauern aber nahmen und plünderten am selben Tage noch Schloß Erolsheim. Da kam des Bundes Hauptmann Sigmund Berger mit 1000 Knechten und 100 Pferden, überfiel am 17. Mai beim Dorf Alen einen Bauernhaufen von 4000, zerstreute ihn und soll bei 1000 Gefangene gemacht, wenigstens zur Huldigung gebracht haben. Bedeutende Verstärkungen an Mannschaft und Geschützen kamen ihm nach. Zur Schlacht kam es nirgends: Sahen die Bauern die Feinde vor sich zu stark, so „nahmen sie den Mantel der Wälder an sich". Die Bündischen plünderten die Bauern, die nicht huldigten, und die Bauern plünderten die, die huldigten. Einzelne wurden aus den Bauern, einzelne aus den Bündischen erstochen. Wilhelm Ritter zu Bühl verbrannte seine eigenen Dörfer am 31. Mai, Anhofen zum Teil, Kissendorf bis auf sechs Häuser ganz; Bühl rettete die Fürsprache Hans Geßlers, des Pfarrherrn. Am Pfingsttag brach unter den Landsknechten des Bundes eine Meuterei aus, wie es scheint zugunsten der Bauern; sie wurde erstickt, und vier Knechte, darunter „ein lutherischer Bub, der viel disputieren und nicht beichten wollte", wurden hingerichtet.

So zog es sich hier unten mit Neckereien und Streifereien hin bis Ende Juni: Sie dienen, das Gemälde des Volkskrieges zu vervollständigen, es zeigten sich ähnliche auch anderswo; wie aber einmal das Rad unter den Wettern der Schlachten über ganze blutende und brennende Landschaften rollte, konnte kleineres, einzelnes zur Seite, nicht in Betracht kommen; jetzt, nachdem die Donner der Schlacht ausgeschlagen haben und die schweren Gewitter vorübergezogen sind, mag es im kleinen nachzucken und leuchten.

Größere, volle Bedeutung hatte der Volkskrieg weiter oben, wo das Ober- und Unterallgäu, das Hegau, der Wald, der Sundgau teils fortwährend, teils wieder im Aufstand war.

In Memmingen, jener Stadt, darin die Allgäuer ihren zweiten Bundestag gehalten hatten, war es, wie in so mancher anderen Stadt, nach und nach zu einer kleinen Revolution gekommen; die Bewegungspartei hatte ganz die Oberhand erhalten. Die Bürgergarde, die sich der Rat aus seinen Anhängern auserwählt hatte, empörte sich in der Karwoche selbst gegen den Rat. Verdächtige Briefe des letzteren waren von den Bauern draußen aufgefangen worden und den Bürgern zu Händen gekommen. Die Ratsherren saßen eben etwas länger zu Rat über die Angelegenheiten der Bauern. Da traten die bürgerlichen Schutzwachen draußen vor dem Saal zusammen: Über so wichtige Sachen, sagten sie, könne der Rat nicht ohne Zuziehung des Volkes entscheiden, zumal in diesen gefährlichen Zeiten, in denen man überall auf Unterdrückung des gemeinen Mannes bedacht sei. Sie schwuren, einander beizustehen und auf Abstellung der Beschwerden zu dringen. Nur der Hauptmann und Fähndrich waren dagegen und gingen davon. Sie aber riefen mit Trompeten und Trommeln die Gemeinde zusammen, bewaffnet auf dem Markt zu erscheinen. Die Ratsherren begaben sich heimlich vom Rathaus hinweg, versammelten sich an einem anderen Ort und ließen durch die Ratsdiener den Zünften sagen, jede Zunft solle sich auf ihrer Stube versammeln. Zu spät. Niemand gehorcht. Allgemeiner Lärm in den Gassen. „Nieder mit den Häusern der Reichen und Pfaffen!" hört man schon schreien. Doch fällt keine Gewalttätigkeit vor. Da läßt der Rat sie bitten, da es Abend sei, auseinanderzugehen und morgen ihre Beschwerungspunkte vorzulegen; er wolle ihnen abhelfen. Magister Paulus Höpp, der lateinische Schulrektor, setzte sogleich die Beschwerden auf und las sie auf dem Markt von einem Tisch herab vor. Der Rat selbst hatte ihn darum gebeten, dies zu tun und dadurch das Volk, zu beruhigen. Es ging auch darauf einer nach dem andern nach Haus. Die verdächtige Korrespondenz, die der Rat als etwas lediglich Unschuldiges darstellte, wurde von dem Stadtschreiber mit der Feder ganz durchgestrichen: Als sie der Gemeinde vorgelesen werden sollte, war sie unlesbar gemacht. Eilig bewilligte der Rat alles, was die Gemeinde wünschte, Vollzug der früheren Artikel und einiges Neue. Mehrere sehr verhaßte Räte wurden aus dem Rat gestoßen, andere, geachtete, dafür eingesetzt. Doch auch jetzt wollte die Stadt die Bauern nicht ihren Sitz in der Stadt nehmen lassen; und als diese drohten, schrieb der Rat um 300 Knechte nach Ulm, die gestürzte Ratspartei heimlich an den Bund um das Sechsfache: Und siehe, Freitag nach Pfingsten, während der Rat zusammensaß, kommt der Wächter auf dem Niedergassertor herauf und zeigt an, er habe viel Volks zu Roß und zu Fuß, bei Tausenden, bei der Kapelle bei Amendingen herziehen sehen. Dessen erschrak der Rat. Er bot die ganze Bürgerschaft mit Harnisch, Wehr und Waffen auf den Markt. Draußen hielten Diepold von Stein und Sigmund Berger, des Bundes Hauptleute; sie begehrten nur für 100 Pferde Quartier. Nach gütlicher Unterhandlung ließ man die ein; sie legten die Waffen ab, zogen die Pferde in die Ställe und machten sich's bequem. Da die Bürger sahen, daß keine Gefahr vorhanden war, erging der Ausruf, daß sich jeder nach Haus in Frieden begebe; es geschah; und die Tore wurden aufgetan und alle Bündischen, zusammen 2000 zu Fuß und 200 zu Roß, hereingelassen: Noch zu rechter Zeit entflohen 40 Bürger, fünf wurden gefangengenommen, Meister Paulus Höpp auf dem Markt sogleich enthauptet, mit ihm der Bürger Bechtinger und noch einer; „es sollten wohl mehr an den Tanz, aber der recht ketzerische Prediger (Schappeler), den der Bund mit Gewalt haben wollte, als die Ursache an der Bauern Aufruhr da herum, und zwei Helfer wurden unterschlagen, bis sie davonkamen." Schappeler entkam glücklich in seine Vaterstadt St. Gallen. Vor Memmingen aber legten sich die Fähnlein der Allgäuer, es einzunehmen.

Die Allgäuer hatten den Vertrag von Weingarten, den ihre Abgeordneten auf Hintersichbringen abgeschlossen, nicht angenommen, sondern, wie wir sahen, Klöster und Schlösser abgetan. Österreichische Kommissäre erschienen am 11. Mai im Lager der Allgäuer, die aus 177 Pfarreien des oberen und unteren Allgäus sich gesammelt hatten, und knüpften mit ihnen Unterhandlungen zugunsten des Erzherzogs Ferdinand an; es galt einen Versuch, das ganze Allgäu wie Füssen zur Unterwerfung unter das Haus Österreich durch günstige Bedingungen zu vermögen. Die Stadt Kaufbeuren wurde zum Ort der eigentlichen Verhandlungen bestimmt. Ein neuer Angriff auf Füssen unter Paul Probst am 11. Mai war ohne Erfolg geblieben; am 12. waren sie über den Lech gegangen und hatten das Kloster Steingaden verbrannt, bei Landsberg aber jenen Widerstand der Bayern gefunden. Die Unterhandlungen zu Kaufbeuren, während deren die Waffen ruhten, führten nicht zum Ziele; der Erzherzog setzte einen neuen Tag an; die Ereignisse zu Memmingen und der Anzug erzherzoglichen Kriegsvolks machten die Bauern mißtrauisch. Diesem Kriegsvolke, darunter viele böse Buben waren, der Sage nach ausgelaufene Mönche, Pfaffen und Studenten, die vom Papste „den armen Judas" und andere Spottlieder sangen und in Weißenhorn ärger als die Bauern hausten, sperrten sie durch Verhaue den Weg im Kemptner Wald, viele andere Fähnlein arbeiteten, denen in Memmingen das Wasser abzugraben, und verlegten alle Straßen um die Stadt. Bei einem glücklichen Ausfall aber nahmen die Belagerten ihnen 17 Wagen mit Leitern weg, die zum Sturm bestimmt waren. Nach vierzehntägiger Einschließung hatten die Bauern eben die Geschütze auf die Stadt gerichtet, um Bresche zu schießen, als die Kunde vom Anzug des Truchseß und des Bundesheeres kam. Sie zogen (am 27. Juni) ab, teils auf Babenhausen, teils auf Obergünzberg. Am 3. Juli fielen zu Memmingen die Häupter von zwei Bürgern und zwei Bauern. Von Nördlingen her hatte der Truchseß wieder einzelne verbluten lassen.

Eine Figur, die wesentlich zu des Truchseß Hofstaat gehörte und des Feldherrn Person eigentlich vervollständigte, war sein geschätzter Profos, Berthold Aichelin. Dieser berüchtigte Scherge war ein Söldner Ulms, die Stadt hatte ihn dem Bund geliehen; „der fuhr eine Zeitlang um in

Schwaben, Franken, auf dem Schwarzwald, in Württemberg, Hegau, Allgäu, weit und breit zu henken; er hatte einen besonderen, grimmigen Haß auf das Evangelium; wo er einem evangelischen Praktikanten ankommen mochte, der hatte bei ihm den Hals verloren"; „er fing's, beraubt's, schätzt's, henkt's an die Bäum elendiglich; da hatt' alles menschliche Erbarmen ein Ende". Er war ein Schrecken, aber auch ein Scheusal für alle; der Ulmer Rat beriet sich, ihn aus der Liste seiner Söldner zu streichen, denn es sei doch unziemlich, daß er mit eigener Hand die Leute henke und ersteche; sie ließen ihn nur, „um Ungnad fürzukommen", da er immer in des Truchseß Geleit sei. Der Truchseß nannte ihn auch nur „seinen besonders lieben Berthold" und hatte ihm „für seine getreuen Dienste" die schönen Güter der Heilbronner Bauernhauptleute, Hans Flux und Ulrich Fischer, geschenkt; die Heilbronner gaben dem Bundesschergen nachher jedoch nichts als schnöde Worte.

Während sein Berthold henkte oder Augen ausstach und brandmarkte, sengte und plünderte der Truchseß. Babenhausen, lange Zeit das Lager des roten Fähnleins, war verurteilt, vom Boden weggebrannt zu werden: Veit von Rechberg, dem es gehörte, rettete es. Aber die Flammen von Untereichen, Berken, Ober- und Unterthingau, Heimartingen und anderen Orten leuchteten hinter dem Truchseß drein. Schon als er von Nördlingen herzog, schrieb ihm der Erzherzog, er, der Fürst, sei im Stillstand mit dem oberen und unteren Allgäu; des Truchseß Zug gegen die Allgäuer wäre gegen diesen Stillstand und könnte nicht allein die österreichischen Erblande, sondern des Erzherzogs Person in große Gefahr bringen. Darum solle er haltmachen, aus diesen und anderen Ursachen, deren er mit der Zeit werde berichtet werden. Der Truchseß teilte es den Bundesräten mit. Diese befahlen ihm vorzurücken; er sei nicht vom Erzherzog, sondern von den Bundesständen als oberster Feldhauptmann bestellt. So zog er weiter. Auf seine Brennereien schrieben sie ihm am 15. Juli, er solle sie unterlassen; es sei des Bundes Meinung nicht, das Land zu verderben. Er antwortete: Wollen sie ihn kriegen lehren, so sollen sie zu Feld ziehen, und er wolle an ihrer Statt auf den Pfühlen sitzen.

Bei Schrattenbach stieß er mit seinem schwachen Vortrab unversehens auf 6000 Allgäuer, die in Schlachtordnung gegen ihn zogen. Wie viele er verlor, sagt er nicht, wohl aber, daß er „eilends hinter sich stand" und das Hauptheer zu Hilfe rief. Das wollten die Bauern nicht erwarten und zogen nach kurzem Gefecht, ohne daß der Truchseß sie zu verfolgen wagte, geruhig über die Leubas zurück und nahmen ihre Stellung hinter diesem kleinen, aber reißenden Bergflüßchen auf der steil ansteigenden Höhe, machten Verhaue und sperrten die Furt. Hier zogen sie ihre Streitkräfte aus dem oberen und unteren Allgäu an sich. Der Truchseß hätte gerne mit ihnen geschlagen, ehe diese kämen. Aber es war ihm unmöglich: „Sie lagen in solchem Vorteil der Höhe, daß man nicht wohl zu ihnen kommen mochte; eine solche wilde, wüste Gestalt war da vorhanden." Links waren die Bauern durch die Iller, vorn durch die Verhaue, durch die Leubas und deren steile Ufer, rechts durch waldigte Berge und den Weiher bei Wageck gedeckt. Sie hatten viel und gutes Geschütz, es waren die waffengeübtesten Männer unter allen im ganzen deutschen Lande; viele hatten selbst früher in Frankreich und Italien gedient; viele gute Kriegsleute waren soeben erst zu ihnen gestoßen, heimgekehrt aus dem Feldzug in Welschland. Wie Walter Bach als Hauptmann mit dem Truchseß, so hatten Kaspar Schneider und andere ihrer Anführer als Hauptleute im soeben beendeten italienischen Kriege unter Georg von Frundsberg gedient. Zudem hatten sich große Scharen der aus Niederschwaben und Franken geflüchteten Bauern, besonders viele Urheber des Aufstandes, von allen Enden her ins Allgäu geworfen. Der Truchseß, obgleich verstärkt durch alle einzelnen dem Bunde gehörigen Fähnlein, wagte den Angriff nicht; er wollte Georg von Frundsberg erwarten, den der Bund mit 3000 Knechten in Sold genommen hatte, lagerte diesseits der Leubas und begnügte sich, sein großes Geschütz gegen die Bauern spielen zu lassen. Die Bauern antworteten aus ihrem Vorteil mit ihrem guten Geschütz: Hatten die Bauern Schaden, so hatte der Truchseß großen Verlust. So ging der 19., der 20. Juli mit Schießen hin. Die Bauern hatten sich auf 23 000 Mann gestärkt. Es war Freitag vor Jakobi, der 21. Juli. Sie ordneten ihr Heer in drei Haufen: Ihr Plan war, den Truchseß von seinem Lager wegzulocken und sein Geschütz zu nehmen. Aber Walter Bach, der zuvor mit dem Erzherzog sich eingelassen hatte, ließ jetzt, durch die Entziehung des Oberbefehls gekränkt, auch mit dem Truchseß sich ein. Frühmorgens ging ein Haufen der Allgäuer unterhalb des Lagers der Bündischen über die Leubas. Der Truchseß saß beim Morgenimbiß. Er ließ Lärm blasen, nahm etliche Hauptleute und Pferde, befahl, das Heer in Schlachtordnung zu stellen, besichtigte den anziehenden Haufen, ließ vier Falkonete auf einen Bühl bringen und auf den Haufen feuern. Die Bauern stellten sich, als wollten sie fliehen. Da begehrten einige Hauptleute vom Truchseß, sie zu verfolgen. „Nein", sagte der Truchseß, „ich weiß, sie wollen uns locken, ob wir zu weit vom Lager kämen, um dann vorn und in der Seite mit ihren beiden anderen Haufen uns ins Lager zu brechen." Und sogleich kam Botschaft, daß ein zweiter Haufen der Bauern die Leubas oberhalb des Lagers überschritten habe, und ebenso sah man den dritten großen Haufen gerade vor sich in Bewegung, um über das Wasser zu gehen. Herr Georg sprach: „Wir haben einen guten Vorteil: Laßt sie herankommen; ich habe mir diesen Anschlag wohl gedacht." Als die Bauern

Georg von Frundsberg
(Nach dem einzigen authentischen Bildnis Frundsbergs)

ihren Plan vereitelt sahen, gingen sie wieder zurück in ihr Lager. An diesem Tage war Georg von Frundsberg bei dem Truchseß eingetroffen; am selben Abende noch kam sein ganzer Fußzeug von 3000 Knechten nach. Der Truchseß war jetzt gegen 14 000 Mann stark, hatte die bessere Bewaffnung, seine gefürchteten Reitergeschwader, sein überlegenes Geschütz und die Sieger von Pavia, die Fähnlein Frundsbergs, für sich: Und doch wagten die beiden berühmten Feldherren es nicht, die Entscheidung einer Schlacht zu überlassen. Was Verrat angefangen hatte, sollte Verrat vollenden. Frundsberg sprach zum Truchseß: „Wir wollen sie nicht angreifen, es würde zu beiden Seiten viel Blut kosten, und wir würden wenig Ehr' erlangen. Ich kenne die Hauptleute, die dem Kaiser in Italia gedient haben; ich will einen anderen Weg versuchen, daß die Sache zu gutem Ende komme." Der Truchseß und der Kriegsrat gingen darauf ein. Ihnen allen stand die Gefahr vor Augen, daß, wenn sie hier vor den Allgäuer Bauern verlören, alle bisherige Arbeit des Bundes, ja alles, verloren war; links die ganzen Alpenlande noch im Aufstande; rechts alles vom Hegau bis zum Sundgau; im Rücken zu befürchten ein neuer Aufstand Württembergs, ja des ganzen deutschen Landes. Georg von Frundsberg knüpfte insgeheim zur Stunde mit Kaspar Schneider, Walter Bach und einigen anderen Hauptleuten der Bauern Unterhandlungen an. Er bot ihnen, namentlich Walter Bach, große Summen Geldes an, wenn sie die Bauern aus ihrem Vorteil und zum Abzug brächten; und Walter Bach und seine Genossen nahmen das Geld. Walter Bach, der Verräter, machte aus, er wolle ihnen ein Zeichen geben, daß der Verrat gelungen sei. Zum Heere der Bauern sprachen er und seine Mitverräter: Jetzt, da der Frundsberg mit seinen Kriegsleuten da sei, können sie die Bündischen in dieser Stellung nicht angreifen; sie wollen den Feind umgehen und einen anderen Vorteil suchen. Sie gewannen die Mehrheit dafür. Es war nachts 10 Uhr, ringsum ganz dunkel, nur die Wachtfeuer leuchteten und die Sterne des Julihimmels: Da schickten der Truchseß und Frundsberg einige Knechte ans Lager der Bauern, zu belauschen, was sie machen; sie selbst folgten mit etlichen Hauptleuten. Die Wachtposten der Bauern gewahrten durch die Nacht die Reisigen; sie schrien dem Büchsenmeister zu, auf dieselben zu feuern. Da sprach einer: „Was soll ich schießen, da wir doch kein Pulver mehr haben?" Das war das verabredete Zeichen. Der Truchseß und Frundsberg sahen daraus, daß der Verrat gelungen war: Der Verabredung gemäß hatten die Bündischen den ganzen Abend ins bäurische Lager heftig geschossen, und unter dem Schein, als sei es durch feindliche Kugeln geschehen, hatte Walter Bach durch einen aus der Pfarrei St. Lorenz den ganzen Pulvervorrat der Bauern in Brand stecken lassen.

Es war Mitternacht, da führten Kaspar Schneider und Walter Bach, die Hauptleute von zweien der drei Haufen, ihre Abteilungen aus ihrem Vorteil hinweg, als ob sie den Feind umgehen wollten. Die Büchsenmeister waren alle bestochen; sie ließen das Geschütz stehen, während die Haufen dahinzogen. Auf dem Zug übergaben die Hauptleute, als ob sie auf Kundschaft ausgehen wollten, die Fahnen anderen, entwichen und flüchteten in die Schweiz. Indem hörte man das bündische Heer nacheilen. Schrecken kam unter die Verratenen; die Haufen zertrennten sich; und in einer halben Stunde hatten sie sich auf die Berge, in die Täler, in die Hölzer verlaufen, einer da-, der andere dorthinaus. Die Bündischen bemächtigten sich so des ganzen bäurischen Geschützes. Aber die Verräterei war nicht ganz gelungen: Der dritte Haufe unter dem redlichen Knopf von Leubas war nicht zerstoben. Als dieser mit Tagesanbruch die Verräterei entdeckte, zog er sich, mehr in Ordnung als fliehend, zurück, erlitt zwar durch die bündische Reiterei Verluste, erreichte aber glücklich hinter Sulzberg, oberhalb Kempten, den Kallenberg, und setzte sich hier, sich zu sammeln und dem Bund zu stehen. Der Truchseß lagerte bei Durrach; droben waren die Bauern unangreifbar für Geschütz und Reiterei. Da kriegte Herr Georg wieder auf seine Art: Er ließ aus allen Orten umher, aus denen die Bauern auf dem Kallenberg waren, Vieh, Pferde, alles Bewegliche ausrauben und zündete die Orte an. In den nächsten Tagen sahen die Bauern vom Gipfel des Kallenberges in ein großes Feuermeer herab: Über 200 Höfe und etliche Dörfer, wo sie Weib und Kind, Eltern und Verwandte zurückgelassen, brannten, von den Bündischen angezündet. Aber auf dem Berg litten sie bereits Mangel, eigentlichen Hunger, da man ihnen alle Wege umritten und besetzt hatte, daß sie ohne Schaden nichts zu sich bringen, nicht davonkommen konnten. Das alles, der Hunger und der Brand der Heimat, brachte sie zur Unterwerfung. Sie legten die Waffen nieder und mußten, weiße Stäbe tragend, durch die Reihen ihrer Feinde gehen, von denen sie verspottet wurden. Sie ergaben sich auf Vertrag: neue Huldigung, sechs Gulden Brandsteuer für jede Hofstatt, Schiedsgericht des schwäbischen Bundes über Schadenersatz an ihre Herrschaften und über ihre Beschwerden gegen dieselben; Bestrafung der Ursächer in Gnade und Ungnade. 18 ließ der Truchseß am 26. Juli zu Durrach enthaupten, zwei zu Haldenwang, einige zu Thingau: Unter ihnen war jener Jörg Täuber von Häusern, der fromme, rechtliche Mann. Georg Schmid, dem Knopf von Leubas, Hans Leuter, genannt Pierli, und vielen anderen Hauptleuten gelang es, sich zu flüchten. Der Knopf von Leubas aber und Kunz Wirth ob der Halde wurden zu Bludenz gefangen und nach langem Gefängnis in Bregenz und oftmaliger Folter an einem Baum gehenkt. Nach Kempten und Kaufbeuren wurden starke Besatzungen gelegt, um den Landmann niederzuhalten. Matthias Waibel, der fromme Prediger zu St. Lorenz, wurde unter dem Vorwand, man warte draußen, daß er ein Kind taufe, aus seiner Sicherheit gelockt und, des Fürstabts Rache zu sättigen, vom Schergen der Bundesrichter, von Aichelin, ergriffen und im Wald zwischen Leutkirch und Diepoldshofen, abends, den 7. September, an eine Buche gehängt: Betend für seine Feinde starb er, in den Augen des Volks ein Heiliger, zu dessen Grab es wallfahrtete.

Zu gleicher Zeit ward der Aufstand am Bodensee und im Hegau beendet. Nach des Truchseß Abzug auf Württemberg waren die Hegauer des ganzen platten Landes Meister, und der kleine Krieg zwischen ihnen, die nie einen Vertrag angenommen hatten, und den Besatzungen der Städte Stockach und Zell, welche Ausfälle machten, wurde mit großer Erbitterung geführt. Zu Bodmann, glaubten die Hegauer Bauern, habe man sie im Wein vergiften wollen, sie verbrannten allen Hausrat darin auf einem Haufen und schlugen allen Fässern den Boden aus. Die Edelleute zu Stockach und Zell verbrannten Nenzingen, Wahlwies und Stahringen und die Mühle zu Steißlingen am 5. Mai, „schleiften selbst Frauen, ohne Zucht und Scham, mit aufgehobenen Kleidern, durch den Bach, und ein Kind, dem aus dem Feuer geholfen war, warfen die Bluthunde wieder ins Feuer und ließen's verbrennen". Indessen kehrte Benkler von Kalchhofen aus dem Württembergischen zurück und übernahm wieder den Oberbefehl. Zell wurde zu Wasser und zu Land aufs engste eingeschlossen. Schreiben und Boten gingen in den Kanton Schaffhausen, die dortigen Bauern aufzuregen. Vom Breisgau her kam Hans Müller von Bulgenbach mit den Schwarzwäldern. Nach sechswöchiger Belagerung war die Stadt schon in Nöten, als die Hilfe kam. Die Städte Überlingen, Pfullendorf, Ravensburg, Markdorf, Meersburg, Graf Felix von Werdenberg und die von Salem taten sich zu 5000 Mann mit gutem Geschütz zusammen. Es waren eben die Bauern des früheren Seehaufens, der den Vertrag treulich hielt. 600, die zu Sernatingen lagen, sagten, ihre Spieße stechen keine Bauern, als man sie gegen die Hegauer führen wollte: Es wäre nicht recht, wollten sie gegen ihre Brüder fechten. Auf das überfiel sie das städtische Kriegsvolk, ein Teil der 600 ergab sich, andere entflohen. 24 der Ihren enthaupteten die Überlinger, Graf Felix von Werdenberg ließ seine Abgefallenen sogleich an Bäumen aufknüpfen, der Abt von Salem die Seinen nur ausweisen, die Überlinger aber enthaupteten 40 dieser Ausgewiesenen. Der Erzherzog schickte Herrn Marx Sittich von Ems mit gutem Zeug und einem Haufen Knechte. Diese vereinigte Macht war jedoch noch nicht nahe, als Hans Müller, der Schwarzwälder Oberste, nicht ohne Verdacht der Bestechung, und Heinrich Maler, früher Hauptmann bei den Neckartalern, jetzt Oberster der Hegauer, die Belagerung aufhoben und abzogen. Unterwegs entwichen beide; der Nähe der Ernte wegen gingen auch viele Bauern heim; der Rest verschanzte sich an der Hilzinger Steige. Am 16. Juli hier angegriffen, wurden sie nach zweistündigem Kampfe geschlagen. Viele flüchteten sich zu Herzog Ulrich auf Hohentwiel, die anderen ergaben sich auf Vertrag mit ziemlich günstigen Bedingungen. Mehrere gefangene Hauptleute wurden enthauptet: Auch Hans Müllers von Bulgenbach Haupt fiel später zu Laufenburg. Den Vertrag vermittelten die Schweizer Städte. Es war den Schweizern sehr darum zu tun, die Ruhe an ihren Grenzen zu vermitteln, ihrer eigenen Untertanen wegen.

Auf mehreren Tagen zu Basel arbeiteten seit dem Mai die fünf Orte Zürich, Bern, Basel, Solothurn und Schaffhausen, das obere Elsaß, den Sundgau, den Breisgau und Schwarzwald zu beruhigen. Es ward auch in allen diesen Landschaften ein Stillstand bis auf St. Ulrichstag, 4. Juli, angenommen, um einen gütlichen Vergleich zwischen Herrschaften und Untertanen zu stiften. Die Schweizer drohten sogar. Nähme man, sprachen sie, die Güte der Billigkeit nach nicht an, und würde die Bauerschaft nochmals aufrührerisch, so würden die Eidgenossen die Sache so an die Hand nehmen, daß die auf dem Lande darüber nicht lachen würden. Es sei des Spiels genug. Die Furcht vor der bewaffneten Einmischung der Eidgenossen, von denen sie eher Beistand gehofft hatten, wirkte sehr auf diese Bauerschaften. Am meisten tat Markgraf Philipp von Baden. Als der Erzherzog drohte, Elsaß, Sundgau und Breisgau in Person mit Heeresmacht strafen zu wollen, eilte Philipp zu ihm, beschwor ihn und verlangte von ihm, daß er damit stillestehen wolle, bis der Markgraf einen Vertrag vermittelt habe. Auch das Umschlagen Freiburgs schreckte und verbitterte zugleich die Bauern. Am 17. Juli kündigte die Stadt dem hellen Haufen den Eid ab und überzog sogleich mit einem geworbenen Fähnlein und ihren Bürgern ihre stillsitzenden einzelnen Bauern, fing und erstach etliche, plünderte und verbrannte zum Teil ihre Häuser. Dazu kamen die großen Niederlagen ihrer Brüder. Markgraf Philipp, besonders von den Städten Straßburg und Basel unterstützt, brachte den Vertrag zu Offenburg zustande, der von beiden Teilen am 18. September beschworen wurde und der den vorderösterreichischen Untertanen wenigstens einige Rücksicht auf ihre Beschwerden angedeihen ließ, aber die Rädelsführer von der Amnestie ausschloß. Wer von diesen gefangen wurde, endete durch Schwert oder Strang. Selbst Freiburg ließ mit dem Schwert richten, vierteilen, die minder schuldigen Bürger des Landes verweisen.

Samstag nach Pfingsten hatte sich das obere Elsaß der Regierung zu Ensisheim auf Gnade unterworfen, da diese drohte, sonst die Lothringer ins Land zu bringen und sie zu verbrennen und zu verderben. Der Vertrag lautete ausdrücklich, daß auch die Rädelsführer nur vor unparteiischen Richtern zu Recht sich stellen sollen. Sechs Gulden Strafe und Ersatz sollten die Bauern leisten und die Waffen niederlegen. Die Sundgauer nahmen den Vertrag an wie die Elsasser. Aber die österreichische Regierung zu Ensisheim hielt den Vertrag nicht. Glaubenswut und Rachehunger hatten bei ihr die Oberhand. „Da hub durch sie eine blutige Metzig an, da ward jämmerlich gemartert und getötet, zumal, wo man hinter einen Priester kommen mocht." Was dieser Aufruhr von Pfaffen ist anhängig gewesen, haben die von Ensisheim alle an Bäume henken lassen. Reisige machten überallhin Jagd auf die bei dem Aufstand besonders Beteiligten und auf die Lutherischen. Als aber der Henker zu Reichenweier einige aufgeknüpft hatte, kam eine edle Hand und schnitt sie ab. Der Übermut einer Gräfin von Rappoltstein, der Gemahlin des Herrn von Lupfen, hatte den Ausbruch des ersten Aufstandes veranlaßt: Eine Gräfin von Rappoltstein war es, deren Edelmut jetzt den Opfern des Aufstandes die Stricke abschnitt. Ebenso wollten auch die Edelleute nicht feiern. Sie überfielen und machten Bauern nieder, wo sie konnten, und steckten Lutterbach, Pfastatt, Riedisheim und andere Dörfer in Brand. Schreckensvoll flüchteten die Landleute ihre Habe in solcher Menge in die Stadt Mülhausen, daß nicht nur alle Häuser, sondern alle Gassen damit angefüllt waren. Auch nach Basel hinein fingen sie an zu flüchten, was sie flüchten konnten: Wein, Früchte, Hausrat, Weiber, Kinder. Es war alles in Basel so voll Karren und Pferden, daß an Bartholomäi niemand durch die Spalenvorstadt noch zum Tor hinaus konnte.

Da die Bauern sahen, wie schlecht der beschworene Anstand von den Herrschaften gehalten wurde, steckten die Hauptleute Hans von der Matten und Heinrich Wetzel von Landskron das weiße Jesus-Christus-Fähnlein im Sundgau wieder auf, und die Bauern sammelten sich wieder in Habsheim und Rixheim. Einen Tag um den anderen scharmützelten sie mit dem Adel und den Reisigen; sie riefen den Rat zu Basel, sie riefen alle Eidgenossen um Hilfe an, die den Anstand vermittelt hatten. Der Wirt zum Löwen in Zürich zog den Sundgauern mit einem Fähnlein zu, und auch aus Berns, Basels und Solothurns Herrschaften eilten ihnen viele, trotz der Abmahnung ihrer Oberen, auf ihre Werbung zu Hilfe. Die Bauern wollten jetzt Ensisheim belagern, die in Ensisheim pochten auf die Ankunft des Erzherzogs und des Herzogs von Lothringen; unter dem Scharmützeln rüsteten sich beide, Herren und Bauern: Da traten die Eidgenossen dazwischen und Markgraf Philipp und erwirkten, daß auch die Sundgauer den Vertrag annahmen. Im Solothurnischen und Laufental hatten sie schon früher gestillt.

Noch hatten die acht Einungen des Schwarzwaldes nicht gehuldigt, die Waffen nicht niedergelegt. Und als darum der Graf von Sulz, der kleine Tyrann, auf seine Untertanen im Klettgau, nach dem Vertrag, dessen ihm geltende Punkte er nicht hielt, mit eiserner Rute schlug, hauptsächlich das Evangelium grimmig verfolgte, da getrösteten sich die Klettgauer derer auf dem Wald und griffen nach der Mitte Oktobers gegen die Quälereien ihres Herrn zur Notwehr der Verzweiflung. Aber des Erzherzogs und der altgläubigen Städte Volk zogen schnell daher und unterdrückten sie um so leichter, da die Eidgenossen, besonders die von Zürich, die ihnen Schirm und Hilfe zugesagt hatten, sie im Stich ließen. Nach zweistündigem Kampf bei Grießen, wo Thomas Münzer gehaust hatte, mußten sie sich auf Gnade und Ungnade ergeben. Ihrem Prediger, Hans Rebmann, ließ Graf Rudolf beide Augen mit einem eisernen Löffel herausgraben, die Löcher mit Stroh ausfüllen und ihn so hinausstoßen; er starb an den Schmerzen. Die Hauptleute hing er. Doch zwang ihn der schwäbische Bund und die Schweiz, die Beschwerden seiner Untertanen durch ein Schiedsgericht entscheiden zu lassen. Am 13. November legten auf Vertrag die acht Einungen des Schwarzwaldes unter dem Schloß

Gutenberg die Waffen nieder und leisteten dem Hause Österreich die neue Huldigung. Es war ein besonderer Vertragsartikel, durch den sie die Stadt Waldshut, die Wiege des Aufstandes, der Strafe des Landesfürsten zu überlassen zusagten. Von allen verlassen, hielt sich die Stadt, bis sie am 5. Dezember durch Verrat ihrer eigenen Bürger, der früher ausgetretenen Ehrbaren und Altgläubigen, in die Hände der Österreicher fiel. Viele entrannen glücklich in der Nacht. Konrad Jehle von Niedermühle, der brave Hauptmann, der St. Blasien verschont hatte, wurde gefangen und am nächsten Eichbaum sogleich aufgeknüpft. Eines Morgens fand man die rechte Hand des Hingerichteten abgeschnitten und am Tor von St. Blasien angenagelt, dabei die Worte:

„Diese Hand wird sich rächen!"

Vier Monate darauf loderte die Abtei in Flammen auf.

Diese Hand wird sich rächen!

14

Nachzuckungen in Norddeutschland

Norddeutschland war im ganzen von dem Aufstand wenig bewegt worden.* Es ist das keine einzelnstehende Erscheinung in der deutschen Geschichte. Der deutsche Süden war immer früher politisch rege als der Norden. Ehe der Geist, welcher dem Bauernkriege innewohnte, seine Kreise bis in das nördliche Deutschland hinein auszudehnen Zeit und Raum fand, war die Bewegung in Thüringen, am Main, am Neckar und an der Donau unterdrückt. Der Kampf war vorüber im Mittelpunkt, als die Zuckungen im nördlichen Deutschland anfingen.

Die in Schlesien bewegen sich überwiegend auf religiösem Gebiet und werden von mir anderswo berücksichtigt werden. Mehr vom Religiösen ins Politische hinüber spielten und gingen die Nachzuckungen in Livland und Estland und in Samland, da, wo der Preuße mit dem Polen und Masuren sich berührte und die Ostsee an den deutschen Sand spülte. Nach Livland und Estland war die neue Lehre bald gelangt und hatte Wurzeln gefaßt; die zwölf Artikel kamen aber erst im Laufe des Sommers 1525 dahin. Hier, wo der Adel mit ungewöhnlicher Härte und Zahl auf den Bauern und den kleinen Städten des Landes lastete, mußten die zwölf Artikel dem Volke gefallen und es bewegen. Im Herbste des Jahres 1525 erhob sich das Landvolk in Estland zwischen dem See Peipus und dem Finnischen Meerbusen, um die Städte Wesenberg und Tolsburg her, und in Harrien, in der livländischen Landschaft am Meerbusen von Finnland. Unter den der neuen Lehre ergebenen Bürgern in Reval waren manche mit den Bauern eines Sinns. Die Bauern, die zwölf Artikel in der Hand und einige andere, welche sie selbst aufgesetzt hatten, mit besonderer Beziehung auf ihre eigentümlichen Verhält-

* Norddeutschland wurde vom Bauernkriege kaum berührt, weil Nord- und Ostdeutschland in der Hauptsache erobertes Kolonialland waren. Die angesiedelten Bauern waren zugleich Krieger gegen die sich noch wehrenden Wenden. Als Anreiz mußten diesen Bauern bessere Bedingungen von ihren Grundherren geboten werden und wurden ihnen auch geboten. Zwar hatte sich die Lage der Bauern in diesem Teil Deutschlands in den letzten hundert Jahren verschlechtert, doch wurden in Norddeutschland die Bauern noch lange nicht so bedrückt wie im alten Reich. Die Mehrzahl dieser Bauern wurde erst nach dem Dreißigjährigen Krieg in die Leibeigenschaft gepreßt. Die Nichtbeteiligung dieser Bauern an der großen Revolution hat wesentlich zur Niederlage im Bauernkrieg beigetragen.

In Livland, Estland und Samland haben sich die Bauern an dem großen Bauernkriege beteiligt, weil der Ritterorden die Bauern zugleich national unterdrückte und diese Bauern daher unter noch härteren Bedingungen lebten als die Bauern in Süd- und Südwestdeutschland. Die Red.

nisse, verlangten hier, daß die adeligen Vorrechte als unevangelisch abgeschafft werden.

Der Adel dieser Lande sah auf das hin in der neuen Lehre eine Feindin seiner Interessen und wandte sich um so mehr von ihr ab, als gleich nachher, im Oktober, die samländischen Bauern und Fischer aufstanden, zwischen dem Pregel, dem Frischen Haff, dem Kurischen Haff und der Ostsee. Diese forderten nicht bloß die Aufhebung der Adelsvorrechte, sondern die Ausrottung des Adels als „eines Unkrauts".

Der Deutschmeister Albrecht von Brandenburg, des grausamen lutherischen Kasimirs Bruder, welcher sich soeben zum weltlichen Herzog von Preußen gemacht, hatte den lutherischen Predigern allen Vorschub getan, das Land evangelisch zu machen. Mit den Predigern waren auch Prädikanten gekommen. Bald war die Lehre von der evangelischen Brüderlichkeit und Gleichheit so ins Blut der Bauern übergegangen, daß, wo einer ihrer Prediger diesen Ton nicht einhielt, sie vor ihn hintraten und sprachen: „Herr Pfarrer, Ihr sollt der christlichen Gemeinde das reine Wort Gottes predigen und nicht mehr ein Heuchler sein wie zuvor." Ja, sie bedrohten solche, welche nicht im Sinne der Bauern predigten.

Albrecht schrieb an seinen Bruder Kasimir, sie bestehen darauf, der Adel solle alle auf einmal und ganz aufgehoben werden, und es drohe dem Adel jämmerliche Ermordung.

Sie seien, sagten die Samländer, durch das Evangelium berichtet: „Du sollst nicht mehr als einen Gott und einen Herrn haben!" Darum wollen sie die Nester zerstören, daß die Krähen keine Jungen mehr darin ziehen sollen. Der Landesfürst sei ihnen zum Herrn genug, und sie bedürfen den Adel nicht zu einer Obrigkeit; die Adeligen halten nichts, was sie zusagen; verbieten die Vögel in der Luft, die Fische im Wasser, die doch Gott einem jeden frei geschaffen. Gott wolle sich jetzt über die Bauern erbarmen und sie von solchem frei machen.

In Schwaben und Franken war die Wut der Bauern vorzugsweise gegen die Herren vom Deutschorden gerichtet mit einer Erbitterung, welche sich nur erklärt aus den Einzelheiten der Ellwanger, Öhringer und Heilbronner Untersuchungsakten, Einzelheiten, welche zu schmutzig und wüst sind, um sie zu drucken, so sehr sie den Deutschorden und die Stellung der Bürger und Bauern zu ihm beleuchten würden. In jenen äußersten Gegenden Deutschlands aber war der Druck und die Verletzung des Volkes in allen seinen Gefühlen noch viel rücksichtsloser, und die samländischen Bauern im vierzehnten und fünfzehnten Jahrhundert hatten sich darum öfters empört gegen die Deutschordensritter, die als Vögte über sie saßen, empört gegen den Orden, weil er nicht den Glauben und Gottes Dienst, sondern seine eigene Pracht, Herrlichkeit und Macht und die Unterdrückung aller gesucht habe, freche Brüder, welche mit der Untertanen Leib und Leben, Gut und Blut nicht Gottes Ehre und der Menschen Heil gesucht haben, unbekümmert um Papst und Kaiser.

Durch Prälaten, Priester und Adel waren sie später so behandelt, daß diesen von einem um das Jahr 1503 geborenen Landsmann, der mütterlicherseits adelig war, nachgesagt wurde, „sie haben nicht allein des Volkes Wolle und Milch genossen, sondern ihm auch das Blut ausgesaugt und zuletzt das Fleisch von den Knochen abgefressen, aber mit christlicher Lehre sie nicht im geringsten versorgt".

Die Führer der Bewegung in Samland waren wie anderswo teils Geistliche, teils Laien. Als Herzog Albrecht einen Erlaß in das Land ausgehen ließ, welcher die Aufregung stillen sollte, nahm ein Prediger aus Friedland von dem fürstlichen Briefe die Siegel ab und druckte sie auf ein von ihm verfaßtes Schreiben, worin er sagte, die Volksbewegung geschehe nicht ohne Wissen und Zulaß des Landesfürsten, der selbst ein herzliches Mitleiden mit den Bauern habe; die Zeit der Erlösung sei gekommen, zumal weil sie Gott, sein heiliges Evangelium und des Landesfürsten Gunst und Willen auf ihrer Seite haben.

Dieser Prediger war der Sohn eines Bürgers aus der Stadt Friedland und hatte auf einer der sächsischen Hochschulen studiert. Den falschen Briefen, die er machte und worin Herzog Albrecht als mit der Bewegung einverstanden hingestellt war, wurde von den Bauern unbedingter Glauben beigemessen; hatte sie doch der Deutschorden in einem unglaublichen Grade von Unwissenheit aufwachsen lassen. Der Prädikant ritt hin und her, Tag und Nacht, bot auf und rührte auf, daß sie „das Unkraut ausreuten", das Unkraut „Zizania"; mit diesem geheimen Losungswort bezeichnete er in seinem Schreiben den Adel.

Herzog Albrecht, Kasimirs echter Bruder, sagte sich, wenn die Bauern so beim Adel anfangen, so werde am Landesfürsten das Aufhören sein. Er eilte, den Aufstand blutig zu unterdrücken, obgleich die Bauern bis jetzt nicht einen Tropfen Blut vergossen hatten. An der Spitze von dreihundert Reitern durchzog er das Land, die größeren und kleineren Städte, die Dörfer und Höfe, nicht zum Kampf, sondern zur Ausforschung und Aufhebung der des Aufruhrs verdächtigen oder überwiesenen Bürger und Bauern. Sein Umzug, den er am 5. November begann, war nur ein wanderndes Blutgericht. In Königsberg wurden dreißig Bauern mit dem Schwert gerichtet, nachdem sie gefoltert worden waren, auch einige Bürger, auf welche die Bauern unter der Marter bekannt hatten. Viele Bauern wurden des Landes verwiesen, viele flohen von selbst. Unter den zu Königsberg Gerichteten war auch ein Prediger, der beschuldigt war, unter den Anstiftern des Aufstandes zu sein. In der

Stadt Friedland wurde ein anderer Prediger, eben jener, der die Briefe, nach welchen Herzog Albrecht die Erhebung der Bauern gegen den Adel gerne sehen sollte, geschrieben und verbreitet hatte, gefangen und lebendig gevierteilt.

Die Hauptbeweger hier an der Ostsee waren unzweifelhaft nicht lutherische Prediger, sondern Prädikanten, jedoch nicht eben Wiedertäufer. Wie sehr wenigstens gewisse Prädikanten mit ihrer schwärmerischen Beredsamkeit und ihren da und dort aus der Bibel, wie es ihnen taugte, herausgezogenen Sprüchen eine Macht im Volke waren, zumal in denjenigen Gegenden, wo es in großer Unwissenheit erhalten worden war, dafür zeugt ein Augen- und Ohrenzeuge, der sie in Westfalen gehört hatte. „Die Prädikanten", sagte dieser, „hätten wohl den Teufel selbst verleitet mit ihren Reden und Predigten; sie selbst glaubten, Gott gehe mit ihnen auf Erden, und niemand könne ihnen entgegentun. Es ist unmöglich, zu sagen, wie sie reden konnten."

So ist nicht zu verwundern, daß die samländischen Bauern sich überreden ließen und ihnen folgten. Als der Mittelpunkt der Bauern wird der Müller Kaspar in dem Städtchen Kaymen genannt. Darin, daß diese Bauern eine Änderung der politischen Verhältnisse wollten, sah der Herzog ein blutig zu ahndendes Verbrechen, ohne zu berücksichtigen, daß er an seinem Orden Schwereres getan hatte als diese Bauern und daß dann die politische Änderung der Verhältnisse, die er vorgenommen hatte, wegen seiner den Bauern gegenüber viel größeren Zurechnungsfähigkeit noch mehr ein blutig an ihm zu ahndendes Verbrechen sein mußte. Was die Fürsten selbst wider die Gesetze taten, kam für sie nicht in Betracht, in Preußen sowenig als in Salzburg und Tirol.

15

Blutgericht der Alpenbauern am Adel zu Schladming

Als auf allen Seiten die Sache des Volkes niederlag und die Herren jubelten, da kam aus den Hochalpen hervor dem Volke ein Trost. Siegmund Dietrichstein hatte, nachdem sich die Bauern der Steiermark ins Salzburgische zurückgezogen, nach Wien um Sold für seine deutschen und böhmischen Knechte geschrieben. Die Kriegsräte schrieben zurück, er solle die Rädelsführer hart strafen, die anderen aufs Mark brandschatzen, alle ohne Unterschied, wo Aufruhr entstanden sei, dann habe er Geld. Dietrichstein befolgte den Befehl; er brandschatzte Gehorsame und Ungehorsame: Die Bauern sahen ihn mit Entsetzen ihre besten Brüder spießen, schinden, vierteilen. Seine Ratzen (Husaren), ärger als Türken, „schnitten den Weibern die Brüste ab, den schwangeren Frauen die Kinder aus dem Leib". Das stillte die Steirer Bauern nicht, es reizte sie zur Rache, zum Zusammenlauf auf der salzburgischen Grenze. Das Städtchen Schladming hatte sich auch Dietrichstein unterworfen. Die Knappen aus Schladming entwichen an die Maindling und begehrten an ihre dort versammelten steirischen und salzburgischen Brüder, Schladming einen Feindesbrief zu schicken, wenn es sich nicht in den christlichen Bund begebe. Dietrichstein zog nach Schladming und lagerte sich im Städtchen und vor demselben. Er wollte, bevor er heimzöge, auch diese Bauern stillen.

Schladming lag hart an der Salzburger Grenze. Die Fähnlein der Bauern, welche die Grenzhut bildeten, lagen unter dem salzburgischen Hauptmann Michael Gruber zu Radstadt. Dietrichstein schrieb ihm, er sei willens abzuziehen, wenn Gruber des Erzherzogs ungehorsame Untertanen von sich tue und dessen gehorsame nicht beleidige. Gruber antwortete, darauf könne nur aus dem Hauptquartier der Bauern von der Landschaft zu Salzburg Bescheid gegeben werden. Nach einigen Tagen kam ein Bote der Ausschüsse zu Salzburg und ein Schreiben der erzherzoglichen Räte: Beide trugen auf einen achttägigen Stillstand an. Dietrichstein beschloß, den Stillstand anzunehmen, mit der Klausel, „sofern er dableibe und vom Erzherzog Macht habe".

Er hatte aber gewisse Botschaft, daß Niklas von Salm, sein Nachfolger im Oberbefehl, täglich ankommen und dann kraft eigener Vollmacht auf die sorglosen Bauern fallen könne.

Am anderen Morgen wollte Dietrichstein seine schriftliche Antwort wegen des Stillstandes fertigschreiben. Den Abend durch zechten die Ritter ungewöhnlich viel und lang, es war die Nacht vom 2. auf den 3. Juli. 5 Uhr morgens sagte man dem Feldherrn, ein gefangener Knabe habe ausgesagt, im Bauernlager sei man nachts spät auf gewesen. Da rief er: „So wollen die Schelmen ein böses Stück an uns brauchen und uns überfallen." „Siegmundel", entgegnete ihm Königsfelder, „laß deinen kranken Fuß ruhen; sie können uns nicht überfallen." Dem Ritter schwebten ihre guten Wachen vor und die Unmöglichkeit eines Seitenzuges übers wilde, hohe Gebirge.

Dietrichstein raffte sich doch auf. Da scholl's: Der Feind ist da! Er warf den Harnisch über und rief seinem Buben, zu schauen, ob man Lärm schlage. Wie der das Fenster öffnet, trifft ihn ein Stich durch den Hals. Dietrichstein kam doch auf sein Pferd und zu 200 Knechten auf den Platz, die im Handgemenge waren. Sein Hengst erhielt fünf Stiche, er selbst einen harten Hieb über den Kopf, Kuendorf wurde neben ihm erschossen, Christoph Welser gestochen, daß er vom Sattel hing. Viele Knechte gingen zu den Bauern über. Die Ritter, bei dem Lärm meist noch in den Betten, wollten zum oberen Tor reiten; sie fanden, daß auch hier die Knechte schon sich an die Bauern ergeben hatten, das Geschütz genommen, die Reiterei entritten, die Böhmen teils gefangen, teils entwichen waren. Ruprecht Welser stürzte von einem Schuß. Gruber schrie den Herren zu, sich in die Kirche zu flüchten; sie taten's. Dietrichstein ergab sich den zu den Bauern übergetretenen Landsknechten auf ritterlich Gefängnis.

Die Bauern hatten nur mit geringem Volk, an 4000, das Heer Dietrichsteins, was da vor der Stadt lag, überfallen wollen, dieser Überfall war aber so sehr gelungen, daß in einem Nu nicht nur das ganze österreichische Geschütz genommen, alles vor der Stadt, was nicht entrann, erschlagen oder in die Enns gesprengt, sondern die Stadt selbst erobert war; auf Dietrichsteins Befehl war früh 4 Uhr die Reiterei aus der Stadt und über die Ennsbrücke gezogen und hatte das Tor offengelassen. Alles, was nicht deutsch konnte, wurde erstochen; doch entkamen viele über die Mauer hinaus. An 3000 wurden unter dem Überfall erschlagen, darunter ein großer Teil des kärntischen und steirischen Adels; 18 Adelige wurden allein in der Kirche gefangen. Sie wurden mit den anderen Gefangenen mit Trommeln und Pfeifen ins Quartier der Obersten der Bauern gebracht. Gruber kam, fragte nach dem Keutschach und Prank. Die waren nicht da. „Hätt' ich den Pranken", sagte er, „er müßt' sterben, ob er tausend Menschen wert wäre."

Es ward zu einer Gemeinde umgeschlagen, und der Profos holte mit Trommeln und Pfeifen den gefangenen Landeshauptmann in den Ring. Ein Knappe trat auf als Kläger: „Dieser gegenwärtige Dietrichstein", sprach er, „das schielende Hurenkind, hat im vorigen Bauernbund uns Brüder am meisten verfolgt, vertreiben, spießen und mit Rossen zerreißen lassen; ist auch an des Wölfel an der Heft Tod, daß er gespießt wurde, Ursache gewesen. So hat er auch jetzt unsere Brüder und Hauptleute zween zu Irming spießen lassen und war der Meinung, uns alle auch zu spießen; er hat dazu Wagen voll Spieße mitgebracht; seine Ratzen unsere Schwestern, unsere Frauen zerhauen, zerstickeln lassen. Wir müssen bedenken, wo er so, als wir ihn haben, uns in seiner Gewalt hätte, wie er mit uns umgehen würde. Ist einer im ganzen Ring, der hierum anders weiß, der trete hervor." – Keiner trat vor, keiner sprach. – „So habe ich", rief der Kläger, „meine Klage genugsam bewiesen und spreche zu Recht, daß er auch gespießt werde; und welcher dieser Meinung ist, reck eine Hand auf!"

Und gegen 4000 Hände waren aufgereckt. Dietrichstein verteidigte sich und ermahnte die Landsknechte ihrer Zusage ritterlichen Gefängnisses. Diese und Gruber bestanden darauf. Es kam zu blutigem Streit zwischen Landsknechten und Bauern: Man kam überein, in Salzburg

Dietrichstein wird angeklagt

anzufragen. Die Ausschüsse zu Salzburg schrieben, sie sollen die gefangenen Herren redlich halten; der gemeine Haufe schrieb, sie sollen sie alle umbringen. Das letztere Schreiben wurde von Weitmooser unterschlagen.

Am dritten Tage wurden die gefangenen Böhmen und Ratzen, Edle und Unedle, gerade so viele, als Dietrichstein früher Bauern hatte enthaupten lassen, 32 an der Zahl, auf dem Markte enthauptet. Die deutschen Edeln mußten zusehen, und wußte keiner, wann es an ihn käme. Die Gemeinde schrie wieder, man müsse Dietrichstein zuerst richten: Gruber und die Landsknechte retteten ihn auch jetzt. Doch mußten die Herren alle erdenkliche Schmach und Spott in ihrer Gefangenschaft erleiden und wurden dann zu 19 in Bauernröcken und Bauernhüten auf Ackergäulen in das von den Bauern besetzte Schloß Werfen abgeführt. In Schladming fanden die Bauern alle Gelder, die Dietrichstein zuvor durch Brandschatzung erpreßt hatte, und viel Gut des Adels und des Heeres.

Mit goldenen Ritterketten und glänzenden Helmen geschmückt, sah man Bauern auf den erbeuteten prachtvollen Streitrossen der Ritter hinwegreiten.

Solches Maß hielten die Bauern solchen Herren gegenüber. Einfach war Grubers Schlachtbericht: „Um 5 Uhr hab' ich Schladming angefallen und erobert. Gott dem Herrn sei Lob, Ehr und Dank gesagt. Als ich die deutschen Knechte aus ihrem Gefängnis ließ, zeigten mir diese und auch etliche Bürger an, daß ich eine große Gnade von Gott gehabt, denn die Edelleute seien der Meinung gewesen, uns zu überfallen und alle zu erwürgen."

Zu Rottenmann begegnete Graf Salm den flüchtigen Reisigen und Knechten, einigen Hunderten; er sammelte die Trümmer, erhielt Verstärkung von einigen Tausend und hielt sich den August über hinter den Mauern von Leoben und Bruck, während die Knappen von Schladming aus das Ennstal hinaufzogen und den Aufstand aufs neue in Steiermark verbreiteten. Der Erzherzog eilte, die Anträge der Stände der fünf Herzogtümer zu genehmigen. Nur drang er zugleich darauf, daß die Kriegsmacht derselben vereint, nicht einzeln in jedem Land gegen die Bauern wirke. In Kärnten, in Oberösterreich waren die Bauern um Bartholomäi wieder ganz ruhig, die Landherren hatten sich mit ihnen durch Abstellung der Beschwerden vertragen. Überall in den Herzogtümern hatten die Herren und Städte selbst darauf gedrungen, die Lasten des gemeinen Mannes zu mäßigen und durch genaue Gesetze ihren Rahmen zu bestimmen. Brandschatzen ließen sie ihre Bauern nicht, trotz aller Einsprache des Erzherzogs: Sie hätten sogleich ihr Dienstvolk vom Heer zurückgerufen. Die Rädelsführer waren ausgeschlossen; sie flohen ins Salzburgische.

16

Der Landtagsabschied in Tirol

Dem Erzherzog lag sehr am Herzen, die Ruhe im Salzburgischen zu vermitteln, da es überall an seine Erblande grenzte und die Salzburger fortwährend Boten und Briefe an die Schwazer und andere Tiroler Bergwerke schickten, ihnen zu Hilfe zu ziehen, weil, wenn Salzburg erliege, es über die Tiroler und alle anderen hergehe. 1000 Knappen entwichen auch aus Schwaz und zogen denen in Salzburg zu, da ihre Väter, Brüder und Freunde dabei seien.

In einem großen Teile Tirols gelang es ihm, durch den Landtagsschluß die Ruhe herzustellen.

Durch den Landtag, der nach Dreieinigkeitssonntag eröffnet wurde, wurden die allgemeinen Beschwerden beseitigt, zur Abstellung der besonderen Beschwerden ward ein neuer Landtag auf Michaelis zu Bozen festgesetzt. Außerordentlich waren die Zugeständnisse, welche Ferdinand den Tirolern einräumte, in bezug auf Maß und Gewicht, Produktion, Handwerksordnung, Handel, Zölle, Steuern, Gerichte, besonders aber grundherrliche und bäuerliche Verhältnisse: Alle Frondienste, die nicht urkundlich wenigstens über ein halb Jahrhundert hinauf gingen, der kleine Feldzehnte, die zweifachen Zinse wurden ganz aufgehoben, andere Lasten auf einen sehr geringen Geldanschlag gesetzt, Jagen und Fischen freigegeben, die überbürdeten Bauerngüter erleichtert, die freie Predigt des Evangeliums und die Präsentation der Pfarrer zugestanden. Dafür sollten alle Gemeinden, die für das Vergangene keiner Strafe unterlagen, diejenigen, die in der Empörung beharren würden, beruhigen und strafen helfen. Sofort nahm Ferdinand eine provisorische Säkularisierung des Stifts Brixen vor, oder, wie es hieß, er nahm das Hochstift als Schutzherr in zeitliche Verwaltung; auch die Deutschordenshäuser in Bozen, Lengmoos und Schlanders, welche die Bauern besetzt hatten, nahm er „bis auf gemeine Reformation" zur Hand. Das obere und untere Inntal, Innsbruck und Hall, ferner die Städte Brixen, Klausen und Neustift nahmen den Landtagsabschied mit Dank an.

Aber die Gerichte des Hochstifts Brixen nahmen den Landtagsabschied nicht an, sondern schrieben eine neue Versammlung der Landleute aus; zwei von Geismaier gesetzte Prediger predigten offen gegen den Abschied, namentlich zu Meran und Sterzing, wo Geismaier wohnte, nachdem er die Hauptmannschaft niedergelegt hatte. Auch die Gemeinden an der Eisack gaben keine genügenden Erklärungen. Die von Schlanders zerstörten die Kartause von Schnalz, die Numyer verbrannten ihren Gerichtsherrn, Peter Busi, in seinem Hause. Steineck, Truthofen, Vells, Castelreuth, Pfefferberg, Maleit verbanden sich aufs neue und enger, setzten neue Beamte ein, zogen bewaffnet bei Tag und Nacht umher; Simon von Padello war hier das Haupt, neben ihm Nicolo del Victor. Die Gerichte im Valzigau taten dasselbe; die von String und Ifan erschlugen ihren Hauptmann Buhlen, nahmen das fürstliche Schloß ein und legten den fürstlichen Kommissär gefangen. Dann zogen die verbündeten Gemeinden auf Trient, leiteten die Etsch ab und beschossen die Stadt. Die zu Nons und Sulz beschlossen, die, welche den Landtagsabschied verkünden würden, totzuschlagen.

Die Regierung ließ bekanntmachen, wer Padello oder Victor vom Leben zum Tode bringe, solle das halbe Gut desselben haben. Den im Aufstand befindlichen Gemeinden wurde Straffreiheit zugesichert, wenn sie die Rädelsführer auslieferten; gegen 16 000 Mann wurden zur Unterdrückung des Aufstandes aufgeboten. Die Numyer erlagen zuerst, dann die Valzigauer und die von Nons, ebenso Primör. Vom 13. bis zum 29. September wurden hier viele Rädelsführer mit dem Strang gerichtet, andere enthauptet, ihre Häuser niedergerissen, die übrigen gebrandschatzt; manche der Schuldigsten retteten sich ins Venezianische.

In Trient, der Heimat der eigentumslosen Taglöhner, im Bischofslande, war die Reaktion am grausamsten. Nach vielfältigen Scharmützeln mit dem fremden Kriegsvolk wurden sie auch hier zersprengt. Den Gefangenen wurden „teils Nasen und Ohren abgeschnitten, andere gevierteilt, etliche gespießt, etliche lebendig verbrannt. Etlichen wurde lebend das Herz herausgeschnitten, ihnen um das Maul geschlagen und dann ihr Leib zerstückt. Gar vielen hat man bloß ihr Vermögen eingezogen, sie mit Ruten ausgestrichen und aus dem Lande vertrieben. Keiner wurde entlassen ohne das Brandzeichen, das ihm an die Stirne gebrannt wurde. Unter anderen war ein Steinmetz, Meister Philipp, der hatte den Bauern versprochen, wenn er das Schloß Trient binnen drei Tagen nicht zu Boden reiße, wolle er sich seine Augen ausstechen lassen. Gefangen, wurde er vom bischöflichen Nachrichter vor das Schloß geführt, und als er dasselbe genug gesehen, wurden ihm beide Augen ausgestochen."

Dann griff das Blutgericht nach denen im Brixer Land und Eisackviertel und im Pustertal: Es verfuhr nicht einmal mit offenen Rechten überall, die Geschworenen wurden durch die Regierung auf jede Art gefälscht. Die Lombardei war voll von Tiroler Flüchtlingen.

Geismaier war gleich nach dem Landtage nach Innsbruck zitiert worden, um über die Weigerung der Gerichte des Brixener Landes Bericht zu geben. Man hatte ihn derselben halb im Verdacht. Er kam und wurde in Eid genommen, nicht hinwegzugehen. Als er sah, wie die Regierung sich an die Rechtsordnung des Landtagsschlusses selbst nicht hielt und ihre Hände in Blut rötete, rettete er sich nach sieben Wochen, Ende September, durch die Flucht und ließ öffentlich eine Verteidigungs- und Beschwerungsschrift ausgehen: 18 Städte und Gerichte an der Eisack, sagte er, haben ihm Sicherstellung versprochen, würde er angetastet und beschwert, müßte er diese ansprechen.

17

Der Salzburger Vertrag

Gerade die Widersetzlichkeit des einen Teils von Tirol, die Furcht vor neuer Aufregung in dem anderen, drängte den Erzherzog, den ihm ganz beschwerlichen Krieg in dem benachbarten Salzburg zu beenden.

Der glückliche Überfall von Schladming machte, daß die Bauern vor Salzburg Michael Gruber an Praßlers Statt zu ihrem obersten Hauptmann wählten. Die Belagerung des Schlosses hatte sich seit Wochen wenig geändert. Die Arbeiten, den Felsen zu untergraben, um es zu sprengen, zeigten sich als hoffnungslos, und es fehlte ihnen an gutem Belagerungsgeschütz; sie schossen zum Teil aus Büchsen von Lärchenholz und Leder, die mit eisernen Ringen zusammengehalten waren. Des Erzbischofs Gesandter, Doktor Riebeisen, brachte auch Hilfe zustande: Aus dem Lager zu Durrach kam Georg von Frundsberg und mit ihm Herzog Ludwig von Bayern mit 10 000 zu Roß und zu Fuß auf Salzburg gezogen; sie lagerten bei St. Maximilian neben der Mühle, während der größte Teil des bäurischen Kriegsvolkes der Vierteilung eines Büchsenmeisters in der Stadt zuschaute, dem man schuld gab, zwei Büchsen absichtlich zersprengt zu haben. „Maria, Mutter Gottes, gen Müllen in die Schanz!" schrie man plötzlich. Lärmen in allen Gassen. Umrennend schrie ein Trommelschläger: „Lärm, Lärm, Lärm! Ich habe meine Trommel verloren." Ehe Frundsberg und der Bayernherzog ihre Verwirrung benützten, waren sie in ihrem Lager, auf ihren Posten. Nach mehrtägigen, für die Bauern günstigen Scharmützeln wollte der Bayernherzog den Berg stürmen, den die Bauern innehatten. „Gnädiger Herr", sagte der alte Feldhauptmann Frundsberg, „wir würden alle darob bleiben und keine Ehr' erlangen." Auf das vermittelte der Herzog, der durch die Bauern schon viel Schaden gelitten und für längeren Krieg kein Geld hatte, einen Vertrag zwischen dem Kardinal und den Bauern. Früher hatten die Wütendsten unter den letzteren gedroht, nicht eher abzuziehen, bis sie den Langen in ihren Händen hätten, ihn in Stücke zerhauen und kochen könnten, damit die Nachwelt sagen möchte, die Salzburger hätten ihren Herrn gekocht und aufgefressen; jetzt gingen die, welche von Anfang gemäßigter waren und durch die Zeit und die Umstände jetzt die Mehrheit hatten, auf die Vorschläge des Herzogs ein. Der Vertrag bestimmte Auslieferung der Verbrüderungsbriefe, Leistung der althergebrachten gesetzlichen Abgaben, Rückgabe des Genommenen, Vergleichung wegen des Schadens, Zahlung von 14 000 Gulden Kriegskosten, Nennung der Rädelsführer; die Amnestie, die diesem voranging, war jedoch allgemein, wenn die Geflüchteten binnen einem Monat zurückkehren; nur die Fremden, die bei dem Aufstand und bei Schladming mitgewirkt hatten, sollten, wenn sie sich im Lande betreten ließen, gestraft werden. Dagegen mußte der Erzbischof geloben, drei von der Landschaft vorgeschlagene fromme, verständige Männer bis zur Vollstreckung des Vertrages in seinen Rat zu setzen, alle nicht gesetzlichen Auflagen fallenzulassen, alle gegründeten Beschwerden abzutun und eine feste Landesordnung einzuführen.

Daß so ein Vertrag zustande kam, hatte seine Gründe.

Ebenso tapfer als geschickt hatten die Salzburger Bauern sich gezeigt, sowohl in Belagerungs- als in Verteidigungszwecken. Herzog Ludwig von Bayern schrieb am 22. August selbst an seinen Bruder Wilhelm: „Die Bauern haben sich dermaßen allenthalben verbaut, daß sie nicht leicht in die Flucht zu bringen sein werden, nicht ohne Schaden und große Mühe auf unserer Seite. Und selbst wenn man sie zum Weichen bringen sollte, so würden sie allemal ohne Schaden hinweg von uns kommen und sich in die Gebirge zurückziehen. Ich denke, sie werden sich wehren, solange sie mögen."

Diese Stellung der Salzburger Bauern, dazu die Stimmung und die Dinge in Tirol und ringsum die Stimmung in Deutschland – das kam zusammen, die Bayernherzoge und selbst den Kanzler Eck zu einem solchen Vertrag zu stimmen, welcher nicht nur die wichtigsten Forderungen der Bauern, sondern auch vollständige Amnestie für alle, ohne Ausnahme, gewährleistete.

Der Kardinal hatte am 3. August selbst um Verlängerung eines Waffenstillstandes angesucht und sie erhalten. Auf die Kunde aber, daß der schwäbische Bund ihm zuziehe, ließ er am 4. August, mitten im Stillstand, von der Feste herab schießen; ein Kriegsknecht der Bauern wurde erschossen; arme Leute, Männer und Frauen, wurden erschossen, denn auch am 5. August schoß der treulose Priester den ganzen Tag mit großem Geschoß herab. Die Landschaft schrieb an den Bayernherzog: „Der an uns gesandte Bote Eurer fürstlichen Gnaden weiß anzuzeigen, wie der Kardinal im Frieden anhob zu schießen und arme Leute erschossen hat. Er hat herab entboten, wenn er die rote Fahne mit einem weißen Kreuz werde aushängen, wolle er niemandem Friede geben. Wir wollten alle unsere Zusagen gern als fromme Leute redlich halten, aber bei dem Kardinal will solches nicht sein; denn wozu er sich schriftlich und mündlich erboten, was er zugesagt und wozu er sich obligiert hat, ist von ihm nicht gehalten worden; was doch unfürstlich ist."

Dem Kardinal war es überdies gelungen, einflußreiche Männer im Ausschuß und im Lager der Bauern zu gewinnen, wie den früheren Bauernobersten Praßler, so den jetzigen obersten Hauptmann Gruber. Die, welche dem Kardinal durchaus nicht trauten und keinen Vertrag mit ihm wollten, blieben sehr in der Minderheit, und die Mehrheit war für den Friedensvertrag. Auch diese Zweiung im Bauernlager war dem Kardinal zugute gekommen. Die Fremden im Bauernheer entwichen, ehe der Vertrag beiderseits beschworen wurde. Das geschah am 1. September. Die Landschaft ließ ihr Kriegsvolk abziehen in die Heimat; acht Tage später entließ sie den gefangenen österreichischen Adel aus Schloß Werfen, und der Erzbischof war frei, nachdem er vierthalb Monate lang belagert und geängstet gewesen war. Er ging hinweg in seine Stadt Mühldorf in Niederbayern: Das Sitzen der drei aus gemeiner Landschaft im erzbischöflichen Rate hätte er nicht mit anzusehen vermocht. Den Kaspar Praßler machte er zum Bergrichter in Gastein und den Michael Gruber zum Hauptmann seiner Leibwache.

18

Wiedererhebung der Bauern in Salzburg 1526

Der Erzherzog hatte feierlich versprochen, „ein Handhaber des mit der salzburgischen Landschaft geschlossenen Vertrages zu sein"; die Landschaft hatte den Punkt, der ihn betraf, zu seinen Gunsten sogleich erfüllt, indem sie den in Werfen gefangenen Adel unentgeltlich freiließ. Jetzt aber weigerte sich der Erzherzog sowohl gegen den Kardinal als gegen die Landschaft, den Vertrag zu halten und zu ratifizieren, mit der ganzen Frechheit jener eigennützigen Perfidie und Gewissenlosigkeit, welche bei diesem spanisch-deutschen Hause bis zu seinem Aussterben sich seitdem überall als Natur und Praxis zeigte.

Weder der Erzherzog noch die steirische Ritterschaft gedachten der Milde und Menschlichkeit, mit welcher Michael Gruber und seine Bauern nach dem Siege von Schladming am gefangenen Adel gehandelt hatten. Es trieb sie zu beweisen, daß jener Bergknappe mit seiner Anklage gegen sie wahr geredet hatte, als er im Namen seiner Brüder den Tod aller Gefangenen forderte. Erzherzog und Adel hatten keinen Gedanken als den der Rache. Es stachelte sie die Erinnerung an Schladming zur blutigsten, grausamsten Wiedervergeltung, zum unmenschlichsten Frevel. Der Erzherzog gab dem alten Niklas Salm den Befehl, den Adel zu rächen an den ahnungslosen Anwohnern der steirischen Grenze.

Mitten im Frieden, im Herbste des Jahres 1525, überfiel Salm das Städtchen Schladming und zündete es auf allen Seiten an. Die heulend daraus Fliehenden, soviel man ihrer ergriff, wurden in die Flammen zurückgeschleudert, daß sie mitverbrannten, alles zusammen, Männer und Weiber, Säuglinge und Greise, alles Lebende. Die Bauern aus der Nachbarschaft Schladmings, die nicht geflohen waren, wurden zu Hunderten längs der Hauptstraße an den Feldbäumen aufgehängt; die Entronnenen geächtet, ihre Güter eingezogen. Die Stadt Schladming ward dem Erdboden gleichgemacht, ein rauchender Schutthaufen, die Stätte für verflucht erklärt. Später zwar wurden die Brandstätten dennoch wieder überbaut, erhielten aber nur das Marktrecht.

So dankten der Erzherzog und der Adel dem Volke seine Verschonung und die ritterliche Behandlung in der Gefangenschaft.

Die Bauern wurden zu Hunderten aufgehängt

Die Flammen von Schladming und die Bluttat zeigten den Bauern, wie der Erzherzog den Vertrag halten werde, ihnen, den Salzburgern, gegenüber. Schladmings Feuersäulen und Blutlachen sprachen so deutlich, daß es nicht mißverstanden werden konnte, und von dem zum Mordbrenner gewordenen Handhaber des Salzburger Vertrages fiel ein böser Schein hinüber auch auf den Erzbischof von Salzburg. Wie der Erzherzog die salzburgischen Herrschaften und Flecken Kropfsberg, Zillertal, Kitzbühl und Matrei, die er während des salzburgischen Aufstandes besetzt hatte, vertragswidrig fortbesetzt behielt, so hatte auch der Erzbischof selbst dem Vertrage in allen Punkten nachzukommen nicht geeilt. Sobald der Bayernfürst und Frundsberg mit dem Bundesheer hinweggezogen waren, tat der Erzbischof vieles von dem nicht, was er den Bauern zugeschworen hatte, und der Gesandte des Nürnberger Rates mußte im Namen seiner Stadt auf dem Bundestag erklären, der Erzbischof komme dem Vertrage nur scheinbar, mit Worten, nach, tue aber das Gegenteil, verfolge und beschwere die Untertanen mehr und höher.

So vertraute ein großer Teil der Salzburger Bauern nicht mehr auf den Vertrag, und der Erzbischof selbst schrieb an Ferdinand, da er, der Erzherzog, den Vertrag nicht halte, so sei nur natürlich, daß die Salzburgischen auch nichts auf den Vertrag halten.

Zu Altenmarkt bei Radstadt hielten die Landleute neue Versammlungen, setzten ihre Beschwerdepunkte über die Vertragsbrüche auf, ernannten Hauptleute und bestellten Sturmglocken.

Während dies im Pongau geschah, an der Enns, waren zu gleicher Zeit im Pinzgau an der Salzach heimliche Versammlungen der Bauern gehalten worden, um die Mitte Oktober 1525. Namentlich aus Mittersill, Brixental und anderen Orten waren diese Versammlungen stark besucht. Die Pinzgauer schickten einen Boten ins Tirol, auf die große Kirchweih in Brixen, zu der auf den 15. Oktober die Bauern und die Erzknappen aus der Umgegend massenweise zusammenkamen. Das Schreiben der Pinzgauer ging dahin, die Tiroler sollen zu ihnen halten. Etliche aus der Tiroler Bauerschaft und aus den Erzknappen sprachen für die Werbung der Salzburgischen. Die Mehrheit der versammelten Tiroler aber war dafür, daß die Sache der Salzburgischen sie nichts mehr angehe und daß sie den Frieden und Vertrag mit seiner fürstlichen Gnaden (dem Bischof von Brixen) halten wollen.

19

Die Flüchtlinge

Die Salzburgischen konnten dennoch auf manchen fremden, auch tirolischen, Arm zählen. Die Bergwerke standen großenteils still; in denen, welche gingen, konnten viele Knappen Aufnahme entweder nicht finden oder nicht suchen, weil sie am letzten Aufstand zu schwer beteiligt waren. Was nicht in Kitzbühl sich einschlich, hatte keine Arbeit und kein Geld. Im Bruderhaus zu Schwaz geschahen die Verabredungen heimlich unter den Bergknappen sowohl aus Schwaz als aus anderen Bergwerken. Namentlich von Rattenberg, Kufstein und Kitzbühl, fürchteten die Regierungen, möchte den Salzburgischen Beistand zufließen. Die Regierungen hatten Sorge wegen der Gerichtsleute und wegen der Bergknappen.

Die Arbeiter ohne Arbeit und ohne Geld waren zahlreich in der ganzen Umgegend. Zudem hatten sich in die dreihundert Knechte, die in dem aufgelösten Heere der salzburgischen Landschaft gedient hatten, ins Pinzgau gezogen, um den Winter bei den Pinzgauern zuzubringen. Ebenso waren die aus Schladming und seiner Umgebung geflüchteten Steiermärkischen von den Pongauern, teils auch von den Pinzgauern aufgenommen und verborgen worden. Fremde waren überhaupt sehr viele in den Tälern des salzburgischen Gebirges, geflüchtete Hauptleute, Räte, Kriegsknechte der Bauerschaften aus allen deutschen Landen, namentlich auch Bürger und Bauern und Prädikanten der oberschwäbischen Städte und Flecken. Wie der alle Niederlagen in Deutschland überdauernde Salzburger Aufstand diesen deutschen Versprengten eine Zuflucht gewährt hatte, so gaben ihnen auch noch nach dem Vertrage von Salzburg die Natur und die Lage der Dinge in diesem Lande Raum und Hoffnung.

Sie hofften, die einen die Freiheit, die anderen das Evangelium werde vom Gebirg herabsteigen ins deutsche Land, und sie werden wieder einziehen mit dem Siege beider in die Heimat; die Fürsten und Herren und Priester fürchteten, das Gebirge könnte zum Mittelpunkt aller aufrührerischen Köpfe und zum Ausgangspunkt einer neuen Waffenerhebung über das ganze Reich hin werden. Selbst von den Schreckensmännern waren nicht wenige, sogar aus fernen deutschen Gegenden, in diesen Alpen.

Viele andere Flüchtlinge saßen in der Schweiz, zum Teil in den Gebieten und Städten von Straßburg und Basel, großenteils aber im Appenzeller Lande, in St. Gallen und in Graubünden. Besonders viele aus dem Allgäu enthielten sich in den letzteren Kantonen als Flüchtlinge. Darunter waren die bedeutendsten Persönlichkeiten der Allgäuer Bewegung, namentlich mehrere in Bregenz wieder Entkommene, aber auch viele andere.

Zu Trogen in Appenzell, eine kleine Meile von St. Gallen, enthielten sich als Flüchtlinge: Pfaff Andres Stromayr von Kempten, der Pfarrer zu Oberdorf; Pfaff Florian, der Pfarrer zu Aichstetten; Pfaff Meng Batzer von Wilbolzried, der Pfarrer der Bauern zu Buchenberg; Pfaff Walther Schwarz, der Bauernpfarrer zu Martinszell; Konz Rueff, Hans von Schellenberg zugehörig; Christian Wanner, Pfarrer zu Haldenwang. Die meisten dieser Prediger waren verheiratet. Ihre Frauen, besonders die aus Kempten, besuchten sie von Zeit zu Zeit in der Schweiz, und ebenso gingen die Frauen der anderen Flüchtlinge, wovon um Basel mehrere Hunderte, zu Trogen in die fünfzig lagen, zu diesen hin und her und nahmen Briefe mit von diesen in die Heimat und aus der Heimat an die Flüchtlinge.

Die Flüchtlinge teilten sich jedoch in zwei Arten. Die einen dachten nur daran, bei der Versammlung des schwäbischen Bundes und bei ihren Obrigkeiten Begnadigung zu erlangen und wieder in die Heimat und zu den Ihren zu kommen, um nie wieder in etwas sich einzulassen. So dachten die meisten. Andere, für die keine Hoffnung der Begnadigung war, dachten und arbeiteten auf eine neue Revolution, um durch diese wieder zu dem Ihrigen zu kommen. Aber auch die ersteren waren entschlossen, wenn sie weder bei den Ständen des Bundes noch bei ihren Herren Gnade erlangen möchten, Leib und Leben daranzusetzen, um mit Gewalt wieder ins Vaterland zu kommen.

Der Verkehr dieser zum Teil in verzweifelten Umständen im Auslande sich aufhaltenden Verbannten, darunter mancher aus guter Familie, mit den in der Heimat Zurückgebliebenen war ein ununterbrochener. Zunächst suchten sie durch ihre Verwandten und durch einflußreiche Personen, an die sie schrieben, die Erlaubnis zur Heimkehr nach. Zugleich aber schlichen sich auch einzelne aus ihnen in Verkleidung und mit verstelltem Angesicht in die nahe Heimat ein, ins Allgäu und in die Gegenden am See, die alten Verbindungen wieder anzuknüpfen und einen neuen Aufstand vorzubereiten. Sie kannten die Wege und Stege, und in diesen oberen Landen war es um so leichter, ihnen geheimen Aufenthalt zu geben, als die Bauern meistens nicht in Dörfern, sondern zerstreut auf Höfen, die oft sehr abgelegen sind, umhersitzen. Durch zusammengebrachtes Geld, das ihnen die Flüchtlinge unter Abnahme eines Eides, für die Flüchtlingszwecke wirken zu wollen, in die Hand gaben, schlugen einzelne die Erlaubnis zur Heimkehr für sich heraus. Diese hatten dann die Unzufriedenheit in der Heimat zu benützen und über den Stand der Sachen an die Flüchtlinge zu berichten. Durchs ganze Reich hin gingen solche, welche für den Zweck, das Volk aufs neue in die Waffen zu bringen, kundschafteten, hin und her woben und berichteten. Sie fanden Aufenthalt, Essen und Trinken, Zehrungsgelder bei denen, an die sie adressiert waren.

Die Flüchtlinge in St. Gallen und Appenzell hatten ihre Klubs mit Sprechern und Vorsitzenden. Die Ausgetretenen von Memmingen hielten stets ihre eigene Beratung; Hans Hölzlin und Bestlin Amberg, genannt Mayr, spielten darin die erste Rolle. Dann traten sie erst mit dem Klub der anderen in Verhandlung, in welchem Stophel Reiter von Grönenbach und Urban Müllner von Englishausen das Wort führten.

Auf dem Tage der Flüchtlinge zu St. Gallen um Weihnachten 1525 wurde auch eine Botschaft besprochen, welche „der Herzog" an die Flüchtlinge hatte kommen lassen. Das war Ulrich von Württemberg. „Sie sollen", hatte er ihnen entboten, „verziehen und sich drucken bis auf den Frühling; da wolle er sich unterstehen, mit der Ausgetretenen und anderer Hilfe in sein Land zu fallen."

Die Flüchtlinge beschlossen auf diesem Tage, Kundschafter in die Grafschaft Tirol zu schicken und die Tiroler zu bewegen; zunächst aber war die Rede davon, mit den Graubündnern in das Allgäu zu fallen und Edelleute und Äbte zu strafen und zu erschlagen. Viele waren so verzweifelt, daß sie, falls der Anschlag eines neuen Aufstandes nicht gelänge, daran dachten, sich ins schwäbische und oberbayerische Gebirge zu werfen und ein Räuberleben zu beginnen.

Man wurde für diesmal nur eins, auf den Montag in der Fastnacht, den 12. Februar, „auf der Gais", einem schweizerischen Dorfe, wieder zusammenzukommen und dann erst Beschluß zu fassen.

Bald darauf kam ein Schreiben an die Flüchtlinge in Trogen von einem „Edelmann aus dem Etschland", und eigene Botschafter desselben überbrachten es. Darin waren die Flüchtlinge ersucht, sie alle und so viele der Ausgetretenen sie aufbringen möchten, sollen zu ihm kommen, in das Klösterlein, eine halbe Meile Wegs vom Adelberg; sie werden bei ihm Sold und guten Bescheid finden; daselbst mögen sie mit ihm verhandeln; seine Meinung sei nicht, jemand zu beschädigen oder Eigentum zu nehmen, sondern allein das Evangelium zu beschirmen und demselben einen Beistand zu tun.

Stophel Reiter und Balthas Sailler berieten sich mit den Ausgetretenen zu Trogen. Vorsichtigsein hatten die Flüchtlinge endlich gelernt. Der Edelmann aber ließ seine Botschafter als Geiseln bei ihnen, und so entschlossen sie sich, Stophel Reiter und Balthas Sailler zu dem Edelmann in das Klösterlein abzuordnen, um Bescheid zu holen, was sein Vornehmen sei und an welche Orte oder in welches Land und wider wen er mit ihnen ziehen wolle.

Als sie zu dem Edelmann gekommen waren und seine Anschläge und Meinung von ihm vernommen hatten, waren sie mit ihm eins. „So gut zeigte er ihnen die Sache an.“ Nach weiterer Verhandlung miteinander beschlossen sie, der Edelmann aus dem Etschland, dessen Geschlechts- und Taufname wenigstens der Masse der Flüchtlinge, wahrscheinlich sogar ihren Abgeordneten, ein Geheimnis blieben, solle mit ihnen beiden selbst heraus nach Trogen reiten. Der Edelmann ging mit ihnen.

Sein persönliches Eintreten unter die Ausgetretenen – es waren etwa fünfzig zu Trogen beisammen, außer den Frauen, als er mit ihnen sprach – war so, daß sie alle für seinen Anschlag waren, mit ihm in das Etschland zu ziehen; er wolle sie in ein gutes, volles Land führen, sagte er, in ein Land, da niemand wider sie, sondern jeder männiglich mit ihnen sein werde.

„Pfaff Andre, der vor Jahren ein Prediger zu Lüsen gewesen“, war es, durch den der Tiroler Edelmann mit den Flüchtlingen in Verkehr trat, die um Basel und Straßburg lagen. Diese alle gaben ihm ihre Zusage; Trogen wurde zum Sammelplatz bestimmt.

20

Michael Geismaier

Der „Edelmann aus Etschland“, der „Junker Michel“, wie ihn seine Dienerschaft hieß, war niemand anders als Michael Geismaier, der Führer der Tiroler Bewegung.

Als der Erzherzog „aus dem verdammten Gebirg“, wie es der Bayernherzog Ludwig nannte, heraus war, vergaß er den Preis, um den er herauskam, zwar nicht, aber er dachte nicht daran, seinen schönen Worten die entsprechenden Taten folgen zu lassen; am allerwenigsten daran, in zwei Monaten, wie er zugesagt hatte, wieder nach Tirol hineinzukommen, um diejenigen Artikel, welche zwischen ihm und der Landschaft noch unentschieden geblieben waren, vollends ins reine zu bringen. Die Landschaft war von ihrer Seite in allen Punkten dem nachgekommen, was zwischen ihr und ihrem Fürsten vertragen worden war; sie hatte die von ihr eingenommenen Schlösser, Güter, Fahrnis und Schatzungsgelder an den Adel zurückgegeben, was noch davon vorhanden war. Nicht aber das gleiche tat der Erzherzog und seine spanische Umgebung, die „samtenen Schuhe“, wie der Landmann sie hieß und von denen er sagte, „seit sie ins Land gekommen, gehe es nicht gut darin“.

Geismaier hatte sich im Sommer 1525 noch „einen Mehrer des fürstlich österreichischen Kammerguts“ genannt, indem er, und ihm nach die Landschaft, alles geistliche Gut der Bischöfe und Klöster an Schlössern,

Städten und Gerichten, Zöllen, Gülten und Zinsen in die weltliche Hand des Landesfürsten gab, um den Preis einer freien Verfassung mit allgemeiner Volksvertretung, nach welcher Tirol von nun an regiert werden sollte. Auf dem Landtage, zu welchem der Erzherzog im Herbste 1525 hätte wieder zu erscheinen gehabt, sollte die neue Landesordnung festgestellt werden. Aber Ferdinand war ausgeblieben, die neue Landesordnung auch.

Michael Geismaier suchte nun auf anderen Wegen zu erlangen, daß die Grafschaft Tirol frei werde.

Im Winter von 1525 bis 1526 sah man ihn in Zürich, in Luzern, in Graubünden. Zu Chur wollte man einen französischen Emissär bei ihm gesehen haben. Frankreich und die Republik Venedig arbeiteten daran, durch ihn dem spanisch-österreichischen Hause einen neuen Krieg zu erregen, die Gebirgslande von den Fürsten abzureißen, Tirol, Salzburg und die anderen Alpenlande zu Freistaaten zu machen und sich in ihnen einen guten Wall gegen Österreichs Übermacht zu schaffen. Zu Ende Winters hielt sich Geismaier hart an der Schweizer und Tiroler Grenze auf, meist zu Tafas.

Von diesem seinem Verstecke aus knüpfte er Einverständnisse nach allen Seiten hin an.

Zu Anfang des Jahres 1526 ließ er eine Landesordnung im Druck ausgehen, für die das Volk sich erheben solle. Der erste Artikel darin galt der Ausrottung aller Gottlosen, die das ewige Wort Gottes verfolgen, den gemeinen armen Mann beschweren und den gemeinen Nutzen verhindern. Dann führte er aus, man müsse alle Ringmauern der Städte, alle Schlösser und Befestigungen brechen, und es sollen fortan nur Dörfer im Lande sein, damit der Unterschied der Menschen, wonach einer höher und besser als der andere sein wolle, wegfalle und völlige Gleichheit werde. Es müssen die Messe, die Bilder, die Kapellen, aller Greuel des Aberglaubens abgetan, in jeder Gemeinde durch alljährlich gewählte Richter jeden Montag Gericht gehalten, nichts über zwei Rechtstage hinausgeschoben, Richter, Schreiber, Sprecher vom Land besoldet, eine aus allen Vierteln des Landes zu erwählende Zentralregierung und eine hohe Schule zu Brixen errichtet, drei des Wortes Gottes kundige Männer von dieser hohen Schule als Räte der Regierung zugeteilt werden. Weiter handelte er von Aufhebung ungerechter Zinse und Zölle, von Verwendung der Zehnten zur Predigt und zum Armenwesen, der Klöster zu Spitälern und Kinderversorgungen, von der Fürsorge für Hausarme, für Krankenhäuser; von der Verbesserung der Viehzucht und des Ackerbaues durch Austrocknung der Moose, durch Anpflanzung von Ölbäumen, Safran, gutem Wein und Getreidesorten; von öffentlicher Fürsorge für Güte der Waren und billige Preise; von Maßregeln gegen Wucher, Geldverschlechterung; von Stellung der alten Bergwerke zu Handen des Landes; von Erbauung neuer, als der reichlichsten Finanzquellen; vom Bau und von der Erhaltung der Reviere, Pässe, Wege, Brücken, Wasser- und Landstraßen; von der militärischen Verteidigung des Landes.

Der Erzherzog hatte eine „neue Landesordnung" nicht gegeben; Geismaier gab sie in diesem Manifest seinem Volke, und zwar eine solche Ordnung, von welcher gesagt worden ist, daß in ihr und in den früher von Geismaier verfaßten Artikeln „mehr gesunde Einsicht in die Bedürfnisse des Landes, mehr redlicher Wille der Abhilfe und des Fortschreitens, mehr praktische Kenntnis der Mittel enthalten sei als in den Gesamtregistraturen geistlicher und weltlicher Fürsten Tirols, der Erzherzoge zu Innsbruck und der Oberhirten von Trident, Chur und Brixen zusammengenommen".

Sein Plan war, zu gleicher Zeit im Salzburgischen, in Tirol und in Oberschwaben den neuen Aufstand zum Ausbruch zu bringen. Um den Bodenseehaufen wieder in Bewegung zu bringen, schlug er den Ausgetretenen in der Schweiz vor, mit ihm über den See zu fahren, als er wieder mit ihnen im Wirtshaus zu Trogen zusammenkam. In dem Augenblicke verlautete in der Versammlung, es sei ein Bote vom Regiment zu Innsbruck mit einem Brief an den Amtmann und die Appenzeller gekommen; darin stehe, der Edelmann aus Etschland sei ein abgetretener Aufrühriger und Verderber des Landes; deshalb sollen sie ihn greifen und gefangen nach Innsbruck liefern; seine Absicht sei, in allen Landen wieder Empörung zu machen.

Als die Ausgetretenen des Innsbrucker Boten gewahr wurden, wollte ihn einer derselben ohne weiteres aufhängen; Sailler wehrte es.

Die Appenzeller aber berieten sich und beschlossen, den Edelmann gefangenzunehmen. Die Ausgetretenen, die davon hörten, hielten die, welche ihn niederwerfen sollten, so lange mit guten Worten hin, bis dem Edelmann davongeholfen war. Er entlief hinaus in ein Gehölz, mit ihm Goldbach von Wangen und andere Ausgetretene. So entkam er. Bald darauf fuhr er mit neun Flüchtlingen, darunter Zacharias Meichelbeck ab dem Aschen und Peter Löscher, über den Bodensee und wagte sich unter die dortigen Bauerschaften.

Um sich Waffen zu verschaffen, wollte er vorerst zwei Städtchen, einen Waffenplatz des Bischofs von Chur, Churburg, und Glurns, einen anderen Waffenplatz im Obervintschgau an der Etsch, wo viel Geschütz, Schießbedarf und Waffenvorrat aller Art lag, überrumpeln. In beiden Orten hatte er Einverständnisse, wonach er auf die Mitwirkung manches Bürgers rechnen konnte. Der junge Hauprecht, der Zeugverwalter zu Glurns, hatte ihm entboten, „wenn er komme, solle ihm Tor und Tür offenstehen". In Tirol selbst erwartete er Hilfe genug zu finden, in Betracht, „daß der Landtagsabschied an den armen Leuten gar nicht oder wenig gehalten worden; daß die von den Städten ihr Gelübde und ihren Eid, den sie auf dem letzten Landtage zu Meran geschworen, auch nicht gehalten und gegen die Gemeine und die Gerichtsleute in Vergessenheit gestellt haben; auch daß von denselben Städten wider des Fürsten Zusagen, die Grafschaft Tirol solle mit keinem Kriegsvolk überzogen werden, dem Erzherzoge Geld dargeliehen worden sei, damit er das Land mit geworbenen Knechten überziehen konnte, und daß die Städte damit viel arme Leute verkauft haben, wie man den Metzgern die Ochsen auf die Schlachtbank verkaufe". Auch auf das Allgäu konnte er rechnen: Schrieb doch selbst Kanzler Eck an seinen Herrn, „im Allgäu stehe es viel böser als an anderen Orten, obgleich die Bauern überhaupt an keinem Orte feiern". Die Appenzeller zwar wollten die Ausgetretenen nicht mehr in ihren Bergen leiden, seit sie erfahren, daß sie etwas wider die Stände des schwäbischen Bundes, gemeinen Adel und die Obrigkeiten spinnen. Sie verboten allen Wirten in Appenzell, ihnen länger Aufenthalt, Essen und Trinken zu geben. Die Ausgetretenen wechselten den Ort und blieben in der Nähe. Man hörte zudem, der Herzog von Württemberg habe zu Basel gegossenes Geschütz auf Hohentwiel hinaufgeführt, ebenso etliche Geschütze, welche ihm die von Straßburg gegeben; auch mit Wein, Getreide und Holz versehe er die Feste täglich mehr, und der Bauern, die nicht in das Land dürfen und auf Hohentwiel liegen, seien es bei dritthalbhundert.

Unter Geismaiers Boten für Tirol war namentlich Bartholomä, ein zu Prätigau angesessener Mann, der über dreißig Jahre ein Kriegsmann gewesen war. Ein anderer seiner Unterhändler war der Tiroler Modlhamer von Sterzing. Durch Bartholomä ließ Michael Geismaier seinen Bruder Hans Geismaier in Christo grüßen – Geismaier zeigte immer eine starke religiöse Färbung – und schrieb ihm, dem Bartholomä in allem Glauben zu schenken, als einem frommen Manne.

Hans Geismaier lebte in Sterzing als „angesehener Mann", wie Kanzler Eck ihn nennt. Michael ließ diesen seinen Bruder Hans wissen, daß er mit den Venezianern und mit den Ausschüssen der Franzosen in Unterhandlung gestanden sei und noch stehe; sie haben ihm treffliches Kriegsvolk zugesagt, damit er das Land desto leichter erobern, auch die Pässe des Gebirges verlegen möge, um der Republik Venedig und den Franzosen die Einnahme Mailands zu erleichtern. Es sei aber zwischen ihm und ihnen noch zu keinem Endbeschluß darüber gekommen, und, da sich diese Hilfe verziehe, so gedenke er die augenblickliche Stimmung des gemeinen Mannes in Tirol zu benützen und einen Angriff auf das Land zu machen, noch ehe der Markt zu Bozen sich ende. Er solle um das nicht in Furcht sein; sei es den Geismaiern im letzten Jahre nicht nach ihrem Willen gegangen, so werde es ihnen, wie er hoffe, dieses Jahr wohl gehen. Er habe in Graubünden und bei den Eidgenossen viel Bescheid und Vertröstung.

Hans Geismaier war voll Hoffnung. Wenn der Lärm angehe, teilte er seinen Vettern Leonhard und Wolfgang Geismaier mit, so werde sein Bruder mit tausend Knechten herüberkommen und Adel, Städten und allen, welche den Spaniern gegen das Volk Geld dargestreckt haben, ihren Lohn geben; auch denjenigen in Sterzing, die ihm nachgeredet haben, er habe viel Geld von Brixen für sich mit nach Sterzing gebracht, dem Kriesstetter, dem Kaspar Kaufmann und dem Griesmaier und anderen.

Ein Strafgericht zugleich und radikal sollte nach Geismaiers Gedanken die neue Volkserhebung sein. Alle Schlösser und Städte sollten eingenommen und zerrissen werden; die Untreuen unter dem Adel und unter den Städtebürgern, welche dem Adel und seinen Grausamkeiten, die zugleich Vertragsbrüche waren, anhängig gewesen seien, vor allen aber die Pfaffen sollten ihre Strafe empfahen.

Michael Geismaier hatte so viel vorbereitet, daß er an die Ausführung ging. Mit dem Geschütz und den Waffen von Churburg und Glurns wollte er durch das Vintschgau ziehen, Oswald Zengerl von den oberen Gerichten herab auf Schwaz; das Ober- und Unterinntal sollten zu gleicher Zeit überfallen werden, die aus ihren Heimwesen vertriebenen Nonser aus dem Gebirge den Nons herab einen Einfall machen, der Glockenstreich angehen durchs ganze Land und durch den nur darauf wartenden gemeinen Mann.

Für die Überrumpelung von Glurns war schon der Tag bestimmt, der Osterabend, der 31. März, und zur Stunde der Ausführung war die Abendstunde gewählt, in welcher nach altem Brauch viel Volk in der Messe wäre, draußen in der Pfarrkirche, die außerhalb der Stadt lag. Männer aus Tafas und Prätigau hatten ihm ihre Hilfe dazu versprochen. Er war des Gelingens so gewiß, daß Modlhamer von Sterzing schon des Geismaiers Absagebriefe, in seinen Rock eingenäht, ins Land Tirol hineintrug, Fehdebriefe, worin er „dem Adel, den Prälaten, auch den Städten und Bürgern, welche dem Adel anhängig und dem Worte Christi entgegen wären, absagte, nicht aber den Gemeinden und denen vom Bergwerk".

So gut hatte Geismaier alles vorbereitet. Da scheiterten des außerordentlichen Mannes Gedanken und Tatkraft an einer Eigentümlichkeit dieses Alpenvölkchens, die in späteren Aufständen der Tiroler, namentlich auch im Jahre 1809, auffallend mehrmals in den entscheidendsten Augenblicken hervortrat, wo die, welche nach der Verabredung hätten zur Stelle sein sollen, großenteils nicht da waren, zur Zeit, da der Anschlag vollführt werden sollte, nicht da waren, weil es diesem Alpenvolke, infolge seiner Natur und seiner althergebrachten Verfassung, ganz an dem fehlte, was militärische Subordination heißt. Geismaier kam, uneingedenk dieser Natur seiner Landsleute, erst im entscheidenden Augenblicke an, und „da waren sie nicht beieinander, sondern der eine da, der andere dort, und der dritte hatte zum Sakrament gehen wollen". Geismaier zog sich betroffen zurück.

Neben der Natur, dem Schlendrian dieses Bergvolkes, dürfte, was bis jetzt nicht urkundlich offenbar geworden ist, die List der Bedrohten auf die Männer von Tafas und Prätigau mit eingewirkt haben.

Denn „durch Schickung des Allmächtigen", wie die Bedrohten nachher ausschrieben, wurden in der Grafschaft Tirol und an anderen Orten Boten des neuen Aufstandes niedergeworfen und eingebracht, und denen von Tafas und Prätigau konnte mitgeteilt worden sein, entweder, daß der Plan aufgegeben oder daß er verraten sei. Kriegsvolk, um der Ausführung des Planes entgegenzutreten, hatten sie in dieser Gegend nicht.

Durch einen niedergeworfenen Sendboten kam die Regierung von Tirol dazu, nach Hans Geismaier zu greifen. In den ersten Tagen des April wurde er zu Sterzing verhaftet, am 9. April zu Innsbruck greulich gefoltert und auf sein Bekenntnis hin – „als Landesverräter – gevierteilt".

Der natürliche Haß, welchen Michael Geismaier aus politischen und religiösen, ja sittlichen Gründen gegen die Welschen, Römlinge und Spanier hatte, wurde durch diese Kunde noch glühender.

Was er jetzt tat, ist bis jetzt unbekannt. Aber nicht alle Flüchtlinge in der Schweiz folgten ihm auf sein neues Abenteuer, selbst Stophel Reiter und Sailler nicht, als er sie einlud, mit ihm auf Salzburg zu ziehen.

21

Ausgang in den Alpen

Auf den 30. Januar 1526 hatte der Erzbischof einen Landtag einberufen, wie er ihm genehm war. Durch diesen Reaktions- und Angstmännerlandtag ließ sich der Kardinal eine Ehrenrettung schriftlich ausstellen, Ende Februar 1526.

Jedermann wußte im Reiche, was von dieser Ehrenerklärung zu halten war, und es war damals niemand so dumm, diese Gegenerklärung der Landschaft von 1526 gegen das Rundschreiben der Landschaft von 1525 für feierliche Wahrheit, und die Seite, von der sie kam, für die „kompetenteste Seite" ausgeben oder gar nehmen zu wollen.

Von der salzburgischen Landschaft des Jahres 1525, mit welcher und deren Ausschüssen der Fürstbischof so lange Verhandlungen gepflogen hatte, sprach er jetzt als von „hergelaufenen, unruhigen und aufrührerischen Leuten", und der Landtag von 1526 sprach ihm das nach. Auch behauptete der Kardinal auf diesem Landtage, „der Aufstand im vorigen Jahre sei mehrerenteils durch mutwillige und lügenhafte Possen auferweckt worden".

Zu Taxenbach unter der Rauris hielten die Pinzgauer während des Landtages zu Salzburg einen eigenen Landtag, einen Gegenlandtag. Hier wurde erklärt, daß der vom Erzbischof zusammengesetzte Salzburger Landtag nicht anerkannt und darum nicht beschickt werden könne. Die Salzburger Landschaft verordnete eine „treffliche Botschaft" an die Bauerntagsatzung zu Taxenbach, „sie von ihrem bösen Fürnehmen gütlich abzuweisen". Sie wurde spöttlich abgefertigt.

Die „gehorsame Landschaft" zu Salzburg bewilligte dem Erzbischof hunderttausend Gulden Schadloshaltung und zweitausend Knechte auf Landeskosten, um die dem Vertrag Ungehorsamen zum Gehorsam und zur Strafe zu bringen. Die verheißene neue Landesordnung wurde nicht verabschiedet; die Hauptbeschwerden, deren Erledigung zugesagt gewesen war, waren unerledigt, als der Erzbischof den Landtag schloß, um mit einem Ausschuß weiterzuverhandeln. Wie die Stauden grünten, stand das Pinzgau, stand das Pongau in den Waffen. Aus den Briefen niedergeworfener fürstlicher Boten hatten die Bauern ersehen, daß der Erzbischof fremde Kriegsvölker ins Land rufe. Das stimmte viele, die sonst ruhig geblieben wären, gegen den Fürsten.

Dieser hatte seinen Hofmarschall, Wigelius von Thurn, um Ostern mit einem Haufen geworbener und anderer Knechte ins Pinzgau geschickt, „die Strafmäßigen abzuholen, welches sie nicht verstehen, sondern sich lieber um ihre Haut wehren wollten". Ein Brief war dem Marschall vorausgegangen, worin die Bauern verwarnt wurden, der Marschall wolle sie auf die Fleischbank liefern. Der Kardinal sagte nachher, der Empfänger des Briefes, der zwei große Siegel gehabt, habe die Bauern beredet, das Schreiben komme von den bayerischen Herzogen.

Bei Zell sah der Marschall Mittersiller und Niedersiller, Brucker, Taxenbacher, Piesendorfer und Zeller gegen sich kommen, und er zweifelte nicht, daß sie ihm zu Hilf und Beistand da seien. Aber sie zogen ihm mit gewehrter Hand und aufrechten Fähnlein zwischen Zell und Saalfelden unter die Augen, zwangen ihn zum Rückzug aus dem Gebirge, und während sie ihn mit Verlust vor sich her jagten, brachten sie durch Briefe und durch Gewalt einzelne Flecken und ganze Gerichte in ihren Bund. Glemb, Leugang, Saalfelden, Lofer und Unken, das ganze Land bis an die bayerische Grenze hatten sie mit Blitzesschnelle an sich gebracht.

Der Erzbischof ließ sich vom Gesandten des Herzogs Ludwig von Bayern und des schwäbischen Bundes die Erklärung ausstellen, daß er keinen Grund zu den vorjährigen und den neuen Unruhen gegeben habe; hatten sie ihn doch sogar in den schwäbischen Bund aufgenommen. Es war umsonst, daß Nürnberg durch seinen Gesandten auf dem Bundestag erklärte, „der Bund wäre mehr pflichtig, den armen Untertanen in Salzburg zu helfen als dem Erzbischof, der durch Hilfe des Bundes sich nur bei seiner offenbaren Tyrannei erhalten wolle". Der Erzherzog und die Aristokratie besorgten, das ganze Gebirgsland dürfte mit Hilfe Venedigs und der Schweiz sich frei machen und das deutsche Land aufs neue sich aus diesen Gauen herüber entzünden.

Es schlief im deutschen Lande nur unter der Asche, das Feuer; es knisterte schon da und dort; es drohte aufzuflackern. Die Plackereien der Sieger, die unersättlichen Brandschatzungen, welche Unschuldige wie Schuldige ohne Rücksicht trafen und zwei-, drei-, ja wohl achtmal eingefordert wurden, vom schwäbischen Bund, vom Landesherrn, vom Grundherrn, brachten das Volk der Verzweiflung nahe; ebenso die Entschädigungsklagen: Die Grafen von Hohenlohe zum Beispiel forderten bloß von Rothenburg, weil Rothenburger bei der Zerstörung von Schillingsfürst gewesen, nicht weniger als 20 000 Gulden; von Hans Schikner die Zahlung ihres ganzen Geschützes, weil er den Brief, darin die Bauern es forderten, mit unterschrieben habe. Zerrissen wurden nicht nur die von den Herren beschworenen, hinterlegten, besiegelten letzten Vertragsbriefe, zerrissen auch die jahrhundertealten Freiheits- und Rechtsbriefe, statt der im Aufstand verbrannten Steuerurkunden neue verfaßt und aufgedrungen, mit aufs höchste gesteigerten Leistungen. Dazu kamen teils barbarische, teils durch das Seltsame ihrer Art schwer kränkende Strafen: neben den Verboten, Waffen zu tragen, die Verbote der Zusammenkünfte, der Volksversammlungen, der Kirchweihen, des Wirtshausbesuchs, Verurteilungen, einen halben Bart zu tragen, Brandmarkungen auf Stirne und Wangen usw. Zu Raunau, bei Ulm, wurden die Bauern verurteilt, sechs Wochen Schleier zu tragen in und außer dem Hause, zu Leipheim und Langenau manche Frauen, auf die Kleider gemalte Schwerter und Schilde; auch ein Hauptschmuck jener Gegend, „Gukelhäuser und Hoyerles", wurde allen dortigen Weibern untersagt. An der Stelle der Häuser der besten Volksfreunde sah man Schandpfähle oder die bloßen Säulen stehen ohne Dach und Wände. Zehntausend waren im Gebiete des schwäbischen Bundes hingerichtet worden, 1200 richtete Berthold Aichelin bis Ende 1526 mit eigener Hand; zudem hatte er bereits ein neues Verzeichnis solcher, die übersehen worden und deren Hinrichtung nachgeholt werden sollte. Die Waisen und Witwen der Hingerichteten bewegten zu Mitleid und Rache, „denn die Henker verdienten viel Geld; es war fast kein Herr, der nicht etliche hinrichten ließ". „Nach dem Sieg ging ein Spiel an, das gab Gut, Geld und Blut: Adel, Prälaten und Fürsten straften ihre Bauern." Auf den Straßen, in den Wäldern, bei den abgebrannten Dörfern fand man Weiber und Kinder, die Hungers starben. Insgeheim gingen viele Leute und Schriften im Lande um, mit Rat und Wort, man solle sich den vorigen Verlust nicht abschrecken lassen, man solle sich wieder sammeln und fechten wider Gottes Feinde und den Landschaden: Seien auch die Gottlosen jetzt obgelegen, der Sieg werde ihnen nicht lange gedeihen, denn ihre Bosheit sei groß gewachsen durch Vergießen unschuldigen Blutes und durch Erneuerung des Reiches des Antichrists. Das alles wurde mit Belegen aus der Schrift verstärkt. Wohl warnten andere dagegen, dieser unruhigen Leute Odem sei glühende Kohle, und aus ihrem Munde fahren Fackeln und feurige Brände. Der Gewissens- und Glaubenszwang, die Verfolgung des Evangeliums, griff den meisten fast noch tiefer als anderes ans Herz. Schon hörte man viele Stimmen aus den Bauern, man müsse wieder aufstehen. Auf der großen Heide bei Königshofen, auf den Gräbern der Tausende dort erschlagener Brüder, sah man heimlich Gruppen von Landleuten sich sammeln und sich besprechen. Die Bauern hatten eine eigene Losung, woran sie unter sich Sinn und Farbe erkannten. Kam einer mit einem anderen irgendwo zusammen, so fragte er: „Was liegt dir an?" und antwortete der Gefragte: „Was dir anliegt, liegt mir auch an", so vertrauten sie einander ihre Heimlichkeiten und Pläne. Eingefangene gestanden auf der Folter, „es werde bald wieder recht zugehen". Drohend saß im Hegau der Mann von Twiel, Herzog Ulrich; er hatte viele der bekanntesten Ausgetretenen an sich und um sich, zumal aus dem Neckartal: Da sah man Andreas Remy von Zimmern bei dem Herzog; da Gabriel, den Fähndrich Jäcklein Rohrbachs; da den starken Bauer von Großgartach. Zu Straßburg, zu Bockenheim lagen vom Bund verabschiedete Landsknechte; sie warteten, bis der Herzog losschlage; und im Lande hieß es, er werde wiederkommen. Unter den Flüchtlingen von Straßburg war namentlich Bernhard, Schultheiß Weldners Sohn; der hatte sogar „einen Druck" und verteidigte seine Partei, vor allen Jakob Rohrbach.

Das Bergwerk zu Bramberg, Michael Grubers Heimat, schloß sich nicht an die Aufständischen an, sondern die Bergleute ließen Weib und Kind, Hab und Gut zurück und entwichen. Zu Radstadt wurde der erzbischöfliche Pfleger Christoph Graff von den Bauern eingeschlossen, nachdem sie ihn samt seinem Haufen mit Verlust vor sich hergejagt hatten. Von denen, die ihn einschlossen, schrieb er am 15. April, „es sei ein Abschaum von allen bösen Buben, die überallher verlaufen seien, höchstens zwölfhundert".

Daß es gute Kriegsleute waren, welche diesmal operierten, das zeigte sich an ihren Erfolgen. Sie blieben nicht, wie im vorigen Jahre, vor diesem oder jenem Schloß liegen, sie ließen sich durch keine Stadt aufhalten, sondern sie rollten das Land vor sich auf, brachten den gemeinen Mann überall auf ihrem Wege in ihr Bündnis und zogen vorwärts auf die Entscheidungspunkte zu. Sie waren trefflich mit Handrohren versehen und mit guten Schützen. Man sah in allem, es waren nicht nur sehr viele gediente Kriegsleute unter den Bauern, sondern sie waren auch gut geführt; Tag und Nacht feierten sie nicht, wie der Kardinal am 11. April an Herzog Wilhelm schrieb.

Nur langsam bekam der Erzbischof Knechte für sein Geld, frühe von außen die Zusagen der Hilfe, aber spät und langsam zogen die Hilfsvölker daher, die der schwäbische Bund schickte. Am 9. April hatte er noch nicht mehr als zwischen vier- und fünftausend zu Fuß und zu Roß beisammen und nicht einmal auf einem Punkte. Am 20. April überfielen die Bauern den größten Teil des erzbischöflichen Heeres bei Golling in der Nacht so unversehens und glücklich, daß dasselbe furchtbare Verluste erlitt und mit genauer Not der Vernichtung entrann. Es verlor alle seine Stellungen, die Zazerbrücke und den wichtigen Paß Lueg, zwischen Golling und Werfen.

Seit den ältesten Zeiten war dieser Paß einer der militärisch wichtigsten Punkte, nicht sowohl durch das Felsenschloß, aus dem später ein Blockhaus wurde und das auf einem 100 Fuß hohen Felsenstück stand, das über den die Salzach einengenden Abgrund senkrecht hinausragt, als durch seine Enge. Kaum ein Frachtwagen kann hier durchpassieren, und rechts und links ragen über tausend Fuß hohe, schroffe Felsenwände, auf denen kein Gräschen Wurzel fassen kann; und den engen Raum von 25 Fuß Breite zwischen diesen Felswänden füllt die Straße und der Waldstrom. Denn neben der schmalen Straße tobt, hart am Straßenrande, die Salzach mit ihren gepreßten wütenden Wogen hindurch. Darum war in allen Kriegen in diesen Landen der Besitz des Luegpasses von der höchsten Wichtigkeit.

Nach dem Verluste desselben hatten sich die Erzbischöflichen bis auf Kuchel zurückziehen müssen, und am 27. April waren im Lager des Kardinals bei Kuchel trotz neuer Verstärkungen noch nicht über dritthalbtausend Knechte und hundert Pferde wieder beisammen. Während die Herren von der Feder am Bundestage zu Augsburg sich unwillig hören ließen, daß der Kardinal „immer nur um Hilfe schreie und gar nicht handle gegen die liederlichen, unwehrlichen, kropfeten Bauern"; während Kanzler Eck, in alter Kenntnislosigkeit über die Verhältnisse des Krieges und des Feindes, mit anderen schwur, er wollte mit fünfzehnhundert Knechten sich mitten unter diese Bauern wagen und sie strafen; während über diese bundesrätlichen Schreiben die bündischen Kriegshauptleute an Ort und Stelle im Gebirge, wo sie besser wußten, mit wem sie zu tun hatten, über die „Federfuchser zu Augsburg" wütend waren, war Geismaier, man weiß nicht, auf welchem Wege, mit drei Fähnlein best bewaffneter Kriegsknechte, teils deutschen Flüchtlingen, meist aber Tirolern, bis vor Radstadt vorgedrungen. Bei ihm waren seine alten

Freunde und Kriegsleute Peter Päßler und Sebastian oder, nach Tiroler Mundart, Wastel-Mayer. Beide waren Tiroler aus dem Etschland. Er verstärkte nicht nur den Haufen, welcher Radstadt bisher einschloß, sondern er übernahm in den ersten Maitagen die oberste Leitung der Belagerung Radstadts, das an der Grenze von Salzburg, Österreich, Steiermark und Kärnten gelegen und mehr durch diese Lage als durch seine Ringmauern und Stadtgräben wichtig war. Überdies lag in Radstadt noch das gute Geschütz des Erzherzogs. Verteidigt wurde das Städtchen von jenem Christoph Graff von Schernberg. Der war, wie Burkhard von Embs, der auch einen Teil der bündischen Knechte ins Gebirge hereingeführt hatte, ein alter Landsknechtshauptmann; beide waren vieljährige Kriegsgesellen Jörgs von Frundsberg.

Aber wie bei Golling, wurden diese von verschiedenen Seiten herbeiziehenden Bundestruppen und ihre alterprobten Befehlshaber von den Bauern geschlagen bei Kitzbühl, bei Mauterndorf, bei Kuchel. Das kam nach der Reihe also.

Die von Rauris, Pongau, Gastein stürmten und verbrannten die Alpenschlösser Mittersill, Kaprun, Fischhorn, Taxenbach, Lichtenberg, Engelberg, Ittern. Es gelang dem Erzbischof, die Erzknappen ruhig zu erhalten, ja, Michael Gruber und Praßler führten selbst im Sold des Erzbischofs zwei Fähnlein Handwerker und Grubenleute gegen das Pinzgau. Gegen sie zog Max Neufang, fiel mit 800 Bauern über sie und schlug sie bei Kitzbühl und Kirchberg. Der Erzherzog schickte dem erzbischöflichen Hauptmann Franz von Thanhausen einige Verstärkung ins Lungau, das noch ruhig war, um Radstadt zu entsetzen oder zu verproviantieren. Zugleich kamen schwäbische Bundeshauptleute mit Kriegsvolk nach Steiermark, um die Bauern von da durch die Maindling anzugreifen; sie fanden sich aber gegen sie zu schwach, und den Thanhausen abzuhalten, hatten tausend Bauern die Radstädter Tauern besetzt und die Straße verhauen. Thanhausen vertrieb die Posten aus Tamsweg und Moßheim und kam nach Mauterndorf.

Das Gebirgstal Lungau nämlich, diese schöne, wenig gekannte salzburgische Landschaft, hat im eigentlichsten Sinne des Wortes nur eine Straße. Diese führt aus dem Salzburgischen über die Radstädter Tauern nach Tweng und dann mitten durch den Markt Mauterndorf, wo sie sich in zwei Äste teilt, von denen einer durch das Michaeltal über St. Michael und über den Katzberg nach Kärnten führt, der andere von Mauterndorf nach Tamsweg und von da nach dem salzburgischen Paß Seetal. Auf die höheren Hochalpen kann der Auftrieb des Viehes erst um die Mitte des Juni geschehen, so lange hindert hier der Schnee, und das Vieh muß oft wieder auf die Frühalpen, die tiefstliegenden Alpenteile, zurückgetrieben werden, weil es beinahe in jedem Monat schneit. Dabei hat die Gegend sehr viele Gewässer, welche bei lang anhaltendem Regen oder beim plötzlichen Auftauen des Schnees große Verheerungen machen. Die Nebel sind hier zu Hause. Beschwerlich und gefahrvoll sind die Gebirgswege im Herbst, im Winter und in dem spät eintretenden Frühling wegen des Schneegestöbers und der Gefahr, durch Schneelawinen den Tod zu finden, lebendig verschüttet zu werden, zu Fuß oder mit Roß und Wagen durch plötzlich herabstürzende Schneelawinen.

Dieses schauerliche Gebirg mit seinen wildabstürzenden Waldwassern, seinen Abgründen und Schlünden und seinen hart daran hinschwindelnden Steigen und Wegen – das war für den größten Teil der bündischen Knechte und Herren ein unwirtbares und ungewohntes Terrain zum Marschieren und Leben, geschweige zum Kriegführen und Schlagen.

Weil vor dem Thanhausen die Bauernposten von Tamsweg und Moßheim zurückgewichen waren, getraute er sich, der Bauern überhaupt und des Gebirges leicht mächtig zu werden. Das Lungauer Tal lag angenehm vor Mauterndorf da, und die Tauernach floß so schön vorbei. Warum sollte es jenseits Mauterndorf, dieser Pforte zu den wolkenstrebenden Bergen, den Radstädter Tauern, nicht auch so leicht gehen?

Seine Kundschafter nahmen den Grünwaldwirt auf den Radstädter Tauern gefangen, brachten ihn zu Thanhausen, und gefragt, wie man zu dem Feind auf die Tauern kommen möchte, zeigte er an, die rechten Straßen seien alle verhauen, aber um sein Haus, ob es schon weiter sei, komme man am leichtesten zu den Bauern. Sie folgten ihm nicht, sondern stiegen über die Verhaue; es regnete und schneite des Tages; halb erfroren sahen sie sich von den Bauern angegriffen; von 1000 kamen keine 200 aus dem Gebirge zurück, mancher Edle ließ da seine goldene Kette und sein Leben; einzelne Edle, lebendig gefangen, wurden enthauptet. Zugleich siegten die Bauern auf einer anderen Seite.

Von Salzburg her zog das Kriegsvolk des schwäbischen Bundes, acht Fähnlein besten Volkes. Bei Kuchel an der Salzach stieß Geismaier auf sie, machte einen verstellten Rückzug nach der Abtenau, griff sie dann an und schlug sie, während von den Bergen herab große Steine auf sie fielen, daß sie mit Verlust von mehreren Hunderten zurückflohen und er sie bis gegen Salzburg verfolgte (14. Juni). Gleich großen Verlust erlitten sie bei einem Sturm auf den Paß Lueg am 17. Juni.

Ehe Geismaier zu den Salzburgern gekommen war, hatte Christoph Setzenwein den obersten Befehl in den Bergen geführt, mit Kenntnis und Glück. Vielleicht aus Eifersucht auf Geismaier, vielleicht verführt durch die ihm eröffneten Aussichten, eine Laufbahn im Staats- oder Hofdienst, wie seine Vorgänger Praßler und Gruber, zu machen, hatte er sich mit dem Kardinal in Unterhandlung eingelassen; denn dieser versuchte alles, des Aufstandes bei solchen Erfolgen loszuwerden, und hatte am 16. Juni,

Gefecht bei Kuchel an der Salzach

gerade am Tage vor dem Sturm auf den Luegpaß, Kundgaben und Aufforderungen zur Unterwerfung unter den schwäbischen Bund verbreiten lassen.

Setzenwein und sein Profos wurden vor ein Kriegsgericht der Bauern gestellt und, als der Verräterei überwiesen, am Luegpaß von den Bauern durch die Spieße gejagt. Von da an war Geismaier, wie er tatsächlich bisher die erste Rolle gespielt hatte, auch dem Namen und der Stellung nach der oberste Hauptmann des Aufstandes. Neben Neufang zeichnete sich unter den salzburgischen Hauptleuten Hans Unbild aus; sonst waren Etschländer die vorzüglichen Führer.

Die Siege der Bauern wirkten so auf die Bevölkerung und auf den Erzbischof, daß dieser aus Salzburg mit vielem Gut sich auf die Flucht machte, weil er „verzweifelte, des Aufstandes Meister zu werden, denn es war dem schwäbischen Bunde viel Volks erschlagen worden". Er war auf dem Wege, seine Person und sein Gut nach Augsburg zu flüchten, „hätten ihn die Fürsten von Bayern nicht wieder heimgeschafft mit Ernst".

Es war daran, daß die Stadt Salzburg abermals in die Hände der Bauern gefallen wäre. Sie hatten von Anfang an sicher darauf gerechnet und das, auf was sie hofften, als etwas bereits in Erfüllung Gegangenes durch ihre ins deutsche Reich ausgesendeten geheimen Boten verbreiten lassen. Schon in den ersten Tagen des Mai 1526 wurde ein solcher zu Kirchheim unter Teck im Württembergischen von der österreichischen Regierung aufgegriffen, Hans Wirsing aus Ingeringen bei Sigmaringen. Der gestand, er sei den Salzburger Bauern zugelaufen wie andere aus Schwaben und zehn Tage bei ihnen im Lager zu Langenstaufen gelegen. Dann sei er mit anderen Schwaben, selb zwölf, von den Bauernräten ausgesandt worden ins Reich herüber, den Bauern anzuzeigen, die Salzburger Bauern haben Salzburg erobert, sie wollen alle frei und zu Selbstherren machen, und die Bauern sollen allerorten her zu ihnen ins Gebirge ziehen. Damit sollen sie, soviel sie können, allenthalben Bauern auf- und zusammenbringen, weil sie, die Salzburgischen, für jetzt noch zu schwach seien, vor die Stadt Salzburg sich zu legen.

Jeder dieser zwölf Sendlinge hatte zwei Gulden Handgeld sogleich erhalten und weiteres zu erwarten. Aber ihre Bemühungen hatten keinen rechtzeitigen Erfolg. Nicht einmal der Schwarzwald und die Bodenseegegend kamen in rechtzeitige Bewegung, nicht die Allgäuer; die Führer waren es, woran es fehlte. Nur in Tirol hatte, wie Kanzler Eck am 1. Mai 1526 an Herzog Wilhelm schrieb, „sich eine große Meuterei angefangen". Im Allgäu aber und am Bodensee hatte der schwäbische Bund, weil es allda so böse aussah, viele Reiter in Sold genommen und in die Städte gelegt, die fortwährend streiften und die Bauern nicht zusammenkommen ließen; ja, er hatte diese Streifscharen auf Anzeigen noch sehr verstärkt.

Jetzt erst hatten die Bundesräte zu Augsburg erkannt, daß es ein Unterschied sei, auf dem Flachfeld Krieg führen oder im Gebirgsland, und was es heiße, auf dem Terrain fremd sein und einen Feind vor sich haben, verwachsen mit der Alpennatur seines Heimatlandes und eingeübt in alle örtlichen Vorteile derselben. Der salzburgische Aufstand erschien ihnen jetzt als „eine Gefahr für die ganze deutsche Nation". Die Kriegsobersten des Bundes, die im Lager des Kardinals waren, hatten schon am 10. Mai im Kriegsrate den Plan entworfen, daß die schwäbischen Verstärkungen, die eilig kommen müssen, durch das Graßer Tal, von Oberbayern, und zwar von Rosenheim am Inn her, und über den Jochberg gegen das Pinzgau, und zu gleicher Zeit die Verstärkungen aus Österreich her auf Radstadt vordringen sollen, weil die Stellung der Aufständischen vor Kuchel unangreifbar sei. Die Bundesräte zu Augsburg, die nicht im Gebirge, sondern auf dem Rathause saßen, verwarfen damals diesen Plan. Im Salzburger Lager aber beharrte man zuletzt doch dabei.

Jörg Frundsberg zog von Rosenheim her mit gutem Kriegsvolk, der alte Graf Niklas Salm von Osten her mit Kriegsvolk aus den österreichischen Herzogtümern und mit vielen teils welschen, teils barbarischen Söldnern, Tschechen, Stratioten, Albanesen.

Am 31. Juni schlug sich Frundsberg bei dem Markte Zell im Pinzgau mit dem dortigen Haufen der Pinzgauer und gewann demselben sechs Falkonete und sechs Fähnlein ab. Die geschlagenen Pinzgauer, welche sechshundert der Ihren auf der Walstatt gelassen, warfen hinter sich die Brücke über die Salzach ab – so geordnet und fest war noch ihr Rückzug –, und das rettete sie vor gänzlicher Niederlage. Sie suchten die Vereinigung mit dem östlichen Haufen unter Geismaier vor Radstadt.

Geismaier hatte indessen Radstadt fort und fort bedrängt, die Mauern untergraben, Feuer in die Stadt hineinwerfen lassen; drei Stürme waren versucht worden, aber Kunst und Tapferkeit hatten sich gebrochen an den Werken und ihrem Verteidigungsgeschütz, da die Belagerer gar kein Belagerungsgeschütz hatten und ihre hölzernen, mit Eisenreifen beschlagenen Stücke wenig wirkten.

Am Embach bei Taxenbach kamen Päßler, welcher die Pinzgauer geführt hatte, und Geismeier nachts zu einer Besprechung zusammen, und nach gehaltener Beratung erklärten diese zwei obersten Hauptleute den mit ihnen zum Kriegsrat gekommenen Bauern, ihre Kräfte an Leuten und Geschütz seien nicht imstande, der Kriegsmacht des schwäbischen Bundes das Vordringen zu wehren, „deshalb solle für jetzt ein jeder sehen, was er zu schaffen habe".

Am 4. Juli hob Geismaier die Belagerung von Radstadt auf, und das ganze Heer der Bauern zog in sein altes Lager, in das nahe Altenmarkt.

Geismaier sah von drei Seiten zugleich sich mit Angriffen bedroht:

von Kuchel her über Abtenau vorn, durch einen reisigen Zeug und dreizehn Fähnlein Knechte des schwäbischen Bundes; rechts von Graf Niklas Salm, der durch die Maindling mit einer Zahl Pferden und vier Fähnlein Knechte auf Radstadt zog und zu dem hinter dem Torstein her acht von jenen dreizehn schwäbischen Fähnlein im Zuzug waren. Salms gewaltiges Geschütz hatte bald den dortigen Vorposten die Räumung des Maindlingpasses abgezwungen. Und jetzt wurde Geismaier auch noch von Frundsberg siegreich in der Linken vom Pinzgau her bedroht.

Da war sein Entschluß gefaßt. Er nahm alles zusammen, fremde Kriegsknechte, Flüchtlinge aus dem Reich und von den Salzburgischen diejenigen, welche am meisten für sich zu fürchten hatten. Es war eine Schar, mit welcher alles zu unternehmen war, lauter treffliche Kriegsleute oder Verzweifelte. Tiere und Wagen wurden bepackt mit der gemachten Beute, dem Lohne zweimonatiger Siege.

Er wollte versuchen, den Kampf auf den Boden und in die Gebirge Tirols zu versetzen, alles dortige Volk unter seine Fahne zu sammeln und so sich wieder zu stärken. Er ließ jedem frei, ihm zu folgen oder zu bleiben.

Die Feinde, die sich bei Radstadt gesammelt hatten, erwarteten von ihm einen Kampf der Verzweiflung und sahen ihn, von allen Seiten umzogen, verloren und in ihrer Hand. Die vielen Feuer, welche in Geismaiers Lager in der Nacht vom Montag auf Dienstag nach Petri und Pauli (vom 4. auf den 5. Juli) brannten, hielten die Bündischen die ganze Nacht wach und in der Vermutung, er rüste sich zu einem Angriff in der Frühe, zur morgigen Schlacht. Am Tage, da alles ruhig blieb, sahen sie, daß das Lager verlassen und ganz leer war.

Während die anderen aus dem Bauernheer in dieser Nacht sich in ihre Täler zerstreuten, waren Geismaier und Päßler mit aller Beute und mit sechshundert Männern hinweggezogen. Zornig jagten ihnen die Bündischen nach bis auf St. Johann, und da sie niemand fanden, plünderten sie diesen Ort, kehrten um und verbrannten Altenmarkt. Geismaier und seine Schar waren mit der Morgensonne schon ins Gebirg hinaufgestiegen, ganz ungestört. Sie eilten aus dem Pinzgau über die Rauriser Tauern, kamen glücklich durch Kirchheim nach Linz in Tirol, von da nach Innichen und warfen sich auf Brunecken, eine Residenz des Bischofs von Brixen im Pustertale.

Ein „wundergroßer Schrecken" ging vor ihm her. Die Regierung zu Innsbruck „geriet in Entsetzen". Das Unerhörte des Wagnisses ließ sie fürchten, Geismaier müsse weit verbreitete Einverständnisse im Land, einen mächtigen Anhang haben.

Aber wegen der Besorgnisse Ende Aprils waren Brunecken und die Mühlbacher Klause noch stark besetzt. Es mißlang Geismeier die Überrumpelung des einen wie des anderen Punktes. Ritter Künigl sammelte Kriegsvolk und brachte selbst die Pustertaler nicht nur zum Ruhigbleiben, sondern in die Waffen gegen Geismaiers Schar. Während er noch vor Brunecken lag, zog Frundsberg mit dreitausend Mann wider ihn heran. Zu einer Schlacht zwischen ihm und seinen Feinden bei solcher Übermacht derselben ließ er es nicht kommen. Er führte seine Schar ungeschlagen bei Vintel über den Fluß Rienz und den Hachelstein durch Rodenegg nach Lüsen, endlich über Enneberg vor die Abtei Buchenstein und von da nach guter Rast und Labung auf den Weg, weiter nach Agord, glücklich in das venezianische Gebiet.

Bis Buchenstein folgten ihm die Scharen Künigls und Frundsbergs und sahen mit Bewunderung dem kühnen Kriegshauptmann nach. „Geismaier ist der erste gewesen, der mit Gewalt so weit durch das Land gezogen ist; man wollte sagen, er habe mit den Gerichten ein Einverständnis gehabt", sagt ein Zeitgenosse.

Das Gelingen des verwegenen Zuges ließ Geismaiers Namen und seine Talente in hohem Glanz erscheinen, selbst außerhalb Tirols, namentlich bei der venezianischen Regierung und bei der schweizerischen Eidgenossenschaft.

Furchtbar erschien er jetzt erst der österreichischen Regierung, dem Salzburger Kardinal und den Bayerfürsten. Jetzt erst ging er vor ihren Augen auf als der Mann, „welchem kein Anschlag und keine Arbeit zu überlegen und zu schwer sei"; jetzt erst dem Volke als derjenige, „welcher sich unterstanden, Wunder zu treiben". Jetzt erst erinnerte man sich und sprach davon, wie vielseitig er war, wie groß als Volksführer, mit der Feder, mit der Volksrede, mit dem politischen Verstand auf den Landtagen; wie geschickt und gewandt, eine Bewegung anzuregen, sie zu organisieren und sie zu leiten; wie begabt als Kriegsoberster, im Angriff, in der Verteidigung, im Rückzug; mit wenigen und geringen Mitteln lange siegreich, weil er alle Vorteile des Terrains und alle Nachteile der Gegend zu benutzen verstand; und wie er zuletzt zwar zum Weichen gebracht, aber nicht überwunden worden war. Das alles leuchtete um so mehr ein, je größer die Ehre war, welche ihm von der Republik Venedig öffentlich angetan wurde. Die Signora musterte sein Kriegsvolk, und dieses gefiel so, daß es „lieb und schön gehalten wurde". Ihm, dem Hauptmann selbst, wies sie zu seinem Unterhalte jährlich vierhundert Dukaten und einen Palast in Padua zur Wohnung zu. Da lebte er, wie man sich von ihm in dem Gebirge erzählte, „glänzend wie ein Kardinal". Er war mit seinem Kriegsvolke nicht sowohl in die Dienste Venedigs getreten, sondern mit ihnen mehr als Gast gehalten, weil dessen Pläne in den Augen der Signora eines Tages der Republik reichlich ersetzen konnten und sollten, was jetzt diese Gäste sie kosteten.

Denn Geismaier gab seine früheren Gedanken nicht auf; und wenn er mit Hilfe Venedigs und der Schweiz, wie mit Hilfe des gemeinen Mannes im deutschen Reiche, der Freiheit des Glaubens und des Lebens, dem, was ihm heilige Überzeugung war, für die er alles eingesetzt hatte, Raum in den Alpenlanden und im ganzen deutschen Reiche schaffen wollte, so kann er weder vom Standpunkte der sittlich-religiösen Anschauungen seiner Zeit noch von dem der politischen Praxis der Fürsten seiner und der späteren Zeit das genannt werden, was man von einer Seite her ihn zu nennen versucht hat, nämlich wegen Annahme fremder Hilfe zur Durchführung seiner Gedanken – ein Vaterlandsverräter.

Das deutsche Reich war schon damals so unglücklich geworden, daß das deutsche Vaterland nur noch ein abgezogener Begriff, aber nicht etwas Lebendiges und Wirkliches auf deutschem Boden mehr war. Für den Kaiser gab es nur Interessen des Hauses Habsburg, aber keine deutschen Vaterlandsinteressen. Für die Fürsten gab es diese auch nicht, nur fürstliche Hausinteressen. Die Städte hatten lange genug jede nur ihrem Sonderinteresse gelebt, und jetzt erst schrien sie in der Not und Bedrängnis durch die Fürsten wieder nach einem großen deutschen Vaterlande, das nicht da war und wesentlich auch durch ihre Mitschuld abhanden gekommen war. Den Stämmen selbst und den Völkerschaften war der Gedanke eines deutschen Vaterlandes etwas ganz Fremdes geworden, und jede deutsche Völkerschaft, ja noch so kleine Landesherrlichkeit wußte nur von sich selbst, aber nichts von einem deutschen Vaterlande. Nur aus der Mitte des gemeinen Mannes hervor bricht durch die Jahrhunderte des Mittelalters hin von Zeit zu Zeit ein Not- und Hilfeschrei nach einem deutschen Vaterlande hervor, der aber stets rasch in Blut erstickt wurde.

Die fremde Hilfe, welche Geismaier suchte und annahm, führt er nicht gegen sein Vaterland, sondern gegen die, welche er für die ärgsten Feinde der Freiheit und des Glaubens, für Feinde seines Volkes hielt, gegen den Kaiser, gegen seinen Bruder Ferdinand und dessen Spanier und namentlich gegen die geistlichen Fürsten. Er benutzte Hilfe der Fremden, um seinem Volke religiöse und politische Freiheit und auf deren Grundlage ein Vaterland zu schaffen; also nicht für sich, sondern für sein Volk. Die Fürsten von Österreich, die Herzoge von Bayern, die Landesherren anderer deutscher Staaten suchten und nahmen Hilfe der Fremden an, oft und viel, für sich und gegen das Ganze.

Noch vor wenigen Monaten war die Stimme Nürnbergs auf dem Bundestage verhallt, welche darauf hinwies, wie nach dem Siege über das Volk von den Siegern der evangelische Glaube bedroht sei. Damals stand Nürnberg mit seiner Stimme fast allein. Im August 1526 aber waren die evangelischen Stände bereits alle zur Einsicht gebracht worden, was nach dem Siege des Fürstentums über die Volksbewegung nun ihnen selbst bereitet werden sollte: Die Altgläubigen nannten jenen Sieg nur einen Sieg über „die Lutherei". Jetzt waren alle Evangelischen dagegen, als die österreichischen Räte am Bundestage den Antrag stellten auf längere Unterhaltung des bündischen Kriegsvolks und Beisammenbleiben der Bundesversammlung, „bis man höre, wie sich die Handlung mit dem Geismaier schicken werde"; ja, sie hatten sogar einen Antrag auf Vermehrung der Bundeshilfe in den Alpen und einen anderen Antrag auf ein Ersuchen an den Herzog zu Venedig darangehängt, dem Geismaier im venezianischen Gebiet keinen Aufenthalt und dem Kriegsvolk der Bundesstände den Durchzug zu gewähren, um dem Geismaier nachzuziehen. Die Österreicher fielen mit allen diesen Anträgen durch. Ja, evangelische Stände des Reiches traten mit der Republik Venedig und mit den reformierten Kantonen der Schweiz in ein Bündnis gegen das Haus Habsburg und den Kaiser zur Wahrung ihres Glaubens. Der Haß des Despotismus gegen die Freiheitsbestrebungen des gemeinen Mannes war auf mehr als einer Seite ganz ohne Maske offen und laut als Verfolgungswut gegen die Freiheit des Gewissens aufgetreten, als Fanatismus wüster Bestialität. Nicht nur wurden von dem Bundesprofosen Berthold Aichelin und anderen Profosen und Henkern der altgläubigen Fürsten evangelische Prediger überfallen und hingerichtet, welche der Volksbewegung ganz fremd waren, hingerichtet bloß darum, weil sie „lutherisch" seien, sondern Herzog Wilhelm von Bayern gab, da ein als Wiedertäufer Eingezogener ableugnete und widerrief, geradezu die Erklärung: „Die Täufer kommen zu niemand, als zu einem, der zuvor lutherisch sei; der Eingezogene müsse also zuvor lutherisch gewesen sein; darum müsse er sterben."

In die brennenden Häuser Altenmarkts warfen Österreichs welsche Söldner die Kinder der entwichenen Väter, die Kinder, wie sie sie nannten, „der lutherischen Hunde".

Gleich nach Geismaiers Abzug hatte sich das Pongau unterworfen; das Pinzgau hatte schon nach dem Gefecht bei Zell größtenteils neu gehuldigt. Das Volk des Erzbischofs hatte, als es über Zell und Saalfelden zog und den letzten Rest der Bauern, der die Waffen noch nicht niedergelegt hatte, vertrieb, den Gerichten im Pinzgau verkündet, auf Sonntag vor St. Ulrichstag, den 2. Juli, zu Taxenbach zu erscheinen, ein jeder so, wie er im Kriege bewehrt gewesen. Zu Taxenbach war zwar etwas, aber, aus Furcht, nicht alles Volk des Pinzgaus erschienen. Denen hatte man nichts zuleide getan, als daß sie das Gewehr von sich legen und acht Gulden Brandschatzung für ein Haus geben und huldigen mußten. Denen, die das getan, war ein rotes Kreuz aus Papier, das auch einen halben Gulden kostete, als Sicherheitszeichen zum Annageln an die Haustüre gegeben worden.

Ein zweiter Huldigungstag für die Nichterschienenen wurde auf Margarethentag, den 13. Juli, anberaumt. Die gelinde Behandlung derer zu Taxenbach führte die Pinzgauer in großer Zahl nach Radstadt. Vor der Stadt wurde ihnen alles Gewehr abgenommen. Dann zogen der Adel und die Reiterei und vier Fahnen Fußvolks aus der Stadt und umringten den unbewehrten Bauernhaufen. Herr Christoph Graff von Schernberg hielt ihnen ihre Empörung vor. Dann wurden aus dem Verzeichnis der Anwesenden siebenundzwanzig Namen verlesen und aus dem Haufen herausgenommen. Vier Scharfrichter traten vor und enthaupteten als-

Entwaffnung der Tiroler zu Radstadt

bald die siebenundzwanzig, die zu spät bereuten, daß sie sich hatten verlocken lassen, im Angesichte des eingeschüchterten Volkes. Das letztere mußte auf der blutigen Stätte neu huldigen und Urfehde schwören, dann entließ man es nach Hause. Auch zu Kuchel, Zell und an anderen Orten wurde Blutgericht gehalten. Die Häuser der Gerichteten wie die derer, „welche dem Spiel nicht getraut und sich mit dem Geismaier davongetan hatten", wurden niedergerissen, Städtchen und Flecken in die Reihe der Dörfer und Weiler zurückgesetzt und, um dem Sturmläuten vorzubeugen, die Glocken von den Türmen geworfen. Da lagen sie viele Jahre stumm an der Erde.

Radstadt aber und Zell, welche dem Bischofe treu geblieben waren, wurden belohnt. Die Radstädter und Zeller hießen von nun an die „getreuen Knechte St. Ruprechts". Die Radstädter und Zeller durften von da an am Pfingstmontage bei der alljährlichen Wallfahrt in den hohen Dom St. Ruprechts zu Salzburg während der Vesper feierlich um den Hochaltar herumziehen und ihre ländlichen Lieder singen. Des Abends wurden sie dann aus des Erzbischofs Keller und Küche reich bewirtet, und Stiftsherren und Adelige vom Hofe warteten den Pinzgauern von Radstadt und Zell mit dem Weine und den Speisen auf. Am Dienstage nach St. Veit durften die Radstädter eine Siegesfahne aus dem Rathaus aushängen und an jedem Tage sich aus der nahen Enns so viele Fische fangen, als sie zum festlichen Schmause bedurften, das Weingeschenk dazu lieferte ihnen der erzbischöfliche Keller. Die Siegesfahne durften sie auch bei Jahrmärkten und anderen feierlichen Gelegenheiten aushängen, zum Gedächtnis daran, daß Radstadt unbewegt geblieben und den letzten Sturm abgeschlagen, auch da noch, als die wenige Tage zuvor von den Bauern erfochtenen Siege alles mit fortrissen und die Sache des Erzbischofs verloren schien.

Im übrigen Salzburger Land aber und in Tirol blieb es so, wie es in Deutschland war: Es konnte jeden Augenblick neu aufgären, „so vergiftet war der Bauersmann in seinem Herzen".

In Schwaben hatte das Volk die Vorfälle im Salzburgischen mit Spannung, mit Hoffnung und mit Freude verfolgt: Wie mögen die Herzen geschlagen haben, als sich das Gerücht im Frühlinge 1526 verbreitete, das Schloß Salzburg sei mit der Stadt von den Bauern erobert und alles darin, was über sieben Jahre alt gewesen, erstochen! Da und dort machten die Arme der Bauern zuckende Bewegungen nach dem Schwerte, das ihnen genommen war, und der schwäbische Bund sah sich veranlaßt, die Unwahrheit des Gerüchtes amtlich zu erklären und die gewaltsamen Hoffnungen niederzuschlagen, um so mehr, da zu derselben Zeit eine Bande von neun Köpfen, als Bettler umherziehende Geächtete des vorjährigen Aufstandes, im Lande hin und her ging, da und dort an den Häusern der Aristokratie Feuer anlegte und an Wahrzeichen, die sie unter sich verabredet hatten, ihre Spur sich kundtat. Die Regierung machte Jagd auf sie als auf Aufrührer. Im Gebiete des Bischofs von Straßburg trieb sich der Sundgauer Hauptmann, Hans von der Matten, um; er versammelte um Allerheiligen viele Bauern und versprach, wenn sie Herren, Edle und Pfaffen totschlagen wollen, sie zu einem Obersten (zu Geismaier?) zu führen und jedem anderthalb Gulden Handgeld zu geben.

Wenn der gemeine Mann in Schwaben und Franken und im fernen Sachsen des unglücklichen Ausganges des Jahres 1525 gedachte, so sah er mit Hoffnung hin nach den Alpenlanden, von deren Höhen zuerst die Freiheit niedergestiegen war ins lang unterdrückte deutsche Land, mit Hoffnung auf den Mann, der zu Padua im Venediger Lande saß und von dessen Hin- und Herreisen man hörte und sprach und der eben, weil er, der einzelne Mann, noch immer der Schrecken der Fürsten war, die Bewunderung, der Trost und die Freude der Unterlegenen und der Unterdrückten im Reiche blieb.

Die heimgekehrten Landsknechte redeten in Franken und Schwaben ebenso von dem großen und glücklichen Bauernhauptmann aus Etschland, der sie so oft geschlagen und der ihnen überall entkommen, wie die Landleute in Salzburg und Tirol in ihren einsamen Hütten im Tal und auf den Almen von ihm sich erzählten.

Den ganzen Frühling und Sommer über waren die Herren im Jahre 1527 in Furcht eines neuen Einfalls Geismaiers in die Alpenlande. Und selbst, als es schon einzuwintern begann, am 10. Oktober 1527, schrieb der Erzbischof von Salzburg an die Bayerfürsten, es seien ihm in diesen Tagen von mehreren Orten glaubliche Warnungen zugekommen, Geismaier gedenke mit seinem Anhang und den Ausgetretenen des Stifts, wie zu vermuten nicht ohne Hilfe und Vorschub Venedigs, die Grafschaft Tirol noch dieses Jahr anzugreifen und den gemeinen Mann an sich zu bringen.

Andere Nachrichten gingen dahin, Geismaier wolle über den Nons und über Trient zugleich in die Täler Tirols eindringen und das Volk in die Waffen bringen, um der Republik Venedig und deren Verbündeten dadurch freie Hand gegen den Kaiser zu schaffen. Aber Sommer und Winter gingen vorüber ohne Einfall.

Dagegen hörte man im Frühjahr 1528, Geismaier sei in der Schweiz, und zwar zu Zürich. Dieser Kanton habe ihm das Bürgerrecht gegeben, und er tage daselbst, zugleich als Bevollmächtigter Venedigs, mit dem Kanzler Herzog Ulrichs von Württemberg, dem Fuchssteiner, mit den reformierten Kantonen und einer Zahl evangelischer Stände des Reiches; sie wollen einen Bund gegen den Kaiser abschließen. Geismaier machte große Werbungen, besonders in Graubünden. Bald darauf, nach der

Mitte des Juni, lief das Gerücht ein, etliche Tausend Schweizer seien ganz in der Stille auf dem Marsch, und der Geismaier warte ihrer am Gebirg, um mit ihnen ins Etschland zu fallen.

Zwar nicht das letztere Gerücht, aber die ersteren Nachrichten hatten Grund. Geismaier war Schweizer Bürger geworden und der Mittelpunkt eines geheimen Angriffs- und Schutzbündnisses vieler Evangelischen, namentlich etlicher Reichsstädte und Fürsten, die von Österreich die Unterdrückung des Glaubens und der bisherigen Reichsverfassung fürchteten; der Kaiser machte unverhohlen Miene, die evangelischen Stände mit Gewalt zu unterwerfen, und diese verbanden sich mit den Schweizer Kantonen und mit Venedig; ja, die Reichsstädte dachten daran, „den gemeinen Mann zu bewegen" für den Glauben. Als sich ein großer Volksführer emporgearbeitet hatte, war die Wehrkraft des deutschen Volkes bei weitem dem größten Teile nach niedergedrückt oder vernichtet. Noch einmal tat sich jetzt dem Volke eine Aussicht auf: Die geordneten Gewalten waren daran, die Bewegung an die Hand und jenen Führer an die Spitze zu nehmen; aber des Kaisers Sieg bei Neapel am 19. August 1528 wirkte auf dieses geheime Bündnis und dessen Anschläge so zurück, daß die letzteren unterblieben; und bald verbreitete sich die Nachricht von dem an Geismaier begangenen Meuchelmord.

Der Bischof von Brixen hatte sich hören lassen, „wäre er in einem niederen Stand, er würde die Regierung des Lasts von dem Geismaier längst entledigt haben". Die erzherzogliche Regierung zu Innsbruck setzte einen Preis auf Geismaiers Kopf. Ja, ein Trabant Geismaiers wurde mit Gold bestochen, seinen Hauptmann zu ermorden; er empfing das Geld, aber er ermordete ihn nicht. Trotz der bischöflichen Äußerung und dem Ausschreiben der Regierung fand sich in ganz Tirol, wo man christlicher war als im Bischofsdom zu Brixen, keiner, der Hand anlegen wollte an den Mann, der in den Augen der einen ein rechter Hauptmann des Volkes, in den Augen der anderen wenigstens ein kluger, verschlagener, vielgewandter Kopf und tapferer Degen war, für den gemeinen Mann in den Bergen allenthalben ein Volksheld, dessen Taten man bewunderte.

Zwei Spanier ließen sich durch Fanatismus und Gold verführen, in Geismaiers Wohnung zu Padua sich einzuschleichen und ihn im Schlaf zu ermorden, nicht auf österreichischem, sondern auf venezianischem Gebiet, also als Mörder im vollen rechtlichen Sinne des Wortes. Sie hieben ihm sein Haupt ab, bargen es und flohen damit nach Innsbruck.

Das war der Ausgang Michael Geismaiers, durch hispanische Dolche; aber deutsche Prälaten und eine deutsche Regierung hatten die Meuchelmörder gedungen, ohne zu wissen oder ohne sich darum zu kümmern, wie kenntlich sie dadurch sich und den Wert des Toten zeichneten.

Sein Freund und Mithauptmann, der tapfere und kluge Päßler, hielt sich noch eine Zeitlang als Hauptmann der deutschen Schar im Solde Venedigs. Auch auf seinen Kopf wurde ein Preis gesetzt, zweihundert Dukaten. Einer seiner eigenen Leute, Lukas Wyser von Werfen, also kein Tiroler, ließ sich durch dies Gold verlocken, seinen Hauptmann meuchlings zu erschießen, ebenfalls auf dem Boden Venedigs, nämlich bei Peischeldorf in Friaul; fahnenflüchtig trug der Meuchelmörder Päßlers Kopf nach Innsbruck und empfing dafür das Geld und Gnade von der österreichischen Regierung.

Schluß

So hatten sich die geistlichen und weltlichen Herren Tirols „des Lasts von dem Geismaier" entledigt, sich selbst und noch viele Fürsten und Herren des Reiches von großer Sorge befreit. Sie hatten gewußt, wohin sie trafen, als sie Geismaier meuchlings ermorden ließen; sie hatten in diesem Haupte das Herz der deutschen Volksbewegung getroffen, und die Pläne Venedigs, der Schweiz und jener evangelischen Fürsten und Städte des Reiches hatten an ihm den einzigen Mann verloren, dessen Geist geschickt, dessen Arm stark genug gewesen wäre, eine neue deutsche Volkserhebung in der Richtung jener Pläne zu leiten und mit diesen Staatsgewalten im Geleis und Gange zu halten. Bis dahin hatten die Flüchtlinge, bis dahin hatten die vielen Tausende, welche unter den Siegern litten, nur auf das Zeichen gewartet, das zu einer neuen Erhebung gegeben werden sollte. In der Schweiz, im Hegau, im Allgäu, an der Donau hinab war im Frühling 1527 alles bereit gewesen; in Straßburg sollte der Rat überfallen und die Stadt zu einem Hauptsammelplatz der neuen Bewegungskräfte gemacht werden. Die Räte des Bischofs von Straßburg waren voll Angst. War doch im Bambergischen schon im Januar 1527 ein neuer geheimer Bauernbund entdeckt worden, weil, wie Markgraf Kasimir, der grausame Kasimir, sich ausdrückte, „die bambergischen Untertanen nicht ihrem Verwirken nach, sondern dermaßen gestraft seien, daß man sich täglich eines neuen Aufruhrs bei ihnen versehen müsse".

In ganz Franken, in Böhmen war der gemeine Mann schwierig; und ebenfalls im Januar 1527 war am Saume des Schwarzwaldes gegen die Schweiz hin einer der geheimen Boten, welche zwischen den Geächteten und denen in der Heimat hin und her gingen, mit Briefschaften aufgehoben worden, die auf eine neue Volkserhebung, wenigstens auf deren Vorbereitung und baldigen Ausbruch, hinwiesen. Die dabei beteiligten Leiter, zwölf evangelische Prädikanten und Pfarrer, wurden in die Nähe von Ensisheim gelockt und gefangen; ebenso hundertundzwanzig im Jahre 1525 schwer Beteiligte, welche im Schwarzwald und in der Schweiz sich bisher geborgen hatten. Sie alle wurden hingerichtet. Ebenso wurden im Bistum Straßburg viele Bauern als verdächtig eingezogen; und im Bambergischen überfielen die Reiter des schwäbischen Bundes die Dörfer, in welchen Mitglieder des neuen geheimen Bauernbundes wohnten. Es sollen an die dreihundert Bauernnamen als Glieder desselben angezeigt gewesen sein; alle Ergriffenen wurden teils von den Reitern erschlagen, teils hingerichtet.

Der Furcht vor alle dem waren die Herren nun los mit Geismaiers Tode. Es kam nicht mehr zum Ausbruch. Die besten Männer des Volkes waren tot oder flüchtig umher zerstreut. Von den meisten Obersten und Hauptleuten hörte man niemals mehr. Georg Metzler verschwand, seit er von Königshofen entritt. Klaus Salw kam später als Ochsenhändler zu Breslau wieder hervor. Endres Wittich wurde von Michael Hasenbart gefunden, wie er erschlagen am Wege bei Nürnberg lag, seines Geldes beraubt. „Viele Empörer und Empörte", sagt ein Zeitgenosse, „irrten lange im Elend umher; einige sollen sogar zu den Türken geflohen sein."

Die Volksredner, die Prädikanten, waren durch Schlachten und Nachrichter sehr gemindert. Es galt vorzüglich auch die Erhaltung der katholischen Kirche in Süddeutschland. Darum wurden, wo der alte Glaube und das alte weltliche System gesiegt hatten, überall die evangelischen Prediger aufgegriffen und ausgereutet, als wären sie alle Aufrührer, da „Lutherei" für Aufruhr und jede Art von evangelischer Anschauung für „Lutherei" galt. Mit dem Erliegen der Volksbewegung erlag auch im größten Teile des südlichen Deutschlands der neue Glaube durch Druck auf die Bekenner desselben, ja durch deren blutige Verfolgung; am meisten aber durch Vertilgung der evangelischen Bücher und der Prediger. Darum sprach, noch im Sommer und Herbste des Jahres 1525, schon von 71 angeklagten „Ketzern" das Blutgericht zu Ensisheim nur einen von der Instanz los: Zwölf Geistliche darunter wurden gerädert und verbrannt oder ersäuft, nur einer enthauptet; gleiche Strafen trafen die anderen. Im Allgäu, zwischen Stuttgart und Cannstatt, an der fränkischen Grenze teilten Prediger der neuen Lehre das Schicksal des Pfarrers von Schützingen, der auf Regierungsbefehl „an einen dürren Ast gehenkt" wurde. Die weltlichen Sprecher des Volkes retteten sich durch zeitigen Übertritt oder durch die Flucht oder durch den Schutz der Mächtigen. Weigand blieb ganz unangetastet. Für den Verräter Fierler, den Vogt von Tannenburg, den Obersten des Gaildorfer Haufens, sprachen Kasimir und der Prälat von Ellwangen, auch der Pfalzgraf so entschieden, daß Hall, das seine Auslieferung verlangt hatte, verstummte; nichtsdestoweniger erklärte der Ellwanger Propst nach Fierlers Tode dessen Güter, seiner Witwe gegenüber, für „verwirkt, von wegen seines Aufruhrs im Jahre 1525“, und zog sie ein. Den Rat desselben Haufens, den Pfarrer Held von Bühlerthann, schützte seine Vaterstadt Nördlingen. Mancher, wie Hans Flux von Heilbronn, wurde dagegen von seinen Mitbürgern dazu ersehen, alle Schuld einzig auf ihn abzuladen. Daß Hans Flux nicht auf dem Blutgerüste starb, war nicht des Rats von Heilbronn Schuld. Er kam gegen 100 Gulden wieder in die Vaterstadt, als es ihm gelang, mit Hilfe von Kaiser und Reich ihre Lügen und Intrigen aufzudecken. Benkler, unbegnadet, schweifte jahrelang als „Bandit“, das heißt als Geächteter und als Räuber, auf dem Schwarzwald herum, wie andere auf dem Gmünder Wald. Noch nach mehr als fünfzehn Jahren hielten sich hoffnungslos Geächtete in den Ruinen des Schlosses Neufels im Hohenloheschen, Flüchtlinge des Bauernkriegs aus Schwaben, Pfalz und Franken; sie lebten als zahlreiche Räuberbande, bis sie den Waffen des Würzburger Bischofs und der Reichsstädte erlagen. Feuerbacher und Theus Gerber fanden Teilnahme und Achtung, jener bei den Eidgenossen, dieser in der Reichsstadt Eßlingen, kamen aber nach vielen Jahren erst wieder zu ihrem Vermögen. In steter Furcht, entdeckt zu werden und ihren Feinden in die Hände zu fallen, umherschweifend, wurden manche noch nach zehn, ja fünfzehn Jahren gefänglich eingezogen. Michael Koch, der Achtmann aus Mühlhausen, wurde noch nach vielen Jahren als Siebziger in Erfurt gefoltert und in jahrelanger Haft gehalten. So lange rang der Geist des Alten und seine Rache mit dem Geiste des Neuen, mit dem vorerst unterjochten, aber sich bäumenden Fortschritt. Und weil die Rache so lange fort nach Opfern suchte, standen sich – in den Städten und auf dem Lande – Argwohn und Verrat fortwährend gegenüber, nicht nur außerhalb, sondern selbst innerhalb der Familien. Handel und Gewerbe lagen darnieder, und der Grundbesitz blieb entwertet durch die fiskalischen Veräußerungen auf lange Zeit.

Wendel Hipler war wohl der Unglücklichste unter allen. Er hatte umsonst sich abgemüht, soweit sein Auge sehen konnte. Was sein politischer Verstand, was sein Patriotismus, seine Freiheitsliebe ans Licht gerufen hatte, es hatte unselig geendet. Er hatte die erste Quelle des Übels, an dem sein Vaterland krank lag, aufgesucht; er hatte dem deutschen Geiste einen neuen, gesunden Körper schaffen wollen, aber das Schicksal hatte es nicht gewollt. Mitten in seiner Arbeit sah er sich hinausgeworfen wie einen unnützen Arbeiter, geächtet, vogelfrei wie einen elenden, gemeinen Räuber und Mörder; verflucht zum Teil selbst von denen, für die er gehandelt hatte. Die Grafen von Hohenlohe, die ihm schuldeten, zogen sein Vermögen, soweit sie dessen habhaft werden konnten, ein. Er beklagte sie beim Hofgericht zu Rottweil. Sie klagten ihn als Haupt-

Blutgericht zu Ensisheim

urheber des Aufstandes an. Er mußte entfliehen, irrte mit verstellter Nase und Kleidung umher, schlich sich so selbst noch auf den Reichstag zu Speyer 1526 ein, um seine Sache zu führen, wurde unterwegs niedergeworfen und starb im selben Jahre während der Untersuchung im pfalzgräfischen Gefängnis zu Neustadt. Er hatte auch nach dem Tode das Unglück, selbst im Angesicht seines Reformationsentwurfs, im Geschrei eines leidenschaftlichen, von Haß und Rachsucht besessenen Demagogen zu sein.

Ehrenfried Kumpf starb auch bald; zwar frei, doch in Melancholie; außer der Heimat. Karlstadt, von einem Fräulein über die Mauern Rothenburgs hinabgelassen, von Luther treulich, in alter Freundschaft, im Augustinerkloster zu Wittenberg versteckt, später wieder mit ihm entzweit, wurde Professor der Theologie zu Basel durch Zwingli: Die Wittenberger Famuli erzählten sich zuletzt, „der Teufel habe ihn geholt". Götz von Berlichingen erntete die Frucht seines Verrats: Er wurde verhaftet, lag lange gefangen; trotz des Truchseß und Dietrich Späts Freundschaft des Hochverrats angeklagt; zuletzt freigelassen gegen Urfehde, kein Roß mehr zu besteigen, seine Markung nie zu überschreiten, keine Nacht aus dem Hause zuzubringen. Das Volk sang Spottlieder auf ihn, und ein großer Dichter des achtzehnten Jahrhunderts machte ihn unsterblich. Der Truchseß selber erntete vom Bunde schlechten, von dem Erzherzog kurzen Dank. Georg Frundsberg aber hatte Ursache, selbst sich ein Lied zu dichten, darüber, wie „sein treuer Dienst unerkannt vom Hofe blieb". – „Kein Dank noch Lohn ich bring davon; man wiegt mich g'ring", sagte er darin. Dieses Lied ließ er sich oft bei Tisch zur Harfe singen und schwemmte seinen Unwillen im roten Wein hinunter. – Wie Markgraf Kasimir qualvoll, elend und ekelhaft an der roten Ruhr, so starb der Kardinal Mathäus Lang in Blödsinn. Manchem Fürsten, dem Truchseß selbst, kamen zuletzt sehr andere Gedanken; und Luther sah, wie ein sächsischer Gelehrter sich ausdrückt, „mit wachsendem, sein ganzes Gemüt verdüsterndem Gram so vieles weit hinter dem zurückbleiben, was er gewollt und erwartet hatte".

Das Volk, mehr in der Seele zerrissen als zusammengedrückt durch den Ausgang, war unter der Geißel, unter dem Messer der Sieger still und stumm, aber voll Ingrimm und, viele Jahre lang noch, nicht ohne Hoffnung: Der schwäbische Bund sah es und blieb, so schwer ihm die Kosten fielen, noch mehrere Jahre gerüstet. Um die Gemüter zu beruhigen, gebot der Reichstag am 27. August 1526, daß die Herrschaften gegen die Ausgetretenen mehr Gnade und Güte erzeigen sollen; und da die Herren, wie es ihnen vor dem Krieg und während desselben nicht ernst war, Beschwerden abzutun, jetzt nach demselben noch weniger daran wollten, drohte der Bundestag, „keinem, der seine Untertanen durch Beschwerung zum Aufstand bringe, Hilfe zukommen zu lassen". Selbst Freigesessene zwangen sie, den Zehnten aller ihrer Früchte und Tiere als ewige Strafe zu geben. Sogar zu erzählen von den Taten und Geschichten des Volkskrieges war gefährlich: Einen, der davon sprach, daß er dabeigewesen, wie man Dietrich von Weiler vom Turme herabgestürzt, ließ Wolf von Vellberg auf den Kirchturm führen und zum Laden herausstürzen.

Auf die Bauern selbst sangen Ritter und Landsknechte Spottlieder. Von einem sind zwei Verse erhalten:

Als ich einmal ein Kriegsmann was (war),
Zu Limpurg soff aus dem großen Faß,
Wie bekam mir das?
Zehn roter Gulden mein Irten was;
Der Teufel gesegnet mir das.

Als ich auf dem Wacholder saß,
Da tranken wir all aus dem großen Faß,
Wie bekam uns das?
Wie dem Hunde das Gras;
Der Teufel gesegnet uns das.

In der Nacht des neuen Elends, welche die Unterdrückten mit Hoffnungen und heimlichen Reden von einem künftigen neuen siegreichen Aufstand nur zu gern sich erhellten, gedieh die religiöse Schwärmerei, Weissagungen der Wiedertäufer auf 1530 liefen um, die auf Pfingsten jenes Jahres „den Untergang des Hauses Österreich durch die Türken" und die Aufrichtung „eines hohenpriesterlichen Königreichs durch die heilige Gemeinde der Täufer" verkündeten; und schon spürte die Obrigkeit Leuten nach, die im Sommer 1525 gesagt haben sollten, in sechs Jahren werde man's ihr gedenken.

Daß die große Volksbewegung von 1525 nicht zum Ziele kam, dazu hatte manches zusammengewirkt, vorzugsweise folgendes: Es war eine unendliche Vielheit kleiner Kräfte von den Karpaten bis zu den Vogesen zerstreut. Die Haufen waren aus solchen Elementen zusammengesetzt, daß die Kraft nicht der Zahl entsprach. „Ein Riesenleib in Waffen, aber wenig brauchbare Glieder." Viel Masse, wenig eigentliches Kriegsvolk. Den niedern Adel und die Städte hätte die Bewegung sollen von vornherein nicht außerhalb ihres Kreises, sondern innerhalb desselben haben, und zwar als die Tonangebenden. Dann fehlte es an einer großen Kraft, welche die Haufen konzentrierte und bewegte, an einem Haupt, an einem großen Feldherrn des Volkskrieges. Die Zeit, daß ein solcher sich heraus- und heranbildete aus den Massen, war zu kurz; und der Krieg ging zu schnell aus, ehe die Bauern selbst den Krieg lernen konnten; die Hussiten waren darin glücklicher. Alle Erhebungen von Völkern für Volksselbständigkeit, welche in der Weltgeschichte gelungen sind, hatten zuvor schon die nationale Einheit, ehe sie sich für die Freiheit erhoben. Sie hatten den Vorteil, eins zu sein; das half viel mit, daß sie frei wurden. Den Deutschen aber fehlte es an der Verbindung zu einem Volke: Nationalgeist war nur erst in einzelnen Männern, nicht in der Masse, wie auch der Begriff der Freiheit erst nur noch in einzelnen aufgegangen war. Statt vorwärtszuziehen, lagen sie still; viele soffen Tag und Nacht. Dazu unterhandelten sie und verpaßten die besten Augenblicke zum Handeln mit dem Schwert, zum Schlagen: Sie waren Neulinge in der Politik wie im Felde. Statt den niedern Adel, den niedern Städtebürger, die niedere Geistlichkeit um jeden Preis an sich zu ziehen und an sich zu ketten, stießen sie diese, ihre natürlichsten Verbündeten, ab und machten Verträge mit den großen Feinden, die sie niederschlagen mußten, weil sie, nach Ablegung der Waffen, nicht die Macht hatten, sie zur Haltung der Verträge zu zwingen. Auch daß viele Bessere, die Besten, bei Ausbrüchen der Wildheit oder des Mißtrauens verletzt, abgestoßen sich zurückzogen, war ein Fehler. Tüchtige Hauptleute und Räte hatten nicht das allgemeine Vertrauen der Haufen; Oberste wurden nicht die Tapfersten und Kriegskundigsten, sondern die Reichsten oder die zu Haus das große Wort geführt hatten; dazu kam Verrat, Verrat auf jede Art. Verräterei war es, worauf die Herren von Anfang rechneten und zu welcher sie verleiteten. Überall hatten die Bauern, welche über alles Maß unvorsichtig waren, Kundschafter der Herren unter sich. Die Herren siegten vorzüglich auch dadurch, daß sie erstens Räte und Führer der Bauern zum Verrat erkauften; zweitens selbst Verrat an den Bauern übten: durch treulose Unterhandlungen, durch den alten Grundsatz, daß man „Rebellen" und „Ketzern" keine Zusage zu halten habe, durch Vertragsbrüche und Überfälle mitten im Stillstand. – Ohne Reiterei, ohne Geschütz und Geschützbedienung, ohne eine große Festung als Halt, ohne gemeinschaftlichen Oberfeldherrn standen die Bauern zerstreut in Haufen da und dort, gegen Feinde, die alles das hatten und die ihre Kräfte jedesmal zu einem Stoß zusammenschlossen. Der Bund, unbedeutend gegen alle Haufen der Bauern, wenn sie vereinigt gewesen wären, war immer stärker als der einzelne Haufen, mit dem er sich schlug. Die Begeisterung, die vieles hätte ersetzen, vieles gutmachen können, war großenteils vorüber, als es zur Entscheidung kam. Nur die Frauen, von Anfang heroischer als die Männer, blieben sich gleich. Argwohn war schon zuvor in den bäurischen Herzen gegen alles, was hochstand, also auch gegen die Intelligenzen und gegen die besten kriegsverständigen Führer.

Viel auch aber, sehr viel nahm der Volksbewegung, die sich eine „evangelische" nannte und glaubte, das an ihrer Stärke, daß Luther und andere Wortführer des Evangeliums, die, welchen die Bauern und Städter soeben noch unbedingt vertraut hatten, die Bewegung und ihre Zwecke verdammten, verfluchten, als gottlos und teuflisch hinstellten, nicht warnend vor dem lange vorher wohlgewußten Ausbruch, sondern mitten in ihrem Fluß. Das überraschte, das bestürzte, das verwirrte, das entmutigte viele. Luther war von vielen Bauern ganz als einer der Ihren angesehen gewesen. Hatte er doch selbst gesagt: „Ich bin eines Bauern Sohn; mein Vater, mein Großvater und mein Urgroßvater sind rechte Bauern gewesen. Mein Vater ist nach Mansfeld gegangen und dort Hauer geworden." Und jetzt sahen sie ihn ohne Gefühl für das Recht der Volksfreiheit, sahen plötzlich in denen, die sie als Freunde ihrer Sache voraussetzten, ihre bittersten Feinde; von den Wortführern, von denen sie deren Verteidigung erwartet hatten, waren sie geächtet. Diese hatten

manches evangelische Herz gebrochen, dem der evangelische Mut hätte erhöht, wenigstens nicht ausgezogen werden sollen, eben als es in die Schlacht ging wider solche, die größtenteils dem „Evangelium“ feind waren. Die religiöse Kraft der neuen Bewegung war in einem großen Teile, in den Gemäßigten, in den eigentlich Lutherischgesinnten, namentlich unter den Städtern, gebrochen, und zwar von den eigenen Genossen des Glaubens, von den religiösen Wortführern gebrochen, als es zum eigentlichen Kampfe kam. Daß die Reformation nicht mehr wurde, als sie von da an geworden ist, das hat seinen Hauptgrund darin, daß die Volksbewegung in dieser Art und durch dieses Mitwirken der berühmtesten Reformatoren zur Niederlage, die doch anfangs eine andere Stellung zu ihr eingenommen hatten, unterlegen ist. Auch darin zeigt sich ein Gottesgericht.

Ein solches sah überhaupt mehr als ein Zeitgenosse in dem Gange der Dinge. Wenn der Berner Staatsmann Anshelm sagt: „Diese Geschichte soll ein ewig Exempel sein, Aufruhr zu scheuen und mit Vernunft zuvorzukommen“, so wollte er dies dem Volke und den Herren gesagt haben, ja vornehmlich den letzteren. Und einer aus der Ehrbarkeit in Oberschwaben schrieb: „Gottes Gericht ging dahin, daß die unbarmherzige Obrigkeit und die ungehorsamen Untertanen einander selbst strafen mußten.“

Die Ruhe nach dem Kriege war eine Kirchhofsruhe; Kirchhofsruhe auch insofern, als die Herren immer noch lange hin in Furcht waren, die Geister möchten aus dem Grabe steigen wie nach dem Volksglauben die Gespenster auf dem Kirchhof um Mitternacht. Alle Fröhlichkeit war entwichen aus den Tiroler, Steirer und schwäbischen Tälern; man hörte sie lange nicht mehr, die Geige, Tanz und Gesang. Menschenalter vergingen, nicht aber die materiellen Nachwehen; noch weniger die politischen und religiösen.

Das deutsche Reich blieb von da religiös auseinanderklaffend und zersetzte sich politisch immer mehr. Die Kraft der Glieder, der Fürsten, nahm zu, die des Hauptes, des Kaisers, nahm ab. Statt an Einheit zu gewinnen, verloren Reich und Nation immer mehr davon. Die Wehrkraft des Volkes war gebrochen, aber damit auch die Kraft der Herrschaft des Reiches nach außen und die Kraft des Widerstandes nach außen. Über hunderttausend Bauern und Bürger waren durch die Schlachten, Hinrichtungen, Verbannung, durch Verarmung, Hunger und Elend für das deutsche Reich verloren. Infolge der Reaktion machte auf vielen Punkten die Knechtschaft und die Verarmung mit ihren Folgen rasche und große Fortschritte, und die Bildung, Gewerbefleiß und Handel, selbst der Anbau des Bodens stockten jahrhundertelang im ganzen Reiche mehr oder minder. Auch die Niederlagen der protestantischen Fürsten und der Dreißigjährige Krieg sind natürliche Folgen der nicht durchgeführten großen Volksbewegung von 1525.

Das Volk in Masse brachte diejenigen Opfer nicht, welche unumgänglich waren für einen so großen Zweck. Aber viele Edeln haben sich für diesen Zweck geopfert, zwar ohne diesen nächsten Zweck, aber nicht, ohne große Erfolge zu erreichen. Ein gutes Stück Mittelalter lag durch die Bauern zertrümmert, unter Schutt und Stein begraben; ein anderes Stück warfen bald darauf vollends leicht die Fürsten um.

Mehr als tausend Klöster und Schlösser waren durch die Bauern zerstört; die wenigsten wurden wieder aufgebaut, und ihre früheren Bewohner mußten eine andere Lebensart anfangen. Die Zeit der adeligen und der klösterlichen Zwinger war vorbei. Aus den ersteren wurde das Volk nicht mehr geplackt, aus den letzteren nicht mehr zu jenem hin verdummt. Die wenigen Edelleute, denen die Brandsteuern eingingen, wußten die Entschädigungsgelder zu anderen Zwecken als zu Burgen und Verließen zu verwenden; die Fürsten lernten von den Bauern selbst die noch stehenden Klöster zu säkularisieren. Weinsberg ist wieder gebaut, und Schwabens Garten zieren Burgen nur fast noch als Ruinen: Es wäre, wenn jene ganz ständen, nie zum Garten geworden.

Inhalt

Zweites Buch

Drittes Buch

Viertes Buch

Fünftes Buch

Sechstes Buch

Wilhelm Zimmermann am 28. April 1845 an Ignaz Hub,
den Herausgeber der Sammlung
„Deutschlands Balladen- und Romanzendichter.
Von G. A. Bürger bis auf die neueste Zeit“:

Verehrter Herr!

Ihrem gütigen Wunsche gemäß, mit welchem Sie mich erfreuten, eile ich, Ihnen die wenigen Notizen über mich zugehen zu lassen, indem ich noch einige Originalien anschließe. Mein ganzer Name ist Balthasar Friedrich Wilhelm Zimmermann. Ich bin geboren zu Stuttgart am 2. Januar 1807, von ganz unbemittelten Eltern, und sollte darum ein Handwerk lernen, fing aber in meinem 11. Jahre das Lateinische an, und wurde nach meinem 14. Jahre in das philologische Seminar in Blaubeuren aufgenommen im J. 1821, eine der vier Alt-Württb. Anstalten, worin Knaben ohne Unterschied des Herkommens, reich u. arm, vornehm und gering, vorbereitet werden auf das Studium der Theologie, durch 4 Jahre, unentgeltlich, mit Allem, selbst Kleidern sehr wohl versorgt. Unter den mit mir nach Blaubeuren aufgenommenen befanden sich auch der jetzige Dr. Gustav Pfizer, Julius Krais, der jetzige Professor der Aesthetik zu Tübingen Friedr. Theodor Vischer, und jetzt namhaft gewordene oder werdende Gelehrte, wie Dr. David Friedrich Strauß, Professor Märklin, Professor Gustav Binder. Schloß sich hier schon mit diesen ein freundschaftlicher Bund, so traf ich im Jahr 1825 in Tübingen noch Wilhelm Waiblinger, mit dem ich in täglichem Verkehr war, und Eduard Mörike, auch Adolf Schöll, als traute Freunde. In Tübingen studierte ich mehr Geschichte u. Poesie als Theologie, aber viel Philosophie, besonders Hegel: ich war der erste, der in Tübingen Hegel studierte, und diesen Landsmann erst hier aufbrachte und bekannt machte. Nach 4 Jahren absolvirte ich als Theolog, wurde Pfarrgehilfe, blieb dabei nur drei Vierteljahre, nahm Theil an der Redaction politischer Blätter in Stuttgart, wo ich meinem Siz aufschlug im Sommer 1830, gleich nach der Juliusrevolution, und gab im J. 1831 meine gesammelten Gedichte heraus (2. Auflage 1839); schrieb ein Trauerspiel Masaniello (1831); Amor's u. Satyr's, 2 Bändchen Novellen, 1832; Fürstenliebe, eine Novelle, 1833; frühe verheirathet, seit dem Herbst 1832, blieb ich nun in Stuttgart bis zum Sommer 1840. Im J. 1831 hatte ich als Dr. der Philosophie in Tübingen doctorirt. Von 1834 an wandte ich mich hauptsächlich der Geschichte zu, und es erschienen nach einander jedes Werk in Auflagen von 2000 bis 4000 Exemplaren 1.) Geschichte von Württemberg nach seinen Sagen u. Thaten, 2 Bde., 1834–35; 2.) Prinz Eugen von Savoyen u. seine Zeit, 1836; und 3.) Die Frucht 13jähriger Studien, die vom demokratischen Standpunkt aufgefaßte Geschichte der Hohenstaufen, 2 Bde, 1837–38; 4.) Deutscher Kaisersaal, 1840/41; 5.) Mein Hauptwerk, die ganz aus Archivquellen von Schwaben, Franken, Elsaß, Baiern, Schweiz, Oesterreich geschöpfte Geschichte des deutschen Bauernkriegs, in 3. Bänden, vollständig im November 1843, auch vieler Jahre Frucht. Dazwischen fallen kleinere Gedichte, und größere poetische Arbeiten, die ihrer Beendigung demnächst entgegengehen. Um sorgenfreier und, ohne mich übereilen zu müssen, arbeiten zu können, machte ich im J. 1840 von meinem Fachstudium, der Theologie, gebrauch, und wurde Diaconus zu Dettingen im Ermsthal, einem der schönsten unsres Landes, zugleich aber auch Pfarrer in Hülben auf der Alp, welche letztre Stelle ich von Dettingen aus versehe, ob sie gleich zwei Stunden von meinem Wohnsitz entfernt ist.

Nehmen Sie nun daraus, was Sie für Ihren Zweck brauchen können ... Ihrem schönen Werke schönsten Fortgang und Erfolg wünschend bitte ich Sie, verehrter Herr, die Versicherung meiner Hochachtung zu genehmigen.

Dettingen Urach d. 28. April 1845.

Ihr ganz ergebener
Dr. Wilhelm Zimmermann

Lebensdaten Wilhelm Zimmermanns

2. Januar 1807	in Stuttgart geboren
1821 bis 1825	Studium im evangelischen Seminar Blaubeuren
1825 bis 1830	Theologiestudium im Tübinger Stift; im Herbst 1829 Erste Dienstprüfung
1830	Vikar in Schweindorf bei Neresheim; im Herbst 1830 Zweite Dienstprüfung
1831	Promotion zum Doktor der Philosophie
13. September 1832	Heirat mit Louise, geborene Dizinger, Tochter des Pfarrers von Kusterdingen
1835 bis 1837	Zimmermanns Publikationen „Die Befreiungskämpfe der Deutschen gegen Napoleon" und „Die Geschichte Württembergs, nach seinen Sagen und Thaten dargestellt" erscheinen in Stuttgart
1838 bis 1839	Zimmermanns Publikationen „Prinz Eugen, der edle Ritter, und seine Zeit" und „Die Hohenstaufen, oder der Kampf der Monarchie gegen Papst und republikanische Freiheit" erscheinen in Stuttgart
1840	Bewerbung als Pfarrer in Dettingen; Ernennung zum Diakonus (das heißt Helfer oder 2. Pfarrer) in Dettingen und Pfarrer in Hülben
1841 bis 1843	Vollendung des Hauptwerkes „Allgemeine Geschichte des großen Bauernkrieges. Nach handschriftlichen und gedruckten Quellen", das in drei Teilen erscheint; in Baden, Bayern und Österreich wird das Werk verboten
1843	Zimmermann legt die Kirchliche Dienstbeförderungsprüfung ab
1847 bis 1851	Zimmermann ist Professor für Geschichte und deutsche Sprache in Stuttgart

1848/1849	Demokratischer Abgeordneter der Deutschen Nationalversammlung in der Frankfurter Paulskirche; von 1849 bis 1854 Abgeordneter des Württembergischen Landtages für den Wahlkreis Leutkirch
1850	Polizeiliche und gerichtliche Verfolgungen Zimmermanns wegen seiner politischen Position auf der äußersten Linken in der Frankfurter Nationalversammlung
1851	In Darmstadt erscheint Zimmermanns Publikation „Die englische Revolution. Allen Parteien des deutschen Volkes gewidmet"; im März 1851 verliert Zimmermann „wegen seines politischen Gebahrens" seine Professur in Stuttgart
1852	Öffentliche Vorträge werden Zimmermann wegen „Verbreitung staatsgefährlicher Grundsätze" untersagt
1854	Der „Anzeiger für die politische Polizei Deutschlands" bezeichnet Zimmermann als ein „gefährliches Subjekt"
1854 bis 1864	Mit der Auflage „jeder Art von politischem Treiben zu entsagen", wird Zimmermann als Pfarrer in Leonbronn im Zabergäu eingesetzt; von Zimmermann erscheinen die dritte, ergänzte Ausgabe seiner „Gedichte" (1854), die zweite, überarbeitete Auflage der „Geschichte des großen Bauernkrieges" (1856), eine vierbändige „Lebensgeschichte der Kirche Jesu Christi" (1857 bis 1859) sowie eine „Geschichte der Jahre 1840–1860" (1862)
1864 bis 1872	Zimmermann ist Pfarrer in Schnaitheim
1872 bis 1878	Zimmermann ist Pfarrer in Owen unter der Teck; er veröffentlicht eine „Illustrierte Geschichte des deutschen Volkes" in drei Bänden (1873 bis 1877)
22. September 1878	Wilhelm Zimmermann gestorben; eine Gedenktafel für ihn und seine am 13. Juni 1879 verstorbene Ehefrau Louise enthält die Worte, mit denen er die Volksbewegung des „Armen Konrad" in der „Illustrierten Geschichte des deutschen Volkes" würdigt: „Wieder eine Woge, die sich brach und zerstäubte, aber der Strom ging vorwärts"

Der Brief Wilhelm Zimmermanns vom 28. April 1845 an Ignaz Hub
und die Lebensdaten auf den Seiten 812 bis 815
sind entnommen dem „Marbacher Magazin“, bearbeitet von Günter Randecker
und Thomas Scheuffelen, Jahrgang 1984, Sonderheft 32

Zimmermann, Wilhelm: Der große deutsche Bauernkrieg/ Wilhelm Zimmermann. –
Berlin : Dietz Verlag 1989. – 815 S. : 115 Zeichnungen, 2 Karten

ISBN 3-320-01261-4

Mit 115 Zeichnungen und 2 Karten
12. Auflage 1989
Lizenznummer 1 · LSV 0269
Druckgenehmigung der Karten unter Nr. P 30/3/81
Lektor: Gabriele Stammberger
Typographie: Horst Kinkel
Printed in the German Democratic Republic
Satz: Karl-Marx-Werk Pößneck V 15/30
Druck und Bindearbeit:
INTERDRUCK Graphischer Großbetrieb Leipzig – III/18/97
Fotomechanischer Nachdruck
Best.-Nr. 736 178 6

00800